Berns grosse Zeit

**Das 15. Jahrhundert
neu entdeckt**

In dem namen
der heiligen dri
valtikeit des
vaters sunes
vnd heiligen geis
tes amen Als
got himel erde
vnd ertrich ouch
alle creaturen
vnd den menscha
hat beschaffen
vnd wie die welt
mit mengem vnder
scheid har komen
ist vntz an das
zite der gnaden
das got sinen
ein gebornen sun
sante In dis
welte vns mit
sinem verdienten
tode zu erlösen
vnd den himel
vf zu slussen vnd
wie nach siner
vffart die welt
an vns har gestanden ouch wie die durch die
bäbste römsche keyser vnd küng us gericht vnd
was grosser wunder sachen da zwüschen bescha
hen sien des alles die waren histories vnd die
bücher der Croniken vs wisen. Vnd
wann solich wunder vnd verlouffen dingk allen
menschen lustig vnd kurtz wilig zu hören sind
vnd ouch etlas wißheit darus genomen wirt
des man dick genossen hat vnd noch tun mag
Darumb so gezimpt alten vnd Stetten vnd
frommen lüten vergangen vnd verlouffen sachen
die ir Stette lande vnd lüt So zu inen gehören
oder anders ir eidgnos vnd fründe berüren vnd
ze wissen darin etlich devit vnd gefehte So

Berns grosse Zeit

Das 15. Jahrhundert neu entdeckt

Herausgegeben von
Ellen J. Beer, Norberto Gramaccini,
Charlotte Gutscher-Schmid, Rainer C. Schwinges

Berner Lehrmittel- und Medienverlag
Bern 1999

Publiziert mit Unterstützung der Historisch-Antiquarischen-Kommission der Stadt Bern.
Das Gesamtprojekt wurde gefördert durch die Burgergemeinde Bern, die Stadt Bern und den Kanton.

Patronat *Berns grosse Zeit*

Rudolf von Fischer, a. Burgerratspräsident
Mario Annoni, Erziehungsdirektor
Dr. Klaus Baumgartner, Stadtpräsident
Dr. Kurt Hauri, Burgergemeindepräsident
Prof. Dr. Christoph Schäublin, Rektor
Dr. Karl-Friedrich Wälchli, a. Staatsarchivar

Verein *Berns grosse Zeit*

Prof. Dr. Norberto Gramaccini, Direktor Institut für Kunstgeschichte
Prof. Dr. Rainer C. Schwinges, Direktor Historisches Institut
Prof. em. Dr. Ellen J. Beer, Präsidentin Seniorenuniversität
Peter Jezler, Direktor Historisches Museum
Raymond Gertschen, Direktor Bern Tourismus
Dr. Daniel Gutscher, Archäologischer Dienst
Charlotte Gutscher-Schmid
Josef Huber
Eva Roth

Redaktion und Schriftleitung:
Josef Huber

Lektorat und Sachbearbeitung:
Karin Bläuer, Roland Gerber, Charlotte Gutscher-Schmid, Christian Hesse, Christina Martini,
Eva Roth, Thomas Schmid, Barbara Studer, Annette Baumann (Projektbetreuung)

Buchmacher:
Jürg Rub

Umschlaggestaltung:
Gerhard Blättler

Satz und Druck:
W. Gassmann AG, Biel

Lithographien:
Prolith AG, Köniz

Buchbinder:
Burkhardt AG, Mönchaltdorf

Frontispiz:
Diebold Schilling, Amtliche Berner Chronik, 1474–1483, Bern, Burgerbibliothek,
Mss. hist. helv. I, 1, Initialbild I

© 1999 by Berner Lehrmittel- und Medienverlag
ISBN 3-906721-28-0 / Art. 20.605.45
Printed in Switzerland

Inhaltsverzeichnis

Berns grosse Zeit – Das 15. Jahrhundert neu entdeckt

Danksagung 11
Norberto Gramaccini

Grusswort
Bern in seiner grossen Zeit – von Italien gesehen 13
Arnold Esch

Einleitungen
Bern – die grosse Zeit des 15. Jahrhunderts 17
Rainer C. Schwinges

Kirchliche und profane Kunst in Bern im 15. Jahrhundert – ihr stilistisches Umfeld 23
Ellen J. Beer

Kapitel I Die Stadt als Lebensraum

Ratsherren, Mönche und Marktfrauen. Die Topographie der spätmittelalterlichen Stadt 33
Armand Baeriswyl, Roland Gerber

«Cosmographey» oder Weltbeschreibung Sebastian Münsters 35
Roland Gerber

«Die gröste brunst der stat Berne» – der Stadtbrand von 1405 36
Armand Baeriswyl

*Holzhäuser und offenes Feuer: Warum es in mittelalterlichen Städten immer wieder zu
Brandkatastrophen kam* 39
Armand Baeriswyl

Der Stadtgrundriss – Spiegelbild der Gesellschaft 40
Roland Gerber

Die Stadtviertel 42
Roland Gerber

Die kommunalen Gebäude 48
Roland Gerber

Die Zunft- und Gewerbebauten 50
Roland Gerber

Stadtbach, Brunnen und Gewerbekanal: Wasser als städtisches Lebenselement 54
Armand Baeriswyl

«Tünkel» und «brunnen röhren»: neue Technologie – aus der Not geboren 57
Armand Baeriswyl

Die Küngsbrunnenquelle: Vollmundige Versprechen und teures Trinkwasser 61
Armand Baeriswyl

Die geistlichen Niederlassungen 62
Roland Gerber

*Ein Zimmergesell aus Esslingen verfertigt einen Plan: Der Zustand der Berner
Trinkwasserversorgung im Jahr 1746* 63
Armand Baeriswyl

Die Friedhöfe 74
Armand Baeriswyl

*«die gross kilchmure an der matten»: die bauliche Entwicklung des Münsterbezirks und des
Kirchhofs vom 13. bis zum frühen 16. Jahrhundert* 78
Armand Baeriswyl

Neugestaltung des städtischen Raumes
«solich hus zu slissen sy dem kilchhof zů gut». Bern entdeckt seine Freiräume 82
Daniel Gutscher

Berns Stadtbefestigung – zwischen Funktion und Repräsentation 88
Jürg Schweizer

Kapitel II Die Stadtbevölkerung

Rückgang und Stagnation

Die Bevölkerungsentwicklung im 15. Jahrhundert ... 97
Roland Gerber

Krankheit und Tod – im Spiegel des Siechenfriedhofs am Klösterlistutz ... 102
Susi Ulrich-Bochsler

Migration ... 107
Roland Gerber

Von ausserhalb nach Bern zugewanderte spezialisierte Handwerker, Akademiker, Künstler, Dienstmägde und Bettler im 15. Jahrhundert ... 117
Roland Gerber

Die Gesellschaft

«... aller Wällt Figur...». Die bernische Gesellschaft des ausgehenden Mittelalters im Spiegel von Niklaus Manuels Totentanz ... 119
Urs Martin Zahnd

Der Maler Albrecht Kauw (1616–1681) als wichtigster Vermittler des Manuelschen Totentanzes ... 121
Georges Herzog

Zünfte im spätmittelalterlichen Bern ... 133
Urs Martin Zahnd

Arm, behindert, chronisch krank ... 135
Susi Ulrich-Bochsler

Reichtum und politische Macht ... 140
Roland Gerber

Das Bürgerrecht ... 145
Roland Gerber

Udel und Hausbesitz ... 148
Roland Gerber

Schulen und Studium in Bern ... 155
Beat Immenhauser

Hans Bäli – Schulmeister, Diplomat und Reliquienvermittler ... 157
Beat Immenhauser

Repräsentation als Ausdruck städtischen Selbstbewusstseins

«Wie man nach der brunst buwen sol». Städtische Wohnbauten im spätmittelalterlichen Bern ... 161
Eva Roth

Lienhard Schaller, der Schneider ... 162
Roland Gerber

Bartholomäus May und seine Häuser ... 163
Jürg Schweizer

Der Kachelofen – ein Prestigeobjekt ... 170
Eva Roth

Der Hausrat im spätmittelalterlichen Bern ... 172
Eva Roth

Der bernische Schlossbau im 15. Jahrhundert ... 173
Jürg Schweizer

Die Herrschaft Worb ... 176
Jürg Schweizer

«...zu ewigen zitten angedenck...». Einige Bemerkungen zu den bernischen Stadtchroniken aus dem 15. Jahrhundert ... 187
Urs Martin Zahnd

Bernische Geschichtsschreibung aus vorreformatorischer Zeit ... 191
Urs Martin Zahnd

Kapitel III Handel und Gewerbe

Die städtische Wirtschaft 197
Roland Gerber

Markt und Münze 199
Roland Gerber

Zölle und Verkehr 202
Roland Gerber

Das Handwerk 204
Armand Baeriswyl, Roland Gerber, Eva Roth

Die Berufsstruktur 205
Roland Gerber

Die Gewerbeaufsicht des Rates 210
Roland Gerber

Die Berufstopographie 214
Roland Gerber

«...das baden und wihrten in den Bädern... nicht länger als bis abends um neun Uhren erlaubt seyn...»
Bader und Badestuben im spätmittelalterlichen Bern 219
Armand Baeriswyl

Archäologische Hinweise auf städtische Gewerbe 220
Eva Roth

Zünfte und Gesellschaften 227
Roland Gerber

Die politische Bedeutung der Zünfte 229
Roland Gerber

Die Venner 232
Roland Gerber

Die Vermögensstruktur von Handwerkerschaft und Zünften 233
Roland Gerber

Währungs- und Preisverhältnisse 243
Susanne Frey-Kupper, Roland Gerber

Der Kampf gegen Inflation und Teuerung 244
Roland Gerber

Die Kaufkraft des Geldes 247
Roland Gerber

Innovation und Repräsentation: Die ersten Berner Gold- und Grosssilbermünzen 249
Daniel Schmutz

Die Herstellung von Blei-Zinn-Marken und Pilgerzeichen im mittelalterlichen Bern 250
Susanne Frey-Kupper

Bern und der Bergbau 259
Daniel Gutscher

Kapitel IV Der politische Alltag – Verwaltung und Territorium

Der politische Alltag
Bern und das Heilige Römische Reich 261
Rainer C. Schwinges

Berner Botengänge von 1430–1454 268
Klara Hübner

Militärhoheit und Kriegsorganisation 269
Hans Braun

Reislauf und Pensionen 277
Bruno Koch

Offizieller und inoffizieller Reislauf 278
Bruno Koch

Berühmte Berner Söldnerführer 284
Bruno Koch

Die Burgunderkriege und ihre Auswirkungen auf Bern Gerrit Himmelsbach	285
Kriegstechnik Gerrit Himmelsbach	287
Burgunderbeute Gerrit Himmelsbach	292
Das Rathaus als Ort politischen Handelns Regula Schmid	296
Das Rathaus: der Bau von 1406–1417 Georg Germann, Hans Wenk	301
Die Berner und ihre Wappen – Einige heraldische Betrachtungen Berchtold Weber	306
Könige, Päpste und Fürsten in Bern Hans Braun	314
Baumassnahmen im Dominikanerkloster zum Papstbesuch Daniel Gutscher	317

Verwaltung

Konrad Türst in Bern und seine Beziehungen zu Rudolf von Erlach Hans-Peter Höhener	323
Orte aus dem damals zu Bern gehörenden Gebiet, die auf den Karten von Türst verzeichnet sind [...] Hans-Peter Höhener	327
Expansion und Ausbau. Das Territorium Berns und seine Verwaltung im 15. Jahrhundert Christian Hesse	330
Hohe und Niedere Gerichtsbarkeit, Twing und Bann Christian Hesse	334
Der Twingherrenstreit Regula Schmid	335
Der Aufbau des Berner Regiments Regula Schmid	342
Die Stadt und ihre Landschaft. Konflikt und Partizipation als Probleme des bernischen Territorialstaats im 15./16. Jahrhundert André Holenstein	348
Die Ämterbefragungen – zur Untertanenrepräsentation im bernischen Territorialstaat Catherine De Kegel-Schorer	356
Von «Volksanfragen» zu «Ämterbefragungen»: Geschichtsschreibung im Banne des Zeitgeschehens Catherine De Kegel-Schorer	357
Berns Griff nach den Klöstern Jürg Leuzinger	360
Peter von Thorberg übergibt die Vogtei seines Karthäuserklosters der Stadt Bern Jürg Leuzinger	364
Fraubrunner Klosterordnung vom 21. April 1513 Jürg Leuzinger	365

Kapitel V Kunst im Dienst der Kirche

Künstler, Stifter, und Pilger: Facetten spätmittelalterlicher Kunstproduktion

«Jedermann gen Himmel wollt!» Zwischen Heilserwartung und Selbstinszenierung: Religiöse Stiftungen und ihre Motivationen Franz-Josef Sladeczek	367
‹Erzengel Niklaus von Scharnachthal› – Retter Berns und der Eidgenossenschaft Franz-Josef Sladeczek	374
«Hie findt man gesundtheit des libes und der sele» – Die Wallfahrt im 15. Jahrhundert am Beispiel der wundertätigen Maria von Oberbüren Daniel Gutscher, Susi Ulrich-Bochsler, Kathrin Utz Tremp	380
«Ein bettelbrief denen von kilchdorff in Mh. landtschaft an iren buw.» Der «Kirchenbauboom» auf der Landschaft Peter Eggenberger, in Zusammenarbeit mit Georges Descœudres und Jürg Schweizer	392

Zur Auswahl der erwähnten Beispiele 393
Peter Eggenberger

Die Kirche Worb 396
Peter Eggenberger

Patronatsrecht, Kirchensatz, Kollatur (ius patronatus) 400
Peter Eggenberger

Zur Stellung und Funktion der Kapelle 405
Peter Eggenberger

«bi unns und in unnser statt beliben.» Künstler in Bern – Berner Künstler?
Zum künstlerischen Austausch im spätmittelalterlichen Bern 410
Charlotte Gutscher-Schmid, Franz-Josef Sladeczek

Bernische Ofenkeramik als Spiegel künstlerischen Austausches 416
Eva Roth

Das Münster
«Maria! Hilf dir selber zu dinem Buwe.» Das Berner Münster, seine Baugeschichte und
seine Ausstattung, eine Darstellung mit zwei Rundgängen 421
Peter Kurmann

Das einheitliche Konzept der Chorfenster im Berner Münster 430
Brigitte Kurmann-Schwarz

Hans Hammer, Baumeister des Bischofs von Strassburg 436
Peter Kurmann

«...wilt vensster machen mit geferbten glas ... so mustu dir das laßen entwerffen auf
papir einen maler...» Zur Entstehung der spätgotischen Glasmalerei des Berner Münsters
und der Herkunft der Glasmaler und Entwerfer 444
Brigitte Kurmann-Schwarz

«... die Fenster in der kilchen allhier, die meine Herren zu machen und in Ehr zu halten schuldig...»
Andenken – ewiges Seelenheil – irdische Ziele und Verpflichtungen gezeigt an Beispielen von
Glasmalerei-Stiftungen für das Münster 457
Brigitte Kurmann-Schwarz

Paramente aus dem Berner Münsterschatz
«... als meister Heinrich Wölfli die legende sant Vincenczen an ein tuch hat lassen machen.» 465
Anna Rapp Buri, Monica Stucky-Schürer

«Das...houptstuk, zům Gots- und der kirchen dienst gehörend, namlich die Priesterschaft.»
Das Chorherrenstift St. Vinzenz (1484/1485–1528) als «Ausstattungsstück» des Münsters 474
Kathrin Utz Tremp

Die Stadtklöster – Tradition und Erneuerung
«Ein news puch.» Die «Bibliothek» des Dominikanerinnenklosters St. Michael in der Insel 482
Claudia Engler

Das Berner Dominikanerinnenkloster St. Michael in der Insel 483
Claudia Engler

«Die Predigerbrueder heilgeten iren drifarben rosenkranz.» Rund um den Lettner der
Dominikanerkirche (Französische Kirche) 489
Charlotte Gutscher-Schmid, Kathrin Utz Tremp

Der Lettnerriss Niklaus Manuels 491
Charlotte Gutscher-Schmid

«...das Bein abgehowen zů sant Antoenien.» Die Spitalkirche der Antoniter 501
Charlotte Gutscher-Schmid, Kathrin Utz Tremp

Die Spitäler 504
Ingrid Müller-Landgraf

Kapitel VI Die Freisetzung der weltlichen Sicht

Maler- und Buchmalereiwerkstätten
«Von einem Hanen und einem edelen Steine». Ulrich Boners Edelstein –
Eine Handschrift der Burgerbibliothek Bern aus dem 15. Jahrhundert 511
Elisabeth Hostettler

Der «Berner Boner» 516
Elisabeth Hostettler

«Diss alles würd er herlich und erberlich, köstlich und guot machen.» Kirchliche Auftragskunst im Zeichen der Nelke ... 516
Charlotte Gutscher-Schmid

Niklaus Manuel Deutsch – «Ut pictura poesis» ... 523
Norberto Gramaccini

Die Landschaftsdarstellung in der Malerei Niklaus Manuels ... 530
Josef Huber

Literatur
Weltliteratur in Bern: die «Melusine» des Thürings von Ringoltingen ... 534
André Schnyder

Die «Melusine» Thürings von Ringoltingen ... 541
André Schnyder

Niklaus Manuel und die Anfänge des Theaterspiels in Bern ... 542
Hellmut Thomke

Niklaus Manuel Deutsch (1484–1530): Lebensdaten ... 544
Hellmut Thomke

Musikgeschichte
Musik in Bern im 15. Jahrhundert ... 552
Gabriella Hanke Knaus

Guillaume Dufay (um 1400–1474) ... 556
Gabriella Hanke Knaus

Bartholomäus Götfried Frank († um 1522) ... 564
Gabriella Hanke Knaus

Zwei Huldigungskompositionen an die Stadt Bern und ihr musikalisch-gesellschaftliches Umfeld in der ersten Hälfte des 16. Jahrhunderts ... 567
Christine Fischer

Technik
Der Zytgloggenturm – öffentliche Räderuhren in Bern im 15. Jahrhundert ... 579
Jakob Messerli

Der Übergang von den mittelalterlichen «Horen» zu den modernen Stunden ... 580
Jakob Messerli

Kaspar Brunner ... 584
Jakob Messerli

Der Zytgloggenturm in der Chronik Sebastian Fischers, 1534 ... 586
Jakob Messerli

Die astronomische Uhr ... 587
Jakob Messerli

Bildersturm
«Da ligend die altär und götzen im tempel». Zwingli und der Bildersturm in Bern ... 588
Franz-Josef Sladeczek

Karl Girardet (1813–1871), Der Bildersturm in Bern ... 589
Franz-Josef Sladeczek

Der Zürcher Reformator hält am 30. Januar 1528 seine Schlusspredigt vor den bereits zerstörten «Götzen» im Berner Münster ... 599
Franz-Josef Sladeczek

Anhang
Abkürzungsverzeichnis ... 606

Anmerkungen ... 607

Literatur- und Quellenverzeichnis ... 649

Personen- und Ortsregister ... 675

Abbildungsnachweis ... 685

Vorwort

Danksagung

Mögen der Titel dieses Buches und das daran geknüpfte Projekt «Berns grosse Zeit – das 15. Jahrhundert neu entdeckt» nicht nach alter, gegenwartsfeindlicher Besserwisserei schmecken! Der Sinn liegt keinesfalls darin, dem anbrechenden neuen Jahrtausend noch in letzter Minute den Rücken zu kehren und dem Neuen bärbeisserisch das Alte entgegenzuhalten, sondern im Gegenteil, einen Beweis für die Aktualität und Modernität von Berns grosser Zeit anzutreten. Die Gegenwart darf sich stolz dieses grossen Erbes erinnern und daraus ihr Selbstvertrauen schöpfen. Wo besser als in der UNESCO-Weltkulturstadt Bern, mit ihrem mittelalterlichen Stadtbild und den modernen Institutionen, liesse sich der Beweis leichter antreten, dass das Alte und das Neue zusammenkommen! Man begegnet dem 15. Jahrhundert auf Schritt und Tritt und kann doch niemals der Träumerei erliegen, die damalige Zeit sei stehengeblieben. So wie sich moderne Geschäfte, Beizen und Restaurants in den Häusern der Altstadt eingerichtet haben, weiss sich umgekehrt auch der Geist dieser grossen Zeit mit dem Heute verbunden. Der europäische Gedanke war bereits im 15. Jahrhundert in Bern grossgeschrieben. Man scheute sich nicht, Ausländer nach Bern einzuladen, um sich mit ihnen auszutauschen oder von ihnen zu lernen. Die Kultur war damals wie heute ein Katalysator der Integration. Nach Bern kamen bedeutende Bauleute, Kunsthandwerker und Künstler gereist. Am Ende eines einhundertjährigen Kreislaufes hatte die Stadt sich ihre Errungenschaften zueigen gemacht und stand auf eigenen Füssen. Die Stilvielfalt der 1986 in der Münsterplattform gefundenen Skulpturen, die dort seit dem Bildersturm von 1528 lagerten und erstmals im Ausstellungsprogramm von «Berns grosser Zeit» im Historischen Museum zu sehen sein werden, belegt eindrucksvoll eine internationale Orientierung der verantwortlichen Auftraggeber. Von dieser Weltverbundenheit und anderem mehr berichtet das Buch. Aber auch diejenigen, die bislang nichts vom 15. Jahrhundert wussten – vom grossen Brand und dem anschliessenden Wiederaufbau der Stadt, vom Twingherrenstreit, von den Burgunderkriegen, den Besuchen von Papst und Kaiser, vom Münsterbau, Niklaus Manuel und Thüring von Ringoltingen – oder die vielleicht nur entfernt davon gehört haben, sollten daran Gefallen finden. Denn es wurde von Fachleuten unterschiedlichster Disziplinen mit dem Ziel verfasst, ebenso das allgemeine Publikum wie den historisch geschulten

Leser anzusprechen. Darüber hinaus sollte es ein schönes Buch werden, aufwendig gestaltet und mit zahlreichen Abbildungen in Farbe und schwarz-weiss versehen. Dabei war ein Nebengedanke, dass dieses Unternehmen Anstoss für nachfolgende Publikationen im Rahmen ähnlicher Veranstaltungen geben könnte: «Berns grosse Zeit» im 18. Jahrhundert, im 19. Jahrhundert, im 20. Jahrhundert... .

Damit das Buch und alle damit verknüpften Ausstellungen, Vortragsreihen, Theater- und Musikveranstaltungen, Stadtrundgänge und Besichtigungen sowie touristischen Events zustandekamen, bedurfte es guten Mutes und noch besserer Hilfe. Was das erste anbelangt, so waren an der jahrelangen Planung massgeblich Prof. Dr. Ellen J. Beer, Prof. Dr. Rainer C. Schwinges, Raymond Gertschen, Charlotte Gutscher-Schmid, Dr. Daniel Gutscher, Peter Jezler, Vincenz Bartlome, Eva Roth und Dr. Martin Germann beteiligt. Sie haben nicht nur die inhaltliche Struktur des Buches bestimmt, sondern auch Kontakte zu den Autorinnen und Autoren, zu Ausstellungsmachern und Organisatoren im Rahmen von «Berns grosser Zeit» hergestellt, wie überhaupt ihr Wissen, ihre Phantasie und Arbeitskraft unermüdlich in das Projekt investiert. Doch was hätten diese Anstrengungen von unten ohne die notwendige Hilfe von oben gefruchtet? Der Enthusiasmus des damaligen Burgergemeindepräsidenten Rudolf von Fischer hat den ehrgeizigen Zielen des Vereins den Weg geebnet. Ihm folgten mit wesentlichen finanziellen Zusagen der Stadtpräsident Dr. Klaus Baumgartner, der Rektor der Universität Prof. Dr. Christoph Schäublin, der Kanton, die Historisch-antiquarische Kommission der Stadt Bern, die Vereinigung für Bern und die Gesellschaft zu Kaufleuten. Allen, insbesondere Peter J. Betts, Paul Derungs, Elias Köchli und Berchtold Weber sei an dieser Stelle für ihren Einsatz herzlich gedankt. Ein besonderer Dank gebührt schliesslich denjenigen, die das Projekt in die Wirklichkeit umsetzten. Unter ihnen verdient an erster Stelle Josef Huber Erwähnung. Seine Wahl in den Verein erwies sich als ein Glücksgriff. Das Buch «Berns grosse Zeit» hätte ohne sein Engagement niemals in dieser Form entstehen können. Wesentlich für das Gelingen des Werkes waren ferner die sachkundige Koordination und die Begleitung der Buchproduktion durch Jürg Rub. Aber auch Armand Baeriswyl, Roland Gerber, Dr. Christian Hesse, Cristina Martini, Thomas Schmid und Gerhard Blättler haben die redaktionelle und gestalterische Arbeit tatkräftig unterstützt. Zudem waren das Historische Museum, das Staatsarchiv, der Historische Verein, die städtische und kantonale Denkmalpflege und das Kunstmuseum bei der Beschaffung des Bildmaterials behilflich; die Burgerbibliothek stellte ihr Bildmaterial kostenlos zur Verfügung; der Archäologische Dienst und das Historische Institut, Abteilung für mittelalterliche Geschichte, wurden, was Personal und Sachmittel anbelangt, über die Grenzen beansprucht. Allen Kollegen und Freunden dieser oder anderer Institutionen sowie zahlreichen hier nicht aufgeführten Helferinnen und Helfern gebührt unser Dank. Zuletzt sei dem Berner Lehrmittel- und Medienverlag (BLMV) gedankt, insbesondere Walter Schürch, Peter Uhr und Othmar Mani, dass sie an das Gelingen des Buches von Anbeginn geglaubt und sich nach Kräften für seine Herstellung eingesetzt haben.

Prof. Dr. Norberto Gramaccini
Präsident Verein «Berns grosse Zeit»

Grusswort

Bern in seiner grossen Zeit – von Italien gesehen[1]

Arnold Esch

Wer als Historiker die Geschichte Berns von innen gesehen hat und sie dann von aussen sehen lernt, wird sich zunächst der ungewöhnlichen Quellen erinnern, die ihm für Bern zur Verfügung stehen. Da gibt es die «Unnützen Papiere». Bernischer Ordnungssinn hatte sie als nunmehr unnütz ausgeschieden, bernische Bedächtigkeit zögerte indes die Beseitigung so lange hinaus, bis neue Historikergenerationen wieder Interesse an diesen Papieren fanden: Originalbriefe, die noch die Schmutz- und Schweissspuren ihres Weges über die Alpen zeigen, Verhörprotokolle, Abrechnungen, formlose Verwundetenlisten aus Italien, die vertrauliche Beurteilung mailändischer Adelsfamilien und ähnliche Notizen, die bewusste Auslese niemals für archivwürdig erklärt hätte. Oder da gibt es die ungewöhnliche Quelle der Ämterbefragungen, mit denen der Berner Rat in kritischen Situationen die Meinung und Stimmung seiner Untertanen sondierte. Da sehen wir im Berner Oberland die Bauern zusammentreten und, oft erfrischend deutlich, korporativ ihre Meinung über aktuelle innere Probleme oder die Opportunität eines Bündnisses mit dem Papst, dem Kaiser oder Frankreich kundtun (vgl. Kap. IV, S. 356). Eine Überlieferung also, die auch den von italienischen Archivbeständen verwöhnten Historiker noch anzieht, wenn er auf Bern zurückblickt.

Aber hier geht es in erster Linie um das damalige Bern, gesehen vom damaligen Italien. Bern musste schon sehr gross werden, um jenseits der Alpen wahrgenommen zu werden. Man wusste nicht viel voneinander. Zwar hatte es Kontakte immer gegeben, auch eigneten sich Berner von dem gewaltigen Gedankenvorrat der Antike, wie er vor allem in Italien aufgehäuft lag, unbefangen an, was sie in ihrem nüchternen Sinn für brauchbar hielten: nicht als Italien- oder Bildungserlebnis, sondern als praktisches Rüstzeug für die Erfordernisse des Gemeinwesens. Doch nicht einzelne Studenten, nicht einzelne Reisende, auch nicht Kaufleute – Bern lag nicht an einer der grossen Nordsüdachsen – liessen Bern in den Gesichtskreis Italiens treten, sondern erst der Aufstieg zum grössten Stadtstaat nördlich der Alpen, erst der bedeutende Anteil an den aufsehenerregenden Siegen über die moderne Armee Karls des Kühnen. Dass man bald auch in Rom auf Bern und sein zunehmendes Gewicht aufmerksam wurde, ersieht man daraus, dass das Papsttum Bern so vieles zugestand, als die Stadt, zur Verdichtung ihres Territoriums, rücksichtslos ihre (wenn nicht rechtliche, so doch faktische) Herrschaft über die schwachen Klöster und Stifte nutzte und erheblichen Einfluss auf das 1484/85 errichtete Stadtstift durchsetzte (vgl. Kap. V, S. 474).

Zwar schaute Bern aussenpolitisch lieber nach Westen als nach Süden. Aber seit die Ansprüche Frankreichs auf Neapel und Mailand Habsburg-Spanien auf den Plan riefen und Italien zum Kriegsschauplatz der Auseinandersetzung um die europäische Hegemonie machten, konnte es nicht ausbleiben, dass die benachbarte Eidgenossenschaft, dass auch Bern, dessen führende Köpfe auch zuvor schon zunehmend mit Italien bekannt wurden, immer tiefer in diesen Konflikt hineingezogen wurden: zunächst als Reservoir begehrter Söldner, dann auch in eigener Sache auftretend. 1495 hören wir erstmals von breiterem Zuzug bernischer Reisläufer auf die Schlachtfelder Italiens – bis dann der triumphale Pavierzug 1512 (jeden der beteiligten Simmentaler, jeden der beteiligten 36 Hasler kennen wir beim Namen!) Italien und die grossen Mächte auf das kleine Baden blicken liess, wo die eidgenössische Tagsatzung über die Zukunft des Herzogtums Mailand entscheiden sollte. Dass Venedig damals das Berner Aufgebot weit überschätzte, lässt erkennen, in welche Dimensionen das Bild Berns unterdes gewachsen war.

Und eben nur aus dieser Perspektive der Kriegführung nahmen die Italiener damals die Grösse Berns wahr. Schweizer Söldner waren unentbehrlich geworden, denn sie galten als unbesiegbar: *«mai erano stà debellati da Giulio Cesare in qua»*, «seit Julius Caesar [nämlich seit Bibracte] unbesiegt»! Man bewunderte ihre unbändige Kampfkraft (Kriegführung ohne Kriegskunst, aber siegreich!) und fürchtete ihre dreisten Soldforderungen, die sogar gewandte italienische Diplomaten wie Francesco Guicciardini an den Rand des Nervenzusammenbruchs treiben konnten. Man hofierte sie und belächelte umso lieber ihr Auftreten und ihre Kleidung – mochten sie sich auch in einem wahren Kaufrausch mit den jüngsten Modeartikeln ausstaffieren, die sich in den Strassen und Zunfthäusern Berns spazierenführen liessen und die, zur Empörung altbernischer Gemüter, noch bis in die letzten Bauernhäuser des Bernbiets drangen. Dass der Papst ihnen vor dem Empfang sicherheitshalber «richtige» Kleidung entgegenschicken liess, veranlasste den Berner Chronisten Valerius Anshelm zu der trotzigen Bemerkung, zu Catos Zeiten hätten sie ihre Kleider in Rom gewiss nicht wechseln müssen!

Der Abstand zur Welt der Renaissance-Höfe war eben gross: wie der bernische Hauptmann Balthasar Finsternau 1515 den mailändischen Herzog Massimiliano Sforza porträtierte, zeigt den distanzierten Blick in der Gegenrichtung. Freilich ist Krieg auch nicht die richtige Gelegenheit, dem anderen gerecht zu werden, oder im bekriegten Lande künstlerische Eindrücke vertieft aufzunehmen. Übersteigerte reformatorische Kritik wird das Engagement in Italien vollends verdammen, ja Italien wie ein schwarzes Loch erscheinen lassen, das Substanz, Moral und Identität der Eidgenossen verschlang. Umgekehrt war, neben der Mentalität, den Italienern auch die politische Struktur der Eidgenossenschaft etwas Fremdes. Dass das mächtige Bern im Rat nur eine Stimme unter anderen war, kurz: die föderative Organisation der Eidgenossenschaft mit ihrer Tagsatzung, begriff man auf italienischer Seite nicht und missverstand sie als anarchisch. Und vollends der bernische Grundsatz *«Nemo nostrum excellat»* («Niemand von uns erhebe sich über [uns andere]», oder «Niemand darf brillieren») ist für Italiener – damals wie heute – einfach nicht nachzuvollziehen.

Die Niederlage von Marignano 1515 brachte die grosse Entzauberung: der Mythos der Unbesiegbarkeit war dahin. Aber auch die voraufgehenden Siege hatten den Zwiespalt von Selbstbewusstsein und Verunsicherung nicht aufheben können: Selbstbewusst setzte man sich zur Verzweiflung des päpstlichen Zeremonienmeisters protokollwidrig auf Bänke, die anderen Mächten vorbehalten waren; verunsichert glaubte man aus einem groben Briefe des Papstes schon herauszuhören, man habe vielleicht nicht das richtige Latein geschrieben. Die Berner, die den Horizont von «Stadtkälbern» – wie es der als Fernkaufmann weitgereiste Säckelmeister Hans Fränkli nannte – hier längst überwunden hatten, waren rasch bereit, die eigenen Grenzen zu erkennen, und es ehrt sie und die Eidgenossen, aus Niederlagen Konsequenzen gezogen zu haben. An der Wertschätzung des Reisläufers änderte das wenig: in der damals errichteten päpstlichen Schweizergarde sind früh auch Berner nachzuweisen; und ein Berner – vermutlich ein Söldner – ist schon in Indien zu Vasco da Gamas Lebzeiten, wie ein Brief des portugiesischen Geschäftsträgers in Rom an den Berner Rat 1520 zu erkennen gibt!

So wurde das Grosse an Bern, das in angemessener Breite darzustellen sich dieser Band vornimmt, von aussen zunächst nur in schmalem Ausschnitt, als politische Macht und kriegerische Tugend, wahrgenommen und durch die Reformation dann noch zusätzlich verstellt – bis gelassenere Betrachtung später zu breiterer und gerechterer Beurteilung führte.

Einleitungen

Bern – die grosse Zeit des 15. Jahrhunderts

Rainer C. Schwinges

Bild und Wort in diesem Buch künden von Berns grosser Zeit in einem langen 15. Jahrhundert. Bern machte Eindruck am Ende des Mittelalters: schön, stark, trutzig, wie sein Wappentier, der Bär. Es hatte gesiegt, war reich geworden an Land und Leuten, zeigte mit der Pracht und Höhe seines Münsters, was es hatte und konnte, war eine Macht in der Eidgenossenschaft und unter den Mächten Europas. Nicht, dass es nicht auch andere grosse Zeiten in Bern gegeben hätte, aber das 15. Jahrhundert war das erste, das Bern in einem glänzenden Licht erscheinen liess. Schon die Zeitgenossen rühmten Stadt und Land in ihren Taten, amtlich gewissermassen die gelehrten Schreiber und Chronisten der Stadt, Justinger, Tschachtlan, Schilling, Anshelm, allen voran aber die Humanisten, deren Metier es war zu rühmen, Tugenden und Vorbilder hervorzuheben, seien es nun Individuen oder Kommunen. Ihre Sprache war die der Renaissance, die schon von sich aus zu Ruhmreden verführte.

Bestens vertraut mit Bern war Albrecht von Bonstetten (+1503/05), Dekan von Einsiedeln, Jurist und Humanist aus altem Herrenadel des bernisch gewordenen Aargaus, dessen Mutter die Schwester Adrian von Bubenbergs war. Was ihn begeisterte, waren die breiten Gassen und die Lauben, unter denen man trockenen Fusses die Stadt durchschreiten könne, die prächtigen Paläste, Häuser und Gärten im Schutze starker Mauern, die reich geschmückten Kirchen und Klöster, das herausragende Steinmetzwerk des Münsters, der Wohlstand und die Lage der Stadt in einer reizenden Landschaft. Es erquicke das Auge, den Blick von einer hohen Warte aus über Stadt und Landschaft schweifen zu lassen, erst recht, wenn ein Mann seiner Herkunft stolz versichern kann, dass in Bern die Welt in Ordnung sei, die Bevölkerung nicht eitel, die Vornehmen kulturell rege und der französischen Sprache mächtig und im übrigen ein Herrenstand von ritterlicher oder sonst vergleichbar vornehmer Herkunft regiere.[1] Überschwenglicher als Bonstetten schrieb ein anderer Gelehrter, der in Stadt oder Landschaft noch Ambitionen hegte. Heinrich von Gundelfingen (+1490), Spross einer hochrangigen «geistlichen Nebenlinie» eines schwäbischen Geschlechts, Professor für

Rhetorik in Freiburg im Breisgau, liess Bern 1486 ein rühmendes Werk angedeihen, die Topographia urbis Bernensis. Mit derartigem Städtelob hatte er 1481 bereits in Luzern Erfolg gehabt, wo er für seine Hymnen mit einer Chorherrenpfründe in Beromünster belohnt worden war.[2] Auf einer Halbinsel erhebe sich die Stadt, von einem fruchtbaren Gelände umgeben. Jäh abfallende Felsen, feste Mauern und Türme schirmten sie. Die Götter und die Natur seien freigebig gewesen mit ihren Gütern, nichts fehle der Stadt an ihrem Glück. Die Häuser seien mit Ziegeln gedeckt, seien geräumig und bequem, die Fenster schimmerten reich von Glas. Trockenen Fusses erreiche man unter den Lauben fast alle Teile der Stadt. Leichter sei es, das herrliche Rathaus zu bewundern, als die Bewunderung in Worte zu fassen. Von allen Ruhmeszeugen der Stadt sei das vorzüglichste das Zeughaus. Hier ruhe die Kraft des bernischen Staates, hier hätten die glorreichen Siege ihren Ursprung. Aus dem Kampf gegen den Herzog von Burgund seien die Berner mächtig hervorgegangen, hätten ihr Gebiet bis an den Genfer See erweitert, ihren Handel durch Frankreich ausgedehnt und reiche Schätze zurückgebracht. Wohlhabende Klöster umschlössen die Stadt, prächtige Kirchen und ein reich ausgestattetes, geräumiges Spital jenseits der Brücke. St. Vinzenz, weit und hell, errege Bewunderung mit seinem Turm und der edlen Ordnung seiner Säulen, wo die Banner aus der Beute der siegreichen Burgunderschlachten hingen. Bern beherberge viele edle Geschlechter: die Bubenberg, Erlach, Diesbach, Stein, Ringoltingen, Wabern und Palm und viele andere mehr, deren Tugenden, Klugheit, Grossmut und Tapferkeit die Stadt gross gemacht hätten. Grossartig sei es, wie Natur und Menschenwerk hier zusammengriffen. Nur eines fehle Bern, eine Universität, und einen Plan zu ihrer Errichtung lieferte der Professor gleich mit.

Man mag die Absicht Gundelfingens leicht erkennen, sich selbst noch ins Spiel zu bringen. Man kann es aber auch anders sehen: Der Plan unterstrich den Rang und die Ausstrahlung Berns gegen Ende des 15. Jahrhunderts auch im Kategoriensystem der gebildeten Elite der Zeit. Die Stadt wurde hier auf eine Stufe gestellt mit den berühmten Universitätsstädten Europas, von Paris bis Bologna, oder zumindest indirekt daran erinnert, dass die Herrschaft Berns gleichziehen könnte mit den Leistungen der grossen Dynastien und städtischen Obrigkeiten im alten Reich von Wien über Heidelberg bis Köln und Basel. Der Rat jedenfalls hatte den Wink verstanden, und bald begonnen, wenn auch vorerst noch auf der Ebene einer Lateinschule, für ein deutlich überregionales, dem bernischen Range angemessenes Bildungsangebot zu sorgen.

Die humanistische Rhetorik verlangte nach Ruhmrede und gezielter Übertreibung, da mag dem Standard ebenso viel entsprochen haben wie der Realität. Doch was für einen Bonstetten, den Angehörigen der Oberschicht eine schlichte Selbstverständlichkeit war, drückte Heinrich von Gundelfingen eigens aus und lobte die vorbildlichen Eigenschaften und Leistungen der handelnden Geschlechter, ihre *prudentia, magnanimitas* und *virtus* als wahre Herkules-Tugenden. Damit rückte er Bern in die Nähe «historischer Grösse». Dies nun wiederum zu tun, wie es in der Rede von «Berns grosser Zeit» geschieht, heisst in der Tat mit Gestalten der europäischen Geschichte zu liebäugeln, die Grösse im Beinamen führen, wie Karl oder Friedrich, Peter oder Katharina, oder mit der «Grande Nation», die sich seit den Tagen Ludwigs XIV. zumindest in ihrer Elite als eine solche versteht. Das ist zugegeben recht ambitiös; und was für die Zeit der Renaissance noch als angemessen gelten mochte, könnte für die heutige Zeit vermessen erscheinen.

Nun mag man für Berns 15. Jahrhundert nicht an eine individuelle, sondern eine kollektive historische Grösse denken. Auch für Bern können

Kategorien allgemein geteilter Grössenbeschreibung genannt werden: extensive Leistungen, standhafte Erfolge, Respekt bei Zeitgenossen und Nachfahren, identifikatorische Affekte, gemeinschaftsfähige politische, soziale und kulturelle Eliten und nicht zuletzt die Macht der Erinnerung. Bern war in der Tat im 15. Jahrhundert mächtig geworden, prägte Zeit und Zeitgenossen und baute mit an den Grundlagen der modernen Welt, von denen es noch heute zehrt. Bei Überlegungen zur Grösse, die ein gelungenes Gemeinwesen betreffen, wird man sich allerdings für einmal kaum auf Jacob Burckhardt berufen können, der in seinen «Weltgeschichtlichen Betrachtungen» den berühmtesten Versuch gemacht hat, zu bestimmen, was Grösse ist. Angesichts gewaltiger, selbstintensiver Menschen zu allen Zeiten, war Grösse für ihn nur das, «was wir nicht sind».[3] Wenn es einer Vorlage bedürfte, könnte man sich eher auf den Versuch von Arno Borst besinnen, die nahezu unangefochtene Persistenz der Grösse Karls des Grossen in der Anwesenheit zugleich politisch, kulturell und religiös herausragender Eigenschaften zu erklären, die nicht nur ihm allein, sondern einer ganzen Gemeinschaft zugute kamen, auch «den Kleineren», ganz unabhängig davon, dass sein reales Reich seinen physischen Tod nur um wenige Jahrzehnte überdauerte.[4] Karls Grösse war eine geteilte Grösse. Was war dann gross an Berns grosser Zeit, was das Besondere am bernischen 15. Jahrhundert?

Um 1500 war Bern unter den Gemeinwesen vergleichbarer geographischer Lage auf dem Boden des «älteren Europa» mit antik-mediterranem Hintergrund immer noch eines der jüngsten. Mit seinem Gründungsdatum von 1191 lag Bern gegenüber Städten westlich der Rheinlinie wie Strassburg, Basel, Solothurn, Chur, Zürich, Lausanne oder Genf zeitlich weit zurück, was sich je länger desto mehr hätte retardierend auswirken können. Auch die beiden Humanisten Bonstetten und Gundelfingen hatten die Tatsache einer vergleichsweise kurzen Entwicklungsgeschichte übereinstimmend hervorgehoben. Staunend stellten sie fest, dass Bern, obschon nicht alt, dennoch die berühmteste Stadt der Schweiz geworden sei und den Vergleich mit den Städten der Antike nicht zu scheuen brauche – für Humanisten ein ausserordentlich freundliches Kompliment. Immerhin hatte die Berner Gründung von 1191 Anteil an der grossen Gründungswelle zwischen 1150 und 1250, die in der europäischen Stadtgeschichte als eine der bedeutendsten Epochen des «mittelalterlichen Stadtentstehungs-Riesen» (Heinz Stoob) bekannt geworden ist. Im Aufschwung dieser Welle trat Bern ins Mittelalter, als dieses in die alteuropäische Phase überging, und die entscheidenden neuen und künftig prägenden Faktoren schon im Spiel waren: Bevölkerungszunahme, expansive Siedlungsbewegungen, Urbanisierung und Landesausbau mit veränderten Herrschaftstechniken, Marktorganisation und Arbeitsteilung, Wirtschaftswachstum und Mechanisierungen. An all dem war Bern von Anfang an beteiligt. Den politischen, schützenden wie privilegierenden Hintergrund lieferten grössere und kleinere Dynastien, die ihre Herrschaftsrechte zu optimieren trachteten und die Städte grundsätzlich ebenso zu nutzen suchten wie die Burgen, die Klöster und Kirchen im Lande. Die in Bern und im gesamten Oberrheingebiet aktiven Herzöge von Zähringen verhielten sich dabei nicht anders als die kaiserlichen Hohenstaufen. Dies mag einer der Gründe dafür gewesen sein, dass der Dynastiewechsel im Rektorat von Burgund im Jahre 1218 zugunsten der Hohenstaufen die künftige Entwicklung Berns in keiner Weise beeinträchtigte. Im Gegenteil, die königliche Stadtherrschaft wirkte sich künftig entschieden positiv aus. Des Königs privilegierende und legitimierende Nähe per Urkundenpergament war für die Behauptung gegenüber territorialen Nachbarn ebenso wichtig wie seine nur selten unterbrochene physische Ferne für die erstrebte Emanzipation. Letztere war freilich ein allgemein städtisches Phänomen gegenüber dem Stadtherrn und seiner fürstlich-adligen Umgebung und beruhte auf der finanzwirtschaftlichen Überlegenheit des Gebildes Stadt. Erst vom 15. Jahrhundert an sollte sich das zugunsten der fürstlichen Territorien ändern; da aber hatte sich die Frage der künftigen Stadtherrschaft bereits generell entschieden, ganz besonders in Bern. Der Emanzipationsprozess, den Bern in der Verfassungsform einer werdenden Reichsstadt durchlief[5], setzte mit der Katastrophe des hohenstaufischen Herrscherhauses nach 1250 ein und erreichte seinen Höhepunkt gegen Ende des 14. Jahrhunderts. Emanzipation bedeutete in diesem Zeitraum, dass sich verschiedene Hoheitsrechte im Steuerwesen, im Militär- und Befestigungswesen, in Gesetzgebung, Gericht und Verwaltung aus der alten zähringisch-staufischen Ordnung herauslösten und allmählich, wenn auch nicht alle gleichzeitig, an die Stadt selbst übergingen. Es gelang zudem, die Amtsleute des Königs eidlich an die Stadt und ihre Interessen zu binden und ferner die Sozialkreise von Amtsträgern und Stadtbürgern einander so anzunähern, dass die entscheidenden Positionen aus der Stadt heraus durch Bürger, vielmehr Angehörige der politischen Elite stadtadlig-grossbürgerlicher Herkunft besetzt werden konnten. Aktiv wurde die Selbstverwaltung in der ganzen Palette der Machtmittel angestrebt, wozu auch die Fälschung der «Goldenen Handfeste» Kaiser Friedrichs II. gehörte, rückdatiert auf 1218, die nach der Bestätigung durch König Rudolf von Habsburg 1274 eine äusserst nützliche Basis der verfassungsrechtlichen und sozialen Entwicklung Berns werden sollte. Um 1300 hatte man einen äusseren und inneren Entwicklungszustand erreicht, der sich im Grunde nicht von dem unterschied, den rund 1200 andere, im Sinne der beiden Humanisten etwa «gleichaltrige» Städte im Kräftespiel zwischen Stadt und Stadtherrschaft ebenfalls erlangt hatten. Das Bild einer mittelalterlichen Stadt, das man sich gemeinhin so macht, war jetzt jedenfalls fertig gezeichnet und konnte dem späteren Mittelalter relativ geschlossen zur weiteren Entwicklung angeboten werden.

Ein solches Angebot wurde jedoch von den beteiligten Kräften höchst unterschiedlich genutzt. Auffallend konsequent, was Richard Feller die «Rückkehr zum Reich» nannte[6], setzte Bern wie schon erwähnt, auf die «königliche Karte». Mit der Rückendeckung von König und Reich gewann es zusammen mit seiner ohnehin günstigen Randlage im äusseren Südwesten des Reiches sehr viel Spielraum gegenüber kleineren und grösseren Nachbarn, Bündnispartnern und Gegnern, auch gegenüber der habsburg-österreichischen Herausforderung in all ihren Spielarten. Man wird dies als eine der grundlegenden politischen Rahmenbedingungen für die künftige Entwicklung und die Stellung Berns im «grossen 15. Jahrhundert» festhalten müssen, will man nicht einfach von den «eidgenössischen Ergebnissen» der Geschichte her urteilen. Bern handelte vom Königsgut aus, in das es 1191 im burgundischen Rektorat hineingeboren worden war. Man verband sich bereits 1255 zur Abwehr fremden Zugriffs (Kiburg) auf dieses Gut mit Kräften in ähnlicher Situation (Murten und Hasli) und suchte fast bis ans Ende des Jahrhunderts immer wieder die Protektion Savoyens; jedoch so, dass der Graf nur auf eine bestimmte, vertraglich befristete Zeit an die Stelle des Königs rücken und dessen Regierungsgeschäfte betreiben sollte, solange bis ein König wieder selbst in der Lage war, in der Nähe, d. h. im gesamten Oberrheingebiet, die Herrschaft auszuüben. Diese Option liess Bern bis ins 16. Jahrhundert hinein in fast alle seine Bündnisverträge, auch mit den Eidgenossen, hier begreiflicherweise auf Gegenseitigkeit, aufnehmen und die Vertragsgültigkeit damit unter Reichsvorbehalt setzen.

In diesem Rahmen schöpfte Bern seine Möglichkeiten fast Zug um Zug aus. Zur Emanzipation aus dem Königsgut heraus gehörte die Territorialisierung des näheren und ferneren Umlandes. Sie entfaltete sich in der burgundisch-oberrheinischen Adelslandschaft vor allem zwischen den grossen Kräften von Savoyen und Habsburg sowie dem Hochstift Basel. Geführt von einer mehrheitlich königs- und reichsbezogenen politischen Elite, verhielt sich Bern nicht anders als andere Reichsglieder, als geistliche und weltliche Reichsfürsten, Grafen, Herren und Städte in Bündelung von Herrschaftsrechten, gerade auch von Reichsrechten und Besitztiteln aller Art. Bern erbte, kaufte, siegte und eroberte, erwarb Lehen und Pfandschaften, begleitet und abgesichert durch bedeutende kaiserliche Gnaden. Bern zog Neubürger an, darunter Ausbürger in beträchtlicher Zahl, die das städtische Umland und werdende Territorium sicherten, zugleich aber den Herrschaften im Lande Abgaben und Kräfte entzogen. Phasen raschen Erfolges, Stagnationen und Rückschläge wechselten einander ab, und auch Glück war nicht das Letzte, das in Bern zum Erfolg gehörte. Glück bei kriegerischen Unternehmungen, im Laupenkrieg, im Streit mit dem Bischof von Basel, im Burgdorfer und im Sempacher Krieg oder eine glückliche Hand in Finanzgeschäften, die von den in der Stadt verbürgerten lombardischen «Bankiers» und sogenannten Kawertschen getätigt wurden, und deren Zölle und Abgaben auf Kreditgeschäfte man schon seit 1312 als Reichspfandschaft besass. Glück und Vorteile der Stadt korrespondierten freilich nicht selten mit den wirtschaftlichen Schwächen der Anderen, die sich aus den verschiedensten Krisen des späten Mittelalters für den ländlichen Adel, für geistliche Institute und manche Ortschaften und Städte ergaben. Bern nutzte hier seine Vorteile in Burgrechtsverträgen, Bündnisverträgen und Landfrieden und konnte so manches Mal die Bedingungen diktieren. Auch Berns Bündnis mit den Waldstätten von 1353 galt zunächst einmal nicht einer gemeinsamen «eidgenössischen» Politik, sondern eigenen burgundischen Interessen zwischen Savoyen und Österreich.[7]

Als Bern ins 15. Jahrhundert eintrat, waren die Verhältnisse zu seinen Gunsten entschieden, so weit sogar, dass die Katastrophe des Stadtbrandes von 1405, dem mehr als 600 Liegenschaften auf dem Stadtgebiet zum Opfer fielen, die bernische Expansion in keiner Weise behinderte, so wenig, wie das seit der Mitte des 14. Jahrhunderts der Schwarze Tod und die weiteren Pestzüge taten, die wohl Stadt und Land dezimierten, aber nicht handlungsunfähig machten. Nur zehn Jahre nach dem Brand ist man im Aargau schon wieder siegreich und gewinnträchtig dabei. Im Grunde war der Brand trotz aller Tragik im privaten Erleben ein Glücksfall für die Stadt, nicht nur zeitlich gesehen am Anfang des Jahrhunderts; er war das Tor zu Berns grosser Zeit. Die Stadt selbst wurde ein geschäftig lärmender, aber zugleich dynamischer und viel bewunderter Bauplatz – trotz hoher Steuerbelastung und chronisch leerer Stadtkasse. Die Jahrzehnte von 1415 bis zu den Burgunderkriegen dienten nun weniger dem weiteren äusseren Gebietszuwachs als vielmehr der inneren Organisation und der Landesverwaltung, dem Durchsetzen der Landeshoheit, den Landgrafenrechten, den hoheitlichen Steuer-, Gerichts- und Aufgebotsrechten im ganzen Territorium, mochten sie schon in städtischer oder noch einzelner, stadtbürgerlich-adliger Hand sein. Berns Grösse lag in seinem entstehenden Staatswesen und seine grosse Zeit bezog sich nicht nur auf die Stadt, sondern auch auf das Land, auf «das grössere Bern», das Konrad Justinger seit 1421 im Auftrag von Schultheiss, Rat und Burgern in seiner Chronik zu beschreiben begann.[8]

Das 15. Jahrhundert, als eigene Epoche betrachtet, war nicht von sich aus allgemein eine «grosse Zeit», auch wenn man es als das letzte Jahrhundert des «späten Mittelalters» vor der Zeitenwende heute nicht mehr mit einer Verfallserscheinung konnotiert. Soweit man überhaupt etwas Allgemeines über eine Epoche sagen kann, ohne nicht im gleichen Atemzug zeitliche Zäsuren und starke regionale Differenzierungen ankündigen zu müssen, versteht man das 15. Jahrhundert heute als eine «Zeit der Mitte», nicht nur wegen des numerischen Zufalls in der Mitte der «alteuropäischen Zeit» vom 12. zum 18. Jahrhundert, sondern wegen seiner «vermittelnden» Stellung, die in Vielfalt und Wandel des geschichtlichen Lebens, im Aufeinanderprallen von Altem und Neuem, in den Erschütterungen und den aus ihnen heraus produzierten Alternativen seit dem «krisenhaften» 14. Jahrhundert zum Ausdruck gekommen ist.[9]

Dass man angesichts solcher Vielfalt und notwendiger Differenzierungen Bern in seinem 15. Jahrhundert dennoch so gross hervorheben kann, liegt an der spezifischen Abweichung vom allgemeinen Bild zeitgenössischer Städte: Das Verhalten Berns hätte man von einer Stadt im Raum des alten Reiches und überhaupt nördlich der Alpen so nicht erwartet. Hätten die Zähringer oder die Staufer als Landesherren überlebt und vielleicht einen Südweststaat gebildet, wäre Bern unter den Städten dieses Gebildes kaum weiter aufgefallen. Viele Reichsstädte haben oft in Konkurrenz zu benachbarten Fürsten eigene Territorien gebildet, insbesondere im Süden des Reiches und begreiflicherweise in der Nähe der Könige und Kaiser, doch keine Stadt, ausser einigen Stadtstaaten Italiens, hat ein derart grosses Herrschaftsgebiet zusammengebracht wie Bern. An Fläche und Macht stand es einem grösseren Reichsfürstentum in nichts nach, und nicht von ungefähr hat der Chronist Valerius Anshelm zu Anfang des 16. Jahrhunderts das Berner Staatswesen als Fürstentum bezeichnen können. Bern fiel auf; doch das hatte nicht in erster Linie wirtschaftliche, sondern politisch-soziale Gründe. Dass Bern zum grossen Staat geworden war, lag auch an der Eigendynamik seiner alt- und neuadligen Führungsschicht in der Stadt wie auf dem Lande. Herren mussten nach ihrem Selbstverständnis Herren sein und Herrschaft ausüben. Mit ihrem Machtsinn hatten sie Berns Entfaltung geleitet; wie Richard Feller treffend formulierte: «Die Herren hatten sich der Stadt zugewandt, weil sie auf rein adeliger Grundlage nicht mehr gediehen und in der Stadt Betätigung ihrer Führergaben fanden. Sie traten mit dem Bürgertum in eine glückliche Verbindung ein, in der sich die Vorzüge beider Stände mischten. Die Eintracht der Oberschicht ersparte Bern die Kämpfe zwischen Rittern und Bürgern, die Basel schwächten, und schaltete ein Zunftregiment aus, unter dessen Mängel Zürich litt. Sie wurde auch dadurch fruchtbar, dass sie Stadt und Land innerlich zusammenbrachte.»[10]

Das Besondere, die Grösse des bernischen 15. Jahrhunderts lag also in der gemeinsamen, von den Humanisten zu Recht bewunderten Anstrengung, die die politisch-soziale Elite im Bund mit der Bürgerschaft und den Untertanen im Land zu leisten imstande war. Unüberhörbar erhob sie am Ende zusammen mit und führend unter den Eidgenossen ihre Stimme im Konzert der europäischen Höfe – in Frankreich, Italien, im Heiligen Römischen Reich deutscher Nation, bei Papst und Kaiser. Die Erfolge machten sich im übrigen bezahlt. Viel Geld kam ins Land, weniger zwar durch Handel als durch Pensionen, aber es brachte gediegenen Wohlstand, den man in Grundbesitz, aber sichtbar auch in Kulturgüter investierte. In Bern, nicht anderswo steht das bedeutendste Münster der Eidgenossenschaft, das sich mit den «bürgerlichen Bauten» von Freiburg im Breisgau, von Ulm, Schwäbisch Gmünd oder Landshut messen muss. Und der vergleichsweise riesenhafte Raum des Vinzenzmünsters verlangte alle Kräfte zur adäquaten Ausstattung. Insofern ist Berns grosse Zeit, so könnte man formulieren, wenn der Begriff nicht schon anderweitig besetzt wäre, auch eine goldene Zeit gewesen.

Kirchliche und profane Kunst in Bern im 15. Jahrhundert – einige Aspekte zu einer Stilgeschichte des 15. Jahrhunderts

Ellen J. Beer

Die Spiezer Bilderchronik des Diebold Schilling berichtet: *«Do man zalt MCCCCXX jar, wart von reten und burgern von einem nüwen münster gerett, wann ouch daß alt ze clein waß, und meint man, eß stůnd nit lang. Und kam man ûberein, daß anzefachen. Und sant man gen Straßburg nach meister Matheuß sůn; der kam und wart zů einem werckmeister bestelt.»*[1] Ein Jahr darauf, 1421, *«wart der erst stein an das münster geleit und ouch angevangen»*.

Ob allerdings den Initianten des anspruchsvollen Projekts ihr Unterfangen über vorhandene Bedürfnisse der Repräsentation hinausgehend bereits auch in ihrer ganzen künstlerischen Tragweite für den Oberrhein bewusst gewesen ist, bleibt fraglich.

Zehn Jahre später bot die «Grossbaustelle» des Münsters in Bern einen begehrten Anziehungspunkt für Künstler und Kunsthandwerker aus den benachbarten süddeutschen Gebieten. Sie kamen nicht vergebens, denn sie sahen sich einer städtischen Gesellschaft gegenüber, die mit Aufträgen nicht kargte und deren Gebefreudigkeit, gepaart mit der Sorge um die ständische Repräsentation wie um das eigene Seelenheil, in grossem Stil zu frommen Stiftungen führte (vgl. Kap. V, S. 367).

Die bernische Oberschicht, sowohl Patrizier wie auch Studierte und Universitätsabsolventen, entwickelten in ihrer vornehmen Umgebung ein beachtliches Bedürfnis nach Repräsentation, und auch die Handwerker besassen, dank ihrer Zunftzugehörigkeit, seit dem 15. Jahrhundert ein eigenes Standesbewusstsein. Urs Zahnd hebt im vorliegenden Buch nachdrücklich hervor (vgl. Kap. II, S. 119), dass für diese städtische Oberschicht insgesamt die Ausrichtung während des ganzen 15. Jahrhunderts nach Wertvorstellungen und Formen des Selbstverständnisses und der Selbstdarstellung erfolgte.

Seit einigen Jahrzehnten hat sich die Bern-Forschung historisch wie kunsthistorisch intensiviert, was auch aus den vorliegenden Beiträgen ersichtlich wird. Unsere Vorstellung vom städtischen Leben und vom künstlerischen Schaffen in dieser Stadt im 15. Jahrhundert hat dabei wesentlich an Farbe gewonnen. Dem Historiker stehen heute für seine Analysen nicht nur bessere diplomatische Kenntnisse zur Verfügung, sondern auch verfeinerte Arbeitsmethoden, die auf dem Weg über interdisziplinäre Kontakte mit anderen Forschungsgebieten erreicht werden. Archäologische Ausgrabungen und die Feldforschung der Denkmalpflege – heute vor allem aktiviert durch eine intensive Bautätigkeit zumal im Kernbereich der Stadt – haben zum Teil überraschend neue Einsichten in die Bautätigkeit und die Strukturen des alten Bern an den Tag gefördert, die unser Bild beträchtlich verändern. Nur zwei Beispiele seien herausgegriffen: 1986 brachten Sanierungsarbeiten an der Westecke der Münsterplattform aus grosser Tiefe einen spektakulären Skulpturenfund aus dem 15. Jahrhundert ans Licht, der in der Folge des Bildersturms von 1528 an dieser Stelle vergraben worden war.[2] Durch ihn hat die Forschung unerwartete Einblicke in die Gestaltung und das Kolorit damaliger Bildwerke tun können.

Seit längerer Zeit werden an den Glasmalereien des Münsters Restaurierungen vorgenommen, die kurz vor dem Abschluss stehen; die Arbeiten an den Fenstern boten Gelegenheit zur genauen wissenschaftlichen Bearbeitung im Rahmen der internationalen Reihe des Corpus Vitrearum.[3] Es sei vermerkt, dass gerade diese Reihe von Bern ausging: ihr Initiant war der seinerzeitige Ordinarius für Kunstgeschichte an der Berner Universität, Hans R. Hahnloser, und seine Idee eines Glasmalerei-Corpus entwickelte sich bald nach dem Zweiten Weltkrieg erfolgreich.

Die Untersuchungen von Brigitte Kurmann zur Glasmalerei des hiesigen Münsters sind 1998 erschienen: sie tragen, wie auch die kürzlich abgeschlossenen Forschungen von Franz-Josef Sladeczek über den Skulpturenfund, wesentlich dazu bei, dass sich Bern unter heutiger Sicht als ein höchst beachtlicher Schauplatz und Mittelpunkt des künstlerischen Geschehens im Herzen des spätmittelalterlichen Europa entpuppt: lebendig, farbig, ein begehrter Arbeitsplatz – anders als man sich das lange vorgestellt hatte.

Solche Erkenntnisse basieren auf verschiedenen Arbeiten, die die wechselseitigen Beziehungen zwischen den städtischen Zentren in der Eidgenossenschaft und dem oberdeutschen Raum aufdecken. Dabei lenkten in den letzten Jahrzehnten auch Ausstellungen[4] vermehrt die Aufmerksamkeit auf die Bedeutung der oberrheinischen Kunst, welche diese für die benachbarten Landschaften besass. Schon 1984 setzte sich Lieselotte Stamm (Saurma-Jeltsch)[5] ernsthaft mit dem Oberrhein als vielgestaltiger Kunstlandschaft auseinander und prägte dafür den Begriff der «Kommunikationslandschaft», in der zwar verschiedenste, «aber gleichwohl in einem bestimmten Muster angeordnete Beziehungen zu beobachten sind». Sie entfalten sich auf drei Ebenen der Kommunikation: der geographischen, der gesellschaftlich-wirtschaftlichen und der politisch-religiösen, wobei sie eine gemeinsame Struktur erkennen lassen.

Was das spätmittelalterliche Bern angeht, so ist für seine während des ganzen 15. Jahrhunderts primär nach dem Oberrhein ausgerichtete künstlerische Entwicklung der Münsterbau massgebend gewesen (vgl. Kap. V, S. 421–444). Das geht bereits aus der repräsentativen Berufung Ensingers hervor, der nach dem Tod seines Vaters 1419 noch kurz in Strassburg als Parlier gearbeitet hatte. Mit Ensinger wird erstmals nicht nur ein Architekt aus der führenden Bauhütte des Elsass fassbar[6] und werden wesentliche Formelemente nach Bern verpflanzt; dank des Skulpturenfundes von der Münsterplattform wird neben dem Architekten auch der Bildhauer Ensinger in ein bis anhin noch nicht so konkretes Licht gerückt. Bereits anlässlich des Berner Kolloquiums von 1988[7] habe ich vermutet, dass sich unter den wohl noch vor 1430 entstandenen Bildwerken – von älteren Importstücken abgesehen (Abb. 302)[8] – auch solche von der Hand Ensingers befinden, zwei Diakonsfiguren, ein Johannes der Täufer und ein grossartiger hl. Georg (siehe Abb. hl. Georg), der selbst im Kolorit von einer Authentizität ist, wie wir sie bei den von Restaurierungen überarbeiteten Figuren der Grafen von Freiburg am Neuenburger Epitaph[9] nicht besitzen (307). Inzwischen konnte meine Vermutung durch die Forschungen von Franz-Josef Sladeczek und Urs Zumbrunn bestätigt werden. Wenn Peter Kurmann zur Baugeschichte des Berner Münsters (vgl. Kap. V, S. 421) das «Anspruchsniveau» des Berner Rats an seinen Münsterbau als «sehr hoch» bezeichnet, indem er einen Architekten der «Avantgarde» verpflichtete, einen Werkmeister, der der Stadt einen Plan unterbreitete, der bis zum Bauabschluss im 16. Jahrhundert nahezu unveränderte Gültigkeit besass, so darf man den gleichen künstlerisch hochstehenden Anspruch auch auf den Bildhauer Matthäus Ensinger übertragen. Kurmann nennt zudem den hochragenden Münsterturm ein «städtisches Identifikationssymbol», dem die Kirche mit ihrem am Oberrhein im Spätmittelalter einzigartigen Schmuck an farbigen Glasfenstern entspricht. Kaum weniger lässt sich von der einstigen skulpturalen Ausstattung sagen, die trotz der Zerstörungen durch die Bilderstürmer von 1528 eine grosse Ausstrahlung besitzt. Auch sie zeugt vom Selbstverständnis ihrer Stifter. Sladeczek liefert dazu ein gutes Beispiel (vgl. Kap. V, S. 367, Abb. 267): die mächtige Figur des Erzengels Michael, die der westfälische Bildhauer Erhart Küng nach 1476, dem Sieg bei Murten, im Auftrag des Ritters Niklaus von Scharnachtal († 1489) geschaffen hat.[10] Auch dieses Bildwerk liefert uns ein anschauliches Beispiel der originalen Farbgebung.

Heiliger Ritter Georg.

Anders als Küng arbeitete Ensinger bei den von ihm geschaffenen Skulpturen vor 1430 noch ganz in der Tradition jener stilistischen Tendenzen wie sie – allen voran die höfische Kunst der Pariser Buchmalerei (z. B. Bedfordmeister) – in der Zeit des sogenannten «Schönen Stils» über weite Teile Europas, zumal an den führenden Höfen, verbreitet hatte. Hierher gehört auch die Ulmer Glasmalerei, als deren kostbares Werk das Passionsfenster des Hans von Ulm 1441 im Auftrag der Stadt an zentraler Stelle im Chor des Berner Münsters eingesetzt worden war

(→Abb. 316); Ensinger wirkte vermutlich 1436 als Vermittler. Das Passionsfenster arbeitet noch mit der reichen Faltenführung des Schönen Stils, besitzt aber doch schon markante moderne Züge, die sich als nachhaltiges Vorbild auf die jüngere Glasmalerei nicht nur in Bern, sondern auch im Bereich des gesamten Oberrheins auswirken sollten (vgl. Kap. V, S. 430, 444). Vor allem die Neuerung einer bildhaften Kompositionsweise durch die Einbeziehung ausgedehnter Landschaften in zartblauer bis grünlich-grauer Tönung und die Einführung von Schatten schaffen Verräumlichung. Die architektonische Gliederung, die den ganzen Fensteraufriss erfasst, führt zur Ausbildung verschiedener Aktionsräume, die ohne Kenntnis niederländischer Malerei – wie zum Beispiel eines Jan van Eyck – nicht denkbar sind. Hinzu kommt eine zunehmende Individualisierung der Gesichtszüge, was auch in der Skulptur, etwa beim Kopf von Ensingers heiligem Georg, beobachtet werden kann.

Damit beginnt sich auch am Oberrhein eine deutliche stilistische Wandlung abzuzeichnen, die sich weniger von Strassburg her ausbreitet denn zwischen 1431 und 1439 von der Konzilstadt Basel ausgeht. Durch das zweite allgemeine Konzil auf deutschem Boden blühten in Basel Handel, Wissenschaft und Kunst; es strömten geistliche Besucher – darunter hohe Prälaten – in die Stadt, und König Sigismund hielt seinen Einzug zur Abhaltung eines Reichstages. Basel war vorübergehend zu einem wahren Ballungszentrum geworden. Auch von Bern aus blickte man nach Basel, wo sich schliesslich nicht nur kirchlich entscheidende Fragen der Erörterung stellten, sondern auch künstlerisch grundlegende Veränderungen anbahnten. In jenen entscheidenden Jahren lebte in Basel der Maler Konrad Witz, ein Meister des Realismus und der Vergegenständlichung bei der Wiedergabe seiner Umwelt, dessen nach 1435 entstandener monumentaler Heilspiegelaltar in St. Leonhard das allgemeine Interesse auf sich zog. Matthäus Ensinger muss Witz gekannt haben: überliefert sind Verhandlungen hinsichtlich einer möglicherweise skulpturalen Ausführung des heute verlorenen Mittelschreins mit Predella und Gesprenge des Basler Heilspiegelaltars durch Ensinger.[11] Die Berührung mit der Malerei des Konrad Witz scheint jedoch zu einer gewissen Stilveränderung bei Ensinger geführt zu haben. Beim Berner Skulpturenfund ist beispielsweise die aufrechte, breitbeinig dastehende Haltung des Täufers Johannes ohne eine gewisse Nähe zu Witz nicht zu erklären, und in Neuenburg wirken die beiden Grafen von Freiburg, insbesondere Graf Johann mit dem selbstbewussten Spreizschritt, wie ältere Verwandte der alttestamentlichen Helden Sabobay und Benaja auf dem Heilspiegelaltar. Vergleicht man demgegenüber die gespannte, jedoch eher fragile Linienführung des hl. Georg und die pathetische Steigerung seiner Gesichtszüge, glaubt man zu erkennen, dass die Berner Figur stärker auf die frühere, noch immer höfische Richtung des Ulmer Bildhauers Hans Multscher um 1430 zurückverweist.[12] Hans Multscher dürfte dem mit Ulm vertrauten Matthäus Ensinger kein Fremder gewesen sein. Hinsichtlich der Grafenfiguren in Neuenburg könnte bei Ensinger auch bewusst die Problematik der Stillage eine Rolle gespielt haben. Dass bei den jüngeren Chorfenstern des Berner Münsters Witz'scher Einfluss ausgeprägt hervortritt, überrascht nicht. Es dürfte kein Zufall sein, wenn gerade während des Konzils in Basel (1431–1439) die graphischen Künste gefragt sind, darunter offenbar auch ein Bedarf an Spielkarten (gemalt, in Kupfer gestochen, in Holz geschnitten)[13] besteht. Dem Kenner bestens bekannt ist der sogenannte Meister der Spielkarten um 1430 (Abb. 344), dessen Einfluss im Stil sowohl des Zehntausendritter- wie des Dreikönigsfensters in Bern nachwirkt (vgl. Kap. V, S. 444). Der Entwerfer der Dreikönigslegende muss, so Brigitte Kurmann, wie Meister Bernhart solche Spielkartenblätter gesehen haben. Ihnen steht als dominantes malerisches Beispiel das schöne Stuttgarter Kartenspiel gegenüber, dessen höfische Momente stärker hervortreten als etwa beim Meister der Spielkarten; dieser rückt bereits näher an Witz heran. Wo auch immer sich die Werkstatt derartiger Kartenspiele befand, sei es in Basel, in Strassburg oder im weiteren elsässischen Umfeld – sicher ist, dass sie sich stilistisch mit dem anonymen Maler des Frankfurter Paradiesgärtleins und anderer mit diesem in Verbindung gebrachten Gemälde berühren.[14] Auch Ensinger muss jener Künstlerkreis nicht fremd gewesen sein: Sladeczek zeigt, dass der erhabene hl. Georg der grosse Bruder des zierlichen hl. Georg auf dem Paradiesgärtlein-Bild ist.

Die Chorfenster des Münsters, die von der seit den späten 1440er Jahren in Bern etablierten Werkstatt des Niklaus Glaser bis 1453 geschaffen wurden (vgl. Kap. V, S. 444), können bedenkenlos als aus dem Einflussbereich der Basler Glasmalerei hervorgegangen bezeichnet werden, die uns so aus Basel selbst seit der Reformation restlos verloren ist. Brigitte Kurmann sieht in Meister Bernhart infolge seiner Vertrautheit mit Basler Künstlerkreisen den idealen Stilvermittler über den Weg seines Kartons. Beachtung verdient ferner ihr Hinweis auf die Maler- und Glasmalerdynastie mit dem Namen Glaser im Dienst des Basler Bischofs Arnold von Rotberg (1451–1458), zu der eventuell auch der in Bern tätige Niklaus Glaser gehören könnte. Der Kreis rundet sich, wenn man bedenkt, dass in Basel Michel Glaser in den 1450er Jahren die Glasmalereien aus der Kapelle von Bourguillon bei Fribourg schuf, in denen Motive aus dem Berner Wurzel-Jesse- und dem Mühlenfenster (Figur Gottvater in Wolken) verarbeitet sind (→Abb. 317; →Abb. 319). Kommt noch hinzu, dass Quellen im Umkreis des Michel Glaser einen Maler Bernhart Kremer erwähnen, der möglicherweise mit Meister Bernhart (dem «*frömden*» Meister) in Bern identisch ist.

Nach der Mitte des 15. Jahrhunderts präsentiert sich in Bern ein künstlerisch völlig verändertes Bild. Matthäus Ensinger hat die Stadt schon 1446 verlassen, um nach Ulm zu gehen, wo er 1463 starb. 1459 war Bern Vorort der süddeutschen Bauhütten geworden; seit 1453 weilte Stephan Hurder aus Passau als Bauhüttenleiter in Bern, 1456 kommt Erhart Küng, «*der Bildhauer*», der Schwiegersohn von Hans Wanner hinzu. Er wohnt an der Junkerngasse und wird 1460 erstmals Mitglied des Grossen Rats und Mitglied der Gesellschaft zum Affen, der Steinmetzzunft Berns. Der Westfale wird 1479 Stadtwerkmeister und ab 1483 Werkmeister des Berner Münsters.

Die siegreich verlaufenen Burgunderkriege stärkten die Position Berns in der Eidgenossenschaft, heben das Selbstwertgefühl von Rat und Burgerschaft; sie verändern aber, nicht zuletzt unter dem Eindruck einer sich ebenfalls beträchtlich gewandelten politischen Landschaft, vor allem aber angesichts einer neuartigen Stilsituation im gesamten süddeutschen Gebiet, auch in Bern, die künstlerische Orientierung der Stadt. Äusserlich zeigt sich dies vor allem schon an der Wahl der führenden Mitarbeiter in der Bauhütte; Erhart Küng, der zweite bedeutende Bildhauer, kommt aus Westfalen nach Bern, der Bauleiter Stephan Hurder aus Passau, mit anderen Worten, das künstlerische Umfeld beginnt sich auszuweiten, wird vielgestaltiger. Hatte in der ersten Hälfte des 15. Jahrhunderts der Oberrhein mit den Städten Strassburg und Basel stilgebend im Mittelpunkt gestanden, war es Ulm mit seinem blühenden Zweig der Glasmalerei gewesen – so ist es klar, dass diese Ausrichtung hauptsächlich auf der Vermittlung von Matthäus Ensinger beruhte, der wohl bedeutendsten Figur unter den Werkmeistern der Münsterbauhütte.

Jetzt strömen neue Kräfte, Stilelemente in den oberdeutschen Raum; sie kommen aus Niederdeutschland, aus Flandern und den Niederlanden, und sie entfalten sich zu einem Teil dank den vorherrschenden politischen Konstellationen und Machtverhältnissen in Europa.

Am Ende der Burgunderkriege 1477 war das Reich Karls des Kühnen im Kampf um Lothringen zerschlagen, fielen infolge der von Kaiser Friedrich III. klug geplanten Heirat Erzherzog Maximilians mit Maria, der Tochter und einzigen Erbin Karls des Kühnen, weite Teile der Grafschaften von Flandern, Artois, Hennegau und die Herzogtümer Brabant, Luxemburg, Limburg und Holland an das Deutsche Reich, beziehungsweise das Haus Habsburg. Es sind jene schon damals hochindustrialisierten Landstriche und Städte, das flandrische Gent, Brügge, Ypern, das brabantische Mecheln oder der erzbischöfliche Sitz Courtrai und Maastricht mit seiner stolzen Bürgerschaft, Städte in denen der Handel blühte und ein angesehener Kaufmannstand zur See und auf den Fernhandelsstrassen zwischen der Hanse und Italien geachtet war.[15] Es sind die Höfe von Gent und Brüssel, die vor allem nach burgundischer Art in allen Fragen des Zeremoniells und der Etikette sowie der Mode den Ton angaben. Künstlernamen tauchen auf, im flandrischen Brügge, wo das Kunsthandwerk florierte und die orientalische Teppichknüpferei, im brabantischen Antwerpen mit seinen Jahrmärkten. Als Künstler nennen wir hier nur die bekanntesten, etwa den Meister von Flémalle, Jan van Eyck, Rogier van der Weyden oder Hans Memling. Ihr in der Wirklichkeitskunst trefflich geschulter Stil, modisch pretentiös und in der Bewegung geziert, findet rasch den Weg über Köln rheinaufwärts oder über die Maaslande und Lothringen in oberrheinisches Gebiet. Dort wird er hauptsächlich über die graphische Kunst und den Buchdruck rasch weiterverbreitet. In den Werken Martin Schongauers oder den Kupferstichblättern des Meisters ES in den 1460er Jahren ist er allgegenwärtig. Aus den Niederlanden kommt der bedeutende Bildhauer Niclaus Gerhaerts van Leyden, der in hohem Mass die oberdeutsche Bildnerei prägt.[16] Seinem Einfluss kann sich auch die spätgotische Skulptur des Berner Münsters nicht entziehen (zum Beispiel der Kruzifixus des Heinrich IV. von Bubenberg, um 1460).[17] In Basel zeugt ein grossartiges Werk der Goldschmiedekunst, das Hallwyl-Reliquiar von 1467–1470 von der Auswirkung seines Stils.[18] Gerhaerts ist über Trier, Strassburg 1462 nach Oberdeutschland gekommen, ist in Konstanz nachzuweisen, in Baden-Baden; um 1467 bis zirka 1472 hält er sich in der Wiener Neustadt auf, wo er die gewaltige Deckplatte für das Grabmal Friedrichs III. gearbeitet hat; 1473 ist er in Leyden gestorben.

Zur gleichen Zeit vertritt Erhart Küng in Bern den niederländisch beeinflussten Stil der zweiten Jahrhunderthälfte. Neueste Forschungen von Franz-Josef Sladeczek[19] (vgl. Kap. V, S. 367, 374) weisen unter anderem nach, dass seine bildhauerische Tätigkeit – anders als bisher angenommen – schon vor den 1460er-Jahren einsetzt, und zwar mit einem herrlichen Werk, dem Relief mit Schmerzensmann zwischen zwei Engeln aus der Kartause Thorberg.[20] Es folgt unmittelbar der erwähnte Friedhofskruzifixus Heinrichs IV. von Bubenberg, ein hl. Antonius der Eremit mit dem von Erlach-Wappen um 1464 (→Abb. 271), eine weitere fragmentarische Antoniusfigur um 1460 mit schönem bärtigem Kopf in der feinen Art desjenigen des Schmerzensmannes aus Thorberg; schliesslich kann aus dem Skulpturenfund noch eine Diakonsfigur hinzugenommen werden, die auf der Plinthe die Jahreszahl 1456 trägt und eine prächtige originale Fassung besitzt. Der qualitätvolle Erzengel Michael des Nikolaus von Scharnachtal von 1476 wurde bereits oben genannt (Abb. 267). In seiner bewegten Haltung geht er auf Kupferstichvorlagen des Meisters ES (1467), auf Martin Schongauer und Israhel van Meckenem zurück.

Alle Figuren Erhart Küngs unterscheiden sich ohne Ausnahme von denjenigen Ensingers im Werkstoff, in der Verwendung eines anders gearteten Sandsteins.[21] Dieser ist feinkörnig, blaugrau, mit zum Teil inkohlierten und mergeligen Schichteinschlüssen und, bei lebensgrossen Figuren, in homogener Körnung (eventuell Gurten-Steinbruch?). Ausser der Schultheissenpforte, der Jubiläumspforte (1191/1421/1491), ist das Hauptportal des Münsters mit dem Jüngsten Gericht die aufwendigste Arbeit, die Küng, gemeinsam mit seiner Werkstatt, in Bern geschaffen hat (→Abb. 258).

Seit je fand das Portal in der Forschung grosse Beachtung; schon Valerius Anshelm lobt es als das *«von im [Küng] gemacht groß portal».* Hinsichtlich seiner Datierung halten wir uns an die Ausführungen in der Untersuchung von Luc Mojon von 1960[22] und in der Küng-Monographie von Sladeczek von 1990. Bauliche Indizien sprechen für einen einheitlichen Entstehungsprozess aufgrund einer alles umfassenden Planung, wonach, so Sladeczek, «das Arbeitsverfahren des Schalengusses in rascher Baufolge angewendet wurde»: das Füllmauerwerk stimmt mit der Fugenhöhe der jeweiligen Werkstücke überein (das Gewände ist als Aussenschale des Gussmauerwerks zu sehen). Die Vorhalle wurde folglich nicht in der Verantwortung Küngs gebaut, sondern erfolgte bereits unter Hurders Nachfolger Niklaus Birenvogt (Mojon). Als 1481 Birenvogt als Werkmeister zurücktrat, war das Portal bereits hochgeführt. Gewände und Archivoltenfiguren dürften bis 1485 versetzt gewesen sein;[23] ihre Planung könnte schon zwischen 1458 und 1460 durch Küng vorgenommen worden sein, sie entstanden «avant la pose» bis zur Versetzung 1481. Es ist hier nicht Raum, ikonographisch wie stilistisch eingehend auf die Portalfiguren einzugehen, zumal die Klugen und Törichten Jungfrauen sattsam von der Forschung zum Gegenstand der Betrachtung gewählt worden sind.[24] Entscheidend ist aber sicher der von Sladeczek vorgebrachte Hinweis, dass auf den Schriftbändern der begleitenden Engel sowie der fünften Klugen und der fünften Törichten Jungfrau Texte eines bisher so nicht bekannt gewordenen Jungfrauenspieles erhalten sind, die nach germanistischen Untersuchungen[25] auf niederdeutsche Sprachformen zurückgehen, allenfalls nach dem Küng vertrauten Köln verweisen. Damit dürfte zugleich der bedeutende Anteil Küngs an der Entwicklung eines Programms klarliegen, das bisher derart konkret auch bei älteren Gerichtsportalen im gesamten deutschen Gebiet in dieser Realitätsbezogenheit nicht zur Darstellung gebracht worden ist. Der gleiche Realitätsbezug spiegelt sich denn auch im Kostüm der Jungfrauen, weniger bei den hochzeitlich reich geschmückten und gekleideten Klugen mit offenem Haar und blumengeschmücktem Schapel, als bei den weinenden und klagenden Törichten, deren modische, mit Zaddeln besetzte Gewänder und ausladende, hörnerartige Hauben (*«Hennins»*) Elemente der burgundischen Hoftracht mit deutlich retrospektivem Charakter (um 1430/40) aufweisen. So war zur Zeit Jan van Eycks etwa die Hofgesellschaft des Grafen Wilhelms IV. von Holland, Seeland und Hennegau gekleidet.[26] In dem aktualisierten, ausgeprägt weltlich eitlen Gehabe der Törichten Jungfrauen kommt demgegenüber noch ein zeitsatirischer Zug zur Geltung, ein Nadelstich auf die burgundische «Modetorheit» am Hof des überwundenen Gegners, Karls des Kühnen.

Betrachten wir zum Abschluss noch eine nicht erwähnte Besonderheit Berns im letzten Viertel des 15. Jahrhunderts: es sind dies die verschiedenen von der Regierung der Stadt in Auftrag gegebenen Berner Chroniken (vgl. Kap. II, S. 187, 191). Wir rekapitulieren kurz: ab 1420 verfasst Konrad Justinger den ersten Chroniktext von der Gründung der Stadt an; in den 1460er Jahren entschloss sich der Berner Ratsherr Bendicht Tschachtlan, die Justinger-Chronik bis 1470 fortzuführen. 1474 erhielt der Stadtschreiber Diebold Schilling wiederum den Auftrag, eine Chronik Berns abzufassen, basierend auf der Chronik Justingers als Hauptquelle; wie die Forschung annimmt,[27] veranlassten Schillings Stubengenossen von der adligen Gesellschaft zu Narren und Distelzwang das Werk, wodurch, so Kathrin Utz Tremp, «ihre Auffassung von der bernischen Geschichte zu derjenigen der ganzen Stadt wurde». 1483 lag das dreibändige Werk vor, die «Amtliche Chronik», von *«Rat und Burgern verhoert und corrigiert».* Schilling hat eine Kopie des dritten, nicht zensurierten Bandes zum persönlichen Gebrauch und angereichert mit hochaktueller Kriegsberichterstattung und Urkundenmaterial für sich behalten; sie ist als die «Grosse Burgunderchronik» bekannt. Nach

Schillings Tod 1486 verkaufte seine Witwe sie nach Zürich (seither auch der «Zürcher Schilling» geheissen). Die Besonderheit der Schilling'schen Chroniken besteht in ihrem reichen Bilderschmuck zu den historischen Ereignissen, weshalb sie hier auch speziell gewürdigt seien. Kunstgeschichtlich einzigartig ist zumal die von Schilling 1484/85 für den Altschultheiss Rudolf von Erlach begonnene Chronik, der «Spiezer Schilling», deren Text auf der Justinger-Chronik als Hauptquelle beruht. Sie bricht 1465 unvermittelt ab, was die Forschung auf den Tod Schillings 1486 zurückführen möchte. Danach kommt die Chronistik in Bern zum Stillstand; erst Valerius Anshelm nimmt nach der Reformation 1529 den Faden wieder auf, allerdings, so Utz Tremp, «unter Verzicht eines geschlossenen Geschichtsbildes [seit der Gründung der Stadt] und in diesem Sinn [mit] einem eigentlichen Bruch mit dem Mittelalter». Gleichzeitig verzichtet Anshelm auch auf die Illustration, «auch in diesem Bereich hatte ein Bildersturm stattgefunden».

Heute liegen die Chroniken in schönen Faksimileausgaben vor. Die Spiezer Bilderchronik unterscheidet sich von den anderen Chroniken durch ihren sehr privaten, mit «hervorragenden Repräsentationsmitteln»[28] ausgestatteten Charakter. Sie ist im eigentlichen Sinn «Staats- wie Familiendokument», bewusst auf Rudolf von Erlach (1449–1507) und dessen Vorfahren ausgerichtet, *«zů ergatzung des geschlechts»*, steht in der Widmung Schillings. Von Erlach übte dreimal das Amt eines Berner Schultheissen aus, 1479–1481, 1492–1495 und 1501–1504; seine vierte Wiederwahl von 1507 überlebte er um kaum dreiviertel Jahre.

Inhaltlich folgt der Spiezer Schilling dem traditionellen Weltchronikschema, *«was die waren historien und die bůcher der chronicken us wisen…»*. Nach Spiez gelangte die Handschrift erst im 16. Jahrhundert; 1522 kam Spiez an Rudolfs Sohn, Johann d. J., und wird von da an als «Spiezer Schilling» benannt. 1550 erhielt sie den vermutlich ersten Einband. Die Bildfolge der Chronik, dies gibt ihr den besonderen Charakter, wird eingeleitet durch zwei ganzseitige grosse Federzeichnungen, die in der Art eines Diptychons einander gegenüberstehen. Dargestellt sind Rudolf von Erlach und seine Gemahlin, Barbara von Praroman, in Gestalt von Schildhaltern, gefolgt von ihren Söhnen und Töchtern mit Dienerinnen. Die Beziehung dieses ungewöhnlich repräsentativen Familienbildes in seinem Selbstverständnis zur gleichzeitigen Glasmalerei vom Typus der Kabinettscheiben ist unverkennbar, der Rechtsanspruch offensichtlich.

Der Spiezer Schilling ist mit kolorierten Federzeichnungen ausgestattet, die sich in ihrer markanten Strichführung stilistisch von den Illustrationen – bis auf einige spätere Bilder – der Amtlichen wie der Zürcher Chronik unterscheiden. In der Studienausgabe von 1991 hat sich Lieselotte Saurma-Jeltsch eingehend mit dem Herstellungsprozess der Bilder und der immer noch nicht restlos geklärten Frage ihrer Urheberschaft auseinandergesetzt.[29] In der älteren Forschung besteht nämlich die Meinung, Diebold Schilling habe die Chronik nicht nur geschrieben, sondern auch illustriert; heute neigt man hingegen eher zur Ansicht, dass «mehrere Leute» in verschiedenen Funktionen an der Ausstattung beteiligt gewesen seien. Urs Martin Zahnd, der in Diebold Schilling auch den Maler erblickt, nimmt an, dass Schilling zuerst mit der Ausführung der Bilder begonnen, dann die Titel in den noch verbleibenden freien Raum eingesetzt habe. Saurma-Jeltsch hingegen vermutet, dass der Arbeitsprozess nach ihrer sorgfältigen Analyse die straffe Organisation eines leistungsfähigen Malerbetriebes bedingt. Sie gelangt zu folgenden Ergebnissen: indem immer mehrere Bilder hintereinander mit einer bestimmten Farbschicht ausgemalt werden, arbeitet die Werkstatt in serieller Produktion, wobei sogar technische Hilfsmittel wie Schablonen eingesetzt werden. Dazu sind spezielle Hilfskräfte nötig. Da zudem auch Unterschiede in der Zeichentechnik vorkommen, denkt man an eine enge Zusammenarbeit von mindestens zwei Leuten (zum Beispiel

Meister und Gehilfe). Die Ausführung der ersten acht Lagen zeigt einen energischen, gewandten Duktus (Meister); von der neunten Lage an wird die Strichführung zunehmend flüchtiger, die Zeichnung wird vereinfacht. Ein solches Herstellungsverfahren ist, so Saurma-Jeltsch, in dieser Zeit nicht ungewöhnlich; sie verweist beispielsweise auf die elsässische Lauber-Werkstatt in Hagenau, die mit ganz ähnlichen Mitteln arbeitet, zumal bei den Handschriften, die mit dem Namen Hans Schilling, dem älteren Bruder des Diebold Schilling, in Zusammenhang gebracht werden können.[30]

Ungeachtet gewisser technischer Analogien zur Lauber-Werkstatt lassen sich die illustrierten Schilling-Chroniken nicht ausschliesslich auf Lauber zurückführen. Insbesondere führt von da kein Weg zum Spiezer Schilling: den Lauber-Handschriften fehlt dessen Räumlich- und Körperlichkeit vollständig. Allenfalls lassen sich ähnliche Tendenzen beim Meister ES und seinem graphischen Werk beobachten.

Im Zusammenhang mit dem Spiezer Schilling wendet sich Liselotte Saurma-Jeltsch, der wir voll zustimmen, einem anderen Kunstkreis zu: den Konstanzer Konzilchroniken. In einem wichtigen Aufsatz hat der Germanist Norbert Ott[31] wertvolle Beobachtungen insbesondere zu den Wechselbeziehungen zwischen den Konzilchroniken, den schwäbischen Städtechroniken und Werken wie dem Spiezer Schilling aufgezeigt. Von der Konzilchronik des Ulrich von Richental, deren Original von 1425 verloren ist, wurden in den 1460er-Jahren sieben Kopien erstellt. Die Illustrationen zeichnen sich durch Verräumlichung aus, bei Stadtdarstellungen ebenso wie bei solchen von Innenräumen, wobei ihre perspektivische Komplexität zu eigentlichen Raumkontinuen führt. Aus dem Konstanzer Umfeld könnte durchaus ein Weg zum Spiezer Schilling führen. Dabei scheint die Kenntnis lombardischer Handschriften als Vorlagen Voraussetzung zu sein. Noch offensichtlicher werden gewisse Zusammenhänge mit den Chroniken des Sigismund Meisterlin in Augsburg aus den späten 1470er Jahren mit ihren klaren, komplexen Innenräumen. Doch nicht nur diese sind allenfalls für Spiez massgebend; bedeutsamer sind die zusammenhängenden Übersichtslandschaften mit hochgezogenem Horizont, in die, zumal bei der Darstellung kriegerischer Szenen, grosse Figurenansammlungen eingebettet sind. Derartige Übereinstimmungen bildkompositorischer Elemente setzen beim Spiezer Schilling eine gewisse Vertrautheit mit den schwäbischen Arbeiten der Buchmalerei der 1470er Jahre voraus; dabei, so Saurma-Jeltsch, besteht kein Unterschied zwischen Ulmer und Augsburger Arbeiten.

Hinter den erwähnten Neuerungen, die auch im Spiezer Schilling ihren Niederschlag finden,[32] stehen einmal mehr niederländische Einflüsse in der Landschaftsdarstellung.[33] Im Zeichnungsstil tritt jedoch ein neues Phänomen auf: verbreitete graphische Vorlagen vereinheitlichen und schematisieren den Zeichenduktus der verschiedenen Kunstgattungen. In ähnlicher Form kehrt dieser in der Ziselierung von Goldschmieden, in der Glasmalerei[34] wie auch der Unterzeichnung der Tafelmalerei wieder (vgl. Kap. VI, S. 516). In diesem Sinne wird es gegen Ende des Jahrhunderts schwieriger, die Herkunft eines Zeichners oder Entwerfers auf eine bestimmte Lokaltradition festzulegen. Dies gilt insbesondere auch für die Gruppe der Meister mit der Nelke (vgl. Kap. VI, S. 516). Eine diesem Umkreis zuzuschreibende Werkgruppe[35] sowie in dieser Tradition stehende vier Gerechtigkeitsbilder[36], die nachweislich für Bern gearbeitet wurden, zeigen jedoch deutlich, dass der Austausch mit dem schwäbischen Raum auch in dieser Zeit noch sehr rege war.

Die Stadt als Lebensraum

Ratsherren, Mönche und Marktfrauen. Die Topographie der spätmittelalterlichen Stadt

Armand Baeriswyl, Roland Gerber

Die Bevölkerung der spätmittelalterlichen Stadt Bern lebte in einem gegenüber der umgebenden Landschaft klar abgegrenzten Rechts- und Friedensbereich, der sich auch baulich deutlich von der Umgebung abhob.[1] Die auffälligste Trennungslinie zwischen Stadt und Land waren die zwischen dem 12. und 15. Jahrhundert errichteten Stadtmauern, die das Stadtgebiet umschlossen und die Stadtbevölkerung gegen militärische Angriffe von Aussen schützten (vgl. Kap. I, S. 88). Die Einwohnerschaft Berns unterstand einer autonomen kommunalen Gerichtsbarkeit, die eine seit der zweiten Hälfte des 13. Jahrhunderts zunehmend schriftlich fixierte Zuständigkeit besass und sich auf ein einheitliches Stadtrecht gründete.[2] Dieses Stadtrecht kannte im Unterschied zum Landfrieden weder Sonderrechte und Privilegien einzelner Personen und Personengruppen, noch duldete es Blutrache, Fehde und andere Formen gewalttätiger Selbsthilfe. Mit dem Wegfall der meisten feudalen und grundherrlichen Bindungen wie Todes- und Erbschaftsabgaben sowie der formalen Gleichstellung im Eherecht erhielt die Einwohnerschaft Berns ausserdem die Möglichkeit, ihre in Handel und Gewerbe erzielten Gewinne anzuhäufen und die erworbenen Vermögen ohne Einschränkungen innerhalb des eigenen Familienverbandes weiterzuvererben. Die traditionellen Werte ländlicher Herrschaftsverhältnisse wie Grundbesitz und Standeszugehörigkeit verloren dadurch innerhalb der Stadtmauern ihre ursprüngliche Bedeutung und wurden durch neue, spezifisch städtische Werte wie Geldwirtschaft und persönliches Leistungsvermögen ersetzt. Zu den besonderen Kennzeichen dieses kommunalen Erwerbslebens gehörten seit dem 13. Jahrhundert eine starke berufliche Differenzierung, wachsende Vermögensunterschiede sowie eine gesteigerte soziale Mobilität.

Die spezielle topographische Lage Berns innerhalb einer langgestreckten Aareschleife hatte zur Folge, dass sich das Erscheinungsbild der Stadt seit ihrer Gründung im Jahre 1191 durch eine im Vergleich zu anderen Städten starke Regelmässigkeit und Geschlossenheit auszeichnete

◄ *Abb. 1:*
Gregorius Sickinger, Planvendute der Stadt Bern von Süden, 1603–1607 (Original verschollen), Ölkopie von Johann Ludwig Aberli (Ausschnitt), 1753, Bern, Historisches Museum.

(Abb. 1).[3] Ausserdem verhinderte der Lauf der Aare, dass sich die Stadt in beliebiger Richtung ausdehnen konnte. Nur die westlich ans Stadtgebiet anstossende Allmend bot Platz für neue Überbauungen. Insgesamt erscheint die bauliche Gestalt der Stadt Bern am Ende des Mittelalters als klar strukturierte Einheit, die durch eine Vielzahl kommunaler, gewerblicher und religiöser Gebäude geprägt wird (siehe Kastentext, S. 35). Die Verteilung dieser Gebäude innerhalb des Stadtgebietes ist jedoch nicht zufällig, sondern sie ist Ausdruck einer über dreihundert Jahre dauernden Entwicklung, während der Verfassung, Wirtschaft und Architektur der Stadtgemeinde von Bürgerschaft und Rat laufend den ändernden Verhältnissen in Stadt und Land angepasst worden sind. Vor allem das 15. Jahrhundert bedeutete dabei für die Berner Bürgerschaft eine Zeit tiefgreifender politischer, ökonomischer und sozialer Veränderungen.

Mit dem Niedergang der im 13. und 14. Jahrhundert wichtigen Waren- und Kapitalmärkte in der Champagne kam es während des 15. Jahrhunderts zu einem Aufblühen der oberdeutschen Städte als neue finanzkräftige Wirtschaftszentren.[4] Die Eröffnung der internationalen Messen in Genf und seit 1463 in Lyon machte das Gebiet zwischen Alpen und Jura zu einem wichtigen Durchgangsgebiet für den Handel mit Gewürzen, Tüchern und Metallwaren. Am Warenaustausch zwischen Spanien, Südfrankreich und Deutschland beteiligten sich seit dem beginnenden 15. Jahrhundert zunehmend auch bernische Kaufleute, die es im Fernhandel zu grossem Reichtum brachten. Ebenfalls im 15. Jahrhundert gelang es Schultheiss und Rat, mit Hilfe einer zielgerichteten Territorial- und Burgrechtspolitik ein ausgedehntes Herrschaftsgebiet zu erwerben, das sich mit der Eroberung des Aargaus im Jahre 1415 vom Alpenkamm bis zum Jura und von der Sense bis an die Limmat erstreckte. Der Besitz des ausgedehnten Territoriums ermöglichte es der Bürgerschaft, viel stärker als das in anderen Städten der Fall war, auf die finanziellen und militärischen Ressourcen der Landschaft zuzugreifen und diese für die Sanierung des Stadthaushalts sowie die Durchsetzung der eigenen politischen Interessen gegenüber benachbarten Herrschaftsträgern zu nutzen.

Aber nicht nur die Herrschaftsverhältnisse in der Landschaft, sondern auch Topographie und Sozialstruktur der Stadt erfuhren mit dem wachsenden politischen Einfluss und Wohlstand der Bürgerschaft seit der ersten Hälfte des 15. Jahrhunderts beträchtliche Veränderungen. Nach dem grossen Stadtbrand von 1405 wurde der Standort des alten Rathauses von der Südseite der Stadt an die heutige Stelle verlegt, wo in den Jahren 1406 bis 1416 ein repräsentativer Neubau mit mächtigem Walmdach errichtet wurde (vgl. Kap. IV, S. 301). 1421 folgte die Grundsteinlegung zum neuen Münster, das im Unterschied zu allen übrigen bisher errichteten städtischen Gebäuden vollständig aus teuren Sandsteinquadern aufgeführt und mit einem reichen Baudekor überzogen wurde (vgl. Kap. V, S. 421).[5] Zwischen 1445 und 1489 baute der Rat die Westbefestigungen aus und passte die beiden wichtigsten Stadttore, das Obere Spital- und Golatenmattgasstor, den Bedrohungen der neu aufkommenden Geschütztechnik an.[6] Nachdem sich die Stadt bereits 1460 zudem am Ausbau der Dominikanerkirche beteiligt hatte, wurden auf Betreiben von Schultheiss und Rat schliesslich auch die übrigen städtischen Kirchen wie die Franziskanerkirche (1479 bis 1483), die Obere Spitalkirche (1482 bis 1496), die Nydeggkirche (1494 bis 1504) und die Antonierkirche (1492 bis 1505) in geräumige spätgotische Gotteshäuser umgestaltet (vgl. Kap. I, S. 62 und Kap. V, S. 482).

Diese umfangreiche nach dem Stadtbrand von 1405 eingeleitete Bautätigkeit wurde um die Mitte des 16. Jahrhunderts abgeschlossen, als der Rat die bestehenden Stockbrunnen entlang des Stadtbaches in den Jahren 1540 bis 1548 in repräsentative Figurenbrunnen umgestalten liess.[7]

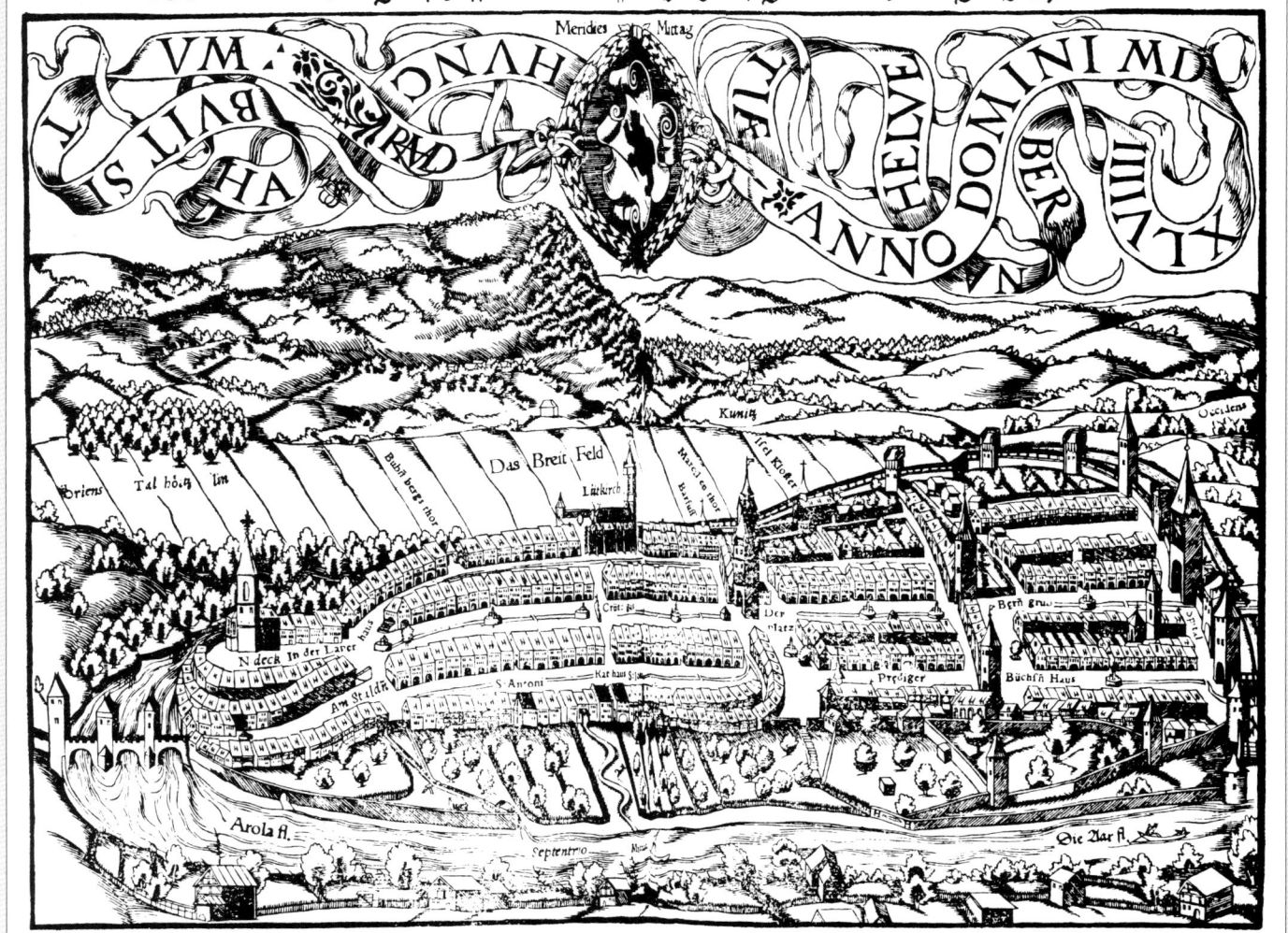

«Cosmographey» oder Weltbeschreibung Sebastian Münsters

Roland Gerber

Deutlich erkennbar wird das kompakte Erscheinungsbild Berns in der um 1550 in Basel veröffentlichten *«Cosmographey»* oder Weltbeschreibung Sebastian Münsters. Sie bildet die älteste überlieferte, topographisch zuverlässige Ansicht Berns und zeigt die Stadt von Norden in ihrem spätgotischen Baubestand kurz nach der Reformation von 1528.[8] Der Holzschnitzer zeichnet ein einheitliches durch parallel laufende Gassen und durchgehende Häuserzeilen klar gegliedertes Stadtbild, das von einzelnen im späten Mittelalter errichteten Bauten wie Münster, Nydeggkirche, Untertorbrücke und Stadtbefestigungen dominiert wird. Die traufständigen Bürgerhäuser besitzen in der Regel drei Geschosse und sind auf eine geschlossene, von Lauben gesäumte Baulinie ausgerichtet. Vor allem Kirchtürme sowie Stadttore und Wehranlagen wurden vom Künstler jedoch bewusst überproportional vergrössert dargestellt, wodurch sich der repräsentative Charakter dieser Gebäude noch verstärkte. Während Münster *(«Lütkirch»)* und Nydeggkirche *(«Nideck»)*, aber auch die am westlichen Stadtrand gelegene Spitalkirche *(«Spital»)* auf diese Weise deutlich hervorgehoben werden, zeichnen sich die während der Reformation säkularisierten Klosterkirchen der Dominikaner *(«Prediger»)*, Franziskaner *(«Barfuss»)* und Dominikanerinnen *(«Isel Kloster»)* nur durch ihre Dachreiter gegenüber den umliegenden Wohnhäusern aus. Ebenfalls schlicht dargestellt sind das Rathaus *(«Rathaus»)* mit angegliedertem Kanzleigebäude sowie die dem heiligen Antonius *(«S. Antoni»)* und Johannes *(«S. Johann»)* geweihten Kapellen am nördlichen Stadtrand. Diese werden nur durch ihre dunklen Dächer als kommunale, respektive kirchliche Gebäude gekennzeichnet. Deutlich überproportional werden hingegen der Zytgloggeturm und die westlich anschliessenden Tortürme des Käfig- und Christoffelturms, die die Ausdehnung des ummauerten Stadtgebietes nach Westen markieren sowie das am östlichen Stadtrand gelegene Untertor mit befestigter Aarebrücke. Ebenfalls hervorgehoben sind der mitten durch die breit angelegten Gassen fliessende Stadtbach und die im Verlauf des 15. und 16. Jahrhunderts errichteten Stockbrunnen.

Bern von Norden, Holzschnitt-Planvedute nach einer Zeichnung von Hans Rudolf Manuel, geschnitten von Heinrich Holzmüller, in: Sebastian Münsters «Cosmographey», Basel 1550.

Abb. 2:
Diebold Schilling, amtliche Berner Chronik, 1474–1483, Bern, Burgerbibliothek, Mss. h. h. I, 1, S. 289.

Der Stadtbrand von 1405 im Berner Schilling. Im Hintergrund die brennende Stadt und ein Löschtrupp mit Leder- und Holzeimern an der Arbeit. Im Vordergrund wird Hausrat vor die Stadt in Sicherheit gebracht. Dort stehen auch Gruppen von Frauen, Kindern, Nonnen und Mönchen, die vor den Flammen geflohen sind.

«Die gröste brunst der stat Berne» – der Stadtbrand von 1405

Armand Baeriswyl

Eine heftige Bise und ein Funke genügten: Die Ereignisse vom 14. Mai 1405

Eigentlich waren die Berner vorgewarnt gewesen: Als am 28. April des Jahres 1405 ein verheerender Brand 52 Häuser an der Junkerngasse zerstört hatte, sagte ein *«bös wip»* vom Belpberg der Stadt weiteres, grosses Leiden voraus. So berichtet es jedenfalls der damalige Stadtschreiber und Chronist Konrad Justinger.[1]

Das Unheil liess nicht lange auf sich warten. Der 14. Mai 1405 war ein windiger Tag, eine starke Bise wehte aus Nordosten. Gegen 16 Uhr brach auf der Südseite der Brunngasse ein Feuer aus. Niemand wusste, wie es seinen Anfang genommen hatte. Die einen verdächtigten hinterher die kurz vor dem Brand eingekerkerten Priesterdirnen[2], die anderen die seit einem Jahr strenger kontrollierten Beginen oder Begarden[3]; vermutlich war aber bloss ein Funke von einem Töpferofen oder einem Schmiedefeuer übergesprungen oder vielleicht ein brennendes Öllämpchen auf den mit Spreu bedeckten Fussboden gefallen.

Jedenfalls wurde das Feuer von den starken Böen angefacht und breitete sich in Windeseile aus. Innert einer Viertelstunde nach Brandausbruch stand die ganze westliche Zähringerstadt in Flammen, dann griff das Feuer über den alten Stadtgraben hinaus und breitete sich trotz verzweifelter Löschversuche im Laufe des Abends und der Nacht in der Inneren Neustadt bis an den Käfigturm aus. Vom brennenden Inselkloster aus sprangen die Flammen schliesslich den Hang hinunter und legten die Gewerbesiedlung Marzili in Schutt und Asche. Erst die Aare vermochte den katastrophalen Brand zu stoppen (Abb. 2).

Am nächsten Morgen war *«die schöne stat bern ein arm ellend angesicht»*[4]. Mehr als sechshundert Gebäude waren niedergebrannt. Neben Wohnhäusern, Werkstätten, Scheunen und Ställen mitsamt einem Grossteil des darin befindlichen Gutes waren das Dominikanerinnenkloster und der Konvent der Franziskaner, der Zytgloggeturm, das erst vor kurzem neu errichtete städtische Kaufhaus und ein beträchtlicher Teil der südlichen Stadtbefestigung mit Wehrgängen, den dazugehörigen

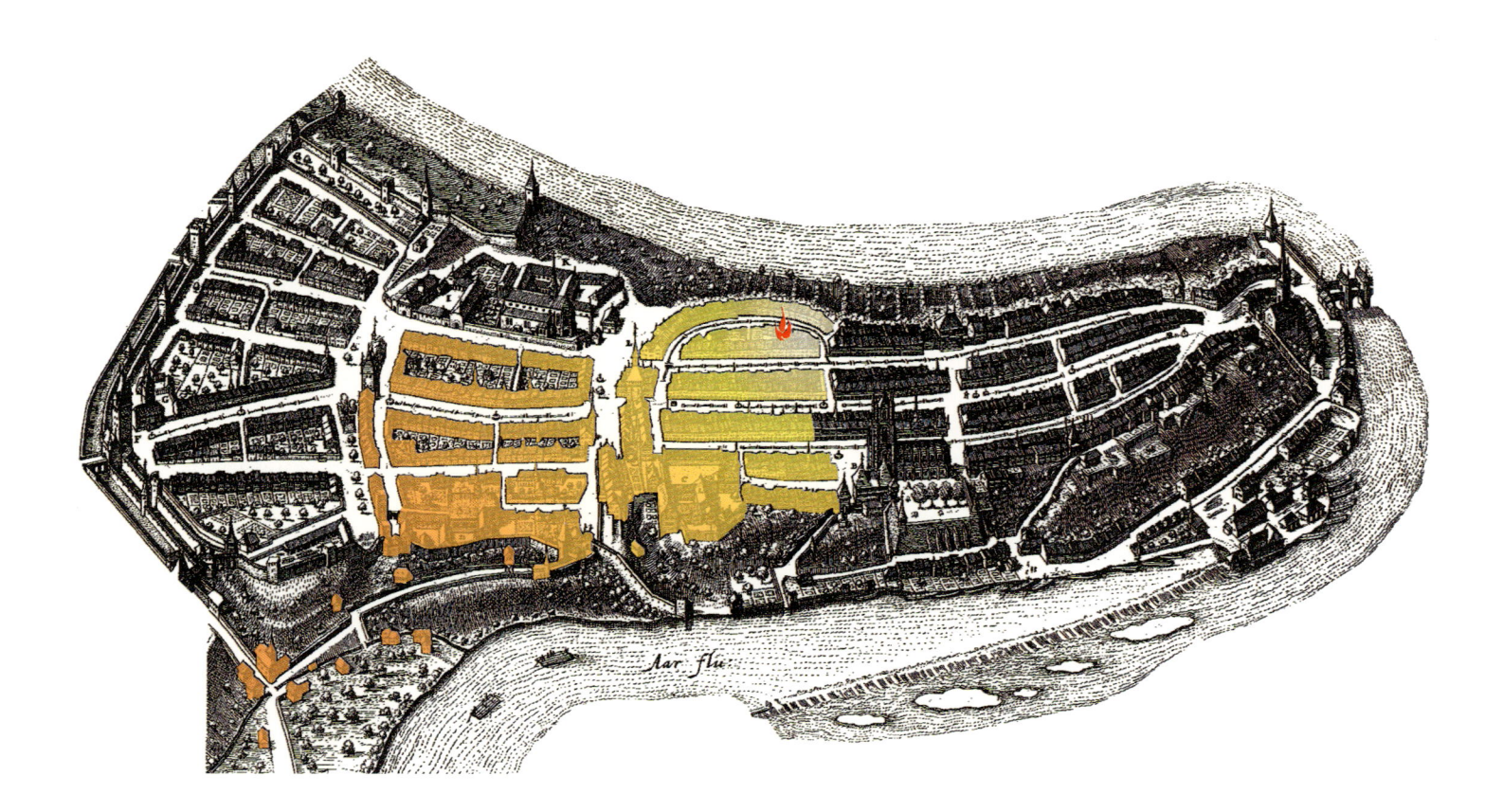

Türmen nur noch schwelende Brandruinen. Mehr als hundert Menschen waren in den Flammen ums Leben gekommen (Abb. 3).

Gerötete Mauern und verkohlte Balken: Archäologische Spuren von Bränden

Ein Brand wie der vom 14. Mai 1405 kann deutliche Spuren hinterlassen,[5] welche Archäologen noch Jahrhunderte später zu lesen vermögen. So ist ein Brandschaden am Mauerwerk deutlich sichtbar: Sowohl der Mauermörtel wie die Steine verfärben sich bräunlich oder rötlich, vor allem bei Sandstein oder Tuff kann die Oberfläche flammend rot werden. Stellenweise platzt überdies die oberste, verbrannte Schicht ab (Abb. 4). Aber auch auf dem Erdboden hinterlässt ein Brand seine Spuren: Die Oberfläche rötet sich oder sie verziegelt gar bei einem stärkeren Feuer.

Weitere wichtige Anzeichen für ein durch Feuer zerstörtes Haus sind von den Archäologen «Hüttenlehm» genannte gebrannte Lehmklumpen, welche an einem Brandplatz in grossen Mengen auftreten können: Es handelt sich dabei um die Überreste der Füllungen von Fachwerkwänden, die oft aus mit Lehm bestrichenem Astflechtwerk bestanden. Bei einem Brand verziegelt der Lehm und zerfällt in Stücke, welche auf der einen Seite eine glattgestrichene Oberfläche und auf der anderen die Abdrücke des Flechtwerks zeigen.

Organische Materialien wie Holz und Textilien zerfallen beim Brand zu Holzkohle und Asche. Verkohltes Holz macht den Hauptanteil in archäologisch erfassten Brandschuttschichten aus und zeigt das Vorherrschen von Holz im mittelalterlichen Bauwesen.

Während eines Brandes stürzen meist die ganzen Geschossbalkenlagen und auch der Dachstuhl brennend in die Tiefe und bilden auf dem Fussboden des Erdgeschosses oder des Kellers eine massive Schicht von Asche, Holzkohle, Hüttenlehm und ein Gewirr von verkohlten Balken und Brettern. Lokale Haufen von Mörtel, Lehm und Ofenkacheln sind als Reste von aus den Obergeschossen abgestürzten Kachelöfen zu interpretieren.[6] Zwischen diesem Brandmaterial liegen meistens viele Gegenstände. Sie sind alle mehr oder weniger brandbeschädigt, denn auch nichtorganische Materialien verändern sich unter dem Einfluss der

Abb. 3:
Die Stadt Bern von Süden mit den beim Stadtbrand von 1405 zerstörten Stadtteilen, Ausschnitt aus der Planvedute von Joseph Plepp, Kupferstich von Matthäus Merian, um 1635/36.

Abb. 4:
Sandsteinquader mit brandgeröteter Oberfläche, sekundär in ein Fundament eingemauert, Grabung Burgdorf, Stadthaus 1998.

Hitze und des Feuers. Metalle etwa schmelzen, ebenso Glas. Keramikscherben können in einem Feuer die Farbe wechseln, von Ziegelrot zu Grau oder umgekehrt; bei höheren Temperaturen verformen sich die Scherben und schmelzen wie Metall. Sind die Gefässe glasiert, kann die Glasur im Brand verschmoren, Blasen werfen oder gar durch den im Feuer ausgelösten chemischen Prozess die Farbe wechseln[7] (Abb. 5a–c).

Trotz all dieser möglichen Überreste sind Brände manchmal schwierig nachzuweisen. Gründliche Aufräumarbeiten und ein Neubau an gleicher Stelle können Brandspuren völlig beseitigen. Ausserdem ist nicht jede Brandrötung oder Holzkohleschicht als Rest einer Brandkatastrophe zu interpretieren: Brandspuren können auch von mit Feuer arbeitendem Gewerbe stammen oder etwa von einem Mittagsfeuerchen mittelalterlicher Bauarbeiter. Und eine Brandschuttschicht kann sich schlicht als ein Haufen Asche und Holzkohle von einem nach der Benützung geputzten Ofen entpuppen. Und sogar wenn der archäologische Nachweis eines Brandes erbracht werden kann, ist es oft unmöglich, dieses Feuer einem bestimmten, aus den Schriftquellen bekannten Datum zuzuweisen. Man muss annehmen, dass neben grossen Brandkatastrophen auch immer wieder lokale Feuer einzelne Häuser beschädigten und dies offenbar kaum je in den Schriftquellen erwähnt wird.

«Ein arm ellend angesicht»: Der Stadtbrand von 1405 und die Aufräumarbeiten im archäologischen Bestand

Nach dem derzeitigen Forschungsstand der Archäologie in der Stadt Bern gibt es nur drei Stellen, an denen eine Brandzerstörung sicher mit dem Datum 1405 in Verbindung gebracht werden kann. Weitere archäologisch gefasste Brandspuren, wie etwa im Gesellschaftshaus zum Distelzwang, haben nichts mit diesem Brand zu tun, sondern stammen von Schadensfeuern, welche nicht in den Schriftquellen verzeichnet sind.

Erstens wurde 1988/89 an der Brunngasse 7/9/11 ein Gewerbebetrieb mit Feuerstellen ausgegraben, der vielleicht als Töpferwerkstatt gedient hatte und der im Stadtbrand zugrunde ging. Brandgerötete Mauern und Brandschutt zeugen ebenso von der Zerstörung wie ein Metallklumpen, der sich als Häufchen von acht Münzen entpuppte, welche durch die Hitzeeinwirkung zusammengeschmolzen waren (Abb. 6). Nach der Aussage Justingers[8] hatte der verheerende Brand in dieser Gasse seinen Anfang genommen – vielleicht sogar in dieser Werkstatt?

Zweitens wurden 1998 anlässlich von Leitungserneuerungen mitten in der Strasse, welche nördlich des Zytgloggeturms den Kornhausplatz mit der Kramgasse verbindet, die Mauern eines brandzerstörten Hauses aufgedeckt. Es war westseitig an die dort ursprünglich quer über die heutige Strasse verlaufende Stadtmauer angebaut gewesen. Auf dem Tonplattenboden des Kellers lag ein mächtiges Brandschuttpaket, der Rest der zusammengestürzten und ausgebrannten Obergeschosse. Die Kellermauern waren brandgerötet und mit Russ verschmiert (Abb. 7).

Drittens kamen bei der Sanierung des heutigen Kornhausplatzes im Jahr 1997 vor dem Zytgloggeturm die Grabenmauern des Stadtgrabens zwischen der Gründungsstadt und der Neustadt zum Vorschein. Das Sandsteinquadermauerwerk war im unteren Bereich stark brandgerötet. Das lässt darauf schliessen, dass es entweder Gebäude im Graben gab, die 1405 ein Raub der Flammen wurden, oder dass die Obergeschosse der brennenden Häuser am Westrand des Grabens in die Tiefe stürzten und dort ausbrannten.

Nach dem Brand stellte sich für die bernische Bauverwaltung zuerst die Frage nach der Entsorgung des tonnenweise herumliegenden Brandschuttes. Man kam dabei rasch auf eine naheliegende Idee: Der gesamte

Abb. 5:
a. Verbrannte Keramik aus der Grabung Aarberg, Stadtplatz, 14. Jh.
b. Im Vergleich dazu ein unversehrtes Stück der gleichen Art, Altfund aus Bern.
c. Verbrannte Keramik aus der Grabung Kornhaus Burgdorf, 17. und 18. Jh.

Holzhäuser und offenes Feuer: Warum es in mittelalterlichen Städten immer wieder zu Brandkatastrophen kam

Die Städte des Mittelalters waren ständig von Brandkatastrophen bedroht, da ihre Bauten dicht nebeneinander standen und aus leicht brennbaren Materialien errichtet waren: Viele Häuser bestanden ganz aus Holz oder aus hölzernem Fachwerk, die Dächer waren oft mit Schilf, Stroh oder Schindeln gedeckt. Auch die Steinhäuser wiesen im Innern hölzerne Balkenlagen für die Geschossunterteilungen auf. Die ganze Inneneinrichtung, von den Dachstühlen, den Deckenverkleidungen über die Wandtäfer und die Bretterböden bis zu den Möbeln, bestand aus Holz. Sogar die steinernen Stadtmauern waren mit hölzernen Wehrgängen und die Türme mit hölzernen Dachstühlen versehen.

In diesen Gebäuden wurde permanent mit offenem Feuer hantiert: auf der Herdstelle neben der Holztreppe wurde gekocht, darüber trocknete die Wäsche. Das Feuer im Kachelofen wärmte die hölzernen Stuben, brennende Öllämpchen und Kerzen spendeten Licht, und in gewerblichen Feuerstellen und Öfen entstanden vielerlei Produkte. Kamine waren noch keinesfalls selbstverständlich und bestanden, wo vorhanden, oft aus Holz oder lehmverstrichenem Astflechtwerk.

War ein Feuer einmal ausgebrochen, so gab es kaum Möglichkeiten zur wirkungsvollen Bekämpfung. Vor allem das Übergreifen auf die Nachbarliegenschaften konnte meist nicht verhindert werden, weswegen aus kleinen Zimmerbränden regelmässig Grossfeuer wurden, bei denen ganze Häuserzeilen abbrannten.

Löschwasser konnte nur mit Ledereimern aus dem nächst gelegenen Stadtbach geschöpft, mit einer Menschenkette an den Brandort weitergereicht und auf das Feuer geschüttet werden. Daneben versuchte man, mit Feuerhaken und allen Arten von Bauwerkzeugen, die brennenden Gebäude auseinander zu reissen oder durch den Abbruch von Nachbarhäusern Feuerschneisen zu schlagen.

Es erstaunt deshalb kaum, dass in den Berner Chroniken immer wieder von Grossbränden berichtet wird. Im Jahr 1286 wurde der ganze Stadtteil zwischen Kreuzgasse und Zytglogge eingeäschert, 1287 die Marktgasse, 1302 die Gerechtigkeitsgasse, 1309 das Gebiet um die Kramgasse, 1367 die Mattenenge, 1368 die Judengasse und 1380 die Golattenmattgasse. 1383 brannte eine Häuserzeile bei den Predigern und eine an der Matte, 1384 der untere Teil der Hormannsgasse. 1387 wurden rund 140 Häuser an der Schinken- und der Judengasse sowie im Gerbergraben zerstört und 1391 brannten 20 Häuser im Südteil der Neustadt nieder.[9] 1405 schliesslich wurden im Abstand von nur zwei Wochen zuerst 52, dann die erwähnten rund 600 Häuser ein Raub der Flammen.

Schutt wurde einfach in den sich mitten durch den Brandplatz ziehenden ältesten Stadtgraben, an der Stelle des heutigen Kornhausplatzes gekippt. Der Graben, der um 1200 die Gründungsstadt im Westen abgeschlossen hatte, war nach dem Wachstum der Stadt im 13. und 14. Jahrhundert wehrtechnisch längst überflüssig geworden; geschützt wurde die Stadt inzwischen durch die Stadtmauer mit dem Christoffelturm. So entstand eher zufällig der erste Platz im mittelalterlichen Bern (vgl. Kap. I, S. 82).

Die Brandschuttentsorgung war von der Neustadt her kein Problem. Schwieriger war es von Osten. Dort stand nicht nur die alte Stadtmauer, sondern auch eine daran angebaute Häuserzeile mit Brandruinen. Wieder handelte man kurz entschlossen und konsequent. Die Brandruine des Hauses beim Zytglogge wurde abgebrochen und der Keller aufgefüllt, dann brach man dahinter eine Lücke in die Stadtmauer und schuf so für die mit Schutt beladenen Karren einen direkten Zugang zum Grabenrand.

Die Lücke empfand man nach dem Ende der Aufräumarbeiten als so praktisch, dass man diesen Durchgang neben dem Torturm, die heutige Zytgloggelaube, beibehielt.

Lehren aus der Katastrophe

Die Erfahrungen der Katastrophe führten in den Jahren nach der Brandkatastrophe zu einem ganzen Paket von Satzungen zur Brandverhütung und -bekämpfung.[10] Dabei wurden drei Schwerpunkte gesetzt:

Im Zentrum stand erstens die Verordnung von Massnahmen, die auf einen vorsichtigeren Umgang mit dem Feuer zielten. Öfen, Feuerstellen und Kamine sollten zukünftig mit Lehmwänden verkleidet werden, um die sie umgebenden hölzernen Innenausstattungen besser vor dem Feuer zu schützen. Das Betreten von Scheunen mit offener, nicht von Laternen geschützter Flamme, wurde streng verboten, ebenso das übermässige Lagern von Brennholz. Die Feuerglocke gab abends das Zeichen zum Auslöschen aller Herdstellen, danach waren bis zum Morgen keine Feuer mehr erlaubt. Feuerbeschauer kontrollierten die Einhaltung all dieser Massnahmen.

Abb. 6:
Im Feuer zusammengeschmolzenes Häufchen von acht Münzen aus der Grabung Bern, Brunngasse 7/9/11. Es handelt sich um Mailänder Münzen, die unter Herzog Gian Galeazzo Visconti zwischen 1395 und 1402 geprägt wurden.

Abb. 7:
Bern, beim Zytglogge, Schnitt durch den Keller. Deutlich ist die Kellermauer, der Tonplattenboden und das darauf liegende, schwarze Brandschuttpaket erkennbar.

Man versuchte als zweites, durch Bauvorschriften die Ausbreitung von Feuern zu verhindern oder wenigstens zu verzögern: Alle Holzbauten, ob Wohnhaus oder Vorbau, mussten gegenüber den Steinhäusern zurückversetzt errichtet werden und durften diese nicht überragen. Letztere sollten so als Brandriegel vor brennenden Holzhäusern stehen. Ausserdem sollten alle Holzhäuser zwischen Steinbauten Ziegeldächer erhalten. Ferner wurden feuersichere Bauweisen wie steinerne Fassaden oder solche aus lehmbeworfenem Fachwerk mit Bargeld oder Materiallieferungen von der Stadt gefördert, ebenso der Bau von Ziegeldächern.[11]

Als drittes sollte vermehrt bereitgestelltes Feuerwehrmaterial die Brandbekämpfung erleichtern. Der Rat bestimmte, dass es in jedem Haus zwei Feuereimer geben musste. Ausserdem wurden zusätzliche Eimer und Leitern an verschiedenen zentralen Punkten wie den Gesellschaftshäusern Distelzwang und Oberpfistern aufgehängt.

Der Stadtgrundriss – Spiegelbild der Gesellschaft

Roland Gerber

Gegen aussen in einem einheitlichen, kommunalen Friedens- und Stadtrechtsbezirk zusammengefasst bildete die Einwohnerschaft der Stadt Bern im Innern eine differenzierte Lebensgemeinschaft, deren Personen sich durch verschiedene soziale Merkmale wie Familie, Verwandtschaft, Beruf, Vermögen, Teilhabe an der politischen Macht sowie der Zugehörigkeit zu Zünften und religiösen Gemeinschaften voneinander unterschieden.[1] Neben dem Besitz des Bürgerrechts, das die Grundvoraussetzung zur aktiven Teilnahme an Politik und Wirtschaftsleben der Stadtgemeinde darstellte, musste ein Stadtbewohner noch zusätzliche soziale Kriterien erfüllen, um beispielsweise in den Rat oder ins Schultheissenamt gewählt zu werden. Die wichtigsten waren Abstammung und Ansehen eines Bürgers sowie dessen wirtschaftliche

Abkömmlichkeit, die es ihm erlaubte, regelmässig den Ratssitzungen beizuwohnen oder sich als Landvogt oder Gesandter für längere Zeit ausserhalb der Stadt aufzuhalten.

Jeder Bewohner Berns, ob Bürger oder Nichtbürger, vereinigte somit während des Spätmittelalters eine Vielzahl verschiedener sozialer Merkmale auf sich, die ihn gegenüber den anderen Einwohnern als Teil einer bestimmten sozialen Gruppe qualifizierten. Dazu kamen äussere Kennzeichen wie das Tragen charakteristischer Kleider oder die Wahl des Wohnsitzes und dessen Ausstattung sowie Heirat und fromme Stiftungen, mit denen sich jede Gruppe gegenüber den anderen, konkurrierenden Bevölkerungsgruppen innerhalb der Stadtgemeinde abgrenzte. Diese Sozialverbände waren jedoch keineswegs abgeschlossen, sondern unterlagen während des gesamten Spätmittelalters ständigen Austausch- und Ausgleichsprozessen. Während es einzelnen Familien gelang, Reichtum und Ansehen zu erwerben, starben andere aus, oder sie verarmten und büssten durch den Verlust des politischen Einflusses ihre bisherige soziale Stellung ein.

Spiegelbild dieser vielfältigen sozialen und ökonomischen Unterschiede innerhalb der spätmittelalterlichen Stadtgesellschaft war der Stadtgrundriss.[2] Jede Gasse und jeder Haushalt innerhalb der Stadt Bern unterlagen während des Spätmittelalters einer wirtschaftlich und sozial unterschiedlichen Bewertung, die von der Einwohnerschaft bewusst wahrgenommen wurde und sich in der ungleichmässigen Verteilung einzelner Bevölkerungsgruppen innerhalb des überbauten Stadtgebietes ausdrückte.[3] Neben ärmeren Wohngegenden, in denen sich vor allem sozial schwächere Personen wie Tagelöhner, niedere städtische Amt- und Dienstleute sowie einfache Handwerker niederliessen, existierten Strassenzüge, an denen sich die Wohnhäuser der wohlhabenden Kaufleute oder der politisch führenden Rats- und Adelsgeschlechter reihten. Während jedoch die Handwerker zur Ausübung ihrer Berufe vornehmlich auf funktional bedingte Standorte wie die Nähe zu fliessendem Was-

Abb. 8:

Plan der Stadt Bern mit den Namen der Gassen und Tore, Karte von Roland Gerber, mit Ergänzungen von Max Stöckli ADB.

1. Zytgloggenturm
2. Michaelstürli
3. Bubenbergtürli
4. Hofstatt
5. Ramseierloch
6. Untertorbrücke
7. Trenkentürli
8. Untertor
9. steinerne Grabenbrücke über Stadtbach
10. Stettmühle
11. Lenbrunnen
12. Stettbrunnen
13. Brunnen im Badergraben
14. steinerne Grabenbrücke zu den Predigern
15. Brunnen im Kreuzgang des Dominikanerklosters
16. Schenkenbrunnen
17. Frauentor
18. Käfigturm
19. Judentor
20. Unteres Marzilitor
21. Oberes Marzilitor
22. Obertor (Christoffelturm)
23. Golatenmattgasstor (Aarbergertor)

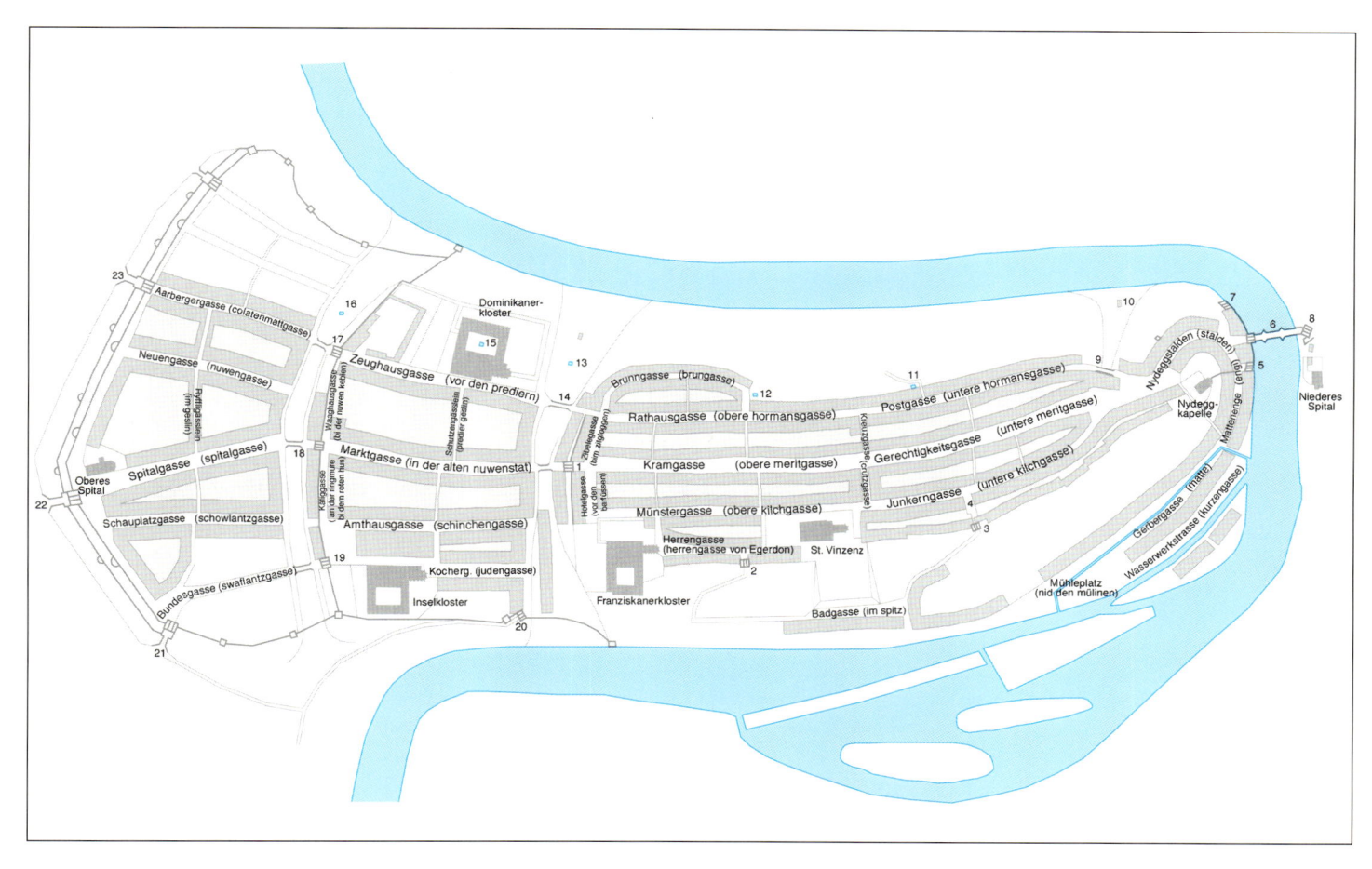

ser oder zu einzelnen städtischen Gebäuden und Anlagen wie Stadtbach, Gewerbehäuser und Verkaufsstände angewiesen waren, orientierten sich die Wohnlagen der Ratsherren und Kleriker vor allem an repräsentativen Gesichtspunkten. Dazu gehörten beispielsweise Grösse und Architektur der Wohnhäuser sowie Standorte an hellen, übersichtlichen Gassen und Plätzen. Insbesondere Eckhäuser, deren Fassaden nicht nur auf eine, sondern auf zwei Gassenseiten im Stadtbild wirkten, erfuhren eine deutlich höhere Standortbewertung als jene Häuser, die sich entlang schmaler Seitengassen drängten oder deren Rückseiten an die Stadtmauern anlehnten.

Ebenfalls bevorzugt wurden Wohnlagen, die sich an zentralen Märkten oder in der Nachbarschaft wichtiger kommunaler Gebäude oder geistlicher Institutionen wie Rathaus und Pfarrkirche befanden. Bei den alteingesessenen Adelsgeschlechtern hatten zudem, wie dies das Beispiel der Familien von Bubenberg und von Aegerten zeigt, strategisch-militärische Gründe zur Ansiedlung dieser Geschlechter an den beiden südlichen Zugängen der zähringischen Gründungsstadt, dem Bubenberg- und Michaelstürli, geführt (Abb. 8).

Die Stadtquartiere

Die neben Haushalt und Gasse wichtigsten räumlichen Bezugspunkte des sozialen Lebens in der spätmittelalterlichen Stadtgesellschaft waren die Stadtquartiere.[4] Diese bildeten eng begrenzte Raumeinheiten, deren Bewohner sich sowohl in ihrer Sozialstruktur als auch in ihren Zugriffsmöglichkeiten auf die ökonomischen Ressourcen, politischen Ämter und religiösen Institutionen der Stadtgemeinde deutlich voneinander unterschieden. In Bern können während des Spätmittelalters insgesamt vier Stadtquartiere unterschieden werden (Abb. 9, siehe Kastentext, S. 42). Alle vier Quartiere lassen sich im heutigen Stadtbild noch deutlich erkennen und widerspiegeln die Erweiterung der Stadt nach Westen und Südosten, die durch den Bau der drei mittelalterlichen Mauerringe und den Einbezug der Gewerbesiedlungen an der Aare ins ummauerte Stadtgebiet akzentuiert wird. Im Unterschied zu den in der ersten Hälfte des 13. Jahrhunderts geschaffenen Stadtvierteln, die künstlich festgelegte Wahl- und Verwaltungsbezirke umschrieben, bildeten die Quartiere historisch gewachsene Wohn- und Lebens-

Die Stadtviertel

Die innere politische Organisation der bernischen Stadtgemeinde beruhte seit der ersten Hälfte des 13. Jahrhunderts auf der Unterteilung des Stadtgebietes in vier separate Wehr- und Steuerbezirke (Abb. 9).[5] Diese teilten die zähringische Gründungsstadt zwischen Zytgloggeturm und Nydegg in vier etwa gleich grosse Stadtviertel. Die Grenzen dieser Viertel verliefen von West nach Ost entlang des Stadtbaches, der die zentrale Kram- und Gerechtigkeitsgasse in der Mitte in zwei Hälften teilte, bis zum oberen Ausgang des Nydeggstaldens. Dort folgten sie der östlichen Hangmauer der ehemaligen Stadtburg bei Nydegg bis in die Mattenenge, wo ein Torbogen den stadtherrlichen Burgbezirk von den Gewerbebetrieben an der Matte trennte.[6] Die Viertelsgrenzen von Nord nach Süd verliefen, ausgehend vom obersten Haus in der nördlichen Häuserreihe der Postgasse (seit 1406 Rathaus), entlang der Kreuzgasse bis zum Chor der St. Vinzenzkirche. Die von der Bürgerschaft bereits in der ersten Hälfte des 13. Jahrhunderts geschaffene Viertelseinteilung blieb auch nach den beiden Stadterweiterungen von 1255 und 1343 sowie der Überbauung des Nydeggstaldens nach der Zerstörung der zähringischen Stadtburg um 1268 bis zum Ende des Mittelalters unverändert bestehen. Die beiden westlichen Stadtviertel wurden im 13. und 14. Jahrhundert einfach gegen Westen verlängert, wobei der Stadtbach weiterhin als Viertelsgrenze diente. Auch im Osten folgte die Viertelseinteilung nicht dem nach 1268 neu entstandenen Nydeggstalden, sondern verlief wie zu Beginn des 13. Jahrhunderts entlang der östlichen Hangmauer der geschleiften zähringischen Stadtburg.[7] Erst im Verlauf des 15. Jahrhunderts verschwanden schliesslich Hangmauer und Torbogen aus dem Stadtbild und die Grenze zwischen den beiden östlichen Stadtvierteln wurde gegen Ende des Jahrhunderts von der Mattenenge in die Mitte des Nydeggstaldens verlegt.[8] Entsprechend der wachsenden ökonomischen Bedeutung der Inneren Neustadt, die in Bezug von Wohn- und Sozialprestige im Verlauf des 15. und 16. Jahrhunderts weitgehend an die Zähringerstadt aufschloss, wurde die von Norden nach Süden verlaufende Viertelsgrenze im 16. Jahrhundert ebenfalls nach Westen, auf die Höhe der 1468 neu errichteten Fleischschal verschoben.[9] Als neue bis ins Jahr 1798 bestehende Viertelsgrenze etablierte sich dabei die Linie vom östlichen Ausgang der Brunngasse entlang des Schaal- und Münstergässleins bis zum Münsterplatz.[10]

Abb. 9:
Plan der Stadt Bern mit den Stadtvierteln und Quartieren im 15. und 16. Jh., Karte von Roland Gerber.

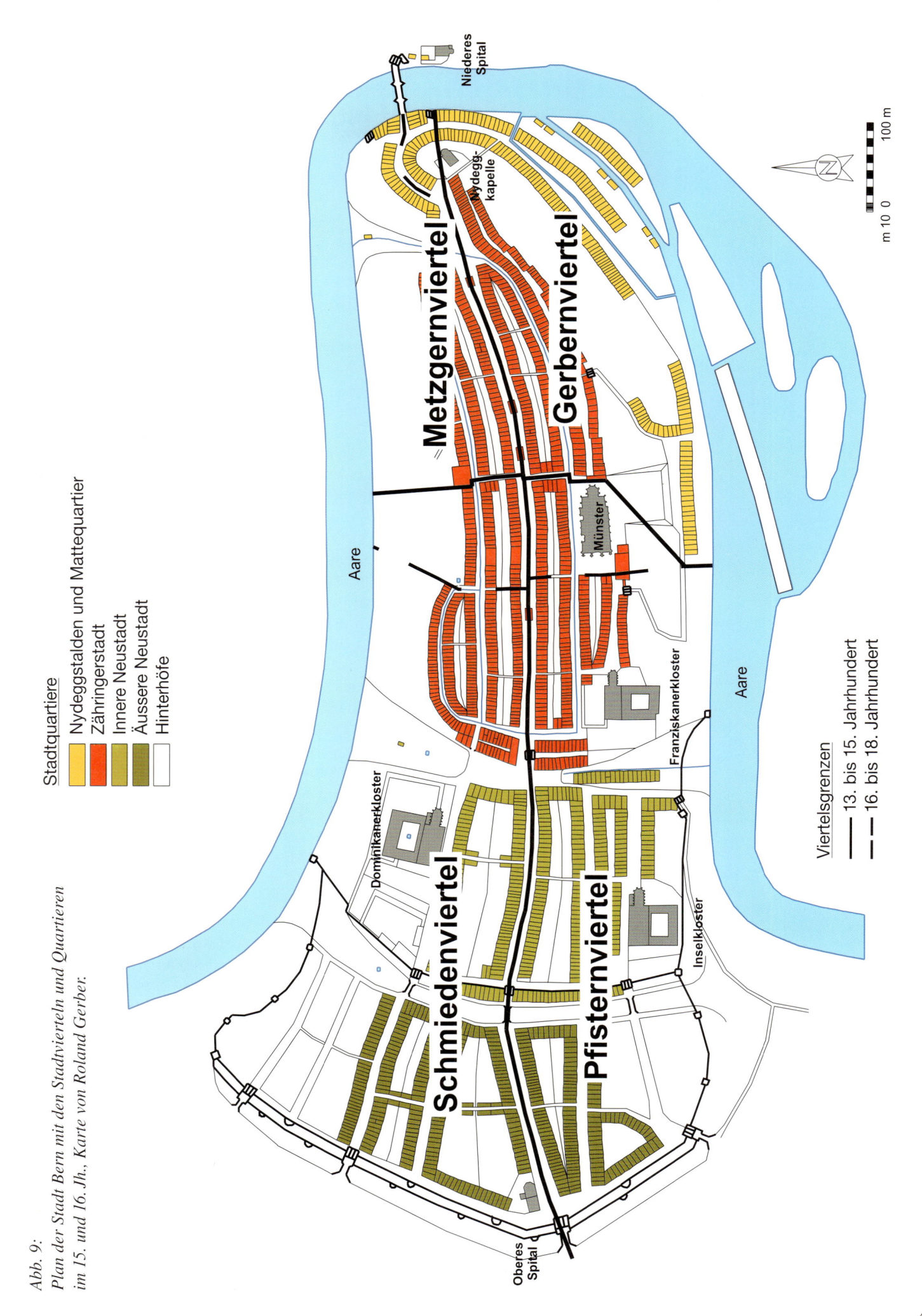

gemeinschaften, die durch topographische Gegebenheiten wie Gräben, Mauern, Tore und Plätze räumlich klar voneinander getrennt waren (vgl. Kap. I, S. 88). Die Quartiere besassen weder im politischen noch im verfassungsrechtlichen Sinne Eigenständigkeit und wurden von den Stadtvierteln durchschnitten. Die Stadtquartiere überlagerten dadurch die ältere Viertelseinteilung, so dass sich die Einwohner eines Quartiers während des Mittelalters immer auf mehrere Stadtviertel verteilten. Eine quartierweise Vertretung der Stadtbevölkerung in den kommunalen Ratsgremien, wie dies in anderen mittelalterlichen Städten beobachtet werden kann, blieb dadurch in Bern von vornherein ausgeschlossen.

Die Zähringerstadt
Das älteste Stadtquartier Berns ist die nach 1191 zwischen der Burg Nydegg und dem Zytgloggeturm unter Herzog Bertold V. von Zähringen angelegte Gründungsstadt mit zentralem Gassenmarkt und zwei parallellaufenden Strassenzügen.[11] Baulich akzentuiert wird die Zähringerstadt von dem nach 1191 errichteten Zytgloggeturm und den beiden 17 bis 18 Metern, ursprünglich jedoch bis zu 27 Metern breiten Gassenmärkten der Kram- und Gerechtigkeitsgasse (Abb. 8).[12] Der Zytgloggeturm ist der neben den nur fragmentarisch erhaltenen Tortürmen des Bubenbergtürlis am Südende der Zähringerstadt und dem Ländtetor bei der Untertorbrücke der letzte Überrest von insgesamt 14 Stadttoren, die bis ins 18. Jahrhundert das Erscheinungsbild der Stadt Bern charakterisiert und geprägt haben.

Deutliche Akzente setzen seit der ersten Hälfte des 15. Jahrhunderts ausserdem das Münster mit dem südlich anschliessenden Deutschordenshaus und der Münsterplattform sowie das nach dem Stadtbrand neu erbaute Rathaus. Die in ost-westlicher Richtung verlaufenden Hauptgassen folgen der mittleren Längsachse der Zähringerstadt und werden im Norden durch die Rathaus- und Postgasse und im Süden durch die Münster- und Junkerngasse als parallele Strassenzüge begleitet. Erst im Verlauf der zweiten Hälfte des 13. Jahrhunderts entstanden mit der Brunngasse und der Herrengasse schliesslich noch die beiden jüngsten Gassen östlich des Zytgloggeturms, die die bisher noch ungenutzten Flächen im Südwesten und Nordwesten der Gründungsstadt ins ummauerte Siedlungsgebiet einbezogen.

Die Zähringerstadt war das politische, ökonomische und geistliche Zentrum der spätmittelalterlichen Stadt Bern. Hier standen die wichtigsten kommunalen, gewerblichen und religiös-karitativen Gebäude (Abb. 14 und 26). Die einzelnen Bauwerke verteilten sich jedoch sehr ungleichmässig auf das Gebiet zwischen Zytgloggeturm und Nydeggkapelle, so dass innerhalb dieses Quartiers von einer unterschiedlichen sozialen Bewertung der einzelnen Gassen und Strassenabschnitte ausgegangen werden muss. Auffällig ist die relativ strikte räumliche Trennung zwischen kirchlichen, städtischen und gewerblich-zünftigen Gebäuden, die sich alle an unterschiedlichen Gassen konzentrierten. Während die massgeblichen kommunalen Einrichtungen wie Rathaus, Schultheissensitz und Lateinschule im Bereich der Kreuzgasse standen, gruppierten sich wichtige kirchliche Institutionen wie Pfarrkirche, Deutschordenshaus und Franziskanerkloster rund um die periphere Münster- und Herrengasse. Ebenfalls deutliche Randlagen weisen die verschiedenen in der Zähringerstadt gelegenen Spitäler und Pilgerherbergen auf. Diese befanden sich entweder wie die Elenden Herberge und das Antonierspital in den nördlichen Häuserzeilen der Brunn- und Postgasse oder lagen wie das Siechenhaus oder das Niedere Spital sogar ausserhalb des ummauerten Stadtgebietes. Zentrale Standorte bevorzugten hingegen die Kaufleute und Zünfte, deren Gewerbe- und Gesellschaftshäuser sich vorwiegend entlang der geschäftigen Strassenmärkte der Kram- und Gerechtigkeitsgasse reihten.

Nydeggstalden und Mattequartier

Nydeggstalden und Mattequartier bildeten das flächenmässig kleinste Stadtquartier Berns (Abb. 10). Die Häuserzeilen dieses Quartiers folgten in einem schmalen Bogen dem Lauf der Aare vom sogenannten Trenkentürli nördlich der Untertorbrücke bis zu der nach 1334 errichteten Kirchhofmauer von St. Vinzenz (Abb. 8). Die Topographie des Stadtquartiers wird geprägt durch seine Lage am linken Aareufer und den Niveauunterschied zur Zähringerstadt, der auf der Höhe der Badgasse immerhin rund 40 Meter beträgt. Im Unterschied zur zähringischen Gründungsstadt, die von Herzog Bertold V. im Jahre 1191 planmässig angelegt worden war, entwickelten sich Nydeggstalden und Mattequartier aus verschiedenen, allmählich gewachsenen Ufersiedlungen an der Aare, die erst im Verlaufe des 13. und 14. Jahrhunderts rechtlich wie baulich mit der Bürgerstadt westlich der Nydegg in einer einheitlichen Stadtgemeinde zusammengefasst wurden.[13]

Der Nydeggstalden war bis zum Bau der Nydeggbrücke zwischen 1840 und 1844 als Teil der in Längsrichtung durch die Stadt verlaufenden hochmittelalterlichen Königsstrasse die einzige Verbindungsstrasse zwischen der um 1255 errichteten Untertorbrücke und der zähringischen Gründungsstadt. Wegen der Steilheit des Geländes wurde die Gasse in einem leichten Bogen angelegt, der den Aufstieg für Mensch und Tier erleichterte. Trotz der gekrümmten Strassenführung, die ungefähr dem Verlauf der Umfassungsmauern der ehemaligen Stadtburg folgte, und der um 1486 durchgeführten Absenkung des oberen Gassenabschnitts bildete der Stalden vor allem für schwere Fuhrwerke während des gesamten Mittelalters ein Hindernis, das von den Fuhrleuten häufig nur mit zusätzlichen Zugtieren bewältigt werden konnte. Gleichzeitig bedeutete der Wagenverkehr für die Anwohner des Staldens eine permanente Lärmbelästigung, gegen die der Rat im Jahre 1403 sogar eine spezielle Satzung erlassen musste. In dieser ermahnte er die Kornmüller an der Matte gegen die Androhung eines Bussgeldes von zehn Schillingen,

Abb. 10:

Franz Schmid, Bern vom Muristalden aus, um 1820, Aquarell, ETH Zürich, Graphische Sammlung.

Das Mattequartier an der Aare wurde bis zum 19. Jahrhundert von seinen zahlreichen Gewerbebetrieben geprägt. Im Mittelpunkt des Quartiers befindet sich die rittlings über dem sogenannten «Tych» errichtete Stadtmühle, die im Jahre 1818 anstelle eines älteren Gebäudes neu erbaut wurde. Vor der Stadtmühle, die von einem mächtigen Krüppelwalmdach mit drei aufragenden Kaminen gedeckt wird, erkennt man den Ausfluss des dritten Mühlekanals, der kurz vor dem Eintritt in die Stadtmühle südlich vom «Tych» abzweigt. Auch entlang dieses Kanals drehten sich seit dem Spätmittelalter zahlreiche Mühlräder. Diese werden im 19. Jahrhundert in einem auf Stelzen stehenden Holzgebäude zusammengefasst. Östlich der Mühlen befindet sich seit dem 13. Jahrhundert der Anlegeplatz für die Schiffe aus dem unteren Aaretal und dem Oberrheingebiet. Auf dem Platz vor den Mühlen und in den benachbarten Schuppen werden Hölzer gelagert, die in den an der Matte stehenden Sägemühlen zu Latten und Brettern verarbeitet wurden.

ihre Wagen in Zukunft besser instand zu halten, damit sie bei ihren täglichen Fahrten in die Oberstadt nicht mehr einen so grossen Lärm machten, was *«die lüt toibet»*.[14]

Das Mattequartier lag im Unterschied zum Nydeggstalden abseits jeglichen Durchgangsverkehrs und konnte nur durch die Mattenenge südlich des Ländtetors mit Pferd und Wagen erreicht werden. Die Matte gliederte sich topographisch in einen westlichen Teil, der die Häuserzeilen entlang der heutigen Badgasse und der Schifflaube rund um die ehemalige Schiffländte an der Aare umfasste, sowie einen langgezogenen östlichen Teil, der durch die Häuser an der Gerberngasse, dem Mühleplatz und der Wasserwerkgasse vorgegeben war.

Das Leben an der Matte wurde bestimmt durch die Aare und die drei künstlich angelegten Mühlekanäle, an denen sich die Gewerbehäuser der Gerber und die verschiedenen seit 1360 von der Stadt verwalteten Wassermühlen reihten. Der Kaufvertrag von 1360, in dem der Rat den *«grundt dez heiligen riches in der Ara von dem alten graben bi dien walken dur abe untz* [bis] *an der bredier turne»* für 1300 Gulden vom Altschultheissen Johannes von Bubenberg senior erworben hat, nennt neben der Schwelle verschiedene *«sagen, die blöwen, die mülinen, die sliffen, die vischentzen* [Fischereirechte], *Gresis hus und hofstat»* sowie *«den bach dur die Matten, untz daz er in die Ara gat, mit der hofstat, die och da lit, da der bach in die Ara gat»* als Eigentum der Stadt.[15]

Ebenfalls im Besitz von Bürgerschaft und Rat befand sich seit dem 14. Jahrhundert die Schiffländte an der Aare, an der die in Bern ansässigen Schiffer und Fischer ihre Boote ent- und beluden und wo die durchfahrenden Schiffe einen Durchgangszoll an die Stadt zu entrichten hatten.[16] Rund um die Schiffländte herrschte während des gesamten Spätmittelalters ein geschäftiges Treiben. Hier befand sich der Sammelplatz für das aus dem Oberland herangeflösste Holz. Handelsgüter wie Textilien, Metallwaren und Leder wurden von den höher gelegenen Stadtquartieren an die Matte transportiert und dort auf Schiffe verladen. Gleichzeitig legten Schiffe an der Ländte an, die die Aare aufwärts fuhren und für die Versorgung der Stadt wichtige Güter wie Getreide, Wein und Fisch mit sich brachten. Die herbeigeführten Fässer und Kornsäcke mussten dabei ebenfalls abgeladen, auf Karren verpackt und auf die zentralen Märkte in der Zähringerstadt gefahren werden.

All diese Tätigkeiten sowie das Rattern und Hämmern der Gewerbebetriebe waren von ständigem Lärm begleitet, der nur vom Getöse der Aareschwelle noch übertroffen wurde. Konrad Justinger beklagte sich deshalb in seiner Chronik darüber, dass die Verlegung des ersten Rathauses von der Junkerngasse an den nördlichen Ausgang der Kreuzgasse unter anderem auch darauf zurückzuführen gewesen sei, dass die Lage des alten Rathauses durch *«daz getöne von den gloggen und daz geschrey von der swely gar unlidlich were»*.[17]

Die Innere Neustadt
Die Innere Neustadt ist die erste Erweiterung des Stadtgebietes nach Westen, die Schultheiss und Rat bereits im Jahre 1255 unter der Stadtherrschaft Graf Peters II. von Savoyen in Angriff genommen haben.[18] Durch den Bau eines neuen, durch vier Stadttore gesicherten Mauerrings verstand es die Bürgerschaft, einerseits die entlang der westlichen Ausfallstrasse errichteten Häuser vor militärischen Angriffen zu schützen, andererseits sollte mit der systematischen Ausdehnung des ummauerten Stadtgebietes Platz für den stetigen Zustrom neuer Siedler geschaffen werden.

Der zentrale Strassenzug der Inneren Neustadt ist die Marktgasse, die heute noch durch die beiden Stadttore des ersten und zweiten Mauerrings, den Zytglogge- und Käfigturm, abgeschlossen wird (Abb. 8). Die als breiter Gassenmarkt angelegte Marktgasse bildet die westliche Verlängerung der Kram- und Gerechtigkeitsgasse und wird im Norden durch die parallel verlaufende Zeughausgasse und im Süden durch die Amthaus- und Kochergasse begleitet. Im Unterschied zu den langgezogenen Strassenzügen der Zähringerstadt wurde in der Inneren Neustadt nur die zentrale Marktgasse von durchgehenden Häuserzeilen gesäumt. Im Norden und Süden des neu ummauerten Stadtgebietes verhinderten die ausgedehnten Immunitätsbezirke des Dominikaner- und Inselklosters, dass dort eine grössere Zahl von Wohnhäusern gebaut werden konnte.

Die Befestigungsanlagen der nach 1255 erbauten Inneren Neustadt sind mit Ausnahme des Käfigturms, der im 17. Jahrhundert vollständig neu aufgeführt worden ist, weitgehend verschwunden.[19] Sowohl das Frauentor am oberen Ausgang der Zeughausgasse als auch das Judentor an der Kochergasse wurden bereits im 17. Jahrhundert abgebrochen. Auch der südliche Zugang zur Inneren Neustadt, das Untere Marzilitor, musste Ende des 18. Jahrhunderts einem klassizistischen Neubau weichen.[20]

Die Äussere Neustadt
Westlich der Inneren Neustadt befindet sich mit der nach 1343 angelegten Äusseren Neustadt das jüngste mittelalterliche Stadtquartier Berns. Es blieb trotz seiner relativ grossen Fläche bis weit ins 19. Jahrhundert hinein deutlich weniger dicht besiedelt als die übrigen Stadtquartiere.[21] Der neu gegründete Stadtteil befand sich im Unterschied zu den älteren Quartieren grösstenteils ausserhalb der von der Aare umflossenen Halbinsel, so dass dieser nicht nur im Westen, sondern auch im Norden und Süden durch ausgedehnte Befestigungsanlagen geschützt werden musste (Abb. 8). Obwohl auch diese jüngste Stadtmauer wenigstens in den zentralen Abschnitten entlang natürlicher Quergräben errichtet werden konnte, übertraf diese mit einer Länge von rund 1100 Metern sämtliche bisher von der Bürgerschaft während des Mittelalters durchgeführten Bauprojekte. Allein die Bauzeit der neuen Westbefestigungen erstreckte sich mit allen Anpassungen an die aufkommende Geschütztechnik von der Mitte des 14. bis zum Ende des 15. Jahrhunderts, so dass die Stadt noch in den Jahren 1458 bis 1473 einen Betrag von über 5000 Gulden in den Aus- und Umbau der bestehenden Mauer- und Grabenabschnitte investieren musste.[22]

Der neu ummauerte Stadtteil zählte insgesamt sieben fächerförmig angelegte Gassen, von denen jedoch nur die Fronten der vier zentralen Gassen, der Spital-, Schauplatz-, Neuen- und Aarbergergasse, während des Spätmittelalters regelmässig mit Wohnhäusern überbaut waren. An den drei übrigen peripheren Gassen reihten sich neben einzelnen Gärten und Äckern vor allem Ställe und Scheunen, die sowohl von den Bewohnern der Neustadt als auch von der Einwohnerschaft der älteren Stadtteile bewirtschaftet wurden.

Das dominierendste Bauwerk der in der zweiten Hälfte des 14. Jahrhunderts errichteten Stadtbefestigungen war das Obere Spitaltor (Abb. 11). Der Torturm, der nach der Aufstellung einer knapp 10 Meter hohen Christophorusfigur (→Abb. 308) über dem inneren Torbogen am Ende des 15. Jahrhunderts in Christoffelturm umbenannt wurde, bildete den Hauptzugang der Stadt von Westen.[23] Während das Obere Marzilitor als südliches Stadttor bereits im Jahre 1628 den damals errichteten Schanzen weichen musste, fielen das Obere Spitaltor und das nördlich anschliessende Golatenmattgass- oder Aarbergertor erst im 19. Jahrhundert dem Bau des neuen Berner Hauptbahnhofes zum Opfer.[24]

Abb. 11:
Diebold Schilling, Grosse Burgunderchronik, 1481–1484, Zürich, Zentralbibliothek, Ms. A 5, S. 66.

Diebold Schilling überliefert in seiner zwischen 1481 und 1484 angelegten Burgunderchronik eine topographisch genaue Darstellung der im Verlauf des 14. und 15. Jahrhunderts errichteten Westbefestigungen im Bereich des Oberen Spitaltors. Deutlich erkennbar ist die doppelt geführte Ringmauer mit verschiedenen Wehrtürmen und dem im 15. Jahrhundert erbauten Vorwerk des Christoffeltors. Der zinnenbewehrte und gegen die Stadt offene Halbrundturm rechts des Haupttores repräsentiert den Befestigungsbau des 14. Jahrhunderts, während die übrigen Türme bereits mit modernen Ziegeldächern gedeckt sind. Der halbrunde Wehrturm wurde während des Brandes von 1535 an der Spital- und Schauplatzgasse zerstört und als sogenannter Ziegel- oder Holzrütiturm im 16. Jahrhundert neu aufgebaut. Der Glockenturm im Hintergrund des Christoffeltors gehört zur Oberen Spitalkirche, die in den Jahren 1482 bis 1496 zu einem repräsentativen spätgotischen Gotteshaus erweitert wurde.

Die kommunalen Gebäude

Roland Gerber

Ausdruck des stadtbürgerlichen Selbstbewusstseins sowie des Herrschaftsanspruchs von Schultheiss und Rat über Stadt und Land waren die kommunalen Bauten.[1] In diesen konzentrierte sich seit dem ausgehenden 13. Jahrhundert das öffentlich-rechtliche Leben der Berner Bürgerschaft (→Abb. 14). Mit dem ersten und zweiten Rathaus (→Abb. 14: 1, 2), dem Gerichtsstuhl des Schultheissen (→Abb. 14: 3) und der Lateinschule (→Abb. 14: 4) befanden sich alle wichtigen städtischen Gebäude an der zentral gelegenen Kreuzgasse (Abb. 12).[2] In der Kreuzgasse trafen sich die im 13. Jahrhundert angelegten Stadtviertel. Hier wurden Zusammenkünfte abgehalten, Recht gesprochen, militärische Aufgebote versammelt und Symbole der Ratsherrschaft öffentlich zur Schau gestellt.[3] Ausserhalb der zähringischen Gründungsstadt befanden sich mit dem ältesten bekannten städtischen Kornhaus, der sogenannten Helle (→Abb. 14: 7), dem Bauwerkhof (→Abb. 14: 8) sowie dem Nachrichter- und Frauenhaus (→Abb. 14: 9) nur kleinere und unbedeutende kommunale Gebäude, die wegen ihrer Funktion vom Rat bewusst am Rande des überbauten Stadtgebietes errichtet wurden.

Schultheissensitz und Rathaus

Das wichtigste Symbol kommunaler Autonomie seit der Zerstörung der zähringischen Stadtburg bei Nydegg um 1268 war der in der Mitte der Kreuzgasse errichtete Schultheissenstuhl (→Abb. 14: 3). Auf diesem Sitz übte der Berner Schultheiss seit dem 13. Jahrhundert in Stellvertretung des deutschen Königs die Blutgerichtsbarkeit innerhalb der Stadt und seit dem 15. Jahrhundert auch in den benachbarten Landgerichtsbezirken aus (Abb. 13).[4] Der ursprünglich aus Holz errichtete Gerichtsstuhl wurde in spätgotischer Zeit aus repräsentativem Stein neu erbaut und kann laut eines Berichts des Handwerksgesellen Sebastian Fischer aus Ulm aus dem Jahre 1534 wie folgt beschrieben werden: Der Schultheissensitz war «*hipsch aussgehawen uss stainwerck gemacht und send der sytz oder stiel drey nebenainander: Uff dem ainen stul sitzt der grosswaybel und ist angethan mit harnach* [Harnisch] *und hat ain streytthammer in seiner hand, uff dem andern stul sytzt der gerichtschreyber, der die veryicht* [Bekenntnisse] *list, zwischen denen zwayen uff dem mittlen stul, da sitzt der schulthayss in kostliche klayder angethon und ain sylberin zepter in der hand*».[5] Bis zum Neubau des Rathauses im 15. Jahrhundert fanden vor dem Richterstuhl an der Kreuzgasse jeweils die Vollstreckung und Verkündung politisch bedeutender Todesurteile statt. Konrad Justinger berichtet fürs Jahr 1324, dass der Edelmann Walter Senn als Vergeltung für die Hinrichtung eines Berner Venners in Le Landeron während eines Kriegszuges gegen die Grafen von Neuenburg mitten in der Kreuzgasse enthauptet worden sei.[6] Grösseres Aufsehen erregte schliesslich auch die Aburteilung von vier Dominikanermönchen im Mai des Jahres 1509, die der priesterlichen Immunität beraubt und vom Rat auf dem «Schwellenmätteli» südlich der Stadt dem Feuertod überantwortet wurden.[7]

Seit der ersten Hälfte des 15. Jahrhunderts war es dann vor allem das neu errichtete Rathaus (→Abb. 14: 2), das mit seinem repräsentativen Walmdach die städtebaulich hervorragende Stellung der Kreuzgasse als Verbindungsachse zwischen dem Münster, dem Schultheissensitz in der Mitte von Kram- und Gerechtigkeitsgasse und dem Versammlungsort der kommunalen Ratsgremien am nördlichen Rand der Zähringerstadt betonte. Schultheiss und Rat besassen zwar bereits seit der Mitte des 13. Jahrhunderts mit dem Gerichtshaus (→Abb. 14: 1) hinter dem Chor der St. Vinzenzkirche ein erstes städtisches Versammlungs- und Gerichtslokal. Mit der Schaffung des Rates der Zweihundert während der

Abb. 12:
Anton Schmalz, Ansicht der Kreuzgasse (Ausschnitt), 1635, Bern, Historisches Museum.

Die Kreuzgasse bildet seit dem 13. Jahrhundert den städtebaulichen Mittelpunkt der Berner Stadtgemeinde. Vor allem in der nach dem grossen Stadtbrand von 1405 einsetzenden Bautätigkeit entstanden entlang der Kreuzgasse verschiedene repräsentative Häuser, die das Stadtbild teilweise bis heute prägen. Auf dem in der ersten Hälfte des 17. Jahrhunderts gemalten Ölgemälde von Anton Schmalz lassen sich, von Norden nach Süden gesehen, folgende spätmittelalterlichen Gebäude erkennen: Rathaus mit masswerkverzierter Aussentreppe (1406–zirka 1450), gotischer Treppengiebel der Ratskanzlei (1526–1541), Gesellschaftshaus der Schiffleutezunft an der Ecke Kreuzgasse/Gerechtigkeitsgasse (seit 1427), Schultheissensitz und Kreuzgassbrunnen (Neubauten des 16. Jahrhunderts), Diesbachhaus mit spitzhelmigem Dachtürmchen an der Ecke Kreuzgasse/Münstergasse (1442/1515) sowie am unteren Bildrand das Wohnhaus von Niklaus Zurkinden senior (Stadtschreiber 1561–1565) und dessen gleichnamigem Sohn (Venner 1594–1624).

Verfassungsreform von 1294 entstand der Stadt jedoch bereits gegen Ende des 13. Jahrhunderts ein Raumbedarf, der vom bescheidenen ersten Rathaus nicht mehr gedeckt werden konnte. Die Versammlungen des neu geschaffenen Bürgerrates wurden deshalb in die beiden Bettelordenskirchen verlegt, die bis zum Bau des neuen Rathauses im 15. Jahrhundert eine wichtige Funktion im politischen Leben der Stadtgemeinde einnahmen. Neben den Ratsversammlungen fand auch ein grosser Teil der ordentlichen Geschäfte von Schultheiss und Rat wie vor allem die Rechnungsablage der städtischen Amts- und Dienstleute regelmässig in den beiden geräumigen Bettelordenskirchen statt.[8] Einzig diejenigen Gerichtsverhandlungen, die ausschliesslich die niedere Gerichtsbarkeit betrafen, scheinen vom Schultheiss und seinen Statthaltern, dem Grossweibel und Gerichtsschreiber, vornehmlich im Rathaus östlich der St. Vinzenzkirche abgehalten worden zu sein.

Die Stadtschule

Ebenfalls an der Kreuzgasse befand sich im 15. Jahrhundert die städtische Lateinschule (vgl. Kap. II, S. 155).[9] Während die seit der zweiten Hälfte des 13. Jahrhunderts in Bern nachweisbaren Schulmeister ihre Schüler bis zu Beginn des 15. Jahrhunderts noch hauptsächlich in ihren eigenen Wohnhäusern unterrichtet haben, beschlossen Schultheiss und Rat, Wohnsitz und Wirkungsort der aus dem Stadtsäckel besoldeten Lateinlehrer nach der Fertigstellung des neuen Rathauses räumlich zu trennen.[10] Im funktionslos gewordenen alten Rathaus wurde deshalb um 1416 die wahrscheinlich erste bernische Lateinschule (→Abb. 14: 1) eingerichtet. Bereits 1468 musste diese erste Stadtschule vom Rat jedoch in ein anderes Gebäude verlegt werden, da das ehemalige Rathaus dem neu erbauten Münsterchor zum Opfer fiel. Als neuer Standort wurde der Schule das südliche Eckhaus (→Abb. 14: 4) bei der Einmündung der Kreuzgasse in die Junkerngasse zugewiesen.[11] Aber auch dieses Gebäude scheint den Bedürfnissen des Schulbetriebs schon bald einmal nicht mehr genügt zu haben, so dass sich der Rat erneut nach einem neuen Haus umsehen musste. Nachdem sich der berühmte Theologe Johannes Heynlin von Stein in seiner Fastenpredigt darüber beklagt hatte, dass die Stadt der Jugend zwar ein neues Frauenhaus, jedoch noch kein geräumiges Schulhaus erbaut habe, entschloss sich der Rat, die Stadtschule im Jahre 1481 in einem stattlichen Neubau unterzubringen.[12] Das neu errichtete Schulgebäude (→Abb. 14: 5) kam schliesslich östlich des Michaelstürlis zu stehen.[13]

Das Trämmelhaus

Das neben den Stadtbefestigungen einzige grössere kommunale Gebäude ausserhalb der zähringischen Gründungsstadt war der in der zweiten Hälfte des 14. Jahrhunderts am nordöstlichen Rand der Inneren Neustadt errichtete Bauwerkhof (→Abb. 14: 8). Während Konrad Justinger 1324 noch von einem Werkhof «enent der are gegen den lenbrunnen» spricht, der sich im heutigen Altenberg befunden haben muss, nennen die Säckelmeisterrechnungen von 1377 erstmals auch den Werkhof im ehemaligen Baumgarten des Dominikanerklosters.[14] Der in den Quellen «tremelhus» oder «sust» genannte Bauwerkhof bildete eine lose Gruppierung von einzelnen Holzgebäuden und Schuppen, in denen verschiedene Baumaterialien und Arbeitsgeräte sowie seit dem Burgdorferkrieg von 1383/84 auch das städtische Kriegsgerät unter der Leitung von Bauherren und Stadtwerkmeistern hergestellt, gelagert und unterhalten wurden.[15] Im Verlauf des 15. und 16. Jahrhunderts entstanden auf dem Areal des Bauwerkhofs vermehrt auch Steingebäude, in denen Schusswaffen geschmiedet und Kanonenrohre gegossen werden konnten. Das Trämmelhaus «vor den predigern» entwickelte sich dadurch immer mehr zu einem Aufbewahrungs- und Herstellungsort der städtischen Geschütze und Feuerwaffen, so dass dieses im 17. Jahrhundert schliess-

Abb. 13:
Diebold Schilling, Spiezer Bilderchronik, 1484/85, Bern, Burgerbibliothek, Mss. hist. helv. I. 16, S. 186.

Vom 13. bis 15. Jahrhundert wurden wiederholt Verbrecher direkt vor dem Schultheissensitz inmitten der Kreuzgasse hingerichtet. Während der Schultheiss die Blutgerichtsbarkeit auch in späterer Zeit noch auf dem Gerichtsstuhl in der Kreuzgasse ausübte, fanden die Hinrichtungen seit dem 16. Jahrhundert vornehmlich auf den beiden Richtplätzen östlich und westlich der Stadtgemeinde statt. In der Spiezer Bilderchronik des Diebold Schilling von 1485 wird der hölzerne Schultheissensitz kurz vor seiner Neuerrichtung aus Stein dargestellt. Der Schultheiss sitzt als oberster Richter in der Mitte des masswerkverzierten Stuhles. Rechts neben ihm verliest der Gerichtsschreiber das Urteil, während die Gerichtsweibel mit Stöcken die zur Hinrichtung geeilten Bürger zurückhalten.

lich endgültig in ein Zeughaus umgewandelt wurde. Um die Lagerung von Waffen und Baumaterialien funktional zu trennen, liess der Rat im Jahre 1614 vor dem Oberen Marzilitor einen neuen Bauwerkhof errichten, der das Nebeneinander von Werkhof- und Zeughausgebäuden beendete.[16]

Das Nachrichter- und Frauenhaus

Wahrscheinlich im 14. Jahrhundert entstand im nördlichen Quergässlein zur Spitalgasse, dem heutigen Ryffligässlein, das städtische Nachrichter- und Frauenhaus (→Abb. 14: 9).[17] Sowohl die unehrliche Tätigkeit des Nachrichters als auch diejenige der Prostituierten waren in der mittelalterlichen Stadtgesellschaft verpönt, was sich in der versteckten Lage des von Schultheiss und Rat verwalteten Hauses in der Äusseren Neustadt ausdrückte.[18] Das Bordell im engen Ryffligässlein war jedoch sowohl von der Spitalgasse als auch von der Aarbergergasse, den beiden wichtigsten Zufahrtsstrassen der Stadt, schnell zu erreichen, so dass vor allem fremde Reisende bequemen Zugang zum Frauenhaus fanden. Die Bedeutung, die dem städtischen Bordell im Spätmittelalter auch als Fremdenherberge zugekommen ist, zeigt der Bericht Konrad Justingers über den Besuch König Sigismunds von Luxemburg in der Stadt im Jahre 1414 (vgl. Kap. IV, S. 314). Der Chronist nennt in der Aufzählung der Kosten, die Schultheiss und Rat während des Aufenthalts des Königs für dessen zahlreiches Gefolge hatten aufwenden müssen, neben Sattlern, Köchen und Trompetern ausdrücklich auch die *«schönen frouwen im geslin»* als Empfänger städtischer Gelder.[19] Die Erzählung Justingers darf jedoch nicht darüber hinwegtäuschen, dass sowohl die Prostituierten als auch der Nachrichter, der das Frauenhaus im Namen der Stadt verwaltete, in den Augen der Bürgerschaft nur eine niedere soziale Position einnahmen. Das Udelbuch von 1389 nennt deshalb neben *«meister Ulli»*, dem Henker, bezeichnenderweise auch den *«bösen Seman»* [Simon] und die *«beschissen Greden»* als Anwohner des Ryffligässleins.[20]

Die Zunft- und Gewerbebauten

Roland Gerber

In der Stadt Bern befanden sich im 14. und 15. Jahrhundert verschiedene Gebäude und Anlagen, die als Produktions- und Verkaufsorte von Waren, als Zollstätten oder als Versammlungs- und Trinklokale von Handwerkern und Kaufleuten genutzt wurden (→Abb. 14).[1] Eine ausgesprochen günstige Wirtschafts- und Verkehrslage wiesen seit der Gründungszeit die Kram- und Gerechtigkeitsgasse sowie seit 1255 die westlich an den Zytgloggeturm stossende Marktgasse auf. Als breite Gassenmärkte angelegt waren sie gleichermassen Marktplatz wie Durchgangsstrasse. Alle drei Gassen wurden seit der Stadtgründung ausserdem vom Stadtbach, der ältesten und wichtigsten Gewerbeanlage Berns, durchflossen. An der Kram-, Gerechtigkeits- und Marktgasse entstanden im Verlauf des 14. Jahrhunderts mit dem städtischen Kauf- und Zollhaus (→Abb. 14: 6), den vier Brot- und Fleischschalen (→Abb. 14: A–D) und dem Gerbhaus (→Abb. 14: F) die wichtigsten Markt- und Gewerbebauten innerhalb der spätmittelalterlichen Stadt Bern.[2] Auch die Zünfte erwarben ihre Gesellschaftshäuser seit der zweiten Hälfte des 14. Jahrhunderts mit Ausnahme der Zimmerleute (→Abb. 14: XV) alle an den zentral gelegenen Strassenmärkten (→Abb. 14: I–XX). Direkt von der Kram- und Marktgasse aus erreichbar waren schliesslich auch die Tuchlaube vor dem Franziskanerkloster

Abb. 14:
Plan der Stadt Bern mit der Lage von kommunalen Gebäuden, Gewerbe- und Gesellschaftshäusern, Karte von Roland Gerber.

Kommunale Gebäude
1. Erstes Rathaus (1416–1468 Stadtschule)
2. Zweites Rathaus (seit 1416)
3. Richtstuhl des Schultheissen
4. Zweite Stadtschule (1468–1481)
5. Dritte Stadtschule (1481–1528)
6. Kauf- und Zollhaus (seit 1373)
7. Kornhaus (die Helle)
8. Bauwerkhof (Trämmelhaus)
9. Nachrichter- und Frauenhaus
10. Häuser in Stadtbesitz (1389)

Gewerbehäuser
A. Obere Brotschal
B. Niedere Brotschal
C. Obere Fleischschal
D. Niedere Fleischschal
E. Neue Fleischschal (seit 1468)
F. Gerbhäuser
G. provisorische Brotlaube (1405–1413)
H. Schleif-, Korn- und Sägemühlen

Gesellschaftshäuser
I. Affen
II. Schiffleuten
III. Narren und Distelzwang
IV. Niederpfistern
V. Niederschuhmachern
VI. Niedergerbern
VII. Obermetzgern
VIII. Niedermetzgern
IX. Kaufleuten
X. Mohren
XI. Rebleuten (Standort unsicher)
XII. Webern (bis 1465)
XIII. Alt-Gerbern (bis 1435)
XIV. Mittellöwen
XV. Zimmerleuten
XVI. Obergerbern
XVII. Oberschuhmachern
XVIII. Schmieden
XIX. Schützen
XX. Webern (seit 1465)

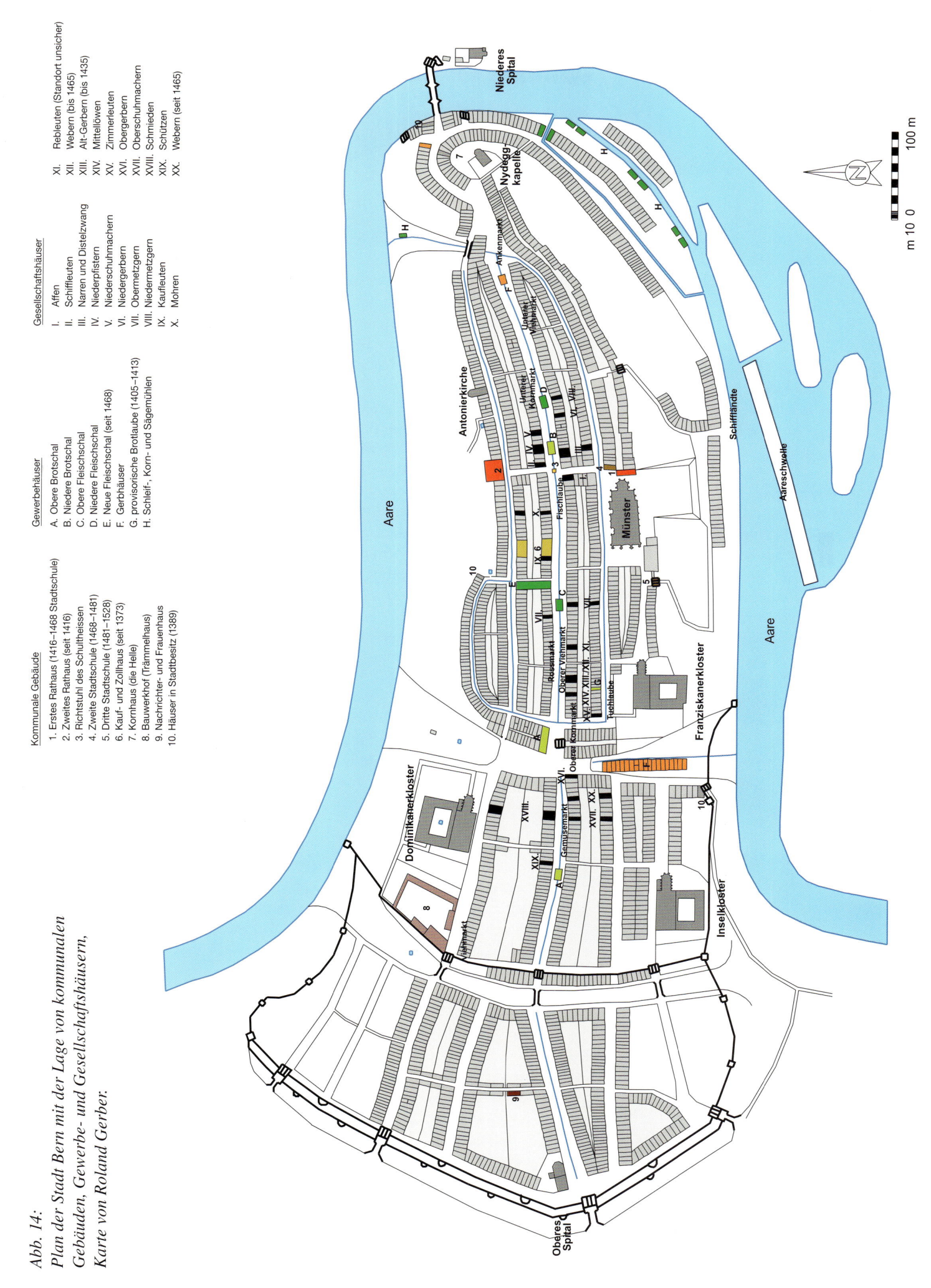

51

Abb. 15:
Gregorius Sickinger, Planvendute der Stadt Bern von Süden, 1603–1607 (Original verschollen), Kopie von Johann Ludwig Aberli, 1753, umgezeichnet von Eduard von Rodt, 1915, Bern, Historisches Museum.

Im Zuge der Reorganisation des städtischen Handwerks in der zweiten Hälfte des 15. Jahrhunderts wurden die beiden zu Beginn des 14. Jahrhunderts errichteten Fleischschalen in der Kram- und Gerechtigkeitsgasse abgerissen und beim heutigen Schaalgässlein neu aufgebaut. Das nach 1468 errichtete Schalgebäude unterscheidet sich dabei baulich kaum von seinen älteren Vorgängerbauten über dem Stadtbach. Die Fleischbänke der Metzger gruppieren sich auch in der neuen Schal um einen offenen Innenhof, der durch zwei Tore von der Kramgasse und von der Rathausgasse erreicht werden kann.

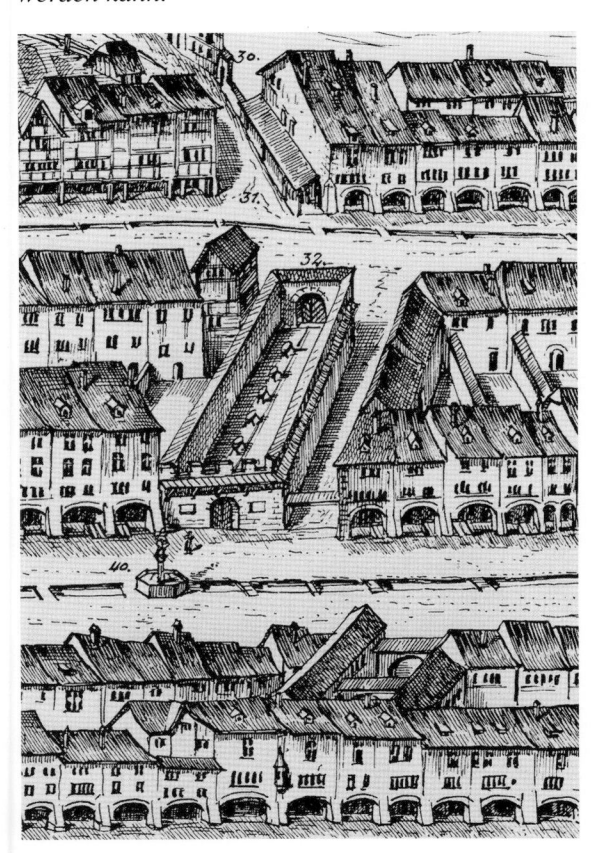

und der nach 1326 angelegte Gerberngraben (→Abb. 14: F). Weitere wichtige Gewerbebetriebe befanden sich, wie bereits erwähnt, im Bereich der drei Mühlekanäle an der Matte und am untersten, der Aare zugewandten Teil des Stadtbaches, wo vor allem Stampfen, Färbereien, Tuchwalken sowie verschiedene Schleif-, Korn- und Sägemühlen (→Abb. 14: H) standen.

Die Gewerbehäuser der Bäcker, Metzger und Gerber

Bereits in der ersten Hälfte des 14. Jahrhunderts entstanden mit der Niederen Brotschal (→Abb. 14: B), der Oberen und Niederen Fleischschal (→Abb. 14: C, D) und dem an der unteren Gerechtigkeitsgasse errichteten Gerbhaus (→Abb. 14: F) eine Reihe wichtiger Gewerbebauten innerhalb der Zähringerstadt, die wegen ihrer Lage mitten in der Kram- und Gerechtigkeitsgasse das Erscheinungsbild dieser beiden Strassenzüge während des Spätmittelalters prägen. Die Niedere Brotschal sowie die Obere und Niedere Fleischschal dienten den Bäckern und Metzgern als Markthäuser, in denen sie Brot und Fleisch verkauften (Abb. 15). Der bauliche Unterhalt der Gebäude wurde von Schultheiss und Rat wahrgenommen, die in den Schalen zusammen mit den Bäcker- und Metzgermeistern die Gewerbeaufsicht über die beiden Handwerke ausübten. Die Brot- und Fleischschalen bestanden entsprechend ihrer Funktion als Marktgebäude lediglich aus einem ummauerten Innenhof, der vom Stadtbach durchflossen wurde und um den sich die Verkaufsbänke der Bäcker und Metzger gruppierten. Im Unterschied zu den Schalen scheint das Gewerbehaus der Gerber jedoch nicht als Verkaufsplatz, sondern als Herstellungs- und Verarbeitungsort für Leder gedient zu haben. In den städtischen Rechnungs- und Zinsbüchern finden sich jedenfalls keinerlei Einkünfte, die von Zinszahlungen der Gerber aus dem Gerbhaus herrührten.

Das einzige wichtige Markthaus Berns ausserhalb der Zähringerstadt war die im 14. Jahrhundert in der Mitte der Marktgasse erbaute Obere Brotschal (→Abb. 14: A). Nach dem grossen Stadtbrand von 1405 beschlossen Schultheiss und Rat jedoch, die niedergebrannte Brotschal aufzugeben und diese wie die übrigen Schalen in der zähringischen Gründungsstadt zu errichten. Als Bauplatz für das neue Gewerbehaus wurde den Pfistern eine Eckliegenschaft nördlich des Zytgloggeturms zugewiesen, die wegen ihrer Lage am oberen Abschluss der Kramgasse und an der Ostseite des neu aufgeschütteten Platzes nördlich des Zytgloggeturms einen repräsentativen Standort für den Bau eines neuen Gesellschafts- und Gewerbehauses darstellte.[3] Bis zur Fertigstellung des Gebäudes musste die Pfisternzunft vor dem Wohnhaus des Bäckermeisters Gottfried an der oberen Münstergasse eine provisorische Brotlaube (→Abb. 14: G) einrichten, damit die Versorgung der Oberstadt auch nach dem Stadtbrand gewährleistet werden konnte.

Das städtische Kauf- und Zollhaus

Wahrscheinlich im Zusammenhang mit der Verleihung des Geleitrechts an Bern durch Kaiser Karl IV. im Jahre 1365 errichtete die Stadt in der nördlichen Häuserzeile der Kramgasse das erste Kauf- und Zollhaus (→Abb. 14: 6).[4] Das 1373 eröffnete Gebäude erhob sich an der Stelle eines älteren Salzhauses und erstreckte sich über die Fläche mehrerer kleinerer Haushofstätten.[5] Um einen offenen Innenhof, der sowohl von der Kramgasse als auch von der Rathausgasse erreicht werden konnte, gruppierten sich verschiedene «hüslin», in denen die nach und durch Bern transportierten Kaufmannswaren von den städtischen Zoll- und Geleitsherren kontrolliert, gewogen und verzollt wurden.[6] Im Kaufhaus befand sich neben der Stadtwaage auch ein geräumiger Keller, in dem die Kaufleute ihre Handelsgüter stapelten und lagerten.[7] Dieser Keller scheint eine beachtliche Grösse gehabt zu haben, denn der Rat liess dort im Jahre 1388 über 60 Kriegsgefangene einsperren, da die bestehenden

Gefängnistürme in der Stadt infolge der beiden Kriegszüge gegen die habsburgischen Städte Freiburg und Zofingen bereits vollständig belegt waren.[8]

Die Gesellschaftshäuser

Ebenfalls an der Kram-, Gerechtigkeits- und Marktgasse standen die Gesellschaftshäuser der Zünfte, die seit der zweiten Hälfte des 14. Jahrhunderts mit Ausnahme der Zimmerleute (→Abb. 14: XV) alle an der Nord- und Südseite dieser drei Gassen errichtet wurden.[9] Während sich die Handwerksgesellschaften während des 14. Jahrhunderts noch vornehmlich in den Wohnhäusern einzelner wohlhabender Zunftangehöriger versammelt hatten, gingen die wichtigsten Zünfte seit dem Ende des Jahrhunderts dazu über, eigene Gesellschaftshäuser zu erwerben und die ursprünglich meist einfach eingerichteten Versammlungslokale oder «*stuben*», die sie von eigenen Stubenwirten bewirtschaften liessen, in repräsentative mit Mobiliar und Silber reich ausgestattete Zunfthäuser umzubauen.[10] Die Neubauten manifestierten dabei in eindrücklicher Weise das neu gewonnene Selbstbewusstsein der Gesellschaften, die sich im 15. Jahrhundert in Übernahme der ursprünglich der Viertelsbevölkerung zustehenden Rechte und Pflichten zu den politischen und ökonomischen Grundeinheiten der Stadtgemeinde entwickelten (vgl. Kap. III, S. 227).

Entscheidend für die topographische Verteilung der Zunfthäuser innerhalb des Stadtgebietes war neben funktionalen und herrschaftlich-repräsentativen Standortkriterien vor allem die Zweiteilung einzelner Gesellschaften in eine Obere und Untere Stube. Die Stubengesellen versammelten sich entsprechend ihres Wohnsitzes entweder westlich oder östlich der Kreuzgasse. Während die Vennerzünfte der Metzger (→Abb. 14: VII, VIII), Pfister (→Abb. 14: IV) und Schmiede (→Abb. 14: XVIII) sowie die ebenfalls zweigeteilten Gesellschaften der Schuhmacher (→Abb. 14: V, XVII) und Rebleute (→Abb. 14: XI) in der ersten Hälfte des 15. Jahrhunderts je zwei und die Gerber (→Abb. 14: VI, XIV und XVI) sogar drei Gesellschaftshäuser besassen, blieben die Kaufleute (→Abb. 14: IX), Schneider (→Abb. 14: X), Zimmerleute (→Abb. 14: XV), Steinmetze (→Abb. 14: I), Schiffleute (→Abb. 14: II), Weber (→Abb. 14: XII, XX), Schützen (→Abb. 14: XIX) und die adlige Zunft zum Narren und Distelzwang (→Abb. 14: III) einfache Gesellschaften, die nur über ein Zunfthaus verfügten.[11]

Die Märkte

Entsprechend der zunehmenden Differenzierung des städtischen Gewerbes und der Teilung der grössten Handwerksgesellschaften in eine Obere und Untere Stube entstanden im Verlauf des 15. Jahrhunderts verschiedene Märkte in der ursprünglich in ihrer Gesamtheit als Marktplatz genutzten Kram-, Gerechtigkeits- und Marktgasse[12] (→Abb. 14). Bereits im 14. Jahrhundert befand sich vor den untersten Häusern der südlichen Gerechtigkeitsgasse der Ankenmarkt. Dieser lag in der Nähe des Untertors, dem Hauptzugang für die Bauern aus dem Oberland, die vor allem Milchprodukte und Vieh in der Stadt verkauften. Im Zusammenhang mit den beiden Viehtränken an der Aare entwickelte sich auf der Südseite der Gerechtigkeitsgasse zwischen dem Ankenmarkt und der Niederen Fleischschal (→Abb. 14: D) im Verlauf des 15. Jahrhunderts der Untere Viehmarkt, während die Nordseite dieser Gasse dem Unteren Kornmarkt vorbehalten wurde.[13] Vor dem drittuntersten Haus an der südlichen Kramgasse befand sich während des Spätmittelalters die Fischlaube, der einzige Verkaufsplatz für Frischfisch innerhalb der Stadt Bern. Der zentrale Standort des Fischmarktes im Bereich der Kreuzgasse unterstreicht die Bedeutung, die dem Lebensmittel Fisch während des Mittelalters vor allem während der zahlreichen christlichen Fest- und Fastentage zugekommen ist.[14] Ebenfalls an der Kreuzgasse wurden laut einer Marktordnung von 1481 weitere wichtige Grundnahrungsmittel wie Hühner, Eier, Früchte, Gemüse und Obst verkauft. Westlich der Fischlaube befand sich auf der Südseite der Kramgasse zwischen der um 1468 erbauten neuen Fleischschal (→Abb. 14: E) und dem Zunfthaus zum Mittellöwen (→Abb. 14: XIV) der Obere Viehmarkt, während auf der Nordseite der Gasse der Ross- oder Pferdemarkt abgehalten wurde.[15] Westlich dieser beiden Märkte erstreckte sich im 15. Jahrhundert der Obere Kornmarkt.[16] Dieser umfasste den gesamten Bereich von der Hotelgasse zum Zytgloggeturm bis zu dem nach 1405 aufgeschütteten Platz zwischen der Oberen Brotschal (→Abb. 14: A) und dem Zunfthaus zu Obergerbern (→Abb. 14: XVI).

Auch die Marktgasse beherbergte während des Spätmittelalters einen Strassenmarkt. Spätestens seit dem 14. Jahrhundert wurden in dieser Gasse ähnlich wie in der Kreuzgasse und im Bereich vor dem Franziskanerkloster der Wochenmarkt abgehalten. Vor allem die in der Nachbarschaft der Stadt lebenden Bauern nutzten die wöchentlichen Markttage um «*essig ding* [Lebensmittel] *mit namen anken, ziger, kesse, eyer, nuss, biren, öpphel, rafen*» und «*vische*» an die Stadtbevölkerung zu verkaufen.[17] Gleichzeitig fanden die in Bern ansässigen Krämer Gelegenheit, der Landbevölkerung verschiedene handwerkliche Produkte wie Sicheln, Messer, Tücher oder diverse Haushaltsartikel anzubieten.

Stadtbach, Brunnen und Gewerbekanal: Wasser als städtisches Lebenselement

Armand Baeriswyl

Ein zentrales Element städtischer Infrastruktur war schon immer die Versorgung mit Wasser. Die einfachste Art, nämlich Wasser aus dem offenen Bach zu schöpfen, stiess in der Stadt bald an Grenzen, da immer mehr Einwohner immer mehr Wasser benötigten, und zwar nicht nur zum Trinken, sondern auch als Energiespender, Löschmittel und Spülflüssigkeit. Somit bestand in der mittelalterlichen Stadt Bedarf für verschiedene «Wassersorten» mit unterschiedlichsten Qualitätsanforderungen. Dies verlangte den Aufbau und Unterhalt einer entsprechenden Infrastruktur.

Grundwasserbrunnen: Die älteste Form der Trinkwasserversorgung

Konrad Justinger[1] erzählt in seiner Chronik vom überaus heissen Sommer von 1393, als die Brunnen in der Stadt ausgetrocknet seien, und nennt dabei die öffentlichen Schöpfstellen Berns (→Abb. 8), die erste im Kreuzgang der Predigermönche (→Abb. 8: 15), den «*Schegkenbrunnen*»[2] (→Abb. 8: 16), die dritte bei der steinernen Brücke im Graben[3] (→Abb. 8: 13), den Stettbrunnen am Ostende der Brunngasse (→Abb. 8: 12) und den Lenbrunnen an der Postgasse (→Abb. 8: 11).[4] Wie muss man sich diese Brunnen vorstellen, welche offenbar den gesamten Bedarf an Trinkwasser zu decken hatten? Die meisten dieser Anlagen sind schon lange verschwunden; allein der um 1250 entstandene Lenbrunnen wurde bei archäologischen Untersuchungen anlässlich des Umbaus der Staatskanzlei an der Postgasse 68 im Jahr 1992 wieder entdeckt[5] (Abb. 16; →Abb. 8: 11). Das turmartige Brunnengebäude mit dicken Mauern war in einen Grundwasserstrom abgetieft, der im nordseitigen Untergrund der Aarehalbinsel floss. Ein Kiesbett im Sockelgeschoss, mit einem Schacht in seiner Mitte, sammelte das unter den Fundamenten ins Innere strömende Wasser (Abb. 17). Darüber befand sich ein Boden, von dem aus das Wasser in Eimern aus dem Schacht geschöpft wurde, ein weiteres Stockwerk darüber diente vermutlich als Wächterstube. Ein Überlauf dürfte sich über den Aarehang direkt in den Fluss entleert haben.

Die übrigen von Justinger genannten Brunnen waren nach ihrer Lage – sie befanden sich alle im Bereich des genannten Grundwasserstromes an der Nordflanke der Aarehalbinsel – wahrscheinlich ebenfalls Grundwasser- oder Sodbrunnen.

Weitere öffentliche Sodbrunnen lassen sich durch andere Zeugnisse fassen. Aus Schriftquellen des 14. Jahrhunderts etwa, ist ein Sodbrunnen auf der Ebni bekannt[6], dem Platz im Bereich der Kreuzung von Junkern- und Gerechtigkeitsgasse, wo heute die Nydeggbrücke ansetzt (Abb. 18). Ein weiterer Grundwasserbrunnen trat 1957 bei archäologischen Untersuchungen im Hof der ehemaligen Burg Nydegg ans Tageslicht.[7] Aufgrund der Funde in der Verfüllung, die ins Spätmittelalter zu datieren sind, dürfte dieser Brunnen noch lange nach der Zerstörung der Burg im späten 13. Jahrhundert bestanden und als öffentliche Wasserschöpfstelle gedient haben.

Daneben muss eine Reihe von privaten Sod- oder Grundwasserbrunnen existiert haben, welche sich allerdings ausschliesslich im Besitz der geistlichen Institutionen und adligen Oberschicht befanden. Schriftquellen nennen solche etwa für das Prediger- wie das Barfüsserkloster[8] und für die Spitäler.[9]

Bei archäologischen Ausgrabungen wurden verschiedentlich private Brunnen aufgedeckt, so etwa 1957 auf dem Areal des Zunfthauses der Gesellschaft zu Schmieden ein, aus Tuffquadern gemauerter Schacht von rund 20 m Tiefe.[10] Aus Sandsteinquadern bestand ein 1985 aufgedeckter Brunnenschacht im Hof der Liegenschaft Junkerngasse 1[11] (Abb. 19).

Die Einführung eines Druckwasserleitungssystems mit Stockbrunnen

Hatten diese Grundwasserbrunnen im 13. und 14. Jahrhundert genügt, um den Wasserkonsum der Berner Bevölkerung zu decken, so änderte sich dies um 1400. Die erwähnte «grosse Notdurft» im Sommer 1393 und Wasserknappheit führten dazu, dass erstmals Wasser von ausserhalb in die Stadt geleitet werden musste.[12] Dazu setzte man eine für Bern neue Technologie mit hölzernen Röhren, sogenannte Teuchel, ein (siehe Kastentext, S. 57).

Die neue Form der Wasserversorgung bewährte sich, und man ergänzte die Sodbrunnen im Laufe des 15. Jahrhunderts durch Stockbrunnen, die von Teuchelleitungen gespeist wurden.[13] Die Grundwasserbrunnen bestanden weiter, verloren aber an Wichtigkeit. Ausserdem durchlöcherten die unter den zunehmend in Stein erneuerten Wohnhäusern entstandenen Unterkellerungen die wasserundurchlässige Schicht mit besagtem Grundwasserstrom. Dies brachte die Brunnen allmählich zum Versiegen. Vollständig abgeschnitten wurde diese Schicht vermutlich durch die Anlage der barocken Schanzenbefestigung im 17. Jahrhundert.[14]

Allmählich entstand ein dichtes Netz von Stockbrunnen in der Stadt, welche das tägliche Wasserschleppen entscheidend verringert haben dürfte. Es ist allerdings zu beobachten, dass zuerst nur die Hauptachsen mit Brunnen ausgestattet wurden, Nebengassen hingegen lange unterversorgt blieben.

Jeder neue Brunnen weckte bei den Bernern den Wunsch, nahe ihrer Wohnstatt auch einen Brunnen zu haben. Sehr schnell waren so die bestehenden Quellfassungen erschöpft, und «Wasserschmöcker»[15] waren ständig auf der Suche nach neuen Quellen in der näheren Umgebung der Stadt.

Mit der ersten, 1394 genannten Teuchelleitung wurde eine beim Bächtelengut am Fusse des Gurtens gefasste Quelle in die Stadt geführt. Sie

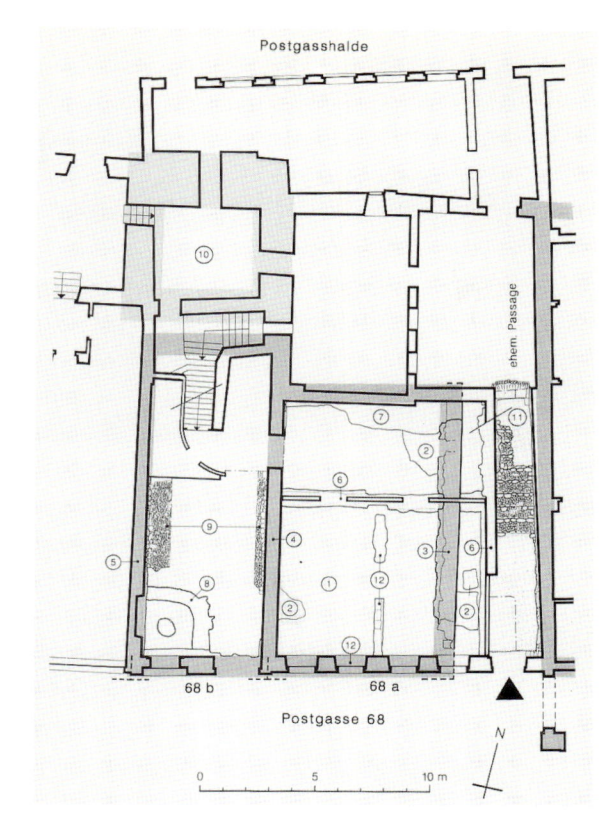

Abb. 16:

Grundriss der mittelalterlichen Bebauung im Bereich der Staatskanzlei, gassenseitig spätmittelalterliche Wohnhäuser, an der Hangkante der Lenbrunnen aus der Zeit um 1250 (Nr. ⑩).

Abb. 17:

Mögliches Aussehen des Lenbrunnens im Mittelalter, Modell von Urs Huber (nach dem Konzept von Daniel Gutscher) in der Ausstellung Postgasse 68.

Abb. 18:
Friedrich Zimmer, Gerechtigkeitsgasse mit Vennerbrunnen um 1840, aquarellierter Stich, Bern, Burgerbibliothek.

Der Brunnen auf der Ebni, auch Schwendeplatz genannt, seit 1542 mit dem Standbild des Berner Venners. Beim Bau der Nydeggbrücke von 1844 wurde der Brunnen auf den Rathausplatz versetzt.

Abb. 19:
Sodbrunnen, Zustand nach Abtragung der oberen Ringe, Bern, Junkerngasse 1.

speiste die ersten Stockbrunnen, welche alle an der Hauptgasse lagen. Der einzige nachweislich damals errichtete Brunnen ist der Kreuzgassbrunnen.[16] Die Leitung reichte also mindestens bis zur Kreuzgasse. Ob aber alle der heute noch bestehenden Brunnen in der Spital-, Markt-, Kram- und Gerechtigkeitsgasse schon an dieser Leitung angeschlossen waren, ist unbekannt.

Eine zweite Quelle wurde um 1420 auf dem Altenberg gefasst. Die Teuchelleitung, welche über die Untertorbrücke geführt wurde, brachte ihr Wasser in den ersten Stockbrunnen des Mattequartiers.[17] Vorher hatten die dortigen Bewohner nur die Wahl gehabt, jeden Eimer Wasser vom Nydegg- oder vom Ebnibrunnen her den Stalden hinunter zu schleppen oder aus der Aare zu schöpfen, welche aber durch die Abwässer der im Laufe des 14. Jahrhunderts ständig wachsenden Zahl von Gewerbebetrieben im Marzili und an der Matte zunehmend «trüb und unrein»[18] war. Der Wasserdruck dieser neuen Leitung reichte aber noch höher, bis zur Ebni hinauf, so dass mit dem Bau der Leitung um 1420 anstelle des erwähnten Sodbrunnens ein Stockbrunnen errichtet wurde (Abb. 18).

Eine dritte Quelle wurde im Laufe des 15. Jahrhunderts im Bereich der Engehalde erschlossen und in die Stadt geleitet, wo sie den Golattenmattgassbrunnen[19] speiste. 1502 wurde ein Stockbrunnen auf dem Kornhausplatz errichtet und an die Leitung des Golattenmattgassbrunnens angehängt.

Somit gab es in Bern zu Beginn des 16. Jahrhunderts neben den alten Grundwasserbrunnen drei Druckwasserleitungen; sie versorgten neun öffentliche Stockbrunnen.[20] Die meisten standen an der Hauptgasse: an der Spitalgasse vor dem Heiliggeistspital[21], an der Marktgasse beim Käfigturm[22], an der unteren Marktgasse[23], auf dem «Plaz», dem heutigen Kornhausplatz[24], an der Kramgasse[25], an der Kreuzgasse[26] und auf der Ebni.[27] Dazu kamen die beiden erwähnten Brunnen an der Golattenmattgasse[28] und in der Matte.

Alle Brunnen bestanden aus hölzernen Stöcken und Holztrögen; erst 1518/19 wurde der erste steinerne Brunnen errichtet[29], bezeichnenderweise am herrschaftlichen Mittelpunkt der Stadt Bern, an der Kreuzgasse. Er trug ebenso bezeichnend einen das Berner Banner haltenden Bären als Standfigur.[30] Die monumentalen Standbilder, welche die Brunnen heutzutage auszeichnen und weltberühmt machen, entstanden als geschlossene Gruppe durch den Freiburger Bildhauer Hans Gieng zwischen 1540 und 1548.[31]

Die Obrigkeit blieb aber auf der Suche nach neuem Trinkwasser,[32] denn die Berner, die das kostbare Nass weiterhin Eimer für Eimer in ihre Häuser tragen mussten, da es mit wenigen Ausnahmen[33] keine privaten Hausanschlüsse gab, wünschten Brunnen, die möglichst nahe ihrer Wohnungen lagen. Langfristig gelöst wurde das Wasserproblem der Stadt erst 1585, als es gelang, die Küngsbrunnenquelle (siehe Kastentext, S. 61) durch ein mechanisches Pumpwerk[34] zu heben und über eine Brunnenstube auf dem höchsten Punkt des heutigen Inselareals in die Stadt zu leiten.[35] Dieses Wasser vermochte den Trinkwasserbedarf der Stadt Bern bis ins 19. Jahrhundert hinein zu decken.

Die Brauchwasserversorgung: Stadtbach und Ehgräben

Vom Stadtbach ist erstmals 1249 die Rede.[36] Da es sich aber um eine Bestätigung einer Urkunde aus der Zeit vor 1218 handelt, kann man davon ausgehen, dass er – wie die Anlegung der Gassen, das Abstecken der Parzellen und die Errichtung der ältesten Stadtmauern – zu den Bauwerken zu zählen ist, die zur «Gründungsausstattung» der Stadt Bern

«Tünkel» und «brunnen röhren»: neue Technologie – aus der Not geboren

Die neue Art der Trinkwasserversorgung mit Stockbrunnen stellte gegenüber den bisherigen Sod- und Grundwasserbrunnen ganz neue Anforderungen. Sie bedeutete nicht nur den Bau von langen Zubringerleitungen in die Stadt hinein, sondern auch eine neue Technologie für die Wasserführung. Damit das Wasser in den Brunnen in die Höhe gepresst werden konnte, waren geschlossene Druckwasserröhren nötig, sogenannte Teuchel, das heisst, der Länge nach durchbohrte Holzstämme. Alternativen gab es kaum: Die aus klösterlichem Kontext bekannten Blei- oder Tonröhrenwasserleitungen kamen aus finanziellen und technischen Gründen für die viel umfangreicheren Leitungsnetze der Städte nicht in Frage.[37]

Teuchelleitungen zu bauen und zu unterhalten war sehr aufwendig.[38] Es wurden buchstäblich Tausende von Holzstämmen dafür gebraucht. Bei einer durchschnittlichen Stammlänge von 14 Fuss (etwa 4 m), umfasste das Leitungsnetz Berns zu Beginn des 16. Jahrhunderts rund 2000 Teuchel.[39] Es gab einen Teuchelweiher am Sulgenbach, wo ständig ein ganzer Jahresvorrat an Holzstämmen schwamm. Dort war auch der städtische Röhrenbohrplatz.

Archäologische Befunde zu solchen Leitungen gibt es in der Stadt Bern bisher keine; das liegt in erster Linie daran, dass man die Leitungen immer wieder am gleichen Ort erneuert hat, seit 1835 waren es Eisenröhren.[40] Ausserdem verfaulen die Teuchel im Boden sehr rasch.

Geschlossene hölzerne Wasserleitungen sind über Bern hinaus beim aktuellen Forschungsstand seit dem frühen 14. Jahrhundert fassbar[41], und zwar in den Schriftquellen – in Freiburg/Br. etwa werden sie um 1317 erstmals genannt – wie im archäologischen Befund. Vor allem in Norddeutschland, etwa in Lübeck, Stralsund, Chemnitz oder Goslar konnten kürzlich verschiedentlich Abschnitte früher Teuchelleitungen archäologisch nachgewiesen und untersucht werden. Sie bestanden aus bis zu 8 m langen, U-förmig ausgehöhlten Eichenstämmen mit aufgenageltem Deckbrett. Diese Lösung scheint sich aber nicht bewährt zu haben und man ging noch im 14. Jahrhundert dazu über, ganze Baumstämme der Mittelachse entlang zu durchbohren. Diese Technologie setzte sich durch und war bis zur Einführung der gusseisernen Röhren im 19. Jahrhundert in ganz Mitteleuropa in Gebrauch – von Stralsund bis Zürich.[42] In der Regel wurden 2,5–6 m lange Nadelholzstämme verwendet,

Löffelbohrer des frühen 19. Jahrhunderts, Museum Jerisberghof BE.

Holzschnitt von Georg Agricola, 1556. Herstellung von Teucheln durch Aufbohrung von Baumstämmen.

welche mit einem Löffelbohrer der Länge nach durchbohrt wurden. Die Bohrungen ergaben lichte Leitungsquerschnitte von 6 bis maximal 10 cm. Aneinandergefügt werden die Stämme durch verbindende, abgedichtete Holzkästen oder durch Muffen (Eisen, Blei, Kupfer, aber auch Leder).[43] Die Leitungen wurden unterirdisch verlegt; damit konnte man einerseits ihre Lage ausserhalb der Stadt geheimhalten, und andererseits wurde so das Zufrieren erschwert. Über Flüsse oder Stadtgräben wurden sie entweder seitlich auf den Strassenbrücken geführt, oder man errichtete separate Leitungsstege und -brücken.[44]

gehörten. Aus der Urkunde geht hervor, dass der Bach durch die Stadt floss, im Besitz des Stadtherrn war und an seiner Mündung fünf Mühlen antrieb, welche Adligen als Lehen übergeben worden waren.[45] Nach dem Aussterben der Zähringer kam der Stadtbach in seiner ganzen Länge, von der Quelle im Wangental bis zur Mündung in die Aare, an die Stadt.

Der Stadtbach diente neben dem bereits erwähnten Zweck, die Mühlen anzutreiben, vor allem als Brauchwasserlieferant, leitete also fliessendes Wasser zu Reinigungszwecken im weitesten Sinn in die Stadt. Es musste zwar keine Trinkwasserqualität aufweisen, sollte aber auch nicht zu stark verschmutzt sein. Verschiedene Klagen und immer wieder bekräftigte Vorschriften durch die Jahrhunderte zeigen, dass die Tendenz der Berner, den Stadtbach zur Abfallentsorgung zu missbrauchen, stark gewesen ist. Ein besonderes Problem waren die Fleischschal und das Gerbhaus. Sie standen mitten in der Gerechtigkeitsgasse rittlings über dem Bach, wo die Metzger und die Gerber ihre Produkte auswuschen. Diese Verunreinigungsquellen verschwanden trotz aller Vorschriften erst im mittleren 15. Jahrhundert nach der Freiräumung der Gasse von diesen Bauten (vgl. Kap. III, S. 210).

Des weiteren war der Bach bei Bränden die einzige effiziente Art der Löschwasserzufuhr. Durch ein System von Schiebern konnte der städtische Bachmeister einzelne Bachstränge abschneiden und alles Wasser in einen bestimmten Zweig lenken.

Der Stadtbach vereinigte sich ursprünglich als natürliches Fliessgewässer im Bereich der Enge zwischen Veieli- und Engländerhubel beim heutigen Loryplatz mit dem Sulgenbach. Seit 1200 wird er in einer künstlichen Rinne dem Hang des Engländerhubels entlang geführt und längs der Freiburger- und der Stadtbach-Strasse in die Stadt geleitet.

Ein Aquädukt führte den Bach über den Stadtgraben neben dem Christoffelturm in die Stadt hinein. Diese Konstruktion, ursprünglich wohl aus Holz, war im frühen 16. Jahrhundert als dreijochige, mit Tuff verkleidete und mit massiven Widerlagern gesicherte Rundbogenbrücke erneuert worden (Abb. 20, 21).[46] Der Aquädukt kam beim Bau der Bahnhofsunterführung 1973–75 zum Vorschein, wurde aber im Unterschied zu den Resten der Grabenbrücke abgebrochen.

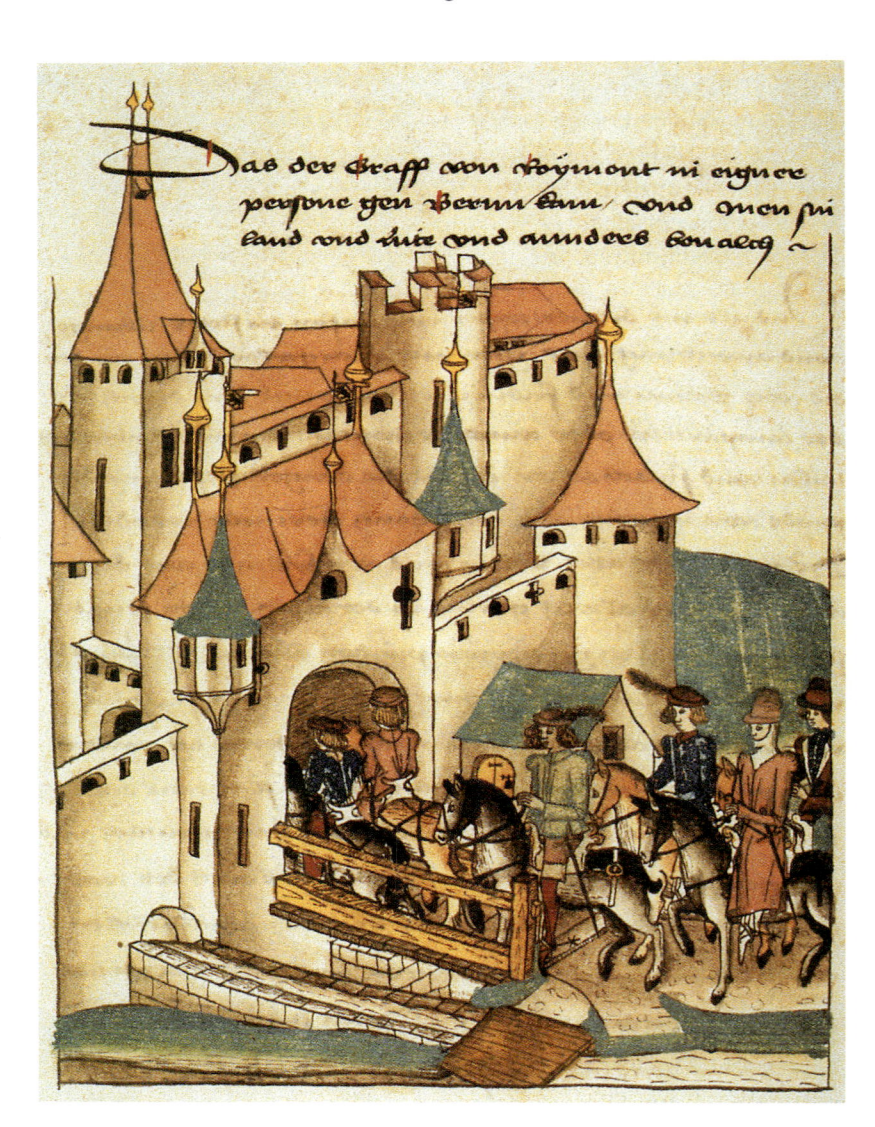

Abb. 20:
Diebold Schilling, Grosse Burgunderchronik, 1481–1484, Zürich, Zentralbibliothek, Ms. A 5, S. 384.

Bern, Christoffeltor mit Vorwerk. Über den Stadtgraben führt, parallel zur Grabenbrücke mit Zugbrücke, der Stadtbachaquädukt.

Das heutige Bachnetz in der Zähringerstadt dürfte demjenigen der Gründungszeit entsprechen: Der Stadtbach spaltet sich östlich des Zytgloggeturms in mehrere Arme auf und fliesst durch alle Längsgassen. An ihrem Ostende, im Bereich der Einmündung der Postgasse in die Gerechtigkeitsgasse, werden die verschiedenen Zweige des Stadtbachs in einem seit dem 14./15. Jahrhundert tonnengewölbten Gang[47] gefasst und den Nordhang hinunter in die Aare geleitet (Abb. 22).

Für die Stadterweiterungen ist der mittelalterliche Bachverlauf nicht überall geklärt. Bekannt ist etwa, dass bei der Umsiedlung der Gerbereibetriebe in den Gerbergraben[48] im Jahr 1326 eine Wasserrinne vom Stadtbach abgezweigt wurde, welche die Schlucht hinunter in die Aare lief. In der Inneren Neustadt gibt es in der Gründungsurkunde des Dominikanerklosters von 1269 einen Hinweis auf einen damals schon bestehenden Bach in der Zeughausgasse.[49] Völlig unklar ist der Stadtbachverlauf in der Äusseren Neustadt. Hans Rudolf Manuels Darstellung von 1549 (siehe Kastentext, S. 35) zeigt einen im rechten Winkel zum Bachlauf in der Hauptgasse abzweigenden Arm, welcher via Ryffligässchen zur Golattenmattgasse floss, dort nach Westen umknickte und offenbar im Bereich des Golattenmattgasstors in den Stadtgraben mündete (Abb. 23).[50]

Es ist anzunehmen, dass das Stadtbachsystem, welches für die zähringische Gründungsstadt eingerichtet worden war, beim Wachstum der Stadt im 13. und 14. Jahrhundert offenbar nur noch partiell erweitert und angepasst wurde.

Die wesentlichen archäologischen Beobachtungen zum Stadtbach stammen aus den Untersuchungen anlässlich der Marktgasssanierung des Jahres 1995[51] und der Kreuz- und Junkerngasssanierung im Jahr 1998.[52] Älteste Spuren eines offenen Holzkanals des 13. Jahrhunderts konnten nur indirekt nachgewiesen werden. Diese Konstruktion wurde im 14./15. Jahrhundert durch eine dauerhaftere aus Stein ersetzt. Der in der Hauptgasse 2,5 bis 3,5 m, in der Junkerngasse nur etwa 1 m breite und etwa 70–90 cm tiefe Bach mit einer Sohle aus Sandsteinplatten und Wangen aus einschaligen Sandsteinquadermauern verlief als offene Rinne, über die in regelmässigen Abständen kleine Holzstege führten (Abb. 24).[53]

Parallel zum Stadtbach bestand – wohl auch schon seit den Frühzeiten der Stadt – ein System von Abwasserkanälen, Ehgräben genannt, welche in der Mitte zwischen zwei Gassen verliefen, dort, wo die Hausparzellen zusammenstiessen (vgl. Kap. I, S. 40). Im Osten sammelten sich die Ehgräben und vereinigten sich mit dem Abfluss des Stadtbachs in die Aare. Latrinenschächte, in verschiedenen Städten die grossen Fundgruben der Archäologen[54], fehlen deshalb in Bern vollständig; Fäkalien und Abfälle aller Art wurden über die Ehgräben entsorgt und landeten in der Aare. Der Hauptzweck des erwähnten Schiebersystems des Stadtbaches war es, Wasserdruck zum periodischen Durchspülen der Ehgräben zu erzeugen.

Gewerbewasser

In der Stadt des späten Mittelalters bestand ein gewaltiger Bedarf an Wasser für gewerbliche Zwecke. Wasser war neben dem Wind und der Muskelkraft von Mensch und Tier die einzige Energiequelle der vorindustriellen Zeit. Daneben brauchten verschiedene Gewerbe, allen voran die Metzger und die Gerber, fliessendes Wasser zum Reinigen ihrer Produkte (vgl. Kap. III, S. 214).

Hatte zur Gründungszeit der Stadt Bern[55] das Wasser des Stadtbaches noch genügt, so wurde spätestens im 14. Jahrhundert die Aare durch den Bau der Mattenschwelle aufgestaut[56] und zwei Gewerbebäche angelegt. Die Schwelle war eine mächtige Holzkonstruktion, die in regelmässi-

Abb. 21:
Bern, Christoffeltor, Stadtmauer und Ansatz des Aquäduktes anlässlich der Ausgrabungen im Jahr 1974, Blick von Norden.

Abb. 22:
Bern, Postgasse, Unterführungsgewölbe des Stadtbachs, Ansicht von Norden.

Abb. 23:
Johann Jakob Biedermann, 1783, Aquarell, Bern, Kunstmuseum.

Golattenmattgasstor und Stadtgraben von Nordwesten im späten 18. Jh. Das lauschige Gebirgsbächlein entspringt vielleicht der Phantasie, da zu diesem Zeitpunkt der Bärengraben in diesem Bereich gelegen ist. Die vergitterte Öffnung in der Wehrmauer, aus der Wasser strömt, könnte jedoch an den früher dort ausfliessenden Stadtbacharm erinnern.

gen Abständen mit grossem Aufwand erneuert werden musste. Für die Aufsicht und den Unterhalt war der Schwellenmeister zuständig.[57]
Der breitere südliche Gewerbebach, «Tych» genannt, der sich in seinem östlichen Abschnitt verzweigte, trieb eine Reihe von Wasserrädern an (Abb. 25). Diese Energiequelle diente nicht nur zum Mahlen von Korn zu Mehl; die Wasserräder trieben sinnreiche Konstruktionen an, welche Knochen zu Pulver zerstampften (für Dünger), Öl aus Flachs schlugen, Tuch walkten, Bretter sägten, Edelsteine schliffen, Harnischteile hämmerten und diese anschliessend polierten. Das Zinsurbar von 1429 nennt drei Korn- und Sägemühlen, die Reibe am vorderen Mühlekanal, die Poliermühle des Harnischers, eine neu errichtete Tuchwalke sowie fünf Schleifen, zwei Pulverstampfen und eine weitere Stampfe, deren Inhaber jedes Jahr einen Zinsbetrag von rund 60 Gulden an den Stadtsäckel entrichteten.[58] Der schmalere Kanal lief entlang der Schifflaube und Gerberngasse und war mit kleinen Häuschen überbaut, in denen Gerber ihre Häute säuberten. Weitere Gewerbebetriebe mit Wasserrädern reihten sich direkt am Aareufer.

Ein vorstädtisches Gewerbegebiet bestand seit dem 14. Jahrhundert entlang des Sulgenbachs im Marzili, wo ebenfalls eine Reihe von Gewerbebächen und Kanälen abgezweigt wurden. Es reichte dem Bachlauf entlang bis in den Bereich des heutigen Loryplatzes, an dem es mehrere Mühlen und Gerbereibetriebe gab.

Abb. 24:
Wilhelm Stettler, Spitalgasse mit dem offenen Stadtbach, um 1680, lavierte Federzeichnung.

Wasser als Transportmittel – die Aare und die «landra»

Gewässer waren im Mittelalter nicht in erster Linie Grenzlinien und mühsam durch Brücken oder Fähren zu querende Hindernisse, sondern vor allem Hauptverkehrsachsen. Reisen und Warentransporte verliefen auf dem Wasserweg viel bequemer und schneller als mit zwei- oder vierrädrigen Karren über ungefestigte und bei Regen aufgeweichte Überlandstrassen. Aus diesem Grund hatten damals alle grösseren Gewässer den Status von Reichsstrassen, welche im Prinzip jedermann offen stehen mussten. Sie konnten vom König als Lehen vergeben werden, und in diesem Fall war der Lehensnehmer berechtigt, Zoll einzuziehen.

Die Aareschiffahrt hat Wurzeln, welche mindestens bis in die römische Zeit zurückreichen dürften. Dies belegt ein Standbild für eine Gottheit mit grossem Steuerruder aus dem Tempelbezirk von Thun-Allmendingen[59] ebenso wie die Nennung einer Korporation der Aareschiffer in Aventicum.[60]

Der grosse Anlegeplatz der Stadt Bern, die Schifflände, lag in der Matte. Sie war nicht nur eine wichtige Durchgangsstation für die Aareschiffahrt, sondern für die meisten Boote auch Endstation: Jedes Schiff, das über Bern hinaus flussabwärts oder flussaufwärts hätte fahren wollen, hätte nämlich die Schwelle passieren müssen, da der gestaute und mit Rechen zum Schutz der Mühlräder vor Treibholz versehene Gewerbebach nicht schiffbar war. Die Schwelle, eine für Bern kostbare und teure Einrichtung, durfte aber nur in Ausnahmefällen unter dem Kommando eines einheimischen Schiffmeisters überquert werden.[61] Dies führte zu einer Zweiteilung der Schifflände: Die eine lag westlich der Schwelle an der heutigen Schifflaube und war Endstation für die Schiffe aus Thun, während die andere unmittelbar östlich der Schwelle lag und Anlegestelle für die Schiffe aus der heutigen Westschweiz und dem Mittelland war. Dieser Platz diente auch als Schiffswerft mit einer gedeckten Werkstatt, einer Säge und einer Schleife. Die Ländte stand unter der Aufsicht der Gesellschaft der Schiffleute, welche als Zunft seit dem frühen 15. Jahrhundert belegt ist (vgl. Kap. III, S. 204).[62]

Die Küngsbrunnenquelle: Vollmundige Versprechen und teures Trinkwasser

Mehr Brunnen in der Stadt bedeuteten steigenden Wasserbedarf. Da die bestehenden Quellfassungen beschränkte Kapazitäten aufwiesen, waren die Berner im 15. Jahrhundert ständig auf der Suche nach neuen Quellen.

Ein ergiebiges Quellgebiet, die Küngsbrunnmatt südlich der Freiburgstrasse (südlich des Inselspitalgeländes; dort wo heute das Brunnmattschulhaus steht), lag unmittelbar vor der Stadt. Ein Anzapfen dieses natürlichen Reservoirs hätte die Wasserprobleme der Stadt auf einen Schlag gelöst, aber: die Brunnmatt lag einige Meter tiefer als die Stadt. Dazu berichtet der Chronist Diebold Schilling folgende Begebenheit für das Jahr 1480:[63]

«Da kam ein Welscher nach Bern, der gab sich als Brunnmeister und Zimmermann aus und er wollte mit Gottes Hilfe und seiner Kunst den Küngsbrunnen gegen Bern in die Stadt bringen und leiten und davon allen Brunnen in der Stadt Wasser genug geben, welches man auf ewige Zeit geniessen könnte. [Und er versprach], man könne ihm den Kopf abschlagen, wenn das Werk nicht gelänge, und er wollte keinen Lohn nehmen, bis das Werk vollbracht sei. Damit überredete er die Berner, und sie glaubten seinen Worten, denn sie hatten grosses Verlangen [nach dem Wasser]. Sie stellten ihm viele Knechte zur Verfügung und hatten grosse Ausgaben auf Kosten des Stadt-

säckels. Ausserdem mussten alle Gesellschaften der Stadt und die ganze Gemeinde, arm und reich, täglich daran arbeiten.»[64]

Als sich nach zwei Jahren Grabarbeit noch kein Erfolg einstellte, machte sich der Brunnmeister, nach anderen Quellen ein Pierro Paie aus Orbe, aus dem Staub. Er hinterliess ein Loch im Stadtsäckel und mehrere, durch Arbeitsunfälle Verletzte. Wie Schilling bitter schloss, hatte das nicht gefundene Wasser die Stadt mehr gekostet, als wenn es bester Waadtländerwein gewesen wäre.[65] Valerius Anselm fasste die Episode mit einem Satz zusammen: *«Kam spot zum schaden uf den platz harin, und bleib der brun darussen.»*[66]

In der Folge versuchten sich noch verschiedene selbsternannte Fachleute am Küngsbrunnen, bis dieser bei den Bernern zum sprichwörtlichen Inbegriff für Spinnerei und herausgeworfenes Geld wurde. Erst rund hundert Jahre später gelang es, das Wasser der Brunnmatt in die Stadt zu leiten, indem man, anstatt Brunnenschächte zu graben, eine «Wasserkunst» erbaute. Diese Maschinerie pumpte das Wasser in eine höher gelegene Brunnstube auf der Inselmatte und leitete dieses von dort aus in die Stadt. Das Brunnhaus steht noch heute an der Brunnmattstrasse, ein mit Krüppelwalmdach gedecktes Fachwerkhaus auf hohem Sandsteinquadersockel.

Abb. 25:
Geometrischer Plan der Oberkeitlichen Acten und Wasserleitungen in dem Altenberg, A. Riedinger, 1723 (Ausschnitt). Umzeichnung TAD 1950.

Sichtbar sind die zwei Arme des von der Schwelle aufgestauten Gewerbekanals. Die kreisförmigen Symbole bedeuten Wasserräder von Mühlen.

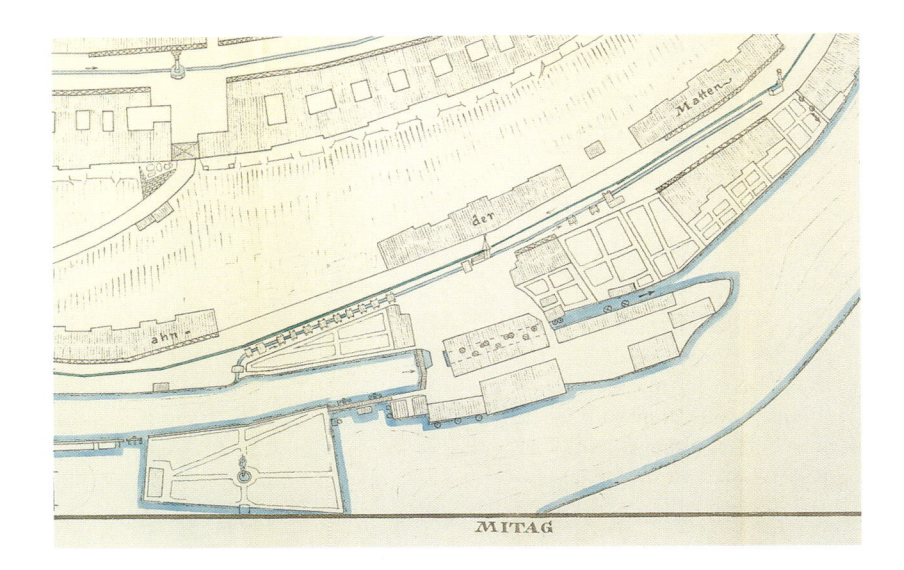

Der Schiffsverkehr spielte sich vorwiegend auf drei Routen ab; die Strecke mit dem dichtesten Verkehr war diejenige zwischen Thun und Bern. Eine weitere, wirtschaftlich bedeutende Route war jene von Bern nach Zurzach, an die dortige Messe. Die dritte Strecke führte von Yverdon aus über die Juraseen nach Bern.

Der Schiffsverkehr, welcher in erster Linie dem Warentransport diente, bestand bis zum Bau der ersten Eisenbahn in der Mitte des 19. Jahrhunderts; dann kam er innert weniger Jahre zum Erliegen.

Die geistlichen Niederlassungen

Roland Gerber

Eine ausserordentlich wichtige Rolle im Leben einer mittelalterlichen Stadt spielte die Kirche.[1] Obwohl in Bern weder ein Bischof noch alte Chorherrenstifte beheimatet waren, wurde das Erscheinungsbild der Stadt im 14. und 15. Jahrhundert von zahlreichen geistlichen Niederlassungen sowie von Wohnhäusern einzelner Kleriker und Schwesterngemeinschaften geprägt (→Abb. 26). Im Unterschied zu den kommunalen und gewerblichen Bauten, die sich hauptsächlich um die zentralen Strassenmärkte und die Kreuzgasse gruppierten, befanden sich alle bedeutenden geistlichen Institutionen wie die Pfarrkirche St. Vinzenz, das Dominikaner- und Franziskanerkloster, die Antonierkirche, das Inselkloster, die Nydeggkapelle und die im 13. und 14. Jahrhundert gestifteten Spitäler am Rand des ummauerten Stadtgebietes. Dasselbe gilt für die verschiedenen Beginengemeinschaften (→Abb. 26: 1–9) und Stadthäuser auswärtiger Klöster (→Abb. 26: a–n), die sich vornehmlich an Nebengassen befanden. Die Lage und Ausstattung der kirchlichen Niederlassungen wurden bestimmt durch das Ansehen der einzelnen Orden und Kleriker, die diese innerhalb der Bürgerschaft genossen, sowie durch Umfang und Art der Stiftungen, die diese von den verschiedenen sozialen Gruppen innerhalb der Stadtbevölkerung zugesprochen erhielten. Gleichzeitig bedingten das unterschiedliche Alter der Orden und deren spezifischen Aufgaben innerhalb der Stadt, dass die Geistlichkeit in sehr ungleicher Weise in den Alltag von Bürgern und Einwohnern einbezogen war. Während beispielsweise Chorherren und Kapläne sowie Bettelmönche durch ihre Tätigkeit in Seelsorge und Predigt in ständigem Kontakt mit der Stadtbevölkerung standen, führten ein Grossteil der Ordenskleriker sowie Nonnen ein eher

Ein Zimmergesell aus Esslingen verfertigt einen Plan: Der Zustand der Berner Trinkwasserversorgung im Jahr 1746

Nur noch als Kopie ist ein wichtiges Dokument zur Geschichte der bernischen Trinkwasserversorgung erhalten, ein Plan, in welchem ein Zimmergeselle aus Esslingen, namens Johann Michael Brissinger, alle Brunnstuben, Leitungen und Brunnen einzeichnete. Ausserdem sind – schematisch, aber deutlich erkennbar – die wichtigsten topographischen Merkmale der Gegend vermerkt: die Aare, der Stadt- und der Sulgenbach, ferner der Schanzengraben und die verschiedenen Stadttore. Der Stadtbach, für den der Bachmeister zuständig war, ist nur schematisch eingezeichnet. Brissinger, der offenbar unter dem Brunnmeister arbeitete, konzentrierte sich auf die Darstellung der Trinkwasserversorgung.

Erkennbar sind zum einen die Brunnenstuben und die zugehörigen Leitungen, die sich vor dem Obertor und dem Untertor bündelten und über die Brücken geführt wurden, und zum anderen die von ihnen gespeisten Brunnen und «hanen». Zu den drei mittelalterlichen Zuleitungen – «Gurtenbrunstuben», «Engehalten» und «am Altenberg» – sind hier die beiden nachreformatorischen, die 1535 erschlossene Königleitung und der 1585 in Betrieb genommene Küngsbrunnen, verzeichnet. Es fällt auf, dass zu den 1510 bestehenden, neun Brunnen eine grosse Zahl neuer Gassenbrunnen hinzugekommen ist; nur die als «hanen» bezeichneten Stellen sind als Zuleitungen in Gebäude hinein zu interpretieren. Daneben wurde seit dem 15. Jahrhundert auch ein Teil des bestehenden Netzes neu verlegt; am deutlichsten sichtbar ist dies bei den Brunnen der Gründungsstadt: der Metzger- und der Kreuzgassbrunnen wurden 1746 nicht mehr von der Gurtenleitung versorgt, sondern von der Könizleitung.

Bern, Situation der Stadtbrunnen und Leitungen. Zeichnung von Johann Michael Brissinger. Umzeichnung GWB Bern 1970.

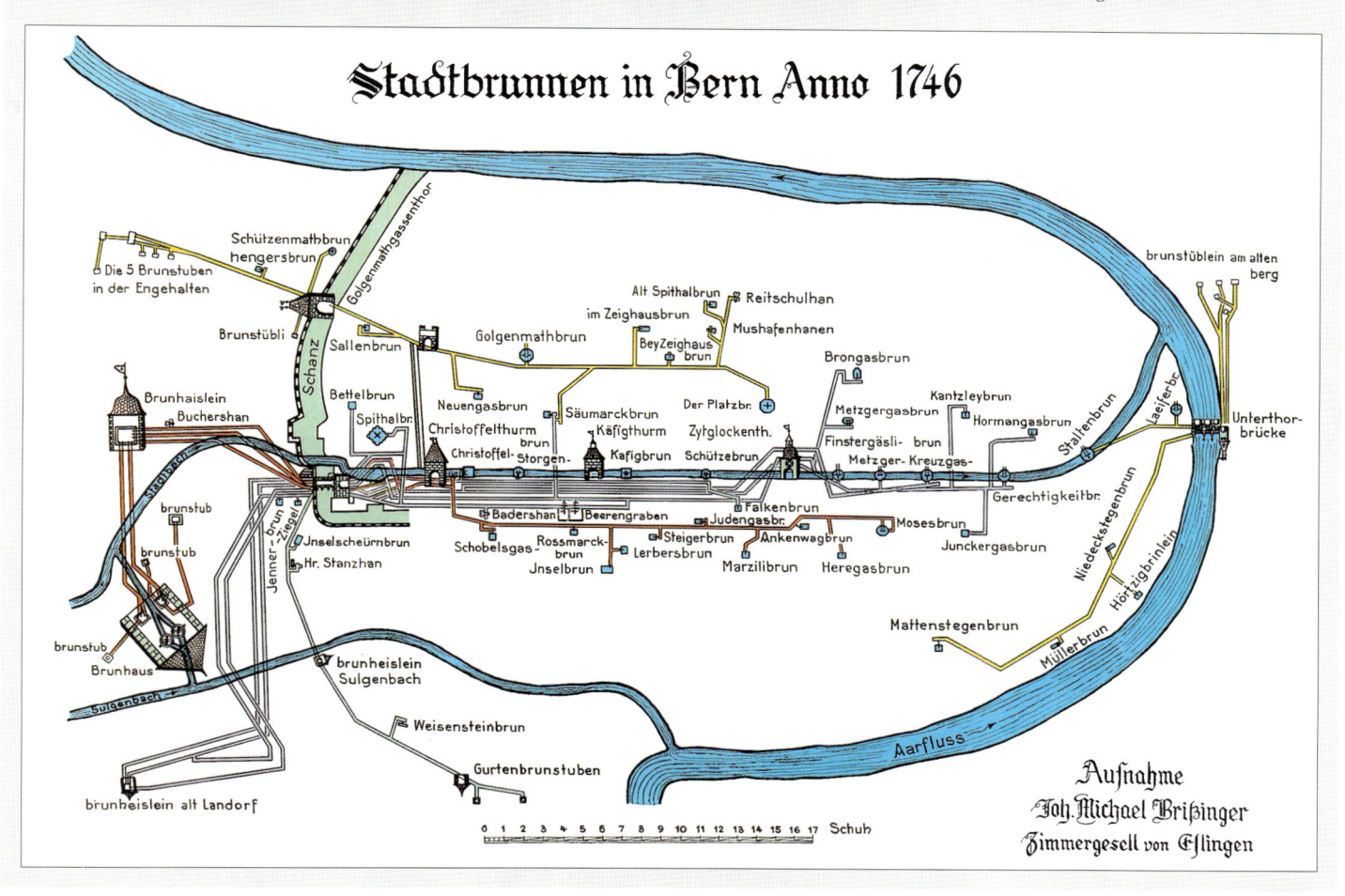

kontemplatives Leben mit Gesang und Gebet, was ein Dasein in der Abgeschiedenheit hinter hohen Klostermauern voraussetzte. Diese bevorzugten die Zurückgezogenheit ruhiger Nebengassen, an denen sie ihre städtischen Niederlassungen unterhielten. Bei den Spitälern, dem Siechenhaus und der Fremdenherberge bewirkten zudem die Angst der Einwohnerschaft vor Ansteckung, das Misstrauen gegenüber allem Fremden sowie der mit Alter, Gebrechlichkeit und Krankheit verbundene soziale Makel, dass sich diese Gebäude in Randlagen oder sogar ausserhalb der Stadtmauern befanden.[2] Charakteristisch für den Standort der Spitäler waren ausserdem ihre Lage an wichtigen Ausfallstrassen sowie deren Nähe zu fliessenden Gewässern wie Stadtbach oder Aare.

Abb. 26:
Plan der Stadt Bern mit der Lage von Kirchen, Klöstern, Stadthöfen auswärtiger Klöster, Beginenhäusern und Stadthäusern von Klerikern, Karte von Roland Gerber.

Stadthöfe auswärtiger Klöster
a. Augustinerchorherren Interlaken
b. Zisterzienser Frienisberg
c. Kartäuser Thorberg
d. Zisterzienserinnen Fraubrunnen
e. Augustinerinnen Frauenkappelen
f. Augustinerchorherren Därstetten
g. Benediktiner St. Johannsen (Erlach)
h. Augustinereremiten
i. Cluniazenser Rüeggisberg
k. Johanniter Münchenbuchsee/Thunstetten
l. Benediktiner Trub
m. Zisterzienserinnen Dettligen
n. Antoniter

Beginenhäuser
1. Beginen an der Brücke
2. Beginen beim Pfarrkirchhof (bis 1342)
3. Bröwenhaus
4. Meister Jordan Haus
5. Isenhuthaus
6. Krattingerhaus
7. Beginengemeinschaft (1389)
8. Die Willigen Armen
9. Dietrich Haus

Stadthäuser von Klerikern
I. Kirchherr Thurnen
II. Kirchherr Oberbalm
III. Kirchherr Schlosswil
IV. Kirchherr Hindelbank
V. Kirchgemeinde Bolligen
VI. Siechenkaplan (1389)
VII. Kirchgemeinde Belp
VIII. Kirchherr Wynigen

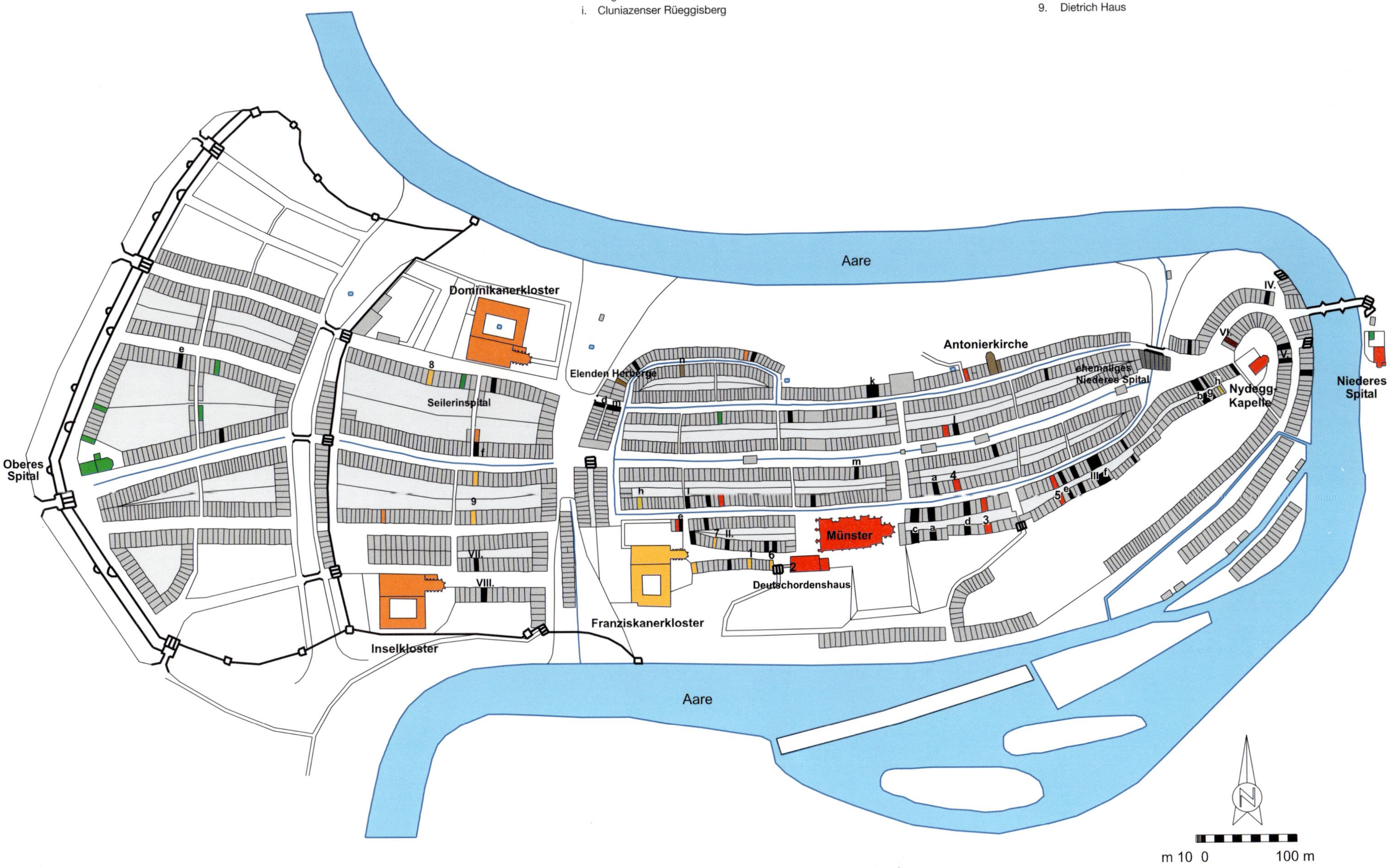

Die wachsende Stiftungstätigkeit der Bevölkerung machte es möglich, dass bis zum Ende des Mittelalters alle bernischen Kirchen neu errichtet und mit Altären und Kunstwerken reich ausgestattet wurden. Gleichzeitig nahm die Zahl der geistlichen Besitzungen kontinuierlich zu, so dass immer mehr Kleriker und Nonnen ein Auskommen in der Kirche fanden. Sowohl die Niederlassung der verschiedenen Orden als auch der Bau der Spitäler und Beginenhäuser geschahen jedoch seit dem ausgehenden 13. Jahrhundert unter der direkten Einflussnahme des Rates, der sämtliche in der Stadt ansässigen geistlichen Institutionen unter die Kontrolle eines Mitgliedes des Rates der Zweihundert stellte. Die aus dem Rat gewählten Kirchenpfleger und Spitalvögte hatten die Aufgabe, die wirtschaftlichen Belange der religiösen Gemeinschaften zu verwalten und diese vor dem städtischen Gericht zu vertreten.

Seit der Mitte des 14. Jahrhunderts zeigte sich der Rat ausserdem darum bemüht, die Sonderrechte der Geistlichkeit durch verschiedene Erlasse einzuschränken und das kirchliche Leben weitgehend in den Dienst der Bürgerschaft zu stellen. Er versuchte, die Tätigkeiten der Kleriker nach seinem Willen zu ordnen, indem er die grösseren Gotteshäuser in der Stadt neben der St. Vinzenzkirche zu lokalen Zentren des religiösen Lebens machte. Von diesen Kirchen aus konnte dann die Seelsorge in den Stadtquartieren wahrgenommen werden. Vor allem die Dominikanerkirche in der Inneren Neustadt sowie die Obere Spitalkapelle in der Äusseren Neustadt und die Nydeggkapelle oberhalb von Nydeggstalden und Matte entwickelten sich im Verlauf des 14. und 15. Jahrhunderts zu den eigentlichen kirchlichen Zentren der umgebenden Quartierbevölkerung.

Nachdem es Schultheiss und Rat bereits in der zweiten Hälfte des 13. Jahrhunderts gelungen war, sich eine direkte Einflussnahme auf die Besetzung der Stadtpfarrei zu sichern, gingen mit der Umwandlung von St. Vinzenz in ein Chorherrenstift im Jahre 1484 schliesslich die Patronatsrechte und damit auch die Wahl des städtischen Leutpriesters endgültig vom Deutschen Orden an die Bürgerschaft über.[3] Die 1276 von den Deutschherren mit den Parochialrechten ausgestattete St. Vinzenzkirche blieb zwar bis zum Jahre 1785 die einzige Pfarrkirche innerhalb Berns, den vier Stadtquartieren kamen jedoch bereits während des Spätmittelalters gewisse Funktionen als Seelsorgebezirke zu. Diese Entwicklung wurde verstärkt, als der Rat die Obere Spitalkapelle und die Nydeggkapelle nach 1484 zu repräsentativen Gotteshäusern umbauen liess, in denen sich die Quartierbevölkerung zur Andacht versammeln konnte.

Pfarrkirche St. Vinzenz und Franziskanerkloster

Im Bereich von Münster- und Herrengasse standen mit der Pfarrkirche von St. Vinzenz, dem Deutschordenshaus und dem Franziskanerkloster seit der Mitte des 13. Jahrhunderts die wichtigsten kirchlichen Zentren der zähringischen Gründungsstadt. Hier konzentrierte sich das kirchliche Leben der Berner Stadtgemeinde. Die Dominanz dieser geistlichen Niederlassungen hatte zur Folge, dass sich an diesen Gassen während des Spätmittelalters zahlreiche Kleriker und religiöse Gemeinschaften niederliessen, die entweder in einer sozialen Beziehung zu einer an diesen Gassen ansässigen Bürgerfamilien standen oder dem Orden der Franziskaner oder Deutschherren angehörten. Das Tellbuch von 1448 nennt insgesamt siebzehn Priester, drei Mönche und sechs Klosterschüler sowie zwölf Beginen im Bereich der Münster- und Herrengasse.[4] Dazu kommen die Wohn- und Udelhäuser (siehe Kastentext, S. 148) auswärtiger Kirchherren, die sich ebenfalls an der Münster- und Herrengasse konzentrierten.[5]

Vor allem das 1421 begonnene Münster bot Platz für eine Vielzahl von Kapellen und Altären, die von einer ständig wachsenden Zahl von Geistlichen betreut werden musste. Im Tellbuch von 1448 finden sich neun

Deutschordensmönche, ein Schüler, zwei Knechte, ein Koch, ein Karrer, eine Magd sowie «*bruder Hans der bettler*», die das «*tütsche hus*» am Münsterplatz bewohnten.[6] Gleichzeitig wuchs die Zahl der von den Deutschherren zu betreuenden Altäre in der Leutkirche zwischen 1288 und 1453 von fünf auf dreizehn an.[7] In der zweiten Hälfte des 15. Jahrhunderts besassen dann bereits alle Münsterkapellen eigene Altäre, so dass für weitere Altarstiftungen auf die Pfeiler des Mittelschiffs ausgewichen oder neue Kaplaneien auf bereits ausgestattete Altäre gestiftet werden mussten.[8] Während der Reformation im Jahre 1528 zählte das Münster schliesslich rund 25 Altäre, die alle mit entsprechendem Pfrundbesitz ausgestattet waren.

Eine ähnliche Entwicklung wie die Pfarrkirche erlebte das um 1255 am westlichen Ausgang der Herrengasse erbaute Franziskaner- oder Barfüsserkloster. Auch hier nahm die Zahl der Ordensgeistlichen in Folge verschiedener Altar- und Messstiftungen der Bürgerschaft im Verlauf des 15. Jahrhunderts kontinuierlich zu.[9] Während das Tellbuch von 1448 neben dem städtischen Klosterschaffner Heinrich Graf und seinen beiden Knechten sechs Priester und fünf Klosterschüler aufzählt, beherbergte das Kloster nach dem Neubau durch die Stadt zu Beginn des 16. Jahrhunderts insgesamt zwölf Priester und vier Scholaren.[10]
Die Franziskanerkirche war das neben Dominikanerkirche und Münster grösste Gotteshaus innerhalb der spätmittelalterlichen Stadt Bern. Bereits während der Verfassungsreform von 1294 leisteten die Mitglieder des damals neu geschaffenen Rates der Zweihundert ihren ersten Amtseid im Langhaus der eben erst errichteten Kirche.[11]

Das Dominikaner- und Inselkloster
Die wichtigsten und zugleich dominierenden Gebäude der Inneren Neustadt waren die beiden im 13. und 14. Jahrhundert an der Zeughaus- und Kochergasse erbauten Klosterkirchen der Dominikaner (vgl. Kap. V, S. 489) und Dominikanerinnen (vgl. Kap. V, S. 482). Das nach 1269 errichtete Gotteshaus der Dominikaner oder Prediger war bis zum Bau des Münsters im 15. Jahrhundert mit einer Länge von rund 80 Metern und einer Höhe von über 25 Metern das weitaus grösste Gebäude innerhalb der Stadt Bern.[12] Die geräumige Klosterkirche wurde deshalb wie die Franziskanerkirche vom 13. bis zum beginnenden 15. Jahrhundert als Versammlungsort der kommunalen Ratsgremien genutzt. Seit dem 14. Jahrhundert dienten die Räumlichkeiten der Dominikaner insbesondere auch als Herberge, in der hohe geistliche und weltliche Würdenträger wie Könige und Päpste von der Stadt beherbergt und verpflegt werden konnten (vgl. Kap. IV, S. 314).
Das während des 14. Jahrhunderts anstelle des heutigen Bundeshauses errichtete Gotteshaus der Dominikanerinnen, das sogenannte Inselkloster, erreichte bei seiner Weihe im Jahre 1401 ebenfalls beachtliche Dimensionen. Die langgezogenen Schiffe der beiden Bettelordenskirchen prägten deshalb die Gestalt der nach 1255 entstandenen Neustadt bis zur Reformation. Die Grösse der beiden Ordenskirchen spiegelt sich nicht zuletzt auch in der Zahl der Mönche und Klosterfrauen wider, die diese während des 15. Jahrhunderts bewohnt haben. Während das Dominikanerkloster im Jahre 1448 insgesamt neunzehn im Tellbuch nicht näher bezeichnete Personen zählte, lebten im Inselkloster zur selben Zeit neben einem Priester, zwei Mägden und einem Schüler nicht weniger als zwanzig weitere Personen.[13]

Die Nydeggkapelle
Das wichtigste kirchliche Gebäude im Osten der Stadt war die 1346 geweihte Nydeggkapelle.[14] Während Matte und Badgasse mit der Fertigstellung der Münsterplattform zu Beginn des 16. Jahrhunderts geradezu in den Windschatten der städtischen Pfarrkirche gerieten,

beschlossen Schultheiss und Rat, die nach 1268 an Stelle der zähringischen Stadtburg errichtete Nydeggkapelle zwischen 1480 und 1494 zu einem repräsentativem Gotteshaus mit beherrschendem Glockenturm umzubauen. Der Rat trug mit diesem Beschluss der Entwicklung Rechnung, dass sich die Nydeggkapelle seit dem 14. Jahrhundert zum religiösen Zentrum für die Bevölkerung am Stalden und an der Matte entwickelt hatte. Konrad Justinger berichtet für das Jahr 1418, als auf der Nydeggkapelle ein Dachreiter mit einer Glocke aufgesetzt worden ist: *«in dem mertzen, wart die zitglog ufgehenket ze Nidegg, den*[en] *am Stalden und an der Matten ze lieb».*[15]

Das Patronatsrecht besass bis 1484 der Deutsche Orden, der in der Nydeggkapelle neben dem der heiligen Maria Magdalena geweihten Hauptalter noch zwei Seitenaltäre unterhielt. Um das Ansehen der Ende des 15. Jahrhunderts neu erbauten Kirche innerhalb der Stadtbevölkerung zu erhöhen, stiftete der Rat 1499 zum Seelenheil der in der Schlacht bei Dornach gefallenen Berner eine Jahrzeit, die jeweils am St. Magdalenentag (22. Juli) begangen wurde. Gleichzeitig erhielten die Besucher der Nydeggkirche einen zehnjährigen Ablass für ihre Sünden, wenn sie das Gotteshaus an den Feiertagen aufsuchten und die Messe lesenden Priester dabei mit Stiftungen bedachten.

Die Spitäler

Es gehörte zu den Bedürfnissen der spätmittelalterlichen Bürgerschaft, inner- und ausserhalb der Stadt verschiedene wohltätige Stiftungen zu errichten, in denen Reisende und Pilger, aber auch kranke, alte und bedürftige Personen beherbergt und verpflegt werden konnten (siehe Kastentext, S. 504). Diese Stiftungen geschahen in der Regel durch wohlhabende Bürger und Bürgerinnen, die versuchten, ihr Seelenheil durch fromme Werke zu sichern. Schultheiss und Rat waren seit dem 14. Jahrhundert jedoch bestrebt, die Stiftungstätigkeit der Stadtbevölkerung einzuschränken und die ständig wachsenden Vergabungen zugunsten der Kirche beispielsweise in Testamenten oder Jahrzeiten zu reglementieren. Vor allem die im Verlauf des 14. Jahrhunderts von einzelnen Stadtbewohnern gestifteten Spitäler und Beginenhäuser unterlagen deshalb von Anfang an einer strikten Kontrolle durch den Rat. Sowohl auf die Ausstattung der Gebäude als auch auf deren Standorte innerhalb des Stadtgebietes nahmen Schultheiss und Rat direkten Einfluss, indem sie einzelne Bestimmungen in den Stiftungen veränderten oder die Vergabungen bewusst auf die verschiedenen Armenversorgungs- und Pflegeanstalten in der Stadt verteilten.

Das Seilerinspital

Ein typisches Beispiel einer von Schultheiss und Rat beeinflussten Stiftung war die Gründung des Seilerinspitals um die Mitte des 14. Jahrhunderts. Am 29. November 1354 stiftete die wohlhabende Witwe Anna Seiler zu ihrem Seelenheil ein Gebäude in der südlichen Häuserzeile der Zeughausgasse, in dem *«eweclichen dritzehen geligeringe und dürftigen»* Personen Pflege und Unterkunft finden sollten. Als Stiftungsgut nennt die Witwe ihr *«hof, hus und hofstat, gelegen ze Berne in der nüwen statt vor dien prediern, mit andern hüsern und hofstetten, so ich da han, daz si zu ir spital haben sullent und da ligen und wonen nach aller notdurft, denne den krutgarten, der da bi gelegen ist».*[16] Das Eigentum des neu gegründeten Spitals übertrug Anna Seiler der Stadtgemeinde, die das Gebäude durch einen separaten Seilerin Spitalvogt verwalten liess.[17] Das Spital erhielt vor allem während des 15. Jahrhunderts zahlreiche Schenkungen, so dass sich die Zahl der Pflegeplätze bis 1442 von 13 auf 20 Betten erhöhte. Bis 1462 reduzierte der Rat die Ausstattung des Seilerinspitals jedoch wieder auf 15 Betten, wobei er beschloss, dass *«nu von dishin dhein* [kein] *froemder oder usserer an der Seilerin spittal»* mehr genommen werden durfte.[18]

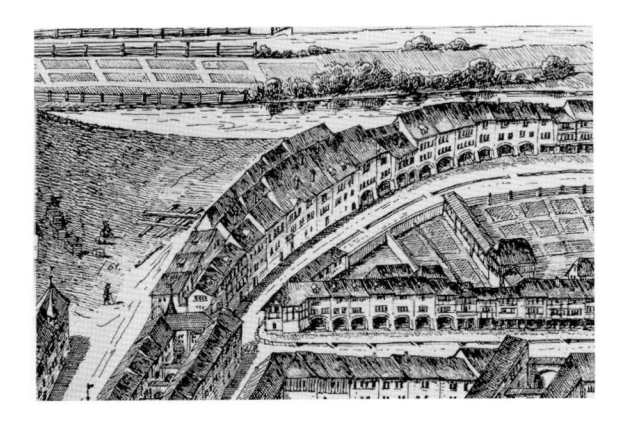

Abb. 27:
Gregorius Sickinger, Planvendute der Stadt Bern von Süden, 1603–1607 (Original verschollen), Kopie von Johann Ludwig Aberli, 1753, umgezeichnet von Eduard von Rodt, 1915, Bern, Historisches Museum.

In der nördlichen Häuserzeile der oberen Brunngasse befand sich seit dem 14. Jahrhundert die Elenden Herberge. Das als Fremdenherberge genutzte Gebäude erstreckt sich von der Brunngasse bis an die heutige Brunngasshalde. In direkter Nachbarschaft zur Elenden Herberge lebte im 15. Jahrhundert Franz von Beheim, genannt Fränkli, und dessen Sohn, der durch den Twingherrenstreit berühmt gewordene Säckelmeister Johannes Fränkli. Johannes Fränkli, dessen Vater zu Beginn des 15. Jahrhunderts aus Böhmen zugewandert war, amtierte zwischen 1446 und 1474 als Vogt der Elenden Herberge, wo er das Stiftungsgut des Spitals im Namen der Stadt verwaltete.

Die Elenden Herberge

Einen ähnlichen Stiftungsvorgang wie beim Seilerinspital findet sich bei der Gründung der Elenden Herberge (Abb. 27). Diese wurde wahrscheinlich zu Beginn des 14. Jahrhunderts am nördlichen Ausgang der Brunngasse errichtet.[19] Als Stifter erscheinen mit Heinrich und Rudolf Seiler zwei vermögende Bürger, die über Hausbesitz an der Brunngasse verfügt haben. Die Elenden Herberge lag etwas abseits des Durchgangsverkehrs, sie konnte jedoch durch die Zibelegasse von den zentralen Strassenmärkten relativ schnell erreicht werden. Ursprünglich war die Elenden Herberge wahrscheinlich zur Unterbringung und Verpflegung von Jakobspilgern gestiftet worden. Die Bezeichnung der Herberge als Spital weist jedoch darauf hin, dass das Gebäude im 15. Jahrhundert auch als Armenversorgungs- und Pflegeanstalt genutzt wurde. Ein Inventar von 1412 verzeichnet insgesamt 22 Betten, die sich auf eine Frauen- und eine Männerkammer, einen Raum für fremde Kindbetterinnen sowie auf ein «*loch*» für Landstreicher verteilten. Im Jahre 1472 wurde schliesslich auf besondere Verordnung des Kaufmannes Peter Schopfer zusätzlich noch eine Stube für kranke Pilger eingerichtet.

Das Antonierspital

Ebenfalls in peripherer Lage liess sich der Spitalorden der Antoniter im Bereich der zähringischen Gründungsstadt nieder (vgl. Kap. V, S. 501).[20] Die Antoniter hatten es sich zur Aufgabe gemacht, die an der im Mittelalter weit verbreiteten Krankheit des sogenannten Antoniusfeuers[21] erkrankten Personen zu pflegen und zu beherbergen. Bereits im Jahre 1284 lässt sich eine erste Niederlassung des Antoniterordens in Bern nachweisen.[22] Im Jahre 1389 lebte mit Johannes «*Tönier*» schliesslich ein einzelner Antonitermönch in der südlichen Häuserzeile der Brunngasse (→Abb. 26: n), dessen Wohnhaus gleichzeitig auch als Spital gedient haben dürfte.[23] Zur eigentlichen Institutionalisierung des Antoniterordens kam es jedoch erst um die Mitte des 15. Jahrhunderts, als sich der Orden an der nördlichen Postgasse eine Kapelle mit angegliedertem kleinem Spital errichtete. Während im Jahre 1389 mit Simon Menneli noch ein jüdischer Geldverleiher als Eigentümer der Liegenschaft an der Postgasse genannt wird, dürfte diese nach der endgültigen Vertreibung der Juden aus der Stadt 1427 in den Besitz des Rates übergegangen sein. Dieser übertrug dann die konfiszierten Besitzungen den Antonitern, die darauf um 1444 ein Gotteshaus errichteten.[24] Im Unterschied zu allen übrigen geistlichen Niederlassungen in der Stadt scheint es dem Rat jedoch erst zu Beginn des 16. Jahrhunderts gelungen zu sein, den Antoniterherren, wie er dies bereits im Jahre 1479 vergeblich versucht hatte, einen städtischen Vogt vorzusetzen, der die Wirtschaftsführung des Spitals kontrollierte.

Das Obere Spital

Die wichtigste geistliche Institution der Äusseren Neustadt war das um 1233 gestiftete Heiliggeist- oder Obere Spital.[25] Obwohl das Spital eine rein kirchliche Gründung darstellte, wurde dieses bereits in der ersten Hälfte des 14. Jahrhunderts in ein städtisches Spital umgewandelt, dem ein Mitglied des Rates der Zweihundert als Oberer Spitalvogt vorstand. Das Spitalgebäude selbst teilte sich spätestens seit dem 14. Jahrhundert in ein Wohnhaus, in dem im Obergeschoss die Ordensbrüder und im Erdgeschoss der Schlafsaal der Bedürftigen untergebracht waren. Daneben befand sich eine Kapelle mit dazugehörigem Friedhof. Das Obere Spital war der grösste Grundbesitzer innerhalb der Äusseren Neustadt. Vor allem in dem nur locker bebauten Areal zwischen der Spital- und Neuengasse verfügten die Oberen Spitalherren während des Spätmittelalters über mehrere Liegenschaften, die sie entweder selbst bewirtschafteten oder gegen einen jährlichen Zins an einzelne Bürger weitergaben. Die Spitalkapelle entwickelte sich ähnlich der Nydeggkapelle im Verlauf des

14. und 15. Jahrhunderts zum religiösen Zentrum der umgebenden Quartierbevölkerung. Diese Entwicklung zeigt sich deutlich in der Vergabung des wohlhabenden Bürgers Johannes Wala von Greyerz aus dem Jahre 1374. Dieser stiftete im Oberen Spital eine ewige Frühmesse, die er ausdrücklich den in der Oberstadt ansässigen Handwerkern widmete. Johannes Wala begründete seine Schenkung mit den Worten, dass er den Handwerkern in der Neustadt zukünftig den weiten Weg zur täglichen Frühmesse in der Leutkirche ersparen wolle und ihnen deshalb in der Spitalkapelle eine eigene Frühmesse gestiftet habe.[26] 1448 zählte das Spital insgesamt 46 Betten.[27] Im Jahre 1462 wurde die Ausstattung des Oberen Spitals wegen der stetig wachsenden Kosten für den Unterhalt der pflegebedürftigen Personen vom Rat schliesslich auf höchstens 30 Betten reduziert.[28]

Das Niedere Spital
Das Niedere Spital war im Unterschied zum 1233 gegründeten Heiliggeistspital eine rein städtische Gründung. Dieses wurde von der Bürgerschaft im Jahre 1307 rittlings über den gegen die Aare fliessenden Stadtbach zwischen zwei steinernen Brücken am unteren Ausgang der Post- und Gerechtigkeitsgasse errichtet.[29] Das Gebäude beherbergte neben zahlreichen Pfründnern auch mehrere Pflegeplätze für Kranke, wobei das Spital bei der Krankenpflege durch die dem Niederen Spitalmeister unterstellten Beginenhäuser an der Junkern- und Herrengasse unterstützt wurde. Mit der Aufschüttung des ehemaligen Burggrabens und dem Einbezug des Nydeggstaldens ins Stadtgebiet veränderte sich jedoch die städtebauliche Situation des Niederen Spitals, das seine ursprüngliche Randlage verlor. Der Rat beschloss deshalb, das bestehende Gebäude aufzugeben und das Spital im Jahre 1335 vor die Stadtmauern auf den Boden der Kirchgemeinde Muri zu verlegen. Als Baugrund wurden dem neuen Spital verschiedene Äcker und Gärten südlich des Untertors zugewiesen, deren Besitzer angehalten wurden, ihre Grundstücke gegen einen vom Rat festgelegten Tarif an den Spitalmeister zu verkaufen.[30]
Neben dem Spital erbaute die Stadt eine Kapelle mit dazugehörigem kleinen Friedhof. Bereits 1335 hatte die im Jahre 1344 geweihte Spitalkapelle von den Augustinerchorherren von Interlaken, den Patronatsherren der Pfarrei Muri, das Recht erhalten, den Spitalbewohnern die christlichen Sakramente zu spenden. Um die Stiftungstätigkeit der Bürgerschaft anzuregen, vergabte der Rat 1340 nach dem glanzvollen Sieg vor Laupen eine ewige Messe an das ausserhalb der Stadtmauern gelegene Spital, die jedes Jahr am St. Magdalenentag (22. Juli) von den Priestern begangen werden sollte.[31] Die Spitalkapelle wurde wie alle städtischen Stiftungen durch den Deutschen Orden betreut, der im Niederen Spital um 1450 über sieben Kleriker an insgesamt fünf Altären verfügte. Im Jahre 1457 zählte das Spital zirka 100 Betten, deren Zahl bis 1462 vom Rat auf höchstens 80 Pflegeplätze beschränkt wurde.[32]

Das Siechenhaus
Bereits in der zweiten Hälfte des 13. Jahrhunderts befand sich im Bereich des Untertores das städtische Siechenhaus. Hier wurden die mit Lepra infizierten Stadtbewohner untergebracht und verpflegt.[33] Das Siechenhaus war wie das Niedere Spital mit einer eigenen Kapelle ausgestattet. Gemäss der Vergabung von Adelheid von Seedorf, genannt von Steffisburg, die die Kaplanei im Siechenhaus 1369 gestiftet hatte, sollte der Siechenkaplan jeweils täglich eine Messe für die Aussätzigen lesen.[34] Gleichzeitig hatte er sich bei der Kapelle oder in der Gegend östlich der Untertorbrücke eine Wohnung zu suchen, damit ihn die Insassen des vor der Stadt errichteten Siechenhauses jederzeit erreichen konnten. Nur in Kriegszeiten sollte es ihm erlaubt sein, innerhalb der Stadtmauern Zuflucht zu finden. Trotz der von Adelheid von Seedorf

Abb. 28:
Rekonstruktionszeichnung des Sondersiechenhauses von Burgdorf, Salomé Buschor nach Baubefunden. Untersuchung ADB 1990/91.

Das Sondersiechenhaus wurde 1506/08 erbaut und ist eines der wenigen erhaltenen mittelalterlichen Leprosorien nördlich der Alpen. Die Anlage, zu der auch ein Friedhof und eine Bartolomäuskapelle gehörte, befand sich rund ein Kilometer vor der Stadt ennet der Emme an der nördlichen Ausfallstrasse. Auf dem Bild sichtbar sind zum einen die verschiedenen mit Betten ausgerüsteten Kammern des Siechenhauses, zum anderen die Schwitzstube zur Behandlung der Kranken. Vor dem Haus warten an der Fernstrasse Lepröse auf Almosen von Vorüberziehenden.

gemachten Bestimmungen befand sich das Wohnhaus des Siechenkaplans (Abb. 26: VI.) im Jahre 1389 westlich der Untertorbrücke und wurde durch die Stadtbefestigungen vom Siechenhaus getrennt. Verwaltet wurde das Siechenhaus seit dem 14. Jahrhundert durch den Vogt der Feld- oder Sondersiechen (Abb. 28).

Die Beginenhäuser

Ähnlich wie die Spitäler wurden auch die Beginenhäuser im Verlauf des 13. und 14. Jahrhunderts von wohlhabenden Bürgerfamilien zur Gründung karitativ-religiöser Schwesterngemeinschaften gestiftet (→Abb. 26).[35] Bereits in der zweiten Hälfte des 13. Jahrhunderts entstanden in Bern mit den Schwestern an der Brücke (→Abb. 26: 1) und den Beginen beim Pfarrkirchhof (→Abb. 26: 2) zwei halbreligiöse Vereinigungen von Frauen, die ein frommes gottgefälliges Leben führten, ohne jedoch einem der regulären Orden anzugehören.[36] Infolge der vom Rat veranlassten Übersiedlung der Schwestern an der Brücke von der Untertorbrücke an die Herrengasse 1288 und dem Verbot der nicht regulierten Begarden[37] und Beginen durch das Konzil von Vienne 1311/12 verloren die beiden Schwesterngemeinschaften jedoch ihre Selbständigkeit und wurden unter die Aufsicht des Rates gestellt. Am Ende des 14. Jahrhunderts existierten mit dem Bröwenhaus (→Abb. 26: 3), dem Meister Jordan Haus (→Abb. 26: 4), dem Isenhuthaus (→Abb. 26: 5), dem Krattingerhaus (→Abb. 26: 6), der Beginengemeinschaft an der nördlichen Herrengasse (→Abb. 26: 7), den Willigen Armen (→Abb. 26: 8) und dem Dietrich Haus (→Abb. 26: 9) schliesslich sieben weitere Beginenhäuser, deren Seelsorge einerseits von den Franziskanern, andererseits vom Deutschen Orden als Inhaber der städtischen Pfarreirechte wahrgenommen wurde. Die Vogtei über die Schwesterngemeinschaften besass der Schultheiss, der zusammen mit dem Niederen Spitalmeister die wirtschaftlichen und rechtlichen Belange der Beginen verwaltete. Im Verlauf des 15. Jahrhunderts verringerte der Rat die Zahl der Schwesternhäuser schliesslich von neun auf vier, wobei er die Arbeitskraft der Beginen den drei wichtigsten Gotteshäusern in der Stadt, der Pfarrkirche St. Vinzenz sowie der Dominikaner- und Franziskanerkirche, zuordnete.

Die Weissen Schwestern
In den Jahren 1331 und 1340 entstanden mit dem Bröwenhaus (→Abb. 26: 3), dem Meister Jordan Haus (→Abb. 26: 4) und dem Isenhuthaus (→Abb. 26: 5) innerhalb von nur neun Jahren drei Schwesterngemeinschaften, deren Häuser sich alle an der Obere Junkerngasse befanden. An der Junkerngasse etablierte sich somit um die Mitte des 14. Jahrhunderts ein eigentliches Zentrum von Beginen, die in Anlehnung an die Ordenstracht der Deutschherren «Weisse Schwestern» genannt wurden und deren Häuser sich zwischen der Pfarrkirche von St. Vinzenz und dem Niederen Spital situierten.[38] Treibende Kräfte dieser Neugründungen waren der Deutschordensbruder Diebold Baselwind und der amtierende Schultheiss Johannes von Bubenberg junior, dessen Adelshof sich in nächster Nachbarschaft zu den drei Schwesterngemeinschaften befand. Um zu verhindern, dass es in Bern wie etwa in Strassburg (1317–1319) oder in Basel (1318–1321) zu blutigen Beginenverfolgungen kommen konnte, wurde den Frauen verboten, die franziskanische Drittordensregel anzunehmen, die nach der Meinung von Schultheiss und Rat eine der Ursachen für deren Verfolgung darstellte. Die Vogtei über die Schwesterngemeinschaften übernahm Johannes von Bubenberg, der die neu gegründeten Beginenhäuser zusammen mit dem städtischen Leutpriester beaufsichtigte.

Die Grauen Schwestern
Eine zweites Zentrum von Beginenhäusern entwickelte sich im Verlauf des 14. Jahrhunderts an der Herrengasse. Mit den Schwestern an der Brücke (→Abb. 26: 1), dem 1356 gestifteten Krattingerhaus (→Abb. 26: 6) und der im Tellbuch von 1389 erwähnten Beginengemeinschaft an der nördlichen Herrengasse (→Abb. 26: 7) entstanden zwischen der St. Vinzenzkirche und dem Franziskanerkloster drei Schwesterngemeinschaften, die sich im Unterschied zu den Beginen an der Junkerngasse zur dritten Regel des Franziskanerordens bekannten. Sie wurden in Anlehnung an die Ordenskleider der Bettelmönche die «Grauen Schwestern» genannt. Nachdem es auch in Bern zu Anfeindungen gegen einzelne Beginen gekommen war, erliessen Schultheiss und Rat im Jahre 1409 eine Ordnung, in der sich die an der Herrengasse ansässigen Schwestern dazu verpflichten mussten, «*von dishin daz hei-*

Abb. 29:
F. Gerber, 1842, Aquarell, Bern, Historisches Museum.

Im 13. und 14. Jahrhundert etablierten sich mit den Zisterziensern von Frienisberg und den Benediktinern von St. Johannsen bei Erlach zwei im heutigen Seeland reich begüterte Klostergemeinschaften am unteren Ausgang der Junkerngasse. Die Mönche erwarben westlich der Nydeggkapelle verschiedene Liegenschaften, die sie bis zum Ende des Mittelalters baulich in geräumigen Klosterhöfen zusammenfassten. Während der Stadthof der Benediktiner von St. Johannsen nach der Reformation von 1528 in den Besitz der Klosterschaffnerei von Interlaken überging und deshalb Interlakenhaus genannt wurde (zweites Haus von links mit weit vorkragendem Satteldach), behielt das Frienisberghaus neben seinem angestammten Namen auch sein spätgotisches Aussehen aus dem 15. und 16. Jahrhundert (zweites Gebäude rechts neben dem Interlakenhaus). Der unregelmässige Dachstuhl sowie die asymmetrische Ausrichtung von Lauben und Fensterreihen am Frienisberghaus weisen darauf hin, dass dieser Klosterhof ursprünglich aus mehreren separaten Wohnhäusern bestanden hat. Beide Stadthöfe wurden beim Bau der heutigen Nydeggbrücke in den Jahren 1843/44 abgebrochen.

lig sacrament zu der lütkilchen ze Berne emphahen und [sich] *ouch mit andren sachen halten gegen der selben lütkilchen alz ander undertanen der selben kirchen».*[39] Die dem Franziskanerorden unterstehenden Beginenhäuser behielten auf diese Weise zwar auch im 15. Jahrhundert ihren Status als Franziskaner-Terziarinnen, die Ausübung der Pfarreirechte wurde vom Rat jedoch allein den Deutschherren in der St. Vinzenzkirche zugestanden.

In der Inneren Neustadt befanden sich mit den Beginenhäusern der Willigen Armen (→Abb. 26: 8) und dem Dietrich Haus (→Abb. 26: 9) zwei weitere Schwesterngemeinschaften, die wahrscheinlich ohne die Einflussnahme des Rates zu Beginn des 14. Jahrhunderts gestiftet worden sind.[40] Obwohl sich beide Beginenhäuser in nächster Nähe zum Dominikanerkloster, respektive zum Inselkloster befanden, scheinen diese im 14. und 15. Jahrhundert ebenfalls nach der dritten Regel des Franziskanerordens gelebt zu haben. Im Jahre 1501 bestätigten Schultheiss und Rat jedenfalls die Aufsichtspflicht der Franziskaner über die Beginen an der Zeughausgasse, die dadurch den gleichen rechtlichen Status wie die Schwestern an der Herrengasse erhielten.

Nachdem Schultheiss und Rat bereits nach dem Stadtbrand von 1405 auf den Wiederaufbau der beiden Schwesternhäuser an der nördlichen Herrengasse und beim Pfarrkirchhof verzichtet hatten, wurde zwischen 1459 und 1467 auch das Krattingerhaus westlich des Michaelstürlis aufgehoben und mit dem Beginenhaus an der Brücke vereinigt. Bereits vor 1435 war ausserdem das an der Marktgasse gelegene Dietrich Haus verschwunden, während das Meister Jordan Haus zwischen 1448 und 1458 mit dem Isenhuthaus zusammengelegt wurde. Mit der Reduktion der Beginenhäuser von neun auf fünf Gemeinschaften dokumentierten Schultheiss und Rat ihren Willen, die Aufsichtspflicht über die städtischen Beginen während des 15. Jahrhunderts weiter zu verstärken. Gleichzeitig beschlossen sie, die Aufgaben der Frauen zu reformieren, indem sie deren Tätigkeit von der Armen- und Krankenpflege zunehmend auf die Begehung von Jahrzeiten ausrichteten.[41] Die Schwestern sollten die Priester beim Lesen der Seelenmessen unterstützen und am jährlichen Todestag der Verstorbenen verschiedene Gebete sprechen, deren Gräber schmücken und Spenden für die Armen verteilen. Das Geld für die Abhaltung des Totengedenkens erhielten die Schwesterngemeinschaften jeweils in Form von Jahrzeitstiftungen aus der Stadtbevölkerung zugesprochen. In einem 1499 verfügten Testament regelte der Rat schliesslich auch das Totengedenken der Beginen neu, indem er alle vier, am Ende des 15. Jahrhunderts noch bestehenden Schwesternhäuser denjenigen Kirchen zuordnete, denen sie auch topographisch nahe standen. Er bestimmte, dass die «swestern vor den predigern» die Gräber bei der Dominikanerkirche, die «swestern an der herrengassen von Egerden» die Gräber bei der Franziskanerkirche und die «wissen swestern in dem bröuwenhus mit hilff deren in isenhuotts hus» jeweils die Gräber der Liebfrauenkapelle im Münster zu begehen hätten.[42] Die sich bereits während des 14. Jahrhunderts abzeichnende Konzentration der städtischen Beginengemeinschaften rund um die drei wichtigsten Stadtkirchen fand somit am Ende des Mittelalters ihren vom Rat sanktionierten Abschluss.

Die Stadthäuser auswärtiger Klöster

Die in der Umgebung Berns begüterten Klöster unterhielten im 15. Jahrhundert insgesamt 13 Stadthäuser, die sie als Herbergen und Verwaltungsmittelpunkte ihrer ausgedehnten Grundbesitzungen in der Nachbarschaft der Stadt nutzten.[43] Die Klosterhöfe waren gleichzeitig Residenz wie Herrschaftszentrum. In den Stadthöfen residierten die Ordensgeistlichen, wenn sie nach Bern kamen, um mit der Bürgerschaft Geschäfte abzuwickeln, oder wenn sie als Ausbürger den Rechtsschutz des städtischen Gerichts beanspruchten. Sie waren aber auch Zufluchtsort für die Klostergemeinschaften, die sich in Kriegszeiten hinter die Stadtmauern flüchteten und ihre Reliquien in der Stadt in Sicherheit brachten. Neben Schlaf- und Wohnräumen befanden sich in den Klosterhöfen häufig auch Vorratsspeicher, in denen die von den Mönchen erwirtschafteten landwirtschaftlichen Erzeugnisse wie Korn oder Wein gelagert wurden. Während die Klöster ihre landwirtschaftlichen Produkte auf diese Weise gewinnbringend auf dem städtischen Markt anbieten konnten, erhielten Schultheiss und Rat die Möglichkeit, in Not- und Kriegszeiten auf die reichen Korn- und Weinvorräte der geistlichen Niederlassungen zurückzugreifen, um dadurch Hunger und soziale Unruhen innerhalb der Bevölkerung vorzubeugen. Diese wichtige ökonomische Bedeutung der Klosterhöfe zeigt sich insbesondere auch darin, dass deren weltliche Verwalter, die sogenannten Klosterschaffner, wahrscheinlich bereits im 13. Jahrhundert vom Rat dazu ermächtigt wurden, ihr Korn auch ausserhalb der kommunalen Märkte direkt in ihren eigenen Häusern an die Stadtbevölkerung zu verkaufen.[44] Zudem verwalteten einzelne Ratsmitglieder als sogenannte Kastvögte die wirtschaftlichen Angelegenheiten der in der Umgebung der Stadt begüterten Abteien, deren Ernteerträge dadurch bereits seit dem 14. Jahrhundert indirekt vom Rat kontrolliert wurden.[45]

Neben den ökonomischen kamen den Stadthöfen während des Spätmittelalters aber auch wichtige politische und rechtliche Funktionen zu. Die Klosterhöfe waren in der Regel Udelhäuser, an denen die Rechte und Verpflichtungen der mit Bern verburgrechteten Klöster hafteten. Die meisten auswärtigen Orden unterhielten zudem enge familiäre Kontakte zu den führenden stadtsässigen Adelsfamilien, deren Angehörige sich seit dem 13. Jahrhundert in grosser Zahl in die benachbarten Klostergemeinschaften aufnehmen liessen. Verschiedene Liegenschaften, vor allem in den wohlhabenden Wohngegenden der zähringischen Gründungsstadt, gingen auf diese Weise im Verlauf des 14. und 15. Jahrhunderts als fromme Stiftungen in den Besitz geistlicher Institutionen über. Die Orden verstanden es dabei, ihre ursprünglich meist einfachen Stadthäuser durch den Kauf verschiedener Nachbarliegenschaften bis zum

Ende des Mittelalters in repräsentative Klosterhöfe um- und ausbauen zu lassen.[46]

Die engen sozialen Kontakte zwischen Klerikern und stadtsässigen Adelsfamilien hatten zur Folge, dass bis zum Ende des Mittelalters zahlreiche Gebäude in der südlichen Junkerngasse an geistliche Orden übergingen. Im 15. Jahrhundert befanden sich an dieser Gasse schliesslich nicht weniger als sieben Stadthäuser im Besitz meist reich begüteter Klöster (→Abb. 26). Grosse ökonomische und politische Bedeutung kam dabei den beiden Stadthöfen der Augustinerchorherren von Interlaken (→Abb. 26: a) und der Zisterzienser von Frienisberg (→Abb. 26: b) zu, deren Vorsteher wiederholt Gesandtschaften des Berner Rates begleiteten und insbesondere bei Verhandlungen mit adligen Herrschaftsträgern während des 13. und 14. Jahrhunderts eine wichtige politische Funktion für die Bürgerschaft einnahmen.[47] Auch die Kartäuser von Thorberg (→Abb. 26: c) und die Zisterzienserinnen von Fraubrunnen (→Abb. 26: d) besassen seit dem 14. Jahrhundert zwei Stadthöfe an der oberen Junkerngasse, die sich durch ihre bevorzugte Wohnlage in der Nachbarschaft der St. Vinzenzkirche auszeichneten. Östlich der sogenannten Hofstatt befanden sich die Stadthäuser der Augustinerinnen von Frauenkappelen (→Abb. 26: e) und der Augustinerchorherren von Därstetten (→Abb. 26: f). Die Häuser dieser ökonomisch nicht sehr bedeutenden Klostergemeinschaften scheinen deutlich kleiner gewesen zu sein, als die übrigen Klosterhöfe an der Junkerngasse. Abgeschlossen wurde die Reihe der klösterlichen Stadthöfe durch den Hof der seeländischen Benediktinerabtei St. Johannsen bei Erlach (→Abb. 26: g). Das Stadthaus der Benediktinermönche stand in nächster Nachbarschaft zu demjenigen der Zisterzienser von Frienisberg (→Abb. 26: b) und fasste wie dieses mehrere ältere Wohnhäuser in einem geräumigen Gebäude zusammen.[48]

Weitere Klosterhöfe befanden sich im 15. Jahrhundert mit denjenigen der Johanniter von Münchenbuchsee (→Abb. 26: k) und der Cluniazenser von Rüeggisberg (→Abb. 26: i) am unteren Ausgang der Rathausgasse. Während die Niederlassung des letztgenannten Ordens nur ein einfaches Bürgerhaus gewesen sein dürfte, bildete der Klosterhof der Johanniter ein repräsentatives Gebäude, das entsprechend der Stadthöfe an der Junkerngasse im Verlauf des 14. und 15. Jahrhunderts an Stelle verschiedener älterer Häuser errichtet wurde.

Die Friedhöfe

Armand Baeriswyl

Die Kirchhöfe des Mittelalters unterschieden sich in mancherlei Hinsicht von den heutigen Friedhöfen als würdevollen, weit vom täglichen Leben entfernte Inseln der Ruhe[1], denn sie waren viel stärker mit dem Leben der Stadtbewohner verknüpft (Abb. 30). Der mittelalterliche Mensch beschäftigte sich stark mit dem Jenseits. Er war sich bewusst, auch mitten im Leben nur einen Schritt vom Tod entfernt zu sein. Dabei war es weniger der Tod an sich, vor dem er sich fürchtete, als vielmehr die jedem Sünder drohenden Fegefeuer- oder gar Höllenqualen. Erleichterung versprach er sich von der Fürbitte der Lebenden. Ein guter Teil der Jenseitsvorsorge und des Totengedenkens fand auf den Kirchhöfen statt.[2] Daneben waren Kirchhöfe bis ins 15. Jahrhundert oft die einzigen grösseren Freiflächen in den Städten und dienten so als zentrale Schauplätze täglichen Lebens mit vielfältigen profanen, privaten wie öffentlichen Funktionen (vgl. Kap. I, S. 82).³

In der mittelalterlichen Stadt gab es nicht nur bei der Pfarrkirche einen Friedhof, sondern bei jedem Sakralbau mit Bestattungsrecht wie Filialkirchen, Spitalkapellen und Gotteshäuser der Bettelorden. Damit wurde die Pfarrkirche zwar einerseits konkurrenziert, andererseits aber auch entlastet, da auf den Friedhöfen nie genug Bestattungsplätze vorhanden waren. Es ist anzunehmen, dass die Ansiedlungen von Franziskanern und Dominikanern durch die städtischen Obrigkeiten auch unter diesem Gesichtspunkt zu sehen sind. Bettelordensklöster kamen denn auch vorwiegend in Stadterweiterungen zu liegen, wo die Bevölkerung besonders stark zunahm.

Der mittelalterliche Mensch wählte seinen Bestattungsplatz unter sozialen wie topographischen Gesichtspunkten aus. Er wollte bei der Kirche bestattet werden, zu der er während seines Lebens enge religiöse Beziehungen gepflegt hatte, sei es dort, wo er zur Messe oder zur Beichte ging, wo seine Familie bestattet lag oder dort, wo seine Handwerksgesellschaft ihren Altar oder ihre Messstiftung hatte. Der genaue Ort der Bestattung wurde auch durch die finanziellen Möglichkeiten bestimmt. Reiche und angesehene Personen, überwiegend Männer aus den regierenden Patrizierfamilien, konnten einen Bestattungsplatz im Innern der Kirche bezahlen, entweder im Boden von Schiff oder Chor, möglichst nahe beim Altar, oder gar in einer privaten, kostbar ausgestatteten Grabkapelle. Bei den Bettelordensklöstern dienten überdies Kreuzgang und Korridore im Konvent als Bestattungsplätze von Stiftern.⁴ Wer sich das nicht leisten konnte, fand seine letzte Ruhe auf dem Kirchhof, der direkt um das Gotteshaus herum lag.

Für bestimmte Gruppen der Bevölkerung war nach dem Tod kein Platz auf den normalen Friedhöfen.⁵ Alle Gläubigen, welche die Zugehörigkeit zu ihrem Pfarrverband verloren hatten, wie Spitalinsassen oder die an Lepra erkrankten Sondersiechen, jene, welche nie zu einem solchen gehört hatten, wie fahrendes Volk oder jene, welche fern von Zuhause starben, wie etwa Fremde und Pilger, ruhten in abgesonderten, aber geweihten Bestattungsplätzen. Eigene Friedhöfe mit besonderem Rechtsstatus hatten die Juden.

Von einem Begräbnis in geweihtem Boden ausgeschlossen waren Selbstmörder und unehrenhaft Hingerichtete. Erstere wurden auf dem Schindanger, dem mittelalterlichen Abdeckplatz, verscharrt. Geräderte und Gehängte hingen zur Abschreckung normalerweise bis zur fortgeschrittenen Verwesung auf dem Rad oder am Strick des weithin sichtbaren Galgens. Danach verscharrte man die Reste bäuchlings, mit einem Stein beschwert oder in einen Sack gestopft⁶ direkt unter dem Galgen oder irgendwo innerhalb der Umfassungsmauern der Richtstätte⁷ (Abb. 32). Solche Bestattungen «im Feld» ohne Begräbnisliturgie und ohne Kennzeichnung der Ruhestätte waren, wie auch die Verbrennung, welche die völlige Zerstörung des Körpers durch das Feuers zum Ziel hatte, sozial diskriminierend und äusseres Zeichen der Verdammung der Toten.⁸ Einzig die Exekution mit dem Schwert galt als ehrenhaft, und die Toten konnten kirchlich normal bestattet werden. Allerdings verfuhr man in der Praxis weniger streng, und die meisten Todeskandidaten, die regelmässig am kirchlichen Leben teilgenommen, vor der Hinrichtung gebeichtet und das Abendmahl empfangen hatten, konnten unabhängig von der Hinrichtungsart mit einem christlichen Begräbnis in geweihter Erde rechnen.

Zuletzt sollen noch die besonderen Bestattungsplätze für tot geborene und vor der Taufe gestorbene Kinder erwähnt werden, die inzwischen

Abb. 30:
«Der doten dantz mit figuren clage und antwort schon von allen staten der werlt», Buchtotentanz, Heinrich Knoblochtzer zugeschrieben, um 1485.

Die Holzschnitt-Illustration zeigt die Ausstattung eines mittelalterlichen Friedhofs: Umfassungsmauer, durch Viehrost geschützter Eingang, Totenleuchte mit Friedhofskreuz und Beinhaus.

Abb. 31:
Bern, Casinoplatz. Zusammenfassender Plan der archäologischen Aufschlüsse 1987/88 und der aufgrund von historischen Ansichten zu vermutenden Gebäude (Ausschnitt), Zeichnung ADB, Christine Gerber-Rungger, Max Stöckli, Kedi Ruckstuhl.

- *Bauten und Mauern des 13./14. Jh.: Kirche des Franziskanerklosters (Neubau 1405, Abbruch 1535); Stadtmauer der Zähringerstadt.*
- *Bauten und Mauern des Spätmittelalters und der frühen Neuzeit: Klausurtrakt des Klosters, 1685 zur Alten Hochschule umgebaut (Abbruch 1906/08); Münsterbauhütte (1577, Abbruch 1906/08).*
- *Bauten und Mauern des 18. und 19. Jh.: Bibliotheksgalerie von Niklaus Sprüngli (1775); Lehnenviadukt zur Kirchenfeldbrücke (1883). Heutige Bebauung: Casino (1906/08), Stadt-, Universitäts- und Burgerbibliothek (1755/1860/1906); Bellevue-Garage (1936).*
- *Areal des Franziskaner-Kirchhofs.*
- *Ergrabene Bestattungen.*

Abb. 32:
Urs Graf, Richtstätte, 1512, Federzeichnung, Wien, Albertina.

Im Vordergrund der Henker und ein armer Sünder in kniender Stellung, mit einem Strick um den Leib. Rechts daneben Gehängte und Geräderte in verschiedenen Stadien der Verwesung. Im Hintergrund am Himmel, die Darstellung von Verdammnis und Erlösung.

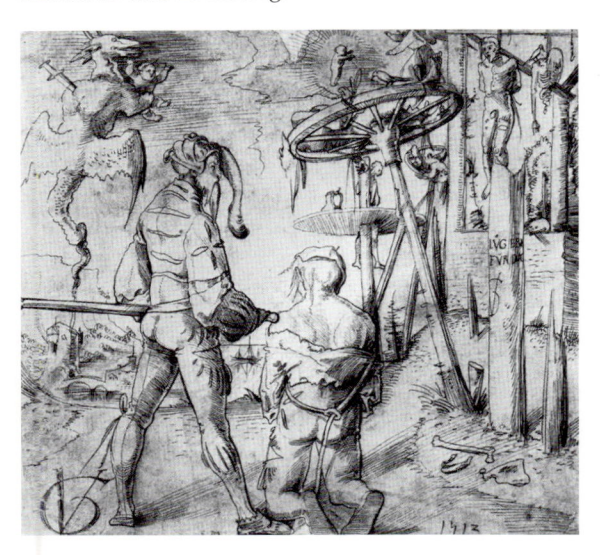

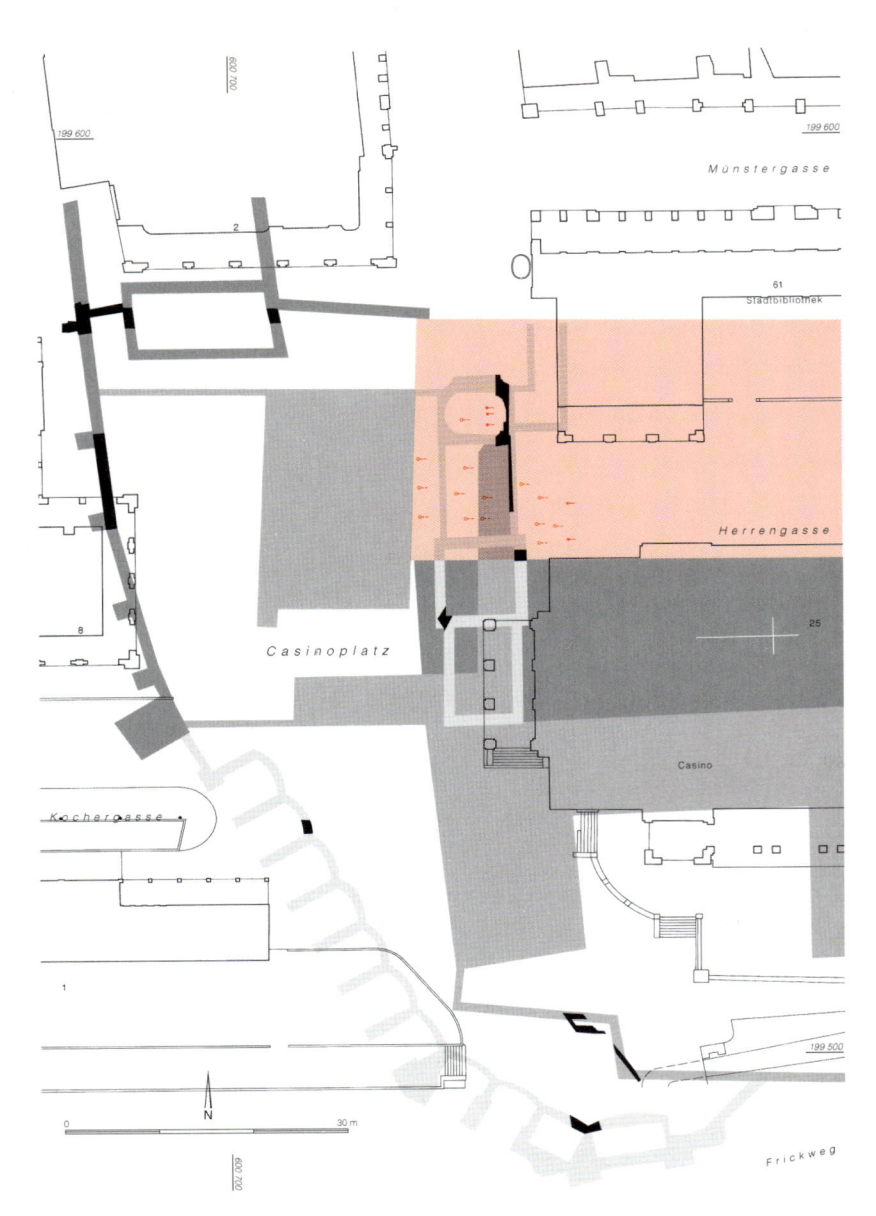

vielerorts archäologisch nachgewiesen sind.[9] Die Haltung der mittelalterlichen Gesellschaft in Bezug auf diese Kinder war ambivalent. Sie galten einerseits als Heiden und mit der Ursünde beladen, waren aber andererseits offensichtlich unschuldig. Ausserdem verbreiteten sie nach dem Volksglauben als Wiedergänger Unheil und Krankheiten. Oft wurden ungetaufte Kinder deshalb an einer abgelegenen Stelle des Friedhofs oder gar ausserhalb begraben. Daneben kam auch das heimliche Bestatten auf dem Friedhof vor. Vielerorts wurden ungetaufte Kinder unter der Dachtraufe der Kirche beigesetzt, in der Hoffnung, sie würden durch das niederrieselnde Dachwasser sozusagen postmortal getauft. Manchmal gingen verzweifelte Eltern sogar so weit, dass sie mit ihrem toten Kind an einen Wallfahrtsort wie Oberbüren pilgerten, um es dort angeblich wiederzubeleben, was eine Taufe und ein anschliessendes christliches Begräbnis ermöglichte (vgl. Kap. V, S. 380).

Trotz teilweise profanen Funktionen war der Kirchhof in erster Linie als erweiterter Kirchenbezirk ein rechtlich abgesonderter Bereich innerhalb der Stadt, durch eine Ummauerung vom weltlichen Leben getrennt und durch ein Hochkreuz oder eine Totenleuchte markiert. Die Eingänge in den Kirchhof waren mit Viehrosten gesichert, welche verhindern sollten, dass wühlende Schweine eindringen konnten (Abb. 30).
Die Gräber wurden im Mittelalter nicht in Reihen angelegt, sondern der Totengräber suchte jeweils freie Plätze zwischen bestehenden Bestat-

tungen. Sehr geachtet wurde aber auf die Ostung der Gräber, also ihre Ausrichtung in ostwestlicher Richtung, wobei die Köpfe im Westen zu liegen kamen: So konnten die Toten nach mittelalterlicher Vorstellung am Tag der Auferstehung das Jüngste Gericht sehen.[10]

Die ewige Ruhe dauerte – ähnlich wie heute – nur wenige Jahrzehnte, dann mussten die Verstorbenen Platz für neue Bestattungen machen, da wie erwähnt auf den meisten Stadtfriedhöfen drangvolle Enge herrschte. Seit dem Hochmittelalter gab es deshalb auf den meisten Kirchhöfen ein Beinhaus zur Aufbewahrung der Knochen aus aufgehobenen Gräbern.

Der Münsterfriedhof

Das Münster war als die kirchenrechtlich einzige Pfarrkirche der Stadt Bern das Zentrum der Seelsorge und der grösste Bestattungsplatz. Hier fanden zum einen die Mitglieder der wichtigsten Patrizierfamilien, zum anderen die Bewohner der Zähringerstadt ihre letzte Ruhe. Die Gräber der ersteren befanden sich bis zum 15. Jahrhundert in Chor und Schiff, im spätgotischen Neubau dann in den privaten Familienkapellen längs der beiden Seitenschiffe. Diese Kapellen waren mit kostbar bemalten Skulpturen von Heiligen ausgestattet, welche beim Bildersturm von 1528 von den Sockeln geholt und in die Baugrube der Münsterplattform geworfen wurden, wo sie 1986 bei der Plattform-Sanierung zum Vorschein kamen (vgl. Kap. V, S. 409; Kap. V, S. 421 und Kap. VI, S. 588).[11]

Die übrige Bevölkerung fand ihre Grabstätte auf dem grossen Kirchhof rund um das Münster.[12] Seine Geschichte zeigt exemplarisch die Platzprobleme der städtischen Friedhöfe, welche der Bevölkerungszuwachs im 14. Jahrhundert und die grossen Bauvorhaben im 15. Jahrhundert mit sich brachten.

Die erste Stadtkirche war eine von Köniz abhängige Kapelle, da die Gründung Berns auf dem Gebiet der Pfarrei Köniz erfolgte, wo die Rittermönche des Deutschen Ordens Kirchherren waren.[13] Der zugehörige Pfarrfriedhof wurde 1268 erstmals erwähnt. Seine stellenweise archäologisch erfasste Mauer umgrenzte eine Fläche von rund 4800 m². Ein Teil davon diente allerdings höchstwahrscheinlich als Hofgelände der seit 1256 belegten Niederlassung des Deutschen Ordens (siehe Kastentext: a, S. 78).[14]

Nachdem die Stadt im späteren 13. Jahrhundert zu einer eigenen Pfarrei erhoben worden war,[15] wurde ein Kirchenneubau in Angriff genommen.[16] Dieser Neubau, eine dreischiffige Basilika in frühgotischem Stil, der ein Viertel der bis dahin für Bestattungen genutzten Fläche in Anspruch nahm,[17] führte ab 1310 zu einer ersten Friedhofserweiterung in Form einer Terrasse am südlichen Aarehang.[18] Mit rund 900 m² Grundfläche ersetzte sie den Flächenverlust nur knapp (siehe Kastentext: b, S. 78).

Wohl deshalb und weil das Bevölkerungswachstum im Laufe des 14. Jahrhunderts seinen Höhepunkt erreichte, wurde der Friedhof bald um eine weitere Terrasse vergrössert (vgl. Kap. II, S. 97). Diese 1334 begonnene Friedhofserweiterung erstreckte sich mit einer Grundfläche von rund 3100 m² gegen Süden bereits bis an die Badgasse hinunter, hatte also bereits die Nord-Süd-Ausdehnung der heutigen Münsterplattform. Die Höhe ab der Matte betrug damals wohl etwa 20 m[19] (siehe Kastentext: c, S. 78).

Mit dem 1421 begonnenen Bau des Münsters wurde der Bestattungsplatz erneut knapp. Zum einen beanspruchte die neu entstehende Kirche viel mehr Platz als ihr Vorgänger, zum anderen hatte der Rat beschlossen, im Westen vor dem Münster einen gepfläserten Stadtplatz zu schaffen, damit die Turmfassade besser zu Geltung kam (vgl. Kap. I, S. 82).[20] Damit opferte man nicht nur eine Häuserzeile und die alte Deutschordenskommende, sondern gab auch den Friedhof an dieser Stelle auf (siehe Kastentext: d, S. 78).

Als Ersatz für die verlorene Fläche von rund 1600 m² begann man 1479 mit der Erweiterung und Erhöhung der Friedhofsterrasse. Dabei ent-

«die gross kilchmure an der matten»: die bauliche Entwicklung des Münsterbezirks und des Kirchhofs vom 13. bis zum frühen 16. Jh.

a) 13. Jh. Kapelle der Gründungsstadt und erster Kirchhof; im Westen Niederlassung des Deutschen Ordens.

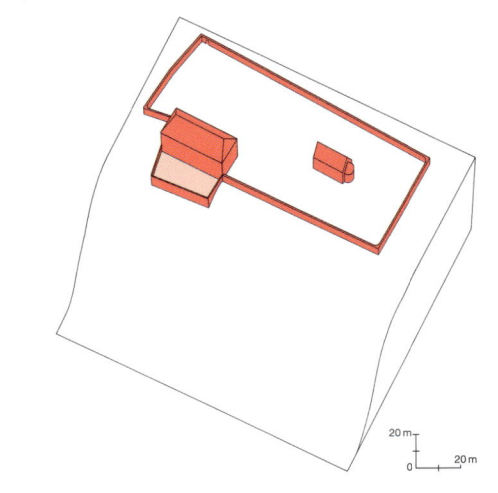

b) Erstes Viertel 14. Jh. Neue Pfarrkirche zwischen 1276 und etwa 1300; im Süden ab 1310 erste Friedhofserweiterung.

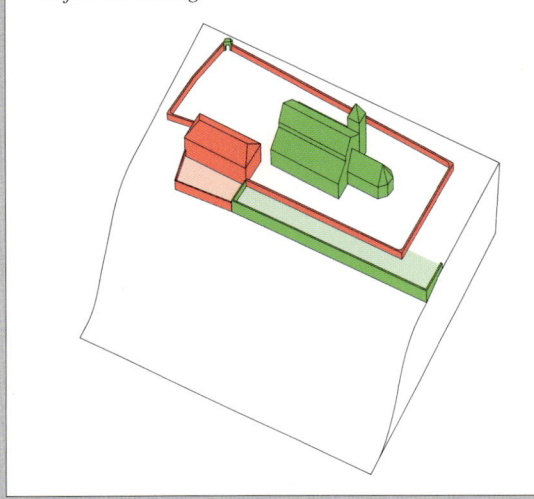

c) Spätes 14. Jh. Im Süden ab 1334 zweite Friedhofserweiterung.

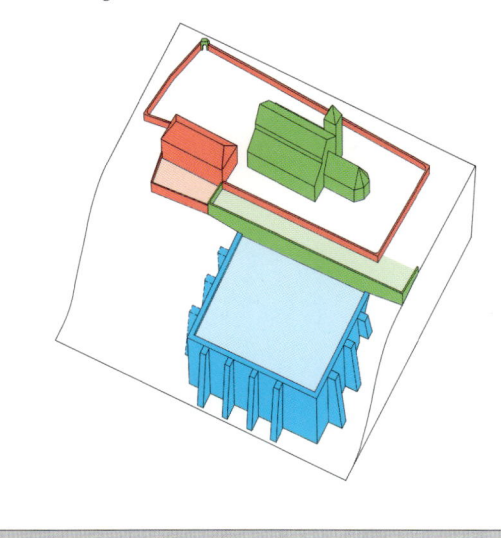

d) Um 1440. 1421 Beginn des Münsterbaus um die alte Pfarrkirche herum; im Westen 1427/30 Abbruch und Neubau der Niederlassung des Deutschen Ordens.

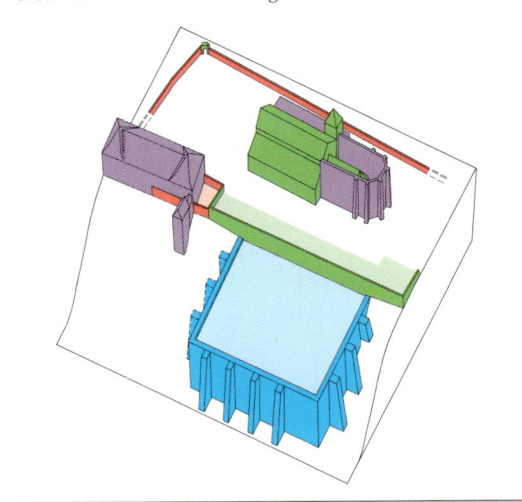

e) Um 1530. Fortschritte beim Münsterbau; zwischen 1479 und 1531 heutige Münsterplattform als dritte Friedhofserweiterung.

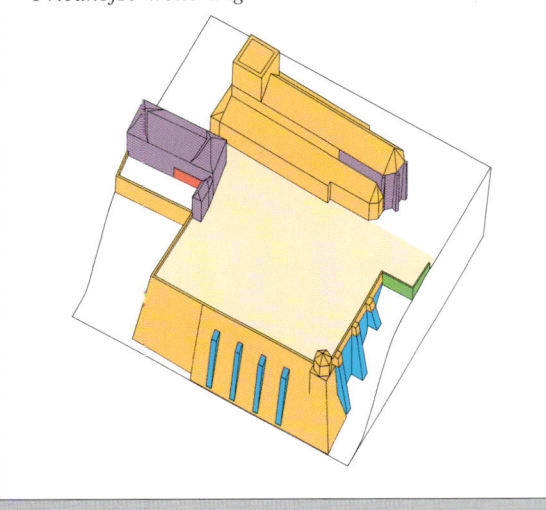

f) Schnitt durch den Münsterbezirk, Blick nach Westen.

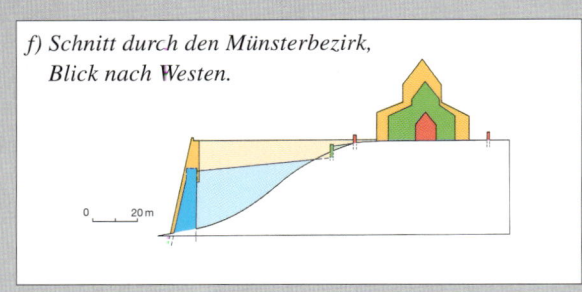

- Kapelle aus der Zeit um 1200.
- Pfarrkirche mit erster Friedhofserweiterung des frühen 14. Jh.
- Zweite Friedhofserweiterung des mittleren 14. Jh.
- Neues Münster (Chor) und neues Ordensgebäude ab 1421/30.
- Dritte Friedhofserweiterung 1479–1531: heutige Münsterplattform.

stand die heutige Münsterplattform (siehe Kastentext: e, S. 78). Die Reformation kam aber ihrer Vollendung im Jahre 1531 zuvor. Die neuen kirchlichen Verhältnisse führten unter anderem zu einer Verlegung des Pfarrfriedhofs vor die Tore der Stadt an den Klösterlistutz, in den bisherigen Niederspitalfriedhof.[21] Somit wurde der geplante neue Friedhof nie in Betrieb genommen, sondern diente von Anfang an dem Zweck, für den ihn die Bewohner Berns heute noch ebenso schätzen wie die Touristen, nämlich als Lust- und Wandelgarten.[22]

Die Friedhöfe der Bettelordensklöster
Neben dem Münster spielten die beiden Bettelordensklöster wie erwähnt eine zentrale Rolle im kirchlichen Leben der vorreformatorischen Stadt. Sie übten dank eines päpstlichen Privilegs in Konkurrenz zum ansässigen Pfarrklerus[23] seelsorgerische Funktionen aus; dazu gehörten Predigt, Bestattung und Totengedenken (Abb. 33).[24]

Das Dominikaner- oder Predigerkloster[25] war im späten 13. Jahrhundert vom städtischen Rat in der neu zur Stadt gewordenen Inneren Neustadt angesiedelt worden. Damit erhielt dieses neue Quartier faktisch eine eigene Pfarrkirche, was ihre Attraktivität erhöht haben dürfte. Der grosse Friedhof lag im Westen, im Süden und im Osten des Gotteshauses. Bei den archäologischen Untersuchungen vor dem Kornhaus fanden sich im Jahr 1997[26] östlich der Kirche viele Bestattungen (Abb. 34, 35). Bei den Grabungen der Jahre 1988–1990[27] in der heutigen Französischen Kirche und in der Umgebung wurden Gräber entlang der Südmauer der Kirche aufgedeckt. In den im 19. Jahrhundert zerstörten Konventsgebäuden nördlich der Kirche im Kreuzgang und im Korridor der Klosterpforte kamen Bestattungen von Wohltätern des

Abb. 33:
Bestattungsplätze im und um das Predigerkloster aufgrund der archäologischen Untersuchungen 1988–1990 und 1997.

Gräber wurden aufgedeckt im Kirchenchor, im Kreuzgang, im Korridor des Klausur-Ostflügels, aussen, entlang der Kirchensüdwand und östlich der Kirche.

1 *Französische Kirche, ehemalige Dominikanerkirche*
2 *Dominikanerkonvent, Kreuzgang*
3 *Dominikanerkonvent, Ostflügel*
4 *Dominikanerkonvent, Westflügel*
5 *südliche Immunitätsmauer mit dem gemalten Totentanz von Niklaus Manuel*
6 *Kornhaus von 1711*

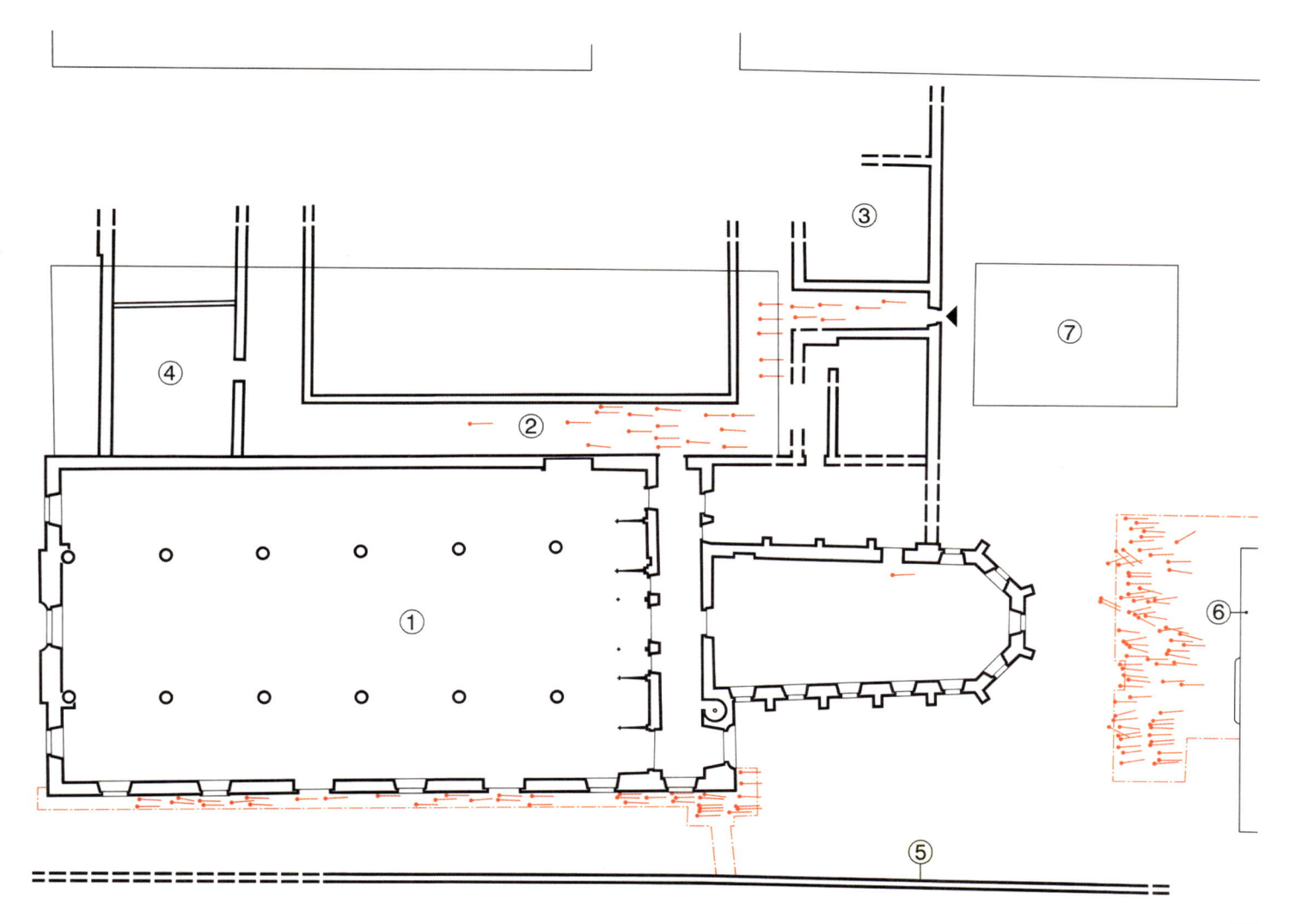

Abb. 34:
Predigerfriedhof zwischen Französischer Kirche und Kornhaus, Blick nach Südwesten. Die Bestattungen liegen geostet, also mit Blickrichtung nach Osten, in mehr oder weniger ordentlichen Reihen, viele mit verschränkten Armen. Die Gräber werden gestört von den Fundamenten des Kornhauses von 1711 und modernen Werkleitungen, die unter jedem heutigen Strassenpflaster anzutreffen sind: Gas, Trinkwasser, Abwasser, Dachwasser, Elektrizität, Blitzschutz, Kabelfernsehen und Telefon.

Abb. 35:
Predigerfriedhof zwischen Französischer Kirche und Kornhaus, Blick nach Osten.

Überrest einer Grabplatte aus Sandstein mit eingeritzten Symbolen, die vielleicht als Schaufel und Messer zu interpretieren sind.

Klosters zum Vorschein. Nachweisbar sind in Schriftquellen etwa die Senn von Münsingen oder die von Seedorf. Dass der Predigerfriedhof aber auch bei der einfacheren Bevölkerung sehr beliebt war, zeigen nicht zuletzt die permanenten Konflikte zwischen den Dominikanern und dem Münsterklerus um die Einkünfte der dort beerdigten Toten.[28] Ferner hatten verschiedene Handwerksgesellschaften ihre Altäre in der Dominikanerkirche, so die Schneider, Schmiede, Schärer, Maler und Goldschmiede.

Nach der Reformation blieb der Predigerfriedhof – wenn auch auf reduzierter Fläche – als einer von vier städtischen Bestattungsplätzen bestehen.[29] Er wurde 1815 zusammen mit der Aufgabe aller Altstadtfriedhöfe und ihrer Verlegung in den neuen Monbijoufriedhof[30] aufgehoben.

Die Franziskaner[31] wurden 1255 vom Rat in die Stadt gerufen und in der Südwestecke der Gründungsstadt angesiedelt, vermutlich mit der Absicht, eine zusätzliche Kirche für die Seelsorge in der westlichen Zähringerstadt einzurichten, deren Randbereiche, wie etwa die Brunngasse, sich damals zu füllen begannen.

Bei den Franziskanern liessen sich nur einzelne Adels- und Notabelnfamilien bestatten, so die von Scharnachtal und von Wabern, welche ihre letzte Ruhestätte im Kircheninnern fanden.[32] Sonst waren die Franziskaner vor allem bei den Handwerkern sehr beliebt: Die Schuhmacher, die Weber, die Spielleute und die Rebleute besassen dort eigene Altäre.[33] Der Kirchhof im Norden des Klosters lag im Bereich der heutigen Herrengasse und dem Garten der Stadtbibliothek (Abb. 31). Er diente nach seiner Auflassung im Jahre 1789 als Botanischer Garten[34] und verschwand im Jahr 1906 beim Abriss der spätgotischen Lateinschule und dem Durchbruch der Herrengasse zum Casinoplatz.³⁵ Bei archäologischen Sondagen anlässlich von Werkleitungserneuerungen in den Jahren 1987/88 wurden etliche Bestattungen aufgedeckt (Abb. 36).³⁶

Der Friedhof bei der Nydeggkirche
Der Grund für den Bau der Nydeggkirche lag im Gegensatz zu dem der Bettelordenskirchen ganz woanders. Eine Kapelle über der um 1270 zerstörten Stadtburg Nydegg³⁷ wird zwar erstmals 1341 erwähnt; sie war vermutlich aber schon bald nach der Schleifung der Burg entstanden, vor allem wohl, um diesen Platz zu mediatisieren, also profanen Nutzungen zu entziehen und so letztlich einen allfälligen Wiederaufbau der Burg zu verhindern. Mit dem Wachstum der Stadtquartiere Matte und Stalden wurde die Kirche wie erwähnt zu ihrem religiösen Zentrum und im nördlich und südlich anschliessenden Friedhof, dem sogenannten Kirchhöfli, dürften vorwiegend die Bewohner dieser Quartiere bestattet worden sein.

Die Spitalfriedhöfe
Das bald nach der Gründung Berns vor den Stadttoren an der Hauptstrasse errichtete Heiliggeistspital besass seit 1233 Bestattungsrecht, welches damals aber noch auf Geistliche und im Spital Verstorbene begrenzt war.³⁸ Nachdem das Spital in die Stadt einbezogen worden war, erweiterte sich im Laufe des 14. Jahrhunderts der Kreis der Bestatteten: Viele Bewohner der Äusseren Neustadt fanden dort ihre letzte Ruhe, und Kirche und Kirchhof wurden wie erwähnt zum religiösen Zentrum des neuen Stadtquartiers.³⁹ Das Spital mit strassenseitigem Klösterchen und Kapelle, stand an der Stelle der heutigen Heiliggeistkirche; der Kirchhof schloss gegen Norden und Osten an.
Der Heiliggeistfriedhof blieb wie die Gottesäcker bei den beiden aufgehobenen Bettelordensklöstern über die Reformation hinaus bestehen. Er wurde erst beim Neubau der Heiliggeistkirche in den Jahren 1726–1729⁴⁰ aufgehoben und an die Stelle verlegt, an der heute die Bundesgasse vor dem Bundeshaus West verläuft.⁴¹

Im Jahr 1335 wurde das Niedere Spital von seinem ursprünglichen Standort am Nydeggstalden vor die Stadt hinaus, an die Ausfallstrasse am anderen Aareufer verlegt.⁴² Beim Spital befanden sich eine Martinskapelle und ein Kirchhof für die verstorbenen Insassen, städtische Arme und Betagte, darunter vor allem Pfründner verschiedener Handwerksgesellschaften.⁴³ Nach der Reformation wurde das Niederspital zurück in die Stadt, in das aufgehobene Predigerkloster verlegt. Der Friedhof blieb aber bestehen und diente bis ins Jahr 1822 als Ersatz für das aufgehobene Bestattungsareal beim Münster für die Bewohner der unteren Stadt.⁴⁴ Anlässlich von Umbauarbeiten in der Mahagony Hall am Klösterlistutz im Jahre 1988 kamen Teile des vor- wie des nachreformatorischen Friedhofs zum Vorschein (vgl. Kap. II, S. 102).⁴⁵

Die Sonderbestattungsplätze
Der Judenfriedhof gehörte nach mittelalterlichem Verständnis zu den Sonderbestattungsplätzen. Er lag im 13. Jahrhundert im Bereich des heutigen Bundeshauses Ost und der Nationalbank (Abb. 37).⁴⁶ In der Folge der ersten Judenvertreibung in Bern im Jahre 1294⁴⁷ muss dieser Friedhof aufgegeben worden sein, da das Gelände zwischen 1323 und 1327 von den Dominikanerinnen gekauft wurde, um darauf das Inselkloster zu errichten.⁴⁸ Obwohl im späten 14. Jahrhundert Juden als «*Burger zu Bern*» bezeugt sind und der Judenbrief von 1408 die Freiheit, nach jüdischem Brauch zu bestatten, festschrieb,⁴⁹ gibt es keine Informationen über die Existenz eines Friedhofs bis zur endgültigen Vertreibung der jüdischen Gemeinde im Jahr 1427.

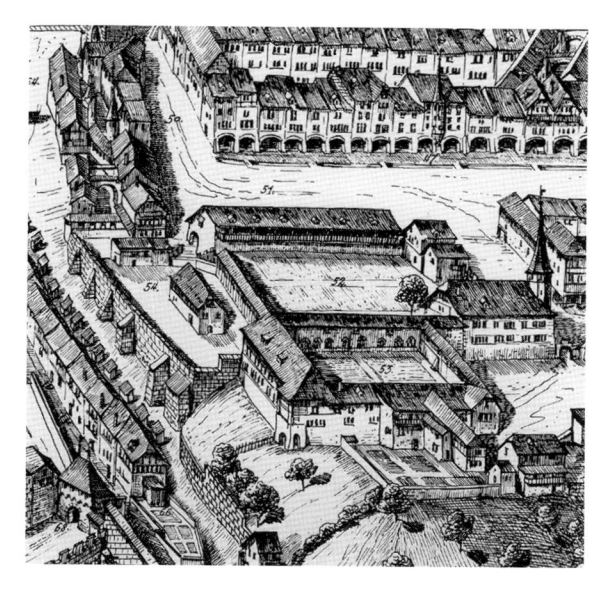

Abb. 36:
Bern, ehemaliges Barfüsserkloster, Planvedute der Stadt Bern von 1603–07 (Ausschnitt), Umzeichnung von 1915 (Eduard von Rodt) einer Kopie von 1753 (Johann Ludwig Aberli).

In der Mitte der grosse, von Bauten umstellte Barfüsserfriedhof; im Norden die heutige Stadt- und Universitätsbibliothek, im Westen das Areal des Münsterwerkhofs mit dem Bauherrenamt, im Osten die Lateinschule und im Süden der ehemalige Klausurtrakt des Klosters, in dem die Hochschule untergebracht war.

Abb. 37:
Fragment eines jüdischen Grabsteines des 13. Jh., der beim Bau der Nationalbank 1901 gefunden wurde, Bern, Historisches Museum.

Abb. 38:
Bern, Kornhausplatz, Blick in Richtung der äusseren Grabenmauer während der Sanierungsarbeiten 1997.

Deutlich sichtbar sind die Brandspuren an der Mauer sowie die mächtigen Auffüllschichten: Brandschutt des Stadtbrandes von 1405. Nach der Auffüllung entstand hier Berns erster Platz.

Der Kirchhof der Leprosen lag bei der Kapelle des Sondersiechenhauses vor dem Unteren Tor[50], dessen Standort im 14. Jahrhundert an der Kreuzung von Haspelgasse und heutiger Laubeggstrasse fassbar ist, unmittelbar neben dem städtischen Richtplatz[51] auf dem Schönberg.[52]

Ebenfalls ausserhalb der Stadt befanden sich die Plätze, an denen die aus der christlichen Gemeinschaft Verstossenen in ungeweihter Erde verscharrt wurden (Abb. 32). Weithin sichtbar an den Ausfallstrassen lagen die beiden Richtplätze[53], der eine *«obenaus»* an der Landstrasse nach Westen, auf dem heutigen Inselareal[54], und der zweite *«untenaus»* an der Strasse nach Osten, auf dem Schönberg. Abseits der grossen Strassen, in der Engehalde[55], war der mittelalterliche Abdeckplatz[56] zu finden.

Neugestaltung des städtischen Raumes

«solich hus zu slissen sy dem kilchhof zů gut» – Bern entdeckt seine Freiräume

Daniel Gutscher

Plätze im heutigen Sinne kennt die mittelalterliche Stadt erst in ihrer Spätzeit; im Wort steckt der aus dem Griechischen ins Lateinische entlehnte Begriff «πλατεῖα» / «platea», was ursprünglich nichts anderes als «Strasse» bedeutet. Tatsächlich findet man in der Gründungsstadt Bern wie anderswo, wo man eigentlich Gelegenheit gehabt hätte, von Anfang an Plätze einzuplanen, den Markt als Gassenmarkt in der mittleren Hauptgasse. Reichte die Fläche nicht aus, wich man in die Quer- oder Nebengassen aus. Beispielsweise befand sich in Zürich der gesamte Markt auf der Rathausbrücke und der ostwärts anschliessenden Marktgasse; letztere verengte sich auf knappe vier Meter Breite und hatte erst noch bis ins 19. Jahrhundert den gesamten Westostverkehr – die heutige Nationalstrasse A1 – zu schlucken. Im Vergleich dazu waren die Verhältnisse in Bern geradezu grosszügig. Hier mass die dem Markt zur Verfügung stehende Hauptachse, die mittelalterliche Märitgasse, von Laubenfront zu Laubenfront um 20 Meter.[1] Wie wir noch sehen werden, war dieser Raum allerdings bis ins 15. Jahrhundert von grösseren Gebäuden überstellt. Der Markt kann zumeist als Resultat des weiter Auseinanderrückens der Häuserfronten beschrieben werden; Resultat ist immer noch im lateinischen Wortsinn die – nun zum Teil stattlich breit gewordene – Gasse oder Strasse.[2] Die einzigen innerstädtischen, grösseren «Freiflächen» waren vielerorts die Friedhöfe. Es erstaunt daher kaum, dass selbst Könige bei ihren Besuchen in Städten auf Friedhöfen empfangen wurden. Besonders eindrücklich ist das Beispiel Zürichs, wo Könige – noch vor wenigen Jahren die englische Queen – auf dem Münsterhof (Friedhof des königlichen Damenstifts Fraumünster) empfangen und anschliessend via St. Peter zum Lindenhof, zur königlichen Pfalz geleitet wurden.[3] Dass in Bern 1418 Papst Martin V. seinen Segen auf dem Predigerfriedhof spendete (vgl. Kap. IV, S. 314), ist nicht weiter verwunderlich, hat viel mit Raumangebot und nichts mit Vergänglichkeits-Symbolik zu tun. Überspitzt kann man formulieren, dass das 15. Jahrhundert in unserem Raum das der Entdeckung des Platzes ist.

Der heutige Kornhausplatz – «der Platz» schlechthin
Nach dem Stadtbrand von 1405 wurde der Graben vor dem Zeitglocken mit Brandschuttmaterial aufgefüllt (Abb. 38, vgl. Kap. I, S. 36). Es entstand damit – wohl eher als zufälliges Resultat der notwendigen Brand-

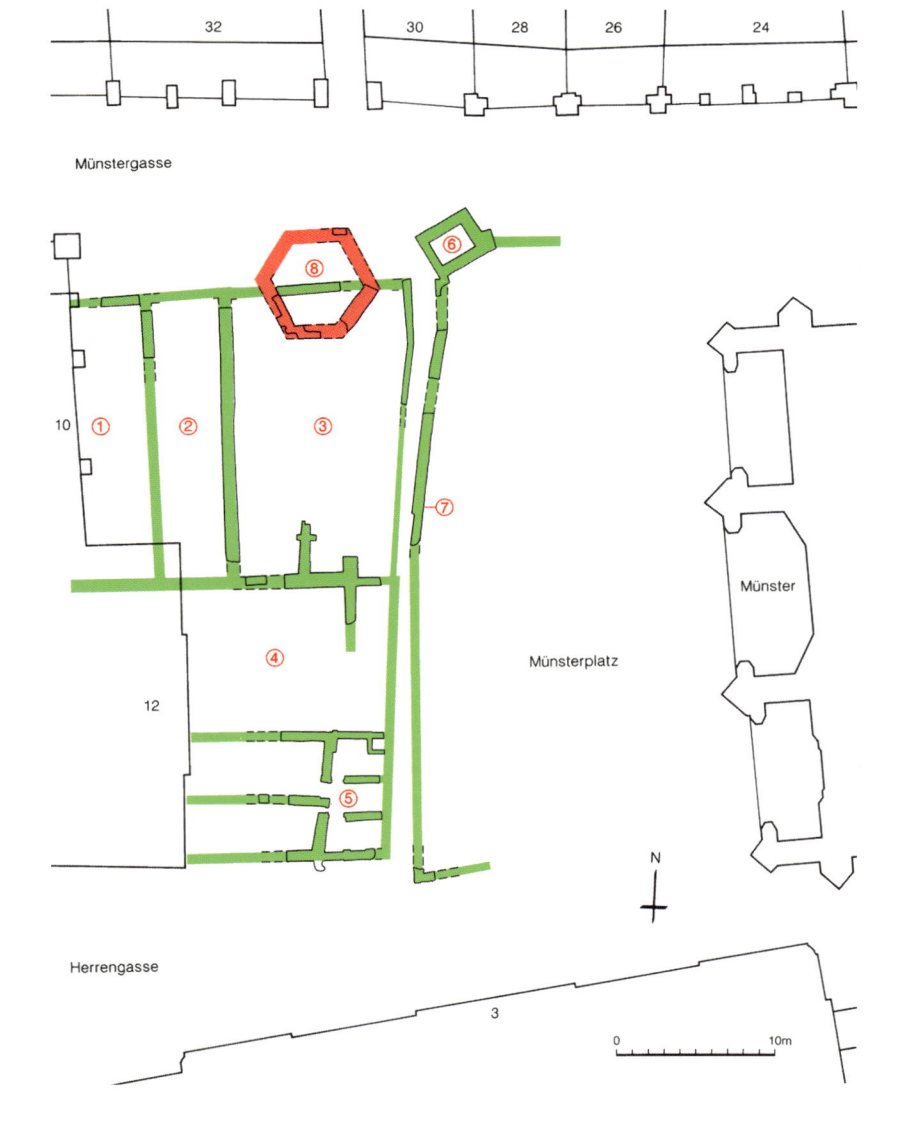

Abb. 39:
Bern, Münsterplatz, die Auskernungen von 1489–1506 (grün):
1. Haus Diebold Schillings
2. Haus des Schneiders Schlüsselfeld
3. Haus Johannes Armbrusters
4/5. Bauten an der Kesslergasse (Herrengasse)
6. Eingangstor in den Münsterfriedhof
7. Friedhofmauer
8. Einziger Bau auf dem neuen Platz war die Armbrusterkapelle erbaut 1506, zerstört 1528.

Abb. 40:
Bern, Münsterplatz, Keller des 1985 wiederentdeckten Hauses Diebold Schillings.

Abb. 41:
Bern, Münsterplatz, Ofenkachel aus dem Abbruchschutt des Hauses Schilling, ursprünglich zu einem repräsentativen Kachelofen in der guten Stube gehörend, ADB.

schuttentsorgung denn als städtebauliche Massnahme zu erklären – der erste Platz in Bern. Es ist nicht erstaunlich, dass er bis ins 18. Jahrhundert schlicht «der Platz» hiess. Erst mit der Errichtung des heutigen Kornhauses 1711–18 setzte sich der heutige Name durch.[4]

Als im Sinne des repräsentativen Gestaltens bewusste Eingriffe indessen sind erst die nach der Mitte des 15. Jahrhunderts entstandenen weiteren Freiräume im Stadtbild Berns zu deuten, die wir im Folgenden betrachten.

Die Plattform –
«das münster zer predigt und sinen hof zuom lust»

Ein für 1479 überliefertes Baudatum bezieht sich erstmals auf das Projekt der heutigen Form und Höhe der Münsterplattform. Diebold Schilling erwähnt in der Berner Chronik:

«In dem vorgenanten summer [1479] wart die nüw mur angevangen ze machen unden an dem kilchof, und musten alle geselschaften daran werken in irem costen, als das von raeten und burgern angesehen wart, und was iederman willig und gehorsam; doch kost es die stat ouch ein merglich gut an gelt und an win.»[5]

Mit diesen Bauarbeiten sind nicht, wie von der älteren Literatur angenommen, nur Reparaturen gemeint, sondern ein Neubau: erstmals wird ausdrücklich nicht mehr der Kilchhof, sondern *«die nüw mur»* genannt. In den folgenden Jahrzehnten werden Dutzende von Gemeinden aufgefordert, Steinmaterial zum Bau der Plattformstützmauer nach Bern zu liefern (vgl. S. 78).[6]

Damit sollte Bern nebst einem grossflächigen Münsterfriedhof einen Lustgarten erhalten, wie Zürich vor 1474 seinen Lindenhof und Basel seine 1502–10 erneuerte Pfalz und seit ehedem seinen Petersplatz oder Lausanne die place de la Cathédrale. Anlagen, die dem städtisch-bürgerlichen Repräsentationsbedürfnis des 15. Jahrhunderts ganz besonders entsprachen.[7]

Man begann auf der Ostseite, wo 1503 eine Eckkapelle als Stiftung des Stiftspropstes Johannes Armbruster errichtet wurde. Aus statischen Gründen musste sie bereits 1506 – *«es tat sich ein Eck uf»*, heisst es in den Quellen – wieder abgebrochen werden. Sie wurde auf dem Münsterplatz neu errichtet. Auf dieses Bauwerk werden wir im folgenden Abschnitt gesondert eingehen.

Dass die Bauarbeiten an der Plattform 1514 noch unvollendet waren, belegt ein Zitat des Reformationschronisten Valerius Anshelm: *«Diss jars Aprel [1514] ist das ek im spiz [Westerker] an der kilchhofmur 32 schuch dik angelegt und in straebwis [strebepfeilerähnlich] ufgefuert durch Andres Mathis, werkmeister, under Hans Augspurgern vom rat, buwhern.»*[8] Die Stelle besagt, dass 1514 die Grundsteinlegung für die Westseite erfolgte. Die Ausführung mit grossformatigen Kissenquadern entspricht der Befestigungstechnik der Renaissance, beispielsweise Dürer'scher Prägung, wie sie in jener Zeit am Schaffhauser Munot zur Anwendung gelangte. Von Fertigstellung steht weder im zitierten noch in anderen Texten etwas. Dasselbe gilt fürs Datum 1519, das sich auf den Osterker bezieht. Auch hier ist lediglich vom Baubeginn die Rede.[9]

Damit fügt sich auch die Quellenlage lückenlos in das Bild ein, das der archäologische Befund auf der Plattform sowie die Spuren an den 1986 hier gefundenen Skulpturen nahelegten. Offenbar war man zur Reformationszeit daran, die erstellte Stützmauer zu hinterschütten. 1528 befanden sich die Hinterfüllarbeiten noch 14 m unter dem geplanten –

heutigen – Niveau. Auf diese Schutthalde gelangten im Januar 1528 die im Bildersturm entfernten Skulpturen (Kap. V, S. 421 und Kap. VI, S. 588), «*auf des kilchhofs schütte*», wie Anshelm präzisiert.[10]

Um 1530 war die Aufschüttung vollendet, der einst hier vorhandene Friedhof verlegt. Er lag nun nördlich des heutigen Bärengrabens am Klösterlistutz.[11] Der Lustgarten war vollendet. Mit der knappen Formel: «*das münster zur predigt und sinen hof zuom lust*», bringt der Chronist Anshelm die Plattformbaugeschichte auf den Punkt.

Der Münsterplatz – eine Auskernung in Etappen

Um die Mitte des 15. Jahrhunderts dürfte man mit dem seit 1421 laufenden Münsterbau so weit nach Westen vorangekommen sein, dass die Fundamente des Westbaus gelegt waren (vgl. Kap. V, S. 421). Die um 1490 vollendete Fassade mit dem Turmuntergeschoss und den drei mächtigen, einladenden Portalen mit ihren Vorhallen (→Abb. 320), insbesondere aber dem bedeutenden «Jüngsten Gericht» im Hauptportal (→Abb. 258), liessen die Platzverhältnisse westlich des neuen Münsters mehr und mehr als eng erscheinen. Als erstes dürfte die Friedhofmauer mit ihrem an der Nordwestecke übereck stehenden Eingangstorturm[12] entfernt worden sein (Abb. 39: 6, 7); die Erweiterung des Friedhofes auf der Plattform hatte diesen Friedhofteil überflüssig gemacht (vgl. Kap. I, S. 74).

1489 verpflichtete der Rat den Chorherrn Johannes Armbruster – einen der einflussreichsten Zeitgenossen[13], – sein Haus, das Eckhaus gegenüber der Einmündung des Münstergässchens (Abb. 39: 3), zu schleifen. «*Soliches hus zu slissen sy dem kilchhof zů gut.*» Diese «ästhetische» Formulierung zeigt, dass in Bern ein neues Platzverständnis und ein Bedürfnis nach innerstädtischem Freiraum erwacht war.
1491 oder kurz zuvor war der Beschluss umgesetzt. Diese Schleifung dürfte auch die beiden südwärts anschliessenden Bauten an der Kesslergasse betroffen haben (Abb. 39: 4, 5). Etwas später – wohl um 1506 – wurden die zwei münstergassaufwärts, an Armbrusters Liegenschaft angrenzenden Häuser ersatzlos abgebrochen: das Haus des Schneiders

Abb. 42:
Bern, ehem. Armbrusterkapelle auf dem Münsterplatz, Reste der farbigen Dacheindeckung: glasierte Biberschwanzziegel und krabbenbesetzte Gratziegel.

Schlüsselfeld (Abb. 39: 2) und das Haus des berühmten Chronisten Diebold Schilling (Abb. 39: 1, Abb. 40, 41).[14]

Die zweite Armbrusterkapelle
Wir erwähnten bereits, dass 1506 die auf der Plattform entstehende Kapelle wegen statischem Ungenügen abgetragen werden musste. Ihr Stifter, Propst Johannes Armbruster, verlegte ihren Standort im offensichtlichen Einverständnis mit dem Rat an den Platz seiner ehemaligen Liegenschaft (Abb. 39: 3) auf den Münsterplatz.

Im Anschluss an unsere Untersuchungen 1985 auf dem Münsterplatz gelang es, eine Synthese aller bisherigen kleinen Beobachtungen in Leitungsgräben aus den Jahren 1942, 1955, 1981 und 1983 in einen Gesamtplan zusammenzufassen. Aus dem Gewirr der in vielen Kleinetappen freigelegten Fundamentzüge konnte eindeutig ein im Mauercharakter spätmittelalterlicher polygonaler Grundriss herausgeschält werden, der zum Sechseck zu ergänzen und als die zweite Armbrusterkapelle anzusprechen ist (Abb. 39: 8).[15] Der hexagonale Grundriss mit seiner lichten Seitenlänge von 2,8 m entspricht genau den Fundamenten am ersten Standort auf der Plattform.
Damit ist auch die Frage gelöst, ob sich der Propst den Luxus zweier, voneinander völlig unabhängiger Bauten in derart kurzer Zeit hat leisten können: offensichtlich wurde die Kapelle in wesentlichen Teilen vom alten zum neuen Standort mehr oder weniger Stein für Stein versetzt. Daraus erklärt sich auch die für eine Kapelle auf ebenem Platze eigenwillige Grundrissform.[16] Gleichzeitig erklärt sich daraus aber auch, weshalb die beiden heutigen Pavillons von Niklaus Sprüngli (1778/79) so unterschiedliche Grundrisse aufweisen, obschon sie aus der Distanz betrachtet, als «stempelgleich» erscheinen.
Auffällig und für den Machtanspruch Armbrusters bezeichnend ist die Stellung des Bauwerkes. Sie ragt ins freie Gassenprofil hinein. Hatte der Berner Rat kurz zuvor den ersatzlosen Abbruch von Häusern auf dem Münsterplatz vorangetrieben, weil er dem Münster zugute komme, willigte er nun in ein Bauvorhaben ein, das den Blick aufs Münster von neuem verstellen sollte. Wie die Funde unserer Grabungen von 1985 belegen, war die Kapelle zudem mit farbig glasierten Ziegeln eingedeckt (Abb. 42).[17] Wer sich in den Jahren vor der Reformation durch die Münstergasse dem Münster näherte, nahm nach dem mächtigen Erker des May-Hauses (siehe Kastentext, S. 163) die private Kapelle Armbrusters wahr; das Münster gab sich erst anschliessend zu erkennen. Wen wundert es, dass 1528 im Bildersturm der Reformation die Kapelle, welche laut Anshelm *«uberkostlich»* und *«ussen und innen voller goetzen»* war, leergefegt wurde?[18] Ihr Mauerwerk wurde dem Antoni Noll zu Bauzwecken überlassen.

Die Auskernung der «märitgasse»
(Kramgasse und Gerechtigkeitsgasse)
Wir erwähnten schon, dass der Abstand von Laubenfront zu Laubenfront im Bereich der Märitgasse, der heutigen Kram- und Gerechtigkeitsgasse, rund 20 Meter betrug. Für die Abhaltung der Märkte und die Abwicklung des Verkehrs stand indessen im 15. Jahrhundert noch längst nicht die gesamte Breite zur Verfügung. Gegen zwei Meter nahm der in der Gassenmitte verlaufende, offen geführte Stadtbach in Anspruch (vgl. Kap. I, S. 54). Rittlings über ihm standen nicht nur Brunnen, sondern auch weitere wichtige Bauten der öffentlichen Grundversorgung. Wir dürfen sie uns als eingeschossige offene, hallenartige Holzbauten unter Satteldächern vorstellen. Aus den Schriftquellen sind für das 15. Jahrhundert überliefert, indessen noch kaum archäologisch genau erfasst, die folgenden Bauten, die wir von Westen her aufzählen (Abb. 43, vgl. Kap. I, S. 50). Zunächst ist unterhalb des Zytgloggeturmes

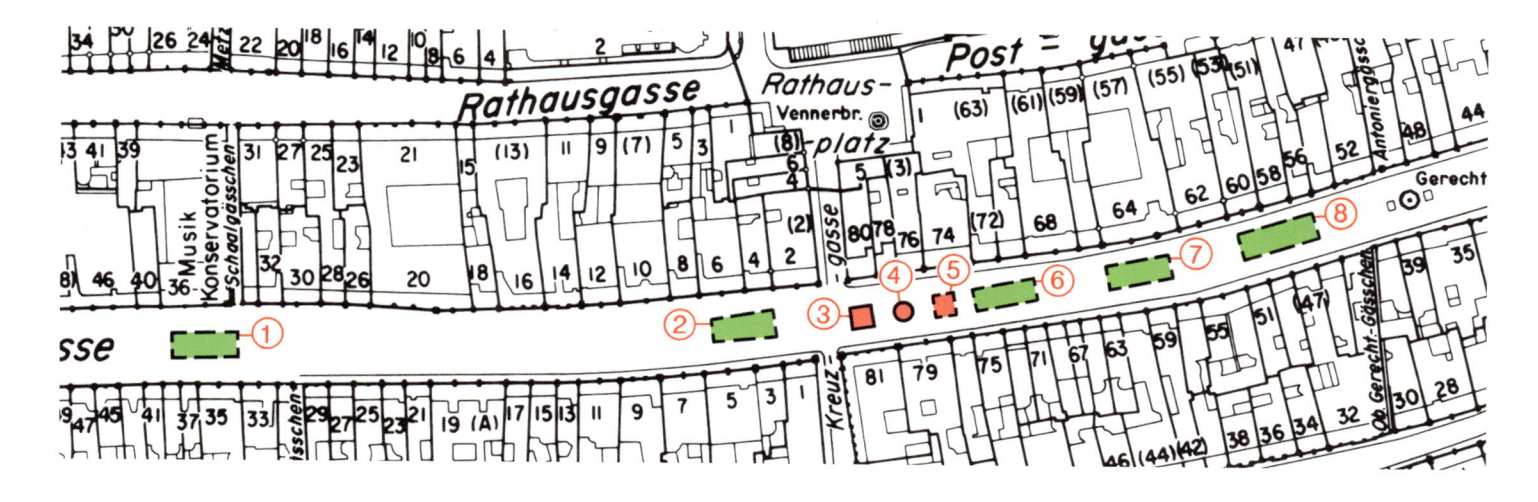

die Obere Fleischschal zu nennen. Sie befand sich auf Höhe der heutigen Kramgasse 36 (Konservatorium). Auf ihren Bänken (festen Verkaufstischen) boten die Metzger das über dem Stadtbach zugerichtete Fleisch zum Kauf an. Südlich davon lag seit 1420 auch das Zunfthaus der Metzger.[19] Kurz vor der Querung der Kreuzgasse stand ebenfalls rittlings über dem Stadtbach die Fischbank. Dann folgten am oberen Ende der heutigen Gerechtigkeitsgasse der Richtstuhl, der Kreuzgassbrunnen und der Schandpfahl, die wohl nicht ohne symbolische Absicht und Bedeutung an der Kreuzungsstelle der beiden Hauptgassen angeordnet waren. Die Analogie zum Kreuz Christi ist evident.

Gleich unterhalb dieser Rechtsdenkmäler folgte die Niedere Brotschal. Hier hielten die Pfister (Bäcker) an 28 Bänken ihre Brote feil. Darauf folgte etwa auf Höhe des Hauses Gerechtigkeitsgasse 64, d. h. vor dem alten Gasthaus zur Krone, die Niedere Fleischschal. Ihre offene, hölzerne Halle umfasste 16 Bänke. Mochte die Geruchsbelästigung von der Fleischschal auf die eben erwähnte Brotlaube noch erträglich gewesen sein, so dürfte die gleich unterhalb an die Fleischschal anschliessende Werkstatt der niederen Gerber zeitweise zu unvorstellbaren Immissionen geführt haben. Zudem dürften die zahlreichen Bottiche, in denen die stinkenden Häute nach der Wässerung im Stadtbach mehrere Wochen zwecks Enthaarung und Gerbung liegen bleiben mussten, wesentliche Teile des Gassenraumes beansprucht haben.

Interessant ist nun die Tatsache, dass an dieser engen räumlichen Anordnung nach dem Stadtbrand von 1405 nichts geändert wurde, obschon damals die Gelegenheit zur Neuordnung günstig wie nie wieder gewesen wäre. Offensichtlich bestand damals kein Bedürfnis. Erst nach der Mitte des 15. Jahrhunderts wird in einer beispiellosen «Grossaktion» der Stadtbach von seinen Überbauten befreit. So werden 1468 die Niedere Fleischschal und die Niedere Brotschal abgebrochen, erstere in die neue Schal an der Kramgasse (Schalgässlein) und letztere an die Gerechtigkeitsgasse 74 (Gesellschaftshaus zu Niederpfistern) verlegt. 1488 schliesslich, verschwand auch noch das Gerbhaus; wir finden es ab diesem Zeitpunkt unten in der Matte.

Wir sehen diese Aktion im bereits erwähnten Zusammenhang mit den neuentdeckten Bedürfnissen nach repräsentativen Freiräumen.

Das «neue» Bern des 15. Jahrhunderts entdeckt den Platz und nimmt seine Freiflächen in Anspruch. Allerdings sehen wir hierin auch die ersten Ansätze der Verdrängung der sichtbaren Alltagsarbeit aus dem offenen, d.h. dem öffentlichen Raum in die Häuser. Ein gewisser Lebensbereich verschwindet von der Gasse; der erste Schritt zur modernen Stadt scheint besiegelt.

Abb. 43:
Bern, Märitgasse (heutige Kramgasse und Gerechtigkeitsgasse), Auskernungen des 15. Jahrhunderts:

1. Obere Fleischbank
2. Fischbank
6. Niedere Brotschal
7. Niedere Fleischschal
8. Gerbhaus.

Bestehen blieben:
3. Richtstuhl
4. Kreuzgassbrunnen und
5. Schandpfahl.

Abb. 44:
Schematischer Aufriss der Westfront des Obertors der Stadt Bern, des Hauptzugangs von Westen, mit Darstellung der drei Hauptbauphasen.

■ *Primärbau der letzten Stadterweiterung ohne Zinnenabschluss, Vorwerkbreite nach Befund, Höhe von Vorwerk und Ringmauern Analogieschluss.*
▨ *Überhöhung des späteren 15. Jahrhunderts, Ausbau zum Christoffelturm, samt neuem Vorwerk. Dachform nach Manuel und Stumpf.*
□ *Zweite Überhöhung von 1583.*

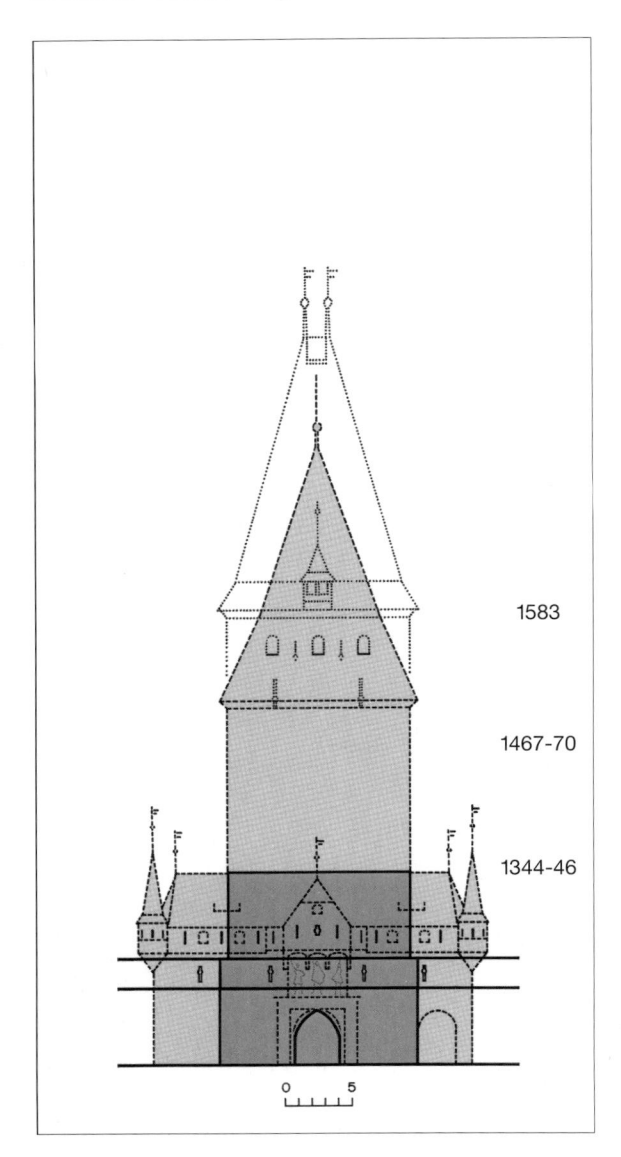

Berns Stadtbefestigung – zwischen Funktion und Repräsentation

Jürg Schweizer

Was übernahm das 15. Jahrhundert?

Berns Wachstumsschübe im Mittelalter gingen entsprechend der halbinselartigen Topographie der Stadt westwärts. Für die lange geäusserte Vermutung, die Gründungsstadt, angelehnt an die ältere, ursprünglich am Aareübergang freistehende Burg Nydegg[1], hätte ursprünglich nur bis zur Höhe der Kreuzgasse gereicht,[2] fehlen archäologische Belege; vielmehr nimmt man heute an, dass die Gründungsstadt die ganze untere Altstadt bis zum Zytgloggeturm umfasst hat.[3] Nach der ersten Erweiterung unter savoyischem Protektorat um 1255/56 bis zum Käfigturm, erfolgte knapp 100 Jahre später der letzte Erweiterungsschub bis zum Christoffelturm im heutigen Bahnhofgebiet.[4] Die Vorstellung, dabei sei jeweils unüberbautes Land neu in den Stadtbering einbezogen worden, ist viel zu schematisch. Vielmehr ist davon auszugehen, dass, wenigstens in der Fortsetzung der Hauptgassen, «extra muros» bereits vorstadtartige Siedlungen bestanden haben. Bern erweiterte 1344–1346 sein Stadtgebiet grossflächig und befestigte es mit dem letzten mittelalterlichen Westgürtel kurz nach der wohl kritischsten existenzbedrohenden Phase der bernischen Geschichte – der aus damaliger Sicht freilich bloss in erster Runde siegreich überstandenen Auseinandersetzung mit dem westschweizerischen Adel und der habsburgischen Stadt Freiburg – im Laupenkrieg 1339. Vielleicht war es gar ein Ziel, die vor dem Verteidigungsring des 13. Jahrhunderts liegende ungeschützte Vorstadt zu integrieren, hätte sie doch bei einer drohenden Belagerung unweigerlich geräumt und abgerissen werden müssen, um dem Belagerer nicht Schutz und Deckung zu gewähren. Die fächerförmige Ausweitung der Aarehalbinsel beziehungsweise des Moränerückens der Altstadt gegen Westen erheischte um 1344–1346 eine weit aufwendigere Befestigungsanlage als bei den früheren Etappen. In äusserst kurzer Zeit von knapp zwei Jahren[5] entstand ein ausgedehntes Befestigungswerk von über 700 Metern Länge mit doppeltem Ringmauerzug und davorliegendem Graben, drei Stadttortürmen und zahlreichen Mauertürmen.

Zwar bezeugte Bern mit der Ummauerung der äusseren Neustadt demonstrativ seine Expansionskraft. Die Anlage hatte jedoch in erster Linie fortifikatorischen Zwecken zu dienen und belegt auch, wie die damalige Stadt ihre aktuelle Gefährdung beurteilte. Der primär wehrtechnisch-nüchterne Aspekt des Befestigungsgürtels ist besonders gut an den Stadteingängen zu fassen: Das Haupttor im Westen, das Obertor (später Christoffeltor) weist ein fast quadratisches Breiten-Höhenverhältnis auf[6] und ist eigentlich mehr ein ungefüger Mauerklotz aus Buckelquadern als ein Turm (Abb. 44). Dieser Eindruck wurde noch dadurch verstärkt, dass der Torbau um 2,5 Meter vor die angeschobenen Ringmauerzüge vorsprang und sie bloss um etwa 7 bis 8 Meter überragte. Davor stand ein Vorwerk in Form einer einfachen, gesimsgürteten Verdickung der äusseren Stadtmauer, eine Art Schild vor dem eigentlichen Torchdurchgang.[7]

Die Feststellungen beim Bau der Christoffelunterführung 1970–1973, in welche Reste von Tor, Schild, (jüngerer) Grabenbrücke und Ringmauerzügen einbezogen worden sind, und die Plan- und Fotoaufnahmen vor dem durch ein Zufallsmehr verursachten Abbruch des Christoffelturms im Jahr 1865 ergänzen sich. Sie lassen erkennen, dass bis ins 15. Jahrhundert eine wuchtige, gedrungene Wehrarchitektur den Stadteingang von Bern bestimmte. Sie entsprach der für Bern äusserst gefahrvollen Zeit und hatte als Schutzschild in erster Linie die physische Existenz der

Stadt zu sichern. Im Charakter erinnert der Westgürtel in seinem ursprünglichen Zustand an die etwa gleichzeitige, noch wohlerhaltene Ostflanke der Münsterplattform.

Die mit dem Bau dieses letzten Westgürtels gewissermassen ausser Funktion geratenen zwei älteren Verteidigungsgürtel (Höhe Zytgloggeturm und Höhe Käfigturm) wurden nicht einfach abgerissen, sondern hatten die Aufgabe einer «rückwärtigen Linie»; die Stadtgräben blieben offen, dienten freilich verschiedensten Zwecken. Ebenso wurden die rückwärtigen Tortürme weiter genutzt, so der Zeitglocken als Gefängnis.

Was änderte das 15. Jahrhundert?
Für eine Stadtummauerung des mittleren 15. Jahrhunderts hatte Berns Stadtbefestigung zwei Mängel. Einerseits wies sie eindeutige fortifikatorische Schwächen auf. Es fehlte eine gehörige Verzahnung des Westgürtels mit den Aarehängen, und die Längsflanken an den Hangkanten der Stadt waren nur rudimentär oder gar nicht geschützt. Dabei hatte die Belagerungstechnik unter anderem mit der Entwicklung der Artillerie in der ersten Hälfte des 15. Jahrhunderts grosse Fortschritte gemacht, nachdem Geschütze in der Schweiz erstmals 1383 bei der Belagerung von Burgdorf eingesetzt worden waren. Ausser diesen wehrtechnischen Mängeln entsprach zweifellos das Erscheinungsbild weder der Stadteingänge Ost, mit der vielfach geflickten 200-jährigen Holzbrücke beim Untertor (letzteres schon 1335 erwähnt, heute Felsenburg[8]), noch West mit den gedrungenen, elementar-schmucklosen Baukörpern, in erster Linie dem zentralen Obertor, länger den Vorstellungen des 15. Jahrhunderts. Dies wohl in zweierlei Hinsicht: Bern war in der Jahrhundertmitte nach der Eroberung des Aargaus und der Erwerbung der Landgrafenwürde in Aareburgund (beides 1415) und zahlreichem weiterem Gebiets- und Rechtszuwachs nicht mehr die vom Adel mit Ausmerzung bedrohte Kleinstadt. Mit dem Wiederaufbau nach dem Stadtbrand 1405 (vgl. Kap. I, S. 36), mit Rathaus- und Münsterbau (vgl. Kap. IV, S. 301 und Kap. V, S. 421) waren neue architektonische Massstäbe gesetzt, die dem Selbstbewusstsein und der inneren Befindlichkeit der Stadt und ihrer tragenden Gestalten entsprachen. Hinter diesen repräsentativen Zeichen fielen die Stadteingänge, die ersten Wahrzeichen der Stadt, gewissermassen die Visitenkarte, stark zurück. Anderseits verkörperten die Tore im Grunde genommen noch eine spätromanische Volumenauffassung und -gliederung, die mitten in der Formen- und Farbenwelt der Spätgotik restlos veraltet war. Schliesslich: Nach hundertjähriger, weitgehend ungeschirmter (weil dachloser) Existenz waren die Türme renovationsbedürftig und erheischten Unterhalt[9] – ein äusserer Anlass war und ist in Bern alle Zeit wichtig.

Im dritten Viertel des 15. Jahrhunderts begann Bern daher mit einem grosszügigen Ausbau der Befestigungsanlagen und, am augenfälligsten, der Stadteingänge. Dabei kamen innere Zwiste (wie der Twingherrenstreit, siehe Kastentext, S. 335) und äussere Konflikte (namentlich mit Österreich, nachher die Burgunderkriege, vgl. Kap. IV, S. 285) dem Bauvorhaben in die Quere, so dass in den Jahren zwischen 1470 und 1487 die Arbeiten weitgehend stagnierten.

Als erstes erfolgte 1461–1468 der Ersatz der Untertorbrücke[10], nachdem ein Hochwasser 1460 die Holzbrücke erneut beschädigt hatte. Es entstanden vorab die zwei spornförmigen Pfeiler, je überhöht von schlanken Pfeilertoren; auf dem stadtseitigen Pfeiler zudem die bereits 1467 geweihte Marienkapelle. Der erwähnte Bauunterbruch verhinderte vorerst die Vollendung, die Brückenbogen fehlten; Holzbalken trugen provisorisch die Fahrbahn, wie eine Darstellung des Zürcher Schillings um 1480 zeigt. Erst 1487 erstellte Werkmeister Ludwig Hübschi die

Abb. 45:
Planvedute der Stadt Bern von Norden, Holzschnitt nach einer Zeichnung von Hans Rudolf Manuel (1549), in: Sebastian Münsters «Cosmosgraphey», Basel 1550. Ausschnitt mit Untertor, Untertorbrücke und Nydeggquartier (siehe S. 35).

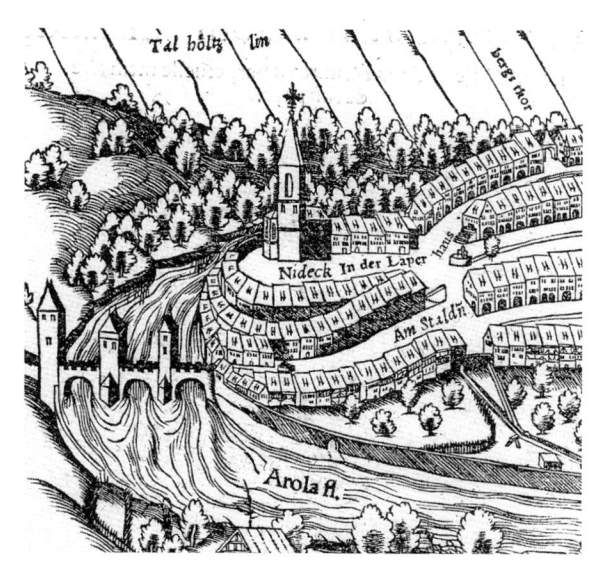

Abb. 46:
Nordabschnitt des letzten mittelalterlichen Westgürtels der Stadt Bern, schematischer Situationsplan nach Hofer, 1953.

l Golatenmattor, o Feuersteinturm, q Weisser Turm. – Zufügungen des 15. Jahrhunderts, das «grosse bollwerc bi der zilstatt»: s Egg- oder Wurstembergerturm, Haldensperrmauer (β) hinunter zur Aare zum Blutturm (α) und parallele Ringmauerzüge längs Hangkante und Aare, p Kohlerturm als Verstärkung der bestehenden inneren Grabenmauer.

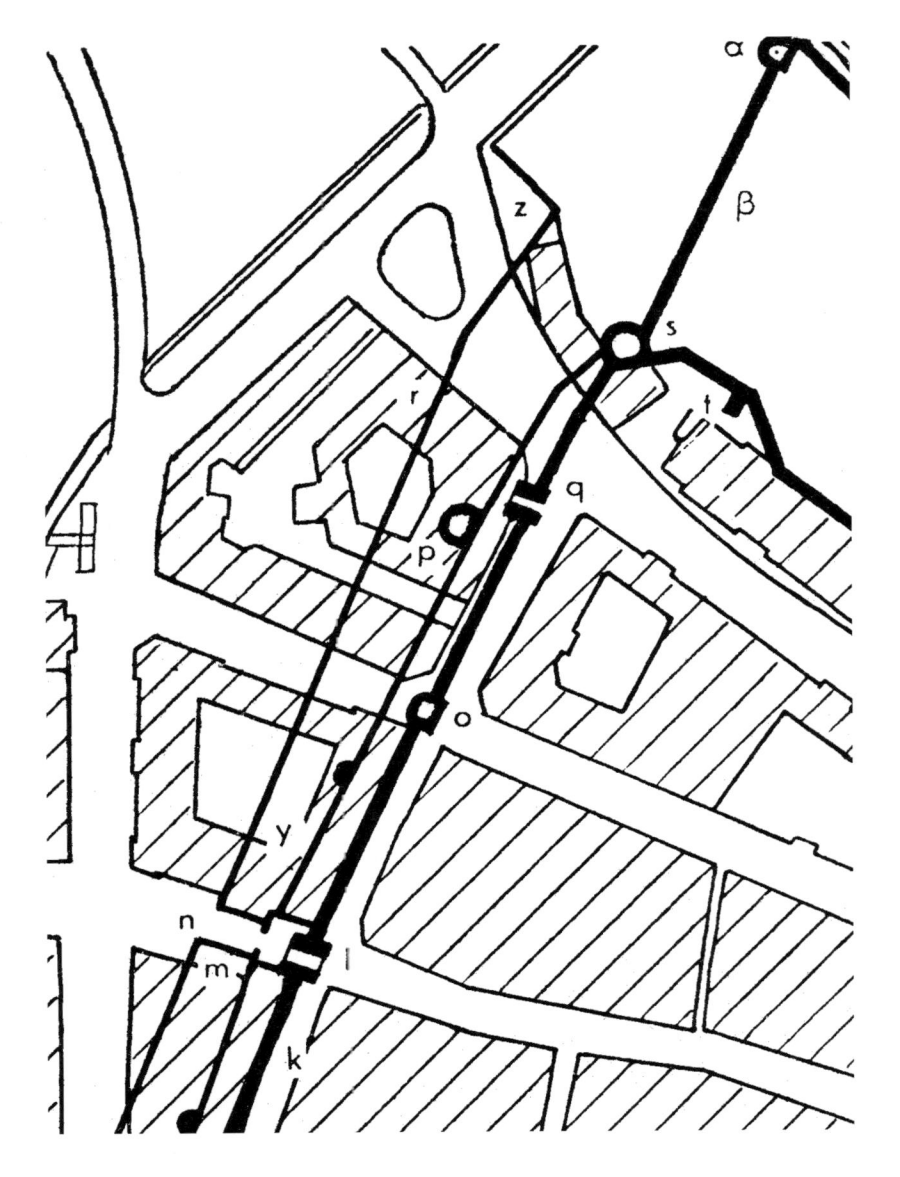

Brückenbogen samt den Widerlagern.[11] Im wesentlichen entstand im späten 15. Jahrhundert die heutige Brücke mit ihren drei gefasten Segmentbogen aus Tuff auf Sandsteinpfeilern.[12] Verloren sind dagegen die markanten, im Laufe des 17. und 18. Jahrhunderts erneuerten und 1819 abschliessend beseitigten Aufbauten, die der Brücke den Charakter eines eigenen Befestigungswerkes gegeben haben: Auf den zwei Pfeilern je die genannten Turmaufbauten samt Kapelle, gegen die Stadt ein einfacher Torbogen, landwärts einbezogen (und wohl umgestaltet und erhöht?) der ältere Torturm, die einzig erhaltene Felsenburg[13], durch den die Fahrbahn bis 1625 hindurchführte (Abb. 45). Der Durchgang durch die vier Torbogen zwischen den gezinnten Brüstungsmauern zur Stadt hin muss wirkungsvolle Perspektiven geboten haben – fortifikatorischer und zeichenhaft-malerischer Wert ergänzten sich.

Unmittelbar nach dem Brückenschlag setzten die Arbeiten am Westgürtel ein. Schon vorher, um 1454–1457, ist der Stadtgraben auf 19–21 Meter erweitert und auf 4–5 Meter vertieft worden.[14] 1468–1470 entsteht das *«grosse bollwerc bi der zilstatt»* wie es Thüring Fricker nennt,[15] bestehend aus dem «Eggturm» (Wurstembergerturm), dem halbrund schliessenden Vereinigungsbauwerk des zusätzlich durch den Kohlerturm verstärkten nördlichen Abschnitts des doppelten Ringmauergürtels West, der neuen Haldensperrmauer zur Aare, endigend im Blutturm am Ufer und der Wehrmauer längs der Hangkante nach Osten (Abb. 46). Sie verliess im Bereich des älteren Westgürtels beim heutigen Waisenhaus die Hangkante und setzte sich als weitere Haldensperrmauer ans Aareufer zum (verbaut) erhaltenen Predigerturm fort.[16] Ähnliche Massnahmen erfolgten auf der Südflanke, doch sind sie in der Substanz und in alten Ansichten weit weniger greifbar.

Auffallend am «grossen Bollwerk» sind die gedrungene Gesamtform von Eggturm und Blutturm[17] (Abb. 47, 48), das karge Erscheinungsbild, der Wechsel der Mauerstärken, der unkonventionelle Anschluss der Ringmauerzüge, vor allem aber die gegenüber den früheren Mauertürmen gesteigerte Grösse und Tiefe, womit die Bollwerke weit in den Stadtgraben vorspringen und kräftiges Flankenfeuer ermöglichen. Ihre Wehrplatten sind für Geschützfeuer eingerichtet.[18]

In denkbar starkem Gegensatz zu diesem «modernen» Fortifikationswerk, das neuen Waffensystemen Rechnung trug, steht der genau gleichzeitige Ausbau der zwei Haupttore des Westgürtels, des Christoffelturms und des Golatenmatttores. Wie die Neubauten des «grossen Bollwerks» lehren, hätten die gedrungenen Türme des 14. Jahrhunderts, allenfalls modifiziert, den wehrtechnischen Anforderungen durchaus genügt. Sie entsprachen jedoch in keiner Weise mehr den repräsentativen Ansprüchen. Die zwei Tortürme wurden daher in dieser Ausbauphase beträchtlich erhöht und ergänzt.[19]

Abb. 47:
E. v. Zehender, Blutturm, Haldensperrmauer, Eggturm und Hangkantenmauer des grossen «bollwercs». In der Bildmitte das Waisenhaus, rechts das (abgebrochene) Spitalkornhaus. 1847, Zeichnung, Ausschnitt, Bern, Historisches Museum.

Christoffelturm[20]

Der Mauerklotz des mittleren 14. Jahrhunderts wurde ab 1467 nach Abtrag des alten Zinnenkranzes um rund 12 Meter auf 27 Meter Gesamthöhe aufgemauert und erneut mit Zinnen überhöht[21] (Abb. 44). 1583 fand eine zweite Erhöhung um weitere zwei Stockwerke auf 34,5 Meter (zuzüglich 21 Meter hoher Helm) statt. Diese Massnahme verlieh dem Turm erst das gewaltige Volumen, wie wir es aus den Fotos des 19. Jahrhunderts kennen. Stadtseitig entstand um 1467 durch Höherführung der ursprünglichen Seitenmauern die mächtige Spitzbogennische, die offen-

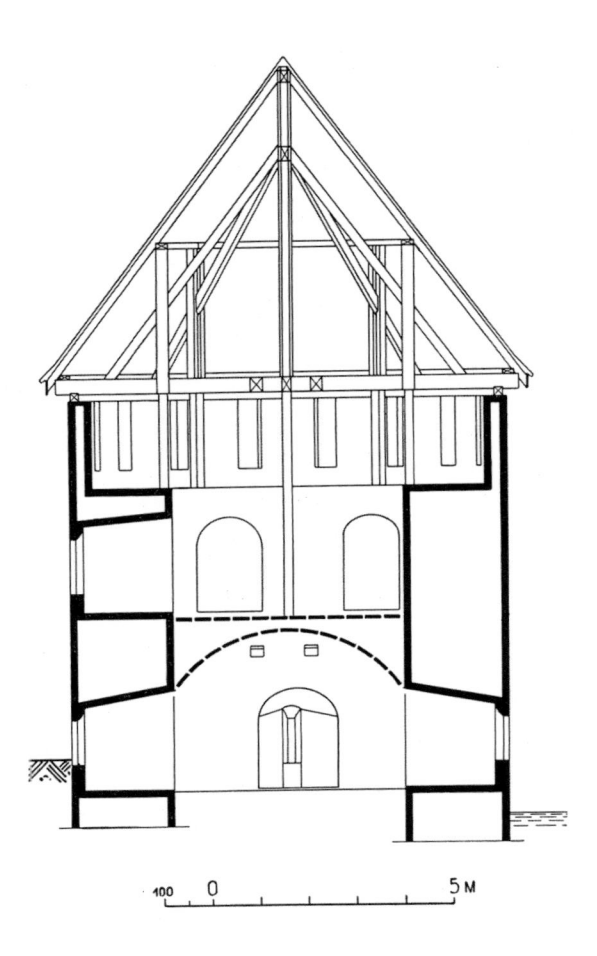

Abb. 48:
Querschnitt durch den Blutturm an der Aare.

bar bereits 1470 eine Kolossalfigur[22], seit 1498 den 1865 grösstenteils zu Scheitern gehauenen Christoffel, aufnahm[23], mit fast 10 Metern wohl einer der grössten spätgotischen Holzfiguren überhaupt (→Abb. 308).

In starkem Gegensatz zum stehenden Prisma des erhöhten Turms stand das liegende Prisma des gleichzeitig (oder in der zweiten Phase der Arbeiten gegen 1487/90) errichteten Vorwerks (Abb. 44, 49), das durch Verlängerung und Verbreiterung der Schildmauer von 1344–1346 als überdachtes eigenständiges Bauwerk entstand. Während die Schildmauerfunktion mit 2 Metern Stärke weiterhin wahrgenommen wurde und der obere Wehrgang mit seinem regelmässigen Wechsel von Schiessschlitzen und Schiessfenstern zeitgenössischen Verteidigungsansprüchen dienen konnte, so gilt dies nicht für die dünnwandigen achtseitigen Eckerker auf stabüberflochtenem Fuss und die drei Zier-Maschikulis des auskragenden Mittelrisalits mit kleinem Quergiebel. Es sind dies Zierglieder, die zusammen mit dem steilen, schmalseits polygonal abgewalmten Dach und den auf allen Firstpunkten sitzenden Helmstangen und Wetterfahnen als malerisch aufgelöste Silhouette auch formal sich von der kahlen Turmfront abhoben. Allerdings wissen wir nicht, ob der Turmabschluss vor seiner erneuten Höherführung 1583 nicht ebenfalls gegliedert war wie am Golatenmattor, die Darstellungen in Stumpfs Chronik und von Hans Rudolf Manuel sind zu summarisch. Klar ist indessen, dass ein steiles Helmdach schon damals den Turm überhöhte. Die stabüberflochtenen Eckerker des Vorwerks sind gewissermassen ein Leitmotiv der spätmittelalterlich-romantischen Profanarchitektur.[24]

Golatenmattor[25]
Die zweite Parallelgasse zur Hauptachse, die heutige Aarbergergasse, hiess im Mittelalter «Golatenmattgasse» (→Abb. 8). Als direkte Fortsetzung des Stadteingangs des älteren Westgürtels aus dem 13. Jahrhundert erhielt die Gasse einen eigenen Stadtausgang. Das Golatenmattor wurde entsprechend dem weit grösseren Obertor zwischen 1467 und 1490 erhöht, ausgebaut und mit Vorwerk ausgestattet. Obwohl es bereits 1830 abgerissen wurde, lassen sich die Massnahmen dank guten Ansichten[26] problemlos verfolgen (Abb. 50), ja, die ausgebliebene Aufstockung des 16. Jahrhunderts gibt, zusammen mit dem Verzicht auf das Aufrichten eines Dachstuhls, gar die bessere Vorstellung der Absichten des 15. Jahrhunderts. Über dem bossierten Turmschaft des 14. Jahrhunderts ist der Turm ab 1467 um mindestens einen Drittel mit glattem Mauerwerk erhöht und mit einem wirkungsvollen Abschluss versehen worden: Ein auskragender Rundbogenfries[27] trug Zinnenkranz und gezinnte Eckerker auf gestuftem Fuss, alle Teile durch ein umlaufendes Gesims gegürtet. Das Vorwerk erhielt ebenfalls malerische, diesmal stabüberflochtene und überdachte Eckerker und einen vorkragenden Gusserker über dem Portal. Zusammen mit den hier noch im späten 18. Jahrhundert geschlossenen Wehrmauern und dem überbrückten Graben gewinnt der Betrachter noch heute ein ausgezeichnetes Bild der repräsentativen Wirkung der spätgotischen Stadteingänge Berns.

Und im Stadtinnern?
Die einzige heute klar nachvollziehbare Hauptmassnahme an den ins Innere gelangten Befestigungselementen ist, weil der Käfigturm im 17. Jahrhundert völlig neu gebaut wurde, der Ausbau des Zytgloggeturms nach dem Stadtbrand.[28] Er wurde von seiner bisherigen Gefängnisfunktion befreit, als Uhr-, Glocken- und Wandbildträger, später als Aufbewahrungsort der Normalmasse, von Stadthistorienbildern, und mit der Funktion als Hochwacht, Ort der (bis 1772) täglichen Turmmusik sowie Ausgangspunkt der Distanzmessung im bernischen Stadtstaat zum eigentlichen Zentrum der alten Stadt (vgl. Kap. VI, S. 579). Entsprechend schüttete man sogleich nach dem Stadtbrand 1405 den

davor liegenden Graben zu und bezeichnete die gewonnene Fläche, da (vorläufig) einmalig für Bern, elementar als «den Platz» (vgl. Kap. I, S. 82).[29] 1406 heisst der Zytgloggeturm *der stat nüwer turn, gelegen bi dem nüwen platz*.[30]

Über die Wiederherstellung des im Stadtbrand ausgebrannten Turms sind wir im einzelnen nicht genau unterrichtet, weil die Überformungen des späteren 15. und des 18. Jahrhunderts die offenbar rasch vollzogenen Massnahmen überdecken. Immerhin ist offensichtlich, dass der ostwärts offene Turm damals unter dem Tragbogen der Wehrplatte zugemauert wurde, und dass die Wiederherstellung des Daches zur Hauptsache

Abb. 49:
Ansicht des Christoffelturms von Westen, um 1860, Fotographie.

Abb. 50:
Johann Jakob Biedermann, Golatenmattor, 1796, Aquarell (Ausschnitt), Privatbesitz.

bereits den heutigen Helm – freilich ohne die starke Schweifung und ohne die Laterne – schuf.[31] Die reich silhouettierende Form erhielt er aber wohl erst im Zuge des Ausbaus ab 1467; dabei wurde ein wuchtig profiliertes Kranzgesims mit gitterartig durchbrochener Frieszone aufgesetzt. Beide Bauglieder laufen um vier stereometrisch-kantig auskragende Ecktürmchen um. Darüber wurde 1482 die hohe, mit Spitzhelm bedeckte Laterne auf dem in der Silhouette veränderten Helm von 1407 aufgerichtet[32] (Abb. 51), eine Arbeit, die laut Schilling ein *«walch von Burgunn»* (Welscher aus Burgund), ein Brunnmeister und Zimmermann, ausführte. Er hat, immer laut Schilling, *«ouch ander werk an dem zitglockenturn zu Bern mit ufrichten des knopfes, der stangen und des gerustes so kunstenrich und meisterlich volbracht, dass almenglich ein gros verwundern daran gehebt hat und in der stat von Bern desglich nie mer gesechen worden ist»*. Es fragt sich in diesem Zusammenhang tatsächlich, ob die Helmspitze mit Laterne nicht bereits zur Aufnahme des Glockenschlägers, später genannt Hans von Thann, eingerichtet wurde, eine Annahme, die Bellwald 1983 erstmals vertreten hat. Bereits im späteren 16. Jahrhundert wurden die Eckerker wieder gekappt, in der Ausguckfunktion durch Lukarnen ersetzt, und über die belassenen Eckkonsolen ein neues Vordach abgeschleppt[33] – noch nicht das breitkrempige heutige von 1770.

Ostseits am Turmschaft entstanden 1467/82 ebenfalls die heutige Wendeltreppe mit ihrem feingliedrigen Aufsatz und geschweiftem Dach sowie ein Spielwerk-Erker, von dem der stabüberflochtene obere Teil des Fusses erhalten ist. In diese Phase gehörten auch die Wandmalereien, die 1534 als «alt» genannt werden: Heraldik, Bären, Geharnischte. Im Zusammenhang mit der Neuanlage der heute noch in Betrieb stehenden astronomischen Uhr 1527–1530 durch Kaspar Brunner, den späteren Zeugmeister von Nürnberg, erfuhr das Turmäussere weitere Bereicherungen, wobei nicht klar zu unterscheiden ist, was 1467/82 und was

1527–1530 entstanden ist. 1534 hält der wandernde Schustergeselle Sebastian Fischer die neue Pracht des Turmes in seinem Notizbuch in Form eines Aquarells fest (siehe Kastentext, S. 586), was nicht nur eine Vorstellung von der spätgotisch-formalen Vielfalt, sondern auch von der bunten Bemalung gibt. Trotz der barocken Überformung der Fassade ist auch im heutigen Erscheinungsbild des Turmes, zusammen mit den anschliessenden erkerbesetzten Bürgerhäusern mehr von der spätmittelalterlich-lebendigen Gestaltung und Farbigkeit spürbar geblieben, mehr als irgendwo sonst im bernischen Stadtraum.[34]

Zusammenfassend lässt sich festhalten, dass Bern zwar im 15. Jahrhundert die Notwendigkeit des besseren Schutzes seiner Stadtflanken wahrnahm und in dem grossen Bollwerk Thüring Frickers ein Objekt schuf, das den fortifikatorischen Vorstellungen der zweiten Hälfte des 15. Jahrhunderts namentlich in Volumen und Tiefe entsprach. Allerdings sind die Mauerstärken gering, und es zeugt für die sich im 15. Jahrhundert rasch wandelnden fortifikatorischen Vorstellungen, dass bereits kurz nach 1500 diese Form der Verstärkung spätmittelalterlicher Ringmauergürtel als veraltet bezeichnet werden muss.[35] Den Vergleich mit den grossartigen Verstärkungen des vierten Westgürtels von Freiburg müssen die Berner Massnahmen scheuen: Die ab 1444 errichteten Bollwerke vor den Stadttoren (Porte des Etangs, Porte de Romont, Porte de Morat) sind in Dimensionen und Mauerstärken den bernischen Bemühungen weit überlegen. Es äussert sich darin in erster Linie das ziemlich unterschiedliche Gefährdungspotential der zwei benachbarten Städte. Bern fühlte sich in seiner im 15. Jahrhundert gewonnenen Stärke sicher. Vollends ausser Betracht fällt das «Grosse Bollwerk» in Freiburg, mit seinen 5 Meter starken Mauern, errichtet ab 1490.[36] Der Vergleich mit Freiburg ist gerade auch in bezug auf die Vorwerke Berns aufschlussreich: Während Bern «moderne» Befestigungseinrichtungen an den Stadtflanken errichtet, baut Freiburg seine Stadttore zu Festungen aus. Bern hingegen schafft vor seinen Toren malerische Vorwerke ohne echten fortifikatorischen Wert, jedoch mit hohem spätgotisch-repräsentativem Anspruch.[37] Es ist genau dieser Anspruch, der zum Umbau und zur Ausschmückung des Zytgloggeturms und kurz vor der Jahrhundertwende zur Aufstellung des Christoffels in der stadtseitigen Nische des Obertors führt.

Abb. 51:
Bern, Stadtansicht von Süden, 1542, mit Marzilitor, Zytgloggeturm, Teil der Barfüsserkirche (?) und Münster, Ausschnitt aus einer Ämterscheibe im Schloss Holligen.

Zytgloggeturm im spätmittelalterlichen Zustand mit wuchtiger Attika auf dem Kranzgesims und Ecktürmchen sowie monumentalem gemaltem Bannerträger.

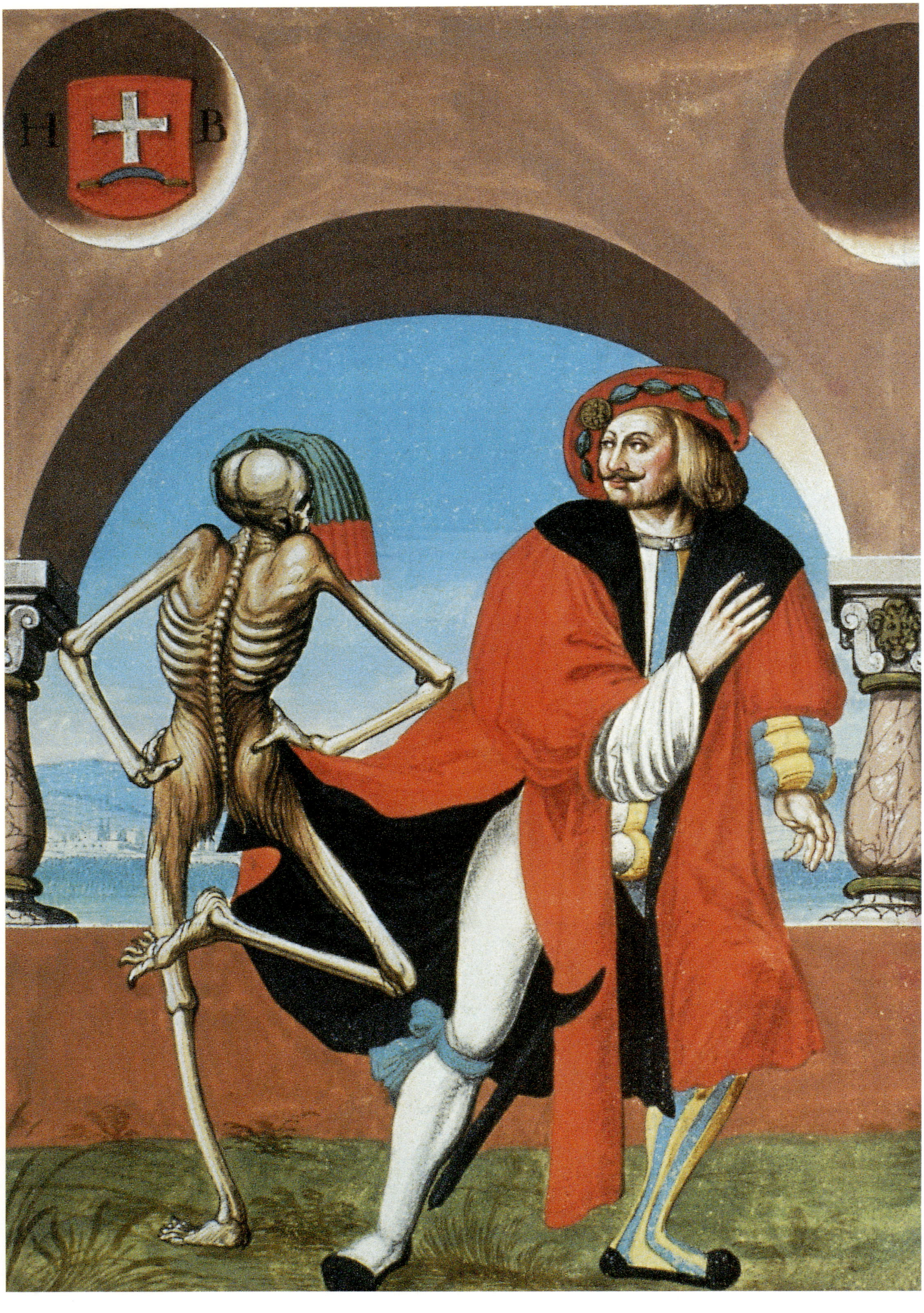
H B

Die Stadtbevölkerung

Rückgang und Stagnation

Die Bevölkerungsentwicklung im 15. Jahrhundert

Roland Gerber

Mit einer geschätzten Einwohnerzahl von rund 6000 Personen am Ende des 14. Jahrhunderts und knapp 5000 Personen im 15. Jahrhundert gehörte Bern während des Spätmittelalters zu den sogenannten grösseren Mittelstädten.[1] Die Stadt unterschied sich dadurch in ihrer Bevölkerungsgrösse deutlich von den benachbarten Klein- und Zwergstädten, in denen mit Ausnahme von Thun und Burgdorf, die am Ende des Mittelalters zwischen 900 und 1400 Einwohner zählten, deutlich weniger als 500 Personen lebten.[2] Bern gehörte neben Konstanz, Zürich und Freiburg im Uechtland zu den bevölkerungsreichsten Städten im Einflussgebiet der Eidgenossenschaft. Nur Genf und Basel waren noch grösser und erreichten gegen Ende des 15. Jahrhunderts Einwohnerzahlen zwischen 8000 und 10 000 Personen.[3] Die Stadt galt jedoch im Unterschied zu Strassburg, Nürnberg und Köln, die im 15. Jahrhundert zwischen 20 000 und 40 000 Einwohner zählten, während des Mittelalters nie als Grossstadt. Dazu fehlte der Aarestadt bis zum Ende des 14. Jahrhunderts die wirtschaftlich günstige Verkehrslage an wichtigen überregionalen Fernhandelsstrassen oder an einem viel frequentierten Fluss- oder Meerhafen. Bern beherrschte im Spätmittelalter jedoch ein umfangreiches Territorium, das es der Bürgerschaft erlaubte, in den benachbarten Landgebieten eine grössere Zahl von Kriegsmannschaften und Steuerzahlern zu rekrutieren.

Die demographische Entwicklung Berns entsprach weitgehend derjenigen anderer schweizerischer und deutscher Städte im späten Mittelalter.[4] Nach einer kontinuierlichen Wachstumsphase vom 13. bis in die zweite Hälfte des 14. Jahrhunderts, die durch eine dichter werdende Bebauung des Stadtgebietes sowie durch die beiden Stadterweiterungen von 1255 und 1343 gekennzeichnet war, kam es zu Beginn des 15. Jahrhunderts zu einem deutlichen Bevölkerungsrückgang. Die Zahl der Einwohner verringerte sich innerhalb von nur 59 Jahren von schätzungsweise 6000 Personen im Jahre 1389 auf rund 5000 Personen im Jahre 1448 und erreichte um 1458 nach einem Rückgang von insgesamt 25 Prozent mit knapp 4500 Personen ihren Tiefststand. Nachdem sich

◄ Abb. 52:
Albrecht Kauw, Kopie des Totentanzes von Niklaus Manuel Deutsch, Der Burger (Ausschnitt), 1649, Bern, Historisches Museum.

die Bevölkerungszahlen bis zum Ende des Jahrhunderts kaum mehr erholt hatten, begannen diese erst zu Beginn des 16. Jahrhunderts wieder allmählich anzuwachsen und erreichten um die Mitte des Jahrhunderts erneut eine Grösse von über 5000 Einwohnern.[5]

In den meisten Städten, für welche statistische Auswertungen über die Bevölkerungsentwicklung im 14. und 15. Jahrhundert vorliegen, kann nach einer Zeit des langfristigen Wachstums in der ersten Hälfte des 15. Jahrhunderts ein deutlicher Rückgang der Einwohnerzahlen festgestellt werden. In der zweiten Hälfte des 15. Jahrhunderts folgte dann in der Regel eine Stabilisierung, während die Stadtbevölkerungen erst gegen Ende des Jahrhunderts oder zu Beginn des 16. Jahrhunderts wieder allmählich anzuwachsen begannen. Als Gründe für die sinkenden Einwohnerzahlen werden in der Regel die seit 1348 periodisch wiederkehrenden Pest- und Seuchenzüge, Hungersnöte, wirtschaftliche Probleme im städtischen Handwerk sowie Abschliessungstendenzen der verschiedenen sozialen Gruppen innerhalb der Stadtgemeinden angegeben.[6] In Bern wurde diese negative demographische Entwicklung dadurch verstärkt, als Schultheiss und Rat die flächendeckenden Zerstörungen des Stadtbrands von 1405 dazu nutzten, die Zahl der Wohnhäuser innerhalb der Stadtmauern zu verringern und mit der Anlage neuer Plätze Raum für repräsentative Neubauten zu schaffen (vgl. Kap. I, S. 36 und Kap. I, S. 82). Gleichzeitig bewirkte die zunehmende rechtliche Einbindung der Landbevölkerung in das entstehende städtische Territorium, dass immer weniger Landbewohner den Schutz der Stadtmauern aufsuchten und die Zuwanderung vom Land im Verlauf des 15. Jahrhunderts ebenfalls deutlich zurückging.

Die Pest
Einen wichtigen Faktor in der demographischen Entwicklung der Stadt Bern spielten seit der Mitte des 14. Jahrhunderts die verheerenden Pest- und Seuchenzüge, die in regelmässigen Abständen eine Vielzahl von Todesopfern forderten und kurzfristig zu grossen Einbrüchen der Einwohnerzahlen führten (vgl. Kap. II, S. 102). Die Bewohnerschaft Berns wurde im Verlauf des 14. und 15. Jahrhunderts von mindestens sieben schweren Epidemien heimgesucht, die in den Jahren 1349, 1355, 1367, 1439, 1478/79, 1482/83 und 1493 auch in den übrigen Gebieten Mitteleuropas teilweise schwere Verluste an Menschenleben verursachten.[7] Während aber die Bevölkerungsverluste im 14. Jahrhundert vom Rat noch weitgehend durch eine verstärkte Zuwanderung, insbesondere von den angrenzenden Landgebieten, relativ rasch wieder aufgefüllt werden konnten, blieben die verwaisten Herdstellen im 15. Jahrhundert zunehmend unbesetzt. Vor allem die zwischen 1478 und 1493 in rascher Folge auftretenden Seuchenzüge führten zu einem Rückgang der Bevölkerungszahlen, wodurch das Wirtschafts- und Sozialleben der Stadtgemeinde erheblich beeinträchtigt wurde.

Trotz Hunderten von Toten, die die Stadt während jeder Epidemie zu beklagen hatte, finden sich in den überlieferten Schriftquellen kaum Angaben, die den Verlauf und die Auswirkungen der Pestzüge etwas ausführlicher beschrieben hätten. Die meisten Informationen enthalten die im 15. und 16. Jahrhundert angelegten Stadtchroniken, deren Verfasser die grossen Pestwellen teilweise selbst erlebt haben.[8] Vor allem der Stadtarzt und Chronist Valerius Anshelm war bestrebt, das Auftreten der tödlichen Krankheit als Strafe Gottes darzustellen, die als Folge des fortschreitenden sittlichen und moralischen Zerfalls der Einwohnerschaft Berns nach den Burgunderkriegen von 1475/76 über das Gemeinwesen hereingebrochen war.[9] Die Ausführungen Valerius Anshelms wie die seines Vorgängers, des Chronisten Diebold Schilling, zeigen dabei, dass jeder Pestzug von einer Lebensmittelteuerung begleitet worden ist, die durch den Ausfall der Ernteerträge oder durch Versorgungsprobleme verursacht wurde.[10] Der Rat reagierte auf die Auswirkungen der Pest, indem er die Preise, insbesondere beim Getreide, durch verordnete Höchstwerte begrenzte sowie Kleriker und Laien im städtischen Herrschaftsgebiet zu Wallfahrten und Gebeten aufrief. Gleichzeitig versuchte er, die Bevölkerung in Stadt und Land zu einer gesteigerten christlichen Lebensführung anzuhalten, was sich in einer verstärkten Satzungstätigkeit in den Stadtrechtsbüchern ausdrückte.[11] Nach grösseren Pestwellen erleichterten Schultheiss und Rat zudem die Niederlassungsbestimmungen in der Stadt, um die entstandenen Bevölkerungsverluste wenigstens teilweise durch Zuwanderung von Aussen wieder ersetzen zu können.

Bereits beim ersten Auftreten der Pest im Frühsommer des Jahres 1349 scheint sowohl die Stadt als auch die Landschaft besonders schwer von der Krankheit betroffen gewesen zu sein (Abb. 53). Konrad Justinger spricht von grossen Verlusten, wobei in der Stadtbevölkerung an einem Tag bis zu 60 Tote zu beklagen gewesen seien.[12] In der Landschaft bewirkte die Pest eine Verringerung der Ernteerträge und Einkünfte, da zahlreiche Äcker aus Mangel an Arbeitskräften unbebaut blieben. Die Kornpreise stiegen an und verursachten in der Stadt eine Lebensmittelteuerung, wodurch die Verheerungen der Pestepidemie noch verstärkt wurden. Gleichzeitig suchten zahlreiche von der Pest betroffene Familien ihr Seelenheil zu sichern, indem sie den in der Stadt ansässigen Klerikergemeinschaften grosszügige Vergabungen an Geld und Grundeigentum machten. Insbesondere die während der Epidemie verwaisten Besitztümer scheinen von den Angehörigen der Pestopfer mit Vorliebe geistlichen Institutionen gestiftet worden zu sein, so dass eine immer grössere Zahl von städtischen Liegenschaften in den Besitz des Klerus überging. Da der Kirchenbesitz von der Stadt nicht besteuert werden durfte, sah sich der Rat nach dem erneuten Auftreten der Seuche 1355 schliesslich dazu veranlasst, im Jahre 1356 die Vergabe von Wohnhäusern und Hofstätten an die Kirche innerhalb der Stadtmauern gänzlich zu verbieten.[13]

Die erste schwere Pestepidemie des 15. Jahrhunderts ereignete sich im Jahre 1439. Der Ausbruch der Krankheit stand im Zusammenhang mit einer verstärkten Lebensmittelteuerung in Stadt und Landschaft, die

Abb. 53:
Diebold Schilling, Spiezer Bilderchronik, 1484/85, Bern, Burgerbibliothek, Mss. hist. helv. I. 16, S. 336.

Das erstmalige Auftreten der Schwarzen Pest 1348/49 in Europa war für die damaligen Menschen ein unbegreifliches Ereignis, das nur als Strafe Gottes erklärt werden konnte. Die vom Tod bedrohten Menschen reagierten auf die schwere Krankheit, indem sie sich in Kirchen und Klöstern zum Gebet versammelten und Busse für ihre Sünden leisteten. Sichtbarer Ausdruck dieser Machtlosigkeit gegenüber der todbringenden Epidemie waren die sogenannten Geissler oder Flagellanten, die halbnackt durch die von der Pest heimgesuchten Gebiete zogen und den göttlichen Zorn durch selbst zugefügtes Leid zu besänftigen suchten.

Diebold Schilling zeigt in seiner um 1485 für den Altschultheissen Rudolf von Erlach angefertigten Spiezerchronik die Ankunft eines Geisslerzuges vor dem Untertor der Stadt Bern. Man sieht eine Gruppe von Flagellanten, die neben Prozessionsfahnen, Kerzenstöcken und Kreuzzeichen auch Ruten und Geisseln mit sich tragen, die sie zur Züchtigung ihrer Körper benutzten. Da die Geissler wegen ihrer Anfeindungen gegen die Priesterschaft beim Papst in Ungnade gefallen sind, sehen die im Torbogen versammelten Ratsherren der ankommenden Prozession eher skeptisch als freudig entgegen.

durch einen ungewöhnlich späten Schneefall im März 1438 ausgelöst worden war.[14] Der Ratsherr und Chronist Benedikt Tschachtlan berichtet, dass innerhalb von fünf Monaten über 1100 Menschen gestorben seien, wobei sich an einem Tag bis zu 24 Todesfälle ereignet hätten.[15] Der Rat sah sich kurz nach Ausbruch der Krankheit am 30. August 1439 sogar dazu gezwungen, wegen der wachsenden Zahl von Todesfällen eine neue Ordnung für die Sigriste und Totengräber in die Satzungsbücher einschreiben zu lassen. Er legte die Tarife für das Läuten der Totenglocken sowie das Begraben der Verstorbenen fest, wobei er die Begräbniskosten hierarchisch nach der Grösse der zu läutenden Glocken zwischen zwei Schillingen für weniger Vermögende und einem Gulden und 18 Schillingen für Vermögende ansetzte.[16] Die Ängste, die allein die Gerüchte über das Herannahen einer solchen Pestwelle in der Stadtbevölkerung hervorgerufen haben, lassen sich für das Jahr 1439 für einmal etwas genauer dokumentieren. Am 15. Juli 1439 benachrichtigten Schultheiss und Rat die Stadt Thun, dass sie in Erwartung der bevorstehenden Pest eine Massenwallfahrt der Bürgerschaft zur Sankt Beatus Kapelle am Thunersee zu organisieren gedenken. Der Rat kündigte an, dass er am 21. Juli «*mit einem grossen volk*» nach Thun kommen werde, um von dort aus, wenn möglich mit Schiffen, am nächsten Tag zu den Beatushöhlen weiterzureisen. Er bittet deshalb Bürgerschaft und Rat, sich auf die Ankunft der bernischen Wallfahrer vorzubereiten, damit diese beherbergt und ausreichend verpflegt werden können (vgl. auch Kap. III, S. 250).[17]

Die nächsten schweren Seuchenzüge trafen die Stadt Bern in den Jahren nach den Burgunderkriegen von 1475/76, die durch eine grosse Lebensmittelteuerung[18] sowie verschiedene Naturkatastrophen wie Überschwemmungen[19], Erdbeben[20] und Sturmwinde[21] gekennzeichnet waren. Zwischen 1478 und 1493 kam es zu insgesamt drei verheerenden Epidemien, während denen innerhalb von nur 15 Jahren über 2000 Stadtbewohner ihr Leben verloren. Die erste Krankheitswelle erreichte die Stadt am 25. Juli 1478. Dieser erlagen nach den Angaben Diebold Schillings neben «*vil treffenlicher lüten von geistlichen und weltlichen*» Stand insbesondere zahlreiche Kinder. Das Sterben dauerte insgesamt fast zwei Jahre, was den Rat dazu veranlasste, in Stadt und Landschaft zahlreiche Messen und Bussgottesdienste zu verordnen.[22] Eines der prominentesten Opfer dieser Epidemie war der amtierende Schultheiss Adrian von Bubenberg, der im Spätsommer des Jahres 1479 verstarb. Die von Diebold Schilling bereits vor Ausbruch der Krankheit angesprochene Teuerung wurde in der Folge jedoch insofern etwas gelindert, als der Sommer des Jahres 1479 sehr trocken ausfiel und deshalb eine gute Korn- und Weinernte eingebracht werden konnte.[23]

Nachdem bereits im Sommer 1482 eine epidemische Krankheit etliche Tote, diesmal vor allem Frauen, und Hunderte von Kranken gefordert hatte, wurde die Stadt im Frühling 1483 erneut von einem Seuchenzug erfasst, der wiederum eineinhalb Jahre dauerte und noch einmal zahlreiche Menschenleben kostete. Diesmal scheinen alle Bevölkerungsschichten, ob «*alt*» oder «*iung*», gleichermassen von dem Sterben betroffen gewesen zu sein. Die Krankheit erfasste insbesondere auch mehrere Ratsherren, namentlich den Stadtschreiber und Juristen Thüring Fricker, auf dessen Empfehlung sich der Rat sogar hilfesuchend an den Grafen Eberhard von Württemberg wandte und diesen bat, seinen gelehrten Leibarzt Thomas Russ in die von Krankheit und Tod heimgesuchte Stadt Bern zu schicken.[24] Auch diese Seuche wurde von einer massiven Lebensmittelteuerung begleitet, so dass sich Schultheiss und Rat in den Jahren 1481 und 1482 dazu veranlasst sahen, die Ausfuhr von Korn, Butter und Wein aus dem bernischen Herrschaftsgebiet sowie den sogenannten Fürkauf, das heisst, den spekulativen Erwerb von Getreide, zu verbieten.[25] Gleichzeitig wurden die Klöster auf dem Land angewiesen, ihre Kornvorräte auf den städtischen Markt zu transportieren, wo sie das Getreide gegen einen vom Rat festgelegten Tarif zu verkaufen hatten.[26] Die Lebensmittelteuerung scheint von einigen stadtsässigen Bäckern, Müllern und Metzgern sogar dazu benutzt worden zu sein, mit Hilfe gegenseitiger Absprachen die Preise für Brot und Fleisch künstlich hoch zu treiben. So beschlossen beispielsweise die Metzger, nur noch dann frisches Fleisch anzubieten, wenn ihre Stubengesellen ihr Fleischangebot ebenfalls verkauft hatten.[27] Der Rat reagierte auf diese betrügerischen Machenschaften, indem er die drei Handwerke im Mai 1482 unter die verstärkte Kontrolle spezieller Ratskommissionen stellte und die Preise für Brot wie für Fleisch durch einheitliche Tarife reglementierte. Als weitere Massnahme wurden acht des unlauteren Wettbewerbs beschuldigte Metzgermeister zur Bezahlung einer Busse von 50 Pfund verurteilt, wobei diese bei den Heiligen zu schwören hatten, in Zukunft ohne die Erlaubnis des Rates keine Preisabsprachen mehr vorzunehmen.[28] Erst der heisse Sommer des Jahres 1483 verhinderte, dass die im Vorjahr ausgebrochene Epidemie durch eine Hungersnot noch verschärft wurde.

Die heftigste Pestwelle des 15. Jahrhunderts erfasste die Stadt schliesslich im Sommer und Herbst des Jahres 1493. Valerius Anshelm beziffert die Zahl der Todesopfer auf rund 1500 Personen, wobei allein der Kleine Rat mit Junker Georg vom Stein, Urban von Muhleren, Benedikt Tschachtlan, Sulpitius Brüggler, Gilian Achshalm und Peter Simon insgesamt sechs prominente Tote zu beklagen hatte. Wie bei den vorangegangenen Seuchenzügen kam es auch während dieser Epidemie zu einer verstärkten Lebensmittelteuerung, wodurch die von der Krankheit betroffenen Familien noch zusätzlich belastet wurden.[29] Nachdem die in der Stadt ansässigen Bäcker und Müller bereits im Frühling des Jahres 1491 vom Rat dazu aufgefordert worden waren, Brotgetreide nur noch gegen einen von der Stadt verordneten Höchstpreis zu verkaufen, beschlossen rund 60 in der städtischen Pfisterngesellschaft zusammengeschlossene Stubengesellen, ihre Arbeit aus Protest gegen die Ratsverordnung kurzerhand niederzulegen. Um einen Aufruhr in der Stadt zu verhindern, waren Schultheiss und Rat daraufhin gezwungen, das Getreide auf dem Land zu Brot backen zu lassen, was für den Stadtsäckel wegen den zusätzlichen Transporten erhebliche Mehrkosten verursachte. Am 25. Mai 1491 kam es schliesslich zu einem Kompromiss zwischen den streitenden Parteien, wobei sich die Mehrheit der Bäckermeister der vom Rat erlassenen Bäckerordnung unterwarf. Einzig fünf Meister blieben weiterhin unbeugsam und schworen, dass sie bis «*uf ir herren gnad nüt ze bachen*» gedächten.[30]

Neuer Lebensraum für weniger Einwohner: Die Auswirkungen des Stadtbrandes von 1405

In engem Zusammenhang mit dem Bevölkerungsrückgang in der ersten Hälfte des 15. Jahrhunderts stand der grosse Stadtbrand von 1405 (vgl. Kap. I, S. 36). Obwohl die Brandkatastrophe allein keine Ursache für die rückläufigen Einwohnerzahlen Berns darstellte, bewirkten die auf den Brand folgenden städtebaulichen Massnahmen von Bürgerschaft und Rat, dass die Zahl der Wohnhäuser in der Stadt im Verlauf des 15. Jahrhunderts kontinuierlich abnahm. Der Rückgang der Einwohnerzahlen war dabei für viele Stadtbewohner mit einer Steigerung des Wohnkomforts verbunden, was sich vor allem bei den wohlhabenden Bürgerfamilien im Bau repräsentativer Steinhäuser und der wachsenden Zahl der von ihnen beschäftigten Dienstknechte und Mägde ausdrückte (vgl. Kap. II, S. 140).

Nach der Feuersbrunst von 1405 wurde vom Rat auf einen Wiederaufbau sämtlicher 600 während des Brandes zerstörten Häuser aus bau- und feuerpolizeilichen Gründen verzichtet. Insbesondere sollten die rund 35, an der südlichen Brunngasse gelegenen Wohn- und Gewerbehäuser, in denen der Brand ausgebrochen war und die wegen ihrer zahlreichen

Abb. 54:
Gregorius Sickinger, Planvendute der Stadt Bern von Süden, 1603–07 (Original verschollen), Kopie von Johann Ludwig Aberli, 1753, umgezeichnet von Eduard von Rodt, 1915, Bern, Historisches Museum.

Das um 1442 von Ludwig von Diesbach erbaute Wohnhaus an der Einmündung der Kreuzgasse in die Münstergasse war eines der repräsentativsten spätgotischen Bürgerhäuser der Stadt Bern. Die Ansicht zeigt das Eckhaus von Süden nach einem umfassenden Umbau durch Johannes Ludwig von Diesbach um 1515. Deutlich erkennbar ist das steile Walmdach mit repräsentativen Lukarnen und Ecktürmchen sowie die symmetrisch gegliederte Hauptfassade mit drei Geschossen und reich profilierten Fenstern im ersten Wohngeschoss (piano nobile). Das spätgotische Stadtpalais wurde in den Jahren 1715–18 durch einen barocken Neubau ersetzt.

Abb. 55:
Fragment einer Nischenkachel mit dem Wappenschild der Familie von Diesbach, 2. Hälfte 15. Jh., ADB.

Brennöfen als besonders brandgefährlich galten, nicht wieder aufgebaut werden. Ebenfalls erheblich verringert wurde die Zahl der Häuser im Gerberngraben. Dieser wurde im Bereich zwischen Zytgloggeturm und Amthausgasse teilweise aufgefüllt und zu einem Platz, dem heutigen Theater- und Kornhausplatz, umgestaltet (vgl. Kap. I, S. 82). Gleichzeitig scheint die ganze Fläche zwischen Amthaus- und Kochergasse im Bereich des sogenannten Äusseren Gerberngrabens nach 1405 vorläufig nicht wieder mit Wohnhäusern überbaut worden zu sein (→Abb. 148). Ebenfalls nicht wieder aufgebaut wurden die nördlich an den Zytgloggeturm anstossenden Häuser.

Diese von Schultheiss und Rat nach dem Stadtbrand von 1405 verfolgte Baupolitik war Ausdruck des sich wandelnden Selbstbewusstseins der politisch und ökonomisch führenden Berner Familien, deren Vermögen seit 1389 ständig zunahmen und die sich infolge wirtschaftlicher Prosperität einen immer aufwendigeren Lebensstil leisten konnten (vgl. Kap. II, S. 140). Entsprechend dem wachsenden Repräsentationsbedürfnis dieser Familien waren insbesondere die wohlhabenden Ratsgeschlechter seit dem beginnenden 15. Jahrhundert darum bemüht, die Nachbarliegenschaften ihrer Sässhäuser zu erwerben, um die ursprünglich getrennten Grundstücke in einem grosszügigen Neubau zu vereinigen. Vor allem entlang der zentralen Kram-, Gerechtigkeits- und Marktgasse, aber auch an der oberen Junkerngasse entstanden auf diese Weise zahlreiche neue Steinhäuser, die im Verlauf des 15. Jahrhunderts anstelle älterer Holz- und Fachwerkhäuser errichtet wurden. Der Neubau dieser Steinhäuser geschah dabei entsprechend den Richtlinien der von Schultheiss und Rat nach dem Stadtbrand von 1405 erlassenen Bauvorschriften (vgl. Kap. I, S. 36).[31] Sämtliche neu errichteten Stadthäuser mussten ausserdem traufständig über einem zur Gasse hin offenen Laubengang errichtet werden, wobei die Steinhäuser drei bis vier Geschosse, die Holzhäuser höchstens drei Geschosse aufweisen durften.

Das bekannteste Beispiel einer Zusammenfassung älterer Stadthäuser zu einem grossen Wohnhaus ist das von Ludwig von Diesbach um 1442 errichtete Eckhaus an der unteren Münstergasse (Abb. 54). Der Neubau dieses städtebaulich in äusserst repräsentativer Lage zwischen Münster und Rathaus errichteten Stadtpalastes ist das teuerste, während des Spätmittelalters in Bern errichtete Privatgebäude. Die Bau- und Ausstattungskosten wurden von Ludwig von Diesbach selbst auf über 3000 Gulden beziffert (Abb. 55).[32] Eine enorme Summe, wenn man bedenkt, dass ein gewöhnliches Steinhaus in der Stadt Bern im 15. Jahrhundert zwischen 100 und 200 Gulden gekostet hat (vgl. Kap. III, S. 247). Aber auch die Familien von Bubenberg, von Erlach, von Rümlingen, vom Stein sowie die Herren von Neuenburg–Valangin liessen im 15. Jahrhundert ihre Stadthäuser anstelle verschiedener älterer Vorgängerbauten zu repräsentativen Stadtpalästen um- und ausbauen.[33]

Krankheit und Tod – im Spiegel des Siechenfriedhofs am Klösterlistutz

Susi Ulrich-Bochsler

Friedhöfe zählen zu den beredten Zeugen zeitgenössischer Bevölkerungsstrukturen; aus dem mittelalterlichen Bern sind allerdings erst wenige freigelegt und umfassend dokumentiert (vgl. Kap. II, S. 97). Einer davon ist der alte Friedhof am Klösterlistutz, von dem 1988 bei den archäologischen Untersuchungen im Haus Nr. 18A, der «Mahagony

Hall», 141 Bestattungen ausgegraben wurden (Abb. 56).[1] Eine ältere Gräberschicht mit 41 Bestattungen stammt aus der Benutzungszeit des dortigen Siechenhauses (1339–1528), die jüngere mit 95 Bestattungen datiert in die Zeit nach der Reformation (1533–Anfang 18. Jh.).[2]

Wir richten unseren Blick hier auf das 15. Jahrhundert. Damals war der Klösterlifriedhof kein gewöhnlicher Volksfriedhof, sondern ein Siechenfriedhof, auf dem Kranke, Arme und Alte begraben wurden, wahrscheinlich eben die Insassen und Pfründer des Siechenhauses. Die Beobachtungen an den Skelettresten geben daher vor allem Auskunft über die soziale Unterschicht, eventuell auch über Teile des Mittelstandes des spätmittelalterlichen Berns, nicht aber über die Oberschicht. Wie kam es zu diesem Begräbnisplatz aussen an der Stadt? Bereits im letzten Viertel des 13. Jahrhunderts muss im heutigen Klösterliareal ein Siechenhaus bestanden haben, damals wohl hauptsächlich für die Leprösen (Abb. 57).[3] In den Jahren nach 1335 wurde das Niedere Spital von seinem Standort am Nydeggstalden aus der Stadt hinaus auf die andere Seite der Untertorbrücke an den Klösterlistutz verlegt (→Abb. 14). Die Seelsorge versah der Deutsche Orden, dem auch die Beginen unterstanden. Ihnen oblagen schon im 14. Jahrhundert der Spitaldienst, die Pflege der Alten, Kranken und Schwachen, aber auch die Totenfürsorge für die im Siechenhaus verpfründeten Personen, vereinzelt auch fremder Bedürftiger (vgl. Kap. I, S. 62). Soweit es die Körperkräfte zuliessen, waren die Pfründer – Erwachsene wie Kinder – verpflichtet, für das Spital zu arbeiten *(«dass wir in den niederen spital nit über 100 pfruond-*

Abb. 56:
Blick in den Siechenfriedhof am Klösterlistutz, Ausgrabungen durch den ADB 1988.

Abb. 57:
Die mittelalterlichen Bauten am Klösterlistutz von Osten, Umzeichnung nach Diebold Schilling, Spiezer Bilderchronik, 1484/85, Bern, Burgerbibliothek, Mss. hist. helv. I. 16, Initialbild I.

1. «nidern turne» (erwähnt 1335), 2. «wighus ze der nidern brügge» (1380), 3. «wighus zuo den siechen» (1378), 4. Georgskapelle (geweiht 1334).

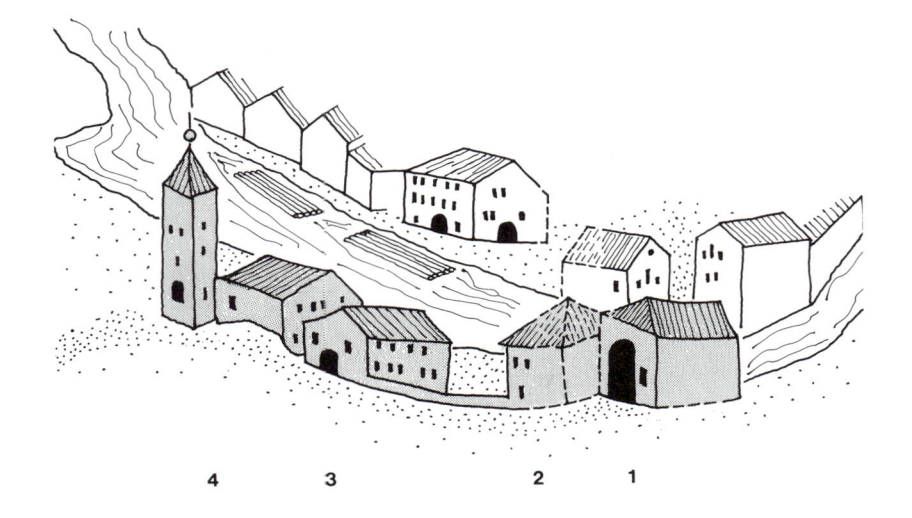

kinder neemen»...«wele pfruondkind werken mögent»...).[4] Unmittelbar neben dem *«wighus zuo den siechen»* befand sich die 1334 geweihte Kapelle des hl. Georg, die im 15. Jahrhundert immerhin sechs Altäre aufwies. Ausgestattet war das Niedere Spital nicht nur mit einer eigenen Siechenstube, sondern auch mit einem Friedhof. Das Siechenhaus ist als eine Art städtisches Pflegeheim zu verstehen, denn die Bezeichnung Sieche, unter dem anfänglich Lepröse oder als leprös eingestufte Kranke verstanden wurden, bezog sich später allgemeiner auf Kranke, Bresthafte und Bedürftige.

Bestattungsformen im Siechenfriedhof

Die im Klösterlifriedhof Bestatteten waren jedenfalls keine Leprösen, wohl aber Menschen, die mehrheitlich an rasch zum Tode führenden Epidemien gestorben waren, manche von ihnen allem Anschein nach innerhalb derselben Zeitspanne. Kaum anders zu interpretieren sind die vielen Gruben, in denen mehrere Tote gemeinsam nebeneinander bestattet worden waren.[5] In einem Fall sind es sechs Tote und zwar alles Kinder im Alter zwischen sechs und sechzehn Jahren. In fünf weiteren Gräbern mit Mehrfachbestattungen fanden sich ebenfalls viele Kinder, manchmal zusammen mit einem oder zwei Erwachsenen, Männern wie Frauen. Vereinzelt gewinnt man den Eindruck, es handle sich um Teile von Familien, die einer Krankheitswelle zum Opfer gefallen waren: in Grube 51 lagen beispielsweise eine jüngere Frau, ein Mann mittleren Alters und ein 3- bis 4jähriges sowie ein 12- bis 13jähriges Kind (Abb. 58). Da der Mann und eines der beiden Kinder eine seltene anatomische Variation am Schädel aufweisen und bei beiden zusätzlich eine Anomalie an der Wirbelsäule ausgebildet ist, wird die Vermutung auf Verwandtschaft gestützt. Bei einer anderen Grabgrube lässt die gemeinsame Beisetzung eines jungen Mannes und einer jungen Frau an ein Ehepaar denken.

Abb. 58:
Grube 51 mit Mehrfachbestattung und Kalkeinstreuung, Siechenfriedhof, Bern, Klösterlistutz.

Aufgrund spezieller anatomischer Merkmale handelt es sich möglicherweise um eine Familie, die von einer Seuche hinweggerafft wurde.

Einige der Gruben überdeckte man mit ungelöschtem Kalk. Zu dieser Massnahme griff man vor allem in Seuchenzeiten, um die Verwesung zu beschleunigen.[6] Diese gekalkten Gruben im Siechenfriedhof könnten somit indirekt als Furcht vor einer Ansteckung gedeutet werden. Eigene, vor der Stadt gelegene Pestfriedhöfe, wurden erst spät eingerichtet, so in Bern auf der Hohliebe (Grosse Schanze, ab 1670) und im Engemeistergut. Vorher bestattete man die Pesttoten auf den Kirchhöfen der Pfarrkirchen, Klöster und Spitäler in Gemeinschaftsgruben.

Die demographische Struktur –
das Jahrhundert der grossen Epidemien

Geht man für einen normalen mittelalterlichen Friedhof von einem Kinderanteil zwischen 40–50 Prozent mit der höchsten Sterblichkeit bei den Neugeborenen und Säuglingen, gefolgt von einer grossen Sterblichkeit der Kleinkinder, einer danach schnell absinkenden Mortalität der älteren Kinder und einem Tiefpunkt bei den Jugendlichen aus, dann veranschaulicht der Altersaufbau in dieser Bestattungsgruppe die Besonderheit dieses Friedhofs deutlich. Sieben von zehn Verstorbenen waren Kinder oder Jugendliche. Rund die Hälfte der Kinder starb im Alter zwischen fünf und zehn Jahren. Eine ebenfalls hohe Sterblichkeit weisen die unter Fünfjährigen auf, gefolgt von den Zehn- bis Fünzehnjährigen und den Jugendlichen. Frühgeburten, Neugeborene und Säuglinge wurden offensichtlich nicht in diesem Bestattungsareal begraben. Ein fast ebenso düsteres Bild der Mortalität entsteht für die Erwachsenen. Genau die Hälfte war vor Erreichen des 30. Lebensjahres gestorben, darunter vor allem Männer – ein Befund, der auch im Heidelberger Spitalfriedhof anzutreffen war.[7] Der Rest der Sterbefälle teilt sich relativ gleichmässig in die folgenden Dezennien auf. Über 60 Jahre alt wurden nur zwei Menschen. Nun steht die Frage im Raum, ob mit der relativ kleinen Zahl von 41 Bestattungen überhaupt ein repräsentativer Teil des Gräberfeldes erfasst wurde oder ob wir es mit einer rein zufälligen Alters- und Geschlechterverteilung zu tun haben. Diese Frage liesse sich nur dann sicher beantworten, wenn der Friedhof am Klösterlistutz in seiner gesamten Ausdehnung erfasst worden wäre. Zwischen den Schriftquellen und den Skelettfunden gibt es jedoch unübersehbare Parallelen. Daher ist man geneigt, im Bestattungsbrauchtum und den Sterbestrukturen des Klösterlifriedhofes die Folgen der Krankheitswellen zu sehen, welche Bern im Verlauf des 14. und 15. Jahrhunderts mehrfach heimgesucht haben. Allein die drei schweren Epidemien zwischen 1478 und 1493 forderten über 2000 Opfer, beim ersten Seuchenzug vor allem Kinder (vgl. Kap. II, S. 97). Bis zu 24 Tote an einem einzigen Tag beklagte man bei der Pestepidemie von 1439. Dies zwang zu eiligem Bestatten. Der Verzicht, jedem Verstorbenen ein eigenes Grab zu schaufeln, im Mittelalter ansonsten üblich, mag ein Ausdruck einer der vielen Notzeiten sein.

Spuren von Krankheiten

Will man den Krankheitsbefall einer Bevölkerung anhand von Skelettmaterial einstufen, so ist mit einer grossen Dunkelziffer zu rechnen, weil nur ein geringer Prozentsatz aller Krankheiten Spuren am Knochen hinterlässt. Zu den skelettstummen Krankheiten zählen die vielen rasch verlaufenden Infektionskrankheiten, die im Mittelalter grassierten und epidemische Formen annahmen, allen voran die Pest, dann aber auch Cholera, Typhus, Ruhr und die grippeartigen Erkrankungen des Magen-Darm-Traktes oder der Atmungsorgane. Deshalb erstaunt es nicht, wenn die paläopathologischen Veränderungen an den Gebeinen der Toten vom Klösterlistutz nur sehr selten Hinweise auf die Todesursachen geben. Sie lassen jedoch einen anschaulichen Einblick in den allgemeinen Gesundheitszustand der hier Bestatteten zu, und der war – im Vergleich mit Bevölkerungsgruppen aus der Zeit – nicht eben gut. Abgesehen von vereinzelt anzutreffenden Krankheiten, die eine lebenslange Behinderung zur Folge hatten, wie zum Beispiel bei einer 40 bis 60 Jahre alt gewordenen Frau mit Kinderlähmung, vielleicht einer Insassin des Siechenhauses, stehen vor allem Veränderungen im Vordergrund, die ernährungsbedingt sind. Lochartige Veränderungen im knöchernen Augendach («Cribra orbitalia») sind Anzeichen einer Anämie (Abb. 59). Verschiedene genetische, parasitäre und ernährungsbedingte Störungen können ihre Ursache sein, wobei die Eisenmangelanämie die häufigste Form ist. Bei 43 Prozent der Erwachsenen und gar bei 66 Prozent der Kinder sind solche cribröse Defekte in unterschiedlich starker Ausprägung ausgebildet (bei der spätmittelalterlichen Bevölkerungsgruppe von Nidau waren zum Vergleich nur knapp 30 Prozent der Kinder betroffen).[8] Vereinzelt konnten auch Hinweise auf chronischen Vitamin D- und Vitamin C-Mangel beobachtet werden, die zu Rachitis respektive

Abb. 59:
Lochdefekte im Augendach als Ausdruck einer Eisenmangelanämie.

Abb. 60:
Diese junge Frau litt an Karies, parodontalen Problemen und Zahnschmelzhypoplasien.

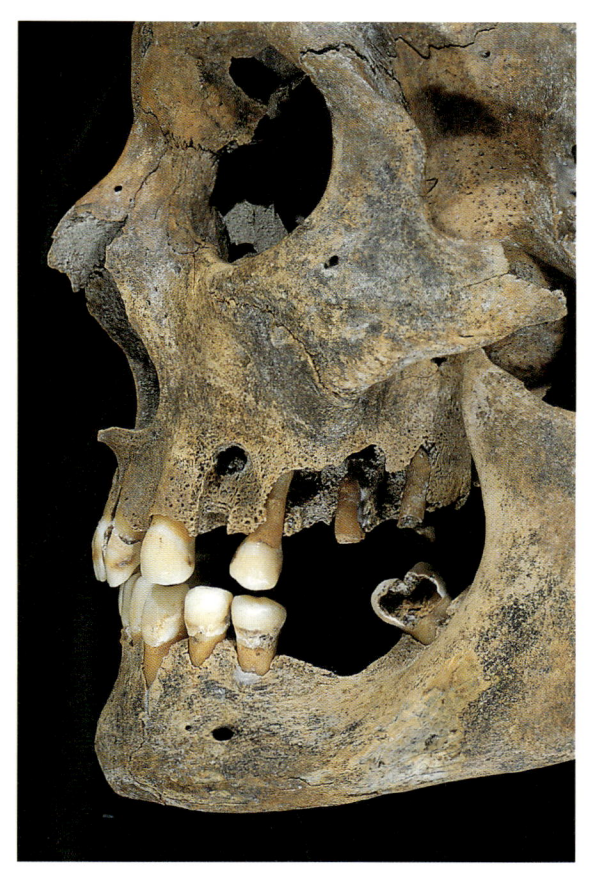

Abb. 61, 62:
Zwei Detailaufnahmen zum schlechten Gebisszustand.

Skorbut führen. Bei einer Rachitis im Kindesalter kommt es durch den verlangsamten Einbau von Mineralsalzen zu Knochenverbiegungen und anderen Skelettmanifestationen. Eine C-Avitaminose etwa durch Mangel an Frischgemüse und Obst kann Skorbut verursachen. Am Skelett stehen hier die Folgen von Zahnfleischblutungen und von Blutungen unter der Haut im Vordergrund – also Veränderungen am knöchernen Zahnbett respektive Reaktionen an Langknochen in Form feinporöser Ablagerungen. Häufiger als diese Vitaminmangelindikatoren kommen bei den Toten des Siechenfriedhofes Zahnschmelzhypoplasien vor. Hypoplasien (= Unterentwicklungen) des Zahnschmelzes äussern sich als unregelmässige Linien oder als einzelne Grübchen bis Grubenreihen in der Oberfläche der Zahnkrone. Sie entstehen als Folge von länger andauernden Stressereignissen wie Krankheiten, Mangelernährung (hauptsächlich Eiweissmangel) oder Hungerperioden. Mit Werten von 60 Prozent bei den Erwachsenen und 76 Prozent bei den Kindern kommen diese Defekte im Klösterlifriedhof ebenfalls überdurchschnittlich häufig vor. Der Zustand der Gebisse reflektiert die ungünstigen Lebensbedingungen speziell in bezug auf Ernährung und Hygiene besonders deutlich (Abb. 60, 61, 62). Früher Zahnverlust, entzündlich bedingte Knochenauflösungen im Bereich der Wurzelspitzen oder tiefe Taschenbildungen durch Entzündungen am Zahnfleisch und am knöchernen Zahnbett (Parodontitis) finden sich häufig. Bei manchen Jugendlichen oder jungen Erwachsenen weist das Gebiss einen Zustand auf, wie er im Mittelalter sonst bei zehn bis zwanzig Jahre älteren Menschen anzutreffen ist. Hingegen sind die Zähne bei den meisten Kindern und Erwachsenen sehr wenig abgekaut: standen Suppen, Mus und Brei häufiger auf dem Tisch als (selbst hartes) Brot? Mangelzustände und schlechte Ernährung verringern die Körperabwehr und machen vor allem Kinder sowie kränkliche und alte Menschen anfälliger gegenüber Infektionskrankheiten, verzögern eine Heilung und tragen damit zur Erhöhung der Sterblichkeit bei. Denken wir an die Engpässe in der Versorgung und die hinzukommenden Naturkatastrophen, die die Notlage in Bern verschärften – insbesondere überliefert für das letzte Viertel des 15. Jahrhunderts – so meint man, den schlechten Gesundheitszustand, der diese Angehörigen der armen Unterschicht kennzeichnet, in diesem Umfeld sehen zu müssen.

Obwohl einige krankhafte Veränderungen infolge der leider sehr schlechten Knochenerhaltung unserer Beobachtung entgangen sein dürften, sind doch bei mehr als zwei Dritteln der Erwachsenen eine, meist mehrere, pathologische Veränderung nachzuweisen, darunter Verschleisserscheinungen an Wirbeln und Gelenken, gutartige kleine Geschwulste, Anomalien, aber nur wenige Knochenbrüche. Der kleinste Teil dieser Veränderungen ist so geartet, dass daraus ein Indiz für einen Krankenhausaufenthalt abgeleitet werden kann. Ein wichtiger Hinweis auf die Pflegefunktion des Siechenhauses bildet aber der Streufund eines Schienbeinknochens von einer, an der sogenannten Franzosenkrankheit (Syphilis), leidenden Person.

Ausblick (und Lichtblick?) ins 16. Jahrhundert
1528 wechselte das Niedere Spital seinen Standort und wurde ins aufgelassene Predigerkloster verlegt. Der südliche Teil des Klösterlifriedhofs wurde weiter benutzt und diente nach 1533 als Ersatz für den Volksfriedhof der Münsterplattform. Die Bestattungen legen beredtes Zeugnis dafür ab, wie sich Bern langsam erholt vom drastischen Bevölkerungsrückgang des 15. Jahrhunderts.
Der Kinderanteil sinkt auf rund 50 Prozent (vorher 70 Prozent), was aber in Anbetracht der wenigen Neugeborenen und Säuglinge immer noch sehr hoch ist. Nach wie vor starben viele Kinder im ersten Lebensjahrzehnt. Eine atypische, weil überdurchschnittlich hohe Sterblichkeit,

bestand bei den 15- bis 20jährigen Jugendlichen. Falls wir es hier nicht mit einem zufallsbedingten Muster zu tun haben, deutet der Befund auf weiterhin schlechte Lebensumstände im Sinne harter körperlicher Arbeit ab dem Kindesalter, gekoppelt mit schlechter Ernährung, hin. Bei den Erwachsenen, bei denen die Frauen leicht überwiegen, starben immer noch ein Drittel vor dem 30., weitere 17 Prozent vor dem 40. Lebensjahr. Zwischen 50 und 60 Jahren starben knapp 20 Prozent der Erwachsenen – es ist das Lebensdezennium, in dem bei spätmittelalterlichen und frühneuzeitlichen Bevölkerungen unseres Raumes ansonsten die meisten Todesfälle eintraten. Das Greisenalter von über 60 Jahren erreichten nur wenige Menschen. Diejenigen Veränderungen an den Knochen und Zähnen, die als Anzeiger des Gesundheitszustandes dienen, weisen gegenüber dem Siechenfriedhof durchgehend niedrigere Werte auf; es kommt aber nur zu einer Verbesserungstendenz, denn verglichen mit Bevölkerungsstichproben der Zeit weisen die Toten vom Klösterlifriedhof noch immer einen hohen Befall auf.

Migration

Roland Gerber

Die Stadt Bern war wie alle anderen mittelalterlichen Städte wegen der im Vergleich zum Land deutlich höheren Mortalität ihrer Bevölkerung auf den stetigen Zuzug neuer Einwohner angewiesen.[1] Vor allem die seit 1349 wiederholt auftretenden Pest- und Seuchenzüge sowie Hunger und Kriege verursachten immer wieder grössere Bevölkerungsverluste, die nur durch eine verstärkte Zuwanderung insbesondere aus den der Stadt benachbarten Landgebieten, wieder ausgeglichen

Abb. 63:
Diebold Schilling, Spiezer Bilderchronik, 1484/85, Bern, Burgerbibliothek, Mss. hist. helv. I. 16, S. 408.

Die Bürgerschaft der Stadt Bern war während des Spätmittelalters in zahlreiche kriegerische Auseinandersetzungen mit den benachbarten Feudalherren und Städten verwickelt, die regelmässig Dutzenden von Stadtbewohnern das Leben kosteten. Mehrere Hundert Tote und Verletzte forderten allein die fürs Überleben der Stadtgemeinde wichtigen Gefechte bei der Schosshalde 1289, bei Laupen 1339 und Murten 1476. Eine traurige Berühmtheit erlangten vor allem die 412 Berner, die die Burg in Grandson verteidigten und am 28. Februar 1476 durch die Truppen Karls des Kühnen erhängt wurden.

Auch während des Guglerkrieges von 1375 zeichnete sich die Bürgerschaft Berns durch kriegerische Entschlossenheit aus. Gemäss den Angaben von Konrad Justinger wollte der Kleinrat Johannes Rieder eher im Kampfe gegen die Gugler sterben, als «sin schür» vor den Stadtmauern abbrechen und die im Kloster Fraubrunnen lagernden Feinde unbehelligt die Umgebung der Stadt plündern lassen. Am Morgen des 27. Dezembers überraschte ein bernisches Aufgebot die schlafenden Gugler, worauf sich im Kreuzgang des Klosters ein heftiger Streit entwickelte. Die Berner konnten sich nach längerem Kampf zwar durchsetzen, sie hatten jedoch mehrere Dutzend Gefallene zu beklagen, worunter sich auch der Wortführer im städtischen Rat, Johannes Rieder, befand.

werden konnten (Abb. 63; vgl. Kap. II, S. 97).[2] Jeden Tag zogen ausserdem Dutzende von Landbewohnern in die Stadt, um beispielsweise als Tagelöhner, Dienstknechte oder Marktbesucher am kommunalen Wirtschaftsleben teilzunehmen. Gleichzeitig hielten sich die Einwohner Berns regelmässig in der Landschaft auf, wo sie Handelsgeschäfte tätigten, grund- und gerichtsherrliche Rechte ausübten oder einzelne Gewerbebetriebe wie Mühlen und Gasthäuser unterhielten. Diese engen ökonomischen und sozialen Kontakte zwischen Stadt und Land verursachten eine stetige Abwanderung von Landbewohnern in die Stadt und, in deutlich geringerem Umfang, auch von Städtern aufs Land. Während aber die Zuwanderung vom Land im 13. und 14. Jahrhundert noch zu einem kontinuierlichen Wachstum der städtischen Bevölkerungszahlen geführt hatte, bewirkten die veränderten politischen, sozialen und wirtschaftlichen Verhältnisse in Stadt und Land, dass der Zustrom neuer Siedler seit dem ausgehenden 14. Jahrhundert ständig abnahm und sich vor allem im 15. Jahrhundert immer weniger Landbewohner innerhalb der Stadtmauern niederliessen.

Die Abschliessungstendenzen von Zünften und Bürgerschaft

Eine wesentliche Ursache für die nachlassende Migrationstätigkeit zwischen Stadt und Land war die von den bernischen Gesellschaften seit dem beginnenden 15. Jahrhundert betriebene Politik der wirtschaftlichen und sozialen Abschliessung.[3] Gemäss den Forderungen der Zünfte sollte das städtische Handwerk durch restriktive Aufnahmebedingungen vor jeglicher auswärtiger Konkurrenz geschützt und der Erwerb der Meisterschaft zunehmend nur noch auf den Verwandtschaftskreis der in der Stadt ansässigen Stubengesellen begrenzt werden (vgl. Kap. III, S. 227). Vor allem die ökonomisch führenden Gesellschaften zeigten sich entsprechend ihres wachsenden politischen Einflusses darum bemüht, den Zugang zum Stubenrecht auf eine immer kleinere Zahl möglichst wohlhabender Personen zu beschränken. Die von ausserhalb nach Bern migrierenden Handwerksgesellen sahen sich deshalb im Verlauf des 15. Jahrhunderts mit wachsenden finanziellen Ansprüchen konfrontiert, wenn sie sich in der Stadt niederlassen wollten, um dort den Meistertitel zu erwerben. Immer häufiger waren die Gesellen sogar dazu genötigt, eine Tochter oder Witwe eines stadtsässigen Handwerksmeisters zu heiraten, um auf diese Weise zu günstigeren Bedingungen in eine Stubengesellschaft aufgenommen zu werden.[4]

Deutlich erkennbar wird diese gegen jede Konkurrenz gerichtete Politik der Zünfte in einer um 1427 von «*schultheiss, der rat und die zwoyhundert gemeinlich der statt Bern*» beschworenen Handwerksordnung, in der die Aufnahmegebühren für neue Handwerksmeister, deren Väter oder Brüder der betreffenden Gesellschaft bisher noch nicht angehört haben, von rund einem halben Gulden auf maximal sechs Gulden erhöht wurden.[5] Obwohl die von der Handwerkerschaft geforderte Erhöhung der Aufnahmegebühren ausdrücklich auf diejenigen Zünfte beschränkt blieb, «*die eigene hüser und husrat hant*», bedeutete der Ratsbeschluss von 1427, dass sich die führenden Gesellschaften in der ersten Hälfte des 15. Jahrhunderts gegenüber der Zuwanderung auswärtiger Handwerker abschlossen und den Erwerb des Meistertitels zunehmend auf die Angehörigen der eigenen Zunftmitglieder einschränkten. Die Höhe der Aufnahmegebühren wurde von den Handwerksmeistern dabei so hoch angesetzt, dass beispielsweise ein zugewanderter Zimmermannsgeselle bei einem Taglohn von drei Schillingen rund 50 Tage hätte arbeiten müssen, um die von den Zünften veranschlagten sechs Gulden aufbringen zu können.[6] Keinerlei Aufnahmegebühren bezahlten hingegen die Angehörigen der stadtsässigen Zunftmitglieder, die sich, wie dies bereits in den Handwerksordnungen des 14. Jahrhunderts festgelegt worden war, lediglich mit einer Weinspende um den Eintritt in eine der Gesellschaften zu bemühen hatten.[7]

Der Ausgangspunkt für die verstärkten Abschliessungstendenzen der Zünfte im 15. Jahrhundert war deren wachsende politische Bedeutung. Dies ermöglichte es ihnen, als Rekrutierungsbasis für alle wichtigen kommunalen Ämter wie diejenigen des Schultheissen und der Venner zu dienen (vgl. Kap. III, S. 229). Zahlreiche Bürger liessen sich deshalb gleichzeitig in drei oder sogar vier Gesellschaften einschreiben, um ihre Chancen, in ein städtisches Amt gewählt zu werden, zu vergrössern.[8] Bereits im Jahre 1405 versuchte der Rat in einer Satzung gegen die Zugehörigkeit in mehreren Zünften vorzugehen, indem er bestimmte, dass jeder Bürger, «*er sy rich oder arm*», in Zukunft höchstens noch zwei verschiedenen Gesellschaften angehören durfte.[9] In der Handwerksordnung von 1427 wurde diese Bestimmung schliesslich erneuert, wobei die Schützengesellschaft als einzige städtische Zunft von der Einschränkung ausgenommen blieb.[10] Die strikte Verbindung zwischen Handwerk und Zunftzugehörigkeit, wie dies im 14. Jahrhundert noch die Regel gewesen war, wurde dadurch allmählich zugunsten einer sozial und politisch motivierten Mitgliedschaft in einer der führenden Gesellschaften aufgegeben. Vor allem die vier Vennergesellschaften der Metzger, Gerber, Pfister und Schmiede zeigten sich im Verlauf des 15. Jahrhunderts immer weniger dazu bereit, ihr Stubenrecht gegenüber auswärtigen Handwerkern zu öffnen, da sie den Zugang zu den Ratsämtern auf den kleinen Kreis ihrer eigenen Stubengesellen zu beschränken suchten.

Die Niederlassungspolitik des Rates
Im Unterschied zu den Zünften, die sich zunehmend gegenüber der Zuwanderung auswärtiger Handwerker abschlossen, lag es im Interesse des Rates, die Niederlassung in der Stadt für Handwerksmeister wie für Handwerksgesellen möglichst offen zu halten, um dadurch Qualität und Leistungsvermögen des städtischen Gewerbes langfristig zu sichern. Die wachsende politische Bedeutung der Gesellschaften ermöglichte es zwar den ökonomisch führenden Stubengesellen, einen massgeblichen Einfluss auf die städtische Ratspolitik auszuüben. Die Venner wie auch die meisten anderen einflussreichen Zunftmitglieder gingen seit dem ausgehenden 14. Jahrhundert jedoch keinem eigentlichen Handwerk mehr nach, sondern vertraten als Kaufleute und Inhaber ländlicher Grund- und Gerichtsrechte die Interessen der städtischen Adels- und Notabelnfamilien, mit denen sie auch verwandtschaftliche Beziehungen unterhielten. Zwischen den in Bern ansässigen Handwerkern und den im Kleinen Rat vertretenen Zunftmitgliedern bestanden deshalb sozial und wirtschaftlich begründete Unterschiede, die dazu führten, dass Handwerkerschaft und Rat zu Beginn des 15. Jahrhunderts eine weitgehend gegensätzliche Niederlassungspolitik betrieben. Seit dem ausgehenden 13. Jahrhundert sprachen sich die führenden Ratsfamilien zudem wiederholt gegen eine in der Stadtverfassung garantierte Beteiligung der Handwerkerschaft an den Ratswahlen aus. Nach ihrer Meinung würde die Bildung politischer Zünfte zu «*dike misselinget und grossen schaden*» in der Stadt führen.[11] Noch in der Handwerksordnung von 1427 betonten Schultheiss und Rat den Status der städtischen Gesellschaften als reine Handwerksvereinigungen und forderten die Handwerker auf, «*zu sines handwerkges stuben sich* [zu] *fuegen und da gesell* [zu] *werden, denn zu einem froemden handwerkg oder gesellschaft, des handwerkges er nit were*».[12]

Der Rat versuchte, den Abschliessungsbestrebungen der Zünfte entgegenzutreten, indem er die von den Stubengesellschaften geforderten Aufnahmegebühren regelmässig in speziellen Handwerksordnungen festlegte und durch einen Höchstbetrag begrenzte. Vor allem im 14. Jahrhundert gelang es ihm auf diese Weise, die wachsenden finanziellen Forderungen der Handwerksgesellschaften einzuschränken und die Aufnahmebedingungen in eine Gesellschaft weitgehend zu liberalisieren. Den Höhepunkt dieser Politik bildete die Handwerksordnung von 1392, in der die Aufnahmegebühren für Meister, *«dez vatter dez antwerchs nit meister ist gesin»*, auf knapp einen halben Gulden und für Gesellen auf rund einen Viertel Gulden veranschlagt wurden. Fremde Handwerksgesellen durften sich nach dem Willen des Rates sogar ohne jegliche Abgaben in der Stadt niederlassen, wo sie *«werken und dienen»* konnten *«äne beschatzunge und äne win»*.[13]

Ein weiteres Anliegen des Rates bestand darin, den von den Handwerksmeistern geforderten Zunftzwang für alle Stadtbewohner zu verhindern, so dass weder die Niederlassung in der Stadt noch der Erwerb des Bürgerrechts an die Mitgliedschaft in einer Zunft gebunden waren. Nach der Meinung des Rates sollten einzig diejenigen Stadtbewohner, die regelmässig einem Gewerbe nachgingen, verpflichtet sein, sich in eine der städtischen Stubengesellschaften einschreiben zu lassen. Diese freizügige Niederlassungspolitik führte dazu, dass den Abschliessungsbestrebungen der Handwerksmeister trotz der massiven Erhöhung der Aufnahme- und Meisterschaftsgebühren zu Beginn des 15. Jahrhunderts vorerst noch kein nachhaltiger Erfolg beschieden war. Erst mit dem vollständigen Übergang der Wehrhoheit an die Zünfte gelang es den Handwerksmeistern, zuerst den Erwerb des Bürgerrechts und dann auch die Niederlassung in der Stadt bis zum Ende des 15. Jahrhunderts zunehmend von der Mitgliedschaft in einer Handwerksgesellschaft abhängig zu machen.

Erstmals erkennbar wird die gegenseitige Abhängigkeit von Bürger- und Stubenrecht in den seit 1435 überlieferten Osterwahlrödeln, laut denen die neu in den Rat der Zweihundert gewählten Ratsherren schwören mussten, innert einer Frist von 14 Tagen das bernische Bürgerrecht zu erwerben und in derselben Zeit Mitglied in einer städtischen Gesellschaft zu werden.[14] Alle Ratsherren waren somit bereits in der ersten Hälfte des 15. Jahrhunderts dazu verpflichtet, unabhängig ihres sozialen Status einer Stubengesellschaft beizutreten und deren Satzungen zu befolgen.[15]

Im Unterschied zu den Ratsmitgliedern, deren Wahl die Zugehörigkeit zu einer Handwerksgesellschaft voraussetzte, scheinen die ausserhalb der Ratsgremien stehenden Stadtbewohner jedoch bis zum Ende des 15. Jahrhunderts noch weitgehend von der Beitrittspflicht in eine Zunft befreit geblieben zu sein. Noch in einer im Jahre 1490 erlassenen Handwerksordnung beschränkte der Rat die Mitgliedschaft in einer Stubengesellschaft ausdrücklich auf diejenigen Stadtbewohner, *«so handwerk triben»*.[16] Indem er jedoch die Zünfte in derselben Ordnung dazu ermächtigte, den jährlich von den Stubengesellen zu leistenden Stubenzins auch von denjenigen Stadtbewohnern einzufordern, die keiner städtischen Handwerksgesellschaft angehörten, dehnte er die Gebotsgewalt der Gesellschaften auf alle wehrpflichtigen Personen in der Stadt aus. Die Mehrheit der stadtsässigen Männer wurde dadurch verpflichtet, ohne dass diese Zunftmitglieder sein mussten, die Lasten und Pflichten einer Zunftmitgliedschaft mit zu tragen.[17]

Noch deutlicher zeigt sich die wachsende Einflussnahme der Zünfte in einer Handwerksordnung, die von *«schulltheis, klein und gross rat»* im Jahre 1523 beschlossen wurde. Laut den dabei in die Satzungsbücher niedergeschriebenen Bestimmungen konnte jeder Einwohner der Stadt Bern, *«so eins hanndtwercks wirdig, bericht und gnugsam ist»*, sein Gewerbe nach der Bezahlung von 30 Schillingen an die Zünfte ausüben, ohne dass dieser einer der Handwerksgesellschaften beizutreten hatte. Bedingung war jedoch, dass der betreffende Handwerker *«sölich hanndtwerck für sich selbs»* ausübte und keine Gesellen in seine Werkstatt aufnahm. Die in der Stadt ansässigen Handwerker hatten sich ausserdem mit der Bezahlung des jährlichen Stubenzinses an Militärausgaben, Gemeinschaftsarbeiten und Frondiensten der Zünfte zu beteiligen. Ebenfalls neu geregelt wurden die Aufnahmegebühren in eine

Gesellschaft, die der Rat wegen «*allerley widerwerttigenn redenn*» der Handwerkerschaft von sechs auf maximal zehn Gulden erhöhte.[18]

Im Jahre 1534 hatte sich der Zunftzwang schliesslich endgültig durchgesetzt. Schultheiss und Rat beschlossen, niemanden mehr «*husshäblichen*» in Bern wohnen zu lassen, der nicht als vollwertiges Mitglied in eine der städtischen Gesellschaften eingeschrieben war.[19] Der Rat legte die Aufnahme- und Meisterschaftsgebühren in eine Gesellschaft fest, wobei diejenigen Personen, deren Väter bisher noch nicht Meister gewesen waren, zehn Gulden, die Stubengesellen, «*so das handwerck nit bruchen*», etwa fünf Gulden und die in der Stadt ansässigen Meistersöhne lediglich 15 Schillinge Weingeld zu bezahlen hatten.[20]

Eine letzte Einschränkung erfuhr die Aufnahme in eine Zunft im Jahre 1549, als der Rat beschloss, auch die zugewanderten Ehemänner stadtsässiger Witwen und Töchter denselben restriktiven Aufnahmebestimmungen zu unterwerfen wie alle übrigen, von ausserhalb zugezogenen Personen.[21]

Die Schliessung des Bürgerrechts

Die Bürgerrechtsbestimmungen der Stadt Bern zeichneten sich während des späten Mittelalters durch eine relativ grosse Freizügigkeit aus. Diese Offenheit manifestierte sich vor allem in den gegenüber anderen Städten vergleichsweise niederen Einbürgerungsgebühren, die von Schultheiss und Rat gleichermassen von den Neubürgern in der Stadt und auf dem Land eingefordert wurden. Während die Aufnahmegebühren ins Bürgerrecht für Ausbürger wie Neuzuzüger vom 14. bis in die zweite Hälfte des 15. Jahrhunderts stets drei Gulden betrugen und im Jahre 1479 infolge der Pest sogar auf einen Gulden reduziert wurden, bezahlten die Neubürger in anderen Städten wie etwa in Basel, Strassburg, Köln und Nürnberg im 14. und 15. Jahrhundert bis zu zehn Gulden für den Erwerb des Bürgerrechts.[22]

Der Rat war jedoch wie die Zünfte zunehmend bestrebt, nur noch vermögende oder handwerklich qualifizierte Personen in die Stadt aufzunehmen. Vor allem gegenüber Personen, die weder über ein geregeltes Einkommen noch über eine berufliche Ausbildung verfügten, verfolgten Schultheiss und Rat während des 15. Jahrhunderts eine immer restriktivere Niederlassungs- und Einbürgerungspolitik, damit dem Stadthaushalt durch die Aufnahme neuer Einwohner keine zusätzlichen Fürsorgekosten entstanden.[23] Bei den führenden Ratsfamilien verstärkten sich deshalb die Bestrebungen, die Niederlassungsbestimmungen neu zu reglementieren und die Zuwanderung in die Stadt auf einen immer kleineren Personenkreis einzuschränken. Deutlich erkennbar wird diese veränderte Niederlassungspolitik nach der Öffnung des Bürgerrechts im Jahre 1479, als eine Vielzahl vermögensloser Landleute in die Stadt zogen, um die während der Pest verwaisten Herdstellen neu zu besetzen. Diebold Schilling spricht im Jahre 1481 sogar davon, dass «*vil armer frömder lüten gen Bern kament*», so dass die Stadt «*allenthalben vol was*». Dieser verstärkte Zuzug vermögensloser Landleute entsprach jedoch keinesfalls den Interessen des Rates, der am 9. November dieses Jahres beschloss, die fremden Zuwanderer infolge der damals herrschenden Lebensmittelteuerung wieder aus der Stadt auszuweisen. Einzig Jakobsbrüder und «*ander bewärt bilgre*» sollten sich weiterhin ungehindert in der Stadt aufhalten dürfen.[24]

Obwohl die Stadtbevölkerung auch in den folgenden Pest- und Teuerungsjahren auf die Zuwanderung neuer Einwohner angewiesen blieb, versuchten Schultheiss und Rat, heimatlose Bettler, Landstreicher und vermögenslose Personen von der Stadt fernzuhalten und diese so schnell wie möglich wieder aus dem eigenen Herrschaftsgebiet weg zu weisen.[25] Der Rat zeigte sich jedoch gleichzeitig darum bemüht, den Zugang zum Bürgerrecht möglichst offen zu halten, damit sich vor allem Handwerker und wohlhabende Personen weiterhin ungehindert in der Stadt niederlassen konnten. Erst nachdem die Bevölkerungsverluste der Pest in der ersten Hälfte des 16. Jahrhunderts wieder einigermassen ausgeglichen waren, ging man auch in Bern dazu über, sich den veränderten sozialen und politischen Verhältnissen anzupassen und die Niederlassung sowohl in der Stadt als auch auf dem Land neu zu reglementieren. Der Rat beschloss, die Aufnahmegebühren je nach der Herkunft der zugewanderten Einwohner nach einzelnen Migrationsräumen hierarchisch zu gliedern, wobei diejenigen Personen, die von ausserhalb der Eidgenossenschaft nach Bern zogen, jeweils zwanzig Pfund, die Zuwanderer aus dem Gebiet der Eidgenossenschaft zehn Pfund und diejenigen aus dem städtischen Herrschaftsbereich lediglich fünf Pfund für die Niederlassung bezahlen mussten.[26] Ziel dieser gewandelten Niederlassungsbestimmungen war es, die Bevölkerung in Stadt und Land in einem rechtlich einheitlichen Untertanenverband zusammenzufassen, dessen geographische Ausdehnung durch die Grenzen des bernischen Herrschaftsbereiches vorgegeben wurde. Die seit der Stadtgründung von 1191 bestehende rechtliche Trennung zwischen Stadt und Land wurde somit zu Beginn des 16. Jahrhunderts weitgehend aufgehoben und durch die vereinheitlichten Rechtsverhältnisse des neu entstehenden städtischen Territoriums ersetzt (vgl. Kap. IV, S. 330).

Wie die Niederlassung in Stadt und Landschaft wurde auch die Aufnahme ins Bürgerrecht von Schultheiss und Rat zu Beginn des 16. Jahrhunderts vollständig neu geregelt. Die rechtliche Zusammenfassung der Stadt- und Landbevölkerung in einem einheitlichen Untertanenverband führt dabei zu einer weitgehenden Abschliessung der Bürgerschaft gegenüber der Zuwanderung von Aussen, so dass schliesslich nur noch die Angehörigen der alteingesessenen Bürger- und Zunftfamilien ohne grösseren finanziellen Aufwendungen das Bürgerrecht erwerben konnten. Nachdem die Ausbürger bereits im August 1522 dazu aufgefordert worden waren, in der Stadt eigene Häuser *«zu kouffen oder zu buwen»*, falls sie ihr Bürgerrecht bis Ende Jahr nicht verlieren wollten, beschlossen Schultheiss und Rat während der Osterwahlen von 1528, vorläufig überhaupt keine *«frömbden burger»* mehr ins städtische Bürgerrecht aufzunehmen.[27] Einzig diejenigen Bürger, denen die Aufnahme in die Bürgerschaft bereits zugesagt worden war, wollte man *«lassen darby beliben und absterben»*.[28] Im März 1529 kam es jedoch zu einer Lockerung des im Vorjahr erlassenen Einbürgerungsverbotes, indem der Rat den Erwerb des Bürgerrechts auf diejenigen Personen ausdehnte, die zuvor ein Haus in der Stadt gekauft hatten.[29] Gleichzeitig beschloss er, die Bürgerrechtsgebühren zu erhöhen und ähnlich wie beim Eintritt ins Stadt- und Landrecht je nach der Herkunft der Neubürger nach einzelnen Migrationsräumen hierarchisch zu gliedern. In der zweiten Hälfte des 16. Jahrhunderts bezahlten diejenigen Neubürger, die aus dem Gebiet der Eidgenossenschaft nach Bern zogen, den ausserordentlich hohen Betrag von 100 Pfund oder umgerechnet rund 40 Gulden für den Erwerb des Bürgerrechts. Die Zuwanderer aus dem bernischen Territorium mussten ebenfalls ganze 50 Pfund aufbringen, wenn sie als Bürger aufgenommen werden wollten. Im Unterschied zum Stadt- und Landrecht wollte sich der Rat jedoch bei der Vergabe des Bürgerrechts für Ausländer, also für diejenigen Personen, die von ausserhalb der Eidgenossenschaft nach Bern zogen, nicht durch eine festgelegte Aufnahmegebühr einschränken lassen. Er bestimmte deshalb, dass die Bürgerrechtsgebühren für alle Nichteidgenossen je nach der sozialen und ökonomischen Stellung des Neubürgers *«auf Gnad und Verordnung des Grossen Rates»* unterschiedlich hoch festgelegt werden sollten.[30] Ein vorläufiges Ende fand diese Entwicklung im Jahre 1694, als der Rat den Zugang zum Bürgerrecht für die Dauer von zwanzig Jahren abschloss und endgültig auf die Angehörigen der seit mehreren Generationen in der Stadt ansässigen Bürger- und Zunftfamilien beschränkte.[31]

Die Verhältnisse auf dem Land

Eine weitere Ursache für die rückläufige Migrationstätigkeit zwischen Stadt und Land waren die Veränderungen in Sozial- und Wirtschaftsstruktur der Landschaft, deren Bevölkerung im Verlauf des 15. Jahrhunderts ebenfalls deutlich abnahm (vgl. Kap. II, S. 97).[32] Seuchenzüge, Hunger, Missernten, Kriegszüge sowie die verstärkte Abwanderung in die Städte nach dem Auftreten der ersten Pest 1349 liessen die Einwohnerzahlen auf dem Land seit dem Ende des 14. Jahrhunderts teilweise erheblich zurückgehen, so dass das seit dem 11. Jahrhundert anhaltende Bevölkerungswachstum gebremst und wie in der Stadt durch einen allgemeinen Bevölkerungsrückgang abgelöst wurde (Abb. 64). Überall in Europa kam es zu Wüstungen und zum Rückgang der jährlichen Ernteerträge.[33] Vor allem in den klösterlichen Grundherrschaften häuften sich seit der Mitte des 14. Jahrhunderts die Klagen, dass immer mehr Bauerngüter aufgegeben wurden, Ackerflächen unbebaut blieben und zahlreiche bisher kultivierte Landstriche, insbesondere in abgelegenen Tälern oder in höher gelegenen Gebieten, verwaisten.[34] Weltliche wie geistliche Grund- und Gerichtsherren sahen sich in der Folge mit immer grösseren finanziellen Problemen konfrontiert, da sie ihre Besitzungen nicht mehr mit ausreichend zinspflichtigen Bauern versehen konnten.[35] Auch die der Stadt Bern benachbarten Landgebiete erlebten während des 15. Jahrhunderts einen deutlichen Rückgang ihrer Einwohnerzahlen. Anhand der vier aus dem 15. und 16. Jahrhundert überlieferten Feuerstättenzählungen lässt sich zeigen, dass allein die Bevölkerung in den Gebieten westlich Berns zwischen Sense und Aare in den Jahren 1416 bis 1453 um rund 20 Prozent und bis 1499 um weitere 10 Prozent abgenommen hat (Abb. 65). Erst in der ersten Hälfte des 16. Jahrhunderts

Abb. 64:
Diebold Schilling, Grosse Burgunderchronik, 1481–1484, Zürich, Zentralbibliothek, Ms. A 5, S. 472.

Während des gesamten Spätmittelalters bedeuteten kriegerische Auseinandersetzungen eine latente Bedrohung für die Bevölkerung auf dem Land. Die in unbefestigten Dörfern und Einzelhöfen lebenden Landbewohner waren den Beutezügen feindlicher Kriegsknechte weitgehend schutzlos ausgeliefert. Mittelalterliche Heere waren darauf angewiesen, sich während längeren Kriegszügen im Feld zu verpflegen. Vor allem Getreide und Viehherden wurden deshalb in Kriegszeiten häufig mit Gewalt herbeigeschafft, wobei die Truppen nicht selten ganze Dörfer verbrannten und deren Bewohner erschlugen.
Diebold Schilling weist in seiner reich illustrierten Burgunderchronik von 1481/84 darauf hin, dass die eidgenössischen Aufgebote während ihrer zahlreichen Kriegszüge ins Elsass und in die Waadt zwischen 1468 und 1475 regelmässig Dörfer geplündert und zerstört haben. Einzelne Bewohner, die sich zur Wehr setzten, wurden dabei von den Eidgenossen kurzerhand ermordet.

Abb. 65:
Zahl der Feuerstätten einzelner Kirchgemeinden und Vogteien in den Jahren 1416, 1453, 1499 und 1558 im Vergleich, Roland Gerber 1998.

Kirchgemeinde	1416	1453	1499	1558
Belp	120	100	90	184
Blumenstein	10	11	16	25
Ferenbalm	90	40	15	63
Gerzensee	18	16	20	33
Gurzelen	8	10	12	29
Kirchdorf	62	50	40	119
Oberbalm	24	18	20	33
Rüeggisberg	60	50	45	85
Thierachern	45	60	40	111
Thurnen	160	120	110	249
Summa	**597**	**475**	**408**	**931**
	100%	*80%*	*70%*	*156%*
Vogtei				
Nidau	340		258	544
Niedersimmental	470		233	509
Obersimmental	580		450	637
Seftigen (Landgericht)	603		436	932
Summa	**1993**		**1377**	**2622**
	100%		*69%*	*132%*

wuchsen die Einwohnerzahlen schliesslich wieder an und übertrafen um die Mitte des Jahrhunderts diejenigen des beginnenden 15. Jahrhunderts.[36] Die Bevölkerungsverluste auf dem Land entsprachen dadurch weitgehend denjenigen in der Stadt, deren Einwohnerschaft zwischen

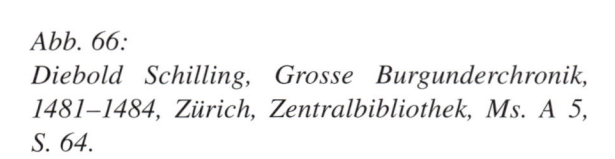

Abb. 66:
Diebold Schilling, Grosse Burgunderchronik, 1481–1484, Zürich, Zentralbibliothek, Ms. A 5, S. 64.

Der Twingherrenvertrag von 1471 besiegelte die Herrschaft der Berner Stadtgemeinde über die umliegenden Landgebiete. Auch die in der Stadt ansässigen Twingherren mussten die Gebotsgewalt der Bürgergemeinde in ihren Gerichtsherrschaften schliesslich anerkennen, nachdem sie vergeblich versucht hatten, auf ihren angestammten Rechten zu beharren.
Die Illustration aus der Burgunderchronik des Diebold Schilling zeigt die adligen Twingherren mit ihren Ehefrauen, wie sie einen Eid vor dem Stadtgericht ablegen.

1389 und 1458 ebenfalls um rund 25 Prozent abnahm und erst zu Beginn des 16. Jahrhunderts wieder allmählich anzuwachsen begann (vgl. Kap. II, S. 97).

Aber nicht nur die rückläufigen Einwohnerzahlen, sondern auch die rechtliche Zusammenfassung der Stadt- und Landbevölkerung in einem einheitlichen städtischen Untertanenverband hatte zur Folge, dass die Zuwanderung vom Land in die Stadt im Verlauf des 15. Jahrhunderts kontinuierlich zurückging. Immer weniger Landbewohner sahen sich dazu veranlasst, den Schutz der Stadtmauern aufzusuchen und das bernische Bürgerrecht zu erwerben. Stadt- wie Landbewohner unterlagen weitgehend denselben Rechten und Verpflichtungen gegenüber der Stadtgemeinde, die sich mit dem Abschluss des sogenannten Twingherrenvertrags im Jahre 1471 die uneingeschränkte Steuer- und Wehrhoheit im gesamten städtischen Territorium zusichern liess (Abb. 66). Gleichzeitig erhielt der Rat das verbriefte Recht, die Bevölkerung in Stadt und Land zu Fuhr- und Frondiensten beim Bau kommunaler Gebäulichkeiten wie Stadtmauern und Brücken aufzufordern.[37] Die Landbewohner unterstanden ausnahmslos der kommunalen Gerichtsbarkeit, die sie unabhängig ihres Rechtsstatus als Ausbürger, Einwohner oder Hintersassen vor dem Zugriff auswärtiger Gerichts- und Grundherren schützte. Die Einwohner der vier die Stadt umgebenden Landgerichte waren ausserdem dazu berechtigt, sich ohne Zollabgaben in der Stadt aufzuhalten, wo sie ihre Produkte auf dem städtischen Markt zum Verkauf anbieten konnten. Ferner brauchten sich die Landbewohner nicht mehr wie im 13. und 14. Jahrhundert vor militärischen Übergriffen adliger Herrschaftsträger zu fürchten, deren Burgen entweder zerstört waren oder sich im Besitz bernischer Bürger und Amtsträger befanden. Wie schwierig es für den Rat am Ende des 15. Jahrhunderts schliesslich wurde, in der Landschaft neue Bürger anzuwerben, zeigen die vergeblichen Bemühungen der Venner, die im Jahre 1494 nur gerade einige Dutzend Personen in den von ihnen verwalteten Landgerichten zum Erwerb des Bürgerrechts veranlassen konnten.

Die Herkunft der Stadtbewohner

Anhand der im Tellbuch von 1448 verzeichneten Orts- und Herkunftsnamen lässt sich die geographische Herkunft eines Teils der Stadtbevölkerung bestimmen und mit Hilfe einer Karte für die Mitte des 15. Jahrhunderts graphisch darstellen (Abb. 68).[38] Obwohl das Tellbuch kaum reine Ortsbezeichnungen enthält und sich die meisten Herkunftsnamen vor allem bei den wohlhabenden Ratsgeschlechtern bereits im Verlauf des 14. Jahrhunderts zu eigentlichen Familiennamen entwickelt haben,

Abb. 67:
Jakob Samuel Weibel, Panorama von Bern (vom Hohbühl aus), 1834, Bern, Historisches Museum.

Der Ausschnitt des Panoramas zeigt das südlich der Stadt gelegene Umland Berns zu Beginn des 19. Jahrhunderts. Während in der Mitte des Aquarells die hoch aufragenden Türme der Heiliggeistkirche, des Christoffeltors, des Zytgloggenturms und des Münsters auf eine verdichtete urbane Bauweise hinweisen, präsentiert sich das stadtnahe Umland nur locker mit Häusern bebaut. Das Landschaftsbild wird geprägt von einzelnen bäuerlichen Gutshöfen sowie von repräsentativen Landsitzen, die sich seit dem 15. Jahrhundert im Besitz von Stadtbürgern befanden. Auffällig sind dabei die im 18. Jahrhundert angelegten Pappel-Alleen.

können die im Steuerregister überlieferten Ortsnamen als Herkunftsorte einzelner Familien betrachtet werden. Die meisten dieser Familien waren wie die von Bubenberg, von Erlach oder von Wabern ursprünglich entweder aus den entsprechenden Wohnsitzen nach Bern übergesiedelt oder standen sonst in irgend einer familiären oder herrschaftlichen Beziehung zu den in den Familiennamen genannten Wohnorten oder Gerichtsherrschaften.

Kaum Probleme gibt hingegen die Bestimmung der Herkunftsorte der weniger vermögenden Personen wie Mägde, Knechte und Bettler sowie der Handwerksgesellen, deren Herkunftsnamen noch bis weit ins 16. Jahrhundert mehrheitlich reine Ortsbezeichnungen darstellten. Dasselbe gilt für die über grössere Entfernungen migrierenden spezialisierten Handwerker und Akademiker, die ihre Familiennamen wie beispielsweise der Kürschner und Fernkaufmann Johannes Beheim (Böhmen), genannt Fränkli, und der Arzt Johannes von Sachsen erst nach ihrer Übersiedlung nach Bern angenommen haben (siehe Kastentext, S. 117).[39]

Bei der Betrachtung der Herkunftsorte der Stadtbewohner im 15. Jahrhundert lässt sich deutlich zwischen der Herkunft der im Tellbuch von 1448 aufgezeichneten Personen und der in anderen Quellen überlieferten Herkunftsorte spezialisierter Handwerker und Akademiker unterscheiden, die sich im Verlauf des 15. Jahrhunderts in Bern niedergelassen haben.[40] Während sich die Herkunftsorte der im Steuerbuch erwähnten Stadtbewohner fast ausschliesslich auf das Gebiet des heutigen bernischen Mittellandes mit Schwerpunkten entlang den Flusstälern von Aare, Sense und Emme sowie in zweiter Linie auf das Gebiet der Eidgenossenschaft konzentrieren, erfassen die Herkunftsgebiete der Spezialisten den gesamten, sich trichterförmig gegen Nordosten öffnenden Raum von Elsass/Schwaben über das Mittelrheingebiet und Franken bis nach Nord- und Ostdeutschland sowie im Süden Teile der Lombardei und des Piemont. Diese ungleichmässige geografische Verteilung der

Abb. 68:
Die Herkunft der Stadtbewohner im 15. Jahrhundert, Roland Gerber 1998.

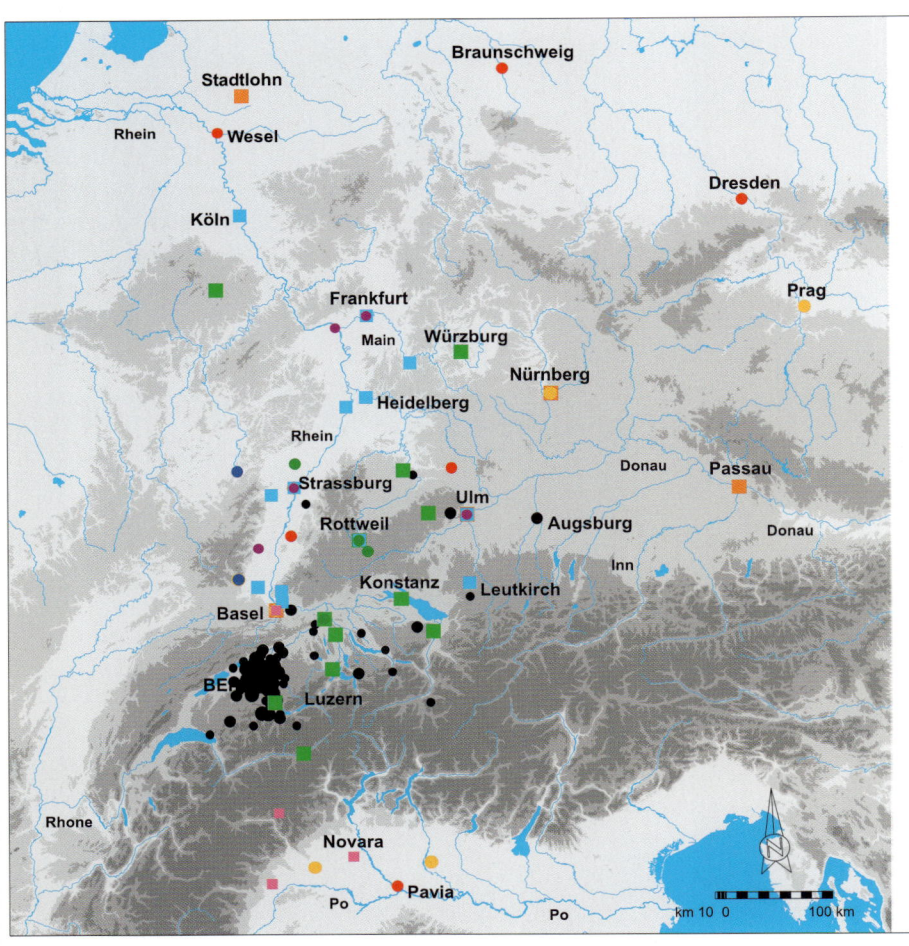

Von ausserhalb nach Bern zugewanderte spezialisierte Handwerker, Akademiker, Künstler, Dienstmägde und Bettler im 15. Jh.

Vorname	Name	Beruf	Herkunftsort
Anton	von Camin, genannt Apotheker	Apotheker	Cambio (Pavia)
Jakob	von Meringen, genannt Apotheker	Apotheker	Meringen
Johannes	Hetzel	Baumeister	Rottweil
Hermann	von Mainz	Bettler	Mainz
Katharina	von Strassburg	Bettlerin	Strassburg
	Frankfurt, die von	Bettlerin	Frankfurt
Albrecht	von Nürnberg	Bildhauer	Nürnberg
Johannes	von Meyenberg	Büchsenmeister	Meyenberg
Katharina	von Ulm	Dienstmagd	Ulm
Tilia	von Colmar	Dienstmagd	Colmar
Johannes	von Mülhausen	Handwerksgeselle	Mülhausen
Johannes	von Leutkirch	Handwerksgeselle	Leutkirch
Johannes	von Köln	Handwerksgeselle	Köln
Johannes	Bub	Handwerksgeselle	Frankfurt
Jost	von Speyer	Handwerksgeselle	Speyer
Heinrich	von Ulm	Handwerksgeselle	Ulm
Rudolf	von Ulm	Handwerksgeselle	Ulm
Niklaus	von Strassburg	Handwerksgeselle	Strassburg
Johannes	von Heidelberg	Handwerksgeselle	Heidelberg
Johannes	von Miltenberg	Kannengiesser	Miltenberg
Crestentius	de Insula	Kaufmann	Genua
Johannes	von Nürnberg	Kaufmann	Nürnberg
Batholomäus	de Tromenogo	Kaufmann/Geldhändler	Tronzano (Vercelli)
Jakob	de Pandiano	Kaufmann/Geldhändler	Pandino
Johannes	Fränkli, genannt Beheim	Kaufmann/Kürschner	Prag (Böhmen)
Johannes	von Molsheim	Kürschner	Molsheim
Matthäus	Ensinger	Münsterwerkmeister	Ulm
Stefan	Hurder	Münsterwerkmeister	Passau
Erhard	Küng	Münsterwerkmeister	Stadtlohn
Ludwig	Gfell	Münzmeister	Basel
Johannes	Rosenzwei	Organist	Würzburg
Anton	de Novaria	Papiermüller	Novara
Tschan	Jacki	Papiermüller	Vallée de Gressoney
Johannes	Pastor	Papiermüller	Caselle
Eberhard	von Rottweil	Pulvermacher	Rottweil
Johannes	Küffer	Schneider	Sarrebourg
Lienhard	Schaller	Schneider/Tuchhändler	Thann
Ulrich	Hauker	Schulmeister	Marbach
Johannes	Fest	Schulmeister	Konstanz
Konrad	Huff	Schulmeister	Münsingen
Johannes	von Muntzingen	Schulmeister	Münsingen
Niklaus	Strün	Schulmeister	Thun
Jakob	von Hillesheim	Schulmeister	Hillesheim
Johannes	Recher	Schulmeister	Luzern
Valerius	Anshelm	Schulmeister/Stadtarzt	Rottweil
Adam	Krauch	Stadtarzt	Kenzingen
Johannes	Mutzler	Stadtarzt	Schwäbisch Gmünd
Peter	von Ulm	Stadtarzt	Ulm
Dietrich	von Wesel	Stadtarzt	Wesel
Hieronymus	Baldung	Stadtarzt	Schwäbisch Gmünd
Dietrich	Fabri	Stadtarzt	Braunschweig
Diebold	Schilling	Stadtschreiber	Hagenau
Konrad	Justinger	Stadtschreiber	Rottweil
Thüring	Fricker	Stadtschreiber	Brugg
Heinrich	von Speichingen	Stadtschreiber	Spaichingen
Niklaus	Fricker	Stadtschreiber	Brugg
Konrad	von Miltenberg	Tuchfärber	Miltenberg
Lienhard	von Ulm	Weber	Ulm
Georg	Meier, genannt Windenmacher	Windenmacher	Rötteln
Stefan	von Preussen	Wollschläger	Danzig (Preussen)
Ambrosius	Eberstein	Wollweber/Tuchfärber	Villarsel
Johannes	von Sachsen	Wundschärer	Dresden (Sachsen)
Konrad	von Rottweil	Zimmermann	Rottweil

Tabelle Roland Gerber 1998

Herkunftsorte widerspiegelt einerseits die starke Ausrichtung Berns auf das eigene Territorium, aus dem sich der weitaus grösste Teil der zugewanderten Stadtbewohner rekrutierte, und andererseits die Einbettung der Stadt in den oberdeutschen Wirtschaftsraum, der im 15. Jahrhundert zu den führenden im Römisch-deutschen Reich gehörte.[41]

Die Zuwanderung nach Bern umfasste im Spätmittelalter ein Gebiet, das sich in vier verschiedene Migrationsräume gliedern lässt.[42] Der erste Migrationsraum bildete die nähere Umgebung der Stadt (Abb. 67). Die Einwohner des stadtnahen Umlandes waren sowohl politisch, rechtlich und ökonomisch als auch sozial über zahlreiche persönliche und herrschaftliche Beziehungen eng mit der Stadtbevölkerung verbunden.[43] Von den rund 260 Personen, die im Tellbuch von 1448 einem Herkunftsort zugeordnet werden können, stammen rund 95 Prozent aus einem Ort im heutigen Kantonsgebiet.[44] Die Ausdehnung dieses Migrationsraumes beträgt je nach geographischer Situation zwischen 20 und 30 Kilometern. Die Zuwanderung aus den Dörfern übertraf dabei diejenige aus den Städten und macht über 90 Prozent der nachweisbaren Migrationen aus. Entsprechend dieses Übergewichts der ländlichen Herkunftsorte finden sich im 15. Jahrhundert kaum spezialisierte Handwerker oder Akademiker, die aus dem engeren Herrschaftsgebiet nach Bern übergesiedelt sind. Eine wichtige Ausnahme bildet die Stadt Thun, in der während des 15. Jahrhunderts immerhin vier als Magister bezeichnete Schulmeister gelebt haben, die für eine Zeit lang auch in der berner Lateinschule tätig waren (vgl. Kap. II, S. 155).[45]

Der zweite, etwas weiter gefasste Migrationsraum umspannt den näheren Einflussbereich der Eidgenossenschaft. Er liegt zwischen 30 und 150 Kilometer von Bern entfernt und wird im Norden durch den Rhein und im Süden durch Rhone und Genfersee begrenzt. Aus diesem Raum stammen nur noch etwa drei Prozent der im Tellbuch von 1448 mit Herkunftsangaben bezeichneten Stadtbewohner. Die Herkunftsorte verteilen sich dabei jedoch nicht gleichmässig um die Stadt, sondern konzentrieren sich auf das Gebiet der heutigen Deutschschweiz. Die Sprachgrenze bildete somit für Bern, wie dies auch für andere spätmittelalterliche Städte nachgewiesen werden kann, ein wichtiges Hindernis bei der Zuwanderung.[46] Im zweiten Migrationsraum machen die Städte bereits über zwei Drittel der überlieferten Herkunftsorte aus, während die ländlichen Orte mit den grösser werdenden Entfernungen immer deutlicher zurücktreten. Auffällig für diesen Migrationsraum ist die Nennung von sechs Schulmeistern, die alle im Verlauf des 15. Jahrhunderts an der bernischen Lateinschule tätig waren.[47] Neben dem aargauischen Kleinstädtchen Brugg, aus dem der Stadtschreiber Niklaus Fricker und sein berühmter Sohn, Thüring Fricker, stammten, besass vor allem Basel als Tor zum elsässisch-schwäbischen Wirtschaftsraum eine grössere Bedeutung als städtischer Zuwanderungsort.

Der dritte Migrationsraum war überwiegend ökonomisch geprägt und gliederte sich in einen südlichen und nördlichen Bereich. Der nördliche Teil besteht aus ganz Oberdeutschland mit den Wirtschaftszentren Frankfurt, Strassburg, Nürnberg, Ulm und Augsburg, während der südliche Teil die Lombardei und das Piemont umfasst. Er befindet sich zwischen 150 und 400 Kilometern von Bern entfernt und wird im Norden durch den Main, im Osten durch den Inn und im Süden durch den Po begrenzt. Als Herkunftsorte erscheinen vorwiegend Städte, die in der Regel über 1000 Einwohner zählten. Die wirtschaftliche Ausrichtung des dritten Migrationsraumes zeigt sich deutlich in der Nennung von insgesamt 14 spezialisierten Handwerkern und Handwerksgesellen, die sich im Verlauf des 15. Jahrhunderts in Bern niedergelassen haben. Neben einem Kannengiesser, Kürschner, Windenmacher, Steinmetz, Bildhauer und Holzschnitzer finden sich in den Quellen auch verschiedene Angehörige des Textilgewerbes wie ein Walker, ein Tuchfärber und zwei Wollweber sowie je ein Schneidermeister aus Thann und Sarrebourg im heutigen Frankreich. Eine wichtige Rolle als Migrationsort spielte die schwäbische Reichsstadt Rottweil, aus der neben einem Steinmetz, Zimmermann und Pulvermacher mit Konrad Justinger und Valerius Anshelm nicht weniger als zwei bernische Chronisten herkamen.[48] Die intensive Zuwanderung von Oberdeutschland nach Bern zeigt sich auch darin, dass im Tellbuch von 1448 insgesamt zwei Dienstmädchen, zwei Bettlerinnen und ein Bettler genannt werden, die alle aus elsässisch-schwäbischen oder hessischen Städten stammten. Bettler und Dienstmädchen zählten im Unterschied zu Ärzten und Baumeistern zwar nicht zu den spezialisierten Berufen, sie mussten jedoch ebenso wie diese, grosse Distanzen zurücklegen, damit sie ihren Lebensunterhalt bestreiten konnten.

Der südliche Bereich des dritten Migrationsraumes zeichnet sich durch eine starke Spezialisierung der migrierenden Berufsgruppen aus. Neben Ärzten und Apothekern waren es vor allem Kaufleute und Geldhändler, die während des 15. Jahrhunderts aus Norditalien nach Bern übersiedelten. Die berühmtesten Vertreter dieser Berufsgruppe waren die italienischen Geldkaufleute Jakob May und sein Sohn Bartholomäus, die es im Verlauf des 15. Jahrhunderts zu beachtlichem Wohlstand brachten (siehe Kastentext, S. 163).[49] Den handwerklichen Fähigkeiten der Lombarden war es schliesslich auch zu verdanken, dass um 1466 in Worblaufen die erste bernische Papiermühle in Betrieb genommen werden konnte.[50]

Eine ähnlich spezialisierte Berufsstruktur wie Norditalien weist auch der vierte Migrationsraum auf. Er schliesst sich nördlich an den Main an und liegt mindestens 400 Kilometer von Bern entfernt. Aus diesem Raum stammen neben drei Stadtärzten mit Stefan Hurder aus Passau und Erhard Küng aus dem westfälischen Stadtlohn zwei prominente Münsterwerkmeister des 15. Jahrhunderts (vgl. Kap. V, S. 410 und Kap. V, S. 421).[51] Alle diese spezialisierten Handwerker und Akademiker hatten ihren Beruf ausserhalb Berns erlernt und waren von Schultheiss und Rat wegen ihren besonderen Fähigkeiten zu erleichterten Niederlassungs- und Einbürgerungsbedingungen in die Stadt berufen worden.[52] Die Ansiedlung dieser Spezialisten dokumentiert einerseits die grosse Mobilität, die einzelnen Berufsgruppen, aber auch Dienstleuten und Bettlern während des Spätmittelalters zugekommen ist. Andererseits widerspiegelt sie die wachsenden Ansprüche der wohlhabenden bernischen Ratsfamilien in Architektur, Kunst, Bildung und Medizin, die ihre Heimatstadt mit dem Bau des Münsters im 15. Jahrhundert weit über die eigenen Territoriumsgrenzen hinaus bekannt machten.

Die Gesellschaft

«...aller Wällt Figur...».
Die bernische Gesellschaft des ausgehenden Mittelalters im Spiegel von Niklaus Manuels Totentanz

Urs Martin Zahnd

Die letzte Gestalt, die in Niklaus Manuels grossartigem Totentanz zum Reigen anzutreten hat, ist der Maler selbst (Abb. 69, 92): Auf den Knien schleichend, das Stundenglas auf dem Rücken balancierend, nähert sich der Tod dem Künstler, der noch an der Gruppe der Türken und Juden malt, greift nach dem Malstock und spricht den Überraschten mit den Worten an:

Abb. 69:

Albrecht Kauw, Kopie des Totentanzes von Niklaus Manuel Deutsch, Der Tod holt den Maler, 1649, Bern, Historisches Museum. S: Stifterwappen.

Abb. 70:

Vertreibung aus dem Paradies
S: Wilhelm von Diesbach, Anastasia Schwend

Moses erhält auf dem Sinai die Gesetzestafeln
S: Jakob von Wattenwyl, Magdalena von Muleren

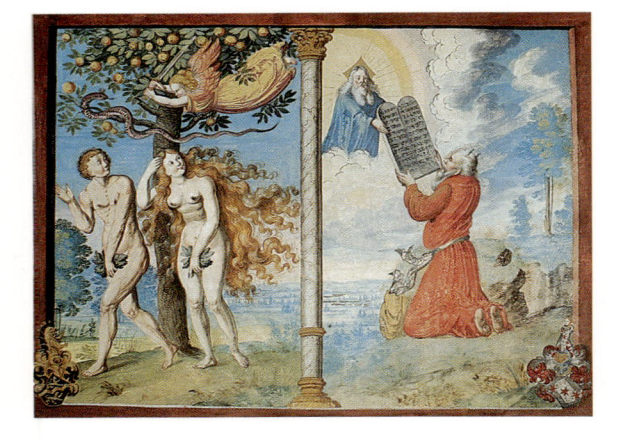

«*Manuel, aller Wällt Figur*
Hast gemalet an dise Mur.
Nun must stärben, da hilfft kein Fund,
Bist ouch nit sicher Minut, noch Stund.»[1]

In der Tat: Niklaus Manuel hielt in seinem Bilderzyklus «... *aller Wällt Figur* ...», das heisst das Abbild, die Gestalt, die Erscheinung[2] des Menschen in unterschiedlichsten gesellschaftlichen Rollen fest; und diese Figura stellte er seinen Zeitgenossen in den Jahren 1516/17 bis 1519/20 auf der südlichen, über 100 Meter langen Kirchhofmauer des Berner Predigerklosters als eindringliches Memento mori vor Augen. Erhalten blieb dieser Tanz des Todes mit Frauen und Männern aller Gesellschaftsschichten nicht, weil die Kirchhofmauer um 1660 wegen einer Strassenerweiterung abgerissen wurde. Eine Vorstellung von dieser Bilderfolge haben wir Nachgeborenen lediglich auf Grund der Gouache-Kopien, die der Maler Albrecht Kauw 1649 angefertigt hat; von einzelnen Szenen blieben zudem Skizzen Conrad Meyers erhalten, und Kauws Arbeit wurde ihrerseits zur Vorlage einer Kopie von Wilhelm Stettler (siehe Kastentext, S. 121).[3] Von den Texten, die die Bilder begleitet haben – je eine Strophe, in der der Tod sein Opfer anspricht, je eine Strophe, in der der Mensch dem Tod antwortet – existieren mehrere Abschriften, die allerdings alle erst im späten 16. und im 17. Jahrhundert angefertigt worden sind.[4]

Angesichts dieser Überlieferung ist es verständlich, dass viele Fragen rund um den Totentanz kaum mehr mit Sicherheit zu beantworten sind, zum Beispiel: Auf welcher Seite der Kirchhofmauer stand der Totentanz – gegen das Kloster zu, auf die Gassenseite hin? In welcher Technik wurden die Bilder angefertigt, auf Holztafeln oder, wohl wahrscheinlicher, al fresco direkt auf die Mauer? Standen die beigefügten Verse auf Holzbrettern? Inwiefern sind die Bilder bei den mehrfach zu belegenden Überarbeitungen im Verlaufe des 16. Jahrhunderts verändert worden? Inwiefern haben die Verse Niklaus Manuels, hauptsächlich bei den geistlichen Figuren, nach der Reformation eine antiklerikale Neufassung erhalten?[5]

Niklaus Manuels Totentanz kennen wir nur aus Kopien, aus Abbildern, gleichsam aus der Figur der Figuren; dennoch ist es der Forschung gelungen, in mühsamer Kleinarbeit Niklaus Manuels Werk in die spätmittelalterliche Totentanztradition einzuordnen. Selbstverständlich nahm Niklaus Manuel in seiner Totentanzfassung zahlreiche Anregungen und Motive aus älteren Wandbildern und Drucken von Totentänzen auf – zu den Vorbildern zählten beispielsweise die Totentänze von Basel, Strassburg, Mittelrhein, Paris, Holzschnitte Guy Marchants von 1486, das Heidelberger Blockbuch aus dem Jahre 1485 – anderes fügte er neu hinzu, so etwa die bereits erwähnte Selbstdarstellung (Abb. 69, 92).[6] In 41 Szenen lässt er den Tod in unterschiedlichster Gestalt mit und um die

Der Maler Albrecht Kauw (1616–1681) als wichtigster Vermittler des Manuelschen Totentanzes

Georges Herzog

Im Jahre 1649 überreichte der aus Strassburg stammende, aber damals schon seit mehr als einem Jahrzehnt in Bern ansässige Maler Albrecht Kauw dem Berner Rat eine Kopie des Manuelschen Totentanzes (Abb. 69–93). Mit diesem Geschenk versuchte er sich – wie es damals üblich war – der Obrigkeit für weitere Aufgaben zu empfehlen. Er wurde dann auch in der Folge zum meistbeschäftigten Maler seiner Generation und war als handwerklich geschickter Generalist unter anderem massgeblich an der Ausbildung der Berner Variante des monumentalen Barockstillebens und der Weiterentwicklung und Ausbreitung der Landschaftsvedute in der Nachfolge Matthäus Merians d. Ä. beteiligt.

Mit seiner Kopie des Totentanzes bewahrte Kauw – kurz vor der vollständigen Zerstörung des Originals – eines der Hauptstücke der Berner Kultur- und Kunstgeschichte vor dem völligen Verlust. Auf 24 Papierbogen im durchschnittlichen Format von 36,5 × 49,2 cm, verewigte er in Gouache-Technik die laut zeitgenössischen Informationen[7] mit lebensgrossen Personen bevölkerten Szenen des Wandmalereizyklus. Diese Kopie bildete fortan die Vorlage für weitere Nachschöpfungen[8] und die Grundlage für die historische und kunsthistorische Auseinandersetzung mit dem Werk Manuels bis hin zur grossen Manuel-Ausstellung im Jahre 1979, deren Katalog die Geschichte der Rezeption des Totentanzes und den damaligen Forschungsstand zusammenfasste.[9]

Alle Autoren, die sich zum Thema der Originalnähe der Kopie äusserten, billigen Kauw im Wesentlichen eine solide und recht getreue Kopierleistung zu.[10] Die offensichtlichen Verzeichnungen werden fast übereinstimmend dem zur Zeit der Kopie bereits sehr schlechten Allgemeinzustand des Werkes und zahlreichen Übermalungen angelastet. Lediglich in den Landschaftshintergründen glaubte man seit Zinslis Ausführungen mehrheitlich eine Zutat Kauws zu erkennen.[11] Doch das Argument, dass in den Landschaften «*Manuels herbere und romantischere Auffassung durch den idyllischeren Geschmack..., den wir aus Kauws Veduten bernischer Burgen und Schlösser kennen*»[12] überspielt werde, ist nur bedingt zutreffend. Bei genauer Betrachtung lässt sich in diesen Landschaften ebensoviel Kauw-Fremdes wie Manuel-Verwandtes entdecken (vgl. Kap. VI, S. 523).[13] Zudem sind von einem ausgewiesenen Landschafter wie Kauw, so undifferenzierte und fragmentarische Landschaften wie beispielsweise jene auf dem Blatt mit dem Abt und dem Chor-

herrn (Abb. 74) nicht zu erwarten. Solche Beispiele deuten vielmehr auf die teilweise nur noch fragmentarische Erhaltung der originalen Landschaftshintergründe zum Zeitpunkt der Kopie hin. Dieser schlechte Zustand[14] und der daraus resultierende Interpretationsspielraum für den Kopisten dürften dazu geführt haben, dass bei einigen Blättern Kauws Landschaftsauffassung mehr durchschimmert als bei anderen. Es gibt aber auch Blätter, bei denen Manuels Elemente noch deutlich ablesbar sind. So erinnern etwa die Rundtürme und Zentralbauten auf dem Kreuzigungsbild und auf dem Blatt mit der Totenpredigt ziemlich direkt an die Architekturdarstellungen auf der Manuelschen Altartafel mit dem Martyrium der hl. Ursula im Kunstmuseum Bern[15], und die Holzhäuser und -hütten mit den schwach geneigten Satteldächern sind ebenso eher in Manuels als in Kauws Repertoire zu finden, wie die idealen Hochgebirgskulissen, die mehrfach mit einem See kombiniert sind (siehe Kastentext, S. 530).

Prägenderen Einfluss hatte Kauws eigener Landschaftsstil in Blättern wie jenem mit dem Fürsprecher und dem Arzt (Abb. 83), wo er mit Anklängen an die südliche Bielerseegegend (St. Johannsen und Petersinsel) eine Ideallandschaft konstruierte, die in ihrer Gesamtwirkung recht stark an die 1671 entstandene Vedute von St. Johannsen[16] erinnert.

Die unterschiedliche Qualität der Figuren und die zum Teil recht derben Verzeichnungen sind wohl ebenfalls nicht mit Kauws mangelndem Können zu erklären. Sein übriges Werk weist ihn zwar nicht in jedem Fall als überragenden Figurenzeichner aus, aber die Mängel die oftmals seinen eigenen Figurenschöpfungen anhaften, decken sich nicht mit den krassen Fehlern auf der Totentanzkopie. Wie für die unterschiedlichen Landschaftshintergründe, dürfte die Hauptquelle für die Figurenverzeichnungen im schlechten Zustand und den fehlerhaften Übermalungen der Vorlage zu suchen sein. Kauw war ein zu versierter und anpassungsfähiger Handwerker, als dass man ihm beispielsweise die völlig verunglückte Handstellung des Malers mit der Palette beim Selbstbildnis Manuels oder die anatomischen Ungereimtheiten bei der Figur des Narren zutrauen müsste. Mit der Einschränkung, dass Kauw sicher nicht das Genie eines Niklaus Manuel besass und er seine künstlerische und menschliche Formation in einer anderen Zeit und in einem anderen Umfeld erhielt, kann man doch davon ausgehen, dass er nach bestem Wissen und Gewissen die akkumulierten Veränderungen getreu der ihm zur Verfügung stehenden Vorlage dokumentierte.

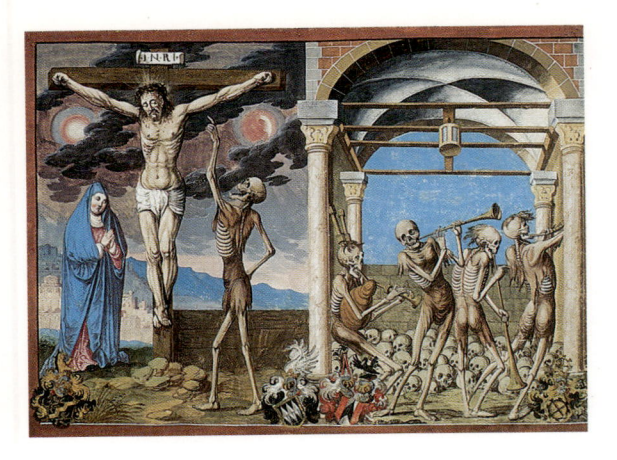

Abb. 71:

Christus am Kreuz

S: Ludwig von Diesbach, Agatha von Bonstetten

Totenkonzert im Beinhaus

S: Hans von Erlach, Magdalena von Mülinen

Vertreter aller Gesellschaftsschichten tanzen. Vor breiten Renaissance-Arkaden, die den Blick in eine weite Landschaft schweifen lassen, holt der Tod zuerst 13 Vertreter der Kirche (Papst, Kardinal, Patriarch, Bischof, Abt, Chorherr, Kirchenjurist, Magister, Deutschordensritter, Mönche, Äbtissin, Waldbruder und Begine, Abb. 72–78), danach 28 Repräsentanten der Laienwelt (Kaiser, König, Kaiserin, Königin, Herzog, Graf, Ritter, Jurist, Fürsprecher, Arzt, Schultheiss, Junker, Ratsherr, Vogt, Burger, Kaufmann, Witwe, Tochter, Handwerker, Bettler, Krieger, Dirne, Koch, Bauer, Narr, Kind, Türken und Juden, Maler, Abb. 79–92). Die Gestalten, welchem Stand sie auch immer angehören, werden auf die linke Bildseite hin und damit zum Beinhaus und zum Totenkonzert geführt (Abb. 71). Und allen wird dort mit der Darstellung des Sündenfalles, der Überreichung des mosaischen Gesetzes (Abb. 70) und der Kreuzigung (Abb. 71) jener Deutungsrahmen vor Augen geführt, in den der Künstler und seine Zeitgenossen auch den Tod eingebunden sehen. Konsequenterweise antwortet Niklaus Manuel am Schluss dieses ausführlichen Memento mori dem Tod:

«Hilff, einiger Heyland, drumb ich dich bitt!
Dann hie ist keines Blybens nit.
So mir der Tod min Red wirt stellen,
So bhüet üch Gott, mine lieben Gsellen!»[17]

Damit ist der Bogen zur Kreuzigung in der Einleitung gespannt; die Worte des Predigers im abschliessenden Rahmenbild nehmen denselben Gedanken auf, sind nun aber an den Totentanzbetrachter direkt gerichtet. Einerseits weist der Totentanz dadurch auf das allen Menschenschicksalen Gemeinsame hin: auf das Sterbenmüssen als einer Grundgegebenheit der Conditio humana. Andererseits zeigt die Anordnung des Totentanzes, dass die Menschen nicht als ein willkürlich zusammengewürfelter Haufen gesehen worden sind, sondern als Angehörige einer streng geordneten Gemeinschaft; sie bilden eine äusserst differenzierte Gesellschaft. Wer nach den sozialen Verhältnissen in Bern im ausgehenden Mittelalter fragt, erhält demnach im Totentanz zumindest darüber Auskunft, wie die Zeitgenossen selber sich die Ordnung ihrer Gesellschaft gedacht haben.

Dieses spätmittelalterliche Gesellschaftsbild ist nun allerdings nach ganz anderen Kriterien gegliedert worden, als sie bei heutigen Gesellschaftsanalysen üblicherweise beachtet werden. Einkommens- und Vermögensverteilung (→Abb. 96), die Gliederung der Erwerbstätigen nach Wirtschaftssektoren oder die Frage nach der ökonomischen Mächtigkeit spielen für Niklaus Manuel kaum eine Rolle; er lässt die Menschen gemäss der Ordnung ihrer Standeszugehörigkeit antreten. Diese Standeszugehörigkeit wird zwar durchaus durch wirtschaftliche Belange mitbestimmt, beruht aber zugleich auf einer Vielzahl weiterer Faktoren wie zum Beispiel Geburt, Familienverbindungen, Amt und so weiter. Dass es sich bei diesem Gesellschaftsbild nicht nur um die persönliche Vorstellung des Malers handeln kann, machen verschiedene Hinweise deutlich: Zum einen sind die einzelnen Bilder von Bürgern der Stadt gestiftet, das heisst finanziert worden und sie haben ihre Stiftung auch durch ihr Wappen vor Zeitgenossen und Nachwelt ausgewiesen; stammen mehrere Stiftungen aus der gleichen Familie, verhindern die beigefügten Initialen des Stifternamens eine allfällige Verwechslung. Zum anderen liessen sich verschiedene Stifter als Repräsentanten des eigenen Standes im Totentanz abbilden: Der Stadtschreiber und Magister artium Niklaus Schaller finanziert das Bild des Astrologen (wohl besser «Magister», Abb. 75), der Deutschordenskomtur Rudolf von Fridingen den Deutschordensritter (Abb. 76), der Stadtarzt Valerius Anshelm den Arzt (Abb. 83), der Freiburger Schultheiss Peter Falk den Schultheissen (Abb. 84), der Kleinrat Hans Keiser den Ratsherrn (Abb. 85), der Grossrat Hans Brunner den Burger (Abb. 86), der Händler Konrad Vogt den Kaufmann (Abb. 86), Dorothea von Erlach die Witwe (Abb. 87), der Schneidermeister Lienhard Tremp den Handwerker (Abb. 88), der Söldnerführer Jakob vom Stein den Krieger (Abb. 89), der Stadtnarr Gutschenkel den Narren (Abb. 91), der Söldnerführer Sebastian vom Stein den Ritter (Abb. 82), Bernhard Armbruster den Vogt (Abb. 85) und Franz Armbruster den Junker (Abb. 84). Ausdrücklich ist zudem belegt, dass einzelne Gestalten des Totentanzes die Gesichtszüge ihres Stifters tragen.[18] Unverkennbar haben sich die Berner des beginnenden 16. Jahrhunderts nicht nur mit dem Memento mori des Totentanzes, sondern auch mit dem darin gespiegelten Gesellschaftsbild identifiziert. Mit Hilfe dieses spezifisch bernischen Aspektes des Ständespiegels soll in den folgenden Ausführungen der Blick auf die bernische Gesellschaft im ausgehenden Mittelalter illustriert werden; konsequenterweise wird dabei die ständisch-hierarchische Ordnung, nach der die Menschen im Totentanz antreten müssen, auch bei der Betrachtung des gesellschaftlichen Alltags in Bern um 1500 beibehalten.

Abb. 72:

Tod und Papst

S: Burkhard von Erlach, Ursula von Seengen

Tod und Kardinal

S: Ludwig von Erlach, Barbara Schmid

«Edler Jüngling, schön, jung und rych»[19] – die bernische Oberschicht

Bereits den Zeitgenossen ist als auffälliges Charakteristikum der bernischen Oberschicht, der städtischen Führungsgruppe, deren enge Verflechtung mit den Adels- und Ministerialengeschlechtern des näheren und weiteren Umlandes aufgefallen. In seiner Topographia urbis Bernensis von 1486 schreibt Heinrich von Gundelfingen, Chorherr in Beromünster: *«In eben dieser Stadt selber leben viele vornehme, adlige Familien, die von Bubenberg oder von Erlach, von Diesbach, vom Stein, von Ringoltingen, von Wabern, von Balm und andere ...»*;[20] zu ergänzen wäre diese Liste etwa noch durch die Scharnachthal, Matter, Muleren und die aargauischen Geschlechter der Mülinen, Hallwyl, Büttikon und Luternau. Der Dekan von Einsiedeln, der Humanist Albrecht von Bonstetten, betont in seiner Beschreibung der Eidgenossenschaft von 1479, in Bern *«... würt keiner zu schulthessen genomen, er sy dann ritter oder sust von edlen oder erlichen stammen geborn»*;[21] und Peter Kistler beklagt sich während des Twingherrenstreites (siehe Kastentext, S. 335), auch für die übrigen Eidgenossen sei die Gleichsetzung von bernischer Regierung und Adel eine Selbstverständlichkeit: *«Aber da ist nach niemants frag, niemants ist inen angenem, keinem wünschend sy dank, niemant hat inen guts tan und das ir erhalten dann der adel von Bern.»*[22]

Den innersten Kreis der bernischen Führungsschicht bildete in der Tat während des ganzen 15. Jahrhunderts eine Gruppe von Familien, die sich als adlig verstand und die von Mitbürgern und Zeitgenossen auch als solche anerkannt wurde. Die obenstehende Zusammenstellung macht allerdings deutlich, dass mit der aus dem 19. Jahrhundert stammenden strengen Trennung zwischen Adel und Bürgertum die gesellschaftliche Realität im spätmittelalterlichen Bern kaum zu erfassen ist: Zwar handelte es sich bei den Bubenberg, Erlach, Scharnachthal, Stein, Mülinen, Hallwyl oder Luternau um alte Ministerialenfamilien; die Diesbach, Wabern, Ringoltingen oder Matter waren aber Geschlechter, die aus Gewerbe und Handel aufsteigend, sich erst im 15. Jahrhundert in die Gruppe der Adelsfamilien integrierten.[23] Den als adlig verstandenen Lebensstil konnten sich diese Familien aufgrund ihrer Einkünfte aus Grund- und Gerichtsherrschaften innerhalb des bernischen Herrschaftsbereiches leisten; die dadurch erworbene Abkömmlichkeit erlaubte ihnen neben der Ausübung ehrenamtlicher Ratsstellen in der Stadt auch die Übernahme diplomatischer und militärischer Aufgaben. Das Leben dieser Oberschicht spielte sich zwischen dem städtischen Sässhaus und dem herrschaftlichen Sitz im bernischen Territorium ab (vgl. Kap. II, S. 173). Dabei darf allerdings nicht übersehen werden, dass verschie-

Abb. 73:

Tod und Patriarch

S: Theobald von Erlach, Johanna Asperlin von Raron

Tod und Bischof

S: Caspar Wyler

dene dieser Adelsfamilien im ausgehenden 15. Jahrhundert in grosse wirtschaftliche Schwierigkeiten geraten sind. Offensichtlich reichten die vorwiegend agrarischen Einkünfte aus den Twingherrschaften nicht mehr ohne weiteres aus, die steigenden Ansprüche und Kosten einer standesgemässen Lebensführung zu decken; die Ringoltingen, Bubenberg, Diesbach, Stein oder Scharnachthal waren schwer verschuldet. Ludwig von Diesbach klagt angesichts seiner jährlich wachsenden Schuldzinsen: «Ach gott, dyss mussd ich uss ckorn unn wyn lössen, dass tzu tzytten nitt ffyll galtt unn tzu tzytten myr ffyll fferdarb unn tzu unnücz hynweg gyng.»[24] Dass unter diesen Umständen die Pensionen fremder Potentaten, Führungsaufgaben im Söldnerwesen und Vogteien für den bernischen Adel um 1500 eine zunehmend wichtige Rolle gespielt haben, ist verständlich (vgl. Kap. IV, S. 277).

Unter den Stiftern von Niklaus Manuels Totentanz sind diese Adelsgeschlechter besonders gut vertreten: 18 der 45 mit Stifterwappen versehenen Bilder wurden von bernischen Adelsfamilien finanziert. Eröffnet wird der Zyklus durch Stiftungen amtierender und stillstehender Schultheissen: Wilhelm von Diesbach, mehrfach Schultheiss zwischen 1481 und 1517, und seine dritte Gattin Anastasia Schwend finanzierten die einleitende Vertreibung aus dem Paradies (Abb. 70); Jakob von Wattenwyl, ebenfalls mehrfach Schultheiss zwischen 1512 und 1525 – er liess auch das Wappen seiner verstorbenen Frau Magdalena von Muleren anbringen – bezahlte die Überreichung der Gesetzestafeln an Moses (Abb. 70); Ludwig von Diesbach, der Bruder des Schultheissen Wilhelm, und seine zweite Gattin Agatha von Bonstetten, stifteten die Kreuzigungsdarstellung (Abb. 71); und Hans von Erlach – mehrfach Schultheiss zwischen 1519 und 1539 – und seine Gattin Magdalena von Mülinen finanzierten das Totenkonzert im Beinhaus (Abb. 71).[25]
Innerhalb der Adelsgruppe treten die Familien von Erlach, von Diesbach und vom Stein als Stifter deutlich hervor: Neben Hans von Erlach finanzierten auch sein Bruder Burkard (Papst, Abb. 72), sein Vetter Ludwig (Kardinal, Abb. 72), sein Bruder Theobald (Patriarch, Abb. 73) und seine Tante Dorothea (Witwe, Abb. 87) ein Bild; die Stiftungen der Brüder Wilhelm und Ludwig von Diesbach werden ergänzt durch die Vergabungen von Wilhelms Söhnen Christoph (Kaiserin, Abb. 80) und Hans (Königin, Abb. 80); und aus der Familie vom Stein engagierten sich der Stiftskantor Thomas (Chorherr, Abb. 74), Sebastian (Ritter, Abb. 82) und Jakob (Krieger, Abb. 89) für Niklaus Manuels Werk. Rudolf von Fridingen (Deutschordensritter, Abb. 76), Jakob von Büttikon (Äbtissin, Abb. 77), Kaspar von Mülinen (Herzog, Abb. 81), Jakob von Roverea (Graf, Abb. 81) und Peter Falk (Abb. 84) entstammten Adelsfamilien, die nur je ein Bild finanzierten.[26] Auffallenderweise fehlen unter den Stiftern auch einige der führenden Geschlechter, etwa die Familie von Scharnachthal oder die Söhne Ludwig von Diesbachs.
In einigen Fällen ist es naheliegend, zwischen den Stiftern und den dargestellten Tanzpartnern des Todes auch da eine direkte biographische Beziehung zu vermuten, wo diese Übereinstimmung nicht bereits durch die identische Standeszugehörigkeit gegeben ist. Burkhard von Erlach (Abb. 72) etwa, stand lange Zeit in päpstlichen Diensten und brachte 1512 das berühmte Juliusbanner nach Bern; Jakob von Büttikon (Abb. 77), hatte Verwandte unter den Priorinnen und Schwestern des Berner Dominikanerinnenklosters St. Michael; und die beiden Herren vom Stein, Sebastian und insbesondere Jakob (Abb. 82, 89), waren wohlbekannte Söldnerführer und Haudegen. Vor einer Überinterpretation derartiger Berührungspunkte ist allerdings zu warnen: Dass sich Kaspar von Mülinen ausgerechnet deshalb als Herzog habe darstellen lassen (Abb. 81), weil er just 1518/19 wegen unerlaubter Reislaufabsichten zu Herzog Ulrich von Württemberg bestraft worden sei, ist doch eher unwahrscheinlich; weder wurde er wirklich aus dem Kleinen Rat gestossen (als

Heimlicher von Burgern oder vom Rat gehörte er ihm von 1517 bis 1527 an), noch hätte er sich wohl dazu bereitgefunden, ein Bild zu finanzieren, das ihn in aller Öffentlichkeit diffamierte.[27]

Eine zweite Gruppe innerhalb der städtischen Führungsschicht bildeten jene Geschlechter, die man im 14. und beginnenden 15. Jahrhundert als «Notabeln», um 1500 dem zeitgenössischen Sprachgebrauch folgend als Junker bezeichnen könnte.[28] Es handelt sich um Familien, deren Abkömmlichkeit und Einsitz in die Ehrenämter des Kleinen Rates ursprünglich auf Gewinnen aus Gewerbe, Handel und Geldgeschäften beruht hat, für die aber um 1500 die im Cursus honorum des Stadtstaates erworbenen Kenntnisse, Verbindungen und wirtschaftlichen Mittel immer entscheidender geworden sind. Bereits im 15. Jahrhundert zählten zu dieser Gruppe die Hetzel, Spilmann, Gugla, Schopfer, Brüggler, Stark, Fränkli oder May; gegen 1500 erschienen die Armbruster, Frisching, Graffenried, Steiger, Hübschi, Tillmann, Nägeli und so weiter. Während des ganzen Spätmittelalters sassen neben den Angehörigen der Adelsgeschlechter immer auch Vertreter dieser Honoratiorenschicht im Kleinen Rat, der eigentlichen Regierung des Stadtstaates. Welche dieser Familien den endgültigen Aufstieg in das sich allmählich bildende und verfestigende Patriziat schaffen würde, das war allerdings zu der Zeit, als Niklaus Manuel an seinem Totentanz arbeitete, in vielen Fällen noch durchaus offen. Dass für die Angehörigen dieser aufsteigenden Familien die Bildstiftungen im Totentanz zugleich Ausdruck ihres Standesanspruches gewesen sind, ist deshalb naheliegend. Auffallend häufig sind es amtierende Venner oder Angehörige von Vennerfamilien, die Stiftungen errichtet haben, etwa der Gerbervenner Kaspar Wyler, der sich nach Valerius Anshelm bereits 1518 kritisch zur Aufgabenerfüllung des hohen Klerus geäussert haben soll (Bischof, Abb. 73)[29], der Schmiedevenner Anton Spilmann (Abt, Abb. 74), der Gerbervenner Rudolf Baumgartner (Mönche, Abb. 77) oder der Gerbervenner Peter Stürler (Waldbruder, Abb. 78) und sein Sohn Hans (Begine, Abb. 78).[30] Besonders deutlich präsent ist die Familie Hübschi: Der Seckelmeister Lienhard finanzierte das Bild des Juristen (den der Tod ironischerweise mit einer Münze ködert!, Abb. 82), Lienhards Vetter Dietrich, Chorherr zu St. Vinzenz, den Fürsprecher (Abb. 83) und Lienhards Schwiegersohn Bernhard Tillmann, der offenbar mit Niklaus Manuel auch persönlich eng verbunden war, die Juden und Türken (Abb. 92). Aus dem Kreise der Ratsherren sind zudem Hans Frisching (König, Abb. 79), Hans Keiser (Ratsherr, Abb. 85), Konrad Vogt (Kaufmann, Abb. 86) und vor allem Bartholomäus May (Doktor des Kirchenrechtes, Abb. 75), der bedeutendste Kaufmann und Bankier Berns um 1500 (siehe Kastentext, S. 163), als Stifter zu eruieren.

Dass auch bei diesen Stiftungen von Angehörigen der Honoratiorenschicht Anspielungen auf Beziehungen zwischen dem Stifter und der dargestellten Figur beabsichtigt gewesen sind, ist wahrscheinlich, aber nur ausnahmsweise nachzuweisen. So war etwa Hans Stürler (Abb. 78) Vogt der Elenden-Herberge und des Unteren Spitals und hatte in dieser Funktion mit den in der Pflege tätigen Beginen zu tun; und auch Bartholomäus Mays Interesse für theologische Fragen ist mehrfach belegt.[31] Auffallend ist allerdings auch, dass einzelne dieser neuen Geschlechter innerhalb der Führungsschicht unter den Stiftern des Totentanzes nicht vertreten sind: Weder das Wappen der Graffenried noch jenes der Nägeli oder der Willading gibt einen Hinweis auf entsprechende Vergabungen. Offenbar hemmte die Amtsentsetzung des Venners Niklaus von Graffenried im Gefolge des Könizer Aufruhrs im Sommer 1513 den Aufstieg der Familie zeitweise doch recht nachhaltig. Hintergründe für das Abseitsstehen des Ratsherrn Rudolf Nägeli, Vater des Stiftspropstes Sebastian und des nachmaligen Schultheissen Hans-Franz und des Venners Konrad Willading sind nicht zu erhellen.[32]

Abb. 74:

Tod und Abt	*Tod und Chorherr*
S: Antoni Spilmann	*S: Thomas vom Stein*

Abb. 75:

Tod und Kirchenjurist   Tod und Magister

S: Barthlome May   S: Niklaus Schaller

Dass der Aufstieg dieser Familien in den eigentlichen Führungskreis des Stadtstaates auch scheitern konnte, zeigt das Geschick der Familie Armbruster, die mit zwei Stiftungen im Totentanz vertreten ist. Bernhard Armbruster (Vogt, Abb. 85), Grossrat, Landvogt in Grandson und Echallens, Bruder des Stiftspropstes Johannes, wird zwar in den zeitgenössischen Quellen ausdrücklich als Junker genannt und versteuerte laut Tellbuch von 1494 (= Steuerverzeichnis) ein Vermögen von 6000 lb; den Einstieg in den Kleinen Rat schafften aber weder er noch sein Sohn Franz (Junker, Abb. 84); wahrscheinlich spielte dabei die stadtbekannte Zuchtlosigkeit des Sohnes eine wesentliche Rolle.[33]

Zwischen diesen beiden Gruppen innerhalb der politischen und gesellschaftlichen Führungsschicht des bernischen Stadtstaates – die allerdings nur sehr unscharf zu trennen sind – gab es, zumindest im 15. und 16. Jahrhundert, kaum Spannungen; zu eng waren die Verflechtungen zwischen Adel und Honoratioren, zu ähnlich die Lebensformen, zu häufig das Konnubium: Der einer ursprünglich nicht adligen Familie entstammende Schultheiss Jakob von Wattenwyl verdankte seinen Reichtum unter anderem seiner adligen Gattin Magdalena von Muleren (Abb. 69), der Alleinerbin Urbans von Muleren; der Ritter Jakob von Roverea (Abb. 81) verdankte seinen Wohlstand unter anderem dem einem Kaufmannsgeschlecht entstammenden Grossvater Heinrich Matter; und Dorothea von Erlach (Abb. 87) war, wie bereits gesagt, Witwe des Venners Kaspar Hetzel. Selbst im oftgenannten Twingherrenstreit der Jahre 1469/71 (siehe Kastentext, S. 335) standen denn auch nicht soziale Gegensätze im Zentrum der Auseinandersetzung, sondern Fragen der Herrschaftsverdichtung.

Bezeichnenderweise suchten und erlangten nicht wenige dieser Honoratiorenfamilien die formelle Nobilitierung (unter anderen von Wattenwyl, von Graffenried, von May).[34] Es ist deshalb auch kaum zulässig, in der Anordnung der Standesvertreter im Totentanz eine bewusste Gegenüberstellung von städtischen Amtsträgern einerseits, Vertretern des Geldadels andererseits sehen zu wollen: Der dem Schultheissen folgende sogenannte reiche Jüngling (Abb. 84) ist genau besehen ein «edler Junker» und stammt somit aus derselben sozialen Gruppe wie das Stadtoberhaupt; der dem Ratsherrn zugeordnete Vogt (Abb. 85) ist ja selbst ein Amtsträger der Räte; und der Burger (das heisst nach zeitgenössischem Sprachgebrauch auch «der Grossrat»!) schliesslich, dem der Kaufmann folgt (Abb. 86), hat selber sehr wohl aus kaufmännischem Milieu stammen können.[35]

Abb. 76:

Tod und Deutschordensritter

S: Rudolf von Fridingen

Charakteristisch für diese städtische Oberschicht insgesamt war vielmehr während des ganzen 15. Jahrhunderts, wie ungebrochen sie sich nach Wertvorstellungen und Formen des Selbstverständnisses und der Selbstdarstellung richtete, die in ihren Augen Adel auszeichneten. Selbst das Zurücktreten beziehungsweise Aussterben mehrerer Adelsgeschlechter in den Jahrzehnten um 1500 (von Wabern, von Ringoltingen, von Bubenberg, von Scharnachthal) und der erwähnte Aufstieg neuer, durch den Dienst in den städtischen Ämtern geschulter und legitimierter Familien in der gleichen Zeit, änderten an der Verbindlichkeit dieser normativen Vorstellungen vorerst nichts. In der neueren Forschung ist dieses stark stilisierte Selbstverständnis mit den Stichwörtern «êre», «uszeichnung» und «harkomen» umschrieben worden.[36] Wie beispielsweise Ludwig von Diesbach in seinen autobiographischen Aufzeichnungen immer wieder hervorhebt, mehren grundsätzlich all jene Situationen die «êre» des Angehörigen der Oberschicht, die dessen ständisch herausgehobene Position verdeutlichen: das Zeremoniell, mit dem ein fahrender Ritter oder ein Ratsgesandter an einem Hof empfangen wird, das standesgemässe Quartier, das er zugeteilt erhält, die ritterliche Ausrüstung, mit der er auszieht, der Italienzug, den er im Gefolge des römischen Königs mitmacht und schliesslich die feudale Lebensführung in der eigenen Twingherrschaft, die er sich leisten kann.

Nicht zuletzt um diesem Selbstverständnis zu genügen, wurden die Söhne aus den bernischen Ratsgeschlechtern (und zwar aus Häusern des Adels und der Honoratioren!) zur Ausbildung an einen Fürstenhof, etwa in Frankreich, Burgund, Savoyen oder Italien gesandt; deshalb unternahmen Adlige und Honoratioren Pilger- bzw. Ritterfahrten nach Jerusalem und auf den Sinai; und deshalb zogen einzelne von ihnen in jahrelangen Fahrten von Hof zu Hof und bemühten sich um die Aufnahme in die zahlreichen Ritterorden und Turniergesellschaften. Für Mit- und Nachwelt wurde die so erworbene «êre» und die damit verbundene «uszeichnung» in Reiseberichten, autobiographischen Notizen oder Bestätigungsurkunden festgehalten. Sowohl Kaspar von Mülinen als auch Jakob von Roverea, Sebastian vom Stein und Peter Falk liessen auf die Totentanzbilder neben ihren Wappen die von ihnen erworbenen Ritterinsignien des Ordens vom Heiligen Grab in Jerusalem und des Katharinenordens vom Sinai setzen (Abb. 81, 82, 84). Ausdruck dieses von adligen Wertvorstellungen geprägten Selbstverständnisses waren auch die repräsentativen Wohnbauten in der Stadt und in den Herrschaften, die sich die Angehörigen dieser Oberschicht errichten und umgestalten liessen: Die donjonartigen Turmhäuser mit ihren Turmerkern erinnerten zwar deutlich an die alten Burgen des Adels, entbehrten aber jeglicher fortifikatorischen Aufgabe und Eignung (vgl. Kap. II, S. 173). Besonders charakteristische Beispiele dafür entstanden im Auftrage der Familie von Diesbach in den Schlössern Worb, Holligen und Signau oder im Berner Sässhaus an der Kirchgasse.[37]

Selbstverständlich fühlten sich auch die Frauen aus der bernischen Oberschicht entsprechenden Leitbildern und Wertvorstellungen verpflichtet. Zwar werden in Niklaus Manuels Totentanz nur drei ihrer Vertreterinnen zum Reigen geführt (Äbtissin, Witwe, Tochter, Abb. 77, 87), als Auftraggeberinnen sind sie aber durchaus präsent: Anastasia Schwend (Vertreibung aus dem Paradies, Abb. 70), Magdalena von Muleren (Moses empfängt die Gesetzestafeln, Abb. 70), Agatha von Bonstetten (Kreuzigung, Abb. 71), Magdalena von Mülinen (Totenkonzert, Abb. 71), Ursula von Seengen (Papst, Abb. 72), Johanna Asperlin von Raron (Patriarch, Abb. 73), Dorothea von Erlach (Witwe, Abb. 87) und Anna Hübschi (Türken und Juden, Abb. 92) haben mit ihrem Wappen ihre Beteiligung an der Stiftung hervorgehoben. Bereits die Tellbücher von 1448 und 1458 zeigen, dass einzelne alleinstehende Damen aus den grossen bernischen Geschlechtern zu den Reichsten der Stadt, ja in der ganzen Eidgenossenschaft gezählt haben; die überlief-

Abb. 77:

Tod und Mönche   *Tod und Äbtissin*

S: Rudolf Baumgartner   S: Jakob von Büttikon

Abb. 78:

Tod und Waldbruder   *Tod und Begine*

S: Peter Stürler   S: Hans Stürler

Abb. 79:

Tod und Kaiser   *Tod und König*

S: Boley Gantner   *S: Hans Frisching*

Abb. 80:

Tod und Kaiserin   *Tod und Königin*

S: Christoph von Diesbach   *S: Hans von Diesbach*

ten Testamente belegen, dass sie beim Rat das Recht zur freien Vermögensverfügung beantragt und zugesprochen erhalten haben – ein Recht, von dem sie bei der Vererbung ihrer reich ausgestatteten, aristokratischen Haushalte uneingeschränkten Gebrauch machten; und vereinzelte autobiographische Aufzeichnungen lassen erkennen, wie bedeutend ihr Einfluss und ihre Mitbestimmung in allen Belangen der Familie, der Wirtschaft und der Standeszugehörigkeit gewesen sein muss.[38]

«Herr Meyster, lond üch nit betriegen»[39] – die Gruppe der Gebildeten

Als recht grosse Gruppe und in vornehmer Umgebung treten in Niklaus Manuels Totentanz die Studierten, die Universitätsabsolventen, in Erscheinung. Kirchenrechtler und Magister (Abb. 75) müssen sich in der Reihe der Kleriker, Jurist, Fürsprecher und Arzt (Abb. 82, 83) unter den Laien zum Tanze bequemen. Diese Hervorhebung durch den Künstler darf nun aber nicht zu Fehlschlüssen im Hinblick auf die gesellschaftlichen Realitäten im spätmittelalterlichen Bern verleiten:

Zum einen gilt es zu betonen, dass nicht nur die ehemaligen Universitätsbesucher über eine recht gründliche, zum Teil sogar umfassende schulische Bildung verfügt haben; von zahlreichen Angehörigen der politischen und gesellschaftlichen Führungsschicht ist ausdrücklich überliefert, dass sie eine gewandte Feder geführt haben, literarisch gebildet und interessiert gewesen sind und über beachtliche Sprachkenntnisse verfügt haben (vor allem Französisch und Latein, etwas seltener auch Italienisch, vgl. Kap. VI, S. 534).

Die Berner Lateinschule, die ausschliesslich dem Rat unterstand, besass im 15. und beginnenden 16. Jahrhundert nicht nur vorzügliche, an Universitäten geschulte Rektoren, sie stand zudem allen Bildungswilligen, einheimischen und fremden, ohne Vorbehalt offen; Mittellosen wurde das Schulgeld ausdrücklich erlassen und zahlreiche arme Schüler aus weitem Umkreis nutzten dieses Angebot (vgl. Kap. II, S. 155). Aber auch in der Schicht der Handwerker scheint der Alphabetisierungsgrad höher gewesen zu sein, als lange Zeit angenommen worden ist, weil deutsche Lehrmeister und Lehrfrauen Erwachsenen und Kindern gegen bescheidenes Entgelt elementare Lese- und Schreibkenntnisse vermittelt haben.[40]

Zum anderen darf nicht übersehen werden, dass jene höher gebildeten Laien – meist Universitätsabsolventen, deren Amtsführung und Sozialstatus innerhalb der städtischen Gesellschaft wesentlich von ihrer schulischen Spezialausbildung bestimmt worden sind – im spätmittelalterlichen Bern nur eine verschwindend kleine Gruppe gebildet haben. Anders als beispielsweise in vielen Universitätsstädten kann in Bern kaum von einer eigentlichen Akademikerschicht gesprochen werden, selbst wenn berücksichtigt wird, dass auch im bernischen Raum noch zu Beginn des 16. Jahrhunderts der grösste Teil der Hochschulabsolventen in den Dienst der Kirche getreten ist und sich deshalb nur mittelbar in die bernische Stadtgesellschaft integriert hat.[41] Wohl gehörten etwa der Propst und die Chorherren des Stiftes zu St. Vinzenz, die Vorsteher der geistlichen Niederlassungen in Stadt und Land und die verburgrechteten Bischöfe der vornehmen, adligen Zunftgesellschaft zum Narren und Distelzwang an, genossen hohes gesellschaftliches Ansehen und wurden von der Kanzlei unter Beachtung aller Ehrentitulaturen angeschrieben; über gesellschaftlichen oder gar politischen Einfluss verfügten sie aber nicht. Erstaunlicherweise spielten die Universitätsstudien auch für den Karriereverlauf jener wenigen Ratsherren, die vor der Reformation eine Hochschule besucht hatten, kaum eine wesentliche Rolle.[42] Entscheidend für den sozialen und allenfalls politischen Status war die höhere Bildung offenbar nur bei jenen hohen Beamten, die ausdrücklich als «die Studierten» bezeichnet wurden: beim Stadtschreiber, beim Rektor der Lateinschule und beim Stadtarzt.

Abb. 81:

Tod und Herzog *Tod und Graf*

S: Caspar von Mülinen S: Jakob von Roverea

Geht man dieser Gruppe der studierten Laien in Niklaus Manuels Totentanz nach, so fällt zuerst einmal auf, dass der Lateinschulrektor weder als gemalter Partner des Todes noch als Stifter in Erscheinung tritt. Das ist umso erstaunlicher, als die Berner Stadtschule gerade in den ersten Jahrzehnten des 16. Jahrhunderts von sehr bekannten, hochgebildeten Rektoren geleitet worden ist; Melchior Volmar zum Beispiel, der das Amt von 1518 bis 1521 versah, wurde später Professor in Paris, Orléans, Bourges und Tübingen.[43] Fragen offen lässt auch das Bild des Arztes: Traditionsgemäss wird es zwar als Stiftung des damaligen Stadtarztes Valerius Anshelm gedeutet; belegen lässt sich diese Annahme aber nicht, weil ein entsprechendes Stifterwappen fehlt (Abb. 83). Unklar bleibt auch, inwiefern Valerius Anshelm um 1516/20 in den Kreis der Auftraggeber gepasst hätte: Wohl stammte er, wie auch Melchior Volmar und dessen Amtsvorgänger Michael Röttli, aus der verbündeten Stadt Rottweil, hatte in Krakau, Tübingen und Lyon studiert, wurde 1505 Rektor der Berner Lateinschule und 1508 Berner Stadtarzt; seiner pointiert reformierten Haltung wegen, zog er sich 1525 nach Rottweil zurück. Zur wirklich akzeptierten Figur in Bern wurde er aber möglicherweise doch erst nach dem Durchbruch der Reformation, als ihn der Rat zum offiziellen Chronisten der Aarestadt berief.[44]

Gut vertreten sind in Niklaus Manuels Totentanz die Juristen: Neben dem Doktor des Kirchenrechtes (Doctor iuris canonici, Abb. 75), haben auch der Jurist (das heisst wohl der Legist, der Doctor iuris civilis, Abb. 82) und der Fürsprecher, der Advokat (Abb. 83), zum Tanze anzutreten, und zwar in betont hoher Stellung innerhalb der ständischen Ordnung. Diese Häufung ist umso bemerkenswerter, als im spätmittelalterlichen Bern – im Gegensatz etwa zu verschiedenen norddeutschen Städten – stets nur ganz vereinzelt studierte Juristen gelebt haben. Bekannt geworden ist etwa der aus Brugg stammende Thüring Fricker, der nach Studien in Heidelberg, Freiburg, Basel und Pavia seit 1470 als Stadtschreiber von Bern gewirkt hat und 1473 in Pavia zum Doctor iuris canonici promoviert worden ist; nach seinem Rücktritt als Leiter der Kanzlei 1492 wählten die Behörden *«den hochgelarten herrn Thüringen Fricker, doctorn der rechten, unsern cantzler»*[45] in den Kleinen Rat. Eine ähnliche Stellung besass um 1450 bis 1457 der damalige Stadtschreiber Thomas von Speichingen, der nach seinen Artes-Studien in Heidelberg möglicherweise auch noch die juristische Fakultät besucht hatte; sicher führte er neben dem Titel eines Magisters artium jenen eines kaiserlichen Notars. Zur Zeit Niklaus Manuels (das heisst 1493–1525) leitete Niklaus Schaller die bernische Kanzlei. Er hatte in Bologna studiert, unter anderem sicher auch Jurisprudenz; sein Wirken beschränkte

Abb. 82:

Tod und Ritter *Tod und Jurist*

S: Sebastian vom Stein S: Lienhard Hübschi

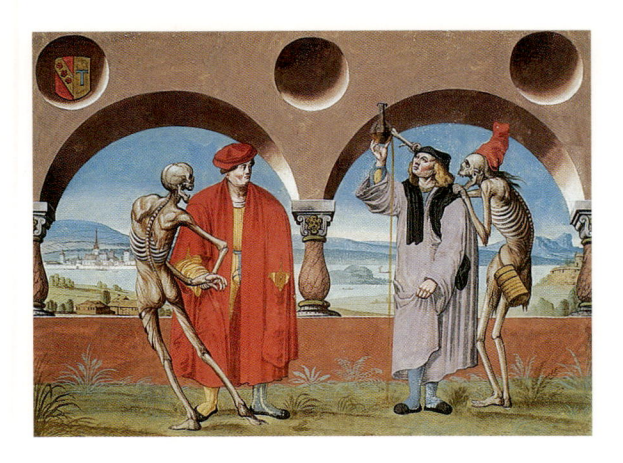

Abb. 83:

Tod und Fürsprecher   *Tod und Arzt*

S: Dietrich Hübschi   *(ohne Wappen)*

sich, wie jenes von Thüring Fricker, durchaus nicht auf Schreibertätigkeiten, sondern erstreckte sich auf die verschiedensten Bereiche der Verwaltung und umfasste vor allem auch diplomatische Aufgaben. Niklaus Schaller ist der Stifter eines der Gelehrtenbilder aus dem Totentanz (Abb. 75). Üblicherweise wird die Figur als «Astrolog» bezeichnet; richtiger wäre gemäss den beigefügten Versen wohl «Magister». Als Teil des Quadriviums gehörte ja auch die Astrologie/Astronomie in den Studiengang eines Magister artium, und Niklaus Schaller war mit grösster Wahrscheinlichkeit in Bologna zum Magister promoviert worden. Die These, das Bild des Magisters zeige nicht die Gesichtszüge des Stadtschreibers, sondern jene des Chorherrn und früheren Schulrektors Heinrich Wölfli, ist kaum haltbar: Das Vergleichsbild, auf das sich diese Behauptung stützt, ist erst Jahrzehnte nach Wölflis Tod entstanden, mithin also kaum ein Porträt; die «Ähnlichkeit» beschränkt sich denn auch auf Eigenheiten der Kleidung, bei der es sich um einen konventionellen Gelehrtentalar handelt.[46]

Zweifellos haben die hochgebildeten Stadtschreiber und Kanzler während des ganzen Spätmittelalters in der bernischen Gesellschaft – meist waren sie Mitglieder der adligen Gesellschaft zum Narren und Distelzwang – in der Staatsverwaltung und in mehreren Fällen auch in der Politik eine herausragende Rolle gespielt, und in etwas bescheidenerem Masse gilt dies auch für die ihnen unterstellten Gerichts- und Unterschreiber. Dabei darf aber nicht übersehen werden, dass sie einerseits innerhalb der Stadtgesellschaft nur eine verschwindend kleine Gruppe gebildet, andererseits ihren sozialen Status durchaus nicht nur ihrem Bildungshorizont verdankt haben, sondern ebenso ihrem Reichtum und ihren Familienbeziehungen. Dass eine gründliche Universitätsausbildung allein keine gesellschaftliche oder gar politische Karriere eröffnet hat, zeigt das Beispiel von Johannes Bäli († 1465), der es trotz langjähriger Studien in Heidelberg, Köln und Basel sowie Abschlüssen als Magister artium, Baccalaureus in decretis und Notar lediglich zum Stadtschulmeister von Thun gebracht hat (siehe Kastentext, S. 157).[47]

Niklaus Manuel lässt in seinem Totentanz die Kleriker den Reigen eröffnen. Auch hier fallen beim Vergleich dieser Bilder mit den zeitgenössischen gesellschaftlichen Gegebenheiten einige Besonderheiten auf: Zum einen besteht zwischen den gelassenen, ruhigen Gebärden und Haltungen der Geistlichen auf den Bildern einerseits (Bischof, Abt, Chorherr, Äbtissin, Abb. 67, 68, 71) und den sarkastischen und verzweifelten Worten der begleitenden Verse andererseits ein auffallender Wider-

Abb. 84:

Tod und Schultheiss   *Tod und Junker*

S: Peter Falk   *S: Franz Armbruster*

spruch; die Annahme, die Texte seien nach der Reformation mit betont antiklerikaler Intention neu gefasst worden, ist naheliegend, wenn auch nicht übersehen werden darf, dass bereits vor der Reformation ausserordentlich scharfe Kritik an der Geistlichkeit häufig zu belegen ist (vgl. Kap. VI, S. 588).⁴⁸ Zum andern fällt die Darstellung des Deutschordensritters auf (Abb. 76): Es handelt sich nicht nur um die einzige Figur im ganzen Zyklus, die unter einem Architekturbogen von doppelter Breite dargestellt ist, die zugehörigen Verse lassen zudem auf eine hohe Wertschätzung des Wirkens der Ritterorden schliessen, die möglicherweise mit dem Wissen um die wachsende Türkengefahr zusammenhängt (Eroberung Jerusalems durch die Türken 1517). Ganz offensichtlich war das Verhältnis zwischen den Deutschrittern und Bern auch nach der Errichtung des Chorherrenstiftes St. Vinzenz 1484 und dem damit verbundenen Wegzug des Deutschen Ordens aus der Stadt nicht grundsätzlich gestört; bezeichnenderweise ist denn auch der Stifter des Ordensritterbildes Rudolf von Fridingen, der Komtur von Köniz.⁴⁹ Bemerkenswert ist zum dritten, wie bescheiden der bernische Klerus unter den Stiftern vertreten ist. Ausser dem erwähnten Könizer Komtur, dem Stiftskantor zu St. Vinzenz, Thomas vom Stein (Chorherr, Abb. 68), und dem Chorherrn Dietrich Hübschi, dem Sohn des Seckelmeisters Lienhard (Fürsprecher, Abb. 83), hat sich die Geistlichkeit Berns nicht für Niklaus Manuels Werk engagiert. Weshalb finden sich die Franziskaner, die Antoniter, der Heiliggeist-Orden, die Dominikanerinnen, die alle ihre Niederlassung in der Stadt Bern besessen haben, nicht unter den Stiftern? Weshalb fehlt der Stiftspropst zu St. Vinzenz, Johannes Murer? Weshalb ist kein Beitrag des Dominikanerklosters an Niklaus Manuels Werk zu belegen? Selbst angesichts der wenig erfreulichen Wirtschaftslage des Klosters nach dem Jetzerhandel hätten die Mittel zur Stiftung eines Bildes wohl ausgereicht, zumal das Werk ja auf Grund und Boden des Predigerkonventes entstand!

Offensichtlich spielte der Klerus in der bernischen Gesellschaft um 1500, bei aller formalen Wertschätzung, die seinen Vertretern entgegengebracht wurde, eine eher marginale Rolle, und selbst das Gewicht der bischöflichen Kurien von Konstanz und Lausanne, die für das bernische Staatsgebiet vornehmlich zuständig waren, war in der unmittelbar an der Diözesangrenze gelegenen Stadt gering. Anders als beispielsweise in den Bischofssitzen Basel, Strassburg, Konstanz oder den Stiftsstädten Luzern und Solothurn prägten die Vertreter der Kirche den gesellschaftlichen und politischen Alltag im spätmittelalterlichen Bern nicht.⁵⁰

«Burger, nun mach din Testament»⁵¹ – die Schicht der Handwerker

Die zweifellos grösste Gruppe innerhalb der spätmittelalterlichen Stadtgesellschaft bildeten auch in Bern die Handwerker mit ihren Familien und Angestellten. Die in sich wiederum je nach Gewerbe und Wirtschaftskraft sehr zu differenzierende Handwerkerschicht – Meister, Gesellen, Lehrlinge – ist zwar in Bern im 15. Jahrhundert quantitativ kaum zu erfassen; im Falle von Nürnberg haben aber Untersuchungen aufgrund der günstigeren Quellenlage gezeigt, dass während des ganzen Spätmittelalters und der frühen Neuzeit das städtische Gewerbe für rund 50 Prozent der Beschäftigten Arbeit geboten hat. Natürlich lassen sich diese Zahlen nicht unbesehen auf Bern übertragen, weil die Wirtschaftsstruktur der beiden Städte doch recht unterschiedlich gewesen ist; zweifellos lebte aber auch in Bern der grösste Teil der Einwohner vom Handwerk (vgl. Kap. III, S. 204).⁵²

Im Gegensatz zu den Angehörigen der Ratsgeschlechter, des höheren Klerus und der studierten höheren Beamten erscheinen die Gewerbetreibenden in den Quellen meist nicht als Einzelpersonen, sondern als Angehörige von Handwerkergruppen, oft von Zünften (vgl. Kap. III, S. 227). In den allermeisten mittelalterlichen Städten schlossen sich

Abb. 85:

Tod und Ratsherr   *Tod und Vogt*

S: Hans Keiser   *S: Bernhard Armbruster*

Abb. 86:

Tod und Burger   *Tod und Kaufmann*

S: Hans Brunner   *S: Konrad Vogt*

die Handwerker derselben oder verwandter Berufe zu derartigen Zünften zusammen, die nicht nur Produktionshergang, Qualität, Preise, Verkaufsmodalitäten sowie Zulassung, Ausbildung und Aufstieg von Nachwuchskräften regelten, sondern mit ihren Zunfthäusern samt Gaststuben, Festschmäusen, religiösen Bruderschaften, Altar- und Armenstiftungen auch für die geselligen, charitativen und religiösen Bedürfnisse ihrer Mitglieder Wesentliches leisteten. Im spätmittelalterlichen Bern gab es zahlreiche derartige Zünfte, die sich während des 15. Jahrhunderts durch Stubenteilungen bis auf 22 vermehrten, deren Zahl sich aber im Verlaufe des 16. Jahrhunderts nach verschiedenen Zusammenlegungen bei 15 stabilisierte. Die Berner Handwerker waren einerseits als Pfister (= Bäcker) oder Metzger in der Nahrungsmittelerzeugung oder als Schmiede, Gerber, Schuhmacher, Weber, Schneider (sie bildeten die Gesellschaft zu Mohren), Steinmetze (sie bildeten die Gesellschaft zum Affen), Zimmerleute oder Schiffleute in der Produktion von Konsumgütern tätig; Krämer und Händler fanden sich in der Gesellschaft der Kaufleute zusammen, Gärtner und Rebleute in der Gesellschaft zu Rebleuten; die Schützengesellschaft stand zusätzlich allen Gesellschaftsangehörigen offen.[53]

Innerhalb der Bildfolge von Niklaus Manuels Totentanz nehmen die Handwerker, entgegen ihrer zahlenmässigen Präsenz in der Stadtgesellschaft, nur einen kleinen Raum ein. Zum Reigen aufgefordert werden der Kaufmann, der Koch, ein Berufssöldner (der Krieger) und ein Handwerksbursche (Abb. 86, 88, 89, 90), zu dessen Füssen Brotschaufel, Rebmesser, Axt, Hobel, Hammer, Gerbermesser, und Stechbeutel ausgebreitet liegen, gleichsam als wollten die Werkzeuge eine Vielzahl von Berufsleuten in die Darstellung mit einbinden.

Aber auch unter den Stiftern bilden die Handwerker nur eine kleine Gruppe: Der zu Obergerbern zünftige Hans Brunner, wahrscheinlich ein Gerber, der seit 1508 auch im Grossen Rat sass, finanzierte das Bild des Burgers (Abb. 86); Konrad Vogt, ebenfalls bei Obergerbern zünftig und während kurzer Zeit sogar im Kleinen Rat, stiftete das Bild des Kaufmanns (Abb. 86); der Schneidermeister und Grossrat Lienhard Tremp, Schwager des Reformators Ulrich Zwingli, stiftete das Handwerkerbild (Abb. 88), der Schmied und Grossrat Hans Zehnder das Bild des Bauern (Abb. 90). Ob Hans Achshalm (Koch, Abb. 90), der bereits 1517 verstorbene Sohn des Schmiedevenners Peter Achshalm, ein Handwerk ausgeübt hat, ist unklar. In der Zeit, in der der Totentanz entstand, wirkte Bernhard Tillmann (Türken und Juden, Abb. 92) wohl noch als Goldschmied; bereits in den Zwanzigerjahren übernahm er aber immer häufiger Ratsmissionen und wurde schliesslich 1527 als Nachfolger seines Schwiegervaters Seckelmeister. Kaum zu den üblichen Handwerkern zählte Wilhelm Ziely (alter Mann/Bettler, Abb. 88), der, ursprünglich aus Südfrankreich stammend, 1502 Grossrat wurde, den Posten eines Kaufhausverwalters erhielt und nebenbei mehrere französische Prosaromane ins Deutsche übertrug.

Ganz fehlen in der Handwerkergruppe von Niklaus Manuels Totentanz die Frauen; weder als unfreiwillige Tanzpartnerinnen des Todes noch als Stifterinnen treten sie auf. Über die Stellung der Frauen, insbesondere der alleinstehenden Frauen, im bernischen Gewerbe des Spätmittelalters ist wenig bekannt. Frauenzünfte, wie sie in verschiedenen rheinischen Städten, vor allem in Köln, florierten, waren in Bern unbekannt – wohl nicht zuletzt deshalb, weil das Textilgewerbe in Bern nur eine bescheidene Rolle spielte. Wohl besassen die Frauen von Handwerksmeistern laut einer Satzung von 1429 das Recht, nach dem Tode ihres Mannes die Werkstätte während eines Jahres alleine weiterzuführen; als Dauerlösung war die Leitung eines Gewerbebetriebes durch eine Frau aber nicht vorgesehen. Eine selbständige Berufstätigkeit von Frauen lässt sich aber mehrfach bei Krämerinnen, Kauffrauen und Privatlehrerinnen, sogenannten deutschen Lehrfrauen oder Schreiberinnen, belegen.[54]

Zünfte im spätmittelalterlichen Bern
Urs Martin Zahnd

Anders als die Zünfte der meisten Städte nördlich der Alpen, erlangten die Berner Zünfte beziehungsweise Gesellschaften nie direkten politischen Einfluss, insbesondere bildeten sie nie ein Wahlgremium für die städtischen und staatlichen Behörden. Im Gegenteil: Der Rat verbot in mehreren Verfügungen den Zünften jede politische Tätigkeit (1294, 1373, 1392), erliess die Handwerksordnungen in eigener Kompetenz, ja untersagte sogar die Verwendung des Namens «Zunft» und ersetzte ihn durch die Bezeichnung «Gesellschaft» bzw. «Handwerk». Von daher ist es verständlich, dass sich in der historischen Tradition das Bild festgesetzt hat, Bern sei als eine der grossen Ausnahmen unter den Kommunen nördlich der Alpen keine Zunftstadt gewesen, die Handwerkerorganisationen hätten nie politischen Einfluss erlangt; vielmehr habe sich hier, ähnlich wie in Lübeck oder Nürnberg, allein das patrizisch-aristokratische Ratsregiment durchgesetzt. Dieses Bild ist richtig und falsch zugleich: Richtig ist, dass die Gesellschaften in Bern in der Tat nie als politisch selbständig handelnde Körperschaften aufgetreten sind; sie delegierten keine Ratsvertreter, sie wählten keine Oberstzunftmeister, keine Bürgermeister und so weiter. Dem steht aber die Tatsache gegenüber, dass eine politische Karriere ohne sorgfältig bedachte Zunftzugehörigkeit seit dem 15. Jahrhundert auch in Bern kaum mehr denkbar war. Bereits die Erwerbung des Bürgerrechtes war mit dem Eintritt in eine der Gesellschaften gekoppelt; wer eines der äusserst wichtigen Vennerämter (ursprünglich Vorsteher eines der vier Stadtquartiere, →Abb. 9) anstrebte, musste einer der grossen Gesellschaften der Pfister, Schmiede, Metzger oder Gerber angehören, deren Mitglieder auch den Getreide- und Viehhandel sowie den Vertrieb der fernhandelsorientierten Metallwaren- und Lederproduktion kontrollierten; und auch die «Sechzehner», das heisst jene 16 Grossräte, die die Ergänzungswahlen für den Grossen Rat vorzunehmen hatten, wurden von den Räten nach Gesellschaftszugehörigkeit ernannt. Gerade die Herausbildung eigentlicher Vennergesellschaften im Verlaufe des 15. Jahrhunderts zeigt zudem, dass die Gewichte zwischen den verschiedenen Zünften sehr ungleich verteilt waren. So lassen sich denn auch zahlreiche Versuche nachweisen, den Karriereverlauf durch den Wechsel der Gesellschaftszugehörigkeit oder durch die gleichzeitige Mitgliedschaft in mehreren Zünften günstig zu beeinflussen. Selbst die alten adligen Geschlechter schlossen sich nach 1400 (?) in der vornehmen Gesellschaft zum Narren und Distelzwang zusammen; und um 1420/30 bildeten einzelne Adlige, Notabeln und Grosskaufleute eine neue «Gerber»-Gesellschaft (zum goldenen Mittellöwen), um sich so den Zugang zum Venneramt und zum «cursus honorum» zu erleichtern. Den unter der Aufsicht des Rates stehenden Berner Zünften beziehungsweise Gesellschaften blieb zwar das eigenständige politische Handeln verwehrt; für zahlreiche Staatsämter, insbesondere auch für die Ratsstellen, bildeten sie aber die ausschliessliche Rekrutierungsbasis.[55]

Insgesamt repräsentieren weder die Stifter noch die einzelnen Bilder den städtischen Handwerkerstand in der zu erwartenden Breite und Differenzierung. Vielleicht spiegelt sich darin auch die Tatsache, dass dem Handwerk zu Beginn des 16. Jahrhunderts in Bern nicht mehr jene Bedeutung zugekommen ist, die es noch in der ersten Hälfte des 15. Jahrhunderts besessen hat: Das Verlagswesen mit seinen zahlreichen Verlagshandwerkern, vor allem im Textilgewerbe, breitete sich in Bern nie aus, die Fernhandelsorientierung in Metall- und Lederverarbeitung nahm gegen 1500 eher ab, und die intensiver und ausgedehnter werdende Verwaltung des Territoriums bot immer mehr Angehörigen, auch der städtischen Mittelschicht, Arbeit und Auskommen. Die Bilderfolge des Totentanzes gäbe demnach nicht effektive gesellschaftliche Proportionen wieder, wohl aber Hinweise auf gesellschaftliche und wirtschaftliche Wandlungen.[56]

«Vil Hunger leyd ich hie uff Erden»[57] – Arme und Randständige

Im sozialen Rang den Handwerkern nachgestellt, finden sich in spätmittelalterlichen Städten zahlreiche gesellschaftliche Gruppen, die gemeinhin mit dem etwas problematischen Sammelbegriff «Unterschicht» zusammengefasst werden. Problematisch ist dieser Begriff nicht zuletzt deshalb, weil Knechte, Mägde, Fuhrleute, Tagelöhner, arme Schüler, alleinstehende Frauen und Witwen, Bettler, Invalide, chronisch Kranke oder Randständige im engeren Sinne des Wortes nicht zwingend auch wirtschaftlich schwach gewesen sind. Hausknechte und Mägde beispielsweise, die zu fast jedem grösseren städtischen Haushalt gehörten, verfügten zwar in der Regel nur über sehr bescheidene Einkommen; das belegen die Anstellungsverträge in zeitgenössischen bernischen Haushaltbüchern, und auch in Niklaus Manuels Totentanz erscheinen sie – von einer Ausnahme abgesehen – weder als Vertreter eines eigenen Standes noch gar als Stifter. Es darf aber nicht übersehen werden, dass sie als Angehörige der Hausgemeinschaft und nicht nur als Arbeitnehmer gegolten haben, das heisst beispielsweise, dass sie in den Verband des ganzen Hauses eingebunden geblieben sind, auch nachdem sie ihre volle Arbeitskraft eingebüsst haben. Die Tatsache, dass dieses Dienstpersonal in den Steuerbüchern höchstens als Kopfsteuerzahler erscheint, illustriert deshalb deren soziale Situation nur sehr unvollständig. In zahlreichen Testamenten finden sich namhafte Vermächtnisse zugunsten von treuen Knechten oder Mägden, wobei sich diese Vergabungen nicht auf einfache Kleidergeschenke beschränken, sondern durchaus auch ein Wohnrecht auf Lebenszeit, eine Gült oder grössere Barbeträge umfassen können: Rudolf von Ringoltingen schenkte 1456 seinem Knecht 100 lb und ein Pferd, Johannes von Diesbach 1524 seinem Diener 100 fl, und der Hausknecht des Wirtes Jakob Lombach d. Ä. hinterliess 1461 seinerseits ein Barvermögen von 400 lb.[58] Selbstverständlich darf von diesen genau belegten Einzelfällen nicht unbesehen auf die ganze Gruppe geschlossen werden, die sich quellenmässig kaum fassen lässt; sie warnen aber zugleich vor allzu pessimistischen Einschätzungen.

Die oben angesprochene Ausnahme innerhalb der Gruppe der Knechte und Mägde bildet der Narr. Offenbar zählten auch berufsmässige Narren und Spassmacher zumindest zeitweise zur bernischen Gesellschaft im Spätmittelalter. Laut Tellbuch von 1448 gehörte ein Narr zum Gesinde des Schultheissen Heinrich von Bubenberg, und nach 1500 scheint es in Bern sogar eine Art Stadtnarr gegeben zu haben: Peter Steinhofer, genannt Gutschenkel, tritt uns in Niklaus Manuels Totentanz entgegen; wahrscheinlich ist er auch der Stifter des Bildes (Abb. 91).[59] Schwierig zu beurteilen sind die Lebensumstände der fahrenden Scholaren, der fremden und einheimischen Schüler, die zeitweise offenbar in grosser Zahl nach Bern gekommen sind. Einerseits ist das äusserst entbehrungsreiche Leben der von Stadt zu Stadt, von Lateinschule zu Lateinschule ziehenden Schüler des Spätmittelalters von zeitgenössischen Autoren drastisch geschildert worden: Burkard Zink, Johannes Butzbach oder Thomas Platter machen deutlich, wie unausweichlich Studienwillige aus bescheidenen Verhältnissen mit Hunger, Kälte, Gefährdung von Leib und Leben usw. konfrontiert worden sind. Und auch in bernischen Quellen, etwa den Stadtrechnungen, tauchen mehrfach «arme Schüler» als Almosenempfänger auf. Anderseits war es offenbar gerade in Bern üblich, sich in grösseren Häusern für arme Studenten einzusetzen: Neben dem städtischen Spendbrot, einer Art Speiseanstalt für Mittellose, stifteten auch einzelne Bürger eigene «Mushafen», unter anderem der mehrfach erwähnte Schultheiss Wilhelm von Diesbach oder der Ratsherr Hans Keiser; und in zahlreichen Testamenten finden sich Vergabungen zum Wohle armer Schüler (Kleider, Barbeträge), oft auch ein Wohnrecht bis zum Abschluss der Studien.[60]

Wesentlich schwieriger gestalteten sich die Lebensumstände armer, alleinstehender Frauen, insbesondere wenn sie noch für Kinder zu sorgen hatten. Dem Sprachgebrauch der Bibel folgend ist die Metapher «Witwen und Waisen» in der christlichen Tradition des Spätmittelalters geradezu zum Synonym für «Arme» geworden.[61] Natürlich ist bei diesen Witwen nicht an die Witwe aus Niklaus Manuels Totentanz zu denken, ist es doch naheliegend, in der vornehmen Dame mit Korallen-Rosenkranz ein Porträt der Stifterin Dorothea von Erlach, der Witwe Hans Rudolf Hetzels von Lindach, zu sehen (Abb. 87). Schwierig waren vielmehr die Lebensumstände jener Frauen, die nach dem Tode des Gatten dessen Gewerbe aus wirtschaftlichen oder rechtlichen Gründen (Zunftvorschriften) nicht weiterführen konnten, oder jener, die beispielsweise ungenügender Ausstattung wegen nie geheiratet und keine Arbeit in einem grösseren Hause gefunden beziehungsweise gesucht hatten.

Seit dem ausgehenden 13. Jahrhundert lassen sich auch in Bern Gruppen alleinstehender Frauen nachweisen, die sich aus religiösen und wirtschaftlichen Gründen zusammengeschlossen und sogenannte

Arm, behindert, chronisch krank

Susi Ulrich-Bochsler

Das Getreide ist geerntet; nun lesen Arme und Bedürftige die übriggebliebenen Ähren zusammen – eine willkommene Bereicherung des kargen Speisezettels. Wie im Mittelalter nicht selten, ist es Roggen, der vom Mutterkornpilz befallen ist. Daraus wird das «Brot der Armen», welches bei häufigem Genuss zu einer Vergiftung führt, zum sogenannten «Antoniusfeuer» (Ergotismus, Heiliges Feuer, Heisser Brand, Kribbelkrankheit). Wie Flammen schlagen die Schmerzen aus Füssen oder Händen. Das kranke Glied stirbt ab und muss, wenn es nicht von selbst abfällt, amputiert werden, zum Beispiel von den Antonitern – einer Bruderschaft, die sich speziell mit der Pflege der am Heiligen Feuer Erkrankten befasste (1444: Antonierhaus in Bern, vgl. Kap. V, S. 501). Der nun Behinderte ist auf Fürsorge angewiesen.

Im Spätmittelalter ist es primär die Familie mit Gesinde, die für ihre kranken Angehörigen sorgt.

Wer alleinstehend, arm oder fremd war und chronisch krank wurde, versuchte mit Strassenbetteln zu überleben. Obwohl es im Bern des 15. Jahrhunderts ein gutes Angebot an Fürsorgeeinrichtungen gab, waren die Spitäler nicht in erster Linie auf eine medizinische Betreuung ausgerichtet, sondern sie waren eher städtische Armen-, Alters- und Pflegeheime (vgl. Kap. I, S. 62; siehe Kastentext, S. 504), in denen man nur gegen ein Einstandsgeld einen Platz bekam.

Neben dem Antonierhaus besass Bern zwei weitere auf spezifische Krankheiten ausgerichtete Häuser, nämlich das Blatternhaus für die Syphiliskranken und das Siechenhaus für die Leprösen und andere arme Siechen. Wurde ein des Aussatzes Verdächtigter bei der Lepraschau – im 15. Jahrhundert durch die Ärzte vorgenommen – als solcher «erkannt», so hatte er in der Regel Familie und Gemeinschaft zu verlassen («*tamquam mortuus*»). Als meist langjährig chronisch Kranker und Entstellter lebte er fortan im Siechenhaus ausserhalb der Stadt unter seinesgleichen und musste, gekennzeichnet mit Mantel und Klapper, mit Betteln und Arbeit für seinen Lebensunterhalt sorgen. Hatte die Zahl der Leprösen im 15. Jahrhundert bereits abgenommen, so breitete sich am Ende des Jahrhunderts eine andere Geissel der Menschheit aus, die Syphilis («böse Blattern»), eine ebenfalls entstellende und chronisch verlaufende Krankheit.

Neben diesen grossen Seuchen gab es eine Vielzahl anderer Krankheiten und Gebresten, die zu chronischem Leiden führen konnten. Ein schlecht versorgter Knochenbruch konnte fatale Auswirkungen im Sinne eines eitrigen Prozesses haben, Tuberkulose konnte zu Verkrüppelung führen, ebenso die Rücken- und Gelenksleiden infolge schwerer körperlicher Arbeit, oft von Kindsbeinen an. Zur damaligen Krankheitspalette zählen auch die Augenkrankheiten, die angeborenen Leiden oder die Geisteskrankheiten. Im Inselspital werden in der ersten Hälfte des 16. Jahrhunderts etwa erwähnt: «*der gsüchti helfen*», «*der bösen brust artznen*», «*des karnöffels artznen*», «*Rotzschaden heilen*», «*des kalt wees artznen*». Weiter behandelt werden «*vallender siechtag*», «*brönnblatern*», «*Kropf*», Geschwüre oder Gangräne (=Wundbrand). Bestimmte Krankheitsbilder lassen sich kaum mit den Kriterien moderner Diagnostik identifizieren. Die Behandlung der inneren Erkrankungen oblag vor allem den gelehrten Ärzten, zu denen auch die Stadtärzte zählten. Demgegenüber waren die handwerklich ausgebildeten Wundärzte (Barbierchirurg, Feldscher, Stein-, Bruch-, Hoden- oder Augenschneider) vor allem für die Einrichtung von Knochenbrüchen, für die Behandlung von Wunden oder Geschwülsten und für alle Ämter der Ersten Hilfe und der Chirurgie zuständig.

«Beginensamnungen» gebildet haben (vgl. Kap. I, S. 62). Derartige «Beginensamnungen», die von den Franziskanern, den Dominikanern und dem Deutschen Orden geistlich betreut wurden, befanden sich für kürzere oder längere Zeit bei der Untertorbrücke, beim Münster, im Bröwenhaus, im Jordanhaus, im Isenhuthaus, im Krattingerhaus und im Dietrichhaus. Die Frauen begingen die Jahrzeiten Verstorbener (Gang über das Grab, Kennzeichnung des Grabes, Teilnahme an der Seelmesse), sorgten sich um Paramente, übernahmen die Erziehung von Waisenkindern oder engagierten sich in der Krankenpflege, und zwar sowohl in Privathäusern als auch im Niederen Spital. Als Krankenwärterin und Leidschwester wird die Begine auch in Niklaus Manuels Totentanz angesprochen.[62]

Zu den ganz Armen zählten in der spätmittelalterlichen Gesellschaft, die chronisch Kranken, die Invaliden, die Geisteskranken. Oft vermochten sie ihr Leben nur dank dem Betteln zu fristen; konsequenterweise stellt denn auch Niklaus Manuel den Bettler als alten Mann dar, der in Lumpen gehüllt, seiner verkrüppelten Gliedmassen wegen an Stöcken geht.

Neben dieser Unterschicht, neben den Armen, das heisst ausserhalb der ständisch gegliederten oder doch zumindest nach Ständen gedeuteten Gesellschaft, gab es auch im spätmittelalterlichen Bern die Gruppen der Randständigen. Diese Menschen waren nicht zwingend arm, sie galten aber ihres Berufes oder ihrer Religion wegen als unehrenhaft; die städtische Bevölkerung beanspruchte zwar ihre Dienste, weigerte sich aber, sie gesellschaftlich zu integrieren. Die Grenze zwischen ehrenhaften und unehrenhaften Berufen verlief nicht allerorts gleich: In verschie-

Abb. 87:

Tod und Witwe Tod und Jungfrau

S: Kaspar Hetzel von Lindnach, Dorothea von Erlach S: Michel Glaser

denen Städten zählten beispielsweise die Gerber zu den unehrlichen Leuten, wogegen sie in Bern nicht nur eines der führenden Exportgewerbe betrieben, sondern mit ihren Vennergesellschaften engsten Kontakt zu den politisch und gesellschaftlich führenden Kreisen pflegten.[63] Auch in Bern galten aber Henker, Abdecker, Dirnen und Juden als Randständige, als Unehrenhafte. Im Totentanz Niklaus Manuels tauchen aus dieser Gruppe die Dirne und die Juden auf, was natürlich nicht heisst, es hätte in Bern keinen Nachrichter und keinen Abdecker gegeben. Die Berner Scharfrichter des 15. Jahrhunderts werden in den Quellen mehrfach genannt, haben eine Amtswohnung im Nachrichterhaus am heutigen Ryffligässli zugewiesen erhalten und sind bei Bedarf auch an andere Städte ausgeliehen worden; die Ermordung des Berner Henkers in Freiburg 1446 war gar eine der Ursachen für den Krieg Berns gegen die Nachbarstadt im Jahre 1448 (vgl. Kap. I, S. 48).[64] Unter der Aufsicht der Gattin des Henkers stand das Berner Frauenhaus, das sich in unmittelbarer Nachbarschaft der Scharfrichterwohnung befand. Auch das Frauenhaus wird in den Quellen mehrfach erwähnt, unter anderem in Zusammenhang mit den Besuchen gekrönter Häupter (vgl. Kap. IV, S. 314). Unklar ist, wer das Bild der Dirne im Totentanz gestiftet hat (Abb. 89): Das Wappen weist zwar auf die Familie Arsent aus Freiburg hin, die beigefügten Initialen W.R.V. lassen sich aber nicht aufschlüsseln. Die von Bernhard Tillmann gestiftete Darstellung der Türken und Juden (Abb. 92) führte der bernischen Bevölkerung Menschen vor Augen, die sie zu Beginn des 16. Jahrhunderts kaum von Angesicht zu Angesicht kannte. Wohl wusste man auch in Bern um die Expansion des Osmanischen Reiches und um den Abwehrkampf, den die Ritterorden und Venedig führten; zu direkten Kontakten kam es aber höchstens im Zusammenhang mit einer Pilgerfahrt nach Jerusalem oder auf den Sinai (Kaspar von Mülinen, Jakob von Roverea, Heinrich Wölfli). Ob Niklaus Manuels Engagement für die Türkenabwehr einer verbreiteten Haltung in Bern entsprochen hat, lässt sich nicht eruieren.[65]

Die Juden gehörten im 15. und 16. Jahrhundert nicht mehr zu den ständigen Einwohnern Berns. Wohl lassen sich noch einzelne jüdische Ärzte und Chirurgen nachweisen, die für begrenzte Zeit eine Arbeitserlaubnis in der Stadt erhalten haben – dann vor allem, wenn gerade kein christlicher Stadtarzt zur Verfügung stand – eine eigene jüdische Gemeinde hat es aber seit der endgültigen Vertreibung der Juden im Jahre 1427 nicht mehr gegeben.[66]

Aufgrund der bisher genannten Einzelfakten ist es schwierig, sich ein genaues Bild von der Grösse der städtischen Unterschicht zu machen. In neueren Untersuchungen werden etwa all jene Stadtbewohner, die nur die Kopfsteuer bezahlt haben, der Unterschicht zugerechnet, differenziert nach sekundärer und primärer Armut, die demnach 1475 in Augsburg oder München zirka 60 Prozent, in Köln um 1400 zirka 70 Prozent der Einwohnerschaft umfasst habe.[67] Laut Tellbuch von 1494 bezahlten auch in Bern von den rund 1500 steuerpflichtigen Haushaltungen und Einzelpersonen mehr als 800 (55 Prozent) nur die Kopfsteuer von 5 Schilling. Diese Kopfsteuerzahler nun aber einfach mit den Armen gleichzusetzen ist unzulässig, weil die Tellordnung ausdrücklich festhält, die Entrichtung der Kopfsteuer sei für Leute vorgesehen mit einem Vermögen bis zu 100 lb; auf 20 bis 30 lb belief sich das Jahreseinkommen eines Bauhandwerkers, 40 bis 50 lb entsprachen bereits dem Jahreseinkommen des gehobenen Mittelstandes, ein steinernes Wohnhaus in der Stadt kostete zwischen 120 und 150 lb! Mit «Armut» bezeichnete man im Spätmittelalter zudem nicht einfach nur das Unvermögen, elementare Lebensbedürfnisse in ausreichender Weise zu befriedigen, sie wurde auch dort attestiert, wo die Mittel zu einer standesgemässen Lebensführung fehlten.[68]

Damit soll selbstverständlich die Existenz von Armut im spätmittelalterlichen Bern nicht geleugnet werden, zu unübersehbar ist ihre Präsenz. In fast allen Testamenten des 15. und beginnenden 16. Jahrhunderts tauchen Vergabungen zu Gunsten der Armen auf; meist handelt es sich um die Aussetzung von Kapitalien, von deren Ertrag eine bestimmte Zahl Bedürftiger jeweils am Tage der Jahrzeitfeier des Testators gespiesen werden soll. Rudolf von Ringoltingen verfügte 1456, es sei diesen Armen Brot, Fleisch, Fisch, Eier, Käse, Ziger und Wein auszuteilen, und der Stadtschreiber Niklaus Schaller verlangte 1525, es seien jährlich 80 (!) Bedürftige mit gesottenem und gebratenem Fleisch und mit Wein zu versorgen.[69] Zweifellos sind diese Angaben sowohl als Hinweise auf eine beträchtliche Zahl bedürftiger Stadtbewohner zu verstehen, als auch als Belege für ein recht gut ausgebildetes System privater Armenfürsorge zu deuten; die soziale Wirklichkeit lässt sich damit aber kaum ganz erhellen.

«Kein Blyben ist in diser Zytt»[70] – ein spätmittelalterliches Gesellschaftsbild

Niklaus Manuels Totentanz folgend, ist die bernische Bevölkerung des ausgehenden Mittelalters in ihrer ständischen Einbindung dargestellt worden. Das Gesellschaftsbild, das auf dieser Grundlage skizziert worden ist, zeichnet sich nun aber einerseits durch eine proportionale Überbetonung der oberen Bevölkerungsgruppen, andererseits durch eine gewisse Statik aus. Zumindest in dreierlei Hinsicht bedarf dieses Bild deshalb der Ergänzung:

Zum einen waren die durch den Aufbau des Bilderzyklus suggerierten klaren Grenzen zwischen den einzelnen Gesellschaftsgruppen in Wirklichkeit unscharf und fliessend. Insbesondere erweist sich gerade im bernischen Umfeld die Trennung zwischen Adel und Bürgertum, zwischen adliger und bürgerlicher Oberschicht, als gänzlich ungeeignet zur Erfassung des gesellschaftlichen Alltags. Bereits in der Frühzeit der Stadt gehörten zur Führungsschicht Vertreter von Geschlechtern, die einerseits als Ministerialen und Inhaber ländlicher Grund- und Gerichtsherrschaften unzweifelhaft dem niederen Adel zuzuzählen waren, die aber andererseits in der Stadt Bürgerrecht und Sässhaus erwarben und in den städtischen Spitzenämtern sassen; sie waren Adlige und Bürger zugleich. Entsprechendes gilt aber auch von vielen ihrer ursprünglich aus der Stadt stammenden Ratskollegen: Die Erwerbung von Grundbesitz und Grundrechten, allenfalls von eigentlichen Twingherrschaften im bernischen Herrschaftsgebiet, die Aneignung betont aristokratisch-adliger Lebensformen und das selbstverständliche Konnubium mit den Ministerialenfamilien, ermöglichte ohne Probleme auch die formelle Nobilitierung; als adlig galt, wer sich jenen Lebensstil und jenen Aufwand leisten konnte,

Abb. 88:

Tod und Handwerker *Tod und Bettler*

S: Lienhard Tremp *S: Wilhelm Ziely*

Abb. 89:

Tod und Krieger *Tod und Dirne*

S: Jakob vom Stein *S: von Arsent*

Abb. 90:

Tod und Koch   Tod und Bauer

S: Hans Achshalm   S: Hans Zender

Abb. 91:

Tod und Narr   Tod und Mutter mit
                    Kind
S: Peter Steinhofer S: Ziegler (?)

den die Zeitgenossen als dem Adel angemessen erachteten. Hierin unterschieden sich die bernischen Verhältnisse durchaus von jenen in andern Städtelandschaften, wo zwischen städtischem Patriziat und Landadel strenge Standesschranken bestanden, so beispielsweise in Hansestädten, im fränkischen Raum oder in Oberschwaben (Turnierfähigkeit!).[71]

Zum andern erweist sich die horizontal streng geschichtete Gesellschaft in Niklaus Manuels Bildfolge – zumindest in vorreformatorischer Zeit – in Wirklichkeit als äusserst durchlässig. Wer Erfolge aufzuweisen hatte, konnte aufsteigen und in kürzester Zeit sich und seine Familie innerhalb der führenden Geschlechter etablieren; wer seinen Status nicht wahren konnte, verlor auch politischen Einfluss und gesellschaftliche Einbindung. Die Geschichte verschiedener bernischer Geschlechter lässt so etwas wie eine Stufenleiter des Aufstieges erkennen: Ausgangspunkt war meist eine Handwerkstätigkeit (1) in einem fernhandelsorientierten Gewerbe (Gerberei, Metallverarbeitung); diese gewerbliche Tätigkeit wurde erweitert und schliesslich abgelöst durch den Handel (2) mit diesen Produkten (zum Beispiel auch Getreidehandel von Bäckern, Viehhandel von Metzgern); dieser Handel gedieh zum allgemeinen Fernhandel (3), eventuell verbunden mit Bank- und Wechselgeschäften; ein immer grösserer Teil der Geschäftserträge wurde in städtischem und vor allem in herrschaftlichem Grundbesitz (4) ausserhalb der Stadt angelegt; schliesslich wurde das gesamte Vermögen aus dem Handel gezogen und für den Kauf von Twingherrschaften (5) verwendet, deren Einkünfte nicht nur Abkömmlichkeit und damit die Übernahme grosser Stadtämter erlaubten, sondern auch einen betont adligen Lebensstil, das Konnubium mit den alten Geschlechtern und gegebenenfalls die formelle Nobilitierung (6) ermöglichten. Ein derartiger Aufstieg, der sich innerhalb sehr kurzer Zeit abspielen konnte – in einer bis zwei Generationen – lässt sich bei zahlreichen bernischen Adelsgeschlechtern des Spätmittelalters nachweisen: etwa bei den von Diesbach (allgemeiner Fernhandel), den von Wabern (Gerberei), den von Ringoltingen (Käsehandel), den von Wattenwyl (Getreidehandel). Dass der soziale und politische Niedergang ebenso rasch erfolgen konnte, sobald die Mittel zur standesgemässen Lebensführung nicht mehr ausreichten, zeigt das Schicksal der Familien von Ringoltingen, von Bubenberg, von Scharnachthal, vom Stein und anderer.[72]

Und zum dritten schliesslich ist davor zu warnen, die im Totentanz dargestellte gesellschaftliche und politische Hierarchie unbesehen mit der wirtschaftlichen Hierarchie gleichzusetzen. Aus den ersten Jahrzehnten des 16. Jahrhunderts ist zwar kein Steuerbuch überliefert, so dass die Vermögensverhältnisse der Bildstifter kaum genau ermittelt werden können. Einige der Figuren sind aber bereits im Tellbuch von 1494 verzeichnet, so dass ihr wirtschaftlicher Hintergrund zumindest andeutungsweise fassbar wird. Dabei wird weniger erstaunen, dass die Schultheissenfamilien der von Wattenwyl und von Erlach bereits vor der Jahrhundertwende zu den reichsten Geschlechtern in Bern gehört haben – Jakob von Wattenwyl versteuerte 11 000 lb, seine Schwiegermutter 13 000 lb; Rudolf von Erlach, der Vater von Hans, Burkard und Theobald, Onkel von Ludwig 32 000 lb. Erstaunlicher ist da doch eher, wie bescheiden die Vermögensverhältnisse selbst in Vennerfamilien sein konnten: Die Stürler versteuerten 1494 ganze 500 lb, Rudolf Baumgartner 400 lb, Kaspar Wyler 1400 lb.[73] Demgegenüber schafften auch Geschlechter mit sehr grossen Vermögen die dauernde Einbindung in den engen Kreis der politisch und gesellschaftlich bestimmenden Familien nicht: Weder der Familie Armbruster mit all ihren Stiftungen, ihren Verbindungen und ihrem grossen Vermögen (6000 lb), noch dem Venner Anton Spilmann (13 000 lb), noch dem Wirt und Handelsmann Jakob Lombach d. J. mit seinen 36 000 lb (!) gelang die Etablierung des Geschlechtes in der obersten Führungsschicht.[74]

Das erste Bild des Totentanzes trägt das Stifterwappen des Schultheissen Wilhelm von Diesbach und seiner dritten Gattin Anastasia Schwend von Zürich (Abb. 69). Auch er versteuerte 1494 ein Spitzenvermögen von 36 000 lb und galt in der ganzen Eidgenossenschaft als der weltgewandte, prachtliebende, mit allen diplomatischen Kniffen vertraute Politiker, der mit dem deutschen Kaiser und dem französischen König ebenso umzugehen wusste wie mit aufmüpfigen Bauern.[75] Ende des Jahres 1517, kurze Zeit nachdem Niklaus Manuel mit der Arbeit an seinem Gemäldezyklus begonnen hatte, starb Wilhelm von Diesbach völlig unerwartet; 17 Tage später verschied auch seine Gattin. Und jetzt kam aus, dass dieser Mann, «...*dessemglichen an vil menschlichen tugenden nit liechtlich zefinden*...»,[76] mehr als 20 000 fl Schulden hinterliess. Hier wird einerseits deutlich, dass Prestige, sozialer Rang, politisches Gewicht nicht einfach von den wirtschaftlichen Ressourcen abhängig war; andererseits führt das Beispiel vor Augen, wie nahe Aufstieg und Niedergang haben beieinander sein können, wie durchlässig und mobil die spätmittelalterliche Gesellschaft Berns gewesen ist. Zweifellos waren die gesellschaftlichen Unruhen, die kurzfristigen politischen Neuorientierungen und die ständigen Vermengungen von persönlichen und städtischen Interessen (Pensionenwesen) in den Jahrzehnten vor der Reformation besonders ausgeprägt. Und der Chronist Valerius Anshelm wird denn auch nicht müde, auf die Verderbtheit gerade dieser Zeit und auf die Notwendigkeit der Reformation in Kirche, Staat und Gesellschaft hinzuweisen. Der Rückschau haltende Historiker wird sich aber diesem aus reformatorischem Eifer erwachsenen Urteil nicht ohne weiteres anschliessen können: Rasche Umschichtungen in der Gesellschaft mit Gewinn und Verlust grosser Vermögen in kurzer Zeit, das Wissen um die eigene Hinfälligkeit und das Streben nach Genuss, Skrupellosigkeit beim Verfolgen des eigenen Vorteils und grüblerisches Schuldbewusstsein gehörten zu den Grunderfahrungen spätmittelalterlicher Menschen. So spiegelt sich denn auch in Niklaus Manuels Totentanz nicht primär die Erschütterung der bernischen Gesellschaft zu einem ganz bestimmten Zeitpunkt angesichts ganz bestimmter Vorkommnisse; vielmehr wird er zum Abbild eines Gesellschaftsmodells, das sich auf den ersten Blick durchaus als ständisch geordnet darbietet, das aber mit seiner Wiederholung stets derselben Existenzsituation letztlich die Gleichheit aller Menschen ins Zentrum rückt:

«*Kein Blyben ist in diser Zytt,*
Wir faren all dahin, ferr und wyth.
Silber und Gold hilfft uns nit hie,
Es weysz ouch niemand wenn oder wie.»[77]

Abb. 92:

Tod und Türken, Juden   Tod und Maler

S: Bernhard Tillmann,   S: Niklaus Manuel
Anna Hübschi

Abb. 93:

Beschluss (ohne Wappen)

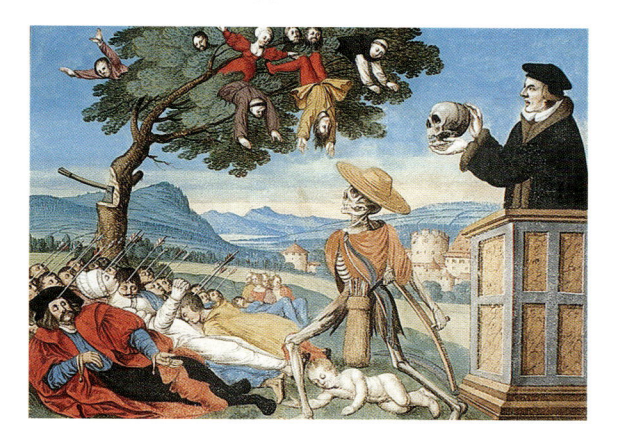

Abb. 94:
Der Verschwender mit der Börse, aus der Goldstücke fallen, um 1495, Tympanon, Hauptportal, Berner Münster.

Reichtum und politische Macht

Roland Gerber

Einer der wichtigsten Indikatoren, der die soziale Stellung eines Bewohners der spätmittelalterlichen Stadt Bern beschreibt, ist die Höhe des von ihm versteuerten Vermögens.[1] In einer Gesellschaft, die sich seit dem 13. Jahrhundert zunehmend auf Geldwirtschaft und persönliche Erwerbstätigkeit ausrichtete, gehörte der Besitz von Geld- und Sachwerten zu den Grundvoraussetzungen, um zu Ansehen und politischem Einfluss zu gelangen. Obwohl Reichtum allein den Zugang zu den Ratsgremien nicht garantierte, konnten nur wohlhabende und wirtschaftlich abkömmliche Personen über einen längeren Zeitraum wichtige politische Ämter ausüben und sich an den täglichen Ratsgeschäften beteiligen (Abb. 94).[2]

Vor allem die Verwaltung der Landschaft sowie die Teilnahme an Gesandtschaften zu den eidgenössischen Bündnispartnern und an ausländische Fürstenhöfe verursachten regelmässig hohe Kosten, die von den Ratsherren während des späten Mittelalters nur mit Hilfe eigener Einkünfte aus Grundbesitz, Handel und Gewerbe finanziert werden konnten. Die Stadt bezahlte zwar seit dem 14. Jahrhundert Zuschüsse an Reisespesen wie «*zerung*» und «*roslon*» sowie Gratifikationen an einzelne Amt- und Dienstleute, diese reichten jedoch bei weitem nicht aus, den tatsächlich geleisteten Verwaltungsaufwand zu decken.[3] Auch die Einkünfte der Landvögte blieben bis zum Ende des 15. Jahrhunderts in der Regel zu gering, als dass sich die Verwaltungstätigkeit für die Bürger in wirtschaftlicher Sicht gelohnt hätte.[4] Neben dem Besitz eines Reitpferdes verursachten insbesondere der Kauf repräsentativer Kleider und Geschenke sowie die Finanzierung von Hilfskräften und Arbeitern, die den heimatlichen Guts- oder Handwerksbetrieb während der Abwesenheit des Hausherrn weiterführten, erhebliche Aufwendungen, die in keiner städtischen Spesenrechnung erscheinen. Noch während des Twingherrenstreits von 1470/71 (siehe Kastentext, S. 335) beklagte sich deshalb der Kleinrat Adrian von Bubenberg darüber, dass er in den letzten Jahren für die Stadt über «*500 rynischer guldinnen verritten*» habe, ohne dafür eine direkte Gegenleistung erhalten zu haben.[5]

Die Klage Adrian von Bubenbergs darf jedoch nicht darüber hinwegtäuschen, dass gerade die Ratsherren ihre Aufenthalte an eidgenössischen Tagsatzungen und ausländischen Fürstenhöfen häufig dazu benutzt haben, Kontakte zu einflussreichen Persönlichkeiten zu pflegen, wichtige Informationen auszutauschen und lukrative Geschäfte mit auswärtigen Partnern abzuschliessen (Abb. 95).[6] Schultheiss und Rat zeigten sich seit dem 15. Jahrhundert ausserdem darum bemüht, die wachsende Zahl kommunaler Ämter und Vogteien durch die Festschreibung von Aufgaben und Pflichten der städtischen Amtleute zu institutionalisieren und mit verschiedenen Einkünften auszustatten, so dass die Verwaltungstätigkeit zunehmend auch für weniger vermögende Ratsmitglieder attraktiv wurde.[7] Seit dem 16. Jahrhundert entwickelte sich der Staatsdienst schliesslich zu einer wichtigen Einnahmequelle der Stadtbevölkerung, während die Bedeutung von Handel, Gewerbe und Grundbesitz deutlich zurückging.[8]

Die städtischen Vermögenssteuern

Die bernische Finanzverwaltung kannte im Spätmittelalter keine jährlichen Budgetierungen, die die Finanzierung ausserordentlicher Ausgaben langfristig sichergestellt hätten.[9] Die expansive städtische Territorialpolitik sowie die Durchführung grösserer Bauprojekte verursachten deshalb immer wieder hohe Kosten, die nur zu einem sehr geringen Teil aus dem laufenden Stadthaushalt beglichen werden konnten. Um grössere Ausgaben trotzdem finanzieren zu können, mussten Schultheiss

Abb. 95:
Diebold Schilling, Grosse Burgunderchronik, 1481–1484, Zürich, Zentralbibliothek, Ms. A 5, S. 135.

Im Januar 1474 sprach eine vornehme bernische Gesandtschaft bei Herzog Karl dem Kühnen in Ensisheim vor, an der sich die Altschultheisse Niklaus von Scharnachtal und Peter von Wabern sowie die beiden Kleinräte Georg Friburger und Heinrich Matter beteiligten. Die Burgunderchronik des Diebold Schilling zeigt die knienden Ratsherren, wie sie dem Herzog und dessen Statthalter im Elsass, Peter von Hagenbach, ein Schreiben überreichen. In dem von Schultheiss und Rat besiegelten Schriftstück bitten sie Karl den Kühnen darum, dass sein Statthalter die militärischen Übergriffe gegen die Bürger von Mühlhausen beende.

Die beiden rege diskutierenden Männer im Hintergrund der Darstellung illustrieren die Bedeutung, die solchen Gesandtschaften für die bernischen Ratsherren zugekommen ist. Sie dienten als gesellschaftlich hochrangige Treffpunkte, wo wichtige Informationen ausgetauscht und lukrative Geschäfte abgeschlossen wurden. Da sich sowohl Georg Friburger als auch Heinrich Matter nachweislich als Kaufleute betätigt haben, können die beiden Kleinräte ihren Aufenthalt am burgundischen Hof durchaus auch für Zusammenkünfte mit elsässischen Geschäftspartnern genutzt haben.

und Rat während des gesamten Spätmittelalters auf die Aufnahme kurzfristiger Kredite und die Erhebung ausserordentlicher Vermögenssteuern wie der «Telle» zurückgreifen, mit deren Erträgen die von der Stadt gemachten Schulden in möglichst kurzer Zeit wieder zurückbezahlt werden konnten.

Die Telle wurde deshalb seit dem beginnenden 14. Jahrhundert in regelmässigen Abständen sowohl der Einwohnerschaft in der Stadt als auch den ausserhalb der Stadtmauern lebenden Ausbürgern auferlegt.[10] Mit dem Aufbau eines eigenen städtischen Territoriums kam es seit dem ausgehenden 14. Jahrhundert zudem zu einer allmählichen Ausdehnung der kommunalen Steuerhoheit auf die Landschaft, so dass der Stadthaushalt durch die systematische Besteuerung der Landbevölkerung bis zum Ende des Mittelalters zunehmend entlastet werden konnte. Deutlich zeigt sich diese Entwicklung bei der Telle von 1458/60, deren erwartete Gesamteinnahmen von rund 33 000 Gulden nur noch zu etwa fünf Prozent von der Stadtbevölkerung aufgebracht wurden.[11] Auch der 1449/50 erstmals erhobene «Wochenangster» brachte Einnahmen von rund 6900 Gulden, die zu über 88 Prozent von der Einwohnerschaft der Landschaft beigesteuert wurden.[12] Die starke Abhängigkeit von Fremdkapital und die nachträgliche Schuldentilgung mit Hilfe ausserordentlicher Steuern in Stadt und Land kann geradezu als ein Hauptcharakteristikum der bernischen Finanzpolitik während des Spätmittelalters bezeichnet werden.

Die Telle von 1448

Die erste Hälfte des 15. Jahrhunderts bedeutete für die Stadt Bern eine Zeit ausserordentlicher finanzieller Aufwendungen.[13] Neben den Verheerungen des Stadtbrands von 1405 waren es vor allem die städtische Expansionspolitik, die mit der Eroberung des Aargaus im Jahre 1415 ihren vorläufigen Höhepunkt erreichte, sowie die kostspieligen Kriege gegen Zürich und Freiburg im Uechtland von 1444 bis 1448, die den Stadthaushalt überaus stark belasteten. Die auswärtige Schuld der Stadt vervielfachte sich deshalb zwischen 1400 und 1446 von rund 15 000 Gulden auf den ausserordentlich hohen Betrag von über 100 000 Gulden.[14] Um die drohende Zahlungsunfähigkeit zu verhindern, griff der Rat wie schon im 14. Jahrhundert zu ausserordentlichen Steuermassnahmen wie der Telle, die zwischen 1437 und 1448 fast jährlich erhoben wurde.[15]

Von den zahlreichen Steuerumgängen des 14. und 15. Jahrhunderts sind mit den Tellbüchern von 1389, 1448, 1458 und 1494 jedoch nur vier Erhebungen erhalten, die Rückschlüsse über die Vermögensverhältnisse der Stadtbevölkerung während des Spätmittelalters erlauben.[16] Eine zentrale Bedeutung kommt dabei dem Tellbuch von 1448 zu, das von Friedrich Emil Welti bereits im Jahre 1936 vollständig ediert worden ist.[17] Das am 11. November 1448 angelegte Steuerbuch ist das einzige aus dem Mittelalter überlieferte Vermögenssteuerregister Berns, in dem nicht nur die steuerpflichtigen Haushaltsvorstände, sondern weitgehend alle erwachsenen Einwohner, die zur Zeit der Steuererhebung in der Stadt gewohnt haben, namentlich aufgezeichnet worden sind. Neben den Haushaltsvorständen wurden die erwachsenen Mitglieder eines Haushalts, die Bewohner der geistlichen Niederlassungen wie Spitäler, Beginenhäuser und Bettelordensklöster sowie Priester, arme Hausgenossen und sogar die in der Stadt lebenden Bettler vollständig aufgelistet. Auch Bewohner, die wie Stadtarzt, Schulmeister und Nachrichter nur vorübergehend oder zu speziellen Bedingungen im Stadtgebiet ansässig waren und deshalb der allgemeinen Steuerpflicht nicht unterlagen, wurden im Tellbuch namentlich aufgeführt.[18] Einzig die minderjährigen Kinder, das heisst, diejenigen Personen, die unter 15 Jahre alt waren und noch im väterlichen Haushalt wohnten, fehlen im Steuerregister.

Laut der Steuerordnung von 1458 waren im 15. Jahrhundert alle erwachsenen Stadtbewohner, «*es sye man, frouwen, dienstknecht, dienstjungfrouwen, die umb mercklichen jar lon dienent, und ouch ander personen, so in der statt wonent und eigen gut habent, das under der statt gebiett und schirm gelegen ist*», verpflichtet, ihre Geld- und Sachwerte inner- und ausserhalb der Stadt gegenüber Vennern und Tellherren zu versteuern.[19] Insbesondere hatten sie den Ratsabgeordneten zu schwören, «*alles ir zittlich gut, wie das geheissen ist, es sye ligend oder farend gut, korngült, wingült, pfennig gült, acker, matten, huss, hoff, hoffstett, spicher, schüren, garten, boumgarten, eigen, lechen, kleyder, kleynoder, barschafft, geltschuld, die man im schuldig und gewüss ist, silbergeschirr, hussrat, und was gutes ein mönsch hat*», ohne Ausnahme anzugeben und deren Geldwert so hoch einzuschätzen, «*als lieb*» ihnen «*das sy*». Einkünfte aus Geld-, Wein- und Korngülten wurden vom Rat dabei als Vermögenswerte eingestuft, die ungefähr zum zwanzigfachen Betrag der jährlichen Zinseinnahmen versteuert werden mussten. Während er ein Mütt[20] Dinkel «*mit huenrn und eyern*» auf 15 Gulden und einen Saum[21] Wein auf 25 Gulden veranschlagte, galt ein Gulden Geldzins als 20 Gulden Vermögen. Ausgenommen von der Steuerpflicht blieben einzig Harnische und Waffen sowie der Grundbesitz des in der Stadt ansässigen Klerus. Auch alle «*arm bettler*», die keiner geregelten Arbeit nachkamen und «*teglichs das almussen nement*», mussten keine Steuer bezahlen, ausser «*sy geben es denn gern*». Als steuerbares Mindestvermögen bestimmte der Rat einen Betrag von 50 Pfund, wobei alle Stadtbewohner, die über ein kleineres oder überhaupt kein Vermögen verfügten, eine Kopfsteuer von fünf Schillingen in den Stadtsäckel zu entrichten hatten.

Die im Tellbuch von 1448 aufgezeichneten Vermögenswerte beruhten auf Selbstschatzungen der besteuerten Personen.[22] Sie waren deshalb nominale, von den Tellherren schriftlich festgehaltene Beträge, auf deren Grundlage die zu leistende Steuer berechnet wurde. Um Betrügereien zu verhindern, hatte der Rat grundsätzlich das Recht, die von den Stadtbewohnern aufgelisteten Steuergüter zu dem von diesen geschätzten Wert zu verkaufen. Für Venner und Tellherren bildeten die Steuerregister in erste Linie Restanzenbücher, in denen sie die ausstehenden Steuerschulden der Einwohnerschaft auflisteten. Nach der Erledigung der Schuld wurden die Steuersummen von den Rechnungsschreibern jeweils mit dem Vermerk «*hat bezalt*» abgebucht. Ein Teil der steuerpflichtigen Personen konnte ihre Tellbeträge jedoch nur in Ratenzahlungen oder mit Hilfe von Überschreibungen anderer Vermögenswerte wie Gülten und Darlehen begleichen. Die im Tellbuch aufgeführten Steuersummen dürften deshalb nur teilweise wirklich in den Stadtsäckel gelangt sein. Vor allem Ratsherren und vermögende Witwen liessen sich ihre meist auf über 100 Gulden belaufenden Tellen entweder durch geleistete Dienste für die Stadt vergüten oder verrechneten diese mit Schuldbriefen und ausstehenden Krediten, die sie dem Rat bereits vor dem Steuerumgang gewährt hatten.[23] Während auf diese Weise die reichste Bernerin des Jahres 1448, Anna von Krauchthal, von ihrer Steuersumme von 250 Gulden nur gerade 51 Gulden an die Tellherren auszahlte, liess sich der Kleinrat Loy von Diesbach sogar ein Pfund vom Säckelmeister zurückerstatten, da seine Forderungen gegenüber Schultheiss und Rat höher waren, als der von der Stadt geforderte Steuerbetrag.[24] Zahlreiche Stadtbewohner verrechneten ihre Steuern ausserdem direkt mit den ausstehenden Soldzahlungen, die ihnen der Säckelmeister seit den letzten kriegerischen Auseinandersetzungen mit Zürich und Freiburg schuldete.[25] Da in den Steuerumgängen neben Geld- und Sachwerten insbesondere auch die Einkünfte aus Grund- und Gerichtsherrschaften versteuert werden mussten, bekundeten vor allem die grundbesitzenden Bürger im Verlauf des 15. Jahrhunderts immer mehr Mühe, die von der Stadt geforderten Geldleistungen aufzubringen. Sie waren deshalb wie der Altschultheiss Heinrich von Bubenberg in der Regel dazu gezwungen, anstelle der Steuer eine einträgliche Gülte an die Stadt zu vergeben.[26] Insgesamt dürften die im Tellbuch von 1448 erwarteten Geldeinnahmen somit deutlich höher gewesen sein, als die tatsächlich von Vennern und Tellherren bezogenen Steuereinkünfte. Des weiteren gilt es zu beachten, dass die wiederholten Steuererhebungen zwischen 1437 und 1448 zu einer kontinuierlichen Verringerung der Realvermögen der städtischen Bevölkerung geführt haben. Einen zusätzlichen Rückgang der Vermögenswerte verursachten schliesslich auch die in der ersten Hälfte des 15. Jahrhunderts verstärkt fortschreitende Entwertung des Silbergeldes sowie die wiederholten Getreideteuerungen der Jahre 1437 bis 1448 (vgl. Kap. III, S. 244).

Die Vermögensstruktur der Stadtbevölkerung

Das Tellbuch von 1448 verzeichnet insgesamt 3325 Einträge, von denen 1713 auf Frauen und 1566 auf Männer entfallen.[27] Rund 1890 oder etwa 57 Prozent dieser Personen bezahlten einen Steuerbetrag zwischen drei Schillingen und 340 Gulden in den Stadtsäckel. Die übrigen 1435 im Steuerbuch aufgezeichneten Personen blieben steuerfrei. Der Steuerfuss lag bei einem Prozent, so dass für ein Vermögen von 100 Gulden je ein Gulden Steuer bezahlt werden musste. Wie in der Steuerordnung von 1458 festgelegt, unterlagen neben Bargeld und Immobilien auch grundherrliche Einkünfte sowie Nutzungsrechte an Boden, Gericht und Wälder («twing und ban») der allgemeinen Steuerpflicht.

Die von Vennern und Tellherren veranschlagten Steuereinnahmen beliefen sich im Jahre 1448 für alle vier Stadtviertel (→Abb. 9) auf ungefähr 8120 Gulden. Etwa 4918 Gulden oder 61 Prozent der erwarteten Einnahmen entfielen dabei auf die beiden grössten Viertel westlich der Kreuzgasse (Pfistern- und Schmiedenviertel), während die beiden kleineren Stadtviertel östlich der Kreuzgasse (Gerbern- und Metzgernviertel) mit 3202 Gulden die restlichen 39 Prozent der Einkünfte aufzubringen hatten. Die eindeutig geringsten Steuereinkünfte erwarteten die Tellherren von der Einwohnerschaft des nordöstlichen Stadtviertels, deren Steueraufkommen sie auf höchstens 679 Gulden oder zirka acht Prozent der Gesamteinnahmen veranschlagten. Bei einem Steuerfuss von einem Prozent ergibt sich somit im Jahre 1448 ein steuerbares Gesamtvermögen der stadtsässigen Bevölkerung von rund 812 000 Gulden. Das durchschnittliche Vermögen eines einzelnen Stadtbewohners

Steuerpflichtige   **Vermögen**

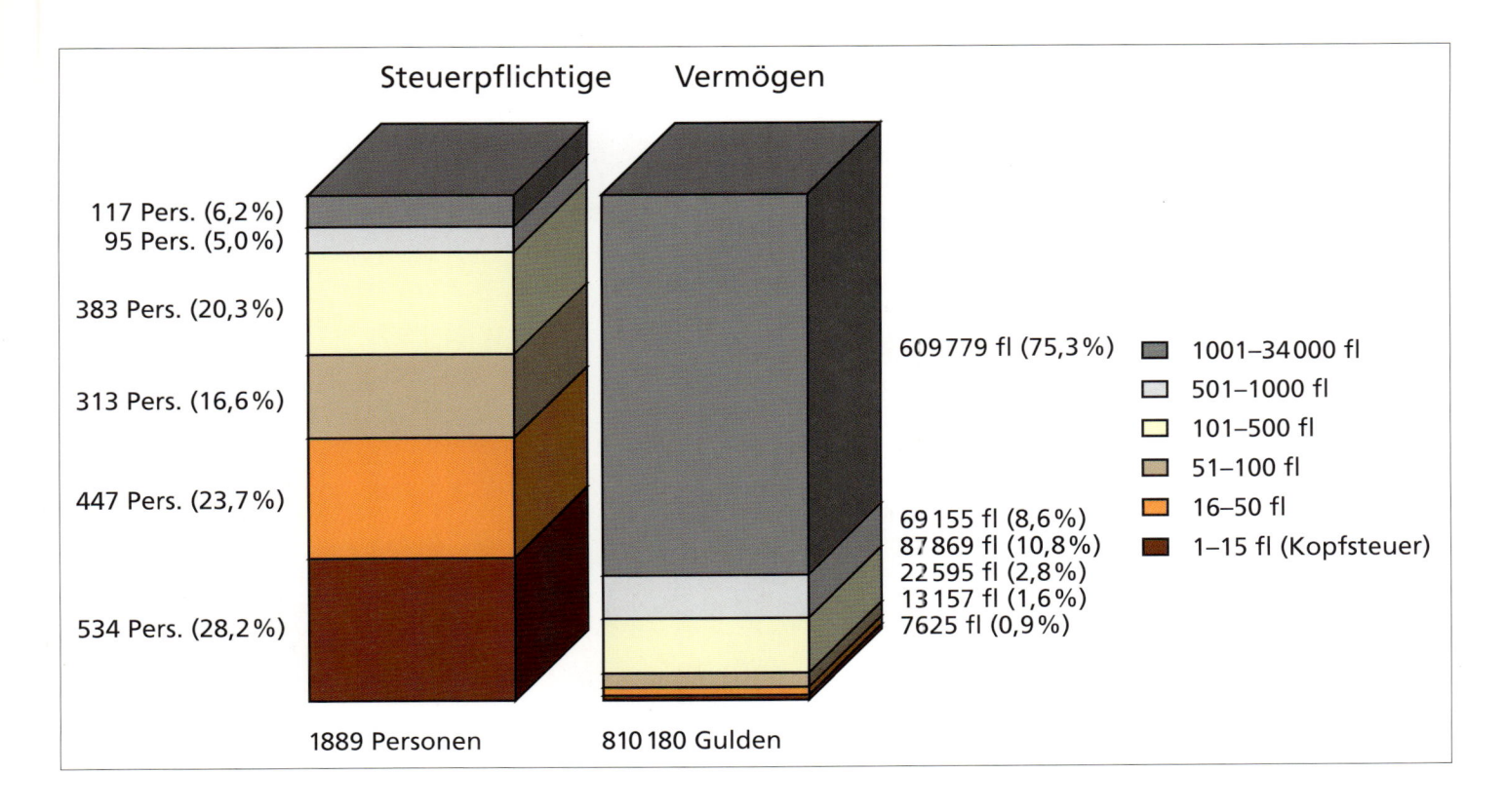

117 Pers. (6,2%)
95 Pers. (5,0%)
383 Pers. (20,3%)
313 Pers. (16,6%)
447 Pers. (23,7%)
534 Pers. (28,2%)

609 779 fl (75,3%)
69 155 fl (8,6%)
87 869 fl (10,8%)
22 595 fl (2,8%)
13 157 fl (1,6%)
7625 fl (0,9%)

- 1001–34 000 fl
- 501–1000 fl
- 101–500 fl
- 51–100 fl
- 16–50 fl
- 1–15 fl (Kopfsteuer)

1889 Personen   810 180 Gulden

Abb. 96:
Anzahl steuerpflichtige Personen im Vergleich mit der Höhe der von ihnen versteuerten Vermögen im Jahre 1448, Roland Gerber 1998.

betrug dabei etwa 244 Gulden. Eine aussagekräftigere Annäherung an die Vermögenssituation der Stadtbevölkerung gibt jedoch der Median, das heisst, derjenige Wert, bei dem die Hälfte der Vermögen darüber und die andere Hälfte darunter liegt. Dieser betrug 1448 lediglich 43 Gulden, was auf eine starke Vermögensstreuung innerhalb der bernischen Einwohnerschaft hinweist.[28]

Die Twingherren als ökonomische und politische Führungsgruppe
Setzt man die Zahl der steuerpflichtigen Personen in ein Verhältnis mit dem von ihnen versteuerten Vermögen, so zeigt sich ganz klar die ungleichmässige Vermögensverteilung innerhalb der Stadtbevölkerung (Abb. 96). Rund 75 Prozent des in den Tellbüchern ausgewiesenen Gesamtvermögens von ungefähr 810 000 Gulden wurden von nur gerade 117 Personen oder 6,2 Prozent der steuerpflichtigen Bewohner aufgebracht. Diese 117 reichsten Bernerinnen und Berner des Jahres 1448 versteuerten alle ein Vermögen über 1000 Gulden. Sie waren im Besitz des bernischen Bürgerrechts und verteilten sich auf insgesamt etwa 95 verschiedene, grösstenteils seit mehreren Generationen in der Stadt ansässige Familien.

Die weitaus grösste Vermögenskonzentration findet sich bei den sogenannten Twingherren, das heisst, bei denjenigen Stadtbürgern, die über Grund- und Gerichtsherrschaften in der Landschaft verfügten. Die reichsten Twingherren des Jahres 1448 waren die drei Söhne des 1436 verstorbenen Fernkaufmanns Niklaus von Diesbach, Ludwig, Loy und Johannes, die zusammen ein Vermögen von über 70 000 Gulden versteuerten (Abb. 97). Ludwig von Diesbach galt mit einem Besitz von 34 000 Gulden um die Mitte des 15. Jahrhunderts als einer der wohlhabendsten Männer im Gebiet der Eidgenossenschaft.[29] Das zweitreichste Geschlecht war die Familie von Erlach. Das Tellbuch von 1448 nennt mit Anton, den Brüdern Ulrich senior und Rudolf sowie Ulrich junior und Peter nicht weniger als fünf Mitglieder dieser weit verzweigten Adelsfamilie. Die fünf Männer weisen zusammen ein Vermögen von 53 000 Gulden aus.[30] Ebenso zahlreich vertreten wie die Familie von Erlach, war das adlige Geschlecht der vom Stein. Die vom Stein versteuerten mit Johannes und seinen drei Söhnen Kaspar, Jakob und

Das Bürgerrecht

Bereits in der Gründungszeit Berns konstituierten sich die haushäblichen Männer der Stadt, die persönlich frei und wirtschaftlich unabhängig waren, im speziellen Rechtsverband der Bürgerschaft[31]. Gemäss der von Herzog Bertold V. von Zähringen von 1191 bis zu seinem Tode 1218 an die Stadtbevölkerung übertragenen Rechte und Freiheiten hatten nur die Bürger Anspruch auf die uneingeschränkte Nutzung der vom Herzog an die Stadtgemeinde verliehenen Privilegien. Allein die Bürger besassen die volle Rechtsfähigkeit und waren gegenüber dem Stadtherrn und seinem rechtlichen Vertreter, dem Stadtvogt, zur Huldigung und zur Leistung von Abgaben und Diensten verpflichtet. Auch die Wahl in den städtischen Rat blieb seit dem 13. Jahrhundert auf jene Männer beschränkt, die dem von König und Stadtherren privilegierten Rechtsverband der Bürgerschaft angehörten. Obwohl auch in Bern ständische Kriterien wie Adel und Klerus sowie Freiheit und Unfreiheit eine gewisse Bedeutung zukamen, definierte sich die Einwohnerschaft der Stadt während des Mittelalters nicht nach der Geburt, sondern nach dem persönlichen Status jedes einzelnen Stadtbewohners und dessen Zugehörigkeit zu einem der beiden Rechtsverbände der Bürger und Nichtbürger.

Der Rechtsakt der Neubürgeraufnahme war im Stadtrecht verankert und gründete auf dem beim Bürgerrechtserwerb zu schwörenden Neubürgereid. Nur wer den Neubürgereid leistete und den im Stadtrecht formulierten Rechten und Pflichten ohne Einschränkungen nachkam, hatte die Möglichkeit, am politischen und ökonomischen Leben des städtischen Gemeinwesens aktiv teilzunehmen und innerhalb der Stadtmauern zu Ansehen und Reichtum zu gelangen. Die Bürger allein trugen den Schwurverband der genossenschaftlich organisierten Stadtgemeinde. Sie hatten Zugang zu Rat und Zünften, besetzten die wichtigsten politischen Ämter in der Stadt, fanden Aufnahme in religiös-karitativen Stiftungen wie Bruderschaften oder Spitäler und hatten die Möglichkeit, in grösserem Umfang Grundeigentum oder Lehen zu erwerben. Mit der Nutzung der kommunalen Gewerbeanlagen wie Stadtbach, Tuchstände, Fleisch- und Brotschalen (vgl. Kap. I, S. 50) sicherten sich die Bürger ausserdem ein geregeltes wirtschaftliches Auskommen, das durch Zollvergünstigungen auf dem städtischen Markt und Weiderechte in den Stadtwäldern und Allmenden noch erweitert wurde.

Im Unterschied zu den Landbewohnern, deren rechtlicher wie sozialer Status allein durch die Geburt vorgegeben war, stand das bernische Bürgerrecht grundsätzlich allen erwachsenen Personen offen, die sich rechtmässig in der Stadt niederliessen, um dort einen eigenen Hausstand zu gründen. Die Aufnahme in die bürgerliche Schwurgenossenschaft war jedoch während des gesamten Spätmittelalters an gewisse Bedingungen geknüpft, die den Zugang zum städtischen Bürgerrecht mehr oder weniger stark einschränkten (vgl. Kap. II, S. 107). Neben der Bezahlung des Bürgergeldes war es vor allem der Besitz von Waffen und Harnisch sowie die gewissenhafte Erfüllung aller von den Bürgern bei der Aufnahme geschworenen Bürgerpflichten wie die Leistung von Steuern und Wachdiensten, die die Zugehörigkeit zur Bürgerschaft bedingten. Bei Verstössen konnte das Bürgerrecht von Schultheiss und Rat jederzeit wieder entzogen und mit einer Verbannung aus der Stadt bestraft werden. Jedem Bürger stand es ausserdem frei, sein Bürgerrecht freiwillig aufzukündigen und nach der Bezahlung einer Wegzugsgebühr wieder aus der Stadt fortzuziehen.

Diebold Schilling, Spiezer Bilderchronik, 1484/85, Bern, Burgerbibliothek, Mss. hist. helv. I. 16, S. 152.

Ausdruck der wachsenden politischen und militärischen Vormachtstellung Berns während des 14. und 15. Jahrhunderts war die Aufnahme zahlreicher adliger Herrschaftsträger ins kommunale Ausbürgerrecht.

Diebold Schilling zeigt in seiner Spiezer Bilderchronik die Vereidigung der Grafenwitwe Elisabeth von Kiburg mit ihren beiden Söhnen Hartmann und Eberhard, die im Jahre 1311 das bereits bestehende Burgrecht von 1301 erneuerten. Die Mitglieder der Grafenfamilie erscheinen zur Eidesleistung persönlich vor dem Berner Rat, der im grossen tonnengewölbten Saal des zwischen 1406 und 1416 neu erbauten Rathauses dargestellt ist. Über Schultheiss und Stadtschreiber, der gerade die Bestimmungen des eben verfassten Burgrechtsvertrags vorliest, befindet sich der über zwei Berner Wappen angebrachte Reichsschild. Dieser symbolisiert den vom römisch-deutschen Kaisertum an die Bürgerschaft übertragenen Herrschaftsanspruch über die benachbarte Landschaft. Im Unterschied zu den selbstbewusst auftretenden Ratsherren hält einer der Grafensöhne seinen Fürstenhut demütig in der linken Hand, während er rechts die Schwurfinger für den Bürgereid in die Höhe streckt.

Abb. 97:
Die steuerbaren Vermögen der 30 reichsten Bernerinnen und Berner im Jahre 1448, Roland Gerber 1998.

Vorname	Name	Vermögen/fl	Amt 1448
Ludwig	von Diesbach senior	34 000	
Rudolf	von Ringoltingen	31 000	Schultheiss/Kleinrat
Peter	von Wabern senior	26 600	Säckelmeister/Kleinrat
Anna	von Krauchthal	25 000	
Heinrich	von Bubenberg junior	21 700	Altschultheiss/Kleinrat
Loy	von Diesbach	21 400	Schultheiss von Burgdorf
Kaspar	von Scharnachtal	20 000	Kleinrat
Rudolf	Gräfli, genannt Hofmeister	19 000	Altschultheiss/Kleinrat
Anton	von Erlach	18 000	
Johannes	vom Stein	17 000	
Ulrich	von Erlach senior	17 000	Altschultheiss/Kleinrat
Johannes	von Diesbach	15 170	
Johannes	von Muhleren junior	15 000	
Margareta	Gruber	14 900	
Lucia	Balmer	11 400	
Peter	Brüggler junior	9 000	Venner (Gerbern)/Kleinrat
Wilhelm	von Villarsel	9 000	Kleinrat
Johannes	Franz	8 400	
Rudolf	von Erlach senior	8 000	
Heinrich	vom Stein	8 000	
Anton	von Gisenstein	7 500	Salzherr
Johannes	Ross	7 000	Salzherr/Ungeldner
Ital	Hetzel (von Lindach)	7 000	
Niklaus	von Wattenwil senior	7 000	Schultheiss von Thun
Thomas	von Speichingen	7 000	Heimlicher von Burgern
Peter	Schopfer senior	6 900	Böspfenniger/Kleinrat
Peter	Hechler senior	6 628	Venner (Metzgern)/Kleinrat
Joh. Heinrich	von Ballmoos	6 400	Landvogt von Wangen
Gilian	Spilmann junior	6 057	Venner (Schmieden)/Kleinrat
Jost	Käsli	6 000	Tschachtlan von Obersimmental

Hartmann, seiner Schwiegertochter Mechthild sowie seinem Bruder Heinrich Vermögenswerte über 31 700 Gulden.[32] Die hinter Ludwig von Diesbach wohlhabendsten Einzelpersonen waren der amtierende Schultheiss Rudolf von Ringoltingen mit einem steuerbaren Vermögen von 31 000 Gulden und der Säckelmeister Peter von Wabern senior mit 26 600 Gulden. Dann folgt mit Anna von Krauchthal bereits die erste Frau. Sie war die Witwe des um 1425 verstorbenen Schultheissen Peter von Krauchthal und versteuerte einen Besitz von 25 000 Gulden. Ebenfalls ein Vermögen zwischen 19 000 und 22 000 Gulden wiesen die Altschultheissen Heinrich von Bubenberg und Rudolf Gräfli, genannt Hofmeister sowie Loy von Diesbach und Kaspar von Scharnachtal auf, deren Söhne, respektive Brüder in der zweiten Hälfte des 15. Jahrhunderts ebenfalls das Amt eines Berner Schultheissen ausübten.[33]

Zusammenfassend lässt sich feststellen, dass mit den Familien von Bubenberg, von Scharnachtal, von Erlach, vom Stein, von Villarsel und Hofmeister insgesamt neun der dreissig wohlhabendsten Bernerinnen und Berner des Jahres 1448 reich begüterten Adelsfamilien entstammten. Von diesen verfügten die ersten vier Geschlechter bereits im 14. Jahrhundert über ausgedehnte Besitzungen inner- und ausserhalb der Stadt. Die übrigen reichsten Stadtbewohner waren Nachfahren von Familien, die ursprünglich in Handwerk und Gewerbe tätig waren und es durch Handelsgeschäfte zu Beginn des 15. Jahrhunderts zu grossem Reichtum gebracht hatten. Die wachsenden Vermögen der von Diesbach, von Ringoltingen, von Wabern, von Muhleren, Gruber, Balmer, Brüggler und Franz erlaubte es den Angehörigen dieser Familien, wie die alteingesessenen Adelsgeschlechter Grund- und Gerichtsherrschaften in der Landschaft zu erwerben und auf diese Weise in den Kreis der stadtsässigen Twingherren aufzusteigen. Für die Vertreter der vier erstgenannten Familien bildete die von ihren Vorfahren erworbene wirtschaftliche Stellung die Grundlage, um sich während des 15. Jahrhunderts im Heiligen Land zu Rittern schlagen zu lassen oder mit dem Kauf von Wappenbriefen formell in den Adelsstand aufzusteigen.[34] Während des Twingherrenstreits von 1470/71 galten die von Diesbach, von Ringoltingen und von Wabern schliesslich ebenso als adlige Geschlechter wie die von Bubenberg, von Erlach, vom Stein und von Scharnachtal (Abb. 98, 99; vgl. Kap. II, S. 119).

Neben dem hohen Anteil adliger und nobilitierter Geschlechter kann im Kreis der wohlhabendsten städtischen Familien auch eine deutliche Konzentration der politisch wichtigsten Ämter festgestellt werden. Politische Macht und Reichtum beschränkten sich somit in Bern während des 15. Jahrhunderts, wie in den meisten spätmittelalterlichen Städten, auf einige wenige ressourcenstarke Persönlichkeiten.[35] Die Grundlage für die Teilnahme am Stadtregiment bildete dabei jedoch weniger die aktive Beteiligung an Fernhandel und spezialisierten Exportgewerben, sondern diese beruhte vielmehr auf dem Besitz ausgedehnter Grund- und Gerichtsherrschaften in der Landschaft. Erst die Einkünfte aus den Twingherrschaften sowie die aus dem Rentnerdasein resultierende Abkömmlichkeit und adlige Lebensführung ermöglichte es den Bürgern, sich über eine längere Zeit am städtischen Regiment zu beteiligen. Die wohlhabenden Bürger investierten deshalb ihre im Handel erworbenen Vermögen gezielt in den Kauf von Herrschaftsrechten auf dem Land, deren Besitz eine unabdingbare Voraussetzung für die Übernahme wichtiger Ratsämter darstellte. In Notzeiten konnten die Twingherren die Stadt zudem mit Kriegsmannschaften und Getreide aus ihren Herrschaften versorgen, was deren politischen Einfluss in den kommunalen

Abb. 98:
Wappenrelief Niklaus v. Diesbach an der Münstergasse 2, Diesbachhaus, um 1470.

Abb. 99:
Wappenrelief von Ringoltingen/v. Hunwil, Kirche Utzenstorf.

Abb. 98, 99:
Ausdruck der von den reichen Berner Kaufmannsfamilien während des 15. Jahrhunderts angestrebten Standeserhöhung war der Erwerb von Familienwappen, die in der Tradition adliger Wappenschilde an Hauswänden, Möbeln und Kleidern sowie an den von diesen Geschlechtern gestifteten Kunstwerken für Kirchen und Klöster angebracht wurden. Niklaus Goldschmied, genannt von Diesbach, übernahm nach dem Kauf der Herrschaft Oberdiessbach 1427 das Wappenbild der Grafen von Kiburg (zwei Löwen mit diagonalem Zackenband), um nach dessen Vorbild 1444 ein eigenes Familienwappen zu kreieren. Etwa zur gleichen Zeit änderte auch der im Viehhandel tätige Rudolf Zigerli seinen Namen in von Ringoltingen, wobei er den sozialen Aufstieg durch ein entsprechendes Wappen legitimierte, auf dem drei Käselaibe oder Ringe in senkrechtem Band dargestellt sind. Beide Familien präsentierten ihre Wappen im 15. Jahrhundert unter einem reich verzierten ritterlichen Helmschmuck, wobei es sich der 1468 in Palästina zum Ritter geschlagene Niklaus von Diesbach nicht nehmen liess, neben seinem um 1470 geschaffenen Wappenschild die Embleme von insgesamt sechs verschiedenen Ritterorden zu zeigen. Auch Thüring von Ringoltingen liess sich im Heiligen Land zum Ritter schlagen, was er in seinem um 1457 geschaffenen Allianzwappen mit Verena von Hunwil ausdrückte.

Ratsgremien vergrösserte. Je nach Umfang und Bedeutung der von den Ratsherren verwalteten Landgüter wuchs dabei deren soziales Ansehen innerhalb der Stadtgemeinde.

Im Jahre 1448 konzentrierten sich sämtliche wichtigen Ratsämter bei den dreissig reichsten Bürgern der Stadt. Zu dieser Führungsgruppe gehörten neben dem amtierenden Schultheissen Rudolf von Ringoltingen auch drei Altschultheisse, die Witwe eines Schultheissen sowie drei Väter und ein Bruder von vier zukünftigen Schultheissen. Mit dem Säckelmeister Peter von Wabern senior sowie den drei Vennern Peter Brüggler junior (Gerbern), Peter Hechler (Metzgern) und Gilian Spilmann (Schmieden) waren auch die übrigen einflussreichen Ratsämter der Stadt in dieser ökonomischen Führungsgruppe vertreten. Die Ausnahme bildete der Venner zu Pfistern, Burkhard Thormann, der mit einem steuerbaren Vermögen von 3100 Gulden deutlich hinter dieser ökonomischen Spitzengruppe rangierte.

Noch deutlicher zeigt sich die Abhängigkeit zwischen politischer Macht und Reichtum, wenn man die im Tellbuch von 1448 aufgeführten Vermögenswerte derjenigen zwölf Personen betrachtet, die entweder selbst eines der führenden städtischen Ämter ausgeübt oder als Altschultheisse, respektive Familienmitglieder zukünftiger Schultheisse der politischen Führungsgruppe direkt angehört haben. Diese zwölf Personen versteuerten ein Gesamtvermögen von rund 206 500 Gulden, was etwa einem Viertel der im Jahre 1448 veranschlagten Vermögenswerte von 810 000 Gulden entspricht. Mit einem budgetierten Steueranteil von 2065 Gulden

Udel und Hausbesitz

Eine der wichtigsten Voraussetzungen für die Aufnahme ins Bürgerrecht der Stadt Bern war während des gesamten Mittelalters der Nachweis von Grund- oder Hausbesitz innerhalb der Stadtmauern.[36] Jeder Verburgrechtete hatte ein sogenanntes Udel[37], das heisst, einen rechtsverbindlichen Besitzanteil an einer städtischen Liegenschaft zu erwerben, der für die Erfüllung der Bürgerpflichten haftete und bei Verstössen in Form einer Pfandschaft an den Stadtherrn und seit der zweiten Hälfte des 13. Jahrhunderts an die Stadtgemeinde verfiel. Während das Udel ursprünglich noch das gesamte Wohn- und Sässhaus des in der Stadt ansässigen Bürgers bezeichnete, führte die ständig wachsende Zahl der Einbürgerungen im 14. Jahrhundert dazu, dass die Udel ihre ursprüngliche Bedeutung als Grundpfandschaften weitgehend verloren und sich allmählich zu Hypotheken entwickelten. Sie wurden zwar weiterhin auf städtische Liegenschaften geschlagen, sie büssten ihre Eigenschaft als Realbesitz jedoch grösstenteils ein.[38] Das Udel wurde zu einem von Schultheiss und Rat festgelegten Geldbetrag, der beim unrechtmässigen Verlust des Bürgerrechts sozusagen als Strafgebühr an die Stadt zu entrichten war. Bei Zahlungsverweigerungen konnte der Rat entweder das Udel einziehen und weiterverkaufen oder den ausstehenden Udelbetrag mit Gewalt konfiszieren.[39]

Nicht mehr das Bürgerhaus in seiner Gesamtheit, sondern der Haushalt, das heisst, derjenige Ort, an dem der Bürger «Feuer und Licht»[40] besass, entwickelte sich seit dem 14. Jahrhundert zur kleinsten rechtlichen und sozialen Einheit innerhalb der Stadtgemeinde.[41] Die Trennung von Bürgerrecht und Hausbesitz machte es dabei möglich, dass neben weniger begüterten Einwohnern, die kein eigenes Wohnhaus besassen, auch zahlreiche Personen ausserhalb der Stadt als sogenannte Ausbürger ins Bürgerrecht aufgenommen werden konnten. Die Ausbürger besassen wie die stadtsässigen Bürger zwar das volle Bürgerrecht, sie standen jedoch über ihre Udelliegenschaften in direkter Abhängigkeit zur Stadtbevölkerung. Die auf dem Land lebenden Bürger unterlagen wie die Stadtbürger der städtischen Steuerhoheit und waren verpflichtet, im Kriegsfall unter der Führung von Schultheiss und Vennern für die Stadt ins Feld zu ziehen. Als Gegenleistung wurden die Ausbürger der kommunalen Gerichtsbarkeit unterstellt, was sie vor Übergriffen anderer Herrschaftsträger schützte. Gleichzeitig genossen sie verschiedene Zollvergünstigungen innerhalb des bernischen Territoriums und erhielten erleichterten Zugang zum städtischen Markt.

Während die Udel der in Bern ansässigen Bürger im Verlauf des 14. und 15. Jahrhunderts zunehmend nur noch aus formellen Gründen auf einzelne Liegenschaften geschlagen wurden und in der Regel den Aufnahmegebühren ins Bürgerrecht entsprachen, behielten diejenigen der Ausbürger, die ausserhalb des städtischen Friedensbereichs wohnten, ihre besondere Bedeutung als grundstückbezogene Hypotheken. Hier bürgten die stadtsässigen Hausbesitzer in der Höhe des auf ihrem Anwesen lastenden Udels für die Erfüllung der durch die Ausbürger geschworenen Bürgerpflichten.[42] Die Besitzer der Udelhäuser waren gegen Androhung einer Busse verpflichtet, die durch den Rat erlassenen gerichtlichen Vorladungen, Steuererhebungen und Auszugsaufgebote auf eigene Kosten an die zu ihrem Haus gehörigen Udelinhaber auf dem Land weiterzuleiten.[43] Als Gegenleistung erhielten sie von den Ausbürgern eine jährliche Gebühr, den sogenannten Udelzins ausbezahlt, den sie für den Unterhalt ihrer Udelhäuser verwendeten.[44] Gleichzeitig schützten sich die Hausbesitzer vor einer Betreibung durch den Rat, indem sie den Ausbürgern bei der Udelvergabe das eidliche Versprechen abverlangten, mit ihrem Besitz auf dem Lande für die Erfüllung ihrer Bürgerpflichten einzustehen.[45]

scheinen die politisch führenden Bürger somit während des 15. Jahrhunderts einen wesentlichen Beitrag zur Finanzierung der städtischen Politik beigetragen zu haben. Gerade bei dieser grundbesitzenden Führungsgruppe zeigt es sich jedoch, dass die Stadt nur mit einer geringen Steuerleistung in Bargeld rechnen konnte. Von den 2065 im Tellbuch ausgewiesenen Steuergulden wurden laut der Rechnungsführung der Tellherren nur etwa 150 Gulden oder rund sieben Prozent der erwarteten Steuerbeträge als Silber- oder Goldmünzen in den Stadtsäckel ausbezahlt. Die übrigen 1915 Gulden bezog die Stadt entweder in Form von Schuldbriefen, die vom Säckelmeister zuerst noch kapitalisiert werden mussten, oder sie wurden, wie bei Peter von Wabern und dem Venner Peter Brüggler, von den Tellherren gegen bestehende, von der Stadtkasse geschuldete Restanzen an die Steuern dieser Amtsträger abgerechnet.[46]

Die reichen Witwen

Eine wichtige ökonomische Bedeutung für die Stadtgemeinde besassen im späten Mittelalter die wohlhabenden Witwen. Diese waren wie alle in Bern lebenden Frauen von einer aktiven Beteiligung am städtischen Regiment sowie von den Ratswahlen ausgeschlossen. Sie konnten jedoch für ihre Person das Bürgerrecht erwerben und erhielten 1429 vom Rat sogar ausdrücklich das Recht zugesprochen, «nach ires elichen mannes tod desselben ihres abgestorbnen mannes hantwerchk» während eines Jahres «mit knechten oder mit ir kinden» weiterzuführen (vgl. Kap. III, S. 204).[47] Als Vorsteherinnen eines Handwerksbetriebes trugen die Witwen die vollen Lasten einer Zunftmitgliedschaft und mussten bei kriegerischen Auseinandersetzungen einen eigenen Kriegsknecht stellen. Zudem waren sie verpflichtet, Waffen und Harnisch zu besitzen, wobei sie für den von ihnen verwalteten Besitz der allgemeinen städtischen Steuerpflicht unterlagen.

Insgesamt 1713 oder 52 Prozent der im Tellbuch von 1448 aufgeführten erwachsenen Personen waren Frauen. Ganze 829 oder knapp 50 Prozent dieser Frauen waren verheiratet und standen in rechtlicher wie ökonomischer Abhängigkeit zu ihren Ehemännern. 657 Frauen verfügten als Witwen, weibliches Dienstpersonal oder als unverheiratete Einzelpersonen über ein minimales Einkommen oder Vermögen, das sie gegenüber den Tellherren zu versteuern hatten. 313 oder etwa 48 Prozent dieser Frauen lebten in einem eigenen Haushalt. Obwohl die Frauen im Tellbuch nur selten ausdrücklich als Witwen bezeichnet wurden, kann davon ausgegangen werden, dass rund die Hälfte dieser weiblichen Haushaltsvorstände Witwen gewesen sind, die die Haushalte ihrer verstorbenen Ehemänner weiterführten.[48]

Vorname	Name	Vermögen/fl	Zivilstand 1448
Anna	von Krauchthal	25 000	Witwe
Margareta	Gruber	14 900	Witwe
Lucia	Balmer	11 400	Witwe
Klara	von Buch	6 000	Witwe
Margareta	von Greyerz	5 251	Witwe
Otilia	Gruber	4 000	
Margareta	Heimberg	3 700	
Mechthild	vom Stein	3 300	verheiratet
	Köniz, die von	3 143	Witwe
Margareta	Suriand	2 000	Witwe
Anna	Andres	1 900	Witwe
Margareta	Leu	1 772	
Küngold	von Scharnachtal	1 400	verheiratet
Margareta	Graf	1 300	
Benedikta	von Hürenberg	1 200	verheiratet
Anna	Suriand	1 100	verheiratet

Abb. 100:
Die steuerbaren Vermögen der 16 reichsten Bernerinnen im Jahre 1448, Roland Gerber 1998.

Das Tellbuch von 1448 nennt insgesamt 16 Frauen, die Vermögen von mindestens 1000 Gulden versteuert haben (Abb. 100). Neben der bereits erwähnten Witwe Anna von Krauchthal, die mit 25 000 Gulden den weitaus grössten Besitz einer Frau auswies, werden mit Margareta Gruber, Lucia Balmer, Klara von Buch und Margareta von Greyerz vier weitere Witwen erwähnt, deren Vermögen über 5000 Gulden betrugen. Die Frauen lebten in selbständigen Haushalten, die von mehreren Mägden und Knechten geführt wurden. Margareta Gruber und Lucia Balmer, die mit einem steuerbaren Vermögen von 14 900 beziehungsweise 11 400 Gulden zu den zwanzig reichsten Stadtbewohnern des Jahres 1448 gehörten, stammten wie Anna von Krauchthal aus keiner alteingesessenen Adelsfamilie. Sie waren wie diese Witwen vermögender Bürger, die es im Verlauf des 14. Jahrhunderts in Handel und Gewerbe zu Reichtum und Grundbesitz gebracht hatten.[49] Lucia Balmer lebte 1458 immer noch in ihrem Haushalt in der südlichen Häuserzeile der Kramgasse. Ihr steuerbares Vermögen hatte sich unterdessen jedoch auf 9300 Gulden verringert.[50] Auch Klara von Buch und Margareta von Greyerz entstammten keiner Adelsfamilie.[51] Die beiden Witwen versteuerten 1448 ein Vermögen von 6000 respektive 5250 Gulden. Die Familien von Buch und von Greyerz waren seit dem 14. Jahrhundert im Kleinen Rat vertreten und zählten bereits 1389 zu den wohlhabendsten Geschlechtern der Stadt.[52] Zu den vermögendsten Frauen gehörte auch Mechthild vom Stein. Sie führte wie die wohlhabende Küngold von Scharnachtal und Benedikta von Hürenberg jedoch keinen Witwenhaushalt, sondern lebte als Ehefrau im Haushalt ihres Gatten. Alle drei Frauen verfügten als Töchter reicher Eltern über eine eigene eheliche Aussteuer, die sie gegenüber den Tellherren als separates Vermögen zu versteuern hatten.

Eine ökonomische Sonderstellung in der Gruppe der reichsten Bernerinnen genoss 1448 Margareta Leu. Sie wies im Tellbuch ein steuerbares Vermögen von rund 1772 Gulden aus.[53] Margareta Leu war im Unterschied zu den zuvor genannten Witwen und Ehefrauen eine selbständig berufstätige Frau, die als Wirtin ein lukratives Gewerbe betrieb. Ihre Tätigkeit erlaubte es ihr, sei es als Witwe oder als alleinstehende Frau, unabhängig von der Unterstützung ihrer männlichen Verwandtschaft, ein sicheres Auskommen zu haben und langfristig ein ansehnliches Vermögen zu erwerben. Ihr Reichtum gründete somit weder auf den Einkünften aus Grund- und Gerichtsherrschaften noch auf dem Besitz einer ehelichen Aussteuer.

Margareta Leu war die Besitzerin des «Roten Löwen», einem der ältesten Gasthäuser in der Stadt Bern.[54] Der «Rote Löwe» befand sich in der nördlichen Häuserzeile der oberen Gerechtigkeitsgasse in nächster Nähe der Kreuzgasse und wurde deshalb von Schultheiss und Rat während des 15. Jahrhunderts regelmässig auch für Zusammenkünfte städtischer Amtsträger oder für die Bewirtung auswärtiger Gäste genutzt.[55] Im Jahre 1447 erhielt die *«wirti zem Loewen»* beispielsweise ein Pfund und zehn Schillinge vom Säckelmeister ausbezahlt, *«als die venerr da verzarten»*.[56] 1452 wurden dann die Boten des französischen Königs von der Stadt verpflegt, *«als die by minen herren den raeten zem Loewen assen»*.[57] Margareta Leu bewirtschaftete den «Roten Löwen» zusammen mit je zwei Knechten und Mägden, die mit einem steuerbaren Vermögen von insgesamt 810 Gulden ebenfalls deutlich mehr Bargeld besassen als die meisten anderen in fremden Haushalten lebenden Dienstleute.

Die Zunftbürger

Politische Macht und Reichtum waren in der spätmittelalterlichen Stadt Bern sehr ungleich verteilt. Während 117 Personen rund 75 Prozent des städtischen Vermögens und die wichtigsten Ratsämter für sich beanspruchten, besassen etwa 1240 Personen oder zirka 66 Prozent der steuerpflichtigen Stadtbevölkerung mit einem geschätzten Gesamtvermögen von 192 800 Gulden nur etwa 24 Prozent des im Tellbuch veranschlagten Steueraufkommens (Abb. 96). 880 oder 71 Prozent der genannten 1240 Personen waren Männer. Sie besassen zu einem überwiegenden Teil das Bürgerrecht und waren Mitglieder der insgesamt 14 um die Mitte des 15. Jahrhunderts in Bern nachweisbaren Zünfte oder Gesellschaften. Ihre wichtigste Einnahmequelle bildeten Handwerk und Gewerbe, wobei bei denjenigen Männern, die ein Vermögen über 500 Gulden versteuerten, zusätzliche Einkünfte aus Handel und Grundbesitz die Regel gewesen sein dürften. Die im Tellbuch aufgeführten Vermögenswerte dieser grössten Bevölkerungsgruppe der Stadt schwankten zwischen 16 und 1000 Gulden. Es muss deshalb sowohl zwischen den einzelnen in Bern ansässigen Handwerkern und Gewerbetreibenden als auch innerhalb der Zünfte von erheblichen ökonomischen Unterschieden ausgegangen werden (vgl. Kap. III, S. 233).

Bei den Zunftbürgern kann wie bei den Twingherren eine direkte Abhängigkeit zwischen den im Tellbuch ausgewiesenen Vermögen und den von ihnen ausgeübten kommunalen Ämtern festgestellt werden. Von den insgesamt 215 Grossräten, die im Jahre 1448 ein Vermögen zwischen 16 und 1000 Gulden versteuerten, besassen 190 oder zirka 88 Prozent einen Besitz über 100 Gulden. Einzig der am Nydeggstalden ansässige Grossrat Niklaus Tanner besass weniger als 50 Gulden.[58] Vor allem die Verwaltung der städtischen Vogteien auf dem Land scheint nur von vermögenden Bürgern ausgeübt worden zu sein. So finden sich von den immerhin 135 Mitgliedern des Rates der Zweihundert, die 1448 ein Vermögen zwischen 101 und 500 Gulden auswiesen, nur gerade 24 Personen, die während des 15. Jahrhunderts als Landvögte oder Tschachtlane einer städtischen Vogtei vorgestanden sind. Diese Vogteien waren zudem häufig kleinere Gerichtsherrschaften, die wie Trachselwald, Wangen, Oltigen oder Unterseen nur eine geringe ökonomische Bedeutung für die Stadt besassen. Sämtliche grösseren und politisch wichtigen Landvogteien wurden hingegen von wohlhabenden Klein- und Grossräten verwaltet, deren Vermögen mindestens 500 Gulden betrugen. Bereits im 15. Jahrhundert kann dabei eine gewisse Kumulation von Ämtern bei einzelnen Bürgern festgestellt werden. Als hervorragende Beispiele sind hier Peter Kistler, der Venner zu Metzgern und Schultheiss von 1470, sowie der Fernkaufmann Ulrich von Laupen zu nennen, die beide über zehn verschiedene kommunale Ämter bekleidet haben.

Die Kopfsteuerzahler

534 Einwohner oder rund 28 Prozent der im Tellbuch von 1448 aufgeführten steuerpflichtigen Personen bezahlten lediglich eine Kopfsteuer von fünf Schillingen in den Stadtsäckel (Abb. 96). Diese rechtlich oder beruflich meist unselbständigen Stadtbewohner gingen zwar einer regelmässigen Arbeit nach, sie besassen jedoch kein oder nur ein geringes Vermögen, das sie nicht zu versteuern brauchten. Vor allem die nicht in eigenen Haushalten lebenden Dienstleute, kranke oder alte Personen sowie alleinstehende Frauen konnten nur selten ein eigenes Vermögen anlegen und gehörten deshalb zu den wirtschaftlich schwächsten Bewohnern der spätmittelalterlichen Stadt Bern. Rund 344 Frauen lebten als unselbständige Steuerpflichtige, hauptsächlich als Dienstmägde oder Hausmädchen, in den Haushalten anderer, meist männlicher Personen. Die Zahl der männlichen Haushaltsvorstände lag 1448 mit 957 Personen etwa dreimal höher als diejenige der weiblichen und betrug ungefähr 61 Prozent der insgesamt 1566 im Steuerregister aufgeführten erwachsenen Männer. Der Anteil der weiblichen Haushaltsvorstände entsprach um die Mitte des 15. Jahrhunderts etwa 18 Prozent der erwachsenen Bevölkerung der Stadt Bern.[59]

Rund 264 oder 41 Prozent aller steuerpflichtigen Frauen verfügten über kein eigenes Vermögen und waren lediglich zur Bezahlung einer Kopfsteuer verpflichtet. Im Unterschied zu den steuerpflichtigen Männern, von denen nur gerade etwa 22 Prozent eine Kopfsteuer entrichteten, war der Anteil der Frauen, die kein oder nur ein geringes Vermögen versteuerten, im Jahre 1448 um zirka einen Fünftel höher als derjenige der Männer. Es bestätigt sich somit auch für Bern die bereits in anderen Städten gemachte Beobachtung, dass alleinstehende Frauen innerhalb der spätmittelalterlichen Stadtgesellschaft auch hinsichtlich ihrer materiellen Ausstattung gegenüber den Männern deutlich schlechter gestellt waren.[60] Allein der Umstand, dass der Anteil der unverheirateten oder verwitweten Frauen mit 52 Prozent rund fünf Prozent höher lag als derjenige der alleinstehenden Männer, lässt erahnen, mit welchen wirtschaftlichen und sozialen Problemen die unverheirateten Frauen in der Stadt zu kämpfen hatten. Die Ehe galt im Mittelalter sowohl für Männer als auch für Frauen als Grundvoraussetzung für eine anerkannte Lebensführung ausserhalb der kirchlichen Institutionen. Während sich den Männern durch die Heirat der Zugang zu neuen Familien- und Verwandtschaftskreisen eröffnete, bildete die Ehe für die Frauen häufig die einzige Möglichkeit, innerhalb der Stadtgesellschaft ein Minimum an sozialer wie materieller Sicherheit zu gewinnen, wenn sie nicht in ein Kloster oder eine Beginengemeinschaft eintreten wollten (vgl. Kap. I, S. 62). Kaum Aussichten auf eine Heirat besassen hingegen Knechte und Mägde, die während ihres Aufenthaltes in einem fremden Haushalt in der rechtlichen wie ökonomischen Abhängigkeit ihrer Haushaltsvorstände verblieben. Vor allem das weibliche Dienstpersonal, das im Unterschied zu Knechten und Gesellen keine handwerkliche Tätigkeit ausübte und häufig ohne die Begleitung von Familienangehörigen vom Land in die Stadt gezogen war, hatte kaum die Möglichkeit, zu heiraten oder sich mit dem Erwerb eines Vermögens innerhalb der städtischen Gesellschaft eine eigene Existenz aufzubauen.[61]

Die Vermögenstopographie

Entsprechend der unterschiedlichen Bewertung der einzelnen Stadtquartiere und Gassen durch die Stadtbevölkerung verteilen sich auch die

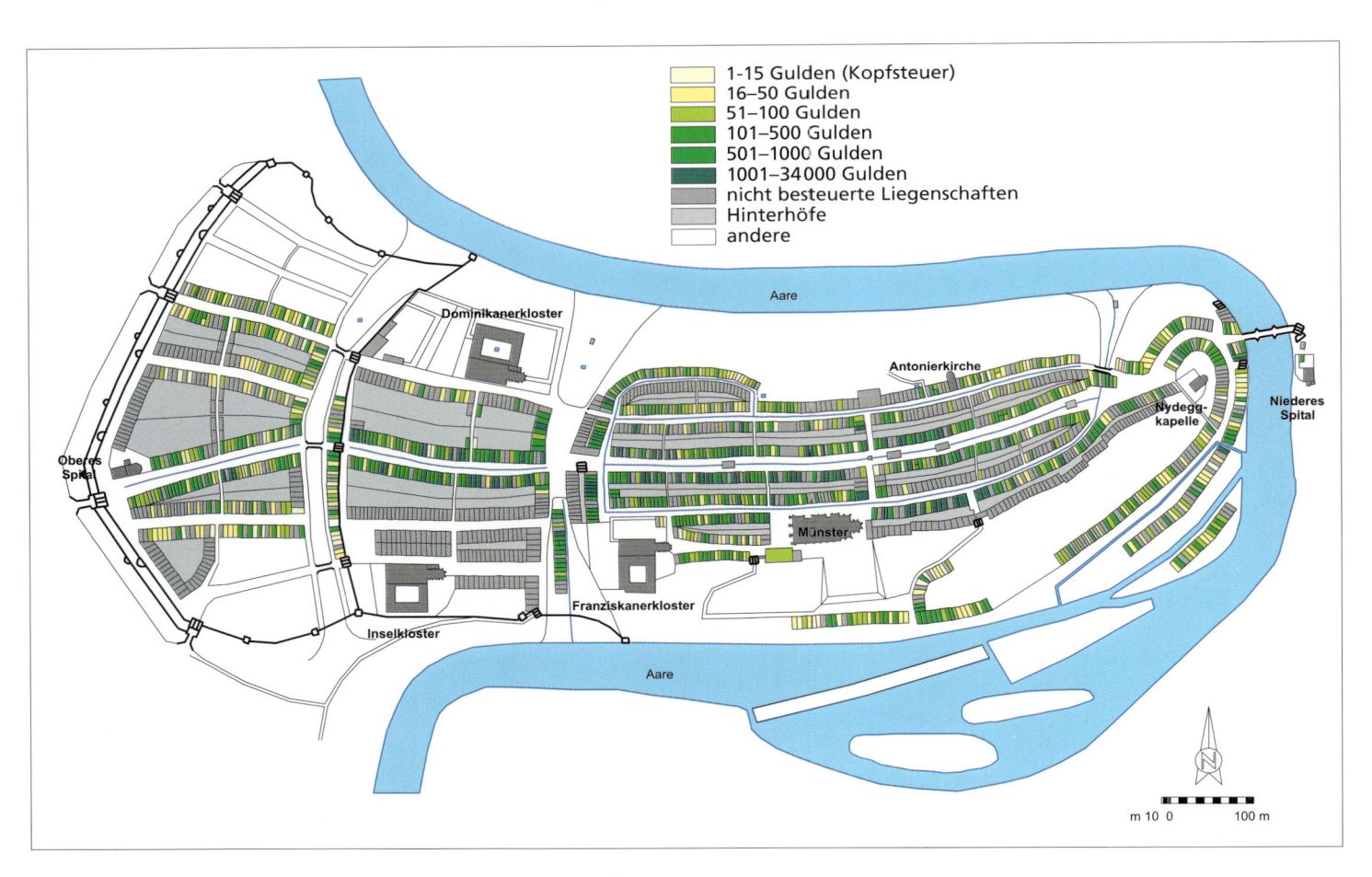

Abb. 101:
Vermögensverteilung der Stadt Bern im Jahre 1448: Gesamtvermögen pro Steuerhaushalt, Roland Gerber 1998.

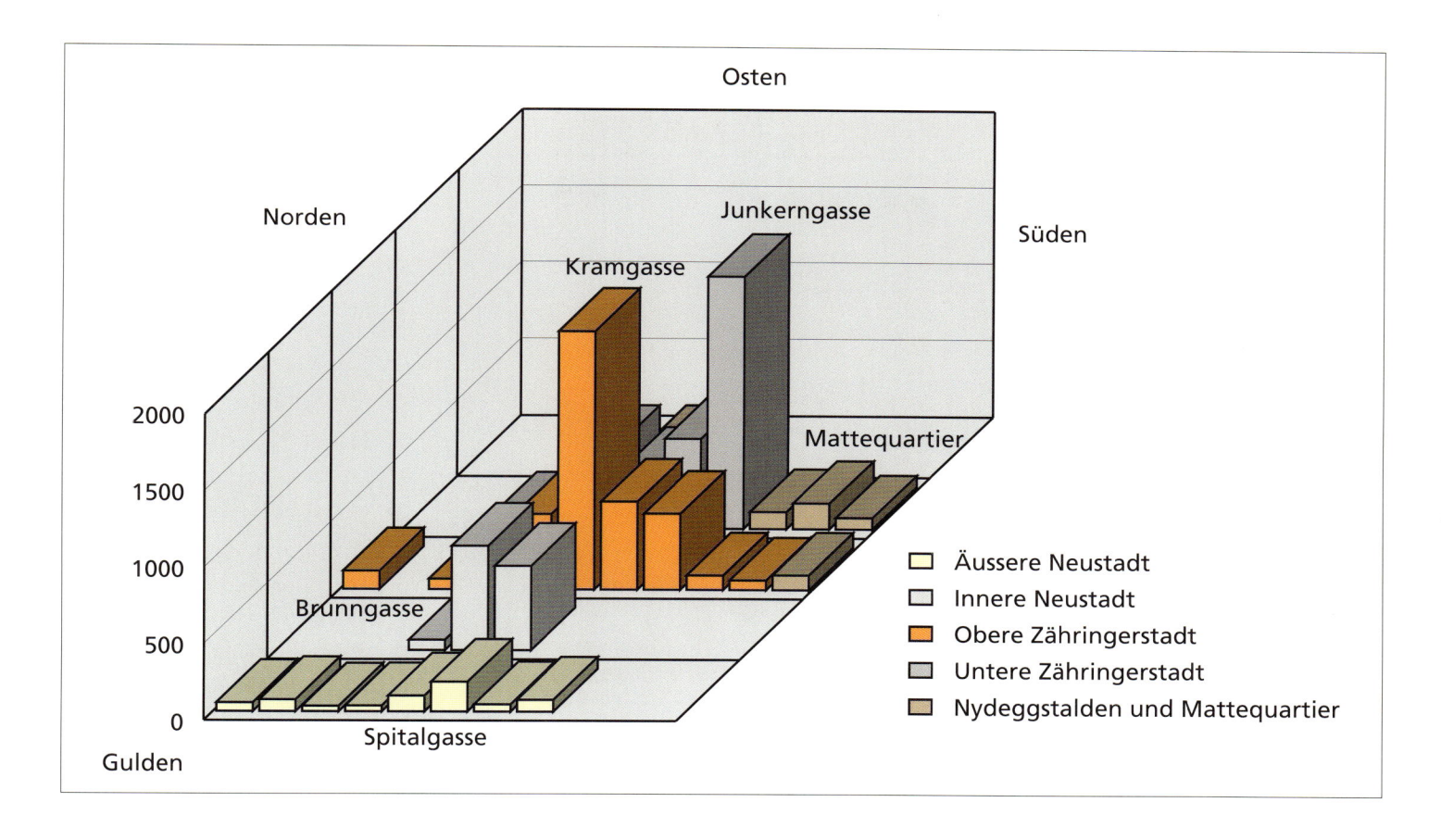

Vermögen der im Tellbuch von 1448 aufgeführten steuerpflichtigen Personen sehr verschieden auf die einzelnen Häuserzeilen innerhalb der spätmittelalterlichen Stadt Bern (Abb. 101; vgl. Kap. I, S. 40). Deutlich lassen sich Strassenzüge mit vornehmlich wohlhabenden und solche mit weitgehend ärmeren Haushalten feststellen. Dabei zeigt es sich, dass sich die reichsten Einwohner im Jahre 1448 auf die Häuserzeilen in der alten Zähringerstadt zwischen Zytgloggeturm und Nydeggstalden konzentrierten. Je jünger ein Stadtteil war, desto kleinere Beträge wurden versteuert. Die nach 1343 angelegte Äussere Neustadt zwischen Christoffel- und Käfigtor sowie die hundert Jahre früher ummauerte Innere Neustadt westlich des Zytgloggeturms verzeichnen deshalb auch die deutlich geringsten Vermögen. Gleichzeitig zeigt sich eine stetige Abnahme des durchschnittlichen Reichtums von den zentralen zu den peripheren Gassen. Die Häuserzeilen der Brunn- und Herrengasse gehören dementsprechend zu den ärmsten Wohngegenden innerhalb der Zähringerstadt. Eine eher niedrige Vermögensstruktur findet sich ausserdem in den rückwärtigen Häuserzeilen der zentral gelegenen Hauptgassen, die deutlich weniger dicht mit Wohnhäusern bebaut waren als die vorderen Gassenfronten. Bevorzugte Wohnlagen bilden hingegen die Strassenmärkte wie Markt-, Kram- und Gerechtigkeitsgasse, an die sich hauptsächlich vermögende Haushalte reihen.

Ausgesprochen reiche Haushalte befinden sich in der südlichen Häuserzeile der oberen Junkerngasse. Es gehört zu den topographischen Besonderheiten Berns, dass sich die Bewohner mit den grössten Vermögen während des späten Mittelalters nicht an den zentralen Strassenmärkten, sondern an der peripheren Junkerngasse konzentrierten. Dieser Umstand erklärt sich aus der charakteristischen Zweiteilung der wohlhabenden Stadtbevölkerung in zwei unterschiedliche soziale Gruppen. Auf der einen Seite standen die durch Handel und spezialisiertes Handwerk reich gewordenen Familien der Notabeln, deren Wohnhäuser die geschäftige Kram- und Gerechtigkeitsgasse säumten. Auf der anderen Seite waren es die adligen, vorwiegend aus grundherrlichen Einkünften aus der Landschaft lebenden Geschlechter, deren bevorzugte Wohnlage die obere Junkerngasse bildete. Obwohl die Herrengasse

Abb. 102:
Höhe der durchschnittlichen Vermögen im Jahre 1448 nach Häuserzeilen und dem Verlauf der städtischen Gassen geordnet, Roland Gerber 1998.

153

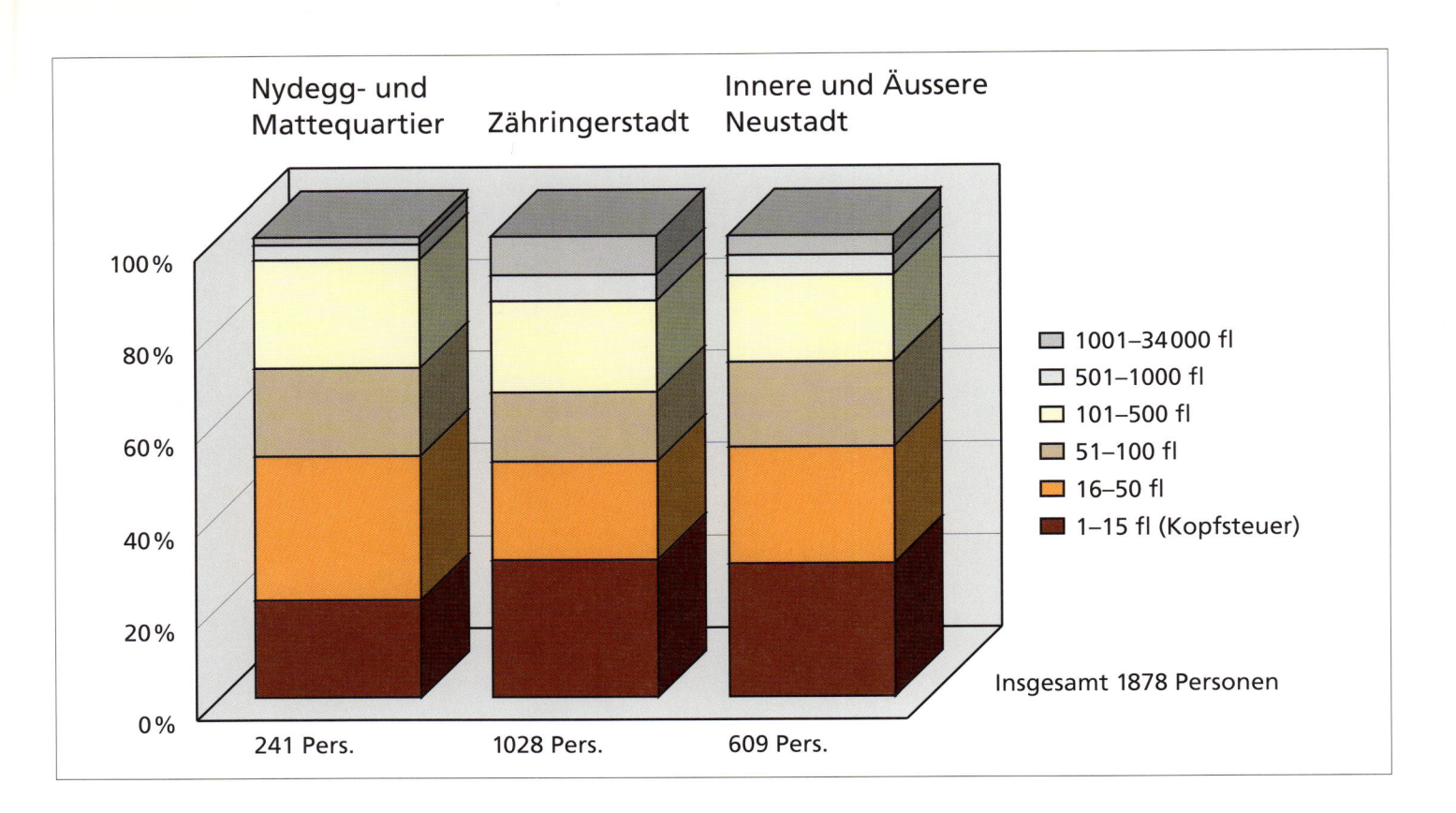

Abb. 103:
Die Vermögensstruktur der Stadtquartiere im Jahre 1448, Roland Gerber 1998.

westlich der Leutkirche eine topographisch ebenso günstige Südlage aufwies wie die obere Junkerngasse, waren die durchschnittlichen Vermögen an der Junkerngasse um 1448 fast achtmal höher als diejenigen an der Herrengasse.[62] Die Exklusivität der oberen Junkerngasse erklärt sich deshalb auch weniger aus ihrer Südlage, die laut Konrad Justinger durch «*daz getöne*» der Kirchglocken und «*daz geschrey von der swely*» beeinträchtigt wurde. Sie ist vielmehr auf die Tradition dieser Gasse zurückzuführen, die seit der Gründung Berns zu den bevorzugtesten Wohnlagen der adligen Bürgergeschlechter gehörte.

Im Unterschied zur Zähringerstadt fehlen im Nydeggstalden und an der Matte die ganz reichen Haushalte. Eine gewisse Bevorzugung erfuhren jedoch die Haushalte rund um den heutigen Läuferplatz sowie die Häusergruppe nördlich der Schiffländte. Auch die Äussere Neustadt wies im 15. Jahrhundert mehrheitlich Haushalte mit geringem Vermögen auf. Die Ausnahme bilden mehrere Liegenschaften in der südlichen Häuserzeile der Spitalgasse, deren Bewohner Vermögen über 1000 Gulden versteuerten. Zu den reicheren Wohngegenden zählt schliesslich auch der gesamte Bereich um den nach dem Stadtbrand von 1405 aufgeschütteten neuen Platz westlich des Zytgloggeturms (vgl. Kap. I, S. 82). Sowohl die Haushalte an der Hotel- und Zibelegasse als auch diejenigen am heutigen Kornhausplatz und im Gerberngraben wurden 1448 vornehmlich von reicheren Bürgern bewohnt.

Besonders deutlich zeigen sich die Vermögensunterschiede, wenn die durchschnittlichen Vermögen der einzelnen Haushalte nach Häuserzeilen und dem Verlauf der städtischen Gassen geordnet, graphisch dargestellt werden (Abb. 102). Während die Haushalte im Mattequartier, an der Herrengasse, in der Äusseren Neustadt und an der Brunngasse nur selten Vermögenswerte über 500 Gulden erreichen, konzentrieren sich die grossen Vermögen hauptsächlich in den Häusern entlang der zentralen Markt-, Kram- und Gerechtigkeitsgasse sowie in der südlichen Häuserzeile der Junkerngasse. Auffällig ist dabei die starke Vermögenskonzentration in der nördlichen Häuserzeile der Kramgasse, deren Bewohner 1448 ein fast ebenso hohes Steueraufkommen aufwiesen wie diejenigen an der Junkerngasse.

Bei einem Vergleich der Vermögensstruktur der vier Berner Stadtquartiere Nydeggstalden und Matte, Zähringerstadt sowie Innere und Äussere Neustadt zeigt sich noch einmal die bevorzugte Wohnlage der zentral gelegenen Zähringerstadt (Abb. 103). Rund 34 Prozent der in diesem Stadtteil wohnhaften Bevölkerung versteuerten ein Vermögen über 100 Gulden. Die Zahl der vermögenslosen Einwohner, die eine Kopfsteuer von fünf Schillingen an den Stadtsäckel entrichteten, war mit zirka 30 Prozent ebenfalls recht hoch. Dieser hohe Anteil ärmerer Einwohner in der Zähringerstadt erklärt sich damit, dass in diesem Quartier zahlreiche Dienstmägde und Knechte lebten, die in den Haushalten der reicheren Bürger ihr Auskommen fanden. Interessant ist auch die Vermögensverteilung im Nydegg- und Mattequartier. Hier überschritt kein einziges Vermögen 1000 Gulden. Überdurchschnittlich stark vertreten sind hingegen die kleinen und mittleren Vermögen zwischen 16 und 100 Gulden. Sie machen einen Anteil von rund 50 Prozent der Einwohnerschaft dieses hauptsächlich gewerblich geprägten Stadtteils aus. Im Vergleich zu den beiden vorgenannten Quartieren zeichnen sich die Innere und Äussere Neustadt durch eine relativ grosse Vermögensstreuung aus. Rund 29 Prozent der Einwohnerschaft dieser Stadtteile besassen 1448 kein Vermögen. Die reichen Personen, die mehr als 1000 Gulden versteuerten, waren mit einem Anteil von knapp neun Prozent jedoch in der Inneren Neustadt ebenfalls verhältnismässig zahlreich vertreten, während in der Äusseren Neustadt nur gerade drei Personen Vermögenswerte über 1000 Gulden erreichen. Die Zahl der Steuerzahler, deren Vermögen über 100 Gulden betrug, ist mit rund 39 Prozent in der Inneren Neustadt sogar fünf Prozent höher als in der Zähringerstadt. Die Marktgasse scheint sich somit, was das Sozial- und Wohnprestige dieser Gasse betraf, im 15. Jahrhundert weitgehend an die Kram- und Gerechtigkeitsgasse angeglichen zu haben. Die Häuserzeilen zwischen Käfigturm und Oberem Spitaltor bildeten hingegen die eigentliche Vorstadt Berns. Neben zahlreichen vermögenslosen Knechten, Tagelöhnern und Mägden, die von den benachbarten Landgebieten in die Stadt migriert sind, finden sich entlang der Spitalgasse 1448 nur sehr wenige reiche Personen.

Schulen und Studium in Bern

Beat Immenhauser

Als der berühmte Pforzheimer Theologe Johannes Heynlin von Stein 1480 in Bern predigte, bemerkte er spitz, dass die Stadt *«zu iebung laster und zu verfierung der jugend ein hüpsch frowenhus buwen, aber zu iebung der zucht und zu ler der jugend, daruß einer statt er wachst, noch kein schul gemacht»*[1] habe. Den Vorwurf, dass mehr in Frauen- als in Schulhäuser investiert werde, liess der Berner Rat nicht lange auf sich sitzen. Schon 1481 wurde das seit längerem geplante, neue Gebäude für die städtische Lateinschule an der Herrengasse errichtet (Abb. 104; → Abb. 14), das die in den Burgunderkriegen vernachlässigte Schule zuoberst an der Junkerngasse ersetzte.[2] In den folgenden Jahrzehnten erlebte die Lateinschule ihren Höhepunkt und genoss überregionales Ansehen. Bekannte Humanisten wie Heinrich Wölfli, Valerius Anselm, Melchior Volmar oder Michael Röttli standen ihr als Rektoren vor.[3] Aufgrund des guten Rufes besuchten neben einheimischen auch zahlreiche auswärtige Schüler aus dem schweizerischen und süddeutschen Raum diese Schule, darunter der Reformator Ulrich Zwingli aus dem Toggenburg und Heinrich Loritis (genannt *«Glareanus»*) aus Glarus.[4]

Abb. 104:
Gregorius Sickinger, Planvendute der Stadt Bern von Süden, 1603–07 (Original verschollen), Kopie von Johann Ludwig Aberli, 1753, umgezeichnet von Eduard von Rodt (Ausschnitt), 1915, Bern, Historisches Museum.

Neu errichtete Lateinschule (Nr. 38) von 1481 am unteren Ende der Herrengasse, westlich an das Stiftsgebäude (Nr. 36) anschliessend. Auffällig ist das repräsentative Sandsteinquaderwerk in Anlehnung an das benachbarte Stiftsgebäude. Das Schulgebäude ersetzte das sogenannte Michaelstürli, einer der südlichen Zugänge zur zähringischen Gründungsstadt. Die alte Lateinschule wurde 1581 aufgegeben und ab 1596 als erste Primarschule der Stadt Bern genutzt. Anstelle des Schulgebäudes und des alten Stifts wurde 1745 das neue Stiftsgebäude errichtet.

Zeitweise sollen sogar mehrere hundert Schüler Berner Schulen besucht haben[5] – eine Zahl, die ungefähr derjenigen von artistischen Fakultäten kleinerer Universitäten wie etwa Basel entspricht.[6] Ein Lehrplan ist nicht überliefert, doch sind in der Regel die Fächer der «*Artes Liberales*» (Sieben Freie Künste) unterrichtet worden, mit einem Schwergewicht auf der lateinischen Sprache und Grammatik. Ausserdem erhielten die Schüler eine Ausbildung zum Chordienst in Liturgie und Gesang sowie elementaren Unterricht im Rechnen.

Die Anfänge der Berner Lateinschule reichen ins 13. Jahrhundert zurück: Der erste in den Quellen genannte Schulmeister ist ein «*Heinricus scolasticus Bernensis*» von 1240.[7] Aus der Handfeste geht hervor, dass der Rat das Recht hatte, neben anderen Amtsträgern auch den Schulmeister zu bestimmen.[8] Die Lateinschule unterstand demnach als städtische Schule allein dem Berner Rat. Kirchliche Institutionen, wie etwa die Deutschordensniederlassung neben der Leutkirche, scheinen die Schulhoheit des Rates über die Lateinschule nie in Frage gestellt zu haben. Ein eigentlicher «Schulstreit», wie er etwa für Rothenburg ob der Tauber zwischen dem Deutschen Orden und dem Rat überliefert ist,[9] hat in Bern offensichtlich nicht stattgefunden.

Zusammen mit der Lateinschule von Freiburg, die wahrscheinlich bereits im 12. Jahrhundert bestand,[10] zählte diejenige von Bern zu den frühen rein städtischen Schulen im deutschen Sprachraum. Sie gehörte der schwäbischen «Schulregion» an. Hier existierten frühe städtische Lateinschulen in Schwäbisch Gmünd (1189), Kirchheim unter Teck (1249), Biberach (1278), Esslingen (1279) und Ulm (1294).[11] Im benachbarten Gebiet Franken hingegen reichen die Erstbelege für solche Schulen nicht so weit zurück. In der grossen und wirtschaftlich mächtigen Reichsstadt Nürnberg lassen sich die vier nebeneinander bestehenden Lateinschulen erst seit dem frühen 14. Jahrhundert nachweisen.[12] Die frühen Belege für städtische Lateinschulen in den beiden Zähringerstädten Bern und Freiburg sind in erster Linie auf das weitgehende Fehlen kirchlicher Schulkonkurrenz zurückzuführen, insbesondere von Stiftsschulen mit überregionalem Einzugsgebiet.

Die Lateinschule war freilich nur eine von mehreren Bildungsmöglichkeiten für einen Berner im 15. Jahrhundert. Vor allem zukünftige Geistliche konnten auch eine der Ordensschulen oder seit 1484 die Schule des Vinzenzstiftes besuchen. Wer einen akademischen Grad an einer Universität erwerben wollte, musste dies ausserhalb Berns tun, nach 1460 vor allem in Basel. Eine eher praxisbezogene Ausbildung erhielten angehende Schreiber und Magistrate in der städtischen Kanzlei oder die Söhne von städtischen Führungsschichten an Fürstenhöfen, wo sie mit fremden Sprachen und diplomatischen Umgangsformen vertraut wurden (vgl. Kap. II, S. 119).

Keine der in Bern niedergelassenen geistlichen Institutionen wie die Bettelorden oder der Deutsche Orden vermochten eine ähnliche Rolle im Bildungswesen zu spielen wie die Lateinschule. Die beiden Bettelordensniederlassungen der Franziskaner und Dominikaner führten für ihre Angehörigen eigene Schulen. Einige der Leiter dieser internen Ordensstudien, wie der Franziskaner Jakob Damp oder der Dominikaner Bernhard Zängerlin, genossen in Bern hohes Ansehen als Prediger. Vor der Einführung der Reformation predigte der Dominikanerlektor Sebastian Meyer zu Beginn der zwanziger Jahre des 16. Jahrhunderts im Sinne Luthers und bereitete so zusammen mit dem Leutpriester der Vinzenz-Kirche Berchtold Haller die Einführung der Reformation vor (vgl. Kap. VI, S. 588).[13] Als das Franziskaner-Kloster 1528 aufgehoben wurde – der Rat teilte dies den verbleibenden Mönchen in unverkennbar bernischem Ton mit: «die alten priester zu Baarfüssern, so studirt hätten, mögen predigen [im Sinne der neuen Lehre]; wenn sie aber die-

Hans Bäli – Schulmeister, Diplomat und Reliquienvermittler

Mit Hans Bäli begegnet uns die Biographie eines in der bernischen Landschaft tätigen Schulmeisters, der seinen ganzen Ehrgeiz darauf richtete, in Bern ein prestigeträchtiges Amt zu erlangen.[14] Um dieses Ziel zu erreichen, versuchte er sich durch akademische Graduierungen, durch die Unterstützung einflussreicher Ratsherren und schliesslich durch das Vermitteln von Reliquien bei den massgeblichen politischen Kräften in Bern zu empfehlen. Letztlich muss man jedoch feststellen, dass seine Bemühungen nicht erfolgreich waren. Dabei war seine soziale Ausgangsposition durchaus vielversprechend: Kurz nach 1400 als Sohn einer wohlhabenden Stadtberner Familie geboren, konnte er 1433 in Heidelberg die Universität besuchen und 1437 den Grad eines «Magister Artium» erwerben. Er übernahm zuerst 1439 die Stelle eines Schulmeisters und Stadtschreibers im aargauischen Bremgarten. 1442 bewarb er sich um die frei gewordene Schulmeisterstelle in Bern als Nachfolger des verstorbenen Jakob Hillisheim. Mit Hilfe seines Bruders Ägidius Bäli, der Prior des Klosters Interlaken war, und des Thuner Schultheissen Peter Schopfer bemühte er sich um das Amt, jedoch erfolglos. 1444 musste in Thun die Stelle eines Schulmeisters und Stadtschreibers neu besetzt werden. Bäli versuchte anlässlich der Belagerung Bremgartens während des Zürichkrieges, sich bei Schopfer, dem Anführer des Thuner Auszuges, beliebt zu machen. In einem Brief vom 25. Juli 1444 anerbot er sich, ihm «... *ein küssi oder pfulwen [zu] schiken, dass ir dester senfter legind*».[15] Peter Schopfer setzte sich darauf nachdrücklich für Bäli ein und dieser erhielt die Stelle.

Hans Bäli blieb zehn Jahre lang Schulmeister und Stadtschreiber von Thun. 1453 gelang es ihm, mit den höchsten bernischen Gesellschaftsschichten in Kontakt zu kommen. Er trat in die Dienste Niklaus von Diesbachs, des nobilitierten späteren Berner Schultheissen (1465 erstmals gewählt). Als dessen Sachwalter war er vor allem in Vermögensangelegenheiten unterwegs. Seinen Reisen war jedoch nicht der erwünschte Erfolg beschieden. Wegen einer zu hohen Spesenrechnung kam es schliesslich zum Bruch zwischen Hans Bäli und Niklaus von Diesbach. 1460 zog sich Bäli nach Basel zurück. Von dort versuchte er mittels einer Flut von Briefen und der Fürsprache des politischen Gegenspielers von Diesbachs, Niklaus von Scharnachthal (1463 erstmals Schultheiss), seine Ansprüche beim Berner Rat geltend zu machen. Insbesondere beharrte er auf einem früheren Versprechen Niklaus von Diesbachs. Dieser hatte ihm offensichtlich ein prestigeträchtiges Amt, wahrscheinlich die Landvogtei Büren, in Aussicht gestellt.

Trotz seiner Bemühungen vermochte Bäli in Bern kaum etwas auszurichten. Deshalb schlug er 1462 dem Rat einen abenteuerlich anmutenden Handel vor, indem er sich anerbot, den Schädel des heiligen Vinzenz aus Köln zu beschaffen. Den Räten erschien diese kostbare Reliquie des Stadtpatrons durchaus begehrenswert, zumal man mit dem zu erwartenden Pilgerstrom die Mittel zur Vollendung des Münsterbaus zu erlangen hoffte. Bäli begab sich als Prokurator Niklaus von Diesbachs getarnt sogleich nach Köln und verschaffte sich dort mit Hilfe eines Kölner Priesters das Vinzenzhaupt aus der St. Laurenzkirche. Von seinem Aufenthalt in Köln zeugt ein Zusatz zu Bälis Eintrag in der Kölner Universitätsmatrikel. Bereits im Winter 1453 immatrikulierte er sich dort anlässlich einer Reise im Auftrag Niklaus von Diesbachs als «*Joh. Balinus de Berna in Uchtlandia*» an der Universität (siehe Abb. unten). Drei Jahre später hatte er in Köln den Bakkalarsgrad im Kirchenrecht erlangt. Nachdem er die Reliquie gestohlen hatte (für Bäli ein «*furtum sacrum*», ein heiliger Diebstahl), fügte ein Schreiber rechts von dessen Eintrag eine zeigende Hand ein und vermerkte am linken Rand: «*capud s. Vincentii hic abstulit in ecclesia s. Laurentii Col. et detulit ad Veronam in Uchtland*» [er trug das Haupt des heiligen Vinzenz in der Kirche des heiligen Laurentius zu Köln von hier weg und brachte es nach Bern im Uechtland]. Zur Illustration zeichnete er über dieser Randbemerkung einen Totenkopf.

Nachdem Bäli die Reliquie in seinen Besitz gebracht hatte, begab er sich direkt nach Rom, wo er für das Sakrileg der Entführung der Gebeine die päpstliche Absolution erwarb. Das Vinzenzhaupt wurde schliesslich in einer feierlichen Prozession in die Vinzenzkirche überführt und im Hauptaltar verwahrt. Der Kölner Rat protestierte zwar in Bern, fand jedoch kein Gehör. Bäli wurde aber ob seines Erfolges nicht glücklich, weil ihm der Rat ein Amt nach wie vor verwehrte. Nach einem weiteren Aufenthalt in Rom 1464 kam Hans Bäli zwar in den Genuss einer Rente, doch bereits am 14. März 1465 starb der umtriebige und ehrgeizige Schulmeister, ohne jemals etwa als Landvogt von Büren Zugang zum Kreis der führenden Berner Geschlechter gefunden zu haben.

Zweiter Matrikelband der Universität Köln, fol. 104r (mit freundlicher Genehmigung des Universitätsarchivs Köln).

Abb. 105:
Gregorius Sickinger, Planvendute der Stadt Bern von Süden, 1603–07 (Original verschollen), Kopie von Johann Ludwig Aberli, 1753, umgezeichnet von Eduard von Rodt (Ausschnitt), 1915, Bern, Historisches Museum.

Das sogenannte «Collegium zu den Barfüssern» wurde 1535 in den Gebäuden des seit 1528 aufgehobenen Franziskanerklosters eingerichtet. Dort fand die im Februar 1528 im Zuge der Reformation ins Leben gerufene Bildungsanstalt für evangelische Geistliche ihre endgültige Bleibe. Das Baumaterial der Kirche wurde für den Wiederaufbau von einigen Häusern an der Spitalgasse verwendet, die im selben Jahr durch eine Feuersbrunst zerstört worden waren. Die ersten «Lätzgen» (=«lectiones») in den ehemaligen Klostergebäuden konnten im Sommer 1535 unter der Leitung der vorher in Zürich lehrenden Megander (Kaspar Grossmann) und Rhellikan (Johann Müller) abgehalten werden. Die Vorlesungen fanden vor allem in der nördlichen Halle mit den gotischen Masswerkfenstern des ehemaligen Kreuzganges (Nr. 55) und im neuen Collegium statt. 1577 erhielt das Collegium zusätzlich an der Stelle der abgebrochenen Klosterkirche einen Neubau mit einem markanten Fronttreppenturm. Die ganze Anlage wurde 1682 nochmals umgebaut und dann 1834 für die neu gegründete Universität benutzt. 1903 bezog die Universität den Neubau auf der grossen Schanze und das alte Kloster- und Schulareal musste 1905 schliesslich dem Casino-Gebäude weichen.

ses nicht thun mögen, so soll ihnen ihre Pfründe gekündet werden und sie mögen werche»[16] –, errichtete der Rat dort eine Artisten- und Theologenschule (Abb. 105).[17] Auf der Grundlage dieser hohen Schule, die im Laufe des 17. und 18. Jahrhunderts mit neuen Lehrstühlen ergänzt und 1805 zu einer Akademie umgewandelt wurde, entstand 1834 die Berner Universität.[18]

Der Deutsche Orden versah zusammen mit der städtischen Lateinschule den Chordienst in der Vinzenzkirche.[19] Als der städtische Rat die Ordensniederlassung 1484 in ein weltliches Stift umwandelte, wurde die bereits 1481 an der städtischen Pfarrkirche geschaffene Kantorenstelle dem Vinzenzstift angegliedert (vgl. Kap. V, S. 474). Der Kantor unterwies fortan Chorknaben im geistlichen Gesang und in der Liturgie. Die neu errichtete Stiftsschule selbst stand grundsätzlich allen Knaben offen und vermittelte auch elementare Kenntnisse in der lateinischen Grammatik. Doch die Bedeutung dieser Schule, die im Vergleich zur städtischen Lateinschule eher eine Randexistenz führte, beschränkte sich zur Hauptsache auf die Pflege der geistlichen Musik in der Kantorei (vgl. Kap. VI, S. 552).[20]

Neben dem Unterricht an der städtischen Lateinschule oder an den Ordensschulen bestand seit dem 14. Jahrhundert ein Bildungsangebot von privaten Schulmeistern und Lehrfrauen für die deutsche Sprache. Sie vermittelten elementare Schreib- und Lesefertigkeiten in der Muttersprache. Die wenigsten dieser Schulmeister hielten sich jedoch dauernd in Bern auf; meist zogen sie von Stadt zu Stadt und blieben jeweils nur so lange an einem Ort, wie sie eine genügend grosse Schülerzahl anzuziehen vermochten (vgl. Kap. II, S. 107).[21]

Eine überregionale Bedeutung erlangte schliesslich die Berner Kanzlei als Ausbildungsstätte für angehende Schreiber und Magistraten (vgl. Kap. II, S. 119). Insbesondere unter dem Stadtschreiber Thüring Fricker (1470–1519) und seinen Nachfolgern kamen neben gebürtigen Bernern auch Studierwillige aus dem bernischen Territorium im Aargau und aus der Westschweiz sowie aus Basel in die Aarestadt und wurden in die

Praxis der Kanzleigeschäfte eingeführt. Indem sie mit dem umfangreichen täglichen Schriftverkehr vertraut wurden, erhielten sie Einblick in die Verwaltungsabläufe einer Stadt mit einem grossen Territorium sowie in das Notariatswesen und in juristische Sachverhalte. Ausgestattet mit diesen Kenntnissen hatten ehemalige Kanzleischüler gute Chancen, in Bern, Basel, Freiburg oder in Munizipalstädten wie Thun oder Burgdorf in die Ämterlaufbahn einsteigen zu können.[22]

Wer eine Universität besuchen wollte, musste sich an einer auswärtigen hohen Schule einschreiben lassen. Der Konstanzer Gelehrte Heinrich von Gundelfingen regte zwar in seiner Schrift *«Topographia urbis Bernensium»* die Gründung einer eigenen Universität in Bern an und versuchte den Rat unter anderem auch mit dem Argument zu überzeugen, dass «... *diversis a provinciis studentes non eris vacui confluunt»*[23], dass Studenten mit nicht leeren Taschen aus verschiedenen Landesteilen herbei strömen würden. Die Berner Ratsherren hegten aber Zweifel an der Durchführbarkeit eines solchen Projektes und gingen nicht darauf ein, zumal mit der Lateinschule schon eine sehr gute Bildungsmöglichkeit für die artistischen Fächer bestand.[24]

Die von Bernern am häufigsten besuchten hohen Schulen waren Heidelberg, Köln, Erfurt und nach 1460 vor allem Basel. Doch verglichen mit anderen eidgenössischen Städten waren relativ wenige Besucher aus Bern an diesen Universitäten vertreten. Im Zeitraum von 1460 bis 1529 lassen sich in den Universitätsmatrikeln von Basel lediglich 52 Immatrikulierte aus der Stadt Bern nachweisen. Allein aus den ähnlich grossen Städten Zürich und Konstanz stammten 98, beziehungsweise 99 Besucher. Das kleinere Luzern stellte mit 48 Universitätsbesuchern fast gleich viele Personen wie Bern, und das bevölkerungsärmere St. Gallen[25] übertraf die Aarestadt mit sogar 83 Immatrikulanten deutlich. Aus der Universitätsstadt Basel selbst, die im 15. Jahrhundert deutlich grösser als Bern war, kamen mit rund 400 Studenten wesentlich mehr Besucher.[26]

Rund zwei Drittel der in den Universitätsmatrikeln vor der Reformation erkannten 260 Berner Universitätsbesucher gehörten nachweislich bereits vor dem Studienbeginn dem geistlichen Stand an und besassen zumindest die niederen Weihen. Bei den übrigen Besuchern handelte es sich entweder um Laien oder – vor allem in der zweiten Hälfte des 15. Jahrhunderts – um solche, die ihr geistliches Amt oder eine Pfründe erst nach dem Studium antraten.[27] Die meisten haben sich lediglich mit den Fächern der *«Artes Liberales»* beschäftigt und nur wenige an einer der drei höheren Fakultäten Theologie, Jurisprudenz oder Medizin studiert, soweit sich dies überhaupt in den Universitätsquellen nachweisen lässt. Akademische Grade wurden hier nur ganz selten erworben. Der Rat unterstützte studierwillige Berner, indem er ihnen Freiplätze an Universitäten verschaffte.[28] Dadurch erhoffte man sich, diejenigen städtischen Ämter wie die Stadtschreiber-, Stadtarzt- und Schulmeisterstelle, für die ein akademisches Studium nicht unabdingbar aber doch erwünscht war, mit einheimischen Kräften besetzen zu können. Nikolaus Widempösch etwa hatte in Paris mit Hilfe eines von der Stadt Bern ausgerichteten Stipendiums an der artistischen und medizinischen Fakultät studiert und den medizinischen Doktorgrad erworben. Statt jedoch wie geplant das Amt eines Stadtarztes in Bern zu übernehmen, trat dieser *«divina inspiratione permotus»*[29] in das Zisterzienserkloster Frienisberg ein.[30] Der Berner Stadtschreiber und Kanzleivorsteher Thüring Fricker vollendete seine Studien des kanonischen Rechts erst während seiner Amtszeit und erhielt mit Unterstützung des Rates 1473 den juristischen Doktortitel in Pavia.[31]

Die relativ geringe Präsenz von Berner Universitätsbesuchern an hohen Schulen ist auf die städtische Lateinschule, das Fehlen grosser kirchlicher Zentren und die in Bern etwas andere Vorstellung und Verwendung von Bildung zurückzuführen. Das Niveau der Ausbildung, die die Berner Lateinschule ihren Schülern bot, entsprach weitgehend demjenigen der artistischen Fakultäten. Da 80 bis 90 Prozent aller Universitätsbesucher im Mittelalter nur die unterste, die artistische Fakultät besuchten und sie in der Regel bereits nach wenigen Semestern ohne akademischen Titel wieder verliessen, reichte die Stadtschule für die Bildungsbedürfnisse der meisten Berner aus. Die artistischen Graduierungen des Bakkalars und des Magisters, die man nur an einer Universität erwerben konnte, waren in Bern weder für weltliche noch für geistliche Ämter Voraussetzung. Die Ausnahme stellten hier die Ämter des Schulmeisters und des Stadtarztes dar, die aber häufig mit auswärtigen, akademisch gebildeten Spezialisten besetzt wurden (siehe Kastentext, S. 117).

In den meisten eidgenössischen Orten bestand für Laien kein vergleichbares Bildungsangebot, so dass etwa Zürcher, St. Galler oder Basler gezwungen waren, eine Universität aufzusuchen, wenn sie sich als Laien gelehrtes Wissen aneignen wollten. In Freiburg dagegen herrschten ähnliche Verhältnisse wie in Bern. Der Besuch der einheimischen Stadtschule erübrigte für die meisten Freiburger den Aufenthalt an einer Universität und sie sind deshalb im 15. Jahrhundert ebenfalls nur selten an hohen Schulen nachzuweisen.

Ein Grossteil adademisch Gebildeter fand auch noch im 15. Jahrhundert sein Auskommen in kirchlichen Institutionen. Überall dort, wo viele Stifte, Klöster, Pfarreien und kirchliche Verwaltungszentren wie Bistumssitze oder Dekanate einen Raum prägten, fanden sich auch in grösserer Zahl akademisch gebildete Geistliche. In einigen Stiften musste ein Chorherr mindestens ein sogenanntes «biennium», ein zweijähriges Studium der «Artes Liberales» an einer Universität absolviert haben. In Bern und dessen Territorium gab es aber verhältnismässig wenige dieser geistlichen Institutionen, so dass die beschränkte Zahl von Pfründen keinen besonderen Anreiz ausübte, sich akademisches Wissen anzueignen. Beispielsweise existierte in Bern erst seit 1484 ein Chorherrenstift, während es etwa in Zürich und Umgebung gleich mehrere Stifte gab, deren Anfänge ins Hochmittelalter oder noch weiter zurückreichten. Zudem lag Bern an der durch die Aare markierten Grenze der beiden Bistümer Lausanne und Konstanz. Die bischöfliche Administration war weit entfernt, und der städtische Rat erlangte deshalb früh einen ungewöhnlich grossen Einfluss in kirchlichen Belangen. Ganz anders präsentierten sich hingegen die Verhältnisse in Konstanz, wo die bischöfliche Verwaltung akademisch gebildeter Spezialisten bedurfte.

Schliesslich hatten akademische Bildung und auch Graduierungen an den drei höheren Fakultäten in Bern nicht denselben Stellenwert wie in den meisten anderen eidgenössischen Städten. Die Söhne der städtischen Führungsschichten wurden nicht an prestigeträchtige oberitalienische Juristenschulen wie Bologna im 14. Jahrhundert und Padua, Pavia oder Ferrara im 15. Jahrhundert geschickt, sondern an einen Hof, vorzugsweise zum König von Frankreich oder zu den Herzögen von Savoyen und Burgund. Die standesgemässe Ausbildung dieser Berner Oberschicht zielte auf adlige Lebensformen, nicht auf gelehrte Bildung. Auch nichtadlige regimentsfähige Familien versuchten, ihre Sprösslinge an französischen Höfen ausbilden zu lassen. Durch einen Aufenthalt an einem Hof erlernten spätere Führungskräfte diplomatische Verhaltensregeln und fremde Sprachen, meistens Französisch. Zur Vorbereitung auf die Ämterlaufbahn in der Stadt oder im Territorium war ein Hofbesuch oder die verwaltungsinterne Einführung – beispielsweise in der Kanzlei – oft nützlicher als ein akademisches Studium.[32]

Der Berner Bildungshorizont war im 15. Jahrhundert adlig oder verwaltungstechnisch geprägt, jedoch kaum akademisch. Universitäre Bildung hatte in Bern deshalb eine relativ eng begrenzte Funktion. Sie verhalf zukünftigen Geistlichen zu einer besseren Ausgangsposition auf dem Pfründenmarkt oder qualifizierte städtische Amtsträger wie Schulmeister, Stadtärzte und Stadtschreiber für ihre Tätigkeit. Im Kreise dieser Spezialisten war man jedoch in Bern in grösserem Masse auf ausreichende akademische Bildung bedacht, als es etwa in Basel, Zürich oder Luzern der Fall war. Während in Bern die Hälfte aller Stadtschreiber bis zur Reformation nachweislich eine Universität besucht hatten, betrug der Anteil der akademisch gebildeten Kanzleivorsteher in Basel lediglich einen Drittel, in anderen eidgenössischen Städten wie Zürich, St. Gallen, Schaffhausen, Solothurn oder Freiburg noch weniger. Die hohe Anzahl akademisch gebildeter Berner Stadtschreiber widerspiegelt die herausragende Stellung dieser Amtsträger in der städtischen und eidgenössischen Politik in der zweiten Hälfte des 15. Jahrhunderts.[33]

Repräsentation als Ausdruck städtischen Selbstbewusstseins

«Wie man nach der brunst buwen sol»[1]. Städtische Wohnbauten im spätmittelalterlichen Bern

Eva Roth

Städtische Wohnbauten waren im Mittelalter in der Regel nicht nur Wohn-, sondern auch Arbeitsorte der Bevölkerung. Man geht davon aus, dass im Erdgeschoss und im Hinterhof eines Wohnhauses die verschiedenen Gewerbe ausgeübt und die Waren verkauft wurden. Die oberen Geschosse waren primär Wohnraum, der Dachstock und der Keller dienten der Lagerung von Waren und Vorräten.

Innerhalb der Stadt konzentrierten sich einzelne Berufs- oder Gewerbezweige in bestimmten Gassen (vgl. Kap. III, S. 214). Kann man daher auch an den Wohnbauten selbst berufsspezifische Unterschiede erkennen? Diese existierten durchaus, aber sie sind in Bern und anderswo nur in Ausnahmefällen bis heute überliefert.[2] Es gibt auch in den Schriftquellen Hinweise auf spezielle Bauten wie Gerberhäuser und Badestuben, deren Aussehen aber nicht näher beschrieben ist (vgl. Kap. III, S. 219).[3]

Die Wohnbauten des späten Mittelalters sind – soweit man dies anhand der wenigen archäologischen und bauhistorischen Belege sehen kann – fast stereotyp gebaut worden. Ein wichtiger Grund für diese Ähnlichkeit könnte der seit dem Spätmittelalter in den Schriftquellen belegte, häufige Besitzer- oder Mieterwechsel solcher Liegenschaften sein, ohne dass die Häuser jedesmal umgebaut werden konnten: Die Raumaufteilung und der Grundriss der Häuser orientierte sich an funktionalen Konstanten wie Wohn-, Ess-, Schlaf-, Arbeits- und Entsorgungsbereich.

Die Interpretation der Sozialtopographie in Bern gestattet ansatzweise die Entwicklung einer Haustypologie: Die sozial bedingte Vielfalt des städtischen Bauens zeigt sich dabei anhand der Parzellengrössen, ihrer Lage in der Stadt, der Grundrissflächen sowie der Bauweise. Auch die Verwendung des Baumaterials, die Fassadengestaltung und die Innenausstattung konnten stark variieren. In einer mittelgrossen Stadt wie Bern kann man drei Gruppen städtischer Wohnbauten unterscheiden:

- Zahlenmässig dominieren Steinbauten, die ein oder zwei Obergeschosse sowie eine Raumaufteilung mit einer oder zwei nebeneinanderliegenden Stuben aufweisen. Es sind wohl jene Bauten, die nicht zuletzt aufgrund massiver finanzieller Zuschüsse der Stadt nach dem Stadtbrand von 1405 in Stein erneuert wurden (vgl. Kap. I, S. 36).[4] Zumindest die Hauswände auf den Parzellengrenzen scheinen nach dem grossen Stadtbrand systematisch durch Brandmauern in Stein ersetzt worden zu sein.

Ausnahmefälle dieser ersten Gruppe sind die stark auf Repräsentation ausgerichteten Steinhäuser der städtischen Oberschichten, die in Bern als mehrgeschossige und breite Bauten primär das Gassenbild des münsterseitigen, südlichen Stadtgebietes prägten. Zu diesen Häusern gehörten kleine Nebengebäude für die Bediensteten sowie unter Umständen besondere Architekturelemente wie Erker (siehe Kastentext, S. 163).[5]

- Eine weitere grosse Gruppe bilden Mischbauten, die Stein- und Holzbau kombinieren, indem die unteren Geschosse massiv in Mauerwerk und das oder die oberen Geschosse in Holzbautechnik – sei es nun als Bohlenständer- oder als Fachwerkbau – errichtet wurden. Aufgrund der Forschungsergebnisse in anderen Städten wie Zürich oder Basel muss man schon für das 14. Jahrhundert von einem grossen Anteil solcher Gebäude ausgehen, obwohl sich der Nachweis für Bern bisher auf Einzelbeispiele beschränkt.[6]
- Aufgrund fehlender Überlieferung seien die einfachen Holzbauten, die den Unterschichten als Wohn- und Arbeitsgebäude in einem dienten, nur am Rande erwähnt. Man stellt sie sich als ein- oder höchstens zweigeschossige Gebäude an den peripheren Gassen der Stadt vor.[7]

Der steinerne Wohnbau

Da wir zu den steinernen Bauten die meisten Informationen besitzen, ist eine eingehende Betrachtung dieser ersten Gruppe sinnvoll. Die folgenden Ausführungen und das zeichnerisch rekonstruierte Musterhaus (Abb. 106) basieren auf dem Studium der Kunstdenkmälerinventare, der Dokumentationen der Denkmalpflege, ausgesuchter archäologischer Grabungen sowie alter Pläne, Fotos und Zeichnungen.[8]

Lienhard Schaller, der Schneider

Roland Gerber

Am Donnerstag den 22. März 1470 verordneten Schultheiss und Rat, «*das alle wattlüt* [Tuchkaufleute] *in der statt Bern, ouch allenthalben in miner herren stetten, landen und gebieten, heimsch oder froemde, die danne tuch kouffent und verkouffent*», in Zukunft keinerlei Tuche mehr erwerben durften, die nicht in der Stadt und Landschaft Bern hergestellt worden sind.[9] Ausgenommen von dem Verbot blieb Schafwolle, die von den Kaufleuten weiterhin auch auf den Frankfurter Messen «*oder an andern enden*» eingekauft und nach Bern transportiert werden konnte. Die Kaufleute mussten vor versammeltem Rat «*an die heiligen*» schwören, sich ohne Ausnahme an die neue Gewerbeordnung zu halten.

Unter den sieben vor den Rat zitierten Tuchhändlern und Schneidermeistern befand sich auch der aus dem elsässischen Thann zugewanderte Tuchkaufmann Lienhard Schaller, der in Bern seit der ersten Hälfte des 15. Jahrhunderts ein eigenes Schneidergeschäft betrieb. Sein Wohn- und Geschäftshaus befand sich in der nördlichen Häuserzeile der oberen Münstergasse, also in nächster Nähe zur Tuchlaube, dem einzigen Verkaufsplatz von Tuchen in der Stadt (→Abb. 106). Lienhard Schaller war Mitglied des Grossen Rates und versteuerte zusammen mit seiner Ehefrau Anna im Jahre 1448 ein Vermögen von 700 Gulden.[10] 1458 war sein steuerbares Vermögen bereits auf 1000 Gulden angewachsen.[11]

Lienhard und Anna Schaller lebten in einem sehr wohlhabenden Haushalt, den sie durch eine Dienstmagd führen liessen. Neben der Magd, die 1458 das relativ hohe Vermögen von rund 55 Gulden versteuerte, nennt das Tellbuch mit Peter auch einen Knecht, der als Geselle in der Schneiderwerkstatt Lienhard Schallers gearbeitet haben dürfte. Peter versteuerte mit 100 Gulden ebenfalls ein hohes Vermögen, was ihn als qualifizierten Schneidergesellen ausweist.

Im fortgeschrittenen Alter nahm Lienhard Schaller als Mitglied der Schneidergesellschaft zum Mohren 1474 und 1475 schliesslich an den erfolgreichen bernischen Kriegszügen in die Waadt und gegen Herzog Karl den Kühnen teil. Trotz seines Vermögens und seines militärischen Engagements für die Stadt scheint es Lienhard Schaller als einem aus dem Elsass zugewanderten Schneidermeister jedoch nicht möglich gewesen zu sein, ein bedeutendes kommunales Amt zu übernehmen.

Bartholomäus May und seine Häuser

Jürg Schweizer

Die May sind eine aus der Lombardei stammende Geldwechsler- und Bankiersfamilie, die gegen Ende des 14. Jahrhunderts in Bern das Burgerrecht erworben hat. Die Vertreibung der Juden und Lombarden 1427 verschaffte ihnen eine gewisse Monopolstellung. Bartholomäus II. May (1446–1531) wurde unter anderem in Mailand ausgebildet und trat als 22jähriger in den Grossen Rat ein. Zudem war er 1484 Gesandter der Eidgenossen in Lyon und 1498 in Mailand. Er nahm an den Schlachten von Héricourt, Grandson, Murten, Novara und Marignano teil. Mit seinen Sprachkenntnissen war er «der grösste Handelsherr, den Bern je hervorgebracht» (HBLS).

Zwei repräsentative Stadthäuser in Thun und Bern verkörpern seine Ambitionen: Es sind Häuser, die ein günstiges Geschick weitgehend bewahrt hat – sehr im Unterschied zu den Stadthäusern der Erlach, Diesbach, Ringoltingen und anderen.[12] Zu Beginn seiner Tätigkeit als Schultheiss in Thun (1486) liess er das heute «Rosengarten» genannte Eckhaus (Freienhofgasse 20) in Thun aus drei älteren Einheiten zum heutigen Volumen samt riesigem Walmdach und Eckerker, eher Eckturm, zusammenfügen, aufbauen und ausstatten. Über ebenerdigem Keller-, Stall- und Vorratsgeschoss richtete er im 1. und 2. Obergeschoss über einer Grundfläche von rund 15 auf 17 Meter die gleiche Raumfolge ein. Sie umfasst pro Stockwerk je einen grossen Saal von 14 auf 5,5 Meter, eine quadratnahe Eckstube von 5,3 auf 6,7 Meter mit Erkerraum, ein Kabinett von 5 auf 4 Meter und einen Küchenraum

Thun, Freienhofgasse 20, Rosengarten, Zustand nach Abschluss der Restaurierung 1991.

Bern, Münstergasse 62, Rekonstruktionsskizze der Fassade und des Erkers im Zustand um 1515 mit eventuell später aufgesetztem drittem Erkergeschoss (nach Furrer, 1990).

von knapp 9 auf gut 4 Meter. Alle Räume werden pro Stockwerk in der Horizontalen erschlossen von einem Korridor, der bis zur Fassade reicht, in der Vertikalen durch eine simple einläufige Holztreppe.

Dieses spätgotische Patrizierhaus diente auch als Kaufmannssitz, wohl vor allem für den Italienhandel, als Stapelplatz und Umladestelle vom Seeschiff beziehungsweise Bastsattel auf das Aareschiff. Aus Mays Zeit sind spätgotische Balken-, Bohlen- und Bretterdecken (mit Stössen aus Flach- oder Masswerkschnitzerei) erhalten. Insgesamt ist der Rosengarten eines der am wenigstens veränderten spätgotischen Häuser im Kanton Bern.

Kurze Zeit später, nach 1490 und wohl im Hinblick auf seine Rückkehr vom Schultheissenamt in Thun nach Bern, vereinigte Bartholomäus May zwei bereits um 1466 kombinierte Bürgerhäuser an der Berner Münstergasse und versah sie 1515 mit neuer hochrepräsentativer Fassade samt wuchtig in den Gassenraum ausgreifendem Erker. Während im hausteinlosen Thun ein verputzter Bruchsteinbau entstand, dessen Volumetrie von Baukörper, Dach und Eckturm wirkungsvoll in Erscheinung tritt, erbaute May in der Stadt Bern mit ihrer erprobten Hausteinkultur eine Sandsteinfassade und einen reichen, mit Blendmasswerk überzogenen Erker.

Weit aufwendiger ist auch die Erschliessung mittels Wendelstein im Hof. Bei aller Verschiedenheit von Rosengarten und Erkerhaus in Bern gibt es auch Gemeinsames: Polygonaler mehrstöckiger Erker als Würdezeichen, Festsaal von rund 78 Quadratmetern Grösse mit Bretterdecke und aus der Achse gerücktem hohem Kamin (in Thun gleich zwei solche Säle), quadratnahe Stuben und kleinere Kabinette. Schliesslich fällt beiderorts die überaus geschickte Integration älterer Bestände auf.

Thun, Freienhofgasse 20, Rosengarten, 1. OG, Ausschnitt der Bretterdecke des Saales mit spätgotischen Masswerkschnitzereien.

Abb. 106:
Ein steinernes Wohnhaus in der Stadt Bern – zeichnerisch rekonstruiertes Musterhaus eines wohlhabenden Tuchhändlers und Schneiders des ausgehenden 15. Jahrhunderts. Das Haus hat folgende Grundmasse: 6,5 × 16 m im Grundriss, 2,8 m Stockwerkhöhen EG und 1. OG, 2 m im 2. OG, ca. 15 m Firsthöhe, Aquarell ADB.

Das Musterhaus zeigt unsere Vorstellung des Wohn- und Arbeitsbereiches eines reichen Tuchhändlers und Schneiders (Abb. 106). Tatsächlich lassen sich auch anhand der Schriftquellen Personen wie zum Beispiel der Schneider Lienhard Schaller nachweisen, die nach unserem Wissen in einem derartigen Haus mit ähnlicher Ausstattung gelebt haben könnten (siehe Kastentext, S. 162).

Parzellierung – Ehgraben – Hausgrundrisse
Die Bebauungsdichte im spätmittelalterlichen Bern war je nach Quartier und Strasse sehr unterschiedlich. Trotzdem scheint die Struktur mit den tiefen Grundstücken auf das 15. Jahrhundert zurückzugehen. Schenkt man den ältesten Planveduten der Stadt von Manuel (1549; siehe Kastentext, S. 35) und von Sickinger (1603–07) Glauben, so darf man von einer Parzellierung ausgehen, die sich in ihrem Grundmuster vielerorts bis heute erhalten hat.[13] Die zum Bau von Wohnhäusern und Gewerbestätten zur Verfügung stehenden Grundstücke waren tief und sehr schmal.[14] Sie wurden vorne von der Gasse, seitlich von den nächsten Häusern und hinten vom Ehgraben, das heisst dem Abwassergraben, begrenzt. Die Häuserzeilen zwischen zwei Gassen bestanden deshalb in der Regel aus sehr langen, hintereinander liegenden Parzellen, die von einem Ehgraben getrennt wurden und, beidseitig gegen die Gassen gerichtet, je ein traufständiges Wohnhaus aufwiesen.

Diese Parzellierung mit gassenseitigem Zugang auf der einen und der «Entsorgungslinie» auf der anderen Seite schafft die wichtigsten Bedingungen für eine Grundrissaufteilung des Hauses: Noch heute ist den in Resten bis ins Spätmittelalter beziehungsweise in die frühe Neuzeit zurückreichenden Bauten ein seitlicher, an der Parzellengrenze (Brandmauer) entlangführender Korridor als Zu- und Erschliessungsgang für den Hinterhof und die oberen Geschosse gemeinsam. In der Regel wiesen die Häuser wohl schon im 15. Jahrhundert einen gassenparallelen Laubengang als halböffentlichen Eingangs- und Arbeitsbereich auf, der zudem einen idealen Platz für den Verkauf von Handelsware oder gewerblichen Produkten bot. Im Randbereich der Laube lag der mit hölzernen Klapptüren verschliessbare Kellerabgang, der von der Strasse her begangen wurde. Die als Lagerraum genutzten Keller dürften, dort wo vorhanden, die ganze Fläche des Erdgeschosses eingenommen haben und in der Regel flach mit einer Balkendecke abgeschlossen worden sein. Nur der Bereich unter der Laube war wohl ursprünglich nicht unterkellert und barg lediglich die steile Kellertreppe mit einem Zwischenpodest vor der eigentlichen Kellertüre.[15] Es gibt leider nur vereinzelte, ins 15. Jahrhundert datierbare Keller, woran wir unsere Vermutungen überprüfen könnten (→Abb. 40).

Im Erdgeschoss führte der Korridor hinter der seitlichen Eingangstüre in den Privatbereich des Hauses und endete im Hinterhof. Dort, unmittelbar an der Hausrückseite, findet man bei wohlhabenden Leuten eine steinerne Wendeltreppe in einem runden oder polygonalen Treppenturm, oder als preiswertere Variante eine Holztreppe (Abb. 107). Die Existenz eines steinernen Treppenturms anstelle einer Holztreppe kann somit als Sozialindikator für die gesellschaftliche Stellung des Bauherrn gewertet werden. Derartige Treppentürme des 15. und 16. Jahrhunderts sind bis heute in einzelnen Wohnbauten erhalten geblieben und die daneben liegenden Lichthöfe stellen die letzten Reste vormals grösserer Hinterhöfe dar.[16] Es gibt auch Hinweise auf einfache Treppen mit geradem Holzlauf, die entlang der Hausrückseite oder im hinteren Teil des Erdgeschosses ins obere Geschoss führten. Dies war überwiegend in einfacheren (und älteren?) Wohnhäusern vorhanden und ist heute praktisch ganz verschwunden.

Die Hinterhöfe machten vermutlich ungefähr einen Viertel (untere Altstadt) bis einen Drittel («Neustadt») der Parzellenflächen aus. Im rückwärtigen Teil der Hinterhöfe befanden sich die Latrinen oder Aborte –

165

Abb. 107:
Bern, Hofansicht des sogenannten «Rüttehaus» im 17. Jahrhundert (Gerechtigkeitsgasse 29/31, vor Abbruch). Aquarell, Künstler unbekannt.

Abb. 108:
Bern, Brunngasse 56, Laubengang mit alten Klappladen (16. Jahrhundert). Historische Aufnahme.

einfache Bretterhäuschen über dem Ehgraben. Die Latrinen können sich sowohl ebenerdig als auch im Obergeschoss, über einfache, überdachte Holzgänge erschlossen, befunden haben. Zudem gab es in den Hinterhöfen unterschiedlich ausgebaute hölzerne Nebengebäude wie Schuppen für die Geräte und Ställe für die Kleinviehhaltung (Abb. 107). In den Nebengebäuden grösserer Haushalte könnten sich auch einfache Kammern für Bedienstete befunden haben. Diese Holzbauten wurden später als Hinterräume in die Häuser integriert (sogenannte Versteinerung), so dass dazwischen meist nur noch kleine Lichthöfe und die Treppentürme erhalten blieben. Die Bebauungsentwicklung dieser tiefen Grundstücke verlief somit in folgenden Schritten: Vorerst existierte ein Vorderhaus und ein Hinterhof. Im Laufe der Zeit wurde der Hinterhof vollständig überbaut bis die ganze Parzelle mit einem langgestreckten Haus und einem kleinen Lichthof ausgefüllt war.

Das Erdgeschoss des Hauses wies seitlich des Korridors einen durchgehenden oder zwei hintereinander liegende Räume auf. Dort muss im Spätmittelalter ein guter Teil der handwerklichen und gewerblichen Arbeit sowie der Verkauf und Handel von Waren stattgefunden haben. Leider fehlen bis heute archäologische oder schriftliche Hinweise, die konkrete Rückschlüsse auf die berufsspezifischen Nutzungen dieser Räume erlauben würden. Einzig die an wenigen Häusern erhaltenen, gegen die Laube hin herunterklappbaren Läden weisen auf die ehemalige Funktion als Kaufladen hin (Abb. 108).

Das Haus in der dritten Dimension
Aufgrund von Zeichnungen und Fotos des 18. und 19. Jahrhunderts kann man davon ausgehen, dass der überwiegende Teil der Wohnhäuser im Spätmittelalter über dem offenen Laubengang zwei Obergeschosse aufwies. Das Satteldach darüber stand zumeist traufständig zur Gasse hin, aber als Ausnahme existierten auch giebelständige Bauten. Gerade bei Häusern von Händlern und Gewerbetreibenden ist ausserdem mit gassenseitigen Aufzugsgiebeln zu rechnen, wie sie auf alten Zeichnungen wiedergeben werden (→Abb. 24). Von der Gasse aus sah man somit in der Regel unter der Dachtraufe eine glatte, aus Sandsteinquadern gefügte Fassade, die im Erdgeschoss von einer spitz- oder rundbogigen Arkade, der Laube, getragen wurde (Abb. 109). Es gab auch durchge-

hende Fassaden ohne Lauben, die einen seitlichen Eingang und relativ tief liegende Erdgeschossfenster aufwiesen (Abb. 110).
Darüber befand sich die Befensterung der Obergeschosse, deren Gestaltung sich nach der Grösse und der Bedeutung des dahinterliegenden Raumes richtete: Im 1. Obergeschoss war fassadenseitig der repräsentative Wohnraum beziehungsweise die Stube untergebracht. Gegen aussen wurde diese besondere Bedeutung mittels eng nebeneinander liegender, in der Höhe gestufter Reihenfenster sichtbar gemacht. Zuweilen existierten Fensterpfosten aus fein behauenen Sandsteinen sowie reich verzierte Fensterstürze (Abb. 111). Heute sind derartige, mit Blendbogen versehene Fensterstürze noch in Freiburg erhalten. In der Regel waren einzelne Fenster untereinander mit einer feinprofilierten Fensterbank verbunden und oft wurde dieses Gesims als horizontales Gestaltungselement, das die Geschosseinteilung markierte, auf die ganze Fassadenbreite erweitert. Die Fenster des 2. Obergeschosses waren durchwegs kleiner und schmaler. Sie spiegelten somit zugleich die geringere Bedeutung der dahinter liegenden Räume, diesmal kleine und niedrige Kammern, wider.
Die alten Abbildungen zeigen eine horizontale Zweiteilung der einzelnen Fenster, wovon die Oberlichter durchwegs mit Butzenscheiben (Abb. 109) oder rautenförmigen Scheiben (Abb. 110) verglast sind. In einfacherer Ausführung weisen die unteren Teile der Fenster keine Verglasung, sondern hölzerne Gitter oder Fensterläden auf. Zudem ist auch noch im 15. Jahrhundert mit sogenannten «flamen», das heisst mit Fensterbespannungen aus Magenhäuten, zu rechnen.[17]
Als wesentliche Elemente der Fassadengestaltung sind somit die Lauben im Erdgeschoss, die Reihenfenster im 1. Obergeschoss und die horizontal verbindenden Fenstergesimse zu nennen. Im weiteren ist zumindest für die repräsentativen Wohnbauten überliefert, dass sie als Fassadenschmuck bunt gefasste Sandsteinreliefs mit Familienwappen und Jahrzahl (Abb. 113) oder ein Berufszeichen aufwiesen. Auch waren die Fassaden unter Umständen mit Kalk geschlämmt und mit Dekormalereien wie zum Beispiel einem Bollenfries versehen.
Die heute so auffällige vertikale und horizontale Übereinstimmung der Fensterachsen über die Stockwerke hinweg, die dem Gassenbild eine regelmässige Rhythmisierung gibt, ist somit nicht auf das spätmittelalterliche Wohnhaus, sondern auf seine spätbarocke Umgestaltung zurückzuführen. Das Gassenbild im spätmittelalterlichen Bern war von individuellen Fensterlösungen und einer deutlichen Differenzierung der Stockwerke geprägt (Abb. 114).
Das Haus wies im Innern eine Holzkonstruktion auf, die im wesentlichen aus Balkenlagen und darüber verlegten Bretterböden bestand. Die stockwerkbildenden Balken ruhten in der Regel auf sogenannten Streifbalken, die ihrerseits seitlich entlang der Brandmauern auf Konsolen lagen (Abb. 115). Die geringe Breite der Grundstücke machte im Innern keine stützenden Pfosten nötig. Als mögliche Binnenwandkonstruktionen kommen Fachwerk oder liegende Bohlen in genuteten Balken in Frage. Aufgrund der Feuergefahr wurden die Wände oft verputzt und die Böden mit Tonplatten oder mit dünnem Mörtelguss versehen.[18]

1. Obergeschoss
Geht man davon aus, dass die Räume des Erdgeschosses aus einem seitlichen Korridor und zwei hintereinander liegenden Arbeitsräumen bestanden, so zeigt sich anhand der erhaltenen Häuser eine Wiederholung der Raumaufteilung in den oberen Geschossen: Über die hofseitige Wendeltreppe gelangte man im 1. Obergeschoss in einen schmalen Korridor, der zum gassenseitig gelegenen Repräsentationsraum, der Stube, führte. Neben dem Korridor lag ein hofseitig belichteter Raum, dessen Funktion in einigen Fällen aufgrund schwarzer Russspuren oder Kaminhutreste an der Brandmauer als Küche festgelegt werden kann.[19]

Abb. 109:

Bern, Haus zum Distelzwang (Gerechtigkeitsgasse 79). Aquarell von Arnold Streit, 1868, Burgerbibliothek Bern.

Abb. 110:

«Das Frauenhaus von 1410», Zeichnung Arnold Streit, 1858, Burgerbibliothek Bern.

Unter dem grossen Kaminhut befand sich die kniehoch aufgemauerte Feuerstelle, die genügend Platz für einen Metallkessel am Schwenkarm, Kochtöpfe und Bratpfannen aus Irdenware sowie einen Drehspiess bot. Daneben sind die unerlässlichen Ausstattungsstücke wie Tisch, Stühle, Küchenschrank und Gestell, aber auch Utensilien wie Handmühle, Messingmörser, Blasebalg und Wasserbottich nicht zu vergessen.

Zwischen Küche und Stube befand sich zuweilen ein gemauerter Wandabschnitt, der eine kleine Öffnung mit Eisentürchen für die Beheizung und den Rauchabzug des Kachelofens im Nebenraum aufwies. Die Küche ist in sehr vielen Fällen im mittleren Bereich der Parzelle plaziert – ein

Abb. 111:
Bern, Eckhaus Marktgasse/Waaghausgasse, Zustand vor 1860. Federzeichnung, anonym, um 1830.

Abb. 112:
«Das älteste hölzerne Wohnhaus am Stalden, welches in der 1780er Jahren abgebrochen worden ist, [...]», (Nydeggstalden 5). Rekonstruktion von Karl Howald (1796–1869) aufgrund der Beschreibung des Hauptmanns Jenner, der das Gebäude noch gesehen hatte. Burgerbibliothek Bern.

Abb. 113:
Wappenrelief, Bern, Erkerhaus am Zytglogge, um 1505.

Umstand, der mit der Rauchführung in Giebelnähe des Hauses seine Erklärung findet. Auch bei breiteren Häusern bleibt diese Raumeinteilung erhalten, wobei gassenseitig zwei oft gleichgrosse Stuben existierten, von denen nur eine vom seitlichen Korridor aus direkt erschlossen wurde.

Die Stube
Sowohl die volkskundliche als auch die archäologische Forschung sehen als wichtigste Elemente der Stube neben dem Kachelofen den hölzernen Innenausbau mit Bretterboden, Holz- oder Täferwand und Balkendecke an.[20] Die unterschiedlichen Überreste der Ausgestaltung dieser Räume lassen darauf schliessen, dass die Stube schon immer ein besonderes Mass an individueller Prägung aufwies. Die folgenden Ausführungen sollen deshalb jene Möglichkeiten betonen, die tatsächlich nachgewiesen sind:

Einheitlich zeigen erhaltene Häuser die schon genannten Balkendecken, die auf Streifbalken und Konsolen ruhten (Abb. 115). Als Spezialfälle und feine Ausformungen der Decken darf man sich Leistendecken mit bemalten Flachschnitzereien vorstellen, wie sie gelegentlich aus Abbruchhäusern geborgen und ins Bernische Historische Museum gebracht

Abb. 114:
Bern, Münstergasse, Südseite und Eckhaus mit Wandbild Niklaus Manuels, Lithographie von Arnold Streit nach einer Vorlage von 1680.

wurden oder heute noch in Privathäusern existieren (Abb. 116).²¹ Zudem gab es (eventuell primär in den kleineren Kammern ?) gewölbte Bälkleindecken.²² Gegen die Gasse hin war die Stube durch eine repräsentative Befensterung ausgezeichnet: Das mit Butzenscheiben ganz oder teilweise verglaste Reihenfenster öffnete sich gegen innen als stichbogig überwölbte Nische, die in den seitlichen Gewänden Sitzbänke aufwies. So konnten die Bewohner das Geschehen auf der Strasse beobachten oder einer häuslichen Tätigkeit, zum Beispiel dem Nähen, nachgehen. Die Wände der Stuben bestanden aus liegenden Bohlen oder Fachwerk. Als feinere Ausarbeitung wurden die Wände ganz oder nur im unteren Bereich mit einer Vertäfelung versehen. Es gibt auch Reste von Wandmalereien, die das Repräsentations- und Schmuckbedürfnis der reichen Bürger manifestieren. Das in der Stadt Bern einzige erhaltene Beispiel hierfür ist die bemalte Westwand eines Zimmers im 1. Obergeschoss der Gerechtigkeitsgasse 78 (Abb. 117): Dort wurde ein Bossenquadermauerwerk mit Zinnen sowie darüber illusionistische Pflanzenranken und ein Bollenfries dargestellt. Interessant ist aber vor allem die in der äusseren Raumecke gemalte Kreuzigungsdarstellung. Sie ist als Kultecke im Zimmer der vorreformatorischen Bewohner anzusehen und ruft uns unwillkürlich den bis in jüngste Zeit vorhandenen Herrgottswinkel in den Stuben der Bauernhäuser in Erinnerung.

Ein dominierendes Objekt in der spätmittelalterlichen Stube war der Kachelofen, der einerseits als einfacher, kastenförmiger Heizkörper und andererseits als eleganter, hoher Turmofen vorkommen konnte. Nicht

Abb. 115:
Bern, Aarbergergasse 53, Fotografie vor Abbruch 1961, Stube im 1. Obergeschoss mit profiliertem Deckenbalken, Konsolen und Stichbogennischen.

Abb. 116:
Flachschnitzerei aus der Junkerngasse 1, vor 1505, Detail mit springendem Einhorn.

nur seine Grösse, sondern auch die Motive seiner Kacheln waren für die Bewohner des Hauses wichtige Mittel der Selbstdarstellung und der Repräsentation (siehe Kastentext, S. 416). Oft wurde mit Einzelmotiven oder ganzen Bildserien eine Aussage zur sozialen Stellung und zum Anspruch des Auftraggebers gemacht. Zahlreiche archäologische Funde von Ofenkacheln belegen, dass damals von einfachen Rapportmustern und Pflanzenmotiven über Tierbilder bis hin zu Ritterdarstellungen und sakralen Motiven alles beliebt und zu kaufen war.[23]

Weitere wichtige Ausstattungsstücke der Stube sind Möbel wie die eingebaute oder freistehende Sitzbank, der Stuhl (sogenannter Scherenstuhl), der Kredenzschrank sowie ein Tisch. Leider sind solche Erzeugnisse des spätmittelalterlichen Kunsthandwerks nur in Einzelfällen erhalten geblieben.[24] Ihre Formen sehen wir jedoch zuverlässig auf zeitgenössischen Druckgrafiken. Diese Bildquellen belegen denn auch all

Der Kachelofen – ein Prestigeobjekt

In unseren Breitengraden gehörte ein Kachelofen, der das rauchfreie Beheizen einer Stube ermöglichte, im Normalfall zur Ausstattung eines spätmittelalterlichen Wohnhauses.

Diese Öfen konnten sehr unterschiedlich aussehen: Man geht davon aus, dass gerade im 15. Jahrhundert je nach Finanzkraft der Auftraggeber vom einfachen und kleinen Napfkachelofen über den Reliefkachelofen bis hin zum Prunkofen die ganze Bandbreite an Kombinationen ausgeschöpft wurde.

Die genaue Gestalt des Napfkachelofens im 15. Jahrhundert kann man heute kaum mehr ermitteln, weil diese einfachen Öfen in der Zwischenzeit durch neuere ersetzt worden sind. Dass es sie aber gegeben haben muss, beweisen die archäologischen Funde von Napfkacheln, die in Glasur und Ton genau mit den zeitgleich produzierten, künstlerisch und technisch anspruchsvolleren Blattkacheln übereinstimmen. Oft wird von zeitgenössischen Bildquellen sowie von den einfachen Bauernöfen des 18. und 19. Jahrhunderts auf die Form dieser Öfen zurückgeschlossen.[25]

Der im spätmittelalterlichen Bern am häufigsten vertretene Kachelofentyp war aber vermutlich ein sogenannter Turmofen, der aus grünglasierten, reliefierten Blattkacheln gebildet wurde. Er hatte einen kubischen Unterbau und darauf einen runden Turm (Abb. 106). Als Ofenbekrönung wurden oft speziell gefertigte Kranzkacheln verwendet, deren Grundform man der spätgotischen Architektur entnahm. So beispielsweise der unter einem Wimperg mit Krabben dargestellte Prophet, der eine Schriftrolle mit der Datierung 1455 in Händen hält. Der Hauptteil des Ofens wies jedoch viereckige Blattkacheln auf, deren Reliefs sakrale Bildthemen (z.B. Maria mit Kind), Ritterromantik (z.B. Turnierritter in Rüstung), aber auch Pflanzen- und Tiermotive sowie kunstvolle Kompositionen übergreifender Rapportmuster zeigten.

Erstaunlich und im überregionalen Vergleich einzigartig ist die grosse Vielfalt der Einzelmotive, die im 15. Jahrhundert in Bern hergestellt wurden.[26] Es zeigt sich, dass hier – wie in anderen

Fraubrunnen, Kloster, gelbglasierte Blattkachel mit Rapportmuster aus dem ehemaligen Zisterzienserinnenkloster. Zeitstellung: 2. Hälfte 15. Jahrhundert.

Städten des schweizerischen Mittellandes – eine florierende Produktion hochqualitativer Ofenkeramik existiert hat (vgl. Kap. III, S. 220).

Vor dem Hintergrund dieser ausserordentlichen Blüte des Hafnerhandwerks ist man daher auch wenig erstaunt über innovative Tendenzen in der Glasuranwendung, die gegen Ende des 15. Jahrhunderts in Bern zu beobachten sind: So finden wir plötzlich nicht nur auf Kacheln mit altbekannten Motiven die normale grüne Bleiglasur in Kombination mit Gelb und Braun, sondern es werden erste Versuche mit einer weissen Deckglasur, die einer frühen Form der Fayence entspricht, getätigt. Augenfälligstes Beispiel für die Anwendung dieser neuen Technik ist ein ins Jahr 1518 datierter Ofen aus dem Schloss Holligen. Die eigenwilligen blauen Malereien sind nicht nur stilistisch «top-modern», sondern stellen in ihrer erstmaligen Verwendung zusammen mit einer deckenden Zinn/Bleiglasur (Fayence) nördlich der Alpen ein Unikum dar, das für die gesamte Entwicklung der Fayenceproduktion in der Schweiz wegweisend war. Dieser Ofen wirft somit interessante Fragen zum Verhältnis zwischen den damaligen Auftraggebern, der Familie von Diesbach, und den kunsthandwerklichen Erzeugnissen südlich der Alpen (Mailand) sowie den einheimischen Hafnern auf.

Bern, Schloss Holligen, zwei Fussgesimskacheln mit der Jahrzahl 1518 und dem Wappen des Auftraggebers Wilhelm von Diesbach in weisser Fayenceglasur.

Trub, Kirche/Kloster, grünglasierte Kranzkachel mit Prophet und der Jahrzahl 1455 in römischen Ziffern (CXXXXLV).

Krauchtal, Torberg, Grünglasierte Napfkacheln aus der ehemaligen Karthause, Zeitstellung: Ende 14. Jahrhundert.

jene heute nicht erhaltenen Haushaltutensilien wie Holzgegenstände und Textilien, die in jedem Haushalt vorhanden waren (siehe Kastentext, S. 172). Diese Angaben werden zudem durch Aufzählungen und Beschreibungen in zeitgenössischen Testamenten ergänzt.²⁷

Abb. 117:
Bern, Gerechtigkeitsgasse 78, Wandmalereien in der Stube des 1. Obergeschosses.

2. Obergeschoss
Über die Raumfunktionen des 2. Obergeschosses ist sehr wenig bekannt, obwohl man die Grundrisse von unten praktisch deckungsgleich übertragen kann. Übereinstimmend zeigen allerdings alte Zeichnungen und bestehende Häuser im 2. Obergeschoss immer bedeutend niedrigere Räume als die der unteren Geschosse. Hier befanden sich wohl die Kammern, das heisst die Schlafräume. Glaubt man den Bildquellen, so waren diese kleinen, oft unbeheizten Räume sehr spärlich möbliert und wiesen neben breiten, kurzen Betten (für 2–3 Personen) lediglich Truhen für die Wäsche auf.

Die Nutzung des rückwärtigen Teils des 2. Obergeschosses ist nicht klar: Falls der Küchenraum des 1. Obergeschosses nicht als Rauchküche bis ins Dachgeschoss reichte, befanden sich über der Küche vermutlich weitere Kammern, die entweder gar nicht, oder nur vom Hinterhof her belichtet wurden.

Für das 2. Obergeschoss ist aber auch eine separate Wohnnutzung denkbar. In etlichen Häusern gibt es sichere Anhaltspunkte für den Standort einer zweiten Küche, deren Herdstelle sich genau über derjenigen des 1. Geschosses befand. Dies würde auch mit den Angaben aus den Steuerbüchern übereinstimmen, wo in zahlreichen Häusern mehrere Familien gleichzeitig Steuern bezahlten (vgl. Kap. II, S. 140).

Dachgeschoss
Das oft mehrgeschossige Dach wies zwischen zwei Brandmauern den hölzernen Dachstuhl auf und wurde aufgrund des grossen Volumens vermutlich primär als Lagerraum genutzt. Es gab jedoch auch kleine, unbe-

Der Hausrat im spätmittelalterlichen Bern

Auf einem Holzschnitt von 1470 werden die für den Haushalt unerlässlichen Gegenstände, also ein wichtiger Teil der materiellen Kultur des 15. Jahrhunderts, dargestellt.[28] Hans Paur betitelt sein Bild «vom Haushalten» und fügt eine Inschrift bei:

«Were zu der Ee greyffen welle / Der tracht das er dar zu bestelle / Haussrat das er nit mangel hab / Hye merck du dirn und iunger knab / Wiltu dich haushaltens nemen an / So tracht was du der zu must han / In ein hauss gehort als vil Haussrat / Das der zehenteil nit hye gemalet stat».[29]

Zum Haushalten gehören demnach diverse Geräte, die hier exemplarisch gezeigt werden: Es sind erstens Betten mit Kissen, Bettlaken und Nachttöpfen. Auf zwei Bildern ist das «Familiensilber», wie Zinnkannen, Teller, Kerzenständer, Becher, Feldflasche und Pokal dargestellt: Ein Bild zeigt Vorräte wie Wein und Brot, ein anderes den mit einer Flasche und einen Becher gedeckten Tisch. Eine Zeichnung vermittelt mit Kredenzschrank und Handtuch die Gastfreundschaft und Hygiene. Auch Küchengeräte wie eiserner Kochtopf, Kupferpfanne, Sieb, Tonkrug, Blasebalg, Bratrost, Dreifuss und Feuerhaken werden gezeigt und sonstige Haushalts- und Putzwerkzeuge wie Bratspiess, Messer, Besen und Schaufel sind beispielsweise am rechten Rand zu erkennen. Zudem wird links gezeigt, dass der *junge knab* auch Rüstung, Waffen und Reitpferd in die Ehe mitzubringen hat. Die Aufgaben der *dirn* sind ganz rechts mit Spinnzeug und Hygieneartikeln, wie Kamm, Schere und Wanne, angedeutet.

Die Bilder stehen wie Pictogramme für eine ganze Funktionsgruppe und stellen, wie Paur am Schluss seiner Inschrift herausstreicht, höchstens den zehnten Teil des Hausrats dar, der in eine Ehe eingebracht werden soll. Auch im Berner Haushalt waren diese Gegenstände vorhanden. Allerdings sind nur wenige bis heute erhalten geblieben. Wir finden einerseits Anrichtegegenstände wie schlanke Töpfe, Schalen, Krüge, Deckel und vereinzelt tiefe Teller.[30] Dies ist einfache Töpferware, die innen oder beidseitig grüne Glasur hat. Andererseits sind Gläser und Besteck zu nennen, die in wohlhabenden Haushalten auf den Tisch gehörten: Es gibt reich verzierte Becher, Gläser auf hochgestoßenem Fuss, Flaschen, Deckel sowie Zinnlöffel und feine Messer mit beinernem Griff.

Eine zweite Gruppe ist das innen glasierte Küchengeschirr wie Dreibeintöpfe, Dreibeinpfännchen, Vorratstöpfe mit Henkeln, keramische Siebe und Kannen.[31] Auch da fehlen uns meistens wichtige Metall- und Holzgegenstände wie Pfannen, Mörser, Feuergeräte und Holzbottiche. Nicht zu vergessen sind andere wichtige Artikel wie Öllämpchen und Töpfchen für Salben und Essenzen.

Die Funde aus Bern und Umgebung vermitteln uns ein Bild zum Hausrat im Berner Wohnhaus, das sich nur unwesentlich von dem anderer Städte des schweizerischen Mittellandes unterscheidet. Zum Vorschein kommt hauptsächlich Töpferware, die für den lokalen Markt produziert wurde. Importstücke wie rheinisches Steinzeug oder italienische Fayence, die gelegentlich in vergleichbaren Städten und auch in Klöstern vorkommen, sind für Bern bisher unbekannt.[32] Zudem gibt es im Bernischen Historischen Museum eine grosse Menge an Dolchen und Messern, deren Herkunft und genaue Datierung sich aber oft nicht ermitteln lässt. Ein Glücksfall besonderer Art sind daher Fundgruppen wie die Hohlgläser der Untergasse 21 in Biel, wo eine Latrinengrube des Abtes der Prämonstratenserabtei Bellelay archäologisch untersucht werden konnte.[33] Wie durch ein Blitzlicht erhellt wird damit die Vergangenheit im Haushalt eines bedeutenden Geistlichen des frühen 16. Jahrhunderts. Bezeichnenderweise gehörten diese «Luxusartikel» Angehörigen der sozialen Oberschicht in der spätmittelalterlichen Gesellschaft. Dies bedeutet, dass wir auch in Bern solche Gegenstände primär in Haushalten der wohlhabenden Bevölkerung, des Adels, des Klerus und der reichen Kaufleute, erwarten können.

Hans Paur, «wer zu der Ee greyffen welle», Einblattdruck, um 1470, Nürnberg.

Frühneuzeitliche Funde von verschiedenen Fundstellen im Kanton Bern.

lichtete Holzkammern, die beispielsweise den Dienstboten als Schlafraum dienten.[34] Wohl aus Gründen des Brandschutzes war der Boden häufig mit Tonplatten belegt. Die Dächer selbst wurden nach dem verheerenden Stadtbrand von 1405 auf Geheiss des Berner Rates vermehrt mit Ziegeln statt mit Stroh oder Holzschindeln gedeckt.[35] An materiellen Resten der ehemaligen Dachgeschosse kennen wir heute vereinzelte Bodenplatten, die sich aufgrund ihrer dargestellten Motive ins Spätmittelalter datieren lassen. Zudem haben wir unter den archäologischen Funden auch Ziegel, die die Art der Dachbedeckungen belegen. In Einzelfällen wurden gar besondere Schmuckziegel verwendet: So war zum Beispiel das Dach von Johann Armbrusters Kapelle in der Münstergasse mit auffälligen grünglasierten Firstziegeln geschmückt, die gotische Architekturformen nachahmten (Abb. 42). Ähnlich prunkvolle Dachbedeckungen wären beispielsweise auch bei den Erkern repräsentativer Bauten (May-Haus) denkbar.

Der bernische Schlossbau im 15. Jahrhundert

Jürg Schweizer

Die neuen Bauträger und ihre Repräsentationszeichen

Der Niedergang des alten Hoch- und Ministerialadels im Laufe des 13. Jahrhunderts, besonders aber im 14. Jahrhundert – ein keineswegs bloss regionales Phänomen – hinterliess ein Machtvakuum. In dieses stiessen im weiteren bernischen Raum mit Erfolg die Stadt Bern, ihre Bürger, einzelne Klöster und Landstädte, zum Teil auch Landleute nach (vgl. Kap. IV, S. 330). Unter den Bürgern von Bern, welche die schuldengeplagte Stadt durchaus als valable Alternative für den eigenen Einsatz zum Erwerb freiwerdenden Adelsbesitzes akzeptierte, befanden sich einzelne Familien, die sich als Ministerialadelige rechtzeitig mit der aufstrebenden Stadt arrangiert hatten, sich in ihren Dienst stellten und hier rasch zu Ämtern und Ansehen kamen.[1]
Dazu zählen etwa die Bubenberg, Erlach, Scharnachtal und Stein. Daneben gab es kometenhafte Neuaufsteiger, die sich innert ein bis zwei Generationen durch Tüchtigkeit in Handwerk und Handel, durch geschickte Heiratspolitik und eine Portion Glück Vermögen, Einfluss und Ansehen erworben hatten und alles daran setzten, es den Altadeligen gleichzutun, ja sie zu übertreffen (vgl. Kap. II, S. 119 und Kap. II, S. 140). Tatsächlich gelang es den Aufsteigern, innert kürzester Frist die damals noch durchlässigen Standesschranken zu überwinden und zu den führenden, das politische und gesellschaftliche Leben bestimmenden Familien gezählt zu werden. Geradezu musterhaft ist der Aufstieg der Familie von Diesbach. Während Grossvater Clewi Goldschmidt noch ein apolitischer geschickter Handwerker, Kaufmann, Grund- und Herrschaftsbesitzer war, so gehörte Enkel Niklaus von Diesbach zu den bestimmenden Figuren der eidgenössischen Politik um 1470 und griff auf das Nachhaltigste als Kopf der Franzosenpartei und Auslöser der Burgunderkriege in die europäische Politik ein.

Die neuen Familien bemühten sich auf vielfältige Weise, den «Makel» nichtadeliger Herkunft zu tilgen. Dazu gehörte die Führung einer standesgemässen Haus- und Hofhaltung – Loy von Diesbach († 1451) *«was ouch köstlich mitt pfärden, er hatt ouch mulesel; item so hatt er ein jegermeyster und uff 25 hündt, ouch gutte federspil sampt anderenn köstlichkeytten ... »*[2] Zentral war der Wappenkult (vgl. Kap. IV, S. 306). Als erster liess sich der genannte Clewi Goldschmidt (Niklaus I. von Dies-

Abb. 118a, b:
Monumentales Wappenpaar, um 1600 auf vierpassförmige Holztafeln gemalt von Jakob Louber, das alte und das neue, 1434 von Kaiser Sigismund verliehene Wappen der Familie von Diesbach darstellend. Die Wappenmalereien ersetzten zweifellos in Form einer freien Kopie ältere Tafeln und hingen ursprünglich im Chor der Kirche Oberdiessbach, jetzt in der Grabkapelle von Wattenwyl. Die Umschriften lauten: «Diß ist das allte Wappen deß Adelichen Stammens Von Dießbach so sy noch Jm M.cccc.XXXIIII. Jar gefürtt hand.» und «Mitt disem Wappen und Kleynott hatt Keyßer Sigmund Hochloblicher und seliger gedechtnuß den Adelichen Stamen Von Dießbach begabet Jm. M.cccc.XXXIIII. Jar».

bach) 1434 als Zeichen seines sozialen Aufstiegs und seines Anspruchs von Kaiser Sigismund einen Wappen- und Adelsbrief ausstellen, der der Familie anstelle des alten Halbmondwappens den prächtigen schwarzen, an das Kyburgerwappen erinnernden Schild, geteilt durch einen gebrochenen gelben Balken mit den zwei steigenden gelben Löwen verschaffte (Abb. 118). Gleichzeitig erhielt Clewi für sich und seine Nachkommen das Recht zur Erwerbung der Ritterwürde. Seine Enkel erwarben diese auf einer abenteuerlichen Pilgerreise ins Heilige Land und auf den Sinai. Andere Familien änderten ihre allzu bürgerlich-handwerklich scheinenden Wappen ab: Die Wabern waren wie die Matter durch Gerberei aufgestiegen, im Wappenschild führten sie daher zwei gekreuzte Gerbermesser und vier Sterne. Sie änderten die Werkzeuge zu Diagonalbalken, so dass ein abstraktes Andreaskreuz die vier Sterne teilte. Petermann von Wabern liess sich 1476 nach der Schlacht von Grandson zum Ritter schlagen.[3] Heinrich Matter erhielt den Ritterschlag anlässlich der Romfahrt Kaiser Maximilians 1496.[4]

Am eindrücklichsten ist die Wappen- und Namensnobilitierung der Familie Zigerli. Aus bäuerlicher Oberschicht stammend, gelangte die Familie als Händler, Wirte und Metzger zu Reichtum. Heinrich änderte im Jahre 1400 seinen Namen, weil die drei Käslein in Kombination mit dem Wappen Zigerli die bäuerlich-simmentalische Herkunft nur zu gut verrieten (→Abb. 99). Die Wahl auf von Ringoltingen fiel aufgrund einer angeblichen Verwandtschaft mit dieser ausgestorbenen Familie und wohl auch wegen des Wappenbildes. Ab 1430 blieb der neue Namen der einzig gebräuchliche.[5] Thüring von Ringoltingen erhielt seinen Ritterschlag auf einer Morgenlandfahrt.

Doch nicht nur der Erwerb der Wappen war wichtig, sondern auch ihre Präsentation. Ausser durch Knappen, die wie wandernde Schildhalter als Begleiter ihrer Herren die Wappen auf den Rücken trugen[6], wurden sie in allen möglichen Situationen präsentiert: Der Ringoltingenschild erscheint im Dreikönigsfenster des Berner Münsterchors, das diese Familie gestiftet hat, an zentraler Stelle achtmal, dazu kommen, gewissermassen in Form eines genealogischen Stammbaumes, die verschiedenen Familienallianzen (→Abb. 98). Ein Diesbachwappen; trägt symbolisch genug, den Hoferker am Palas im Worber Schloss, die vom Stabwerk getrennten oberen Segmentflächen der Erkerkonsole zeigten je eine heute leider unleserlich gewordene Wappenallianz. Im Chor der Kirche zu Worb liess Kollator Ludwig von Diesbach 1521 eine Art Familiendenkmal erstellen, indem er seine eigene Wappenscheibe mit den zweifellos von ihm in Auftrag gegebenen Scheiben der zum Teil längst verstorbenen Vorfahren Ludwig I. († 1452), Niklaus II. († 1475) und seines Bruders Wilhelm I. († 1517) umgab (vgl. Kap. II, S. 119). In den gleichen Zusammenhang gehört die Präsentation der aus Wappenscheibe und kniender Stifterscheibe gebildeten drei Paar Bischofscheiben (Abb. 119): Ludwig von Freiberg, der Bischof von Konstanz, zu dessen Diözese Worb gehört, ist der Schwager des 1517 verstorbenen Herrschaftsherrn von Worb, Wilhelm I.; der Bischof von Lausanne, Sébastien de Montfaucon, ist der Schwager eines Sohnes von Wilhelm I., nämlich von Christoph von Diesbach, seit 1520 mit Jeanne de Montfaucon verheiratet; schliesslich ist Niklaus III., (Weih-)Bischof von Basel, ein Sohn des Kollators. Der eben genannte Christoph liess fast gleichzeitig einen ähnlichen Familiengedächtnis-Zyklus in seiner Schlosskapelle Pérolles in Freiburg durch bernische Glasmaler herstellen, wobei er hier die Wappenscheiben sogar durch Porträtscheiben der knienden Familienmitglieder ergänzte.[7] Ein Letztes: Der Bau des Kirchturms von Utzenstorf wurde durch den Herrschaftsherrn Thüring von Ringoltingen 1457 offensichtlich stark gefördert; sein Wappen und das seiner Gemahlin Verena von Hunwil prangen als überaus qualitätvolle Bildhauerarbeiten unübersehbar am Turm.[8]

Noch wichtiger und noch begehrter als diese Würdezeichen und «Köstlichkeiten» – um das Stammbuch der von Diesbach zu zitieren – war freilich der Besitz von rechtlich privilegiertem Grundeigentum. Nur er

Abb. 119:
Worb, Kirche, Chor, Scheibenpaar des Bischofs von Lausanne, Sébastien de Montfaucon, Schwager Christophs von Diesbach, 1521. Der kniende Bischof und das grosse Wappen unter üppigen Frührenaissance-Arkaden auf Kandelabersäulen.

verlieh den alten und neuen Familien den gewünschten Glanz und die adelige Legitimation. Der Zerfall des alten Adels hat im Laufe des Spätmittelalters dazu geführt, dass viele Adelsherrschaften aufgeteilt, durch Verpfändungen zersplittert oder gar weitgehend aufgelöst worden waren. Die ohnehin komplizierte mittelalterliche Rechtsstruktur wurde dadurch zuweilen völlig unübersichtlich. Die Zerrüttung alter Grundherrschaften ermöglichte es aufstrebenden Familien, zielstrebig einzelne Herrschaftsanteile zu erwerben, weitere dazuzukaufen, und Rechte, Güter und Gebäude in einer Hand zu vereinigen. Führend in diesen Bestrebungen waren die von Diesbach in Oberdiessbach und Worb, die von Erlach in Jegenstorf und Bümpliz, die Ringoltingen in Landshut, die Scharnachthal in Oberhofen. Am eindrücklichsten sind zweifellos die Bestrebungen der Familie von Diesbach, die seit dem Stammvater Clewi dank Hartnäckigkeit, Geld und einer gewissen Rücksichtslosigkeit innerhalb von drei Generationen zahlreiche und bedeutende Herrschaften erwerben und restituieren konnte.[9] Im Zeitraum ihrer grössten Blüte besassen Niklaus II. und seine Vetter die Herrschaften Rued, Signau, Worb, Diesbach, Kiesen, Landshut, Spiez, Strättligen, Twann; dazu selbstverständlich zahlreiche weitere Güter wie Holligen sowie die entsprechenden Sässhäuser in der Stadt.

Spätmittelalterliche Schlösser: Worb als Beispiel

«Zuo end diss jars [1517] ist durch ein pestilenzfieber von diser zit gescheiden der edel, milt und wis riter, her Wilhelm von Diesbach, sines alters im 80. und des rats im 42. jar, ein man dessemglichen an vil menschlichen tugenden nit liechtlich zefinden, der in sinen jaren, bin hohen fürsten wolgeacht, von inen vil eren und guots hat enpfangen, dabi zuo eren, lob und dienst einer stat Bern, und sin gar nüt gesparet; all erenlüt, heimsch und frömd, und bsunder alle künst und künstler geliept ... Hat vil an Signow, Worb und Holligen verbuwen, an vil orten kostlichem hus

Die Herrschaft Worb

1127
wird der Edle Anselmus de Worvo als Lehensherr genannt.

1146
tagt unter Herzog Konrad von Zähringen das Gericht in Worb in Anwesenheit der Freiherren von Worb. Ihre Nachfolger werden die Freiherren von Kien.

Mitte 14. Jh.
Nach dem Aussterben der Herren von Kien verkaufen die Erbinnen Worb an Peter und Kuno von Seedorf. Aus dieser Familie gelangt Worb

1393
an Schultheiss Petermann von Krauchthal. Dieser liess *«das schloss schlechtlich stan und hielt es nüt in gutten ehren mit Buwen, ittem mit tach und gemach, dadurch das schloss ein grossen schaden empfing und in abgang kam».*[10]

1420
kaufen Rudolf und Ulrich Rieder die verwahrloste Burg und Herrschaft. Die zwei Herrschaftshälften erleben in der Folge die verschiedensten Handänderungen und Aufteilungen.

1469
Durch Erbgang und Kauf kann Niklaus von Diesbach in diesem Jahr die restlichen Teile der Herrschaft Worb erwerben, nachdem Loy von Diesbach bereits ab 1425 gewisse Teile verwaltet hatte.

1475
Beim Tod Niklaus II. erbt sein Vetter Wilhelm I. († 1517) die Herrschaft.

1516
erwirbt Ludwig von Diesbach den Kirchensatz von Worb.

1533
gelangt Worb an Jost von Diesbach.

Ende 16. Jh.
Die Herrschaft Worb gehört drei Miteigentümern, zur Hälfte Hieronymus Manuel. In der Folge teilen sich die verschiedensten Eigentümer den Besitz bis

1668
Christoph von Graffenried sämtliche Teile wieder in seiner Hand vereinigen kann. Bis

1792
bleibt Worb Alleinbesitz der Graffenried; damals verkauft die Erbengemeinschaft die Herrschaft an Johann Rudolf von Sinner.

1811
geht der Besitz, ohne die 1798 verlorenen Herrschaftsrechte, an seine Nachkommen. So

1841
an Karl Friedrich von Goumëns-von Sinner.

1899
wird Worb an Louis William Gabus von Le Locle verkauft.

1915
erwirbt Ludwig Scholz aus Berlin das Schloss. Von seinen Erben kaufen

1955
Hans W. Seelhofer und andere das Schloss; seit

1964
ist Hans W. Seelhofer Alleinbesitzer.

Abb. 120:
Worb, Schloss, Gesamtgrundriss auf Höhe des Zugangsgeschosses von Bergfried und Palas beziehungsweise auf Erdgeschosshöhe von Ritterhaus und Westtrakt, Massstab 1:300.

han und an der alkimi vil verunkostet, also dass er ... ob 20 000 gulden schuld sinen vier sünen hat gelassen, nach deren unlangen abgang alle sine hab in der schuldneren gwalt ist kommen ...».[11]

Anshelm verhehlt seine Kritik an der Baulust und am Aufwand Wilhelms nicht, ein Aufwand, der den Zeitgenossen nicht entging, ja nicht entgehen sollte. Es ist nämlich bezeichnend, dass mehrere und gerade die profiliertesten der neu aufgestiegenen Familien sich als emsige Bauherren betätigten. Als äusseres markantes Zeichen der wiedervereinigten Herrschaftsrechte, des Machtanspruchs, aber auch als Repräsentationsgebärden, eigneten sich Neubauten und Vergrösserungen bestehender Häuser hervorragend. Mehr noch als die Stadthäuser (vgl. Kap. II, S. 161) konnten Herrschaftsschlösser den neugewonnenen Adelsstand geradezu demonstrativ und weithin wirkend unter Beweis stellen.

Die Baugeschichte des Schlosses Worb ist unerforscht.[12] Seit 1997 liegen Planaufnahmen vor, die die ganze Anlage erstmals präzis erfasst haben.[13] Sie erlauben Schlüsse und Hypothesen, ergeben aber keine Sicherheit.

Worb ist eine umfangreiche Anlage auf Nagelfluhsporn in Form eines annähernd gleichschenkligen Dreiecks; der östliche Schenkel wird von der spätmittelalterlichen Turmfolge und der Ringmauer, der westliche vom Barocktrakt des 17. und 18. Jahrhunderts gebildet, der an die mittelalterliche, durch Fensterausbrüche perforierte, umgebaute und ergänzte Ringmauer herangeschoben worden ist. An der Dreieckbasis beschliesst die (in der Höhe reduzierte) Ringmauer den Schlosshof, man betritt die Anlage an der Dreiecksspitze im Süden (Abb. 120). Die mittelalterlichen Teile umfassen in wirkungsvoller Staffelung Bergfried, Palas und Wohnturm, das sogenannte «Ritterhaus», je unter hohen,

Abb. 121:
Worb, Schloss, Flugbild von Westen.

Abb. 122:
Worb, Schloss, Grundriss des zweiten Geschosses von Bergfried und Palas sowie Schnitt N–S durch die beiden Türme, Massstab 1:300.

Abb. 123:
Worb, Schloss, schematische Isometrie der 1472 erbauten, Bergfried und Palas mit ihren unterschiedlichen Niveaus gemeinsam erschliessenden Treppe, Massstab 1:60.

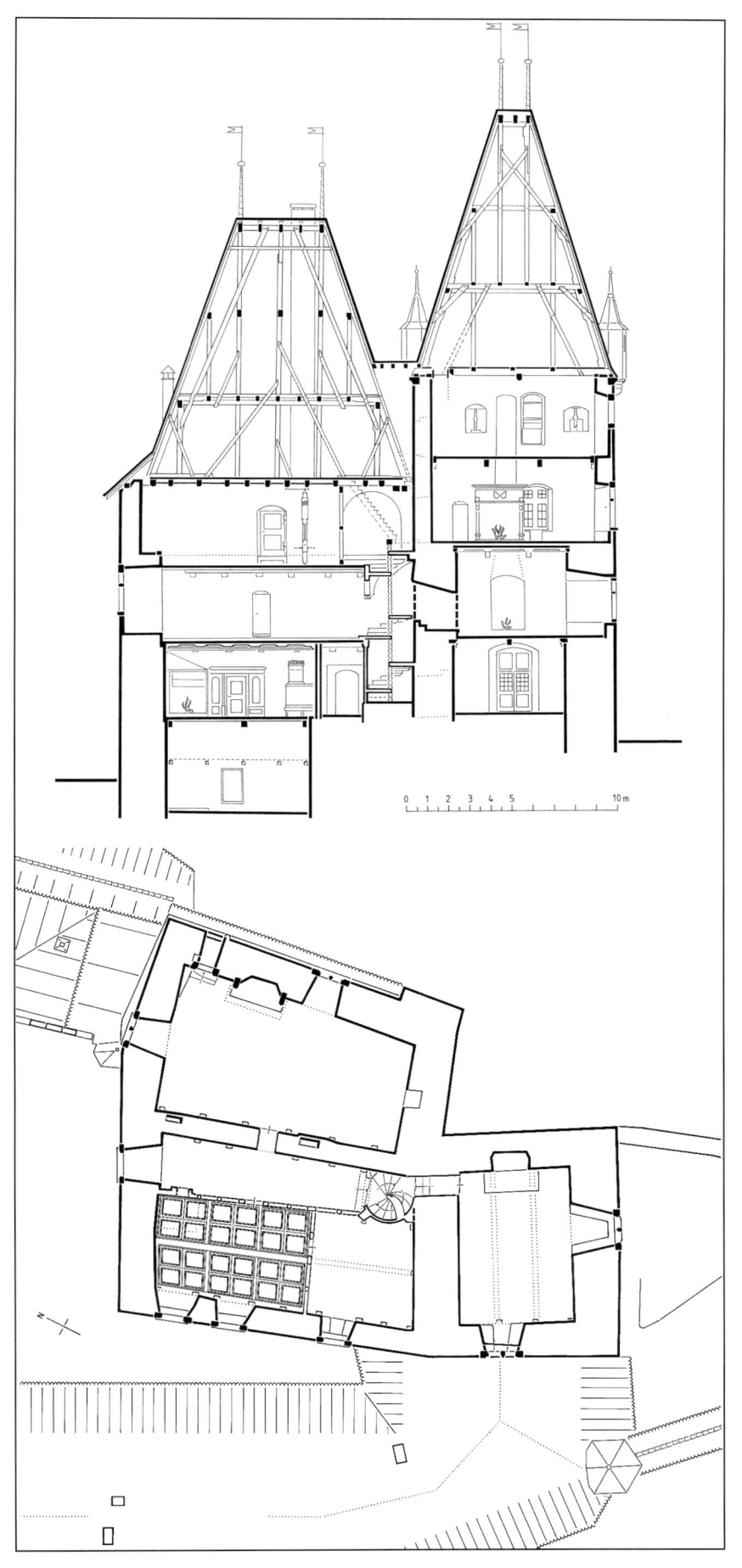

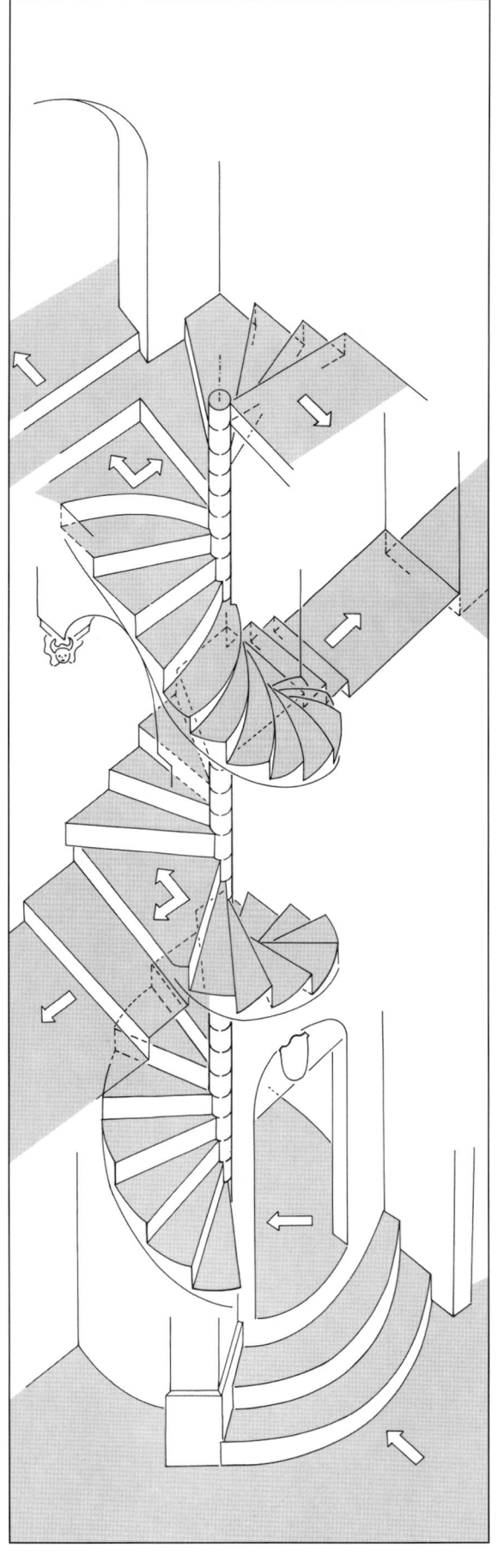

kaum vorkragenden und am Fuss leicht gebrochenen Walmdächern mit kurzer First, bekrönt von hohen Helmstangen (Abb. 121).

Die Grunddisposition samt Gliederung in Zwinger und Hof und der Anordnung der zwei Türme geht zweifellos vor das 15. Jahrhundert zurück. Während sich der Bergfried auf klar rechtwinkligen Grundriss von etwa 10 auf 11 Metern erhebt, steht der Palas, offenbar dem Felsverlauf folgend, auf verzogenen, undeutlich rechteckigen Grundmauern. Auffallend ist die grössere Mauerstärke der Feldseite des Palas, sie übertrifft mit 3,3 Metern die Mauern des Bergfriedes um mehr als einen Meter. Trotzdem kann nicht davon ausgegangen werden, dass der Palas älter ist als der Hauptturm, da er an den Bergfried herangeschoben und damit westseits aligniert ist. Zur Hälfte bildet die Nordmauer des Bergfrieds gleichzeitig die Südmauer des Palas, dies ein Hauptmerkmal der Anlage. Im Schnitt (Abb. 122) und im Fassadenbild erhellt sich sofort, dass über dem 1. Obergeschoss[14] die Mauerstärken an beiden Hauptbauten allseits um gut einen Meter auf rund einen Meter Gesamtstärke zurückspringen, gleichzeitig weicht das Kieselbollen-Mauerwerk mit unregelmässig vorspringenden Kieselhäuptern einem sauberen lotrechten Verband. Offensichtlich sind in spätmittelalterlicher Zeit die hochmittelalterlichen Turmstümpfe des Palas um ein, des Bergfrieds um zwei überhohe Stockwerke erhöht worden;[15] in die gleiche Zeit fällt der Aufbau des Ritterhauses mit zwei Vollgeschossen über dem Nordostwinkel der Ringmauer. Während der hochmittelalterliche Bestand mangels datierbarer formierter Teile nur ganz generell ins späte 12. oder frühere 13. Jahrhundert datiert werden kann, besitzt der spätmittelalterliche Aufbau einen klaren «Terminus ante quem», trägt doch die verbindende Wendeltreppe die Jahrzahl 1472. Wieviel früher jedoch erfolgten diese Überhöhungen? Aus dem Stammbuch der Familie von Diesbach und aus anderen Quellen wissen wir[16], dass sich Schloss Worb im späten 14. und im früheren 15. Jahrhundert in verwahrlostem Zustand befand; Loy von Diesbach hatte beträchtliche Aufwendungen dafür zu leisten, unter anderem 1442, als das Dach eingedrückt worden war, was letztlich die Übernahme der gesamten Herrschaft durch die von Diesbach beschleunigte.[17] Nun weist in der Tat der Mauerverband aus mittleren, geflächten Sandsteinquadern mit auffallenden Versetzmarken in die erste Hälfte des 15. Jahrhunderts, sehr nahe steht der Mauerverband der Siechenkapelle in Burgdorf, deren Bau 1446 abgerechnet wurde.[18] Es ist daher davon auszugehen, dass die Diesbach, – Loy, oder nach dessen Tod 1451, Niklaus II., – die Volumenausbauten Bergfried, Palas, Ritterhaus vorgenommen haben.

Sicheren Boden betreten wir 1472: Es ist das Baujahr der Wendeltreppe, die im Winkel zwischen Bergfried und Binnenmauer des Palas frei in der Eingangshalle im Zugangsgeschoss des Palas vortritt und deren Mantel mit einem feinen Strebepfeiler stabilisiert wird (Abb. 122, 123). Diese Treppe verbindet nicht nur die drei Stockwerke des Palas, sondern gleichzeitig auch die drei Säle, die – jeweils den ganzen Grundriss des Turms einnehmend – im Bergfried eingerichtet worden sind. In geradezu demonstrativer Weise «entfestigt» diese Treppenanlage die «Burg» Worb, indem sie das alte Prinzip der Isolierung und der selbständigen Erschliessung des Bergfrieds auf Höhe des Zugangsgeschosses – meist 8 bis 10 Meter über Grund durch eine Hocheinstiegspforte – aufgibt, die beiden Hauptbauten auf allen Stockwerken bequem erschliesst und intern verbindet. Niklaus von Diesbach liess eine in mancher Beziehung einzigartig gestaltete Treppe errichten, die zwar nicht mit dekorativen Einzelheiten prunkt, aber einen hohen repräsentativen Anspruch erfüllt: Segmentbogig ausschwingende Vorstufen, von Strebepfeilerchen eingefasstes, gebogenes Portal, in das der gerade Sturz einschneidet, wirkungsvoll «eingehängtes» Diesbachwappen, begleitet von den Sonnenrädern

Abb. 124a, b:
Worb, Schloss, Treppenturmportal im Zugangsgeschoss mit ausschwingender Freitreppe; Detail: Türsturz datiert 1472 mit Wappen von Diesbach zwischen Sonnenrädern.

der Wappendevise[19] und der aufgeteilten Jahrzahl «*M CCCC LXX II*» (Abb. 124, 125). Dies gilt auch vom Steinschnitt der Stufen, die in einzigartig differenzierter Form über dem ersten Lauf von der Konvex-Segmentbogenform über gerade Tritte zur konkaven Segmentform wechseln. Mit Differenztritten werden die unterschiedlichen Niveaus von Bergfried und Palas gesucht.[20] Das Austrittsportal in den Palaskorridor im 1. Stock schliesslich ist als «schwebender» Rundbogen ausgebildet, der von zwei Tragfigürchen gestützt wird (Abb. 126, 127): zwei bra-

Abb. 125:
Worb, Schloss, konvexe Stufenbildung der Wendeltreppe von 1472.

Abb. 126:
Worb, Schloss, Treppenturm, Austrittsportal 1. Obergeschoss, 1472.

vourös in die kantige Architektur eingeschmiegte Bildhauerarbeiten, Dirne und Bauer, von hoher plastischer Qualität.[21]

Niklaus von Diesbach liess mit der Wendeltreppe ein Bauwerk errichten, das mit seiner Kombination von differenzierter Erschliessung und repräsentativer Funktion im Schloss- und Herrschaftsbau durch die Autonomisierung der ins Innere verlegten Treppenanlage zeitgenössische Strömungen des französisch-burgundischen Schlossbaus aufnimmt.[22] Das Treppenhaus von Worb hat damit weit über Bern hinaus Bedeutung als Marchstein auf dem Weg zur autonomen Repräsentationstreppe des 16. und 17. Jahrhunderts.

Das Treppenhaus machte aus der Burg Worb ein repräsentatives Schloss. Leider hat der Brand 1535 die gesamte Innenausstattung dieses Schlosses, mit Ausnahme eines grossen Kamins (heute im Schloss Oberhofen) vernichtet; alle Geschossdecken scheinen nach 1535 neu eingezogen worden zu sein, sämtliche Holzarbeiten stammen aus Nach-Brand-Phasen.[23] Damit ist auch gleichzeitig festgehalten, dass die zwei riesigen, steilen Dachhelme mit extrem kurzer First nach 1535, zweifellos in ähnlicher Form wie vorher, wiederhergestellt worden sind. Hingegen hebt sich das Dach des Ritterhauses formal und konstruktiv von den zwei Stühlen des 16. Jahrhunderts ab und dürfte noch ins 15. Jahrhundert zurückreichen.[24] Was die vier Dacherker des Bergfrieds betrifft, so ist klar feststellbar, dass ihre prächtigen, stabwerküberflochtenen Konsolen nachträglich in das saubere Kranzgesims eingesetzt worden sind, am ehesten 1470/90.[25] Ihre hölzernen Aufbauten, die Türmchen selbst, sind natürlich nach 1535 wieder hergestellt worden. Zusammen mit den Helmstangen verleihen sie den gewaltigen Dächern jenen, im späten 15. Jahrhundert geschätzten, spielerisch-malerischen Aspekt, der ein Charakteristikum des Worber Schlosses ist (Abb. 121).

Von den Ergänzungen und Ausbauten nach 1535 sei hier wenigstens die Küche erwähnt, die wie kaum anderswo im Zustand des frühen 16. Jahrhunderts erhalten geblieben ist und damit wohl auch wesentlichen Aufschluss über bernische Herrschaftsküchen im Spätmittelalter generell gibt (Abb. 128). Die Schlossküche im Südostviertel des Palas-Eingangsgeschosses wird von einem (wohl 1536 aufgrund der üblen Erfahrung) eingezogenen Kreuzgratgewölbe überdeckt und enthält, ausgespart in der gewaltigen Mauerdicke, den Schüttstein, versehen mit spätgotischer Lampenkonsole. Gegenüber trägt ein Rundpfeiler aus Sandstein den annähernd 3 Meter (zu)weit gespannten, 1536 datierten Sandsteinsturz des monumentalen Küchenkamins mit Feuertisch und «Potager».

Schloss Worb ist, zusammenfassend, für dreierlei Phänomene mustergültig: Wie kein zweiter Bau in unserem Betrachtungskreis verkörpert es den Hang der spätmittelalterlichen Führungsschicht, bevorzugten Grundbesitz mit Herrschaftsrechten zu sammeln und zu erwerben und als äusseres Zeichen die Herrschaftsbauten wieder herzustellen, zu vergrössern und zu verschönern. Damit lenkten die Neuaufsteiger Diesbach einen Teil des Glanzes, der vom hochmittelalterlichen Adel ausging, auf sich selbst. Mit dem Erwerb der Kirchenrechte der Pfarrkirche gelang es den Diesbach 1516, ihren «Kleinstaat», dessen Privilegien im Twingherrenstreit hartnäckig verteidigt wurden, auch auf den geistlichen Bereich auszudehnen. Wie kein zweiter Bau zeigt aber Worb auch, dass hohe Türme und Eck-Erker Wehrhaftigkeit bloss vorspiegeln, da die Mauerschalen dünn und die Türmchen hölzern sind. Ziel war ein malerischer, ans goldene Zeitalter des Ritterwesens erinnernder Gesamteindruck: Burgen- und Ritterromantik im «Herbst des Mittelalters». Wie kein anderes Bauwerk belegt Worb schliesslich, dass die Unbequemlichkeit der Burg verlassen werden sollte; mit der Treppenanlage wer-

Abb. 127a, b:
Worb, Schloss, Treppenturm, Austrittsportal 1. Obergeschoss, 1472, Konsolplastiken.

den Züge zelebriert, die Erschliessungskomfort und Repräsentation kombinieren. Worb ist ein Meilenstein von der Burg zum Schloss.

«Hübsche adelige Kleinode»

Ludwig von Diesbach († 1527) nennt in seinen autobiographischen Aufzeichnungen Landshut ein *«hubsch adelych chleynett»*.[26] Er übernahm 1479 von den Ringoltingen dieses schöne Wasserschloss samt Herrschaft; vom heutigen Bestand gehen einzelne Teile der Ringmauer und eine «Pfefferbüchse» (=Schiesserker) ins Spätmittelalter zurück, während die eigentlichen Gebäude im 17. und 18. Jahrhundert erneuert worden sind. Dass die Diesbach auch in Signau und Brandis emsig gebaut haben, ist erwiesen; was sie gebaut haben, ist jedoch nach dem Untergang dieser Schlösser aufgrund der alten Bildquellen nur schwer zu beurteilen. Umso besser ist Holligen bei Bern erhalten (Abb. 129): Der annähernd quadratische Wohnturm hat sein hohes, auf 1509 dendrodatiertes Walmdach – à la Worb – und seine gleichzeitig entstandenen Eckturmchen bewahrt – verändert ist die Befensterung, verloren sind bis auf Reste die Inneneinrichtungen, die ursprüngliche Erschliessung (ein Laubenwerk?) und die Ummauerung mit ihren putzigen Eckturmchen. Holligen vertritt mustergültig den Typus des rechteckigen bis quadratnahen donjonartigen Wohnturms, dessen kubisch-exakte Grundform mit dem

Abb. 128:
Worb, Schloss, Küche, Kamin von 1536 mit Feuertisch und «Potager». Der Holzpfosten rechts als Stütze des geborstenen Sturzes nachträglich eingefügt.

mächtigen, am Fuss leicht aufgeschobenen, aber vorsprunglos auf dem markanten Kranzgesims ruhenden Walmdach[27] stark betont ist. Derartige repräsentative Wohntürme entstanden im 15. und frühen 16. Jahrhundert auch in Reichenbach bei Bern (Abb. 130), in Spiez, Burgistein, Toffen, Belp, Bümpliz, Jegenstorf, Münsingen und wohl auch auf Brandis und Signau und anderswo. Ihre Vorläufer sind spätromanische Donjons, doch ist die Wiederaufnahme des Bautypus, wie er in monumentaler Form in unserer Gegend in Thun und Burgdorf zu finden ist, kaum auf direktem Weg geschehen. Vielmehr ist diese kubisch-einprägsame Schlossform aus dem savoyisch-burgundischen Westen übernommen worden, wo sie im späten 14. und in der ersten Hälfte des 15. Jahrhunderts beidseits der Alpen auftritt.[28] Nach einer kurzen Übergangsphase erlöscht diese Bauform in der Mitte des 16. Jahrhunderts, um für mehr als hundert Jahre den aus bäuerlichen Wurzeln entstandenen Krüppelwalmdachbauten das Feld zu überlassen.[29] Interessante Misch- und Übergangsformen wie jene der Steffisburger «Höchhüser» müssen hier bei Seite gelassen werden.

Die Wertschätzung und der Aufwand, welche die privaten Herrschaftsherren ihren Landschlössern angedeihen liessen, finden eine bemerkenswerte Parallele in der Bautätigkeit, welche die Stadt Bern in den Schlössern betrieb, die im Laufe des 13., 14. und 15. Jahrhunderts in ihren Besitz gelangt waren und als Landvogteisitze dienten. Das darf nicht verwundern, bekleideten doch wichtige private Herrschaftsherren oft gleichzeitig einflussreiche öffentliche Ämter. Zudem nahm Bern im Laufe des 15. Jahrhunderts zunehmend wahr, dass die Stadt eine besondere Stellung im Aare-/Saaneraum einnahm und entwickelte folgerichtig eine Art Staatsbewusstsein. Für die äussere Präsentation dieser Stel-

Abb. 129:
Bern, Holligen, Wohnturm, erbaut um 1509 mit Klebdächlein und Befensterung des 18. Jahrhunderts.

lung und der damit verbundenen Macht, aber auch als Zeichen, dass Bern selbst die Nachfolge der wichtigsten Adelsgeschlechter – Zähringer, Kyburger, Habsburger, Neuenburg-Nidau, Savoyen – angetreten hatte, eigneten sich deren Schlösser, neu versehen mit den bernischen Standesinsignien, hervorragend. Kaum wahrgenommen wurde bisher, dass Bern im 15. Jahrhundert in seinen Schlössern eine, erst in Umris-

Abb. 130:
Zollikofen, Schloss Reichenbach vor dem Neubau des 17. Jahrhunderts, Ausschnitt aus einem Ölbild um 1680. Querrechteckiger Wohnturm, erbaut im 15. Jahrhundert, unter hohem Walmdach mit Dacherker.

sen greifbare, Ausbau- und Restaurierungstätigkeit betrieb, die nicht nur für die Erhaltung der Monumente ausschlaggebend war, sondern durchaus auch wesentliche gestalterische Züge festlegte, die bis auf den heutigen Tag diese Bauten prägen.

Seit wenigen Monaten wissen wir, dass die so überaus bezeichnende Bekrönung des Donjons von Thun mit seinem enormen Walmdach und den polygonalen Eckrisalitaufsätzen, den Türmchen, eine bernische Wiederherstellung und Ausformulierung einer Situation ist, die bereits um 1250 bildlich überliefert ist. Bern hat zwischen 1430 und 1436 die Türmchen – als Ersatz hölzerner (?) Vorgänger – in Tuffstein den massiven zähringischen Eckrisaliten aufgesetzt und zusammen mit dem vollständig erneuerten Walmdach ihre Spitzhelme aufgerichtet (Abb. 131).[30] In ähnlicher Weise hatte Bern um 1395 das Walmdach auf dem Palas des Schlosses Laupen erneuert und in der Mitte des 15. Jahrhunderts den grossen, den ganzen Grundriss einnehmenden Rittersaal unter Einzug einer neuen Balkendecke restauriert.[31] Eine ähnliche Gesamtüberholung dürfte wohl der Palas des Schlosses Burgdorf um 1430/33 erfahren haben.[32] Schliesslich ist auch der Wiederaufbau des Schlosses Aigle zu nennen, wo Bern 1482–88 den Hauptturm (wieder?) aufgeführt hat. Weitere derartige Arbeiten dürften anderswo, auch im Aargau, festgestellt werden. Sie heben sich als repräsentative Gesten recht markant von den eigentlichen Befestigungsarbeiten ab, welche die Stadt Bern in wichtigen Grenzburgen vornahm. Zu nennen ist etwa der Bau der Flankierungstürme im Schloss Nidau, der Ausbau von Wimmis und der Neubau des Hauptturmes im Schloss Erlach um 1495, der, allerdings mit ungleich grösserer Mauerstärke von 4,5 Metern, im Typus den Türmen der um 1468–70 durchgeführten Verstärkungsarbeiten des Berner Westgürtels entspricht (vgl. Kap. I, S. 88).[33] Ganz von Elementen frei, welche Wehrhaftigkeit bloss vortäuschen, ist auch dieser ungemein

Abb. 131:
Thun, Schloss, hausteinerne, unten runde, im obersten Geschoss polygonale Türmchenaufsätze und Walmdach anstelle einfacherer Abschlüsse, um 1430/36 durch den Stand Bern erbaut.

Abb. 132a, b:
Erlach, Schloss, Hauptturm, erbaut in den letzten Jahren des 15. Jahrhunderts, Sockel, Kalkstein.
Holligen, Schloss, Wohnturm, erbaut um 1509, Eckverband, Sandstein.
Im späten 15. und im frühen 16. Jahrhundert tauchen «romanisierende» Elemente in der gebauten und gemalten Architektur, aber auch in der Formierung von Bossenquadern auf.

massive und mit 15 Metern Höhe «modern» gedrungene Turm nicht, ist doch die Pechnase über dem Hocheingang blosses Blendwerk. Effektive und gespielte Wehrhaftigkeit sind nicht klar zu scheiden – dies gilt wohl für viele der malerischen spätmittelalterlichen Wehrvorrichtungen; sie waren es wohl auch für den Zeitgenossen nicht (Abb. 132).

«... zu ewigen zitten angedenck...»[1]
Einige Bemerkungen zu den bernischen Stadtchroniken aus dem 15. Jahrhundert

Urs Martin Zahnd

Abb. 133:
Diebold Schilling, Spiezer Bilderchronik, 1484/85, Bern, Burgerbibliothek, Mss. hist. helv. I. 16, S. 41.

Der vorliegende Beitrag wird eingeleitet mit einer der farbenprächtigen Illustrationen aus Diebold Schillings Spiezer Bilderchronik aus den 1480er Jahren (Abb. 133). Sie gewährt Einblick in einen hohen, holzgedeckten, durch Biforien erhellten Raum, an dessen Schmalseite sich eine Sitzbank hinzieht. Das Gemach ist das Arbeitszimmer eines Chronisten, der auf einem reich geschnitzten, mit einem Kissen gepolsterten Stuhl an seinem Schrägpult sitzt; seine in vornehmen Schnabelschuhen steckenden Füsse ruhen auf einem breiten Schemel. Die Arbeitsgeräte des Chronisten (Schere, Zirkel, Feder, Brille, Winkel) hängen an einem Brett an der Stirnseite des Schreibtisches; an der Seitenwand des Pultes sind Ersatzfedern und drei Farb- beziehungsweise Tintennäpfe befestigt. Der Schreibende erhält unerwarteten Besuch: Die Feder hat er vom Papier genommen, sein Blick ist nicht mehr auf das vor ihm liegende Buch geheftet, seine Aufmerksamkeit gilt der Gruppe von Männern, die eben sein Gemach betreten hat. Einige der Besucher sind durch ihre Barette als Ratsherren gekennzeichnet, einer wird durch seine mitraähnliche Kopfbedeckung und den prunkvollen Mantel als Schultheiss hervorgehoben, einer trägt ein Buch, auf das er mit seiner Gebärde ausdrücklich aufmerksam macht. Das Wappen über der Eingangstür lässt den Betrachter wissen, dass sich die Szene in Bern abspielt.[2] Die Deutung des Bildes ist auf Grund des zugehörigen Textes scheinbar einfach: Der Chronist empfängt in seinem Studierzimmer Schultheiss und Rat von Bern, die sich nach dem Stand der Arbeit an der von ihnen in Auftrag gegebenen Stadtchronik erkundigen und zusätzliche Vorlagen mitbringen.

Entsprechende Bilder, die Einblick in die Arbeitswelt eines spätmittelalterlichen Chronisten gewähren, sind zwar nicht gerade zahlreich; immerhin hat aber Diebold Schilling selber zu Beginn des dritten Bandes seiner Amtlichen Chronik eine ähnliche Illustration in die Handschrift eingefügt (Abb. 134): Wiederum befindet sich der Schreibende in einem hohen Raum, dessen Fenster den Blick auf eine malerische Seelandschaft freigibt; unter dem Fenster befindet sich auch hier eine lange, mit Kissen gepolsterte Sitzbank. Der Chronist sitzt auf einem geschnitzten Stuhl vor seinem Pult, das vor ein Regal mit zahlreichen Folianten gerückt worden ist, und hat sich eben noch mit der vor ihm liegenden Handschrift beschäftigt, wendet sich jetzt aber dem Gehilfen zu, der dem Arbeitenden weitere Bücher bringt. Dass es sich bei dem vornehm gekleideten Mann am Pult um Diebold Schilling persönlich handeln muss, macht nicht nur der Begleittext deutlich, sondern auch das beigefügte Wappen der Familie Schilling.[3] Auch in anderen Städten sind derartige Chronistendarstellungen aus dem Spätmittelalter überliefert worden, etwa die Dedikationsbilder, die den Mönch Sigmund Meisterlin zeigen, der die deutsche Fassung seiner Augsburger Chronik dem Rat von Augsburg überreicht.[4]

Doch zurück zum Bild aus dem Spiezer Schilling: Wer genau ist denn nun mit diesem Chronisten-, mit diesem Schultheissenbild gemeint? Auf den ersten Blick ist der Schluss naheliegend, beim Chronisten müsse es sich um den erwähnten Diebold Schilling handeln, beim Schultheissen um den Auftraggeber der Spiezer Bilderchronik, um Rudolf von Erlach. Dass diese Annahme nicht zutreffen kann, machen aber zwei Tatsachen deutlich: Zum einen erscheint der Schultheiss zusammen mit verschiedenen Ratsherren in durchaus offiziellem Auftritt beim Chronisten; beim Spiezer Schilling handelt es sich aber um eine Privatarbeit für Rudolf von Erlach, der in der fraglichen Zeit gar nicht amtierender Schultheiss, sondern Altschultheiss gewesen ist. Zum anderen lautet der zur Illustration gehörende Text:

«*Darum an sant Vintzencienabend dess heiligen martrers dess jaress, do man zalt von gottes geburt tusentvierhundert und zwenzig jar, hand die vorgenanten edlenn, fromen, fürnemen und wisen jungher Rudolf Hoffmeister, edelknecht, schulthess, darzu die räte, venner, heimlicher und ouch die zweyhundert der vorgenanten statt von Bernn begert und bevolhen, dass man von dem anfang und ouch fundierung der statt alle vergangen und gross sachen, die dann von iren loblichen vordern beschechen und gar nutzlich und erlich zu hörende sind, zesamen bringen und mit der warheit uss anndern croniken und alten büchern beschriben solt, umb dass dess nit vergessen und ir erlichen nachkomen dess ouch unnderricht wurden... Darumb der selben arbeiten und unmussen dieser cronik sich in gottes namen angenomen und understanden hatt Cunrat Justinger, statschriber zu Bern...».*[5]

Diebold Schilling stellt also in seiner Illustration aus den 1480er Jahren nicht sich selber als Chronisten, nicht Rudolf von Erlach als seinen Auftraggeber dar, sondern den Schultheissen Rudolf Hofmeister mit seinen Ratskollegen und Konrad Justinger, den Verfasser der ersten amtlichen Berner Stadtchronik von 1420. Diebold Schilling hat nicht nur das Werk seines Vorgängers in seine eigenen Chroniken hineingearbeitet; er lässt ihn im zitierten Einleitungsteil auch noch in der ersten Person Singular als Autor auftreten. Entsprechend lauten auch seine Formulierungen im ersten Band der Amtlichen Chronik, allerdings mit der bezeichnenden Abweichung, dass er von seinem Vorgänger in der dritten Person Singular spricht; wohl aus Versehen hat er den Namen des Autors weggelassen, «stattschriber Cunrad Justinger» ist von späterer Hand mit Verweiszeichen am Seitenrand zugefügt worden. Zu Beginn des dritten Bandes der Amtlichen Chronik, wo er sich zusammen mit seinem Gehilfen hat darstellen lassen, erwähnt sich Schilling dann auch ausdrücklich selber als Autor der folgenden Chronikteile. Bendicht Tschachtlan, der sich in seiner Chronik ebenfalls über weite Strecken eng an Konrad Justingers Werk hält, schreibt an der fraglichen Stelle nur, *«Derselben arbeitt... sich in gottess namen angenomen hatt ein armer man, derselben statt underteniger...»;*[6] Namen und Amt «des armen Mannes» verrät uns Tschachtlan nicht.

Damit wird deutlich, dass die Geschichtsschreibung im spätmittelalterlichen Bern nicht als loses Nebeneinander verschiedener selbständiger Chroniken zu verstehen ist, dass sie vielmehr ein vielfältiges Geflecht engster inhaltlicher und formaler Abhängigkeiten darstellt. Wer sich mit diesen Werken befassen will, wird notgedrungen diese Abhängigkeiten in Rechnung stellen beziehungsweise klären müssen, erhält dadurch aber zugleich Einblick in historische Vorstellungen und Leitbilder, die offenbar nicht nur für einzelne Chronisten, sondern für Autoren und Adressaten mehrerer Generationen verbindlich gewesen sind.

Die zentrale Figur in der bernischen Stadtchronistik des 15. Jahrhunderts war zweifellos Konrad Justinger, der von Schultheiss und Rat von Bern 1420 den Auftrag bekam, die Geschichte der Stadt von ihren Anfängen an aufzuarbeiten und darzustellen, und dessen Werk zusammen mit den wichtigen Privilegien und Rechtssammlungen der Kommune im städtischen Archiv aufbewahrt wurde. Über Konrad Justingers Leben lässt sich nur sehr wenig eruieren: Vermutlich stammte er vom Oberrhein (oder Rottweil?), wirkte bis 1390 in der Umgebung Jakob Twingers von Königshofen in Strassburg und kam 1390 als Notar in die Berner Kanzlei, wo er verschiedene Schreiberposten versah. Als «Stadtschreiber» wird er lediglich in einer Urkunde vom 7. Januar 1400 bezeichnet, als Bauherrenschreiber ist er 1406/07 belegt. Justinger betrieb in Bern ein Notariatsgeschäft und fertigte bis zu seinem Wegzug von Bern nach 1431 nicht nur zahlreiche Kauf- und Lehensverträge aus, sondern konzipierte und schrieb auch verschiedene wichtige Kanzleibücher zuhanden des Rates (Udelbuch, Satzungenbuch, österreichisches Urbar für den bernischen Teil des Aargaus, Freiheitenbuch). Seine letzten Lebensjahre verbrachte der Chronist in Zürich, wo er 1438 starb. In seinem Testament bedachte er neben seiner Gattin und seinen Töchtern die Städte Basel und Zürich, nicht aber Bern.[7]

Abb. 134:
Diebold Schilling, Amtliche Berner Chronik, 1474–1483, Bern, Burgerbibliothek, Ms. hist. helv. I, 3, S. 7.

Die Gründe für die Abkehr Justingers von der Aarestadt sind bisher nicht erhellt worden. Möglicherweise hängt diese Entfremdung mit den sich wandelnden Arbeitsbedingungen Justingers in Bern zusammen: Während beispielsweise in der Nachbarstadt Freiburg (wie in der übrigen Welschschweiz) im ganzen 15. Jahrhundert das Verurkundungswesen mehrheitlich in der Hand zahlreicher päpstlich, kaiserlich oder bischöflich approbierter Notare lag, von denen einer oft auch die städtische Kanzlei für kurze Zeit gleichsam im Nebenamt führte, wurde es in Bern zunehmend üblich, auch private Rechtsgeschäfte auf der Stadtkanzlei vom Stadt- oder Gerichtsschreiber verbriefen zu lassen. In verschiedenen Städten der Deutschschweiz drängten die zu Stadtschreibern arrivierten Notare darauf, dass Rechtsgeschäfte nur noch durch die städtische Kanzlei verurkundet werden durften. Damit wäre Konrad Justinger in Bern ganz einfach die Existenzgrundlage entzogen worden; bezeichnenderweise nimmt denn auch die Zahl der von Justinger geschriebenen Dokumente gemäss der Zusammenstellung von Hans Strahm seit den 1420er Jahren deutlich ab, während gleichzeitig etwa der Umfang der amtlichen Testamentensammlung merklich anschwillt.[8]

Als Konrad Justinger 1420 den Auftrag erhielt, die Geschichte der Stadt Bern in einer offiziellen Chronik festzuhalten, verfügte er bereits über einige Erfahrung als Geschichtsschreiber. Aus seiner Feder blieb eine Abschrift der «Weltchronik» von Jakob Twinger von Königshofen erhalten (geschrieben um 1395), und auch die Vorlage zur sogenannten «Glognerschen Handschrift», einer überarbeiteten Fassung der Zürcher Chronik von 1339, wird ihm zugeschrieben. Seine Berner Geschichte, die er um 1430 abschloss, hielt er in zwei Fassungen fest: In der umfangreicheren amtlichen Chronik und in der kleineren, lange Zeit als «Anonymus» bezeichneten Form. In seiner «Berner Chronik», die, von wenigen Seiten abgesehen, nur in späteren Abschriften überliefert ist, stützt er sich nach eigenen Worten auf die mündliche Tradition, ältere Chroniken und Urkunden; neben den ältesten historischen Aufzeichnungen aus Bern («Chronica de Berno», begonnen um 1325) verwendet er Chroniken aus Strassburg, Basel, Konstanz und Zürich, zitiert ganz oder teilweise Dokumente aus dem städtischen Archiv und flicht in seinen Text zeitgenössische historische Lieder ein.[9] «Seine Sprache ist knapp, leicht verständlich, den Stoff hat er nach Königshofens Vorbild kapitelweise mit Überschriften versehen... Justingers Werk war für die damalige Zeit formell und inhaltlich eine hervorragende Leistung und hat wie kein anderes auf die bernische Geschichtsschreibung des XV. Jahrhunderts einen bestimmenden Einfluss ausgeübt.»[10]

Die Richtigkeit dieses Urteils von Gustav Tobler belegen nicht nur die zahlreichen Abschriften von Konrad Justingers Chronik, die sich verschiedene Berner haben anfertigen lassen, sondern vor allem die Paraphrasierungen und Weiterführungen seines Geschichtswerkes noch im 15. Jahrhundert. Bendicht Tschachtlan, der 1452 mit seiner Ämterlaufbahn begann (unter anderem als Grossrat, Kleinrat, Venner zu Metzgern, Schultheiss von Burgdorf und Bauherr), redigierte vor 1470 als Privatarbeit eine «Berner Chronik», bei der er sich im ersten Teil (1191–1423) darauf beschränkte, Justingers Arbeit auszuschreiben; im zweiten Teil stützte er sich auf die Chronik Hans Fründs (Zürichkrieg) und in Einzelthemen auf Diebold Schilling. Als eigenen Beitrag fügte Tschachtlan lediglich seine Darstellung des Twingherrenstreites ein. Die Reinschrift der Chronik besorgte laut Vorrede Tschachtlans Ratskollege Heinrich Dittlinger; der Schöpfer der Illustrationen ist unbekannt.[11]

Auch Diebold Schilling stützte sich in seinen Darstellungen der älteren Geschichte Berns fast ausschliesslich auf Konrad Justinger. Diebold Schilling, der einer ursprünglich in Solothurn beheimateten Familie entstammte, erhielt seine ersten Kenntnisse in der Buchproduktion in der Werkstätte Diebold Laubers in Hagenau, kam 1456 als Kanzleisubstitut

Bernische Geschichtsschreibung aus vorreformatorischer Zeit

Anonymus (1325–40)
«Chronica de Berno»: Einzelnotizen 1191–1340 und Nachträge bis 1405 im Jahrzeitbuch der Leutkirche St. Vinzenz.

Konrad Justinger († um 1438)
«Berner Chronik» (2 Fassungen): Anfänge bis 1421, geschrieben im Auftrag des Rates (1. Amtliche Berner Chronik).

Thüring Fricker (um 1429–1519)
Darstellung des Twingherrenstreites 1469/70.

Bendicht Tschachtlan († 1493)
«Berner Chronik»: Anfänge bis 1470, Reinschrift von Heinrich Dittlinger; entstanden nach 1470.

Gallus Kembly (?)
«Conflictus Laupensis»: Lateinische Fassung von Konrad Justingers Darstellung des Laupenkrieges; entstanden um 1475.

Diebold Schilling († 1486)
«Berner Chronik»: Anfänge bis 1468, nur in Überarbeitungen überliefert; entstanden um 1468.
«Chronik der Burgunderkriege», 1468–1477: nur in Freiburger Überarbeitung erhalten; entstanden nach 1477.
«Chronik der Burgunderkriege», 1468–1484; entstanden 1481–1484.
«Berner Chronik»: Anfänge bis 1480, 1483 dem Rat überreicht (2. Amtliche Berner Chronik).
1465; entstanden 1484/85 im Auftrag Rudolf von Erlachs (Spiezer Schilling).

Johannes Murer († um 1525)
«Chronicon Bernense»: Auszug aus Justinger in Latein; entstanden 1499.

Ludwig Schwinkhart (1495–1522)
«Chronik»: Zeitgeschichte 1507–1520; entstanden 1519–1521.

Die Übersicht umfasst nur die wichtigsten Werke, die erhalten geblieben sind oder die sich auf Grund von Überarbeitungen inhaltlich erschliessen lassen. Die Zahl der Stadtchroniken muss ursprünglich wesentlich grösser gewesen sein: Verschiedentlich gab der Rat den Stadtschreibern nämlich den Auftrag, wichtige zeitgeschichtliche Ereignisse in einer eigenen Darstellung festzuhalten; die entsprechenden Texte bleiben aber unauffindbar. Auch von den Chroniken und Chronikausschreibungen, die privatem Interesse entsprungen sind und die sich in Haushaltverzeichnissen und Testamenten nachweisen lassen, ist nur ein kleiner Bruchteil überliefert worden.

nach Luzern, wo er mit dem Gerichtsschreiber und Chronisten Hans Fründ zusammentraf, wirkte seit 1460 auf der Berner Kanzlei und wurde hier 1473 Unter-, 1476 Seckel- und 1481 Gerichtsschreiber. Neben dieser Schreibertätigkeit entstand seit etwa 1468 Schillings umfangreiches historisches Werk. Eine erste Berner Stadtchronik, die lediglich in späteren Ausschreibungen erhalten blieb, verfasste er (wahrscheinlich in Zusammenarbeit mit dem Ratsherrn Bendicht Tschachtlan) in enger Anlehnung an Justinger und Fründ. Als Zeitzeuge hielt er danach die Geschichte der Burgunderkriege (1468–1477) erstmals in der sogenannten «Kleinen Burgunderchronik» fest, die allerdings nur in einer Freiburger Überarbeitung erhalten blieb, erweiterte die Arbeit aber in den Jahren 1481–84 zur sogenannten «Grossen Burgunderchronik», die er auch illustrieren liess (von unbekannter Hand). Möglicherweise von historisch interessierten Kreisen der Gesellschaft zum Narren und Distelzwang angeregt, finanziert und kritisch durchgesehen wurde die sogenannte «Amtliche Berner Chronik» Diebold Schillings; die dreibändige, reich illustrierte Pergamenthandschrift mit Berns Geschichte von den Anfängen bis 1480 wurde dem Rat am 26. Dezember 1483 feierlich überreicht. Und seine letzten Lebensmonate schliesslich (1484/85) widmete Schilling dem Auftrage des Altschultheissen Rudolf von Erlach, der bei ihm eine illustrierte Berner Chronik bestellt hatte; der sogenannte «Spiezer Schilling» umfasst die Stadtgeschichte von den Anfängen bis 1460/65 und bricht dann abrupt ab; wahrscheinlich starb der Autor vor Vollendung des Werkes. Grundlage seiner Darstellung der Berner Geschichte bis 1423 bildete aber sowohl bei Schillings Erstling, als auch bei der amtlichen Chronik und dem Werk für Rudolf von Erlach die Stadtchronik von Konrad Justinger. Wie sehr Justingers Arbeit noch Ende des 15. Jahrhunderts als die Grundlage zur Berner Geschichte schlechthin gegolten hat, zeigen die lateinischen Fassungen einzelner Partien, die 1475 Gallus Kembly aus St. Gallen und 1499 Propst Johannes Murer angefertigt haben.[12]

Natürlich erfolgte auch im spätmittelalterlichen Bern historisches Reflektieren und Schaffen nicht nur in Anlehnung an Konrad Justinger. Inhaltlich gilt das selbstverständlich für die Darstellung aller Geschehnisse nach etwa 1423, die in Justingers Chronik nicht mehr erwähnt werden. Es gilt aber auch für einige wenige Werke, die sich ganz bewusst an anderen Vorbildern orientiert haben: So bemühte sich etwa Thüring Fricker, den Twingherrenstreit (siehe Kastentext, S. 335) in Aufbau, Stilmitteln und Syntax nach dem Muster von Sallusts «Verschwörung des Catilina» zu gestalten; Elogius Kiburger schrieb seine «Strättliger Chronik» als Mischung aus Legendensammlung und Familiengeschichte; und bei verschiedenen Aufzeichnungen aus dem Umkreis der Familie von Diesbach taucht zwar der Name «Chronik» noch auf, von ihrem Inhalt her handelt es sich aber vor allem um Reiseberichte oder um autobiographische Aufzeichnungen. All diese Arbeiten sind aber dadurch gekennzeichnet, dass sie in der bernischen Bevölkerung des Spätmittelalters kaum bekannt gewesen sind, zum Teil ausdrücklich nur von Familienangehörigen gelesen werden sollten und deshalb kaum ein allgemeines historisches Bewusstsein mitgeprägt haben.[13] Demgegenüber erfreuten sich Stadtchroniken im Anschluss an Konrad Justinger grösster Beliebtheit; in vereinzelten Fällen lässt sich sogar nachweisen, wer welche Chronikfassung besessen hat: In den Hausbibliotheken des Venners Bartholomäus Huber und der Ratsherren Jakob vom Stein und Theobald von Erlach lag Justingers Bearbeitung von Jakob Twingers «Weltchronik»; Abschriften von Justingers «Berner Chronik» besassen Jakob vom Stein, wahrscheinlich auch der Schultheiss und Ritter Adrian von Bubenberg und der Venner Thomas Schöni; die Auftragsarbeit für Rudolf von Erlach ist bereits erwähnt worden.[14]

Diese breite Streuung der Stadtchroniken ist auch deshalb bemerkenswert, weil ja die Herstellung einer Buchabschrift recht hohe Kosten verursacht hat. Selbst wenn berücksichtigt wird, dass die seit dem 14. Jahrhundert immer zahlreicher auftauchenden Schreibstuben und die meist verwendeten billigeren Schreibmaterialien (unter anderem Papier statt Pergament) eine preisgünstigere Buchproduktion ermöglicht haben, hat doch eine Chronikabschrift recht viel gekostet. Damit ist die Frage aufgeworfen, welche Motive denn Ratsgremien und einzelne Bürger bewogen haben, eine Chronik schreiben, kopieren und allenfalls illustrieren zu lassen. Was hat sie veranlasst, schreibend, malend, lesend, betrachtend oder allenfalls zuhörend in die Vergangenheit des eigenen Gemeinwesens einzudringen?

Zu keiner Zeit haben Bücher ausschliesslich der Sachinformation oder allein dem ästhetischen Genuss gedient, das gilt auch für die Gesellschaft spätmittelalterlicher Städte. Sowohl städtische Obrigkeiten als auch einzelne Ratsherren und Patrizier dokumentierten und postulierten mit der in Auftrag gegebenen Darstellung der Vergangenheit ihres Gemeinwesens immer auch den in ihrer Gegenwart beanspruchten Status ihrer Stadt. Der Besitz einer städtischen Chronik wurde daher auch zum Ausdruck des Selbstverständnisses, der Selbstdarstellung und des wachsenden Repräsentationswillens der Stadt, ähnlich wie die Sammlung städtischer Rechtssatzungen und Privilegien oder der Bau und die Ausstattung kommunaler und kirchlicher Bauten. Wer als Privatmann eine Stadtchronik besass, belegte damit unter anderem vor Familienangehörigen, Standesgenossen und gesamtstädtischer Gesellschaft, dass er sich diesem Gemeinwesen verbunden und verpflichtet fühlte, dass er sich mit ihm, mit seiner Vergangenheit und den in dieser Vergangenheit förderlichen Kräften identifizierte. Es ist deshalb kaum ein Zufall, dass ein sehr grosser Teil dieser Stadtchroniken gerade während der Blütezeit städtischer Machtentfaltung, das heisst zwischen dem 14. und dem 16. Jahrhundert, entstanden ist. In diesem Umfeld war eben die Identifikation mit dem Gemeinwesen und dadurch die eigene Standeslegitimierung innerhalb und ausserhalb der städtischen Gesellschaft besonders naheliegend und erfolgversprechend.

Auch in Bern manifestierte sich das Bedürfnis nach einer offiziellen Geschichtsdarstellung nach der Eroberung des Aargaus und der Beendigung des Walliser-Krieges um 1420, nach dem Zürcher- und Freiburger-Krieg um 1450, nach dem siegreich bestandenen Burgunder-Krieg in den 1480er Jahren oder nach der Durchführung der Reformation in konkreten Aufträgen an Konrad Justinger, Thomas von Speichingen (seine chronikalischen Aufzeichnungen sind verschollen), Diebold Schilling, Thüring Fricker und Valerius Anshelm. Und auch die privaten Arbeiten von Tschachtlan, Dittlinger, später Schwinkhart oder Schodoler wurden in den ausgesprochenen Hoch-Zeiten des ausgehenden 15. und beginnenden 16. Jahrhunderts geschrieben.[15]

Die Aufgabe des Historikers, des Stadtchronisten, bestand nun allerdings gerade im Spätmittelalter nach weitverbreiteter Auffassung nicht nur darin, Status und Anspruch des Gemeinwesens aus der Vergangenheit herzuleiten und gegen innen und aussen zu legitimieren; seine Aufgabe war es darüber hinaus, diese ehrenhafte Vergangenheit der Stadt den Zeitgenossen und Nachfahren immer wieder in Erinnerung zu rufen. Von daher gesehen ist es durchaus sinnvoll, dass die frühesten Aufzeichnungen zur Geschichte Berns, die unter dem Namen «Chronica de Berno» bekannt und wahrscheinlich vom Deutschordensbruder Ulrich Phunt veranlasst worden sind (um 1325), ausgerechnet im Jahrzeitbuch der Vinzenzenkirche stehen. Neben dem Gebetsgedenken für die einzelnen Verstorbenen im Messgottesdienst steht die Erinnerung an die für die ganze Stadt wichtigen Ereignisse in den historischen Aufzeichnungen. Das Nebeneinander von Seelmesse und chronikalischer Nachricht wird zum Nebeneinander von Memento mori und Memento ne moriatur.
Diese Stärkung der kollektiven Erinnerung ist auch Konrad Justinger ein zentrales Anliegen. In der programmatischen Einleitung zu seiner Chronik schreibt er (und Bendicht Tschachtlan und Diebold Schilling übernehmen diese Partie wörtlich!):
«...und won aller zergenglicher dingen vergessen wirt, und die löffe diser welt hinshlichent und zergand, und in der zite der jaren vil dingen geendret werdent: darumb notdürftig ist sölich sachen und geschechenheit ze ernüwerende und in schrift ze legende, umb daz die vergessenheit, die mit dem zite der jaren hinslichet und verswindet, uns darin nit hindre noch sume, sunder von kraft wegen der geschrift ein ewig memorial und angedenken allen lüten sye.»[16]
Diesen Gedanken wiederholt Justinger in der breit angelegten Einleitung zu seiner Darstellung des Laupenkrieges, und in der Widmung seiner Handschrift an Rudolf von Erlach betont Diebold Schilling, er habe dieses Werk zu Ehren des Geschlechtes von Erlach angefertigt, *«...damit dann der selben nit vergessen [wird] und zu ewiger angedächtnuss.»*[17] Unverkennbar schwingt in diesen Passagen die Befürchtung mit, in einer Gesellschaft, in der die Schriftlichkeit eine immer grössere Rolle zu spielen beginnt, könnte Wesentliches in der schwächer werdenden mündlichen Tradition verloren gehen. Nicht zuletzt deshalb wuchs gerade im 15. Jahrhundert bei Fürsten, Städten und einzelnen Geschlechtern das Bedürfnis, die Kunde über die eigenen Wurzeln und den erreichten sozialen und politischen Stand schriftlich festzuhalten. Deshalb erhielten Stadtschreiber den Auftrag, Stadtchroniken zusammenzustellen, ältere Werke zu überarbeiten oder einzelne Chronikpartien zu kopieren. So sollte etwa Thüring Fricker 1487 Diebold Schillings Darstellung der Schlacht bei Murten abschreiben lassen, damit der Bericht am Schlachtgedenktag *«...in der kilchen iarlichen geofnet und verkunt werd...»,*[18] und auch feierliche Ratssitzungen wurden mit einer Lektion aus der Stadtchronik eingeleitet.

Zum ausschliesslichen Zweck wurde die Sicherung von *«gedachtnus»* und *«memoria»*, die Dokumentation von Rang und Ehranspruch der Dargestellten, für den mittelalterlichen Historiker allerdings nie. Unverkennbar ging es auch im 14./15. Jahrhundert den Chronisten und ihrem Publikum darüber hinaus darum, durch die Aufarbeitung von

Geschichte Antwort zu erhalten auf Fragen nach den das Geschick der Menschen in Vergangenheit und Gegenwart bestimmenden Kräften, nach den Voraussetzungen und Grundlagen des eigenen historischen Standortes und nach Ursprüngen und Zielen des einzelnen und der ihn einbindenden Gemeinschaften und Ordnungen. Anders als die Völker des alten Orients, anders auch als Griechen und Römer, in deren Geschichte lediglich in weit zurückliegender, nicht mehr datierbarer Vergangenheit Götter eingegriffen hatten, gingen Annalisten und Chronisten, Geistliche und Laien des Mittelalters davon aus, dass Geschichte genau besehen immer Heilsgeschichte sei. Für Otto von Freising, den staufischen Bischof des 12. Jahrhunderts, war es sinnvoll, sich mit der Vergangenheit zu befassen, weil «...*der verständige Leser nicht sowohl Geschichten, als vielmehr trübselige Tragödien menschlicher Leiden findet. Das ist fürwahr, so glauben wir, nach einem sinnvollen, vorausschauenden Plan des Schöpfers geschehen, damit die törichten Menschen, die irdischen, hinfälligen Dingen anzuhangen begehren, wenigstens durch den ständigen Wechsel ihrer eigenen Lage abgeschreckt und durch das Elend rasch vorübergehenden Lebens vom Geschaffenen weg zur Erkenntnis des Schöpfers geleitet werden.*»[19] Wo mittelalterliche Historiker Geschichte schreiben oder bewahren, da wird sie nicht nur unter Einschluss der jüdischen und antiken Geschichte gesehen (das heisst als «Weltgeschichte»), sondern zugleich wird immer auch intendiert, dass in ihr vorrangig Gott wirke und Gottes Volk das auserwählte Objekt dieser Geschichte sei. In all den grossen historischen Konzepten, die Augustin, Beda Venerabilis, Ordericus Vitalis, Honorius Augustodunensis, Otto von Freising und andere im frühen und hohen Mittelalter entworfen haben, schwingt die Überzeugung mit, Geschichte entwickle sich nach einem vorgegebenen Plan, ziele auf eine Verschmelzung von Irdischem und Überirdischem hin.

Angesichts dieser Geschichtsbilder stellt sich allerdings die Frage, ob es denn zulässig sei, von den theologisch-philosophischen Konzepten hochgebildeter und hochgestellter Kleriker des frühen und hohen Mittelalters ohne weiteres zur städtischen Chronistik des 14./15. Jahrhunderts mit ihrem ganz anderen Autorenkreis und Publikum überzugehen, ob nicht die Geschichte einer Stadt, allenfalls gar nur einer bestimmten Epoche städtischer Entwicklung, an sich schon diesen welt- und heilsgeschichtlichen Deutungen widerspreche. Neuere Untersuchungen von Weltchroniken des Spätmittelalters haben denn auch gezeigt, dass der heilsgeschichtliche Aspekt in diesen Werken zunehmend überwuchert wird von Erzähltraditionen aus der volkssprachlichen Literatur.[20] So betont etwa Jakob Twinger von Königshofen in der Einleitung zu seiner zwischen 1382 und 1415 geschriebenen «Strassburger Chronik»: *«Man vindet geschriben in latyne vil kroniken, das sind bücher von der zit, die so sagent von keysern, bebesten, künigen... aber zu dütsche ist lützel sollicher bücher geschriben... ouch hant die menschen me lustes zu lesende von nuwen dingen denne von alten...»*[21] Aber gerade der für die oberdeutsche Stadtchronistik so bedeutende Jakob Twinger belegt dann mit seinem Werk, wie sehr auch er noch der augustinischen Tradition verpflichtet ist: Er beginnt seine «Strassburger Chronik» mit der Weltgeschichte von der Schöpfung bis zu Alexander dem Grossen, stellt im zweiten Teil die Entfaltung des römischen Reiches von Caesar bis König Ruprecht (!) dar, wendet sich im dritten der Geschichte des Papsttums zu und kommt erst im vierten und fünften Teil auf die Entwicklung Strassburgs zu sprechen, bezeichnenderweise auch hier in Anlehnung an Augustins Zweireichelehre unterteilt in Bistums- und Stadtgeschichte.

Lässt sich das eben Gesagte auch auf die Berner Chronisten übertragen, auf Konrad Justinger, Bendicht Tschachtlan und Diebold Schilling? Auf den ersten Blick scheinen sie mit ihren Werken der These vom universalhistorischen Hintergrund spätmittelalterlicher städtischer Chronistik zu widersprechen. Ihre Darstellung der Geschichte setzt ausdrücklich nicht ab origine mundi ein, sondern mit Friedrich Barbarossa, jenem Kaiser, der unmittelbar vor der Gründung Berns geherrscht hat. Bereits die ersten Sätze in Konrad Justingers Chronik-Prolog mahnen aber zur Vorsicht; er schreibt hier (und Tschachtlan und Schilling haben diese Formulierungen getreu übernommen):

«*In dem namen der heiligen drivaltikeit dess vatterss, süness und heiligen geistess, amen. Als got himelriche und ertrich, ouch alle creaturen und den menschen hatt beschaffen und wie die welt mit mengem underscheid harkomen ist untz an dass zite der gnaden, dass got sinen eingbornen sun sante in disse welte, unnss mit sinem wirdigen tode zu erlösen und den himel zu öfnen, und wie nach siner uffart die welt an unnss har gestanden, ouch wie die durch die bäbste, römsche keiser und küng ussgericht, und wass grosser wundersachen dazwüschen beschechen sien, diss alless die waren historien und die bücher der cronicken usswisen.*»[22]

Mit anderen Worten: Der welt- und heilsgeschichtliche Aspekt wird nicht etwa aufgegeben, sondern angesichts der bereits vorhandenen Darstellungen ausdrücklich vorausgesetzt. Auch wenn Justinger seine Arbeit auf einen lokalen Bereich beschränkt, so ist doch das Lokale nicht als die individuell lokale Gegebenheit, der besondere Fall in der Vielfalt verstanden, sondern als Exemplum für das Allgemeine, gleichsam als pars pro toto.[23]

Diese Sichtweise Justingers, Tschachtlans, Schillings und anderer lässt sich durchaus nicht nur in den programmatisch exponierten Einleitungspartien der Chroniken nachweisen, sondern auch bei der Schilderung einzelner Ereignisse, beispielsweise des Laupenkrieges. Die Auseinandersetzung von 1339/40 endet für die Berner siegreich, weil «*...inen gott gnedig, hilflich und barmhertzig gewesen ist...*», weshalb «*...si gott, siner lieben muter, santt Vintzencien, den heiligen zechentusent rittern und allem himelschen here darumb danck und ere...*»[24] sagen sollen. Ungerechtfertigten Spott ihrer Gegner beachten die Berner nicht, «*...biss ess nachmalen von gottes gnaden an iren vienden swarlich gerochen wart.*»[25] Auf dem Schlachtfeld erklärt der bernische Anführer: «*Wir söllen alle got loben, wann er ist selber bi unss gesin und hat unnss bigestanden.*»[26] Und das gegnerische Freiburg entgeht der gänzlichen Zerstörung nur, weil «*...got dennocht die statt alss jemerlich nit lassen unndergan...*»[27] will. Noch 1476, nach der Schlacht bei Murten, hält Johannes Heynlin vom Stein im Münster eine Predigt, in der er sich unter anderem auf das Sprichwort stützt, das Justinger aus der Zeit nach dem Laupenkrieg überliefert hat: «*Got ist zu Bernn burger worden; wer mag nu wider gott kriegen?*»[28] Der Inhalt der Chronik besteht nicht einfach aus lokalgeschichtlichen Ereignissen, sondern enthält res gestae Dei, oder besser: res gestae Dei per Bernenses.

Offensichtlich ging es auch Justinger und seinen Nachfolgern darum, Geschichte nicht nur als wirres Knäuel unverständlicher Einzelereignisse anzuhäufen oder allenfalls aufzulisten, sondern als gedanklich erfassbares Ganzes zu ordnen, zu deuten und womöglich zu verstehen. Damit bestätigt die bernische Stadtchronistik des 15. Jahrhunderts überraschend deutlich die These Herbert Grundmanns, des Altmeisters der mittelalterlichen Historiographie, der erklärt hat: «...alle Gedanken und Äusserungen über den Gang der Geschichte, soweit sie sich nicht in der Mitteilung von Ereignissen und Tatsachen erschöpfen, und alle Formen, in die man die Kenntnis der Geschichte zu fassen sucht, gehen in diesen frühen Jahrhunderten der europäischen Geschichte vielmehr von einem Wissen aus über die von Gott bestimmte Ordnung der Zeiten, das aus der Offenbarung und aus der Tradition stammt und nicht erst in der geschichtlichen Welt aufgefunden, sondern nur in ihr wiedergefunden und nachgewiesen werden muss... Das ist das Grundschema für alle mittelalterliche Geschichtsbetrachtung.»[29]

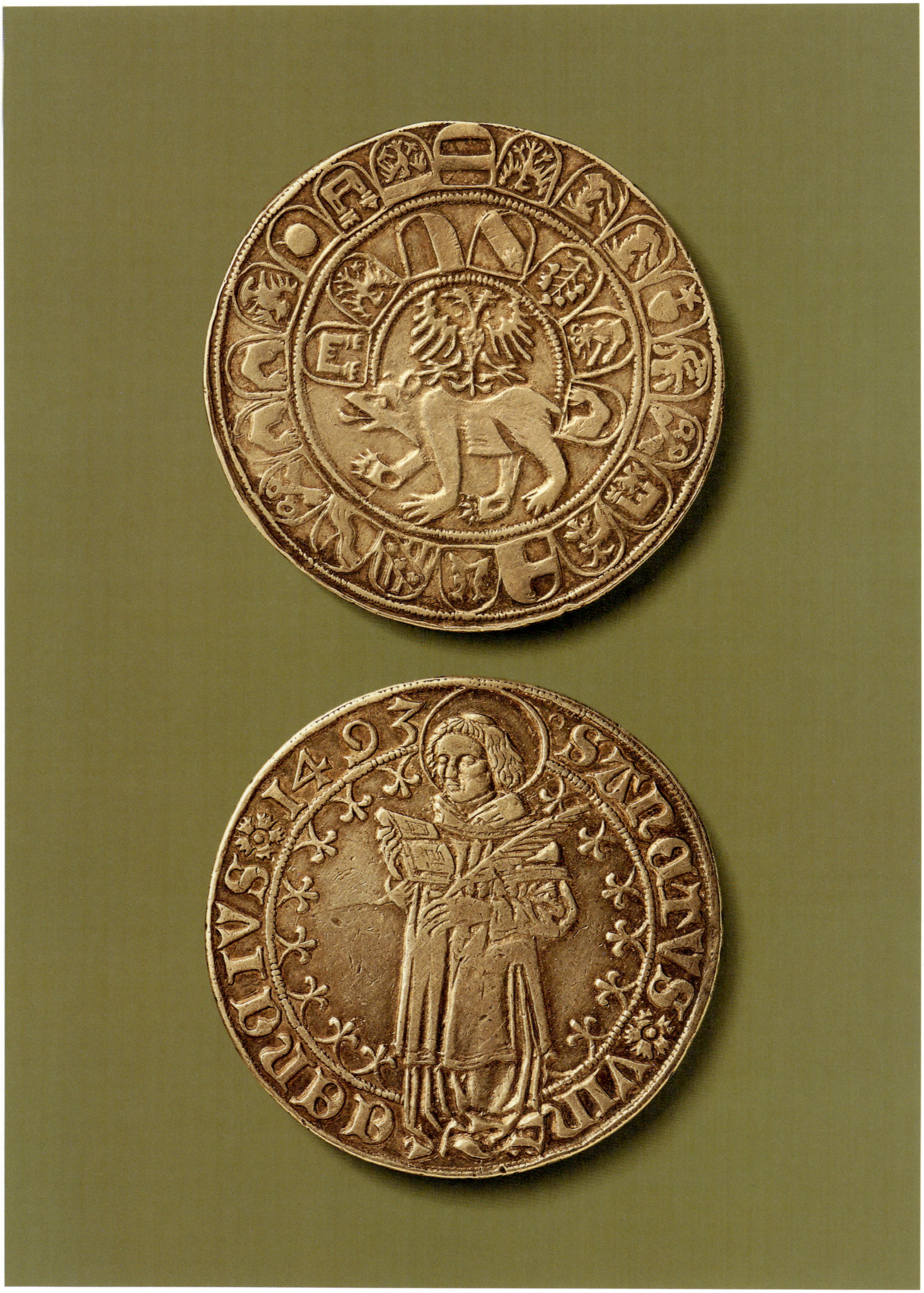
1493

Handel und Gewerbe

Die städtische Wirtschaft

Roland Gerber

Wie in jeder spätmittelalterlichen Stadt gehörten auch in Bern Handel und Gewerbe zu den wichtigsten Merkmalen des alltäglichen Erwerbslebens.[1] Neben der Abhaltung eines Marktes und dem freien Zugang zu Wasserstrassen und Verkehrswegen bildeten das Recht, eigene Münzen zu prägen, sowie die Erhebung verschiedener Markt- und Verkehrszölle wichtige Voraussetzungen, damit eine prosperierende städtische Wirtschaft entstehen konnte. Zahlreiche Gewerbebauten wie Kauf- und Zunfthäuser, Marktstände, Mühlen und Stadtbach gaben den Bürgern zudem die Möglichkeit, innerhalb der Stadtmauern ein geregeltes Auskommen zu finden (vgl. Kap. I, S. 50).

Bereits Herzog Bertold V. von Zähringen stattete das von ihm gegründete Bern bis zu seinem Tode 1218 mit verschiedenen Privilegien aus, die es der Bürgerschaft erlaubten, eine rege wirtschaftliche Tätigkeit zu entfalten. Neben Zollbefreiungen während der Markttage waren es vor allem das Recht auf freie Heirat und Erbleihe, der Wegfall der meisten grundherrlichen Abgaben und Dienste sowie die Nutzungsrechte der Bürger an der Wasserkraft von Aare und Stadtbach, den Allmenden und den beiden stadtnahen Wäldern Forst und Bremgartenwald, die das Wirtschaftsleben der Stadt nachhaltig begünstigten (Abb. 136).[2]

Bern lag jedoch im Unterschied zu anderen grösseren Städten bis zum 14. Jahrhundert weder an einer überregionalen Handelsstrasse, noch war die Matte ein bedeutender Stapel- und Umschlagplatz an einem von Fernkaufleuten frequentierten Fluss. Sowohl dem Schiffsverkehr auf der Aare als auch dem Warenhandel über Grimsel, Lötschberg und Gemmi kamen während des Mittelalters nur regionale Bedeutung zu (Abb. 137).[3] Auch die Eröffnung des Gotthardpasses im 13. Jahrhundert blieb für die Aarestadt ohne direkte Auswirkungen.[4] Erst die Ausdehnung des städtischen Einflussbereichs an die wichtigen Handelsrouten am Jurasüdfuss und im Aargau zwischen 1358 und 1415 ermöglichte es der Bürgerschaft, Anteil an dem im 14. und 15. Jahrhundert aufblühenden Handel zwischen Deutschland und den Wirtschaftszentren am Mittelmeer zu nehmen.[5]

Sichtbarer Ausdruck der wachsenden Handelstätigkeit und des ökonomischen Ausgreifens der Stadt auf die Landschaft war der Bau eines

◀ *Abb. 135:*
Bern, Taler («Guldiner»), 1493, Bern, Historisches Museum.

Abb. 136:
Anonym, Blick auf die Stadt Bern und die westliche Stadtallmend mit Neubrückstrasse und Henkerbrünneli, um 1720, Bern, Historisches Museum.

Im Westen und Osten Berns befanden sich seit dem 13. Jahrhundert die beiden Stadtallmenden. Während die östlich der Kreuzgasse ansässigen Bürger ihre Viehherden auf der rechten Seite der Aare weiden liessen, trieben die Bürger in der Oberstadt ihre Tiere auf die Wiesen links der Aare. Die genossenschaftliche Nutzung der Allmenden hatte für die Berner Bürgerschaft während des gesamten Spätmittelalters eine wichtige ökonomische Bedeutung. Vor allem Metzger und Gerber profitierten von den Weiderechten, indem sie in nächster Nachbarschaft der Stadt grössere Viehherden versorgten und diese anschliessend auf dem städtischen Markt verkaufen oder zum Schlachten in die Schlachthöfe führen konnten. Seit dem 14. Jahrhundert besoldete der Rat zwei Hirten, die das Vieh der Bürger beaufsichtigten.

neuen Kauf- und Zollhauses, das nach der Verleihung des Geleitrechts durch Kaiser Karl IV., 1373 von der Bürgerschaft errichtet wurde (vgl. Kap. I, S. 50).

Das Aufblühen von Handel und Gewerbe hatte zur Folge, dass sich auch die sozialen Verhältnisse in Bern im 15. Jahrhundert nachhaltig veränderten.[6] Deutlich manifestierten sich diese sozialen Veränderungen in der ersten Hälfte des Jahrhunderts, als neben den bestehenden Handwerksgesellschaften mit Mittellöwen[7] und Kaufleuten zwei neue angesehene Handelszünfte gegründet wurden, deren Mitglieder sich vornehmlich aus Kreisen wohlhabender Kaufleute rekrutierten. Die alteingesessenen, politisch einflussreichen Adelsfamilien, deren Ansehen und Vermögen weitgehend auf dem Besitz ausgedehnter Grund- und Gerichtsherrschaften in der Landschaft gründeten, wurden zunehmend von einer Gruppe aufstrebender Bürger konkurriert, deren neu erworbener Reichtum auf ihrer Tätigkeit im Fernhandel beruhte (vgl. Kap. II, S. 140).

Sowohl die in der Stadt ansässigen Handwerksmeister als auch Krämer und Kaufleute profitierten vom wachsenden Handelsverkehr zwischen Oberdeutschland und dem Mittelmeergebiet, indem sie die in Bern produzierten Gewerbeerzeugnisse auf den internationalen Warenmessen in Frankfurt am Main, Zurzach und Genf zum Verkauf anboten. Gleichzeitig konnten sie die prosperierenden Märkte im entstehenden städtischen Territorium mit einer wachsenden Zahl von Handelsgütern und Rohstoffen beliefern. Während jedoch der Handel in Bern kaum Beschränkungen unterlag, verloren die Handwerksmeister, die keinem Handelsgeschäft nachgingen und deshalb über keine grösseren Vermögen verfügten, innerhalb der Zünfte immer mehr an Einfluss. Ihre Berufsausübung wurde von Schultheiss und Rat zunehmend reglementiert und bis zum Ende des Mittelalters der strikten Aufsicht der Stadt unterworfen (vgl. Kap. III, S. 210).

Abb. 137:
Hospize besassen eine wichtige Funktion für den Handelsverkehr über die Alpen. Sie bildeten in der Regel einfache Holz- oder Steinhäuser mit Stallungen und heizbaren Wohnräumen für Kaufleute und Reisende. Die Hospize wurden in der Regel von Klostergemeinschaften unterhalten, deren Vorbild der heilige Bernhard von Aosta war. Der Heilige lebte im 11. Jahrhundert und gründete das nach ihm benannte Hospiz auf dem Grossen Sankt Bernhard in den Walliser Alpen.
Die Darstellung aus dem 18. Jahrhundert zeigt eine Gruppe von Reisenden mit Saumtieren vor dem Grimsel-Hospiz. Der Grimselpass war die bedeutendste mittelalterliche Verkehrsverbindung zwischen Aare- und Rhonetal. Das Hospiz wird im Jahre 1397 erstmals urkundlich erwähnt. Der Berner Rat schloss in diesem Jahr mit den Oberwalliser Zenden einen Vertrag ab, in dem die Instandhaltung der Passstrasse und die Sicherung des Warentransports geregelt wurden.

Markt und Münze

Roland Gerber

Die Grundlage für das ökonomische Leben in der mittelalterlichen Stadt Bern war der Markt (vgl. Kap. I, S. 50).[1] Unterschieden wird dabei zwischen einem wöchentlich abgehaltenen Wochenmarkt und dem Jahrmarkt, der jeweils mehrere Male im Jahr stattfand.[2] Der Wochenmarkt wurde von Schultheiss und Rat seit dem 13. Jahrhundert in den breit angelegten Marktgassen durchgeführt.[3] Er hatte in erster Linie die Aufgabe, die Stadtbevölkerung mit Lebensmitteln und die Bewohner des näheren städtischen Umlandes mit alltäglichen Gebrauchsgegenständen zu versorgen. Die wichtigsten Handelsgüter waren Kleider, Schuhe, Metallwaren, Schafe, Schweine, Rinder und Pferde sowie verschiedene Grundnahrungsmittel wie Getreide, Wein, Obst, Gemüse, Milchprodukte, Eier und Fische. Vor allem die in der Nachbarschaft der Stadt lebenden Bauern nutzten die wöchentlichen Markttage, um die auf ihren Gütern produzierten Lebensmittel an die Stadtbevölkerung zu verkaufen. Gleichzeitig fanden die in der Stadt ansässigen Handwerker und Krämer Gelegenheit, der Landbevölkerung die in der Stadt hergestellten Gewerbeerzeugnisse wie Messer, Sicheln, Sensen, Lederwaren, Tuche und diverse Haushaltsartikel vom einfachen Holzlöffel bis zur reich verzierten Zinnkanne anzubieten.

Dem Wochenmarkt kam seit dem 13. Jahrhundert zusätzlich auch eine gewisse Bedeutung als Fernhandels- und Rohstoffmarkt zu.[4] Sowohl die durch Bern reisenden Kaufleute als auch die stadtsässigen Bürger besuchten den Markt, um neben regionalen Produkten auch Fernhandelsgüter wie Steinsalz aus der Freigrafschaft Burgund, Wein aus dem Elsass, Waffen und Eisenwaren aus Nürnberg, Leinwand aus Strassburg und Ulm, Gold, Edelsteine und Gewürze aus Genua und Venedig sowie Safran aus Barcelona zu verkaufen. Wie dies bereits in der um 1273[5] verfassten «Goldenen Handfeste» festgelegt wurde, unterstanden die fremden Kaufleute während der Markttage jeweils einem speziellen, vom König verliehenen Marktrecht. Dies garantierte den Marktbesu-

Abb. 138:
Albrecht Kauw, Die Herrschaft Aubonne am Genfersee, 1669, Bern, Historisches Museum.

Seit 1367 unterhielt der Berner Rat gegenseitige Zollbefreiungen mit der Bürgerschaft des waadtländischen Kleinstädtchens Aubonne am Nordufer des Genfersees. Deutlich erkennt man auf dem Aquarell aus dem 17. Jahrhundert die strategisch günstige Lage der Burgsiedlung über dem Handelsweg im Tal der Aubonne. Die Strasse Richtung des internationalen Messeplatzes Genf überquert eine steinerne Bogenbrücke, während sich der Zufahrtsweg zum Städtchen rechts den Hang hinauf windet. Zwischen 1701 und 1798 waren Stadt und Burg Aubonne Amtssitz eines bernischen Landvogts.

chern freies Geleit[6], Sicherheit für ihre Person sowie den Schutz der von ihnen gehandelten Waren.[7] Auf sämtlichen, in der Stadt Bern verkauften Waren musste jedoch seit dem 13. Jahrhundert ein spezieller Marktzoll, der sogenannte Pfundzoll, entrichtet werden. Dieser Zoll betrug während des gesamten Mittelalters den sechzigsten Teil des Marktwertes der in der Stadt gehandelten Importgüter im Wert von mehr als fünf Schillingen.[8] Von der Bezahlung des Pfundzolls befreit waren neben den Berner Bürgern alle Geistlichen und Adligen sowie seit dem 14. Jahrhundert sämtliche Einwohner, die das Stadtrecht besassen.[9] Gegenseitige Zollbefreiungen unterhielt der Rat seit 1314 ausserdem mit der fränkischen Handelsmetropole Nürnberg und seit 1367 mit der Kleinstadt Aubonne an der wichtigen Handelsstrasse nach Genf (Abb. 138).[10] In der Zollordnung von 1435 wurden schliesslich auch die Bürger aus den Städten Freiburg im Uechtland, Laupen, Burgdorf, Besançon und Hagenau im Elsass von der Leistung des Pfundzolls ausgenommen.[11]

Die wichtige ökonomische Bedeutung, die dem bernischen Wochenmarkt bereits zu Beginn des 14. Jahrhunderts für die in der Nachbarschaft der Stadt lebende Landbevölkerung zukam, dokumentiert eine von Konrad Justinger überlieferte Schiffskatastrophe bei der Fähre von Dettligen im Jahre 1311.[12] Laut den Angaben des Chronisten wollten an einem Dienstag zahlreiche Landbewohner aus der Umgebung der Zisterzienserabtei von Frienisberg auf den Markt nach Bern reisen. Die überladene Fähre sei jedoch bei der Überquerung der Aare zerbrochen und habe insgesamt 72 Menschen in den Tod gerissen (Abb. 139).

Eine weit grössere Ausstrahlung als dem Wochenmarkt kam im 15. Jahrhundert dem Jahrmarkt zu. Dieser scheint in Bern im Unterschied zu den meisten grösseren oberdeutschen und Schweizer Städten, in denen bereits seit dem 13. Jahrhundert Jahrmärkte abgehalten wurden, erst am Ende des Mittelalters regelmässig durchgeführt worden zu sein. Obwohl bereits in der Goldenen Handfeste zwei Jahrmärkte vorgesehen waren, die jeweils in der Woche nach dem St. Michaelstag (29. September) und dem St. Georgstag (23. April) hätten stattfinden sollen, fehlen im 14. Jahrhundert jegliche Nachrichten, die eine kontinuierliche Durchführung von Jahrmärkten belegen würden.[13] Im 15. Jahrhundert bezeichnet es der Rat jedoch als üblich, *«das alle gut und fürneme stett gut jarmergkte in den stetten jerliche hant»*.[14] Ausschlaggebend für die Abhaltung des Jahrmarktes war der Aufschwung Berns als Marktort. Die Gründung der Genfer Messen führte dazu, dass sich die Aarestadt seit der zweiten Hälfte des 14. Jahrhunderts zu einem Umschlag- und Lagerplatz für den Handel zwischen Deutschland, Südfrankreich und Spanien entwickelte.[15] Schultheiss und Rat reagierten auf die wachsenden Warenströme, indem sie neben den bestehenden Wochenmärkten 1439 zusätzlich noch zwei Jahrmärkte *«uf martini»* (11. November) *«und mitten meyen»* (Sonntag, um den 15. Mai) einrichteten.[16] Ziel dieser Jahrmärkte war es, einerseits die nach Genf reisenden oberdeutschen Kaufleute dazu zu bewegen, ihre Kaufmannswaren auch in Bern zum Verkauf anzubieten, andererseits sollte für die stadtsässigen Kaufleute ein Anreiz geschaffen werden, sich vermehrt am internationalen Warenhandel zu beteiligen. Die Jahrmärkte waren im Unterschied zu den Wochenmärkten, die vornehmlich dem Verkauf regionaler Produkte und Lebensmittel dienten, auf den Handel mit Fernhandelsgütern ausgerichtet. Um die Attraktivität der beiden neu geschaffenen Jahrmärkte zu steigern, bestätigten Schultheiss und Rat 1439 während der Zeit des Marktes die bereits in der Handfeste gewährten königlichen Privilegien wie freies Geleit und Zollfreiheit. Gleichzeitig versprachen sie, *«alle die lüt, so zu denen mergkten in die statt zu merkte koment»*, mit Ausnahme von Dieben und Verbrechern an Leib und Gut zu schützen.

Die neben dem Marktprivileg wichtigste Voraussetzung für die Entstehung einer florierenden städtischen Wirtschaft war das Recht zur Münzprägung (vgl. Kap. III, S. 243; siehe Kastentext, S. 249).[17] Bereits um die Mitte des 13. Jahrhunderts gewährte Kaiser Friedrich II. der Berner Bürgerschaft die Freiheit, innerhalb der Stadt eigene Silbermünzen zu prägen. Das Münzrecht war wie der Zoll oder das Geleit ein Regal, das

Abb. 139:
Diebold Schilling, Spiezer Bilderchronik, 1484/85, Bern, Burgerbibliothek, Mss. hist. helv. I. 16, S. 151.

Am 29. Juni 1311 zerbrach bei Dettligen nördlich der Stadt Bern eine mit Marktbesuchern überladene Fähre. 72 Menschen sollen bei diesem Schiffsunglück in der Aare ertrunken sein. Diebold Schilling zeigt in seiner Chronik eine Illustration dieses schrecklichen Vorfalls. Mitten in der Aare zerbricht das Fährschiff. Die Reisenden versinken schreiend im reissenden Fluss, während Ruder, Schiffsplanken und der Stachel, mit dessen Hilfe der Fährmann sein Boot entlang eines Seiles über die Aare lenkte, davon treiben.

Abb. 140:
Diebold Schilling, Spiezer Bilderchronik, 1484/85, Bern, Burgerbibliothek, Mss. hist. helv. I. 16, S. 222.

Der Berner Rat bemühte sich seit der zweiten Hälfte des 14. Jahrhunderts darum, die Währungs- und Münzverhältnisse in der Stadt zu reglementieren und das Abwandern der eigenen Münzen in benachbarte Münzregionen, deren Münzsorten in der Regel einen zu geringen Silbergehalt aufwiesen, zu verhindern. Vor allem adlige Münzherren verringerten immer wieder den Silbergehalt ihrer Münzen, um dadurch auf Kosten von Handel- und Gewerbetreibenden einen finanziellen Gewinn zu erzielen.
Diebold Schilling zeigt in seiner Spiezer Bilderchronik eine Innenansicht einer Münzwerkstatt aus dem 15. Jahrhundert. In der Mitte der Illustration sitzt der von der Stadt besoldete Münzwerkmeister. Dieser zeigt dem Schultheissen eine Schale mit frisch geprägten Münzen. Neben ihm sitzen zwei Gesellen. Während der eine mit dem Hammer einen Rohling bearbeitet, schlägt der andere den Prägestempel auf die vorgefertigten Münzen.

im Verlauf des 14. Jahrhunderts in mehreren Etappen von den deutschen Königen an die Stadtgemeinde überging. Spätestens seit 1377 besass der Rat schliesslich die alleinige Verantwortung über die in Bern hergestellten Silberpfennige, deren Feingehalt er jeweils in verschiedenen Münzordnungen festlegte.[18] Für die Leitung der Münzwerkstätte war ein städtischer Münzmeister verantwortlich, der von der Bürgerschaft eidlich dazu verpflichtet wurde, nach einem vorgegebenen Münzfuss zu prägen (Abb. 140).[19] Die Gewinne aus dem Schlagschatz gehörten dem Rat, der die Beschaffung der zur Münzprägung notwendigen Edelmetalle seit dem 13. Jahrhundert einzelnen Bürgern übertrug.

Der Handel mit Edelmetallen entwickelte sich in der Folge für einzelne Familien zur Grundlage, zu grossem Reichtum und politischem Einfluss zu gelangen. Im 13. und 14. Jahrhundert verstanden es vor allem die Familien Münzer und von Seedorf ihre Tätigkeit in der städtischen Münzwerkstatt sowie die damit verbundenen Handels- und Kreditgeschäfte dazu zu nutzen, in Konkurrenz zu den alteingesessenen Adelsgeschlechtern in den Kreis der führenden Ratsfamilien aufzusteigen.[20] 1298 und 1354 stellten die beiden Familien mit Konrad und Lorenz Münzer sowie mit Peter von Seedorf schliesslich die ersten nichtadligen Schultheisse der Stadt Bern nach der Verfassungsreform von 1294.[21] Im 15. Jahrhundert erwarb dann die Familie Motz ein ansehnliches Vermögen im Dienste der Stadt. Der von ausserhalb nach Bern berufene Konrad Motz ist zwischen 1421 und 1435 als Münzmeister belegt. Nach seinem Tod 1436 lösten ihn seine Söhne, Thomas und Bernhard, im Amt des Münzmeisters ab. Thomas versteuerte 1458 ein Vermögen von 7000 Gulden, und Bernhard ist seit 1466 in der städtischen Münzwerkstatt tätig (vgl. Kap. III, S. 244).[22]

Zölle und Verkehr

Roland Gerber

Der Aufbau eines eigenen Territoriums im 15. Jahrhundert gestattete es der Berner Bürgerschaft, einerseits das Absatzgebiet für die in der Stadt hergestellten Gewerbeerzeugnisse über den näheren Marktbereich hinaus zu erweitern, andererseits konnten die Einkünfte des Stadtsäckels durch die Verwaltung der landschaftlichen Verkehrszölle ständig erhöht werden (vgl. Kap. IV, S. 330).[1] Neben den Geleitszöllen in Wiedlisbach, Langenthal, Herzogenbuchsee und Bleienbach waren es seit 1415 vor allem die verschiedenen Geleit- und Brückenzölle entlang der Aare zwischen Brugg und Bern sowie der Zollstock in Zofingen an der Gotthardroute, die den städtischen Zoll- und Geleitsherren jedes Jahr zwischen 500 und 1000 Gulden Einnahmen brachten (Abb. 141).[2]

Seit der Mitte des 15. Jahrhunderts bemühten sich Schultheiss und Rat vermehrt darum, den Handelsverkehr im heutigen Mittelland über möglichst weite Strecken ins eigene Territorium zu lenken, um die Einkünfte aus den der Stadt zustehenden Verkehrszöllen zu steigern. Das Interesse des Rats galt dabei vor allem der alten, bereits in römischer Zeit benutzten Handelsstrasse, die von Olten über Solothurn und Aarberg bis nach Lausanne und Genf führte. Hier versuchte der Rat, die Warenströme mit Hilfe einer restriktiven Zoll- und Verkehrspolitik zunehmend auf eine südlichere Route durch die Städte Burgdorf, Bern und Freiburg zu verlagern. Während auf diese Weise die verschiedenen bernischen Zollstätten zwischen Olten und Gümmenen ein Anwachsen der Warenströme zu verzeichnen hatten, beklagten die Städte Solothurn und Aar-

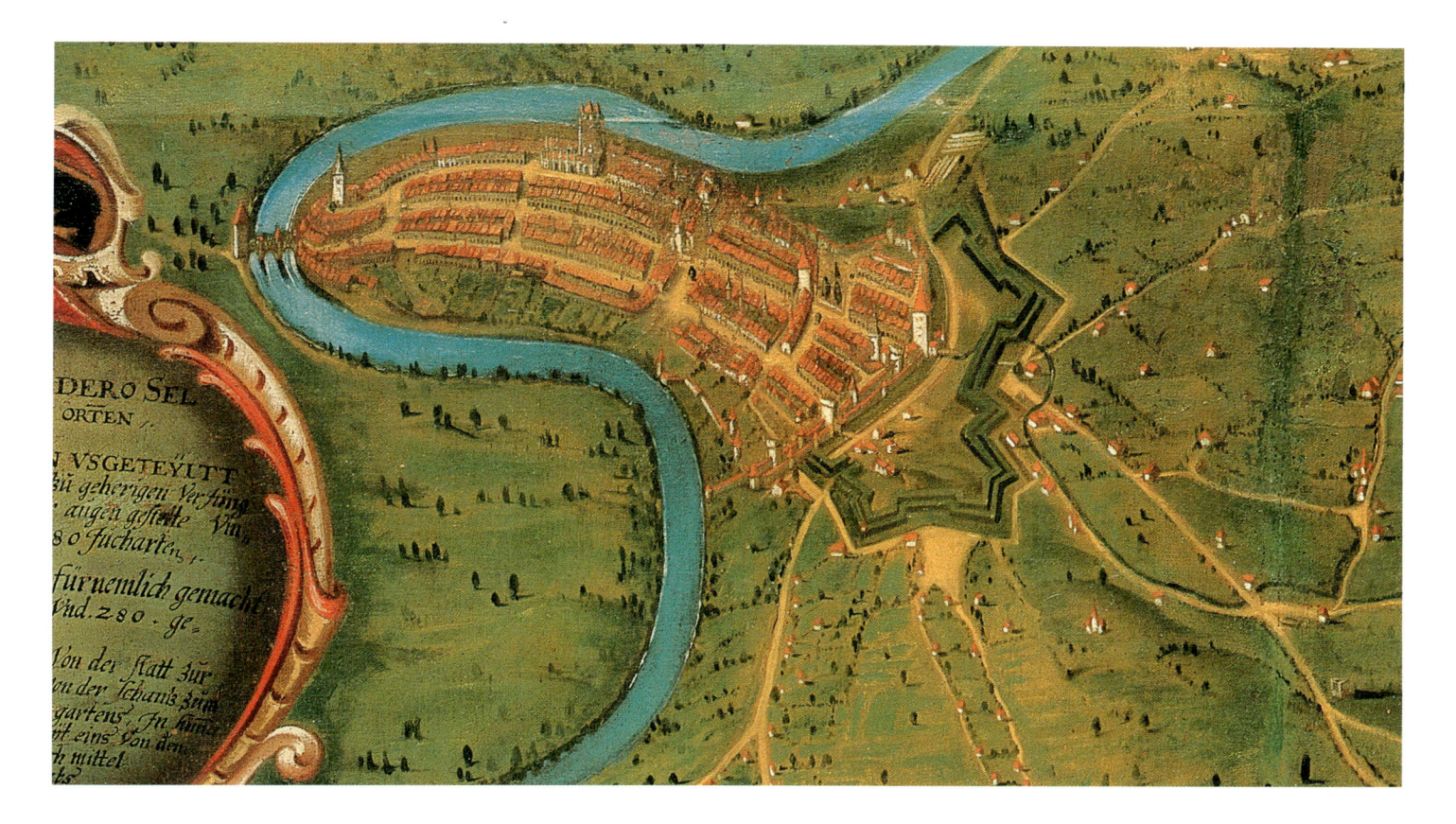

berg vor allem in der zweiten Hälfte des 15. Jahrhunderts einen ständigen Rückgang ihrer Zoll- und Geleitseinkünfte (Abb. 142).
Als der französische König Ludwig XI. im Jahre 1462 das Geleit für sämtliche durch sein Gebiet an die Genfer Messen transportierten Waren aufkündigte und im folgenden Jahr die Messen in Lyon zur selben Zeit wie diejenigen in Genf stattfinden liess, kam es schliesslich zum offenen Streit zwischen Solothurn und Bern.[3] Während der Solothurner Rat die vom französischen König protegierten Lyoner Messen und die durch das eigene Herrschaftsgebiet verlaufenden Handelsstrassen begünstigte, hielt Bern an den Genfer Messen fest und liess die Verkehrsverbindung vom Oberaargau nach Freiburg durch die Errichtung neuer Strassen und Brücken systematisch ausbauen.[4] Um die Warenströme wieder vermehrt durch die eigenen Zollstationen zu leiten, beschlossen Schultheiss und Rat im Jahre 1481, die Durchfahrt durch Aarberg zu erschweren. Sie erhöhten die Zolltarife und verpflichteten die durchreisenden Kaufleute,

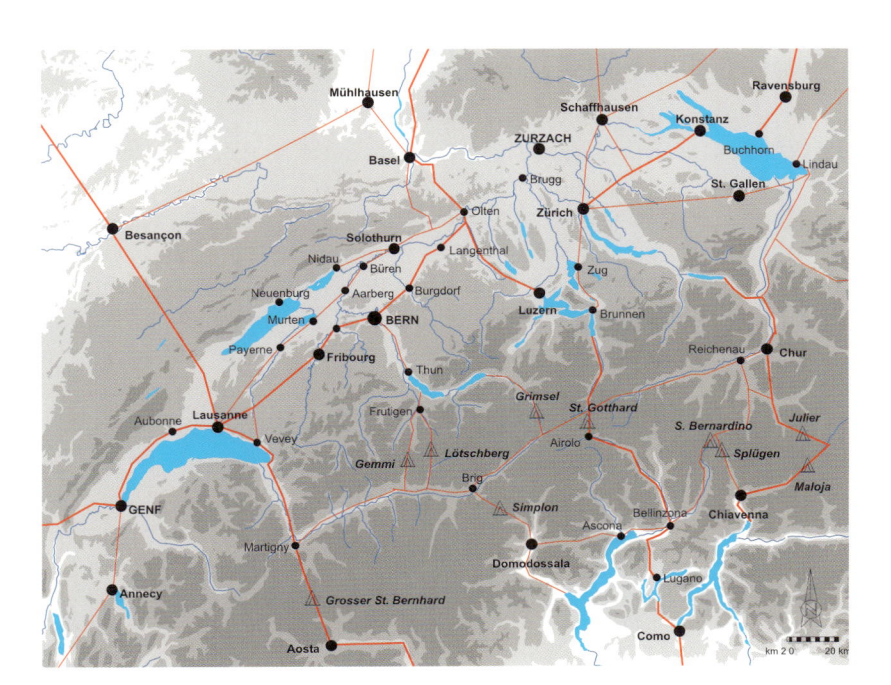

Abb. 141:
Joseph Plepp, Berner Schanzenwälle (Ausschnitt), 1623, Bern, Historisches Museum.

Das Ölgemälde zeigt die Stadt Bern zu Beginn des 17. Jahrhunderts mit den im Rohbau fertig gestellten Schanzen. Deutlich erkennt man das mittelalterliche Strassennetz, das die Stadtallmend westlich des Christoffelturms fächerartig aufteilt. Von überregionaler Bedeutung war lediglich die Strasse nach Freiburg und Laupen mit anstossendem Galgen in Verlängerung der zentralen Gassenmärkte. Richtung Nordwesten verlässt die Neubrückstrasse das Aarbergertor in Richtung Seeland und Jurasüdfuss (unterer Bildrand).

Abb. 142:
Die wichtigsten Handelsstrassen im Gebiet der Eidgenossenschaft während des 15. Jahrhunderts, Roland Gerber 1998.

«zu Arberg mit barem gelt [zu] *zaln oder aber ir gut, so vil als min herrn zimlich bedunckt, abzuladen bis zu vollkomner zalung».*[5]

Die Zollerhöhung und die vom Rat erzwungenen Wartefristen in Aarberg hatten zur Folge, dass sich die nach Südfrankreich und Spanien reisenden Kaufleute nach 1481 wieder vermehrt der südlichen Route durch die Stadt Bern zuwandten. Der Solothurner Rat verklagte daraufhin seinen südlichen Nachbarn bei den eidgenössischen Orten, die versuchten, mit Hilfe eines in Freiburg tagenden Schiedsgerichts einen friedlichen Ausgleich zu vermitteln. Erst nachdem die Solothurner 1497 einen Teil des nach Bern führenden Handelswegs zwischen Olten und Aarburg unbefahrbar gemacht hatten, konnte der seit 1463 schwelende Konflikt um die Benutzung der Handelsstrassen schliesslich endgültig beigelegt werden. Die beiden Städte mussten sich im Schlichtungsvertrag dazu verpflichten, ihre Handelsstrassen im Sinne einer *«rich strass»* offen zu halten, so dass die Kaufleute frei entscheiden konnten, welchen Weg sie nach Frankreich oder Spanien nehmen wollten.[6] Der Berner Rat, der frei über die Verkehrswege im eigenen Territorium verfügen wollte, konnte sich mit diesem Entscheid weitgehend gegen die Interessen Solothurns durchsetzen, dessen Verkehrspolitik auch in Zukunft von derjenigen seines südlichen Nachbarn abhängig blieb.

Das Handwerk

Armand Baeriswyl, Roland Gerber, Eva Roth

Handwerker und Gewerbetreibende gehörten zur zahlenmässig grössten Bevölkerungsgruppe der spätmittelalterlichen Stadt Bern. Um die Mitte des 15. Jahrhunderts lebten rund 830 erwachsene Männer im ummauerten Stadtgebiet, die ein Vermögen zwischen 16 und 1000 Gulden versteuerten (vgl. Kap. II, S. 140). Ein Grossteil dieser Männer ging einem erlernten Handwerk nach oder beschäftigte sich im Kleinhandel, worunter der Verkauf mit Elle und Waage in kleinen Geldwerten (Pfennigen) verstanden wird.[1] Bei denjenigen Personen, die über 500 Gulden versteuerten, kann davon ausgegangen werden, dass sie sich neben ihrer gewerblichen Tätigkeit auch an Handelsgeschäften beteiligten oder zusätzliche Einkünfte aus Grund- und Gerichtsherrschaften bezogen. Die 830 Männer besassen mehrheitlich das Bürgerrecht und waren Mitglieder in einer der seit dem 14. Jahrhundert bestehenden Handwerksgesellschaften (vgl. Kap. III, S. 227). Rund ein Viertel dieser Männer sass 1448 im Grossen Rat, wo Handwerker und Gewerbetreibende seit der Verfassungsänderung von 1294 die Mehrheit bildeten.
Das entscheidende soziale Merkmal des Handwerkers war sein Beruf.[2] Dieser ermöglichte es ihm, innerhalb der Stadt ein geregeltes Auskommen zu finden. Aufgrund ihres Berufs wurden die Handwerker in eine Zunft aufgenommen, wo sich die Angehörigen des gleichen oder eines verwandten Gewerbes versammelten. Die Handwerker erreichten die berufliche Selbständigkeit, indem sie eine mehrjährige Ausbildung in der Werkstatt eines Lehrmeisters durchliefen und am Ende der Lehrzeit den Meistertitel erwarben. Qualität und Dauer der Ausbildung wurden dabei durch die Zünfte reglementiert und beaufsichtigt. Je nach der ökonomischen und politischen Bedeutung einer Zunft konnte die Zulassung zu einem Handwerk jedoch mehr oder weniger stark eingeschränkt sein. Neben rechtlicher und persönlicher Unabhängigkeit galten vor allem eheliche Geburt, ein tadelloser Leumund und die Bezahlung einer Meisterschaftsgebühr als Grundvoraussetzungen für den Erwerb von Meistertitel und Zunftmitgliedschaft (vgl. Kap. II, S. 107).[3]

Weitgehend unabhängig von den Reglementierungen der Zünfte waren die Kaufleute. Diese gingen keiner manuellen Tätigkeit nach und übten ihren Beruf zu einem grossen Teil ausserhalb des Rechtsbereichs ihrer Heimatstadt aus. Zwischen Handwerkern und Kaufleuten bestand während des Spätmittelalters eine enge wirtschaftliche Abhängigkeit. Sowohl bei der Beschaffung der Rohstoffe und Lebensmittel als auch beim Verkauf sowie bei der Herstellung von Gewerbeerzeugnissen waren die beiden Personengruppen aufeinander angewiesen. Häufig bildete die handwerkliche Tätigkeit die Grundlage für den Einstieg in den Warenhandel (vgl. Kap. II, S. 119). Nicht alle Berufsgruppen erfüllten jedoch die ökonomischen Voraussetzungen, um sich am Fernhandel zu beteiligen.[4] Je nach der wirtschaftlichen Struktur einer Stadt fanden einzelne Gewerbe eher Zugang zum Warenhandel als andere, ökonomisch schwächere Berufsgruppen.[5] Handwerker, die allein auf ihre manuellen Fähigkeiten angewiesen waren, besassen zudem kaum die Möglichkeit, grössere Vermögen zu erwerben und damit abkömmlich zu werden. Sie blieben deshalb auf die Unterstützung reicher Kaufleute und Ratsherren angewiesen, wenn sie sich aktiv am politischen und wirtschaftlichen Leben der Stadtgemeinde beteiligen wollten.[6] Die Ausnahme bildeten einige wenige spezialisierte Berufe wie Schreiber, Goldschmiede und Büchsenmeister, die in spätmittelalterlichen Städten immer wieder in einflussreichen Ratsämtern anzutreffen waren.

Die Berufsstruktur

Roland Gerber

Zwischen 1389 und 1466 lassen sich in Bern anhand verschiedener Personenverzeichnisse wie Udel- und Tellbücher, Osterwahlrödel, Mannschaftslisten und Zinsbücher insgesamt 1119 Berufsleute identifizieren, die während längerer Zeit in der Stadt gelebt und gearbeitet haben. Diese verteilen sich auf ungefähr 125 Handwerke und Gewerbe (Abb. 144). In den Quellen am weitaus häufigsten genannt werden die Schneider und die Bäcker mit je 71, die Metzger mit 70 sowie die Gerber und die Schuhmacher mit 46 beziehungsweise 45 Nennungen. Etwas seltener finden sich die Weber mit 42, die Schmiede mit 32 und die Zimmerleute mit 31 Erwähnungen.
Diese acht Handwerke stellen mit 408 Nachweisen rund 36 Prozent aller überlieferten Berufsnennungen. Sie bildeten deshalb die eigentlichen Leitgewerbe der spätmittelalterlichen Stadt Bern. Alle acht Handwerke waren seit dem 14. Jahrhundert ausserdem in eigenen Zünften oder Handwerksgesellschaften organisiert (vgl. Kap. III, S. 227). Die Zahl der in einer Stadt lebenden Handwerker war jedoch nicht statisch, sondern unterlag während des gesamten Spätmittelalters dauernden Veränderungen. Je nach der ökonomischen Entwicklung, der Einflussnahme der Zünfte und den Möglichkeiten einzelner Gewerbe, sich am Warenhandel zu beteiligen, wandelten sich auch die Einkommensverhältnisse der Handwerkerschaft. Während beispielsweise das Lebensmittelgewerbe in direkter Abhängigkeit zur Bevölkerungsgrösse stand, hingen die Tätigkeiten von Bauhandwerkern und Schuhmachern in besonderem Masse von der Wirtschaftslage und dem Reichtum der Bürgerschaft ab. Bäcker, Müller, Metzger und Fischer, aber auch Schmiede, Gerber und Schneider konnten jedoch nur dann wirtschaftlichen Erfolg haben, wenn sie ihre Gewerbeerzeugnisse auch ausserhalb Berns zum Verkauf anboten. Während die Gerber im 14. Jahrhundert noch das wichtigste Exportgewerbe der Stadt bildeten, ging ihre ökonomische Bedeu-

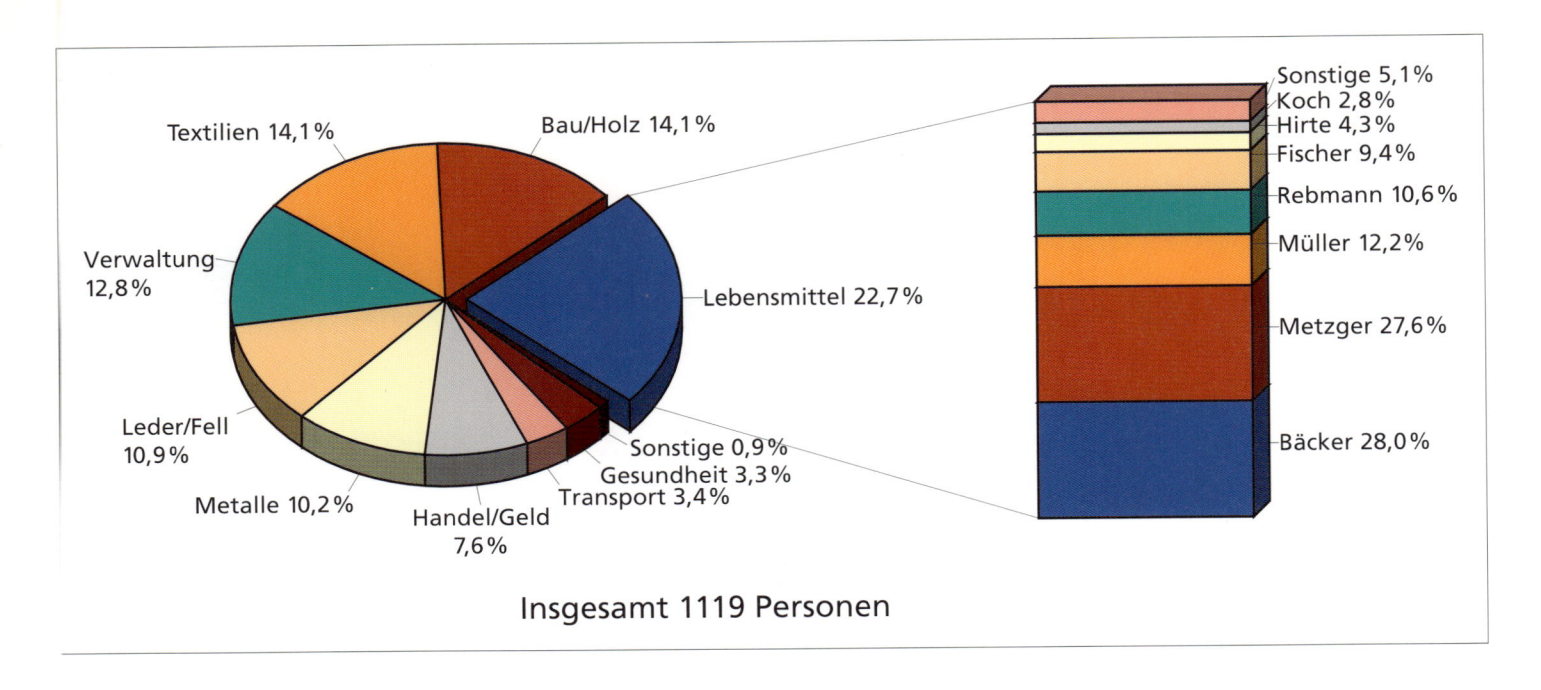

Abb. 143:
Die Berufssektoren der Stadt Bern von 1389 bis 1466, Roland Gerber 1998.

Abb. 144: Seiten 207 und 208
Handwerk und Gewerbe der Stadt Bern zwischen 1389 und 1466 nach Berufssektoren, Roland Gerber 1998.

tung im 15. Jahrhundert zurück. Andere Gewerbe wie Metzger (Viehhandel) und Schmiede (Metallhandel und Waffenherstellung) gewannen hingegen vermehrt an Einfluss. Das Textilgewerbe, dessen Angehörige seit dem 14. Jahrhundert auf den Frankfurter Messen anzutreffen waren, verlor im 15. Jahrhundert ebenfalls an Wichtigkeit. Schultheiss und Rat versuchten zwar, die Tuchherstellung in der zweiten Hälfte des 15. Jahrhunderts zu reformieren, indem sie auswärtige Tuchspezialisten in die Stadt beriefen.[1] Die bernische Woll- und Leinenweberei erreichte jedoch nie den Stellenwert wie in anderen grösseren Städten Oberdeutschlands und der Schweiz.[2] Diese beschränkte sich während des Spätmittelalters weitgehend auf die Versorgung der Stadt- und Landbevölkerung mit billigen Grautuchen, während edlere Stoffe von den Kaufleuten und Tuchhändlern von ausserhalb importiert werden mussten.

Die Dominanz der acht Leitgewerbe der Schneider, Bäcker, Metzger, Gerber, Schuhmacher, Weber, Schmiede und Zimmerleute zeigt sich deutlich bei einem Vergleich der einzelnen Berufssektoren. Diese fassen die verschiedenen in Bern nachweisbaren Gewerbe nach ihrer Tätigkeit zusammen (Abb. 143). Die Lebensmittelproduktion beschäftigt zusammen mit der Textil-, Leder- und Metallverarbeitung rund 58 Prozent der in der Stadt ansässigen Handwerker. Ebenfalls stark vertreten sind die Berufe in der Verwaltung sowie im Bausektor. Die Holz, Stein, Glas und Ton verarbeitenden Berufe umfassen etwa 14 Prozent des städtischen Gewerbes und gehören mit rund 30 verschiedenen Berufsbezeichnungen neben dem Metallgewerbe zu den am meisten differenzierten Handwerken der Stadt. Zahlenmässig weniger in Erscheinung treten mit 85 Nennungen die Berufe im Handel und Geldwesen sowie das Transportgewerbe und die verschiedenen Tätigkeiten in Gesundheit und Körperpflege. Diese machen zusammen mit 75 Erwähnungen nur knapp sieben Prozent der in den Quellen überlieferten Berufserwähnungen aus. Ausserhalb der eigentlichen Berufssektoren stehen die sieben, im Tellbuch von 1448 aufgeführten Bettler und Bettlerinnen sowie ein Korbmacher, ein Schirmmacher und ein Narr, der um die Mitte des 15. Jahrhunderts im Haushalt des Altschultheissen Heinrich von Bubenberg lebte.

Der weitaus grösste Teil der Handwerker produzierte Lebensmittel. Mit 254 Erwähnungen umfasst das Lebensmittelgewerbe fast einen Viertel der in den Quellen genannten Berufsleute. Dominiert wird dieser

Bereich von den beiden Leitgewerben der Bäcker und Metzger, auf die über die Hälfte der Berufsnennungen fällt. Ihnen folgen die Müller mit rund 12 Prozent, die Rebleute mit knapp 11 Prozent sowie die Fischer mit etwa 9 Prozent. Während die Kornmüller mit den Pfistern und die Fischer mit den Schiffsleuten in einer gemeinsamen Zunft zusammengefasst waren, organisierten sich die Metzger und Rebleute in zwei eigenständigen Gesellschaften. Metzger und Pfister waren gleichzeitig auch Vennergesellschaften, deren Mitglieder wegen ihrer Beteiligung am Korn- und Viehhandel zu den politisch und ökonomisch führenden Familien der Stadtgemeinde zählten (vgl. Kap. III, S. 229).

Die Angehörigen des Bau- und Holzgewerbes bildeten mit einem Anteil von rund 14 Prozent der Nennungen den zweitgrössten Berufssektor (Abb. 145). In diesem stark differenzierten Sektor, der die Tätigkeiten von der Holz- und Steinverarbeitung bis zur Herstellung von Glas- und Tonwaren abdeckt, finden sich neben kaum qualifizierten Berufsleuten wie Pflasterknechten, Köhlern und Holzhauern auch spezialisierte Kunsthandwerker wie Bildhauer, Glasmaler und Holzschneider. Zahlenmässig werden die Bauberufe von den Zimmerleuten sowie von den Steinmetzen, Maurern und Steinbrechern dominiert. Beide Berufsgruppen waren seit dem 14. Jahrhundert in separaten Handwerksgesellschaften zusammengefasst, wobei der Zunft der Steinmetze, die nach dem Namen ihres Gesellschaftshauses am unteren Ausgang der Kramgasse «zum Affen» genannt wurde, die Führung unter den Bauhandwerkern zukam. Ansätze für einen genossenschaftlichen Zusammenschluss finden sich im 14. Jahrhundert auch bei den Dachnaglern, die in der Handwerksordnung von 1373 noch als separate Berufsgruppe aufgeführt wurden.[3] Mit dem Aufkommen der Dachziegel zu Beginn des 15. Jahrhunderts verloren die Dachnagler jedoch ihre ursprüngliche Bedeutung und wurden von den Dachdeckern als fortschrittlicherem Handwerk abgelöst. Ebenfalls häufig genannt werden mit 33 Nennungen die Wagner und Fassbinder, deren Tätigkeiten dem Transportgewerbe nahe stehen.

Mit 14 Prozent ebenso zahlreich vertreten wie das Baugewerbe war der Textilsektor. Obwohl sich die Produktion von Wolltüchern in Bern im Unterschied zum benachbarten Freiburg im Uechtland nie zu einem Exportgewerbe entwickelte, zeigen die zahlreichen in den Quellen genannten Schneider und Weber – wozu auch zwei Weberinnen zu zählen sind – dass dem Textilgewerbe in Stadt und Landschaft Bern während des Spätmittelalters für den regionalen Markt eine grössere Bedeutung zukam. Schneider und Weber waren seit dem 14. Jahrhundert in zwei separaten Handwerksgesellschaften organisiert. Der Schneidergesellschaft, die nach der Bezeichnung ihres Gesellschaftshauses in der nördlichen Häuserzeile der Kramgasse «zum Mohren» genannt wurde und in der sich immer wieder auch wohlhabende Tuchhändler einschreiben liessen, kam dabei die Führung innerhalb des Textilsektors zu. Weitere wichtige Textilberufe waren mit 16 Nennungen die Tuchwalker sowie die neun, respektive sieben erwähnten Tuchscherer und Tuchfärber.

Der Sektor Verwaltung war mit einem Anteil von rund 13 Prozent der überlieferten Berufsbezeichnungen der viertgrösste Berufssektor Berns. Hier zeigt sich deutlich die wachsende Bedeutung, die der Verwaltung von Stadt und Landschaft vor allem seit dem 15. Jahrhundert für die Bürgerschaft zugekommen ist. Dominiert wird diese Berufsgruppe von den städtischen Weibeln, Schreibern und Boten, die mit 76 Erwähnungen ungefähr die Hälfte der von der Stadt besoldeten Berufsleute ausmachen. Weitere wichtige Verwaltungsberufe waren die städtischen Reiter und Bannwarte mit je 18 Nennungen sowie die Torwächter mit 15 Nennungen. Interessant ist die Erwähnung einer «lerfrouw» im Tellbuch von 1389.[4] Diese unterrichtete in dem von ihr bewohnten Haus an der Münstergasse im Unterschied zu den fünf Schulmeistern die Kinder nicht in

Lebensmittelproduktion	254
Pfister (Bäcker)	71
Metzger	70
Müller	31
Rebmann	27
Fischer	24
Koch	8
Wirt (1 Wirtin)	7
Hirte	6
Schafhirte	3
Galzler (Schweinekastrierer)	2
Bastettenmacher	1
Hafermehlmacher	1
Lebkuchenmacher	1
Ochsenhirte	1
Oflater (Hostienbäcker)	1

Baugewerbe/Holzverarbeitung	158
Zimmermann	31
Wagner	19
Fassbinder (1 Fassbinderin)	14
Maurer	8
Seiler (1 Seilerin)	8
Dachnagler	7
Maler	7
Steinbrecher	7
Steinmetz	7
Dachdecker	6
Hafner	6
Steinhauer	6
Sägemüller	5
Drechsler	4
Tischmacher	4
Ziegler	4
Glaser	2
Bildhauer	2
Holzhauer	2
Pflästerer	2
Zubermacher	2
Bolzenmacher	1
Holzschneider	1
Köhler	1
Wannenmacher	1
Zapfenmacher	1

Textilverarbeitung	158
Schneider	71
Weber (2 Weberinnen)	42
Walker	16
Tuchscherer	9
Färber	7
Hutmacher	5
Wollschläger	3
Leinenweber	2
Gewandschneider	1
Juppenschneider (Rockschneider)	1
Näherin	1

Verwaltung	143
Weibel	31
Schreiber	23
Bote/Läufer	22
Bannwart/Förster	18
Reiter	18
Torwächter	15
Schulmeister	5
Pfeiffer	4
Nachrichter	2
Kellnerin	1
Lehrfrau	1
Trommelschlager	1
Trompeter	1
Zeitglockenschlager	1

Lederverarbeitung	122
Gerber	46
Schuhmacher	45
Kürschner (1 Kürschnerin)	19
Sattler	7
Säckler (Beutelmacher)	2
Pergamenter	1
Schuhbletzer	1
Taschenmacher	1

Metallverarbeitung	114
Schmied	32
Schleifer	14
Goldschmied	10
Hufschmied	6
Schlosser	6
Kannengiesser	5
Harnischer	4
Armbruster	3
Büchsenschmied	3
Gürtler	3
Kessler	3
Sensenmacher	3
Spengler	3
Blöwer (Stampfmüller)	2
Hafengiesser	2
Kupferschmied	2
Messerschmied	2
Pfanner	2
Polierer	1
Bolzenmacher	1
Eimermacher	1
Glockengiesser	1
Nadler	1
Scherenmacher	1
Schwertfeger	1
Sichelschleifer	1
Waffenschmied	1

Handel/Geld	85
Lombarden	27
Tuchhändler	22
Kaufmann (1 Kauffrau)	15
Krämer (1 Krämerin)	8
Gremper (Kleinkrämer)	5
Pferdehändler	3
Münzer	3
Pulverkrämer	1
Viehhändler	1

Transport	38
Karrer	19
Schiffsmann	17
Fährmann	2

Gesundheit/Körperpflege	37
Bader (1 Baderin)	19
Schärer	6
Wundschärer	5
Apotheker	4
Arzt	2
Hebamme	1

Sonstige	10
Bettler (4 Bettlerinnen)	7
Korbmacher	1
Narr	1
Schirmmacher	1

Latein, sondern in Deutsch (vgl. Kap. II, S. 155). Ebenfalls zum Sektor Verwaltung gehören Berufe wie Nachrichter, Pfeiffer, Trompeter und Trommelschlager sowie der im 14. Jahrhundert erwähnte Zeitglockenschlager, der im Jahre 1384 vom Säckelmeister vier Pfund für das Schlagen der Zeitglocken während zwei Jahren ausbezahlt erhielt (vgl. Kap. VI, S. 579).[5]

Eine starke berufliche Differenzierung wies das Metallgewerbe auf. Dieses gliederte sich während des 15. Jahrhunderts in rund 27 verschiedene Handwerke, deren Tätigkeiten vom Scherenmacher und Sichelschleifer bis zum Harnischer und Glockengiesser reichten. Die Leitgewerbe des metallverarbeitenden Sektors waren die Schlosser sowie die Schmiede, die sich je nach den von ihnen verarbeiteten Materialien entweder als Gold-, Kupfer- und Eisenschmiede oder nach der Art der hergestellten Waren als Büchsen-, Messer-, Huf- und Waffenschmiede bezeichneten. Die Schmiede bildeten zusammen mit den Schlossern eine der vier Vennergesellschaften, was darauf schliessen lässt, dass verschiedene Mitglieder dieser Zunft auch im lukrativen Metallhandel tätig gewesen sind. Ebenfalls zu den Metallberufen gehören die Schleifer, die mit 14 Erwähnungen relativ häufig genannt werden und deren Schleifmühlen sich an den Wasserkanälen in der Matte befanden.

Eine vergleichsweise geringe berufliche Differenzierung kennzeichnet hingegen den leder- und fellverarbeitenden Sektor. Dieser wurde von den beiden Leitgewerben der Gerber und Schuhmacher dominiert. Beide Handwerke waren zünftig organisiert, wobei den Gerbern als Vennergesellschaft eine Vorrangstellung innerhalb dieses Berufssektors zukam. Die neben Gerbern und Schuhmachern wichtigsten Vertreter des Leder- und Fellgewerbes waren mit 19 Nennungen die Kürschner. Das Kürschnerhandwerk ist in Bern auch von einer Frau namens Anna Bartlome ausgeübt worden. Sie wird im Tellbuch von 1448 ausdrücklich als *«die kürsneri»* bezeichnet.[6] Weitere Lederberufe waren die Sattler mit sieben und die Säckler mit zwei Erwähnungen.

Knapp 8 Prozent der in den überlieferten Quellen genannten Berufsleute lebten von Handels- und Geldgeschäften. Die wichtigste Personengruppe dieses Berufssektors waren mit 27 Nennungen die lombardischen Geldkaufleute, die seit der endgültigen Vertreibung der Juden aus der Stadt im Jahre 1427 die Wechsel- und Geldgeschäfte der Berner Bürgerschaft kontrollierten. Ihnen folgen die Tuchhändler mit 22, die Kaufleute mit 15 sowie die Krämer und Gremper mit insgesamt 13 Erwähnungen. Die Nennung einer *«kouffrow»* und einer Krämerin macht deutlich, dass Handelsgeschäfte im spätmittelalterlichen Bern wie in anderen Städten durchaus auch von Frauen betrieben werden konnten.[7]

Die zahlenmässig kleinsten Berufssektoren bildeten mit 38, beziehungsweise 37 Nennungen das Transportgewerbe sowie die Berufe in Gesundheit und Körperpflege. Das Transportgewerbe gliedert sich mit den Karrern, Schiffs- und Fährleuten in nur gerade drei Berufsgruppen, während im Bereich Gesundheit und Körperpflege immerhin sechs verschiedene Tätigkeiten nachweisbar sind (Abb. 146). Über die Hälfte der Berufsnennungen im Gesundheitssektor entfallen dabei auf die Bader und die im Tellbuch von 1389 genannte Baderin (vgl. Kap. III, S. 219).[8] Ihnen folgen die Schärer und Wundschärer mit insgesamt elf sowie die Apotheker mit vier Erwähnungen. Ebenfalls zum Bereich Gesundheit gehören zwei Stadtärzte sowie eine Hebamme, die 1448 zusammen mit ihren beiden unmündigen Kindern ein Haus an der Zeughausgasse bewohnte.[9]

Zusammenfassend lässt sich feststellen, dass die Stadt Bern während des 15. Jahrhunderts über ein relativ stark differenziertes Gewerbe verfügte. Dieses unterschied sich jedoch weder in seiner Organisation noch in

Abb. 145:
Diebold Schilling, Spiezer Bilderchronik, 1484/85, Bern, Burgerbibliothek, Mss. hist. helv. I. 16, S. 81.

In jeder spätmittelalterlichen Stadt waren Bauhandwerker in grösserer Zahl anzutreffen. Neben dem Bau und Unterhalt der Stadtbefestigungen boten reich dekorierte Kirchen sowie die zahlreichen städtischen und privaten Gebäude günstige Arbeitsbedingungen für die im Baugewerbe tätigen Handwerker.
Eines der wichtigsten kommunalen Bauwerke Berns war die Untertorbrücke. Diese wurde bereits um 1255 von der Bürgerschaft in Holz errichtet. Nach 1460 wurde die Aarebrücke in mehreren Bauetappen für insgesamt 5500 Gulden vollständig in Stein neu aufgeführt. Diebold Schilling zeigt den Baubetrieb der neuen Steinbrücke in der zweiten Hälfte des 15. Jahrhunderts. Neben dem hölzernen Tretrad und dem Lastenkran, die auf jeder grösseren spätmittelalterlichen Baustelle anzutreffen waren, finden sich auf der halb fertiggestellten Brücke mehrere Steinmetze, die Steinquader behauen und ausmessen. Gleichzeitig werden die auf der Aare herbeigeführten Steine an einem Holzsteg entladen, an dessen Rand der Ansatz eines Leergewölbes zum Aufmauern von Gewölben zu erkennen ist.

seiner Zusammensetzung wesentlich von demjenigen in anderen oberdeutschen und schweizerischen Städten. Neben Bäckern, Metzgern, Schuhmachern, Zimmerleuten und Schneidern, die in jeder mittelalterlichen Stadt in grösserer Zahl anzutreffen waren, finden sich Berufe wie Rebleute, Fischer und Gerber, deren Tätigkeiten in einer direkten Abhängigkeit zur Wirtschaftsstruktur der Stadt und der umgebenden Landgebiete standen. Bemerkenswert ist der hohe Anteil von Verwaltungsberufen, der Bern als Ort wachsender Verwaltungstätigkeit und Reglementierung ausweist (vgl. Kap. IV, S. 330).
Auffällig sind ausserdem die zahlreichen Textilberufe. Dies bestätigt die auch für andere spätmittelalterliche Städte gemachte Beobachtung, dass vor allem Weber in grosser Zahl in einer Stadt ansässig sein konnten, diese jedoch in der Regel zu den sozial schwächeren Gewerben gehörten.[10] Rebleute und Karrer verfügten wie die Weber nur bescheidene Einkommen. Der Warentransport wie der von den Bürgern betriebene Weinbau scheinen somit im 15. Jahrhundert nur geringe Erträge abgeworfen zu haben.
Zu den wirtschaftlich dominierenden Berufen gehörten die Metzger sowie die leder- und fellverarbeitenden Gewerbe. Ausschlaggebend für die Prosperität dieser Handwerke war einerseits die Lage Berns am nördlichen Rand von Voralpen und Alpen, den wichtigsten Aufzuchtgebieten von Viehherden im Gebiet der Eidgenossenschaft, und andererseits die grosse Nachfrage nach tierischen Erzeugnissen in städtischen Gesellschaften. Neben Fleisch, Schafwolle und Milchprodukten wie Käse und Butter, die vornehmlich zur Versorgung der Stadtbevölkerung auf den Wochenmärkten angeboten wurden, waren Leder und Felle wichtige Handelsgüter. Diese wurden nicht nur in Bern, sondern auch auf den wichtigsten mitteleuropäischen Warenmessen in Frankfurt am Main, Zurzach und Genf gehandelt und verkauft. Insbesondere Leder gehörte seit dem beginnenden 14. Jahrhundert zu den meist exportierten Handelsgütern der Aarestadt. Felle und Häute wurden von den Gerbern in grossen Mengen die Aare und den Rhein hinunter bis nach Strassburg und Frankfurt verschifft. Im 15. Jahrhundert war es dann der Handel von Vieh und Metallwaren, der es vor allem Metzgern und Schmieden ermöglichte, grössere Vermögen zu erwerben und in wichtige städtische Ämter aufzusteigen.[11]

Abb. 146:
Sigmund Wagner, «Vue d'une partie de la ville de Berne, prise au Marzihli», Privatbesitz.

Die Aareschiffer gehörten zu den vermögenderen Handwerkern der spätmittelalterlichen Stadt Bern. Sie betätigten sich insbesondere auch als Fischer und Fischhändler. Die bernischen Schiffleute erkämpften sich mit dem Ausgreifen der Stadt auf die Landschaft im Verlauf des 14. und 15. Jahrhunderts eine Vormachtstellung im Schiffsverkehr zwischen Thunersee und Rhein. Ein Grossteil der für die Stadtbevölkerung wichtigen Handelsgüter wie Metalle, Tuche und Leder wurden nicht auf den Landstrassen, sondern auf der Aare zwischen Bern und den wichtigen Messeplätzen in Zurzach und Frankfurt hin und her transportiert.

Die Gewerbeaufsicht des Rates

Roland Gerber

Die in Bern ansässigen Handwerker waren während des Spätmittelalters auf verschiedene rechtliche und wirtschaftliche Vergünstigungen angewiesen, wenn sie ihren Beruf erfolgreich ausüben wollten. Von grosser Bedeutung waren vor allem der freie Zugang zu den städtischen Märkten sowie die Nutzung von Gewerbeanlagen, Allmenden und Stadtwäldern. Gleichzeitig benötigten sie die regelmässige Zufuhr von Rohstoffen und Wasser. Störungen des Marktverkehrs, wie sie durch Kriege oder Seuchenzüge verursacht wurden, bedeuteten deshalb für einen Grossteil der Handwerkerschaft eine erhebliche Beeinträchtigung ihrer Erwerbstätigkeit (Abb. 147).

Ebenfalls nachteilig auf das Einkommen der Handwerker wirkten sich Konkurrenzkämpfe einzelner Berufsgruppen um Marktanteile und die Nutzung der von der Stadtgemeinde unterhaltenen Gewerbeanlagen aus. Schultheiss und Rat bemühten sich deshalb seit dem ausgehenden 13. Jahrhundert darum, das städtische Gewerbe durch verschiedene Handwerksordnungen zu reglementieren und die Ausübung einzelner Berufe auf gewisse Bereiche innerhalb des Stadtgebiets zu konzentrieren.[1] Ziel dieser Massnahmen war es, die in eigenen Berufsverbänden organisierten Handwerker der direkten Aufsicht einzelner Ratsbevollmächtigter zu unterstellen, die zusammen mit den Vertretern der Zünfte jeweils Qualität und Arbeitsweise der stadtsässigen Gewerbebetriebe zu kontrollieren hatten. Gleichzeitig wollte der Rat verhindern, dass es in Bern wie etwa in Zürich oder Basel zu Zunftunruhen oder zu einer verfassungsmässig garantierten Beteiligung der Handwerkerschaft am Stadtregiment kam (vgl. Kap. III, S. 229).[2] Die Handwerksordnungen wurden von der Bürgerschaft laufend den wirtschaftlichen und sozialen Veränderungen in Stadt und Landschaft angepasst. Die neuen Bestimmungen liess der Rat dann in den Stadtrechtsbüchern aufzeichnen, die von den stadtsässigen Handwerksmeistern regelmässig beschworen werden mussten.

Während die Handwerksordnungen des 14. Jahrhunderts noch allgemein formuliert waren und vor allem die Meistergebühren der ökonomisch führenden Gewerbe sowie die Aufsichtspflichten der Ratsbevollmächtigten reglementierten, beschlossen Schultheiss und Rat in der zweiten Hälfte des 15. Jahrhunderts, das gesamte städtische Handwerk neu zu organisieren und für alle in der Stadt ansässigen Gewerbetreibenden ausführliche Vorschriften zu erlassen. Im Jahre 1470 notierte der Stadtschreiber Thüring Fricker auf der Rückseite einer von ihm niedergeschriebenen Zusammenstellung verschiedener Schmiede- und Schlosserlöhne insgesamt 28 Handwerke. Von diesen waren 19 bereits im Besitz einer neuer Gewerbeordnung, während diejenigen für die Wagner, Tuchscherer, Tagelöhner, Kürschner, Schleifer, Sattler, Schiffsleute, Sägemüller und Gremper noch angefertigt werden mussten.[3] Neben den Aufnahmebedingungen in Zunft und Handwerk wurden die Bestimmungen zur Berufsausübung, Preise und Qualität der hergestellten Waren, die Tag- und Stücklöhne von Meistern und Gesellen sowie die Arbeits- und Marktzeiten der verschiedenen Gewerbe in neuen Satzungen reglementiert und der strikten Aufsicht der Stadt unterworfen. Für die Durchsetzung und Kontrolle der Handwerksordnungen waren wie bereits im 14. Jahrhundert spezielle Ratsbevollmächtigte verantwortlich. Diese wurden aus dem Rat der Zweihundert gewählt und hatten jeweils die Bussgelder bei denjenigen Gewerbetreibenden einzuziehen, die gegen die Bestimmungen der Handwerksordnungen verstiessen.

Die konsequente Unterordnung der städtischen Handwerkerschaft unter die Aufsicht von Schultheiss und Rat scheint jedoch nicht ohne Auseinandersetzungen mit einzelnen Handwerksmeistern stattgefunden zu haben. Als der Rat im Jahre 1463 mit Gauthier von Vuillier einen flämischen Tuchwalker nach Bern berief, um die städtische Tuchweberei zu reformieren, und 1470 sogar versuchte, den Handel mit fremden Tuchen in der Stadt vollständig zu verbieten, stiess er nicht nur bei den stadtsässigen Tuchkaufleuten, sondern auch bei den Tuchscherern auf Widerstand, von denen er *«etlich unwillig»* fand.[4] 1469 sprach der an der Rathausgasse ansässige Tuchfärber Johannes Ferwer beim Rat vor und beklagte sich darüber, dass er zwar, wie ihm geheissen worden war, billige Grautuche hergestellt habe, diese jedoch *«von siner not wegen»*

Abb. 147:
Diebold Schilling, Spiezer Bilderchronik, 1484/85, Bern, Burgerbibliothek, Mss. hist. helv. I. 16, S. 399.

Für die in Bern ansässigen Kaufleute und Gewerbetreibenden bedeuteten Kriege und Fehden eine latente Bedrohung ihrer Erwerbstätigkeit. Immer wieder wurden bernische Kaufleute von Adligen überfallen und ihrer Handelsgüter beraubt. Kriege beeinträchtigten zudem den alltäglichen Marktverkehr in die Stadt, so dass die Handwerker ihre Produkte nicht mehr an die Landbevölkerung verkaufen konnten. Mit dem Aufbau eines geschlossenen Territoriums gelang es der Bürgerschaft jedoch, die Verkehrswege seit dem 15. Jahrhundert immer besser zu schützen. Gleichzeitig wurden die benachbarten Herrschaftsträger und Orte vom Rat durch Verträge dazu angehalten, den Reiseverkehr durchs Mittelland nicht zu behindern.

nach Genf hätte ausführen müssen. Er würde es deshalb begrüssen, wenn die Stadt die versprochene Abnahmegarantie für seine Grautücher übernehmen würde. Gleichzeitig bat er den Rat, qualifizierte Tuchfärber nach Bern zu berufen, «*dann die Färber, so hie sind, möchten vielleicht diese Tücher, die schlechten* [einfachen]*, die hier oder zu Freiburg gemacht werden, färben und andere gute Tücher nicht*».[5]

Die Fischer, die 1466 eine neue «*Ordnung über die vischer*» beschwören mussten, wehrten sich ebenfalls gegen die von der Stadt erlassenen Vorschriften, indem sich einzelne Meister über die Ratsverordnungen hinweg setzten.[6] Vor allem der vermögende Fischhändler Heinrich Kloss, der 1458 ein Haus direkt gegenüber der Fischlaube an der unteren Kramgasse bewohnte, scheint sich den 1466 festgelegten Bestimmungen wiederholt widersetzt zu haben, so dass ihn der Rat am 5. März 1472 zu einem lebenslänglichen Berufsverbot verurteilte.[7] Der Fischhändler musste vor versammelten Ratsherren schwören, «*sin lebtag us niemer mer on alle gnad keinen visch in der stat von Bernn noch ouch in allen miner herren landen und gebieten veil ze haben*».[8] Erst nachdem Heinrich Kloss am 6. Januar 1473 eine Absolution beim Bischof in Lausanne eingeholt hatte, erhielt er die Erlaubnis, nach einem Jahr Berufsverbot wieder Fische in der Stadt zu verkaufen.

Weitere Unruhen brachten schliesslich die Teuerungsjahre von 1482 und 1491, als sich Müller, Bäcker und Metzger weigerten, den von der Stadt verordneten Höchstpreisen für Getreide und Fleisch nachzukommen und deshalb von Schultheiss und Rat ebenfalls gebüsst wurden (vgl. Kap. II, S. 97).

Konzentration und Verlagerung: Die Entstehung spezieller Gewerbebezirke im 14. und 15. Jahrhundert

Ein wesentliches Anliegen der vom Rat betriebenen Gewerbeaufsicht war die Zusammenfassung der wichtigsten Verkaufs- und Produktionsstätten der Handwerker an bestimmten Standorten innerhalb des Stadtgebietes. Hier konnten die Preis- und Qualitätskontrolle der Ratsbevollmächtigten in direkter Zusammenarbeit mit den Handwerksmeistern durchgeführt werden. Gleichzeitig bemühten sich Schultheiss und Rat darum, lärm- und geruchsintensive Handwerke sowie brandgefährliche Gewerbe, die Öfen und offene Feuerstellen benötigten, aus der Innenstadt an weniger dicht besiedelte Gebiete am Stadtrand zu verlegen (vgl. Kap. I, S. 40). Anlass zu Beschwerden bot insbesondere der Stadtbach, der durch verschiedene Handwerker wie Färber, Hufschmiede, Scherer, Kürschner, Metzger und vor allem durch die Gerber bereits zu Beginn des 14. Jahrhunderts derart verunreinigt wurde, dass sich die Stadt auf Klagen der Bürgerschaft im Jahre 1314 dazu genötigt sah, die Lederverarbeitung in den zentralen Gassenmärkten weitgehend zu verbieten. Der Rat beschloss, weil «*unser bach, der uns grosses gut hät gekostet, ze allen ziten alz unrein und so unfletig was, und och wir vernomen hein, daz das antwerch öch in andren guten stetten gesundert ist, und wand och unser stat sich by gottes gnaden an buwe und an andren dingen sere gebessert hät*», dass die Gerber die von ihnen gegerbten Häute, Innereien oder sonstigen Tierprodukte nur noch unterhalb der Niederen Fleischschal, also in der Nähe der Einmündung des Stadtbaches in die Aare, auswaschen durften (→Abb. 14). Gleichzeitig wurden sie dazu angehalten, keine Tröge, Bütten oder Gerbstöcke mehr in den Hauptgassen, weder «*in dem huse, noch vor dien türen, noch by dem bache*», stehenzulassen.[9]

Die Gerber scheinen dem Ratsentscheid von 1314 jedoch wenig Verständnis entgegengebracht zu haben und bestanden darauf, ihr Handwerk weiterhin auch westlich der Niederen Fleischschal im Zentrum der Stadt ausüben zu dürfen. Der Rat beschloss deshalb, den Forderungen des Gerberhandwerks entgegenzukommen und diesem den ehemaligen

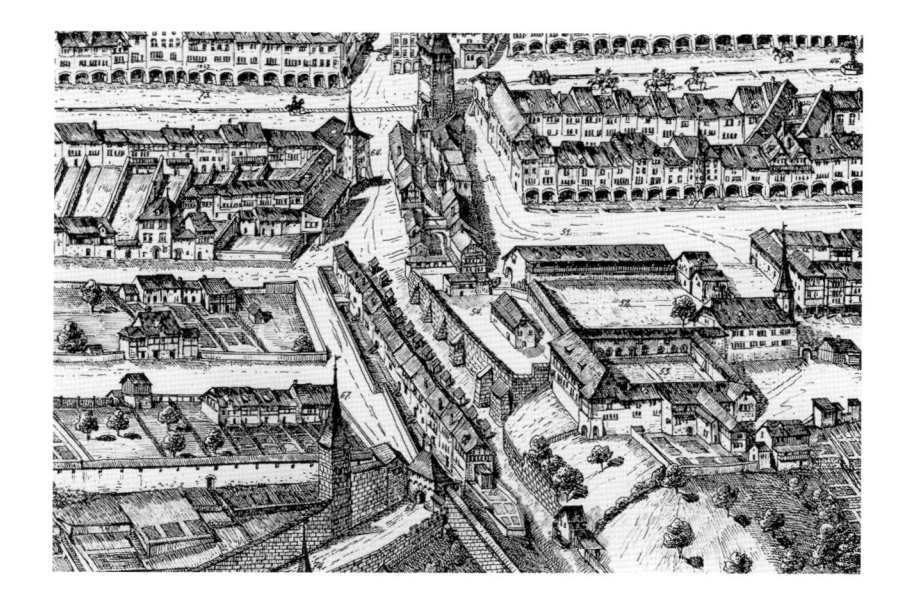

Abb. 148:
Gregorius Sickinger, Planvendute der Stadt Bern von Süden, 1603–07 (Original verschollen), Kopie von Johann Ludwig Aberli, 1753, umgezeichnet von Eduard von Rodt, 1915, Bern, Historisches Museum. Ansicht des Gerberngrabens zu Beginn des 17. Jahrhunderts.

Stadtgraben südwestlich des Zytgloggeturms als neuen Standort für seine Tätigkeit zuzuweisen (Abb. 148). In einer von Schultheiss und Rat im Jahre 1326 ausgestellten Urkunde wurde den Gerbern das uneingeschränkte Nutzungsrecht über das gesamte Gebiet des Stadtgrabens und dessen Zufahrtswege zwischen der Grabenbrücke beim Zytgloggeturm bis zum unteren Marzilitor übertragen. Insbesondere gewährte der Rat den Bewohnern des Stadtgrabens, der in der Folge in Gerberngraben umbenannt wurde, eine eigene Wasserfassung im Stadtbach, damit diese *«von unserm stetbach so vil wassers ane widerrede und irtag nehmen und han sullen, daz vür [vor] ir hüser abgange, als inen daz mit einem ysen und loche ist usgescheiden»* (Abb. 149).[10]

Neben dem Stadtbach waren es hauptsächlich Öfen und offene Feuerstellen, wie sie bei Schmieden, Schlossern, Glocken- und Kannengiessern sowie bei Zieglern und Töpfern anzutreffen waren, deren Nutzung vom Rat reglementiert wurde und die vor allem in den dicht besiedelten Gassenzügen der Zähringerstadt eine latente Bedrohung darstellten. Schultheiss und Rat waren deshalb bestrebt, auch die Angehörigen dieser Gewerbe wenn immer möglich von der Innenstadt an den Stadtrand zu verlegen. Deutlich manifestiert sich diese Politik nach dem grossen Stadtbrand von 1405, als die mit Brennöfen ausgestatteten Gewerbe- und Wohnhäuser an der südlichen Brunngasse, in denen das Feuer am 14. Mai ausgebrochen war, nicht wieder aufgebaut und die darin lebenden Handwerker wahrscheinlich auf direktes Geheiss des Rates in die Äussere Neustadt umgesiedelt wurden (vgl. Kap. I, S. 36). Vor allem Töpfer und Ziegler aber auch Schmiede und Hafner lebten im 15. Jahrhundert vermehrt in der nur locker überbauten Äusseren Neustadt, wo sie ihr Gewerbe ohne besondere städtische Auflagen ausüben konnten (vgl. Kap. III, S. 220; Kastentext, S. 416).

Im Zusammenhang mit der Neuorganisation des städtischen Handwerks intensivierte der Rat in der zweiten Hälfte des 15. Jahrhunderts seine Bemühungen, die zentralen Marktgassen von allen störenden Gewerbebetrieben zu befreien und diese in repräsentative Strassenzüge umzugestalten. Nach der Meinung von Schultheiss und Rat sollten insbesondere die Gewerbehäuser der Bäcker, Metzger und Gerber, aber auch alle sonstigen Einrichtungen, die den freien Durchgang durch diese beiden Gassen behinderten, aus dem Strassenbild verschwinden. Als erste Massnahme wurden in den Jahren 1468 bis 1488 die rittlings über dem Stadtbach stehenden Schalen sowie das Gerbhaus an der unteren Gerechtigkeitsgasse abgebrochen und an anderen Standorten innerhalb der Stadt neu aufgebaut.[11] Während das Gewerbehaus der Gerber ins Mattequartier verlegt wurde, beschloss der Rat, die Obere und Niedere Fleischschal westlich des Schalgässleins in einem neuen Schalgebäude zusam-

Abb. 149:
Photographie des Münzgrabens um 1904. Eine topographische Besonderheit Berns bildet der nach 1326 südlich des Zytgloggenturms angelegte Gerberngraben. Noch zu Beginn des 20. Jahrhunderts standen an der Stelle des heutigen Casinoplatzes mehrere Wohnhäuser, die deutlich tiefer gelegen waren als der benachbarte Münzgrabenweg. Im Hintergrund der Photographie erkennt man den im 16. Jahrhundert errichteten Treppenturm des Gesellschaftshauses zu Obergerbern.

menzufassen und dieses in die bestehende Häuserzeile zu integrieren. Die Niedere Brotschal wurde ebenfalls abgebrochen und ins benachbarte Zunfthaus zu Niederpfistern verlegt. Einzig die Obere Brotschal im südlichen Eckhaus der Zibelegasse, die als einzige Schal nicht in der Mitte der Kram- und Gerechtigkeitsgasse stand, blieb auch nach 1468 an ihrem alten Standort in der Nachbarschaft des Zytgloggeturms bestehen (vgl. Kap. I, S. 50).

Als zweite Massnahme wurden die Hausbesitzer an den Marktgassen dazu aufgefordert, die Inlässerstöcke, das heisst, diejenigen Pfähle, an denen sie Weinfässer oder sonstige Güter mit Hilfe von Seilen in die Keller ihrer Wohnhäuser herunterliessen. *«der statt Bern zu eren und zu einer gezierd»* aus den beiden Strassenzügen zu entfernen.[12] Gleichzeitig wurden die Niederen Gerber angewiesen, ihre Wohn- und Gewerbehäuser an der unteren Gerechtigkeits- und Junkerngasse aufzugeben und ins Mattequartier umzuziehen. Der Rat versprach, den Gerbern zwei Häuser am heutigen Mühleplatz zu erwerben, wo sie ein Haus *«in iren costen buwen und ein werckhus darus machen»* konnten.[13] Die betroffenen Gerbermeister zeigten jedoch wenig Interesse, ihre angestammten Häuser in der Unteren Zähringerstadt zu verkaufen, so dass der Rat seine 1471 ausgesprochene Forderung 1486 noch einmal wiederholen musste. Diesmal versprach er sogar, den Gerbern einen Betrag von 100 Pfund aus der Stadtkasse auszubezahlen, wenn diese *«ir wärchstett»* innerhalb einer Frist von sieben Monaten *«an der Matten ufrichten»* würden.[14] 1502 und 1504 stellte die Stadt schliesslich noch einmal Gelder und Baumaterialien zur Verfügung, damit die *«strass»* und die *«gerwer louben»* an der Matte ausgebaut werden konnten.[15] Auch die Kürschner hatte der Rat bereits im Jahre 1483 angewiesen, ihre Felle nur noch in der Matte oder im Gerberngraben auszuwaschen und zu färben.[16]

Die Berufstopographie

Roland Gerber

Die strikte Gewerbeaufsicht des Rates sowie die Abhängigkeit der Handwerker von funktional bedingten Standorten führten dazu, dass sich einzelne Berufsgruppen an bestimmten Gassen und Strassenabschnitten ansiedelten und dadurch die Sozial- und Vermögensstruktur der vier bernischen Stadtquartiere während des Spätmittelalters weitgehend prägten.[1] Zur Gruppe dieser standortabhängigen Handwerker gehörten Berufe wie Müller, Gerber, Metzger, Färber, Schiffsleute und Fischer, die für ihre Tätigkeiten auf fliessendes Wasser angewiesen waren.[2] Ähnliches gilt auch für die Woll- und Leinenweber, die für die Ausübung ihres Berufes eine erdfeuchte «Weberdunke» benötigten und daher Hanglagen oder unterkellerte Häuser bevorzugten.

Andere Handwerker wie Bader, Seiler, Hafner, Ziegler und Glockengiesser siedelten hingegen hauptsächlich am Stadtrand. Ihre Gewerbe beanspruchten relativ viel Platz, der in der dichter bebauten Innenstadt nur selten vorhanden war. Genau umgekehrt verhielt es sich mit den Kaufleuten, Krämern, Wirten, Bäckern, Wagnern, Fassbindern und Hufschmieden, deren Wohnhäuser sich hauptsächlich in der Nähe zentraler Märkte und wichtiger Verkehrsstrassen befanden. Vor allem vermögende Kaufleute bevorzugten dabei helle und offene Wohnlagen an Kreuzungen und Plätzen, die den Bau repräsentativer Häuser erlaubten. Die Randlagen entlang der Stadtmauern oder an Seitengassen blieben hingegen der sozial schwächeren Berufsgruppen wie Fuhr- und Rebleuten vorbehalten.

Metzger, leder- und fellverarbeitende Berufe

Die weitaus dichteste Konzentration von Berufsleuten findet sich bei den Metzgern und Gerbern (Abb. 150). Die Gerber bildeten eine der wenigen Berufsgruppen innerhalb der spätmittelalterlichen Stadtgesellschaft, die sich sowohl wirtschaftlich als auch sozial häufig von der übrigen Bevölkerung abgrenzten und separate Gewerbequartiere bewohnten.[3] Auch in Bern kam es im Verlauf des 14. und 15. Jahrhunderts zu einer räumlichen Konzentration dieses Gewerbes auf kleinstem Raum. Nachdem Schultheiss und Rat die Ausübung des Gerberhandwerks im Jahre 1314 auf den Bereich am unteren Stadtbach eingeschränkt und den Gerbern 1326 den ehemaligen Stadtgraben südwestlich des Zytgloggeturms als Eigentum übertragen hatten, entstanden am unteren Ausgang der Gerechtigkeits- und Junkerngasse sowie im Gerberngraben zwei eigenständige Gewerbebezirke, die fast ausschliesslich von Gerbern bewohnt wurden.

Die vom Rat verlangte Konzentration des Gerberhandwerks am westlichen und östlichen Rand der Zähringerstadt begünstigte die genossenschaftliche Organisation der Gerbermeister. Diese hatten einerseits die Lederproduktion an der Gerechtigkeitsgasse und im Gerberngraben zu überwachen, andererseits mussten sie die neu erbauten Wohn- und Gewerbehäuser gegen die Ansprüche anderer Stadtbewohner verteidigen. Es waren denn auch die Gerber, die im März 1332 als erstes bernisches Handwerk eine eigene Handwerksordnung verfassten. Die Gewerbeordnung wurde vom Rat der Zweihundert bestätigt und zu den *«satzunge und ordenunge an der burger buch von Berne»* geschrieben.[4] Die Satzungen schrieben vor, dass nur diejenigen Gesellen den Meistertitel erwerben konnten, die verheiratet waren und die von mindestens vier Gerbermeistern als solche anerkannt wurden. Gleichzeitig sollten vier Meister gewählt werden, die das Gerberhandwerk in der Stadt zu beaufsichtigen hatten. Die von den Gerbern eingezogenen Bussgelder sollten dabei je zu einem Drittel an den Schultheissen, an die Stadtgemeinde und ans Handwerk fallen.

Im Jahre 1341 waren die im Graben ansässigen Gerber erstmals dazu gezwungen, gerichtlich gegen einzelne Bürger vorzugehen, die entlang der freien Fläche zwischen der Grabenbrücke des Zytgloggeturms und der obersten Liegenschaft im Graben neue Häuser und Ställe zu errichten trachteten.[5] Die Gerber wiesen darauf hin, dass sie nicht freiwillig, sondern auf *«heissene und gebietenne»* des Rates in den Graben gezogen seien und *«da mit grossem kosten gebuwen hant»*. Die Hauptsorge der Gerber galt der 1326 zugesicherten Frischwasserzufuhr vom Stadtbach, die durch den Bau neuer Häuser am oberen Ausgang des Gerberngrabens beeinträchtigt worden wäre. Schultheiss, Rat, die Zweihundert und *«die burgere gemeinlich der stat von Berne»* anerkannten schliesslich den Rechtsanspruch der Gerber und bestimmten, dass der Graben südlich des Zytgloggeturms *«ewenklich offen und ungebuwen beliben»* sollte.

Neue Streitigkeiten entstanden in den Jahren 1379/80, als die westlich des Gerberngrabens lebenden Franziskanermönche begannen, eine neue Kirchhofmauer zwischen ihrem Kloster und dem Graben aufzuführen.[6] Die Gerber wehrten sich gegen den Mauerbau und beklagten sich beim Rat, dass ihnen durch diese Baumassnahme *«gesicht und wunne da har uff verslagen wurde»*.[7] Ihrer Meinung nach beeinträchtigte die neue Kirchhofmauer ausserdem die Zugangsstrasse zum Gerberngraben, so dass bei einem Brand oder bei sonstigen *«gebresten»* keine rasche Hilfe geleistet werden konnte. Bauherren und Rat liessen daraufhin den Mauerbau stoppen und die bereits aufgeführten Mauerpartien durch die Franziskaner wieder abbrechen. Der Rat legte fest, *«daz von dishin nieman murhalbs in dem selben graben sölte buwen noch machen weder techer, spicher, hütten, hüser, stigen, noch dehein ander ding»*.[8]

Verteilung Berufe und Zünfte

- Ober- und Niedermetzgern
- Metzger
- Ober- und Niedergerbern
- Gerber
- Ober- und Niederschuhmachern
- Schuhmacher
- Kürschner
- sonstige Lederberufe
- Zunft- und Gewerbehäuser
- sonstige Liegenschaften
- Hinterhöfe
- andere

Zunft- und Gewerbehäuser

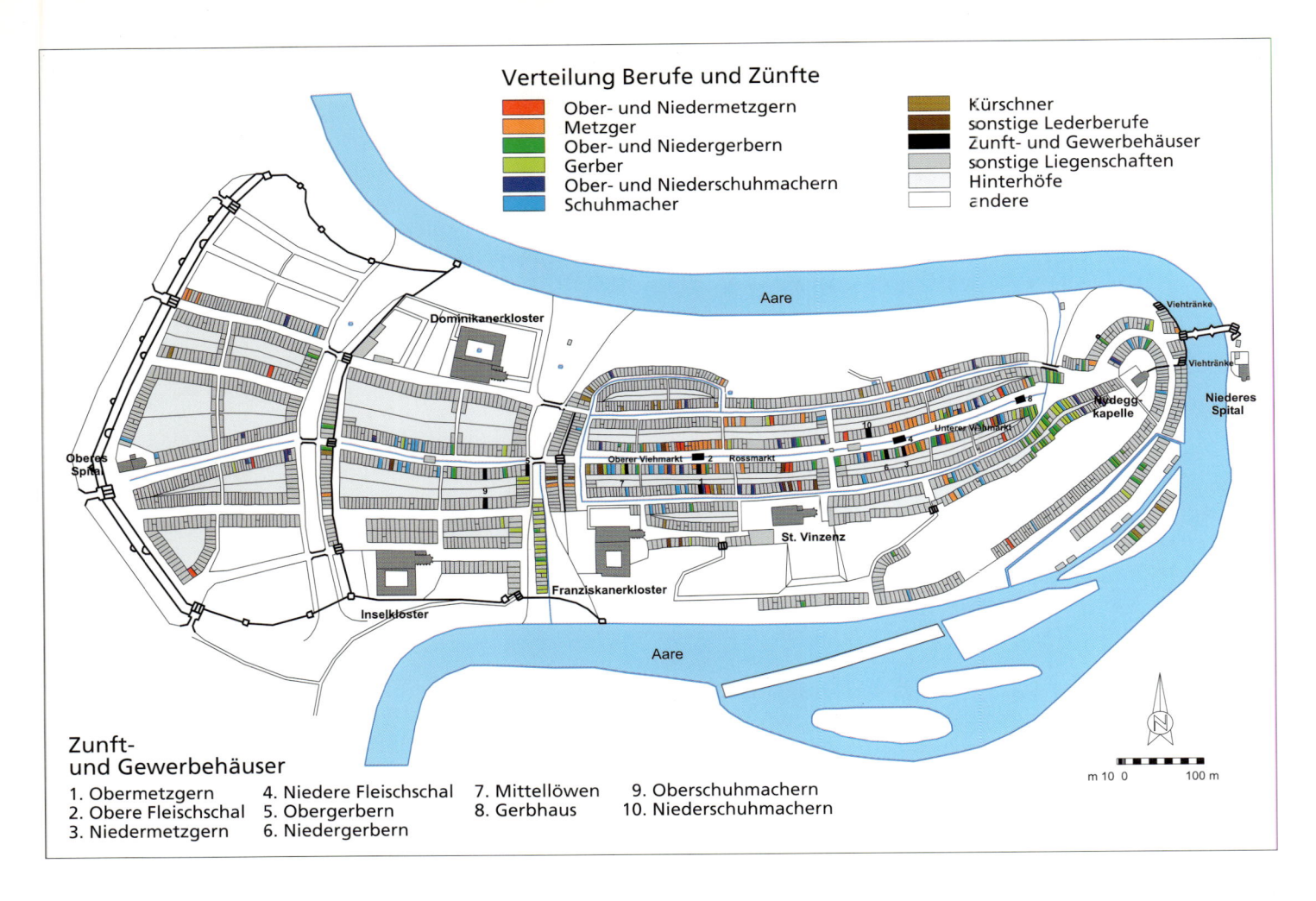

1. Obermetzgern
2. Obere Fleischschal
3. Niedermetzgern
4. Niedere Fleischschal
5. Obergerbern
6. Niedergerbern
7. Mittellöwen
8. Gerbhaus
9. Oberschuhmachern
10. Niederschuhmachern

Abb. 150:
Berufstopographie 1389 bis 1466: Metzger, Leder- und Fellberufe, Roland Gerber 1998.

Im Unterschied zu den Gerbern können für die Kürschner und Schuhmacher keine speziellen Bereiche im Stadtgebiet festgestellt werden, an denen sie sich besonders zahlreich niedergelassen hätten (Abb. 150). Angehörige beider Gewerbe lassen sich im 14. und 15. Jahrhundert in allen vier bernischen Stadtquartieren nachweisen. Die Schuhmacher scheinen jedoch im Unterschied zu den Kürschnern, die häufig an rückwärtigen Gassen anzutreffen waren, vornehmlich Häuser an den zentralen Strassenmärkten vom Stalden bis zum Oberen Spitaltor bewohnt zu haben. Die Tätigkeit der Kürschner war wie diejenige der Gerber mit gewissen Geruchsimissionen verbunden, so dass die Angehörigen dieser Berufsgruppe eher den Rand des überbauten Stadtgebietes besiedelt haben. Die Schuhmacher konnten ihren Beruf hingegen in jedem beliebigen Stadthaus ausüben. Sie waren jedoch auf die günstige Verkehrslage der Marktgassen angewiesen, wo sie die von ihnen hergestellten Schuhe direkt an die städtischen Marktbesucher verkaufen konnten. Bei den meisten Schuhmachern lässt sich zudem ein gewisse Nähe zu den Gewerbehäusern der Gerber feststellen, von denen sie die Rohstoffe für die Schuhherstellung bezogen. Dies zeigt sich insbesondere in der Lage der beiden Zunfthäuser der Oberen und Niederen Schuhmachern, die in nächster Nachbarschaft zu den Versammlungslokalen der Gerber standen. Eine gewisse Anhäufung von Schuhmachern findet sich im 15. Jahrhundert auch an der Marktgasse, wo die Oberen Schuhmachern im Jahre 1424 ihr neues Zunfthaus erbauten.

Bei den Metzgern kam es ähnlich wie bei den Gerbern während des Spätmittelalters zu einer Konzentration dieses Gewerbes in einzelnen Bereichen der zähringischen Gründungsstadt. Bei den Metzgern waren es jedoch weniger die Verunreinigungen des Stadtbaches durch Schlachtabfälle als vielmehr die Bedeutung dieses Gewerbes für die Lebensmittelversorgung der Stadtbevölkerung, was die Ansiedlung dieses Handwerks an bestimmten Standorten innerhalb des Stadtgebietes

Abb. 151:
Berufstopographie 1389 bis 1466: Metallberufe, Roland Gerber 1998.

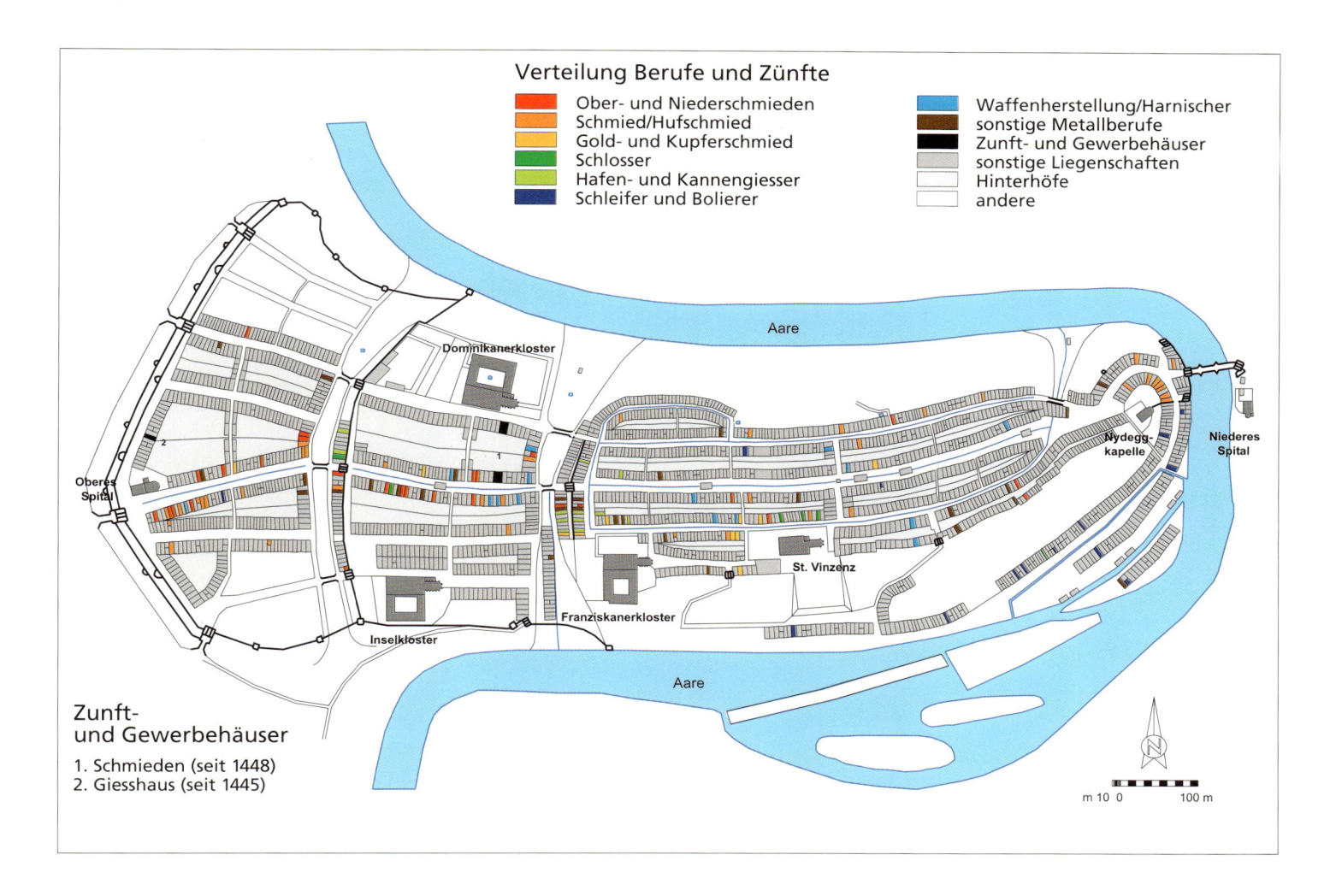

begünstigte. Die Tätigkeit der Metzger war eng mit den leder- und fellverarbeitenden Berufen verbunden. Die Metzger beschafften die zur Lederherstellung notwendigen Viehherden und schlachteten die von der Bürgerschaft auf den Stadtallmenden gehaltenen Tiere. Fleisch war neben Brotgetreide und Wein das wichtigste Nahrungsmittel der spätmittelalterlichen Stadtgesellschaft. Schultheiss und Rat bemühten sich deshalb seit dem 14. Jahrhundert darum, Qualität und Quantität des in der Stadt verkauften Fleisches zu kontrollieren und die Fleischpreise durch periodische Schätzungen zu reglementieren.

Die einzigen Verkaufsplätze von Frischfleisch befanden sich in der Oberen und Niederen Fleischschal, wo die stadtsässigen Metzgermeister seit dem 14. Jahrhundert über 40 Verkaufsbänke unterhielten. Laut den aus dem 15. Jahrhundert überlieferten Metzgerordnungen mussten die Meister jeweils schwören, kein Fleisch zu zerschneiden oder zu wägen, bevor es nicht von einem der vier aus dem Rat der Zweihundert oder der Metzgergesellschaft gewählten Fleischschauer gesehen und geschätzt worden war. Die Meister waren ausserdem dazu verpflichtet, alles Fleisch, das sie während eines Tages verkaufen wollten, bereits am Morgen auf ihrer Bank in einer der beiden Fleischschalen «an den nageln hangend» bereit zu halten, «damit es alles ordenlich gehandelt wird».[9] Die Fleischschauer hatten dabei die Aufgabe, sämtliches von den Metzgern vorbereitete Fleisch täglich «by irm eyde zu geschowen», nämlich am Morgen «zu summerzit, so es fünf slecht», und im Winter, «so es sechs slecht».[10]

Die tägliche Anwesenheit der Metzgermeister in den Fleischschalen hatte zur Folge, dass sich diese während des Spätmittelalters in grosser Zahl an der Kram- und Gerechtigkeitsgasse niederliessen, wo sich auch die wichtigsten Verkaufsplätze für Vieh und Pferde befanden. Rund um die Obere und Niedere Fleischschal entstand im Verlauf des 14. und 15. Jahrhunderts eine dichte Ansammlung von Häusern, die allein von

217

Metzgern bewohnt wurden. Die engen nachbarschaftlichen Beziehungen der Metzger lassen sich dabei durchaus mit denjenigen der Gerber im Graben und an der unteren Gerechtigkeitsgasse vergleichen. Erwähnenswert sind schliesslich noch die Metzgerhäuser beim Golatenmattgass- und Untertor, deren periphere Lage sich dadurch erklären lässt, dass das auf den Stadtallmenden weidende Vieh an diesen Standorten direkt hinter den Stadttoren geschlachtet werden konnte.

Metallverarbeitende Berufe

Die Wohn- und Gewerbehäuser der Schmiede und Schlosser sowie verschiedener anderer metallverarbeitenden Berufe wie Hafen- und Kannengiesser standen im Unterschied zu denjenigen der Gerber und Metzger hauptsächlich in der Inneren und Äusseren Neustadt sowie am Stalden (Abb. 151). Eine grössere Ansammlung von Metallberufen findet sich im 14. und 15. Jahrhundert insbesondere an der Spital- und Marktgasse, an der Hotelgasse und am Läuferplatz. Die Schmiede suchten die Nähe zu wichtigen Ausfallstrassen, wo sie Pferde und Wagen der nach Bern reisenden Kaufleute und Marktbesucher beschlagen konnten. Vor allem die von den benachbarten Landgebieten in die Stadt reisenden Bauern scheinen ihre Aufenthalte auf dem städtischen Markt häufig dazu benutzt zu haben, diverse Metallgegenstände wie Werkzeuge, Ackergeräte und Nägel, aber auch Zaumzeug für ihre Pferde bei den Schmieden am Stalden und an der Spitalgasse zu erwerben oder reparieren zu lassen. Die Konzentration des Schmiedehandwerks an der Markt- und Spitalgasse dürfte schliesslich auch einer der Gründe gewesen sein, warum die Schmiede ihr Zunfthaus im Jahre 1448 nicht in der Zähringerstadt, sondern in der Inneren Neustadt erbaut haben.

Zentralere Wohnlagen bevorzugten die Gold- und Kupferschmiede sowie die Schlosser. Ihre Wohnhäuser gruppierten sich im 14. und 15. Jahrhundert in grösserer Zahl um die St. Vinzenzkirche. Auffällig ist auch die Ansiedlung mehrerer Hafen- und Kannengiesser in den Häuserzeilen neben dem Zytglogge- und Käfigturm. Hier dürfte der erhöhte Platzbedarf für den Betrieb von Schmelzöfen sowie die von den Öfen ausgehende Brandgefahr zu einer Konzentration dieser Gewerbe im Bereich der ehemaligen Stadtmauern geführt haben. Den steinernen Wehrmauern könnte dabei durchaus die Funktion von Brandmauern zugekommen sein, so dass die feuerpolizeilichen Massnahmen des Rates zu einer Ansiedlung dieser Gewerbe am Rand der Stadtquartiere geführt hat. Aus Angst vor Stadtbränden wurde auch die erste städtische Geschützgiesserei Berns im Jahre 1445 im Bereich der nur locker überbauten Äusseren Neustadt zwischen der Spital- und Neuengasse errichtet.[11] Ebenfalls funktional bedingt waren die Standorte der verschiedenen Schleifer und Poliermüller, deren Wassermühlen an der Matte und Mattenenge standen.

Hauptsächlich repräsentativen Kriterien folgten hingegen die Angehörigen derjenigen Metallberufe, die von der Herstellung von Waffen und Harnischen lebten. Das militärische Ausgreifen Berns in die Landschaft sowie die Ausstattung von Stadt- und Landbewohnern mit Kriegsgeräten schufen im 15. Jahrhundert günstige Bedingungen für die Produktion von Waffen. Neben Hieb- und Stichwaffen, Pfeilspitzen und Belagerungsgeräten erlebte vor allem die Herstellung von Feuerwaffen und Geschützen einen erheblichen Aufschwung, was die Bedeutung des Metallgewerbes in der Stadt kontinuierlich vergrösserte. Die Wohnhäuser der Waffenproduzenten befanden sich zu einem grossen Teil im Bereich des Zunfthauses zu Schmieden in der Inneren Neustadt sowie an der Kreuzgasse. Eine exklusive Ausnahme bildet das Haus des Büchsenmeisters Johannes von Meyenberg, der von ausserhalb nach Bern berufen worden war und 1448 ein repräsentatives Steingebäude direkt neben den Bubenberghäusern an der oberen Junkerngasse bewohnte.[12]

«...das baden und wihrten in den Bädern... nicht länger als bis abends um neun Uhren erlaubt seyn...» Bader und Badestuben im spätmittelalterlichen Bern

Armand Baeriswyl

Die in den bernischen Schriftquellen (vgl. Kap. III, S. 204) zwischen 1389 und 1466 fassbaren Bader und Schärer waren als Berufsgruppe in fast jeder mittelalterlichen Stadt vertreten. Als selbständige Gewerbetreibende führten sie öffentlich zugängliche Badehäuser, ein wichtiger Bestandteil der städtischen Infrastruktur. Der Besuch solcher Etablissements diente ganz verschiedenen Zwecken: Er war zum einen Teil der persönlichen Hygiene für Männer und Frauen, diente zum zweiten aber auch der Gesundheitsvorsorge und bildete nicht zuletzt einen wichtigen Bestandteil des sozialen Lebens (Abb. 152).

Im Zentrum stand natürlich das Baden in grossen Holzzubern und das Schwitzen in der Schwitzstube. Eng damit verbunden war die Pflege von Körper und Gesundheit. Zum einen liess man sich im Badehaus vom Schärer rasieren und die Haare schneiden. Zur Gesundheitspflege gehörten ferner Aderlassen, Schröpfen, Massieren und das Schlagen mit Birkenwedeln. Der Birkenwedel war denn auch das auf dem Zunftwappen verewigte Berufssymbol der Bader.[1] Ausserdem waren der Bader und der Schärer erste Anlaufstellen für kleinere Krankheiten, da sie als heilkundig galten und verschiedene Pulver, Tränke und Absude bereit hielten. Sie verstanden es auch, Wunden zu pflegen und Brüche zu richten. Darüber hinaus waren Badestuben aber auch Orte der Geselligkeit, an welchen gespeist, getrunken und gespielt wurde. Manche Badestuben dürften auch als Bordelle gedient haben.[2] Nicht zuletzt deshalb galten Bader weithin als «unehrlich»[3] und Badestuben als anrüchig.[4] Nicht umsonst gab es das Sprichwort «bischoff oder bader» – «Alles oder nichts». Als sich im Laufe des 16. Jahrhunderts die von Kolumbus nach Europa eingeschleppte Syphilis rasch ausbreitete, wurden neben den Frauenhäusern auch die Badestuben als Quelle der Ansteckung angesehen und vielerorts geschlossen.[5]

In Bern sind in der ersten Hälfte des 15. Jahrhunderts 18 Bader, eine Baderin, sechs Schärer und fünf Wundschärer in den Schriftquellen anzutreffen; eine entsprechende Anzahl von Badegesellen, -knechten und -mägden ist anzunehmen. In Bern galten die Bader – wie auch in Basel oder Zürich – im Spätmittelalter als ehrbar; einige erscheinen auch als Mitglieder der Zünfte.

Damals haben offenbar nur zwei öffentliche Badestuben bestanden, wenn man diejenigen in den Spitälern nicht zählt.[6] Das ist sehr wenig für eine Stadt von der Grösse Berns mit seinen rund 5000 Einwohnern im 15. Jahrhundert, besass doch Burgdorf, welches kaum 1000 Einwohner zählte, ebenfalls zwei solcher Betriebe, Zürich neun und Basel gar 16 Badestuben.[7] Die Betriebe durften nur mit einer Bewilligung von Schultheiss und Rat betrieben werden, der sogenannten «Badstubengerechtigkeit». Sie standen – wie alle städtischen Gewerbe – unter städtischer Aufsicht. Als Etablissements von zweifelhaftem Ruf waren sie an den Rand der Stadt verbannt. Ausserdem brauchten sie den Zugang zu frischem Wasser. Die eine Badestube lag im Stadtgraben der Stadtgründungszeit, im Bereich des heutigen Kornhausplatzes, unmittelbar neben einem der alten Sodbrunnen (vgl. Kap. I, S. 54). Der Graben wurde deshalb Badstubengraben genannt. Der zweite Betrieb befand sich in der Matte, am Westende der Badgasse am Ufer der Aare.

Während von den Berner Badestuben vorderhand keine archäologischen Spuren nachweisbar sind, gibt es aus Biel und Burgdorf tönerne Schröpfköpfe (Abb. 153). Letztere stammen zum einen aus dem Kornhaus, wel-

Abb. 152:
Urs Graf, Wasserbad, Holzschnitt, in: Kalender des Doctor Kung (Kungsberger), Zürich 1508.

Der Badende sitzt in einem grossen Holzzuber, und die Bademagd reicht ihm einen Becher Wein. Bei Bedarf wurde mit einer Gelte heisses Wasser nachgeschüttet.

Abb. 153:
Tönerne Schröpfköpfe aus Burgdorf und Biel.

ches unmittelbar neben der Badestube der Unterstadt steht, zum anderen aus dem Sondersiechenhaus (→Abb. 28), welches mit einer eigenen Badestube für die Leprakranken ausgestattet war.[8]

Archäologische Hinweise auf städtische Gewerbe

Eva Roth

Gewerbebetriebe waren ein wesentlicher Teil der Wirtschaft einer spätmittelalterlichen Stadt. Diese existierte nicht auf Basis der Eigenproduktion landwirtschaftlicher Erzeugnisse, sondern vom Handel mit Gütern, die hier hergestellt oder veredelt wurden. Auf dem Markt wurden die eigenen Produkte feilgehalten und die landwirtschaftlichen Waren aus dem Umland oder auch spezielle Importware gehandelt. Versucht man sich über die Reste von Handwerk und Gewerbe in Bern einen Überblick zu verschaffen, so muss man unterscheiden zwischen Erzeugnissen, die zur Selbstversorgung für den eigenen Haushalt hergestellt wurden, Produkten, die die Bedürfnisse des lokalen Marktes abdeckten, und besonderer Ware, die für den Fernhandel erzeugt wurde. Für uns interessant sind vor allem Dinge, die gehandelt wurden, sei es nun auf dem lokalen Markt oder im überregionalen Austausch. Die Aufstellung der in Bern schriftlich belegten Berufsbezeichnungen zeigt, wie vielfältig das Angebot gewerblicher Erzeugnisse auch im spätmittelalterlichen Bern war (→Abb. 144). Allein die grosse Anzahl verschiedener Berufe legt von florierenden Gewerbebetrieben der Stadt Bern beredetes Zeugnis ab. Zwischen 1389–1458 werden in den Schriftquellen 131 verschiedene Berufe genannt, die sich aufgrund der verarbeiteten Materialien und den Verarbeitungstechniken zu zehn Gruppen zusammenfassen lassen. Offensichtlich wurde von den bernischen Gewerben alles abgedeckt, was eine mittelalterliche Stadt ihrer Grösse brauchte. Die grösste Nachfrage bestand naturgemäss nach Berufsleuten der Lebensmittelherstellung wie Metzger, Bäcker (*«Pfister»*), Müller und Winzer (*«Rebmann»*). Es gab aber auch Spezialisten wie Pastetenbäcker (*«Bastettenmacher»*), Hafermehlmacher, Lebkuchenmacher oder etwa Hostienbäcker (*«Oflater»*). Zahlenmässig gefolgt wird dieser grösste Gewerbesektor von den klassischen Handwerksgruppen der Holz-, Textil-, Metall- und Lederverarbeitung, wovon die Hauptvertreter in Bern die Schneider, Schmiede, Schuhmacher und Gerber sind.

Relativ geringe Anteile haben zu dieser Zeit noch die Leute, die von Transport und Handel leben. So zeigt auch die Berufsverteilung keine Spezialisierung der bernischen Gewerbe auf bestimmte, besonders für den Export hergestellte Produkte. Es ist daher sicherlich richtig, die Gewerbe im spätmittelalterlichen Bern nicht mit den grossen Handels- und Messestädten wie zum Beispiel Basel zu vergleichen. Berns Gewerbebetriebe produzierten primär für die Stadtbevölkerung und für das nahe gelegene Umland.

Umgekehrt scheint es für Importprodukte des Fernhandels nur begrenzte Absatzmöglichkeiten gegeben zu haben. Dennoch wurden auch in Bern beispielsweise Gewürze aus dem Süden und künstlerische Erzeugnisse aus dem Norden, wie etwa die Heidnischwirkerei vom Oberrhein, gehandelt (vgl. Kap. V, S. 465). Im weiteren gab es einen nicht geringen Anteil an Handelsware aus dem Umland: Als Beispiel sei hier Hohlglas, das heisst beispielsweise Trinkgläser und Flaschen, das im Jura produziert wurde, genannt.[1] Es handelt sich um eine Gruppe von Alltagsgegenständen, die praktisch nur für gehobene Ansprüche produziert wurden (Abb. 154).

Die archäologischen Belege zum Gewerbe im spätmittelalterlichen Bern darzulegen kommt einem Aufenthalt im dunklen Keller gleich: Man weiss zwar, dass der Keller existiert, kann aber seine Struktur nur anhand von einigen Kerzenlichtern erkennen, die das Umfeld punktuell und schwach beleuchten.

Im Idealfall gibt es drei Gruppen von Sachquellen zum Gewerbe, die mittels archäologischer Ausgrabungen zum Vorschein kommen können. Dies sind erstens die Befunde, also die am Ort des Gewerbebetriebes im Boden erhaltenen Produktionseinrichtungen, Lagerstellen und Abfallgruben. Die zweite Gruppe beinhaltet auf ein bestimmtes Gewerbe hinweisende Funde, das heisst Hilfsmittel, Halbfabrikate und Produktionsabfälle. So kennt man beispielsweise aus Töpfereien tönerne Brennhilfen und nach einem Fehlbrand weggeworfene, verformte Stücke.

Als dritte und umfangreichste Gruppe von Sachquellen weisen natürlich auch die nach ihrem Verbrauch im Müll abgelagerten Objekte selbst auf das Gewerbe ihrer Herstellung hin. Überall dort, wo Menschen leben und arbeiten, fällt Abfall an und daher sind die gewerblichen Erzeugnisse normalerweise auch im archäologischen Fundgut zu finden. In Relation dazu kommen Befunde aus Produktionsbetrieben und Produktionsabfälle sehr selten vor. Da jedoch die umfangreichen Fundkomplexe aus bernischen Altgrabungen der 40er bis 60er Jahre unseres Jahrhunderts wissenschaftlich noch weitgehend unerschlossen sind, bleiben die Aussagemöglichkeiten noch immer sehr begrenzt.[2]

Die archäologische Überlieferung gewerblicher Tätigkeit ist in Bern aus verschiedenen Gründen erheblich eingeschränkt. Zum Einen muss man sich vorstellen, dass der Mensch im Mittelalter ein von uns heutigen Menschen stark abweichendes «Abfallverhalten» zeigte. Da bis zur Industrialisierung Rohstoffe und Materialien teurer waren als der Einsatz menschlicher Arbeitskraft, wurde der Reparatur und der Wiederverwendung von Objekten und ihrer Rohstoffe eine viel stärkere Bedeutung zugemessen als heutzutage. Jegliche Art von Metallgegenständen, wie etwa Werkzeuge und Kochkessel, wurde über die Jahrhunderte hinweg des öftern eingeschmolzen und neu verarbeitet. Zu nennen sind zudem die Wiederverwendung von Textilien zur Papierherstellung («Lumpensammler») sowie von Bauholz und Holzgegenständen als Brennholz. Dies heisst konkret, dass die Menge und die Diversität der allfälligen archäologischen Funde von vornherein sehr klein ist und die im Idealfall vorhandenen Reste stark begrenzt sind. So fallen bei der Produktion des grössten Teils des Gewerbes, nämlich der Lebens-

Abb. 154:
Biel, Untergasse 21, Grabungsfunde. Die hochqualitativen Hohlgläser des ausgehenden 15. und der ersten Hälfte des 16. Jahrhunderts wurden vermutlich im Jura hergestellt. Es ist sehr wahrscheinlich, dass derartige Gläser auch in Haushalten wohlhabender Bürger und Patrizier der Stadt Bern vorhanden waren.

Abb. 155:
Hausbuch der Mendelschen Zwölfbruderstiftung zu Nürnberg, Nürnberg, Stadtbibliothek, Amb. 317.2°, M I, fol. 13r.

Ein Paternosterer an der Arbeit. Man erkennt die Drechsler-Werkbank und ein Tisch mit mehreren, fertiggestellten Rosenkränzen.

mittelherstellung, kaum Reste an. Von einem Bäcker könnten wir allenfalls Produktionseinrichtungen wie den Backofen finden und vom Müller den Mühlstein.

Ein zweiter wichtiger Grund für die eingeschränkte Überlieferung sind die Erhaltungsbedingungen im Boden. Es gibt Gewerbezweige wie die Stein-, Ton- und Metallverarbeitung, deren Überreste beispielsweise in Form von Brennöfen und Produktionsabfällen im Boden durchaus gut konserviert sind. Andere Bereiche, zum Beispiel die Lebensmittelherstellung, oder die Verarbeitung organischer Materialien (Holz, Leder, Textilien) erhalten sich im steinig-kiesigen Boden naturgemäss schlechter oder gar nicht.

In Bern kommt zu der Zersetzung im Boden die Tatsache einer sehr effizienten Abfallentsorgung mittels Ehgräben, Stadtbächen und obrigkeitlich organisierter Müllentsorgung («Kehrlisleute») hinzu. Bern hatte nicht wie andere Städte Latrinengruben für Fäkalien und Müll, sondern der Abfall wurde regelmässig weggeschafft, entweder in die Aare oder als Dünger auf die Felder des Umlandes (vgl. Kap. I, S. 54). Daher ist Bern, verglichen mit anderen Städten des schweizerischen Mittellandes, eher arm an archäologischen Funden.

Ein weiterer Grund für die eingeschränkte Überlieferung der gewerblichen Überreste in der Stadt Bern ist leider auch der Forschungsstand. Weniger die Blüte des 18. Jahrhunderts als das Wachstum der Stadt im späten 19. Jahrhundert und vor allem die Veränderungen der Nachkriegsjahre haben die Stadt der meisten Reste gewerblicher Tätigkeiten vergangener Jahrhunderte beraubt. Hinzu kommt, dass die Schwerpunkte archäologischer Forschung lange Zeit auf die Erfassung von Stadtbefestigung, Stadtgräben und anderen grossen Strukturen beschränkt bleiben musste. Die unauffälligen Reste einer gewerblichen Produktion, wie zum Beispiel verkohlte Textilfetzen oder hauchdünne Bodenschichten, konnten so leicht unerkannt zerstört werden. Möchte man in Zukunft mehr zum Gewerbe in der Stadt Bern wissen, so müsste man verstärkt in Bereichen der ehemaligen Hinterhöfe und Ehgräben Untersuchungen durchführen können.

Grundsätzlich kann man für die meisten archäologischen Kleinfunde aus der Innenstadt annehmen, dass sie nicht nur in Bern benutzt, sondern auch produziert worden sind. Unsere wichtigsten Fundstellen sind die ehemaligen Stadtgräben am Kornhaus- und Casinoplatz sowie am Waisenhaus- und Bärenplatz, die teilweise schon im Spätmittelalter oder der frühen Neuzeit mit Abfällen und Bauschutt verfüllt worden sind.[3] Hinzu kommt die Auffüllung der Münsterplattform, die ja zum grossen Teil Ende des 15. Jahrhunderts erfolgte und von deren Inhalt 1986 ein Teil geborgen wurde (siehe Kastentext, S. 78).[4]

Hier soll es jedoch nicht um die gewerblichen Erzeugnisse gehen, sondern um die wenigen archäologischen Befunde, die auf eine Produktion vor Ort schliessen lassen sowie um Produktionshilfen (Model) und Produktionsabfälle (Restmaterialien und Halbfabrikate). Diese Einzelfunde verdienen unsere besondere Aufmerksamkeit. Die materielle Hinterlassenschaft zum Gewerbe im spätmittelalterlichen Bern beschränkt sich auf Spuren von ungefähr einem halben Dutzend Betrieben, deren Datierung zudem im grösseren Rahmen, nämlich vom 14. bis zum Anfang des 16. Jahrhunderts, gesehen werden muss.

Paternosterer / Knopfmacher

Der Paternosterer (Rosenkranzmacher) oder Knopfmacher stellte Perlen oder Knöpfe her, welche er mittels eines Hohlbohrers von beiden Seiten her aus einem flachgeschnittenen Tierknochen herausarbeitete (Abb. 155).[5] Typische Abfälle von Knopfmacherwerkstätten sind der

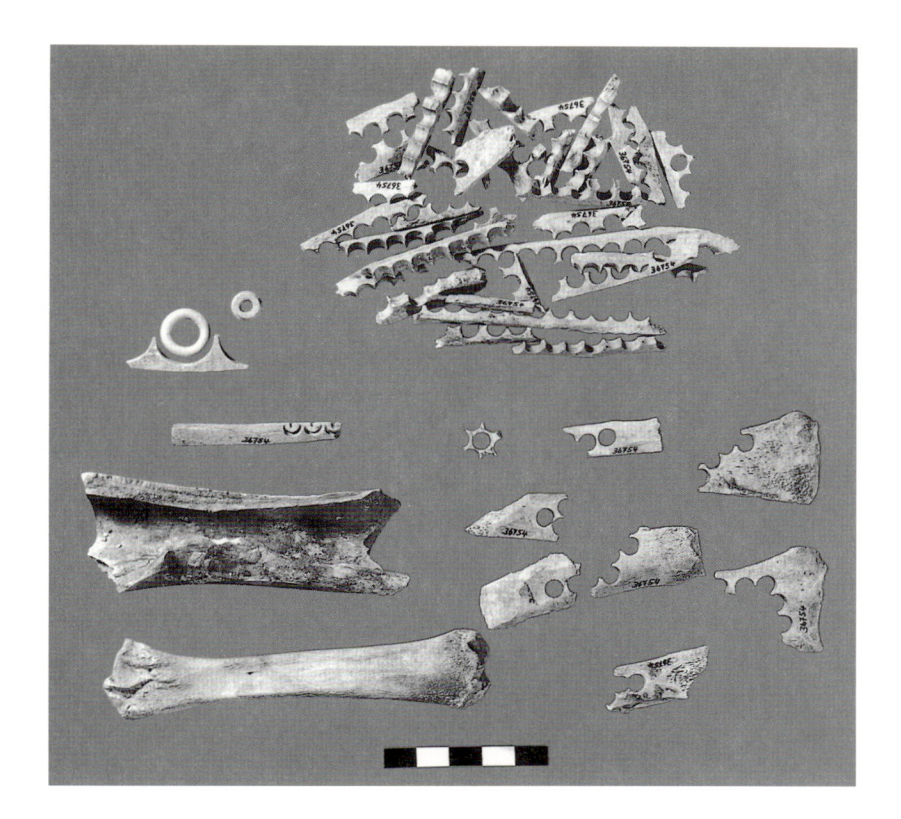

Abb. 156:
Bern, Casinoplatz, Grabungsfunde. Abfälle aus der Werkstatt eines Paternosterers oder Knopfmachers. Die dünnen Knochenstücke weisen die Lücken der herausgedrechselten Knöpfe mit Durchmesser von je 18 Millimetern auf.

Länge nach geschnittene Mittelhand- oder Mittelfussknochen von Kleinvieh, die eng aneinanderliegende Löcher aufweisen.
Am Casinoplatz in Bern kamen in der Hinterfüllung der Grabenstützmauer des 14./15. Jahrhunderts zahlreiche Werkstattabfälle eines Knopfmachers oder Paternosterers zum Vorschein (Abb. 156).[6] Es handelt sich um Knochenreste und Knopfnegative sowie um Halbfabrikate mit halb herausgedrechselten Knöpfen. Da die Knochenschnitte nur eine Stärke von 2–4 Millimeter aufweisen, wurden aus diesen Stücken wohl eher flache Knöpfe als Paternosterperlen angefertigt.

Weitere Werkstattabfälle eines Paternosterers oder Knopfmachers kamen 1963 an der Kramgasse 2 während eines Umbaus zum Vorschein.[7] Die Funde stammen aus den Schuttschichten eines Treppenturmes, der nach einem Brand (eventuell Stadtbrand von 1405?) abgetragen worden war (vgl. Kap. I, S. 36). Dies erlaubt die Schlussfolgerung, dass sich im 14. Jahrhundert an dieser Stelle eine Knopfmacherwerkstatt befand.[8]

Leider wird in den vergleichbaren Schriftquellen des 14. Jahrhunderts für die untere Kramgasse niemand mit der Berufsbezeichnung eines Knopfmachers oder Paternosterers genannt. Es gibt jedoch den Namen Ulrich Paternosterer senior, der an der unteren Herrengasse wohnte.[9] Er ist sowohl im Udelbuch als auch im Steuerbuch von 1389 erwähnt und man könnte ihn, da keine andere Berufsbezeichnung überliefert ist, als Knopfmacher bezeichnen.

Metallgiesser
Aus dem Sodbrunnen im ehemaligen Hof der Burg Nydegg stammen drei Sandsteinmodel, die als Gussmodel für Blei-Zinn-Marken und Pilgerzeichen interpretiert werden können (vgl. Kap. III, S. 250).[10] Es handelt sich dabei um seltene Belege der Produktion einfacher Metallgegenstände. Interessant ist vor allem ein Stück, das den Model als unfertiges Halbfabrikat zeigt und somit auch über die einzelnen Schritte der Modelherstellung Auskunft gibt (→Abb. 175). Der Fundort im Bereich der Hinterhöfe der früheren Wendschatzgasse lässt darauf schliessen, dass sich dort eine Metallgiesserwerkstatt befand, die in den Schriftquellen nicht erwähnt ist.

Abb. 157:
Bern, Brunngasse 7–11, Grabungsbefund einer Feuerstelle gewerblicher Nutzung. In der Bildmitte ist der lang-rechteckige Feuerraum zu sehen, der am Boden quadratische Keramikplatten aufweist. Die zur Feuerstelle gehörenden Wände (rechts und hinten) sind gemauert und noch in zwei Lagen erhalten. Rote Brandspuren zeugen von den hohen Temperaturen, die in dieser Feuerstelle (oder Ofen?) erreicht wurden.

Abb. 158:
Bern, Neuengasse 7 (links) und Münsterplattform (rechts). Der Model aus gebranntem Ton zeigt in negativem Relief das Motiv eines Greifen. Die etwas kleinere Blattkachel mit dem seitenverkehrten Greifen könnte im abgebildeten Model hergestellt worden sein.

Metallverarbeitendes Gewerbe

Im weiteren sind Reste von Brennöfen oder Feuerstellen zu nennen, die als archäologische Befunde im Boden erhalten blieben. Sie zeigen starke Brandrötungen oder Verziegelungen des Untergrundes und weisen daher eindeutig auf eine gewerbliche Nutzung hin. In den meisten Fällen kann man jedoch die Art des Gewerbes nicht mehr feststellen.

Eine solche Feuerstelle konnte 1996 während eines Umbaus an der Gerechtigkeitsgasse 79 archäologisch untersucht werden, und ein weiterer Gewerbebetrieb, der mit Feuer arbeitete, wurde 1988 an der Brunngasse 7/9/11 ausgegraben (Abb. 157). Leider geben uns weder die Reste der Feuerstelle noch die Funde präzise Hinweise auf die Art des Gewerbes. Die starke Verziegelung im Befund beweist jedoch, dass es sich nicht um eine Kochstelle oder einen Backofen handelte, sondern dass mit diesem Feuer erheblich höhere Temperaturen erreicht wurden. Für diese Liegenschaften sind keine präzisen Berufsbezeichnungen bekannt. Aber der Vergleich zwischen Schriftquellen und Befunden ist hier trotzdem sehr interessant, weil für die südseitige Brunngasse aus den Schriftquellen Gewerbebetriebe belegt sind, in denen der Stadtbrand um 1405 ausgebrochen sein soll (vgl. Kap. I, S. 36). Diese Betriebe wurden nach dem Stadtbrand aufgrund der Feuergefahr nicht an Ort wieder aufgebaut, sondern in das neuste Stadtquartier in der Nähe des Stadtrandes, wo noch eine lockere Bebauung existierte, verlegt. Die wenigen Reste der gewerblichen Feuerstelle an der Brunngasse können somit als Bekräftigung der Beschreibungen des Chronisten Justinger interpretiert werden.[11]

Hafner/Töpfer

Den deutlichsten archäologischen Hinweis auf städtisches Gewerbe finden wir in einer Gruppe von Keramikmodeln, die 1925 bei einem Umbau an der Neuengasse 7 zum Vorschein kamen.[12] Die Stücke wurden für die Herstellung reliefierter Ofenkacheln, reliefierter Bildplatten (Terrakotten) und Keramikfiguren verwendet. Für einzelne Model gibt es im Fundgut der Münsterplattform die präzisen Gegenstücke, nämlich die benutzten Ofenkacheln (Abb. 158). Diese Gruppe von Keramikmodeln stellen die materiellen Belege eines Berufszweiges dar, der in jeder spät-

Abb. 159:
Die Berufsbezeichnung des Hafners wird heute in der Bedeutung des Kachelherstellers und Ofenbauers angewandt. Oft wird dabei vergessen, dass diese Bezeichnung in den frühesten Quellen auch für den Töpfer, das heisst den Hersteller von Gebrauchskeramik benutzt wurde. Der Hafner produzierte also neben Ofenkacheln auch Geschirr. Während die Kochtöpfe, Pfannen und Krüge praktisch alle auf der Töpferscheibe gedreht wurden, war für die Herstellung der meisten Kacheln eine aufwendigere Technik nötig: Sie bestehen in der Regel aus zwei Teilen, dem reliefierten Kachelblatt und dem gedrehten Tubus. Der Hafner machte zuerst das Blatt, indem er den Ton in ein Keramiknegativ (mit Reliefmotiv) strich und drückte. Danach musste das Kachelblatt in der Form etwas antrocknen, damit es sich vom Negativ lösen konnte. Der Tubus wurde nachher auf der Töpferscheibe gedreht, mit einem Draht abgeschnitten und mit Hilfe von Schlicker (dünner Ton) auf die Rückseite des Kachelblattes angebracht. Oft sieht man an den Kacheln Fingerspuren oder Stoffabdrücke vom Zusammenfügen der beiden Teile. Nach einer weiteren Trocknungsphase konnte der Hafner mit der Verzierung beginnen, das heisst er brachte meistens, sozusagen als Grundierung, eine weisse «Engobe» an und brannte das Stück ein erstes Mal. Erst nach diesem sogenannten «Schrühbrand» wurden die Kacheln mit einer Bleiglasur überzogen. Die meisten reliefierten Kacheln des 15. Jahrhunderts hatten eine grüne Bleiglasur. Manchmal wurden sie jedoch auch gelb oder braun glasiert. Auf besonderen Wunsch brachte der Hafner mehrere Glasurfarben an, so dass das Stück am Ofen einen polychromen Eindruck hervorrief.

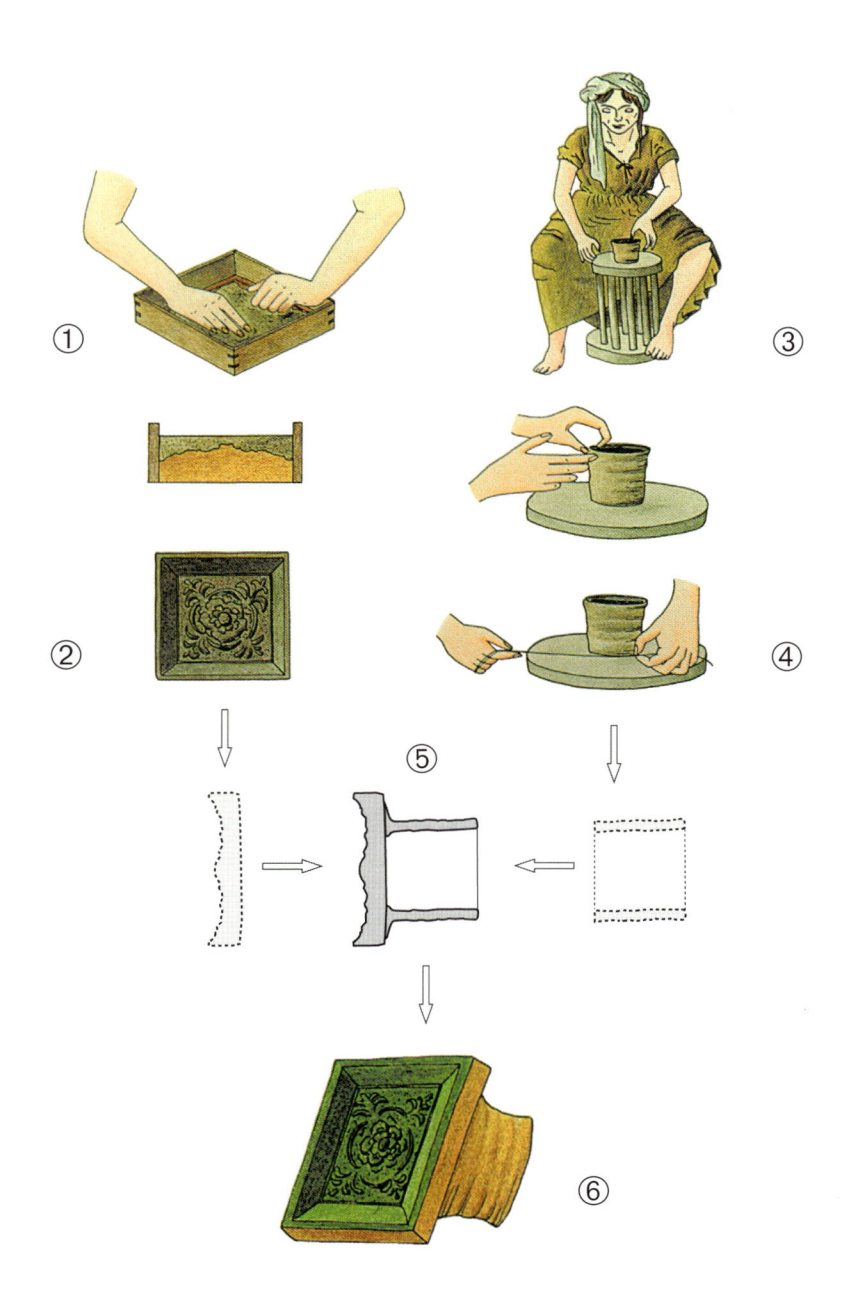

mittelalterlichen Stadt sehr wichtig war. Die Hafner stellten nämlich nicht nur prunkvolle Öfen her, sondern produzierten auch das Alltagsgeschirr wie Kochtöpfe, Pfannen, Kannen, Schüsseln und Öllämpchen (Abb. 159, siehe Kastentext, S. 172).

Leider wurden an der Neuengasse 7 während des tiefgreifenden Umbaus keine Befunde wie beispielsweise die Reste eines Brennofens beobachtet. Daher ist anzunehmen, dass es sich beim Fundkomplex um ein Depot alter Kacheln und Model gehandelt haben muss. Gegen die Interpretation als Abfallgrube einer Töpferei spricht die Tatsache, dass im Fundkomplex von zirka 50 Kacheln weder Fehlbrände noch Halbfabrikate zu finden sind.

Weitere Fragmente von Kachelmodeln verteilen sich über das gesamte Stadtgebiet (Abb. 160), so zum Beispiel ein Stück aus dem vor 1531 zu datierenden Fundkomplex der Münsterplattform, zu dem mehrere erhaltene Kacheln desselben Motives existieren.[13] Auch aus Auffüllschichten des Waisenhausplatzes sowie der Liegenschaft Spitalgasse 14 wurden schon früher vereinzelte Model geborgen.[14]

Befragt man die Schriftquellen nach der Existenz von Hafnern, so muss man sich quellenkritisch vergegenwärtigen, dass die wenigen als Haf-

Abb. 160:
Bern, Fundorte von Hafnereiabfällen und anhand der Schriftquellen rekonstruierte Standorte von Hafnereien, Massstab 1 : 15000.

1: Neuengasse 7, Fundort diverser Keramikmodel im Jahr 1925. 2: Spitalgasse 20, Peter Hafner, erwähnt 1389 und Vinzenz Tüdinger, erwähnt 1448. 3: Spitalgasse 14, Fundort mehrerer Keramikmodel. 4: Spitalgasse 4, Heinrich Hafner, erwähnt 1448. 5: Waaghausgasse 16, Andreas Hafner, erwähnt 1448. 6: Waisenhausplatz, Fundort mehrerer Ofenkachelmodel im Jahr 1955. 7: Münsterplattform, Fundort eines Kachelmodels im Jahr 1986. 8: Matte 7, Niklaus Hafner (Niklaus Wanner), erwähnt 1448.

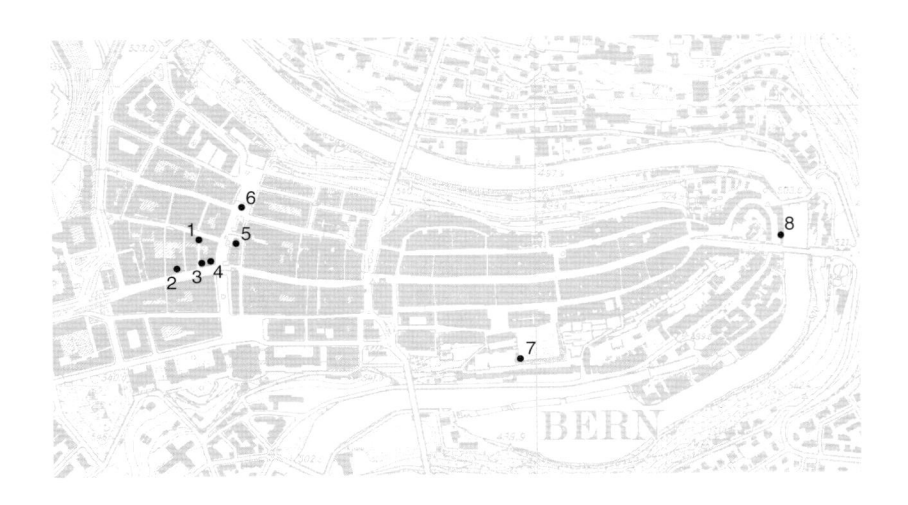

ner bezeichneten Personen wohl überdurchschnittlich grossen oder wichtigen Betrieben vorstanden. Die kleinen Einmannbetriebe fanden eher keine, oder keine zuweisbare Erwähnung in den Schriftquellen.[15] Man stösst für das 15. Jahrhundert im wesentlichen auf fünf Namen. Ein Andreas Hafner, der mit relativ geringem Vermögen in der zweitkleinsten Steuerklasse angesiedelt wird, war an der Waaghausgasse 16 ansässig. Ob er wohl seine Abfälle in den nahegelegenen Stadtgraben (Waisenhausplatz) warf und ob die erwähnten Modelfragmente zusammen mit Dutzenden von anderen Kachelfunden von ihm stammen könnten? Ein Niklaus Wanner oder Niklaus Hafner versteuerte in der Matte 7 ein mittleres Vermögen. Er hielt zudem das eher unbedeutende städtische Amt des Meisters der Sondersiechen inne. Hierzu gibt es bis anhin keine archäologischen Belege einer Kachel- oder Keramikproduktion.

Drei Personen, die nachweisbar den Beruf des Hafners ausübten, waren an der Spitalgasse ansässig. Es ist Heinrich Hafner, der an der Spitalgasse 4 steuerte und höchstwahrscheinlich in städtischem Auftrag 1449 im Schloss Burgdorf einen Ofen erstellte.[16] Heinrich Hafner versteuerte ein mittleres Vermögen und war Mitglied des Grossen Rates. Da die Lokalisierung der in den Schriftquellen genannten Personen immer eine Unsicherheit birgt, könnten die Keramikmodel aus der unmittelbaren Nachbarschaft (Spitalgasse 14, vgl. oben) durchaus zu Heinrich Hafners Betrieb gehört haben.

Besonderes Augenmerk wollen wir dem, über die Stadtrechnungen bestens belegten Hafner-Unternehmer Vinzenz Tüdinger widmen, auf dessen Schaffen zahlreiche Öfen in obrigkeitlichen Gebäuden der bernischen Landschaft zurückgehen.[17] Vinzenz Tüdinger kann zudem als «Juniorpartner» jenes Peter Hafners angesehen werden, der 1389 ein mittleres Einkommen versteuerte und sein Haus an der Spitalgasse 20 zuerst mit einem Schumacher teilte. Später konnte er sich offenbar das ganze Haus leisten und nahm vermutlich den jungen Vinzenz Tüdinger als Gesellen auf. Der Geselle sollte nach seinem Tod nicht nur sein Haus übernehmen, sondern in der städtischen Verwaltung eine Karriere machen (Abb. 161).

Aufgrund dieser schriftlichen und archäologischen Belege ist es sicher noch immer gültig, im Bereich der Häuserzeile Spitalgasse/Neuengasse für das spätmittelalterliche Bern die Konzentration von Hafnereibetrieben hervorzuheben und verallgemeinernd von einem Quartier des tonverarbeitenden Gewerbes im 15. Jahrhundert zu sprechen (Abb. 160).

Florierendes Gewerbe in Bern

Vergleicht man mit den Gewerberesten anderer Städte im schweizerischen Mittelland oder im benachbarten Süddeutschland, so lassen sich die bernischen Quellen ohne Probleme einreihen. Die konkret archäologisch nachweisbaren Überreste von Knopfmachern, Metallgiessern und Hafnern lassen sich in ähnlicher Form auch in anderen Fundkomplexen vergleichbarer Städte finden. Sie zeugen von einem durchschnittlichen Produktionsspektrum einer mittelgrossen Stadt im Spätmittelalter.

Sowohl Knöpfe als auch Marken und Jetons waren Objekte des täglichen Gebrauchs und daher ist der Nachweis ihrer Herstellung in einer Stadt wie Bern nicht weiter erstaunlich.

Im internationalen Vergleich fällt jedoch die Herstellung stark spezialisierter Ofenkeramik aus dem Rahmen. Bern wiederspiegelt in diesem Bereich ein bis anhin in der Forschung noch nicht befriedigend erklärtes Süd-/Nordgefälle in der Existenz hochqualitativer Kachelöfen. Genau wie in anderen Städten des schweizerischen Mittellandes, des nordöstlichen Alpenraumes (Österreich, Ungarn, Böhmen), des Oberrheins und der Rheinlande erreichte die Kachelherstellung hier eine Blüte, die in den nördlichen Gebieten gleichzeitig noch keine Entsprechung fand.

Zünfte und Gesellschaften

Roland Gerber

Das neben der Zugehörigkeit zur Bürgerschaft wichtigste konstituierende Merkmal der spätmittelalterlichen Stadt Bern war die Mitgliedschaft in einer Zunft.[1] In vielen Städten galt während des Mittelalters das Prinzip, dass nur diejenigen Einwohner in den Genuss des vollen Bürgerrechts kommen konnten, die gleichzeitig auch einer städtischen Zunft angehörten. Zunft- und Bürgerrecht bedingten, respektive ergänzten sich deshalb oftmals gegenseitig.

Die spätmittelalterliche Zunft war ein genossenschaftlich organisierter Zwangsverband, dem alle beruflich Selbständigen wie vor allem Handwerksmeister und nach deren Tod teilweise auch deren Witwen anzugehören hatten. Ziel zünftiger Politik war es, durch die Regelung der Warenproduktion und der Ausbildung von Lehrlingen sowie der Kontrolle von Preisen und Absatzmärkten die Qualität und Quantität der in der Stadt hergestellten Gewerbeerzeugnisse zu beaufsichtigen. Auf diese Weise sollte jedem Handwerksmeister ein gesichertes Auskommen in der Stadt garantiert werden. Gleichzeitig schlossen sich die Handwerker in religiös-karitativen Gemeinschaften zusammen, um gemeinsam alte oder kranke Berufsgenossen durch Geldspenden zu unterstützen und im Namen des eigenen Berufsverbandes verschiedene Altäre und Seelenmessen zu stiften (vgl. Kap. V, S. 367). In den Zünften nicht vertreten waren hingegen rechtlich und persönlich unselbständige Stadtbewohner wie Ehefrauen, Tagelöhner, Mägde und Knechte.

Neben ökonomischen und gesellschaftlichen Funktionen kamen den Zünften in den meisten spätmittelalterlichen Städten auch verschiedene politische Rechte zu.[2] Diese erlaubten es ihnen, je nach den vorherrschenden sozialen und verfassungsrechtlichen Verhältnissen einen mehr oder weniger grossen Anteil am städtischen Regiment zu nehmen. In den meisten Städten wurden die Zünfte ausserdem mit wichtigen Verwaltungsaufgaben wie der Organisation des Wach- und Kriegsdienstes betraut. Während es den Zünften in den meisten oberdeutschen und schweizerischen Städten wie etwa in Basel oder Zürich gelang, im Verlauf des 14. Jahrhunderts eine in der Stadtverfassung festgelegte Zahl von Zunftmitgliedern in den Kleinen Rat zu delegieren, blieben die bernischen Zünfte während des gesamten Mittelalters von den Ratswahlen ausgeschlossen.[3] In der Aarestadt erfuhr die Körperschaft der politi-

Abb. 161:
Entz Tüdinger: Hafner – Ofenbauer – Ziegelschätzer: In den Jahren 1430 bis 1454 wird in den Schriftquellen der Stadt Bern regelmässig ein Ofenbauer und Ziegelschätzer Namens Entz (Vinzenz) Tüdinger erwähnt. Er war offenbar gleichzeitig in verschiedenen Bereichen tätig, nämlich als Handwerker (Hafner, Ofenbauer), als Unternehmer (Ofenbauer, Baubetrieb) und als städtischer «Beamter» (Ziegelschätzer). Im Ganzen hat er – allein im Auftrag der städtischen Regierung – mindestens 30 Öfen hergestellt, oder zumindest aufgebaut. Diese grosse Zahl und auch die Tatsache, dass er parallel zusätzlich die Organisation von Baubeiträgen übernahm, lässt darauf schliessen, dass er einem erfolgreichen Grossbetrieb vorstand. Leider kann man bisher an keinem Punkt belegen, dass Ofenkacheln aus archäologischen Grabungen aus der Produktion Tüdingers stammen. Am wahrscheinlichsten besteht eine solche Verbindung zwischen der Erwähnung in der Stadtrechnung von 1445, dass Tüdinger für das Rathaus in Nidau einen Ofen errichtet habe, und dem abgebildeten Fund einer Grabung im Erdgeschoss des Nidauer Rathauses.
Es scheint, dass wir mit ihm den typischen Fall eines Aufsteigers fassen können. Mit grosser Wahrscheinlichkeit hatte er zuerst die Ausbildung eines Hafners genossen; anders wäre seine spätere Stellung als Fachmann für Ziegelschätzungen, der die Höhe des städtischen Beitrages an einen Umbau festlegte, kaum denkbar. Im weiteren besass er einen grösseren Hafnereibetrieb mit mehreren Angestellten: zumindest sind zwei Knechte, nämlich Heinrich und Peter bekannt. Erst mit einer derartigen Unternehmung ist die grosse Zahl an Öfen erklärbar. Tüdinger bekleidete ab 1445 eine weitere öffentliche Aufgabe, nämlich die Organisation und Ausführung von Bauarbeiten an der Stadtbefestigung. Diese Erweiterung seiner städtischen Aufgaben widerspiegelt seinen Aufstieg innerhalb der Stadtverwaltung.

schen Zunft durch Schultheiss und Rat eine vorwiegend negative Beurteilung als Ort von Unruhe und Zwietracht.[4] Bereits im 14. Jahrhundert wurde deshalb der Begriff *«zunft»* in den städtischen Verfassungsurkunden durch die nach der Meinung des Rates weniger vorbelasteten Bezeichnungen *«antwerch»* und *«gesellschaft»* ersetzt.

Die bernischen Gesellschaften besassen jedoch wie die Zünfte anderer spätmittelalterlicher Städte eigene Versammlungslokale oder *«stuben»*, in denen sich die Zunftmitglieder regelmässig versammelten, Festmähler abhielten, Geschenke austauschten und Besucher bewirteten.[5] Die Zunftstuben bildeten dabei wie die Gewerbehäuser der Gerber, Metzger und Pfister eigenständige Friedensbezirke, in denen die Zunftmeister seit dem 14. Jahrhundert eine eigene Gerichtsbarkeit ausübten und kleinere Delikte wie Diebstahl, Fluchen und Schlägereien selbst richteten.[6] Auch in der Organisation und sozialen Zusammensetzung unterschieden sich die Stubengesellschaften nicht wesentlich von den Zünften anderer Stadtgemeinden. Sie können deshalb in Bern ebenso als Zünfte bezeichnet werden wie in Städten mit sogenannten Zunftverfassungen.[7]

Um die Mitte des 15. Jahrhunderts bestanden in Bern insgesamt 14 verschiedene Gesellschaften. Dazu gehörten die adlige Zunft zum Narren und Distelzwang, die vier Vennergesellschaften der Gerber, Metzger, Schmiede und Pfister, eine Kaufleute- und eine Schützengesellschaft sowie sieben Handwerksgesellschaften. Allein die Vennergesellschaft der Gerber gliederte sich dabei in drei verschiedene Teilgesellschaften oder Stuben, die je nach der Lage ihres Zunfthauses als obere, mittlere oder untere Stube bezeichnet wurden.

Neben Metzgern, Pfistern und Schmieden versammelten sich auch die Schuhmacher und für kurze Zeit wahrscheinlich auch die Rebleute in zwei separaten Stuben. Alle übrigen Zünfte wie Kaufleute, Schneider, Zimmerleute, Steinmetze, Schiffsleute und Weber bildeten hingegen während des gesamten Spätmittelalters nur einfache Gesellschaften. Auch die Schützen, die nach ihrer Bewaffnung in Armbrust- und Büchsenschützen getrennt waren, trafen sich seit 1458 in ihrem damals erworbenen Zunfthaus in der nördlichen Häuserzeile der Marktgasse.

Entsprechend der stagnierenden Bevölkerungszahlen und der abnehmenden Bedeutung des Handwerks bemühte sich der Rat seit der zweiten Hälfte des 15. Jahrhunderts darum, keine weiteren Zunftstuben mehr zuzulassen und die zweigeteilten Gesellschaften sukzessive in einfachen Zünften zu vereinigen (vgl. Kap. I, S. 50). Er reduzierte die Zahl der Teilgesellschaften von 21 Stuben im 15. Jahrhundert auf bloss 15 Stuben am Ende des 16. Jahrhunderts.

Als erstes vereinigten sich die Schmiede, Metzger, Schuhmacher und Rebleute zwischen 1450 und 1468 wieder in einfachen Gesellschaften. Nach der Pest von 1577 folgten dann die beiden Vennergesellschaften der Gerber und Pfister, die sich auf Betreiben des Rates ebenfalls wieder in einer einzigen Zunft zusammenschlossen. Nur die Gesellschaft zum Mittellöwen blieb als jüngste Gerberstube auch nach 1577 als eigenständige Zunft bestehen. Nachdem 1729 dann der letzte Stubengeselle zu Rebleuten verstorben war und auch die Schützengesellschaft ihre Eigenständigkeit eingebüsst hatte, verringerte sich die Zahl der bernischen Gesellschaften in der ersten Hälfte des 18. Jahrhunderts schliesslich auf ihren heutigen Bestand von insgesamt 13 Stubengesellschaften.

Die politische Bedeutung der Zünfte

Roland Gerber

Das Aufblühen von Handel und Gewerbe hatte zur Folge, dass verschiedene in Bern ansässige Handwerksmeister wie vor allem Gerber, Metzger, Pfister und Schmiede die steigende Nachfrage nach Lebensmitteln und Gewerbeerzeugnissen dazu nutzten, um ihre handwerkliche Tätigkeit im Verlauf des 14. Jahrhunderts aufzugeben und sich seit dem 15. Jahrhundert immer ausschliesslicher dem lukrativen Handelsgeschäft zu widmen.[1] Entsprechend der wachsenden ökonomischen Bedeutung der in Warenproduktion und Handel reich gewordenen Zunftmitglieder forderten die Gesellschaften seit der zweiten Hälfte des 14. Jahrhunderts immer nachdrücklicher eine in der Stadtverfassung garantierte Mitsprache am Stadtregiment. Obwohl die von Handwerkerschaft und Zünften getragenen Unruhen der Jahre 1368 und 1384 keine direkte Beteiligung der Gesellschaften an den Ratswahlen brachten, gewannen vor allem die im Handel tätigen Stubengesellen im 15. Jahrhundert zunehmend an politischem Einfluss. Nach 1420 wurden neben den vier Vennergesellschaften mit der dritten Gerberzunft zum Mittellöwen und mit Kaufleuten sogar zwei neue Handelszünfte gegründet, deren Mitglieder sich vor allem aus wohlhabenden Kaufleuten und Geldhändlern zusammensetzten.

Zu einer ersten mittelbaren Beteiligung der Handwerkerschaft an den Ratswahlen kam es während der Verfassungsreform von 1294. Die von der Bürgerschaft erzwungene Verfassungsänderung ermöglichte es den stadtsässigen Handwerkern, über das aus den vier Stadtvierteln zusammengestellte Wahlmännergremium der sogenannten Sechzehner indirekt Einfluss auf die Wahl des damals neu geschaffenen Rates der Zweihundert zu nehmen (siehe Kastentext, S. 342).[2] Die Zusammensetzung des Sechzehner-Kollegiums wie auch die Besetzung der wichtigsten kommunalen Ämter blieben jedoch allein Sache des Kleinen Rates, dessen Mitglieder sich gegenseitig wählten (kooptierten). Die Handwerker scheinen 1294 als Zugeständnis für die Schaffung des erweiterten Bürgerrates sogar ausdrücklich auf die Bildung politischer Zünfte verzichtet zu haben. In der oft zitierten Bestimmung des Zunftbriefes vom 7. März 1373 wurden die Zünfte als politische Organisationen mit dem Hinweis, *«das wa vil zünften in stetten sint, das ouch da vil und dick gross partyen und misshelle entspringent, davon aber guoten stetten vil bärlich misslingt, wir wellen dis versorgen und versächen in unser stat, alz es och unser vordern da har bi achtzig jaren hant eigentlich verhutet und versehen»*, von Schultheiss und Rat ausdrücklich verboten.[3] In der gleichen Urkunde wiederholte der Rat seine wahrscheinlich ebenfalls im Jahre 1294 gemachte Bestimmung, dass jedes Handwerk von vier speziellen Ratsbevollmächtigten beaufsichtigt werden musste, von denen jeweils zwei aus dem betreffenden Gewerbe selbst stammen sollten. Die Handwerksmeister hatten *«lipplich ze gotte»* zu schwören, alle unerlaubt gemachten Zusammenschlüsse aufzulösen und auch zukünftig keine *«satzung und gelübde»* ohne die ausdrückliche Bestätigung von Schultheiss und Rat mehr einzugehen.

Das in der Stadtverfassung vorgeschriebene Verbot politischer Zünfte stiess jedoch vor allem im 14. Jahrhundert wiederholt auf den Widerstand einzelner Handwerksmeister und Kaufleute, die entsprechend der wachsenden ökonomischen Bedeutung ihrer Gewerbe den Einfluss der Stubengesellschaften auf die täglichen Ratsgeschäfte zu vergrössern suchten. Bereits 1307 war der Rat gezwungen, eine Verordnung in die Stadtrechtsbücher einschreiben zu lassen, in der er denjenigen Stadtbewohnern eine Busse von drei Pfund androhte, die städtische Amtsleute beschimpften oder *«boese scheltwort»* gegen die von der Stadt eingesetzten Ratsbevollmächtigten gebrauchten, denen *«eine hantwerch enpholchen ist ze behuetenne».*[4]

Seit Mitte des 14. Jahrhunderts war es dann vor allem die von Schultheiss und Rat betriebene Darlehens- und Pfandschaftspolitik gegenüber benachbarten Herrschaftsträgern, die den Stadthaushalt immer mehr belasteten und deshalb den Unmut der in Handel und Gewerbe reich gewordenen Stubengesellen hervorriefen. Diese hatten zwar mit ihrem Vermögen die von der Stadt gemachten Ausgaben und Kredite zu einem wesentlichen Teil mit zu finanzieren, gegenüber den alteingesessenen Adels- und Notabelnfamilien bildeten sie im Kleinen Rat jedoch eine Minderheit. Ihre neu gewonnene ökonomische Stellung stand dadurch in deutlicher Diskrepanz zu ihrer politischen Verantwortung.

Einen vorläufigen Höhepunkt erreichten die Auseinandersetzungen um die Beteiligung der Zünfte am Stadtregiment in den Jahren 1368 und 1384, als sich die Handwerksgesellschaften ohne Erlaubnis des Rates versammelten und gewaltsam die Entsetzung einzelner Kleinräte forderten.[5] Obwohl es den Gesellschaften während der Unruhen von 1384 gelang, eine Verfassungsbestimmung durchzusetzen, laut der die Mitglieder des Rates der Zweihundert zukünftig nur noch aus dem Kreis der Stubenmitglieder gewählt werden durften, blieben die Zünfte weiterhin von einer direkten Beteiligung an den Ratswahlen ausgeschlossen.[6]

Am 8. August 1392 bekräftigen Schultheiss und Rat schliesslich noch einmal ihre Absicht, dass die Stadt *«in einhellikeit und ane zünften beliben»* soll.[7] Sämtliche Mitglieder des Rates der Zweihundert sowie *«ieglich antwerch»* wurden aufgefordert, *«mit ufgebottenen vingern»* zu schwören, alle unerlaubten *«winen, satzungen, bünden, gelüpden und zünften»* aufzugeben und auf die Bildung politischer Zünfte zu verzichten. Gleichzeitig beschränkte der Rat die Aufnahmegebühren für alle Gesellschaften bei einem minimalen Betrag von einem halben Gulden, wobei er betonte, dass vor allem die ständig wachsenden Geldforderungen der Zünfte *«in disen verlüffnen ziten grosser nyd und hass in unser stat under den antwerchen»* hervorgerufen hätten.

Die Bestimmungen des Zunftbriefes von 1392 mussten jährlich während der Osterwahlen vorgelesen und von sämtlichen Ratsherren feierlich beschworen werden. Die Mitglieder des Rates der Zweihundert hatten mit Leib und Gut, *«usse und inne, ligendes und varendes»*, für die Einhaltung der Verordnung einzustehen, wobei sie konspirative Zusammenkünfte der Handwerkerschaft, die *«uf dehein satzung, gelübde oder bünde stünde oder giengi oder daruff redte, daz sich uf zünfte zuge oder ufflioffe und misshellung under uns bringen möchte»*, umgehend dem Schultheissen, den Vennern oder den Heimlichen melden mussten. Zuwiderhandlungen sollten dabei mit einer ewigen Verbannung aus der Stadt und der Bezahlung eines ausserordentlich hohen Bussgeldes von 100 Gulden an die Bauherren bestraft werden.

Vennergesellschaften und Vennerviertel

Den wirtschaftlich einflussreichsten Gesellschaften kam trotz den in den beiden Zunftbriefen von 1373 und 1392 wiederholten Bestimmungen, *«umb die zünfte ze werenne»*, seit der zweiten Hälfte des 14. Jahrhunderts eine ständig wachsende politische Verantwortung zu. Die fortschreitende Einbindung der Zünfte in die Politik des Rates wurde dabei jedoch weniger durch einzelne Verfassungsbestimmungen, als vielmehr durch die Person der vier Venner vorgegeben. Diese entwickelten sich im Verlauf des 14. und 15. Jahrhunderts von den Vorstehern der Viertelsbevölkerung zu den wichtigsten Repräsentanten der ökonomisch führenden Stubengesellen (siehe Kastentext, S. 232). Während der Unruhen von 1368 und 1384 war es Handwerksmeistern und Kaufleuten gelungen, das Recht, einen der vier Venner zu stellen, endgültig von den Stadtvierteln auf die vier Gesellschaften der Metzger, Gerber, Pfister und Schmiede zu übertragen. Gleichzeitig trat der Wohnsitz der Viertelsvorsteher immer stärker hinter deren Zugehörigkeit zu einer der vier führenden Handwerksgesellschaften zurück. Seit der Mitte des 15. Jahrhunderts stand es den Vennern schliesslich frei, ob sie in den von ihnen verwalteten Stadtvierteln wohnen wollten oder nicht.[8]

Entscheidend für die wachsende politische Verantwortung der Vennergesellschaften war der Aufschwung von Handel und Gewerbe, der es einzelnen Handwerkerfamilien ermöglichte, Reichtum zu erwerben und mit dem Kauf von Grund- und Gerichtsherrschaften auf dem Land in den exklusiven Kreis der städtischen Twingherren aufzusteigen (vgl. Kap. II, S. 140). Die Einkünfte aus Korn- und Bodenzinsen erlaubten es den wohlhabenden Stubengesellen, sich den täglichen Ratsgeschäften zu widmen, ohne sich um ein geregeltes Auskommen in einem Handwerksbetrieb kümmern zu müssen.[9] Eine besondere Bedeutung kam dabei der 1384 erkämpften Verfassungsbestimmung zu, nach der die neu gewählten Mitglieder des Rates der Zweihundert innerhalb einer Frist von zwei Wochen um den Beitritt in eine Gesellschaft nachzusuchen hatten. Für die in der Stadt ansässigen Adligen und Kaufleute ergab sich daraus die Notwendigkeit, einer bestehenden Handwerksgesellschaft beizutreten oder sich in separaten Gesellschaften zu organisieren, wenn sie weiterhin freien Zugang zu den wichtigsten städtischen Ratsämtern haben wollten.

Vor allem die Vennerzünfte entwickelten sich auf diese Weise im Verlauf des 15. Jahrhunderts verstärkt zu politischen Körperschaften, die den ökonomisch führenden Bürgerfamilien als Ausgangspunkt für eine Ämterlaufbahn innerhalb der städtischen Ratsgremien dienten. Die Führung der Zünfte übernahmen einzelne Kleinräte, die jedoch als Grundbesitzer oder Kaufleute weder in ihrer Lebensweise noch in ihrem Selbstverständnis etwas mit den in der Stadt ansässigen Handwerkern gemein hatten. Die Venner vertraten in erster Linie die Interessen des Rats innerhalb der Zünfte, während der Einfluss der Handwerksmeister auf die täglichen Ratsgeschäfte bis zum Ende des Mittelalters ständig abnahm.[10] Die Bestrebungen der Zünfte, direkten Anteil an den Ratswahlen zu erhalten, traten ebenfalls zunehmend in den Hintergrund, so dass die Anliegen der Handwerksmeister von Schultheiss und Rat nicht mehr wie im 14. Jahrhundert als Bedrohung für das Verfassungsleben der Stadtgemeinde betrachtet wurden.

Die wachsende Einbindung der Zünfte in die Politik des Rates zeigt sich auch darin, dass die vier Stadtviertel im Verlauf des 15. Jahrhunderts entsprechend ihrer neuen Funktion als zünftig organisierte Vennerviertel in Metzgern-, Gerbern-, Pfistern- und Schmiedenviertel umbenannt wurden. Die Viertelsbevölkerung verlor ihre angestammte verfassungsrechtliche Stellung innerhalb der Stadtgemeinde und musste die meisten der 1294 erworbenen Rechte und Aufgaben allmählich an die städtischen Gesellschaften abtreten. Die Stadtviertel blieben zwar auch nach der von den Zünften erkämpften Verfassungsänderung in der zweiten Hälfte des 14. Jahrhunderts unter der direkten Aufsicht der Venner, diese stammten jedoch nicht mehr wie bis anhin aus den von ihnen verwalteten Vierteln, sondern wurden aus den vier Vennergesellschaften rekrutiert. Bereits zu Beginn des 14. Jahrhunderts scheint die Dominanz der Gerber, Metzger, Pfister und Schmiede innerhalb der Bürgerschaft dazu geführt zu haben, dass die aus den vier Stadtvierteln stammenden Venner zunehmend nur noch aus den genannten vier Handwerken gewählt wurden. Von den neun zwischen 1334 und 1353 namentlich bekannten Vennern gehörten jedenfalls bereits drei zu Familien, die im Jahre 1389 nachweislich dem Gerber- oder Metzgerhandwerk entstammten. Die ausschliessliche Wahl der Venner aus den vier Vennergesellschaften bedeutete deshalb nichts anderes, als die verfassungsrechtliche Legitimation einer seit längerer Zeit bestehenden Gewohnheit, welche die wachsende politische Einflussnahme der ökonomisch führenden Stubengesellen während des 14. Jahrhunderts wiederspiegelt.

Die Venner

Die Notwendigkeit, regelmässig Steuern zu erheben, sowie der Schutz der Stadtbevölkerung vor militärischen Angriffen und Stadtbränden veranlassten den Berner Rat, die vier Stadtviertel wahrscheinlich bereits in der ersten Hälfte des 13. Jahrhunderts der Aufsicht vier spezieller, aus der Viertelsbevölkerung gewählter Ratsbevollmächtigter, der sogenannten Venner, zu unterstellen.[11] Autorität und Ansehen der Venner beruhten im 13. Jahrhundert noch weitgehend auf der durch ihre Wohnlage hervorgerufenen sozialen Nähe zu den wichtigsten Familien innerhalb der von ihnen beaufsichtigten Stadtviertel. Ihre persönlichen Kontakte zur Nachbarschaft machten sie zu Vertrauensmännern der Viertelsbevölkerung gegenüber Schultheiss und Rat. Erst mit der Verfassungsreform von 1294, als die vier Stadtviertel ihren Status als reine Verwaltungs- und Wehreinheiten verloren und zu den Wahlbezirken der Stadtgemeinde erhoben wurden, veränderte sich auch die verfassungsrechtliche Stellung der Venner, deren Amt zunehmend in die städtischen Ratsgremien integriert wurde. Obwohl die Venner im Jahre 1294 dem Kleinen Rat noch nicht angehört haben, dürften diese bereits Ende des 13. Jahrhunderts als Viertelsvorsteher auf die Wahl des Sechzehner-Kollegiums und damit auch auf die Wahl des Rates der Zweihundert einen massgeblichen Einfluss ausgeübt haben. Seit der ersten Hälfte des 14. Jahrhunderts sassen die vier Venner dann neben Säckelmeister und Heimlicher als ständige Mitglieder im Kleinen Rat. Die Venner entwickelten sich in der Folge immer mehr zu den eigentlichen Repräsentanten der Viertelsbevölkerung in den städtischen Ratsgremien. Gleichzeitig verstanden sie es, in Übernahme der ehemals von der Bürgerschaft an sie übertragenen Befugnisse einen immer entscheidenderen Einfluss auf die Wahl der beiden städtischen Räte und des Schultheissen auszuüben. Im 15. Jahrhundert nominierten und wählten die Viertelsvorsteher schliesslich nicht nur die Sechzehner für die Wahl des Grossen und des Kleinen Rates, sondern sie präsentierten auch den Schultheissen sowie sämtliche Mitglieder des Kleinen Rates.[12] Ausserordentliche Kompetenzen erwuchsen den Vennern seit dem 14. Jahrhundert ausserdem in ihrer Teilnahme an allen wichtigen Ratsgeschäften, wobei sie zusammen mit Schultheiss und Rat der Rechnungsablage der städtischen Amt- und Dienstleute beiwohnten und zusammen mit den Bauherren die in der Stadt durchgeführten Baumassnahmen überwachten.[13]

Im 15. Jahrhundert gehörten die Venner, die als städtische Bannerträger ursprünglich vor allem militärische Funktionen wahrgenommen hatten, neben Schultheiss und Säckelmeister zu den wichtigsten Amtsträgern der Stadtgemeinde und waren schliesslich für alle wichtigen Bereiche der kommunalen Verwaltung verantwortlich. Neben dem Steuer- und Wehrwesen zählten sämtliche die Viertelsbevölkerung betreffenden Angelegenheiten von der Brandbekämpfung über die Einwohnerkontrolle bis zur Oberaufsicht über die städtische Bau- und Finanzverwaltung zu den Aufgaben der Viertelsvorsteher. Die Venner kontrollierten die militärische Ausrüstung und Kriegstauglichkeit der in ihren Stadtvierteln ansässigen Einwohnerschaft. Sie bezogen die vom Rat eingeforderten Abgaben und Steuern und organisierten Fron- und Fuhrdienste für den Bau und Unterhalt kommunaler Gebäulichkeiten. Aber auch die Einteilung der Wachdienste, die Organisation und Führung militärischer Aufgebote, die Durchsetzung von Ratsbeschlüssen sowie die Kontrolle der vom Rat verordneten Brandschutzmassnahmen lagen im Aufgabenbereich der Venner und ihrer Bediensteten. Seit dem 14. Jahrhundert beaufsichtigten die Viertelsvorsteher ausserdem die neu ins Bürgerrecht aufgenommenen Personen, über deren Udelbesitz sie in jedem Stadtviertel Buch führten.[14]

Die grosse Bedeutung, die den Vennern sowohl innerhalb der Stadtverwaltung als auch bei der Aufsicht über die in der Nachbarschaft der Stadt lebenden Ausbürger zukam, hatte zur Folge, dass Schultheiss und Rat die Gebotsgewalt der Viertelsvorsteher nach dem Erwerb der Landgrafschaft Burgund im Jahre 1406 auch auf die Landschaft ausdehnten.[15] Jeder Venner erhielt neben seinem Stadtviertel zusätzlich einen Landgerichtsbezirk zugeordnet, dessen Herrschaftsrechte von diesem verwaltet wurden. Um die städtischen Amtsträger von den stetig wachsenden Verwaltungsaufgaben zu entlasten, übertrug der Rat die Durchsetzung und Kontrolle der von der Stadt ausgeübten Hoheitsrechte jedoch nicht allein den Vennern, sondern ordnete diesen mehrere sogenannte Freiweibel zu, die in den Landgerichtsbezirken ansässig waren und jeweils von den Viertelsvorstehern aus der dörflichen Oberschicht ernannt wurden. Venner wie Freiweibel konnten die ihnen zustehenden Rechte «zu furungen, zu lanntagen, zu reisen zu gebieten, harnasch zu schowen und tell zu nehmen», aber nur in denjenigen Teilen der Landgerichtsbezirke vollständig ausüben, in denen die Stadt sowohl über die hohe als auch über die niedere Gerichtsbarkeit verfügte.[16] In den Twingherrschaften blieb die Nutzung der Abgaben und Dienste der Landbevölkerung bis zum Twingherrenstreit 1470/71 an die Zustimmung der jeweiligen Herrschaftsinhaber gebunden. Erst mit der Besiegelung des Twingherrenvertrags vom 7. Februar 1471 gelang es Schultheiss und Rat, dass die Nutzung der von der Stadtgemeinde beanspruchten Herrschaftsrechte in allen Teilen des Territoriums uneingeschränkt an den Rat überging.[17]

Diebold Schilling, Spiezer Bilderchronik, 1484/85, Bern, Burgerbibliothek, Mss. hist. helv. I. 16, S. 327.

Die vier Venner bildeten die neben Schultheiss und Säckelmeister wichtigsten städtischen Amtsträger Berns. Während den Vennern im 15. Jahrhundert die Kontrolle über sämtliche inneren Angelegenheiten der Stadtbevölkerung sowie die Verwaltung der vier Landgerichte zukamen, besassen diese im 13. und 14. Jahrhundert vor allem militärische Funktionen. Als Bannerträger führten sie die Viertelsbevölkerung in den Krieg.

Im Jahre 1346 wurde ein bernisches Aufgebot im Simmental durch die Truppen des Grafen von Greyerz überrascht. Tödlich verwundet schleudert der von feindlichen Kriegern umringte Venner Peter Wentschatz das Berner Banner über die Köpfe der Feinde in die eigenen Reihen zurück. Der Venner soll auf diese Weise die Fahne und die Ehre der Stadt Bern gerettet haben.

In der zweiten Hälfte des 14. Jahrhunderts gingen die Venner sogar dazu über, die Mitglieder des Sechzehner-Wahlkollegiums nicht mehr aus der Bewohnerschaft der vier Stadtviertel, sondern aus den Mitgliedern der eigenen Zunft zu wählen. Proteste der nicht in den Vennergesellschaften vertretenen Bürgerschaft führten jedoch dazu, dass sowohl die Venner als auch die Sechzehner seit 1438 wieder, wie dies 1294 festgelegt worden war, unabhängig ihrer Zunftzugehörigkeit aus den vier Stadtvierteln nominiert werden mussten. Die Venner hatten zudem zu schwören, nicht mehr als zwei Wahlmänner aus demselben Handwerk zu wählen, wobei aus der Gesellschaft des nominierenden Venners jeweils nur ein einziger seiner Stubengesellen stammen durfte.[18]

Die ausserhalb der Vennergesellschaften stehende Viertelsbevölkerung konnte trotz dieser Verfassungsbestimmungen jedoch nicht verhindern, dass Metzger, Gerber, Pfister und Schmiede auch nach 1438 weiterhin alle städtischen Viertelsvorsteher stellten und die Bedeutung der Stadtviertel auch in der zweiten Hälfte des 15. Jahrhunderts weiter hinter diejenige der Gesellschaften zurücktrat.[19] Deutlich zeigt sich diese Entwicklung in der Organisation der militärischen Auszüge der Stadt, die spätestens seit dem Freiburgerkrieg von 1448 von den Vennern nicht mehr gemäss der Vierteleinteilung, sondern nach Zünften durchgeführt wurden. Bereits während des bernischen Eroberungskriegs 1415 in den Aargau sahen sich Schultheiss und Rat dazu genötigt, die Gesellschaften anzuweisen, sich bei militärischen Auszügen erst dann mit Wagen und Werkzeugen einzudecken, nachdem sich die städtischen Hauptleute und ihr Tross mit ausreichend Fuhrwerken ausgerüstet hatten.[20] In einer am Stefanstag 1436 verfassten Harnischordnung wurden die Venner ausserdem dazu aufgefordert, zwar wie bisher von «*hus ze hus*» zu gehen und «*den harnest in allen vierteilen*» zu kontrollieren, gleichzeitig hatten sie jedoch dafür zu sorgen, «*dz alle hantwerchk in unser stat wonhafft in iren hantwerchken und geselschafften söllent ordnen und dar uber sitzen, das si in irem hantwerchk jeclichem sinen harnesch schetzen, uffleggen und verschriben*».[21]

Der Rat übertrug den Gesellschaften in der ersten Hälfte des 15. Jahrhunderts die Aufsicht über die gesamte wehrpflichtige Stadtbevölkerung, die von den Zünften auf eigene Kosten mit Waffen und Kriegsausrüstung ausgestattet werden musste. Auch Fron- und Fuhrdienste zum Bau und Unterhalt kommunaler Gebäulichkeiten wurden seit der Mitte des 15. Jahrhunderts von den Vennern nicht mehr nach Stadtvierteln, sondern durch die Gesellschaften aufgeboten.[22] Im Verlauf des 16. Jahrhunderts ging schliesslich auch die Organisation der städtischen Feuerwehr und der Stadtwache endgültig an die Zünfte über.[23] Der Höhepunkt dieser Entwicklung bildete das Jahr 1534, als in Bern der Zunftzwang eingeführt und der Erwerb des Bürgerrechts mit dem Beitritt in eine Gesellschaft gekoppelt wurde (vgl. Kap. II, S. 107).

Die Vermögensstruktur von Handwerkerschaft und Zünften

Roland Gerber

Die ungleiche Einbindung der Zünfte in Ratsgremien und Handel führte im 15. Jahrhundert zu erheblichen ökonomischen und sozialen Unterschieden innerhalb und zwischen den 14 in der Stadt ansässigen Gesellschaften. Deutlich manifestiert sich diese Verschiedenartigkeit bei einem Vergleich der durchschnittlichen Vermögen, die einzelne

Stubengesellen in den Jahren 1448 und 1458 versteuert haben (Abb. 162, 163). In Bern muss deshalb wie in anderen grösseren Städten zwischen den wohlhabenden Herren- und Handelszünften auf der einen Seite und den eigentlichen Handwerkszünften auf der anderen Seite unterschieden werden.[1] Während in den Handwerkszünften mehrheitlich beruflich selbständige Handwerksmeister mit kleineren und mittleren Vermögen vertreten waren, bildeten die Herren- und Handelszünfte verfassungsrechtliche Besonderheiten. In diesen versammelten sich hauptsächlich reiche Kaufleute, Adlige und Notabeln, die keiner manuellen Tätigkeit nachkamen und deshalb nicht den strengen beruflichen Reglementierungen wie Handwerker und Gewerbetreibende unterlagen.

Zwischen den verschiedenen in Bern ansässigen Zünften entwickelte sich während des 15. Jahrhunderts eine klare Rangordnung, die allein sozial und wirtschaftlich bedingt war. An der Spitze dieser Hierarchie stand die Adelsgesellschaft zum Narren und Distelzwang. Die Mitglieder dieser vornehmen Herrenzunft, aus deren Mitte im 15. Jahrhundert mit Ausnahme Peter Kistlers sämtliche bernischen Schultheisse gewählt wurden, verfügten mit 8405 Gulden über die weitaus höchsten Durchschnittsvermögen aller städtischen Gesellschaften. Deutlich geringere, aber trotzdem noch beachtliche Vermögenswerte finden sich auch bei den drei Vennergesellschaften zum Mittellöwen mit 2777 Gulden, bei Metzgern mit 1139 Gulden und bei Schmieden mit 589 Gulden sowie bei der wohlhabenden Handelszunft zu Kaufleuten mit 965 Gulden. Bereits der unteren Vermögensgruppe müssen hingegen die Durchschnittsvermögen der beiden Vennergesellschaften der Gerber und Pfister zugerechnet werden. Die Mitglieder dieser Zünfte waren mit 404, respektive 369 Gulden nur noch unwesentlich wohlhabender als die Angehörigen der reichsten Handwerksgesellschaft zu Schiffleuten mit 356 Gulden. Eine kontinuierliche Abnahme der Durchschnittsvermögen verzeichnen die übrigen Handwerksgesellschaften von der Steinmetzzunft zum Affen (259 Gulden) über die Schneidergesellschaft zum Mohren (205 Gulden) bis zu den Schuhmachern (186 Gulden) und Zimmerleuten (159 Gulden). Am unteren Ende der Zunfthierarchie rangieren Rebleute und Weber, deren durchschnittliche Vermögen um die Mitte des 15. Jahrhunderts lediglich zwischen 132 und 133 Gulden betrugen. Die Vermögensverteilung der bernischen Stubengesellschaften bestätigt somit die auch in anderen Städten gültige Erkenntnis, dass diejenigen Zünfte, deren Mitglieder Handelsgeschäften nachgingen und deshalb nicht an die Ausübung eines bestimmten Gewerbes gebunden waren, deutlich höhere Durchschnittsvermögen verzeichneten als diejenigen Gesellschaften, in denen sich vornehmlich Handwerksmeister versammelten. Bei der Zunftzugehörigkeit kann zudem wie bei der Ratsmitgliedschaft eine direkte Abhängigkeit zwischen Reichtum und politischer Macht festgestellt werden (vgl. Kap. II, S. 140). In denjenigen Zünften, die als Rekrutierungsbasis für die Besetzung eines städtischen

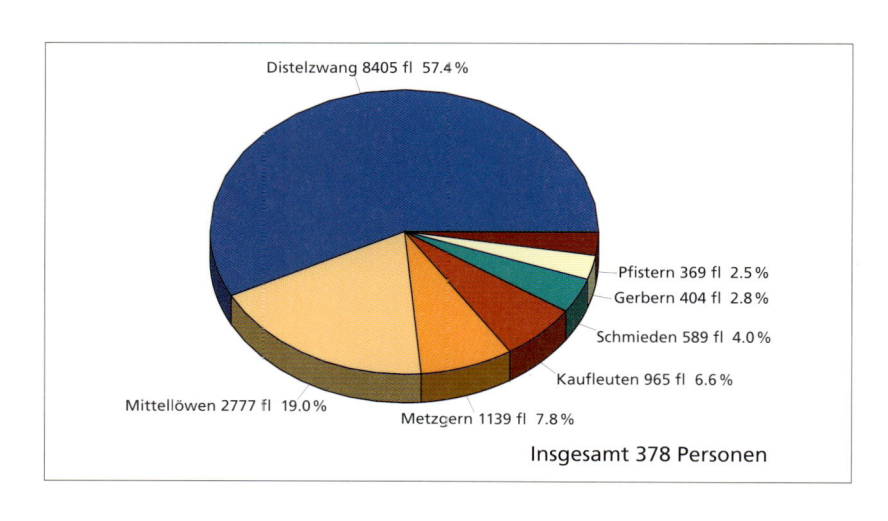

Abb. 162:
Die durchschnittlichen Vermögen der Vennergesellschaften und der Gesellschaften zu Kaufleuten und zum Distelzwang im Vergleich 1389 bis 1458, Roland Gerber 1998.

Distelzwang 8405 fl 57.4 %
Pfistern 369 fl 2.5 %
Gerbern 404 fl 2.8 %
Schmieden 589 fl 4.0 %
Kaufleuten 965 fl 6.6 %
Metzgern 1139 fl 7.8 %
Mittellöwen 2777 fl 19.0 %

Insgesamt 378 Personen

Amtes dienten, finden sich im 15. Jahrhundert deutlich mehr wohlhabende Ratsherren als in den übrigen Gesellschaften.² Die Grenze zwischen den reichen und den weniger vermögenden Zünften verlief jedoch nicht, wie dies zu erwarten wäre, zwischen Venner- und Handwerksgesellschaften, sondern Metzger- und Schmiedezunft hoben sich in ihren Durchschnittsvermögen deutlich von der ökonomisch schwächeren Gerber- und Pfisterzunft ab. Auffällig sind zudem die ausserordentlich hohen Durchschnittsvermögen bei den Mitgliedern der erst im 15. Jahrhundert gegründeten Handelszunft zum Mittellöwen sowie bei Kaufleuten. Diese übertrafen die durchschnittlichen Vermögen der bereits im 14. Jahrhundert institutionalisierten Vennergesellschaften mit Ausnahme der reichen Metzgerzunft bei weitem. Während jedoch Mittellöwen als dritte Gerberstube mit den Privilegien einer Vennergesellschaft ausgestattet war, bildete die wohlhabende Kaufleutezunft wie die Handwerkerzünfte bloss eine gewöhnliche Gesellschaft, die von der Bürgerschaft nicht als Ausgangspunkt für eine Ämterlaufbahn innerhalb der Ratsgremien genutzt werden konnte. Die Vennergesellschaften behielten dadurch auch im 15. Jahrhundert ihre wirtschaftliche und soziale Führungsstellung innerhalb der Stadtgesellschaft. Im Unterschied zur Gerber- und Pfistergesellschaft, deren ökonomische Bedeutung im Verlauf des 15. Jahrhunderts allmählich zurückging, scheinen jedoch die Metzger- und Schmiedegesellschaft von den veränderten Wirtschaftsverhältnissen in Stadt und Landschaft besonders profitiert zu haben. Im Jahre 1470 gelang es dem reichen Metzger Venner Peter Kistler sogar, in Opposition zu den alteingesessenen Adels- und Notabelnfamilien für ein Jahr ins städtische Schultheissenamt gewählt zu werden.³ Die sinkenden Durchschnittsvermögen bei der Gerbergesellschaft können schliesslich auch damit erklärt werden, dass die Angehörigen der wohlhabenden Ratsfamilien, die bisher entweder in der oberen oder unteren Gerberstube eingeschrieben waren, sich seit 1420 in die renommiertere Zunft zum Mittellöwen aufnehmen liessen. Die Gerber- und Pfistergesellschaft verfügten während des 15. Jahrhunderts ausserdem über eine grosse Zahl von Handwerksmeistern, deren Vermögen unter 200 Gulden lagen.

Die adlige Stube zum Narren und Distelzwang

An erster Stelle der Zunfthierarchie stand die Adelsgesellschaft zum Narren und Distelzwang.⁴ Sie war die weitaus reichste Zunft der spätmittelalterlichen Stadt Bern. Ihre Stubengesellen versteuerten um die Mitte des 15. Jahrhunderts ein Durchschnittsvermögen von 8405 Gulden (Abb. 162). Sämtliche amtierenden Schultheisse, die meisten Kleinräte sowie die wichtigsten im Dienste des Rates stehenden Amtleute wie Stadtschreiber, Schulmeister, Stadtärzte und Münzmeister waren Mitglieder dieser wohlhabenden Zunft.⁵ Den Ausgangspunkt für die Gründung der exklusiven Adelsstube bildete die Verfassungsbestimmung des

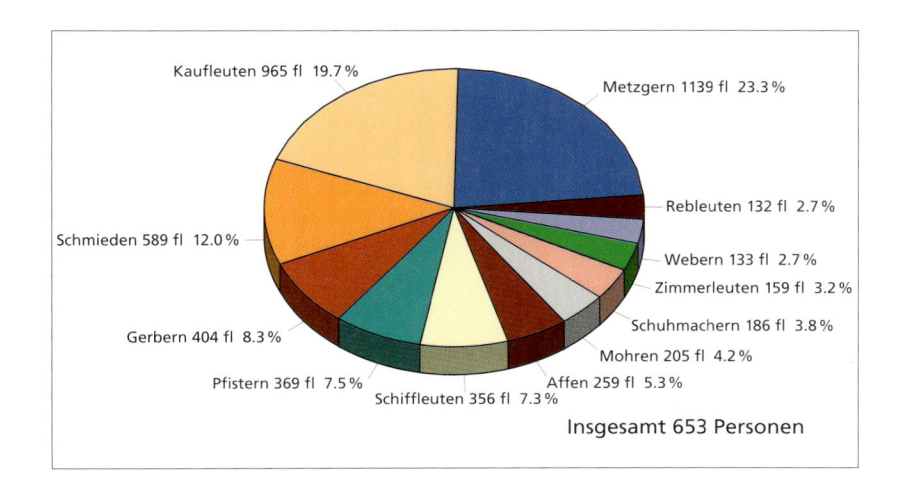

Abb. 163:
Die durchschnittlichen Vermögen der Kaufleutegesellschaft, der Venner- und der Handwerksgesellschaften im Vergleich 1389 bis 1458, Roland Gerber 1998.

Jahres 1384, als die Wahl in den Rat an die Mitgliedschaft in einer Handwerksgesellschaft geknüpft wurde. Wollten die in Bern ansässigen Adels- und Notabelnfamilien ihr seit dem 13. Jahrhundert beanspruchtes Anrecht auf die Besetzung des Schultheissenamtes nicht verlieren, waren sie gezwungen, sich wie die Handwerksmeister in einer eigenen Gesellschaft zu organisieren. Wahrscheinlich zu Beginn des 15. Jahrhunderts vereinigten sich die beiden Adelsgesellschaften, in denen sich die führenden Ratsgeschlechter seit 1384 versammelt hatten, in der neuen Zunft zum Narren und Distelzwang.[6]

Die neu gegründete Stubengesellschaft unterlag trotz des gehobenen sozialen Status ihrer Mitglieder den gleichen Pflichten wie die Handwerksgesellschaften. Insbesondere hatten sich die Stubengesellen wie die Handwerksmeister mit der Bezahlung des jährlichen Stubenzinses an Militärausgaben, Gemeinschaftsarbeiten und Frondiensten der Stadtgemeinde zu beteiligen. Jedes neue Mitglied musste bei der Aufnahme in die Zunft schwören, «*lieb und leid, gewinn und verlust, so sich einer stuben zutragen möchte, helfen tragen mit lyb und gut, es syg in reysszügen, stubenbüwen, gemeinen werchen, wachten und anders, so sich für und für zutragen möchte*».[7] Gleichzeitig hatte jeder neu aufgenommene Stubengeselle, unabhängig, ob sein Vater bereits der Zunft angehört hatte oder nicht, seinen Mitgesellen vier Mass Wein «*zu vertrinken*» zu offerieren.

Die Zunft zum Narren und Distelzwang besass den Ehrenvorrang unter den städtischen Gesellschaften. Dies zeigt sich beispielsweise in den Gebühren, die alle neu in den Rat der Zweihundert gewählten Bürger nach ihrem Amtsantritt an die verschiedenen Gesellschaften zu entrichten hatten. Während die Handwerksgesellschaften jeweils drei Schillinge ausbezahlt erhielten, mussten die Ratsherren den Vennerstuben je fünf Schillinge und der Gesellschaft zum Distelzwang zehn Schillinge für ihre Wahl entrichten.[8] Die Adelszunft wurde im Unterschied zu den übrigen Gesellschaften nicht als Handwerkerkorporation, sondern als Trinkstube der führenden Ratsfamilien gegründet. Die Zunftmitgliedschaft konnten nur diejenigen Bürger erwerben, die als Twingherren oder Kaufleute keiner manuellen Tätigkeit nachgingen und innerhalb der Stadtgemeinde eine wichtige politische Funktion ausübten. Die Adelsgesellschaft hob sich im 15. Jahrhundert auch dadurch von den übrigen Gesellschaften ab, als es der Mitgliedern zum Distelzwang wie den Schützen als einzigen erlaubt war, gleichzeitig mehreren Zünften anzugehören. In den seit 1454 in grösserer Zahl überlieferten Stubenrödeln wurde deshalb zwischen den ordentlichen Stubengesellen und den sogenannten Zustubengesellen unterschieden, die zwar «*auch iren stubenzins gänndt*», zusätzlich jedoch noch in einer zweiten Zunft eingeschrieben waren.[9] Im Jahre 1489 werden mit Kaspar Hetzel (Schmieden), Sulpitius Brüggler (Mittellöwen) und Niklaus Zurkinden (Pfistern) schliesslich drei von vier amtierenden Vennern genannt, die sowohl Stubengesellen in einer der vier Vennergesellschaften als auch in der vornehmen Adelszunft waren.[10]

Ein weiteres Privileg der Gesellschaft zum Narren und Distelzwang bestand darin, dass diese als einzige Zunft das Recht besass, neben den stadtsässigen Bürgern auch einflussreiche, durch Burgrechtsverträge mit der Stadt verbundene adlige Herren und Kleriker ins Stubenrecht aufzunehmen. Allein im Jahre 1470 führt der Stubenschreiber Diebold Schilling unter den 66 Bürgern, die den jährlichen Stubenzins an die Zunft zu entrichten hatten, nicht weniger als drei Grafen, zwei Freiherren, drei Komture, drei Äbte und acht Pröbste als Mitglieder von Distelzwang auf. Diese lebten zwar ausserhalb der Stadt Bern und stiegen nur bei besonderen Anlässen im Zunfthaus zu Distelzwang an der oberen Gerechtigkeitsgasse ab. Sie mussten jedoch wie die übrigen wehrfähigen Stadtbewohner, den jährlichen Stubenzins von einem Pfund an die Gesellschaft entrichten.[11]

Vor allem die in der Nachbarschaft der Stadt residierenden Kleriker scheinen regelmässig im Zunfthaus zum Distelzwang getafelt und getrunken zu haben, wo es immer wieder zu Tätlichkeiten zwischen den adligen Herren und ihren Mitgesellen kam (Abb. 164). In einem aus dem 15. Jahrhundert überlieferten Bussenrodel wird beispielsweise der Komtur von Köniz gebüsst, da er gegen Bernhard Armbruster sein Messer gezückt hatte.[12] Auch der adlige Jakob vom Stein, der 1458 ein Vermögen von 13 200 Gulden versteuerte, trieb wiederholt Unfug und Frevel, indem er das Essen umstiess oder mit Schwert und Fusstritten auf Junker Johannes Heinrich von Ballmoos einschlug.[13] Obwohl die auswärtigen «*herren und prälaten*» von den meisten Pflichten einer Zunftmitgliedschaft wie der Leistung von Frondiensten und Gemeinschaftsarbeiten ausgenommen blieben, wurden sie im Jahre 1475 dazu aufgefordert, zwei Gulden an den Neubau des Zunfthauses beizusteuern. Die stadtsässigen Stubengesellen mussten nur einen Gulden bezahlen, da sie sich bereits zuvor mit Geld und Arbeitskräften an den Bauarbeiten beteiligt hatten.[14] Ansonsten besassen die Ausbürger hingegen «*frihheit und rechtsami uf der stuben in allen dingen, wie auch ein anderer stubengesell, nämlichen dass sie da essen mögen und trinken frü und spat*».[15]

Insgesamt handelte es sich bei den Mitgliedern der Gesellschaft zum Narren und Distelzwang im 15. Jahrhundert um eine weitgehend homogene, sehr reiche Personengruppe, die Politik und Wirtschaft der Stadt-

Abb. 164:
Hans Jakob Dünz, Die Zunft zum Narren, Bern, Kunstmuseum.

Das Gesellschaftshaus zum Narren und Distelzwang an der oberen Gerechtigkeitsgasse bildete seit dem ausgehenden 14. Jahrhundert das bevorzugte Versammlungslokal der in Bern ansässigen Adels- und Ratsfamilien. Auch in späterer Zeit wurde in dem reich ausgestatteten Zunfthaus regelmässig getafelt und getrunken. Die ernsten Mienen und heftigen Gestikulationen der am Esstisch versammelten Ratsherren lassen jedoch erahnen, dass solche Trinkgelage immer wieder zu handgreiflichen Streitigkeiten unter den Stubengesellen geführt haben.

gemeinde weitgehend beherrschte. Von den insgesamt 32 Stubengesellen, deren durchschnittliche Vermögen sich anhand der Tellbücher von 1448 und 1458 bestimmen lassen, besassen zehn Personen einen Besitz über 10 000 Gulden, während weitere zehn Personen mindestens 5000 Gulden versteuerten (Abb. 165). Nur zwei Stubengesellen verfügten über kleinere Vermögen als 1000 Gulden. Der Apotheker Johannes Allemann übte dabei ein wichtiges städtisches Amt aus, so dass er aufgrund seiner Tätigkeit für den Rat in die exklusive Adelsstube aufgenommen worden sein dürfte. Sämtliche im 15. Jahrhundert als adlig geltenden Geschlechter wie die von Ringoltingen, von Erlach, von Bubenberg, vom Stein, von Diesbach und von Scharnachtal waren Stubengesellen bei Distelzwang. Auch die Familie von Muhleren, die von Thüring Fricker im Twingherrenstreit als adlig bezeichnet wurde, im Unterschied zu den übrigen Adelsfamilien 1470 jedoch nicht gegen das Kleidermandat verstiess, findet sich in der exklusiven Adelsstube.[16] Bemerkenswert sind schliesslich auch die hohen Vermögen des Stadtschreibers Thoman von Speichingen und des Münzmeisters Thoman Motz. Beide waren im Dienste der Stadt in der ersten Hälfte des 15. Jahrhunderts zu grossem Reichtum gelangt. Allein das Vermögen des Thoman von Speichingens wuchs in den zehn Jahren zwischen 1448 und 1458 von 7000 auf 9700 Gulden an, während Thoman Motz 1458 mit 7000 Gulden ebenfalls über einen beachtlichen Besitz verfügte.[17]

Vorname	Name	Vermögen/fl	Beruf/Stand
Rudolf	von Ringoltingen	31000	Junker
Thüring	von Ringoltingen	18200	Junker
Anton	von Erlach	18000	Junker
Heinrich	von Bubenberg junior	17628	Junker
Johannes	vom Stein	17000	Junker
Johannes	von Diesbach	15170	Junker
Kaspar	von Scharnachtal	15000	Junker
Ulrich	von Erlach senior	14667	Junker
Niklaus	von Scharnachtal junior	12000	Junker
Niklaus	von Diesbach	12000	Junker
Johannes	von Muhleren junior	10000	Junker
Wilhelm	von Diesbach	9000	Junker
Thoman	von Speichingen	8350	Schreiber
Rudolf	von Erlach senior	8000	Junker
Thoman	Motz	7000	Münzmeister
Heinrich	vom Stein	7000	Junker
Johannes	von Ballmoos	6800	Junker
Heinrich Johannes	Franz	6800	Kaufmann
Kaspar	vom Stein	6767	Junker
Ulrich	von Erlach junior	5000	Junker
Peter	von Erlach	4167	Junker
Heinrich	von Scharnachtal	4000	Junker
Burkhard	Nägeli	3625	
Wilhelm	von Scharnachtal	2600	Junker
Peter	Giesser	2572	
Jakob	Überlinger	1500	Schneider
Johannes	Wanner	1265	
Hartmann	vom Stein junior	1134	Junker
Johannes	von der Grub	1050	
Peter	von Speichingen	1000	
Peter	Wirtschaft	560	
Johannes	Allemann, genannt Apotheker	100	Apotheker

Abb. 165:
Die steuerpflichtigen Stubengesellen von Narren und Distelzwang 1448 und 1458, Roland Gerber 1998.

Die Gesellschaft zum Mittellöwen

Die wachsende Einbindung der Vennerzünfte in die Ratsgremien während des 15. Jahrhunderts dokumentiert die Entstehung der dritten Gerberstube zum Mittellöwen. Diese wurde um 1420 neben den beiden bestehenden Gesellschaften der Oberen und Niederen Gerbern gegründet.[18] Obwohl die neu geschaffene Gesellschaft eine Gerberzunft darstellte, zeigen die aus der zweiten Hälfte des 15. Jahrhunderts überlieferten Stubenrödel, dass es sich bei der jüngsten Gerbergesellschaft um keine Handwerkszunft mehr gehandelt hat (Abb. 166). Mittellöwen war eine reine Handelszunft, in der sich hauptsächlich vermögende Kaufleute und städtische Amtleute, aber auch einzelne Adlige versammelten. Die Entstehung der Vennergesellschaft hatte somit wie diejenige der Adelsstube zum Distelzwang allein politische und soziale Gründe. Deutlich zeigt sich die hervorragende Stellung der dritten Gerberstube während des Twingherrenstreits von 1470/71, als sich der ehemalige Metzger Venner und neu gewählte Schultheiss Peter Kistler darüber beklagte, dass «*das mittel funden ward, die vier venner von den vier handtwerken* [der Gerber, Metzger, Pfister und Schmiede] *zu nemmen, domit den geschlechten, das regiment zum teil uss der handt wurde genommen; wiewol es wenig bebracht, dann ir* [die versammelten Ratsherren] *gseend, das sy dargegen einen anderen list bruchend, ire alten stuben* [Narren und Distelzwang] *übergend und zu disen vieren* [Handwerken] *sich stellendt; ja, hend ouch ein nüwe stuben* [Mittellöwen] *ussgeworfen, so ouch zu den meisteren zu gerweren söllend gehören, und sind aber noch alle junkher*».[19]

Von den zehn Stubengesellen, die in den ältesten überlieferten Auszugsrödeln der bernischen Gesellschaften von 1468 und 1475/76 genannt werden und bereits in den Tellbüchern von 1448 und 1458 eine Vermögenssteuer entrichteten, entstammte lediglich Jakob vom Stein einem alteingesessenen Adelsgeschlecht.[20] Die übrigen Zunftmitglieder waren Angehörige von Familien, die es wie der Venner Peter Brüggler und der Säckelmeister Johannes Fränkli durch Vieh- und Fernhandel oder wie die aus der Lombardei stammenden Jakob May und Jakob Gurtifry, genannt Lombach, durch Geld- und Darlehensgeschäfte in der zweiten Hälfte des 15. Jahrhundert zu grossem Wohlstand gebracht hatten. Ein beträchtlicher Vermögenszuwachs lässt sich insbesondere beim Wirt Jakob Lombach feststellen, der im Tellbuch von 1448 mit seiner Ehefrau noch im Haushalt seines Vaters Heinrich lebte und ein mittleres Vermögen von rund 230 Gulden versteuerte.[21] Im Jahre 1458 besass der Wirt dann bereits 3000 Gulden.[22] Bis 1494 wuchs sein Vermögen schliesslich auf den enormen Betrag von 17 143 Gulden an.[23] Jakob Lombach gehörte zusammen mit dem Altschultheissen Wilhelm von Diesbach zu den reichsten Bernern seiner Zeit. Über ähnlich hohe Vermögenswerte verfügten am Ende des 15. Jahrhunderts nur die Familien von Scharnachtal,

Vorname	Name	Vermögen/fl	Beruf/Stand
Peter	Brüggler junior	8900	Viehhändler
Jakob	vom Stein	7167	Junker
Johannes	Fränkli (Beheim)	5050	Kaufmann
Johannes	von Kilchen senior	3700	Stadtschreiber
Jakob	Lombach (Gurtifry)	1614	Wirt
Jakob	May	1450	Kaufmann
Johannes	Schnewli	1200	
Peter	Stark	966	
Henmann	Druktenrein	200	Stadtreiter
Johannes	Grafenried (von Graffenried)	200	
Niklaus	Zurkinden	100	

Abb. 166:
Die steuerpflichtigen Stubengesellen von Mittellöwen 1448 und 1458, Roland Gerber 1998.

von Erlach und von Bubenberg, die regelmässig bernische Schultheisse stellten, sowie der Kaufmann Bartholomäus May, der wie sein Vater Jakob der Stube zum Mittellöwen angehörte (siehe Kastentext, S. 163).[24] Das Gasthaus Jakob Lombachs hiess «*Zur roten Glocke*» und befand sich in der nördlichen Häuserzeile der Kramgasse. Laut den Angaben von Valerius Anshelm gehörte die «*Rote Glocke*» während des 15. Jahrhunderts zu den berühmtesten Wirtshäusern, «*so zwischen Nuerenberg und Lyon*» standen.[25] In der Reisebeschreibung des Johannes von Waldheim aus dem Jahre 1465 wird Jakob Lombach ebenfalls als «*eyn gar richer man*» bezeichnet, in dessen Besitz sich «*czwey eigene kostliche sloss*» befänden.[26] Wie andere bernische Geschlechter hatte es somit auch Jakob Lombach verstanden, seine Tätigkeit als Wirt und Kaufmann dazu zu nutzen, seine Gewinne in den Kauf von Grund- und Gerichtsherrschaften in der Landschaft zu investieren, um dadurch in den Kreis der städtischen Twingherren aufzusteigen. Er wurde deshalb von Thüring Fricker während des Twingherrenstreits ebenso als «*junkher*» bezeichnet wie der Gerber Venner Ludwig Brüggler oder der Stadtschreiber Johannes von Kilchen, zu dessen Besitz die halbe Herrschaft Diessbach gehörte.

Ausdruck des wachsenden Reichtums und des sozialen Prestiges Jakob Lombachs war seine Mitgliedschaft in der «Aufsteigerzunft» zum Mittellöwen.[27] Die Stubengesellen der jüngsten Gerberstube versteuerten in der zweiten Hälfte des 15. Jahrhunderts ein durchschnittliches Vermögen von 2777 Gulden (Abb. 162).[28] Mittellöwen war somit die weitaus reichste bernische Stubengesellschaft hinter der Adelszunft zum Distelzwang. In der um 1420 gegründeten Gesellschaft versammelten sich vor allem diejenigen Bürger, die es in Geld- und Handelsgeschäften zu grossem Reichtum gebracht hatten und bei denen ihre wirtschaftliche Abkömmlichkeit die Grundlage bildete, eine Ämterlaufbahn innerhalb der städtischen Ratsgremien anzustreben.[29] Einer der einflussreichsten Stubengesellen von Mittellöwen und vielleicht sogar einer der Mitbegründer der Zunft war der vermögende Viehhändler Peter Brüggler, der im Jahre 1448 ein Vermögen von 9000 Gulden versteuerte.[30] Eine wesentliche Voraussetzung für seine Wahl zum neuen Gerber Venner 1447 war die Mitgliedschaft in der eben erst gegründeten Vennerstube zum Mittellöwen. Sein Sohn Ludwig löste ihn 1468 in seinem Amt ab. Ludwig übte seine Tätigkeit mit einem kurzen Unterbruch zwischen 1472 und 1474 bis zum Jahre 1480 aus. Von 1487 bis 1497 amtierte schliesslich noch der Enkel Peter Brügglers, Sulpitius, als Venner von Mittellöwen. Das Amt des einflussreichen Gerber Venners befand sich somit zwischen 1447 und 1497 fast ununterbrochen in den Händen der Familie Brüggler, deren Angehörige alle bei Mittellöwen zünftig waren. Gerade bei Ludwig Brüggler, der mit der adligen Barbara von Erlach verheiratet war, zeigt sich dabei die bei den meisten vermögenden Stubengesellen von Mittellöwen typische soziale Nähe zu den führenden Adelsgeschlechtern der Stadt.[31]

Die Kaufleutegesellschaft

Eine ökonomische Sonderstellung besass auch die um die Mitte des 15. Jahrhunderts erstmals genannte Kaufleutegesellschaft.[32] Die Mitglieder dieser Handelszunft versteuerten mit 965 Gulden die hinter Distelzwang, Mittellöwen und Metzgern höchsten Durchschnittsvermögen aller Gesellschaften (Abb. 162). Die Kaufleutezunft entstand aus der bereits vor 1405 in Bern beheimateten Vereinigung der Krämer und Kleinhändler.[33] Diese scheint jedoch innerhalb der Stadtgesellschaft nur über ein geringes soziales Ansehen verfügt zu haben. In der ersten Hälfte des 15. Jahrhunderts entschlossen sich deshalb die auf den internationalen Warenmessen tätigen Kaufleute und Tuchhändler, eine eigene Stubengesellschaft zu gründen und die bisherige Krämervereinigung in die neue, renommiertere Kaufleutegesellschaft zu integrieren. Die Gründe für die Entstehung der Kaufleutezunft lagen im Aufschwung des durch Bern verlaufenden Warenhandels an die Genfer Messen, der es einer wachsenden Zahl von Bürgern erlaubte, sich am Fernhandel zu beteiligen (vgl. Kap. III, S. 199). Im Unterschied zu den meisten grösseren Städten wie Strassburg oder Basel, wo sich die Fernkaufleute schon früh zu den politisch und wirtschaftlich führenden Kräften innerhalb der Stadtgemeinde entwickelten, blieben die im Warenhandel tätigen Berner Bürger bis zum 15. Jahrhundert weitgehend demjenigen Gewerbe verpflichtet, dem ihre Familien ursprünglich angehört haben. Während dadurch die Metallhändler in der Schmiedezunft, die Leder-, Fell- und Viehhändler in der Metzger- oder Gerberzunft, die Kornhändler in der Pfisterzunft und die Tuchhändler in der Schneiderzunft Aufnahme fanden, formierte sich in der Aarestadt erst zu Beginn des 15. Jahrhunderts eine neue zünftig organisierte Gruppe internationaler Fernkaufleute. Die Erwerbsquelle dieser Kaufleute konzentrierte sich dabei nicht mehr wie im 14. Jahrhundert auf den Vertrieb einzelner in der Stadt hergestellter Gewerbeerzeugnisse, sondern sie betrieben neben Geld- und Pfandgeschäften auch den Import verschiedenster Luxusgüter wie Gewürze, Seide, Pelze, Edelsteine und Edelmetalle.

Der wichtigste Vertreter dieser aufstrebenden, im Fernhandel tätigen Personengruppe war der ehemalige Goldschmied Niklaus von Diesbach, dessen Vermögen um 1435 auf rund 70 000 Gulden geschätzt wurde.[34] Niklaus von Diesbach verkörperte den für das 15. Jahrhundert charakteristischen, in Bern jedoch noch kaum bekannten Typ eines internationalen Fernkaufmanns, der zusammen mit mehreren Teilhabern eine in ganz Europa aktive Handelsgesellschaft betrieb.[35] Bereits in der zweiten Hälfte des 14. Jahrhunderts können mit Johannes von Nürnberg und Peter Ougsburger einzelne Fernkaufleute in der Aarestadt nachgewiesen werden. Diese waren jedoch grösstenteils aus Oberdeutschland und Italien zugewandert. Eine sozial gleichartige, durch gemeinsame Handelstätigkeit verbundene Berufsgruppe dürfte in Bern somit erst zu Beginn des 15. Jahrhunderts entstanden sein.

Gestützt auf die Einkünfte aus Edelmetallhandel und Bergbau (siehe Kastentext, S. 259) verlagerte Niklaus von Diesbach seine Handelstätigkeit nach 1400 zunehmend auf den internationalen Warenhandel an den Genfer und Frankfurter Messen. Gleichzeitig erschien er wiederholt auf Handelsreisen in Nürnberg, wo er Kontakte nach Polen und dem übrigen Osteuropa unterhielt.[36] Um 1420 schloss er sich mit den im Leinwandhandel tätigen St. Galler Bürgern, Hugo und Peter Watt, in einer eigenen Handelsgesellschaft zusammen. Die neu gegründete Diesbach-Watt-Gesellschaft verfügte schon bald über ein ganz Mitteleuropa umfassendes Handelsnetz, das von Barcelona in Spanien bis nach Krakau in Polen reichte. Die wichtigste Einnahmequelle der Handelsgesellschaft bildete dabei der Handel von St. Galler Leinwand, die von Niklaus von Diesbach über die Genfer Messen hauptsächlich nach Südfrankreich und Spanien exportiert wurde.

Die Gründung der Diesbach-Watt-Gesellschaft scheint in Bern vor allem dem Tuchhandel einen massgeblichen Aufschwung ermöglicht zu haben. Neben Niklaus von Diesbach beteiligten sich schon früh verschiedene andere Familien wie die Brüggler und Schopfer an den Unternehmungen der Handelsgesellschaft. Insbesondere bei der Familie Schopfer dürfte dabei der Verkauf von Woll- und Leintüchern eine wichtige Rolle gespielt haben.[37] Dem Kreis dieser wirtschaftlich prosperierenden Kaufmannsfamilien war es schliesslich zu verdanken, dass in Bern, deutlich später als in anderen Städten, in der ersten Hälfte des 15. Jahrhunderts eine eigenständige Kaufleutegesellschaft gegründet wurde. Ob die Entstehung der Kaufmannszunft dabei bereits von Niklaus von Diesbach initiiert worden war oder diese erst später von den Teilhabern der Diesbach-Watt-Gesellschaft, namentlich von der Familie Schopfer, angestrebt wurde, lässt sich anhand der überlieferten

Schriftquellen nicht mehr feststellen. Für eine mittelbare Beteiligung Niklaus von Diesbachs an der Gründung der Kaufleutegesellschaft spricht der Umstand, dass das Versammlungslokal der Kaufleute, das 1460 direkt an das 1373 von der Stadt errichtete Kauf- und Zollhaus stiess, sich ursprünglich im Besitz des Fernkaufmanns befunden hat.[38] 1448 lebte der Kaufmann Johannes Kramer senior in der genannten Liegenschaft, dessen Erben das geräumige Wohnhaus an der nördlichen Kramgasse um 1450 an die Kaufleutegesellschaft verkauften.[39] Johannes Kramer war ein enger Geschäftspartner und Freund Peter Schopfers, von dem zu vermuten ist, dass er zu den massgeblichen Förderern der Kaufleutegesellschaft gehörte.[40]

Von den 23 Personen, die 1448 und 1458 entweder den Beruf eines Krämers ausgeübt haben oder sich als Mitglieder der Kaufleutegesellschaft nachweisen lassen, besassen immerhin sechs Stubengesellen ein Vermögen über 1000 Gulden (Abb. 167). Die weitaus reichsten Zunftmitglieder waren Peter Schopfer senior, dessen Vermögen zwischen 1448 und 1458 von 6900 auf 4000 Gulden zurückging, sowie der wohlhabende Tuchhändler Johannes Schütz.[41] Johannes Schütz versteuerte 1448 einen Besitz von 3314 Gulden.[42] 1458 besass er dann bereits 3944 Gulden, was einem Vermögenszuwachs von über 600 Gulden entspricht.[43] Beide Kaufleute sassen in der zweiten Hälfte des 15. Jahrhunderts im Kleinen Rat. Sie besassen deshalb nicht nur Stubenrecht in der Kaufleutegesellschaft, sondern sie waren entsprechend ihrer Funktion als Ratsherren gleichzeitig auch Mitglieder der vornehmen Herrenzunft zum Distelzwang. Der gleichnamige Sohn Peter Schopfers erwarb nach 1450 ebenfalls die Mitgliedschaft bei Distelzwang. Das ursprüngliche Stubenrecht seines Vaters bei Kaufleuten gab er jedoch zugunsten desjenigen bei der Vennergesellschaft zu Schmieden auf. Deutlich zeigt sich hier das Bestreben jüngerer, politisch ambitionierter Stubengesellen, ihre Chancen, in ein einflussreiches städtisches Amt

Vorname	Name	Vermögen/fl	Beruf/Stand
Peter	Schopfer senior	5450	Kaufmann
Johannes	Schütz	3629	Tuchhändler
Johannes	von Gasel senior	3486	Kaufmann
Johannes	von Köniz	2600	Schneider/Tuchhändler
Matter	Speich	2514	
Johannes	von Gasel junior	1200	Kaufmann
Jakob	Kloss	929	Kaufmann
Johannes	Schwander	800	
Johannes	Kramer senior	707	Kaufmann
Niklaus	Sterr	536	Kaufmann
Johannes	Lisser	342	
Dietrich	Ferwer	272	Tuchfärber
Johannes	Holl	236	
Johannes	Gasser	229	
Johannes	von Bargen	222	
Peter	von Giessen	200	
Ruprecht	Moor	172	Krämer
Bertold	Schlechter, genannt Hug	150	Krämer
Anna	Gebhard	114	Krämerin
Otto	Reklau	107	
Johannes	Honrein	100	Gürtler
	Bleichera, die	56	Kauffrau
Heinrich	Ritter, der hinkende	17	Krämer

Abb. 167:
Die steuerpflichtigen Stubengesellen von Kaufleuten 1448 und 1458, Roland Gerber 1998.

gewählt zu werden, mit dem Übertritt in eine der privilegierten Vennerstuben zu verbessern.[44]

Als Kaufleute betätigten sich auch Vater und Sohn Johannes von Gasel. Der Reichtum dieser bereits im 14. Jahrhundert in Bern ansässigen Familie gründete im 15. Jahrhundert nicht zuletzt auf dem von der Stadt kontrollierten Import von kostbarem Steinsalz.[45] Obwohl Johannes von Gasel senior für kurze Zeit auch im Kleinen Rat vertreten war, blieben er und sein Sohn nur bei Kaufleuten zünftig. Bei der Familie von Gasel lässt sich wie bei der Familie Schopfer ein tendenzieller Rückgang ihres Vermögens von 1448 bis 1458 feststellen.[46] Eine positive Vermögensentwicklung verzeichnet hingegen der wohlhabende Tuchhändler Jakob Kloss, der ein Haus an der südlichen Kramgasse bewohnte. Ihm gelang es, sein Vermögen zwischen 1448 und 1458 von 657 auf 1200 Gulden zu verdoppeln.[47]

Zu den Charakteristika der Kaufleutegesellschaft gehörten im 15. Jahrhundert einerseits die relativ grosse Zahl von Tuchhändlern, deren Vermögen teilweise stark zugenommen haben, andererseits unterschieden sich die ökonomisch erfolgreichen Kaufleute deutlich von den im Kleinhandel tätigen Krämern. Während die Kaufleute mehrheitlich über 500 Gulden auswiesen, lagen die Vermögen der Krämer grösstenteils unter 200 Gulden. In der Kaufleutegesellschaft finden sich im 15. Jahrhundert aber auch einzelne Handwerksmeister wie der Tuchfärber Dietrich Ferwer und der Gürtler Johannes Honrein, deren Einkommen teilweise auf der Tätigkeit im Kleinhandel beruhte. Bei den wirtschaftlich führenden Kaufleuten und Tuchhändlern zeigte sich in der zweiten Hälfte des 15. Jahrhunderts zudem die Tendenz, die Kaufleutegesellschaft zu verlassen, um in den Vennerstuben bessere Rekrutierungschancen zu den städtischen Ratsämtern zu erhalten. Die fehlende Einbindung der Kaufleutegesellschaft in die Ratsgremien scheint dabei eine wesentliche Ursache dafür gewesen zu sein, warum diese bereits wenige Jahrzehnte nach ihrer Gründung deutlich an Bedeutung verlor. Ebenfalls negativ auf die gesellschaftliche Stellung der Kaufleutezunft wirkte sich der ökonomische Niedergang der Diesbach-Watt-Gesellschaft aus, die ihren Hauptsitz in der zweiten Hälfte des 15. Jahrhunderts von Bern nach St. Gallen verlegte. Im 16. und 17. Jahrhundert bildete die Kaufleutegesellschaft schliesslich eine gewöhnliche Krämerzunft, deren Mitglieder sich vornehmlich dem Kleinhandel widmeten.

Währungs- und Preisverhältnisse

Susanne Frey-Kupper, Roland Gerber

Die in Bern während des Mittelalters und der Frühen Neuzeit gebräuchliche Silberwährung ging auf das karolingische Pfundsystem zurück.[1] Ein Pfund (lb) wurde auf 20 Schillinge (ß) und ein Schilling auf 12 Pfennige (d) gerechnet.[2] Die Pfundwährung war eine reine Rechnungswährung, von der nur die Pfennige in Form von kleinen Pfennigen («Steblern», «Hallern») und in Form von grossen Pfennigen («Angstern») seit der zweiten Hälfte des 13. Jahrhunderts in der Stadt selbst als Silbermünzen geprägt wurden. Während die Rechnungspfennige ursprünglich einmal dem Kurswert der Silberpfennige entsprochen hatten, nahm das Gewicht (Schrot) und der Feingehalt (Korn) der Pfennige sowie aller anderen in Bern zirkulierenden Silbermünzen in Wirklichkeit jedoch laufend ab.[3] Während dadurch der Feingehalt des Pfennigs zwischen 1436 und 1466 mit fünf Lot Silber und einer Stückelung von 1152 Pfennigen auf die legierte Mark konstant blieb, verringerte sich dieser 1492 auf nur vier Lot und eine Stückelung von 1200 Pfennigen. Schultheiss und Rat waren während des gesamten Spätmittelalters gezwungen, teilweise in Zusammenarbeit mit anderen eidgenössischen Orten, die in der Stadt kursierenden Silbermünzen mit dem bestehenden Pfundwährungssystem ins Gleichgewicht zu bringen oder neue Münzen herauszugeben. Während sich dadurch der Nominalwert der Silbermünzen nicht veränderte, nahm deren Silbergehalt kontinuierlich ab. Für die Zeit des Spätmittelalters muss deshalb von einer langfristigen Münzverschlechterung oder einer monetären Inflation gesprochen werden.[4]

Der Kampf gegen Inflation und Teuerung

Roland Gerber

Das 15. Jahrhundert bedeutete für die Einwohnerschaft der Stadt Bern eine Zeit der fortschreitenden Geldentwertung und Teuerungen, deren Auswirkungen vor allem in der zweiten Jahrhunderthälfte durch Naturkatastrophen wie Pest und Überschwemmungen noch verstärkt wurden. Aus der langfristigen Entwicklung der Kurswerte des Rheinischen Goldguldens lassen sich zwei Perioden herauslesen, in denen das Silbergeld einer starken Inflation unterworfen war (Abb. 168). Die erste umfasst die Jahre 1420 bis 1430, als das Pfund gegenüber der Goldwährung um rund 44 Prozent abgewertet wurde. Die zweite erstreckt sich von 1487 bis 1539, als das Silbergeld noch einmal 25 Prozent an Wert gegenüber dem Gold verlor.

Die Leitmünze für die bernische Silberwährung war im 14. und 15. Jahrhundert der Rheinische Goldgulden (fl) und seit dem 16. Jahrhundert die französische «Goldsonnenkrone», der «écu d'or». Obwohl auch der Rheinische Goldgulden im Verlauf des 15. Jahrhunderts rund 24 Prozent seines Wertes verlor, stieg sein Kurswert gegenüber der Pfundwährung vom ausgehenden 14. bis zum 16. Jahrhundert kontinuierlich an.[1] Während der Rat im Jahre 1377 noch versuchte, das Rechnungspfund dem Wert eines Rheinischen Goldguldens gleichzusetzen, musste die angestrebte Äquivalenz zwischen der Silber- und Goldwährung wegen der rasch fortschreitenden Wertverminderung der Silbermünzen bereits 1378 wieder aufgegeben werden. 1384 waren Schultheiss und Rat schliesslich sogar gezwungen, die 1377 geprägten Pfennige wieder einzuziehen und mit einem Verlust von 25 Prozent durch die Bevölkerung umwechseln zu lassen.[2]

Zu einer weiteren Geldentwertung kam es in der Zeit der wachsenden städtischen Verschuldung zwischen 1420 und 1430. Der Rat war genötigt, die in der städtischen Münzstätte geprägten Silbermünzen erneut zu verrufen und zu einem wesentlich geringeren Münzfuss neue Münzen in Umlauf zu bringen. Der Wertverlust des Silbergeldes ging dabei wiederum zum grössten Teil zu Lasten der Berner Bürgerschaft, deren Realvermögen im Verlauf des 15. Jahrhunderts ständig an Wert abnahmen. Es war dies die Zeit der grössten Verschuldung des Stadthaushalts im späten Mittelalter, was eine besonders grosse Nachfrage an Goldgulden nach sich zog.[3] Verantwortlich für diese finanzielle Notlage waren die ausserordentlichen Aufwendungen für den Wiederaufbau der Stadt nach der grossen Brandkatastrophe von 1405 (vgl. Kap. I, S. 36) sowie die expansive städtische Territorialpolitik zu Beginn des 15. Jahrhunderts (vgl. Kap. IV, S. 330). Dies führte dazu, dass die auswärtige Schuld Berns nach dem Alten Zürichkrieg bis 1446 auf den Rekordstand von über 100 000 Goldgulden anstieg.[4] Dem Rat erwuchsen daraus jähr-

Abb. 168:
Der Wert eines Rheinischen Goldguldens im Vergleich mit der bernischen Pfundwährung 1377 bis 1559, Roland Gerber 1998.

1377	20 ß	1435–1449	35 ß
1378–1384	21 ß	1452–1458	36 ß
1394–1398	23 ß	1479–1487	40 ß
1399–1420	25 ß	1499–1500	42 ß
1430–1433	36 ß	1539–1559	50 ß

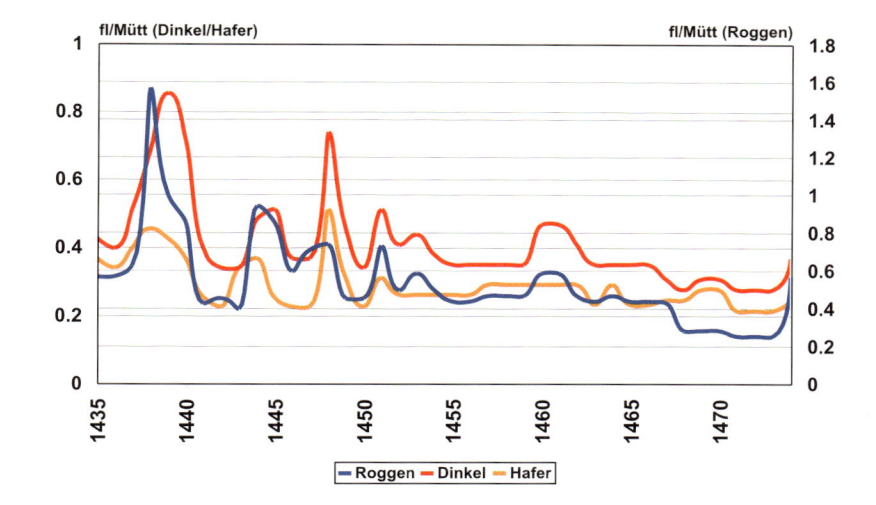

Abb. 169:
Die durchschnittlichen Getreidepreise in Bern 1435 bis 1474, Roland Gerber 1998.

liche Zinszahlungen von rund 5000 Gulden, die bei durchschnittlichen Jahreseinnahmen des Säckelmeisters von insgesamt etwa 7300 Gulden natürlich eine enorme Belastung für den Stadthaushalt darstellten. Verstärkt wurde diese Finanzkrise durch die ausserordentliche Teuerung zwischen 1437 und 1440 sowie durch die kurzfristigen Getreidepreisanstiege in den Jahren 1444/45, 1447/48 und 1451/52 (Abb. 169).[5]
Im Jahre 1421 beschlossen Schultheiss und Rat, das städtische Münzwesen unter dem neu berufenen Münzmeister Konrad Motz nachhaltig zu reformieren und neben dem Pfennig auch den Schilling im Form sogenannter Plapparte als neue Silbermünze zu prägen (siehe Kastentext, S. 249). Der Wert des Plapparts wurde dabei jedoch nicht, wie dies bereits 1388 versucht worden war, mit zwölf, sondern mit 15 Pfennigen veranschlagt. Obwohl die Pfundwährung auch gegenüber dem Plappart im Verlauf des 15. Jahrhunderts kontinuierlich an Wert verlor, entwickelte sich dieser neben dem «Vierer», der 1421 mit fünf Pfennigen bewertet und deshalb auch als «Fünfer» bezeichnet wurde, zur gebräuchlichsten spätmittelalterlichen Münzsorte Berns. Pfennige und Plapparte bildeten jedoch nur kleine, beziehungsweise mittelgrosse Silbermünzen und besassen deshalb lediglich für den regionalen Handel auf dem städtischen Markt eine gewisse Verbreitung. Für den Fernhandel sowie für Herrschaftskäufe und Darlehensgeschäfte war man im 15. Jahrhundert wie schon im 14. Jahrhundert auf den Rheinischen Goldgulden angewiesen, der sich wegen seiner Wertbeständigkeit insbesondere als überregionale Münzsorte auszeichnete.

Zu einer langfristigen Sanierung des kommunalen Finanzhaushalts kam es erst zu Beginn der zweiten Jahrhunderthälfte als es dem Rat gelang, die Gesamtschuld Berns mit Hilfe einer rigorosen Steuerpolitik in Stadt und Land bis 1465 auf den halben Betrag von rund 49 000 Gulden abzusenken. Die wichtigsten Einkünfte bildeten dabei ausserordentliche Steuereinnahmen wie die Telle, die zwischen 1437 und 1448 fast jährlich erhoben wurde, sowie der sogenannte «Böspfennig», eine spezielle Verbrauchssteuer auf Wein, die der Rat im Jahre 1443 in Folge des hohen Finanzbedarfs zu einer ordentlichen Steuereinnahme umfunktionierte. Weitere Einnahmen erbrachten der 1449 zum erstenmal eingezogene «Wochenangster», eine wöchentliche Kopfsteuer von zwei Pfennigen, die sämtliche erwachsenen Einwohner des bernischen Herrschaftsgebietes während eines Jahres zu entrichten hatten sowie die 1445 durchgeführte, ausserordentliche Besteuerung der Klöster.[6] Die Jahre zwischen 1453 und 1474 zeichneten sich zudem durch eine stabile und seit 1465 sogar etwas rückläufige Preisentwicklung bei den wichtigsten Getreidesorten Roggen, Dinkel und Hafer aus.
Erst die Feldzüge gegen Karl den Kühnen seit 1475 und die während der verschiedenen Kriegszüge in die Waadt gemachten Gebietserwerbun-

Abb. 170:
Die durchschnittlichen Getreidepreise in Bern 1488 bis 1550, Roland Gerber 1998.

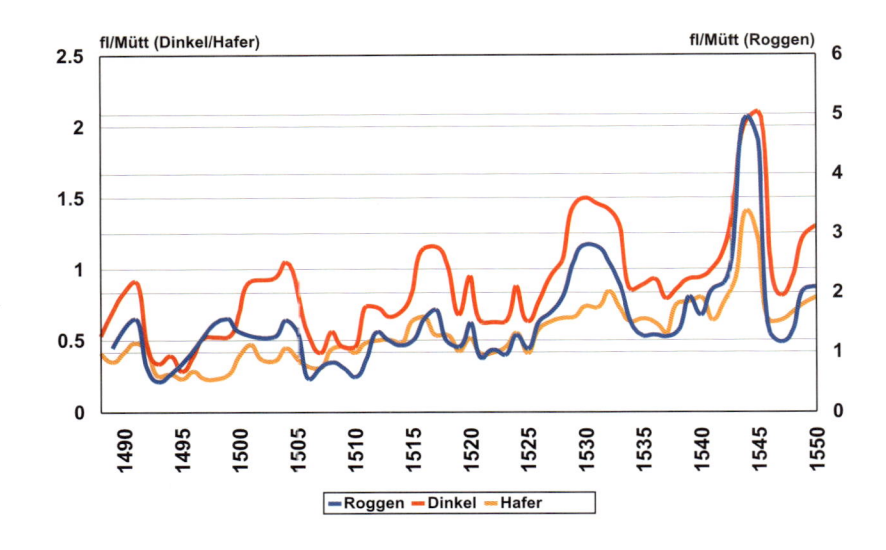

gen, die von den beiden Städten Freiburg und Bern 1484 mit der Bezahlung von insgesamt 20 000 Gulden an die übrigen Eidgenossen abgegolten werden mussten, führten gegen Ende des 15. Jahrhunderts zu einem erneuten Anwachsen der städtischen Fremdverschuldung.[7] Wie bereits zu Beginn des Jahrhunderts kam es auch diesmal zu einer gesteigerten Nachfrage nach Goldgulden. Auch diese zweite grosse Inflationswelle des 15. und beginnenden 16. Jahrhunderts wurde von mehreren Teuerungen begleitet, die sich seit 1477 regelmässig alle fünf bis zehn Jahre wiederholen (Abb. 170).[8] Die Gründe für diese Teuerungen waren neben den Einwirkungen der Pest und anderer Naturkatastrophen vor allem die Angst vor Fürkäufen, das heisst, dem spekulativen Einkauf von Getreide und Vieh. Schlechte Witterungsverhältnisse weiteten sich in der Stadt schnell zu Versorgungskrisen aus, die den Rat zwangen, mit Fürkaufsverboten und der Festlegung von Höchstpreisen für Korn, Fleisch und andere Lebensmittel gegen die verstärkten Preiserhöhungen einzuschreiten.[9] Den vorläufigen Höhepunkt erreichten diese Teuerungswellen in den Jahren 1543 bis 1546, als die Kornpreise in ganz Mitteleuropa um ein Mehrfaches ihres üblichen Marktwertes anstiegen. Auch in Bern wuchsen die Preise für Roggen und Dinkel über das Doppelte ihres normalen Wertes an. Eine Hungersnot konnte jedoch vom Rat dadurch verhindert werden, indem er die kommunalen Getreidevorräte in grösseren Mengen zum Verkauf freigab und die Teuerung mit der Abgabe von verbilligtem Korn künstlich niedrig hielt (vgl. Kap. II, S. 107).[10]

Schultheiss und Rat nahmen die angespannte Finanzsituation am Ende des 15. Jahrhunderts zum Anlass, das kommunale Münzwesen erneut zu reformieren.[11] Obwohl auch diesmal sämtliche Silbermünzen verrufen und 1492 zu einem deutlich geringeren Münzfuss wieder ausgegeben wurden, begann der Rat bereits 1482 in der städtischen Münzstätte grössere Silbermünzen zu prägen, die auch ausserhalb des bernischen Herrschaftsgebietes als Zahlungsmittel anerkannt wurden. Die erstmals ausgeprägten «Dicken» galten dabei gleichviel wie der dritte Teil eines Rheinischen Goldguldens. Im Jahre 1479 hatte sich die Stadt von Papst Sixtus IV. zudem das Recht übertragen lassen, nach dem Vorbild des Rheinischen Goldguldens eigene Goldmünzen herauszugeben. 1484 entstanden daraufhin in der städtischen Münzwerkstatt die ersten Berner Goldgulden, deren Ausgabe die wachsende politische Bedeutung des entstehenden Stadtstaates gegenüber den angrenzenden Orten und Territorien ausdrückte (siehe Kastentext, S. 249). Abgeschlossen wurde die Reorganisation des städtischen Münzwesens im Jahre 1492, als der Rat beschloss, einen zweiten Dicken im Wert eines Viertelguldens einzuführen. Dieser sollte den alten Dicken und den Goldgulden als überregionales Zahlungsmittel ergänzen. Gleichzeitig wurde der bisherige Plappart durch einen neuen «Doppelplappart» oder «Rollenbatzen» ersetzt. 15 Rollenbatzen entsprachen dabei dem Wert eines Goldguldens.

Mit der Prägung des Goldguldens, des Dickens und des Batzens übernahm die Stadt Bern am Ende des 15. Jahrhunderts die Führung des Münzwesens im Gebiet der Eidgenossenschaft. Die verbündeten Orte machten sich dabei die Erfahrung der bernischen Münzmeister zu Nutze und begannen zu Beginn des 16. Jahrhunderts nach deren Vorbild ebenfalls schwere Silbermünzen und Gulden auszugeben.[12]

Die Kaufkraft des Geldes

Roland Gerber

Um Rückschlüsse über die Kaufkraft des Berner Pfundes während des 15. Jahrhunderts zu gewinnen, sollen im Folgenden einige Preise sowie verschiedene Löhne von Handwerkern vorgestellt werden.[1]
Alle Einwohner der Stadt Bern, die weder über ein eigenes Vermögen noch über ein regelmässiges Einkommen verfügten, waren im Spätmittelalter dazu verpflichtet, während einer Vermögenssteuererhebung jeweils unabhängig des verordneten Steuerfusses eine einheitliche Kopfsteuer von fünf Schillingen in den Stadtsäckel zu entrichten. Schultheiss und Rat massen somit dem Geldbetrag von fünf Schillingen eine wichtige fiskalische Bedeutung zu. Wer nicht in der Lage war, durch eigene Arbeitsleistung fünf Schillinge zu verdienen, galt in den Augen der Bürgerschaft als arm und stand am unteren Rand der ökonomisch geprägten Stadtgesellschaft.[2] Ein ähnliches Bild vermitteln die Verordnungen über den Pfundzoll, die diejenigen Waren von der allgemeinen Zollpflicht ausschlossen, deren Marktwert unter fünf Schillingen lag (vgl. Kap. III, S. 202).
Einen wichtigen Wert bildeten die fünf Schillinge auch bei der Entlöhnung einzelner Bauhandwerker. Maurer und Zimmerleute bezogen in der ersten Hälfte des 15. Jahrhunderts jeweils einen Taglohn von fünf Schillingen ohne Verpflegung. Wurden sie durch den Arbeitgeber verköstigt, verringerte sich ihr Taglohn auf drei Schillinge.[3] Unterschiedliche Lohnansätze können zudem für die Sommer- und Wintersaison festgestellt werden. Diese erklären sich aus den unterschiedlich langen Arbeitszeiten während der Sommer- und Wintermonate.[4] 1467 verdiente ein Zimmermeister im Sommer (22. Februar bis 16. Oktober) pro Tag sechs Schillinge einschliesslich Mahlzeiten, während er im Winter nur fünf Schillinge ausbezahlt erhielt.[5] Die Arbeitszeit dauerte im Sommer von der Frühmesse bis zum Sechseläuten, im Winter bis zum Einbruch der Dunkelheit. Der Arbeitstag wurde dabei von drei Mahlzeiten unterbrochen. Der Zimmermeister hatte zudem Werkzeug für mindestens zehn Pfund bereitzuhalten und musste dieses täglich schleifen.[6] Ein Meisterknecht wurde im grossen Taglohn mit sechs Schillingen gleich wie ein Meister besoldet. Ein Zimmergeselle verdiente ohne Verpflegung fünf Schillinge und im kleinen Taglohn, das heisst, mit dem Essen, zwei bis drei Schillinge. Ähnliche Lohnansätze wie bei den Zimmerleuten finden sich in der zweiten Hälfte des 15. Jahrhunderts auch bei den Steinbrechern und Maurern. Ihre Taglöhne erhöhten sich jedoch um rund einen Schilling, wenn sie an besonders schmutzigen oder gefährlichen Orten wie in Öfen, Ehgräben und auf Dächern arbeiteten.[7]
Während die Bauhandwerker in der Regel im Taglohn entlöhnt wurden, war es bei den meisten übrigen städtischen Handwerkern wie Schuhmachern, Gerbern, Schneidern und Schmieden üblich, dass diese im «Verding» (Werkvertrag), beziehungsweise im Stücklohn bezahlt wurden. Um 1467 verlangten die Schuhmacher für die Herstellung eines Paars Schuhe 16 Pfennige, wenn sie im Haushalt des Kunden, und 18 Pfen-

nige, wenn sie in der eigenen Werkstatt arbeiteten.[8] Brachten die Schuhmacher das Leder selbst mit, kostete ein Paar Männerstiefel aus Ziegen- oder Kuhleder 30 Schillinge, ein Paar Bundschuhe zwischen sechs und sieben Schillingen, ein Paar Frauenschuhe fünf Schillinge sowie ein Paar Schuhe für minderjährige Kinder zwischen zwei und vier Schillingen. Für das Ausbessern eines Paars Schuhe bezahlten die Kunden zwischen 18 Pfennigen und zwei Schillingen, je «*na dem die schu sint*».

Eine ähnliche Arbeitsweise wie bei den Schuhmachern findet sich im 15. Jahrhundert auch bei den Schneidern. Die in den Handwerksordnungen überlieferten Schneidertarife zeichnen sich jedoch durch eine Vielzahl unterschiedlicher Preise aus, die sich aus der Vielfalt der in Bern hergestellten und verkauften Kleidungsstücken ergab.[9] Im Jahre 1486 kostet beispielsweise «*ein talar rock mit siden* [Seide] *gefuetret*» ganze 25 Schillinge «*machlon*», während man für das Anfertigen «*von einem schlechten* [einfachen] *par hosen ungefuetret*» lediglich 16 Pfennige bezahlte.[10] Bemerkenswert ist dabei, dass die Ordenstrachten der Bettelmönche wie eine «*barfuessen kutten von guttem tuch*» oder ein «*conventmantel*» mit Herstellungskosten von zehn Schillingen eher zu den teuren Kleidungsstücken gehörten. Für acht Schillinge etwas günstiger zu haben, waren hingegen ein Ordensmantel «*von schlechten tuch*» oder ein auf der Seite offener «*priester mantel*».

Schmiede und Schlosser verlangten im Jahre 1470 für die Herstellung eines Hufeisens 16 Pfennige, für eine Pflugschar, «*wann einer das ysen selber hät*», sechs Schillinge sowie für eine Axt «*mit allem züg*» ebenfalls sechs Schillinge.[11] Wollte jemand einen zweispännigen Wagen beschlagen lassen, musste er zwei Pfund, für einen dreispännigen Wagen zwei Pfund und zehn Schillinge aufbringen. Zur Tätigkeit der Schlosser gehörte insbesondere auch die Anfertigung von Eisennägeln. 100 Täfer- und Lattennägel kosteten 1470 sieben Schillinge sowie 100 Halbnägel fünf Schillinge. Wurden die Nägel von ausserhalb, beispielsweise von Nürnberg, importiert, mussten diese von den Schlossern jeweils zwei Schillinge günstiger angeboten werden als die in Bern produzierte Ware. Die Gerber bezogen laut einem Ratsbeschluss von 1479 fürs Gerben einer schweren Rinderhaut im Wert von rund sechs Gulden acht Schillinge Gerblohn. Für das Gerben einer leichten Haut konnten sie jeweils sechs Schilling beziehen.[12]

Deutlich geringere Löhne als die Handwerker bezogen Knechte und Mägde, die in den Haushalten vermögender Personen lebten (vgl. Kap. II, S. 140). Der Twingherr Heinrich von Scharnachtal, der im Jahre 1458 ein Vermögen von rund 4000 Gulden versteuerte, notierte in seinem zwischen 1426 und 1428 angelegten Haushaltsbuch der Herrschaften Oberhofen und Unspunnen verschiedene Jahreslöhne seines Dienstpersonals.[13] Ein Knecht erhielt dabei neben Kost und Unterkunft einen Jahreslohn von zwölf Pfund sowie ein Paar Hosen mit dazugehörigem Mantel ausgehändigt. Der Dienstmagd bezahlte Heinrich von Scharnachtal nur sechs Pfund Jahreslohn. Als Naturallohn wurden ihr zudem 14 Ellen Tuch sowie mehrere Paar Schuhe vom Haushaltsvorstand zur Verfügung gestellt. Laut den Angaben Heinrich von Scharnachtals kostete eine Elle Freiburger Tuch 10 Schillinge, ein Elle Grautuch 15 Schillinge sowie eine Elle schwarzes Tuch 20 Schillinge.

Über deutlich höhere Geldbeträge als Handwerker und Knechte verfügten die wohlhabenden Kaufleute und Ratsherren. Zu Beginn des 15. Jahrhunderts erwarb beispielsweise der Kaufmann Simon Ebinger ein Mantelfutter aus Iltispelz, für das er nicht weniger als 17 Gulden bezahlte.[14] Junker Heinrich von Scharnachtal beteiligte sich 1421 mit 600 Gulden als stiller Teilhaber an den Kaufmannsgeschäften des Simon Ebinger. Diese Beteiligung brachte ihm zwischen 1421 und 1427 jährliche Gewinne zwischen null und 60 Gulden.[15] Am 15. Oktober 1443 schrieb der Fernkaufmann Peter Schopfer junior aus Barcelona, wo er 92 Ballen St. Galler Leinwand zu verkaufen gedachte, dass sein Bedien-

Innovation und Repräsentation: Die ersten Berner Gold- und Grossilbermünzen

Daniel Schmutz

Vorbild und Imitation: Oben: «Testone» des Galeazzo Maria Sforza, Herzog von Mailand (1466–1476). Unten: «Dicken» der Stadt Bern mit dem hl. Vinzenz (1483–1492).

Stadt Bern, «Goldgulden» (um 1484). Vs: Berner Wappenschild. Rs: hl. Petrus mit Schlüssel und Evangelienbuch.

Stadt Bern, «Rollenbatzen» (1492). Vs: Berner Wappenschild, darüber Adler. Rs: Ankerkreuz.

In den beiden letzten Jahrzehnten des 15. Jahrhunderts erfuhr das bernische Münzwesen eine Reihe bedeutender Reformen, die weit über Bern hinaus von Bedeutung wurden. Mit der Einführung des «Dickens», des «Goldguldens», des «Batzens» und des «Talers» nahm die Stadt Neuerungen im europäischen Münzwesen sehr früh auf und wurde damit selbst zum Vorbild für den schweizerischen, aber auch für den süddeutschen und den oberitalienischen Raum.

Diese grundlegenden Veränderungen im europäischen Münzwesen waren eine direkte Folge des Aufschwungs, den der Silberbergbau seit den 1460er Jahren in Mitteleuropa erlebte. Neu entdeckte Vorkommen in Tirol, Sachsen und Böhmen sowie Fortschritte in der Bergbautechnik bewirkten einen bedeutenden Produktionsanstieg. Das neu gewonnene Silber ermöglichte in den 1470er Jahren die Herstellung der ersten Grossilbermünzen. In Venedig gab 1472 der Doge Nicolo Tron eine Münze im Wert eines Zählpfundes heraus («*Lira Tron*»). Der mailändische Herzog Galeazzo Maria Sforza prägte zwei Jahre später eine entsprechende Münze, die wegen des aufgeprägten Porträts des Herzogs «Testone» genannt wurde. Im Tirol liess Erzherzog Sigismund 1486 erstmals eine Silbermünze im Wert eines Goldguldens herstellen (*«Uncialis»*).

1. Innovation

Mit der Einführung des Dickens im Jahre 1482 war Bern an den Anfängen der europäischen Grossilbermünzprägung mitbeteiligt. Diese Münze entsprach seinem Vorbild, dem Mailänder Testone, in Gewicht und Feingehalt. Durch die Angleichung an das Mailänder Vorbild erhoffte sich Bern den Anschluss an den internationalen Handel. Das neue Nominal im Wert eines Drittelsguldens liess sich zwar bequem in die überregionale Guldenwährung eingliedern, war aber nicht in die bernische Währung eingebaut. Das Münzbild des Mailänder Vorbildes wurde bis in die kleinsten Details imitiert. Nur zeigte das Porträt nicht mehr den mailändischen Herzog, sondern den Berner Stadtpatron, den hl. Vinzenz, der gleichsam die Rolle des bernischen Stadtherrn übernahm.

Im Jahre 1484 schlug Bern, sieht man von der seit 1429 in Basel bestehenden Reichsmünzstätte ab, als erster Schweizer Ort Goldgulden. Die Grundlage für diese Prägung bildete nicht wie üblich eine Münzrechtsverleihung des Kaisers. Wegen der angespannten Beziehungen zum Reichsoberhaupt wandten sich die Berner an Papst Sixtus IV. (1471–1484), der ihnen 1479 das gewünschte Privileg erteilte. Darin erliess er Vorschriften, wie das Münzbild auszusehen habe. Seiner Forderung entsprechend zeigt der Goldgulden auf der Vorderseite das Berner Wappen, auf der Rückseite den hl. Petrus.

Die bedeutendste Neuerung des bernischen Münzwesens war die Einführung des «Rollenbatzens» oder kurz «Batzens», der im Gegensatz zum Dicken, Goldgulden und Taler auch im täglichen Zahlungsverkehr Verwendung fand. Diese durch die Münzreform von 1492 eingeführte Münze fand dank ihrer Bewertung zu vier Kreuzern Anschluss an die süddeutsche Kreuzerwährung, was ihr zu einer raschen Verbreitung verhalf. Solothurn begann gleichzeitig oder kurz nach Bern mit der Batzenprägung, Konstanz folgte 1499, Zürich, St. Gallen und Salzburg 1500. In den folgenden Jahrzehnten prägten über vierzig Münzstätten in der Schweiz, in Süddeutschland und in Oberitalien dieses Nominal. Bereits in den 1520er Jahren hatte die Prägung des Batzens jedoch ihren Höhepunkt überschritten. Danach ging seine Bedeutung rasch zurück. In den westlichen Orten der Eidgenossenschaft (Bern, Solothurn, Freiburg und Luzern) blieb der Batzen jedoch bis 1850 die massgebende Währungseinheit.

Vielleicht schon im Jahre 1492 wurde in Bern der Taler («*Guldiner*») eingeführt. Vorbild war der erwähnte *«Uncialis»* des Erzherzogs Sigismund aus Hall im Tirol von 1486. Hinter Sigismund und Herzog René von Lothringen (1488) steht Bern an dritter Stelle in der Einführung der Talerprägung. Der erste datierte Berner Taler von 1493 zeigt auf der Vorderseite anstelle des berittenen Erzherzogs den Berner Bären. Die nach dem Tiroler Vorbild dargestellten Vogteiwappen zeigen den ganzen, teilweise erst vor kurzem erworbenen Herrschaftsbereich der Stadt auf (→Abb. 244). Diesen Wappenkranz übernahmen die meisten der bald darauf folgenden schweizerischen Talerprägungen.

2. Repräsentation

Mit dieser Reihe von Münzreformen übernahm Bern nicht nur eine führende Rolle im Münzwesen der Eidgenossenschaft. Die bernischen Neuerungen hatten, wie gesehen, Auswirkungen bis in den süddeutschen und den oberitalienischen Raum. Ermöglicht wurden diese Reformen durch eine Gruppe von Leuten, die dank ihrem weiten Beziehungsnetz über die neuesten Entwicklungen im europäischen Münzwesen sehr gut informiert waren. Diese Innovationen sind jedoch nicht allein auf münzpolitische Notwendigkeit zurückzuführen. Eine mindestens ebenso grosse Rolle spielte das zunehmende Selbstbewusstsein und das gesteigerte Repräsentationsbedürfnis, das die Stadt nach den Siegen der Burgunderkriege von 1474–1477 entwickelte. Der repräsentative Charakter der Münzen zeigt sich besonders deutlich beim Taler von 1493, der zu den Meisterwerken der spätgotischen Stempelschneidekunst gehört.

Im Gegensatz zur münzgeschichtlichen Tragweite der Reformen ist die wirtschaftliche Bedeutung der neu geschaffenen Berner Münzen unterschiedlich einzuschätzen. Die Dicken und Batzen gelangten nach Aussage der schriftlichen Quellen zwar in grösserem Masse in den Umlauf, als dies die relativ spärlichen Funde vermuten lassen. Der Goldgulden von 1484 und die ersten Taler können hingegen als reine Prestigeprägungen ohne wirtschaftliche Bedeutung bezeichnet werden.

steter Konrad von Kilchen einen Zoll umritten habe und deshalb mit der Leinwand in Gefangenschaft geraten sei.[16] Er informierte seinen Vater, den Kleinrat Peter Schopfer, der als Landvogt in Thun weilte, dass die Auslösung der beschlagnahmten Waren die Familie rund 200 Gulden kosten würde. Nach der Rückkehr von einer Handelsreise verkaufte Peter Schopfer sein Reitpferd, was ihm jeweils zwischen fünf und zehn Gulden einbrachte. Peter Schopfer konnte es sich als Kaufmann sogar leisten, in Genf «*ein gut ross*» im Wert von 20 Gulden zu erwerben. Ein enormer Betrag, wenn man bedenkt, dass ein Maurer bei einem Taglohn von fünf Schillingen rund 170 Tage hätte arbeiten müssen, um den Kaufpreis für dieses edle Reitpferd aufbringen zu können.

Die Herstellung von Blei-Zinn-Marken und Pilgerzeichen im mittelalterlichen Bern

Susanne Frey-Kupper

Drei Sandsteingussformen aus dem Sodbrunnen der Burg Nydegg

Für gewisse alltägliche Geschäfte wurden im Mittelalter neben Münzen (vgl. Kap. III, S. 244; siehe Kastentext, S. 249) andere, münzähnliche Gegenstände, zum Beispiel Blei-Zinn-Marken, verwendet. Diese Objekte tragen meist keine Schrift, sondern Ornamente, Zeichen oder Bilder, deren Bedeutung für den heutigen Betrachter oft nicht mehr verständlich ist. Daher bleibt die Funktion solcher Marken in vielen Fällen unklar. Dieser Umstand und die für heutige Begriffe oft wenig ästhetische Gestaltung dieser Gegenstände sind Gründe dafür, dass sie in der Forschung bisher wenig Beachtung fanden. Ein weiterer entscheidender Faktor, der die Scheu der Wissenschafter vor der Beschäftigung mit diesem Material erklärt, ist die Tatsache, dass Blei-Zinn-Marken offenbar nie in grösseren Serien, sondern in kleineren Produktionseinheiten durch Guss hergestellt wurden. Anders als die Münzen erfuhren die Marken keine oder für den heutigen Betrachter kaum feststellbare Standardisierungen. Eine Folge davon ist, dass für mittelalterliche Blei-Zinn-Marken bis heute umfassendere Bestimmungswerke fehlen;[1] in jüngster Zeit werden Versuche unternommen, das vielfältige und zahlreiche Material zusammenzutragen und systematisch zu ordnen.[2] Doch noch immer bleiben diese interessanten Gegenstände unbearbeitet in den Sammlungsbeständen liegen. Dies gilt auch für andere Materialgruppen, zum Beispiel die Devotionalien, zu denen die Weihepfennige und die Pilgerzeichen gehören.[3]

Unter den Funden, die in Bern bei archäologischen Ausgrabungen oder bei Gebäudeuntersuchungen zum Vorschein kamen, sind solche Gegenstände bisher nicht belegt. Mit den Sandsteingussformen von der Burg Nydegg ist jedoch die Herstellung von Marken und eines Pilgerzeichens bezeugt. Der vorliegende Beitrag hat zum Ziel, diese bislang schlecht bekannten Fundkategorien vorzustellen und damit einige praktische Bereiche des Alltags im Mittelalter zu erhellen. Zudem erlauben diese Gussformen, Einblick in die technischen Aspekte des metallverarbeitenden Handwerks zu gewinnen (vgl. Kap. III, S. 220).

Zur Auffindung

Im Sommer 1961 wurde bei den Ausgrabungen der ehemaligen Burg Nydegg in Bern, im Gebiet der heutigen Nydegg-Kapelle (→Abb. 19), ein Sodbrunnen entdeckt.[4] Im Schacht dieses Brunnens kamen neben verschiedenen Funden wie Knochen, Eisenschlacken, behauenen Stei-

Abb. 171:
Fund aus Bern, Burg Nydegg (heute Gebiet der Nydegg-Kirche), H 5,3 cm, B 3,7 cm, T 18,5 cm, ADB Fnr. 425, Massstab 1:1.

Fragment einer Gussform aus Sandstein zur Herstellung von Marken aus Blei und Zinn. Erhalten sind der Hauptgusskanal (der rechten Bruchkante entlang) und zwei seitliche Gusskanäle, die zu den Negativen der Marken führen. Feinkörniger, durch die Einwirkung von Hitze geröteter Sandstein.
Diese und die beiden folgenden Gussformen (Abb. 36–37) wurden im Laufe der zweiten Hälfte des 14. Jahrhunderts oder im frühen 15. Jahrhundert als Werkstattabfälle in den Sodbrunnen der Burg Nydegg in Bern geworfen. Die drei Formen vermitteln einen Eindruck der Produktionsvielfalt einer auf Blei- und Zinnguss spezialisierten Werkstätte. Der Handwerker, der die Formen benutzte, arbeitete vermutlich im nahen Nydeggstalden.

Abb. 172:
Fund aus Bern, Burg Nydegg (heute Gebiet der Nydegg-Kirche), H 5,4 cm, B 7,2 cm, T 2,7 cm, ADB Fnr. 574, Massstab 1:1.

Halbfabrikat einer Sandsteinform zur Produktion von Blei-Zinn-Marken. Der Trichter zum Eingiessen des Metalls (auf der Abbildung unten) führt direkt in das erste Negativ über, von wo aus Verbindungskanäle zu weiteren Negativen leiten. An der Gussform lassen sich unterschiedliche Stadien der Ausarbeitung ablesen. Neben vollständigen mit geometrischen Mustern versehenen Negativen kommen Vorzeichnungen (von mindestens acht weiteren Negativen) vor, die mit dem Zirkel angerissen wurden. Die Form war wohl noch während der Bearbeitung zerbrochen und blieb daher unvollendet. Feinkörniger bläulich-grauer Sandstein.

Abb. 173:
Fund aus Bern, Burg Nydegg (heute Gebiet der Nydegg-Kirche), H 5,8 cm, B 9,0 cm, T 1,8 cm, ADB Fnr. 444, Massstab 1:1.

Bruchstück einer Sandsteingussform. Auf dieser Form ist der untere Teil einer Figur mit langem Gewand und Spitzschuhen zu erkennen. Bei der Figur, die mit der Gussform hergestellt wurde, handelt es sich wahrscheinlich um ein Pilgerzeichen. Im Mittelalter äusserst beliebt, wurden solche Zeichen in Wallfahrtszentren, aber auch in kleineren Heiligtümern an die Pilger abgegeben, die sie an ihren Kleidern zum Zeichen einer vollbrachten Wallfahrt befestigten. Feinkörniger grauer Sandstein.

nen, Ziegeln, Keramik, Spinnwirteln aus Ton und Ofenkacheln, auch die Fragmente dreier Gussformen aus Sandstein (Abb. 171–173) zutage.[5] Aufgrund der keramischen Funde, die sich zeitlich ziemlich gut eingrenzen lassen, muss der Brunnen (vgl. Kap. I, S. 54) im Laufe der zweiten Hälfte des 14. Jahrhunderts oder spätestens am Anfang des 15. Jahrhunderts zugeschüttet worden sein.[6] Dies ist ein wichtiger Anhaltspunkt für die Datierung der Gussformen.

Drei Kriterien erlauben, die vorliegenden Sandsteinfragmente[7] als Gussformen zu erkennen:
• die fein bearbeiteten negativen Eintiefungen;
• die Gusskanäle (zu den Vertiefungen hin, bzw. zwischen diesen);
• das Material (feinkörniger Sandstein, der für den Guss geeignet ist).

Die Gussformen bestehen aus einheimischem Sandstein. Die homogene Struktur dieses Steines ermöglicht eine feinteilige Bearbeitung wie sie für die Herstellung kleiner und kleinster Gegenstände nötig ist. Alle drei Formen sind bloss fragmentarisch erhalten. Wahrscheinlich gehen die Brüche auf mittelalterliche Verwendung bzw. Missgeschicke zurück. Dies trifft zumindest für die auf Abbildung 172 wiedergegebene Form zu, die offensichtlich nie vollendet wurde. Das Stück ging in Brüche, bevor die als Skizze erkennbaren Kreise weiter ausgearbeitet werden konnten. Alle drei Stücke können als Werkstattabfälle gelten, die zusammen in den Brunnen geworfen und auf diese Weise entsorgt wurden.

Zwei Formen dienten der Herstellung von Marken (Abb. 171, 172). Die dritte kann als Negativ für den Guss eines Abzeichens, wahrscheinlich eines Pilgerzeichens, identifiziert werden (Abb. 173). Solche Gussformen sind im Gebiet der heutigen Schweiz bisher nicht belegt. Die unvollendete Form ist als Halbfabrikat auch in Europa bisher ohne Vergleich. Diese Feststellung und die Tatsache, dass gleich drei Gussformen vorliegen, die wohl aus derselben Werkstatt stammen und zusammen weggeworfen wurden, machen aus unseren Gegenständen einen einzigartigen Fundkomplex, der eine ausführlichere Würdigung verdient.

Die beiden Gussformen zur Herstellung von Blei- oder Zinnmarken

Allgemeine Beobachtungen

Auf dem einen Gussformfragment (Abb. 171) sind der Hauptgusskanal und, davon ausgehend, zwei seitliche Gusskanäle erhalten: diese münden in die runden Vertiefungen (Negative der Marken). Die Bruchstelle auf der rechten Seite des Fragmentes geht – wohl nicht zufällig – genau dem Hauptgusskanal entlang. Am oberen Abschluss dieses Kanals ist die trichterförmig ausgearbeitete Stelle zum Eingiessen des Metalls ersichtlich. Die Oberfläche des Sandsteins ist von Hitzeeinwirkung gerötet; möglicherweise sind hohe Temperaturen der Grund, weshalb die Form zerbrach. Der ursprüngliche Rand der Form ist auf der Seite des Einguss-Trichters und links der seitlichen Gussäste erhalten.

Die beiden Markennegative tragen geometrische Dekorationen. Das eine, vollständige Negativ, ist mit einem Gittermuster verziert, das andere, fragmentarische, besteht aus einem zentralen Kreuz, in dessen Winkeln sich Ringlein befinden (zwei davon sind erhalten). Bei der Gitterverzierung handelt es sich um ein äusserst geläufiges Muster für Bleimarken, das zum Beispiel auf einem Exemplar aus Burgdorf (Abb. 176, oben) aber auch auf französischen Marken des 12. bis 14. Jahrhunderts belegt ist.[8] Das Motiv des anderen Negativs erinnert an die Rückseiten von Münzen, wie sie etwa gleichzeitig vorkommen.[9]

Abb. 174:
Vergleichsbeispiel einer Gussform (zirka 1350–1450), die ähnlich wie die Formen aus Bern funktionierte. Neben der Gussform ist das fertige Gussprodukt, der sogenannte «Gussbaum» (ein moderner Nachguss) abgebildet. Nach dem Erstarren des Metalls werden die Marken von den Ästen abgetrennt. Die Gussform wurde in Westbroek (Niederlande, Provinz Utrecht) gefunden. Sammlung van Beuningen, H 11,0 cm, B 7,5 cm, Inv. Nr. 2558, Massstab: 1:1.

Das Fragment der zweiten Gussform (Abb. 172) weist ein komplizierteres System von Gusskanälen auf. Auch dieses Beispiel hat einen Trichter (Abb. 172, unten) zum Eingiessen des Metalls. Der Trichter führt direkt in das erste Negativ über, von wo aus Verbindungskanäle zu weiteren Negativen leiten. Erwähnenswert an dieser Gussform ist, dass neben den ausgearbeiteten Negativen Vorritzungen von mindestens acht weiteren Negativen vorkommen.

Zwei Negative dieser Gussform bieten geometrische Verzierungen, das dritte Negativ zeigt ein Monogramm. Die sechsblättrige Rosette ist ein verbreitetes Motiv auf Blei-Zinn-Marken. Das Kreuz in der Raute auf einem der kleineren Negative ist dagegen nicht üblich. Auch für das monogrammartige Zeichen mit dem Buchstaben A fehlen zur Zeit Parallelen.

Technische Beobachtungen und Vergleichsbeispiele zu den Gussformen

Vergleichbare Gussformen zur Herstellung von Marken sind verschiedentlich bekannt, zum Beispiel aus Holland, Frankreich, oder Italien (Abb. 174).[10] Sie bestehen wie unsere Beispiele aus einem feinkörnigen Stein, der eine feine Ausarbeitung erlaubt. Oft sind die Formen aus Schiefer oder Kalkstein. Für die Berner Beispiele wurde ein lokaler Sandstein verwendet.[11]

Auch bei den erwähnten Vergleichsfunden von Gussformen ist in der Regel nur eine Formhälfte erhalten (Abb. 174). Oft sind diese Formen in zwei (diagonal entgegengesetzten) Ecken mit einem Loch versehen, durch das ein Stift gesteckt wurde, damit die beiden Formhälften richtig aufeinander zu passen kamen.[12] Doch gibt es auch Beispiele ohne Führungslöcher. Es wurde dann mit Hilfe von Zeichen am Rand oder mit identisch zugerichteten Formhälften gearbeitet. Die Berner Gussformen weisen weder Löcher noch Zeichen auf. Bei der ersten Form (Abb. 171) mag dies an der Erhaltung liegen. Bei der zweiten Form (Abb. 172) könnte man das Fehlen der Löcher dem unfertigen Zustand zuschreiben. Doch hätten bei dieser Form, wo zwei originale Ecken erhalten sind, die Löcher gar nicht angebracht werden können; dazu fehlt der Platz neben den skizzierten Kreisen. Somit waren vielleicht zwei Formhälften ohne Löcher geplant. Möglich ist auch, dass nur eine Formhälfte vorgesehen war, die beim Guss lediglich mit einer flachen Platte abgedeckt wurde.

Hinweise darauf, dass solche einschaligen Gussformen tatsächlich existierten, geben einseitige Marken. Solche wurden kürzlich in grösserer Zahl in Burgdorf entdeckt (Abb. 175–177). Ein weiterer Neufund stammt aus der Burg Dorneck in Dornach (Abb. 179).[13] Diese Marken bestehen üblicherweise aus einer Blei-Zinn-Legierung[14] und tragen nur auf der einen Seite ein Motiv; die Rückseite ist flach (Abb. 175, 176). Unter den Burgdorfer Beispielen befindet sich sogar ein Halbfabrikat, das die beschriebene Herstellungstechnik mehrerer, durch Gusskanäle verbundener Marken, ebenfalls belegt. Es handelt sich um den Teil eines Gussbaumes[15], an dem drei Marken noch immer zusammenhängen. Die Rückseiten dieser mit Tierdarstellungen (Hirsch und Wasservogel) versehenen Marken sind ebenfalls plan (Abb. 175).

Unter den bekannten Vergleichsbeispielen von Gussformen ist das System mit einem Hauptkanal und Seitenkanälen unserer ersten Gussform (Abb. 171) am häufigsten belegt, doch kommen auch Beispiele mit zahlreichen Verästelungen, wie bei der zweiten Form (Abb. 172), vor. Die nicht vollendete Form aus dem Sodbrunnen der Burg Nydegg steht unseres Wissens bisher aber ohne Vergleich da. Sie erlaubt, den Her-

Abb. 175:
Fund aus Burgdorf, 19,83 g; 23,9–47,3 mm, Inv. Nr. ADB 068.0341, Massstab 1:1.

Halbfabrikat; Teil eines Gussbaumes, an dem drei Marken noch durch Gusszapfen miteinander verbunden sind. Dargestellt sind ein Hirsch und ein Wasservogel, die dritte Marke ist unkenntlich. Die Rückseiten der Marken sind glatt.

Abb. 176:
Funde aus Burgdorf, drei einseitige Marken mit geometrischen Motiven, Massstab 1:1.

Oben: Gittermuster (dem Muster des einen Negativs auf der Gussform von Abb. 35 vergleichbar), 1,34 g; 14,5–15,1 mm, Inv. Nr. ADB 068.0277. Mitte: Kreuz, in den Winkeln je eine Kugel, 2,69 g; 14,1–16,1 mm, Inv. Nr. ADB 068.278. Unten: Vierzipfliges Motiv mit konkaven Seiten, zwischen den Zipfeln Halbbogen, 2,40 g; 15,4–15,9 mm, Inv. Nr. ADB 068.0352, Massstab 1:1.

Abb. 177:
Funde aus Burgdorf, Massstab 1:1. Marken mit verschiedenen Darstellungen: geometrische Muster, pflanzliche Motive, Menschen und Tiere. Zwei Marken tragen Monogramme. Die Form der Buchstaben und die Art ihrer Anordnung als Monogramme sprechen am ehesten für eine Datierung in die Periode von der Mitte des 16. Jahrhunderts bis ins 17. Jahrhundert (oder etwas später, bis gegen die Mitte des 18. Jahrhunderts?). Bis auf die beiden unten links abgebildeten Exemplare, sind alle einseitig.

stellungsablauf der Form nachzuvollziehen. Zuerst werden die Kreise im gewünschten Durchmesser mit einem Zirkel angerissen. Danach werden die Negative für die Marken und die Kanäle eingetieft und schliesslich die Verzierungen eingeritzt. Je nach gewünschtem Muster wird nochmals mit dem Zirkel gearbeitet, zum Beispiel für die sechsblättrige Rosette und die zwischen den Blättern liegenden Kreuze im grössten Negativ oder für den kleineren, konzentrischen Kreis im kleineren Negativ mit monogrammähnlichem Motiv. Weitere Elemente werden mit anderen Instrumenten angebracht.

Die Funktion von Blei- und Zinnmarken
Aus schriftlichen Quellen und aufgrund bestimmter Fundsituationen wissen wir, dass die Blei- und Zinnmarken verschiedene, zum Teil geldähnliche Funktionen[16] erfüllten. Sie dienten beispielsweise als

- Eintritts- oder Übertrittsmarke (Eintritt in eine Stadt, Recht auf die Besetzung eines Platzes auf dem Markt, Brückenzoll);
- Beleg für verrichtete Arbeit mit Recht auf anschliessende Auszahlung oder als Beleg für eingetroffene Ware mit Recht auf Bezahlung;
- Marke, die das Recht gibt, bestimmte Tätigkeiten auszuüben (vergleichbar mit den heutigen Patenten, zum Beispiel für das Jagd- oder Fischrecht);
- Marke, die zur Teilnahme an einer Versammlung berechtigt oder als Beleg für die Teilnahme an einer Veranstaltung, einem Gottesdienst oder einer Totenmesse gilt;
- Geldersatz bei knappem Angebot an Münzen;

- Marken für Wohltätigkeitszwecke (zur Berechtigung für den Bezug von Lebensmitteln);
- als Spielsteine;
- als Rechenjetons zum Ausführen mathematischer Operationen auf einem Rechentisch oder Rechentuch. Die Rechentische und -tücher waren mit Linien versehen, die bestimmte Einheiten, etwa Einer, Zehner, Hunderter und Tausender, definierten. Auf diesen Linien wurden die zur Rechnung benötigten Zahlen durch eine entsprechende Anzahl von Rechenpfennigen dargestellt. Zum Ausführen der Rechnung wurden diese Rechenpfennige, ähnlich wie die «Holzperlen» auf einem Abacus, in eine andere Position auf den Linien verschoben (Abb. 178, 180).[17] In dieser Funktion sind Blei- oder Zinnmarken sozusagen Vorläufer der geprägten Rechenpfennige, unter anderem jener von Nürnberg, die seit dem Ende des 15. Jahrhunderts in ganz Europa verbreitet wurden.[18]

Für vergleichbare praktische Bereiche des Alltags wird heute oft Papier verwendet, wie etwa für Eintritts- und Legitimationskarten, Patente oder Belege aller Art.

Bei Funden von Blei- und Zinnmarken ist es meist nicht möglich, ohne weiteres auf einen bestimmten Verwendungszweck zu schliessen. Ein besonderer Fundzusammenhang oder eine aufschlussreiche Darstellung auf den Marken können allerdings gewisse Hinweise geben. Erwähnenswert ist in diesem Zusammenhang der Nachweis sekundärer Verwendung für eine Marke aus Urtenen im Kanton Bern (Abb. 181). Diese Marke wurde in der Ritze eines – mit Dendrochronologie um 1615 datierten – Balkens in einem Bauernhaus gefunden. Dort muss das Stück absichtlich versteckt worden sein, möglicherweise als unheilabwehrender Talisman zum Schutze des Hauses.[19] Wenn diese Vermutung richtig ist, handelt es sich um ein Beispiel apotropäischer Zweitverwendung einer Marke.[20]

Bei den Gussformen, die als Abfall in den Sodbrunnen der Burg Nydegg geworfen wurden und die mit geometrischen Mustern versehen sind, gibt es keine Anhaltspunkte für die Funktion der Marken. Wichtiger aber als die Verwendung im einzelnen, ist die Feststellung, dass sich die verschiedenen, teils paramonetären Funktionen der Marken nur im Rahmen eines differenzierten und entwickelten sozialen und wirtschaftlichen Gefüges erklären lassen.

Die Verbreitung von Blei- und Zinnmarken
Marken aus Blei und Zinn sind zur Zeit vor allem aus Frankreich bekannt, wo sie unter anderem in Fundkomplexen aus Flüssen (zum Bei-

Abb. 178:
Werkstatt des Hans Krauwinckel, Rechenpfennig, vor 1586–1635, Nürnberg; Kupfer, 4,56 g; 28,0 mm, München, Staatliche Münzsammlung, Massstab 1:1.

Vorderseite: Ein Rechenmeister sitzt an einem Rechentisch. Auf dem Tisch mit Liniensystem liegen 14 Rechenpfennige. Rückseite: Alphabet in fünf Zeilen.

Abb. 179:
Fund aus Dornach, Burg Dorneck, einseitige Blei-Zinn-Marke, Herstellungsort und Hersteller unbestimmt, zirka 1390–1490; Schwert, von sechs fünfblättrigen Rosetten umgeben, 5,43 g; 20,0–25,2 mm, Inv. Nr. 28/26/100, Massstab 1:1.

Abb. 180:
Holzschnitt, (wahrscheinlich Strassburg), um 1500, Ashmolean Museum, Oxford. Portfolio 140.

Ein Mann und eine Frau sitzen an einem Rechentisch; das Paar ist im Begriff, Rechenpfennige auszulegen. Die Linien auf dem Tisch bezeichnen Werte von einem Pfennig bis zu tausend Pfund.

Abb. 181:
Blei-Zinn-Marke, Herstellungsort und Hersteller unbestimmt, 15. Jahrhundert bis Anfang 17. Jahrhundert, 4,70 g; 19,1–19,6 mm, Inv. Nr. ADB 179.0001, Massstab 1:1.

Vorderseite: Tier mit vier Beinen in sechseckiger Einfassung. Rückseite: Gabelkreuz, eine Truglegende unterteilend; der Typ entspricht den Rückseiten mittelalterlicher Denare. Fund aus Urtenen, Oberdorf, Längenlooweg 30/32. Die Marke wurde im April 1988 im Wohnteil eines Bauernhauses in der Ritze eines Balkens (des südwestlichen Ständers) entdeckt. Sie wurde dort absichtlich, wohl als schützender Talisman niedergelegt.

Abb. 182:
Der heilige Cornelius, Pilgerzeichen der Norbertiner- (Prämonstratenser-)Abtei von Ninove (B), zirka 1400–1450, H 9,2 cm, B 4,0 cm, Fund aus Nieuwlande (NL), Sammlung van Beuningen, Inv. Nr. 1949, Massstab 1:1.

Abb. 183:
Der heilige Thomas Beckett, Pilgerzeichen von Canterbury (GB), 13. Jahrhundert, H 8,4 cm, B 3,4 cm, London, Sammlung Bull Wharf.

Abb. 184:
Unbestimmte Figur, 15. Jahrhundert, H 3,8 cm, B 2,3 cm, Fund aus der Themse (GB).

spiel Seine, Garonne oder Yonne) zahlreich vorkommen; auch aus der Themse wurden Marken geborgen.[21] Aus dem Gebiet der heutigen Schweiz kennen wir bisher nur wenige Blei- und Zinnmarken. Dies mag zum Teil am Forschungsstand liegen, doch beginnt man diesem interessanten Material mehr und mehr Aufmerksamkeit zu schenken.[22] In jüngster Zeit wurden Funde von Bleimarken aus Dornach (Abb. 179)[23], Schwyz[24], Urtenen[25] (Abb. 181) und Zug[26] in Publikationen vorgelegt; die neuen Funde aus Burgdorf (Abb. 175–177) und fünf Marken aus der Winterthurer Altstadt[27] sind zur Zeit in Bearbeitung.[28]

Die Gussform zur Herstellung eines Abzeichens (Pilgerzeichen?)
Die dritte Gussform (Abb. 173) lässt den unteren Teil eines Gewandes erkennen. Der zentral angelegte Gusskanal führt direkt zum Gewand. Bei den seitlichen Fortsätzen handelt es sich wohl um die Füsse, die mit Spitzschuhen bekleidet sind. Im Bereich der Schuhe weist die Gussform noppenartige Erhöhungen auf, was beim Guss Löcher ergibt. Diese Löcher erlauben, die Gussfigur auf Stoff oder Leder aufzunähen.

Figuren, die mit dieser Gusstechnik hergestellt (Abb. 182–185) und oft mit Löchern oder Ösen versehen waren, kennen wir vor allem von den Pilgerzeichen[29]. Belegt sind auch profane Abzeichen, die zum Beispiel von Berufsvereinigungen hergestellt wurden. Diese sind im allgemeinen jedoch seltener als Pilgerzeichen. Wenn auch letztlich nicht sicher ist, welche Art von Zeichen mit der Gussform aus Bern hergestellt wurde, ist nicht unwahrscheinlich, dass es sich um ein Pilgerzeichen handelt.

Die Pilgerzeichen waren wie die erwähnten Marken aus Blei und Zinn. Sie wurden vom 12. Jahrhundert bis an den Anfang des 16. Jahrhunderts hergestellt und an grossen Wallfahrtsorten, seit dem 14. Jahrhundert aber auch in kleineren lokalen Heiligtümern, als Souvenir angeboten.[30] Die Herstellung von Pilgerzeichen hatte ihren Höhepunkt im 14. und 15. Jahrhundert. Solche Abzeichen waren in ganz Europa erhältlich, was eifrigen Pilgern erlaubte, ganze Kollektionen davon anzulegen, nicht zuletzt als «Beweis» für die vollbrachten Reisen. Zeitgenössische Darstellungen verraten, wie die Pilgerzeichen getragen wurden. Besonders gerne wurden sie offenbar an den Hut gesteckt (Abb. 187, 188). Bei den Ausgrabungen im Friedhof von Lourdes kam ein Ledercape aus der Zeit um 1500 zum Vorschein, das von Pilgerzeichen geradezu übersät ist

(Abb. 186). Es erstaunt nicht, dass sich kritische Zeitgenossen, wie Erasmus von Rotterdam, zynisch zur Praxis der Zurschaustellung ganzer Sammlungen von Pilgerzeichen äusserten.³¹ 1526 verfasste Erasmus unter dem Titel «Peregrinatio religionis ergo» einen Dialog zwischen zwei Pilgern; im Verlauf des Spiels von Rede und Gegenrede stellt der kritische Pilger Menedemus seinem etwas naiven Gefährten folgende Frage: «*Aber in welchem Aufzug zeigst Du Dich denn? Du bist über und über mit Muscheln bedeckt, voll von Abzeichen aus Zinn und Blei, geschmückt mit Halsketten aus Stroh, und am Arm trägst Du Schlangeneier* [gemeint ist ein Rosenkranz].»³²

Dass eine Gussform, die möglicherweise für die Produktion von Pilgerzeichen diente, gerade in Bern gefunden wurde, mag zunächst erstaunen. Doch müssen vor der Reformation in Bern (1528) wie in jeder anderen europäischen Stadt Devotionalien kursiert haben, so dass auch die lokale Herstellung nicht überrascht. An dieser Stelle sei an das kürzlich ausgegrabene Wallfahrtszentrum von Oberbüren erinnert, für das eigens Pilgerzeichen produziert wurden (vgl. Kap. V, S. 380; →Abb. 277).

Auf dem Fragment unserer Gussform sind zu wenige Elemente erhalten, um die dargestellte Figur zu identifizieren. Das lange Gewand mit Saum und einem Karo-Muster darüber könnte – falls es sich tatsächlich um die Darstellung eines Pilgerzeichens handelt – zu einem Heiligen gehören.

Wer machte die Gussformen?
Es ist zur Zeit nicht möglich zu sagen, wer die Gussformen herstellte. Sicher ist nur, dass diese aus einer Werkstatt stammen, die auf Zinn- und Bleiguss spezialisiert war. Da nicht anzunehmen ist, dass man sich bemühte, die defekten Formen allzu weit zu transportieren, um sie in den Sodbrunnen der Burg Nydegg zu werfen, ist es naheliegend, den Handwerksbetrieb in nächster Nähe, im Nydeggstalden, anzusetzen. Dieses Quartier beherbergte im Mittelalter zahlreiche Handwerksbetriebe (vgl. Kap. II, S. 140; Kap. III, S. 204). Die Bewohner im Nydeggstalden gehörten nicht zu den sozial hochstehendsten Schichten, doch waren sie auch nicht arm.

Abb. 185:
Der heilige Hadrian, Pilgerzeichen der Benediktiner-Abtei von Grammont (B), zirka 1450–1500, H 7,3 cm, B 4,1 cm, Fund aus Nieuwlande (NL) Sammlung van Beuningen, Inv. Nr. 1468, Massstab 1:1.

Ein Pilgerzeichen dieses Typs kommt auf dem Hut des vorderen Pilgers auf dem Gemälde Abb. 187 vor.

Abb. 186:
Ledercape eines Pilgers, um 1500, Fund aus einem Grab in Lourdes. Am Leder sind zehn Pilgerzeichen und Jakobsmuscheln erkennbar; einige Zeichen sind französisch. Der Pilger, dem das Cape gehörte, starb vermutlich auf der Rückreise von Compostela.

Abb. 187:
Flügelaltar der heiligen Anna, Kapelle der heiligen Anna im Karmeliterkloster in Frankfurt am Main (heute ein Teil des Museums für Ur- und Frühgeschichte), um 1495, H 91,5 cm, B 52,5 cm, Inv. Nr. B 323, Frankfurt am Main, Historisches Museum.

Der Altar wurde von einer Annenbruderschaft für die 1496 vollendete Kapelle gestiftet. Zu dieser Gemeinschaft gehörten viele niederländische Kaufleute, die den Altar bei einem flämischen Meister bestellten. Der Altar vereinigt 16 Gemälde aus dem Leben der Heiligen, die auch Schutzpatronin der Kaufleute war. Unser Bild stellt die Wohltätigkeit Joachims und der heiligen Anna dar. Das Bild gehört zur Sonntagsseite des Altars und mag die Aufforderung zur Spende an die Besucher vermitteln. Die Gabe wird von Pilgern empfangen, die als solche an den Pilgerzeichen an ihren Hüten erkennbar sind.

Die Schriftquellen, unter anderem Udel- und Tellbücher, weisen im fraglichen Bereich des Nydeggstaldens keinen Metallgiesser aus (vgl. Kap. III, S. 214). Dass solche Hinweise fehlen, liegt wohl daran, dass die vorhandenen Schriftquellen lückenhaft sind und daher kein vollständiges Bild vermitteln. So sind die Quellen zum Beispiel erst seit 1389 überliefert. Da die Gussformen spätestens am Anfang des 15. Jahrhunderts in den Sodbrunnen gelangten, ist durchaus möglich, dass sie älter sind als die Serie der 1389 einsetzenden Archivalien.

Die Produktion von Gegenständen durch Guss mit Hilfe von Sandsteinformen verlangte keinen grossen technischen Aufwand. Sie hatte daher den Vorteil, dass sie dem jeweiligen Bedarf angepasst, unkompliziert stattfinden konnte. Die Herstellung konnte in einfachen Werkstätten geschehen und auf Bestellung vorgenommen werden. Die Organisation dieser Produktion war daher beweglich und konnte auf pragmatische Weise abgewickelt werden.

Abb. 188:
Ausschnitt aus dem Altarbild von Abb. 50 mit der Pilgergruppe. Der vordere Pilger trägt zwischen zwei St.-Jakobsmuscheln die Figur des heiligen Hadrianus der Benediktiner-Abtei von Grammont im Gebiet des heutigen Belgiens (Abb. 185). Dieses Pilgerzeichen dürfte dem flämischen Maler bestens bekannt gewesen sein. Am Hut des hinteren Pilgers steckt ein in Gitterguss hergestelltes Pilgerzeichen; seine Form entspricht einem weit verbreiteten Typ, der auch für das Pilgerzeichen von Oberbüren (→Abb. 277) benutzt wurde.

Bern und der Bergbau

Daniel Gutscher

Durch die Erlangung der Reichsunmittelbarkeit, spätestens seit dem Aussterben der Zähringer im Jahre 1218, verfügte Bern über die sogenannten *«regalia»*, die königlichen Rechte des Bergbaus. Während für andere Städte – allen voran die Zähringerstadt Freiburg im Breisgau – von Beginn an der Silberbergbau zum bedeutenden wirtschaftlichen Pfeiler wurde, muss der Bergbau für Bern noch im 15. Jahrhundert eine völlig nebensächliche Rolle gespielt haben. Bern deckte seinen materiellen Bedarf durch eine territoriale Politik der Erwerbungen; das Desinteresse wandelte sich erst nach der finanziellen Krise im Dreissigjährigen Krieg: 1638 wurde eine eigene Bergwerksdirektion errichtet. Trotzdem finden sich seit Einsetzen der Ratsmanuale 1465 regelmässig – zuvor in den Stadtrechnungen – Verleihungen von Schürfrechten.[33]

Die später bedeutendsten bernischen Silberabbaugebiete im Lauterbrunnental: Trachsellauenen, Sichellauenen und Ammerten werden zwar 1346 erstmals erwähnt, vom Bergbau ist indessen nicht die Rede; es wird vermutet, dass zu dieser Zeit Walser schürften. Die Keramikfunde in der 1992 archäologisch untersuchten Schmelzhütte von Trachsellauenen (Gemeinde Lauterbrunnen) deuteten auf eine erste Benutzung dieses Platzes im späten 15. Jahrhundert hin.[34]

Von Schürfrecht-Verleihungen und Erzabbau berichten die Ratsmanuale:

1467 an Mathis Rumanyer das Bergwerk, Gold, Silber und Edelgestein in Grindelwald, im Simmental,

1472 an Hans Jost aus Bregenz («wann er vindt, soll man in dann halten nach bergrecht»; das heisst der Rat behält sich sein Recht vor – eine Wendung, die fast jedesmal erscheint),

1482 die Grube von Grindelwald geliehen,

1485 an Conrad Staub von Rheinfelden das Erz in Unterseen,

1486 den Berg von Frutigen geliehen,

1487 an Hans Blumenbach und Ulrich Täfre zu Schmitten, Erz im Gebiet des Klosters Trub zu suchen,

1488 an Peter Steiger... das Bergwerk zu Hasle,

1496 an Jost Krämer des Berges halb, genannt Bader, im Obersimmental bei dem Dorf Schwarzenmatt,

1498 an Peter Steiger *«aller metallen bergwerck gelichen, nach bergwerksrecht»*,

1507 Hans Probst und Antoni zu Wandfluh das Erz und Bergwerk zu Diemtigen,

1510 an Ludwig von Diesbach die Bergwerke zu Hasli und Frutigen, im selben Jahr erhielt derselbe noch die Rechte für Langnau, Trubertal, Trachselwald und

1513 jene in der Kirchhöre von Diessbach.

1479 soll einem offenbar illegal schürfenden Lombarden nachgestellt werden, er soll angehalten werden, anzuzeigen, wo das Bergwerk liege. Bern war, wiewohl selber im Bergbau nicht aktiv, so doch darum bemüht, das Bergwerksregal zu überwachen, um bei Erfolg der Verhüttung – er war selten genug – Abgaben einzuziehen. Zumeist hören wir, dass mit dem Schürfrecht auch eine Befreiung von Abgaben für die erste Zeit, häufig zwei Jahre, zugestanden wurde.

Trachsellauenen, Gemeinde Lauterbrunnen.

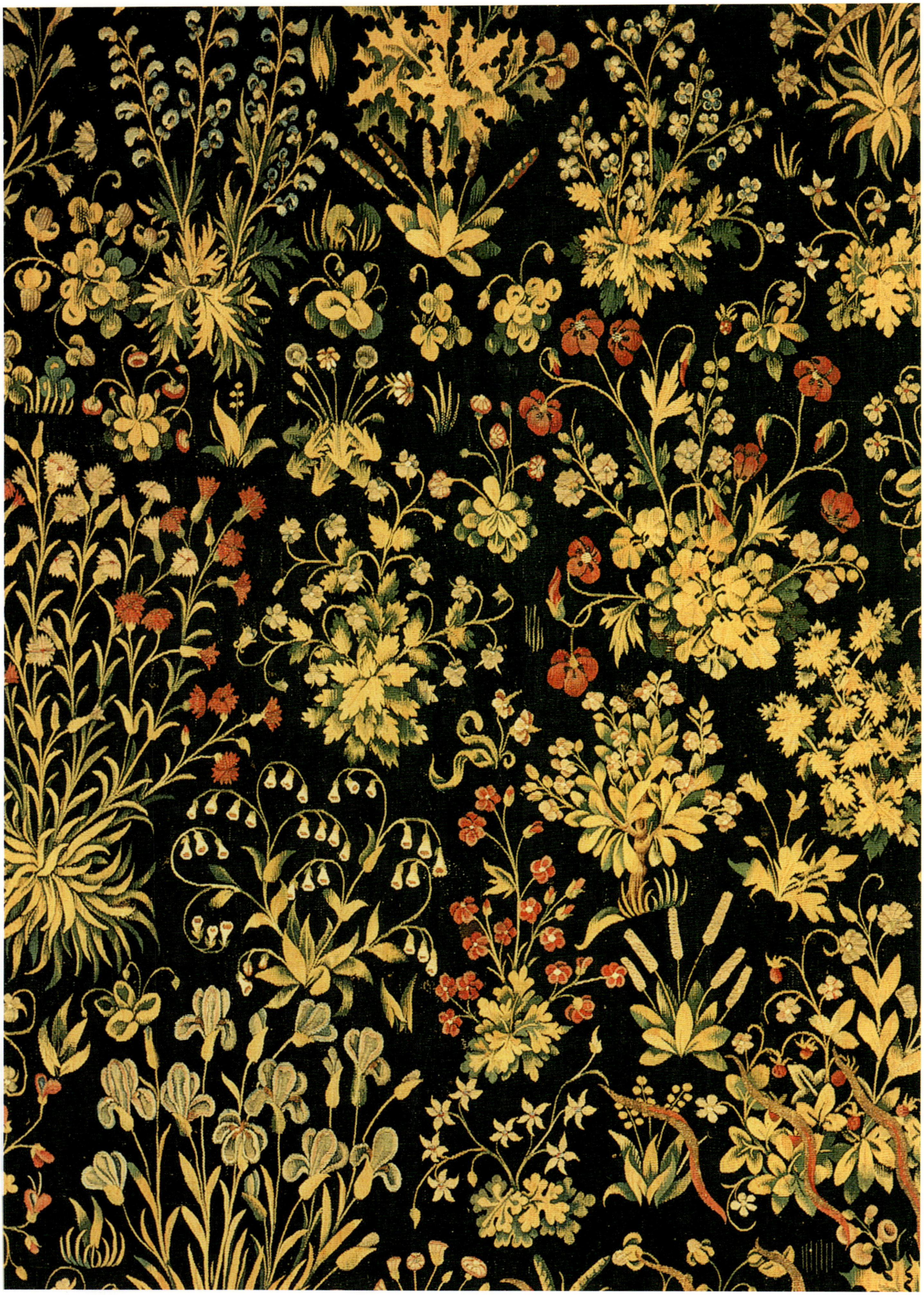

Der politische Alltag –
Verwaltung und Territorium

Der politische Alltag

Bern und das Heilige Römische Reich

Rainer C. Schwinges

Bern war auch in seiner «grossen Zeit» ein Glied und Stand des Heiligen Römischen Reiches. Kein Berner des ausgehenden Mittelalters hätte daran gezweifelt, bei aller Kritik an Zuständen und Personen, ein Bewohner dieses Reiches zu sein und seinem König und Kaiser als dem Oberhaupt und der Quelle allen Rechts im Reich grundsätzlich Gehorsam und Treue zu schulden. Ganz selbstverständlich empfing man seinen Kaiser in den Mauern der Stadt mit aller gebotenen Ehrerbietung und der protokollarischen Feierlichkeit des Herrscheradventus, auch wenn der Aufwand für den reisenden Hof mitunter betroffen machte (vgl. Kap. IV, S. 314). Und ebenso selbstverständlich führte man die Hoheitszeichen von Kaiser und Reich, Krone und Adler, im eigenen Schilde, namentlich auf Münzen, Siegeln, Wappen, Bannern, Tafeln und Scheiben, an Stadttoren und Türmen, an den Brücken und im Rathaus (vgl. Kap. IV, S. 301). Noch heute in der Stadt sichtbar (zum Beispiel an Käfigturm und Neubrücke) ist das sogenannte «Bern-Rich» des 15. bis 17. Jahrhunderts, jenes «Staatswappen», in dem ein bekrönter Reichsadler von den Berner Wappenbären getragen wird (Abb. 190, 191). Auch der grosse Berner Chronist der Reformationszeit, Valerius Anshelm (1475–1547), war überzeugt, *«dass ein stat Bern alwegen in des Roemsche rich land und hand ist gwesen»*. Daran nach altem Herkommen und göttlicher Ordnung festzuhalten war ihm Garant der bernischen und eidgenössischen Freiheiten, der Privilegien und der Rechte und nicht zuletzt auch des reformierten Seelenheils.[1] Denn das Heilige Römische Reich war die Vor- und Schutzmacht der gesamten Christenheit, das letzte der geweissagten Weltreiche vor der Parusie Christi; solange es bestünde, glaubte man, so lange bestünde auch die Welt.

Eingebettet in diese geistliche Reichsideologie gestalteten sich Berns Beziehungen zu Kaiser und Reich ansonsten in der Verfassungsform der Reichsstadt oder «Freien Reichsstadt», wie man seit dem späten 15. Jahrhundert sagen konnte, nachdem Freie Städte und Reichsstädte auf den Reichstagen im gemeinsamen Städtecorpus der «Freien und

◄ *Abb. 189:*
Tausendblumenteppich (Ausschnitt), Brüssel, um 1466, Bern, Historisches Museum.

Abb. 190:
Bernseitiger Giebel der Neubrücke, Wappengruppe «Bern-Rich», 1535.

Das Hoheitszeichen des sogenannten «Bern-Richs», des von zwei Berner Wappenbären getragenen, bekrönten doppelköpfigen Reichsadlers, Symbols von Kaiser und Heiligem Reich, wies Bern als reichsunmittelbaren Stand aus und befand sich für jedermann sichtbar an allen öffentlichen Gebäuden der Stadt, an den Stadttoren, Mauern und Türmen, am Rathaus und an den Brücken in der Landschaft, wie noch heute am Giebel der drei Kilometer nordwestlich der Altstadt gelegenen überdachten Neubrücke über die Aare, die 1466 als Holzbrücke erbaut und 1534–1536 auf vier steinernen Pfeilern erneuert worden war. Hier zeigt der Reichsadler zwei bekrönte Köpfe im Nimbus. Dem bernseitigen «Bern-Rich» entspricht ein weiteres (stark restaurierungsbedürftiges) auf der Bremgarten Seite.

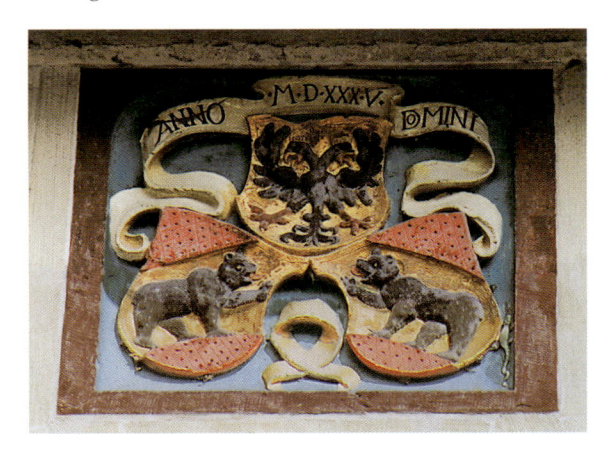

Abb. 191:
Diebold Schilling, Spiezer Bilderchronik, 1484/85, Bern, Burgerbibliothek, Mss. hist. helv. I. 16, S. 193 (Ausschnitt; →Abb. 212).

Unter dem Hoheitszeichen der Reichsstadt Bern, dem von zwei Berner Wappen getragenen bekrönten Reichsschild an der Stirnwand des Ratssaales, nehmen der Schultheiss von Bern und der Graf von Savoyen, auf dem Podest mit der Bank des Kleinen Rates stehend, den Eid des Grossen Rates auf den Burgrechtsbrief für den Grafen entgegen. Der Stadtschreiber hat den besiegelten Brief in seinen Händen gerade verlesen. Graf Aymo von Savoyen trat am 17. September 1330 ins Berner Burgrecht. Möglicherweise handelt es sich um einen Vorläufer der noch heute im Berner Rathaus befindlichen Wappengruppe.

Reichsstädte» aufgegangen waren. Reichsstadt zu sein hiess im Herrschaftsgefüge des Reiches, dass der römische König und Kaiser unmittelbar selbst der Stadtherr war. Der Status der Reichsstadt ist Bern allerdings nicht einfach von diesem verliehen worden, nicht einfach beim Übergang der Stadt aus dem burgundischen Erbe der Zähringer an die Kaiserdynastie der Hohenstaufen noch dazu in der gefälschten «Goldenen Handfeste» von 1218 übertragen worden, auch nicht in den Entstehungsjahren dieser Fälschung, in den frühen siebziger Jahren des 13. Jahrhunderts.[2] Der Status der Reichsstadt wurde vielmehr in einem weit über hundertjährigen Prozess Stück für Stück errungen, so wie dies bei anderen späteren Reichsstädten auch der Fall war, ohne dass man damit rechnen konnte, dass ehemals königlich-staufische Städte zwangsläufig zu Reichsstädten wurden.[3] Oft genug brach die Entwicklung auf halbem Wege ab, weil der politische Druck und die Sogwirkung umgebender Landesfürsten gegenüber der kaiserlichen Zentralgewalt zu gross waren oder der Kaiser selbst seine Städte im politischen Spiel der Kräfte als Pfand einsetzte und dabei so manches Mal sein Pfand verlor. Die Zahlen der ehemaligen Reichsstädte und derer, die es über das Mittelalter hinaus geblieben sind, hielten sich ungefähr die Waage.[4] Bern hatte sich im Vergleich zu anderen Städten nur besonders erfolgreich auf den Weg zur Reichsstadt gemacht, im eidgenössischen Raum relativ früh, ohne bedeutende Rückschläge, zielsicher und konsequent.

Bereits zu Beginn des 15. Jahrhunderts nahm Bern eine politisch und verfassungspolitisch komfortable Position ein. Der ferne königliche Stadtherr, egal, ob aus luxemburgischem, wittelsbachischem oder habsburgischem Hause, liess emanzipatorische Politik ebenso möglich werden wie der grosse Spielraum Berns gegenüber den eigenen Nachbarn und im Bunde mit den Eidgenossen. Den Spielraum gegenüber den Nachbarn schöpfte Bern Zug um Zug zu seinen Gunsten aus. Hier gehörte zur Emanzipation aus dem alten Königsgut heraus die Territorialisierung, die sich im burgundischen Raum zwischen den grossen Kräften Savoyen und Habsburg entfaltete.[5] Viel nachdrücklicher als Zürich etwa, als Nürnberg oder Ulm oder andere schwäbische und fränkische Reichsstädte, nutzte Bern in der adelsreichen Landschaft Burgunds regionale Bündnisse und andere Formen der Landessicherung, kaufte Rechte, erwarb Pfandschaften und Lehen und konnte nicht zuletzt auch sehr erfolgreich auf bewaffnete Selbsthilfe zum Ausbau seiner Landesherrschaft zurückgreifen (Vgl. Kap. IV, S. 330). Vom 13. zum 15. Jahrhundert, vollends nach dem Erwerb des österreichischen Aargaus bis 1418, war Bern der grösste städtische Territorialstaat des Reiches nördlich der Alpen geworden. Völlig zurecht hat man Bern eine Landgrafschaft genannt, in Erinnerung an die Landgrafschaften links und rechts der Aare im Burgund der Zähringer- und Stauferzeit, deren Rechtstitel man 1388 und 1406 aus den Gewinnen des Sempacherkrieges, beziehungsweise aus dem Erbe des Hauses Kyburg erworben hatte; und völlig zurecht ist Berns Landeshoheit mit einem deutschen Reichsfürstentum mindestens mittlerer Grössenordnung verglichen worden, das gleich ihm sein Territorium hoheitsrechtlich zu optimieren und herrschaftlich zu durchdringen trachtete. Kein geringerer als Valerius Anshelm nannte Bern gelegentlich *«ein Fuerstentuom»*.[6]

Bern hatte seine Landeshoheit in aller Regel im Konsens mit den Interessen von Kaiser und Reich im Südwesten erlangt; seine und anderer Orte Lage zwischen Habsburg und den Alpenpässen nach Italien war von grosser Bedeutung und entsprechend gnadenträchtig. Eine Ausnahme bildete nur die Zeit Kaiser Ludwigs IV., des Bayern (1314–1347), als die Stadt sich weigerte, dem vom Papst gebannten Herrscher zu huldigen. Die Reichsexekution des Laupenkrieges von 1339 nahm für Bern zwar einen glücklichen Ausgang, doch blieben die daraus resultieren-

Abb. 192:
Diebold Schilling, Spiezer Bilderchronik, 1484/85, Bern, Burgerbibliothek, Mss. hist. helv. I. 16, S. 417.

Der böhmische König Wenzel, Sohn Kaiser Karls IV., wurde noch zu Lebzeiten seines Vater am 10. Juni 1376 zum römisch-deutschen König gewählt. Auf diesem Bild thront er im vollen Ornat mit Krone, Zepter und Reichsapfel, umgeben von den sieben Kurfürsten des Heiligen Reiches; zu seiner Rechten haben die drei geistlichen Kurfürst-Erzbischöfe von Mainz, Köln und Trier, zu seiner Linken die vier weltlichen Kurfürsten von Böhmen, Pfalz, Sachsen und Brandenburg Platz genommen.

Bern verdankt König Wenzel jenes wichtige Gerichtsstandsprivileg vom 21. Juli 1398, ausgestellt in Nürnberg, das den Entstehungsprozess der Reichsstadt abschliessend krönt. Die Berner Bürger werden unter anderem darin noch einmal unter Bestätigung des entsprechenden Privilegs König Adolfs von Nassau aus dem Jahre 1293 von der Ladung vor fremde Gerichte befreit, neu aber jetzt auch von der Rechtsprechung des königlichen Hofgerichts. Über Bern stand als Richter von nun an nur noch der König in eigener Person.

den Rechte, die bernischen wie die kaiserlichen, für einige Jahrzehnte in der Schwebe. Bern war und blieb aber grundsätzlich reichsbewusst. Das hatte seinen Grund nicht zuletzt darin, nicht ausschliesslich, aber doch ganz besonders in Bern, dass seine politische Elite eine aristokratische war, die genauso herrschaftlich dachte und handelte wie Fürsten, Grafen, Herren und die monarchische Spitze des Reiches. Der bernische Adel, obwohl verburgrechtet und Stadtbürger geworden, blieb ein landsässiger Adel mit vielfachen Herrschaftsrechten; und die aus der Stadt erwachsenen Grossbürger folgten ihm «verjunkernd» aufs Land. Nicht von ungefähr bemühte man sich von Anfang an um Rechts- und Besitztitel königlicher Herkunft, was vergleichsweise eher untypisch war für ein städtisches Gebaren, um Kirchen- und Klostervogteien, Reichspfandschaften und Reichslehen, und brachte es mit Hilfe des Königs oder Kaisers dazu, vor allem Karls IV. und seiner Söhne Wenzel und Sigismund, solche Pfandschaften selbst einlösen und Reichslehen auch an Stelle des Herrschers Dritten übertragen zu können.[7] In Bern lebten oder besassen eben nicht in erster Linie Handelsherren das Bürgerrecht, sondern vornehme Angehörige bedeutender Familien, zum Teil hochadeliger Herkunft, wie die Bubenberg, Erlach, Ringoltingen, Scharnachtal, Mülinen, Stein, Wabern, Muhleren, Hallwyl oder Wattenwyl. Diese trieben Territorial- und Machtpolitik und nicht Wirtschaftspolitik, zumal der Berner Markt und Gewerberaum von eher bescheidener, regionaler Bedeutung war, trotz des Aufschwungs, den vor allem die Familie Diesbach nach Bern brachte (vgl. Kap. III, S. 233). Andere Herren, geistliche wie weltliche, konnten weiterhin Rechte wahrnehmen, die niedere Gerichtsbarkeit zum Beispiel ausüben und Lehen empfangen, vorausgesetzt freilich, die Oberhoheit Berns und seine richterliche Gewalt blieben in der gesamten Landschaft unangetastet. In der Krise des Streites mit den Twingherren (1469–1471) setzte sich die Stadt gegenüber allen Standesrechten nicht zuletzt aufgrund der kaiserlichen

Abb. 193:
Diebold Schilling, Spiezer Bilderchronik, 1484/85, Bern, Burgerbibliothek, Mss. hist. helv. I. 16, S. 588.

Im Prinzip erloschen mit dem Tod des Königs, dessen Siegel zerbrochen wurden, alle verbrieften Rechte, Freiheiten und Gnaden, so dass sich auch jede Reichsstadt – um den rechtlich schwebenden Zustand alsbald zu beenden – nach Wahl und Krönung des neuen Königs schleunigst um die Bestätigung ihrer Freiheiten bemühen musste. Als man in Bern und Zürich hörte, dass der zum römisch-deutschen König gewählte König von Ungarn, Sigismund von Luxemburg, Ungarn verlassen hatte und ins Reich gekommen war, sandte man ihm im Juli 1413 eine gemeinsame Gesandtschaft entgegen, die um die Erneuerung und Bestätigung der Privilegien nachsuchen und zugleich auch die Interessen der Eidgenossen von Solothurn mitvertreten sollte. Diese traf am 25. Juli 1413 in Meran, wo sich der Hof befand, ein und konnte, «gar gnediclichen enpfangen», in einer Audienz vor dem Herrscher und der versammelten Hofgesellschaft ihr Gesuch vorbringen. Knieend huldigen die Boten Berns und Zürichs dem thronenden König und weisen ihm zum Beweis ihrer Ansprüche die Privilegien seiner kaiserlichen und königlichen Vorgänger vor. Schön festgehalten ist, wie einer der Boten gerade die alten Privilegien aus seiner Botentasche entnommen hat und sie ein anderer dem König entgegenreicht.

Privilegien hoheitlich durch (siehe Kastentext, S. 335). Bern gebot im ausgehenden Mittelalter schliesslich über 24 Grafschaften und Herrschaften.[8]

Parallel zum Ausbau der territorialen Hoheit vollzog sich die Entwicklung Berns zur reichsstädtischen Selbstbestimmung – so wie andernorts auch – über den Erwerb der königlichen Rechte und Ämter in der Stadt. Man erreichte zunächst die interne Steuerhoheit, konnte dann die königlichen Amtsträger eidlich an die Stadt binden und schliesslich die entscheidenden Positionen, darunter die des Schultheissen, sozial unterwandern und mit Kräften aus den eigenen Reihen besetzen. Pfandnahme und Kauf traten hinzu. Vieles war bereits in der «falschen Handfeste» niedergelegt, die, einmal anerkannt, zuerst 1274 durch Rudolf von Habsburg, und dann von König zu König bestätigt, zur Grundlage der bernischen Verfassung wurde.[9] Anderes folgte im Wechsel der Dynastien, den man auch für sich zu weiteren, wichtigen emanzipativen Schritten zu nutzen verstand. Darunter waren bedeutende Gerichtsstandsprivilegien, die auf Gnaden König Adolfs von Nassau aus dem Jahre 1293 zurückgingen, die Hohe Gerichtsbarkeit betreffend sowie den Ausschluss der Zitation vor nichtkönigliche, auswärtige Gerichte; darunter waren ferner Zollrechte, Gewaltanwendungs- und Geleitrechte, die Zusage der Nichtverpfändung der Berner Münze, die Landfriedensaufsicht sowie die schon erwähnten Ablöserechte königlicher Pfandschaften in einem bestimmten Umkreis der Stadt.[10]

Noch vor der Wende zum 15. Jahrhundert erlangte Bern unter dem römischen und böhmischen König Wenzel zwischen 1376 und 1398 die entscheidenden, das Werden der Reichsstadt abschliessenden Privilegien (Abb. 192). Das wichtigste neben weiteren Geleit- und königlichen Stellvertreterrechten, unter anderem bei der Vergabe von Reichslehen, war die Ausdehnung des Gerichtsstandsprivilegs König Adolfs, die Befreiung von der Ladung vor auswärtige Gerichte, auch auf die Rechtsprechung des königlichen Hofgerichts, namentlich der zuständigen Hofgerichte in Zürich und im schwäbischen Rottweil.[11] Nun stand über der bernischen Gerichtshoheit nur noch der König und Kaiser selbst als Richter in eigener Person. An ihm kam im Mittelalter selbstverständlich niemand vorbei, solange es keine Alternative zur Monarchie gab. Dieses ausserordentliche Gerichtsprivileg, das längst nicht jede Reichsstadt bekam oder doch nur eingeschränkt erhielt, wie etwa Solothurn im entsprechenden Privileg König Ruprechts (1409)[12], war für Bern aber der letzte und entscheidende Ausweis einer in längerer Genese erfolgreichen Emanzipation. Viele Einzelfragen der Beziehungen zwischen König und Stadt waren bis 1400 so oder so geklärt worden. Fortan genügte die pauschale Bestätigung der erlangten reichsstädtischen Autonomie. Weder Ruprecht von der Pfalz noch Sigismund, weder Friedrich III. noch Maximilian gingen gegenüber der Reichsstadt Bern noch einmal über diesen formalen Rahmen hinaus. Die weiteren Beziehungen zu Königen und Kaisern, beginnend mit Sigismund von Luxemburg zwischen 1413 und 1418, standen schon in anderem Lichte. Die Gnaden, die Bern noch erhielt, seit der königlichen Bestätigung der überkommenen Freiheiten in Meran 1413 (Abb. 193, 194) und dem glanzvollen Besuch Sigismunds in Bern im Jahr darauf (vgl. Kap. IV, S. 314), dienten allesamt der Landeshoheit im bernischen Landesstaat und sanktionierten dazu noch die Eroberung des Aargaus.[13]

Den grössten Teil des Jahrhunderts, die Jahrzehnte bis zum erfolgreichen Bestehen der Burgunderkriege, erlebte Bern vor allem in der inneren Stabilisierung seiner Herrschaft. Diese verstand sich seit der Jahr-

Abb. 194:
Urkunde König Sigismunds, 7. August 1413, ausgestellt in Meran, Staatsarchiv des Kantons Bern.

Berns Boten (siehe Abb. 193) waren bei Hofe erfolgreich und brachten diese Urkunde, in der Sigismund alle der Stadt von seinen Vorgängern im Reich verbrieften Freiheiten erneuerte und bestätigte, wohlbehalten nach Bern zurück. Für die Ausstellung und Besiegelung der Urkunden für Bern, Zürich und Solothurn forderte die königliche Kanzlei zusammen eine Gebühr von 2800 Gulden. «Daß verdroß den kung und ouch die botten», behauptete der Stadtschreiber und Chronist Diebold Schilling; schliesslich seien 400 Gulden festgesetzt worden (Schilling, 1991, S. 589).

hundertmitte mehr und mehr als «*natürliche Herrschaft, die in allen sachen ganzen und vollen gewalt und macht*» habe. Eine solche Formulierung stand nicht in Opposition zum Kaiser, der anerkanntermassen neben seinem Gottesgnadentum auch als Berns und der übrigen Eidgenossen «*natürlicher Herr*» betrachtet wurde, sie unterstrich nur noch einmal das aristokratische, fürstengleiche Auftreten, mit dem hier die Landesherrschaft auch naturrechtlich begründet wurde.[14] Aus der Tatsache, dass Bern in der politischen Praxis de facto der «Träger der Reichsgewalt in seinen Grenzen» geworden ist,[15] kann indessen nicht geschlossen werden, dass der Reichsbezug gegen Ende des 15. Jahrhunderts nur noch eine Formsache gewesen sei und sich mit der sogenannten «Lösung der Eidgenossenschaft vom Reich» nach dem Schwabenkrieg von 1499 von selbst erledigt habe.

Im Gegenteil: Für die Eidgenossen bestanden weder Anlass noch Notwendigkeit, das Römische Reich deutscher Nation zu verlassen oder die Ablöse–Frage überhaupt nur zu stellen. Um so mehr traf sie der Versuch Habsburgs, des nun schon jahrzehntelang auch königlichen Nachbarn in den Majestäten Friedrichs III. und seines Sohnes Maximilian, sie zu Reichsfeinden zu stempeln und politisch auszugrenzen, schon, um den Konflikt zweier Reichsglieder ausweiten und andere Reichsstände gegen die Eidgenossenschaft mobilisieren zu können.[16] An sich war der Konflikt längst entschieden, die Eidgenossenschaft in der Summe des einzelörtlichen Territorialgewinns schlicht die erfolgreichere Macht. Mit Sempach und Näfels, der Eroberung des Aargaus, dem alten Zürichkrieg und der Eroberung des Thurgaus sind die wichtigsten Stationen seit dem ausgehenden 14. Jahrhundert benannt. Habsburg musste diese Erfolge zwar schon in der «*Ewigen Richtung*» von Konstanz im Jahre 1474 politisch anerkennen, weil die militärische Lage am Oberrhein derzeit nichts anderes zuliess, sah dies jedoch nicht ein und machte rechtliche Vorbehalte geltend. Vor allem aber hat die habsburgische Propaganda die Auseinandersetzungen der beiden Nachbarn mit dem Vorwurf der Reichsuntreue aus der territorialen Ebene herausgehoben und auf die Reichsebene gebracht. Im Zusammenhang mit dem Schwabenkrieg erliess König Maximilian im April 1499 ein Manifest, das die Eidgenossen zu Zerstörern des Römischen Reiches erklärte, weil sie nicht nur Habsburg das seine genommen, sondern eidwidrig die Adelsgeschlechter auf Schweizer Boden aus dem ihren getrieben hätten, und appellierte damit an die Solidarität der Herren im Reich, sein Vorgehen zu unterstützen. Das Manifest wurde gedruckt und im ganzen Reich verbreitet; es förderte die antieidgenössische Stimmung derart, dass es Valerius Anshelm später noch mit den Worten «*was vil geschrei und wenig woll*» kommentierte.[17] Noch drängender wurde der Vorwurf der Reichsuntreue wenige Jahre später, als man wegen der Italien- und Frankreichpolitik wissen wollte, wo die Eidgenossen wirklich stünden, ob bei Kaiser und Reich oder dagegen, ob sie als Anhänger fremder Nationen und fremder Zungen «*dem hailigen Romischen rich und sunderlich Tutscher nation, irem vatterland, widerwertig*» seien, wie es der König 1507 formulierte.[18] In die gleiche Richtung zielte vor dem Hintergrund der Bedrohung des Reichs durch die Türken der Vorwurf, die Eidgenossen seien den Türken gleich, seien Türken und somit Feinde des Heiligen Reichs.[19]

Demgegenüber suchten die Eidgenossen mit allem Nachdruck ihre Reichstreue und ihre Leistungen im Dienste von Kaiser und Reich – schon zu Zeiten der Burgunderkriege (vgl. Kap. IV, S. 285) – als Wahrer des Landfriedens und «*vorwaechter*» der Reichsfreiheiten und der kaiserlichen Rechte zu bekunden. Die Tagsatzung argumentierte so und fast jeder einzelne Ort, allen voran Bern mit seiner aristokratischen und hofgewandten Spitze, dessen «*erplich lannd ... mit unns dem heiligen rich zuebeglidet»* seien,[20] und dessen Bündnisse innerhalb wie ausserhalb der Eidgenossenschaft immer schon unter Vorbehalt der Rechte des Reiches zustande gekommen waren.[21] Die Gesandten Berns am Kaiserhof zur Zeit der Burgunderkriege und der letzten Jahrzehnte des 15. Jahrhunderts, unter anderen Adrian von Bubenberg, Niklaus und Wilhelm von Diesbach, Niklaus von Scharnachtal oder Ludwig Hetzel, wurden nicht müde, und ebenso wenig die bernische Chronistik unter Diebold Schilling (vgl. Kap. II, S. 187), auf Berns Reichstreue hinzuweisen und den Kampf gegen Karl den Kühnen trotz der fehlenden Unterstützung durch Kaiser und Reich als Reichsdienst auszugeben.[22]

Die Frage war nur, damals wie heute, von welchem Reich eigentlich geredet wurde. Der Begriff hatte eine vielschichtige Bedeutung angenommen – vom «gemeinen Nutzen» über die gottgewollte und zugleich natürliche Kaiserherrschaft bis hin zum ideellen und universellen Charakter des Reiches als Schutzschild der Christenheit.[23] Von Schweizer Seite hat man bis heute gerne auf diesen ideellen Charakter hingewiesen, dem man sich auch im Ablösungsprozess bis zum Westfälischen Frieden von 1648 weiterhin verbunden fühlte. Der anhaltende Reichsbezug hatte jedoch vor und nach 1500 einen durchaus noch starken materiellen Inhalt.[24] Die politische Elite Berns, wie die aller Orte, musste, wenn sie rechtmässig handeln wollte, darum bemüht sein, ihr Tun auf eine legitimierende Instanz zu beziehen. Als solche galt das Heilige Reich, von dem alle Gewalt, alle Rechte und Freiheiten ausgegangen waren. Zu ihm gab es keine Alternative, zumal die Eidgenossenschaft bei ihrem nichtstaatlichen Charakter keine Quelle legitimen, obrigkeitlichen Handelns sein konnte. Die reichsrechtliche Beziehung zu betonen und deren Symbole auch weiterhin demonstrativ vorzuweisen (Abb. 190, 191, 195), sogar seine Bürger an den jährlich wiederkehrenden Schwörtagen auf das Reich eidlich zu verpflichten,[25] schien umso dringender geboten, als man nach wie vor in einer Herrenwelt lebte, in der man seinen Platz auf längere Sicht nur rechtmässig, sozial anerkannt und privilegiert nach innen wie nach aussen hin zu behaupten vermochte. Persönliche Beziehungen zum König und offizielle Teilnahmen an Romfahrten unterstrichen diese Haltung und brachten Ansehen und Ehre, auch wenn in der Welt des Adels Kosten und Nutzen des Aufwands manchmal in keinem guten Verhältnis zueinander standen, wie dies Ludwig von Diesbach berichtet, der zusammen mit Adrian von Bubenberg, Heinrich Matter, Rudolf von Scharnachtal, Kaspar vom Stein und einer über hundertköpfigen glänzenden Begleitung im Auftrag Berns, alter frei- und reichsstädtischer Reichspflicht gehorchend, König Maximilian 1496 auf seinem (gescheiterten) Romzug zur *«ckeysserlych ckron»* begleitete.[26]

Das Reich, auf das man sich berief, war allerdings nicht das zeitgenössische reale Reich, sondern ein konserviertes Gegenüber, angesiedelt vor den grossen Reformen des 15. Jahrhunderts, vor allem des Wormser Reichstags von 1495, an denen man politisch nicht mehr oder kaum noch Anteil genommen hatte – aus Angst vor drohenden Lasten und Privilegienverlusten, vor den fremden Richtern des Reichskammergerichts und regulierenden Eingriffen, die mehr und mehr aus der puren Reichszugehörigkeit resultierten.[27] Man bezog sich lieber auf einen Verfassungszustand, in dem vieles an staatlicher Substanz noch weich und ungeklärt war und in dem sich die Beziehungen zwischen dem königlichen Reichsoberhaupt und den Reichsgliedern vor allem punktuell und privilegienrechtlich gestaltet hatten. Typischerweise war man in Bern und auch andernorts für Reformen durchaus noch zu haben, vorausgesetzt freilich, sie führten zu «Ameliorationen» der alten Privilegien.[28] In rückwärtsgewandter Staatlichkeit hielt man an einem inzwischen Geschichte gewordenen Reich fest und huldigte jenem historischen

Abb. 195:
«SIGILLVM MAIVS CIVIVM BERNENSIVM», Grosses Siegel der Bürger von Bern, 1470, Staatsarchiv des Kantons Bern.

Das Grosse Siegel, gestochen von Rudolf von Speichingen, zeigt den Berner Wappenbären unter dem einköpfigen Reichsadler und weist die Berner Bürgergemeinde als Reichsstand aus. Es wurde nur für besonders wichtige und feierlich zu besiegelnde Dokumente verwendet. Für die täglichen Geschäfte nutzte man das Kleine Siegel, ebenfalls ein Werk von Speichingens von 1470. Die beiden spätmittelalterlichen Siegel waren trotz starker Abnutzung, insbesondere des Kleinen Siegels und mehrerer Anläufe zu dessen Erneuerung, bis 1714 als Beglaubigungsmittel in Gebrauch, ein Zeichen auch für die tief und lange empfundene Notwendigkeit, das vom Reich ausgehende, legitime Handeln auszuweisen.

Berner Botengänge von 1430–1454
Klara Hübner

Wie fast jede spätmittelalterliche Stadt verfügte auch Bern über Boten, Läufer oder Reiter, die im Auftrag des Stadtrates Nachrichten übermittelten, einholten und in diplomatischer Mission unterwegs waren. Die meisten von ihnen waren eidlich gebundene, niedere Amtsleute, seltener Gerichtsweibel mit Exekutivbefugnissen. Ihren Lohn erhielten sie vom Säckelmeister, der auch über ihre Tätigkeit in den Stadtrechnungen Buch führte. Aus dem Zeitraum von 1430 bis 1454 sind 17 Halbjahresrechnungen überliefert.[29] Sie enthalten die Botenlisten des Säckelmeisters Peter von Wabern. Fast alle 1416 Einträge unter dem Titel «*louffende botten*» führen zuerst den Namen des Boten, dann seinen Bestimmungsort und schliesslich seinen Lohn auf, wie ein Eintrag zum Beispiel aus dem Jahr 1436 zeigt: «*Denne Entz Bargen gan Zúrich, I lb. XV s*». Aus diesen Botenlisten lassen sich heute Rückschlüsse auf das Interesse Berns an seiner näheren und weiteren Umgebung ziehen.

Die meisten Zielorte waren Städte. Einige Einträge nennen aber auch eine Landschaft, so etwa Savoyen, das Wallis, Burgund oder das Elsass. In den Halbjahresrechnungen 1448/I und 1449/II änderte der Säckelmeister seine Schreibpraxis und vermerkte häufig nur noch Botenlöhne ohne Ortsangaben und dies gleich für mehrere Wochen. Die Schreibweise in den Botenregistern ist in jeder Stadt anders, variiert sogar mit jedem neuen Säckelmeister. In den Berner Botenregistern wird nirgends verzeichnet, mit welchen Aufträgen und Nachrichten die Boten unterwegs waren; hierzu muss man andere Quellen heranziehen. Dafür aber kann man die räumlichen Ausmasse des Berner Botenwesens aufzeigen sowie die zeitliche Häufung der Besuche an bestimmten Orten.

Die rund 120 Zielorte lassen sich in drei Gruppen aufteilen (siehe Karte): Die mit rund 60 Prozent aller Einträge weitaus grösste Gruppe machten Orte innerhalb des grossen Berner Territoriums aus. Die Botengänge dorthin standen im Zusammenhang mit dessen administrativer Durchdringung. Die nächste Gruppe waren Orte der Eidgenossenschaft, die in rund 30 Prozent der Fälle besucht wurden. Nur rund 10 Prozent aller Botengänge hatten Orte ausserhalb der Eidgenossenschaft zum Ziel. Sie dienten offenbar den politischen, militärischen und wirtschaftlichen Interessen Berns. Die meisten dieser Städte und Landschaften wurden innerhalb des untersuchten Zeitraums höchstens fünf bis zehn Mal besucht, wobei diese Besuche fast immer auf bestimmte, je nach Zielort unterschiedliche Jahre konzentriert waren. Einzige Ausnahme mit 113 Besuchen war Basel. Beide Städte pflegten offenbar einen regelmässigen Nachrichtenaustausch, wobei Anti-Habsburg-Politik und wirtschaftliche Beziehungen, wie Lederhandel und Rentenmarkt, im Vordergrund standen. Besondere Aktivitäten entfalteten die Boten in den Jahren 1433, 1437 und 1444. Für die dreissiger Jahre erklärt sich dies aus den Ereignissen um das Basler Konzil, während die Zunahme der Korrespondenz mit Basel in den Jahren 1441 und 1445 im Zusammenhang mit dem Alten Zürichkrieg und insbesondere mit dem Zug der Armagnaken zu sehen ist (siehe Grafik). Auch die Botengänge nach Strassburg, das unmittelbar unter dem Durchzug eines Teils des Armagnakenheeres zu leiden hatte, dürften auf diese Weise zu erklären sein. Die Reichstagsakten dieser Jahre zeigen, wie sich die betroffenen Städte im Vorfeld der Auseinandersetzung um Nachrichten über das feindliche Heer sowie um politische und militärische Bündnisse bemühten[30]. Auch das auf 1444 beschränkte, grosse Interesse des Berner Rates an der kleinen Ortschaft Vercel in der Grafschaft Mömpelgard gehört unmittelbar in diesen Zusammenhang: Hier lag der Durchgangsort der Hauptkolonne des Armagnakenheeres durch die burgundische Pforte. Die zeitgleiche, intensive Kommunikation mit dem eigenen Heer weist ebenfalls auf die bekannten militärischen Unternehmungen Berns in diesen Jahren hin.

Die wenigen Besuche Berner Boten ausserhalb des eigenen Territoriums und der Eidgenossenschaft lassen – wenn nicht ein bestimmtes Bedrohungspotential in die nähere Nachbarschaft rückte – auf lediglich punktuelles Interesse am Reichsgeschehen schliessen. Mit der Ausnahme Basels wurde mit den bedeutenderen Zentren kein regelmässiger Nachrichtenaustausch geführt. Selbst das «Reichszentrum» Nürnberg war während dieser Zeit nur viermal Ziel der Berner Boten in Reichsangelegenheiten: je zweimal in den Jahren 1447 und 1452. Vermutlich verhielt sich Bern hierin nicht anders als andere Reichsstädte des königsfernen Südwestens.

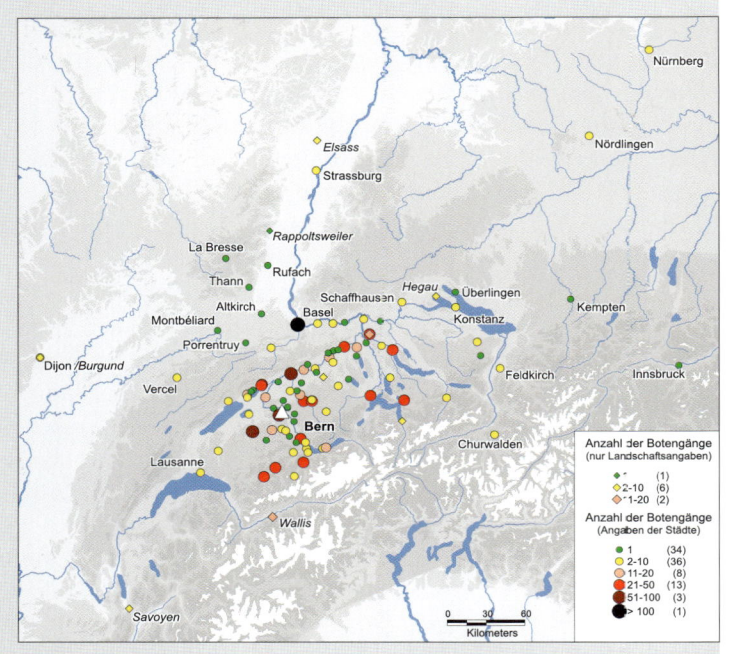

Berner Botengänge anhand der Stadtrechnungen von 1430–1454, Klara Hübner 1999.

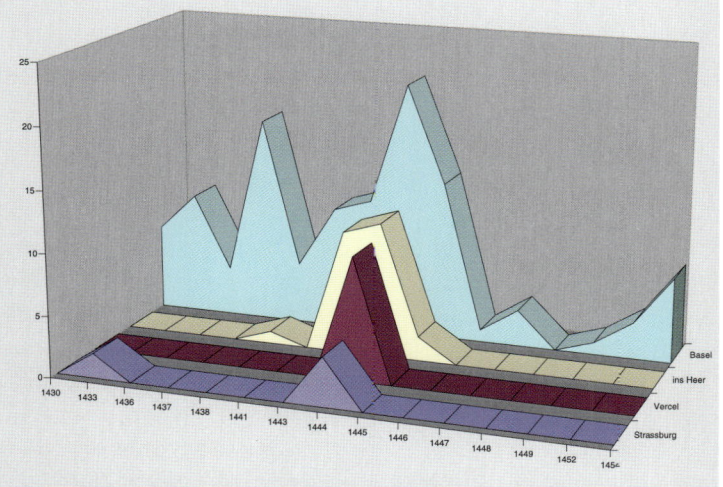

Frequenz der Botengänge im Zusammenhang mit dem Armagnakenfeldzug von 1444, Klara Hübner 1999.

Zustand um 1300, der als «offene Verfassung» im Gegensatz zum institutionalisierten Reich um 1500 auch gegenüber der Eidgenossenschaft beschrieben worden ist.[31]

Das Festhalten am «offen verfassten Reich» verknüpfte sich im übrigen mit der Erinnerung an die alte und stets vorteilhafte Königsferne im äusseren Südwesten, die es im «Reich der Institutionen» schon nicht mehr gab, die man in Bern jedoch für sich als angemessen empfand. Treffend formulierte 1471 Altsäckelmeister Fränkli die ständige Situation im «Twingherrenstreit», als es unter anderem um das Abwägen der kaiserlichen und der eigenen Rechte an den Reichslehen ging: Man anerkenne zwar *«den keiser oder Roemischen koenig für unser houpt und oberen»*, aber Bern *«liege wyt usserthalb dem rych, da der keiser oder sine procuratores hinwandletind»*.[32] Zu diesem Zeitpunkt lag der letzte Besuch des Herrschers in Bern vom 6. bis 8. Oktober 1442 fast 30 Jahre zurück; Friedrich III. befand sich damals auf der Rückreise von der Krönung zu Aachen (vgl. Kap. IV, S. 314). Im Gegenzug zeigten indessen der Rhythmus der Regierungstätigkeit und die Tagespolitik, dass Bern auch von sich aus die Ferne zu König und Reich nicht gerade zu reduzieren trachtete. Auf den Reichstagen war man bloss noch spärlich und höchstens beobachtend vertreten,[33] und Berns offizielle Boten, Läufer und Reiter (siehe Kastentext S. 268) berührten schon um die Jahrhundertmitte das Binnenreich nur sehr am Rande, und auch nur drängender naher Probleme wegen, wie sie zum Beispiel die Armagnakenzüge im Elsass mit sich brachten. Nachrichten tauschte man in der Hauptsache eher mit Basel aus, allenfalls mit Strassburg und Konstanz, viel weniger aber mit Nürnberg, obwohl es auch in der Zeit Kaiser Friedrichs III. die «Zentrale des Reiches» gewesen ist.[34]

So bestanden zwei unterschiedlich verfasste Reiche aus unterschiedlichen Zeiten nebeneinander her, im Grunde bis ans Ende des «Ancien Régime». Das aber heisst, dass man vom Ablösen der eidgenössischen Orte vom Heiligen Reich oder dergleichen eigentlich nicht reden sollte, jedenfalls nicht für die Zeit um 1500. Wenn man es aber doch tun will, dann wohl eher von seiten des Römisch-deutschen Reiches, das in seinem staatlichen Wandel im Laufe des 16. Jahrhunderts schlicht das Interesse verlor,[35] nicht jedoch von seiten Berns und der Eidgenossenschaft, die das Reich auch materiell noch für wichtig genug hielten, um als ferner, aber legitimationsstiftender Bezugspunkt die eigene Herrschaft zu sichern.

Militärhoheit und Kriegsorganisation

Hans Braun

Gesellschaftliche und staatliche Rahmenbedingungen

Der Aufstieg Berns und seiner eidgenössischen Verbündeten zu einem bedeutenden Faktor im Kräftespiel der europäischen Mächte während des 15. Jahrhunderts ist zu einem erheblichen Teil auf ihre grossen militärischen Erfolge zurückzuführen. In den Burgunderkriegen (1474–1477) gelang es ihnen, mit Herzog Karl dem Kühnen einen der glänzendsten und mächtigsten Herrscher Europas zu bezwingen (Abb. 196) (vgl. Kap. IV, S. 285), mit ihrem Sieg bei Dornach 1499 verhinderten sie den Einbezug der Eidgenossenschaft in die Reichsreform von 1495, und mit der Eroberung des Herzogtums Mailand im Sommer 1512 konnten sie für kurze Zeit die Rolle einer europäischen Grossmacht spielen. Dies sind nur die wichtigsten Siege, dank denen die Eidgenossen als Söldner hoch begehrt waren und in Form von Sold, Pensionen und reicher Beute grosse Geldsummen in die Eidgenossenschaft flossen (vgl. Kap. IV, S. 277). Die Niederlagen bei Sankt Jakob an der Birs 1444, Marignano 1515, Bicocca 1522 und Pavia 1525 vermochten am Ruhm der Eidgenossen nichts zu ändern.

Der Krieg war Mittel zur Verteidigung und zum Ausbau der eigenen Machtstellung. Durch die Eroberung des Aargaus 1415 und – nach ersten Gewinnen in den Burgunderkriegen – der Waadt 1536, erreichte Bern eine territoriale Ausdehnung und damit verbunden ein Reservoir an Kriegsknechten wie keine andere Stadt nördlich der Alpen.

Der allgemeine Rückgang von Handel und Gewerbe in der zweiten Hälfte des 15. Jahrhunderts und die allmähliche Umstellung von der Autarkiewirtschaft zu der weniger arbeitsintensiven Viehwirtschaft vor allem in den nordalpinen Regionen trugen dazu bei, dass der Krieg zu einem wichtigen neuen Erwerbszweig wurde (vgl. Kap. IV, S. 277).[1] Der Krieg verhiess Abenteuer, glänzende Siege und grossen Reichtum, bedeutete aber oft auch soziale Entwurzelung mit verstärktem Hang zu Gewalttätigkeit und grosse Verluste an Menschenleben. Zudem geisselte der Berner Chronist Valerius Anshelm als einer der lautesten Kritiker der Reisläuferei und des Pensionenwesens von seinem reformatorischen Standpunkt aus mit scharfen Worten Korruption, Luxus und Verschwendungssucht.[2]

Verstärkt wurde die soziale Unrast durch den Umstand, dass es sowohl auf staatlicher wie auf militärischer Ebene keine gefestigten und durchgreifenden Strukturen gab, mit denen die Auswüchse wirkungsvoll hätten bekämpft werden können. Dem Krieg hafteten Züge einer Gesellschaft an, die zumindest *de facto* kein staatliches Gewaltmonopol kannte und in der bei Rechtsverletzungen die Fehde nach wie vor als legitimes Mittel der Rache und Selbsthilfe galt.[3]

Dennoch gab es Bestrebungen, die kriegerische Gewalt langfristig unter Kontrolle zu bringen und den Landfrieden zu stärken. So suchte die bernische Obrigkeit auf den Grundlagen vor allem der Privilegien Kaiser Karls IV. von 1365, König Wenzels von 1398 und König Sigmunds von 1415, aber auch auf jener des Ausgleichs mit den Twingherren von 1471 die allgemeine Wehr- und Steuerpflicht, wie sie seit jeher für die Burgerschaft galt, auf ihre Herrschaftsgebiete auszudehnen und auf diese Weise sich selbst als einzige Legitimationsinstanz für die Ausübung bewaffneter Gewalt zu etablieren.[4] Da jedoch die Untertanenstädte und -gemeinden trotz der bernischen Landes- und Militärhoheit ihre altüberlieferten Rechtsordnungen und ihre Selbstverwaltung weitgehend bewahrten und deshalb nach wie vor ein erhebliches politisches Gewicht besassen, konnte die Obrigkeit ihre Ansprüche etwa bezüglich Stellung von Mannschaft nur durchsetzen, wenn sie mit ihren Untertanen den Konsens suchte. Zu diesem Zweck führte sie wiederholt sogenannte Ämterbefragungen durch, in denen sich die Untertanen über Krieg und Frieden äussern konnten (vgl. Kap. IV, S. 356).[5]

Allgemeine Wehrpflicht zwischen Feldsucht und Feldflucht
Die allgemeine Wehrpflicht bedeutete, dass die Burger und Untertanen sich auf eigene Kosten bewaffnen und im obrigkeitlichen Aufgebot in den Krieg ziehen mussten. Um die Zahl der Wehrpflichtigen zu ermitteln, führten die Venner, Freiweibel und Landvögte besonders bei bevorstehenden Feldzügen Feuerstättenzählungen und Musterungen, sogenannte Harnischschauen, durch. Die Ergebnisse dienten dem Rat als Grundlage für die Verteilung der Kontingente auf die Städte, Ämter und Gemeinden, die dann ihrerseits (in den Städten waren es meistens die Gesellschaften oder Zünfte) die Mannschaften zusammenstellten und aus ihren Reiskassen («reisen» im Sinne von «in den Krieg ziehen») besoldeten und verproviantierten, sofern die obrigkeitlichen Aufgebote

Abb. 196:
Diebold Schilling, Amtliche Berner Chronik, 1474–1483, Bern, Burgerbibliothek, Mss. hist. helv. I., 3, S. 648.

Schlacht bei Grandson 1476: Die Spiesser des aus Bernern, Freiburgern, Schwyzern und Thunern bestehenden Gevierthaufens sind gerade daran, in die Reihen der gepanzerten burgundischen Reiterei einzubrechen. Unter den Spiessern befinden sich auch einige Büchsenschützen, und dahinter folgen dicht gedrängt die Halbartiere. Die burgundische Streitkraft besteht nebst der Reiterei aus Bogenschützen und schwerer Feldartillerie, wie die zwei Kanonen andeuten. Im Hintergrund prescht weitere burgundische Reiterei heran, und einer der vordersten Krieger des übrigen eidgenössischen Heeres scheint gerade das Hornsignal zum Sturm zu geben.

nicht einem fremden Herrn zugeführt wurden und dieser für den Unterhalt des Heeres aufzukommen hatte. Beredtes Zeugnis für dieses Vorgehen liefern die auf uns gekommenen Mannschaftslisten, die sogenannten Reis- Sold- oder Auszugsrödel, in denen summarisch die Zahlen der aufgebotenen und besoldeten Männer und manchmal sogar die einzelnen Namen aufgeführt sind. Das Erhebungsverfahren auf der Basis von Feuerstättenzählungen lässt darauf schliessen, dass die Pflicht der Bewaffnung und Heerfolge nicht primär auf dem einzelnen wehrfähigen Mann, sondern auf den Haushalten lag, die bei einem Aufgebot auf ihre Kosten einen bewaffneten Mann stellen mussten. Diese Regelung hatte zur Folge, dass vor allem dann, wenn es sich um länger dauernde Auszüge in die Ferne handelte, oft nicht die Hausväter selber, sondern an ihrer Stelle freiwillig junge, noch unverheiratete und abenteuerlustige Männer in den Krieg zogen. Viele von ihnen machten den Krieg quasi zu ihrem Beruf, was dazu führen konnte, dass sie bei Gelegenheit, vor allem wenn die Aussicht auf grosse Beute bestand, auch gegen den obrigkeitlichen Willen ins Feld zogen und sich zu Frei- oder Blutharsten zusammenschlossen.[6]

Der Charakter der Freiwilligkeit verstärkte sich durch den Umstand, dass immer nur ein Bruchteil der Wehrpflichtigen aufgeboten wurde. Nach den Burgunderkriegen schrieb der Dekan von Einsiedeln, Albrecht von Bonstetten, dass Bern etwa 20 000 Knechte ins Feld stellen könne.[7] Doch sogar dann, wenn höchste Interessen Berns auf dem Spiel standen, wurde nur schon aus logistischen Gründen, etwa wegen der Schwierigkeiten bei der Verpflegung grosser Massen, nie das ganze Potential ausgeschöpft. So zählte 1476 das ganze eidgenössische Heer samt den Kontingenten der Niederen Vereinigung bei Grandson etwa 18 000 und bei Murten 24 000 Mann, von denen gegen 6000 von Bern und seinen Verburgrechteten gestellt wurden.[8] Während der Mailänderkriege umfassten die einzelnen bernischen Auszüge bis zu 5000 Mann, wobei 1515, im Vorfeld der Schlacht bei Marignano, sich bereits zwei Kontingente von 600 und 1500 Mann in Italien befanden, als Bern weitere 4000 Knechte in Bereitschaft stellte (vgl. Kap. IV, S. 277).[9]

Die freien Knechte erschienen manchmal in grösseren Massen auf den Schlachtfeldern als die obrigkeitlichen Kontingente. 1512 beispielsweise kamen zu den 1000 obrigkeitlich aufgebotenen Knechten des ersten Auszugs anfänglich 300 weitere Knechte hinzu, die sich während des Marsches über die Bündner Pässe auf über 500 vermehrten. Insgesamt fanden sich vor Pavia schliesslich nicht die vereinbarten 6000 eidgenössischen Knechte, sondern deren 15 000 bis 20 000 ein.[10] Da die freien Knechte sich an keine obrigkeitlichen Weisungen gebunden fühlten, waren sie bei den Befehlsleuten als ein Herd der Unruhe umso mehr gefürchtet, je grösser ihre Zahl war, denn einerseits bestand die Gefahr, dass sie unvermittelt eine Schlacht vom Zaune brachen und dann das ganze Heer unvorbereitet in den Kampf rissen, wie es mit verheerenden Folgen 1444 bei Sankt Jakob an der Birs[11] und 1515 bei Marignano geschah.[12] Andererseits traten sie als Beutekonkurrenten auf und gerieten so oft mit den regulären Kontingenten in Streit, so dass sich die Ordnung auf dem Feld aufzulösen drohte. Sowohl die Tagsatzung wie auch die Obrigkeiten der einzelnen Orte bemühten sich deshalb immer wieder, den Zulauf freier Knechte durch Verbote zu bremsen. Wenn dies nicht gelang, so versuchte man wenigstens, die Freiharste von den obrigkeitlichen Kontingenten fernzuhalten oder durch Besoldung und Vereidigung unter obrigkeitliche Befehlsgewalt zu bringen. So befahl Bern im Alten Zürichkrieg, dass alle, die aus freien Stücken an den Feind wollten, sich an einem bestimmten Tag in Bern einfinden sollten, *«denn wir üch einen Houptmann geben und üwer und unser Sachen darnach schicken und also ordnen wellent, dass wir hoffent, dass unser Fiend dadurch fürer denn bishar geschädiget und ihr meh Ehren denn bishar erlangen werdent».* Und am 20. März 1475, während der Kriegszüge gegen die burgundischen Vasallen in der Waadt und in die Freigrafschaft Burgund, forderte die Tagsatzung die einzelnen Orte auf, dafür zu sorgen, dass die Kriegsgesellen nicht jeder für sich, sondern unter einem Hauptmann in den Krieg laufen, um sie vor Niederlagen zu bewahren.[13]

Neben dem von Walter Schaufelberger als «Feldsucht» bezeichneten Phänomen bildete auch die «Feldflucht» ein grosses Problem in der spätmittelalterlichen Kriegführung.[14] Sei es wegen ausbleibender Soldzahlungen, aus Mangel an Verpflegung, aus Sorge um Haus und Hof oder aus blossem Überdruss über die langweiligen Besatzungsdienste, immer wieder kam es vor, dass die Knechte sich in grosser Zahl vorzeitig auf den Heimweg machten, ohne dass die Obrigkeit und die Hauptleute auf dem Feld dagegen wirkungsvoll hätten einschreiten können.[15] Am 10. Mai 1512 beispielsweise, einige Tage nach dem Aufbruch von Bern Richtung Mailand, schrieb Burkhard von Erlach, der Berner Hauptmann über ein obrigkeitliches Kontingent von 1000 Knechten, von Zürich aus dem Berner Rat, dass ihm seitens der Knechte *«fill widerwertikeit»* beggne, denn diese gingen ihn *«all stund und tag»* um Geld an, da sie aus den Kriegs- oder Reiskassen ihrer Gemeinden mit dem Hinweis, der Berner Hauptmann in Zürich habe genug Geld, nicht besoldet worden seien. Er selber habe aber vom Rat keinen Auftrag erhalten, die Knechte zu besolden, und überdies habe er selber Geld nötig, um die hohen Verpflegungs- und Transportkosten, die auf dem bevorstehenden Marsch über die Bündner Pässe anfallen würden, zu bezahlen. Deshalb bat er seine Herren eindringlich, dafür zu sorgen, dass die Städte, Ämter und Gemeinden ihren Auszügern den Sold nach Zürich nachsenden, andernfalls sie selber ermessen könnten, *«was gutz oder böss daruss mag entspringen».*[16]

Kriegsordnungen
Ausdruck des Bemühens, in den Heeren eine gewisse Disziplin aufzurichten, waren die Kriegsordnungen, auf welche die Hauptleute und ihre Untergebenen zu schwören hatten. Im sogenannten Sempacherbrief von 1393 setzte die eidgenössische Tagsatzung fest, dass ohne ihren Befehl keine Kriegszüge begonnen werden durften. Fahnenflüchtige und Verbrecher waren von dem Ort, dem sie angehörten, abzuurteilen. Die Plünderung des Feindes durfte erst nach beendeter Verfolgung auf Weisung der Hauptleute beginnen, wobei die Beute von den Hauptleuten nach Anzahl der Krieger der einzelnen Orte geteilt werden sollte. Und während des ganzen Kriegszuges waren Gotteshäuser und Frauen zu schonen, sofern sie sich nicht feindlich verhielten (Abb. 197).[17]

Alle diese Bestimmungen bildeten den Kern der späteren gesamteidgenössischen und einzelörtischen, seit 1410 auch der bernischen Kriegsordnungen.[18] Einige dieser Ordnungen enthielten neben der Gehorsamspflicht der Knechte gegenüber ihrem Hauptmann und den anderen Befehlsleuten auch Bestimmungen, welche die Hauptleute verpflichteten, *«das volk nit tzu verwisen noch ze verfüren denn mit des volkes merteil willen und wüssent».*[19] Hier zeigt sich analog zu den oben erwähnten Ämterbefragungen (vgl. Kap. IV, S. 356), dass eine erfolgreiche Kriegführung nur möglich war, wenn die Befehlsleute mit ihren Knechten, die eigentliche Kriegergemeinden bildeten, den Konsens fanden.

Heeresorganisation, Waffengattungen und Gefechtstaktik
An der Spitze des Heeres stand der Hauptmann, der von Räten und Burgern gewählt wurde. Bei den grossen, aus mehreren tausend Mann bestehenden Auszügen zum Banner, führte gewöhnlich der Schultheiss oder der Alt-Schultheiss den Oberbefehl, so 1476 Niklaus von Scharnachtal in Grandson und Adrian von Bubenberg in Murten, 1499 im ersten Hegau-

Abb. 197:
Diebold Schilling, Grosse Burgunderchronik, 1481–1484, Zürich, Zentralbibliothek, Ms A 5, S. 259.

Kriegszüge waren immer auch von Beutezügen begleitet. Hier treibt im März 1475, im Vorfeld des Zuges eines eidgenössischen Freiharstes nach Pontarlier, eine Schar von Bernern und Solothurnern das Vieh aus einem Dorf in der Gegend von Neuenburg. Einige dieser Knechte erschlugen dabei burgundische Krieger. Die Eidgenossen erkennt man an ihrer Bewaffnung mit Halbarte, Spiess und Zweihänder, während die Burgunder Pfeilbogen und Ochsenzunge (Bezeichnung für die Lanze mit der besonderen Form ihrer Spitze) führen. Zudem trägt der vom Pferd fallende burgundische Reiter eine schwere Rüstung, und der bereits getötete Lanzenknecht einen Schuppenpanzer, während die eidgenössischen Raubknechte unbeharnischt erscheinen. Dass es sich um einen eigenmächtigen Raubzug eines Freiharstes handelt, zeigt das Fehlen von Bannern und Fahnen.

erzug Wilhelm von Diesbach und im zweiten sowie bei Dornach Rudolf von Erlach und 1513 vor Dijon Jakob von Wattenwyl, der zwei Jahre später das dritte bernische Aufgebot in die Lombardei führte.[20] Einer der vier Venner hatte die Obhut über das Banner und war der oberste Anführer des Fussvolkes. Unterstützt wurden Hauptmann und Venner durch vier bis sechs Räte, die den Feldkriegsrat bildeten. In führender Funktion standen ferner die Hauptleute über die Spiesser, die Halbartiere, die Büchsenschützen, die Reiterei und das schwere Geschütz, die wiederum je einen Bannerträger bei sich hatten. Gegen Ende des 15. Jahrhunderts tauchte der Lieutenant oder «Lüttiner» auf, der den Hauptmann als Heerführer vertrat, wenn dieser sich auf dem Feld mit den Hauptleuten und Räten der anderen eidgenössischen Orte über das politische und militärische Vorgehen beriet. Auch kam zu jener Zeit der Rottmeister auf, den die in Rotten zusammengefassten Knechte aus ihren eigenen Reihen wählten. Neben den eigentlichen Kriegerkontingenten gab es eine Art Stab. Zu diesem gehörten Schreiber, berittene und laufende Boten, Trompeter und Pfeifer, Kapläne, Köche, Scherrer und Scharfrichter, sodann Handwerker wie Schmiede, Wagner und Harnischer sowie der Bauherr mit Werkmeistern und Zimmerleuten für den Bau von Feldbefestigungen, und schliesslich fanden sich in den Auszügen auch Händler, Marketenderinnen und Dirnen (Abb. 198).[21]

Spiesser, Halbartiere und Schützen
Die allgemeine Wehrpflicht in den bernischen Untertanengebieten hatte zur Folge, dass der grösste Teil der Aufgebote, während den Mailänderkriegen zwischen 90 und 95 Prozent[22], aus der ländlichen Bevölkerung stammte, die sich gewöhnlich mit Spiess oder Halbarte bewehrte und zu Fuss ins Feld zog. Daneben war die Zahl der Armbrust- und Büchsenschützen, die sich fast ausschliesslich aus der stadtsässigen Burgerschaft rekrutierten, gering. So befanden sich 1512 unter den mehr als 1500 nach Italien aufgebotenen und freiwilligen Berner Knechten bloss 72 Büchsenschützen.[23] Aber auch die Reiterei, die vom verburgrechteten oder verburgerten Adel sowie von reichen Burgern gestellt wurde[24], und die Artillerie (1512 zirka 50 bis 60 Mann[25]) bildeten nur geringe Teile des gesamten bernischen Kontingents.

Auf dem offenen Feld wurde die eidgenössische Gefechtstaktik durch das starke zahlenmässige Übergewicht der Fussknechte bestimmt. Während die Schützen, teilweise im Verbund mit leichter Artillerie, in der Vorhut die gegnerischen Feldbefestigungen beschossen und die Reiterei Flankenangriffe ausführte und die Flüchtenden verfolgte, führten die Massen der Fussknechte den entscheidenden Kampf. Diese wurden in zwei oder drei Gevierthaufen zusammengefasst. Deren Kern bestand aus Trägern der kurzen Waffen, zumeist Halbarten und gegen Ende des 15. Jahrhunderts manchmal auch Zweihänder, den Rahmen bildeten mehrere Reihen geharnischter Spiesser. Die Aufgabe der Spiesser war, dem Druck des angreifenden feindlichen Reiterheeres standzuhalten. War der Druck gewonnen und wich der Gegner zurück, brachten ihm die Halbartiere und Schwertkämpfer die blutigen Verluste bei. Lief ein Haufen fest, erzwang ein zweiter oder dritter nicht selten durch Umfassung des Gegners die Entscheidung.[26]

Die Handhabung von Spiess und Halbarte machte keine besondere Ausbildung nötig. In einer kriegsgewohnten Gesellschaft wie der eidgenössischen des 15. Jahrhunderts lernte man durch Integration in die grossen Gevierthaufen von den erfahrenen Kriegern recht schnell, mit dem bis zu 5 Meter langen Spiess oder der Halbarte umzugehen und sich im Gefecht zu behaupten. Jedenfalls wird in den Quellen nirgends berichtet, dass spezielle Einrichtungen bestanden hätten, in denen die Jungmannschaft im Gebrauch dieser Waffen ausgebildet wurde. Dies im

Abb. 198:
Diebold Schilling, Grosse Burgunderchronik, 1481–1484, Zürich, Zentralbibliothek, Ms A 5, S. 66.

Die Berner und Luzerner befinden sich nach der Schlacht bei Grandson Anfang März 1476 auf dem Heimweg. Wegen ihrer tapferen Mithilfe sind die Luzerner zum Besuch nach Bern eingeladen worden. In der vorderen Bildhälfte ist die Rückkehr der siegreichen Krieger dargestellt: voran der berittene Stab der bernischen und luzernischen Hauptleute, gefolgt von einem Harst Spiesser, den Büchsenschützen mit eigenem Fähnlein, den Halbartieren, den Trommlern und Pfeifern, den Dirnen, den beiden Hauptbannern und dem Rest der Kämpfer. Am Schluss marschieren die Knaben, welche vermutlich die siegreichen Heimkehrer weit vor der Stadt willkommen geheissen haben. Sie tragen abwechselnd luzernische und bernische Fähnchen und die gleichen, aber kleineren Waffen wie die Erwachsenen. Das Spruchband enthält die Begrüssungsworte: «Lieben h[er]n, vo[n] Lutzern, komend gen Bernn, da sechend wir üch gern.» Ganz hinten ist durch den Helm des Christoffelturms und die beiden Fähnchen die Stadt Bern angedeutet.

Gegensatz zu den grösstenteils städtischen Armbrust- und Büchsenschützen, die sich in Schützengesellschaften zusammenschlossen, um sich im Gebrauch ihrer wesentlich komplizierteren Waffen zu üben. Die Schützen führten auch grosse, zumeist von der Obrigkeit unterstützte Schützenfeste durch, an denen sie mit den eingeladenen Schützen befreundeter Städte um die Treffsicherheit wetteiferten. Die gegenseitigen Einladungen zu den häufigen Fasnachts-, Kirchweih-, Hochzeits- und Gesellenschiessen weisen darauf hin, dass die Schützenfeste auch wichtige politische Funktionen erfüllten.[27]

Ausserhalb der Städte wurde das Schützenwesen kaum gepflegt. Dies hängt damit zusammen, dass es vor allem die Städte waren, die sich gegen Belagerungen verteidigen und zu diesem Zweck über Schusswaffen verfügen mussten. Auf dem Land war man hingegen kaum bereit, sich mit einer viel teureren Armbrust oder Handbüchse zu bewehren. Dem Temperament und Ehrgefühl der Knechte scheint viel eher entsprochen zu haben, in wilder Entschlossenheit und mit ganzer Körperkraft den Feind in todesverachtendem Nahkampf niederzuringen, als aus einer entfernten und gesicherten Stellung heraus auf ihn zu schiessen, zumal sie das Siegen mit Hilfe von Spiess und Halbarte gewohnt waren.[28] Und ausserdem konnte man nach der Schlacht mit einer Halbarte besser auf Beutejagd gehen als mit einer schweren und umständlich zu ladenden Feuerbüchse. Wegen des Drangs nach individueller Bewegungsfreiheit mangelte es in den Aufgeboten oft auch an den unhandlich langen Spiessen, und immer wieder erschienen die Knechte ohne den einengenden Harnisch[29], so dass das Fehlende aus den obrigkeitlichen Zeughäusern ergänzt oder am Einsatzort beschafft werden musste.[30] Um den Dienst mit Feuerbüchsen attraktiver zu machen, zahlte die Obrigkeit den Schützen oft zusätzlichen Sold.[31]

Abb. 199:
Diebold Schilling, Spiezer Bilderchronik, 1484/85, Bern. Burgerbibliothek, Mss. hist. helv. I. 16, S. 637.

Gemeinsames Lager der Eidgenossen vor Baden im Frühling 1415: Die Eidgenossen beschiessen die Stadt mit ihren Handbüchsen, und der Geschützmeister hat, den Luntenstock noch in der Hand haltend, soeben aus der grossen Berner Büchse eine Kugel abgefeuert. Bei dieser Büchse handelt es sich um ein Legstück, das vorne auf einem Holzklotz aufgelegt ist und dessen Rückschlag durch einen Prellbock aufgehalten wird. Links daneben befindet sich in einem Holzkasten ein Steilfeuergeschütz, ein sogenannter Mörser oder Böller. Um die Büchsen herum stehen Kugeln und Pulversäcke bereit.

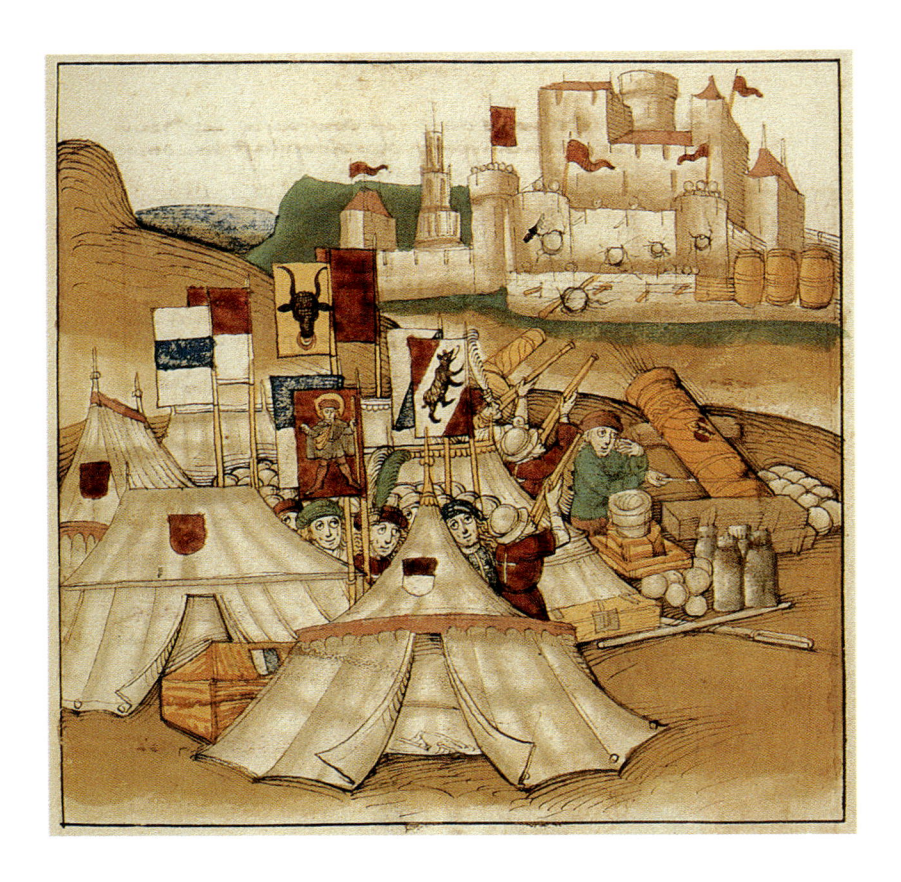

Das schwere Geschütz

Armbrüste und Handbüchsen hatten ihre Bedeutung vor allem im Kampf um feste Plätze (Abb. 199). Bei der Einnahme von Städten und Festungen gaben die Schützen Deckung, damit ihre Kameraden die Mauern ersteigen konnten, ohne durch den Feind von den Zinnen herab beschossen zu werden. Um in die Mauern Breschen zu schlagen, kam das schwere Geschütz zum Einsatz. Nachdem in den Belagerungskriegen des 14. Jahrhunderts schwere Wurfgeschütze («*blyden*»), Rammböcke («*tumler*») und 1388 vor Nidau vielleicht schon eine Art eiserner Mörser oder Böller in Einsatz gekommen waren[32], kaufte die Stadt Bern im Jahre 1413 von Nürnberg eine grosse Feuerbüchse, was Justinger als bedeutendes Ereignis heraussreicht, da diese «*an grössi und an güti aller eidgenossen büchsen*» übertroffen habe. Offensichtlich war Bern im Bereich der schweren Artillerie besser ausgerüstet als seine eidgenössischen Verbündeten, denn zwei Jahre später brachten die Berner auf deren Begehren das Geschütz vor Baden, um damit die obere Feste zu beschiessen, und 1417 schaffte Bern in Nürnberg zwei weitere Büchsen, eine kleine und eine grosse, an.[33] Während des Alten Zürichkrieges standen gleich drei Büchsenmeister im Dienste Berns, von denen die sechs Orte, die 1443 Zürich belagerten, einen zu haben begehrten, damit dieser ihnen helfe, Geschützstellungen einzurichten und die Stadt zu beschiessen. Grosse Verdienste erwarb sich namentlich der Büchsenmeister Hans Tillier 1468 im Waldshuterkrieg, als die Berner mit zwei grossen Geschützen, die Zürcher mit einer grossen und die Schaffhauser mit einer kleinen Kanone aufzogen. Da «*werketten [besunder miner herren zwo büchsen von Bern] so redlich an der statt, das in kurtzem zitt der türnen etzlicher und der muren vil nider geschossen ward*».[34] Allerdings war der Transport des schweren Geschützes mit grossem Aufwand verbunden. So brauchte der Zeugmeister Hans Ougsburger im Sommer 1512 für den Transport von zwei Kanonen und acht Hakenbüchsen inklusive Munition nach Italien insgesamt 42 Trag- und Zugtiere und etwa 50 bis 60 Mann als Bedienungs- und Begleitpersonal.[35]

Mit der Wucht ihrer grossen Gevierthaufen hatten die Eidgenossen im 15. und beginnenden 16. Jahrhundert zahlreiche glänzende Siege errungen. Wohl gerade deshalb hatten sie es aber verpasst, sich der fortschreitenden Entwicklung der Kriegskunst anzupassen, die darin bestand, dass in immer grösserer Zahl immer schlagkräftigere Feuerwaffen in Einsatz kamen, mit denen die Franzosen den Eidgenossen 1515 bei Marignano eine schwere Niederlage beibrachten.[36] Erst ab dem 16. Jahrhundert setzten auch die Eidgenossen vermehrt leichte und schwere Feuerwaffen ein, die eine stärker vorausplanende und straffere Gefechtsführung und damit eine intensivere Ausbildung und Disziplinierung der Mannschaft erforderten.[37] Diese Entwicklung steht im Zusammenhang mit dem Ausbau und der Festigung der staatlichen Strukturen, dank denen die Obrigkeit das von ihr beanspruchte Recht der alleinigen Gewaltausübung verstärkt zur Geltung bringen und so der eigenwilligen Gewaltanwendung auf der Grundlage der Fehde allmählich den Boden entziehen konnte. Doch solange die oft in sich selbst zerstrittene Obrigkeit oder Teile von ihr die allgemeine Kriegslust für ihre eigenen Zwecke nutzbar zu machen suchten und diese dadurch förderten, blieb das Element des Unberechenbaren und Unzähmbaren als Wesenszug nicht nur des bernischen und eidgenössischen Kriegswesens bestehen.

Reislauf und Pensionen

Bruno Koch

«*Kronenfresser und deutsche Franzosen*», so nannte der Volksmund die Pensionenherren und Söldnerführer, die zur Zeit der Mailänderkriege (1496–1528) Truppen für den französischen König ins Feld führten und dafür grosszügig bezahlt und beschenkt wurden. Der Reislauf und das damit verbundene Pensionenwesen hatten in dieser Zeit sehr grosse Dimensionen angenommen. Die Einkünfte aus der Reisläuferei waren zum wichtigsten Erwerbszweig der Oberschicht und der eidgenössischen Orte geworden und gestattete diesen, auf Steuern zu verzichten.[1] Vor allem die Pensionen, auch «Jahrgelder» genannt, waren äusserst lukrativ. Mit diesen Geldern schaffte sich der ausländische Kriegsherr die Voraussetzungen, um in den eidgenössischen Territorien werben zu können, oder gar, dass die Orte auf Beschluss der Tagsatzung hin in eigener Regie für diesen in den Krieg zogen. Diese Gelder wurden an die eidgenössischen Städte und Orte, aber auch an die regimentsfähigen Familien ausbezahlt, die versuchten, ein Einkommen unabhängig von einer Erwerbsarbeit zu erzielen, um für die politische Tätigkeit abkömmlich zu sein. Neben den Einkünften aus der Verwaltungstätigkeit bildete der Reislauf eine weitere Möglichkeit, einen standesgemässen, dem Adel vergleichbaren Lebensstil zu pflegen (vgl. Kap. II, S. 140 und Kap. III, S. 233).

Die Reisläuferei in der Eidgenossenschaft stand im 15. und 16. Jahrhundert zur Hauptsache im Dienst der französischen Krone. Es waren neben vielen kleineren Kriegszügen zuerst der Französisch-englische Krieg um 1450, dann die Kriege gegen Karl den Kühnen von Burgund 1474–1477, welche die Söldner beschäftigte, ehe ab 1496 das Ringen um das reiche Herzogtum Mailand für 30 Jahre das Feld beherrschte. Vor dem Alten Zürichkrieg (1439–1446) standen die Dienste für andere Mächte im Vordergrund: für die Herzöge von Savoyen, den Kaiser oder die verbündeten Städte, aber auch für die sich rivalisierenden Mächte in Oberitalien, den Papst, die Herzöge von Mailand, Venedig und Florenz.

Offizieller und inoffizieller Reislauf

Im heutigen Verständnis waren Reisläufer oder Söldner Kriegsknechte, die von Söldnerführern angeführt wurden und sich ihre Tätigkeit von den Auftraggebern bezahlen liessen. Dagegen wurden Hauptleute und Auszüger von der Obrigkeit offiziell aufgeboten. Eine solche Differenzierung ist allerdings nicht zeitgenössisch. Es konnte durchaus sein, dass Auszüge im Auftrag einer fremden Macht offiziell von der Obrigkeit organisiert wurden. Der obrigkeitlich bestimmte Hauptmann war zugleich Söldnerführer, der obrigkeitlich bestimmte Kriegsknecht zugleich Söldner.[2] Am häufigsten wurde zwischen freien Zügen, das heisst, von der Obrigkeit unabhängig organisierten, und obrigkeitlich organisierten Zügen unterschieden. Freie Hauptleute und freie Knechte, zeitgenössisch auch Frei- oder Blutharste genannt,[3] konnten jedoch neben obrigkeitlich aufgebotenen mitlaufen. Im damaligen Verständnis war nur entscheidend, ob der Auszug den eigenen Interessen dienlich war oder diesen zuwiderlief und deshalb verboten wurde. Solange der freie Reislauf den eigenen Interessen diente, wurde er als ein Erwerbszweig betrachtet, der in der Regel von der Obrigkeit toleriert wurde, nicht zuletzt, weil die Söhne regimentsfähiger Familien im Solddienst eine gewinnbringende Tätigkeit fanden. Reisläufer auf verbotenen Zügen wurden meist mit Verbannung bestraft. Da man jedoch auf die Söldnerführer angewiesen war, wurden sie meist schon nach kurzer Zeit wieder begnadigt.

Urs Graf, Acht Krieger und ein Reiter, 1507/08, Basel, Öffentliche Kunstsammlung, Kupferstichkabinett.

Der Solothurner Zeichner Urs Graf kannte den Reislauf wie Niklaus Manuel aus eigener Erfahrung. Seine Bilder sind ausdrucksstark und authentisch. Hier sehen wir eidgenössische Söldner im Jahre 1507 vor Genua auf dem Höhepunkt ihrer militärischen Reputation.

Bereits 1373 sind nach Aegidius Tschudi 3000 Knechte aus allen acht Orten Ambrogio Visconti, dem Herzog von Mailand, zugelaufen. Der Kriegsgegner der Viscontis, Papst Gregor XI., fühlte sich gezwungen, Bern, Zürich und Luzern Kirchenstrafen anzudrohen, falls die Obrigkeit dieses Reislaufen nicht unterbinde.[4] Da eidgenössische Söldner auch auf päpstlicher Seite kämpften, ist zu vermuten, dass sich bereits damals Eidgenossen in feindlichen Lagern gegenüber standen, wie es 1500, 1516 und 1521 wieder vorkommen sollte.[5] Auf alle Fälle war die Situation derart gravierend, dass Bern 1387 unbewilligte Solddienste verbot, und dieses Verbot 1401 auf die gesamte Eidgenossenschaft ausgedehnt wurde.[6] Der freie oder gar unbewilligte Reislauf konnte aber damit nicht wirksam eingedämmt werden, weil sich die politischen Interessen der eidgenössischen Orte häufig widersprachen und es somit immer eine Möglichkeit gab, diese Verbote zu umgehen.[7]

Die grosse Zeit des freien Söldnertums

Richtig in Schwung kam der Reislauf erst in der 2. Hälfte des 15. Jahrhunderts. Bei St. Jakob an der Birs 1444 beeindruckten die eidgenössischen Truppen den auf dem Schlachtfeld anwesenden «Dauphin» (Kronprinz) und späteren König Ludwig XI. trotz Niederlage durch ihre kühne Kriegführung. Bereits drei Jahre später versuchte der König 4000 Mann anzuwerben. Ein eigentlicher Soldvertrag kam aber erst 1474 zustande, in dem Frankreich 6000 Kriegsknechte zugestanden wurden. Diese Truppen wurden von der eidgenössischen Obrigkeit selber ausgehoben und geführt.[8] Die Erfolge gegen Herzog Karl den Kühnen steigerten den Marktwert der Schweizer nochmals beträchtlich. Die europäischen Mächte versuchten nun mit allen Mitteln, die Eidgenossen für ihre Ziele zu gewinnen. Immer mehr wurden die Pensionen an einzelne Vertreter der regimentsfähigen Familien ausbezahlt, die das Soldwesen in ihren Reihen kontrollierten. Die Aussenpolitik verfiel zusehends in ein Gerangel ums grosse Geld. Das war den Zeitgenossen durchaus bewusst, wie das Stanser Vorkommnis und die Pensionenbriefe von 1503 und 1508 zeigen, die das Pensionenwesen einschränken wollten. Es gelang aber nie, die entsprechenden Verbote einhellig zu verabschieden, geschweige denn durchzusetzen.

Eine neue Dimension erreichte die Reisläuferei durch das erweiterte Soldbündnis mit Frankreich von 1480 (Abb. 200). Dem finanziell äusserst potenten König wurde nun erlaubt, in eigener Regie freie Söldner zu werben. Die Eidgenossenschaft, allen voran Bern und Solothurn, wurde nun zu einem eigentlichen Truppenreservoir für Frankreich. Zwar bemühten sich auch der Papst, die Herzöge von Mailand und der römisch-deutsche König immer wieder um die Schweizer, sie konnten finanziell aber nicht über längere Zeit mithalten.[9]

Fremde Länder – frische Berner

Der Reislauf war nicht zuletzt deshalb so beliebt, weil er Gelegenheit bot, der heimatlichen Enge zu entfliehen. Anders als die Vertreter der städtischen Oberschicht, die fremde Länder beim Studium, auf einer Handelsreise oder einer längeren Pilgerreise kennenlernen konnten, war der Reislauf für viele Handwerker, Bauern und Knechte die einzige Gelegenheit, in der Welt herumzukommen. Ein Berner schaffte es bereits vor 1520 in portugiesischen Diensten bis nach Indien, keine 20 Jahre nachdem die Route um Afrika von Vasco da Gama zum ersten Mal befahren worden war (Abb. 201).

Ein Berner Söldner in Übersee, das war freilich ein Einzelfall. Die meisten schafften es bis nach Italien, doch das war schon beeindruckend genug, wenn wir uns den Reichtum der Lombardei vor Augen führen, der nach den Strapazen der Reise über die Alpen umso prächtiger erschien. Der Freiburger Hauptmann Peter Falk schrieb 1512 aus Pavia nach Bern und Freiburg: *«Noch nie haben die Eidgenossen so herrlich reiche Lager gesehen... was den Menschen gelüstet, davon findet er genug».*[10] Wichtiger noch als diese Eindrücke war wohl das Gefühl der Überlegenheit und Stärke, das sich in den Köpfen der siegesgewohnten Eidgenossen festsetzte. Die Furcht, mit der man diesem *«gente ferocissima»* (wilden Kriegervolk) begegnete und der Ruf *«unbesiegt seit Julius Cäsar»* ermöglichten – zumindest bis zur Niederlage von

Abb. 200:
Diebold Schilling, Luzerner Chronik, 1513, fol. 165r.

Anthoine de Baissey, der Bailli von Dijon, war ein Meister der Söldnerwerbung und wusste, wie die Schweizer am besten zu kaufen waren. Auf dem Bild verteilt er die Pensionen des französischen Königs im Luzerner Rathaus. Berühmt waren seine Werbeauftritte vor versammelten Volksmengen in Städten oder auf Kirchweihen, wo er Goldstücke unter die Leute warf.

Abb. 201:
Schreiben des portugiesischen Geschäftsträgers an den Rat von Bern, Rom, 1. August 1520, Staatsarchiv des Kantons Bern, U. P. 52, Nr. 73.

Der Rat hat an seiner Sitzung vom 22. September die Antwort besprochen, jedoch fehlt der Inhalt im Ratsmanual, RM 187, S. 4. Die Bemerkung gegen Schluss des Briefes, dass der König gerne auch noch das Seine gäbe, ist wohl ein Ausdruck des Wunsches, mit den Schweizern einen Soldvertrag abzuschliessen.

«Ehrenwerte und verehrungswürdige Herren
In den vergangenen Tagen erhielt ich von Eurer Herrschaft einen sowohl an mich als auch an meinen Herrn, den hochberühmten König von Portugal gerichteten Brief bezüglich der Besitztümer eines Eurer Untergebenen, der im Dienst des erwähnten Königs in Indien weilte und dort verstarb: Dessen Habseligkeiten werden (wie es Brauch ist) auf Befehl ihrer Majestät in einem damit beauftragten Hospital in der Stadt Lissabon aufbewahrt. Nachdem ich diesen Brief empfangen hatte, habe ich sogleich an Ihre Majestät geschrieben und mich darum gekümmert, den Brief weiterzuleiten. Die Antwort ihrer Majestät lautet folgendermassen: Die Besitztümer, woraus auch immer sie bestehen mögen, sind unversehrt vorhanden und stehen den Erben des verstorbenen Dieners zur Verfügung bis Ihr, von denen Ihre Majestät weiss, dass Ihr zu keinem Unrecht fähig seid, mir ein Mandat der überlebenden Erben zustellt zur Behändigung der erwähnten Güter. Sobald er dieses gesehen hat, wird mein Herr die erwähnten Güter, woraus auch immer diese bestehen, unverzüglich in vollem Vertrauen demjenigen übertragen lassen, den Ihr dafür bestimmt habt. Ihr sollt im übrigen wissen, ehrwürdigste Herren, dass mein König nicht nur bereit ist, zurückzugeben, was das Eure oder der Euren ist, sondern auch noch das Seine gäbe, so sehr verehrt er in Liebe und Wohlwollen Eure ganze Nation. Ich selbst empfehle mich in seinem und in meinem eigenen Namen als Euer Diener und wünsche Euch Wohlergehen. Rom, den 1. August 1520.»
Übersetzung: Jürg Schmutz

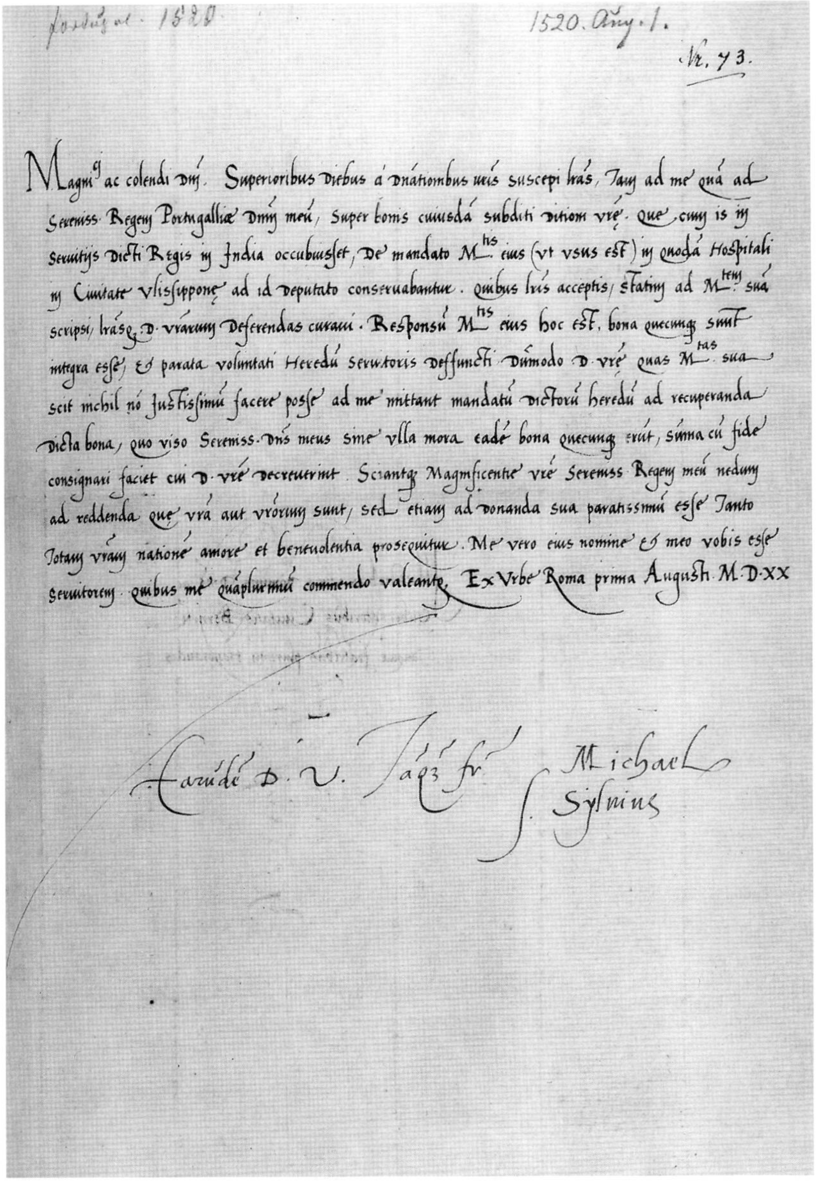

1520. Aug. 1.
Nr. 73.

Magni^ci ac colendi Dni. Superioribus diebus a Dnationibus vris suscepi lras, Tam ad me quam ad Sereniss. Regem Portugalliae Dnm meum, super bonis cuiusdam subditi ditionis vre. Qui cum is in servitijs dicti Regis in India occubuisset, De mandato M^tis eius (vt vsus est) in quodam Hospitali in Civitate vlisippone ad id deputato conservabantur. Quibus lris acceptis, statim ad M^tem sua scripsi, lrasque D. vrarum deferendas curavi. Responsum M^tis eius hoc est, bona quecunque sunt integra esse, et parata voluntati Heredum servitoris deffuncti Dummodo D. vre quas M^tas sua scit nichil non Justissimum facere posse ad me mittant mandatum dictorum heredum ad recuperanda dicta bona, quo viso Sereniss. Dns meus sine vlla mora eadem bona quecunque erunt, summa cum fide consignari faciet cui D. vre decreverint. Sciantque Magnificentie vre Sereniss Regem meum nedum ad reddenda que vra aut vrorum sunt, sed etiam ad donanda sua paratissimum esse Tanto Totam vram natione amore et benevolentia prosequitur. Me vero eius nomine et meo vobis esse servitorem. quibus me quamplurimum commendo valeant. Ex Vrbe Roma prima Augusti M.D.XX

Michael
Sylvius

Marignano 1515 – fast alles:[11] So hatte der später zum Pfistern-Venner gewählte Hans von Wingarten im Jahre 1500 aus zwei Gefangenen 850 Dukaten (1500 fl) herausgepresst, eine bedeutende Summe, und er war nicht der einzige:[12] *«Die Beschützer waren zwar frisch genug es zu versuchen, aber nicht frisch genug ihn* [die Geisel] *zu erreichen»*, kommentierte ein anderer Geiselnehmer eine entsprechende Situation.[13] *«Schweizer* (auf der eigenen Seite!) *haben, ist gut»*, hiess es in Italien, denn sie schonten weder sich noch den Gegner.

Die Schweizer liessen sich diesen Ruf etwas kosten (Abb. 202). Aus Italien sind mehrere Klagen über die unverschämten, betrügerischen Schweizer überliefert, deren hohe Soldforderungen aber schliesslich doch bezahlt worden sind.[14] Das schnell verdiente Geld und die Betrügereien wurden auch in der Heimat ruchbar. Anshelm schrieb, dass der Feldschreiber Ludwigs von Erlach, Mathissle Schwertfeger, diesem in drei Monaten 3000 Kronen (4500 fl) *«erschrieben»* habe.[15] Das waren Beträge, die durchaus zutrafen und geeignet waren, das Reislauffieber zu erhöhen, wenn anlässlich der Kirchweihe oder im Wirtshaus davon erzählt wurde.[16] Es gab nicht wenige, die nahezu keine Gelegenheit ausliessen, zu reisen – für die der Reislauf sozusagen zum Beruf geworden war.[17] Unter diesen Berufskriegern sind in erster Linie die bekannten Söldnerführer zu suchen, doch gab es auch einfache Knechte, die oft auszogen. Vor allem wenn die französischen Werber ins Land kamen und den Leuten eine grosszügige Anzahlung in die Hand drückten, vergass wohl mancher seinen gefassten Vorsatz, zu Hause zu bleiben, denn die Bezahlung war gut. Der Sold entsprach etwa dem Doppelten eines durchschnittlichen Handwerkerlohnes, ohne die erpressten Lösegelder und Anteile an der Beute miteinzurechnen (vgl. Kap. III, S. 247).[18] Ungleich mehr verdiente der Söldnerführer, der je nach Grösse seiner Truppe und Erfolg im Kampf, das Zehn- bis Hundertfache des einfachen Soldes einstrich.[19] Dazu kamen die Geschenke, von golddurchwirkten Kleidern bis hin zu ganzen Herrschaften bei besonders wichtigen Siegen sowie die Jahrgelder oder Pensionen. Es war durchaus möglich, dass man von mehreren Seiten Pensionen empfing. Die Höhe der ausbezahlten Gelder widerspiegelte in der Regel die Stellung des Empfängers. Bestbezahlter Pensionenherr im Bern des 15. Jahrhunderts war der einflussreiche, mehrmalige Schultheiss Niklaus von Diesbach, Gegenspieler Adrian von Bubenbergs und eigentlicher Schmied des eidgenössischen Soldbündnisses mit Frankreich. In den Jahren 1466–1475 hat er über 18 200 Pfund (9100 fl)[20] kassiert, darunter ein Geschenk in der Höhe von 12 000 Pfund (6000 fl) nach dem Bündnisschluss mit dem französischen König von 1474.[21] Dieser Betrag war immens und entsprach etwa den laufenden Jahresausgaben der Säckelmeisterrechnung der Stadt Bern.[22] Die Schmiergelder, wie wir es heute nennen würden, hatten damals noch nicht den Ruch des illegal Erworbenen. Auf dem Grabstein von Niklaus von Diesbach im Berner Münster steht stolz, «*qui*

Abb. 202:
Niklaus Manuel Deutsch, Feldhauptmann, 1529, Basel, Öffentliche Kunstsammlung, Kupferstichkabinett.

Schweizer Reisläufer, vor allem die Führer, beeindruckten allein schon durch das Äussere: Geschlitzte Kleider und Schamkapsel, damals «en vogue», Federschmuck und imposante Waffen. Noch heute gelten geschlitzte Kleider als Inbegriff eidgenössischer Söldnertracht, zum Beispiel bei der Schweizergarde in Rom.

primus pensiones acqusivit», er, der als erster Pensionen einwarb. Diese positive Bewertung wurde später, als in Bern die Reformation Einzug hielt, nicht mehr geteilt. Zu offensichtlich waren die negativen Auswirkungen dieser, allein auf das Geld ausgerichteten, Handlungsweise an den Tag getreten.

Die Kritik am Reislauf
Einer der prominentesten Kritiker der Reisläuferei war der Chronist und Berner Stadtarzt Valerius Anshelm. Seine Kausalkette Geld – Kriege – Verrohung – grössere Geldgier – sieht die Geschichte aus der Sicht der Reformation.[23] Die Chronik ist darauf ausgelegt, den Handlungsbedarf der Reformatoren deutlich vor Augen zu führen. Es war seiner Meinung das Geld der Franzosen, das die Moral untergrub und eine kohärente Politik der Eidgenossenschaft verunmöglichte. Die Kritik Valerius Anshelms ist aber nicht nur überzeichnete Rechtfertigung, sondern fusst auf einem tiefen Unbehagen in weiten Teilen der Bevölkerung. Immer mehr empörten sich die Bauern und Handwerker darüber, dass die Herren die grossen Gelder kassierten, die negativen Folgen aber die Bewohner der Landschaft zu tragen hatte. Die Belastung der zu Hause Gebliebenen muss enorm gewesen sein, wenn etwa wie in den Jahren 1500, 1511–1516 oder 1521/22 fast jeder dritte oder vierte wehrfähige Mann in Oberitalien gestanden hat.[24] Die Klagen, dass die Söhne und Knechte von den Feldern und den Webstühlen davonliefen, so dass die Frauen die Ernte selber einbringen mussten, waren nicht zu überhören.[25] Zwar bildeten die strukturellen und konjunkturellen Veränderungen in der Wirtschaft im 15. Jahrhundert mit dem daraus entstandenen Überschuss an Arbeitskräften den wirtschaftlichen Motor für die Reisläuferei. Doch wurde der Krieg in einem solchen Masse zur Existenzgrundlage, dass in Landwirtschaft und Gewerbe plötzlich wieder Arbeitskräfte fehlten.

Neben den wirtschaftlichen waren auch die sozialen Auswirkungen der häufigen Kriege spürbar. Die immensen Geldsummen korrumpierten nicht nur die Mächtigen; auch auf dem Land veränderten sich die Sitten. Anshelm beklagt die Luxussucht breiter Bevölkerungskreise *«uss fremden Landen durchs verruocht kriegsvolk fremd siten, besunder bös und üppig, fremd ring, flüssig gelt, fremd künst und kostbarkeit besunders in buwen* [Gebäuden]*, kleidungen …dann jetzt hand ouch d'buren anfangen siden tragen».*[26] Trotz Überzeichnung und mit fremdenfeindlichen Zwischentönen angereichert, gibt er hier eine moralische Verunsicherung der Gesellschaft wieder, die durchaus der Realität entsprach. Zudem heizte das viele Geld die Inflation an, was diejenigen, an welchen der Geldsegen vorbeiging, um so härter traf.[27] Doch schlimmer noch, dass die Versuchung des schnell erworbenen Geldes auch in der Heimat ihre Opfer forderte. Räuber, Diebe, Wegelagerer, oft zum Letzten entschlossen, wandten die Methoden an, die sie vom Krieg her kannten, und fanden oft nicht mehr in ein geordnetes Leben zurück. Der Wert des eigenen wie des fremden Lebens war wohlfeil geworden und entsprechend niedrig die Hemmschwelle, es auf's Spiel zu setzen (Abb. 203).[28] Es erstaunt deshalb nicht, dass die Ämterversammlungen in der Landschaft konstant für ein Pensionenverbot eintraten und immer wieder betonten, sie wollten *«aller Fürsten und Herren müssig gehen»*.[29] Wenn dann nach Zeiten grosser militärischer Belastung, wie 1444 bei St. Jakob an der Birs oder 1513 in der Schlacht von Novara, viele Gefallene zu beklagen waren, entluden sich die aufgestauten Vorbehalte. Es kam zu Aufständen, wie dem «Bösen Bund von 1445» oder anlässlich der «Könizer Kirchweih» vom 26. Juni 1513, in welchen die erzürnten Bauern die nahe Stadt stürmten um mit den *«Kronenfressern und deutschen Franzosen»* abzurechnen.[30] Der Aufruhr von 1513 konnte zwar ohne Blutvergiessen niedergehalten werden, doch die Obrigkeit musste demütigende Konzessionen eingehen.[31]

Abb. 203:
Niklaus Manuel Deutsch, Allegorie auf den Krieger, der zum Bettler wird, um 1514/15, Berlin, Staatliche Museen Preussischer Kulturbesitz, Kupferstichkabinett.

Der Solddienst, so viel Ehre und Geld er den Eidgenossen auch brachte, hatte viele Schattenseiten: Unzählige Tote und verkrüppelte Menschen, aber auch solche, die sich nicht mehr in ein geordnetes Leben einfügen konnten und am Rande der Gesellschaft und der Legalität ein Leben fristeten, das oft genug auf der Richtstätte endete.

Berühmt geworden ist der Prozess gegen Hans-Rudolf Hetzel, Sohn des Schmieden-Venners und Ratsherrn Kaspar Hetzel von Lindnach (?–1513). Hans Rudolf war trotz des Verbotes zusammen mit Antoni Wyder und 2000 Mann im Jahr 1513 zum französischen König geeilt. Sein Vater wurde, obwohl er die Haltung seines Sohnes verurteilte, in Olten von aufgebrachten Bauern gefangengenommen und nach harter Folter hingerichtet.[32] In Bern wurde der Löwenwirt Michael Glaser, der 2200 Kronen (3000 fl) französische Pensionen verteilt hatte, zusammen mit dem Söldnerführer Antoni Wyder enthauptet. Es nützte nichts, dass Glaser vor der Hinrichtung reklamierte, dass das Geld von denselben Leuten genommen wurde, die nun über ihn zu Gericht sassen. Schultheiss Wilhelm von Diesbach, der selber die grösste Summe an Pensionen empfangen hatte, mahnte ihn *«an der not geduld zehaben, dultig in Kristus namen zeliden, und nit witer, so im kein nuz, unruw machen».*[33] Die Lage war nach den Unruhen angespannt und die Landleute wollten endlich sehen, dass man nicht nur die Kleinen hängte, während man die Grossen laufen liess.[34] Die Hinrichtungen trafen trotzdem nicht die grossen Pensionäre. Die Venner Dittlinger, Graffenried, Schöni und Baumgartener wurden nur gebüsst und, sobald sich der Tumult etwas gelegt hatte, wieder begnadigt. Den Räten wurde im Nachhinein sogar der Aus-

Berühmte Berner Söldnerführer

Albrecht Kauw, Kopie des Totentanzes von Niklaus Manuel Deutsch, Tod und Graf, 1649, Bern, Historisches Museum. Niklaus Manuel, der Maler des Berner Totentanzes, kannte den Reislauf aus eigener Erfahrung. Mehrere Male war er als Feldschreiber mit Ludwig von Erlach und Albrecht vom Stein auf Söldnerzügen unterwegs. Viele seiner Söldnerkameraden sind im Totentanz abgebildet, wie hier der mit Bern verburgrechtete Ritter Jakob von Roverea aus dem savoyischen Chablais. Er war 1525 Berner Landvogt von Aigle.

Der Vers im Totentanz lautet: «Mächtiger Graff, sehend mich an, den reisigen Züg [Kriegszüge] land stil stan, den Erben befel'n [überantworten] ewer land, dan ir müßend jetzt sterben zu hand!»

Fast alle Berner Söldnerführer entstammten als Junker oder Ritter einer adeligen Familie.[35] Als berühmteste Vertreter können hier Ritter Ludwig von Erlach (1470–1522) und Albrecht vom Stein (1486?–1522) genannt werden.[36] Sie waren Mitglieder der Gesellschaft zum Distelzwang, und ihre Familien zählten zu den reichen und politisch einflussreichsten in Bern (vgl. Kap. III, S. 229). Das Kriegshandwerk lernten sie als Page oder Knappe an französischen, savoyischen oder burgundischen Höfen.[37] Hier bahnten sich wichtige informelle Beziehungen an, die in der Ausübung ihrer weiteren Söldnertätigkeit sehr dienlich waren. Ein erfolgreicher Söldnerführer musste nicht nur das Kriegshandwerk beherrschen, sondern auch in höchsten Gesellschaftskreisen verkehren können. Albrecht vom Stein hat sogar in Basel das Artistenstudium mit dem Baccalaureat abgeschlossen.[38] Er war zwischen 1511 und seinem Tod in der Schlacht von Bicocca 1522 der Inbegriff des noblen und draufgängerischen Söldnerführers in Frankreichs Diensten. Anshelm kritisierte in seiner Chronik wiederholt den frechen und hoffärtigen Lebensstil Albrechts, der wie ein Graf lebte und seine Frau in silberne Unterröcke und goldene Schuhe kleidete und mit Kleinoden behängte *«als nie in Bern gesehen».*[39]

Die praktische Ausbildung genossen die angehenden Söldnerführer jedoch bereits in jungen Jahren auf dem Feld, bei älteren Söldnerführern oder auch bei offiziellen Auszügen der Stadt Bern. Wenig Glück hatte dabei Ludwig, Sohn des Ratsherren Hans Frisching des Älteren: Er verstarb im Alter von 14 Jahren an schweren Schussverletzungen unter dem freien Fähnlein Gabriels von Diesbach in der Schlacht von Marignano 1515.[40] Sein Bruder Hans Frisching der Jüngere (1486–1562) repräsentierte in dieser Zeit den Typ des nichtadeligen «bürgerlichen» Söldnerführers.[41] Sein Vater entstammte dem Ledergewerbe und gehörte bereits dem Rat an. Hans Frisching war ein eigentlicher Haudegen. Sein kriegerisches Temperament kommt allein darin zum Ausdruck, dass er sich innerhalb kurzer Zeit zweimal wegen Totschlages verantworten musste: 1513 an einem Schwyzer Reisläufer, 1518 an Lienhard Schifferli aus Worblaufen.[42] Beide Male zog er es vor, schnell wieder in den Krieg zu ziehen. So äusserte er sich 1513 zu seinem Vetter Michel Glaser, unruhig die Barfüsserkirche auf- und abgehend: *«er wölt hinwäg… er hette nüt hie heimen.»*[43]

Im Rat waren die eigentlichen Söldnerführer kaum vertreten, denn dazu waren sie zu oft abwesend und zu wenig loyal. Je nach politischer Lage gerieten sie schnell in einen Interessenskonflikt zwischen Bern und ihrem hochadeligen Auftraggeber, was manchmal unliebsame Konsequenzen mit sich zog. Alle drei, Ludwig von Erlach, Albrecht vom Stein sowie Hans Frisching wurden mehrfach gebüsst, aus dem Rat verstossen und verbannt, ja, man versteigerte sogar ihren Besitz in der Stadt. Dank den guten familiären Beziehungen zum Rat wurden sie jedoch bald wieder begnadigt. Diese Rückschläge verhinderten aber nicht, dass sich die Söldnerführer ein grosses Vermögen anhäufen konnten. Ludwig von Erlach kaufte 1516, auf dem Höhepunkt seiner Laufbahn, die Bubenberghäuser und die grosse Herrschaft Spiez für 23 800 Pfund (10 500 fl), Albrecht vom Stein erhielt vom französischen König im selben Jahr die Herrschaft Montreale, kassierte 10 000 Kronen (13 400 fl) und erhielt nebst goldurchwirkten Kleidern ein stattliches Jahresgehalt. Auch Hans Frisching legte finanziell kräftig zu, wenn auch weniger spektakulär: Er versteuerte 1556 als reicher Mann ein Vermögen von 30 000 Pfund (12 000 fl), während sein Vater 50 Jahre früher noch ein solches von 1200 Pfund (600 fl) auswies.

Es war der Beruf des Söldnerführers, den Tod herauszufordern. Die meisten wurden deswegen nicht alt. Die Schlachten von Bicocca 1522 und Pavia 1525 waren für die Berner Söldner mit grossen Verlusten verbunden. Dazu kam eine verheerende Pest im sonst siegreichen Zug nach Neapel 1528, die auch dem obersten Hauptmann des Berner Kontingentes, Ritter Jakob von Roverea aus Aigle das Leben kostete.[44] Nur wenige der Söldnerführer aus dem 15. Jahrhundert erlebten die Reformation, die 1528 den Solddienst verbot. Diejenigen, die den Solddienst nicht aufgeben wollten, unter ihnen Hans Frisching, Rochus von Diesbach und Anton von Erlach, wanderten in die katholischen Orte Solothurn, Freiburg oder Luzern aus. Hans Frisching kehrte aber bald zurück. Dank seinen militärischen Erfahrungen, die in den Reformationskriegen und bei der Eroberung der Waadt gebraucht wurden, hat man ihn begnadigt und sogar in den Rat gewählt. Er starb 1559 in einem für einen Söldnerführer einmalig hohen Alter von 73 Jahren.

Hans Funk (zugeschrieben), Wappenscheibe des Ludwig von Erlach, 1519, Kirche Einigen BE. Ritter Ludwig von Erlach als Stifter, abgebildet mit dem typischen Federschmuck der Söldnerführer neben dem hl. Jakob im Pilgergewand. Ludwig war einer der erfolgreichsten Berner Söldnerführer im Dienste Frankreichs und des Papstes.

fall der Pensionen entschädigt, weil diese ein fester Bestandteil ihres Verdienstes gewesen seien.[45]

Die Reformation beendete 1528 vorübergehend das Pensionenwesen und den Reislauf (vgl. Kap. VI, S. 588). Söldnerführer, die den Reislauf nicht aufgeben wollten, migrierten nach Solothurn, Freiburg oder Luzern. Ein Jahr später brachen zwischen den reformierten und den katholischen Orten die ersten Feindseligkeiten aus. Die Kräfte, die sich bis anhin in den Reislauf ergossen hatten, entluden sich nun in den Religionskriegen. Die Obrigkeit griff nun dankbar auf die Erfahrung der Söldnerführer zurück, wie das Beispiel aus einem Brief Zwinglis an den Berner Rat zeigt: *«In Bezug auf Jacob May's Handel* [verbotener Reislauf] *wünsche ich, daß er nicht zu hart behandelt würde…Wer auf unserer Seite steht, dem soll es nicht schwer werden auch verursachten Schaden wieder gut zu machen.»*[46]

Die Burgunderkriege und ihre Auswirkungen auf Bern

Gerrit Himmelsbach

Die *«tütschen stritt Karoli, Ettwann Hertzogen zu Burgund und in sin ende/Germanica in prelia Karoli quondam Burgundie ducis et in finem ejus»* ist der Titel der ersten schriftlichen Chronik, die im März 1477, zwei Monate nach dem Tod des Herzogs von Burgund, Karls des Kühnen, handschriftlich abgeschlossen wurde.[1] Das Werk behandelt die etwa zweieinhalb Jahre dauernden Burgunderkriege, deren Ausgang entscheidende Weichen der europäischen Geschichte der Neuzeit stellte.[2] Wie die Pluralbezeichnung «Burgunderkriege» bereits andeutet, handelt es sich nicht um einen einzigen Konflikt, sondern um die Entscheidung grundlegender europäischer Machtfragen sowie regionaler Spannungen im Spätmittelalter.[3] Um dem Leser zunächst einen Überblick zu verschaffen, werden die einzelnen Konflikte kurz tabellarisch dargestellt:

- *Die Belagerung von Neuss (Juli 1474–Juni 1475):* Karl der Kühne belagerte die Stadt, bis Kaiser Friedrich III. mit einem Reichsheer im Mai 1475 erschien und im Juni der Frieden vor Neuss geschlossen wurde.
- *Die Auseinandersetzungen um den Sundgau (1468–1474):* Nach dem Krieg von 1468 zwischen der Eidgenossenschaft und Sigmund von Tirol verpfändete dieser seine Lande 1469 an Karl den Kühnen. Aufgrund der Unzufriedenheit der Landstände wurde der Sundgau im Mai 1474 der burgundischen Herrschaft durch Rebellion entrissen und wieder unter die Herrschaft Sigmunds gestellt.
- *Kriegserklärung, Schlachten und Friedensschluss der Koalition Eidgenossenschaft – Niedere Vereinigung – Sigmund von Tirol mit Burgund (1474–1478):* Dazu zählen die Militäraktionen der Koalition gegen Oberburgund, die Schlachten von Héricourt im November 1474, Grandson im Februar 1476 und Murten im Juni 1476 bis zum Frieden von Zürich im Januar 1478.
- *Der Konflikt mit Savoyen (1475–1476):* Bern und Freiburg eroberten 1475 zahlreiche Städte und Festungen Savoyens in der Waadt mit wechselnder Beteiligung der übrigen Eidgenossen. Die Differenzen wurden auf dem Freiburger Kongress im Juli 1476 beigelegt.
- *Lothringen (1475–1477):* Der Kampf um Lothringen zwischen Herzog René II. und dem Burgunderherzog begann mit dessen Einmarsch ins Herzogtum im Herbst 1475 und endete mit seinem Tod in der Schlacht von Nancy im Januar 1477.

Die Stadt Bern tat im 15. Jahrhundert das, was für alle spätmittelalterlichen Herrschaftsträger kennzeichnend war: sie versuchte ihr Territorium auszudehnen und es mittels einer straffen Verwaltung eng an das Zentrum zu binden. Hierin unterschied sich die Aarestadt nicht von den Städten im Reich, wie zum Beispiel Nürnberg und Strassburg, oder von Reichsfürsten, wie zum Beispiel dem Pfälzer Friedrich dem Siegreichen oder Sigmund von Tirol. Der entscheidende Unterschied zu den übrigen Reichsmitgliedern bestand darin, dass die Fortdauer der eidgenössischen Gemeinschaft in den einzelnen Orten für bindender als das Streben nach Eigeninteressen bewertet wurde. Dieser Konsens wog spätestens nach der Krise des Alten Zürichkrieges (1440–1446/50) so schwer, dass die eigene Expansion nicht mehr auf Kosten eines anderen Ortes und nur noch im Verein mit den Eidgenossen durchzuführen war.

So hatte sich Bern bereits bei der gemeinsamen Eroberung der österreichischen Landschaften des Aargaus 1415 und des Thurgaus 1460 hervorgetan. Nun stellte sich in der Mitte der sechziger Jahre für die Berner die Frage, in welche Richtung die zukünftige Ausdehnung führen sollte. Gegenüber den eidgenössischen Nachbarn blieb kein Spielraum mehr. Das südlich gelegene Wallis und die beiden westlich gelegenen Städte Freiburg und Solothurn waren Konkurrenten aus der Vergangenheit, aber die Aarestadt entschied sich für Zusammenarbeit statt Konfrontation, besonders mit Freiburg.

Greifbar waren damit nur noch savoyische Gebiete in der Waadt und die nördlich angrenzenden Besitzungen Österreichs im Sundgau. Letztere, die auch erheblich zur Versorgung der Eidgenossenschaft mit Getreide beitrugen, zeichneten sich Ende der sechziger Jahre als Zielgebiet ab, nachdem Bern und verschiedene andere Orte Bündnisverträge mit Mühlhausen und Schaffhausen abgeschlossen hatten. Ihr zunehmender Einfluss stiess hier besonders auf den Widerstand des österreichischen Landadels, der nun zunehmend den eidgenössischen Handel störte und gegen Mühlhausen vorging. An diesem Brennpunkt entzündeten sich schliesslich erste Kampfhandlungen, die 1468 in den Sundgauerkrieg und Waldshuterzug mündeten, den die gesamte Eidgenossenschaft unter bernischer Führung unternahm. Durch Verhandlungen, die von regionalen Fürsten und Städten organisiert wurden, konnte für den Landesherrn Sigmund von Tirol der Verlust des Sundgaus gegen die Zahlung von 10 000 Gulden eidgenössischer Kriegsentschädigung verhindert werden. Schon streckten die acht Orte ihre Hand nach dem Sundgau aus,

Abb. 204:
Diebold Schilling, Luzerner Chronik, 1513, Luzern, Korporationsgemeinde, fol. 76v.

Verpfändung des Elsasses, Sundgaus und Breisgaus von Herzog Sigmund an Karl den Kühnen, 1469.

Kriegstechnik

Die Kriegstechnik erlebt in den Burgunderkriegen den Höhepunkt einer europäischen Entwicklung, die sich lange Zeit vorher angekündigt hatte: die Überlegenheit von Fussheeren gegenüber Reitertruppen (vgl. Kap. IV, S. 269). Mit dem Sieg städtischer Fussknechte bei Kortrijk 1302 wurde dies eingeleitet und setzte sich fort über die Schlacht von Sempach 1386 sowie in den Hussitenkriegen (1419–1436), die für berittene Adelige mit Niederlagen verbunden waren. Die Eidgenossen hatten diese Kampftechnik perfektioniert, indem sie sich auf dem Schlachtfeld dem Feind in Haufen bis zu 5000 Mann stellten. Gegen Reiterangriffe von aussen durch die langen Spiesse geschützt, kamen die in der Mitte stehenden Hellebardenträger im darauffolgenden Nahkampf zum Einsatz. Ein Vorteil dieser Technik war, dass die Fussknechte nur sehr leicht ausgerüstet werden mussten und die Kosten daher gering blieben. In den grossen Schlachten der Burgunderkriege waren sie dem mit starker Kavallerie ausgerüsteten burgundischen Heer überlegen und konnten auch nicht von den nun mehrfach eingesetzten Hand- und Feldbüchsen kampfentscheidend geschwächt werden. Die Feuerwaffen, besonders die sogenannten «Hauptbüchsen» waren jedoch bei Belagerungen bereits imstande, weite Breschen in Mauern zu schiessen.

Andererseits führte Karl der Kühne den mitteleuropäischen Mächten erstmals vor Augen, dass ein Heer von mehreren tausend Mann über längere Zeit im Feld gehalten und über grössere Strecken geführt werden konnte. Im Bewusstsein der Öffentlichkeit offenbarte der waffentechnische und logistische Aspekt der Kriegführung immer mehr die zunehmende Durchorganisierung und Vermassung des Krieges. Die Burgunderkriege stehen damit an der Grenze zum modernen Militärzeitalter, das mit dem Kriegszug des französischen Königs Karl VIII. 1494 nach Italien beginnt.

Diebold Schilling, Amtliche Berner Chronik, 1474–1483, Bern, Burgerbibliothek, Mss. hist. helv. I., 3, S. 644. Schlachtszene.

da sie der beständigen Geldnot des Habsburgers vertrauten. Herzog Sigmund indessen konterte mit einem Manöver, das die politische Situation am Oberrhein entscheidend veränderte. Um die nötigen Barmittel zu erhalten und um über einen mächtigen Verbündeten zu verfügen, verpfändete Sigmund im Mai 1469 seine oberrheinischen Besitzungen und den Sundgau im Vertrag von St. Omer für 50 000 Gulden an Karl von Burgund, dessen ausgreifende Territorialpolitik hier Boden gutmachte (Abb. 204). Der vom Burgunderherzog eingesetzte Landvogt Peter von Hagenbach machte schnell deutlich, dass der neuerworbene Besitz dauerhaft in burgundischer Hand verbleiben sollte, und dass sich die traditionellen Freiheiten des Landadels und der Landstädte der burgundischen Verwaltung zu unterwerfen hatten.

Durch diesen Einschnitt wurde für Bern und die Eidgenossenschaft die weitere territoriale Ausbreitung nach Norden am Ende der sechziger Jahre gestoppt. In der Folge verwandte die Aarestadt ihre Energie in der Reorganisation der städtischen Kanzlei durch Thüring Fricker (vgl. Kap. IV, S. 330) und in der friedlichen Beilegung des Twingherrenstreits (siehe Kastentext, S. 335).

Erst im Jahr 1473 kam Bewegung in die Situation am Oberrhein, als sich die Unzufriedenheit der städtischen und adeligen Bevölkerung über die burgundische Verwaltung mehr und mehr in Richtung ihres ehemaligen Landesherrn kanalisierte, der sich langsam gezwungen sah, etwas zu unternehmen. Darüber hinaus war auch Herzog Sigmund persönlich von dem Verhalten des Burgunderherzogs enttäuscht, von dem er sich tatkräftige Hilfe gegen die Eidgenossenschaft erhofft hatte. Unter diesen Prämissen begann er seine Politik zu überdenken. Das Ergebnis seiner

Überlegungen führte zu einem völligen Umschwung bisheriger Zielsetzungen. Waren diese bislang immer auf eine Schwächung der Eidgenossenschaft gerichtet, so rang Sigmund sich nun dazu durch, den alten Feind zum neuen Verbündeten zu machen, um sein Land wieder zurückgewinnen zu können. Die Initiative auf eidgenössischer Seite übernahm bei den ersten Unterredungen sofort Bern, das sich nun erstmals in der Lage sah, eidgenössische Politik mit eigenen Zielsetzungen zu vereinigen. Dabei war der Spielraum klar eingegrenzt: das eigene Territorium sollte erweitert werden, jedoch nie ohne die Einwilligung oder Beteiligung der übrigen Eidgenossen.

Auf beiden Seiten herrschte aufgrund der Hypothek der Jahrhunderte alten Feindschaft grosses Misstrauen. Die Gespräche zogen sich hin und erst durch die Vermittlung und letztlich die Garantie der Ergebnisse durch den französischen König Ludwig XI. kamen die Parteien dahin überein, dass Sigmund den Eidgenossen das von den Habsburgern bislang eroberte Land garantierte. Im Gegenzug versprachen die Schweizer dem Herzog von Tirol Truppenstellungen im Falle eines Angriffs Karls des Kühnen auf den Sundgau. Dies war ein geschickter Schachzug Sigmunds, denn bei einem Sieg hätte er seine Vorlande zurück erhalten (was ja auch geschah), bei einer Niederlage wären die Eidgenossen stark geschwächt gewesen, und er hätte aus dem fernen Tirol die Rückeroberung der Innerschweiz in Angriff nehmen können. Die Gültigkeit der «Ewigen Richtung» war also nicht von vornherein für alle Zeiten gesichert. Einen starken Förderer fanden die Eidgenossen im französischen König Ludwig XI. Seit der vom Burgunderherzog angezettelten, aber erfolglos verlaufenen Rebellion des französischen Adels in der *«Ligue du bien public»* sowie Ludwigs Niederlage um burgundische Ansprüche in Nordfrankreich, unterstützte er jede antiburgundische Entwicklung. Ansprechpartner auf eidgenössischer Seite war fast ausschliesslich Bern und dort besonders Niklaus von Diesbach.

Ende März/Anfang April 1474 wurden schliesslich drei Bündnisse geschlossen. Zum Vertrag zwischen den Eidgenossen und Sigmund von Tirol trat eine Vereinbarung zwischen Sigmund und der «Niederen Vereinigung» hinzu. Letztere bestand in einem Bündnis der Städte Strassburg und Basel, ihren Bischöfen und anderen oberrheinischen Reichsstädten, welche seit dem brachialen Vorgehen des Burgunderherzogs 1468 gegen Lüttich in ihm den Städtefeind schlechthin sahen und sich gegen künftige mögliche Attacken vorsehen wollten. Das Dreieck wurde komplettiert durch einen Vertrag zwischen der «Niederen Vereinigung» und der Eidgenossenschaft. Wenige Tage später rebellierten die Vorlande gegen Peter von Hagenbach, der von einem Landgericht verurteilt und am 9. Mai 1474 in Breisach hingerichtet wurde. Sigmund von Tirol übernahm wieder offiziell die Regierung. Parallel dazu versuchte die Koalition, dem Vorgang einen Anstrich von Rechtsmässigkeit zu geben, indem die Pfandsumme für die Territorien zur Abholung bereit in Basel deponiert wurde, worauf Herzog Karl jedoch nicht einging. Allen Beteiligten war somit klar, dass die Angelegenheit aus burgundischer Sicht nicht erledigt sein würde.

Unter der Herrschaft Karls des Kühnen (reg. 1467–1477) wurde die burgundische Politik von zwei Prämissen beherrscht: Die Vereinigung der territorial getrennten Landmassen des Südens, bestehend aus dem Herzogtum und der Freigrafschaft Burgund, mit den Besitzungen im Norden um die Gebiete Brabant, Flandern und den Hennegau war nur durch die Einverleibung Lothringens möglich. Da dies erst seit kurzem unter der Regierung des noch jungen Herzogs René II. (reg. 1473–1508) stand, war die Gelegenheit günstig. Die territoriale Abrundung des burgundischen Staatskomplexes sollte durch die Schaffung eines einheitlichen Reiches vollendet werden, was auf zwei Wegen erreichbar schien: entweder würde Karl mittels des deutschen Kaisers Friedrichs III. eine burgundische Königskrone etablieren, oder er würde selbst römischer König als Nachfolger des Habsburgers. Beiden Plänen, die eine grundlegende Veränderung der politischen Verhältnisse bedeutet hätten, musste ein starker Widerstand der Fürsten, des Adels und der Städte des Heiligen Römischen Reiches entgegenstehen. Deshalb bedurfte das Vorhaben Karls eines schlagkräftigen Heeres, welches er in kurzer Zeit vorbildlich organisierte und ihm den Ruf einbrachte, Herr über die modernste Armee Europas zu sein.[4]

Als Verbündete konnte der Burgunderherzog 1475 die Herzogtümer Mailand und Savoyen im Bund von Moncalieri für sich gewinnen. Mailand erhoffte sich Unterstützung für eigene Expansionsbestrebungen, aber auch eine Schwächung der Eidgenossenschaft, mit der es um die Macht im Tessin konkurrierte. Savoyen sah sich wegen der Verwandtschaft seiner Regentin, Herzogin Yolanda, der Schwester Ludwigs XI., französischem Einfluss ausgesetzt, der durch die Bindung an Burgund begrenzt werden sollte. Dazu betrachtete Yolanda mit Misstrauen den Ausdehnungswillen der Eidgenossenschaft im Bereich des Wallis und der Waadt sowie die eigenständige Politik der erst seit kurzem savoyischen Stadt Freiburg.

Noch während die Verhandlungen um die «Ewige Richtung» am Oberrhein andauerten, versuchte Karl der Kühne seine Interessen in einem Treffen mit Kaiser Friedrich III. im Oktober 1473 in Trier durchzusetzen. Trotz seiner eindrucksvollen Selbstdarstellung inmitten prunkvoller Festlichkeiten, scheiterten die Verhandlungen durch die plötzliche Abreise Friedrichs. Von nun an verzichtete der Burgunderherzog auf diplomatische Bemühungen und liess die Waffen sprechen. Er griff in den Streit um den Kölner Bistumsstuhl ein und erschien im Juli 1474 mit einem Heer vor Neuss, der nach Köln zweitstärksten Festung am Niederrhein. Der Erfolg blieb ihm jedoch versagt, da die Stadt mit der tatkräftigen Unterstützung Kölns bis zu seinem Abzug im Juni 1475 Widerstand leistete. Währenddessen war es Friedrich III. gelungen, nach der Kriegserklärung an Burgund ein Reichsheer aufzustellen, das dem Burgunderherzog im Mai 1475 kampfbereit gegenüberstand. Die grosse Schlacht blieb aus, weil sich der Kaiser von den Unterhandlungen die Hand der Herzogstochter Maria für seinen Sohn Maximilian erhoffte. Sein Wunsch ging erst in Erfüllung, nachdem Karl 1476 unter dem Druck der Niederlage von Grandson in das Heiratsversprechen einwilligte, um sich weiter des kaiserlichen Beistands zu versichern (Abb. 208).

Da die Belagerung von Neuss kurze Zeit nach der Inbesitznahme des Sundgaus durch Sigmund von Tirol begonnen hatte, waren alle Augen gespannt auf den Niederrhein gerichtet, da dort ein Sieg des Burgunderherzogs unmittelbare Folgen für den Oberrhein gehabt hätte. Als Warnung und Aufforderung zum Handeln verstand die Koalition im August 1474 den Überfall einer Gruppe von Rittern unter Stefan von Hagenbach, dem Bruder des hingerichteten Landvogts. Verhandlungen über eine präventive Aktion nach Oberburgund, die besonders Bern favorisierte, kamen aber nicht zum Erfolg, zumal man sich nicht im offiziellen Kriegszustand mit dem Burgunderherzog befand. Dies änderte sich mit der Kriegserklärung Kaiser Friedrichs III. an Karl den Kühnen, der im Oktober 1474 der Fehdebrief der Eidgenossenschaft folgte (Abb. 205). Eine Mehrheit der Koalition war nun als Mitglieder des Reiches, dem Kaiser zur Hilfe verpflichtet, zu einem Kriegszug nach Oberburgund bereit, um einem befürchteten Angriff zuvorzukommen. Der Grossteil der zentralen Orte zögerte jedoch, weil ihnen dieses Ziel zu weit im Westen lag. Für sie bestand Konsens bei einem Engagement am Oberrhein und im Sundgau. Weiter westlich vermuteten besonders die Waldstätte ein rein bernisches Interesse (und auch das der Städte Freiburg und Solothurn, die ja nicht einmal zu den Acht Orten gehörten),

Abb. 205:
Absagebrief der Eidgenossen an den durchlauchten, hochgeborenen Fürsten und Herrn Karl Herzog zu Burgund, Oktober 1474, Bern, Historisches Museum.

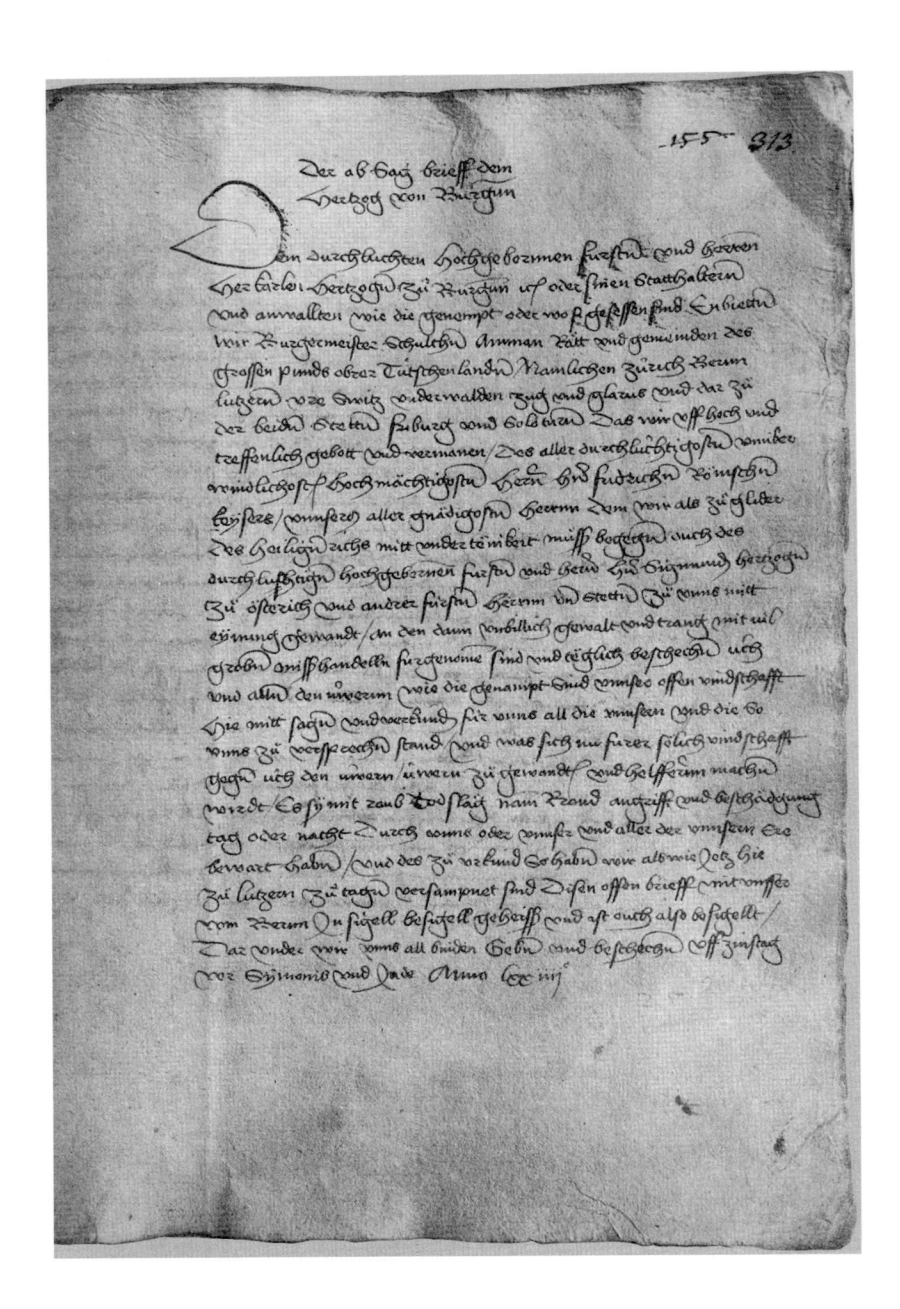

und das nicht zu unrecht. Ihre Zustimmung wurde durch die bernische Versicherung für französische Militärhilfe im Feldzug gesichert.
Besonders Niklaus von Diesbach verfügte über hervorragende Beziehungen zu Ludwig XI., der wiederum lieber eidgenössische Truppen als seine eigenen im Kampf gegen Burgund sehen wollte. Er versprach der Eidgenossenschaft in einem Vertrag reichliche finanzielle Unterstützung im Falle, dass er sich nicht militärisch engagieren könne. Von Diesbach verkaufte diese Zusage bei den Waldstätten als finanzielle *und* militärische Unterstützung, was jene schliesslich dazu bewog, sich einem Zug der Koalition mit einem Heer von etwa 18 000 Mann unter Berufung auf die Reichskriegserklärung nach Héricourt in Oberburgund anzuschliessen. Dort wurde im ersten militärischen Aufeinandertreffen der beiden Parteien ein 12 000 Mann starkes burgundisches Entsatzheer besiegt. Eigentlich war nun ein weiteres Vordringen nach Oberburgund geplant, aber die widrigen Wetterumstände und das Ausbrechen einer Seuche erwiesen sich als zu hohe Hürden für eine Weiterführung des Feldzugs. Dazu kam wegen der ausgebliebenen französischen Militärhilfe eine erhebliche Verstimmung der Waldstätte, die sich nun von Bern ausgenützt fühlten. Die Truppen zogen nach Hause und zwischen Bern und der übrigen Eidgenossenschaft war eine Kluft entstanden, die die weitere Zusammenarbeit nachhaltig behindern sollte und auch durch die nach und nach eintreffenden französischen Pensionengelder für die politischen Führungsschichten nicht beseitigt werden konnte.

Ende 1474 war also der Sundgau wieder in der Hand der Koalition, ein Teil des gegnerischen Landes verwüstet und besetzt, während am rheinischen Kriegsschauplatz Neuss noch belagert wurde, so dass der Kriegsausgang völlig offen war.

Das Jahr 1475 erlebte keine grosse Schlacht, jedoch wurden die Kriegsziele beider Parteien deutlicher fassbar. Karl der Kühne zog nach seinem Misserfolg vor Neuss nach Lothringen, wo er die Hauptstadt Nancy bis November 1475 eroberte. Als Vorwand nützte er die Parteinahme Herzogs René von Lothringen, der sich im April 1475 auf die Seite der Koalition gestellt hatte. Damit hatte der Burgunderherzog zumindest das Ziel erreicht, eine Landbrücke zwischen seinen beiden getrennten Territorien zu schaffen.

Das Kriegsgeschehen im Gebiet zwischen Héricourt und Genf wurde in diesem Jahr durch von Bern ausgehende Unternehmungen geprägt. Innerhalb des Rates war man sich – selbst bei möglichen Animositäten zwischen Niklaus von Diesbach und Adrian von Bubenberg – einig, die Eroberungspolitik zugunsten der Stadt fortzusetzen. Das Ziel der Aktionen sollten nun die savoyischen Besitzungen in der Waadt sein, die zumeist Lehen von Edelmännern aus dem Heer Karls des Kühnen waren, der interessanteste darunter sein Heerführer Jakob von Romont. Eine Aufforderung des Kaisers, einen Kriegszug gegen Burgund zu unternehmen, bildete den Anlass für kleinere Kriegszüge von halboffiziellem Charakter, die, motiviert von der Beutegier, von Gruppen sogenannter «Freiheitbuben» durchgeführt wurden. Dies war nun legitim, denn man befand sich ja im Kriegszustand. Nach mehreren kleineren Raubzügen machte sich im März eine grössere Gruppe von Fussknechten aus Bern, Freiburg, Solothurn und Luzern auf nach Pontarlier. Die Burgunder boten jedoch ein Entsatzheer auf, was nun von Seiten Berns einen offiziellen Kriegszug nötig machte, um die eigenen Leute erfolgreich zu befreien. So verstrickte sich die Aarestadt immer tiefer in die savoyischen Belange. Im Blamonterzug vom Juli/August schickte die Koalition oberrheinische und eidgenössische Kontingente in die Waadt, die Burgen und Städte einnahmen. Am einschneidensten waren die Eroberungen im Herbst, als eidgenössische Truppen unter der Führung Berns und der Beteiligung Freiburgs 43 Burgen und 16 Städte der Waadt an sich rissen. Im Anschluss daran wurden Lausanne und Genf gebrandschatzt.

Der Verweis Adrian von Bubenbergs aus dem Rat im Juli dieses Jahres auf Druck Niklaus von Diesbachs und der plötzliche Tod des letzteren auf dem Blamonterfeldzug, bedeuteten keine Schwächung der bernischen Politik. Ganz im Gegenteil, der Rat verfolgte gegenüber den nun vorgebrachten savoyischen Anschuldigungen eine kluge Hinhaltetaktik. Die Stadt hatte Savoyen nie offiziell den Krieg erklärt, weil es in der Liga von Moncalieri seit 1475 mit Burgund und Mailand verbündet und damit automatisch zum Gegner geworden war. Durch ein Bündnis mit dem Wallis liess Bern hier geschickt einen Stellvertreterkrieg führen, der den Wallisern zuletzt den Unterwallis einbrachte. Zweck dieses Bündnisses von Seiten der Koalition war vor allem die erfolgreiche Unterbindung des Nachschubs lombardischer Söldner für den Burgunderherzog über den Grossen St. Bernhard-Pass.

Am Ende des Jahres hatte sich Bern mit seinen Bundesgenossen Freiburg und Solothurn in der Waadt festgesetzt. Ebenso hatte Herzog Karl seine Stellung in Lothringen gefestigt. Die Fronten waren geklärt und nun war der Zeitpunkt für Verhandlungen zwischen Karl dem Kühnen und der Koalition unter der Führung von Sigmund von Tirol gekommen. Über einen geeigneten Vermittler, den Markgrafen Rudolf von Hochberg, der einerseits mit Bern verburgrechtet war und dessen Sohn andererseits im burgundischen Heer kämpfte, sollte es zu ernsthaften Gesprächen kommen. Der Burgunderherzog unterbrach jedoch die Ver-

Burgunderbeute

Mit dem Sieg über das burgundische Heer bei Grandson gelang den Eidgenossen etwas in der Kriegsgeschichte aussergewöhnliches: die Einnahme des gesamten gegnerischen Heerlagers mit der kompletten fahrenden Habe, die der Burgunderherzog mit sich führte. Der für seine Prunkentfaltung bekannte Fürst hatte sein Lager «gross wie eine Stadt» aufbauen lassen und dementsprechend vielfältig war die Beute für die siegreichen Truppen.

Die Obrigkeit versuchte zwar, eine gemeinsame Sammlung und Bestandsaufnahme der Beutestücke zu organisieren, jedoch gelang dies nur für die wertvollsten Pretiosen, die Hoheitszeichen und einige Textilien (vgl. Kap. V, S. 465). Am höchsten eingeschätzt wurden persönliche Gegenstände Karls des Kühnen, wie etwa sein Staatssiegel, der Regierungsstuhl, sein Herzogshut und sein Schwert. Diese einmaligen Wertsachen wurden von der Eidgenossenschaft mit der Zeit an geistliche und weltliche Fürsten verschenkt oder, wie der «*gross als ein boumnuss*» (Schilling) Diamant unter grossen Mühen, weil zu teuer angeboten, erst nach Jahrzehnten verkauft. Besser funktionierte die Verteilung und Bewahrung der burgundischen Fahnen, die zunächst als stolzes Zeichen des Sieges in den Kirchen der Eidgenossenschaft aufgehängt wurden und noch heute zum Teil in Museen zu bewundern sind (→Abb. 368). Von grosser Bedeutung war die Artilleriebeute, die sich aus mehreren hundert grossen und kleinen Büchsen zusammensetzte. Unzählbar sind die kleineren Schmuckstücke, Münzen, Handwaffen, Rüstungen, Textilien und sonstiges Gerät, das von den einzelnen Fussknechten ebenso wie von den Hauptleuten verschleppt und auf nahegelegenen Märkten, zum Beispiel in Basel, verkauft wurde. Dazu kommen riesige Mengen an Nahrungsmitteln, Wein und Munition, die noch vor Ort im Rausch des Sieges vernichtet wurden.

Das riesige Ausmass der Burgunderbeute trug erheblich dazu bei, dass sich unter den Eidgenossen das Reislaufen in fremden Diensten verbreitete (vgl. Kap. IV, S. 277). Die damit verbundenen Schwierigkeiten in der Führung einer einheitlichen Politik und die sozialen Umwälzungen durch den Erwerb von Barmitteln im Kriegsdienst, sollten für die Eidgenossenschaft in der Zukunft immer wieder Anlass zu Unstimmigkeiten geben.

Diebold Schilling, Luzerner Chronik, 1513, Luzern, Korporationsgemeinde, fol. 99v. Die Beute von Grandson.

bindung durch sein Verlangen nach überhöhten Vorleistungen und setzte sich stattdessen mit seinem Heer gegen die Eidgenossenschaft in Bewegung. Aus taktischer Sicht schätzte er die Lage richtig ein, dass bei einer Niederlage der Schweizer die übrige Koalition zusammengebrochen wäre. Weiterhin animierte ihn sein Heerführer Jakob von Romont, der seine Besitzungen wieder befreit sehen wollte. Schliesslich dürfte auch die lockende Beute eines geschwächten Savoyens ein Grund gewesen sein, sich hier zu engagieren.

Zielrichtung des burgundischen Angriffs war die Waadt und im Februar 1476 stand Karl mit seinem Heer vor Grandson (→Abb. 196). In nur kurzer Zeit war Bern nun in eine schwierige Lage geraten. Alleine war die Stadt nicht in der Lage, dem Burgunder stand zu halten. Aber die Heranführung der Truppen der Bundesgenossen und der anderen Orte war ohne weiteres nicht zu organisieren, zumal Letztere gute Lust dazu hatten, Bern die Suppe auslöffeln zu lassen, die es sich eingebrockt hatte. Durch eine Energieleistung des bernischen Rates und der Kanzlei, die Brief um Brief für Unterstützung hinausschickten und durch die unnötige Hinrichtung der Besatzung von Grandson durch Karl den Kühnen (Abb. 206), die als wirkungsvollste Propaganda benützt werden konnte, wurden die Truppenzuzüge beschleunigt.

Nach dem Eintreffen der übrigen Eidgenossen zogen 18 000 Mann gemeinsam mit Truppen vom Oberrhein und Reiterverbänden Sigmunds dem Burgunder entgegen. Am 2. März trafen die Heere auf offenem Feld überraschend aufeinander, wobei das burgundische auf 20 000 Mann geschätzt wurde. Aufgrund der Standhaftigkeit der eidgenössischen Fusstruppen, verbunden mit einem Missverständnis bei der Umgruppierung von Truppen der Burgunder, flohen sie vom Schlachtfeld, ohne grössere Verluste an Menschenleben erlitten zu haben. Jedoch fiel der Koalition vollständig das burgundische Lager in die Hände, die sagenhafte «Burgunderbeute» (siehe Kastentext, S. 292). Die Menge und die Pracht der Beute machten so einen prägenden Eindruck, dass der Gegner nicht weiter verfolgt, sondern vielmehr alle Energie auf die Beutesicherung verwandt wurde.

Nach dieser unglücklichen Niederlage zog sich Herzog Karl zunächst zurück, bezog dann aber ein festes Lager in Lausanne, um erneut eine Armee zu sammeln und wiederum gegen die Eidgenossen zu ziehen. Er setzte seinen ganzen Willen daran, die Schweizer zu besiegen.

In Bern war man sich dieser Bedrohung sehr bewusst und versuchte deshalb, sich zu schützen. Besonderen Wert wurde auf die Befestigung von Murten gelegt, das eine herausragende strategische Position einnahm. Wie schon wenige Monate zuvor war aber keine rückhaltlose Unterstützung von den übrigen Eidgenossen zu erwarten. Sie waren immer noch verärgert über die bernische Expansionspolitik, die sie auf ihre eigenen Kosten verfolgen sahen. Nun machten sie weitere Hilfe von der Bedingung abhängig, dass erst bernisches, und damit eidgenössisches Gebiet, verletzt werden müsste. In einem engagierten Briefwechsel zwischen Bern und der Eidgenossenschaft versuchte die Aarestadt mit juristischen und emotionalen Argumenten, die anderen Orte zum Eingreifen zu bewegen.

Inzwischen stand Karl der Kühne im Juni 1476 vor Murten. Die Tagsatzung sah die Stadt nicht als eidgenössischen Besitz an und verweigerte Unterstützung. Murten drohte nun das gleiche Schicksal wie Grandson. Nachdem aber burgundische Stosstrupps vergeblich die Überschreitung der Flussübergänge bei Laupen und Gümmenen in Angriff genommen hatten, wurde damit endlich von der Tagsatzung eine Verletzung eidgenössischen Territoriums anerkannt und der baldige Truppenzuzug versprochen.

So sammelte sich die Koalition vor Murten, bestehend aus der Reiterei der oberrheinischen Städte sowie Sigmunds von Tirol, dem jungen Herzog René von Lothringen persönlich und den Fusstruppen der Eidgenossen, wobei die Fussknechte der übrigen Orte fast zu spät eintrafen. Am 22. Juni griff das Heer mit etwa 25 000 Mann aus einem Wald über der Stadt die etwa 23 000 Mann starken Burgunder überraschend während der Belagerung an. Mehrere tausend Mann liessen ihr Leben, getötet von den Truppen der Koalition oder ertranken im See von Murten (Abb. 207).

Abb. 206:
Johannes Stumpf, «Gemeiner loblicher Eydgnoschafft Stetten, Landen und Völckern chronicwirdiger Thaaten Beschreibung», 1548, S. 259.

Hinrichtung der gesamten eidgenössischen Besatzung im Schloss Grandson durch Schwemmen und Hängen, 1476.

Abb. 207:
Darstellung der Schlacht bei Murten, 1476. Vier Jahre später stellte der Berner Maler Heinrich Büchler ein riesiges Schlachtbild für den Freiburger Ratssaal her. Dieses urkundlich überlieferte Werk ist verloren; einen Eindruck vermittelt der Kupferstich von Martin Martini, 1609.

Diese gründliche Niederlage, der eine Plünderung Lausannes folgte, vertrieb den Burgunderherzog endgültig. In der Folge verlor er auch Nancy an lothringische Truppen, weswegen er sich dorthin wandte, um die Stadt zurückzuerobern.

War nun die militärische Lage in der burgundisch-schweizerischen Region geklärt, so musste hier auch eine stabile politische Ordnung gefunden werden. Berns und Freiburgs Ansprüche an Savoyen wurden unter der Vermittlung Frankreichs im Juli/August 1476 auf dem Freiburger Kongress verhandelt. Insbesondere wurden die Spannungen zwischen der Eidgenossenschaft und Savoyen beseitigt. Während den Wallisern der Unterwallis zugesprochen wurde, erhielten Bern und Freiburg nur geringe territoriale Zugeständnisse in der Waadt, wo die festen Plätze dem Besitz Jakob von Romonts zwar entzogen, jedoch nun Savoyen direkt unterstellt wurden. Der Grund für dieses, Berns Hoffnungen enttäuschende Ergebnis war, dass die übrige Eidgenossenschaft sich lieber auf erhebliche savoyische Entschädigungszahlungen einliess, als den beiden Städten Landerwerb zuzugestehen, von dem sie selbst nicht profitierte.

Noch machte aber Karl der Kühne keine Anstalten, seine kriegerischen Unternehmungen einzustellen. In Lothringen organisierte er eine erneute Belagerung Nancys. Der noch junge Herzog René machte in mehreren kleineren Unternehmungen als Feldherr eine unglückliche Figur, so dass er im Dezember 1476 Bern und die Eidgenossenschaft um Hilfe bat. Wiederum lag die Initiative bei Bern, denn die übrigen Orte hatten wenig Lust, im Winter ihre Fussknechte weit entfernt von der Heimat ziehen zu lassen, was ja auch eine erhebliche organisatorische Belastung bedeutete. Allerdings hatten Kriegszüge gegen Karl den Kühnen bei den eidgenössischen Truppen bislang eine solch reichhaltige Beute eingebracht, dass eine grosse Bereitschaft bestand, diesen Zug zu unternehmen. So vereinbarte die Tagsatzung, dass die Fussknechte als Söldner für René kämpfen sollten.

Um die Jahreswende 1476/77 versammelten sich die eidgenössischen Truppen in Basel und vereinigten sich auf dem Weg nach Nancy mit den oberrheinischen Kontingenten. Am 5. Januar versuchte der Burgunderherzog durch eine Blockade des Zufahrtsweges vor dem, von ihm mit 12 000 Mann belagerten Nancy, die Koalition abzufangen und zurückzuschlagen. Die Absicht wurde jedoch erkannt, die Truppen wurden umgangen und von 20 000 Mann der Koalition besiegt, wobei Herzog Karl den Tod fand.

Damit waren die Burgunderkriege aufgrund des fehlenden Friedensschlusses zwischen Burgund und der Koalition noch nicht offiziell abgeschlossen. Dazu kam der Streit um das burgundische Erbe zwischen

Abb. 208:
Flandern-Chronik, Brügge, Stadtbibliothek, Mss. 437, fol. 395. Hochzeit Maximilians von Österreich mit Maria von Burgund, 1477.

Frankreich und Habsburg. Maria von Burgund übergab nach der Heirat mit Maximilian von Österreich im August 1477 ihr Land in seine Hände (Abb. 208). Ludwig XI. hatte allerdings bereits das Herzogtum besetzen lassen und dazu seine Truppen in die Freigrafschaft geschickt, um die nun ein militärisches und politisches Ringen begann. Dabei war es der Eidgenossenschaft wegen ihrer inneren Uneinigkeit sowie dem nicht zu disziplinierenden Zulauf der Fussknechte zu den Söldnerscharen beider Gegner nicht möglich, politisch gestaltend zu wirken. Mit dem Tod des Burgunderherzogs verlor die bis dahin dominierende bernische Diplomatie in der Eidgenossenschaft ihre Führungsrolle. Der grosse Gegner war beseitigt und das politische Tagesgeschäft kehrte wieder ein, wie zum Beispiel die Urner Unternehmungen im Tessin. So fand im Januar 1478 der Kongress von Zürich statt, auf dem sich Karls Rechtsnachfolger Maximilian und die Koalition auf eine Entschädigungszahlung Burgunds einigten.

Die politische Landschaft Europas hatte nach den Burgunderkriegen gewichtige Veränderungen erfahren. Die Eidgenossenschaft konnte ihre Existenz als eigenständiges Staatswesen international festigen, nun auch von Habsburg anerkannt. Ihre Truppen hatten den Ruf, im Feld unschlagbar zu sein, was die Fussknechte verstärkt in ausländische Söldnerdienste trieb und auch ein Element der eidgenössischen Politik bis zur Niederlage bei Marignano im Jahr 1515 blieb (vgl. Kap. IV, S. 277). An eine einheitliche Aussen- und Innenpolitik war über den kleinsten gemeinsamen Nenner der Verteidigungspolitik hinaus nicht zu denken. Zwischen den beiden führenden europäischen Mächten sank so die Stellung der Eidgenossenschaft in der Folge vom politischen Partner hin zum Truppenlieferant. Burgund war als eigenständiges Staatsgebilde von der Landkarte verschwunden. Nach Auseinandersetzungen bis zum Frieden von Senlis 1493 kamen die nördlichen Landesteile grösstenteils an Habsburg, die südlichen wurden zwischen Österreich und Frankreich geteilt. Hiermit wurde der, die nächsten Jahrhunderte die europäische Politik dominierende Gegensatz zwischen diesen beiden Mächten begründet.

Die Aarestadt hatte sich als fähige diplomatische Führungsspitze der Eidgenossenschaft erwiesen. Mit ihrer Politik repräsentierte sie aber nicht alle Mitglieder, sondern zumeist die Interessen der städtischen Orte, was zu einem ständigen inneren Problem werden sollte, das erst 1481 im Stanser Vorkommnis einen Ausgleich fand.

Auf dem Weg zu einem dauerhaften Staatswesen standen die Burgunderkriege für die Eidgenossenschaft als Prüfstein für eine gemeinsame Zukunft. Das Phänomen Krieg erschloss sich für das Bündnis der acht Orte nicht als ein destruktives Element, sondern verkörperte auf herausragende Weise einen positiven Entwicklungsschub durch den Ausdruck eines neudefinierten Selbstverständnisses: bei Grandson und Murten wurde ein Markstein eidgenössischer Tradition gesetzt.

Um die Vielfalt an Veränderung zu belegen, die die Burgunderkriege im eidgenössischen und europäischen Rahmen mit sich gebracht haben, ist es geboten, diese herausragende Auseinandersetzung in einem internationalen Forschungsprojekt aus einem kontinentalen Blickwinkel zu betrachten. So wird sich die volle Dimension dessen erschliessen, was als Umwälzung aller Lebensbereiche verstanden werden kann, als eine Renaissance nördlich der Alpen seit der Mitte der siebziger Jahre des 15. Jahrhunderts. Eine solche Unternehmung würde den Burgunderkriegen den geschichtlichen Stellenwert einräumen, der ihnen zukommt.

Das Rathaus als Ort politischen Handelns

Regula Schmid

Rathäuser sind Orte politischen Handelns, vielmehr noch sind sie aber Repräsentationen dessen, was die städtischen Führungsgruppen des Spätmittelalters als Ziel ihrer Politik definieren. Hier manifestieren sich die politischen Vorstellungen der Bürgerschaft. Sie stehen im Zentrum der Politik, sind aber nicht Zentralen städtischer Herrschaftsausübung. Dieses scheinbare Paradox soll im folgenden geklärt werden, wenn die Funktionen des Rathauses in bezug auf Aufbau und Politik des bernischen Regiments erläutert werden sollen.

Konrad Justinger, der früheste Gewährsmann bernischer Politik, nannte als den hauptsächlichen Beweggrund für den Bau des neuen Rathauses, *«daz ir alt rathuss uf dem kilchofe ze klein were und frömden lüten, herren und stetten, da ze wartenne ze schnöd, ze enge und unkomlich were».*[1] Das alte Rathaus genügte also vor allem als Ort städtischer Repräsentation nicht mehr – es war schlicht eine Schande für die Stadt geworden. Knapp 100 Jahre später, 1503, schrieb Ladislaus Sunthaym aus Ravensburg († 1513),[2] von seinem Herrn, Kaiser Maximilian I. ausgesandt, historisches Material für die Geschichtswerke des Hauses Habsburg zu sammeln, zu den Städten Freiburg i. Ue. und Bern: *«Die zeu stet haben den adel gar ser genydert, insunder Bern, die haben subnundzwainzig herschaften under sich bracht, als man das zu bern an dem rathaus gemalt sieht und auch auf dicke plappharten.»*[3] Der Hofhistoriograph

Suntheim «liest» Rathaus und Münze klar als Repräsentationen bernischer Geschichte und politischer Selbstdarstellung.

Um die Funktion des Rathauses als Ort städtischer Repräsentation einschätzen zu können, müssen zwei Fragen geklärt werden: erstens interessiert, wo, wann und von wem Politik «gemacht», beziehungsweise, auf einer weniger abstrakten Ebene, Herrschaft ausgeübt wurde; zweitens, welche Art Handlungen im Rathaus überhaupt stattfanden.

Der Aufbau des bernischen Regiments im 15. Jahrhundert mit seinem Kleinen und Grossen Rat unter der Führung des Schultheissen (Schultheiss, Rät und Burger) wurde andernorts schon im Detail ausgeführt (siehe Kastentext, S. 342).[4] Mittelalterliche Herrschaft kennt keine Gewaltentrennung. Der Grosse Rat ist nicht die «gesetzgebende Körperschaft» oder der Kleine Rat die «Exekutive». In diesem Fall darf die dritte Gewalt, die Judikative, auch nicht in einem mittelalterlichen Rathaus gesucht werden. Der Grosse und der Kleine Rat bilden auch kein Zweikammersystem moderner Prägung, und so kann die Raumeinteilung im Berner Rathaus auch nicht auf eine davon abgeleitete Funktionszuweisung zurückgeführt werden.[5] Es sind die gleichen Leute, die richten, beschliessen und führen. Thüring Fricker, dessen wohl kurz nach 1471 verfasste Beschreibung des «Twingherrenstreits» (siehe Kastentext, S. 335) das einzige kohärente Zeugnis politischer Theorie im spätmittelalterlichen Bern darstellt, bezeichnete als Aufgaben des Regiments: *«verwalten, gricht und recht sprechen»*, *«kriegslöuf, landt und lüt regieren»*.[6] Diese Tätigkeiten können aufgrund der im späten Mittelalter üblichen Ein- und Ausschliessungskriterien nur von einem kleinen Kreis von erwachsenen, christlichen, männlichen Stadtbürgern überhaupt wahrgenommen werden. Innerhalb dieser Gruppe ist es ein nochmals höchst auserlesener Kreis, der effektiv die Geschicke der Stadt lenkt: eine Hand voll Männer, die sich durch Reichtum, Ansehen, Wissen, ein exklusives Beziehungsnetz und schliesslich eine Lebens- und Verhaltensweise, die ihre besondere Stellung zeigt und stützt, auszeichnen (vgl. Kap. II, S. 119 und Kap. II, S. 140).[7] Diese Gruppe dominiert den Kleinen Rat, ist aber nicht mit diesem identisch. Darüber hinaus übt sie ihre Macht durch Strategien aus, in denen zum Beispiel die Positionierung von Brüdern, Vettern und Söhnen in anderen Bereichen der Macht (inklusive der kirchlichen) eine grosse Rolle spielt. Eine solche Strategie ist geradezu ein Kennzeichnen der Ratsherrschaft, auch im spätmittelalterlichen Bern.

Herrschaft ist zu dieser Zeit auch ausgesprochen personenbezogen. Der Wandel zu einer stärker anonymisierten, auf das Amt bezogenen Ausübung legitimer Gewalt ist in Bern wie andernorts erst ganz am Ende des 15. Jahrhunderts in Ansätzen spürbar.[8] Verhandelt und vielfach auch entschieden wurde in der Stube – im eigenen Haus, in der Trinkstube der Gesellschaft, im Wirtshaus, oder auch in Räumen im Rathaus. Die ansehnliche Zahl von beheizbaren Stuben, die nachgewiesen werden konnte (vgl. Kap. II, S. 161),[9] weist jedenfalls ebenso wie der Nachweis eines Rathauswirts[10] darauf hin, dass hier durchaus Leute beisammen sassen – Besprechungen aller Art, bei denen auch Gesandte standesgemäss bewirtet wurden, fanden so in angenehmem Umfeld statt (vgl. Abb. 209). Das Verhandeln *«neben dem brett»* (in Abgrenzung zu Verhandlungen *«am brett»*, am Ratstisch) ist aber nicht etwa eine nichtstaatliche Form politischen Handelns, sondern anerkannter Bestandteil der Politik.[11] Die persönliche Präsenz bei der Ausübung von Herrschaft ist entscheidend; die Inszenierung der Macht mit Gesten und Zeichen ebenfalls. Die Ratsherren müssen auf die Gasse gehen, wollen sie ihren Willen durchsetzen. Und auch wenn «die Stadt» ihr Territorium regiert, begibt sie sich aufs Land: die Landvögte übernehmen ihren Herr-

Abb. 209:
Johann Dürer, Sitzung und Gastmahl der Ohmgeldner im Berner Rathaus, Innenansicht der Vennerstube, 1624, Bern, Historisches Museum.

schaftsbereich mit einem prunkvollen Auftritt und haben nur dann eine Chance, städtische Ansprüche durchzusetzen, wenn sie über ein feinverästeltes Beziehungsnetz unter den Bewohnern der Landschaft verfügen.[12] Auch die Politik der Bündnisse und Verträge mit anderen Kommunen – Städten und Talschaften, Adligen bis hin zu Fürsten und zum König – ist von persönlicher Präsenz geprägt. Die Angehörigen der Berner Führungsgruppe sind, wie alle mittelalterlichen Herrscher, dauernd selber unterwegs, machen persönlich ihre Aufwartung an den Höfen Europas und treten an den «Tagen» des Reichs, der verbündeten Städte und der Eidgenossen im schweizerischen Raum auf. Umgekehrt braucht Bern mit zunehmender Wichtigkeit als Bündnispartner einen Ort, wo Gäste gebührend empfangen werden können. Für den Empfang des deutschen Königs Sigmund im Juli 1414[13] und Papst Martins im Mai 1418[14] (vgl. Kap. IV, S. 314) spielte das Rathaus allerdings keine Rolle: beide Herrscher residierten im Predigerkloster, für den Kirchenfürsten wurde es sogar umgebaut (siehe Kastentext, S. 317).[15] Das Zeremoniell spielte sich beim König in erster Linie unter freiem Himmel ab – vor den Toren und in den Strassen Berns. Dass Justinger bei der Beschreibung der beiden Besuche das Rathaus nicht erwähnt, ist kein Beleg dafür, dass es zu diesem Zeitpunkt noch nicht fertig war.[16] Der Einbezug des Rathauses, dieses herausragenden Zeichens bürgerlicher Emanzipation in das Zeremoniell, wäre im wahrsten Sinn des Wortes nicht standesgemäss gewesen, insbesondere da der ganze Königsempfang darauf ausgerichtet war, Bern als besonders treue Reichsstadt darzustellen.[17] Das Selbstverständnis Berns als Reichsstadt drückt sich ganz klar auch im wohl einige Jahrzehnte später im Andenken an den Besuch Sigmunds im grossen Ratssaal angebrachten Bild des Kaisers und der dazugehörigen Wappenpyramide Reich-Zähringer-Bern neben dem Bild des Stadtheiligen Vinzenz aus. – Leider ist nicht bekannt, in welchem Zusammenhang dieses Bild angebracht wurde, es verweist aber deutlich auf die Repräsentationsfunktion, die dieser Saal für die Ratsherren und die fremden Gäste hatte (Abb. 210).[18] Politisches Handeln gegenüber Gleich- oder Höhergestellten und gegenüber den Untertanen spielte sich also weitgehend ausserhalb des Rathauses ab. Was aber geschah tatsächlich im Rathaus?

In den Sälen im ersten Stock fanden regelmässig Ratsitzungen statt. Insbesondere der Kleine Rat tagte ausserordentlich häufig – was ihm den Namen des «täglichen» Rats einbrachte. Die Benutzungskadenz des grossen Ratssaals ist dagegen weit weniger klar. Für das Krisenjahr des Twingherrenstreits, in dem der Grosse Rat eine tragende Rolle spielte, erwähnt Thüring Fricker 15 Sitzungen – eine wahrscheinlich überdurchschnittlich grosse Zahl. Auch die Anhörung von Gesandten vor

Abb. 210:
Meister Steffan, Wandbild, ehemals Ratsstube, links: Wappengruppe Bern-Reich-Zähringen, rechts: St. Vincenz (Ausschnitt), 1449, nach Farbkopie 1897, Bern, Historisches Museum.

«Rät und Burger» fand im grossen Saal statt (Abb. 211). Vermutlich wurde hier auch Gericht gesprochen – für die Verkündigung der Urteile des Blutgerichts stand allerdings der Richterstuhl an der Kreuzung Gerechtigkeits-, Kram- und Kreuzgasse zur Verfügung (→Abb. 13). Ganz im Zentrum der Handlungen stand das Rathaus jeweils während der einen Woche um Ostern, in der das Regiment neu besetzt wurde. Während dieser Zeit wurde das Rathaus zur Bühne mit wechselnden Kulissen, auf der in einem ausgeklügelten Ablauf das Regiment wieder hergestellt und die Machtverhältnisse den Beteiligten hautnah vorgeführt wurden (Abb. 212).[19] Geschmückt wurden die Stuben auch während der Rechnungsablagen der Amtsleute im Sommer und Winter.[20] Die Rechnungslegung hatte allerdings weit weniger den Zweck einer «Budgetkontrolle» als denjenigen der Demonstration legitimen Umgangs mit den dem Rat anvertrauten Geldern: die Amtsleute legitimierten sich in diesem Zeremoniell dem Kleinen Rat gegenüber ebenso wie der Säckelmeister den versammelten Räten gegenüber.[21]

Abb. 211:
Anonyme Innenansicht der Burgerstube gegen Norden, um 1584, Bern, Historisches Museum.

Abb. 212:
Diebold Schilling, Spiezer Bilderchronik, 1484/85, Bern, Burgerbibliothek, Mss. hist. helv. I. 16, S. 193.

Für den restlichen Bau lässt sich für das 15. Jahrhundert vor allem die Benutzung als Lagerraum nachweisen. Die Erdgeschosshalle wurde zur Aufbewahrung von Waffen und seit spätestens 1505 als Kornhaus benutzt. Schon früher wurde in der Halle auch Korn verkauft.[22] In der Halle wurden auch am Ostermontag die Namen der neugewählten Grossräte verlesen – vielleicht standen die Zuhörer zwischen den gelagerten Waren. Eventuell erfolgte die Verlesung auch von der Freitreppe aus an die vor dem Rathaus versammelten Bürgerinnen und Bürger. Wie der riesige Dachstock genutzt wurde, ist nicht bekannt – sicher konnte auch er der Lagerung von Waren dienen. Der Wein, unerlässlicher Bestandteil aller Empfänge, Sitzungen und Belohnungen, wurde wohl im Keller gelagert. Wo aber war die Küche, wo wohnte der seit 1430 im neuen Rathaus bezeugte Rathauswirt mit seiner Familie? Genug Räume sind vorhanden, welche Funktionen sie aber im 15. Jahrhundert wahrnahmen, kann in den seltensten Fällen noch nachvollzogen werden.

Trotz den regelmässigen Kleinratssitzungen, bei denen der Stadtschreiber die Anwesenheitsliste führte und Notizen zu den getätigten Geschäften machte,[23] lässt sich das Rathaus im 15. Jahrhundert nicht als Zentrum bernischer Verwaltung ansprechen. Als ein solches könnte am ehesten das Haus des Stadtschreibers bezeichnet werden. Der Stadtschreiber bewahrte bis ins erste Drittel des 16. Jahrhunderts (und möglicherweise darüber hinaus) die Schriftstücke, die regelmässig gebraucht wurden, auf. Ein eigentlicher Kanzleibau entstand in Bern erst 1526–1541.[24] Zwar wurden auch vorher Urkunden und andere einschlägigen Schriftstücke in «der stat kisten» im «gwölb» aufbewahrt – zum Beispiel die Kauf- und sonstigen Verträge, die Justinger für seine Chronik benutzte. 1394 schrieb Bern an Zürich, «dass der Friedebrief mit der Herrschaft Österreich sich in Bern befinde und der Brief in einer Kiste liege, deren Schlüssel der Schultheiss habe, und wenn derselbe nicht anwesend sei, so müsse seine Rückkehr abgewartet werden, denn das Original könne nicht herausgegeben werden, da die Gefahr eines Verlustes zu gross sei».[25] In beiden Fällen handelt es sich eindeutig nicht um Schriftgut, das in der täglichen Verwaltung eingesetzt wurde. Dieses lag beim Stadtschreiber, und da in Bern praktisch das ganze 15. Jahrhundert hindurch nur vier Stadtschreiber aus zwei Familien wirkten und diese demzufolge über die nötige Erfahrung und die einschlägigen Informationen verfügten, bestand keine Notwendigkeit, ein (für andere) brauchbares Archiv einzurichten. Die Belege aus dem 16. Jahrhundert machen klar, dass die Schriftstücke ungeordnet in Kisten und Säcken lagen;[26] eine Ablage nach Sachgruppen in grossen Schubladen wurde in Bern erst im 17. Jahrhundert eingeführt![27]

Allzu euphorische Vorstellungen über die Modernität der Verwaltung des «grössten Stadtstaats nördlich der Alpen» sind damit nicht angebracht. Herrschaft wurde dezentral, durch die Landvögte und Schultheissen in den Landstädten ausgeübt. Politik wurde an Stubentischen, nicht nur solchen im Rathau und durch Gesandte – und manchmal durch Heere – gemacht. Das Rathaus spielte in erster Linie eine Rolle als Ort städtischer und bürgerlicher Selbstdarstellung. Erst im Lauf des 16. und im 17. Jahrhundert, mit den Anbauten für Münzstätte, Kanzlei und Druckerei, erhielt der ganze Rathauskomplex die Funktion eines Herrschafts- und insbesondere Verwaltungszentrums.

Das Rathaus: der Bau von 1406–1417

Georg Germann, Hans Wenk

Zur Baugeschichte

Das Berner Rathaus wurde oftmals, und zuletzt in den Jahren 1940–1942 durch Architekt Martin Risch, so umfassend umgebaut,[1] dass sich frühere Zustände nur mit Mühe rekonstruieren lassen. Unser Interesse gilt dem im Jahre 1406 begonnenen und angeblich um 1450 stark veränderten Bau. Vor allem möchten wir dessen Einteilung kennenlernen, um ihn als Ort politischen Handelns zu verstehen (vgl. Kap. IV, S. 296).[2] Dabei gilt es, die umfassende Darstellung zu prüfen, die Paul Hofer vor 50 Jahren im Rahmen der Reihe «Die Kunstdenkmäler der Schweiz» vorgelegt hat.[3]

Mit einem Grundriss von rund 26 × 27 Meter (702 Quadratmeter) erreichte das ursprüngliche Berner Rathaus (Abb. 213) beinahe den Flächeninhalt des ursprünglichen Palazzo della Ragione von Mailand (50 × 17 Meter = 850 Quadratmeter).[4] Innerhalb der Schweiz ist es von den erhaltenen Rathäusern das zweitälteste nach dem 1412 bezogenen Rathaus von Schaffhausen,[5] innerhalb des deutschen Sprachgebietes schliesst es sich zeitlich eng an die Rathäuser von Braunschweig (1394–1396), Frankfurt am Main (1402–1405), Bremen (1405–1410), Salzburg (1407) und Regensburg (Umbau 1408), ausserhalb an das Rathaus von Brüssel (begonnen 1402) an. Wie in Bern haben auch diese Vorläuferbauten. Eine aussagekräftige zeitliche Häufung von Rathausbauten festzustellen, liegt nicht in unserer Absicht und bedürfte einer umfassenden Statistik.

Den Baubeschluss löste offenbar nicht die beiden Stadtbrände von 1405 aus (vgl. Kap. I, S. 36), sondern, wie der Chronist Konrad Justinger als Zeitgenosse überliefert, das Ungenügen am alten Rathaus bei der Leutkirche nach dem raschen territorialpolitischen Aufstieg der Stadt (vgl. Kap. IV, S. 330).[6]

Abb. 213:
Niklaus Hebler (?), Rathaus und Münzstatt, oben Mitte bezeichnet «Grundriss dess Kornhauses under dem Rahthauss», Aufnahmeplan der als Kornhaus verwendeten Rathaushalle mit Pfosten für die Kornböden (?), um 1767, Bern, Burgerbibliothek.

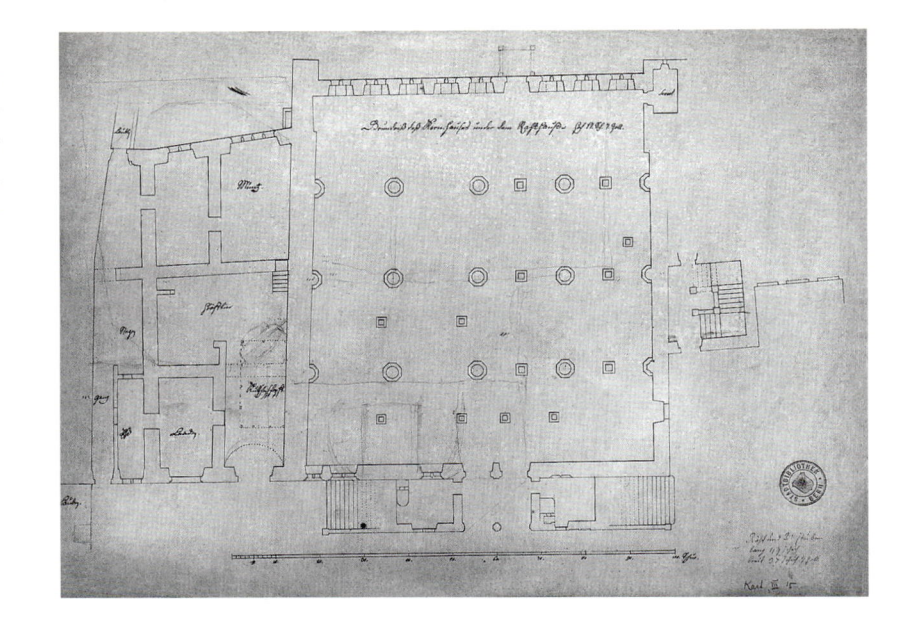

Ein Bauplatz wurde am nördlichen Ende der Kreuzgasse (Abb. 214) am Aaresteilhang gefunden, gekauft oder enteignet und durch den teilweisen Abbruch des ehemaligen Hauses des Konrad von Burgistein freigelegt. Im Sommer 1406 begann der sonst unbekannte Heinrich von Gengenbach die Bauarbeiten; er starb aber bald. Justinger gibt zu verstehen, dass die bereits errichteten Mauern durch Unverstand, durch eine Unterbrechung oder durch Planänderungen – diese Hypothese möchten wir weiterhin verfolgen – Schaden nahmen; *«darnach wart das murwerk an mengen enden verhönet».* Das könnte erklären, warum man, wie er schreibt, mehr als zehn Jahre lang baute.[7] Als Zimmermann nennt er Hans (oder Claus, die Lesung der allein erhaltenen Abschriften schwankt) Hetzel von Rottweil, Justingers Heimatstadt. Ob der, laut Bilanzrechnung

Abb. 214:
Antoni Schmalz, Südansicht des Münsters (Ausschnitt), das Rathaus von Süden mit Kreuzgasse und Münsterchor, 1635, Bern, Historisches Museum.

Abb. 215:
Die Rathaushalle, Blick gegen Nordwesten, Oktober 1942.

der Stadt Bern, in den Jahren 1412 und 1413 zusammen mit seinen Gesellen für Säulen im Rathaus und weitere Steine von den Bauherren mit insgesamt 60 Pfund bezahlte «Hariman» (Hermann) ein Steinbrecher, ein Steinmetz, ein Steinbildhauer oder sogar der Nachfolger des verstorbenen Heinrich von Gengenbach war, wie Paul Hofer vermutet, lässt sich unseres Erachtens nicht entscheiden.[8] Doch möchte man aus dieser Quelle wenigstens ableiten, dass der Bau 1414 bis zur Halle im Erdgeschoss gediehen war, die von neun steinernen Freipfeilern und sechs Wandpfeilern unterteilt ist (Abb. 215), wenn man sie nicht auf die Freitreppe mit ihrem säulengestützten Dach beziehen will. Im Winterhalbjahr 1412/13 wurden Fichtenstämme für den Dachstuhl geschlagen; die dendrochronologische Untersuchung hat sich bisher auf die als Verstärkung und Stabilisierung des Dachstuhls zweifelsfrei zuletzt eingebauten «Firstsäulen» beschränkt.[9]

Die Deutung der skulptierten Büsten in der Erdgeschosshalle, an den Kämpfern der Ostwandpfeiler (schwörende Männer und Frauen als Zeugen?) und am östlichen Freipfeiler der Südreihe (Richter zwischen zwei Bettlern?) geht von der unsicher überlieferten Benutzung als Gerichtshalle aus und kann diese nicht stützen (→Abb. 301).[10] Der südöstliche Pfeiler trägt ausserdem die älteste Bern-Reich-Wappengruppe (vgl. Kap. IV, S. 306, →Abb. 220),[11] und eine Konsole der Westwand zeigt ein einzelnes Bernerwappen.

Über das Innere des Rathauses geben die Quellen wenig Auskunft. Die für die Jahre 1430–1452 erhaltenen Stadtrechnungen sprechen vom Unterhalt und von Anschaffungen.[12] 1433 und 1437 flickt der Glaser Niclaus (Magerfritz?) die Fenster des Rathauses; im gleichen Jahr werden aber auch *flamen* (Tuchfenster) bezahlt.[13] Ferner hören wir von Öfen im Rathaus: 1433 sollen hier und anderswo welche geflickt werden, 1436 erhält der Ofenbauer Entz (Vinzenz) Trüdinger den Auftrag für zwei neue Öfen im Rathaus, 1437 flickt er wieder alte Öfen, 1445 erhält er eine Zahlung *«umb den nüwen ofen in der kleinen ratstuben, umb die andern öfen im rathus»* und solche in anderen Staatsbauten *«ze bessren»*, 1446 *«umb bletzwerch im rathus»*. Somit stünden im Jahre 1446 im Berner Rathaus mindestens fünf Öfen: der neuste darunter in der kleinen Ratstube, zwei zehnjährige, die auch Trüdinger erbaute, und dazu mindestens zwei Öfen aus der Bauzeit des Rathauses.[14] Selbst wenn diese Zahl nicht genau stimmen sollte, dürfen wir mit einer beträchtlichen Unterteilung in «Stuben» rechnen.[15] Ihre Beheizung war Sache eines Hauswirts, wie wir aus seinem Pflichtenheft von 1437 erfah-

Abb. 216:
Vorraum zur Ratsstube, Blick gegen Norden während des Abbruchs. Im Vordergrund der in der West–Ost-Mittelachse des Rathauses liegende Unterzugbalken, Februar 1941.

ren (vgl. Kap. IV, S. 296).[16] Wir halten fest, dass es im Berner Rathaus spätestens 1445 eine kleine Ratsstube gab (wie schon im vorhergehenden Rathaus) und dass allein schon dieser Name darauf hindeutet, dass damals auch eine grosse Ratsstube, die spätere «Burgerstube», existierte. 1449 folgt eine Zahlung von 1 Pfund 15 Schilling an «*meister Steffan um dz malen, als er in der kleinen ratstuben gemalet hat*». Die Höhe dieses Betrages wird man in Beziehung setzen zu der Zahlung von 7 Pfund an den Tischmacher Albrecht für «*scheft und trög ze machen ins rathus zuo dem gezüg*» von 1444 oder, im gleichen Jahre, von 1 Pfund 15 Schilling an einen Dominikaner «*umb ein tafellen in dz rathus*», vielleicht ein Tafelgemälde, ferner mit dem gleichen Betrag von je 1 Pfund 15 Schilling, den Steffan für das Malen von «*vennli*» in Bern («*uff den turn*») und in Burgdorf empfängt; man wird dann die geringe Bedeutung des Auftrags richtig einschätzen (→Abb. 210).[17] Als Anzeichen für einen grösseren Umbau, wie ihn Paul Hofer sieht, scheint er uns zu gering und zu vereinzelt.

Zu diesem postulierten Umbau des Rathauses um 1450 zählt Hofer vermutungsweise auch den territorialpolitisch wichtigen Ämterwappenfries unter der Dachtraufe der Süd- oder Hauptfront;[18] wir denken, dass er noch jünger ist (vgl. Kap. IV, S. 306). Ungewiss ist auch das Datum der Ämterwappen in der grossen Ratsstube (Burgerstube, vgl. Abb. 211).

Die Gestaltung

Das Rathaus stand bis zum Brand der westseitig angebauten Münzstatt im Jahre 1787 und deren Abbruch in einer Häuserzeile über dem Aarehang (Abb. 214). Die Nachbarhäuser überragend, zeigte es sich als Kubus unter mächtigem Walmdach mit kurzem First und wechselnder Traufhöhe, so dass die Nachbarfirste an Brandmauern stiessen, nicht aber an hohe Giebel. Aareseitig erhob es sich über abweisendem Unterbau und war von Ecktürmchen flankiert. Die Silhouette sah dem Bild eines Palas auf einer Burg ähnlich. Frontseitig führte und führt eine zweiarmige gedeckte steinerne Freitreppe zum Hauptgeschoss. Sie war anfänglich nicht in Stein oder nicht in dieser Form und an dieser Stelle vorgesehen, wie die Untersuchung von 1940 gezeigt hat.[19]

Die Pfeiler der Halle im Erdgeschoss mit ihren Balkenunterzügen (Abb. 215), die Fachwerkwände der Obergeschosse (Abb. 216) und die beiden Hauptbinder des Dachwerks (Abb. 217) standen bereits im 15. Jahrhundert nirgendwo senkrecht übereinander.[20] Die beiden Obergeschosse waren wie in einem «plan libre», also wie auf einer Betonplatte, ausgelegt. Das ist zwar bei mittelalterlichen Fachwerkbauten nicht ungewöhnlich, führt aber bei ungenauer Ableitung der Kräfte zu

Langzeitschäden. So mussten im Berner Rathaus 1734 gebrochene Unterzüge mit Eisenbändern gesichert sowie in der Halle 1770–1771 steinerne Bögen eingezogen werden.[21] Die zahlreichen Umbau- und Neubauprojekte der Jahre 1787–1788 wurden zwar durch den Brand der dem Rathaus benachbarten Münzstatt ausgelöst, an deren Stelle nun eine Rathauserweiterung möglich war, doch gibt es auch Anzeichen für fortdauernde gravierende Mängel in der Tragkonstruktion. Alle Umbauprojekte, selbst das zurückhaltendste von Johann Gabriel Hemmann, verändern die Dachform und lassen auf eine neue Dachkonstruktion schliessen.[22] Der Umbau des Grossratssaals in den Jahren 1832–1834 gefährdete die Konstruktion ganz besonders (Abb. 217), so dass bereits 1858 ein Umbauprojekt den Ratssaal wieder verkleinern wollte und Kantonsbaumeister Friedrich Salvisberg bei der Renovation von 1865–1868 nicht länger zuwarten konnte. Er brachte mit einem zwar unschönen, aber effizienten Eingriff die Deformationen zum Stillstand. Seine Massnahmen wurden erst 1940/42 mehrheitlich entfernt, als das «Bodengebälk durch eine Betonplatte ersetzt werden musste».[23]

Es stellt sich die wichtige konstruktive Frage, ob bei einem Grundriss von rund 26 × 27 Metern das Dachwerk anfänglich freitragend gestaltet war. Dazu zwei Vergleichszahlen. Der grosse Saal im Justizpalast von Poitiers (um 1200) hat eine Spannweite von 17 Metern, die Sala del Maggior Consiglio im Dogenpalast von Venedig (nach 1440/nach 1577) einen freien Grundriss von 54 × 25 Metern. Im Berner Rathaus scheinen die von je vier Balken gebildeten «Firstsäulen» (Abb. 217) auf den ersten Blick anzuzeigen, dass man ohne Stützen auskam. So schrieb der Architekt und Kulturhistoriker Eduard von Rodt 1922: «Dieser Dachstuhl zeigt eine sehr geschickt kombinierte, freitragende Häng- und Sprengwerkkonstruktion, welche jede Stütze von unten entbehren konnte, die sich bis heute tadellos erhalten hat. Ein Meisterwerk der Zimmermannskunst.»[24] Dieser Meinung folgten Stettler und Hofer. Wenn aber, wie Dokumente und Dachstuhluntersuchung anzeigen, sämtliche Balkenlagen, sowohl die der Geschossdecken als auch diejenigen des Dachbodens und der Kehlgebälke von Anfang an auf ein System freistehender Stützen mit Unterzügen oder auf tragende Wände abgestellt waren,[25] verliert Paul Hofers Hypothese von einem zuerst nur vorläufig unterteilten Rathaus und einem tiefgreifenden Komplettierungs- und Umbau um 1450 an Plausibilität. Erst dieser hätte nach Hofer die steinerne Freitreppe und die zwei mit segmentbogenförmigen Balken-Bohlen-Decken gewölbten Ratsstuben geschaffen. Eine Annäherung an deren Datierung verspricht die dendrochronologische Untersuchung der 1942 für die Einrichtung des neuen Regierungsratssaals

Abb. 217:
Rathaus-Dachwerk mit der westlichen «Firstsäule» von 1412/13 und Südwand des Grossratssaals von 1832 während dessen Abbruch, Januar 1941.

Abb. 218:
Ratsstube, Blick gegen Norden während des Abbruchs, Januar 1941.

wiederverwendeten Holzteile. Einstweilen kann gesagt werden, dass wir den Typus der hölzernen Flachtonne vor allem aus dem späten 15. Jahrhundert kennen, dass Beispiele jedoch auf Bilddokumenten schon früher vorkommen.[26] Nach unserer Hypothese, die zur Meinung der älteren Historiker zurückkehrt, hätte die grosse Ratsstube oder Burgerstube von 1417 bis 1831 in ungefähr gleicher Form bestanden, die kleine Ratsstube von 1417 bis 1941 (Abb. 218).

Eine zweite Untersuchungsreihe muss sodann die stilgeschichtlichen Argumente überprüfen, die Paul Hofer für die Umbauthese angeführt hat. Schliesslich gilt es minuziös zu überprüfen, ob die beim Umbau von 1940–1942 erhobenen Befunde, namentlich bei der Freitreppe, zwingend auf einen Umbau deuten oder ob sie sich, wie eine erste Durchsicht zu zeigen scheint, nicht auch besser mit einer Planänderung in der langen Bauzeit von 1406–1417 vereinbaren lassen.

Die Berner und ihre Wappen – Einige heraldische Betrachtungen

Berchtold Weber

*«Berner waffen ist so snell
mit drin gefarwten strichen;
der ein ist rot, der mittel gel,
darin stat unverblichen
ein ber gar swarz gemalet wol,
rot sind ihm die clawen;
er ist swerzer denn ein kol,
bris er bejagen sol.»*[1]

Heraldik ist im täglichen Leben der Schweiz omnipräsent und gehört zur Selbstdarstellung der Gemeinwesen wie auch der einzelnen Familien. Man denke an die vielen Möglichkeiten von der unabdingbaren Festbeflaggung mancher Ortschaften bis zum Wappenteller und der Wappenscheibe im Privathaushalt, von den Kantonswappen auf den Automobil-Kennzeichen bis zum regelmässig benutzten Fahnenmast vieler Wochenend- und Ferienhäuser. Diese Wappenfreude hat ihre Wurzeln im 14. und 15. Jahrhundert, als im öffentlichen wie im privaten Leben Heraldik vielfältig angewendet wurde.
In Bern waren in dieser Zeit die Regeln der Wappenkunst noch bekannt: die Bilder füllen ihre Plätze bzw. das Feld gut aus. Gleichartige Bilder sind gleich gross. Oberwappen sind korrekt gestaltet und bei den Kronen wird, wie es das typologische Fenster im Münster zeigt, im Sinne höfischer Kunst fein zwischen den einzelnen Darstellungen unterschieden (→Abb. 317, →Abb. 350).

Zu Beginn des 15. Jahrhunderts hatte Bern bereits seit rund hundert Jahren die auch jetzt noch gültige Form seines Wappens gefunden, das im Guglerlied sogar in poetischer Form beschrieben wurde. Die Stadt hatte den neu erworbenen Ämtern Büren und Nidau um 1388 ihr heutiges Wappen mit der Bärentatze, die aus dem linken Schildrand wächst, verliehen.[2] Aber auch die umliegenden Herrschaften und Territorien wussten sich mit heraldischen Mitteln darzustellen. Das Wappen der Stadt Biel war schon um 1260 bekannt,[3] Burgdorf hatte sein Wappen von den Kyburgern erhalten,[4] Frutigen und Oberhasli verweisen mit ihrem Adler im Schild auf die ehemalige Reichsfreiheit.[5] Territoriale Herrschaften standen unter dem Wappen der entsprechenden Geschlechter. Die Städte und der Adel bedienten sich bei der Schaffung ihrer Wappen vieler heraldisch korrekter Möglichkeiten. Als Beispiele dienen das redende Wappen der Stadt Biel mit den beiden gekreuzten Beilen (mundartlich: «*Bieli*») und das ebenfalls aus dem 13. Jahrhundert stammende Rebus-Wappen derer von Ringgenberg, das eine Gürtelschnalle («*Ringgen*») über einem Dreiberg zeigt.

Während in bildlichen Darstellungen die heraldischen Regeln noch immer befolgt wurden,[6] hielt sich Bern nicht mehr an die strengen Vorgaben, als es der Landvogtei Erlach nach 1476 ein Wappen mit einer schwarzen Bärentatze und einer grünen Erle im roten Feld verlieh und als es im Lauf der Burgunderkriege (vgl. Kap. IV, S. 285) das Wappen der Stadt Thun mit dem goldenen an Stelle des schwarzen Sterns im silbernen Schrägbalken besserte.[7]

Im Laufe des 15. Jahrhunderts entstanden in Bern wie in ganz Europa neben den Wappen der Adligen auch bürgerliche Wappen (Abb. 219, →Abb. 350). Dörfer dagegen nahmen erst in nachreformatorischer Zeit ein Wappen an. Als früheste bernische Beispiele sind Leissigen (um 1566) und Oberwil bei Büren bekannt (um 1624).[8]

An den beiden grossen Staatsbauten des 15. Jahrhunderts, am Rathaus und ganz besonders am Münster ist das Berner Wappen vielfach dargestellt, vermutlich war es auch an den Stadttoren angebracht. Im Rathaus befindet sich die älteste Darstellung des «Bern-Rychs», zwar wegen der Situation am achteckigen Kapitell nicht als Wappenpyramide, sondern mit dem von zwei zugewendeten und zugeneigten Berner Wappen beseiteten Reichswappen (Abb. 220).[9] Wer ins damals neu erbaute Rathaus eintrat (vgl. Kap. IV, S. 301), erkannte oben am ersten Pfeiler rechter Hand die drei Wappen sofort. Die heutige Situation ist wegen des späteren Einbaus der Garderobe äusserst bedrängt. Das zwischen 1410 und 1414 in Stein gehauene Bild zeigt bereits den Doppeladler. König Sigismund hatte dieses Wappen während seiner Zeit als Reichsverweser von 1402 an erstmals verwendet, aber erst nach seiner Kaiserkrönung, 1433, ersetzte es allgemein anerkannt das ursprüngliche Wappen mit dem einfachen Adler. Man war sich also in Bern im Klaren darüber, welchen Schild der Monarch vorzog, und konnte ihm mit dieser Darstellung in besonderer Art huldigen, als er im Sommer 1414 Bern besuchte (vgl. Kap. IV, S. 314). Ein weiteres Berner Wappen befindet sich am Kragfries in der Nordwestecke der Halle. Es ist nach der Wandmitte hin geneigt, möglicherweise gegen den Ehrenplatz des Vorsitzenden bei Versammlungen. Eine weitere heraldische Selbstdarstellung ist der Ämterwappenfries an der Haupt-, der Südfassade des Rathauses (vgl. Kap. IV, S. 301). Vermutlich stammt er aus dem dritten Viertel des Jahrhunderts, als sich die Reichsstadt Bern vermehrt auch als Glied der Eidgenossenschaft zu verstehen begann.

Die ältesten Berner Wappen im Münster weisen darauf hin, dass die Stadt das Passionsfenster, das einstige zentrale Chorfenster, gestiftet hat. Sie finden sich zugewendet und zugeneigt links und rechts oben an der Architekturdarstellung, die sich über dem Garten Gethsemane wölbt (vgl. Kap. V, S. 444; →Abb. 314, 338, 339). Die Schilde werden von je drei Engeln getragen. Als gewichtiger Beitrag zum Berner Selbstverständnis sind die vier Berner Wappen im Gewölbe der Turmvorhalle (3. Viertel des 15. Jahrhunderts, →Abb. 320) zu betrachten, die unmittelbar bei den Darstellungen der himmlischen Heerscharen liegen. Bescheidenerweise flankieren die Berner Wappen aber nur die Heerscharen der dritten Hierarchie, jene der Engel und Erzengel. In der nördlichen Westvorhalle ziert das Stadtwappen die Mitte des Gewölbes. In der unteren Sakristei zeigen die beiden Schlusssteine einerseits den Stadtpatron Vinzenz und andererseits ein 1471 datiertes «Bern-Rych».

Abb. 219:
Stifterwappen Fränkli, Ausschnitt der Lettnerstirn, französische Kirche, ehemalige Dominikanerkirche, Bern.

Abb. 220:
«Bern-Rych» aus dem Berner Rathaus.

Abb. 221:
Diebold Schilling, Spiezer Bilderchronik, 1484/85, Bern, Burgerbibliothek, Mss. hist. helv. I. 16, S. 152, Ausschnitt: Darstellung des «Bern-Rych».

Engel tragen die Wappen an der Schultheissenpforte (1491). Und inmitten des himmlischen Hofes, der im 1517 vollendeten Chorgewölbe dargestellt ist, findet sich ein weiteres, fast übergrosses Berner Wappen. Kurz: Bern stellte sich in seiner Hauptkirche als vom Himmel gewollte Macht dar. Die Stadt folgte damit alter Tradition, denn schon der Chronist Konrad Justinger konnte feststellen, *«daz ein gemein sprüchwort wart im lande: got ist zu bern burger worden, wer mag wider got kriegen?».*[10] Dass im Münster auch die in Kriegen eroberten Fahnen Gott in Dankbarkeit geweiht wurden, entsprach zeitgenössischem Brauch. So zeichnet der Chronist Diebold Schilling siebzehn erbeutete Fahnen, die nach der Schlacht bei Murten ins Münster gebracht werden.[11]

Bern ist mit heraldischen Mitteln zweifellos in den Bilderchroniken am ausführlichsten dargestellt worden. Insbesondere lässt der Vergleich der (zensurierten) «Amtlichen Chronik» von Diebold Schilling mit der für Rudolf von Erlach verfassten «Spiezer Chronik» einige Rückschlüsse über das bernische Selbstverständnis zu.

Justingers Bericht folgend, verzeichnet die Spiezer Chronik für die Zeit vor 1298 das Berner Banner mit einem schreitenden schwarzen Bären im weissen Feld. Für die Zeit nachher ist das heutige Wappen, erstmals eben für das Jahr 1298,[12] auf Banner und Schilden dargestellt. Das erste «Bern–Rych» findet sich auf der Illustration zu einem Ereignis des Jahres 1311 (Abb. 221).[13] Mit dem Berner Wappen bezeichnen die Chronisten das Gemeinwesen und mit dem entsprechenden Banner beim militärischen Auszug die Hauptmacht. Dass die Reichsunmittelbarkeit in der Amtlichen Chronik ein wesentlich grösseres Gewicht hat als in der privaten, zeigt sich unter anderem daran, dass in ihr das neue Wappen schon von der Verleihung der Handfeste (1224) an verwendet wird. Tschachtlan hingegen folgt einer Sage und stellt das alte Banner bis zur Schlacht im Jammerthal (1298) dar, als sein Verlust zur Schaffung eines neuen Banners mit roten Ecken Anlass gegeben habe.[14] Warum der Schrägbalken golden geworden ist, beantwortet jedoch auch der Chronist nicht.

Das rote Schützenfähnlein mit der goldenen Armbrust bezeichnet den Auszug der gesellschaftlich organisierten Elitetruppe. Im Spiezer Schilling begleitet es fast immer das grosse Banner, in der Amtlichen Chronik dagegen seltener. Möglich ist, dass persönliche Verbindungen des Spiezer Auftraggebers zur Schützengesellschaft bestanden haben. Bei der Darstellung des Gebets im Münster, vor dem Abmarsch zur Schlacht bei Laupen, steht das Schützenfähnlein zuvorderst in unmittelbarer Nähe des Kommandanten Rudolf von Erlach, was eine emotionale Bindung des Auftraggebers ans kleine Fähnlein vermuten lässt.[15]

Eine Besonderheit unter den Feldzeichen der Eidgenossen ist das Berner Auszugsfähnlein,[16] das *«sant Mauricien venli»*, wie es die Basler bei der Übernahme der bernischen Militärordonnanz in der Mitte des 15. Jahrhunderts benennen:[17] ein durchgehendes weisses Kreuz im roten Feld. Es dient dem ersten Berner Aufgebot als Fahne. Alle anderen eidgenössischen Orte haben, schenkt man den Chronikbildern Glauben, für ihr Auszugsfähnlein das Bild des Standesbanners gewählt. Die Verwendung des Kreuzfähnleins, das oft als «Stadtfähnli» schlechthin bezeichnet worden ist, verdient genauere Betrachtung.[18] Im ersten Band des Amtlichen Schilling wird es bis ins Jahr 1341 als bernisches Fähnlein interpretiert. Ob jedoch ein bernisches oder ein savoyisches Feldzeichen von gleichem Aussehen vorliegen, muss jeweils sorgfältig geprüft werden. Das Kreuzfähnlein bezeichnet für die Zeit nach 1341 meist den Freiharst,[19] eine rasch mobilisierte schlagkräftige Truppe, die aber immer unter bernischem Kommando bleibt (vgl. Kap. IV, S. 269). Von 1440 an tritt es auch als Bezeichnung für nicht-bernische Truppen auf, steht aber immer bei Verbänden, die aus Truppen der eidgenössischen Orte zusam-

Abb. 222:
Diebold Schilling, Amtliche Berner Chronik, 1474–1483, Bern, Burgerbibliothek, Mss. hist. helv. I., 3, S. 65.

Vor Waldshut kommen die Berner in Bedrängnis. Am Ufer schickt sich ein eidgenössisches Detachement mit dem Kreuzfähnchen an, sie zu entsetzen. Das Zürcher Banner zeigt Blau auf dem oberen statt auf dem unteren Platz.

mengesetzt sind (Abb. 222). Für die Begutachter der Amtlichen Chronik scheint es für die Zeit nach 1440 wichtig gewesen zu sein, dass das Berner Stadtfähnli oft das Feldzeichen eidgenössischer Formationen war, so dass es sie nicht gestört hat, wenn eidgenössische Truppen mit dem Kreuzfähnlein dargestellt wurden, selbst wenn die Zusammensetzung der Truppenverbände unklar bleibt[20] oder wenn sogar keine Berner dazugehörten.[21]

Im Spiezer Schilling wird das Kreuzfähnlein anders interpretiert: es ist entweder das Feldzeichen des Freiharsts, das Fähnlein des ersten Auszugs[22] oder auch das der berittenen Berner Truppe.[23]

Besondere Beachtung verdient bezüglich der Anwendung heraldischer Darstellung auch eine Illustration aus dem «Zürcher Schilling», der in der Zentralbibliothek in Zürich verwahrten Bilderchronik von Diebold Schilling. Das Bild zeigt einen Berner Boten mit seinem rechts schwarz und links rot gefärbten Mantel.[24] Es ist die älteste Darstellung der Amtstracht, wie sie auch nach der Umstellung der Standesfarben von Schwarz-Rot auf Rot-Schwarz getragen worden ist. Im «Amtlichen Schilling» findet sich ein Gerichtsweibel mit der gleichen Kleidung.[25] Und sogar heute noch dient ein solcher Mantel den Sigristen der stadtbernischen Kirchen.

Die im 15. Jahrhundert längst vorhandenen Zünfte der Stadt Bern (vgl. Kap. III, S. 227) kommen in den Bilderhandschriften mit ihren Wappen nicht vor, da sie nicht politisch selbständige Teile des Gemeinwesens sind und auch nicht mit einem eigenen Banner ausziehen. Die drei Gerberzünfte als Stifterinnen der nach ihnen benannten Kapelle im Münster lassen jedoch ihre Wappen an den Schlusssteinen wie auch in der Glasmalerei erscheinen (1476).[26]

Von den zum Berner Territorium gehörenden Herrschaften zeigt nur das Kloster Thorberg im Münster sein Wappen, das Rebus-Wappen mit dem silbernen Tor auf dem grünen Dreiberg.[27] In den Bilderchroniken dagegen sind recht oft die Banner jener Landschaften dargestellt, die im Text eigens erwähnt werden. So findet man an verschiedenen Stellen Oberhasli, Frutigen, Nieder- und auch Obersimmental.

309

Abb. 223:
Bendicht Tschachtlan, Bilderchronik, nach 1470, Zürich, Zentralbibliothek, Ms. A 120, S. 227.

Schalkhaft setzt Tschachtlan ein Berner Wappen ins «Züri-Rych».

Die Banner und Fähnlein der sieben andern Orte der Eidgenossenschaft sind häufig dargestellt. Die grossen Fahnen stehen immer für die Hauptmacht des jeweiligen Ortes. Die Fähnlein finden sich im wesentlichen erst im dritten Band der Amtlichen Chronik. Sie bezeichnen jeweils kleinere Truppenteile. Das gleiche gilt für die zugewandten Orte und weitere Verbündete. Von diesen tritt jedoch nur Strassburg mit Banner und Fähnli auf.[28] Das Banner der Walliser Truppen zeigt immer das Wappen der Familie Supersaxo, ungeachtet dessen, ob ein Glied dieses Geschlechts zur fraglichen Zeit an der Macht war oder nicht. Walther Supersaxo, der den Anschluss des Wallis an die Eidgenossenschaft initiiert und durchgeführt hatte, war wohl für seine bernischen Zeitgenossen der Walliser «par excellence».

Von Interesse sind auch diejenigen Wappen, mit denen der Illustrator die Orte des Geschehens bezeichnet. Bern selber hat immer einen entsprechenden Wappenschild am Torturm, in den ersten Jahren den Bären im weissen Feld, nach 1224 beziehungsweise 1298 das heutige Berner Wappen. Andere Städte sind nicht konsequent am Wappen zu erkennen. Möglicherweise fehlten den Zeichnern die Kenntnisse.[29] Es kommt öfters vor, dass auf einem Bild das Wappen am Turm fehlt, dass es aber auf dem nächsten Bild vorhanden ist, obschon der gleiche Ort zur gleichen Zeit dargestellt wird. Die Unterschiede zwischen der Amtlichen und der Spiezer Chronik scheinen in diesem Fall eher zufällig entstanden zu sein. Der Zeichner scheut sich auch nicht, um ein Ereignis in Uri zu lokalisieren, eine Stadt mit einem Urner Wappen über dem Tor zu zeichnen, obschon es im Kanton Uri nie eine Stadt gegeben hat.[30] Wird ein Rathaus dargestellt, so fehlt normalerweise der Wappenschild nicht.

Abb. 224:
Diebold Schilling, Amtliche Berner Chronik, 1474–1483, Bern, Burgerbibliothek, Mss. hist. helv. I., 1, S. 344.

Die Wappenpyramide am Tor von Lenzburg bezeichnet die Stadt als österreichisch.

Welcher Schalk hat wohl Tschachtlan die Feder geführt, als er die Wappenpyramide am Rathaus von Zürich gezeichnet hat?[31] Unter dem Reichswappen entdeckt man am Ehrenplatz den gewendeten Zürcher Schild, am andern Platz ein Berner Wappen! (Abb. 223) Das entsprechende Bild im Amtlichen Schilling zeigt ein korrektes «Zürich-Reich».[32]

Ausländische Mächte werden mit Fahnen und Fähnlein sehr schematisch dargestellt: Österreich und Habsburg immer mit dem silbernen Balken im roten Feld, dem «Bindenschild», Frankreich mit den drei goldenen Kronen in Blau, italienische Kräfte mit einer von Bild zu Bild teilweise variierenden, dem Wappen der Visconti entnommenen Schlange. Alle den Habsburgern gehörenden Städte werden, wenn überhaupt, mit dem Bindenschild über dem Tor gekennzeichnet, savoyische Städte erhalten das Savoyerwappen.[33] Als Besonderheit sei auf die Wappenpyramide am Tor von Lenzburg verwiesen: zwei Lenzburger Schilde unter dem Bindenschild (Abb. 224).[34]
Zwischen der Amtlichen und der privaten Schilling-Chronik stellt man den frappanten Unterschied fest, dass bei der Schlacht von Laupen die feindlichen Banner sorgfältig wiedergegeben sind,[35] dass aber in der Spiezer Chronik viele gegnerische Fahnen als «ledige» Tücher in teilweise unheraldischen Farben gezeichnet sind, während die bernischen und eidgenössischen Banner klar ersichtlich vor dem Betrachter stehen.[36]

In den Bilderchroniken werden oft Wappen und Fahnen dargestellt, die der Illustrator selber nie gesehen hat. Er wendet deshalb seine heraldischen Grundkenntnisse an, was bisweilen zu falschen Bildern führt. Ein Beispiel unter vielen: Es ist dem Chronisten Bendicht Tschachtlan bekannt, dass Tiere im Wappen normalerweise zum Fahnenmast, beziehungsweise nach rechts blicken. Er hat deshalb den Stierkopf im Urner Banner immer von der Seite gesehen statt «en face» dargestellt (Abb. 225). Mit der Schwierigkeit, dass der Luzerner Schild zwar von Blau und Silber gespalten, das Banner aber von Silber und Blau geteilt

Abb. 225:
Bendicht Tschachtlan, Bilderchronik, nach 1470, Zürich, Zentralbibliothek, Ms. A 120, S. 265.

Der Uristier ist zum Fahnenmast gewendet statt en face dargestellt.

Abb. 226:
Diebold Schilling, Amtliche Berner Chronik, 1474–1483, Bern, Burgerbibliothek, Mss. hist. helv. I., 2, S. 117.

Zwei ungelenk gezeichnete Zürcher Wappen an einem Stadttor.

ist, kommt keiner der Berner Chronisten völlig zurecht. Auch die Frage, welcher Platz im Luzerner und im Zürcher Wappen blau «tingiert» werden muss, wird unterschiedlich beantwortet. Es scheinen vor allem in der Amtlichen Schilling-Chronik öfters ungeübte Hände am Werk gewesen zu sein. Als Beispiel dienen die zwei einander zugeneigten und zugewendeten Zürcher Wappen an einem Stadttor. Die beiden Schilde sind nicht gleich gross, das linke ist recht ungeschickt geteilt und im rechten lässt der zögerliche Farbeintrag auf Unsicherheit schliessen (Abb. 226).[37] Die Banner von Zürich, Basel und Strassburg werden gelegentlich mit einem roten «Schwenkel», einem oben am Banner angenähten und über dieses hinausreichenden Stoffstreifen dargestellt.[38] Es ist aber öfters zu beobachten, dass die gleiche Fahne auf dem einen Bild einen Schwenkel hat, auf dem nächsten aber nicht. Eine Besonderheit der Amtlichen Schilling-Chronik ist es, dass über weite Teile das Glarner Banner ein weisses Haupt aufweist (Abb. 227).

Die «ennetbirgischen» Wappen und Banner erkennt man am, vom Chronisten generell verwendeten Wappentier, der Schlange. Dabei hat jene aus dem Wappen der Visconti gelegentlich richtigerweise ein Kind im Rachen, manchmal aber auch nicht.

Familienwappen sind im allgemeinen korrekt dargestellt. Eine Ausnahme ist der irrtümlich gezeichnete Scharnachthal-Schild, den der Knappe Petermanns von Wabern bei einem Auszug der mit Freiburgern verstärkten Berner trägt.[39] Spätere Bilder zeigen im gleichen Kontext das richtige Wabern-Wappen.[40] Dass das Bubenberg-Wappen oft mit einem goldenen statt mit dem silbernen Stern gezeichnet ist, entspringt dem Wunsch, die verdiente Familie mit einer Wappenbesserung zu ehren. Im gleichen Sinne wird Adrian von Bubenberg als Verteidiger von Murten oft mit goldenem Panzer dargestellt.[41]

Bis ins 19. Jahrhundert glaubte man, das Wappentier der Zähringer sei ein Löwe gewesen. Normalerweise wurde er aufgerichtet, aber nicht als Leopard, das heisst nicht hersehend dargestellt. So findet man ihn etwa am Zähringerbrunnen in der Berner Kramgasse. Ein einziges Mal, auf dem ersten Bild des ersten Bandes seiner Amtlichen Chronik, stellt Diebold Schilling den Zähringer Löwen als heraldischen Leoparden dar

Abb. 227:
Diebold Schilling, Amtliche Berner Chronik, 1474–1483, Bern, Burgerbibliothek, Mss. hist. helv. I., 2, S. 43.

Das Glarner Banner fälschlich mit silbernem Haupt.

(Abb. 228). Auf dem gleichen Bild ist zudem der in keiner andern Schilling-Chronik dargestellte aufflegende, gekrönte und nimbierte Adler als Helmzier des Reichswappens zu beachten.

Stifter- und Grabwappen im Münster, seien sie als Glasmalerei (→Abb. 335, →Abb. 350, 358, 359, 361), mit Bildhauerarbeit (→Abb. 260, →Abb. 270), mit Schnitzerei oder Metallform überliefert, sind Zeugnisse der Selbstdarstellung der Familien und einzelner ihrer Glieder. Die Wappen sind jeweils sehr sorgfältig gezeichnet, da der Auftraggeber wohl immer die Ausführung überwacht hat.[42] Wir finden im Münster neben den Adelswappen einige frühe Wappen bürgerlicher Familien bzw. Personen, wie etwa das Wappen von Hans Fränkli oder jenes von Peter Stark (Abb. 350).[43] Auch ausserhalb des Münsters hat das 15. Jahrhundert viele persönliche Wappen hinterlassen. Sie bezeichnen an Fassaden angebracht meist den Erbauer des Hauses,[44] auf textilen Werken jedoch den Stifter, den Besitzer oder den Beschenkten; so etwa auf dem Heidnischwerkteppich mit der Wappenallianz Nägeli-Sumer (Abb. 229; vgl. Kap. V, S. 367).[45]

Obschon im 15. Jahrhundert Familienwappen zumindest in gebildeten und politisch engagierten Kreisen gang und gäbe waren, zeigt sich eine gewisse Zurückhaltung, andere mit ihrem Wappen kenntlich zu machen. Die einzige Ausnahme bildet die Familie von Bubenberg, deren Wappen in Diebold Schillings Bilderchroniken überall dort vorkommt, wo ein Glied dieses um Bern so verdienten Geschlechts auftritt. Selbst Rudolf von Erlach, in dessen Privatchronik sonst nur Erlach-Wappen (und auf dem Frontispiz die Wappen der Frauen seiner Familie) vorkommen, lässt es zu, dass Schilling das bubenbergsche Wappen mehrmals darstellt. Im Amtlichen Schilling sind es noch ein paar weitere Männer, die mit ihrem meist von einem Knappen auf dem Rücken getragenen Wappen gekennzeichnet werden: Petermann von Wabern, Niklaus von Scharnachtal, Niklaus von Diesbach, Peter Matter. Ferner stellt sich der Chronist zu Beginn des dritten Bandes selber mit seinem Wappen vor.[46] Auf der Seite von Berns Widersachern sind ausser den Grafen von Thierstein und den Rittern von Hallwyl kaum je weitere Personen mit Wappen identifiziert.

Ausserhalb der Bilderchroniken enthielt der 1516/17 entstandene Totentanz von Niklaus Manuel eine Reihe von 46 Wappen jener Männer und Frauen, die als Stifter einen direkten Bezug zu den einzelnen Bildern hatten (→Abb. 69–93).[47] Leider ist dieses wichtige Zeugnis der damaligen Wappenkunst nur noch in der Kopie des Malers Albrecht Kauw erhalten (siehe Kastentext, S. 121).

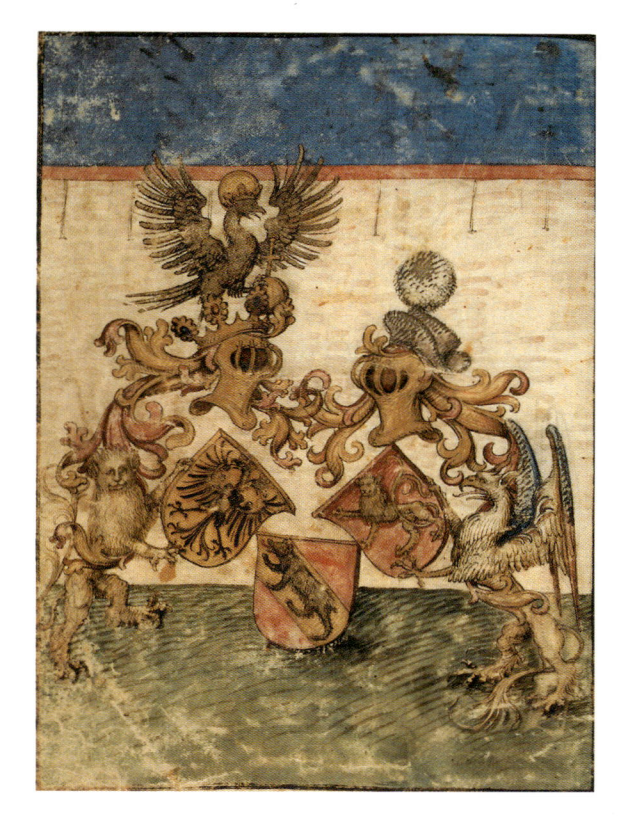

Abb. 228:

Diebold Schilling, Amtliche Berner Chronik, 1474–1483, Bern, Burgerbibliothek, Mss. hist. helv. I., 1, S. 4.

Einzige Darstellung des hersehenden Zähringer Löwen und des auffliegenden Adlers als Helmzier des Reichswappens bei Diebold Schilling.

Abb. 229:

Heidnischer Werkteppich mit Liebespaar und Allianzwappen Nägeli-Sumer, um 1495–1500, Bern, Historisches Museum.

Könige, Päpste und Fürsten in Bern

Hans Braun

Das spätmittelalterliche Bern hiess in seinen Mauern immer wieder Gäste von hohem Rang willkommen. Der Empfang von Königen, Päpsten und Fürsten bot Anlass zu glanzvollen Feiern und Festlichkeiten, in welchen Bern sein zunehmendes Selbstbewusstsein und seine wachsende politische Bedeutung als werdende und territorial expandierende Reichsstadt zur Schau stellen konnte. Andererseits erwarteten die hohen Gäste, dass sie ihrem Rang gemäss mit grossen Ehren empfangen und beherbergt wurden. Darauf mussten die Berner besonders achten, wenn es sich um Gäste handelte, zu denen sie in einem Untertanenverhältnis standen und die sie für ihre eigenen Anliegen günstig stimmen mussten. Dies war der Fall bei den römisch-deutschen Königen. Auch wenn Bern im Laufe des Spätmittelalters zu einem bedeutenden politischen und militärischen Machtfaktor heranwuchs und sich als Reichsstadt emanzipierte, anerkannte es den König doch nach wie vor als letzte rechtliche Legitimationsinstanz und in dieser Funktion als Herrn der Stadt. Dies zeigte sich darin, dass der Schultheiss dem König bei dessen Empfang vor dem Stadttor jeweils symbolisch die Stadtschlüssel übergab und dass die Berner das Recht des Königs, Verbannte in die Stadt zurückzuführen, nie grundsätzlich in Frage stellten.[1] Die Gastungspflicht, wie sie in der Berner Handfeste festgeschrieben war[2], war für die römisch-deutschen Könige von grosser Bedeutung, da sich im spätmittelalterlichen Reich nur schon angesichts der häufigen Dynastienwechsel nie eine feste, über längere Zeiträume fortbestehende Königsresidenz mit zentralen Verwaltungsinstitutionen ausbildete, von der aus die Könige das ganze Reich hätten beherrschen können. Ihre Herrschaftstätigkeit beruhte auf ihrer und ihres Hofes physischer Präsenz und war deshalb durch mehr oder weniger intensive Reisetätigkeit gekennzeichnet.[3]

Der feierliche Einzug

Während die Berner Chronistik bezüglich der frühen Königsbesuche allgemein bloss festhält, dass das Reichsoberhaupt ehrenvoll («*honorifice*», «*erlich*», «*herlich*») empfangen und ihm «*gross zucht und ere getan und erbotten*» worden sei[4], gibt uns Konrad Justinger einen bildhaften und farbigen Bericht über die Ankunft und die Aufnahme König Sigmunds, die er als Mitorganisator hautnah miterlebt hat: Als der König sich mit den Grafen Amadeus VIII. von Savoyen und Teodoro II. von Montferrat sowie mit einem Gefolge von über 1400 Pferden am 3. Juli 1414 «*nach vesperzit*» der Stadt näherte, erreichten ihn in Bümpliz 500 Knaben, die nicht über 16 Jahre alt waren. Sie trugen weisse und rote Festgewänder und hatten Kränze auf dem Kopf, an denen kleine Papierschildchen mit dem Wappen des Reiches befestigt waren. In den Händen hielten sie Fähnchen, auf denen abwechselnd der Berner Bär und der Reichsadler zu sehen waren (Abb. 230). Der grösste unter diesen Knaben, der an der Spitze der Schar stand, führte eine grosse Reichsfahne. Sie begrüssten Sigmund mit Kniefall, und der König sprach zu seinen Begleitern: «*Da wachset uns ein nüwe welt.*» Danach kam dem König die Berner Geistlichkeit mit ihren Schülern in feierlicher Prozession mit Kreuz und Fahnen entgegen. Die Geistlichen hatten aus ihren Kirchen die Reliquien mitgebracht und begrüssten den Herrscher mit einem Lobgesang. Hinter dem Klerus wartete die gesamte Bürgerschaft in musterhafter Ordnung zu beiden Seiten der Strasse, allen voran der Schultheiss Peter von Krauchtal, die Räte und die Zweihundert. Auch sie waren bekränzt. Beim Eintreffen des Königs vor dem Stadttor trat der Schultheiss vor und bot dem König als dem Herrn der Stadt die Schlüssel zu den Stadttoren dar, worauf dieser sie ihm sogleich wieder zurückgab und die

Worte sprach: «Nempt die slüssel wider und hütent si wol.» Danach ritt Sigmund unter einem Baldachin aus Goldbrokat, getragen von den vier Vennern, in feierlicher Prozession durch die geschmückten Strassen in Bern ein, wobei der Schultheiss und die Ratsherren zu Fuss neben dem königlichen Pferd einhergingen. Den Einritt des Königs in die Stadt nutzten zahlreiche aus der Stadt Verbannte aus, um vom königlichen Begnadigungsrecht zu profitieren, indem sie sich an seinen Kleidern oder am Pferd festhielten und so in die Stadt gelangten (Abb. 231). Vor dem Zytgloggenturm gingen die Geistlichen wieder in ihre Gotteshäuser, und Sigmund wurde zu seinem Quartier im Predigerkloster geführt. Seine Kammer war herrlich bereitet: Die Tische waren reich gedeckt, an den Wänden hingen kostbare Tücher, dort wo sein Stuhl stand, sogar ein goldenes, und auch sein Bett war mit goldenen und seidenen Tüchern bezogen. Doch, so fährt Justinger fort, nahm der König nur einmal sein Mahl in der Stube ein, die anderen Male beehrte er die Tischgemeinschaft im Refektorium mit seiner Anwesenheit. Als man für die Mahlzeiten das städtische Silbergeschirr verwenden wollte, lehnte dies Sig-

Abb. 230:
Diebold Schilling, Spiezer Bilderchronik, 1484/85, Bern, Burgerbibliothek, Mss. hist. helv. I. 16, S. 601.

Besuch König Sigmunds in Bern 1414: Der König und in seiner Begleitung Graf Amadeus VIII. von Savoyen treffen unter dem Reichs- und dem savoyischen Banner mit grossem Gefolge vor Bern ein. Zuerst begrüssen ihn, ehrfürchtig kniend, die Berner Knaben. Jeder trägt ein «Tscheppelin» mit angestecktem Wappenschild des Reiches und hält ein Fähnchen mit dem Reichsadler oder dem Berner Bären in der Hand. Dahinter stehen die Geistlichen der Stadt mit Fahnen und Reliquien bereit, den hohen Besuch zu empfangen.

Abb. 231:
Diebold Schilling, Amtliche Berner Chronik, 1474–1483, Bern, Burgerbibliothek, Mss. hist. helv. I., 1, S. 327.

Besuch König Sigmunds in Bern 1414: Der König führt Verbannte, die sich am seinem Pferd festhalten, in die Stadt zurück.

mund ab, denn er glaubte, die Böhmen könnten nicht ohne Stehlen sein. So benutzte man dünne Gläser, wobei der König und die beiden Grafen einträchtig aus einem Glas tranken.[5]

Dieses Empfangszeremoniell vereinigt weltliche und geistliche Elemente, wie sie in dieser Kombination allein dem König und zukünftigen Kaiser als Haupt des Heiligen Römischen Reiches vorbehalten waren.[6] Es geht in seinen Hauptelementen – Einholung durch die Jugend vor der Stadt, Empfang durch die Geistlichkeit mit den Reliquien, Begrüssung durch die Stadtoberen und die ganze Bürgerschaft beim Stadttor, Einritt in die Stadt in feierlicher Prozession unter einem Baldachin mit Einführung von Verbannten, Gottesdienst in der Kirche – auf antike Wurzeln zurück und symbolisiert die Ankunft, den Advent des triumphierenden Herrn und Heilsbringers, der mit der Aura des Heiligen umgeben ist.[7]

Noch stärker tritt der Aspekt des Sakralen beim Empfang des Papstes als des Hauptes der universalen Kirche und Stellvertreters Christi hervor. Auch hierzu hat uns Justinger mit seinem Bericht über den Besuch Papst Martins V. ein lebensvolles Bild hinterlassen: Als sich der im November 1417 am Konstanzer Konzil zum Papst gewählte und gekrönte Otto Colonna auf dem Weg nach Italien unter bernischem Geleitschutz am 24. Mai 1418 der Stadt näherte, ging ihm die ganze Geistlichkeit mit Kreuz und Heiltum entgegen, dahinter folgte *«allermenglich [...] ze ross und ze fusse»*. Nach dem Empfang vor der Stadt geleitete man den Papst zuerst zur Leutkirche, dann zum Predigerkloster, wo man ihm ähnlich wie bei König Sigmund ein herrliches Gemach bereitet hatte. Am Fronleichnamstag, dem 26. Mai, hielt Martin V. mit zwanzig Kardinälen und Bischöfen eine Messe von dreieinhalb Stunden Dauer. Eigens für diese Gelegenheit war eine neue (die «obere») Kirchentür gemacht worden (siehe Kastentext, S. 317). Der Rat erhielt Zutritt zum Chor, das Volk stand im Kirchenschiff und im oberen Baumgarten. Nach der Messe begab sich der Papst auf den *«obren tormenter»*, das heisst zum Schlafsaal im oberen Stock[8], sang *«ein collecte [Bittgebet[9]] uber daz volk, daz sich got uber sin volk erbarmote»*, und gab dem Volk seinen Segen. In der Kirche und im Kreuzgang gab es Gelegenheit zu Beichte und Busse. Die Heiligkeit des Stellvertreters Christi und der grosse Segen, an welchem Bern durch dessen Anwesenheit teilhaftig wurde, äusserte sich nach Justinger unter anderem darin, dass während dessen Anwesenheit mehr als 60 Salmen und grosse Forellen gefangen wurden, soviele wie nie zuvor. Zur Erinnerung an den Besuch schenkte der Papst der Berner Leutkirche eine goldene Chorkappe, auf welcher das päpstliche Wappen aufgenäht war.[10]

In ähnlicher Weise spielte sich der Einzug von Papst Felix V. ab, des früheren Herzogs Amadeus VIII. von Savoyen, der im November 1439 vom Basler Konzil zum Papst gewählt worden war. Auf dem Weg zur Krönung nach Basel traf – wie Diebold Schilling berichtet – der *«altherr von Safoy»* am 18. Juni 1440 mit grosser Herrschaft und viel Prunk in Bern ein. Er führte das heiligste Sakrament mit sich, und vor ihm wehten die savoyischen Banner, beschwert und geziert mit den Schlüsseln Petri und der päpstlichen Tiara. Auch schritten vor ihm zwölf unberittene weisse, reich geschmückte Pferde, einher. Sie stellten die zwölf Apostel dar, wobei eines, das rot gesprenkelt war, den Judas symbolisierte.[11]

Beim päpstlichen Advent war das Zeremoniell, dessen wichtigste Elemente wir auch in der Palmsonntagsprozession finden[12], auf den geistlichen Heilsbringer und Erlöser ausgerichtet. In der Ikonographie wird der Papst jedoch oft mit einem Purpurmantel bekleidet, die Tiara tragend und auf einem reich geschmückten Schimmel einherreitend dargestellt

Baumassnahmen im Dominikanerkloster zum Papstbesuch

Daniel Gutscher

Dass Papst Martin V. – eben erst am Konstanzer Konzil gewählt – 1418 in der Kirche der Dominikaner empfangen wurde, mag zunächst erstaunen. Schon vier Jahre zuvor logierte König Sigismund hier. Die Erklärung ist einfach: die Kirche der Dominikaner stellte damals den grössten Bau Berns dar (vgl. Kap. I, S. 62; →Abb. 382), und Klosterbauten boten für die Unterbringung eines geistlichen oder weltlichen Hofstaates genügend Platz. Die Grundsteinlegung zum Münster erfolgte erst 1421 (vgl. Kap. V, S. 421).

Ein Befund der archäologischen Bauuntersuchungen von 1988–1991 belegt eindrücklich, welch grossen Aufwand man für diesen Papstbesuch trieb. Er scheint jenen zu Sigmunds Auftritt noch übertroffen zu haben. Für den triumphalen Einzug des Papstes und seines Gefolges brach man eigens eine Türe aus der Südwand – und wohl gleichzeitig auch eine in den Lettner. Die neue Tür, von der Justinger berichtet (*«do wart die ober kilchtür... gemacht»*), ermöglichte den direkten Zugang aus dem «oberen Baumgarten», beziehungsweise Friedhof, in den Quergang hinter dem Lettner. Die Breite der Öffnung betrug 2,37 Meter, die Höhe aufgrund der erhaltenen Bogenansätze rund 3,30 Meter. Das Gewände wies Malereiresten auf.[13]

Die stattliche Breite des Portals lässt einen feierlichen Einzug in Zweierkolonne zu; die völlig aussergewöhnliche Lage der Türe, die direkt hinter den Lettner, also in den Klausurbereich der Mönche führt, belegt, dass man durchaus bereit war, an ganz besonderen Tagen von uralten «sakrosankten» Gepflogenheiten abzurücken. Dies bestätigt auch die Fortsetzung von Justingers Bericht: Am Fronleichnamstag, 26. Mai 1418, hielt der Papst mit über zwanzig Kardinälen und Bischöfen am Hochaltar im Chor ein feierliches Amt von dreieinhalb Stunden Dauer. Dabei befanden sich der Rat im sonst ausschliesslich den Mönchen vorbehaltenen Chor, das Volk im Schiff und im oberen Baumgarten: «*und liez man die rete und erber lüte in den kor, und waz grosse welt in der kilchen und im oberen bongarten.*» Nach der Messe begab sich der Papst in den «*obren tormenter*», das heisst ins Dormitorium im oberen Stock des Ostflügels (es lag über dem Kapitelsaal), wo man eigens für den hohen Besuch die Zwischenwände herausgebrochen hatte. Von hier aus – wohl aus einem zum Balkon hergerichteten Fenster – sang der Heilige Vater der aussen versammelten Volksmenge ein Bittgebet und erteilte den Segen.[14]

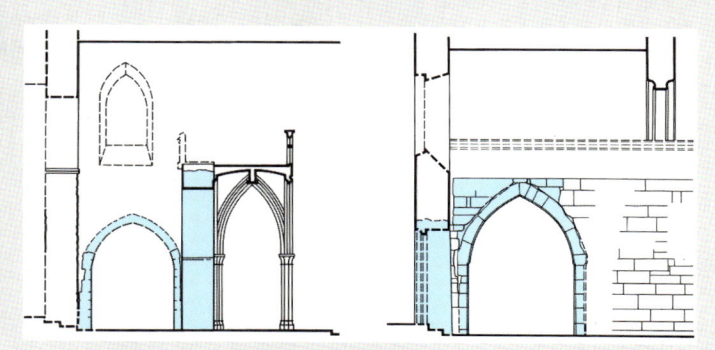

Befunde von 1989 zu Mauerdurchbrüchen in der Südwand und im Lettner der Dominikanerkirche für den Papstbesuch von 1418. Links Längsschnitt nach Süden, rechts Querschnitt nach Westen. Neue Portale: blau. Plan ADB/Gutscher (nach Descœudres/Utz Tremp, 1993).

(Abb. 232, 233). Hierbei handelt es sich um ausserliturgische, ursprünglich imperiale Herrscherinsignien, mit denen das Papsttum – legitimiert durch die angebliche Konstantinische Schenkung – seinen Anspruch auf kaisergleiche Stellung demonstrierte.[15] Das Mitführen des *corpus Christi* auf einem ebenso prächtig geschmückten Schimmel, von dem auch Justinger bezüglich der Weiterreise Martins V. nach Freiburg berichtet[16], sowie die zwölf reiterlosen Pferde Felix' V. verstärkten diese Demonstration.[17]

Die Gastung

Die standesgemässe Unterbringung der hohen Gäste stellte eine Stadt wie Bern mit ihren rund 5000 Einwohnern[18] vor grosse logistische Probleme, da die Gäste gewöhnlich mit grossem Hofstaat anreisten. So führte König Heinrich VII. bei seinen Besuchen 1309 und 1310 mehr als tausend Pferde mit sich[19], und König Sigmund kam mit ebenfalls über 800 Pferden an, wobei der ihn begleitende Graf Amadeus VIII. von Savoyen nochmals deren gut 600 bei sich hatte[20], so dass sich die Gesamtzahl auf mehr als 1400 Pferde belief. Dabei ging es nicht nur um den blossen Unterhalt der Gäste und ihrer Pferde, sondern darüber hinaus galt es, prunkvolle Festlichkeiten zu organisieren, und dies unter Gewährleistung von Ordnung und Sicherheit, was angesichts des zu erwartenden riesigen Volksauflaufs und der Einführung von Verbannten in die Stadt kein leichtes Unterfangen war.

Als der Rat vernahm, dass König Sigmund mit den beiden Grafen als Begleiter und riesigem Gefolge ins Üechtland gekommen war, schickte er seine Boten nach Romont, um ihn zum Besuch nach Bern einzula-

Abb. 232:
Diebold Schilling, Amtliche Berner Chronik, 1474–1483, Bern, Burgerbibliothek, Mss. hist. helv. I., 1, S. 373.

Einzug Papst Martins V. in Bern 1418: Der Papst reitet auf einem reich verzierten Schimmel unter einem Baldachin und macht mit der rechten Hand das Segenszeichen. Er ist mit einem Purpurmantel bekleidet und trägt die Tiara. Dem Papst folgen zahlreiche Kardinäle, und dahinter sieht man die Mitren der Bischöfe. Trompeter verkünden die Ankunft des Papstes, und aus der Stadt kommt dem hohen Gast die Geistlichkeit mit Heiltum, Kreuz und Fahnen entgegen.

Abb. 233:
Diebold Schilling, Amtliche Berner Chronik, 1474–1483, Bern, Burgerbibliothek, Mss. hist. helv. I., 2, S. 7.

Besuch Papst Felix' V. in Bern 1440: Der gewählte Papst reitet auf einem reich verzierten Schimmel unter einem Baldachin und macht mit der rechten Hand das Segenszeichen. Er ist mit einem Purpurmantel bekleidet und trägt die Tiara, was nicht korrekt ist, da der Papst sich zu jenem Zeitpunkt erst auf dem Weg zur Krönung nach Basel befand. Ihm voraus gehen zwei Reiter, die das Vortragekreuz führen. Das bewaffnete Gefolge wird angeführt von einem Kardinal, vermutlich von Kardinal Louis d'Alaman, der am Basler Konzil die Wahl Herzog Amadeus' VIII. von Savoyen betrieben hat (Vadon, 1992, S. 116f.).

den.[21] Gleichzeitig sollten dort mit ihm die Modalitäten über seinen Einzug in die Stadt ausgehandelt werden. Laut der Ratsordnung ging es insbesondere um die Frage, welche Übeltäter der König nach altem Brauch in die Stadt einführen sollte und welche nicht, denn nur schon aus Angst vor Unruhen wollte Bern nicht jeden aufnehmen. Man einigte sich dahingehend, dass jene Verbannten in die Stadt zurückkehren durften, die wegen nicht ehrenrühriger Verbrechen die Stadt hatten verlassen müssen, nicht aber jene, die wegen Aufruhrs oder anderer ehrenrühriger Verbrechen ihre Ehre verloren hatten.[22] In der Stadt selbst ging man daran, die Strassen von Mist und Erde zu säubern und das in den Strassen liegende Bauholz («zimer») wegzuräumen[23], um nachher – wie etwa aus Freiburg von anderen Besuchen überliefert ist – wohl auch hier die Strassen, durch die der König bei seinem Einzug reiten sollte, mit Tannästen auszulegen und vor den Häusern als Schmuck junge Bäumchen aufzustellen.[24] Gleichzeitig wurden für Menschen und Pferde die Quartiere hergerichtet und genügend Lebensmittel herbeigeschafft. Die Leitung dieser Arbeiten übernahmen Klein- und Grossräte. Rudolf Zigerli von Ringoltingen und ein gewisser Bremgarten waren für die Küche und die Herrichtung der Kammern im Dominikanerkloster, dem Quartier des Königs, verantwortlich. Ersterer wurde zusammen mit einem gewissen Kesli auch gleich zum Küchenmeister bestimmt. Die Venner hatten für die Herrichtung der königlichen Stallungen zu sorgen. Für die übrigen in der ganzen Stadt verteilten Stallungen hatten Hürenberg, Jakob von Bolligen, Burgistein, Pfister, Tedlinger, von Büren, Anton Guglan, Ruf von Sibental, unser Gewährsmann Konrad Justinger sowie Gysenstein, Schwab und Henz Wagner zu sorgen. Weitere Chargen betrafen die Bereitstellung der Lebensmittel: Im Wil und Höstnagel waren für den Wein zuständig, Kuno Hetzel, Blindmann, der alte Tormann und Irreney für das Brot, Balmer und Gysenstein für das Fleisch und Ruf von Silbental und Sefrid für die Fische (Abb. 234).

Um die Sicherheit der Gäste zu gewährleisten, stellte der Rat bewaffnete Reiter und Fussknechte in Bereitschaft, wobei er Bolliger und Sefrid zu Hauptleuten über das Rossvolk ernannte und die vier Venner den Befehl über das Fussvolk übernahmen. Kuno von Herten und Jost waren die Hauptleute über die Knaben, vermutlich jene 500 Knaben, die dann dem König zur ersten Begrüssung nach Bümpliz vorausgeschickt wurden.

Ausserdem wurden Unruhestifter mit Handabhacken oder mindestens zehn Pfund Busse bedroht.[25]

Mit den Vorbereitungen des Besuches von Papst Felix V. befassten sich Bern, Solothurn und Freiburg gemeinsam. Die Vertreter der drei Städte kamen in Bern zusammen, um alle Fragen betreffend Geleit, Geschenke und Bewirtung zu besprechen. Darauf stellten Bern und Freiburg und vermutlich auch Solothurn am 6. Juni ihre Geleitsbriefe aus.[26] Am 11. Juni, eine Woche vor der Ankunft des Heiligen Vaters, befahl der Berner Rat dem Schultheissen Peter Schopfer in Thun, gute Fische fangen zu lassen und diese nach Bern und Freiburg zu spedieren.[27] Als Ehrengeschenk und zum Unterhalt stellte Bern für den achttägigen Besuch Herzog Karls III. von Savoyen und seines über 300 Pferde zählenden Gefolges im November 1517 sechs schwere Ochsen («*mit der stat farb duch bedekt*»), 24 Schafe, zwölf Kälber, Wildbret («*so vil man haben mocht von tieren und gfigel, des ouch gnug und nit zu tür gefunden ward*»), 60 Mütt Hafer, sechs Fuder Wein und für die Herbergen genug Holz bereit.[28]

Ihr Quartier fanden König Sigmund und Papst Martin V. im Dominikanerkloster (siehe Kastentext, S. 317).[29] Dort war im Jahre 1382 vermutlich schon Graf Amadeus V. von Savoyen untergebracht worden.[30] Auch in anderen Städten scheinen die Bettelorden die besten Quartiere geboten zu haben, denn in Freiburg und Solothurn beispielsweise logierten mehrmals hohe Gäste bei den Franziskanern.[31] Eigens für den Besuch Martins V. wurden bei den Dominikanern die Zellenwände aus dem Dormitorium herausgebrochen und an ihrer Stelle «gute Gemächer» eingerichtet, das Dormitorium selbst wurde mit neuen beschlagenen Türen versehen.[32] Nach seiner Reform im Jahre 1419 verlor das Dominikanerkloster die Funktion als Herberge für hohe Gäste wie auch diejenige als Versammlungsort des Grossen Rates. Die letztere Funktion übernahm das eben entstandene neue Rathaus (vgl. Kap. IV, S. 296, Kap. IV, S. 301), während die hohen Gäste forthin wohl bei Privaten, das heisst bei den Häuptern der Stadt, und in Gasthäusern untergebracht wurden[33], wie es schon in der Berner Handfeste vorgesehen[34] und 1517 bei Herzog Karl III. von Savoyen der Fall war, der im Haus des Schultheissen Jakob von Wattenwyl logierte.[35]

Nachdem die Gäste wieder abgereist waren, überschlug man in Bern die Kosten, die der hohe Besuch verursacht hatte. In Freiburg wurden zu diesem Zweck separate Rechnungen geführt, deren Endsummen in die Haupt- oder Stadtrechnung übertragen wurden.[36] In Bern haben sich keine solchen Rechnungen erhalten, und grösstenteils fehlen für die Jahre, in denen hohe Gäste in der Stadt weilten, auch die Stadtrechnungen.[37] Laut Justinger beliefen sich die gesamten Kosten der beiden Besuche Kaiser Karls im Jahre 1365 auf 3000 Pfund, bei Sigmund wandte die Stadt für Lebensmittel, Schmiede- und Sattlerarbeiten, auch für die Vergnügungen «*bi den schönen frouwen im geslin*» und alle Geschenke an die Amtleute des Königs, namentlich an die Pfeiffer, Trompeter, Türhüter, Metzger und Köche, 2000 Pfund auf und für Sigmunds Zwischenhalt in Aarberg Ende Juli 1415 nochmals 500 Pfund.[38] Die Kavalierstour der beiden jungen Söhne von Herzog Amadeus VIII. von Savoyen im Mai 1438 kam für Bern auf 1400 Pfund zu stehen.[39] Nebst hohen Kosten bewirkten die Besuche hoher Gäste, dass wegen des grossen Bedarfs die Lebensmittel vorübergehend merklich teurer wurden. Justinger, der bezüglich der Besuche Kaiser Karls und König Sigmunds davon spricht, macht aber weitere Umstände für die Teuerungen mitverantwortlich, um die Besuche ja nicht als Last erscheinen zu lassen, nämlich bei Karl IV. die Kriege, die nach dessen Aufenthalten in Strassburg, Basel und Bern im Elsass ausgebrochen waren, und bei Sigmund das Konstanzer Konzil, das wenige Monate nach dessen Besuch eröffnet worden war. Beides habe auch in Gebieten, wo der König nicht hingekommen sei, zu jahrelangen Teuerungen geführt.[40]

Abb. 234:
Diebold Schilling, Amtliche Berner Chronik, 1474–1483, Bern, Burgerbibliothek, Mss. hist. helv. I., 1, S. 326.

Besuch König Sigmunds in Bern 1414: Der für den König gedeckte Tisch im Dominikanerkloster.

Abb. 235:
Diebold Schilling, Spiezer Bilderchronik, 1484/85, Bern, Burgerbibliothek, Mss. hist. helv. I. 16, S. 146.

Besuch König Heinrichs VII. in Bern 1309/10: Von einem prächtigen Gefolge begleitet zieht der künftige Kaiser nach Bern. In der ersten Gruppe, die von zwei Trompetern angeführt wird, reitet die Königin, begleitet von den Erzbischöfen von Mainz und Trier. Der Zug des Königs wird von tanzenden Spielleuten eröffnet. Der Herrscher reitet unter einem roten Baldachin, ihm folgen die Fürsten und Ritter (Schilling, 1991, S. 206).

Abb. 236:
Diebold Schilling, Spiezer Bilderchronik, 1484/85, Bern, Burgerbibliothek, Mss. hist. helv. I. 16, S. 368.

Besuch Kaiser Karls IV. in Bern 1365: Mit grossem Gefolge reitet der Kaiser in Begleitung der Kurfürsten von Mainz und Trier unter dem Reichsbanner nach Bern. Die Vorhut des kaiserlichen Zuges hat die Stadt im Hintergrund schon erreicht.

Zur Bedeutung Berns im Rahmen der herrscherlichen Reisen durch den westschweizerischen Raum

Die römisch-deutschen Könige

Bern diente zusammen mit Freiburg und Solothurn den sechs spätmittelalterlichen Königen, welche die Aarestadt besuchten, in erster Linie als Etappenort auf dem Weg von Savoyen zum Oberrhein und nach Schwaben oder umgekehrt. Die Achse, die während der Blüte der Genfer Messen und der Freiburger Wolltuchproduktion bis zur Mitte des 15. Jahrhunderts zugleich eine wichtige Handelsverbindung war, verläuft vom Grossen St. Bernhard bzw. von Genf über Romont, Freiburg und Bern nach Solothurn, von wo es dann entweder über den Oberen Hauenstein nach Basel oder der Aare entlang über Baden und Zürich nach Konstanz weiterging (→Abb. 142).[41]

Gemessen an Aufenthaltsdauer und Häufigkeit der Aufenthalte waren im Südwesten des Reiches die beiden Konzilorte Konstanz und Basel die wichtigsten Zentren königlicher Herrschaftsausübung. Dies gilt bereits für König Rudolf, der sich auf dem Rückweg von Lausanne, wo er mit Papst Gregor X. wegen Verhandlungen um die Kaiserkrönung zusammengetroffen war[42], nach Basel befand, als er Ende Oktober 1275 in Bern urkundete. König Adolf, von Schwaben über Rheinfelden kommend[43] und über Solothurn wieder rheinabwärts reisend, suchte im Februar 1295 bei Solothurn und Bern Rückhalt gegen seinen Thronkonkurrenten Albrecht I. von Österreich.[44]

Die beiden Besuche König Heinrichs Ende April 1309 und Ende September 1310 (Abb. 235) – der zweite Aufenthalt dauerte zehn Tage – dienten den Vorbereitungen für den Romzug. Während der erste Besuch im Rahmen des Krönungsumrittes geschah, der den König über Zürich und Konstanz wieder nach Norden führte, befand sich Heinrich bei seinem zweiten Besuch bereits auf dem Romzug mit den nächsten Stationen in Murten, Lausanne und Genf. Obwohl Bern dem in Aachen gekrönten und dann rheinaufwärts reisenden König bereits in Breisach gehuldigt, von ihm dort die Bestätigung der königlichen Privilegien erlangt und ihm dann einen prächtigen Empfang bereitet hatte, musste es doch eine starke Beschneidung seines Freiraums hinnehmen, da der künftige Kaiser wegen seines grossen Geldbedarfs zahlreiche Reichsgüter und Regalien in und um Bern an seine Gefolgsleute aus dem burgundischen Adel, die ihn nach Rom begleiteten, verpfändete.[45]

Diese Adeligen bedrängten Bern auch bei den Besuchen Kaiser Karls IV. im Mai und Juni 1365, als dieser sich auf dem Weg zum Papst nach Avignon und zurück befand (Abb. 236). Justinger berichtet, dass sich damals ein grosser Streit erhoben habe, weil der Graf von Kyburg und andere Adelige aus dem Umkreis Berns angesichts der grossen Zahl anwesender Fürsten die Gelegenheit nutzten, sich – vielleicht in Anspielung auf die Goldene Bulle von 1356 – vor dem Kaiser zu beklagen, wie Bern ihre Untertanen widerrechtlich ins Burgrecht aufnehme. Die Auseinandersetzungen gingen soweit, dass Anton vom Thurn dem Berner Burger Kuno von Ringgenberg den Fehdehandschuh hinwarf, dieser ihn aufhob und der Kaiser schlichten musste. Trotz dieses Streits ist der Besuch Karls IV., des einzigen Kaisers, der sich je in der Aarestadt aufgehalten hat, den Bernern in guter Erinnerung geblieben, denn damals bestätigte ihnen der Enkel Heinrichs VII. alle ihre bisherigen Privilegien, und auf dem Rückweg verlieh er ihnen darüber hinaus landesherrliche Rechte, wie sie sonst vor allem Fürsten besassen.[46] Damit wollte sich Karl bei Bern wohl politischen Rückhalt verschaffen, um die Ansprüche Rudolfs IV. von Österreich, der sich den schwäbischen und elsässischen Herzogstitel angeeignet hatte, besser abwehren zu können.[47]

König Sigmund, der zweite Sohn Kaiser Karls IV., gönnte sich im Juli 1414 nach mehreren strapaziösen Tagesetappen, die ihn von Turin über den Grossen St. Bernhard ins Üechtland brachten, in Bern drei Tage relativer Ruhe und genoss das festliche Treiben, bevor er zur Krönung über Solothurn und Basel nach Aachen weiterzog. In Italien hatte der König vergeblich versucht, Filippo Maria Visconti von Mailand trotz Vorenthalts der Herzogswürde zur Leistung des Treueids und zur Öffnung des Weges nach Rom zur Kaiserkrönung zu bewegen. Hingegen war es ihm gelungen, auf Anfang November 1414 ein allgemeines Konzil nach Konstanz einzuberufen und Papst Johannes XXIII. zur Teilnahme zu verpflichten.[48] In Bern nun traf Sigmund mit den Boten der Eidgenossen sowie Solothurns und Freiburgs zusammen, um mit ihnen über militärische Unterstützung gegen Filippo Maria zu verhandeln. Bern und Solothurn sagten ihre Hilfe zu, während sich die übrigen Eidgenossen wegen Amadeus VIII. von Savoyen, der ihnen das Eschental weggenommen hatte und nun in Bern dem König huldigte (Abb. 237), reserviert verhielten.[49] Ferner belehnte Sigmund die Stadt Bern mit den Schlössern Wangen und Aarberg und bestätigte dem Berner Schultheissen das Recht, in Abwesenheit des Königs alle im Gebiet der Stadt liegenden Reichslehen, mit Ausnahme der an den Adel vergebenen, zu verleihen.[50]

Schon im Juli des folgenden Jahres erschien Sigmund ein zweites Mal in bernischen Landen. Diesmal befand er sich auf dem Weg von Konstanz nach Narbonne zu Papst Benedikt XIII., um diesen als letzten der drei sich konkurrenzierenden Päpste zugunsten des Konzils zum Rücktritt zu bewegen. Er zog über Schaffhausen, Basel und Solothurn nach Aarberg, wo er und seine Gemahlin von Bern wiederum grosszügig bewirtet wurden. Hier traf er abermals mit Graf Amadeus VIII. zusammen, um von ihm durch Savoyen geleitet zu werden.[51]

Mit König Friedrich III. kam im Oktober 1442 das letzte Reichsoberhaupt nach Bern und überhaupt in die Eidgenossenschaft (Abb. 238). Friedrich befand sich auf der Krönungsfahrt, die ihn durch den schweizerischen Raum nach Genf, wo er vom Herzog von Savoyen empfangen wurde, und weiter in die Freigrafschaft Burgund führte. Seine Reise fiel in die Zeit des Alten Zürichkrieges und stand unter dem Bestreben, die 1415 an die Eidgenossen verlorenen Gebiete, darunter auch den bernisch gewordenen Aargau, für das Haus Österreich zurückzugewinnen. Nach seiner Krönung in Aachen reiste Friedrich über Frankfurt, wo er einen Hoftag hielt, nach Zürich, um dort während eines zehntägigen Aufenthalts das Bündnis abzuschliessen, in welchem Zürich ihm für seine Revindikationsbestrebungen seine Unterstützung zusagte, während umgekehrt der König der Stadt Hilfe versprach in ihren Auseinandersetzungen mit Schwyz und den anderen eidgenössischen Orten wegen des Erbes der Grafen von Toggenburg. Bei seiner Weiterreise durch den ehemals österreichischen Aargau wurde er, wie aus einem detaillierten anonymen Reisebericht hervorgeht, überall warm empfangen. Der Aufenthalt in Bern, wo er «erlich emphangen» und ihm «gros er» erboten wurde[52], war für Friedrich von untergeordneter Bedeutung, denn er blieb hier wie zuvor in Solothurn nur zwei Tage und zog dann nach dem österreichischen Freiburg weiter, dem zweiten wichtigen Etappenort, wo er sich abermals zehn Tage aufhielt. Dort versuchten die Boten der eidgenössischen Orte nach ihren erfolglosen Bemühungen in Frankfurt zum zweiten Mal, die Bestätigung ihrer Privilegien zu erlangen. Doch auch diesmal wies der König sie ab. Nur den Bernern, die in den innereidgenössischen Auseinandersetzungen bisher eine eher vermittelnde Rolle gespielt und dem König durch ihr Gebiet sicheres Geleit gegeben hatten (und auch den Urnern, die an den eidgenössischen Eroberungen von 1415 nicht beteiligt gewesen waren), erneuerte Friedrich die Freiheiten.[53]

Abb. 237:
Diebold Schilling, Spiezer Bilderchronik, 1484/85, Bern, Burgerbibliothek, Mss. hist. helv. I. 16, S. 605.

Huldigung Herzog Amadeus' VIII. von Savoyen vor König Sigmund in Bern 1414: Vor dem König, der um den Thron seinen Hofstaat versammelt hat, legt der Graf barhäuptig seinen Treueid ab.

Abb. 238:
Diebold Schilling, Amtliche Berner Chronik, 1474–1483, Bern, Burgerbibliothek, Mss. hist. helv. I., 2, S. 4.

Besuch König Friedrichs III. in Bern 1442: Unter einem reich verzierten Baldachin reitet der König nach Bern. Zwei Trompeter, deren Instrumente mit Reichsfahnen behangen sind, künden seine Ankunft an. Die Vorhut marschiert mit dem Reichsbanner gerade in die Stadt ein. Im Gefolge wird auch eine österreichische Fahne mitgeführt. Der unmittelbar hinter dem König marschierende Knecht trägt ein Reichswappen, umrahmt von zwei österreichischen Wappen.

Abb. 239:
Diebold Schilling, Amtliche Berner Chronik, 1474–1483, Bern, Burgerbibliothek, Mss. hist. helv. I., 2, S. 5.

Besuch Ludwigs, des Kronprinzen von Savoyen, und Graf Philipps von Genf, der Söhne Herzog Amadeus' VIII. von Savoyen, 1438 in Bern.

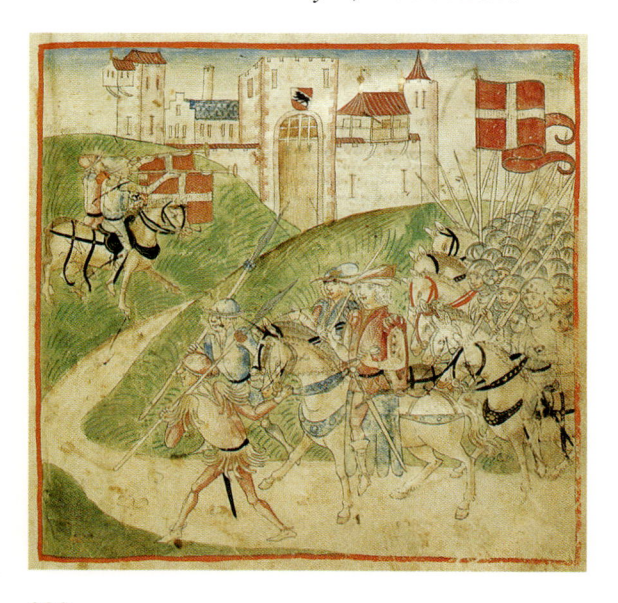

Die Päpste

Wie die königlichen Besuche fanden auch die Besuche der Päpste Martin V. im Mai 1418 und Felix V. im Juni 1440 im Rahmen von Durchreisen durch den schweizerischen Raum statt, so dass Bern zusammen mit Freiburg und Solothurn jeweils bloss als Etappenort eine gewisse Bedeutung erlangte. Während Felix auf seinem Weg vom Genfersee nach Basel in Bern wie an allen anderen Etappenorten nur ein- oder zweimal übernachtete, legte Martin auf seiner Reise von Konstanz nach Italien in der Aarestadt gleich einen zehntägigen Aufenthalt ein, so dass dieser Etappenort im Vergleich mit den anderen zwischen Konstanz und Genf gelegenen mit Abstand die grösste Bedeutung erhielt. In Genf hingegen hielt sich der Heilige Vater dann gleich mehrere Monate auf, bevor er den Mont Cenis in Angriff nahm.[54]

Während der Reise durch den schweizerischen Raum beschäftigte Martin sich mehrmals mit bernischen Angelegenheiten. So gab er die Erlaubnis zum Bau des neuen Münsters (vgl. Kap. V, S. 421) und inkorporierte zu diesem Zweck dem Stift St. Vinzenz mehrere Kirchenpfründen des Umlandes.[55] Ferner wurde der Papst um Pfründenprovisionen angegangen, was allerdings nicht alle mit Freude erfüllte. Hartmann von Bubenberg, Sohn des Berner Schultheissen Johannes von Bubenberg, wurde wegen Verstosses gegen die Bestimmungen über die Kumulation von Pfründen gleich von zwei Seiten angegriffen: Einerseits bat der aus ritterlichem Geschlecht stammende Johannes Labhard um dessen Kanonikat am St. Ursenstift in Solothurn[56], andererseits wurde ihm die Propstpfründe am St. Mauritiusstift in Zofingen von einem Fremden, von Johannes Christiani aus Norddeutschland, der als apostolischer Notar zum Gefolge des Papstes gehörte und wohl von den unsauberen Pfründenverhältnissen erfahren hatte, streitig gemacht.[57] Beide Konkurrenten erhielten vom Papst Provisionen, was zumindest im Falle von Zofingen zu einem Prozess führte.[58]

Die Fürsten

Mehrmals hiess Bern in seinen Mauern die Grafen und späteren Herzöge von Savoyen willkommen. Im Unterschied zu den Königen und Päpsten war für die Savoyer die Stadt Bern (oft zusammen mit Freiburg) eigentliches Ziel ihrer Reisen, denn die Motivation für ihre Besuche lag in der Pflege der Bündnisbeziehungen. Nachdem schon 1382 Graf Amadeus V. in der Stadt geweilt und 1414 Amadeus VIII. König Sigmund bis Bern begleitet hatten, statteten im Mai 1438 Ludwig, der Kronprinz von Savoyen, und sein Bruder Philipp, Graf von Genf, nacheinander den beiden verbündeten Städten Freiburg und Bern Freundschaftsbesuche ab (Abb. 239). Wie Tschachtlan und Schilling festhalten, dankten die beiden Söhne Amadeus' VIII. auf ihrer Kavaliersreise den beiden Städten für die ihnen zugesagte militärische Hilfe gegen französische und burgundische Söldnerbanden, die in Bourg-en-Bresse eingefallen waren.[59] Vor allem aber ging es bei diesem Besuch um die Unterzeichnung eines (nicht mehr erhaltenen) Bündnisvertrages, den Bern und Freiburg unter Vermittlung des savoyischen Herzogs kurz zuvor geschlossen hatten.[60] Der letzte Besuch eines savoyischen Herzogs im 15. Jahrhundert war jener von Amadeus IX. und seiner Gemahlin Yolanta, der Schwester König Ludwigs XI. von Frankreich, im Mai 1469. Der Sohn des inzwischen verstorbenen Ludwig befand sich auf der Huldigungsreise. Zuvor war er in Freiburg gewesen, wo ihm die Bürgerschaft als ihrem neuen Herrn den Untertaneneid geschworen hatte[61], und hier erneuerte er feierlich den Bundesvertrag zwischen Savoyen und Bern.[62] Nach dem Abschluss des Ewigen Friedens zwischen den Eidgenossen und König Franz I. von Frankreich Ende November 1516 half Bern einen Krieg zwischen dem französischen König und Herzog Karl III. von Savoyen zu vermeiden. Mitte November 1517 kam dann der savoyische Herzog zu einem Freundschaftsbesuch nach Bern, wo ihn auch die Abordnungen der übrigen eidgenössischen Orte empfingen, von denen einige seit 1512 ebenfalls im Bündnis mit Savoyen standen.[63]

Ein weiterer Gast in Bern war Herzog Philipp der Gute von Burgund im April 1454 (Abb. 240). Er befand sich auf dem Weg von Lille zum königlichen Hoftag in Regensburg, um dort König Friedrich III. seine Unterstützung im Kreuzzug gegen die Türken zuzusagen. Seine Abstecher nach Bern, Zürich und Konstanz bezweckten wohl, mit den Eidgenossen, die zwei Jahre zuvor mit König Karl VII. von Frankreich ein lockeres Bündnis eingegangen waren, ebenfalls engere freundschaftliche Beziehungen anzubahnen. Nach dem Hoftag machte er sich nach Dijon auf, reiste aber diesmal von Basel über Solothurn direkt nach Neuenburg.[64]

Schluss

Der Überblick über die spätmittelalterlichen Besuche hoher Gäste in Bern zeigt, dass die Stadt vor allem den römisch-deutschen Königen und den Päpsten primär als Etappenort auf ihren Reisen durch den westschweizerischen Raum diente. Die Aufenthalte wurden aber immer auch dazu benutzt, mit Bern und seinen Verbündeten politische Verhandlungen zu führen. So suchten die Könige bei ihnen politischen Rückhalt und militärische Unterstützung für ihre Unternehmungen und erteilten dabei Privilegien und andere Vergünstigungen, wobei die für die Emanzipation Berns wichtigsten Privilegien mit Ausnahme jener Karls IV. von 1365 und Friedrichs III. von 1442 allerdings meist schon vorher anderswo ausgestellt worden waren. Somit lag das Interesse an einem Besuch vor allem bei den Gästen selbst. Wenn die Stadt für den würdigen Empfang und die standesgemässe Unterbringung von hohen Gästen und deren gewöhnlich mehrere hundert oder gar über tausend Pferde zählendes Gefolge keine Kosten scheute, so geschah dies nicht nur, um im Fall der Könige der Gastungspflicht nachzukommen, sondern weil Bern dadurch Gelegenheit bekam, sein Prestige zu erhöhen und seine wachsende politische Bedeutung im Spiel der grossen Mächte augenfällig zum Ausdruck zu bringen. Manchmal wurde der Ruhm, den sich Bern mit dem Empfang hoher Gäste erworben hatte, von den Gästen selbst weitergetragen. So schreibt Justinger – wohl nicht zuletzt im Gedanken an die von König Sigmund im März 1415 gewährte Landeshoheit[65] und die daraufhin im Reichskrieg gegen Herzog Friedrich IV. von Österreich durchgeführte Eroberung des Aargaus –, dass die hohen Kosten, die Bern mit König Sigmund gehabt hatte, niemanden gereut hätten, und fährt fort: «*nachdem do der küng uf dem rine und vil andern stetten und landen gewesen waz, do rümde der küng offenlich, daz im in keiner richstat me eren und wirdikeit nach aller ordnunge erbotten were, denne ze bern. Und daz ist kuntlich war.*»[66]

Abb. 240:
Diebold Schilling, Spiezer Bilderchronik, 1484/85, Bern, Burgerbibliothek, Mss. hist. helv. I. 16, S. 785.

Besuch Herzog Philipps von Burgund in Bern 1454: Der Herzog reitet mit prächtigem Gefolge nach Bern. Wie einer seiner Begleiter trägt er auf seinem Gewand das burgundische Andreaskreuz mit den Emblemen des Goldenen Vlies.

Verwaltung

Konrad Türst in Bern und seine Beziehungen zu Rudolf von Erlach

Hans-Peter Höhener

In der Zentralbibliothek Zürich befinden sich zwei Handschriften in ähnlicher Schönschrift, deren Text von Konrad Türst stammt und die beide dem bernischen Altschultheissen Rudolf von Erlach gewidmet sind. Die erste aus dem Jahre 1482 ist astrologisch-medizinischen

Inhalts (Abb. 241),[1] die zweite – aus dem Inhalt heraus auf die Jahre 1495–1497 datiert – stellt eine Beschreibung der zehnörtigen Eidgenossenschaft dar,[2] zu der eine Karte der Schweiz gehört (Abb. 242, 243).[3]

Das Leben von Konrad Türst
Der Zürcher Konrad Türst wurde um die Mitte des 15. Jahrhunderts geboren; sein genaues Geburtsjahr ist nicht bekannt. Gerold Edlibach hat ihn in seiner deutschen Bibel als einer seiner Freunde notiert, der vor oder nach seinem Geburtsjahr 1454 geboren sei.[4] Das Geschlecht der Türsts war schon lange in der Stadt und Landschaft Zürich ansässig. Konrads Vater, Bernhard Türst, war 1423–1460 Kaplan am Dreifaltigkeitsaltar im Fraumünster und 1462–1477 Chorherr im Fraumünsterstift.[5] Seine Mutter Brida (Brigitta) Lorentz, dessen Haushälterin, stammte aus dem Montafon in Vorarlberg.[6] Konrad besass einen Bruder Heinrich, der später als Leutpriester in Stäfa genannt wird.[7] Dass Chorherren Kinder hatten, war damals nichts Aussergewöhnliches. Sein Vater wohnte nahe beim Fraumünster im Haus «zum Psalter», heute Münsterhof 5[8], wo sich die Fraumünster-Apotheke befindet. Er starb in hohem Alter vor 1480.[9]

Aus Konrads Jugend wissen wir nur, dass er 1466 mit seiner Mutter und seinem Bruder ins Bürgerrecht der Stadt Zürich aufgenommen worden ist.[10] 1470 immatrikulierte er sich an der erst 10 Jahre vorher gegründeten Universität Basel, wo er ein Jahr später den Titel eines *«Baccalaureus»* erwarb.[11] Dann verlieren sich seine Spuren. Wir begegnen ihm erst wieder 1482 in Bern, das er spätestens 1486 wieder verlässt. Er hielt sich aber für längere Zeit auch an anderen Orten auf. Am 29. Juli 1482 erwarb er in Pavia, der Universität des Herzogtums Mailand, zuerst das Lizentiat und nachher den Doktor der Medizin.[12] Am 5. April 1484 schrieb er sich an der 1472 gegründeten Universität des Herzogtums Bayern-Landshut in Ingolstadt ein.[13] Er begegnete dort wohl Johannes Stabius (nach 1460–1522), der dort zwei Jahre vorher sein Studium begonnen hatte und später ein berühmter Mathematiker und Kartograph wurde.[14]

Am 8. August 1489 wurde er – vor vier Monaten, am 6. April 1489 war Hans Waldmann geköpft worden – mit einem Gehalt von 40 Gulden jährlich zum Stadtarzt in Zürich ernannt.[15] Er verliess die Stadt aber immer wieder für längere Reisen. Im Frühling 1493 begab er sich nach Mailand an den Hof des Herzogs Galeazzo Sforza und 1497 reiste er zu Ludovico il Moro, dem er auch als Informant über die Geschehnisse in der Eidgenossenschaft berichtete.[16] Beim Herzog hatte ihn Konrad III. von Hohenrechberg, Abt von Einsiedeln (Abt 1480–1526) eingeführt.[17] 1498 nahm er Beziehungen zu König Maximilian I. auf, der sich 1494 in zweiter Ehe mit Bianca Maria Sforza, der Nichte des Ludovico il Moro, verbunden hatte. 1499 wurde er an dessen Hof berufen. Maximilian trug sich mit der Absicht, ihn zu Stephan, Herzog in der Walachei und der Moldau, zu schicken, um diesen ärztlich zu behandeln.[18] Am 20. Februar 1501 wurde *«Cunraten Türst, lerer der Erzney»* von Maximilian auf zehn Jahre *«zu unseren diener und arzt»* aufgenommen. Er sollte sich in der Stadt Innsbruck aufhalten und erhielt jährlich 100 Gulden.[19] Türst lebte nun dort, seine Familie blieb aber in Zürich zurück. Über seine Frau Verena ist, ausser dass sie eine Witwe Lienhart gewesen sei, nichts bekannt.[20] Am 18. August 1503 verstarb er im Alter von etwa 50 Jahren. Das Todesdatum ist in das Jahrzeitbuch des Zisterzienserinnenklosters Frauenthal im Kanton Zug eingetragen,[21] wo zwei seiner Töchter, Mechthild und Regula, als Klosterfrauen lebten.[22] Die Bibliothek Konrad Türsts wurde vom Apotheker und Zunftmeister Anton Clauser († 1515) *«mit vil gelts»* für seinen Sohn Christoph angekauft, der später Stadtarzt von Zürich wurde.[23]

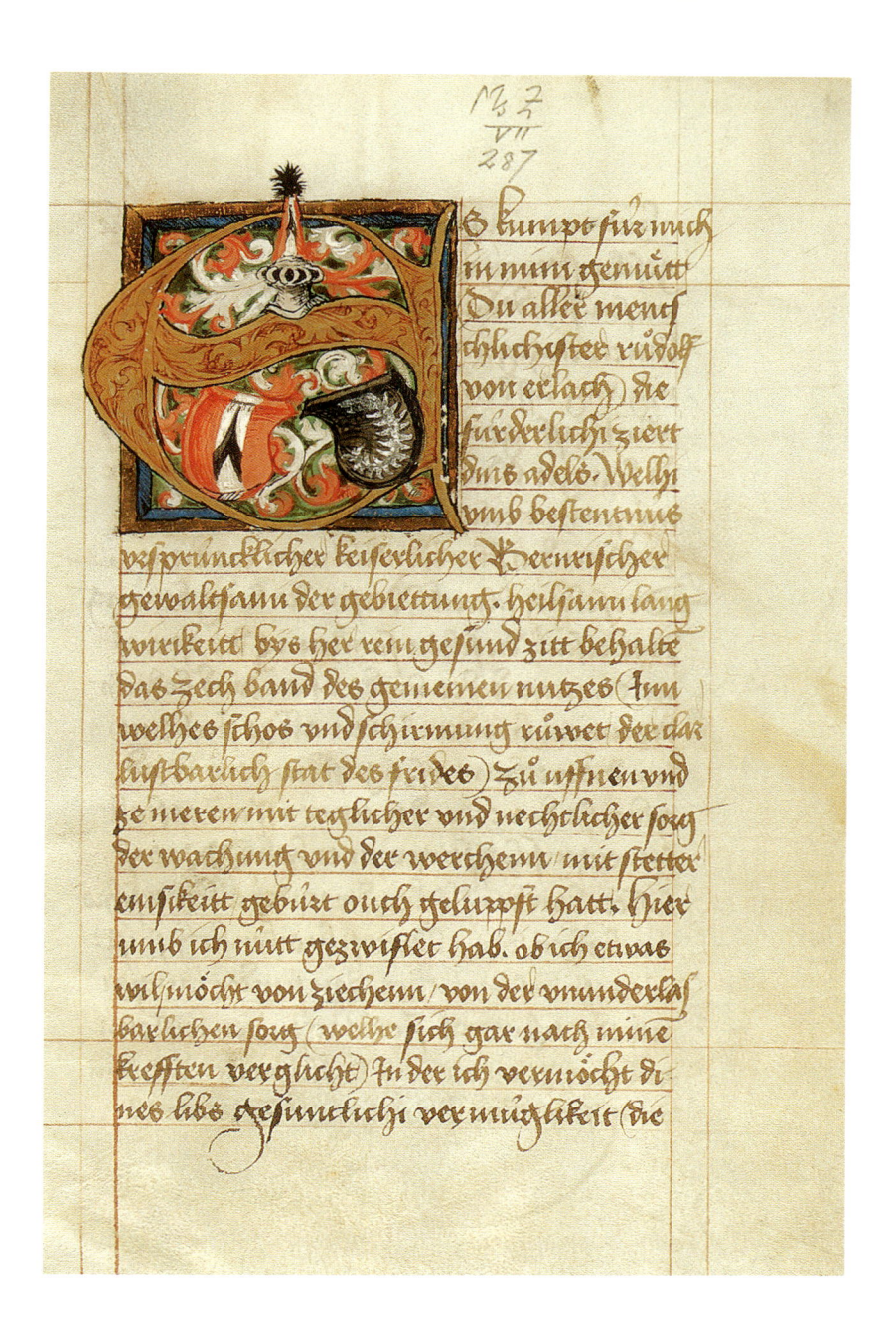

Abb. 241:
Konrad Türst, Gesundheitsbüchlein für Rudolf von Erlach, Wappen der von Erlach und Praroman, 1482, Zürich, Zentralbibliothek, Z VII 287, fol. 1r.

Das Werk von Konrad Türst

Konrad Türst war in erster Linie Arzt und zwar gehörte er der damals vorherrschenden astrologisch-medizinischen Schule an, die auch «Iatromathematik» genannt wird. Diese Ärzte wollten das menschliche Leben bis in die kleinsten Einzelheiten durch astronomische Berechnungen astrologisch in den Griff bekommen. Sie ermittelten günstige und ungünstige Tage, um vor Unglück und Krankheit zu schützen oder gesundheitsbringende Tage nützen zu können; sie strebten sogar danach, Ratgeber in allen Lebensfragen zu werden.[24] Als seinen Lehrmeister («*den gelertistenn der artzny und astronomy, minen uüberflüssigenn gebietter*») nannte Türst Konrad Heingarter.[25] Der aus Zürich stammende Arzt war in Frankreich tätig, seit etwa 1464 im Dienste des Herzogs Johann II. von Bourbon und später als Leibarzt König Karls VIII.[26] 1482, 1495 und 1504 wurde er auch nach Bern gerufen, um vornehmen Leuten ärztliche Hilfe zu leisten.[27] Dass Türst auch in Frankreich gewesen ist, lässt sich nicht beweisen.[28] In Zürich war Türst als Stadtarzt der Nachfolger von Eduard Schleusinger (um 1430 bis nach 1488), der sich in Basel im gleichen Jahr wie Türst immatrikuliert hatte[29] und später als Stadtarzt von Bamberg wirkte.[30]

Türst verfasste verschiedene medizinisch-astrologische Gutachten, von denen bis jetzt bekannt sind: 1. Das schon erwähnte Gesundheitsbüch-

Abb. 242:
Konrad Türst, Beschreibung der Eidgenossenschaft, Bern betreffend, «Von gelegenheit und sunderbarer beschribung üwrer von Bern mercklich grosser dreffenlicher herschafft. das vierd Capitel» (ab Ende der 8. Zeile), 1495/97, Zürich, Zentralbibliothek, Z IX 307, fol. 7v.

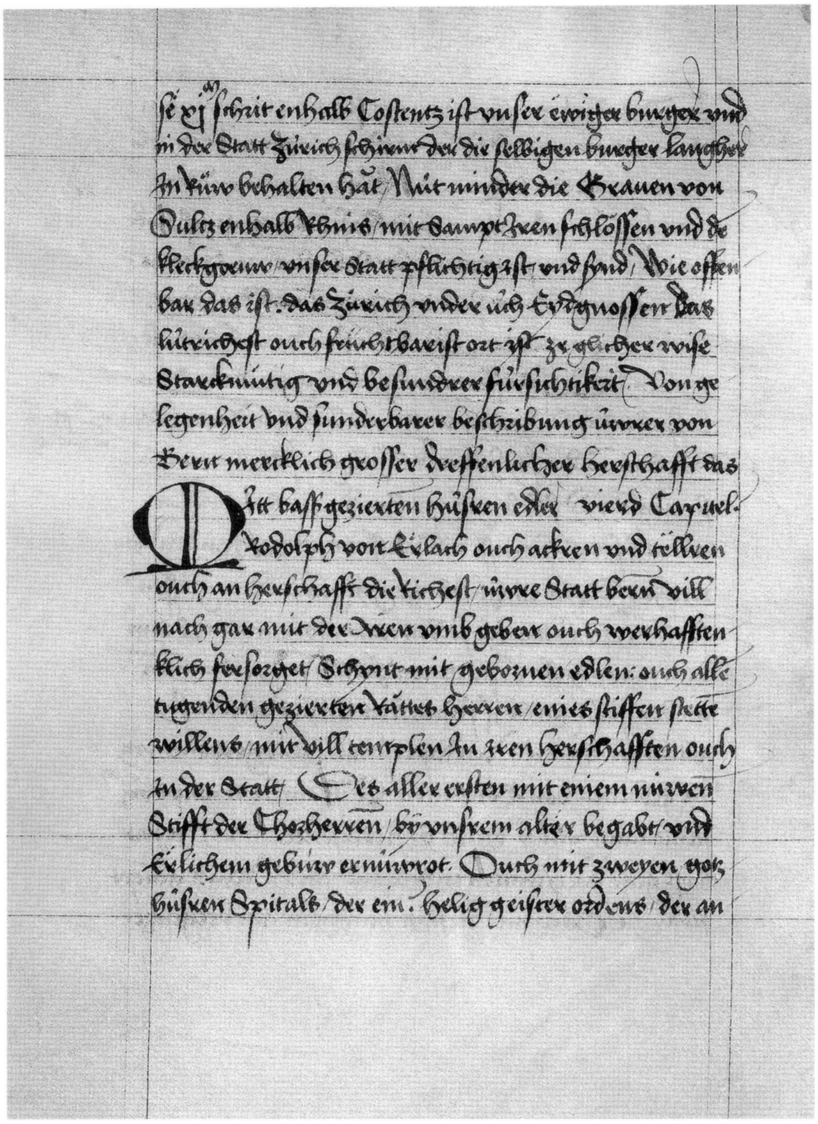
se xj schrit enhalb Costentz ist unser ewiger burger und
in der Statt Zürich schirm der die selbigen burger lang her
in küw behalten hät. Nüt minder die Graven von
Sultz enhalb Rhins mit sampt ieren schlössen und de
Kleckgouw unser Statt pflichtig ist und sind. Wie offen
bar das ist. das Zürich under üch Eydgnossen das
lütreichest ouch fruchtbarest ort ist ze glicher wise
Starckmutig und besunderer fürsichtikeit. Von ge
legenheit und sunderbarer beschribung üwrer von
Bern mercklich grosser dreffenlicher herschafft das
vierd Capitel.
Mit bass gezierten hüsern edler
Rodolph von Erlach ouch ackern und tellern
ouch an herschafft die richest üwer Statt bern vill
nach gar mit der ieren umb geben ouch werhafften
klich fürsorget. Schynt mit gebornen edlen: ouch alle
tugenden gezierten Rättes herren eines stiffen stette
willens mit vill templen in ieren herschafften ouch
in der Statt. Des aller ersten mit einem nüwen
Stifft der Chorherren bi unsrem alter begabt und
erlichem gebüw ernüwrot. Ouch mit zweyen gotz
hüsern Spitals der ein. helig geistes ordens der an

lein von 1482 für Rudolf von Erlach (Abb. 241); 2. Eine Prognostik von 1487 für Abt Johannes II. Tegernpeck von St. Emmeram in Regensburg (Abt 1471–1493)[31]; 3. Eine *«Astrologische Prophetia»* von 1490 für Jakob von Cham, Propst des Grossmünsters in Zürich (Propst von 1473–1494)[32]; 4. Prophezeihung vom 16. März 1491 für Herzog Gian Galeazzo Sforza von Mailand[33]; 5. Nativitätstafeln von 1493 für Franciscus Maria, Sohn von Gian Galeazzo Sforza, und Cesare Maria Sforza, natürlicher Sohn des Ludovico il Moro[34]; 6. *«Consilium»* von 1495 für Johann Konrad von Griessen, Abt von Rheinau (Abt von 1483–1498).[35] Die umfangreichste und bedeutendste dieser iatromathematischen Schriften ist diejenige für Rudolf von Erlach. Für König Maximilian verfasste Türst 1498 ein *«puechlins von den herrn von Habspurg»*, das heute verschollen ist.[36]

Am bekanntesten ist Konrad Türst durch seine Beschreibungen der Eidgenossenschaft und die zu ihnen gehörenden Karten geworden (Abb. 242, 243). Von den Beschreibungen sind fünf Exemplare bekannt, von den Karten nur zwei.[37] Als Entstehungszeit für die Beschreibungen wurde von Georg von Wyss und Hermann Wartmann der Zeitraum zwischen 1497–1499 erschlossen.[38] Türst hätte sie somit als Stadtarzt in Zürich verfasst. Ob zuerst die lateinische oder deutsche Fassung der Karte gezeichnet wurde, ist nicht eindeutig zu beweisen.[39] Welches der Antrieb Türsts für die Herstellung der Beschreibungen und der Karten war, wissen wir nicht. Er mag in Mailand oder noch wahrscheinlicher in Bayern dazu angeregt worden sein.

Orte aus dem damals zu Bern gehörenden Gebiet, die auf den Karten von Türst verzeichnet sind oder in den Beschreibungen in Kapitel 4 aufgeführt werden[40]

(Schreibweise nach Zürcher Exemplar der Karte)

Ortsname	Charakterisierung[41]	heutiger Name	Distanz von Bern[42]
Anselsingen[43]	Chorherrenstift[44]	Amsoldingen	11
Ar		Aare	
Arberg[45]	Schloss, Städtchen	Aarberg	5 (Zofingen)
Arburg[46]	Stadt	Aarburg	6 (Reichenbach)
Arouv	Stadt, Predigerinnenkloster	Aarau	45
Arwangen	Herrschaft	Aarwangen	27[47]
Bessz*		Bex	
Biberstein B	Feste der Jerusalemer Ritter	Biberstein	3 (Aarau)
Blauwen, Leggrer B			
Bern	Neues Chorherrenstift[48]		
Biel	Stadt, Meieramt des Bistums Basel	Biel	3 RL (Nidau)
Brandis	Schloss der Freiherren von Brandis	Brandis	15
Briens*		Brienz	
Brugg	Stadt	Brugg	
Bruneck*		Brunegg	
Buchsi	Haus der Jerusalemer Ritter	Münchenbuchsee	6
Bünplitz	Schloss der Edlen von Erlach	Bümpliz	3 RL
Bürren	Stadt, Liebfrauenkapelle	Büren an der Aare	14
Bubenberg*		Bubenberg	
Burtolff	Stadt, Schloss Grafen von Kyburg, Barfüsserkloster	Burgdorf	12
Cander*		Kander(steg)	
Diesbach*		Oberdiessbach	
Drub	Abtei	Trub	27
Effrigen*		Effingen	
Elen	Schloss und Markt mit Dörfern	Aigle	70
Emmentall*		Emmental	
Erlach	Benediktinerabtei	St.Johannsen	8 (Frienisberg)
Erlach	Stadt	Erlach	21[49]
Erlibach	Markt	Erlenbach im Simmental	
Frenisp[er]g	Zisterzienserabtei	Frienisberg	9
Frouvenbrunnen	Zisterzienserinnenkloster	Fraubrunnen	10
Frouven Cappel B[50]	Augustinerinnen	Frauenkappelen	
Frutigen	Burg	Frutigen	24[51]
Gemmi		Gemmi	11 (Frutigen)
Gotstatt f	Prämonstratenserabtei	Gottstatt	15
Grasberg f	Burg	Grasburg	
Grimsel*		Grimsel	
Grindelwald*		Grindelwald	
Guttenthann*		Guttannen	
Habspurg	Schloss der Fürsten von Österreich	Habsburg	6 (Aarau)[52]
Halwil*		Hallwil	
Hasle	Herrschaft mit starker Mannschaft	Oberhasli	7 (Interlaken) 11 (Aarequelle)
Hinderlappen[53]	Chorherrenstift der Regel[54]	Interlaken	12 (Amsoldingen)
Hutwil	Stadt	Hutwil	24
Kilchberg*[55]		Kirchberg BE	
Kölliken*		Kölliken	
Küngsfeld	Gotteshaus der minderen Brüder und Schwestern	Königsfelden	17 (Zürich)
Künnetz[56]	Deutschherrenhaus	Köniz	2,3
Landtshutt*[57]		Landshut	
Langental*		Langenthal	

Ortsname	Charakterisierung	heutiger Name	Distanz von Bern
Lentzburg	Grafschaft, Schloss, Städtchen	Lenzburg	17 (Zürich)
Loupen	Stadt	Laupen	13
*Müsingen**		Münsingen	
Nidersibental	Tal	Niedersimmental	
Nidouv[58]	Schloss, Markgrafschaft, Städtchen	Nidau	17
*Nuwstatt**		Villeneuve VD	
Oberhofen	Burg der Edlen von Scharnental	Oberhofen	3 RL (Thun)
Obersibental	Tal	Obersimmental	
*Pipp**		Oberbipp	
Premgarten		Bremgarten (BE)	
*Reitnov** f		Reitnau	
Rhüs B		Reuss	
Richenburg	Schloss der Erlach	Reichenbach bei Bern	4
Rugsouw B	Zisterzienserinnenkloster[59]	Rüegsau	11
San entspringt f	Wasser	Saane	
Sanen f		Saanen	43[60]
S Batt[61]		Beatushöhlen	
Schenkenberg	Schloss mit Dörfern	Schenkenberg	4 (Brugg)
Signouv	Herrschaft, Schloss der Edlen von Diesbach	Signau	12
Spietz	Schloss, Stadt, Eigentum des Ritters von Bubenberg	Spiez	
Steffisburg	Haus des Schultheiss Matter	Steffisburg	
*Sur**		Suhr	
Thun	Schloss, Stadt	Thun	12
Torberg	Kartäuserkloster[62]	Thorberg	6
Trachselwald[63]	Herrschaft[64]	Trachselwald	
*Trostburg**		Trostburg	
Tunstetten[65] B	Haus der Jerusalemer Ritter	Thunstetten	25
Underseuven[66]	Städtchen	Unterseen	2 RL (Interlaken) 10 (Oberhofen)
*Vinnigen**		Wynigen	
Wietlispach	Städtchen, Schloss	Wiedlisbach	7 (Solothurn)
*Wisnov**		Weissenau	
Worb	Feste der Edlen von Diesbach	Worb	4
Zil	Wasser		
Zovingen	Hauptstadt des Aargau, Chorherrenstift	Zofingen	24 (Burgdorf)
*Zumiswald**		Sumiswald	

* kommt nur auf den Karten vor
B kommt nur in den Beschreibungen vor
f fehlt bei Meyer von Knonau (Wyss, 1884, S. 45)
RL «*Rosslauf*» = 1 «*Stadium*» = 125 Schritte = ⅛ Meile[67]

Das von Meyer von Knonau zu Bern gerechnete als Gadmen identifizierte «*Tagmat*» liest sich richtig «*Jagmatt*» und liegt in Erstfeld im Kanton Uri.[68] Mit «*Alon*» ist wohl Olon, Zentrum einer Herrschaft im Waadtland, gemeint und nicht wie Meyer von Knonau vermutet, das zwischen Aigle und Bex liegende Ollon.

Abb. 243:
Konrad Türst, Schweizerkarte (Ausschnitt), Berner Gebiet aus dem Zürcher Exemplar der Türst-Karte, 1495/97, Zürich, Zentralbibliothek, Ms. Z XI 307a.

Konrad Türsts Aufenthalt in Bern

Über Türsts Aufenthalt in Bern ist nur wenig bekannt. Als wichtigste Quelle dient der Stubenrodel der adeligen Gesellschaft zum Distelzwang und Narren, in dem er von 1482–1486 eingetragen ist.[69] Deren Mitglieder setzten sich aus dem mit der Stadt Bern verburgrechteten Adel – als erster wird der Markgraf (Graf von Neuenburg) genannt – geistlichen Herren wie den Äbten und Pröpsten der bernischen Klöster sowie einer Anzahl Angehöriger der führenden Berner Geschlechter, zu denen auch Rudolf von Erlach gehörte zusammen (vgl. Kap. III, S. 233).[70] Als kleine Gruppe gehörten ihr auch der Stadtarzt (zum Beispiel Adam Krauch), der Stadtschreiber (zum Beispiel Thüring Fricker) und Personen in ähnlichen Funktionen an. Zu diesen zählte auch Konrad Türst, der zuerst als Meister («Magister»), seit 1483 aber als «Doktor» bezeichnet wird (vgl. Kap. II, S. 119 und Kap. II, S. 155).

Ein Brief des Rates von Bern vom 7. April 1485 trägt die Randbemerkung «*Marggraf Türst*». Er ist an Rudolf, Markgraf von Hochberg und Graf zu Neuenburg (reg. 1458–1487) gerichtet.[71] Darin heisst es: «*Sunder so sind wir gar wol geneigt doctorn Peteren Dachi, wie er von uns ufgenomen und mit sold und nutz bedingt ist, für und für zu behalten, dann wir an sinr kunst und bewärung gevallen und benügen haben und wird also nit not, nach jemand wyter zu achten.*» Im Ratsmanual lautet die auf diesen Brief bezügliche Eintragung: «*von des artzets wegen, der jetz nit geändert wird.*»[72] Dies würde also bedeuten, dass sich Türst mit Hilfe des Markgrafen um die Stelle eines Stadtarztes in Bern beworben hat, und könnte ein Grund gewesen sein, warum er seit 1486 nicht mehr in Bern nachweisbar ist.

Eine von Türst für den Rat von Bern verfasste Beschreibung der Eidgenossenschaft wurde anscheinend diesem nie übergeben, sondern König Maximilian geschenkt. Warum dies geschah, ist unklar.

Seine Beziehungen zu Rudolf von Erlach

Rudolf von Erlach (1449–1507) war einer der mächtigsten und reichsten Berner seiner Zeit. 1479–1481, 1492–1495, 1501–1504 und 1507 hatte er das Amt des Schultheissen inne, und er vertrat Bern oft auch als Tagsatzungsabgeordneter. 1487 wurde er Kastvogt (weltlicher Schirmherr) des kurz vorher gegründeten Chorherrenstifts St. Vinzenz in Bern (vgl. Kap. V, S. 474). Er nahm an den Burgunderkriegen teil (vgl. Kap. IV, S. 285) und befehligte im Schwabenkrieg, den er nicht gewollt hatte, die bernischen Truppen. Er war 1471 in erster Ehe mit Barbara von Praroman und 1492 in zweiter Ehe mit Barbara von Scharnachthal verheiratet.[73]

Rudolf von Erlach betätigte sich auch als Mäzen. Diebold Schilling musste für ihn 1484/85 ein zweites Exemplar seiner Chronik schreiben (vgl. Kap. II, S. 187). Konrad Türst bat er um die Herstellung eines Kalenders.[74] Dieser schrieb in der Folge für ihn ein Gesundheitsbüchlein (Abb. 241). Herr von Erlach habe im ganzen eine warme, trockene, aber mit Feuchtigkeit vermischte Natur, sei cholerisch und zu Melancholie veranlagt. Er warnte ihn vor Aufregungen, da er von Natur aus zu Zornausbrüchen neige. Im weiteren zählte er auf, welches die günstigsten Zeiten für Rudolf von Erlach seien, um zu Ader zu lassen, und was unter der Herrschaft der verschiedenen Planeten zu tun oder zu lassen sei.[75] Die Beschreibung der Eidgenossenschaft und die Karte hat Türst offenbar erst in Zürich für Rudolf von Erlach verfertigt. Er hatte also auch nach seinem Wegzug aus Bern mit diesem weiterhin Kontakt gepflegt.

Bern in den Beschreibungen und auf den Karten von Konrad Türst

In den Beschreibungen (Abb. 242, 243) werden die einzelnen eidgenössischen Orte in der offiziellen Reihenfolge beschrieben. Für das damalige Gebiet von Bern werden zuerst die Klöster aufgezählt, deren Äbte und Pröpste zum Teil im Verzeichnis der Zunft zum Distelzwang erscheinen, dann die weltlichen Herrschaftssitze, deren Inhaber ebenso teilweise dieser Zunft angehörten. Die in 1000 Schritten («*milia passuum*») und Rossläufen («*stadia*») angegebenen Distanzen, die Türst in seinen Beschreibungen wiedergibt und die im Berner Gebiet meist von Bern ausgehen, sind ziemlich genau, scheinen aber nicht als Grundlage für die Erstellung der Karten gedient zu haben. Jedenfalls lassen entsprechende Vergleichsmessungen dies vermuten. Teilstrecken von Distanzen werden selten, hauptsächlich für die Strasse über die Gemmi und den Grimsel angegeben. Das Berner Oberland ist auf den Karten mangelhaft gezeichnet. Die Orte im Haslital sind an den Brienzersee verrutscht, ebenso wird der Lauf der Saane ungenau wiedergegeben: sie fliesst von Saanen über das Simmental nach Hauterive und Freiburg.

Die beigefügte Tabelle führt alle Orte auf, die auf dem damaligen Berner Gebiet bei Türst in den Karten oder in den Beschreibungen verzeichnet sind. Aus ihr können wir ersehen, das Türst mit guter Sachkenntnis die damals wichtigsten Orte ausgewählt hat (siehe Kastentext, S. 327).

Expansion und Ausbau. Das Territorium Berns und seine Verwaltung im 15. Jahrhundert

Christian Hesse

Bereits im ausgehenden 13. Jahrhundert begann Bern mit dem Aufbau eines eigenen Herrschaftsgebietes ausserhalb der Stadtmauern. In den folgenden drei Jahrhunderten erwarb sich die Stadt ein umfangreiches Territorium auf Kosten der umliegenden Mächte, vor allem der Habsburger, Neu-Kyburger, Savoyer und des mit ihnen verbundenen Adels sowie der habsburgischen Stadt Freiburg i. Ue. Profitieren konnte Bern dabei von seiner Umgebung, die durch kleinräumige Adels- oder Klosterherrschaften sowie durch seine Lage an der Grenze zwischen zwei grossen Dynastien, Habsburg und Savoyen, geprägt war.[1]

Berns Territorialpolitik kann im wesentlichen in zwei Phasen unterteilt werden. Die erste Phase – der Aufbau des Territoriums – begann kurz vor 1300, als den Bernern 1298 bei Oberwangen ein erster Sieg über Anhänger Habsburgs und Savoyens gelang, und dauerte bis zur Eroberung des habsburgischen Aargaus im Jahre 1415. Die anschliessende zweite Phase – der Ausbau und die herrschaftliche Durchdringung des Territoriums – fand ihr Ende in der Mitte des 16. Jahrhunderts mit dem Erwerb der Landschaft Saanen.

Aufbau des Territoriums (1300–1415)

Nach dem Erwerb der vier, unmittelbar an die Stadt grenzenden Kirchspiele Bolligen, Vechigen, Stettlen und Muri um 1300, sicherte sich Bern zuerst einzelne, fern der Stadt gelegene, strategisch wichtige Aussenposten: 1324 die Stadt Laupen, 1358/79 die Stadt Aarberg und 1334 die Reichspfandschaft über die Landschaft Oberhasli – um nur einige Beispiele zu nennen. Die Schwächen benachbarter Herrschaften, vor allem der Habsburger, ermöglichten der Aarestadt dann nach 1380 eine ausgesprochen expansive Politik durch die Eroberung oder den Kauf grossflächiger Gebiete und bedeutender Städte. Die wichtigsten Etappen waren hier der Erwerb Aarbergs 1377/79, Thuns und Burgdorfs 1384. Die beiden zuletzt genannten Städte ebneten den Weg ins Oberland und ins Emmental. Nach dem Sempacherkrieg kamen 1389 Gebiete im Oberland (unter anderem Teile des Obersimmentals, Oberhofen, Unspunnen und Unterseen), am Bielersee und im Seeland hinzu (unter anderem Nidau, Büren, Ligerz und Twann). Später gelangten der ehemals kyburgische Besitz im Emmental (unter anderem Ranflüh und Trachselwald 1408, Huttwil 1408/14), die Landschaft Frutigen (1400), Teile der ehemaligen Landgrafschaft Buchsgau im Mittelland (zum Beispiel Wangen, Bipp und Wiedlisbach 1407/13) und der habsburgische Aargau (1415) in bernische Hände.

Diese Erwerbungen sind nur zu einem Teil auf kriegerische Auseinandersetzungen (unter anderem Laupenkrieg 1339, Burgdorfer- und Sempacherkrieg 1383/86, Eroberung des Aargaus 1415) zurückzuführen. Sie beruhten mindestens ebenso auf Beziehungen zu Personen und Institutionen. Entscheidend sind hier die Aufnahme von Ausburgern, der Abschluss von Burgrechts- und Schirmverträgen sowie die Pfandschafts- und Kreditpolitik.[2]

Mit der Aufnahme von Bewohnern anderer Herrschaften in das städtische Bürgerrecht als «Ausburger», vergrösserte sich die Zahl der Wehr- und Steuerpflichtigen. Gleichzeitig wurde die betroffene Herrschaft im Innern militärisch und wirtschaftlich geschwächt. Als Beispiel hierfür mag die Landschaft Frutigen dienen, in der vor dem Übergang an Bern, das heisst Ende des 14. Jahrhunderts, die Mehrheit der Bevölkerung bereits das bernische Bürgerrecht besass.[3]

Die Aufnahme von Adligen, Städten, Genossenschaften und geistlichen Institutionen in das bernische Burgrecht sicherte der Stadt deren Mannschaften im Konfliktfall und darüber hinaus den Zugang zu befestigten Plätzen ausserhalb der Stadtmauern. Als Beispiele können die Burgrechtsverträge mit den Grafen von Neuenburg-Nidau (1343), der Stadt Biel (1344/52), dem Kloster Interlaken (1344/49), der Stadt Solothurn (1345/51), den Grafen von Greyerz (1352) und den Freiherren von Brandis im Emmental (1351/52, 1368) angeführt werden.[4] Bei diesen Verträgen handelte es sich im rechtlichen Sinn grundsätzlich um Bündnisse zwischen gleichberechtigten Partnern. Gleichwohl dienten sie Bern als Anknüpfungspunkte für die Erweiterung des Territoriums, denn oft konnten nach einer Schwäche des Vertragspartners Zugeständnisse, zum Beispiel ein Vorkaufsrecht für die betreffende Herrschaft, erwirkt werden.

Die Gewährung von Darlehen durch Angehörige der städtischen Oberschicht («*Notabeln*»), Juden oder sogenannte «*Lamparter*» und «*Kawert-*

schen» an Adlige mit finanziellen Problemen war die dritte Einflussmöglichkeit. Da sich die wirtschaftliche Situation dieser Adligen konjunkturbedingt (unter anderem durch die sinkenden Getreidepreise) laufend verschlechterte, gerieten sie in eine immer stärkere Abhängigkeit von Bern, so dass ihnen zur Begleichung der Schulden oft nur die Abtretung ihrer Herrschaft an die Stadt übrigblieb. Die kapitalkräftigen Bankiers gaben aber nicht nur durch den Berner Rat vermittelte Darlehen, sondern stellten der Stadt zudem jenes Geld zur Verfügung, das es ihr ermöglichte, Krieg zu führen und ganze Herrschaften aufzukaufen oder Pfandschaften zu übernehmen. Auf diese Weise konnten unter anderem Burgdorf und Thun sowie die Herrschaften Trachselwald und Bipp erworben werden (vgl. Kap. II, S. 140).[5]

Die grosse Bedeutung von persönlichen Bindungen zwischen Landschaft und Stadt bei der bernischen Territorialbildung unterstreicht ein weiterer Sachverhalt: Ein Grossteil des an die Stadt grenzenden Landgebietes befand sich im Besitz adliger Herren, die gleichzeitig Berner Bürger waren und als *«Twingherren»* bezeichnet wurden. Diese waren schon früh mit ihren Herrschaften, den *«Twingherrschaften»*, in das städtische Bürgerrecht eingetreten, sassen in der städtischen Regierung und nahmen dort einflussreichste Funktionen wie das Schultheissenamt ein (siehe Kastentext, S. 342).[6] Die Stadt konnte damit indirekt, das heisst über Dritte Einfluss auf Gebiete ausserhalb der Stadtmauern ausüben, ohne diese selbst erwerben zu müssen. Bern profitierte deshalb auch davon, wenn die Twingherren Herrschaften kauften, wie dies 1338 mit der Herrschaft Spiez geschah, die von der Familie von Bubenberg erworben wurde.

Die genannten Strategien wurden nicht nur gegenüber Städten oder adligen Herren angewandt, sondern auch gegenüber geistlichen Gemeinschaften, wie Klöstern, Stiften und Niederlassungen von Ritterorden. Diese mussten sich ebenfalls aufgrund der immer stärker werdenden politischen und wirtschaftlichen Macht Berns in dessen Burgrecht begeben oder Schirmverträge abschliessen. Diese Verträge bildeten dann (wie in anderen Territorien) zusammen mit der Kastvogtei, die Verfügungsgewalt Berns über die Wirtschaft der bevogteten kirchlichen Institution, den Anknüpfungspunkt zur langsamen Aushöhlung der politischen Macht dieser Gotteshäuser.

Der Aufbau des Territoriums hatte auch Auswirkungen auf die innere Situation der Stadt selbst, die hier nur kurz angedeutet werden können. Der aus den zahlreichen Käufen und den kriegerischen Auseinandersetzungen resultierende Finanzbedarf führte zu einer starken steuerlichen Belastung der städtischen Bevölkerung. Seit 1375 wurde unter anderem die *«Telle»* (Kopfsteuer) erhoben und der «Böspfennig» (Abgabe auf eingekellertem Wein) eingeführt, gegen die sich die Bevölkerung zunehmend wehrte. 1384 kam es deshalb zu einem Aufstand in der Stadt.[7]

Das bis etwa 1415 geknüpfte Netz unterschiedlichster Abhängigkeiten, die wachsende Stärke Berns sowie die gleichzeitige Schwäche benachbarter Herrschaften, bildeten die Grundlage zur Verdichtung des lockeren Herrschaftsgefüges Berns zum eigentlichen Territorialstaat im 15./16. Jahrhundert (vgl. Kap. IV, S. 348).

Ausbau und Herrschaftsintensivierung (1415–1555)

Die zweite Phase der bernischen Territorialpolitik, die nach 1415 beginnt und mit dem Erwerb der schon länger mit Bern verbundenen Landschaft Saanen 1555 endet, zeigt mit Käufen (unter anderem 1423 Herrschaft Grasburg – später Schwarzenburg – gemeinsam mit Freiburg, 1439/49 Niedersimmenthal, 1467 Gümmenen) und mit Eroberungen (Erlach und Aigle 1474 beziehungsweise 1475, Waadt 1536) sowie dem Abschluss einzelner Burgrechtsverträge weiterhin Elemente der vorangegangenen Phase; auf der anderen Seite ist jedoch ein deutlicher Paradigmenwechsel nachzuweisen[8]. Bern begann mit der Intensivierung seiner Herrschaft.

Da Bern in der Regel nach dem Erwerb eines Gebietes in die Rechte des vorherigen Besitzers eintrat und teilweise dessen Personal übernahm, blieben die neuen Gebiete vorerst bei ihren ursprünglichen Rechten und Freiheiten. So eindrücklich das bernische Territorium deshalb aufgrund seiner Ausdehnung auf der Landkarte erscheinen mag, so kann von einem im heutigen Sinne einheitlichen «Staatsgebiet» anfänglich nicht die Rede sein.[9] Unter der bernischen Oberhoheit besassen die unterschiedlichsten Herren, Städte oder geistliche Gemeinschaften, entweder aus der Herrschaft selbst oder von ausserhalb, Grundbesitz und verschiedene Rechte, vor allem jenes der niederen Gerichtsbarkeit (vgl. Abb. 244). Es muss deshalb innerhalb des bernischen Herrschaftsgebietes zwischen verschiedenen Gebieten unterschieden werden, «immediaten», in denen die Stadt direkt Herrschaft ausüben konnte, und «mediaten», wo sie nur über Dritte einwirken konnte. Die zweite Hälfte des 15. Jahrhunderts und die erste Hälfte des 16. Jahrhunderts sind daher durch das Bestreben Berns geprägt, die Gebiete mediater Herrschaft direkt seiner Landeshoheit zu unterstellen. Dazu gehörte die Übertragung der städtischen Gerichtsbarkeit auf die Landschaft, die Beseitigung der verschiedenen regionalen Sonderrechte sowie die Steuer- und Kriegsdienstpflicht aller Einwohner (siehe Kastentext, S. 334).

Diese Herrschaftsintensivierung führte zu innerstädtischen und jetzt neu auch innerterritorialen Auseinandersetzungen. Deren Ursachen lagen einerseits in der stärkeren finanziellen Beanspruchung der Landbevölkerung, die sich vor allem aufgrund der Beteiligung Berns an kriegerischen Auseinandersetzungen der Eidgenossenschaft ergab, und resultierten andererseits aus dem Bestreben des Rates, Sonderrechte der adligen Twingherren zu beseitigen. Zugleich griff Bern viel stärker als die früheren Herrschaftsinhaber regulierend in den Alltag der Landbevölkerung ein. Direkt auf diese Intensivierung der Herrschaft zurückzuführen sind die Bauernaufstände von 1444 («Böser Bund») und 1513 («Könizer Aufstand») sowie der «Twingherrenstreit» von 1469/71 (siehe Kastentext, S. 335).[10]

Charakteristika der Herrschaftsintensivierung

Die grosse Leistung Berns bestand im 15. Jahrhundert darin, das in kurzer Zeit erworbene, ausgesprochen grosse Territorium umzuformen und seine Herrschaft dauerhaft zu konsolidieren. Dieser Transformationsprozess erreichte mit der Einziehung des kirchlichen Besitzes im Zuge der Reformation von 1528 sein vorläufiges Ende (vgl. Kap. IV, S. 360), auch wenn er bis zum Untergang des «Ancien régime» im Jahre 1798 noch nicht vollständig zum Abschluss gelangte.[11]

Die Art und Weise, wie Bern seine Landeshoheit im 15. Jahrhundert ausgebaut hat, soll im folgenden anhand der Ziele und des Vorgehens der Aarestadt dargelegt werden. Die wichtigsten Etappen waren: 1. Die Beseitigung der Sonderrechte der verschiedenen adligen und geistlichen Herren und die Klärung der Grenzen mit den benachbarten Herrschaften. Beides geschah in der Absicht, einen rechtlich einheitlichen Raum zu schaffen und, statt der Herrschaft über Leute, eine solche über ein Territorium aufzubauen; 2. Die Schaffung einer Verwaltungsstruktur mit entsprechendem Personal, um die erworbenen Rechte durchzusetzen und die der Stadt zustehenden Abgaben einzuziehen; 3. Die Entwicklung eines speziellen Schriftgutes, um der Stadt einen Überblick über ihre Rechte auf dem Land zu gestatten.

Hohe und Niedere Gerichtsbarkeit, Twing und Bann

Im Mittelalter wurde im wesentlichen zwischen zwei Arten von Gerichtsbarkeit unterschieden, zwischen der «Hohen» und «Niederen» Gerichtsbarkeit. Die Hohe Gerichtsbarkeit beinhaltete die Rechtsprechung über schwere Verbrechen oder bedeutende Strafsachen, den *«causa maiores»*. Unter diese fielen Verbrechen wie Mord, schwere Körperverletzung, Brandstiftung, Notzucht oder auch Raub, die mit der Todesstrafe oder Verstümmelung des Körpers bestraft werden konnten. Die Hohe Gerichtsbarkeit wird deshalb auch als Blutgerichtsbarkeit bezeichnet. Mit dem Besitz der Hohen Gerichtsbarkeit verfügte die Herrschaft über das Recht, Kriegsmannschaften aufzubieten und Vermögenssteuern zu erheben.

Im Unterschied dazu fielen unter die Niedere Gerichtsbarkeit die geringfügigen Vergehen (zum Beispiel Vermögensdelikte oder kleinere Diebstähle), die deshalb als *«causa minores»* bezeichnet werden. Sie wurden meist mit Geldbussen oder auch körperlichen Strafen geahndet.

Unter dem Begriff *«Twing und Bann»* wurde ein Bündel verschiedener Herrschaftsrechte verstanden, die vor allem seit dem «Twingherrenstreit» (siehe Kastentext, S. 335) der Landeshoheit Berns untergeordnet waren. Diese Rechte bezogen sich auf das Gebiet einer Grundherrschaft und deren «Hintersassen» (Bewohner) und wurden deshalb nicht verliehen. Der Grundherr hatte dort die gesetzliche Befehls- und Zwangsgewalt. Der Besitz von *«Twing und Bann»* beinhaltete in der Regel die Niedere Gerichtsbarkeit und war vor allem wegen der damit verbundenen Einkünfte, wie spezielle Gefälle, Bussen und Zinsen von Interesse. Die Rechte umfassen weiter die Aufsicht über die Nutzung an Wäldern (Holzschlag, Jagd und Schweinemast), an Allmenden (Viehnutzung) und Gewässern (Fischerei, Schiffahrt) sowie die Kontrolle über die Bewirtschaftung landwirtschaftlicher Anbauflächen. Darüber hinaus war mit diesen Rechten auch die Aufsicht über die Mühlen und Wirtshäuser sowie die Pflicht zum Bau und zum Unterhalt von Wegen und Zäunen verbunden.

Beseitigung der Sonderrechte
Bei der Schaffung eines, im rechtlichen Sinne einheitlichen Gebietes, zeichnet sich etwa folgendes Vorgehen Berns ab: Zuerst versuchte die Aarestadt in den Besitz der Hohen Gerichtsbarkeit zu gelangen. Daran anknüpfend gelang es der Stadt, ihre Herrschaft durch den Erwerb der finanziell einträglichen, niederen Gerichtsrechte auszudehnen, die unter anderem das Verfügungsrecht über Bussen beinhalteten. Da sich diese Rechte vor allem auf Personen und selten auf geographisch klar umrissene Gebiete bezogen, ging die Stadt etwa gleichzeitig daran, mit anderen Herrschaften die Überschneidung von Rechten zu bereinigen, Grenzen festzusetzen und die Aufnahme von Ausburgern zu verbieten.
Entscheidend bei der Erlangung der Hochgerichtsbarkeit in seinem Landgebiet war für Bern der Besitz der landgräflichen Rechte in den verschiedenen Teilen der ehemaligen Landgrafschaft Burgund, das heisst derjenigen königlichen Rechte, die das Reich an Vertreter delegiert hatte. Diese Rechte beinhalteten in der Regel die Hohe und einzelne Niedere Gerichtsbarkeiten und kirchliche Vogteien. 1388 erwarb Bern die ehemalige Landgrafschaft Aarburgund von den Grafen von Neuenburg-Nidau, 1406 kaufte es von den Rechtsnachfolgern der Grafen von Kyburg, den Grafen von Buchegg, die landgräflichen Rechte rechts der Aare, in Kleinburgund. Damit war Bern im Besitz der landgräflichen Rechte in der früheren Landgrafschaft Kleinburgund, die im wesentlichen die Landgerichte Zollikofen, Konolfingen und Murgeten mit den Herrschaften Wangen und Aarwangen sowie das Landgericht Ranflüh im Emmental umfasste. Schliesslich kaufte Bern 1426 zusammen mit Solothurn von Hans von Falkenstein die Landgrafschaft im Buchsgau.[12]
Nach dem Erwerb der Hohen Gerichtsbarkeit stellte das Privileg König Sigmunds vom 23. März 1415 die nächste wichtige Etappe auf dem Weg zur generellen Landeshoheit dar. Bern erhielt darin das Recht, von allen in seinem Gebiet wohnenden Personen Steuern (*«gemeine lantkosten»*) zu erheben, die Einwohner zum Kriegsdienst aufzubieten und sie zu den hohen Landgerichten zu verpflichten.[13] Obwohl offen blieb, ob dieses Privileg für die zahlreichen Twingherrschaften Gültigkeit hatte, war es wegweisend, da sich diese Rechte Berns primär auf ein Gebiet und erst sekundär auf die darin wohnenden Personen bezogen.[14]
An das königliche Privileg knüpfte die Stadt vor allem in der zweiten Hälfte des 15. Jahrhunderts an, als sie ihren Einfluss in den mediaten Herrschaften Schritt für Schritt verstärkte und dort die, später als «fünf Gebote» bekannten, herrschaftlichen Rechte durchsetzte. Diese Gebote

Der Twingherrenstreit
Regula Schmid

Der «Twingherrenstreit» von 1469 bis 1471 entstand aus dem Versuch einer Mehrheit des städtischen Rats, die Herrschaftsrechte der Stadt in der umgebenden Landschaft an die Stadt Bern zu ziehen und zu vereinheitlichen. Insbesondere umstritten war, wer die Bewohner der Landgerichte zu folgenden Leistungen auffordern, sie bei Nichteinhaltung richten und damit auch anfallende Bussen einziehen konnte: zu Transportleistungen («Fuhrungen»), zu Kriegsdienst («Reisen»), zum Vorzeigen der Waffen («Harnischschau»), zur Teilnahme am regionalen Gerichtstag («Landgericht») und zur Steuerleistung («Tellen»). Bisher waren diese Rechte im betroffenen Gebiet durch lokale Herrschaftsträger, weltliche «Twingherren» und Klöster, ausgeübt worden. Der Konflikt, der zu heftigen Parteikämpfen innerhalb der Stadt und beinahe zu einem Bauernaufstand führte, gehört zu einer Reihe von ähnlich gelagerten Auseinandersetzungen, die im ganzen Raum des deutschen Reiches im 14. und 15. Jahrhundert als Folge städtischer Territorialisierungsbestrebungen entstanden. Seine besondere Qualität erhielt der Streit dadurch, dass die Twingherren auch städtische Bürger waren und hier als reichste und angesehenste Männer den Kleinen Rat dominierten. Insbesondere wurde der Schultheiss aus ihren Reihen gewählt. Am 23. April 1470, dem Ostermontag, wählte der Grosse Rat aber den Metzgermeister Peter Kistler zum Schultheissen. Am gleichen Tag wurde auf Druck einer Mehrheit des Grossen Rats eine gegen die von den Adligen getragene Mode (Schnabelschuhe, lange Schleppen und weite Ärmel der Frauen –, kurze Röcke der Männerkleidung) gerichtete Ordnung neu erlassen. Ab diesem Moment wurde der Kampf um Macht, Ansehen und die Grundlagen der politischen Einflussnahme offen geführt. Einer handwerklich dominierten Gruppe, die ihre Machtbasis im Grossen Rat hatte, standen Personen gegenüber, die sich als adlig verstanden und die sich auf eine althergebrachte Berechtigung zur Herrschaftsausübung beriefen. Beide Seiten setzten unterschiedliche Mittel ein, um die Überhand zu bekommen: Die bedrängten Adligen nahmen nicht mehr an den Ratssitzungen teil, drohten mit Aufgabe des Bürgerrechts, übten wirtschaftlichen Druck auf das städtische Handwerk aus, mobilisierten die Bauern in ihren Twingherrschaften und nutzten ihre mit politischer Tätigkeit und verwandtschaftlichen Beziehungen aufgebauten Verbindungen zu den Führungsgruppen der eidgenössischen Orte und anderer Verbündeter aus. Die Partei um Peter Kistler versuchte über das Kleidermandat die Adligen zurückzubinden, die Entscheidungen in den Grossen Rat zu verlegen, ständig in den Ratssitzungen präsent zu sein und auf das Mehrheitsprinzip zu pochen. Trotz eines Kompromisses – die meisten Twingherren mussten die umstrittenen Rechte an die Stadt abgeben, im Gegenzug wurde das Kleidermandat aufgehoben – behielten die Adligen die Oberhand und stärkten schlussendlich ihre Position in der Stadt. Der Twingherrenstreit ist ein zeittypischer Konflikt, der aber durch eine ungewöhnliche Überlieferungslage zum exemplarischen Fall wird: Der Stadtschreiber Thüring Fricker verfasste eine nach allen Regeln der rhetorischen Kunst aufgebaute, literarisch bedeutende Parteischrift für die Twingherren, welche die spätere Bewertung des Streits nachhaltig beeinflusste. Bendicht Tschachtlan und Heinrich Dittlinger fügten eine stärker die Position der Handwerker hervorhebende Schilderung ihrer 1470 abgeschlossenen Chronik an, der Diebold Schilling sowohl in der offiziellen Stadtchronik wie auch in der Burgunderchronik folgte, wobei er die Kritik an den Adligen stark zurücknahm. Die chronikalischen Beschreibungen sowie das Aktenmaterial der Kanzlei machen den Twingherrenstreit zu einem der bestüberlieferten innerstädtischen Konflikte des späten Mittelalters im Süden des Deutschen Reichs überhaupt. Die Quellen erlauben detaillierte Untersuchungen des Ablaufs und Wandels politischer Vorgänge; Frickers Pamphlet ist im übrigen eines der wenigen deutschsprachigen Werke der Zeit, aus denen eine kohärente politische Theorie gelesen werden kann.

Diebold Schilling, amtliche Berner Chronik, 1474–1483, Bern, Burgerbibliothek, Mss. hist. helv. I., 3, S. 100.
Anna von Roseneck und Jeanne de La Sarraz, Mutter und Ehefrau des Kleinrats und Twingherrn Adrian von Bubenberg, stehen wegen der Übertretung des Kleidermandats vor Gericht.

beinhalteten das Recht, die Einwohner zum Landtag – dem lokalen Gerichtstag – einzuberufen, Truppen aufzubieten, die Harnischschau vorzunehmen, das heisst die Waffen zu kontrollieren, öffentliche Fuhrungen zu veranlassen, das heisst zum Transport zu verpflichten, und Steuern, die sogenannte «Telle» zu erheben. Bereits 1420 hatte die Stadt erstmals vergeblich versucht, von den Twingherren diese fünf herrschaftlichen Rechte zu erhalten.[15] Erst nach 1450 konnte der Berner Rat, bedingt durch soziale Veränderungen innerhalb der Stadt und einer weiteren Stärkung der politischen Macht gegenüber anderen Territorien, energisch daran gehen, die Rechte der Twingherren zu beschneiden. 1454 verbot er ihnen, Burgrechts- und Schirmverträge mit anderen Herrschaftsträgern abzuschliessen und ohne seine Genehmigung Kriegsdienste für Fremde zu leisten.[16] 1459 untersagte er ihnen, ohne seine Einwilligung *«Twing und Bann»* zu verkaufen. Zugleich sicherte er sich das Vorkaufsrecht dieser im städtischen Territorium gelegenen Herrschaften. So waren die rechtlichen Voraussetzungen zu einem langsamen Übergang vor allem der Niederen Gerichtsbarkeit und den damit verbundenen Einkünften an die Aarestadt erfüllt.[17] Es gelang Bern nach dem Twingherrenstreit (1469–1471), diese fünf Gebote in den Twingherrschaften durchzusetzen und direkt auf deren Untertanen zuzugreifen.[18] Bern war damit in seinem Territorium mit Ausnahme einzelner Twingherrschaften wie Worb oder Spiez im Besitz der Hohen Gerichtsbarkeit. Die Einwohner dieser Gebiete konnten – wie jene der immediaten Herrschaften – in Rechtsstreitigkeiten an den Kleinen Rat appellieren.[19]

Parallel zu diesen nicht immer konfliktfreien Bestrebungen, die Landeshoheit in sämtlichen Gebieten seines Territoriums durchzusetzen und die verschiedenen Sonderrechte zu beseitigen, versuchte Bern mit einem ganzen Bündel von Massnahmen seine Herrschaft auszudehnen. So kaufte es entweder ganze Herrschaften, verbleibende Hochgerichte oder besonders häufig niedere Gerichtsrechte oder Teile davon.[20] Parallel dazu unterstützte die Stadt die Bestrebungen einzelner Leibeigener, sich von ihren Herren freizukaufen. Teilweise versuchte Bern die Eigenleute ganzer Herrschaften loszukaufen (unter anderem 1439 Vertrag mit Aarwangen, 1447 Brandis, 1491 Erlach und 1496 Frienisberg), um die Zahl der Steuer- und Wehrpflichtigen zu erhöhen. Zunehmend wurden auf diese Weise die Einwohner des bernischen Landgebietes zu städtischen Untertanen, die nicht mehr bestimmte grundherrliche Dienste, sondern feste Geldzahlungen an die Stadt zu leisten hatten und zudem gegenüber den städtischen Bürgern rechtlich schlechter gestellt waren.[21] Diese neue Staatlichkeit kommt in den Untertaneneiden von 1437 und besonders von 1465 zum Ausdruck.[22]

Die Reformation von 1528 und die als Folge davon durchgeführte Auflösung der geistlichen Institutionen (vgl. Kap. VI, S. 588) brachte Bern schliesslich ans Ziel. Die Stadt erhielt all jene Rechte, die sie sich zuvor noch nicht erworben hatte. Dies betraf nicht nur die Niedergerichte der geistlichen Institutionen und die Gerichtsbarkeit in kirchlichen Angelegenheiten, sondern auch die ihnen verbliebenen grundherrlichen Einkünfte wie den Zehnten. Beachtet man in der folgenden Untersuchung einzelner Regionen, wie umfangreich der kirchliche Besitz und wie zahlreich die kirchlichen Rechte in den einzelnen Landesteilen waren, kann man ermessen, welche Bedeutung der Reformation bei der Durchsetzung der Landeshoheit zukam.

Mit dieser Vereinheitlichung im Innern fand eine Abgrenzung gegen Aussen, gegenüber benachbarten Territorien statt, unter anderem gegenüber den Städten Freiburg, Luzern und Solothurn sowie den Bischof von Basel. Dies äusserte sich im Bestreben Berns, auch in den Randgebieten einheitliche Herrschaftsgebiete zu schaffen, klare Grenzen zu ziehen, Überschneidungen zu eliminieren und bestehende Rechte schriftlich zu fixieren. Die im Vergleich zum 14. Jahrhundert geänderte Auffassung von Herrschaft erklärt, weshalb kaum noch «Ausburger» aufgenommen und mit Freiburg und Solothurn die Ausburgerfrage vertraglich geregelt wurde.[23]

Verwaltungsstrukturen und Verwaltungspersonal

Bildung von Landvogteien und Ämtern
Zur Durchsetzung der städtischen Herrschaft bedurfte es einer funktionierenden Verwaltung auf dem Land. Bern bildete daher in seinem Territorium geschlossene Verwaltungsgebiete, sogenannte «Landvogteien»

und «Ämter», die an die Stelle der alten Gerichtsbezirke traten. Häufig übernahm die Stadt zwar bei Antritt der Herrschaft die bestehende Verwaltungsstruktur, doch wurden gerade im 15. Jahrhundert zahlreiche Vogteien neu gebildet, bestehende verkleinert oder erweitert. Am wenigsten wurde dabei im Oberland umstrukturiert, am meisten in den neu erworbenen Gebieten im Mittelland und Emmental verändert. Im ausgehenden 15. Jahrhundert war die Bildung von Landvogteien soweit abgeschlossen, später erworbene Herrschaften wurden entweder in bestehende Ämter integriert oder bildeten – wie im Fall der ehemals geistlichen Besitzungen nach der Reformation – in der Regel eigene Verwaltungsbezirke (Abb. 244). Diese Neuorganisation der Landvogteien manifestiert sich auch in einer verstärkten Bautätigkeit in den Zentren dieser Verwaltungseinheiten. So wurden die Schlösser von Burgdorf und Thun im 15. Jahrhundert renoviert und erweitert (vgl. Kap. II, S. 173).[24]

Das bernische Territorium setzte sich aus Gebieten unterschiedlicher Verwaltungs- und Rechtstraditionen – Habsburg auf der einen, Savoyen auf der anderen Seite, um nur zwei Beispiele zu nennen – zusammen. Es kann deshalb in der Zeit vor 1528 in sieben Regionen mit jeweils eigener Verfassungsstruktur eingeteilt werden:[25] 1. Vier Landgerichte und Kirchspiele; 2. Seeland; 3. Oberland; 4. Emmental; 5. Oberaargau; 6. Aargau und 7. Waadt (Aigle und Bex). Hinzu kamen die «Gemeinen Herrschaften», die von Bern gemeinsam mit Freiburg oder Solothurn verwaltet wurden, allen voran die Herrschaft Grasburg (später Schwarzenburg), die Städte Murten, Orbe, Grandson, Echallens sowie das Amt Bipp-Bechburg. Zu einer Neuordnung der Verwaltung in den gemeinen Herrschaften kam es nur mit Solothurn, nicht jedoch mit Freiburg. Die Bildung dieser Verwaltungsbezirke soll im folgenden (mit Ausnahme der waadtländischen Besitzungen) besprochen und charakterisiert werden.

Abb. 244:
Übersicht über die bernischen Landvogteien und Niedergerichtsbezirke im Seeland, Emmental und Oberaargau um 1471.
Roland Gerber.

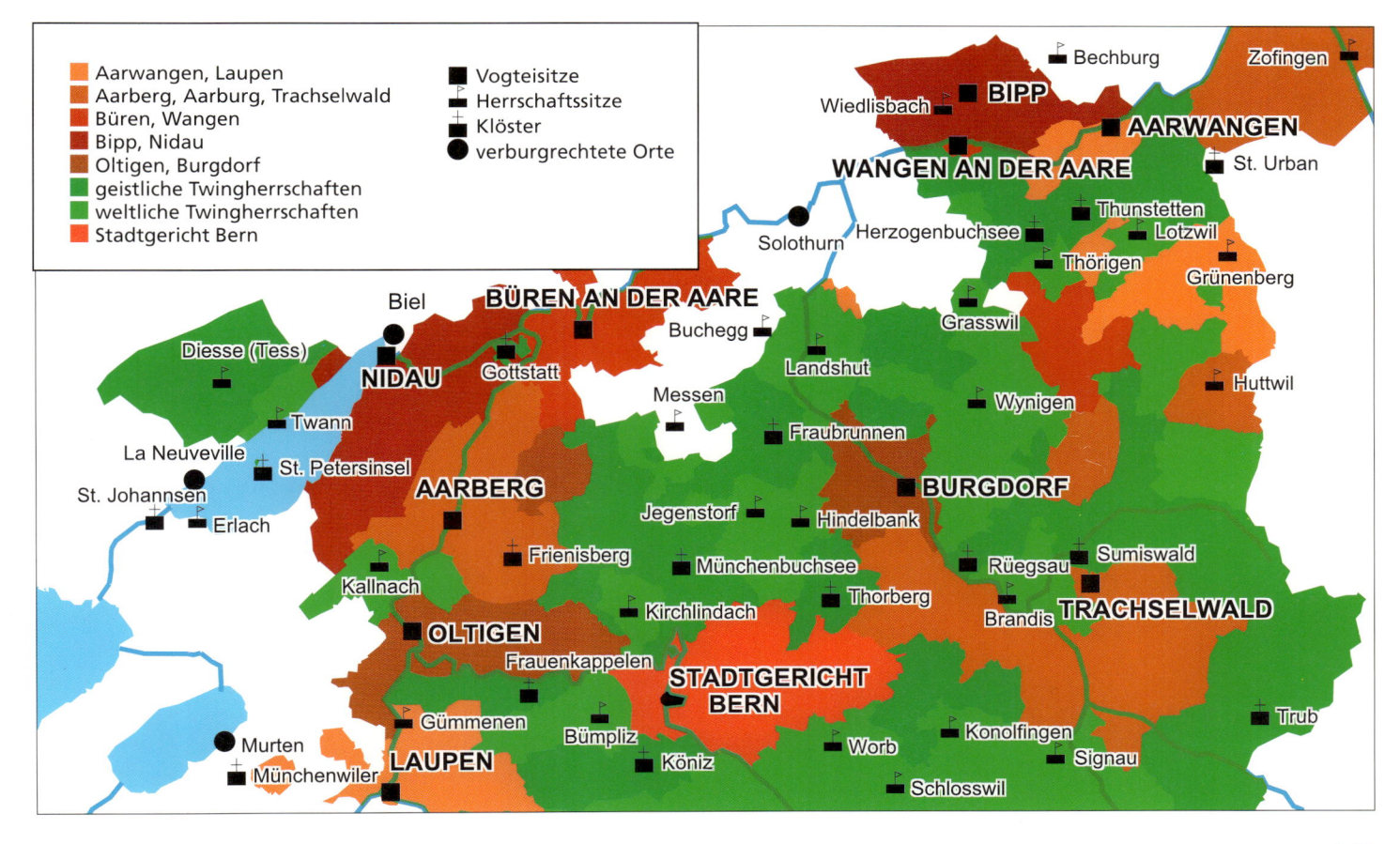

Vier Kirchspiele und vier Landgerichte
Am engsten waren die vier Kirchspiele Muri, Stettlen, Vechigen und Bolligen mit der Stadt verbunden. Sie waren der erste Landbesitz ausserhalb der Stadtmauern und unterstanden dem städtischen Recht, insbesondere auch dem Bürgerrecht.[26] Im Unterschied zu diesen – nahezu städtischen Gebieten – sind die «vier Landgerichte» eine Schöpfung des 15. Jahrhunderts. Nachdem die beiden Teile der ehemaligen Landgrafschaft Burgund (Klein- und Aarburgund) 1406 in bernischen Besitz übergegangen waren, wurden sie aus verwaltungstechnischen Gründen in vier Verwaltungsbezirke, die Landgerichte, unterteilt. Diese vier Landgerichte (je zwei rechts und links der Aare) wurden nach ihren Gerichtsstätten Konolfingen (mit Röthenbach) und Zollikofen sowie Seftigen und Sternenberg (früher Neuenegg) benannt.[27] Charakteristisch für diese Gebiete waren, neben der Nähe zu Bern und den sich daraus ergebenden engen Beziehungen zur Stadt, die hohe Zahl verschiedener Grund- und Gerichtsherrschaften, die sich im Besitz geistlicher Institutionen und adliger Twingherren mit bernischem Bürgerrecht befanden. Im Landgericht Seftigen und Konolfingen verfügte die Stadt bis zum Twingherrenstreit über praktisch keine direkten Herrschaftsrechte. Wichtige Twingherrschaften waren im Landgericht Seftigen die Herrschaften Wattenwyl, Kehrsatz, Belp, Toffen, Riggisberg oder Gerzensee, im Landgericht Konolfingen Kiesen, Münsingen, Worb und Utzigen, im Landgericht Sternenberg neben Riedburg auch Bümpliz sowie im Landgericht Zollikofen Bremgarten (im Besitz der Johanniterkommende Münchenbuchsee), Moosseedorf, Hindelbank, Urtenen, Mattstetten und Jegenstorf. Unter den Herrschaften im Besitz von Klöstern sind unter anderem die Besitzungen von Rüeggisberg (Landgerichte Seftigen und Sternenberg), Frienisberg, Fraubrunnen, Hettiswil und Thorberg (Landgericht Zollikofen) zu nennen.[28] Diese unvollständige, am Beispiel der Landgerichte erstellte Liste der bis 1528 nur mittelbar zu Bern gehörenden Gebiete veranschaulicht eindrücklich die Probleme, die sich der Stadt beim Ausbau der Landeshoheit gestellt haben und die Vorteile, die die Auflösung der Klöster und die Einziehung ihres Besitzes im Zuge der Reformation für sie gehabt haben. Vereinzelt gab es zudem auch Gerichtsbesitz auswärtiger Herrschaften. Im Landgericht Konolfingen gehörte beispielsweise das Gericht Oberwichtrach dem Kloster Einsiedeln.[29]

Seeland
Das Seeland wurde in der ersten Hälfte des 15. Jahrhunderts in die Ämter Aarberg, Nidau, Büren und Oltigen eingeteilt. In den 70er und 80er Jahren führte Bern Veränderungen durch. Das kleine und zersplitterte Amt Oltigen wurde um 1483 aufgelöst und zwischen den Ämtern Aarberg und Laupen aufgeteilt. Bereits 1474 kam das Amt Erlach hinzu, das ursprünglich gemeinsam mit Freiburg, nach 1484 von Bern allein, verwaltet wurde.[30] Das Seeland zeichnete sich, verglichen mit den anderen Regionen, durch eine annähernd homogene Herrschaftsstruktur aus. Bern hatte hier im 15. Jahrhundert mit Ausnahme weniger Gebiete die Landeshoheit erworben. Nur mittelbar übte es die Herrschaft in den Besitzungen der Klöster Gottstatt und St. Johannsen bei Erlach sowie in den Herrschaften der Städte Aarberg, Büren und Nidau aus, die die Niedere Gerichtsbarkeit selber wahrnahmen.

Emmental
In der «Landschaft Emmental» war die bernische Landesherrschaft im 15. Jahrhundert relativ schwach entwickelt, da die Rechte sehr zerstreut waren, und Bern keine grösseren Grundherrschaften besass. Dieser Sachverhalt spiegelt sich in der intensiven Bildung neuer Verwaltungseinheiten. Nach dem Erwerb des Landgerichtes Ranflüh im Jahre 1408 wurden die Besitzungen zuerst im neu gebildeten Amt Trachselwald

zusammengefasst, wo sie bis etwa 1450 blieben. In der zweiten Hälfte des 15. Jahrhunderts löste Bern der einfacheren Verwaltung wegen vor allem im Randbereich zahlreiche Gerichte aus ihren ehemaligen, historisch gewachsenen Hochgerichtsverbänden heraus und wies sie anderen Ämtern zu, besonders dem Amt Burgdorf. So wurde zum Beispiel Dürrenroth aus dem Landgericht Murgenthal herausgelöst und dem Landgericht Ranflüh unterstellt. Zugleich schuf Bern neue Niedergerichte, wie jenes von Affoltern.[31] Neben der Blutgerichtsbarkeit besass Bern im Emmental 1465 nur acht Niedergerichte, das Städtchen Huttwil mit Hoher und Niederer Gerichtsbarkeit, das Recht Steuern einzuziehen und im Kriegsfall den Anspruch auf Mannschaft und Burgen. Demgegenüber waren sieben Niedergerichte im Besitz anderer Herren, unter anderem des Klosters Trub, der Deutschordenskommende Sumiswald, der Freiherren von Brandis, der Stadt Burgdorf und der Herren von Grünenberg. Lediglich mediater bernischer Herrschaft unterstanden unter anderem auch die Freiherrschaft Signau und die Besitzungen geistlicher Gemeinschaften, unter anderem jene der Benediktinerinnen von Rüegsau oder der Cluniazenser in Röthenbach. Obwohl Bern im Laufe des 15. Jahrhunderts weitere Niedergerichte samt Regalien erwarb und gegen Ende des Jahrhunderts aufgrund der Steuer- und Militärhoheit auch Erlasse ins Emmental sandte, geschah hier der Durchbruch zur Landeshoheit erst nach der Reformation mit der Übernahme der geistlichen Herrschaften.[32]

Oberaargau

In dem seit 1406 bernischen Oberaargau verfügte Bern über die Hochgerichtsbarkeit. Im Laufe der zweiten Hälfte des 15. Jahrhunderts wurde eine neue Verwaltungsstruktur geschaffen, die sich jedoch stark an alten Herrschaftsgrenzen orientierte.[33] 1408 wurde die Landvogtei Wangen, 1432 die Landvogtei Aarwangen und 1514 die Landvogtei Landshut errichtet sowie im Laufe des 15. Jahrhunderts das Schultheissenamt Burgdorf zu einer Landvogtei umgebildet. Einen Spezialfall stellte das Amt Bipp dar, das zusammen mit dem Amt Bechburg seit 1418 als Gemeine Herrschaft von Bern und Solothurn gemeinsam verwaltet wurde. Diese wurde 1463 auf Drängen Berns geteilt, wobei Bipp an Bern fiel. Das Vorgehen Berns – gegen den Willen Solothurns – zeigt eindrücklich die Absicht der Aarestadt, klare Grenzen zu schaffen und Rechtsüberschneidungen zu eliminieren.[34] Die Landvogtei Wangen war ursprünglich im Besitz der Blutgerichtsbarkeit über das gesamte ehemalige Landgericht Murgeten, musste jedoch in der zweiten Hälfte des 15. Jahrhunderts Teile davon den benachbarten Ämtern Aarwangen, Burgdorf und Trachselwald abtreten. Im Bestreben einheitliche, klar umrissene Verwaltungsbezirke zu schaffen, wurde im ausgehenden 15. Jahrhundert die Landvogtei Aarwangen aufgewertet und jener von Wangen gleichgestellt. Der Landvogt von Aarwangen konnte jetzt neu neben der Niederen auch die Hohe Gerichtsbarkeit in seinem Amt ausüben.

Am Beispiel der Stadt Burgdorf kann aufgrund der guten Forschungssituation illustriert werden, wie neue, für damalige Verhältnisse systematische Verwaltungseinheiten gebildet wurden. Nach dem Kauf Burgdorfs durch Bern 1384, wurden die für eine bernische Landstadt aussergewöhnlich umfassenden städtischen Rechte, unter anderem die Hohe Gerichtsbarkeit im «Burgernziel» bestätigt.[35] In den übrigen Herrschaften, die sich Burgdorf zwischen 1394 und 1435 ausserhalb der Stadtmauern erwarb, besass man in der Regel die Niedergerichtsbarkeit, während die Hochgerichtsbarkeit im Besitz Berns war und durch den Landvogt in Wangen ausgeübt wurde. In der zweiten Hälfte des 15. Jahrhunderts begann Bern das Schultheissenamt Burgdorf über diese Stadt hinaus zu erweitern und zu einer Landvogtei umzuformen. Dies geschah im wesentlichen auf Kosten der Landvogteien Wangen und Trachselwald. Begonnen wurde mit den Gerichten Kirchberg und Alchenflüh, die 1471 formell aus der Landvogtei Wangen herausgelöst wurden, nachdem der Schultheiss von Burgdorf dort bereits 1465 das Recht erhalten hatte, die lokalen Amtsträger zu ernennen. 1497 kamen die neu erworbene Herrschaft Wynigen und in den beiden ersten Jahrzehnten des 16. Jahrhunderts schliesslich die Gerichte Hasle, Oberburg und Heimiswil hinzu, die seit 1408 der Landvogtei Trachselwald zugeordnet waren.[36]

Charakteristisch für den Oberaargau, besonders für das Amt Wangen, waren die zahlreichen Twingherrschaften unter bernischer Oberhoheit, die das Steuereinkommen entscheidend verringerten.[37] Es handelte sich neben der Stadt Burgdorf und den Herren von Grünenberg erneut um geistliche Herrschaften, zum Beispiel die Propsteien Wangen an der Aare und Herzogenbuchsee, die Johanniterkommende Thunstetten, die Kartause Thorberg und das Kloster St. Urban. Diese besassen verschiedene Rechte, die teilweise bereits im 15. Jahrhundert, sicher aber nach 1528 an Bern gelangten.[38]

Unteraargau
Im 1415 eroberten habsburgischen Aargau, der im 18. Jahrhundert als «Unterer Aargau» bezeichnet wurde, besass die Aarestadt die 1418 von König Sigmund bestätigten Rechte der ehemaligen österreichischen Herzöge. Der Aufbau einer Verwaltung vollzog sich hier nach 1415 ähnlich wie in den übrigen Herrschaften, der verfassungsrechtlichen Situation wegen allerdings etwas langsamer. 1416 wurde zunächst nur in Aarburg eine Landvogtei eingerichtet, von der dann, nachdem genügend Rechte und damit auch Einkünfte in bernische Hand gelangt waren, zwischen 1442 und 1444 die Landvogtei Lenzburg abgetrennt wurde. Die Städte Aarau, Brugg, Lenzburg und Zofingen bildeten eigene Verwaltungsbezirke und verfügten über weitgehende Freiheiten. Die 1460 und 1499 erworbenen Herrschaften Schenkenberg und Biberstein wurden ebenfalls Landvogteien. Wie in den übrigen Gebieten des Territoriums, hatte Bern die Oberhoheit mit der Hohen Gerichtsbarkeit erworben, während ein Teil der Niederen Gerichtsbarkeit in der Hand verschiedener Herren blieb. Unter diesen Besitzern waren es neben kleineren geistlichen und weltlichen Herrschaften (unter anderem Kloster Königsfelden, Stift Beromünster oder Herren von Hallwil) wiederum vor allem die Städte Aarau, Brugg, Lenzburg und Zofingen, die ihre Freiheiten behalten konnten.[39] Gegenüber diesen verschiedenen Herren versuchte Bern 1480 mit beschränktem Erfolg jene Rechte durchzusetzen, die es in den vier Landgerichten nach dem Twingherrenstreit erworben hatte.[40]

Oberland
Im Unterschied zu den neu erworbenen Gebieten im Mittelland, können wir im 15. Jahrhundert im Oberland mit Ausnahme der Eingliederung neu erworbener Gebiete in bereits bestehende Verwaltungsbezirke, keine umfangreiche Neuordnung der Verwaltungsstrukturen erkennen. Die Ursache dafür liegt in den umfassenden alten Rechten dieser Talschaften. Verwaltungsbezirke waren das Schultheissenamt Thun, wo die gleichnamige Stadt über die Niedere und Hohe Gerichtsbarkeit verfügte, die Kastlaneien Obersimmental, Niedersimmental (seit 1449) und Frutigen, die Stadt Unterseen sowie die Landschaft Oberhasli. Neben den Twing- und Klosterherrschaften, unter anderem Krattigen, Oberhofen, Unspunnen, Spiez und Interlaken, auf die Bern bis 1528 nur mittelbaren Einfluss ausüben konnte, verfügten besonders das Obersimmental und die Landschaft Oberhasli über Freiheiten, die weit über das gewohnte Mass hinausgingen.[41] Umfassende Rechte, unter anderem die Niedere Gerichtsbarkeit, besass auch die Talschaft Frutigen, die sich unter eigenen finanziellen Opfern im Jahre 1400 unter bernische Herrschaft begeben hatte.[42] In der Regel besass aber Bern die Hohe Gerichts-

barkeit. Im Ober- und Niedersimmental wurde die vorbernische Gebietseinteilung in Gerichte beibehalten,[43] ebenso im Oberhasli. Die Kastlanei Frutigen wurde um 1470 mit der Vogtei Aeschi vereinigt, in der der Kastlan bereits seit 1400 die landesherrlichen Rechte verwaltete, und erfuhr 1513 eine weitere Veränderung, als ihr die Herrschaft Krattigen eingegliedert wurde.[44] Die Reformation und ihre Folgen brachten auch hier eine Verstärkung des landesherrlichen Einflusses, besonders durch die Säkularisierung des Klosters Interlaken und durch den von Bern niedergeschlagenen Oberländer Aufstand im Jahre 1528, der eine Schwächung der Autonomie dieser Talschaften bewirkt hat.[45]

Verwaltungspersonal

Zur Durchsetzung der Herrschaft bedurfte es Vertreter der Stadt Bern, die in den Ämtern bestimmte Aufgaben wahrnahmen. Der Beschluss des bernischen Rates von 1467, ständige Amtleute in allen Herrschaften einzuführen und sie mit der Wahrnehmung der Hohen Gerichtsbarkeit zu betrauen, zeigt den Willen der Stadt, eine einheitliche Verwaltung einzuführen und stadtbernisches Recht im Landgebiet durchzusetzen.[46] Zu unterscheiden ist zwischen den Gebieten, die von Bern aus direkt, und den übrigen Ämtern, die durch Vertreter vor Ort verwaltet worden sind.

Die hohe Bedeutung der vier Kirchspiele und der vier Landgerichte für die Stadt zeigt sich an ihrer engen Einbindung in die städtische Verwaltungsstruktur. In den vier Kirchspielen vertrat ein Ammann die Stadt.[47] Aufsicht und Verwaltung der vier Landgerichte oblagen vermutlich vor 1446 den Vennern. Das Landgericht Seftigen unterstand dem Venner von Pfistern, das Landgericht Neuenegg demjenigen von Schmieden, das Landgericht Zollikofen demjenigen von Gerbern und das Landgericht Konolfingen dem Venner von Metzgern. Die wichtigen Aufgaben innerhalb der Stadt hinderten die Venner daran, die Verwaltung selbst wahrzunehmen. Das übernahmen deshalb an ihrer Stelle jeweils ein oder mehrere Freiweibel.[48] Diese Freiweibel hatten Aufgaben im Rechtswesen wahrzunehmen und die der Stadt zustehenden Steuern und Abgaben einzuziehen. Ihre Amtsführung wurde von den Vennern beaufsichtigt, die auch die Abrechnungen kontrollierten. Im Unterschied zu den Vennern, die aus der Stadt Bern stammten, wurden die Freiweibel aus den entsprechenden Landgerichten rekrutiert und waren deshalb mit den lokalen Verhältnissen sehr gut vertraut – eine Nähe, die beim Durchsetzen obrigkeitlicher Anordnungen jedoch auch problematisch werden konnte.[49] Die Freiweibel wurden durch den jeweiligen Venner vorgeschlagen und durch den Kleinen Rat gewählt.[50]

In den übrigen Ämtern nahmen Landvögte oder Vögte, in Büren, Burgdorf, Thun und Unterseen Schultheissen, im Ober- und Niedersimmental sowie in Frutigen jeweils ein Tschachtlan (Kastlan) die Interessen Berns wahr. In der Landschaft Oberhasli übte der Landammann diese Funktion aus.[51] Der Ammann, Landvogt oder Schultheiss, residierte auf der Burg seines Amtssitzes, wo schon die Vertreter der vorherigen Herren gesessen hatten (Abb. 245). Die Kontinuität in der Wahl des Herrschaftssitzes zeigt sich noch heute daran, dass die Regierungsstatthalter der modernen Ämter in diesen ehemaligen Landvogteischlössern residieren. Die Vögte, Schultheissen oder auch Tschachtlane waren die Schlüsselstellen zwischen Stadt, beziehungsweise Rat und der Landbevölkerung. Sie hatten militärisch-polizeiliche, gerichtliche und fiskalische Aufgaben.[52] Je nach dem, wie umfassend die Rechte der Stadt im jeweiligen Amt waren, unterschieden sich die einzelnen Kompetenzen. Im 14. Jahrhundert hatte der Landvogt vor allem militärische Aufgaben wahrzunehmen, da die Landvogteischlösser wichtige Stützpunkte waren.[53] Grundsätzlich hat sich daran auch im 15. Jahrhundert nichts

Der Aufbau des Berner Regiments

Regula Schmid

Die politischen Geschäfte der Stadt Bern und ihres Territoriums wurden im 15. Jahrhundert wie in den meisten Städten im Reich durch zwei Ratsgruppen unterschiedlicher Grösse geführt. Der Grosse Rat, der in Bern gegen 400 Männer umfassen konnte, wurde als Repräsentant der Gesamtbürgerschaft verstanden und deshalb auch «die Burger» genannt. Der Kleine Rat war das eigentliche Führungsgremium. Unter dem Vorsitz des Schultheissen traten fast täglich (deshalb auch «täglicher Rat») vier Venner, der Säckelmeister und 19 weitere Ratsherren zusammen. Vier dieser Ratsherren galten als Heimlicher «vom Rat», bzw. «von Burgern». Ihre Aufgabenbereiche sind für das 15. Jahrhundert schlecht bekannt, vermutlich können sie als eine Art «Vertrauensleute» mit Vermittlungsfunktionen zwischen den Bewohnern der Stadt und dem Rat, beziehungsweise zwischen Ratsangehörigen und Schultheiss angesprochen werden. Die Venner organisierten den militärischen Auszug der Bürgerschaft, waren für die Kontrolle der Bürger verantwortlich und, mit Hilfe weniger Beamter, für Ruhe und Ordnung in den die Stadt umgebenden Landgerichten zuständig. Die 27 Mitglieder des Kleinen Rats und die grosse Zahl der Burger ergänzten sich zu Ostern in einem komplizierten Verfahren gegenseitig (Kooptation), wobei insbesondere die Venner, der Schultheiss und einige wenige weitere einflussreiche Mitglieder des Grossen und des Kleinen Rats als Wahlmänner («Sechzehner») eine bestimmende Rolle einnahmen. Das Gesamtgremium, wie es beispielsweise in den Bundesverträgen auftrat, nannte sich *«Schultheiss, Rät und Burger»*. Die Bürgerschaft spielte im ausgehenden 15. Jahrhundert als politische Institution praktisch keine Rolle mehr.

Bürgerversammlungen fanden zunächst noch gelegentlich statt, versiegten dann, mit gelegentlichen Ausnahmen (zum Beispiel in der unruhigen Zeit der Burgunderkriege) ganz. Die Bürgerschaft war einerseits in vier Quartiere («Viertel») geteilt (→Abb. 9), denen je ein Venner vorstand (siehe Kastentext, S. 232), andererseits über die 14 Gesellschaften organisiert. Diese Organisationsform war insbesondere für den militärischen Auszug von Bedeutung: Das Heer zog zwar in vier «Abteilungen» unter der Führung ihres zuständigen Venners aus, wurde aber über die Gesellschaften zusammengestellt.

Im Kleinen Rat vereinigten sich die Regierungsfunktionen, die der Stadtschreiber Thüring Fricker in seiner Beschreibung des «Twingherrenstreits» mit *«verwalten, gricht und recht sprechen»*, *«kriegslöuf, landt und lüt regieren»* zusammengefasst hat. Im politischen Alltag unterstützte der Grosse Rat das kleinere Gremium. Da die Kleinräte bei Konflikten ihre Anhänger im Grossen Rat mobilisierten, konnte das grössere Gremium gerade dann sehr viel Einfluss ausüben. Gegen Ende des 15. Jahrhunderts vereinigte sich immer mehr Einfluss auf den Kleinen Rat und innerhalb des Kleinen Rats auf die Venner und den Schultheissen. Zunehmend detailliertere, schriftlich festgelegte oder eingeübte Regeln über die Amtsdauer und die Wählbarkeit sollten eine allzu starke Konzentration der Macht auf einige wenige Personen und Familien verhindern. Sie dienten aber schliesslich vor allem dazu, den Konkurrenzkampf zwischen den wenigen führenden Patriziergeschlechtern um die staatlichen Einkünfte zu regeln. Neben Vennern und Schultheiss besonders wichtig waren der Säckelmeister und der Stadtschreiber. Ersterer war für die Staatskasse verantwortlich und haftete mit seinem eigenen Vermögen für allfällige Verluste. Sein hochspezialisiertes Wissen machte ihn ebenso unentbehrlich für die Räte wie es der Stadtschreiber war. Dieser war der eigentliche Träger und Verwalter städtischen Herrschaftswissens. Im Fall Thüring Frickers kam dies gerade durch seine jahrzehntelange Tätigkeit als Vorsteher der städtischen Kanzlei zustande (vgl. Kap. II, S. 119, Kap. IV, S. 330). Weitere Ämter, von denen Bern am Ende des 15. Jahrhunderts wohl gegen ein halbes Hundert hatte, wurden je nach Wichtigkeit mit Mitgliedern des Grossen Rats oder mit städtischen Bürgerinnen und Bürgern besetzt. Sie umfassten so unterschiedliche Ämter wie Torwächter, Stadtläufer und -reiter, Hebammen und Stadtarzt, die Aufsicht der städtischen Bauten, die Kontrolle über das Weinmass und die Betreuung der Uhr im Zytgloggenturm (vgl. Kap. VI, S. 579). Die kleineren Beamten sowie Stadtarzt und Stadtschreiber wurden entlöhnt, zunächst in Naturalien (Wein, Kleider, Brennholz), gegen Ende des 15. Jahrhunderts vermehrt mit Geld. Die übrigen Amtsträger übten ihre Tätigkeit auf eigene Kosten aus, hatten aber je nach Amt Teil an den Einkünften oder konnten die damit verbundenen Beziehungen zum eigenen Vorteil nutzen. Auch dieser Bereich wurde am Übergang zur Neuzeit stärker geregelt.

Der Aufbau des Berner Regiments im 15. Jahrhundert, Regula Schmid 1998.

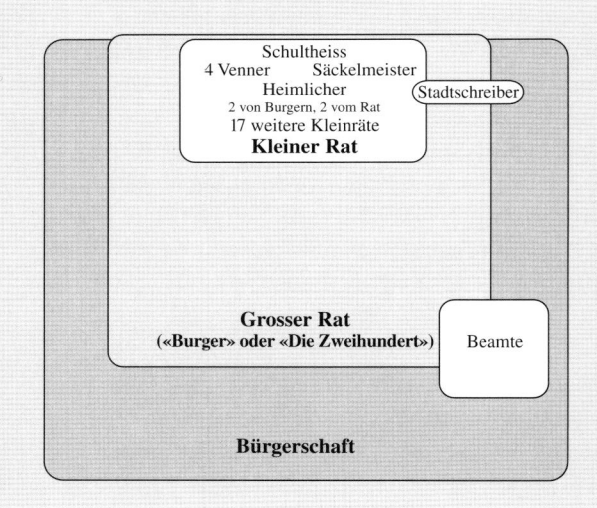

```
                    Schultheiss
        4 Venner         Säckelmeister
                  Heimlicher            (Stadtschreiber)
        2 von Burgern, 2 vom Rat
              17 weitere Kleinräte
                  Kleiner Rat


              Grosser Rat
    («Burger» oder «Die Zweihundert»)        Beamte

                  Bürgerschaft
```

geändert, wie die seit dieser Zeit schriftlich fixierten Amtseide zeigen (Abb. 246). Sie wurden nur erweitert. Die Amtleute hatten zu schwören, der Stadt treu zu dienen, das Recht durchzusetzen und zu bewahren sowie die Schlösser oder anderen Gebäude, die sie bewohnten, zu hüten. Sie durften ohne Erlaubnis nicht länger als drei Nächte von ihrem Amtssitz fernbleiben, ausser in städtischen Angelegenheiten. Notfalls hatten sie auch Tag und Nacht in der Burg auszuharren. Detailliert war als Folge der immer wichtiger werdenden Verwaltungsaufgaben zu beschwören, welche Abgaben zu erheben und an die Stadt weiterzuleiten waren. Zinsen, Zehnten und Steuern sowie die anderen der Stadt zustehenden

Abb. 245:
Ehemaliger Landvogteisitz in Erlach (seit 1474). Der Turm und das repräsentative Wohngebäude, beides noch im wesentlichen aus dem Spätmittelalter, symbolisieren sowohl die militärische Aufgabe des bernischen Vertreters auf dem Land als auch die politischen Kräfteverhältnisse durch ihre Lage hoch über der beherrschten Stadt.

Gefälle hatten sie in der richtigen Höhe einzuziehen und darüber Rechnung abzulegen (Abb. 247). Sie durften ausserdem das der Stadt zustehende Korn nicht essen oder anderweitig nutzen; sie mussten es bestmöglich oder gemäss Befehl des Rates verkaufen. Damit sie ein standesgemässes Leben führen konnten, durften sie alle Bussen unter drei Pfund behalten, über darüberliegende Beträge hatten sie Rechnung abzulegen.[54] Dass dieser Pflicht nicht immer nachgekommen wurde, zeigt nicht nur die Ausführlichkeit dieser Bestimmungen, sondern auch die Aufforderung des Rates von 1507 an die Amtleute, Bürgschaft und Sicherheit zu geben, wenn sie im Amt bleiben wollten.[55] Ausserhalb dieser Amtsverwaltung stand die Verwaltung der Einnahmen aus den Zöllen und dem Salzregal, die direkt dem Säckelmeisteramt abgeliefert wurden. Eine spezielle Ordnung aus dem Jahre 1438 regelte für jedes einzelne Amt die Entschädigung für die sogenannte «Burghut», jene Unkosten, die dem Amtmann dadurch entstanden, dass er die «Amtsburg» jederzeit gerüstet zu halten hatte.[56] So erhielt zum Beispiel der Schultheiss von Büren 11 Mütt Futterhafer, einen Garten im Graben, einen Baumgarten und eine Scheune, zusätzlich das Haus, worin er residierte und Brennholz sowie 10 Pfund. Der Vogt zu Aarburg hatte neben zahlreichen Naturalien Anrecht auf 60 Pfund für die Burghut und drei Burgknechte, wobei sein Hausknecht in dieser Zahl nicht eingerechnet war.[57] Im wesentlichen erhielt der Landvogt somit einen Anteil an den Bussen und anderen Gefällen sowie eine Entschädigung für die Burghut und konnte über die «Amtswohnung» in der Burg verfügen. Finanziell zu lukrativ darf man sich ein derartiges Amt für den Personenkreis, aus dem sich diese Amtsträger rekrutierten, im 15. Jahrhundert noch nicht vorstellen. Mit dem privaten Geschäft war, wie der stadtbernische Säckelmeister und Lenzburger Landvogt Hans Fränkli 1470 beklagte, unter Umständen wesentlich mehr zu verdienen.[58] Um ein standesgemässes Leben zu führen, bedurfte es noch der Einkünfte aus dem persönlichen Besitz. Die Vorteile eines derartigen Amtes lagen auf einer anderen Ebene – in einem Plus an Prestige, Beziehungen und je länger je mehr in den gesammelten Erfahrungen im Verwaltungsdienst.

Gewählt wurden die Amtleute mit Ausnahme des Haslitaler Landammanns (bis 1528) vermutlich jeweils Ende Juli oder Anfang August durch den Kleinen Rat. Ihre Amtsdauer war im 15. Jahrhundert noch nicht festgelegt. Obwohl Bern 1438 versuchte, diese auf drei Jahre zu beschränken, betrug sie in der Praxis vier Jahre,[59] in Burgdorf waren sogar fünf Jahre üblich.[60]

Abb. 246:
«Alt Polizey, Eyd und Spruchbuch», Eid der städtischen Amtsleute und der Vögte aus dem 15. Jahrhundert, Staatsarchiv des Kantons Bern, AI 453a, fol. 46r.

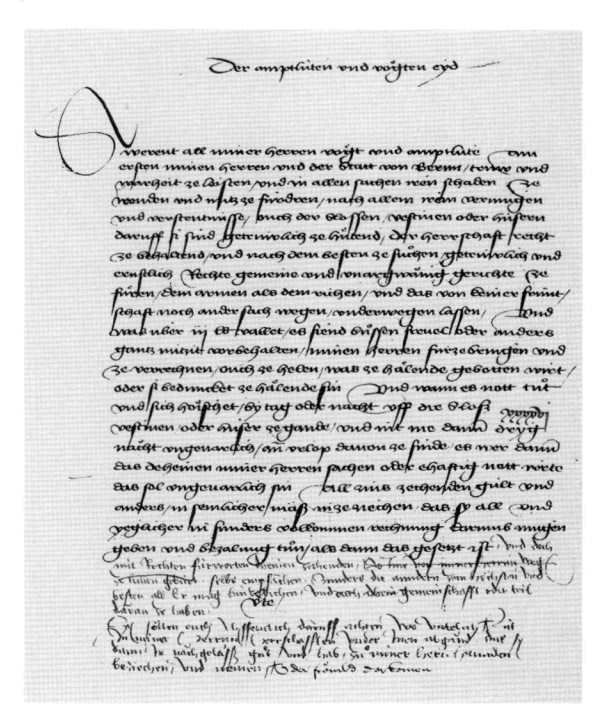

Abb. 247:
Eintrag im Rechnungsbuch für das Jahr 1465, Staatsarchiv des Kantons Bern, B VII 2522, Pag. 94–95.

Die bernischen Amtsträger hatten mit dem Säckelmeister der Stadt über ihre Einnahmen und Ausgaben abzurechnen. Das Rechnungsbuch hält hier für die Landvogteien Oltigen und Trachselwald fest, zu welchem Zeitpunkt der verantwortliche Landvogt abgerechnet hat und welche Beträge er an Geld und Frucht nach der Abrechnung der Stadt Bern noch schuldig blieb.

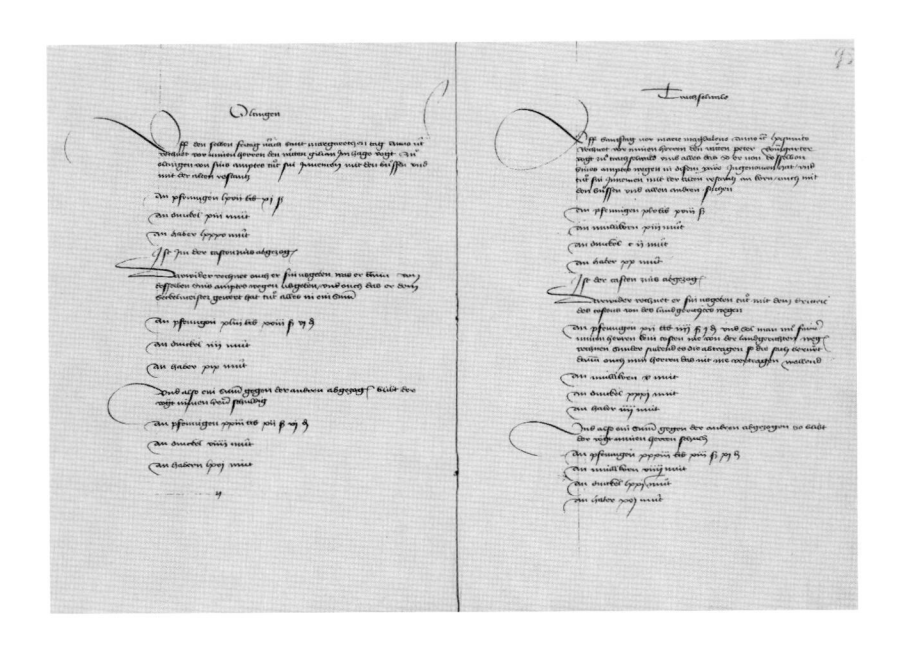

Die Pflichten der Amtleute in den Gemeinen Herrschaften unterschieden sich nicht von denjenigen der ausschliesslich von Bern verwalteten Ämtern. Die einzige Ausnahme war, dass die Amtsträger zwei Herren, Bern und Solothurn oder Freiburg, zu dienen hatten. Die Einkünfte wurden halbiert, die Ämter jeweils abwechslend mit bernischen, freiburgischen oder solothurnischen Personen besetzt – im Bipper Amt galt ein Turnus von drei, im Grasburger Amt von fünf Jahren. Die Rechnungsablage geschah in der Herrschaft Grasburg alle zwei Jahre vor den Gesandten der beiden Städte Bern und Freiburg, in Bipp jeweils am Schluss der Amtszeit.[61]

Neben diesen Amtmännern finden sich weitere Amtsträger in den Landvogteien. Zu nennen sind hier neben den an verschiedenen Orten wirkenden Statthaltern, den lokalen Stellvertretern der bernischen Vögte und den bereits erwähnten Burgknechten, Weibel oder Venner für polizeiliche Aufgaben sowie Zöllner. Im Unterschied zur städtischen Verwaltung Berns, die verschiedene Kanzlisten beschäftigte, gab es im 15. Jahrhundert in den Vogteien keinen ausschliesslich für den Schriftverkehr der jeweiligen Ämter verantwortlichen Schreiber. Erst im Laufe des 16. Jahrhunderts, als nach der Reformation vor allem die Aufgaben und damit auch die Einkünfte der Vogteien anwuchsen, finden wir die Funktion des Landschreibers. Im 15. Jahrhundert wurden die Rechnungsbücher und die anderen Register vermutlich durch zeitweise angestellte Schreiber, Notare, Geistliche, den lokalen Stadtschreiber oder Schulmeister geführt (vgl. Kap. II, S. 119 und Kap. II, S. 155).

Die Einbindung des Landes in die städtische Verwaltungsstruktur und das Verhältnis zwischen Stadt und Territorium lassen sich nicht nur an der Neuordnung der Verwaltungseinheiten und -funktionen nachvollziehen, sondern auch anhand der sozialen Herkunft des Verwaltungspersonals. Allerdings ist gerade hier für Bern – im Unterschied zu Zürich – der Mangel an entsprechenden Forschungen zu bedauern. Wir wissen deshalb nur beschränkt, welche Ämter besonders begehrt waren oder welche Familien sich für bestimmte Landvogteien interessiert haben. Es lassen sich aber Ansätze zur Bildung eines Verwaltungspatriziates beobachten.[62] Mit Ausnahme des Oberhaslis, wurden in allen Ämtern die Funktion des Vogtes, Schultheissen oder Kastlans durch Stadtberner Bürger besetzt, während die niederen Ämter durch Einheimische versehen wurden.[63] Diese personellen Verbindungen zeigen, dass Bern (wie Zürich und andere Reichsstädte) eine zentralistische Politik gegenüber seinem Territorium verfolgte.[64] Damit unterscheidet sich die Aarestadt von der Verwaltung fürstlicher Territorien nördlich des Rheins, in denen Vertreter der «Ehrbarkeit» aus der jeweiligen Amtsstadt als Vögte amtierten;[65] diese Praxis fehlte in Bern wohl deshalb, weil das Personalangebot der Stadt viel grösser war als dasjenige eines Fürsten und weil es den lokalen Ehrbarkeiten nie gelang, sich zu Ständen zusammenzuschliessen.

Aufgrund einer kurzen sozialgeschichtlichen Auswertung der Lebensläufe der Burgdorfer Schultheissen kann der Stellenwert dieser Landvogteien für die Berner Oberschicht aufgezeigt werden.[66] Im 15. Jahrhundert wurde in der Regel ein wichtiges Mitglied des Kleinen Rates Schultheiss von Burgdorf, das bereits über umfangreiche Erfahrung in Politik und Verwaltung verfügte. Dieser Ratsherr gab seinen Ratssitz für ein paar Jahre auf, nahm ihn aber häufig nach seiner Tätigkeit in Burgdorf wieder ein, so dass es zu einem regelmässigen Austausch zwischen Stadt und Land kam. Zudem versah dieser Ratsherr vor oder nach seinem Burgdorfer Amt häufig noch andere Landvogteien, wobei zwischen den verschiedenen Verwaltungsämtern jeweils eine Amtszeit im Rat lag. Die gewählten Personen dürften in der Regel über Beziehungen zur Vogtei verfügt haben, sei es, dass sie eine Twingherrschaft in der Nähe besassen, sei es, dass ihre Angehörigen bereits früher diese Position innehatten.

Die Verwaltung der Twingherrschaften

Ausserhalb dieser Verwaltungsstruktur standen grundsätzlich die Twingherrschaften. Die Twingherren verfügten in ihren Herrschaften meist über die Niedere, selten auch über die Hohe Gerichtsbarkeit (unter anderem Worb, Spiez). Sie waren deshalb auf eine eigene Verwaltung angewiesen, um das Recht durchzusetzen und die ihnen zustehenden Abgaben einzuziehen. Grundsätzlich sind die twingherrliche und die bernische Verwaltung vergleichbar. In den eher ländlichen Twingherrschaften vertrat ein Ammann als Statthalter die Herrschaft. Er stand dem Twinggericht vor und war für die Verwaltung der Geld- und Naturaleinkünfte verantwortlich.[67] In den geistlichen Herrschaften besorgte letzteres in der Regel ebenfalls ein Ammann oder der Kellerar. Die Verwaltung der (land-)städtischen Twingherrschaften kann einmal mehr am Beispiel Burgdorfs dargelegt werden. Hier stand der bernische Schultheiss zwar der Burgdorfer Landesverwaltung vor, hatte aber bei Angelegenheiten, die die mediaten Gebiete betrafen, kein Mitspracherecht. Er war deshalb in diesen Fällen ausdrücklich der Stadt Burgdorf gegenüber verantwortlich. In den beiden Vogteien Grasswil und Lotzwil, die ihrerseits aus fünf verschiedenen Niedergerichten gebildet worden waren, vertrat ein Vogt die Stadt Burgdorf. Er entstammte dem Burgdorfer Kleinen Rat, residierte in der Stadt und amtierte jeweils für fünf Jahre. Unterstützt wurde er unter anderem durch einen Schreiber aus der Bürgerschaft Burgdorfs und in den fünf Niedergerichten jeweils durch einen einheimischen Weibel. Die Hauptaufgaben des Vogts waren der Vorsitz im Niedergericht und die Rechtsprechung sowie die Erhebung der Gerichtsbussen und Abgaben, über die er dem Burgdorfer Rat Rechenschaft abzulegen hatte.[68]

Schriftgut

Der intensivierte Ausbau der bernischen Herrschaft auf dem Land wurde von Reformen der stadtbernischen Verwaltung, die zugleich für das Territorium zuständig war, begleitet. Diese äusserten sich in einer zunehmenden Verschriftlichung, die zugleich mit einer Entpersonifizierung und Rationalisierung der Verwaltungstätigkeiten verbunden war. Hinter diesen Neuerungen, die nicht nur in Bern, sondern gleichzeitig in zahlreichen anderen Territorien des Reiches zu beobachten sind, standen häufig Juristen. In Bern können wichtige Teile davon mit Thüring Fricker in Verbindung gebracht werden, der zwischen 1470 und 1492 das Amt des Stadtschreibers bekleidete. Fricker stammte aus einer Schreiberfamilie – bereits sein Vater war Berner Stadtschreiber – und

Abb. 248:
Ratsmanual von 1465, Staatsarchiv des Kantons Bern, A II 1, Pag. 2–3.

Diebold Schilling, seit 1460 in der städtischen Kanzlei tätig, weist mit der Bemerkung «des täglichen rattes manuale angevangen» darauf hin, dass die Beschlüsse des Kleinen Rates in dieser Form erstmalig festgehalten werden. Die Eintragungen zum «mentag vor corporis x die junii» (10. Juni) zeigen zugleich die Verbindungen zwischen der Stadt und seinem Territorium auf, betrafen doch vier der sieben hier festgehaltenen Geschäfte die Amtleute in den Vogteien.

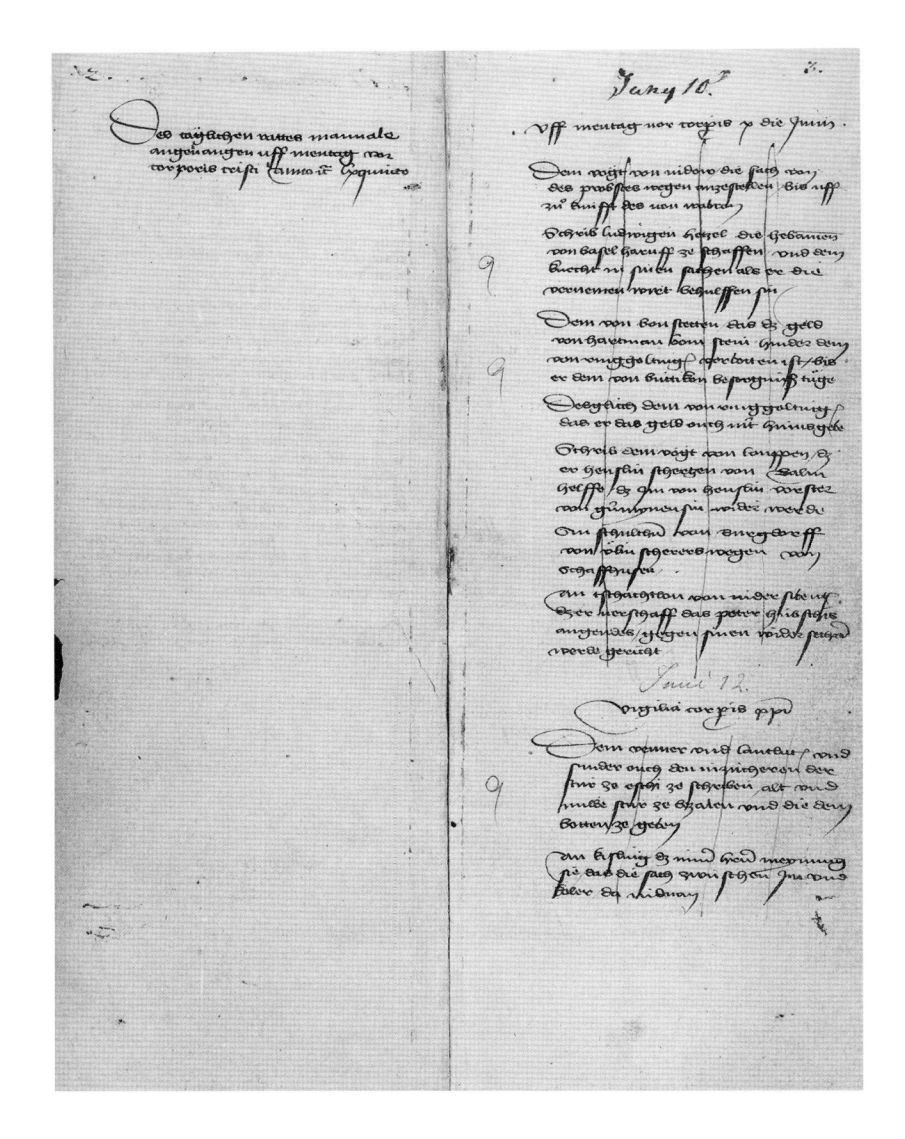

hatte nach Studien an deutschen Universitäten im italienischen Pavia den Doktortitel im kanonischen Recht erworben. Als bernischer Stadtschreiber stand er der städtischen Kanzlei vor, die sowohl für die städtische als auch für die territoriale Verwaltung zuständig war. Er hatte damit jene Funktion inne, die an den Fürstenhöfen der Kanzler wahrnahm. Fricker bekleidete dieses Amt nicht nur über eine ausgesprochen lange Zeit, sondern – und das war entscheidend – war dank seines Studiums und seiner intensiven diplomatischen Tätigkeiten mit modernem Herrschaftswissen vertraut (vgl. Kap. II, S. 119, Kap. II, S. 155).[69]

Bereits in der ersten Phase des Territorialisierungsprozesses, das heisst im ausgehenden 14. Jahrhundert, wurde Schriftgut angelegt, das für die Verwaltung des Landes entscheidend war. Zu nennen sind unter anderem das erste «Udelbuch» von 1389, das einen Überblick über die Ausburger ermöglichte, und ein erstes Restanzenbuch von 1395, das die Abrechnungen der Amtsleute festhielt. In der ersten Hälfte des 15. Jahrhunderts wurden in den ehemaligen Landgerichten, vor allem im heutigen Oberaargau und Emmental, sogenannte «Weistümer» oder «Offnungen» aufgenommen, die die Rechte Berns in den neu erworbenen Gebieten festhielten. Zusätzlich wurden «Urbare» angelegt, die den Besitz Berns in den Ämtern dokumentierten.[70] Unter Thüring Fricker, möglicherweise bereits unter seinem ebenfalls an einer Universität ausgebildeten Vorgänger Thomas von Speichingen, begann die städtische Kanzlei zusätzlich mit dem Anlegen von Registerserien, die ihr einen Überblick über die getätigten Geschäfte ermöglichten. Mit diesen Registern konnte nicht nur die Übersichtlichkeit verbessert, sondern gleichzeitig auch die Verwaltungstätigkeit bis zu einem bestimmten Grad entpersonifiziert werden. Es wurde für Personen, die nicht an den entsprechenden Geschäften beteiligt oder an den Ratssitzungen anwesend waren, zunehmend möglich, die Geschäfte nachzuvollziehen oder auch zu überprüfen, ohne immer auf das Wissen des Stadtschreibers zurückgreifen zu müssen. Nicht mehr nur ausschliesslich Urkunden, wie zum Beispiel Privilegien, sondern auch andere Schriftstücke wie Briefe wurden zu «Staatsgut» und waren nicht mehr persönlicher Besitz des Stadtschreibers. Das Amt des Stadtschreibers löste sich langsam von der Person des jeweiligen Inhabers. Andere Personen, die weniger gut qualifiziert waren, konnten seine Tätigkeiten in der Kanzlei ausführen. Der Stadtschreiber seinerseits gewann dadurch Zeit für andere Aufgaben bei denen sein Wissen dringender gefragt war, zum Beispiel im diplomatischen Dienst. Zugleich gestattete die Verschriftlichung, die Verfahren von den jeweils herrschenden Machtverhältnissen zu trennen.[71]

Die wichtigste Neuerung im Kanzleiarchiv war 1465 die Einführung der «Ratsmanuale», in die stichwortartig die Ratsbeschlüsse und die zu erledigenden Geschäfte eingetragen wurden. Sie werden deshalb als Auftragsbücher des Stadtschreibers bezeichnet (Abb. 248).[72] Die Ratsmanuale (deren Inhalt heute nicht einfach zu erschliessen ist) gestatteten zusammen mit den Registerserien der deutschen und lateinischen «Missivenbücher», die seit 1467, beziehungsweise 1468 die Abschriften der ausgehenden Briefe enthalten, einen guten Überblick über die Kanzleitätigkeit.[73] Im gleichen Jahr wurde ein neues Udelbuch angelegt (Abb. 249).[74] Für die Wahlen war das 1485 – also nach dem Twingherrenstreit – angelegte «Osterbuch» wichtig, weil es erstmals ausführlich die Wahlverfahren der verschiedenen Behörden schriftlich regelte und damit der Situation, dass nur der Stadtschreiber den Wahlablauf kannte, ein Ende setzte. Im gleichen Jahr wurde ein spezielles Eidbuch angelegt, das die ursprünglich jährlich wechselnden Eidformeln und damit die Pflichten und Rechte der Amtsträger für die Zukunft festlegte.[75]

Wie sich die Verwaltung in den Ämtern oder Landvogteien entwickelt hat, lässt sich aufgrund fehlender Quellen kaum nachvollziehen. Erhalten haben sich in der Regel nur die verschiedenen Satzungen, Eide, Kaufverträge, Weistümer (Abb. 250), Offnungen und Grenzbeschreibungen der einzelnen Ämter, nicht hingegen Rechnungsbücher, die einen Einblick in das Entstehen einer Verwaltung gestatten würden. Es wurden nur einzelne Amtsrechnungen der ehemals savoyischen Vogteien Grasburg und Aigle sowie die Restanzenbücher des Säckelmeisters für die einzelnen Ämter von 1394 bis 1415 sowie von 1435 bis 1474 überliefert.[76]

Eine spezielle Form der Verschriftlichung und Versachlichung in der Verwaltung wird in den seit etwa Mitte des 15. Jahrhunderts in schrift-

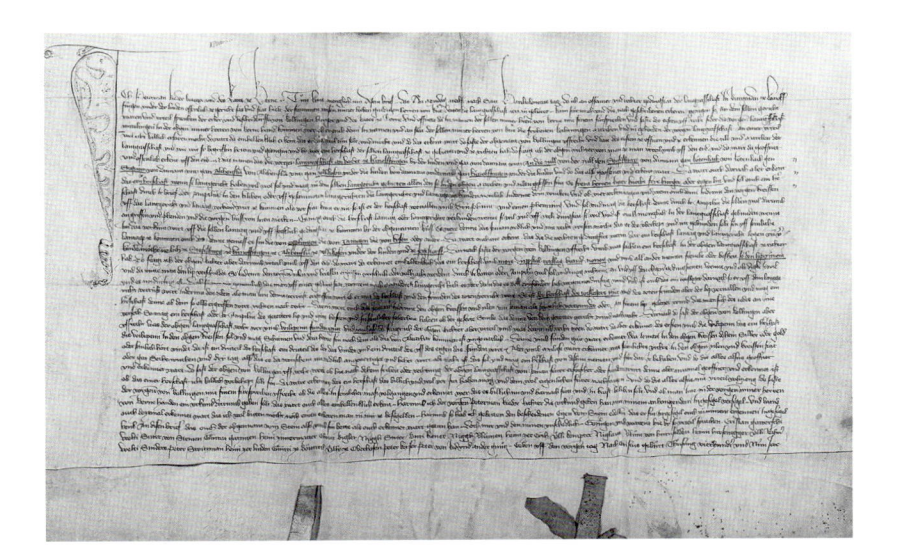

Abb. 249:
Udelbuch von 1466, Staatsarchiv des Kantons Bern, B XIII 29, Pag. 211.

Dieses nach Vennerviertel und Strassen gegliederte Register, das den für den Erwerb des Berner Bürgerrechts notwendigen Besitz eines Hauses oder den Anteil an einem solchen Udel festhielt, ermöglichte der Stadt einen Überblick über die Ausbürger in den benachbarten Landgebieten.

Abb. 250:
Weistum des Landgerichtes Konolfingen vom 26. August 1407, Staatsarchiv des Kantons Bern.

Die Urkunde hält nach dem Erwerb der Landgrafschaft Burgund die Rechte Berns in diesem Gebiet fest.

licher Form vorgenommenen «Ämterbefragungen» fassbar. Sie institutionalisierten einerseits die Kommunikation zwischen Stadt und Land und verringerten andererseits die Notwendigkeit persönlicher Anwesenheit der Einwohner des Landes in Bern oder umgekehrt der Ratsherren in den Ämtern (vgl. Kap. IV, S. 356).

Zusammenfassung

Im Alten Reich kann im 15. Jahrhundert, insbesondere in der zweiten Hälfte, eine Intensivierung der Herrschaft durch die verschiedenen fürstlichen wie städtischen Territorialherren beobachtet werden, wobei einzelne früher, andere später damit begonnen haben. Diese Intensivierung oder Verdichtung zeigt sich am Bestreben der Herrschaftsinhaber, die verschiedenen, zerstreuten Rechte in ihrer Hand zu bündeln und zu vereinheitlichen, konkurrierende Abhängigkeiten der Untertanen zu anderen Herren zu eliminieren sowie eine einheitliche Verwaltung mit zunehmend spezialisierteren Amtsträgern zu schaffen, die neben sozialen vermehrt auch fachlichen Qualifikationen zu genügen hatten. Ausdruck dieser «Modernisierung» ist die Zunahme der Schriftlichkeit und eine Systematisierung der Verwaltungsabläufe.[77]

In Bern, das sich im Mittelalter das grösste städtische Territorium nördlich der Alpen erworben hatte, verlief dieser Prozess grundsätzlich nicht anders. Die dauerhafte und umfassende Durchsetzung der Landeshoheit über ein derart grosses Herrschaftsgebiet wurde in der zweiten Hälfte des 15. Jahrhunderts durch aussen- und innenpolitische Ereignisse begünstigt. Aussenpolitisch war entscheidend, dass sich in Berns unmittelbarer Nähe keine andere Macht dauerhaft etablieren konnte, die in der Lage gewesen wäre, die Ambitionen Berns einzuschränken. Innenpolitisch war der Twingherrenstreit entscheidend, bei dem es dem Rat gelang, die städtischen Rechte auch in den Herrschaften seiner adligen Mitglieder weitgehend durchzusetzen. Es mögen diese Gründe gewesen sein, die es Bern ermöglicht haben, eine im Unterschied zu fürstlichen Territorien derart zentralistische Verwaltung in seinem Territorium aufzubauen, deren Charakteristika das Fehlen einer institutionalisierten Zusammenkunft der Landstände in Form eines Landtages und die Besetzung sämtlicher Landvogteien mit Berner Bürgern waren. Damit zeigt die bernische Territorialherrschaft Parallelen zu anderen eidgenössischen und oberdeutschen Reichsstädten, wie Zürich und teilweise Nürnberg, die eine ähnliche Verwaltungsstruktur in einem allerdings wesentlich kleineren Herrschaftsgebiet realisierten.[78]

Die Stadt und ihre Landschaft. Konflikt und Partizipation als Probleme des bernischen Territorialstaats im 15./16. Jahrhundert

André Holenstein

Das 15. Jahrhundert lässt sich allein dann als eigenständiger Abschnitt der bernischen Geschichte bezeichnen, wenn man es als ein «langes» 15. Jahrhundert periodisiert, das zumindest bis in die Zeit der Reformation, wenn nicht gar bis in die Mitte des 16. Jahrhunderts reichte. Zentrale Vorgänge der bernischen Geschichte des 15. Jahrhunderts fanden erst in den Jahrzehnten zwischen der Reformation und der Mitte des 16. Jahrhunderts einen vorläufigen Abschluss: Berns spätmittelalterliches Kirchenregiment gipfelte in der Reformation 1528 (vgl. Kap. VI, S. 588),[1] die Mediatisierung der adeligen und klösterlichen Herrschaften durch die Stadt erfuhr mit der darauf folgenden Säkularisierung des Kirchen- und Klostergutes und mit dem Beginn einer auch für die «Twingherren» (siehe Kastentext, S. 335) verbindlichen Kirchen- und Sittengesetzgebung einen weiteren Schub,[2] und die erfolgreiche Territorialpolitik des späten Mittelalters gelangte erst mit der Eroberung der Waadt 1536 und dem Erwerb der Landschaft Saanen 1555 an ihr Ende (vgl. Kap. IV, S. 330).

Die aktive Territorialpolitik von Städten und der Aufbau eines Landgebietes unter städtischer Gewalt waren im Spätmittelalter verbreitete Erscheinungen. In Ober- und Mittelitalien, im Süden des Reichs und in der Eidgenossenschaft traten viele Städte erfolgreich in Konkurrenz zu königlichen, fürstlichen und kirchlichen Landesherren und regierten ein mehr oder weniger umfangreiches Territorium.[3] Man hat zwar gelegentlich darauf hingewiesen, dass mit der Herrschaft einer Stadt über ein Landgebiet zwei grundsätzlich verschieden strukturierte politische und gesellschaftliche Systeme miteinander in Berührung kamen: die Stadt war als kommunaler Verband prinzipiell rechtsgleicher Bürger verfasst, während auf dem Land Adel, Klöster und Kirche über ihre Untertanen herrschten.[4] Bei näherer Betrachtung kann aber die Rolle von Städten als Trägerinnen landesherrlicher Gewalt nicht weiter verwundern. Wo äussere Bedingungen und innere Voraussetzungen günstig waren, suchten Städte mit ihrer Territorialpolitik, ihre ohnehin engen Verbindungen zum ländlich-agrarischen Umland zu festigen. Städte überlebten demographisch allein aufgrund des Bevölkerungszuzugs vom Land (vgl. Kap. II, S. 97). Sie waren häufig dort entstanden, wo zuvor schon Institutionen des Königtums, des Adels oder der Kirche zentralörtliche Funktionen ausgeübt hatten, die dann über die Stadtgründungsphase hinaus für das Umland bedeutsam blieben. Besonders eng gestaltete sich die Verzahnung von Stadt und Land in wirtschaftlicher Hinsicht (vgl. Kap. III, S. 197). Und: «Das Ausgreifen der Bürger und Städte auf das Land, das heisst der Kauf von Grundbesitz und Herrschaftsrechten, von Höfen, Dörfern und Burgen in Form von Pfandbesitz, Lehen oder Eigen, zeigt wohl den intensivsten Stadt-Land-Bezug gerade des Spätmittelalters.»[5] Die mittelalterlichen Städte blieben, bei aller bürgerschaftlichen Gleichheit nach innen, in ihren Beziehungen nach aussen in die feudale Herrschafts- und Gesellschaftsordnung des Feudalismus eingebunden.[6]

Jeder zehnten Reichsstadt gelang langfristig die Bildung eines herrschaftlich von ihr abhängigen Landgebietes.[7] Zumindest für die Reichsstädte des Südens und der Eidgenossenschaft sind die Ergebnisse, Verlaufsformen und Eigenarten städtischer Territorialpolitik und -herrschaft einigermassen bekannt.[8] Man weiss genauer, mit welchen finanziellen, politischen und militärischen Mitteln sie ihre territoriale Expansion betrieben, welche Motive vornehmlich wirtschaftlicher und politischer Art sie dabei leiteten, welchen Nutzen sie aus dem Territorialbesitz zogen, wie sie die Verwaltung des Landgebiets einrichteten und welche Auswirkungen das Regiment der Städte auf die Untertanen in den Dörfern und Landstädten des Territoriums hatte.
Welche Formen aber die politische Partizipation oder Repräsentation der Landsassen und Untertanen in städtischen Territorien ausbilden konnten, ist wenig untersucht worden. Es gilt allgemein die Vorstellung, es habe solche Institutionen höchstens ansatzweise gegeben, und dabei verweist man gemeinhin auf die zutreffende Beobachtung, dass sich in (reichs)städtischen Territorien keine landständische Verfassung – die klassische Repräsentativverfassung des ständischen Zeitalters – ausbilden konnte.[9] Auch im Gebiet der heutigen Schweiz blieben landständische Verfassungen auf die wenigen fürstlichen Territorien beschränkt (Fürstbistum Basel, die savoyische Waadt, Fürstentum Neuchâtel).[10] Die engere Eidgenossenschaft war denn auch bis heute kaum ein Thema für

die ständegeschichtliche Forschung, obwohl ihr Ernst Walder schon 1962/63 ihren Platz in diesem Forschungsfeld zugewiesen hat.[11]

Die Dichte städtischer Territorien prädestiniert den Raum der Eidgenossenschaft für Untersuchungen über Formen und Verfahren der politischen Partizipation von Landsassen und Untertanen unter städtischer Herrschaft.[12] Zwar kam es in den städtischen Territorien der Eidgenossenschaft nicht zur Ausbildung klassisch-ständestaatlicher Formen politischer Mitwirkung durch Landsassen und Untertanen. Nichtsdestoweniger stellten sich den eidgenössischen Städten dieselben politischen Probleme, die in den monarchisch-fürstlichen Territorien Europas die Ausbildung politischer Stände und die Institutionalisierung entsprechender Repräsentativorgane (Etats Généraux, Reichstag, Landtag und ähnliches) zur Folge hatten. Noch in der Phase aktiver Territorialbildung begannen die Städte nämlich, im Inneren ihre Landesherrschaft zur Landeshoheit fortzubilden.[13] Sie meldeten ihren Anspruch auf den Gehorsamseid, das Mannschaftsrecht, die Steuerhoheit, den Landfrieden und die Hochgerichtsbarkeit sowie eine allgemeine Gebots- und Gesetzgebungsgewalt im Land an und forderten damit mehr von den nachgeordneten Herren und Untertanen als die früheren Herrschaften.[14] Die Einführung der Reformation in den meisten städtischen Territorien erhöhte den obrigkeitlichen Handlungsspielraum zusätzlich. Wir finden somit sowohl strukturell als auch entwicklungsgeschichtlich in den eidgenössischen Städteterritorien eine politische Konstellation wieder, die sich mit der ständestaatlichen Grundkonfiguration parallelisieren lässt: Wie in den Territorien mit ständischer Verfassung, kollidierten auch hier die steigenden landesherrlichen Forderungen mit den hergebrachten Rechten von Adel, Klöstern und Gemeinden.

In der bernischen Geschichte des 15. und 16. Jahrhunderts lassen sich unterschiedliche Modi der landschaftlichen Meinungsäusserung und Einflussnahme feststellen, die den jeweiligen Akteuren in unterschiedlichem Masse offenstanden und die nicht alle auf die Dauer gleich erfolgreich waren.
Eine institutionell eigenständige Lösung, die Landschaft in die politische Meinungs- und Konsensbildung einzubeziehen, bildeten mehrere Städteorte im Verlauf des 15. Jahrhunderts mit den sogenannten «Ämterbefragungen» aus (vgl. Kap. IV, S. 356).[15] In Bern setzte die Reihe dieser Konsultationen der Landbevölkerung 1439 ein und erstreckte sich bis ins erste Jahrzehnt des 17. Jahrhunderts. Die Anfragen setzten parallel zur Intensivierung der städtischen Herrschaft über das Landgebiet ein. Die Gegenstände der Befragungen lassen zwei Problem-felder der bernischen Politik erkennen: 1. die Aussenpolitik (Kriegszüge, Bündnisfragen, Friedensschlüsse) und 2. in enger Verbindung damit die Probleme um die Reisläuferei, den Solddienst bei fremden Mächten und die Auswirkungen dieser Fragen auf die Aussenpolitik der Orte (vgl. Kap. IV, S. 277). Die Verwicklung der Orte in den Kampf um die Vorherrschaft in Oberitalien in den Jahrzehnten an der Wende vom 15. zum 16. Jahrhundert hatte unmittelbar Rückwirkungen auf deren innere Verhältnisse. Zwischen 1524 und der Einführung der Reformation in Stadt und Land 1528 traten Befragungen zur Kirchenpolitik in den Vordergrund.
1513 veranstaltete der Berner Rat 11 Anfragen an die Ämter, was einen Höhe- und Wendepunkt der Institution zugleich darstellte. Die Unruhen im Umfeld des sogenannten Könizeraufstands 1513 zwangen die Räte zu Verhandlungen mit den Boten der Ämter und Gemeinden, die unter anderem in die Zusicherung des Rates mündeten, die Landschaft künftig in Kriegs- und Bündnisfragen zu befragen. Dies lief faktisch auf die Institutionalisierung der Ämterbefragungen hinaus.
Die Erfahrung des politischen Drucks, den die ungeladen in der Stadt erscheinenden Boten auf die Räte ausgeübt hatten, und die wohl berech-

tigte Befürchtung, die Ämter und Städte der Landschaft könnten ihre Mitwirkungsansprüche künftig noch ausweiten, war erst einmal ein Ansatzpunkt dafür definiert, haben den Rat in den Jahren nach 1513 bewogen, das Verfahren bei Ämteranfragen zu modifizieren. Nach 1513 wurde die Ladung von Boten aus den einzelnen Ämtern in die Stadt Bern seltener, und der Rat bevorzugte zwei andere Verfahren, bei denen er entweder Boten in die Ämter entsandte oder die Ämter schriftlich befragte.[16] Damit unterband er weitere Ämterkonsultationen in der Stadt, die für ihn einer faktischen Vertretung der Landschaft gefährlich nahe gekommen waren.[17]

Eine ganz anders geartete Form politischer Partizipation, bei der die Initiative bei den Untertanen in den Ämtern und nicht mehr beim Rat lag, erprobten Gemeinden des Berner Oberlandes 1445 mit dem sogenannten «Bösen Bund». Im Frühjahr 1445 verbündeten sich die Gemeinden Saanen, Aeschi, Ober- und Niedersimmental, das Städtchen Unterseen sowie Gotteshausleute des Klosters Interlaken und reagierten damit auf steigende finanzielle und militärische Belastungen durch die Stadt Bern (vgl. Kap. III, S. 244).[18] Damit wollten sie gemeinsam ihre Interessen gegenüber Bern wahren. Zweck des Bundes sollte es sein, die Rechtsgrundlage der bernischen Forderungen an die Gemeinden zu überprüfen; je nach Ergebnis wollten die Gemeinden der Stadt bei der Durchsetzung ihres Rechts behilflich sein oder aber unrechtmässige Ansprüche Berns abwehren. Insbesondere wollten die verbündeten Kommunen Kriegszüge für die Stadt nur noch im Rahmen der rechtlichen Verpflichtungen unternehmen. Der Bund wollte zu diesem Zweck die kommunalen Aufgebote beaufsichtigen und koordinieren, was das Mannschaftsrecht der Stadt und damit einen Kernpunkt bernischer Landeshoheit ausser Kraft setzte. Der Zusammenschluss der Gemeinden scheiterte allerdings. Der Bund repräsentierte von vornherein nicht sämtliche Gemeinden des Oberlandes,[19] und die Stadt Bern wusste mit eidgenössischer Vermittlung und mit Konzessionen an einzelne Bundesgemeinden den Widerstand zu brechen.[20] Der «Böse Bund» bleibt aber als politisches Projekt aufschlussreich genug. Der Bund wollte sich konkurrierend und partizipierend in wesentliche Bereiche bernischer Landesherrschaft einschalten. Die Gebotsgewalt des Bundes über die beteiligten Gemeinden, seine längerfristige Perspektive sowie die Absicht zu regelmässigen Beratungen konzipierten einen möglichen Kristallisationspunkt für die aktive Mitgestaltung der städtischen Politik durch die Landschaft.[21] Im Verhältnis zwischen städtischer Obrigkeit und untertäniger Landschaft kommt dem «Bösen Bund» eine Sonderstellung zu. Ein überkommunales Bündnis sollte ein Gegengewicht zur Stadt bilden und die Verhandlungsfähigkeit der Untertanen sicherstellen; damit wurde für einmal die traditionelle Konfliktkonstellation überwunden, in der sich üblicherweise eine einzelne Gemeinde oder ein einzelnes Amt und die Obrigkeit gegenüberstanden.

Einen engen Konnex zwischen Revolte und dem Anspruch auf Partizipation, zwischen offenem Aufstand und der Suche nach Einflussnahme auf obrigkeitliches, politisches Handeln, belegt auch die breite Widerstandsbewegung, die im Sommer 1513 die Territorien Luzerns, Berns und Solothurns erfasste.[22] Den Hintergrund dieser Revolten bildete die Verwicklung der eidgenössischen Orte in die kriegerischen Auseinandersetzungen der kontinentalen Grossmächte in Oberitalien.[23] Die Schweizer Orte wurden dort mit finanziellen, militärischen und auch sozialpsychologischen Folgen einer Grossmachtpolitik konfrontiert, die letztlich die Tragfähigkeit der politischen Verfassung der Eidgenossenschaft und ihrer einzelnen Glieder überforderte. Komplexe, divergierende Interessenlagen bei Obrigkeiten wie Untertanen führten dazu, dass sich das äussere militärisch-diplomatische Engagement der Orte massiv in inneren Spannungen manifestierte.

Das Kirchweihfest in Köniz im Juni 1513 wuchs sich zur politischen Versammlung der Landleute aus den stadtnahen Landgerichten aus; 300 Gesellen rotteten sich zusammen und drangen in die Stadt ein, wo sie versuchten, die sogenannten «Kronenfresser» – die Bezüger ausländischer Pensionen, die für ausländische Mächte Bündnis- und Soldverträge vermitteln sollten[24] – zu fassen, und deren Wohnungen plünderten. Nur wenige Tage später, auf der Könizer Nachkirchweihe, zogen den Aufständischen aus den Landgerichten Landleute aus Oberländer Gemeinden zu. Mit Hilfe von Vertretern der ländlichen Ehrbarkeit gelang es dem Rat, den Leuten vor der Stadt eine Lösung des Konflikts vorzuschlagen, die die Bestrafung der Pensionenempfänger und Reisläufer in Aussicht stellte und den Gemeinden die Möglichkeit einräumte, Klagen und Beschwerden vorzubringen.[25]

Die Stadt reagierte auf den Widerstand der Landleute, indem sie Anfang Juli an einem *«unzitigen Ostermentag»*, das heisst bei ausserordentlichen Ratswahlen, die gewöhnlich am Ostermontag stattfanden,[26] einige Ratsherren von ihren Ämtern entsetzte und die Pensionenempfänger verpflichtete, ihre Gelder in den Stadtsäckel abzuliefern. In mehrtägigen Verhandlungen mit den Boten aus Städten und Ländern zog man in Bern Ende Juli die politischen Konsequenzen aus den Ereignissen der vergangenen Wochen.[27] Neben Strafmassnahmen gegen einzelne Pensionenempfänger ging es dabei vor allem um die Bewältigung der eigentlichen Ursachen der Unruhen, um den Versuch einer Definierung der Grenzen von Aussenpolitik in Absprache mit der Landschaft. Der Abschied vom 28. Juli 1513 vermerkte einleitend die Ursachen für die politische Virulenz dieser Frage; demnach erwuchs *«anfangs dis gegenwärtig ufruor und widerwärtikeit des merteils dahar ..., das mit frömden fürsten und hern püntnüss und vereinung angenommen, und von den selben pensionen, schenken, müt und gaben sind genommen worden ...»*.[28] Die Stadt war gezwungen, die Mitwirkung der Landschaft in einem wesentlichen Punkt zu akzeptieren: künftig sollte Bern keine Bündnisse und Vereinigungen mit fremden Mächten mehr eingehen, ohne sich zuvor mit den Boten aus Städten und Ländern beraten zu haben.[29] Die in Bern versammelten Boten liessen sich von der Stadt zusätzlich ein Bekenntnis zur verfassungsmässigen Begrenzung der bernischen Landesherrschaft abgeben. Bern billigte seinen Gemeinden zu, sie *«bi alter frihheit und gerechtikeit, wie inen die von einer stat Bern bestätiget und si an die selben kommen sind, nach anzeig darum gemachter briefen und sigel beliben zuo lassen»*.[30] Im Augenblick konkretisierte sich diese Bindung darin, dass Bern die Klagen einer jeden Gemeinde anhören und daraufhin auch politische und wirtschaftliche Konzessionen machen musste.[31] Ende Juli und im August 1513 erfolgte sodann die im Abschied den Boten der Landschaft konzedierte Erneuerung der partikularen Freiheitsrechte der Kommunen.[32]

Der Verlauf der Unruhen im bernischen Landgebiet im Sommer 1513 lässt den Charakter des Herrschaftsverhältnisses zwischen Stadt und Landschaft deutlich hervortreten. Die Aktion der Landschaft blieb so lange ereignisbestimmend, als sie damit die Obrigkeit und ländliche Ehrbarkeit unter Druck setzte und zu ersten Konzessionen zwingen konnte. In den entscheidenden politischen Auseinandersetzungen im Anschluss an die ersten Massnahmen gegen die Pensionenempfänger, als eine Reform des politischen Systems durch die Beteiligung der Landschaft am städtischen Regiment hätte eingefordert und durchgesetzt werden müssen, zogen sich die einzelnen Gemeinden wieder auf ihre partikularen Positionen zurück. Die Fixierung ihres Konsensrechtes für Bündnisfragen bedeutete zudem nur die rechtliche Absicherung einer eingeübten Praxis. Mit der Durchsetzung einzelner Klagen und der damit korrespondierenden, ausdrücklichen Garantie der kommunalen Freiheiten bei der Stadt, war für die beteiligten Gemeinden das Wesentliche bereits erreicht.

In verfassungsgeschichtlicher Perspektive nahm auch die politische Durchsetzung der Reformation 1528 den Charakter eines Konflikts zwischen expansiver städtischer Landeshoheit und kommunaler Freiheit an.[33] Die Stadt Bern hat wesentliche Elemente ihrer Kirchenpolitik in den frühen 1520er Jahren aufgrund von Konsultationen mit der Landschaft formuliert.[34] Sowohl die letzten Manifestationen des altgläubigen Berns, an Pfingsten 1526, als auch die entscheidenden Schritte hin zur reformatorischen Neuorientierung, erfolgten bis zu einem gewissen Grad in Rücksprache mit den Ämtern. Der Durchbruch zur Disputation und damit zur Entscheidung in der Glaubensfrage erfolgte letztlich aber auf das Betreiben der reformatorisch gesinnten Kräfte in der stadtbernischen Gemeinde.[35] Nachdem die Landschaft in den vorangegangenen Jahren wiederholt befragt und angehört worden war, büsste sie ihre Stimme im entscheidenden Augenblick ein. Wie gering die Akzeptanz des Reformationsmandats in einzelnen Ämtern aber war, zeigten die Unruhen, die noch 1528 in zwei Wellen ausbrachen.[36] Es kam zu vereinzelten, altgläubig motivierten Widerstandsaktionen, und vor allem widersetzten sich die beiden Ämter Interlaken und Hasli offen dem Reformationsmandat, wobei Hasli erst nach dem ersten Interlakener Aufstand zur Revolte überging.[37]

Wie reagierte die Stadt auf diese erste akute Krisensituation unmittelbar nach Proklamation der Reformation? Sie rief die Landschaft zu Hilfe. Den Interlakenern wurde wegen ihres gewaltsamen Vorgehens und zur Verhandlung ihrer Beschwerden ein Rechtstag angesetzt, zu dem die Räte auch Vertreter der Ämter als neutrale Schiedsleute in die Stadt luden.[38] Die politische Bedeutung dieses Rechtstages äusserte sich im Abschluss des sogenannten «Ewigen Verkomnisses», einer von den städtischen Räten und den Gemeinden der Landschaft gemeinsam ausgestellten, feierlichen Erklärung, mit der sich Stadt und Territorium in einem in der bernischen Geschichte einmaligen Vorgang gegenseitig die Wahrung und Handhabung der Freiheiten, Gerechtigkeiten, Nutzungen und alten Gewohnheiten sowie Schutz vor Aufruhr und Gewalt zusicherten.[39] Allein, über die Neugestaltung der kirchlich-religiösen Verhältnisse in Stadt und Territorium liess die Obrigkeit auch auf dem Höhepunkt des Konflikts nicht mehr mit sich reden. Wesentliche Lebensbereiche wurden damit aus der normativen Bindung an das alte Herkommen und an das konsensbedürftige Recht ausgeklammert und exklusiv dem politischen Willen der Obrigkeit überantwortet.

Der Kirchenkonflikt entlud sich in der Eidgenossenschaft 1531 im Kappelerkrieg und mündete in die militärische Niederlage der reformierten Orte.[40] Zürich und Bern sahen sich im Anschluss an die Friedensverhandlungen mit der katholischen Partei mit massivem Widerstand in ihren Untertanengebieten konfrontiert. Dieses rasche Umschlagen der äusseren in eine innere Krise hing nicht zuletzt damit zusammen, dass die Feldzüge wegen der starken Beteiligung der Aufgebote aus der Landschaft auf schnelle Erfolge angewiesen waren; traten diese nicht ein, wurde die Disziplinierung der Aufgebote zunehmend schwieriger.[41] Zudem konnten die Aufgebote aufgrund ihrer kommunalen Organisationsstruktur im Feld rasch die Funktion einer politischen Vertretung der Gemeinden gegenüber der Obrigkeit übernehmen.[42]

Die bernische Mannschaft trat unmittelbar nach dem Frieden zwischen reformierten und katholischen Orten mit der Forderung an ihre Truppenführer aus den Räten heran, über Klagen und Beschwerden verhandeln zu wollen.[43] Am 4. Dezember trafen die Boten der Landschaft in Bern getrennt von den Räten in einer besonderen Versammlung zusammen. Ihre Anliegen betrafen das Amtsgebaren der reformierten Pfarrer, wirtschaftliche Belastungen sowie die Missachtung der 1513 vom Rat erteilten Zusage, ohne Gunst der Landschaft in keinen Krieg ziehen und Burgrechte annehmen zu wollen. Bei weiterer Missachtung dieser Zusage drohten die Boten den Räten damit, *«dass Ihr* [die Räte] *weder hilff noch trost von uns söllent erwarten sin»*.[44] Mit der Forderung, der Grosse Rat solle satzungsgemäss nicht mehr als 200 einheimische Mitglieder umfassen, äusserten sich die Boten direkt zu Fragen der Stadtverfassung. Als Ergebnis der Verhandlungen bestätigte der sogenannte «Kappelerbrief» vom 6. Dezember 1531 zwar das Mitspracherecht von Stadt und Land für Kriegszüge und Burgrechte, liess den Kleinzehnten nach und gestattete den freien Kauf, in allen übrigen Punkten blieb aber der Magistrat erfolgreich.[45] Was die Partizipationsmöglichkeiten der Landschaft betraf, so war das Verdikt des Rates klar: Er wollte es nicht mehr dulden, dass sich Boten der Landschaft zu gemeinsamen Verhandlungen mit der Stadt berufen sollten, denn es *«wurde soemlichs uns in die har gantz beschwerlich sin»*.[46] Bei Klagen sollten die Ämter jeweils einzeln freien Zugang zum Rat haben.

Die äussere und innere Politik des Berner Rates hat im 15./16. Jahrhundert Konfliktsituationen provoziert, die ein politisches Aushandeln mit der Landschaft unumgänglich machten. Dieses Aushandeln führte aber nicht zu dauerhaften Institutionen. Der Rat hat auf die Dauer das Entstehen einer klarer definierten Vertretung der Ämter und Gemeinden zu vereiteln gewusst, wohl nicht zuletzt aus der Furcht, stärker in die Abhängigkeit der Landschaft zu geraten, deren politisches und militärisches Zusammengehen eine ernsthafte Bedrohung für die Stadt dargestellt hätte.
Auffallend ist sodann der hohe Stellenwert von Aufständen, in denen die Frage der Partizipation im Verhältnis von Stadt und Landschaft grundsätzlich vorgetragen wurde. Die Revolte nahm in den eidgenössischen Territorien des Spätmittelalters und der frühen Neuzeit eine zentrale Funktion bei der Regulierung der Herrschaftsbeziehungen ein.[47] Eine Besonderheit dieses Widerstands lag darin, dass er sich meist gegen die Erweiterung und Intensivierung der Landeshoheit in den Bereichen von Kriegsdienst, Steuer, Gesetzgebung, Rechtsprechung und Territorialverwaltung richtete und weniger gegen Massnahmen im grundherrlich-agrarischen Bereich. Revoltenhäufigkeit und der geringe Grad der Institutionalisierung der politischen Kommunikation zwischen Obrigkeit und Untertanen hingen aber zusammen. Die Funktion der kommunalen Revolte erklärt sich aus der besonderen Verfassungsstruktur des Berner Territoriums und aus der Bedeutung der lokalen korporativen Rechte. Das politische Ritual der Huldigung der Ämter und Gemeinden an die Stadt brachten in einem symbolischen Akt komprimiert diese «konstitutionelle» Grundfigur zur Anschauung[48] (Abb. 251). Demnach sicherten sich Herrschaft und Untertanen, Stadt und Gemeinden, wechselseitig ihre jeweiligen Freiheiten und Gewohnheiten zu. Dies bedeutete für die Obrigkeit eine prinzipielle Beschränkung ihres Handelns auf zentrale landeshoheitliche Bereiche, die sie besonders im 15. und frühen 16. Jahrhunderts hatte durchsetzen können: Reispflicht, Steuer, Kirchenhoheit und Moralpolizei, Gesetzgebung und Hochgerichtsbarkeit. Langfristig scheiterten weitergehende obrigkeitliche Zentralisierungs- und Vereinheitlichungsbemühungen an der Grundstruktur des auf das hergebrachte Recht gegründeten Herrschaftsverhältnisses. In der Wahrung und Aufsicht über den Bestand dieses Rechts durch die betroffenen Gemeinden und Ämter, lag die spezifische Funktion des Aufstandes in eidgenössischen Städteorten.
Die für die eidgenössischen Städteorte kennzeichnende Verfassungsstruktur ist von Ernst Walder als «dualistischer Gliederstaat städtisch-republikanischen Ursprungs und kommunaler Struktur» beschrieben worden, wobei seine Terminologie bewusst die prinzipielle Vergleich-

Abb. 251:
Diebold Schilling, Spiezer Bilderchronik, 1484/85, Bern, Burgerbibliothek, Mss. hist. helv. I. 16, S. 198.

Das Land Hasli leistet 1334 der Stadt Bern als neuem Reichsvogt des Tales die Huldigung. Vergeblich hatte es sich gegen die Freiherren von Weissenburg als ihre Pfandherren erhoben, daraufhin war die Stadt Bern den Landsleuten zu Hilfe geeilt.

barkeit mit der Erscheinung des Ständestaates intendierte.[49] Dualismus impliziert die Polarität der politischen Kräfte, die in den städtischen Territorien der Eidgenossenschaft durch die Herrschaft der Stadt über eine untertänige Landschaft gegeben war. Gliederstaat verweist auf die korporative Struktur eben dieser Landschaft.

Für die Ausgestaltung der herrschaftlich-politischen Beziehungen der Stadt Bern zu ihrem Territorium war es schliesslich entscheidend, dass der Gegensatz von Obrigkeit und Untertanen bzw. Landsassen in einem ganz zentralen Punkt rechtlich aufgehoben war. Die Twingherren, die Besitzer von Grund- und Gerichtsherrschaften auf dem Land, waren im Zuge der bernischen Territorialpolitik in das Bürgerrecht der Stadt eingetreten, waren zu dessen Übernahme gezwungen worden oder durch den Kauf von Herrschaften und Heiraten als Bürger zu adeligem Ansehen gekommen (vgl. Kap. II, S. 119 und S. 140).[50] Diese Doppelstellung als lokale Herren auf dem Land und Bürger der Stadt Bern verhalf vielen Twingherren zu einem Sitz in den Räten und liess sie an der städtischen Politik teilhaben. «*Dann mit disem mittel* [den Eintritt in das bernische Bürgerrecht] *sind sy* [die Twingherren] *herren da ussen bliben und hie in der statt ouch zuo herren worden*», lässt Thüring Fricker den Berner Schultheissen Peter Kistler im Konflikt mit den Twingherren sagen.[51] Anders als die Masse der Untertanen standen die Twingherren nicht in prinzipieller Abhängigkeit von der Herrschaft der Stadt Bern, sondern waren als «herrschaftliche Bürger» in den politisch berechtigten Bürgerverband eingebunden und hatten als Angehörige der politischen Führungsschicht Anteil an der bernischen Herrschaft über das Territorium. Damit war die Frage der politischen Partizipation und Integration eines numerisch kleinen, politisch und sozial aber bedeutsamen Teils der unter städtischer Herrschaft stehenden Bevölkerung in einer Weise gelöst, die fürstlichen Territorien versperrt geblieben ist. Im Falle Berns wurden über das Bürgerrecht Adels- und Klosterherrschaften, die in monarchisch-fürstlichen Territorien zentrale Kristallisationspunkte für die Bildung politischer Stände und landständischer Verfassungen darstellten, in die Stadt eingebunden (vgl. Kap. IV, S. 330). Diese Integration machte die Besonderheit des politischen Verhältnisses der

Twingherren zu den städtischen Räten aus, das in den politischen Spannungen des Twingherrenstreits 1469–1471 einer erheblichen Belastung unterworfen wurde. Die ausgehandelte, vertragliche Regelung zwischen der Stadt und den Twingherren brachte vorerst eine politische Klärung, vermochte aber auf Dauer nicht zu verhindern, dass die eigentümliche Doppelstellung der bürgerlichen Twingherren im Verlauf des weiteren Ausbaus der bernischen Landeshoheit noch bis in das 17. Jahrhundert grundsätzliche Konflikte provozierte.[52]

Die Ämterbefragungen – zur Untertanenrepräsentation im bernischen Territorialstaat

Catherine De Kegel-Schorer

1514 begehrt das Amt Nidau vom Berner Rat, Näheres über die Absichten des französischen Königs zu erfahren *«dan der gemeyn man daruff schritt und darumb ein wüssen haben wyll».*[1] Zwei Jahre später erklären die Männer des Landgerichts Zollikofen unmissverständlich, dass sie diejenigen Ratsherren, die ihre jungen Leute widerrechtlich zur Reisläuferei verführen, *«nit für herren wöllen haben».*[2] Woher nahm sich in einer Zeit, als auch in einer Stadtrepublik die Herrschaft des Rates über die Untertanen des Territoriums eine unbestrittene Tatsache war, die bernische Landschaft das Recht, von der Regierung Aufklärung über Belange der Aussenpolitik zu fordern? Weshalb konnte sie, ohne einen Verweis der Obrigkeit fürchten zu müssen, dem Rat kühn mitteilen, dass ein Teil der Ratsherren zur Erfüllung seiner Aufgaben gänzlich ungeeignet sei?

Diese und ähnliche Äusserungen der Kritik an der Herrschaft waren möglich, weil sich im bernischen Territorium im 15. Jahrhundert in Form der sogenannten «Ämterbefragungen» eine gewisse politische Mitsprache der Untertanen hatte etablieren können (vgl. Kap. IV, S. 348, siehe Kastentext, S. 357). Es handelte sich aber nicht um die individuelle Befragung jedes Untertans, der im Sinne unserer modernen Demokratie seine Einzelstimme abgeben konnte. Die Meinung der Untertanen wurde vielmehr korporativ, nach Ämtern gegliedert, eingeholt. Wegen der unterschiedlichen Rechtsstellung dieser Herrschaften und Grafschaften, Landgerichte und Landvogteien, Landstädte und Landschaften (vgl. Kap. IV, S. 330), muss die Untertanenrepräsentation in den Ämtern entsprechend bewertet werden. Die Landsgemeinde im Oberhasli etwa, die neben anderen erheblichen Autonomierechten das Vorrecht genoss, ihren Landammann selber vorzuschlagen, konnte wesentlich freier über die Ratsanfragen diskutieren als eine mittelländische Vogtei, deren Vogt womöglich zugleich bernisches Ratsmitglied war. Noch anders präsentieren sich die Verhältnisse in einer Munizipalstadt wie Burgdorf, die selbst wieder über ein eigenes Herrschaftsgebiet verfügte, welches sie gegen obrigkeitliche Eingriffe nach Möglichkeit abzuschirmen versuchte. So konnte es vorkommen, dass die eigenen Herrschaftsleute bei einer Beratung nicht hinzugezogen wurden und erst auf ausdrücklichen Befehl Berns um ihre Meinung befragt wurden.[3] Die Untertanen anderer zwischengeschalteter Herrschaftsträger erfasste man ebenfalls. Die Twingherrschaften in den vier Landgerichten wurden mit diesen zusammen befragt, das ausserhalb liegende Spiez etwa erhielt eine separate Anfrage. Trotz der verwickelten Herrschaftsverhältnisse wurde somit das gesamte bernische Territorium in die Ämterbefragungen einbezogen.[4] Einzig die nicht ratsfähigen Bürger Berns, die nach der damaligen Vorstellung durch den Grossen Rat im Regiment

Von «Volksanfragen» zu «Ämterbefragungen»: Geschichtsschreibung im Banne des Zeitgeschehens

Nicht von ungefähr begannen sich die Historiker für die Ämterbefragungen zu interessieren, als in der zweiten Hälfte des 19. Jahrhunderts kantonale Abstimmungen über die Einführung des Referendums angesetzt wurden. Ein Befürworter meinte sich durch «die Intronisation des Volkes für den Endentscheid über alle Hauptfragen der Gesetzgebung im allgemeinen und der Staatsfinanzen im besonderen ... auffallend an eine Erscheinung im alten Bern, die ihr zur Seite gestellt werden kann» erinnert, die er missverständlich «Volksanfragen» nannte.[5] Bereits zu Ende des Jahrhunderts wurde diese Einschätzung relativiert, und nurmehr «eine gewisse Ähnlichkeit dieser Berichterstattungen und Anfragen an das Volk mit dem Referendum» festgestellt.[6] Erst 1948, als der moderne schweizerische Bundesstaat bereits sein 100. Jubiläum feiern konnte und das Referendum auf Bundes- wie Kantonsebene ein etabliertes Verfassungselement darstellte, wurde auf die «gründliche, prinzipielle Verschiedenheit» hingewiesen, die zu erkennen ist zwischen einer gelegentlichen, korporativ angelegten und nur beratenden Anfrage, und dem modernen Referendum als dem verbrieften Recht des einzelnen Stimmbürgers auf direkte Mitsprache bei der staatlichen Gesetzgebungstätigkeit.[7] Der Begriff «Volksanfrage» ist deshalb zu Recht mit der angemesseneren Bezeichnung «Ämterbefragung» ersetzt worden, die der körperschaftlichen Ausrichtung dieser Institution besser Rechnung trägt.

mitvertreten waren, konnten zu den Befragungen nie direkt Stellung nehmen.

Die Ämter standen verfassungsrechtlich in keiner direkten Beziehung zueinander. Verbindendes Element war allein der gemeinsame Landesherr, der Kleine und Grosse Rat der Stadt Bern. Es gab keine Institution, in der die Untertanengebiete gemeinsam der Landesherrschaft gegenüberstanden. Die bekannte Erscheinung im spätmittelalterlich-frühneuzeitlichen Fürstenstaat, wo das «Land» in Form von Landständen dem Monarchen gegenübertrat, kannte die Stadtrepublik Bern – wie auch die anderen zu Territorialstaaten gewordenen eidgenössischen Stadtstaaten – nicht.[8] In der Berner Landschaft bildeten sich weder die «klassischen» Stände, das heisst korporative Zusammenschlüsse des Adels, der Geistlichkeit, der Städte und der immediaten Landgemeinden, noch eine dem fürstenstaatlichen Landtag entsprechende, gemeinschaftliche Versammlung.

Die dem Stadtstaat gemässere Form der Ämterbefragung, die – in geringerem Masse – auch in anderen eidgenössischen Stadtorten gepflegt wurde, erklärt sich nicht zuletzt aus ihrer Entstehungsgeschichte. Die ersten, zumindest als «partielle» Ämterbefragungen zu bezeichnenden Beratungen sind kaum von anderen Formen der Kommunikation zwischen Stadt und Landschaft zu unterscheiden. Das Gespräch mit den Untertanen war durchaus üblich. Beim sogenannten *«Fürtrag»* wurden Vertreter aus einem Amt nach Bern befohlen, um Weisungen der Regierung entgegenzunehmen, ohne selbst zur Meinungsäusserung aufgefordert zu werden. Es konnten auch mehrere Ämter gleichzeitig zum Fürtrag aufgeboten werden, eine Gelegenheit, die wohl auch zum gegenseitigen Gedankenaustausch genutzt wurde. In besonders heiklen Fragen bat man die Ämtervertreter gezielt um ihren Rat. 1440 wurden die Thuner gebeten, ihre *«ehrber Bottschaft uf Samstag ze Nacht in unser Stadt by uns habent, üwren getrüwen Rath ze mittheilen»*,[9] weil nämlich die Schwyzer wegen des Toggenburger Erbschaftskriegs im Oberland Truppen anwarben. Ergab es sich nun, dass zu einer solchen Beratung mehrere Ämter gleichzeitig aufgeboten wurden, kann von einer «kleinen» Ämterbefragung gesprochen werden. So hatte der Rat 1410 wegen eines drohenden Krieges mit Savoyen Boten aus etlichen Ämtern nach Bern bestellt mit der Absicht, *«dass wir eigentlich zu Rate werden mögen mit üch»*.[10] Aus solchen gelegentlichen Bitten um Rat entstand im Laufe des 15. Jahrhunderts die vollentwickelte Ämterbefragung. Ein frühes Beispiel liegt in einem Schreiben von 1441 vor, als Schultheiss und Rat der Stadt Thun wegen der – kriegsbedingten – Teuerung aufgefordert wurden, sie sollten *«die Sach für üch nehmen, die betrachten, und von Stuck ze Stuck aller Kost, so man brucht, bedenken»*, dann ihren Boten *«der Sach wohl unterricht und vollmächtig»* auf einen bestimmten

Termin abends nach Bern entsenden, wo er tags darauf mit den Boten anderer Ämter vor dem Rat zu erscheinen habe, um «*fürer in der Sach ze rathen und die in massen beschliessen* [zu] *helfen*».[11] Längere Zeit wurde jeweils nur ein Teil der Ämter angefragt. Die in diesem Sinne «vollständige» Ämterbefragung hat sich erst seit den 70er Jahren des 15. Jahrhunderts eingebürgert. Seither wurde stets der grösste Teil angeschrieben, jedoch ohne dass ein fester Katalog anzufragender Ämter bestanden hätte.[12]

Thematisch gliedern sich die Anfragen in zwei Bereiche. Die häufigsten Fragen befassten sich mit der Aussenpolitik, mit Bündnissen, Kriegszügen, Friedensverhandlungen oder den auch innenpolitisch brisanten Reislaufproblemen (vgl. Kap. IV, S. 277). Etwas seltener waren wirtschaftspolitische Fragen: Teuerung in Notzeiten, Sondersteuern, Woll- und Salzhandel, Währungsangleichungen und sogenannte «Vorkaufsverbote», die den überteuerten Verkauf von billig auf dem Land aufgekauften Agrarprodukten verhindern sollten (vgl. Kap. III, S. 244).

Bis zur Jahrhundertwende hatten sich drei verschiedene Arten der Befragung herausgebildet. Der älteste Typus – die Einberufung von Boten zur Meinungsäusserung nach Bern – wurde bereits beschrieben. Er erlaubte der Landschaft ein Maximum an Einflussnahme, da die gemeinsame Anwesenheit in der Stadt eine Absprache unter den Abgeordneten ermöglichte. In Krisenzeiten bedeutete die Versammlung von zirka 50–70 Männern aus der Landschaft ein Unruhepotenzial, das bedrohliche Ausmasse annehmen konnte. Nachdem sich die Untertanenvertreter im Jahr des Könizaufstands 1513 sogar ohne Aufgebot in der Stadt versammelt und dem Rat erhebliche Zugeständnisse bezüglich ihrer Mitbestimmung bei Verträgen über Truppenwerbungen abgetrotzt hatten, vermied man diese Form der Anfrage weitgehend. Der Zeitgenosse und Chronist Valerius Anshelm charakterisierte das Problem lakonisch mit der Feststellung, dass die Landschaftsvertreter «*selten on nachteil einer oberkeit zusammenkommen*».[13] Der zweite Befragungs-Typus bestand in der Entsendung von Ratsherren und Vennern in die Ämter und Landgerichte. Mittels schriftlich formulierter Instruktionen informierten sie die versammelte Gemeinde und liessen über die Geschäfte abstimmen. Die stark obrigkeitliche Prägung dieser Form der Anfrage kommt besonders in der tendenziösen Art der Fragestellung zum Ausdruck, die die Vertreter der regierungsfeindlichen Ansicht exponiert. So hiess es etwa: «*Wer unseren Herrn und Obern in oberlüterten Gestalten gehorsam sein will, der stande still; wer das aber nit tun will, der stande an ein Ort.*»[14] Dennoch wurde dieser zweite Typus relativ selten angewendet. Die Kosten, die der standesgemässe Unterhalt der Ratsherren verursachte, und die Unbequemlichkeit der Reise machten ihn eher unbeliebt. Ausserdem war die Sicherheit der Ratsboten in Zeiten der Unruhe nicht immer gewährleistet.[15] Für die Regierung am bequemsten war der dritte Typus. Die Befragung erfolgte ausschliesslich auf schriftlichem Weg, eine Form der Kontaktaufnahme, die sich bezeichnenderweise vor allem nach der Krise des Könizaufstandes durchsetzte. Der Rat liess den Ämtern die Fragen über einen Boten brieflich zukommen, und erwartete eine ebenfalls schriftlich formulierte Antwort (Abb. 252). Damit vermied man den direkten Kontakt zwischen den Ämtern und ersparte den Ratsherren die Unannehmlichkeiten und Risiken der Reise.

Kernstück jeder Befragung, unabhängig vom Typus, war die Versammlung der Landleute zum Zweck der Information und Diskussion. Zugelassen waren alle Hausväter, es konnte von der Obrigkeit aber auch ausdrücklich der Einbezug unterer sozialer Schichten verlangt werden. So heisst es einmal, dass alles «*was vierzächen jaren und daruber alt und mansnamens ist*» an der Beschlussfassung teilzunehmen habe.[16] Da das System der Ämterbefragung auf dem Prinzip «ein Amt – eine Antwort» beruhte, war man auf den Versammlungen gezwungen, sich zu einer

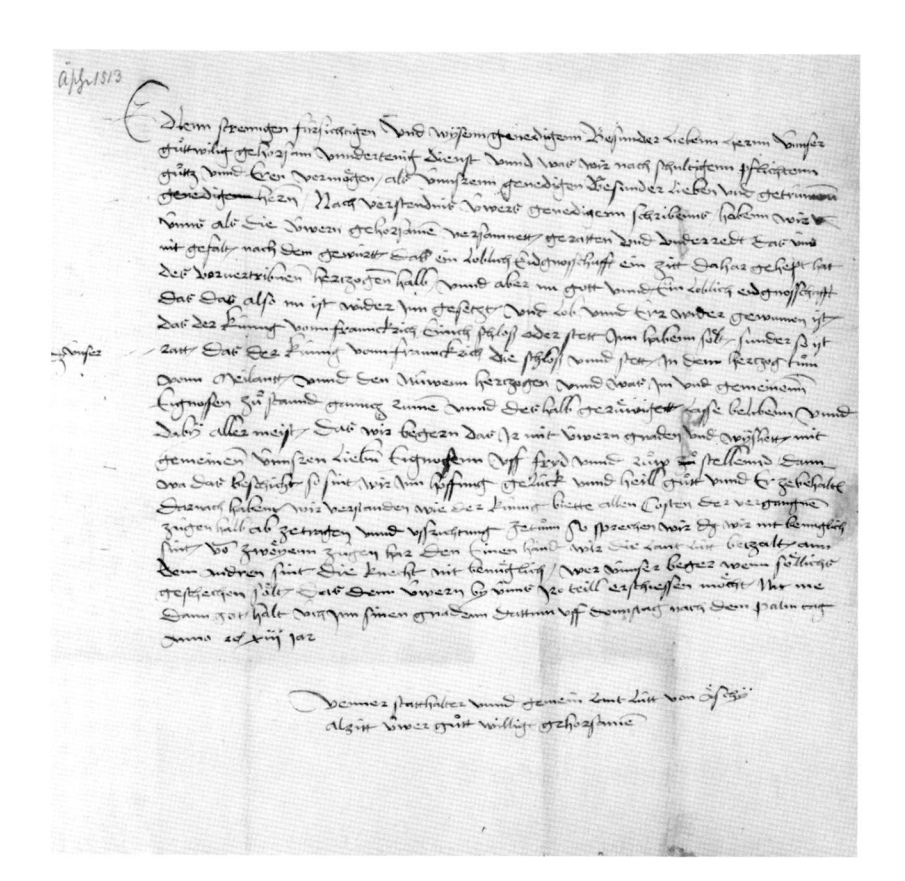

Abb. 252:
Venner, Statthalter und Landleute von Aeschi nehmen in einem Schreiben an den Berner Rat vom 24. März 1513 Stellung zu einem Friedensangebot des französischen Königs und wünschen sich «allermeist», dass die Regierung zusammen mit den eidgenössischen Freunden auf Frieden und Ruhe hinarbeite, denn nur so hätten sie die «Hoffnung, Glück und Heil, Gut und Ehre zu behalten», Staatsarchiv des Kantons Bern, U.P. 4, Nr. 24.

gemeinsamen Ansicht durchzuringen. Es erfolgten Abstimmungen, und die Mehrheitsmeinung wurde nach Bern weitergeleitet. War die unterlegene Partei von gewisser Bedeutung, verwendete man im Antwortbrief nicht das übliche «einhellig», sondern formulierte zum Beispiel: *«dem merentheill will gefallen».*[17] In Ausnahmefällen konnte überhaupt keine Einigung erzielt werden und man verzichtete entweder auf eine Stellungnahme oder schickte zur Erklärung einen Boten in die Stadt.[18] Die Mehrheit kam nicht durch eine neutrale Abstimmung zustande. Die verantwortlichen Amtsleute, die selber der lokalen Oberschicht angehörten, regelten die Umfrage *«als wit si gůt dunkt und die not erfordret het».* Sie fragten nach ihrem Gutdünken die massgebenden Männer nach deren Ansicht, während ansonsten nur zu Wort kommen sollte, wer *«etwa bessers wüsste zu raten, dann geraten ist».*[19] Erst dann wurde eine allgemeine Abstimmung vorgenommen. Man darf wohl annehmen, dass nach der Meinungsäusserung der sogenannten «Ehrbarkeit» nur noch ganz Mutige Lust hatten, öffentlich eine andere Auffassung zu vertreten! So zeigt sich auch hier, dass eine Abstimmung nicht nach modernen demokratischen Prinzipien erfolgte. Die Stimmen «gewichtiger» Männer wogen eben schwerer als andere. Gekoppelt mit dem Zwang zur korporativen Meinungsäusserung gelangten deshalb grössere Teile der Bevölkerung mit ihrer Ansicht – wenn sie von derjenigen der Meinungsführer abwich – nicht bis in den Rat.

Es lag jedoch nicht in der expliziten Absicht des Rats, nur die Oberschicht der Landschaft in den Umfragen zu erfassen. Die politische Funktion der Ämterbefragung bestand vielmehr in der Anbindung möglichst Vieler an die Entscheidungen der Regierung. Die Anfragen häuften sich denn auch in Krisenzeiten, wenn es sich empfahl, vor der Ergreifung von Massnahmen die Stimmung in der Bevölkerung zu erkunden. Im 15. und frühen 16. Jahrhundert betraf dies vor allem den Toggenburger Erbschaftskrieg (1436–1450), die Zeit von Twingherrenstreit (1469–1471) und Burgunderkriegen (1474–1477), das Zeitalter der Mailänderkriege (1495–1522) und die Reformationswirren (1524–1534). Der Höhepunkt wurde in den Jahren 1513–1522 erreicht, in die 33 Befragungen fallen, manchmal sechs bis sieben pro Jahr. Mit der Einbindung der Landschaft

359

in heikle Entscheide gelang es dem Berner Rat, mögliche Kritik zu neutralisieren. Auch wenn gegen den Willen der Ämter entschieden wurde, verpflichtete deren Beteiligtsein zu einem gewissen Konsens. Gegen den Widerstand einzelner Ämter konnte die Regierung mit der übrigen Landschaft argumentieren, etwa als die Hasler eine Harnischschau verweigerten. Mit einer ziemlich einseitigen Interpretation anderer Antwortschreiben konnte der Rat seine Anordnung gegenüber den Haslern als Wille der Landschaft rechtfertigen.[20]

Dennoch kann die Bedeutung der Ämteranfragen nicht auf einen «Akt kluger Staatslenkung der Obrigkeit in schwieriger Zeit» reduziert werden.[21] Die Regierung war oft an gutem Rat ehrlich interessiert. In ihren Worten hiess das etwa, dass ein Problem *«vil ertragen wöll zů erwägen und ouch grosser wisheitt ganntz notdurfftig»* sei,[22] eine Wendung, die nicht als rhetorische Floskel abgetan werden kann. Wenn sich die Stadt in Fragen des Fürkaufs nach dem Willen der Landschaft mit der Begründung erkundigt, *«damit wir uns wüssen zue halten»*,[23] wird der Wunsch nach aktiver Mitarbeit offenkundig. Der Rat konnte sich zudem in Verhandlungen mit den anderen Eidgenossen hinter seiner Landschaft gewissermassen «verstecken», wenn er etwa einen missliebigen Entscheid verzögern wollte oder einen negativen Bescheid zu begründen hatte.[24] Dass umgekehrt auch die Landschaft an der Institution interessiert war, zeigt sich allein schon dadurch, dass sie während des Könizaufstandes eine Befragungspflicht verlangte, die sie bezüglich Bündnissen vorerst auch durchsetzen konnte. Im *«Verkommnis mit denen von Stadt und Land»* von 1531[25] wurde dieses Zugeständnis bestätigt, doch mussten die Gemeinden zugleich versprechen, künftig nur mehr mit Bern und nicht mehr untereinander in Verbindung zu treten. Damit ging die Möglichkeit zur Koordination der Meinungen verloren.

Neben der Mitsprache in Regierungsangelegenheiten wirkte sich das System der Ämterbefragung auch indirekt auf die Untertanen aus. Die – besonders während der Mailänderkriege – beinahe regelmässige Auseinandersetzung mit Fragen der Politik liess auf dem Lande ein bemerkenswertes politisches Bewusstsein entstehen. Man entwickelte eine gewisse Befähigung, auch komplexe Probleme zur Kenntnis zu nehmen und einen Beitrag zu deren Lösung zu liefern. Die Kritik an der oft undurchsichtigen und auch widersprüchlichen Politik des Rates während der Mailänderkriege traf oft ins Schwarze. Auffällig ist zudem das gemeineidgenössische Denken, das um 1500 in der Bevölkerung offenbar tiefverankert war: es herrschte eine Kompromissbereitschaft, die die eigene Auffassung zugunsten des innereidgenössischen Friedens immer wieder zurückstellte. So bildeten die Ämterbefragungen bis zur Reformation einen wesentlichen Bestandteil des politischen Lebens im bernischen Staatsgefüge. Später gerieten sie mehr und mehr in Vergessenheit, um erst im Februar 1798 – dann allerdings zu spät – noch einmal wiederbelebt zu werden.

Berns Griff nach den Klöstern

Jürg Leuzinger

Vergleicht man die Klöster der Landschaft Bern des ausgehenden 15. Jahrhunderts mit der Klosterlandschaft, wie sie sich am Ende des 14. Jahrhunderts präsentierte, so können verschiedene Unterschiede festgestellt werden.[1] Auf den ersten Blick fällt auf, dass die Anzahl der geistlichen Niederlassungen abgenommen hatte. Waren um 1400 noch über 25 Klöster, Stifte oder Kommenden vorhanden, so konnten hundert Jahre später nur noch deren 20 gezählt werden. Aber nicht nur die Anzahl hatte sich verändert, sondern auch deren Vielfalt, denn einzelne Niederlassungen, wie zum Beispiel diejenigen der Augustinerinnen von Interlaken und Frauenkappelen, waren aus der bernischen Landschaft verschwunden. Der Grund der Klosterauflösungen lag im Bestreben Berns, ein eigenes Stadtstift zu gründen, das dem Machtzuwachs der Stadt im 15. Jahrhundert entsprach und diesen auch demonstrieren sollte (vgl. Kap. IV, S. 330, Abb. 253).

Im folgenden soll dargestellt werden, auf welche Weise der Berner Rat seinen Einfluss auf die einzelnen Klöster und Klosterherrschaften ausdehnen konnte. Im Vordergrund stehen die dabei verwendeten Mittel und das schrittweise Vorgehen Berns. Zuerst gelang es durch Schutzbündnisse, dann mittels Burgrechtsverträgen und Klostervogteien, sogenannten «Kastvogteien», den Einfluss auf die Klöster zu verstärken. Am Ende des 15. Jahrhunderts war Bern schliesslich in der Lage, einerseits zur Gründung eines eigenen Stadtstiftes insgesamt acht Klöster oder Stifte aufzuheben, andererseits gelang es der Stadt mittels Klosterreformen in die geistlichen Angelegenheiten der verbliebenen Konvente einzugreifen.

Schutzbündnisse und Burgrechte
Durch eine gezielte Ausdehnungspolitik, begünstigt durch das Aussterben adliger Familien, konnte der Rat der Stadt Bern bereits im 13. Jahrhundert verschiedene Klöster in seinen Schutz aufnehmen.[2] So wurden zum Beispiel Interlaken 1224[3] (Abb. 257) und Rüeggisberg[4] 1244 (Abb. 254) mit königlicher Unterstützung dem Schutz der Stadt unterstellt. Aus den einzelnen Schutzbündnissen entwickelte sich im Laufe des 13. und 14. Jahrhunderts ein dichteres Netz von Burgrechtsverträgen.[5] Burgrechtsverträge beinhalteten nicht nur die Schutzfunktion der Stadt gegenüber der geistlichen Niederlassung, sondern verbanden zusätzlich die beiden Vertragspartner im städtischen Ausbürgerrecht (siehe Kastentext, S. 148).[6] Den Klosterleuten wurde zum Beispiel freie Bewegung innerhalb des städtischen Herrschaftsgebietes zugesichert

Abb. 253:
Geistliche Niederlassungen im bernischen Einflussgebiet während des 15. Jahrhunderts.
Roland Gerber, Jürg Leuzinger.

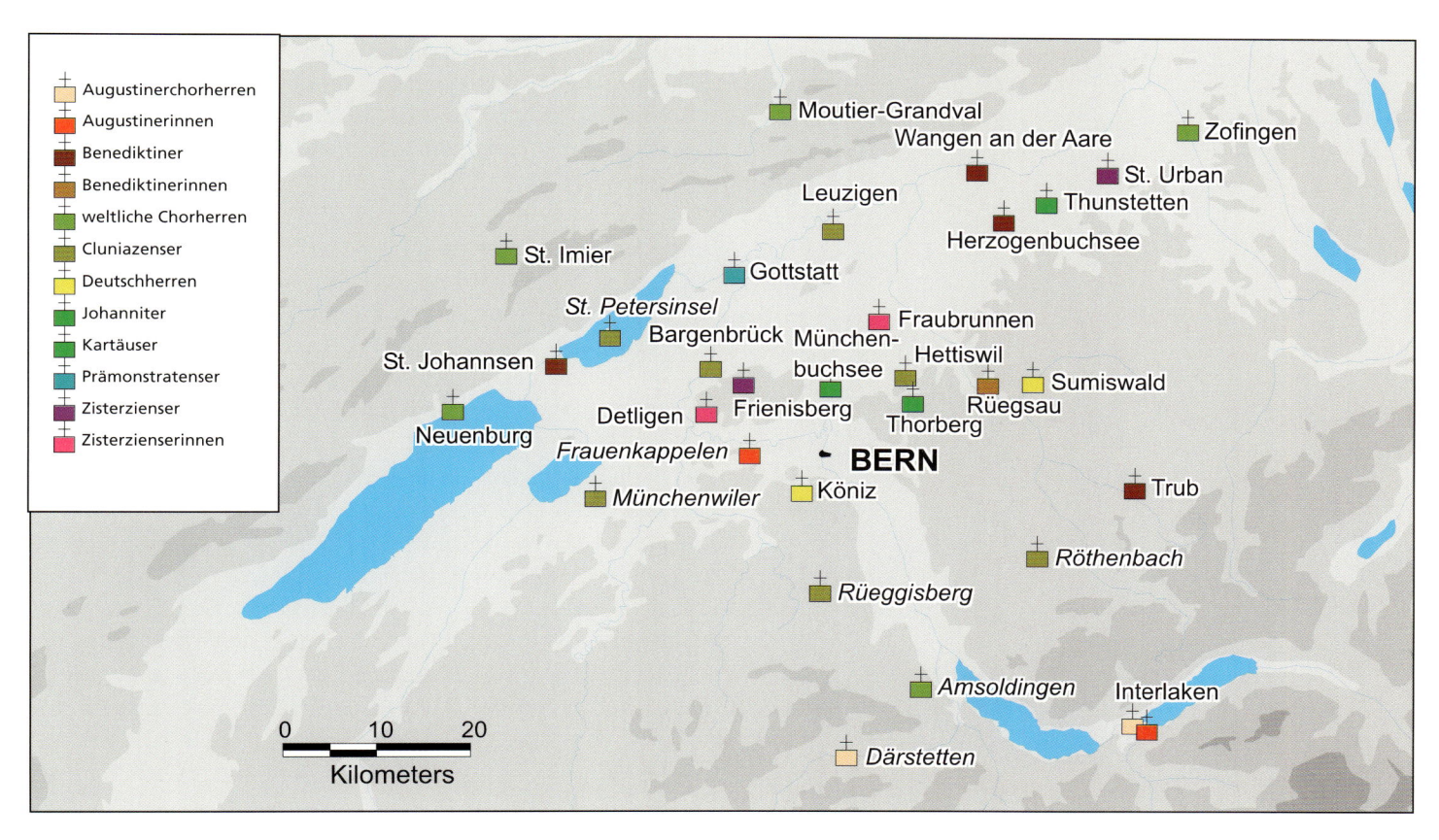

Geistliche Niederlassungen	Orden	Gründung	Aufhebung	Bemerkungen
Amsoldingen	weltliches Chorherrenstift	vor 1175	1484	
Bargenbrück	Cluniazenser	1138	1528	abhängig von Hettiswil/Leuzigen
Därstetten	Augustiner	vor 1200	1486	
Detligen	Zisterzienserinnen	1282	1528	nie offiziel inkorporiert
Fraubrunnen	Zisterzienserinnen	1246	1528	Tochterkloster von Frienisberg
Frauenkappelen	Augustinerinnen	1296	1484	
Frienisberg	Zisterzienser	1138	1528	Mutterkloster von Fraubrunnen
Gottstatt	Prämonstratenser	1247	1528	
Herzogenbuchsee	Benediktiner	vor 1108	1528	abhängig von St. Peter im Schwarzwald
Hettiswil	Cluniazenser	1107	1528	abhängig von Bargenbrück/Leuzigen
Interlaken	Augustiner	1130	1528	
Interlaken	Augustinerinnen	1257	1484	
Köniz	Deutschherren	1226	1528	vor 1226 Augustinerpropstei
Leuzigen	Cluniazenser	vor 1200	1528	abhängig von Hettiswil/Bargenbrück
Münchenbuchsee	Johanniter	1180	1528	
Münchenwiler	Cluniazenser	nach 1080	1484	
Moutier–Grandval	weltliches Chorherrenstift	640/vor 1120	1801	Benediktinerkloster 640–1120
Neuenburg	weltliches Chorherrenstift	vor 1185	1530	
Röthenbach	Cluniazenser	vor 1075	1484	Rüeggisberg untergeordnet
Rüeggisberg	Cluniazenser	vor 1075	1484	
Rüegsau	Benediktinerinnen	vor 1139	1528	Tochterkloster von Trub
St. Imier	weltliches Chorherrenstift	vor 1146	1530	
St. Johannsen	Benediktiner	vor 1103	1528	
St. Petersinsel	Cluniazenser	nach 1107	1484	
St. Urban	Zisterzienser	1194	1848	
Sumiswald	Deutschherren	1225	1528	
Thunstetten	Johanniter	vor 1220	1528	
Thorberg	Karthäuser	1393	1528	
Trub	Benediktiner	vor 1128	1528	Mutterkloster von Rüegsau
Wangen an der Aare	Benediktiner	um 1130	1528	abhängig von Trub
Zofingen	weltliches Chorherrenstift	vor 1201	1528	

und Zölle erlassen. Dagegen mussten auf den Stadthäusern der Orden auch Steuern, der sogenannte «Udelzins», bezahlt werden.[7] Ausserdem verstärkte Bern seine Bemühungen, die Klöster und die ihnen unterstehenden Eigenleute der städtischen Wehr- und Steuerhoheit zu unterwerfen.[8]

Im 14. Jahrhundert schloss Bern mit den Kommenden Münchenbuchsee und Thunstetten (1329)[9], der Kommende Sumiswald (1371)[10] und dem Stift Amsoldingen(1396)[11] sowie dem Kloster Thorberg (1399)[12] Burgrechtsverträge ab. 1415 wurde zudem mit der Eroberung des Aargaus das Kloster St. Urban[13] ins Burgrecht aufgenommen und 1486 folgte unter bernischen Druck ein Burgrecht mit dem Chorherrenstift Moutier-Grandval, das im Herrschaftsbereich des Basler Bischofs lag.[14]

Mit den einzelnen Burgrechten gelang es dem Berner Rat, die Klosterherrschaften enger an die Stadt zu binden und die älteren durch die Klosterstiftungen bedingten Verhältnisse der Klöster zum Adel zu lockern. Zudem hatten die Schutzversprechen und Burgrechtsverträge einen nicht zu unterschätzenden strategischen Hintergrund. So liegt zum Beispiel Interlaken am Durchmarschweg in Richtung der Waldstätten oder ins Wallis, Rüeggisberg am wichtigen Übergang ins Schwarzenburgerland und nach Freiburg sowie Moutier-Grandval am Weg in den Jura.

Kastvogteien

Mit der Übernahme von Kastvogteien konnte der Einfluss auf die betreffenden Klöster weiter verstärkt werden. Die Kastvogteirechte beinhalteten nicht nur die Schutzfunktion, sondern auch zusätzliche Rechte wie die Niedere Gerichtsbarkeit oder die Verfügungsgewalt über die Klosterwirtschaft. Dadurch erhielt der Inhaber der Vogtei die Möglichkeit, direkt in die Klosterherrschaften mitsamt ihren Leuten und Gütern einzugreifen und die Klosterpolitik entscheidend zu beeinflussen. Durch Eroberung, aber vor allem durch das Aussterben adliger Familien, die im Besitze einer Kastvogtei gewesen waren, konnte der Berner Rat im 14. und 15. Jahrhundert, nachdem einzelne Kastvogteien an Stadtbürger übergegangen waren, auf mehrere dieser Vogteien zugreifen. Frienisberg stellte sich 1386 unter die Vogtei Berns[15] und 1388 fielen nach der Eroberung Nidaus die Kastvogteien des Klosters Gottstatt sowie diejenige über St. Johannsen bei Erlach an Bern. 1397 übergab Peter von Thorberg die Vogtei des von ihm gestifteten Karthäuserklosters[16] (siehe Kastentext, S. 364) dem Berner Rat und ein Jahr später kam wahrscheinlich die Vogtei über das Priorat St. Peter dazu.[17] Weiter erlangte Bern 1420, nachdem die Grafen von Neu-Kyburg als Inhaber der Vogtei 1406 ausgestorben waren, die Rechte über das Frauenkloster Fraubrunnen (Abb. 255).[18] Die Vogtei über das Doppelkloster Interlaken bekam Bern schliesslich mit päpstlicher Unterstützung 1473.[19]

Die Neugestaltung der Klosterlandschaft nach 1484

Über die erwähnten Schutzbündnisse, Burgrechte und Kastvogteien hatte der Berner Rat seinen Einfluss auf einzelne Klöster derart verstärkt, dass er die Klosterlandschaft am Ende des 15. Jahrhunderts nun nach seinen Vorstellungen gestalten konnte. Diese Neugestaltung spielte sich vor dem Hintergrund des zunehmenden Selbstverständnisses der Stadt ab, die sich mit der vom Deutschen Orden abhängigen Leutkirche nicht mehr begnügen wollte. Daher beschloss der Rat 1420, die kleine und baufällige Leutkirche durch ein neues und grösseres Münster, einer Kathedrale entsprechend, zu ersetzen, das dem mächtiger gewordenen Bern eher zustand (vgl. Kap. V, S. 421). Dieses neue Münster sollte zum geistlichen Mittelpunkt der Stadt und der Herrschaft Bern werden. Begünstigt wurde dieses Vorhaben durch die Grenzlage Berns zwischen den Diözesen Konstanz und Lausanne, die durch den Verlauf der Aare getrennt wurden. Somit gehörte Bern zwar in den kirchlichen Verwaltungsbereich des Bischofs von Lausanne, die Stadt war aber von beiden kirchlichen Zentren so weit entfernt, dass sie sich in kirchlichen Belangen selber organisieren konnte.

Abb. 254:
Ehemaliges Cluniazenserpriorat Rüeggisberg. Blick auf das nördliche Querhaus in Richtung Südosten. Die restlichen Bauten wurden 1541 abgerissen. Die am rechten Bildrand sichtbaren Bäume stellen das ehemalige Kirchenschiff dar, der Kreuzgang mit den entsprechenden Klosterbauten schloss sich gegen Süden an.

Abb. 255:
Ehemaliges Zisterzienserinnenkloster Fraubrunnen. Blick vom Mühlensilo in Richtung Westen in den Kreuzgang. Sichtbar sind noch der Süd- sowie der Westflügel, deren Grundstrukturen auf die Zeit nach 1280 zurückreichen. Im Westflügel befanden sich die Lagerräume, die Klosterpforte und die Unterkünfte der Konversen; im Südflügel das Refektorium der Nonnen. Die Klosterkirche und der Ostflügel wurden nach der Reformation um 1534 abgebrochen, der verbliebene Kreuzgang zu einem zweigeschossigen Korridor umgebaut und überdacht. Die Innenräume wurden ebenfalls mehrfach umgebaut und das Gebäude bis 1798 als Landvogteisitz genutzt. Noch heute dient die renovierte Anlage der Verwaltung des Amtsbezirks Fraubrunnen. Am rechten Bildrand, auf der dem Kloster gegenüberliegenden Strassenseite, ist der Gasthof «Zum Brunnen» sichtbar. Seine Grundmauern stammen aus dem späten 13. Jahrhundert. Bis zur Aufhebung des Frauenkonvents 1528 diente das damalige Gebäude als Klosterwirtschaft.

Peter von Thorberg übergibt die Vogtei seines Karthäuserklosters der Stadt Bern

«Ich, Peter von Torberg ritter, tun kunt menglichem mit disem brief: als ich gestiftet han ze Torberg, in Costentzer bistum gelegen, ein kloster Karthuser ordens da selbes zu buwen, dz selb gotzhus ich bewidmet und versehen han mit allen minen guotren, so ich hatt in dem lande ze Burgenden an eigen und an lehen, so hab ich angesechen, dz daz selb gotzhus die lange nut mag bestan ane we[l]tlich voegte und schirmer, und dz ouch die vogtye ze schirmen nieman fuglicher nach komlicher ist, denne der stat Berne, har umb so vergich ich, Peter von Torberg, ritter vorgenanter, dz ich wissend und wolbedacht, mit guoter vorbetrachtung, han geben und gibe mit disem brief den bescheidnen lueten, dem schultheissen und dem ratt ze Berne ze ir gemeiner statt handen ze einer rechter redlicher unwiderruflicher angender gabe, so beschehen ist under lebenden lueten, die vogtye dez vorgenanten klosters ze Torberg ueber luet und ueber guot ungevarlich, und machen sy des selbgen klosters zu rechten voegten und schirmer[n] mit kraft und urkunt dis briefs, und enpfil in die selben vogtye in goetlichen truwen, dz sie die selben geistlichen luet beschirmen und behueten, als si got an dem jungsten gericht dar umb antwurten wellen und soellen;... Aller dir ding, so hie vorgenant stat, zuo einem warem offnen urkunt han ich, der obgenant Peter von Torberg, inen gegeben disen brief, besigelt mit minem hangenden insygel, der gegeben wart do man zalt von Christus geburt unsers herrn druezehenhundert jar in dem syben und nuenzigsten jare an sant nicolaus tag, dez heilgen bischofs.»

Auszug aus der Urkunde vom 6. Dezember 1397, Staatsarchiv des Kantons Bern, Fach Burgdorf, Siegel Peters von Thorberg.[20]

Abb. 256:
Die Stiftskirche von Amsoldingen von Nordosten. Das Kirchenschiff wurde in der 1. Hälfte des 11. Jahrhunderts errichtet. Der angebaute Turm, der die südliche Seitenapsis ersetzte, stammt aus dem frühen 15. Jahrhundert. Bemerkenswert sind die Zwillingsblendbogen am Obergaden der Hauptapsis.

Im Herbst 1484 gelang es dem Berner Rat, autorisiert durch Papst Innozenz VIII., das im Bau befindliche Münster der Aufsicht des Deutschordens endgültig zu entreissen und ein städtisches Chorherrenstift zu gründen (vgl. Kap. V, S. 474).[21] Die Messen sollten nicht mehr durch die Priester des Deutschordens gehalten werden, sondern durch Chorherren, die durch den Berner Rat ernannt wurden. Die Kollatur der Pfründen und die Vermögensverwaltung des neuen Stiftes lagen ebenfalls beim Rat. Das Stiftskapitel hingegen besass kaum eigene Rechte.[22] Die Pfründen, die zur Ausstattung des Stiftes notwendig waren – so hatte sich der Rat mit dem Papst geeinigt – sollten aus aufgehobenen Klöstern stammen. Wie der päpstlichen Bulle vom 14. Dezember 1484 zu entnehmen ist, wurden daraufhin die Cluniazenserpriorate Rüeggisberg mit Röthenbach, Münchenwiler und St. Peter, das Stift Amsoldingen (Abb. 256) sowie das Augustinerinnenkloster Interlaken aufgehoben.[23] 1486 konnten zusätzlich die Augustinerpropstei Därstetten und das Augustinerinnenkloster Frauenkappelen dem neuen Stift inkorporiert werden. Bern musste aber garantieren, dass in den aufgehobenen Klöstern und Stiften weiterhin für die Pfarrgemeinden Gottesdienste gehalten wurden.

Auffallend ist die Ordenszugehörigkeit und die Lage der aufgehobenen Klöster und Stifte. Es handelt sich dabei um mehrere Cluniazenserpriorate, um das Stift Amsoldingen und um Augustiner- und Augustinerinnenklöster, die sich alle, ausser dem Priorat Röthenbach, im Bistum Lausanne befanden. Hingegen wurden das Benediktinerkloster St. Johannsen bei Erlach, der Männerkonvent in Interlaken (Abb. 257) sowie die Prämonstratenserniederlassung Gottstatt, die alle auch im Bistum Lausanne lagen, belassen. Im Konstanzer Bistum wurde, abgesehen vom erwähnten Priorat Röthenbach, das in Abhängigkeit des ebenfalls inkorporierten Rüeggisberg stand, und wohl deswegen auch aufgegeben wurde, keines der Klöster aufgehoben (Abb. 253).

Die Gründe für diese Beschränkung der ins St. Vinzenzstift eingegliederten Klöster und Stifte auf die Diözese Lausanne sind unklar. Es scheint, dass vor allem die politischen Möglichkeiten des Berner Rates zu einer Auswahl derjenigen Klöster und Stifte führte, die ohne grössere Schwierigkeiten aufgehoben werden konnten. Anscheinend war dies innerhalb der eigenen Diözese mit den Niederlassungen der Cluniazenser, Augustiner und Augustinerinnen leichter zu bewerkstelligen. Die Vermutung hingegen, dass vor allem wirtschaftlich und geistlich schwache Klöster aufgehoben wurden, muss aus den erwähnten Gründen bezweifelt werden.[24]

Fraubrunner Klosterordnung vom 21. April 1513 (Zusammenfassung)

Die neue Ordnung beginnt mit einer Aufforderung an den Konvent, «*die dri hoptstück, Gehorsamb, Reinikeit und willige Armutt, fliessencklich und ernstlich zu halten, weliche harinn brüchig erfundenn, sol mit dem Kerker, und andern Bussen, gestrafft werdenn*» und geht dann detailliert aufs klösterliche Leben ein: Die sieben Gebetszeiten sollten wieder eingehalten werden, weltliche Priester durften nicht im Chor die vorgesehenen Messen lesen und auch nicht im Kloster verweilen. Bei Besuch musste das Redefenster benützt werden oder mit Erlaubnis der Äbtissin an der Klosterpforte gesprochen werden, dies aber nur im Beisein einer zweiten Nonne, damit kein Argwohn entstehe. Weiter durften nur weibliche Verwandte mit Wissen der Äbtissin, die zur Kontrolle auch den Pfortenschlüssel verwahrte, ins Kloster gelassen werden. Handwerker wie Schneider, Schuhmacher oder Kürschner konnten ihre Arbeiten nur ausserhalb des Klosters ausüben. Den Nonnen war zudem untersagt, das Kloster zu verlassen, auch nicht um Verwandte zu besuchen; es sei denn, die Verwandten wären krank oder lägen im Sterben. Aber auch in solchen Fällen musste die Äbtissin zustimmen, nach «*ware erfahrung der warheit*». Weiter war es nur «*usz libs notturft*» mit Erlaubnis des Vaterabts in Frienisberg möglich, eine Badefahrt zu unternehmen. Weiter musste die Ordenstracht eingehalten, in Kirche und Kreuzgang geschwiegen werden. Eine «*Amptfrowenn*», die durch den Konvent gewählt wurde, war als Hilfe der Äbtissin für ihre Kauf- oder Verkaufsgeschäfte vorgesehen. Jährlich musste zudem schriftlich Rechenschaft über die Ein- und Ausgaben abgelegt werden. Die Pfründen der einzelnen Nonnen sollten «*gemeinlich, und glichlich, uszgeben und geteilt werden*». Damit diese Ordnung nicht in Vergessenheit gerate, musste sie im Konvent zu den vier Fronfasten vorgelesen werden.

(Verfasst durch den Abt von Lützel und den Schultheissen und Rat der Stadt Bern).[25]

Klosterreformen

Diejenigen Klöster, die von der Inkorporation ins St. Vinzenzstift nicht betroffen waren und auch mehrheitlich in der Diözese Konstanz lagen, konnten sich dem zunehmenden Einfluss des Berner Rates ebenfalls nicht entziehen. Nachdem sich der Rat, wie erwähnt, die weltlichen Rechte über einzelne Klöster angeeignet hatte, zeigte er sich am Ende des 15. Jahrhunderts auch in geistlichen Belangen verantwortlich. Bislang hatte die Aufsicht über diesen Bereich in der Kompetenz der verschiedenen Ordenskapitel oder des zuständigen Bischofs gelegen.

So bemühte sich der Rat in einzelnen Konventen, die Klosterordnung nach den eigenen Vorstellungen zu gestalten. Gut überliefert sind die Reformversuche, die das Zisterzienserinnenkloster Fraubrunnen betrafen:[26] Kurz vor der Jahrhundertwende musste sich der Berner Rat an den Abt des Klosters Lützel[27] wenden, der das Visitationsrecht in Fraubrunnen ausübte, da der zuständige Vaterabt in Frienisberg anscheinend nicht zu Reformen in Fraubrunnen bereit war. Nach mehreren Reformversuchen entstand schliesslich 1513 eine neue Klosterordnung (siehe Kastentext, S. 365), die durch den Abt von Lützel und den Berner Rat schriftlich festgehalten worden war.[28]

Abb. 257:
Kreuzgang des Männerkonvents des ehemaligen Augustinerklosters Interlaken. Blick auf die Kreuzgangarkaden in Richtung Osten. Die Arkaden stammen aus der Mitte des 15. Jahrhunderts, die Masswerke hingegen wurden 1926–1933 weitgehend erneuert. Auf der Nordseite des Kreuzgangs ist der hochgotische Chor sichtbar. An den Chor gegen Süden schlossen sich, durch die Kreuzgangsarkaden verdeckt, die Sakristei und der Kapitelsaal an. Im Gebäude an der Südseite waren das Refektorium und das Dormitorium des Männerkonvents zu finden.

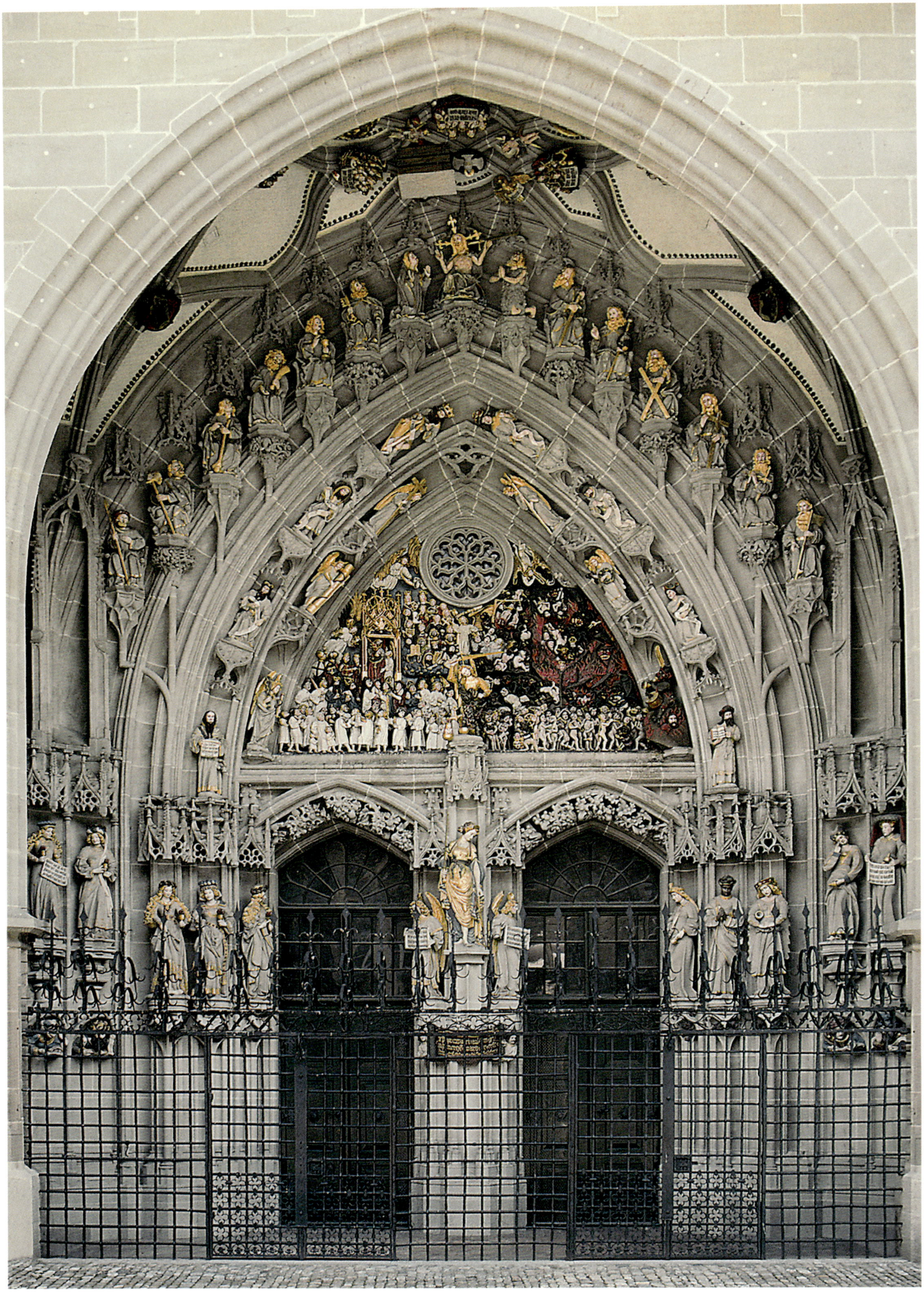

Kunst im Dienst der Kirche

Künstler, Stifter, und Pilger: Facetten spätmittelalterlicher Kunstproduktion

«Jedermann gen Himmel wollt!»[1]
Zwischen Heilserwartung und Selbstinszenierung: Religiöse Stiftungen und ihre Motivationen

Franz-Josef Sladeczek

Die Idee zu dem Buch «Berns grosse Zeit» resultiert letztlich aus der Erkenntnis heraus, dass Berns spätmittelalterliche Vergangenheit noch eine «dunkle Zeit» vorstellt, die es in vielen Bereichen neu zu entdecken gilt. Im besonderen betrifft dies auch die Frömmigkeit der Bernerinnen und Berner im 15. und beginnenden 16. Jahrhundert, die uns bis heute kaum bekannt ist.

Gemessen an der Aufarbeitung der Berner Reformationsgeschichte nimmt sich die Anzahl von Untersuchungen aus «dem katholischen Bern»[2] äusserst bescheiden aus. Der Stachel in bezug auf die mittelalterliche Vergangenheit dieser Stadt, in der 1528 die Reformation eingeführt wurde,[3] scheint in der Tat noch immer recht tief zu sitzen: Als vor wenigen Jahren in der Münsterkirchgemeinde der Vorschlag unterbreitet wurde, zu bestimmten Anlässen Kerzen im Münster aufzustellen, erhob sich von verantwortlicher Seite sogleich Protest, versehen mit dem Kommentar: «Wenn dr Cherze weit, so göht doch zu de Katholike!» Zankapfel dieses Konfessionenkonflikts wurde auch das jüngst erneuerte Münsterportal[4] (Abb. 258), das bei der letzten umfassenden Restaurierung von 1913/1914 ‹erleben› musste, wie die Diskussion um die ‹richtige› (Neu)Fassung in der zentralen Frage gipfelte: Wollen wir das Portal lieber katholisch bunt oder nicht doch eher protestantisch schlicht?[5]

Die nachstehenden Ausführungen verstehen sich als Versuch eine allgemeine Einführung in das Thema zu geben, basierend auf einigen herausragenden Resultaten der Forschung[6] und verbunden mit der Hoffnung, dass die Mentalität des Stiftungswesens im spätmittelalterlichen Bern inskünftig mehr Beachtung finden wird als bislang. Das Thema

◀ *Abb. 258:*
Erhart Küng und Werkstatt, Hauptportal des Berner Münsters, um 1460–1485.

Im Zuge der letzten umfangreichen Restaurierung (1964–1991) wurden die Figuren in den Gewänden und Archivolten durch Kopien ersetzt (Originale im BHM), das Figurenensemble im Tympanon (Bogenfeld) blieb indes in situ.
Zusammen mit den seitlichen Wandmalereien (1501) aus dem Umkreis der sog. Nelkenmeister (vgl. Kap. VI, S. 561) präsentiert sich das zwischen 1460 und 1483 entstandene Hauptportal wie ein geöffnetes Retabel mit Schrein und Flügeln. Mit seinem Bestand von über 200 Figuren gilt es als das letzte figurenreiche Portal der Gotik.
Thema der Darstellung ist das Jüngste Gericht, das sehr deutlich den Einfluss zeitgenössischer Mysterienspiele verrät. So sind die Texte auf den Schriftrollen der Trumeauengel und Jungfrauen einem zeitgenössischen Zehnjungfrauenspiel niederdeutschen Ursprungs entlehnt, das wohl nur durch den Künstler selbst den Weg nach Bern gefunden hat.
Als Verfertiger des Münsterportals gilt der aus Westfalen stammende Bildhauer Erhart Küng, der das Bildprogramm gemeinsam mit den Steinmetzen der Münsterbauhütte im dritten Viertel des 15. Jahrhunderts realisierte.
Die im 15. Jahrhundert nachweisbare Bezeichnung «Regalpforte» (= «königliche Pforte») – zeugt bereits zur Entstehungszeit von der sehr grossen Wertschätzung der Berner für das Münsterhauptportal, das auch wohl nur deshalb vor den Übergriffen der Bilderstürmer verschont blieb (einzig die Trumeaufigur wurde 1575 durch die Justitia des Münsterbaumeisters Daniel Heintz ersetzt).

Abb. 259:
Mittelalterliche Stifterbilder geniessen in Bern ausgesprochenen Seltenheitswert. Im Berner Münster haben sich wohl etliche Stifterwappen erhalten, jedoch nur ein einziges Stifterbild ist von dort auf uns gekommen. Es handelt sich hierbei um die Darstellung des Berner Humanisten und Lehrers an der hiesigen Lateinschule: Heinrich Wölfflin, genannt Lupulus. Die Darstellung, auf der Wölfflin mit aufgeschlagenem Buch vor seinem eigenen Altar kniet, findet sich in den 1515 von dem Humanisten in Auftrag gegebenen vier Teppichen zum Leben des hl. Vinzenz (Bern, Historisches Museum), die noch für das alte Chorgestühl bestimmt gewesen waren: Sie hingen als Wandbehänge über den hinteren Sitzreihen (→Abb. 373b).

würde auf jeden Fall eine Forschungsaufgabe interdisziplinären Zuschnitts lohnen.[7]

Im Mittelpunkt der nachstehenden Ausführungen steht die Kunst als Auftragskunst und ihre Entstehung aus der Sicht ihrer Stifter. Wir fragen uns: Aus welchen Motiven und zu welchem Zweck erfolgte überhaupt eine religiöse Stiftung, z.B. in Form eines Tafelbildes, und welche Erwartungshaltung lag dieser zugrunde?

Spätmittelalterliche Frömmigkeit

Das 15. Jahrhundert war ein ausgesprochen frommes Jahrhundert, ja es war – bezogen auf den deutschen Sprachraum – vermutlich eine der «kirchenfrömmsten Zeiten des Mittelalters»[8] überhaupt.

Die Ursachen für diese Entwicklung können hier nur gestreift werden: Sie lagen einerseits in der deutschen Dominikanermystik des 14. Jahrhunderts, die bis weit in das 15. Jahrhundert hineinwirkte und andererseits in der zahlreiche Orden erfassenden Bewegung der Klosterreform, die ihren Höhepunkt vor allem in der ersten Hälfte des 15. Jahrhunderts mit der Erneuerung des Benediktinerordens hatte: «Das fünfzehnte Jahrhundert war eine Zeit nicht nur der versuchten, sondern auch der verwirklichten Kirchenreformen. Blickt man nicht auf das Papsttum, so erweist sich, dass die grossen Reformkonzilien von Konstanz (1414–1418) und Basel (1431–1439) erfolgreich waren. Die Reform des Hauptes, wie man damals sagte, gelang nicht, wohl aber die vieler Glieder.»[9]
Sicherlich ebenso wichtig, respektive impulsgebend, war die Ende des 14. Jahrhunderts in den Niederlanden entstandene religiöse Bewegung der «*Devotio moderna*»[10], in der «Einflüsse der Mystik mit den Impulsen der Reformbewegung» zusammengeflossen waren.[11]

Kennzeichnend für die starke Frömmigkeit im 15. Jahrhundert war, dass sie nicht von einigen wenigen gelebt bzw. praktiziert wurde, sondern breiteste Bevölkerungsschichten aktiven Anteil hieran hatten: Die Frömmigkeit im ausgehenden Mittelalter war Angelegenheit des «Volkes», das in dem erstarkten und zu Wohlstand gelangten Bürgertum als dessen Hauptrepräsentanten, nicht mehr länger nur «Teilnehmer», sondern vor allem «Gestalter des religiös-kirchlichen Lebens» geworden war.[12] Gestalten hiess aber nicht Antihaltung, Auflehnung gegen Autoritäten oder – um ein modernes Schlagwort zu verwenden: ‹Selbstverwirklichung›. Gestalten hiess im Gegenteil: aktives Mitwirken in einer von breiten Bevölkerungsschichten getragenen religiösen Bewegung, die sich ausschliesslich über die Institution Kirche und in engem Kontakt mit ihren Autoritäten zu entwickeln suchte. Ein Blick auf die Druckerzeugnisse aus der zweiten Hälfte des 15. Jahrhunderts unterstreicht diesen Hang zur Konformität. In keinem anderen Land waren so viele Bücher in der Landessprache erschienen wie in Deutschland: Bis zur Reformation lagen 22 Bibelgesamtausgaben und 62 Gesamt- oder Teilausgaben des Psalters und 131 Plenarien (= Vollbücher [Evangelien und Episteln der Sonntage]) im Druck vor.[13]

Kritik an der Zuständigkeit der Kirche gab es kaum,[14] weder aus internen theologischen Kreisen, noch ausserhalb von ihnen. Selbst aus dem Kreis der Humanisten waren in der zweiten Hälfte des 15. Jahrhunderts keine kritischen Töne in bezug auf das allgemeine Frömmigkeitsdenken zu vernehmen gewesen.

Die Grundeinstellung der Menschen war: Sie wollten nicht weniger, sondern *mehr* Kirche. Dieser Absolutheitsanspruch einer religiösen Partizipation äusserte sich in einer immensen Häufung von Stiftungen, die insbesondere in der zweiten Hälfte des 15. Jahrhunderts ein Ausmass erreicht hatte wie niemals zuvor. Es liegen empirische Untersuchungen dahingehend vor, dass die zwischen 1450 und 1500 nachzuweisenden Stiftungen um ein Vielfaches höher lagen als die Anzahl der Stiftungen aus der ersten Hälfte des 15. Jahrhunderts.[15]

Die Folge war, dass parallel zu den Stiftungen auch die Anzahl der Geistlichen in den Kirchen zugenommen hatte, denn die Messordnungen schrieben vielfach vor, dass die Priester täglich eine Messe lesen mussten, auch in den neu gestifteten Kaplaneien. Der stete Bedarf an neuen Geistlichen brachte es zwangsweise mit sich, dass vielerorts ein ‹Klerikerproletariat›[16] zum Einsatz gelangte, das – theologisch schlecht geschult – den Ansprüchen und Erwartungen einer stark im Glauben engagierten Bürgerschaft kaum gerecht werden konnte.

Es gibt deutliche Anzeichen dafür, dass «die allgemeine Belebung und Vertiefung der Frömmigkeit im späteren 15. Jahrhundert im Klerus so gut wie kein nennenswertes Echo gefunden … und sich der Zustand der Geistlichkeit bis an die Schwelle der Reformation nur immer weiter verschlimmert» hatte. Die Folge war ein verschwindend geringes Vertrauen in die Kompetenz der Geistlichkeit, das erst mit Einführung der Reformation, als erstmals eine fundierte theologische Schulung für die Geistlichen einsetzte, langsam wiederhergestellt wurde.[17]

Stiftungen und Vergabungen – Balsam für das Seelenheil

Bis ins 17. Jahrhundert war die Kunst nahezu ausschliesslich Auftragskunst:[18] Auf der einen Seite stand der Auftraggeber, auch Stifter genannt (Abb. 259, 260), auf der anderen Seite der Künstler, der das in Auftrag

Abb. 260:
Werkstatt Erhart Küng, Stifterfigur mit Emblem des Heiliggeistordens, um 1460/1470, H 36 cm, B 18 cm, T 11 cm, Bern, Münsterplattform, Skulpturenfund, Kat. Nr. 24/ADB (künftiger Aufstellungsort: BHM).

Das abgebildete Fragment kam 1986 bei Sanierungsarbeiten auf der Münsterplattform zu Tage. Es zeigt einen Stifter in der typischen Adorantenhaltung, kniend und die Hände zum Gebet erhoben. Vermutlich handelt es sich um einen Angehörigen des Heiliggeistordens, worauf das Emblem auf dem schwarzen Chormantel (in Höhe des rechten Oberarms) hinweist. Die nur fragmentarisch erhaltenen Worte auf dem Spruchband, «Myserere mei … [Deus]» («Herr erbarme Dich meiner») lassen an einen Zusammenhang mit einem Grabmal denken.

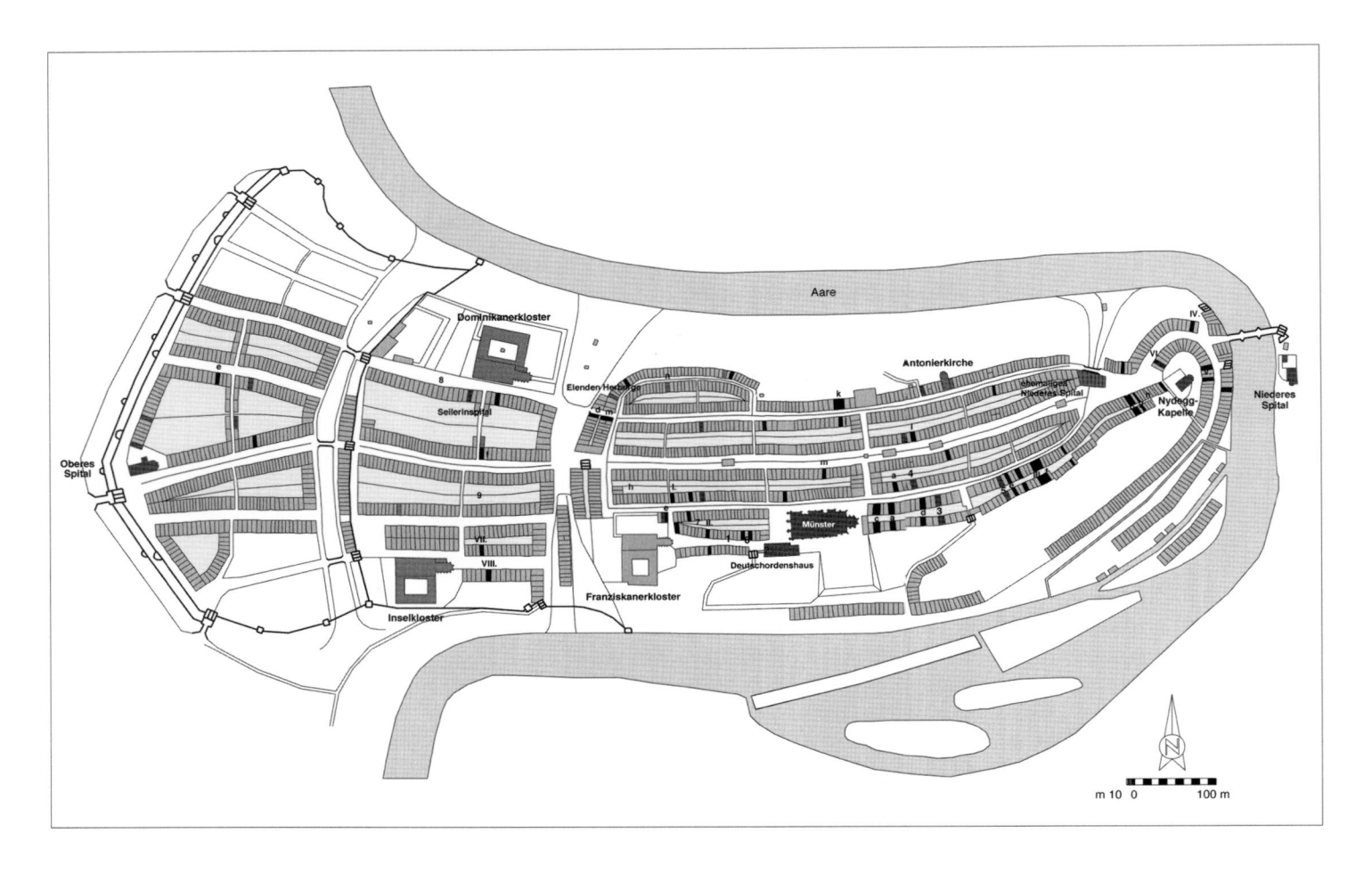

Abb. 261:
Schematischer Plan mit den geistlichen Niederlassungen im spätmittelalterlichen Bern, Roland Gerber 1998 (→Abb. 26).

Abb. 262:
Rodericus Zamorensis, Bauern bei der Ablieferung ihrer Abgaben, Holzschnitt, in: Spiegel des menschlichen Lebens, Augsburg 1479.

gegebene Werk ausführte. Ein Arbeiten der Künstler für den freien Markt gab es bis dahin kaum.

Die aktive Rolle, die die Bürger in bezug auf die Frömmigkeitsentwicklung im Verlauf des 15. Jahrhunderts spielen sollten, äusserte sich nach aussen in zahlreichen Stiftungen, die in Form von geschnitzten und gemalten Altären, Einzelfiguren, Tapisserien und Wandmalereien, Gold- und Silberschmiedearbeiten Eingang in die Kirchen fanden, die sie – innen wie aussen – in eine grosse Bilderlandschaft verwandelten.

Die Stiftungen kamen nicht etwa nur von einer kleinen Oberschicht, aus adeligen oder klerikalen Kreisen, sondern – gerade dies ist charakteristisch für das 15. und beginnende 16. Jahrhundert – sie rekrutierten sich aus breiten Bevölkerungsschichten.[19] Als Stifter sind überliefert: Angehörige des weltlichen und geistlichen Standes, Handwerker, Bürger und Bauern, ja selbst Organisationen und Verbände wie Bruderschaften, Gesellschaften und Zünfte beteiligten sich in Form kollektiver Stiftungen.

Der Bildersturm der Berner Reformation von 1528 hat in Stadt und Land fast sämtliche Spuren verwischt (vgl. Kap. VI, S. 588). Übriggeblieben sind vielerorts nur noch architektonische Hüllen, die zwar assoziieren lassen, dass auch sie einst über einen entsprechenden Bilderschmuck verfügten, von dem wir aber hinsichtlich Umfang und Aussehen absolut keine Vorstellung mehr besitzen.[20]

Generellen Schätzungen zufolge sind von dem einstigen mittelalterlichen Sakralbestand nur noch gut 2 Prozent auf uns gekommen.[21]
Ein fiktiver Rundgang durch diese Stadt am Vorabend der Reformation (Abb. 261) würde uns mit einer Fülle von Stiftungsinsignien konfrontiert haben, denen wir auf Schritt und Tritt begegnet wären: Reich ausgestattete Kirchen und Klosteranlagen, unter ihnen das Münster mit dem

Kollegiatsstift St. Vinzenz, das Franziskaner-, das Dominikaner- und Dominikanerinnenkloster, das Antonierkloster sowie das Spital und Kloster des Heiliggeistordens und schliesslich eine Reihe von kleineren klösterlichen Vertretungen vor Ort, sogenannte Sässhäuser, in denen verschiedene Orden ansässig waren, so unter anderen Geistliche aus den Klöstern Frienisberg, Interlaken, Fraubrunnen und Thorberg. Hinzu kamen eine Reihe von Sakraments- und Beinhäusern, Dutzende von Privatkapellen, Prozessions- und Kreuzwegstationen, Wegkreuze und Wegkapellen, Opferstöcke und damit unzählige religiöse Bilder in Form von Schnitzaltären, Tafel- und Wandmalereien, hölzernen und steinernen Heiligenfiguren.

Zudem schrieb die Kirche jedem Bürger eine feste Ordnung vor: Erwartet wurden in der Regel ein Kirchgang pro Tag, die Teilnahme an Prozessionen und Wallfahrten, Spenden, Bussgelder und Ablässe[22] sowie eine Reihe von Abgaben (Der Zehnt, Abb. 226, «Vier Opfer» und Stollgebühren[23]).

Diese ‹Dinglichkeiten› katholischer Werteordnung hatten das Gesicht dieser Stadt während Jahrhunderten geprägt. Niemand bezeugte dies besser als Konrad Justinger (1391 bis zirka 1438), der in seiner Stadtchronik den berühmten Satz überlieferte: *«Gott ist ze Bern burger worden!»*[24]

Der Stiftungseifer war hier ebenso ungebrochen wie in anderen Städten des deutschen Reiches. Und er behielt seine Intensität, was gezeigt werden soll, noch bis in die 20er Jahre des 16. Jahrhunderts, also bis unmittelbar vor dem Durchbruch der Reformation, bei.[25]
Ein Teilbild von jener Stiftungsmentalität vermögen sehr anschaulich jene Skulpturenfragmente zu dokumentieren, die 1986 bei Sanierungsarbeiten auf der Münsterplattform zutage kamen (→Abb. 267).[26] Fragen wir, was die Menschen zu dieser Stiftungseuphorie getrieben hat und was alles zum Bestandteil einer Stiftung gehörte.
Religiöse Stiftungen umfassten viele Bereiche: Sie reichten vom Jahrtag, an dem für verstorbene Angehörige sog. Seelenmessen gelesen wurden, bis zum Bau und zur Ausstattung einer Kapelle, die nicht nur Ort des Gottesdienstes, sondern gleichzeitig auch die künftige Grabesstätte des Stifters (und seiner Familie) war. Zur Kapelle gehörte aber ebenso die Ausstattung und Bestallung eines Priesters (Abb. 268).

Durch seine Stiftung versprach sich der Gläubige die *«ervolgung öwig säligkeit»*[27]. All die Stiftungen waren getragen von diesem Heilsverlangen, durch das *«jedermann gen Himmel wollt»*[28].
Zur Erreichung dieses Zieles gab es grundsätzlich zwei Möglichkeiten: Der Gläubige hatte die Wahl zwischen einer Stiftung oder einer Vergabung. Vergabungen oder Donationen waren einmalige Schenkungen an die Kirche, z. B. in Form eines Bildes, einer Skulptur (Abb. 263) oder eines liturgischen Geräts (Kelch, Leuchter). Sie brachten dem Donator, respektive seinem Seelenheil, einmaligen Nutzen. Stiftungen hingegen waren auf Dauer angelegte Legate, die, mit grossem Aufwand betrieben, einen grossen Gewinn für das Seelenheil erzielen sollten.[29]

Das Prozedere, wie man sich am besten «einen Schatz im Himmel»[30] oder – wie man zur Zeit des Mittelalters sagte, ein «Seelgerät»[31], einen Vorrat für die Seele, anlegen konnte, gestaltete sich in Wirklichkeit recht komplex und wurde von der breiten Bevölkerung kaum je verstanden.[32]

Eine ausgesprochen hochgeistige Angelegenheit verband sich mit dem Berner Allerseelenaltar, den der Jurist Thüring Fricker am 10. Februar 1505 im Alter von 75 Jahren für den linken der drei Lettner-Altäre im Berner Münster gestiftet hatte.[33] Der Allerseelenaltar (Abb. 264, 265), der kurz nach seiner Fertigstellung infolge theologischer Auseinander-

Abb. 263:
Standbild des heiligen Meinrad, 1500, H 135 cm, B 60 cm, T 35 cm, Bern, Münsterplattform, Skulpturenfund, Kat. Nr. 31/ADB (künftiger Aufstellungsort: BHM).

Die Skulptur ist ein gutes Beispiel für die Frage, aus welchem Anlass heraus überhaupt religiöse Stiftungen erfolgten. Die Plinthe dieser Figur weist folgende datierte Inschrift auf: «Meinrat der golsmid. m ccccc [= 1500]». Tatsächlich findet sich im Osterbuch, dem Verzeichnis der jeweils um Ostern gewählten Gross- und Kleinräte der Stadt Bern, ein Eintrag über den Stifter: Ein Goldschmied namens Meinrad wird exakt im Jahr 1500 zum «Yseller», d.h. zum Eichmeister der Stadt Bern ernannt. Ihm oblag von nun an die Kontrolle über die städtischen Masse und Gewichte – eine Position, die er erstmals bekleidete, und der er vermutlich aus diesem Grunde mit einer Statue seines Namenspatrons, des heiligen Meinrads, zu gedenken suchte. Das Standbild, dessen ehemaliger Standort nicht bestimmt werden kann, ist in diesem Sinne wohl als eine einmalige Schenkung respektive Vergabung anzusprechen.

setzungen zwischen den Dominikanern und Franziskanern übermalt und zur Zeit der Reformation teilweise zerstört wurde,[34] stellt insofern eine äusserst interessante Stiftung dar, als Thüring Fricker hiermit nicht in erster Linie sich selbst, sondern die bernische Bevölkerung bedacht hatte.[35] Im Stiftungsbrief des Altares ist ausdrücklich vermerkt, dass wöchentlich fünf Messen vor dem Altar abgehalten werden sollten, und zwar: zum Wohl «von allen glöubigen selen ... in unnser stat». Nutzniesser der Stiftung war also die gesamte Einwohnerschaft Berns selbst. Gleichzeitig erhoffte sich Fricker durch diese Stiftung aber auch, hieraus Nutzen für sein eigenes Seelenheil zu ziehen: Denn «wenn die armen Seelen durch Frickers Seelgerät erlöst wurden, konnten sie ihrerseits wieder für ihn Fürbitte leisten»[36].

Diese Form des indirekten Nutzens, der sich für den Stifter mit dem Allerseelenaltar verband, wurde natürlich von der Allgemeinheit nicht gesehen. Für sie zählten einfache Botschaften, wie z. B. die, dass «es dem Seelenheil förderlich war, Gutes zu tun und das Böse zu lassen»[37]. Die Vollführung guter Werke erzielte man dadurch, dass man die erworbenen Reichtümer mit den Armen teilte, so wie es Christus dem reichen Jüngling geantwortet hatte, der an ihn die Frage richtete, was er ausser der Einhaltung der 10 Gebote noch tun müsse, um ins Himmelreich zu gelangen: «Willst du vollkommen sein, so gehe hin, verkaufe, was du hast, und gib es den Armen, so wirst du einen Schatz im Himmel haben; und komm und folge mir nach» (Mt. 19, 21).

Vor diesem Hintergrund wird verständlich, weshalb insbesondere die Armenfürsorge einen wesentlichen Grundpfeiler für die Jenseitsvorsorge bildete: Je höher der Anteil an Besitz- und Vermögensabtretungen, desto mehr wuchs der Schatz im Himmel (Abb. 266). Da die Kirche sich sehr stark in der Armenfürsorge engagierte, wurde sie in der Regel auch Nutzniesserin der Legate, die sie treuhänderisch verwaltete. Indirekt wurde Christus hierdurch zum Erben erwählt, respektive bestimmt, da die Kirche stets bestrebt war, seinen Ruhm zu mehren.[38]

Abb. 264, 265:
Die noch erhaltenen Flügel des Allerseelenaltars von Doktor Thüring Fricker aus dem Berner Münster, Werktagsseite, um 1505, Bern, Kunstmuseum (Depositum der Gottfried Keller-Stiftung).

Linker Flügel: Der Küster steht vor dem Eingang zur Kirche (= des Münsters), die von innen hell erleuchtet ist. – Rechter Flügel: Nach Aufschliessen der Kirchentüre sieht der Küster, wie vor den Altären tote Priester eine Geistermesse abhalten, durch die die armen Seelen aus dem Fegefeuer erlöst werden sollen. Voller Schauder wendet er sich ab und will fliehen, wird aber von der Hand eines Skelettes am Fuss ergriffen und festgehalten.
Kurz nach seiner Aufstellung im Berner Münster löste der Altar eine Kontroverse zwischen den Franziskanern (= Barfüssern) und den Dominikanern (= Predigern) aus. Diese drehte sich um die zentrale Frage, ob tote Priester überhaupt eine Messe halten könnten und endete in der Anordnung, die Skelette zu übermalen, d.h. aus den toten, lebende Priester zu machen.

Gesamthaft gesehen war die Jenseitsvorsorge ein recht kostspieliges Unterfangen.[39] Denn sie bedurfte der steten ‹Pflege›, musste ständig erneuert, respektive neu erkauft werden. Die Vorstellung ging hierbei soweit, dass man sich, um ganz sicher zu gehen, am besten einen zeitlichen Vorrat fürs Jenseits anlegen würde, um hierdurch die qualvolle Dauer im Fegefeuer, in das man nach dem Tode auf jeden Fall gelangte, entsprechend verkürzen zu können. Kardinal Albrecht von Brandenburg beispielsweise wusste sich stolz damit zu brüsten, für sein Seelenheil ausreichend vorgesorgt zu haben, denn mit dem Anlegen seiner insgesamt 30 000 Stück umfassenden Reliquiensammlung[40] habe er sich den Ablass zeitlicher Sündenstrafen auf insgesamt 4 Millionen Jahre (!) gesichert.[41]

Altarstiftungen und Messfeiern – Bestandteile der Jenseitsvorsorge

Kunststiftungen im Mittelalter waren keine isolierten Einzelstiftungen, sondern, was auch die Ausführungen zum Allerseelenaltar des Thüring Fricker (Abb. 264, 265) deutlich gemacht haben, eingebunden in ein umfassendes Programm der Jenseitsfürsorge, zu der ebenso Mess- und Armenstiftungen gehörten.[42] Das Altarretabel stellte hierbei zwar den weitaus repräsentativsten, nicht aber den kostenintensivsten Teil der Stiftung dar, die durch eine Reihe von Anschaffungen und Verpflichtungen geregelt war (Abb. 268).

Wesentliche Garanten der Jenseitsvorsorge waren die Messfeiern, deren Anzahl jeweils im Stiftungsbrief vorgeschrieben war: Nicht selten ist von nur vier Tagen pro Woche die Rede, an denen der Priester für das Seelenheil des Stifters zu beten hatte.[43] Das Ziel aber war ein «Komplettieren» der Messfeiern, d. h. man versuchte nach Möglichkeit

Abb. 266:
Flügelaussenseiten eines Augsburger Pestaltars, um 1520, Tannenholz, ehemals Nürnberg, Germanisches Nationalmuseum (im 2. Weltkrieg zerstört).

Die Aussenflügel – sie waren jeweils an den Werktagen zu sehen – zeigen sehr anschaulich, wie man am besten Linderung für die armen Seelen herbeiführen und somit seinen Schatz im Himmel vermehren konnte: durch Gebete (siehe die knienden Stifter auf dem linken Altarflügel), Almosen (siehe den Mann hinter den beiden knienden Stiftern) und durch die hl. Messe (siehe rechter Altarflügel). All diese Massnahmen brachten den die Höllenqualen Erleidenden direkte Hilfe: Die Engel im unteren Teil der linken Tafel schicken sich an, einige Seelen aus dem Fegefeuer zu erlösen.

‹Erzengel Niklaus von Scharnachthal› – Retter Berns und der Eidgenossenschaft

Der Erzengel steht auf einer grünlich gefassten Plinthe, in triumphierender Pose oberhalb eines Drachens, der jedoch nur noch fragmentarisch erhalten ist. Das rechte Bein leicht zurückgenommen, das linke nach vorne (vermutlich bis an den Rand der Plinthe) gesetzt, präsentiert sich der als geharnischter Krieger dargestellte Erzengel in traditioneller Siegerpose, den sich aufbäumenden Gegner niederwerfend. In der Rechten führte er ein Schwert. Seine im Halbkreis angeordnete Linke, von der sich noch der Unterarm erhalten hat, hielt eine Waage als Zeichen der stellvertretenden Richterfunktion des Engelsfürsten beim Jüngsten Gericht. In dieser und jener Funktion, sowohl als Streiter Christi wie auch als Seelenwäger, erscheint der Erzengel ebenso am Berner Hauptportal (Abb. 258), wo er die Mittelachse des Bogenfeldes, respektive der Gerichtsdarstellung markiert.[44]

Das ehedem gut 2 Meter hohe Standbild, das zur Zeit der Reformation regelrecht zertrümmert wurde – es besteht aus über 40 Einzelfragmenten – stand einst im Freien[45], möglicherweise in der Nähe des Beinhauses auf der Münsterplattform. Es verfügte über eine äusserst kostbare Fassung. Deutliche Anzeichen für die exzellente Polychromie finden sich einerseits in der durchgehenden Blattvergoldung des ‹Plattenharnisch› sowie andererseits in dem zinnoberroten Mantelüberwurf, der auf der Aussenseite ein Lilienornament (Fleur-de-Lis) in Blattgoldauflage aufweist. Auch die nicht mehr erhaltenen (aus Metall gefertigten) Flügel dürften eine ähnlich kostenaufwendige Fassung gehabt haben.

Ebenso wie bei der Antoniusfigur (Abb. 271), so treffen wir auch bei diesem Standbild auf ein Stifterwappen, welches klar und deutlich die Auftraggeberschaft bezeugt: Es findet sich allerdings nicht zuunterst an der Plinthe, sondern innerhalb des Fürspans vor Erz Brust des Ritterheiligen und stellt das Wappen der Familie von Scharnachthal dar.

Als Stifter konnte Niklaus von Scharnachthal (1419–1489) bestimmt werden, der zu den bedeutendsten Persönlichkeiten Berns in jenen Tagen zählte. Neben seinem Vetter Konrad von Scharnachthal († 1472) war er der einzige Vertreter der Familie von Scharnachthal, der im 15. Jahrhundert zum Ritter geschlagen worden war. Wir können daher auch davon ausgehen, dass Niklaus sich sehr stark mit dem Ritterstand identifiziert und in dem Erzengel das Vorbild des christlichen Ritters gesehen hatte, galt der Engel doch als der erste, ranghöchste unter den «milites christi» überhaupt.

Allein dies dürfte jedoch nicht der Grund für die Stiftung gewesen sein, sondern die führende Rolle, die Niklaus von Scharnachthal in den Burgunderkriegen gespielt hatte. Den Schlüssel hierzu liefern die Ablasspredigten des Basler Theologen und Predigers Niklaus Heynlin, der vom 28. September bis 8. Oktober 1476 aus Anlass der Michaelisromfahrt in Bern weilte und hier im Münster mehrere Ablasspredigten hielt.

In einer dieser Predigten, die ausdrücklich den Hl. Michael zum Thema hatte, widmete sich Heynlin sehr dezidiert der Frage, weshalb die Eidgenossen unter der Führung Berns der burgundischen Heeresmacht überhaupt zu trotzen vermochten. Er erklärte, dass der Sieg über den Herzog von Burgund nur deshalb möglich gewesen sei, weil Gott den Eidgenossen Hilfe in der Gestalt des Engelsfürsten Michael habe zuteil werden lassen: «*Wir waren*», so Heynlin, «*darauf angewiesen, Hilfe zu erhalten. Der Herr gewährte sie uns. Unserer ganzen Eid- und Bundesgenossenschaft wurde verkündet, dass Hilfe im Anzug sei, gemäss jenem Wort aus Daniel 12, 1:* ‹*Es wird Michael sich aufmachen, der grosse Fürst, der für die Kinder deines Volkes stehet*›*. Dieser Satz hat besondere Beziehung zu Bern, der edlen Stadt. … Dass Michael uns zu Hilfe komme, stand in der Weissagung an Johannes, Apok. 12, 7:* ‹*Und es erhob sich ein Streit im Himmel: Michael und seine Engel stritten mit dem Drachen und der Drache stritt und seine Engel*›*. … Wenn wir [heutigen] Menschen bloss sprechen wollen, können wir auch unter Drache unsern Feind, den Herzog von Burgund, verstehen …, unter Michael aber den durchlauchtesten Herzog von Österreich, den Herzog von Lothringen usw., und unter den Engeln alle Eidgenossen.*»[46]

Für Heynlin bestand kein Zweifel daran: Dem Erzengel allein kam die entscheidende Rolle bei dem Sieg der Eidgenossen über den burgundischen Erzfeind zu. Der Sieg war so gesehen ein göttlich gewollter Sieg, da Gott selbst es war, der seinen Engelsfürsten den Bernern zu Hilfe gesandt hatte. Allerdings offenbarte er sich hier in anderer ‹Gestalt›, nämlich in der Herzöge von Österreich bzw. von Lothringen, den Hauptführern, respektive Verbündeten der eidgenössischen Gegenoffensive. Und diese Deutung blieb, so ist dem Predigttext ebenfalls zu entnehmen, keineswegs auf die beiden allein beschränkt. Denn wie das «usw.» bzw. das lateinische «etc.» im Schlusssatz erkennen lässt, war die Rolle des Erzengels austauschbar, gewissermassen *individuell* übertragbar – natürlich nicht beliebig, sondern nur auf solche Personen, die dieser Führungsrolle des Erzengels gerecht werden konnten. Niklaus von Scharnachthal, den Thüring Fricker in seinem Twingherrenstreit den «fürstlichen Mann» nennt, war ein Mann dieses Kalibers. Die Rolle, die der Berner im Burgunderkrieg gespielt hatte – als Feldherr befehligte er das eidgenössische Heer bei Héricourt, Grandson und Murten und hatte somit wesentlichen Anteil an dem Sieg über den burgundischen Herzog – bezeugt dies hinlänglich.

In der durch Heynlin unterbreiteten Deutung fand Niklaus von Scharnachthal so gesehen eine ausgesprochene Legitimation für die Stiftung dieser Michaelsfigur, der sich berechtigterweise auch ein eigener Stempel aufdrücken liess. Die Anbringung des Stifterwappens im Fürspann vor der Brust des Ritterheiligen ist Ausdruck dieses Legitimationsanspruchs seitens des Auftraggebers: «Es verweist nicht nur auf die Person des Stifters, es setzt sie geradezu gleich mit dem dargestellten Heiligen»[47].

Die exponierte Position des Wappens bezeugt aber nicht nur die Personalunion von Stifter und dargestelltem Heiligen, sie fordert gleichzeitig auch jene Führungsrolle ein, die Heynlin in seiner Predigt dem Erzengel respektive seinen irdischen Vertretern, den Herzögen von Österreich bzw. Lothringen zugestanden hatte. Oder anders gesagt, verbindet sich mit dieser lebensgrossen Michaelstatue die Botschaft: «Erzengel Niklaus von Scharnachthal – Retter Berns und der Eidgenossenschaft!»[48]

Abb. 267:
Erhart Küng, Erzengel Michael des Niklaus von Scharnachthal, 1476/1477, H 206 cm, B 72 cm, T 42 cm, Bern, Münsterplattform, Skulpturenfund, Kat. Nr. 23/ADB (künftiger Aufstellungsort: BHM).

375

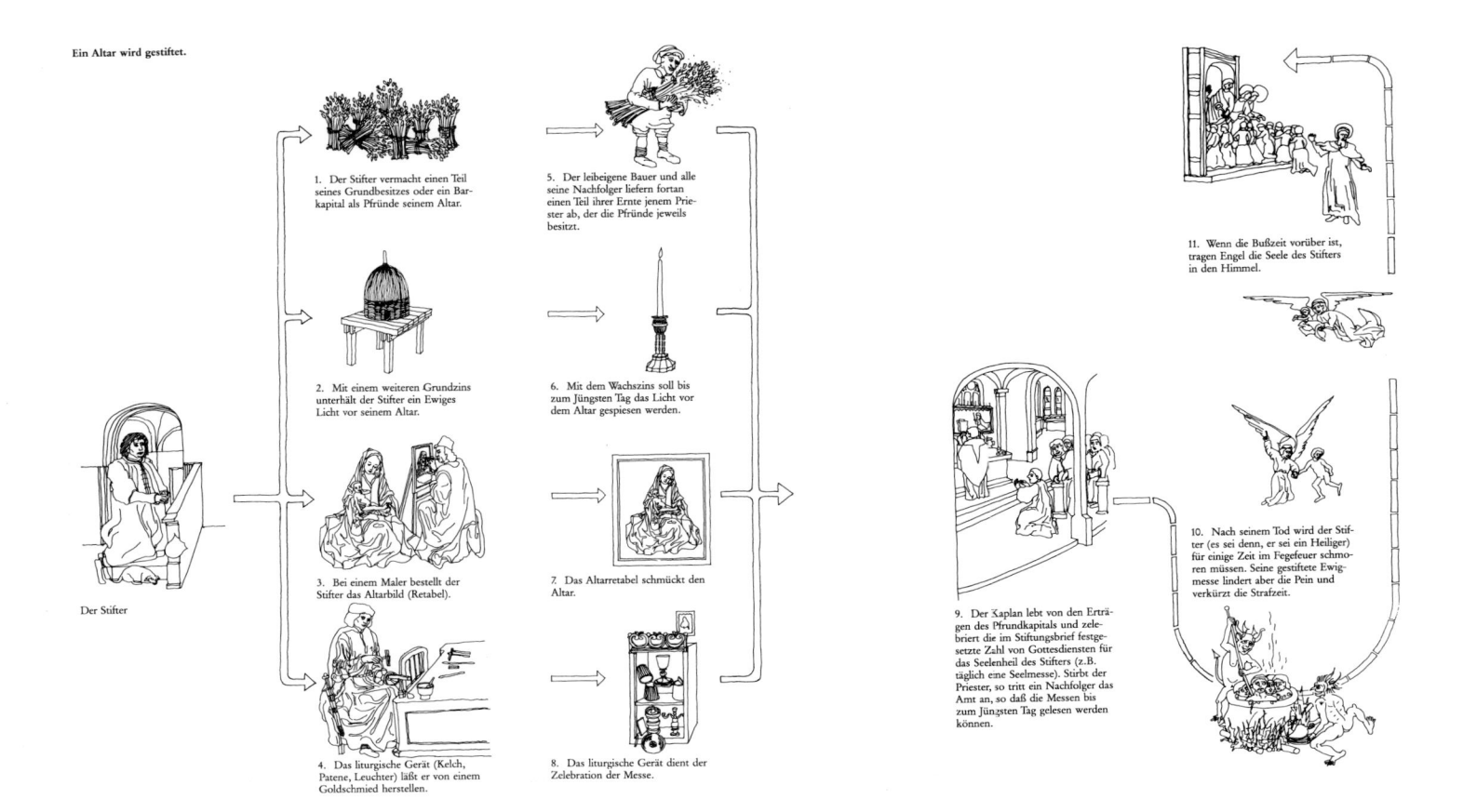

Abb. 268:
Ein Altar wird gestiftet [Konzept Peter Jezler, Zeichnung Maurizio Belpassi].

Was trieb die Menschen zu dieser Stiftungseuphorie? Was gehörte alles zum Bestandteil einer Stiftung, respektive woraus setzte sie sich zusammen? Vom Wortsinn her bedeutet Stiften zunächst «geben» oder «schenken», jedoch waren die religiösen Stiftungen in diesem Sinn nie einseitig, selbstlos: Das Geben bzw. Schenken blieb auf Seiten des Stifters stets an eine sehr konkrete Erwartungshaltung geknüpft. Sie resultierte darin, durch die Stiftung Ansprüche auf das Weiterleben nach dem Tod erwirkt zu haben. Modern ausgedrückt würde man vielleicht sagen: Es war ein «give and take». Das trifft die Sache jedoch nicht ganz, denn wie ein Nehmender verhielt sich der Stifter hierbei nicht. Seine Rolle war einerseits zwar aktiv (indem er stiftete), andererseits aber auch ausgesprochen passiv, da er die Gegenleistung nicht einfach einfordern, sie sich einfach ‹nehmen› konnte. Er war jedoch fest überzeugt davon, durch seine Stiftung etwas für sein Seelenheil bewirkt zu haben.

täglich eine, und sonn- und feiertags sogar zwei oder mehr Messen vor dem Altar halten zu lassen. So hatte der Berner Chorherr Martin Lädrach testamentarisch verfügt und in einer Stiftungsurkunde festgehalten, dass er auf dem Altar des Stadtschreibers Thüring Fricker (1429–1519) im Berner Münster[49] – zusätzlich zu dessen fünf Messen – zwei weitere Messen lesen lassen wollte, so dass «all tag ein mess uff bestimmptem altar und am Sonntag zwo gehalten wärden».[50]

Dieses Beispiel macht sehr gut deutlich, dass ein und derselbe Altar nicht selten von mehreren Stiftern[51] gemeinsam genutzt werden konnte, ja musste, da in den überfüllten Kirchen keine Möglichkeiten mehr für die Einrichtung neuer Altäre bestanden.[52] So auch im Berner Münster, in dem um 1500 «keine Pfeiler mehr frei waren» und das bis zum Ausbruch der Reformation «einer riesigen Totenstadt glich»[53].

An der Jahrzeit[54] (Abb. 269), d. h. an dem Tag, an dem man den Todes- oder Begräbnistag eines nahen Verstorbenen beging, erhöhte sich die Anzahl der Messfeiern jeweils deutlich. In bezug auf den Jahrzeittag des Berners Christoph von Diesbachs wünschte sich auf Beginn des Jahres 1518 dessen Witwe total 15 (!) Messen im Münster, die durch die Chorherren zu besorgen wären. Hierfür wurden ihnen 2 Pfund in Aussicht gestellt. Die Bitte wurde jedoch abschlägig beschieden, nicht etwa deshalb, weil die Anzahl der Messen zu hoch war, sondern weil man gegenwärtig kein ‹Personal› hierfür freistellen konnte.[55] Wenige Monate später schien der ‹Personalengpass› jedoch behoben gewesen zu sein: Im November 1519 wurden 15 Jahrzeitmessen von Hans Reininger, und im März des darauffolgenden Jahres sieben Jahrzeitmessen von Venner Kuttler angenommen.[56] Diese Beispiele veranschaulichen sehr schön, wie ungebrochen stark selbst noch wenige Jahre vor der Reformation die Heilserwartung bei der Berner Stadtbevölkerung gewesen war.

Die täglich in der Stiftskirche (= dem Münster) gehaltenen Messen hatten wenige Jahre vor der Reformation ein solches Ausmass erreicht, dass man keinen Überblick hierüber mehr erhalten konnte und auch eine zeitliche Koordination der Messfeiern untereinander anscheinend unmöglich geworden war. Am 7. Oktober 1523 sah sich der Rat selbst dazu veranlasst, das Kapitel zu einer «Ordnung» (Messordnung) zu verpflichten, in der klar und deutlich geregelt werden musste, *«dass je einer uff den andern mäss»* haben sollte.[57]

Vor diesem Hintergrund verwundert es nicht weiter, dass bislang sämtliche Versuche, die Anzahl der täglich im Münster gehaltenen Messen konkreter zu bestimmen, gescheitert sind.[58]

Die tägliche Messfeier war fester Bestandteil des Frömmigkeitsrituals und auch der hieraus zu erzielende Nutzen (das Seelenheil) war an den Faktor dieser Kontinuität gebunden: Es lag daher in der Natur der Sache, die Stiftung über den Tod des Stifters hinaus bis zum Jüngsten Tag aufrecht zu erhalten und Messfeiern in seinem Gedenken lesen zu lassen. Starb ein Priester, so wurden sie von einem Nachfolger übernommen. Nur diese Kontinuität, um die auch – oder gerade – seine Nachkommen besorgt sein mussten, garantierte dem Stifter letztlich sein Seelenheil. Sie bildete das Regulativ für die Unauflöslichkeit seiner Stiftung. «Wären die Wünsche des Stifters nach seinem Ableben nicht mehr respektiert worden, so hätte es bald keinen neuen Stifter mehr gegeben. Dieses wäre auch von Nachteil für die Allgemeinheit gewesen, da sie ebenfalls von den Stiftungen profitierte. Das Stiftungswesen verkörperte also ein ‹in sich geschlossenes, selbsterhaltendes und selbsterneuerndes› System.»[59]

Es wäre jedoch falsch, anzunehmen, dass die Donatoren ihre Stiftungen nur auf einen Ort beschränkten bzw. konzentrierten. Häufig treffen wir auf Stiftungen, die der Stifter gleichzeitig an mehrere Sakraleinrichtungen geleistet hatte.

Auch in Bern sah man in zwei, oder mehreren Stiftungen in verschiedenen Kirchen, keinen Widerspruch: Margret von Wabern beispielsweise hatte zwar ihr Grab und ihre Jahrzeit bei den Dominikanern, setzte aber gleichzeitig auch eine Jahrzeit im Münster ein; bei dem Venner Peter Simon verhielt es sich ganz ähnlich: Er besass sein Grab und seine Jahrzeit bei den Franziskanern, stiftete jedoch ebenso auch eine Seelenmesse in der Stiftskirche.[60]

Die immense Anhäufung von Messspenden spiegelt nicht nur ein starkes Heilsverlangen wieder, sondern zeigt ebenso an, dass hinter dem Heilsverlangen zugleich auch eine grosse Heilsunsicherheit war.[61] Man trachtete geradezu danach, die Unsicherheit in bezug auf die Erlangung des Seelenheils dadurch abzufedern, indem man seine Jenseitsinvesti-

Abb. 269:
Jahrzeitbehang der Schultheissenfamilie Ringoltingen, Basler Wirkerei, um 1460, ehemals Dreikönigskapelle im Berner Münster, Zürich, Schweizerisches Landesmuseum (Depositum der Gottfried Keller-Stiftung; →Abb. 367).

Der Behang zeigt den selten dargestellten «Gang über das Grab», der jeweils am Totengedenktag (der Jahrzeit) üblich war. Begangen wurde die Jahrzeit in der Regel am Vorabend des Totengedenktages mit der Vigil («vigilia» = Wache), einer Vorfeier, in der man dem Verstorbenen in Gesang und Gebet gedachte, gefolgt von der oder den Totenmesse(n) am nächsten Morgen, die darin endete, dass man mit dem Vortragekreuz zum Grab des Verstorbenen schritt, es dort mit Weihwasser besprengte und den Toten in Fürbitten gedachte.

Um ein steinernes Tischgrab, in dem – in Stellvertretung für den Verstorbenen – ein verwesender Leichnam (sog. Transi) liegt, haben sich Angehörige (Männer und Frauen) des Toten sowie Priester des Deutschritter-Ordens versammelt, die bis 1485 im Münster den Messdienst besorgten. Die linken drei Priester halten die für den «Gang über das Grab» notwendigen Gerätschaften: das Vortragekreuz, den Behälter mit dem Weihwasser und den Weihwasserspender. Über das Grab zieht sich ein Spruch, der übersetzt lautet: «an dieser Figur sollt ihr erkennen, euch wird auch allen dasselbe geschehen».

Abb. 270:
Figurenkonsole mit Wappenschild von Erlach, um 1464 (?), Berner Münster, Nördliches Seitenschiff, Pfeiler westlich der Krauchtal-Kapelle.

tion zugleich auf mehrere ‹Standorte› verteilte. Die Seelgeräte der Stifter glichen insofern «dem Anlageplan eines modernen Kapitalisten, der sein Vermögen nicht nur in risikoreichen Wertpapieren mit hoher Rendite anlegt, sondern auch in sicheren Obligationen».[62]

Gefahr bestand eigentlich nur dann, wenn eine Verminderung der Erträge zu verzeichnen war, die die Pfründe gefährdete (z. B. bei Missernten, Inflation) oder wenn die Institution, die die Seeldienste bis dahin besorgt hatte, einging.[63] In dem Moment brachen die Stiftungen zusammen, die Kunstwerke indes existierten in der Regel weiter.

Stifterbilder, Wappen, Inschriften: Insignien der Selbstinszenierung

War bislang davon die Rede, dass religiöse Stiftungen auf das Jenseits angelegt waren, indem sich mit ihnen die Sehnsucht des Stifters in bezug auf sein eigenes Seelenheil verband, so gilt es ebenso darauf hinzuweisen, dass religiöse Stiftungen in gleicher Weise auch einen diesseitigen, ganz realen Zweck zu erfüllen hatten: Sie sollten das Andenken an den Stifter bewahren, auch – und gerade – über seinen Tod hinaus. Beide Aspekte – die Heilssehnsucht auf der einen und die Memorialbildung auf der anderen Seite – waren funktioneller Bestandteil der religiösen Stiftung und realiter nicht voneinander zu trennen: Zwar für das Jenseits bestimmt, stand die Stiftung jedoch bereits im Diesseits im Dienste ganz handfester Interessen.

Eine Stiftung – ganz gleich welcher Art: ob in Form eines Altares[64], einer einzelnen Glasscheibe[65] oder einer Skulptur – wäre unvollständig geblieben, wenn sie nicht auch Informationen darüber enthalten hätte, von wem sie denn eigentlich stammen, wer der Auftraggeber dieses Kunstwerks sein würde. Es gehörte daher zur ungeschriebenen Regel einer Stiftung, dass diese – deutlich sichtbar – mit einer Insignie des Stifters versehen war, denn: Stiftungen waren und blieben persönliches Eigentum des Stifters.[66]

Diese Eigentumsinsignien konnten sein: ein Bild des Stifters[67], sein persönliches Wappen, das Haus- respektive Familienwappen[68] oder/und eine Inschrift, in der der Name des Stifters, das Datum und möglicherweise auch noch der Künstler genannt wurden, der das Kunstwerk geschaffen hatte.[69]

All diese Insignien hatten Dokumentations- und Beweisfunktion: Sie beglaubigten zunächst, dass diese Stiftung tatsächlich von jenem Stifter in Auftrag gegeben wurde. Gleichzeitig damit kam der privaten Stiftung aber auch eine öffentliche Funktion zu: Die Stiftung erhöhte die Reputation des Stifters innerhalb seines Wohnortes, denn sie zeigte den Gläubigen einer Stadt oder Gemeinde an, von wem diese(r) Kapelle/Altar gestiftet worden war. Die Kirche war von daher der ideale Ort, um seinen Rang im öffentlichen Leben seiner Wohngemeinde nach aussen zu dokumentieren. Andererseits trug der Stifter durch seine Stiftung aber auch zur Ausschmückung der Kirche selbst bei und mehrte so indirekt das Ansehen der gesamten Stadt, deren Wahrzeichen die Pfarrkirchen waren.

Von den ehemaligen Stifterbildern im Berner Münster ist unseres Wissens nur eines auf uns gekommen (Abb. 259); hingegen noch relativ zahlreich sind solche Stifterinschriften und Stifterwappen, die man auf Grabplatten, in Gewölben oder Glasfenstern antrifft.[70]
Ein Stifterwappen besonderer Art findet sich im nördlichen Seitenschiff, genauer gesagt am Pfeiler westlich der Krauchtal-Kapelle: Dort hängt eine Figurenkonsole mit einem Wappenschild[71], das das Familienwap-

Abb. 271:

Erhart Küng, Standbild des hl. Antonius mit von Erlach-Wappen, um 1464, Sandstein, H 148 cm, B 66 cm, T 38 cm, Bern, Münsterplattform, Skulpturenfund, Kat. Nr. 19/ADB (künftiger Aufstellungsort: BHM).

Die Skulptur wurde wahrscheinlich um 1464 durch Barbara von Erlach bei dem Bildhauer Erhart Küng (um 1420–1507) in Auftrag gegeben. Nach dem Tode der Anna von Krauchtal (Februar 1464) hatte Barbara von Erlach wohl noch im selben Jahr die Kaplanei- und Patronatsrechte der Krauchtal-Kapelle erworben, die im sechsten Joch des nördlichen Seitenschiffs vom Berner Münster lag.

Das Antonius-Standbild war vermutlich für die Ausstattung ihrer neuen Kapelle bestimmt gewesen. Es dürfte vielleicht an demselben Pfeiler gestanden haben, an dem sich heute noch die Figurenkonsole mit dem von Erlach-Wappen (Abb. 270) befindet. Vorausgesetzt, die Zuweisung des Standortes ist zutreffend, so würde dieses Standbild nicht – wie jenes des hl. Meinrad (vgl. Abb. 263) – eine Vergabung darstellen, sondern wäre als fester Bestandteil einer Kapellenstiftung anzusehen.

Die Skulptur ist zwar nicht vollständig erhalten, die hohe künstlerische Qualität in der Ausführung bleibt aber in allen Belangen unverkennbar und offenbart sich auch in der Sorgfalt, die man in bezug auf die Farbgebung der Skulptur aufgewendet hat. Insbesondere im Bereich der Standplatte, also dort, wo sich auch das Stifterwappen befindet, konnte eine sehr differenzierte und detailreiche Fassung attestiert werden. Es sollte hierdurch auf den ersten Blick deutlich werden, welche Familie sich hier als Stifter engagiert hatte. Und sicherlich blieb das Antonius-Standbild als Stiftungsinsignie nicht der einzige figurale Ausstattungsgegenstand in der jetzt umbenannten ‹von Erlach-Kapelle›.

Das Fest des hl. Antonius beging man am 17. Januar. Antonius der Grosse war nicht nur der Patron des Antoniterordens, der sein Sässhaus hier in Bern in der Postgasse hatte (Abb. 261). Er war ebensosehr auch Schutzpatron der Bürsten-, Handschuh- und Korbmacher, der Metzger, Schweinehirten und der Haustiere. Angerufen wurde er gegen Feuersnot, Pest und andere Epedemien, sowie gegen Entzündungen und Hautkrankheiten, insbesondere aber gegen das nach ihm benannte «Antoniusfeuer» (vgl. Kap. V, S. 501).

pen derer von Erlach darstellt (Abb. 270). Demnach wird die von Erlach-Familie in Verbindung mit der Krauchtal-Kapelle gestanden haben. Tatsächlich ist bezeugt, dass die 1423 durch Schultheiss Petermann von Krauchtal mit der stattlichen Summe von zweihundert Pfund gestiftete Kapelle gut 40 Jahre später in den Besitz derer von Erlach gelangte (Abb. 271).

Allgemein galt: Je kostbarer das Kunstwerk, desto grösser war die Hoffnung auf den ‹Schatz im Himmel›. Diese Grundüberlegung veranlasste die Stifter dazu, nicht nur hinsichtlich der Materialbestimmung, sondern auch des zu beauftragenden Künstlers entsprechend umsichtig vorzugehen, wollte er gewährleistet sehen, dass auch das Gedächtnis an ihn schon zu Lebzeiten wachgehalten wurde. Diese Memorialfunktion führte vielfach zu Formen der Selbstdarstellung, die als solche kaum erkannt wurden, da sie von der religiösen Motivation der Stiftungen überlagert waren.[72]

«Hie findt man gesundtheit des libes und der sele»[1] – Die Wallfahrt im 15. Jahrhundert am Beispiel der wundertätigen Maria von Oberbüren

Daniel Gutscher, Susi Ulrich-Bochsler, Kathrin Utz Tremp

Das 15. Jahrhundert ist wie kaum ein früheres geprägt von einer Vielzahl von kleinräumigen, gruppenspezifischen oder gar persönlichen Frömmigkeitsströmungen und -ritualen. Wer weiss, wieviel persönliches Leid die grossen Seuchenzüge von 1439, 1478 und 1493 allein in der Stadt Bern verursachten – wir verweisen auf das Kapitel über Krankheit und Tod (vgl. Kap. II, S. 135) –, der wird die Zunahme der Heiligen- und Reliquienverehrung leicht verstehen. Die Bereitschaft, praktisch jedes konkrete Hilfsangebot dankbar anzunehmen, ist verständlich. Trotzdem stand weniger die Angst vor dem allgegenwärtigen Tod im Vordergrund als die Sorge um das persönliche Seelenheil. Die Heiligen – präsent in ihren Bildnissen und Reliquien – wurden gleichsam zu persönlichen Vertrauten. Anstelle zahlenmässig geringer, weil aufwendiger Wallfahrten nach den Zielen Rom, Jerusalem oder Santiago da Compostela, gab man regionalen und damit erreichbaren Zielen den Vorzug.[2] Pilgern wurde populär; wir nennen einige in bernischem Territorium gelegene Stätten der Wallfahrt.

Viele zogen zum Heiligen Kreuz nach Ligerz oder zu St. Stephan – dem Patron der Zimmerleute, Holzfäller und Hirten – nach Würzbrunnen[3] oder sie suchten den wundertätigen Brunnen zu St. Michael in Einigen auf, von dem es um 1460 heisst: «*Der arm findt hie, davon er mag geleben; der rich findt hie, davon er liebe enpfacht oder lust und fröid hat; der gerecht findt hie gnad; der besessen mönsch von dem tüfel findt hie, dass er entlediget wirt; der siech mönsch, der sin* [d. h. vom wundertätigen Wasser] *begert, findt hie arznie sines siechtags! Hie findt man ouch gesundtheit des libes und der sele von der bewegung des wassers dis brunnen.*»[4]
Ebenfalls mit wundertätigem Wasser war die Wallfahrt zum Einsiedler von Gutenbrünnen (Gemeinde Kaufdorf) verbunden[5]; wenig bekannt ist über jene zur Kirche Kleinhöchstetten (Gemeinde Rubigen). Auch die Obrigkeit ordnete bisweilen allgemein verbindliche Pilgerfahrten an, so unter dem Schock der grossen Seuchenzüge zu Sankt Batt (hl. Beatus) an den Thunersee, dessen Höhle und Zugang im Verlaufe des 15. Jahrhunderts namhafte Ausbauten erfuhr (Abb. 272). So verfügte der Rat von

Abb. 272:
Urs Graf, Holzschnitt-Illustration zur Legende des hl. Beatus von Daniel Agricola, 1511 Basel, Öffentliche Kunstsammlung, Kupferstichkabinett.

Ein Pilger mit Hut und angegürteter Pilgerflasche steigt den Felspfad zum Wallfahrtsort des hl. Beatus empor, ein Paar hat die Felshöhle bereits erreicht, in welcher Kapelle und Pilgerhäuser zu sehen sind.

Abb. 273:
Diebold Schilling, Luzerner Chronik, 1513, Luzern, Korporationsgemeinde, fol. 283r.

Kreuzwallfahrt um 1500. Die Darstellung entspricht den in den bernischen Quellen überlieferten Bittgängen: angeführt von Messknaben mit Kreuz und Fahnen sowie von Geistlichen im Chorrock, ziehen die Männer den Frauen und Kindern voran.

Bern 1439, als die Pest viele Menschenleben forderte, eine Kreuz(wall)fahrt nach der Beatushöhle und ersuchte den Thuner Rat, für die Teilnehmer Schiffe und Nahrung bereitzuhalten. Auch vom späteren bernischen Reformator Johann Haller weiss man, dass er 1513 an einer Wallfahrt dahin teilgenommen hatte.[6] Kreuzwallfahrten, sogenannte «Kreuzgänge» – ähnlich wie sie eine Illustration aus dem Luzerner Schilling (1507–1509; Abb. 273) zeigt – ordnete der Rat öfters zur Marienkapelle in Habstetten (Gemeinde Bolligen)[7] oder nach St. Gilgen, d. h. zur Ägidiuskapelle auf der Berner Engehalbinsel[8] an.

Die hier vorzustellende Wallfahrt nach Oberbüren dürfte bezüglich Einzugsgebiet, Wunderzeichen und wirtschaftlichem Nutzen die bedeutendste in bernischem Territorium gewesen sein. Dank den 1992–1997 durch den Archäologischen Dienst des Kantons Bern durchgeführten systematischen Ausgrabungen (Abb. 274) stellt sie ausserdem landesweit das einzige, vollständig untersuchte derartige Heiligtum dar.[9]

Abb. 274:
Oberbüren, Flugbild mit dem Städtchen Büren und der Brücke im Hintergrund. Im Vordergrund die Ausgrabungen in der Chilchmatt.

Wurzeln und Werden des besonderen Ortes
Niemand wusste mehr, dass bis zur Reformation in der Flur Chilchmatt oberhalb des Städtchens Büren einer der bedeutendsten Wallfahrtsorte des spätmittelalterlichen Bistums Konstanz blühte – und niemand konnte ahnen, dass dieser Kultplatz schon um 1000 vor Christus eine Bedeutung hatte. Eine geplante Überbauung führte 1992 zu seiner Wiederentdeckung. Die Grabungsbefunde lassen vorläufig folgendes Bild skizzieren.

Älteste archäologische Spuren reichen in die Bronzezeit
Eine Grube mit Scherben der späten Bronzezeit (1200–1000 v. Chr.) deutet erste Siedlungstätigkeit an. Eine Fibel der La-Tène-Kultur belegt, dass die Chilchmatt auch in keltischer Zeit bekannt war, wenngleich bauliche Spuren fehlen. Ein in römischer Zeit angelegter mächtiger Bau (2.–4. Jahrhundert) – wohl ein Gutshof – tilgte fast alle älteren Spuren, weil man die sanfte Hügelkuppe zu einer gefälligen Terrasse abschürfte. Vielleicht noch spätrömisch ist ein Um- und Erweiterungsbau.

Im Frühmittelalter ein Friedhof und ein Dorf
Dem Frühmittelalter gehört ein Holzbau mit mächtigen Pfosten an. Um ihn herum breitete sich ein dicht belegtes, beigabenloses Reihengräber-

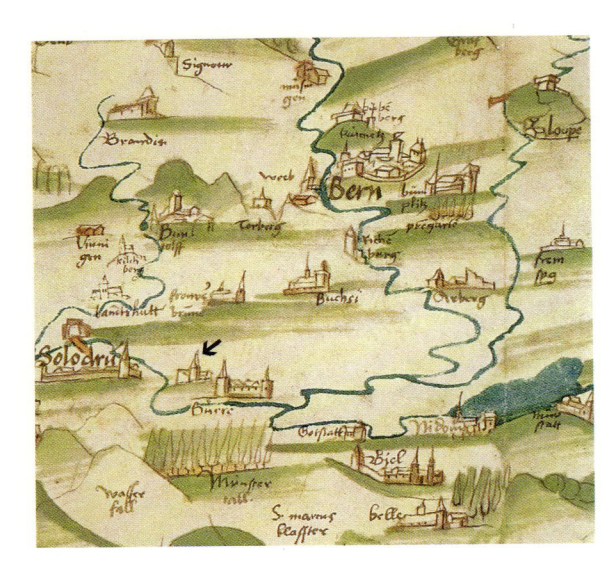

Abb. 275:
Konrad Türst, Schweizerkarte (Ausschnitt), 1495/97, Zürich, Zentralbibliothek, Ms. Z XI 307a.

Die Kapelle von Oberbüren ist neben Büren an der Aare eingezeichnet. Am linken Bildrand erkennt man Solothurn, in der Bildmitte oben Bern.

feld aus (8.–11. Jahrhundert). Ob dieser frühe Bau mit einer Kirche in Zusammenhang gebracht werden darf, bleibt vorderhand spekulativ; eine Holzkirche wäre denkbar. Nach Auflassung des Friedhofes installierte sich eine landwirtschaftliche, dörfliche Siedlung im Areal (11.–14. Jahrhundert). Sie ist mit zahlreichen Vorratsgruben, Resten von Pfostenhäusern sowie einem Sodbrunnen und vielen Kleinfunden überliefert.

Anfang der Wallfahrt oder Neuordnung älterer Tradition?
Sichere kirchliche Nutzung wird im Areal fassbar mit den Mauerresten eines Kirchenschiffes, einer Chorschulter und den Fundamenten eines quadratischen Turmes. Die Reste gehören wohl zur 1302 erwähnten Kapelle[10] des 13./14. Jahrhunderts. Um den Bau bestattete man. Die neue Nutzung verdrängte die Siedlung, die wohl am heutigen Ort als Weiler «Oberbüre», wenig südlich, neu entstand.

Die Wallfahrtsanlage des 15. Jahrhunderts
Was gemäss der schriftlichen Überlieferung als die erste Etappe erscheint, entpuppt sich nun nach der archäologischen Erforschung der Stätte als achte oder letzte Phase der geschichtlichen Entwicklung des Ortes. Zunächst wurde unter (teilweiser?) Integration des Turmes um 1470 mit Polygonalchor, Nordannex, neuem Schiff, sowie ausgedehnter, künstlich durch Aufschüttung angelegter Terrasse die spätmittelalterliche Wallfahrtsanlage mit mutmasslicher Brunnenanlage im Osten errichtet. Sie dürfte 1482 geweiht worden sein.[11] Allmählich entstand ein ausgedehntes Friedhofareal mit Föten, Neonaten und Kleinkindern, aber auch Erwachsenenbestattungen. 1507 wurde der Westturm vollendet.[12]

Ein Rundgang um 1500
Aufgrund der Grabungsbefunde lässt sich das bauliche Ensemble nahezu lückenlos beschreiben (Abb. 276; den einzelnen Bauteilen sind Nummern in Klammern beigefügt). Wir begleiten eine Gruppe, die mit einem Totgeborenen von Bern hierher pilgerte, auf einem Rundgang. Gemäss der ältesten Karte der Eidgenossenschaft, jener des Konrad Türst von 1495/1497, die auch die einzige bildliche Darstellung von Oberbüren überlieferte (Abb. 275)[13], lag Oberbüren vierzehntausend Schritt von Bern entfernt.

Von Oberwil b. Büren herkommend, hat unsere Gruppe wenige Dutzend Meter südwestlich der Wallfahrtsanlage den Wald verlassen und ist sogleich von der eingefriedeten, strahlend weiss getünchten Anlage in Bann gezogen worden: von deren Grösse, vom Kaplanenhaus und dem dahinter hoch aufragenden Kirchenbau mit Turm. Vor dem gemauerten Tor ducken sich – getrennt durch ein Bächlein – die wenigen Holzbauten der Bauerngehöfte von Oberbüren, eingeschossige Ständerbauten unter steilen Strohdächern. Durchs Tor (Abb. 276; 1) sind die Pilger in den Wallfahrtshof (Abb. 276; 2) gelangt; seine Grösse übertrifft gar jene des Berner Münsterplatzes. Während ein Teil der Gruppe gleich zur Linken einen Feldaltar[14] (Abb. 276; 3) unter kleinem Schutzdächlein gewahrt und sich mit einem Gebet und einem Almosen in den daneben auf einer Säule stehenden Opferstock (Abb. 276; 4) für den Schutz auf der Reise bedankt, erkundigt sich der Vater des Totgeborenen im gleich rechts vom Eingang über Mauersockeln befindlichen Holzbau (Abb. 276; 5) nach dem Prozedere der Wiedererweckung; er bestaunt die vielen, hier angebotenen, Wallfahrts- oder Pilgerzeichen (Abb. 277).

Da eine mögliche Wiedererweckung zur Taufe des mitgebrachten totgeborenen Kindes auf den kommenden Morgen angesagt ist, bleibt genügend Zeit für einen Augenschein im Wallfahrtshof. Zunächst fällt unseren Pilgern der geradeausliegende, merkwürdig gemauerte Turm

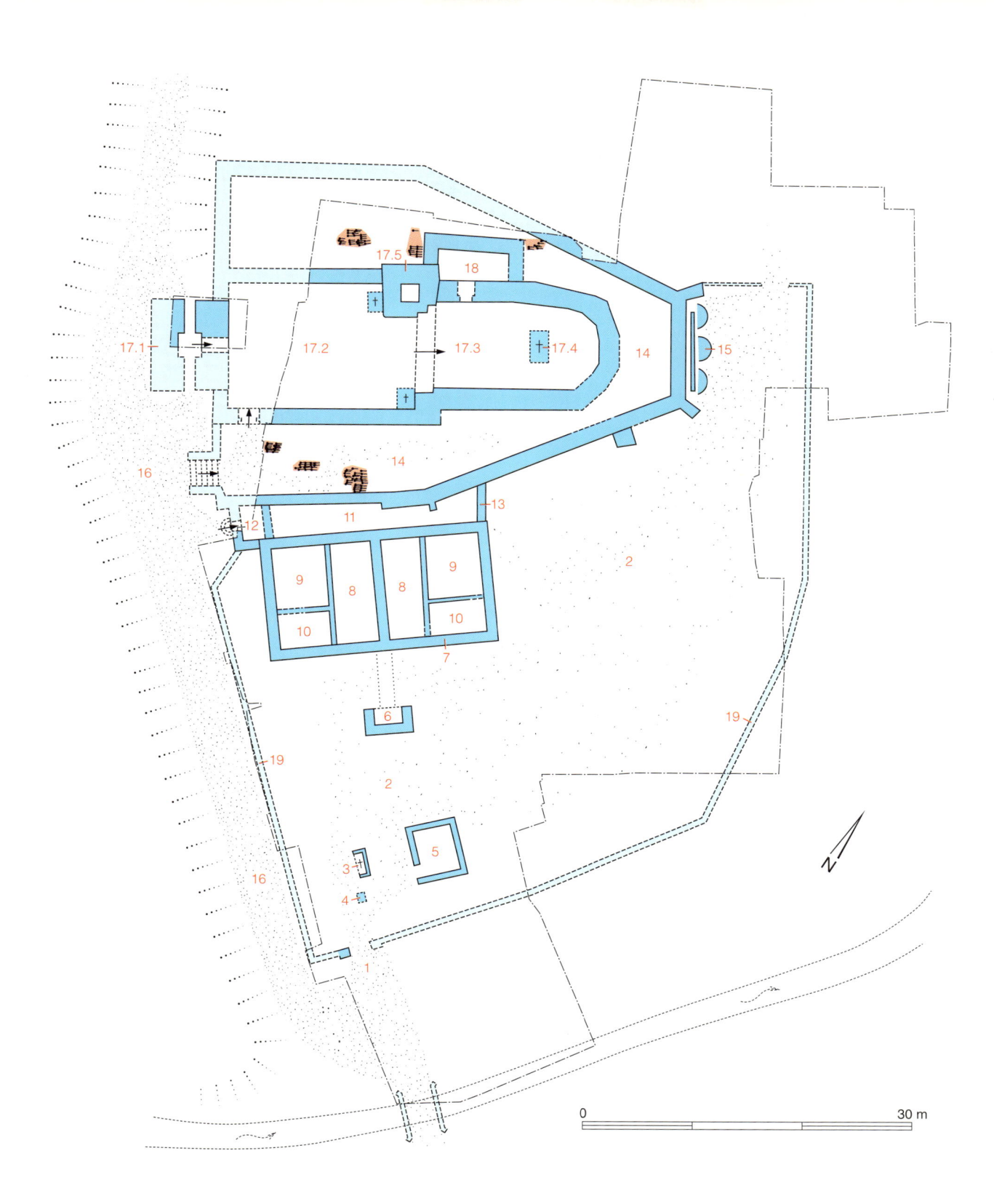

Abb. 276:
Oberbüren, Grundriss der
Befunde des 15. Jahrhunderts,
Massstab 1:500

1 Toranlage
2 Wallfahrtshof mit Umfriedung (19)
3 Feldaltar
4 Opferstock (evtl. Weihwasserbehälter) auf Pfeiler
5 Haus (Empfang / Devotionalien)
6 Wallfahrtskanzel verbunden über Steg mit
7 Kaplanenhaus
8 korridorartiger Vorraum
9 und 10 Kammern
11 Freiraum zwischen Terrasse und Kaplanenhaus
12 Beinhaus oder Ossuar
13 Trennmauer
14 Wallfahrtsterrasse als künstlich erhöhter Platz um die Kirche
15 Brunnenanlage
16 Kirchweg
17 Kirche mit 17.1 Eingangsturm, 17.2 Kirchenschiff, 17.3 Chor, 17.4 Altar, 17.5 älterer Turm
18 Nebenraum (Sakristei, Ort für die Aufwärmung der Totgeborenen)
19 Umfriedung (südseitig als Mauer, ostseitig vielleicht hölzern?)
⇌ Bestattungsareale von Totgeburten

Abb. 277:
Pilgerzeichen von Oberbüren, Zofingen, Stadtmuseum, Höhe 6,9 cm.
Das Pilgerzeichen zeigt ein Berner Wappen mit der wundertätigen Maria.

(Abb. 276; 6) auf; er ist über eine Brücke direkt mit dem dahinter liegenden, dreigeschossigen Bau, dem Kaplanenhaus verbunden. Seine Plattform soll als Kanzel dienen, von der aus an den bedeutenden Wallfahrtstagen das wundertätige Marienbild oder Reliquien zur Anbetung gezeigt werden können. Das dominierende Gebäude ist das Kaplanenhaus (276; 7), das Wohnhaus der um die Wallfahrt besorgten Geistlichen. Es erhebt sich als doppelgeschossiger Steinbau mit hölzernem drittem Geschoss über einem Grundriss[14], der in der Stadt unschwer drei Häusern Platz geboten hätte – der Bau der Deutschordensherren am Berner Münsterplatz hatte ähnliche Ausmasse; einzig das neue Rathaus war grösser. Besonders staunen sie über die Giebelmauern, die als Treppengiebel ausgebildet sind. Eine Frau, die offenbar hier lebt und ihnen mit einem Wasserkessel entgegen kommt, belehrt sie: Im Innern sei das Kaplanenhaus noch viel prächtiger. Es sei in der Mitte durch eine massive Brandmauer zweigeteilt. Unterteilungen in spiegelbildlich in beiden Hausteilen gleich organisierte Räume würden Fachwerkwände besorgen. So befänden sich seitlich eines Korridors (Abb. 276; 8) je zwei Zimmer (Abb. 276; 9 und 10), die zum Teil bemalt und mit Kachelöfen bestückt seien, die jenem im Berner Rathaus ähnlich sähen. Nördlich des Kaplanenhauses gewahren die Pilger einen schmalen Freiraum (Abb. 276; 11). Er ist nach Westen und Osten abgeriegelt; im Westen durch einen gemauerten Baukörper (Abb. 276; 12) zur Aufbewahrung alter Gebeine, die beim Anlegen neuer Gräber gefunden wurden, ein Ossuar oder Beinhaus[16], im Osten durch eine dünne Mauer (Abb. 276; 13) auf der Flucht der Ostmauer des Kaplanenhauses.

Nach Nordosten schreitet unsere Gruppe der mit Strebepfeilern verstärkten Stützmauer entlang, welche als künstliche Terrasse (Abb. 276; 14) Platz für die Wallfahrtskirche bietet. Nach Osten verengt sich diese Plattform zum Polygon. Hier herrscht geschäftiges Treiben: am Mauerfuss befindet sich eine grosse, hölzerne Brunnenanlage (Abb. 276; 15). Vor einem 25 Fuss langen Trog sind drei halbrunde, hölzerne Bottiche von etwa 7 Fuss Durchmesser eingetieft, in die von der eigenen Quelle frisches Wasser plätschert. Hier können die zahlreichen Wallfahrer ihren Durst löschen und die durch die lange Reise nötig gewordenen Waschungen besorgen und hier erfahren unsere Pilger auch weitere Details, wie das am nächsten Tag mit der Taufe der totgeborenen Kinder vor sich gehen würde.

An Leib und Kleidern gereinigt, führt der Weg zurück durch den Hof und entlang der westlichen Hofmauer durch den Hohlweg, den Kirchweg (Abb. 276; 16) zur Kirche (Abb. 276; 17), deren mächtiger Eingangsturm (Abb. 276; 17.1) anderen Pilgern, die von Solothurn oder vom Jura her gekommen waren, schon von weitem den mächtigsten Eindruck gemacht hatte. Er liegt im obersten Teil noch im Gerüst; noch fehlt der Nadelhelm.[17] Der Hohlweg führt als Durchgang geradewegs unter dem Turm durch. Fuhrwerke können westlich um den Turm herum fahren.

Völlig überwältigt sind die Pilger vom mächtigen Innenraum der Kirche, deren Schiff (Abb. 276; 17.2) einen einzigen Raum bildet. Nur im Nordosten ist der Raum verengt, weil hier das Mauerwerk des ersten Turmes (Abb. 276; 17.5) noch steht. Die prächtige Bretterdecke mit geschnitzten Friesen erinnert sie an jene in der Kirche zu St. Peter und Paul in Köniz. Wesentlich grösser als alles, was sie bisher gesehen haben, wirkt indessen der gewölbte Chor (Abb. 276; 17.3)[18], welcher gar die Masse der doch sehr grossen Chöre der Bieler oder Burgdorfer Stadtkirchen übertrifft.[19]

Der eigentliche Altarraum, in dem inmitten des prächtigen Sprengwerks des Altares (Abb. 276; 17.4) das wundertätige Marienbild als hölzerne Statue im Altarschrein steht, ist durch ein Gitterwerk den neugierigen

Blicken etwas entzogen. Trotzdem können die Pilger vor dem Altar knapp einen geschmiedeten Tisch ausmachen, Ort der Aufbahrung der zur Taufe hierher gebrachten Kinder. Nach links öffnet sich eine Tür in einen nordseitig an den Chor angebauten Raum (Abb. 276; 18), vielleicht die Sakristei und jener Raum, von dem aus – wie man berichtete – die Kinder vor der Taufe hineingetragen würden. Wie am Brunnen jedoch Leute erzählten, würden hier die Kindsleichen zunächst über glühenden Kohlen erwärmt, damit das ihnen anschliessend im kühlen Chor über die Lippen gelegte Federchen – als Lebenszeichen – in die Luft geblasen werde, denn das war allen klar: die Taufe von Toten war verboten. Es gäbe offenbar etliche, die nicht so recht an ein Wunder glauben mögen; immerhin würde das sogar der Konstanzer Bischof, in dessen Diözese die Pilger sich schliesslich befanden, so vermuten, hiess es.

Gespannt auf den morgigen Wallfahrtstag verzieht sich unsere Gruppe nach Verrichtung einiger Gebete ins Städtchen Büren, wo sie in einem der zahlreichen Gasthöfe die Nacht verbringt; mittellose Pilger bleiben über Nacht im Wallfahrtshof – und wir kehren als Leser wiederum in unsere Zeit zurück, um aus der Sicht der historischen Fakten zu vernehmen, was in Oberbüren vor sich ging.

Die schriftliche Überlieferung:
Die Wallfahrt zur Wiederbelebung und Taufe toter Kinder

Bei der Kapelle in Oberbüren, welche in der zweiten Hälfte des 15. Jahrhunderts zum Ziel einer ausgedehnten Wallfahrt wurde, handelte es sich um ein sogenanntes «sanctuaire à répit», eine Bezeichnung, die sich nur schwer ins Deutsche übersetzen lässt, etwa mit «Aufschub-Heiligtum». Es ist kein Zufall, wenn die Bezeichnung französisch ist (auch wenn sie erst von 1911 stammt), denn die «sanctuaires à répit» waren ursprünglich vor allem im Westen Europas verbreitet, von Belgien bis in die Westalpen.[20]

Ihre hohe Zeit war ausserdem die frühe Neuzeit (Abb. 278), aus dem Spätmittelalter haben wir nur relativ wenige «frühe» Beispiele, darunter – besonders gut dokumentiert – Oberbüren.

Der «Aufschub» bestand darin, dass man totgeborene Kinder zu einem solchen «sanctuaire à répit» brachte, wo sie mit gewissen Mitteln, etwa mit Wärme, für einen Augenblick zum Leben «erweckt» wurden, gerade lange genug, um sie taufen zu können. Dies entsprang nicht, wie von den Reformatoren angeprangert, wüstem heidnischem Aberglauben, sondern grosser Besorgnis um das Seelenheil der Kinder, von denen man glaubte, dass sie ohne das Sakrament der Taufe nicht in den Himmel kommen konnten. Wegen des Verbotes der Taufe Toter verblieb nur die Hoffnung auf kurze Wiederbelebung. Die «sanctuaires à répit» konnten nur in einer Gesellschaft entstehen, die wie die spätmittelalterliche, zutiefst vom Glauben an die Wirksamkeit der Sakramente durchdrungen war, auch wenn sie diese vielleicht teilweise in einem magischen Sinn auffasste. Es ist auch kein Zufall, dass die meisten «sanctuaires à répit» – auch dasjenige von Oberbüren – der Jungfrau Maria geweiht waren, die trotz ihrer Jungfräulichkeit vor allem als Mutter begriffen wurde, welche die Sorgen aller Mütter um das Seelenheil ihrer frühverstorbenen Kinder verstehen konnte.

In der nachmaligen Westschweiz scheint es im Spätmittelalter vor allem zwei bedeutende «sanctuaires à répit» gegeben zu haben: in Lausanne, an der Kathedrale, und in Genf, bei den Augustinern. Beide sind allerdings nur durch die abwertenden Berichte der Reformatoren Pierre Viret und Antoine Froment bekannt, und nicht durch zeitgenössische Quellen. Die beiden Reformatoren kannten auch das Heiligtum von Oberbüren, von welchem Viret spöttisch als von «Notre-Dame-de-beurre»

Abb. 278:
Bildliche Überlieferungen der Oberbürener Wiedererweckungen eines verstorbenen Neugeborenen zum Zweck der Taufe kennen wir nicht. Sie dürften sich kaum von andernorts überlieferten unterschieden haben. Unser Beispiel zeigt eine Tafel des grossen Wunderaltars aus Mariazell (Steiermark) von 1519, heute im Museum Johanneum in Graz. Inschrift: «Ein frau gepar czu rechter zeit ein dot kind; im leid vehies sis gen Zell mit einem gesungen ambt; so bald ward das kind lebendig und getaufft und starb darnoch wider an der statt.»

sprach. Im Unterschied dazu gibt es für Oberbüren eine grosse Menge zeitgenössischer Quellen[21], eine Situation, die nicht zuletzt darauf zurückzuführen ist, dass der bernische Rat an dem Wallfahrtsort lebhaften Anteil nahm und ihn nach Kräften förderte (möglicherweise als Konkurrenz zu Lausanne).

In Oberbüren befand sich zunächst nur eine einfache Marienkapelle, die 1302 belegt ist. Um 1470 scheint ein aufwendiger Neubau errichtet worden zu sein, wahrscheinlich weil die Maria von Oberbüren inzwischen im beschriebenen Sinn wundertätig geworden war und sich eine Wallfahrt grösseren Ausmasses entwickelt hatte. Im Jahr 1482 versuchte der bernische Rat auch das Patronatsrecht an sich zu ziehen, welches bisher dem Kloster St. Johannsen bei Erlach gehört hatte, ein Versuch, der erst 1495 gelang. Schon 1482 setzte der Rat jedoch einen Vogt über die Kapelle, meist der Schultheiss oder Altschultheiss, der Rechnung über Einnahmen und Ausgaben führte. Die Gesamteinnahmen stiegen stetig an: von 534 Pfund (1482) auf 1432 Pfund (1492) und 2344 Pfund (1504).

Im Jahr 1484 musste der Rat auch eine Wirteordnung für das nahe gelegene Städtchen Büren erlassen, um die Pilger vor überrissenen Forderungen durch die Wirte zu schützen. 1487 scheint ein zweiter Kaplan angestellt worden zu sein, 1518 waren es bereits vier. 1512 liess der Rat durch Constans Keller, Chorherr am Vinzenzstift in Bern und geistlicher Diplomat im Dienst der Stadt, in Rom Ablass und Absolutionsvollmachten für Oberbüren beschaffen. Das Heiligtum zog aber auch Kirchendiebe an, so 1485 Hans Stefan, der in Büren gleich die ganze Monstranz samt Sakrament stahl und dafür zum Tod durch Ertränken in der Aare verurteilt wurde. In seiner Not rief er, schon auf dem Grund des Flusses, «Unser Frauen von Oberbüren» an, die ihn dann angeblich auch vor dem Ertrinken bewahrte. Im Jahr 1497 wurde in Zürich ein Mann aus Baden zum Galgen verurteilt, weil er der Muttergottes in Oberbüren ein kostbares Halsband, eine goldene Krone und zwei goldene Ringe gestohlen hatte. Dies lässt vermuten, dass in Oberbüren eine ähnliche mit Votivgaben behangene und beladene Marienstatue gestanden hat wie gleichzeitig auch im Dominikanerkloster in Bern.[22]

Der ganze Betrieb blieb aber auch schon vor der Reformation nicht unbestritten. Ende 1485 beauftragte der Bischof von Konstanz, Otto von Sonnenberg, zu dessen Diözese Oberbüren gehörte, den Dekan von Büren mit einer Untersuchung, die indessen vom bernischen Rat verhindert wurde. Der Bischof scheint sich daraufhin an die Kurie in Rom gewandt und beklagt zu haben, dass «die Christgläubigen beiderlei Geschlechts und besonders die Ungebildeten unter dem Scheine der Frömmigkeit die Frühgeburten und die verstorbenen Kinder, sogar bisweilen solche, welche noch nicht ausgebildete Glieder haben, sondern nur Klumpen bilden, sowohl aus der Konstanzer Diözese als auch aus den umliegenden Bistümern in grosser Zahl [nach Oberbüren] bringen. Sie glauben, diese Kinder und Frühgeburten, deren einige offenbar noch kein Leben im Mutterleibe empfangen haben, würden dort auf wunderbare Weise vom Tode zum Leben erweckt, und zwar auf folgende Art: Gewisse von den weltlichen Behörden dazu bestimmte Frauen erwärmen die toten Kinder zwischen glühenden Kohlen und ringsum hingestellten brennenden Kerzen und Lichtern. Dem warm gewordenen toten Kinde oder der Frühgeburt wird eine ganz leichte Feder über die Lippen gelegt, und wenn die Feder zufällig durch die Luft oder die Wärme der Kohlen von den Lippen weg bewegt wird, so erklären die Weiber, die Kinder und Frühgeburten atmeten und lebten, und sofort lassen sie dieselben taufen unter Glockengeläute und Lobgesängen. Die Körper der angeblich lebendig gewordenen und sofort wieder verstorbenen Kinder lassen sie dann kirchlich beerdigen, zum Hohne des orthodoxen

Abb. 279:
Oberbüren, die Fundamentgräben der Wallfahrtskirche, Blick nach Westen.

Was der vom Berner Rat verordnete Abbruch «uff der wurtzen» bedeutet, zeigt sich darin, dass während den Grabungen fast ausschliesslich nur noch geleerte Mauergruben gefunden wurden.

christlichen Glaubens und der kirchlichen Sakramente». Der Bischof spricht von mehr als 2000 toten Kindern, die in letzten Zeiten in jene Kapelle gebracht worden seien, und beklagt, dass der bernische Rat diesen «Aberglauben» geschehen liesse und sogar begünstige.[23]

Der Bischof scheint mit seiner Supplik (=Bittschrift) nichts erreicht zu haben, das Treiben in Oberbüren, das er so minutiös beschreibt, ging ungehindert weiter und nahm immer grössere Ausmasse an. Eindrücklich ist, dass hier die kirchliche Obrigkeit «aufgeklärter» dachte als die weltliche, welche vom «Aberglauben», den sie wohl nicht als solchen erkannte, schamlos profitierte. Es ist auch nicht auszuschliessen, dass der Bischof von Konstanz so reagierte, weil ein «sanctuaire à répit» in seiner Diözese etwas Neues war, während man es in den benachbarten Diözesen Lausanne und Genf bereits kannte und praktizierte, dass in Oberbüren also eine Art Kulturgrenze überschritten wurde.

In der Diözese Lausanne scheint dem Phänomen erst kurz vor der Reformation Kritik erwachsen zu sein, und auch dann nicht in so grundlegender Art wie bei Otto von Sonnenberg. In den Synodalstatuten von 1523 spricht der Bischof, Sebastian von Montfaucon, zwar von einigen Kindern, die nach Tours FR, Oberbüren und anderswo gebracht worden seien, nimmt aber lediglich das Urteil über die vorgegebenen Wunder für sich und seinen Generalvikar in Anspruch und verbietet, sie ohne Erlaubnis der bischöflichen Kurie zu verkünden. Weniger zimperlich ist Niklaus Manuel Deutsch, der sich 1528 in seinem «Testament der Messe» über das *«fliegend fäderli zů Buren»* lustig macht (vgl. dazu Kap. VI, S. 542).

Nachdem er es fünfzig Jahre lang gehätschelt hatte, schaffte der bernische Rat das Marienheiligtum in Oberbüren nach der Annahme der Reformation 1528 von einem Tag zum andern ab. Am 22. Februar erging der Befehl nach Büren, die Messe einzustellen und die Kirche zu schliessen, und vier Tag später fiel im Rat der Beschluss, das Gnadenbild abzutun; es wurde vom Ratsboten Anton Noll in aller Öffentlichkeit dem Feuer übergeben. Das Städtchen Büren leistete Widerstand und wurde von Bern am 30. Mai 1528 unter Androhung schwerer Strafe angewiesen, die Altäre innert acht Tagen zerschlagen zu lassen.

Im Sommer 1530 erging der Befehl, die Kirche abzubrechen und das Material für die Stadtmauern zu verwenden; die Häuser der Kapläne sollten dagegen stehenbleiben. Im Herbst 1532 wurde der Kirchturm bis auf die Fundamente («*uff der wurtzen*») weggeschlissen. 1534 musste die Wallfahrt mit Gewalt unterdrückt werden. Was auffällt, ist die Radikalität, mit welcher auch die letzten Spuren des Heiligtums getilgt wurden, das nun als «abgöttisches Haus» galt, welches «durch das Alte und Neue Testament verboten» worden sei (Abb. 279).

Einzigartig ist an Oberbüren wahrscheinlich nicht nur das Ausmass der Wallfahrt, sondern auch die Dichte der Quellenüberlieferung: über die Wallfahrt selbst sowie über die Kritik, die schon vor und dann auch nach der Reformation an ihr geübt wurde. Oberbüren ist aber wahrscheinlich auch das einzige «sanctuaire à répit», das bis heute archäologisch untersucht werden konnte und wo die Befunde – die Anlage, aber auch die Skelettfunde – auffallend gut mit den schriftlichen Quellen übereinstimmen.

Der Fund der Kleinkinderskelette

Auf der Chilchmatt dehnte sich schon lange vor der Wallfahrtszeit ein grosses Gräberfeld aus, auf dem man im ausgehenden Früh- und im Hochmittelalter Männer, Frauen und Kinder verschiedenen Alters begraben hatte. In diesen normalen «Dorf»friedhof hinein kamen im Verlaufe der Benutzungszeit der Wallfahrtskapelle die Bestattungsfelder der totgeborenen Kinder. Nachgewiesen sind durch die archäologischen Grabungen von 1992–1997 rund 250 dieser Kinder.[24]

Weshalb können wir davon ausgehen, dass diese Kindergräber überhaupt den in den Schriften genannten Totgeborenen entsprechen? In erster Linie ist es die Bittschrift des Bischofs von Konstanz an den Papst, die einen Vergleich zwischen der archäologischen Fundsituation in Oberbüren, den anthropologischen Befunden an den Skelettresten und den geschilderten Ereignissen möglich macht. Allerdings lässt sich gerade ein erstes, wichtiges Kriterium in Otto von Sonnenbergs Schilderung nicht annähernd verifizieren, nämlich die grosse Anzahl der nach Oberbüren gebrachten Kinder. Über 2000 sollen es allein bis 1486 gewesen sein. Trotzdem darf diese Diskrepanz nicht von vornherein als Unglaubwürdigkeit Otto von Sonnenbergs gedeutet werden, selbst wenn eine gewisse Übertreibung, vielleicht um seiner Bittschrift Nachdruck zu verleihen, nicht völlig auszuschliessen ist. Dass Oberbüren in der zweiten Hälfte des 15. Jahrhunderts zu einem enormen Zustrom von Wallfahrern kam, lässt sich indirekt aus der Grösse der Kapelle, aber auch aus der Grösse des Einzugsgebiets ableiten, denn es sollen nicht nur Kinder aus dem Bistum Konstanz, sondern auch aus den umliegenden Bistümern hierher gebracht worden sein. Immens hohe Zahlen sind für andere Wallfahrtsorte ebenfalls überliefert, etwa für Ursberg D, wo in der Zeit zwischen 1686 und 1720 über 24 000 tote Kinder hergebracht worden sein sollen.[25] Die Zahl der hergebrachten Kinder muss jedoch nicht unbedingt der Zahl der erfolgreichen Wiederbelebungen entsprechen, wie das Beispiel von Ursberg lehrt – dort gelang durchschnittlich nur bei einem von zehn exponierten Kindern die Wiedererweckung. Falls es bei dem in Oberbüren angewendeten Verfahren überhaupt Kinder gab, die nicht wiederbelebbar und damit nicht taufbar waren, so müssen sie anderswo begraben worden sein. Bei den Totgeborenen von Oberbüren dürfen wir jedenfalls aus der Skelettlage auf getaufte Kinder schliessen, weil ihre Gräber ausnahmslos nach Osten orientiert waren. Zudem weisen die in Gebetsstellung positionierten Arme der Kinder auf christliche Begräbnisse hin (Abb. 280). Ungetauft gestorbene Kinder bestattete man im Mittelalter in der Regel in ungeweihten Teilen der Kirchhöfe, vielfach an abgelegenen Stellen. Da Ungetaufte sowieso

Abb. 280:
Oberbüren, Gräberfeld mit Totgeborenen im Süden der Kirche.

Manche dieser Kinder liegen auf dem Rücken. Die Arme sind öfters zum Leib hin angewinkelt, die Beine nehmen die für so kleine Kinder typische O-Bein-Stellung ein. Die christliche Bestattungsweise drückt sich auch in der West-Ost-Ausrichtung der Skelette aus.

nicht an der Gottesschau teilnehmen können, brauchte man ihre Gräber nicht nach Osten – wo am Jüngsten Tag der Herr erscheinen sollte – auszurichten. Bezüglich der geringen Zahl der Totgeborenen von Oberbüren ist aus der Sicht der Grabungsbefunde vor allem mit einer Dunkelziffer an nicht gefundenen Gräbern zu rechnen, weil nicht die gesamte Umgebung der Kirche archäologisch untersuchbar war und vor allem, weil Gräber zerstört worden sein könnten, etwa in der Reformationszeit, als die Kapelle abgebrochen und im wahrsten Sinne des Wortes geschleift wurde. Die äusserst fragilen Skelette dieser Kleinstkinder lagen teilweise nur knapp unter der Grasnarbe. Grundsätzlich haben wir uns auch zu fragen, ob überhaupt alle Kinder bei der Wallfahrtskirche begraben wurden. Gab es nicht auch Angehörige, die die Leichen wieder mitnahmen, um sie an ihrem Wohnort zu bestatten? Allerdings war ein Begräbnis vor Ort an anderen «sanctuaires à répit» die Regel, galt es doch als zusätzliche Gnade, am Platz begraben zu werden, wo das Wunder geschehen war.

Wenn die tatsächliche Anzahl der nach Oberbüren gebrachten Kinder letztlich unbekannt bleibt, so gelingt es, eine weitere Briefstelle des Konstanzer Bischofs so weit zu bestätigen, als es von den biologischen Realitäten her möglich ist. Nach Otto von Sonnenberg brachte man «...Frühgeburten...bisweilen solche, welche noch nicht ausgebildete Glieder haben, sondern nur Klumpen bilden...» sowie «Kinder...deren einige noch kein Leben im Mutterleib empfangen...» zur Muttergottes von Oberbüren. Die Skelettreste stammen durchwegs von Frühgeburten und Neugeborenen mit einer Körperlänge bis maximal 57 cm.[26] Der Hauptanteil der Kinder weist Körperlängen zwischen 45 cm und 55 cm auf. Mehr als ein Drittel aller Totgeborenen zählt mit ihrer Körperlänge von unter 45 cm zu den Frühgeburten. Mit 18 cm bis 19 cm hatten die kleinsten unter ihnen umgerechnet ein Entwicklungsalter von vier bis fünf Monaten (Abb. 9, 10). Wenn der Bischof auf noch kleinere, abortierte Stadien hinweist, so dürfte das durchaus der damaligen Realität entsprechen, da ein Embryo nach seiner Beseelung als Mensch galt und damit zu taufen war (die *«animatio»* soll bei Knaben am 40. und bei Mädchen am 80. Tag eingetreten sein).[27] Wir haben aber keinerlei

Abb. 281:
Körperlängenverteilung der totgeborenen Kinder von Oberbüren. Unter den bisher ausgewerteten Kinderskeletten bilden die Kinder mit einer Körperlänge zwischen 45 cm und 55 cm die Mehrheit. Nur wenige hatten eine grössere Körperlänge (bis maximal 57 cm). Die restlichen Kinder sind Frühgeburten.

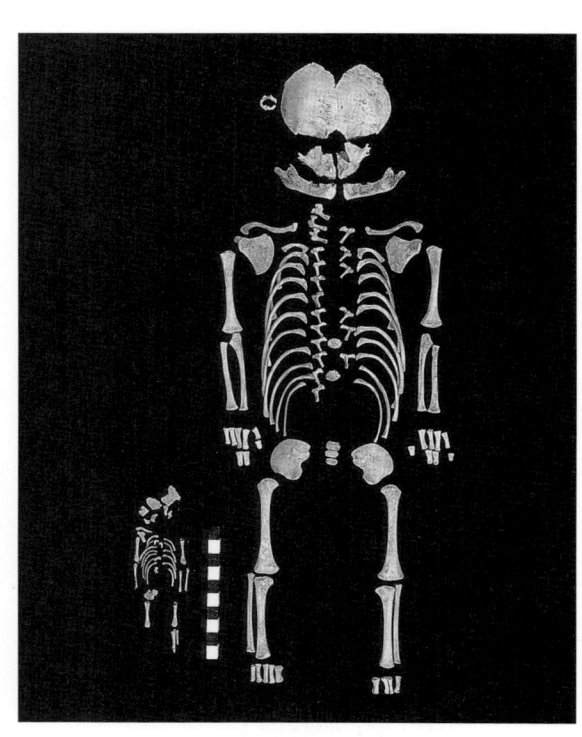

Abb. 282:
Skelettreste eines der kleinsten Frühgeborenen von Oberbüren im Vergleich mit einem etwa 50 cm grossen Kind.

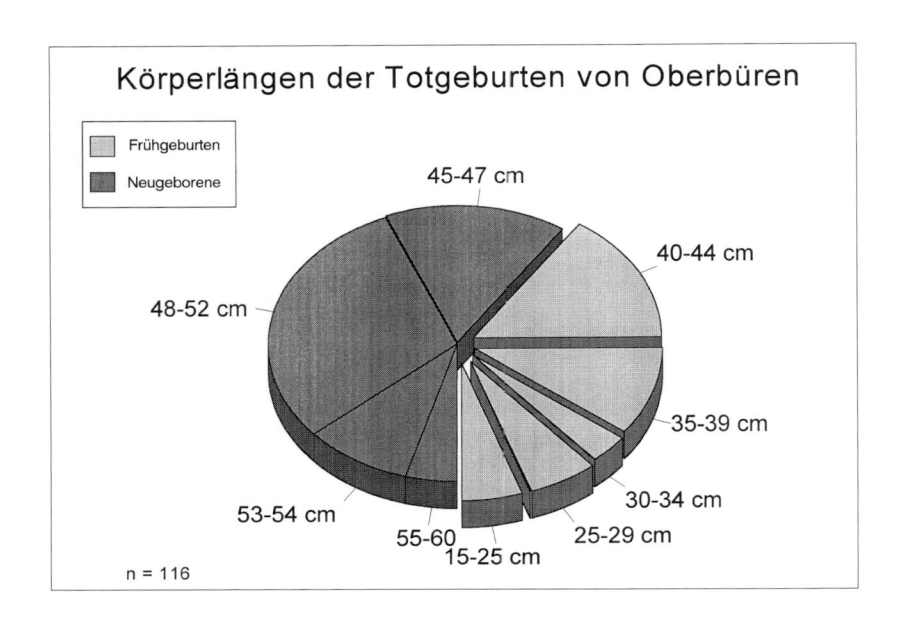

Chance, solche frühen Aborte zu finden, weil ihr Skelett zu wenig weit entwickelt ist, um Jahrhunderte im Boden zu überdauern.

Die Beobachtungen zur Grablage und zur Bestattungsweise der Totgeborenen tragen ebenso wie die Altersverteilung zur Erhellung der Geschehnisse an diesem Wallfahrtsort bei. Man bestattete diese besonderen Toten nicht beliebig verteilt im Gelände, sondern auf kleinen, meist gut definierten, von der Kirchenmauer etwas entfernten, jedoch nahe bei der Umfassungsmauer der Wallfahrtsterrasse gelegenen Feldern auf der Nord- oder auf der Südseite der Kirche. Da diese Bestattungsplätze eine auffällige Symmetrie gegenüber der Kirche aufweisen, nahmen sie vielleicht Bezug auf den Standort des Altars oder gar des Marienbildes oder auf eine Aussenausstattung der Kirche.

Nur selten wurde ein Totgeborenes für sich allein in einem Grab beigesetzt. Meist bestattete man mehrere Kinder zusammen in einer Art Gemeinschaftsgrube, in die sie oft eng neben-, aber auch dicht übereinander gepackt wurden. Eine dieser Gruben enthielt zwei hintereinanderliegende Reihen und mindestens zwei Gräberschichten mit gegen 50 Kindern und das auf einer Fläche von nur 1 × 1 m (Abb. 283). Ob grosse oder kleine Felder, das Muster des Belegungsablaufs scheint stets ähnlich gewesen zu sein: zwei, drei oder vier Kinder wurden gleichzeitig begraben, andere wieder in einigem Abstand zu solchen Kleingruppen. Wie weit die unterschiedliche Zahl der auf einem Feld bestatteten Kinder temporäre Schwankungen und damit gewissermassen den Wallfahrtszyklus widerspiegelt, wissen wir nicht. Ebenso wenig kennen wir die Ursache für das einzelne und das gruppenweise Bestatten. Die Vermutung liegt nahe, dass jeweils dann Einzelgräber geschaufelt wurden, wenn nur wenige oder einzelne Kinder zu bestatten waren, dass man aber bei grossem Andrang von Wallfahrern mit toten Kindern auf Sammelbegräbnisse auswich. Einen gewissen Einfluss könnte auch die geographische Herkunft des Kindes gehabt haben und zwar im Sinne, dass man nur die aus der nahen Umgebung stammenden Totgeburten in Einzelgräbern beisetzte.[28] Oder spielten soziale Unterschiede eine wichtige Rolle? Hing der Begräbnisaufwand vom Spendenaufwand ab? Konnten vermögendere Eltern also ein Einzelgrab für ihr totes Kind finanzieren, während die ärmeren sozusagen mit dem Gemeinschaftsgrab vorlieb nehmen mussten? In Genf praktizierten die Augustiner Mönche ebenfalls Wiederbelebungen von Totgeburten. Ihnen warf man vor, den Preis für die Erweckung je nach Vermögen der Eltern hinaufgetrieben zu haben![28] Diese Unterstellung stammt allerdings aus dem Mund der Reformatoren und nicht aus zeitgenössischen Quellen.

Kommen wir bei obigen Fragen nicht über Spekulationen hinaus, so bewegen wir uns wieder auf sicherem Boden, was die Bestattungsweise der Totgeborenen anbelangt. Unsere Beobachtungen lassen meist auf eine gewisse Pietät bei der Grablegung der Kinder schliessen. Sie wurden nicht in die Gruben hineingeworfen, auch nicht bei den Gemeinschaftsgruben, sondern hineingelegt, manchmal sogar sorgfältig hineingebettet. Selbst die Arme liegen öfters angewinkelt im Bauchbereich – eine Lage, die bei so kleinen Kindern nur durch eine bewusste Herrichtung erreichbar ist. Bei Kindern mit abnormen Körperhaltungen oder absonderlichen Lagen der Arme oder Beine ist an postmortale Einflüsse zu denken: wenn die Pilgerreise mehrere Tage dauerte, müssen die Leichen, besonders in der warmen Jahreszeit, in Verwesung übergegangen sein. Oft erweckte die in situ-Lage den Eindruck, man hätte die Säuglinge zu möglichst kleinen Bündeln verpackt. Dieser Gedanke drängt sich besonders bei denjenigen Kindern auf, die mit extrem angezogenen Beinen auf der Seite lagen, also fast in Hockestellung (Embryonalstellung) waren. Spuren eines Sarges und Funde wie Münzen, Paternoster oder Schmuckgegenstände beobachtete man bei keinem einzigen Kind.

Obwohl das Gelände im Nahbereich der Wallfahrtskirche für das Bestatten der Totgeburten bei weitem nicht ausgenutzt wurde, fand man an einer Stelle eine Grube, die «umgebettete» Knöchelchen enthielt. An der Westmauer der Sakristei lagen in der tiefsten Schicht sechs Kinder, darüber – diesmal deutlich höher gelegen – eine zweite Gräberschicht mit zehn Kindern. Zu einem späteren, bisher nicht genau fassbaren Zeitpunkt wurden zuoberst in der Grube umbestattete Skeletteile ebenfalls von Totgeburten eingebracht. Wo ihre Gräber ursprünglich lagen, bleibt ebenso unbeantwortet wie die Frage, wer die Gräber dieser Kinder aufhob und aus welchem Grund dies geschah. Offensichtlich sammelte man die Skelettreste beim Umbestatten recht sorgfältig ein, denn es sind Teile aller Körperpartien vorhanden, auch winzige Teilchen wie Handknöchelchen. All dies zeigt, mit welcher Sorgfalt man bei der Umbettung ans Werk gegangen war.

Eine wichtige Übereinstimmung mit den in den Schriften überlieferten Ereignissen betrifft das Ende Oberbürens. Bern brauchte Jahre, um seine Forderungen durchzusetzen. Selbst nach der Zerstörung der Kirche sollen die Wallfahrten angedauert haben und auch mit dem Schleifen des vier Jahre nach der Reformation noch übriggebliebenen Turms wird es noch nicht ruhig, denn die Wallfahrt musste schliesslich 1534 mit Gewalt unterdrückt werden. Dass der Kult in Oberbüren nicht von einem Tag auf den anderen endete, bestätigen eindrücklich auch die Grabungsbefunde. In den geleerten Fundamentgruben der Terrassenmauern fand man nämlich einige Gruben mit Totgeborenen. In einer der beiden Gruben auf der Südseite der Kirche lagen mindestens 20 Kinder, Körper an Körper, die Gesichter fast schindelartig aneinandergereiht (im Grundriss der Befunde nicht eingetragen). Da diese Skelette im Abbruchmaterial der Kirchenmauern lagen, können sie erst nach der Schleifung der Anlage in den Boden gekommen sein. Dieses über Jahre hinweg archäologisch nachweisbare Wiederaufflackern der Wallfahrt macht deutlich, dass die Kapelle im Volksbewusstsein weiterhin als Gnadenstätte galt.

Auch wenn Oberbüren seine letzten Geheimnisse nicht preisgegeben hat, zeigen die Grabungsbefunde doch klar, dass die Wallfahrt mit totgeborenen Kindern einem Bedürfnis vieler und nicht nur einzelner entsprach. Ebenso eindrucksvoll werden die Sorge und der persönliche Einsatz der Eltern, wie auch der tiefe, bedingungslose Glaube dieser Menschen an die, allein durch ihre Sakramente seligmachende Kirche veranschaulicht. Man unternahm das Möglichste, um ein totes, ungetauftes Kind vor einem ungewissen Schicksal und einer Sonderstellung, und gleichzeitig die Eltern vor dem sozialen Ausschluss aus der Gemeinschaft zu bewahren.

Abb. 283:
Ausschnitt aus einem Gräberbezirk im Süden der Kirche. Zwei Totgeborene, die zusammen in einer Gemeinschaftsgrube bestattet worden waren.

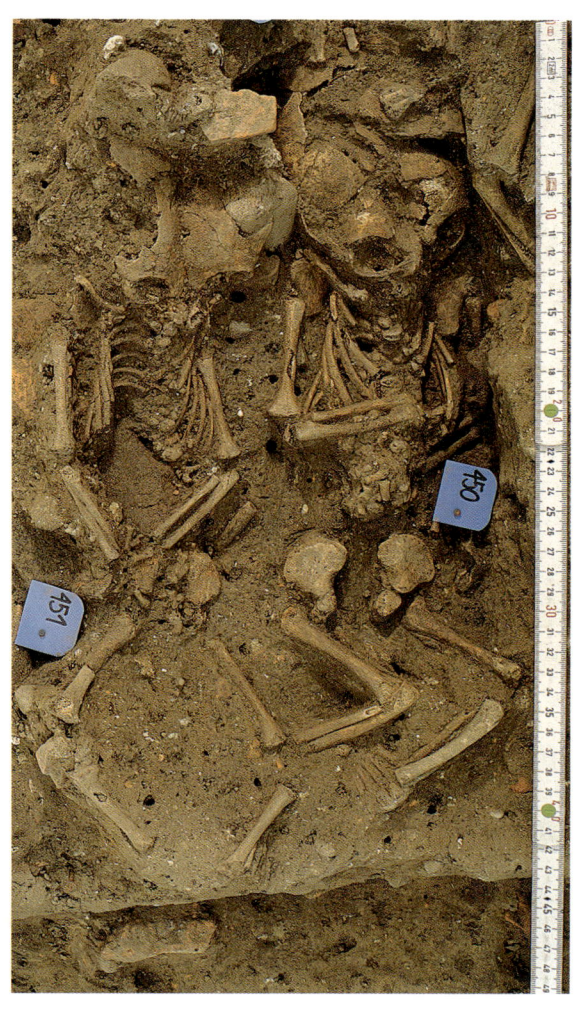

«Ein bettelbrief denen von kilchdorff in Mh. landtschaft an iren buw.» Der «Kirchenbauboom» auf der Landschaft

Peter Eggenberger, in Zusammenarbeit mit
Georges Descœudres und Jürg Schweizer

Kirchliche Stiftungen

«*Margarethe von Enswil, die Witwe des Hans von Enswil selig, tut Kraft dieses Briefes öffentlich kund, dass sie sich und ihre Erben aus ihrem eigenen freien Willen verpflichten will und dargibt von ihrem eigenen Gut an der Matten zu Nötenhaus, wo die Kapelle steht, die die Landleute zu Ehren des hochgelobten Kirchenfürsten Sankt Hojoder erbaut haben, so viel Erdreich nach der Länge und Breite, dass genug Platz für und um die Kapelle ist. Sie gibt den Platz mit der Bestimmung, dass beide Kirchgemeinden Schwarzenburg und Guggisberg gleichberechtigt seien und keine mehr Recht beanspruchen könne als die andere. Was einer an den Bau und die Zierde der Kapelle stiftet, soll er für sich und seine Erben bezeugen.*»[1] Diese Schenkung verfügte im Jahr 1514 nicht etwa eine reiche Adlige oder Burgersfrau, sondern die Tochter des wohlhabenden Schwarzenburger Notabeln Lienhard Schmid, der gut fünfzig Jahre zuvor mit dem Bau einer Kapelle, des heute noch bestehenden «Käppeli», ebenfalls eine bedeutende Stiftung getätigt hatte.[2]

Gewiss betraf die Vergabung in beiden Fällen nur einfachste kirchliche Gebäude, die sich in keiner Weise mit dem Münster in Bern (vgl. Kap V, S. 421) oder den grossen Stadtkirchen in Burgdorf und Biel vergleichen lassen. Ein gemeinsamer Nenner lässt sich aber für alle diese Beispiele finden: Sie wurden zusammen mit einer Vielzahl von ländlichen Pfarrkirchen und weiteren Kapellen im Laufe des 15. Jahrhunderts und im 16. Jahrhundert bis zur 1528 eingeführten Reformation errichtet oder umgebaut. Auch Klöster und Stifte erlebten in dieser Zeit oft grössere Veränderungen. Wir konnten gegen 130 Baugeschehen ausfindig machen (siehe Kastentext S. 393).[3] Eine grosse Zahl von Ratsbeschlüssen zeigt die Förderung, welche die Obrigkeit dem Neubau kirchlicher Anlagen zukommen liess. Bezüglich der Landschaft beruhte diese Fürsorge auf der herrschaftlichen Stellung, die dem Stand Bern als Landesherr zukam. So betont der Rat 1499 in einer Erlaubnis für eine Geldsammlung zugunsten eines neuen Gotteshauses in Kirchdorf: «*Ein bettelbrief denen von kilchdorff in Mh. landtschaft an iren buw...*».[4] Diese rege Bautätigkeit, für die das Münster den Wegbereiter bildete, beschränkte sich nicht einzig auf bernisches Gebiet. Nicht nur andere Stände der Schweizerischen Eidgenossenschaft, sondern beispielsweise auch der übrige süddeutsche und der heutige westschweizerische Raum erlebten in dieser Zeitspanne einen eigentlichen «Bauboom» kirchlicher Anlagen.[5]

Diese Bauwelle bedeutet insofern kein neuartiges Phänomen, als Konzentrationen neuer Kirchenbauten zum Beispiel sowohl für die frühe romanische Zeit des 11. und 12. Jahrhunderts als auch für das beginnende Spätmittelalter, im 13. und 14. Jahrhundert, festzustellen sind. Der ungefähr 80 Jahre dauernde «Bauboom» des 15. und 16. Jahrhunderts betraf im wesentlichen Pfarrorte, die seit dem frühen Mittelalter eine Kirche besassen. Während einige der alten Anlagen vollständig abgebrochen und durch Neubauten ersetzt wurden, gestaltete man andere nur teilweise um, zumeist indem man das Altarhaus auswechselte, das Schiff jedoch bewahrte oder höchstens umbaute. Da und dort beschränkten sich die Bauarbeiten auf den Glockenturm. Der Raum wurde zudem mit Taufstein, Nebenaltären, Wandbildern und bemalten Glasscheiben bereichert, die kirchlichen Geräte wie Prozessionskreuz, Kelch und Sakramentsmonstranz erneuert.

Zur Auswahl der erwähnten Beispiele

Viele der im 15. und 16. Jahrhundert errichteten Kirchen haben sich bis heute erhalten, doch sind etliche davon im 17. und 18. Jahrhundert in reformierte «Predigtsäle» umgewandelt woren. In einigen von diesen dürften sich folglich da und dort noch Kirchenbauten aus der Zeit des spätmittelalterlichen «Baubooms» verstecken. Deren genaue Zahl bleibt aus diesem Grund vorderhand unbekannt. Einzig durch archäologische Untersuchungen, die bei Restaurierungen von Kirchen üblicherweise vorgenommen werden, können unsere Kenntnisse vervollständigt werden.

In der Hauptsache beschäftigen wir uns mit Kirchenbauten, die anlässlich jüngster Erneuerungen unter der Leitung des Archäologischen Dienstes des Kantons Bern erforscht worden sind. Die Auswahl bedeutet insofern eine zusätzliche Einschränkung, als im 15. und 16. Jahrhundert das Herrschaftsgebiet der Stadt Bern Gebiete umfasste, die nicht mehr zum heutigen Kanton gehören. Der damals bernische, nun jedoch eigenständige Aargau bleibt beispielsweise ebenso unberücksichtigt wie die später Solothurn einverleibten Dörfer um den Bucheggberg. Andererseits umfasst der Kanton heute Regionen, die damals noch nicht zur bernischen Landschaft zählten. Beispielsweise ging die Stadt Biel erst 1815 in den Besitz Berns über; das Saanenland wurde 1555/1556 aus der Konkursmasse des Grafen von Greyerz erworben. An dessen Kirchen lassen sich jedoch Aspekte des alpinen Raumes zeigen, die innerhalb des Kantons bisher einzig in diesem Gebiet durch neuere Forschungen beleuchtet worden sind. Obschon damit der räumliche Rahmen gesprengt wird, werden diese Beispiele gelegentlich erwähnt.

Auf der Landschaft des «alten Kantonsteils» und des Saanenlandes sowie in Biel sind folgende Kirchenbauten bekannt, deren Schiff, Altarhaus oder Turm im 15. Jahrhundert und vor der 1528 eingeführten Reformation mindestens einmal erneuert oder umgebaut worden sind.[6]

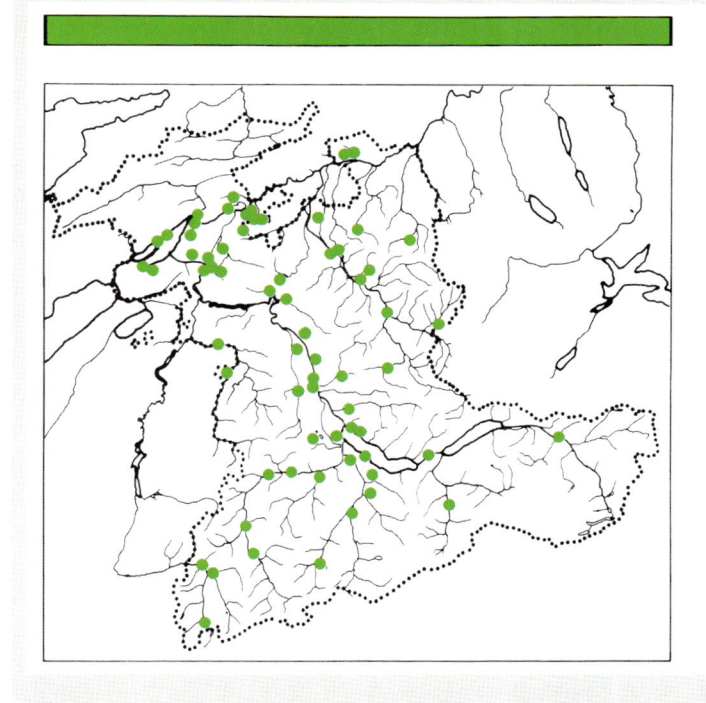

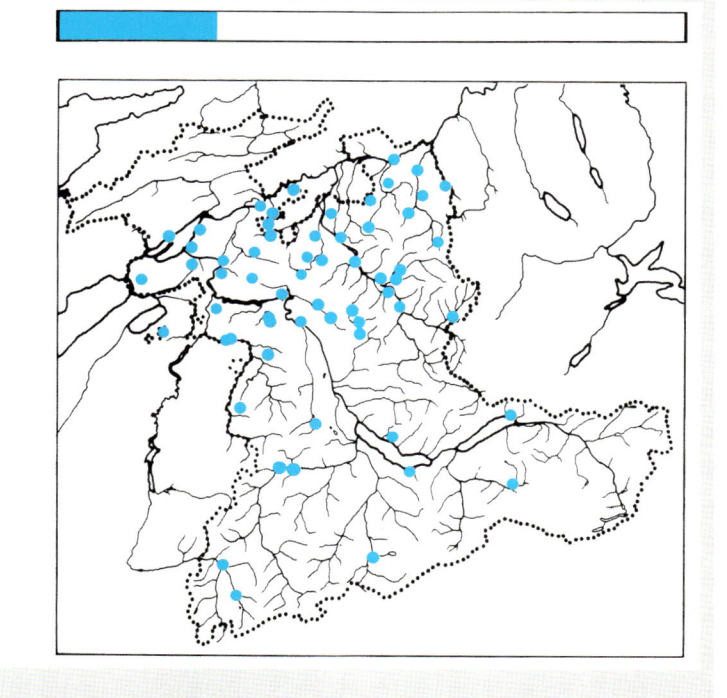

66 Objekte im 15. Jahrhundert

Aarberg, Kapelle «in der Gruben», Bauarbeiten 1496; Adelboden 1433 und 1488; Aeschi 1485–1488; Amsoldingen 14./15. Jh.; Alligen, «Bettelbrief» 1485; Bargen, «Bettelbrief» 1496; Belp 15. Jh.; Biel 1451–1490; Bolligen 1. H. 15. Jh.; Büren a. A., 14./15. Jh.; Büren a. A., Kapelle Oberbüren, «Bettelbrief» 1470; Burgdorf, Stadtkirche 1471–1490; Burgdorf, Siechenkapelle 1445–1446; Büttenberg/Safnern, «Bettelbrief» 1466; Därstetten 1. H. 15. Jh.; Diemtigen um 1490?; Diessbach b. Büren, Bauarbeiten 1499; Dürrenroth, war 1486 beendet, «Bettelbrief» 1486; Erlach 15. Jh.?; Frutigen 1421; Gerzensee 3. Viertel 15. Jh.; Gstaad 1402; Gsteig bei Gstaad 1453; Hilterfingen 2. H. 15. Jh., «Bettelbrief» 1466; Kappelen 1497, «Bettelbrief» 1496; Kirchdorf, «Bettelbrief» 1499; Kirchenthurnen, Kapelle «zum guten Brunnen», «Bettelbrief» 1495 und 1497; Kirchlindach 2. H. 15. Jh.; Kleinhöchstetten 1438–1441; Lauperswil um 1435; Lauterbrunnen, Bauarbeiten 1486; Ligerz 1481–1482; Lyss, alte Kirche 1487–1493?, «Bettelbrief» 1493; Meiringen 15. Jh.; Münchenbuchsee 15. Jh.; Münsingen um 1475; Neuenegg 1452; Nidau 15. Jh.; Oberbipp, «Bettelbrief» 1480 und 1487; Oberdiessbach 1498; Oberwil b. Büren 14./15. Jh.; Oberwil im Simmental 15. Jh.; Pieterlen 1. H. 15. Jh.; Reichenbach 1484, «Bettelbrief» 1487; Röthenbach Ende 15. Jh., «Bettelbrief» 1493; Rüegsau, «Bettelbrief» 1495 und 1496; Rüegsbach um 1482-83; Saanen 1444–1447; St. Stephan 1. Drittel 15. Jh. und 1480; Scherzligen um 1463; Seedorf 15. Jh.?; Spiez, Schlosskirche 15. Jh.; Steffisburg, Bauarbeiten 1491; Sutz-Lattrigen 1485?; Trub 1414; Twann 1. H. 15. Jh. und 1482; Unterseen 2. H. 15. Jh., «Bettelbrief» 1470; Utzenstorf 1457; Vinelz 1484; Wahlern, Schwarzenburg 1463, «Bettelbrief» 1485; Walperswil 2. H. 15. Jh., «Bettelbrief» 1484; Wiedlisbach 2. H. 15. Jh.; Wimmis 15. Jh., Wynigen, Kapelle St. Niklaus, «Bettelbrief» 1495 und 1497; Zweisimmen Mitte 15. Jh.

62 Objekte im ersten Viertel des 16. Jahrhunderts

Aarberg 1526; Bannwil 1522; Biglen 1521; Blumenstein 1505; Bremgarten um 1500; Brienz 1519; Büren a. A. um 1500, Eriswil 1528?; Gampelen 1513; Grafenried 15./16. Jh.?; Grindelwald beginnendes 16. Jh.; Grossaffoltern 1510–1524; Grosshöchstetten 16. Jh.; Gstaad 15./16. Jh.; Guggisberg um 1500–1510; Herzogenbuchsee 15./16. Jh.; Hindelbank 1514–1518; Jegenstorf 1514–1515; Kandersteg 1511; Kirchberg 1506–1507 und 1521; Köniz, Kapelle St. Jost, Bauarbeiten 1510; Köniz, Kapelle «zum äusseren Kreuz», Bauarbeiten 1512; Langenthal, Bauarbeiten 1505; Lauenen um 1520; Lauperswil 1512–1520; Leissigen 15./16. Jh.; Leuzigen 1521; Ligerz 1520–1526; Lützelflüh 1505; Madiswil 15./16. Jh.; Meikirch 1492/1507; Melchnau 1508–1512; Moosseedorf 1520–1525; Mühleberg 1523–1524; Münchenwiler 15./16. Jh.; Muri 16. Jh.; Neuenegg 1512–1516; Neuenegg, Kapelle «an der Sense», Bauarbeiten 1514; Oberbalm 1517–1527; Oberburg 1497-1510, «Bettelbrief» 1495 und 1498; Oberwil b. Büren 1507; Oberwil im Simmental um 1520; Radelfingen 15./16. Jh.; Rüderswil 15./16. Jh.?; Schnottwil, «Bettelbrief» 1504; Seeberg 1516; Sigriswil 15./16. Jh.?; Siselen um 1500; Sumiswald 1510; Sutz-Lattrigen 1510; Täuffelen 1492 oder 1515–1518; Trachselwald 15./16. Jh.?; Trub 1501; Ursenbach 1515–1516; Utzenstorf 1522; Vechigen 1513; Walkringen 1514/15; Wahlern 1511; Weissenburg, um 1507?; Wengi 1522–1523; Worb 1520–1521; Wynigen frühes 16. Jh.

Was waren die Gründe dieser überschäumenden Bautätigkeit, die auf der Spendefreudigkeit nicht nur des Bürgertums, sondern auch der ländlichen Bevölkerung beruhte, wie die eingangs zitierte Stiftung zugunsten einer heute verschwundenen Kapelle demonstriert? Wenn dazu der wirtschaftliche Aufschwung, den die eidgenössischen Orte im 15. Jahrhundert erlebten, eine wichtige Voraussetzung bildete, waren dazu noch weitere Gründe ausschlaggebend.

Der Einfluss der Glaubensvorstellungen

Die grosse Zahl neuer Kirchenbauten des endenden Mittelalters widerspiegelt vorerst einmal das Glaubensverständnis der damaligen Zeit.[7] Die Frömmigkeit war durch die Erfahrung des in Krieg, Hungersnöten und Seuchen allgegenwärtigen Todes geprägt. War der Erlöser zuvor am Kreuz als Triumphator, oft die königliche Krone tragend, dargestellt worden, führte nun das Kruzifix mit dem blutüberströmten Christus dem Gläubigen das Leiden eindringlich vor Augen. Wie die Passion Christi wurde auch das qualvolle Martyrium der Glaubenszeugen in Bildzyklen dramatisch wiedergegeben. Die Gebeine Verstorbener, die in Beinhäusern zur Schau gestellt wurden, erinnerten ebenso wie die Totentanzbilder an die menschliche Vergänglichkeit (vgl. Kap. II, S. 119). Die stetige Auseinandersetzung mit dem endlichen Los des Menschen und seinem Schicksal nach dem Tode, förderte Glaubensvorstellungen, die dem Gläubigen erlaubten, selbst zur Fürsorge für das eigene Seelenheil beizusteuern. Der kaufbare Ablass bot ihm Gelegenheit, lässliche Sünden schon zu Lebzeiten abzugelten. Die ihm im Fegefeuer bestimmte Strafe konnte er durch fromme Werke und kirchliche Spenden mildern, beispielsweise zugunsten des jährlichen Gedächtnisses seines Todestages, der «Jahrzeit», für die Unterstützung von Armen und Kranken oder eben für den Bau und die Ausstattung einer neuen Kirche. Alle Grosszügigkeit während des irdischen Daseins verhalf dem Sünder jedoch einzig, seine Leiden im Fegefeuer abzukürzen. Zusätzlich durfte er aber darauf hoffen, dass dafür auch nach seinem Ableben weiterhin Fürbitte geleistet wurde. Er zählte diesbezüglich nicht nur auf die Gedächtnisfeiern der Hinterbliebenen, sondern auch auf die Gebete und Segenssprüche aller Gläubigen, die in der Nähe seiner Grabstätte erfolgten.

Für die Grablege gehörte daher der Kirchenraum zu den begehrtesten Orten, um so mehr man der Nähe der Reliquien von Heiligen, die in den Altären aufbewahrt wurden, bezüglich der Fürbitte eine zusätzliche Förderung zuschrieb.[8] Die damit verbundenen finanziellen und standesgemässen Anforderungen gestalteten die Auswahl allerdings derart selektiv, dass in den Kirchen nur eine Minderheit beerdigt wurde, die vor allem reiche Adlige und Bürger umfasste. In unserem Gebiet beschränkte sich die Innenbestattung folglich weitgehend auf das städtische Umfeld. Die zahlreichen Gräber im Kirchenraum des Kleinstädtchens Unterseen bei Interlaken geben dafür ein eindrückliches Exempel (Abb. 284).[9] Die grosse Zahl von 120 Gräbern – unter denen sich allerdings noch vereinzelte Bestattungen des 17. und 18. Jahrhunderts befinden – lässt die angeführte Selektion scheinbar fraglich erscheinen, doch ist nicht zu vergessen, dass sie in mehr als zwei Jahrhunderten entstand. Durchschnittlich entsprach dies pro Jahr nicht einmal einer einzigen Bestattung.

Der Kirchenbau des ausgehenden Mittelalters findet in diesen Glaubensvorstellungen, die sich seit dem 12. und 13. Jahrhundert sukzessive entwickelt haben, einen seiner wichtigsten Gründe. Auf diese frühe Zeit gehen denn auch die ersten grossartigen gotischen Kirchenbauten zurück. Wenn folglich der 1421 begonnene Münsterbau der Stadt Bern (vgl. Kap. V, S. 421) schon eine merkliche Verzögerung bedeutete, gilt dies erst recht für die Landschaft. Hier setzte die Bauwelle verbreitet in

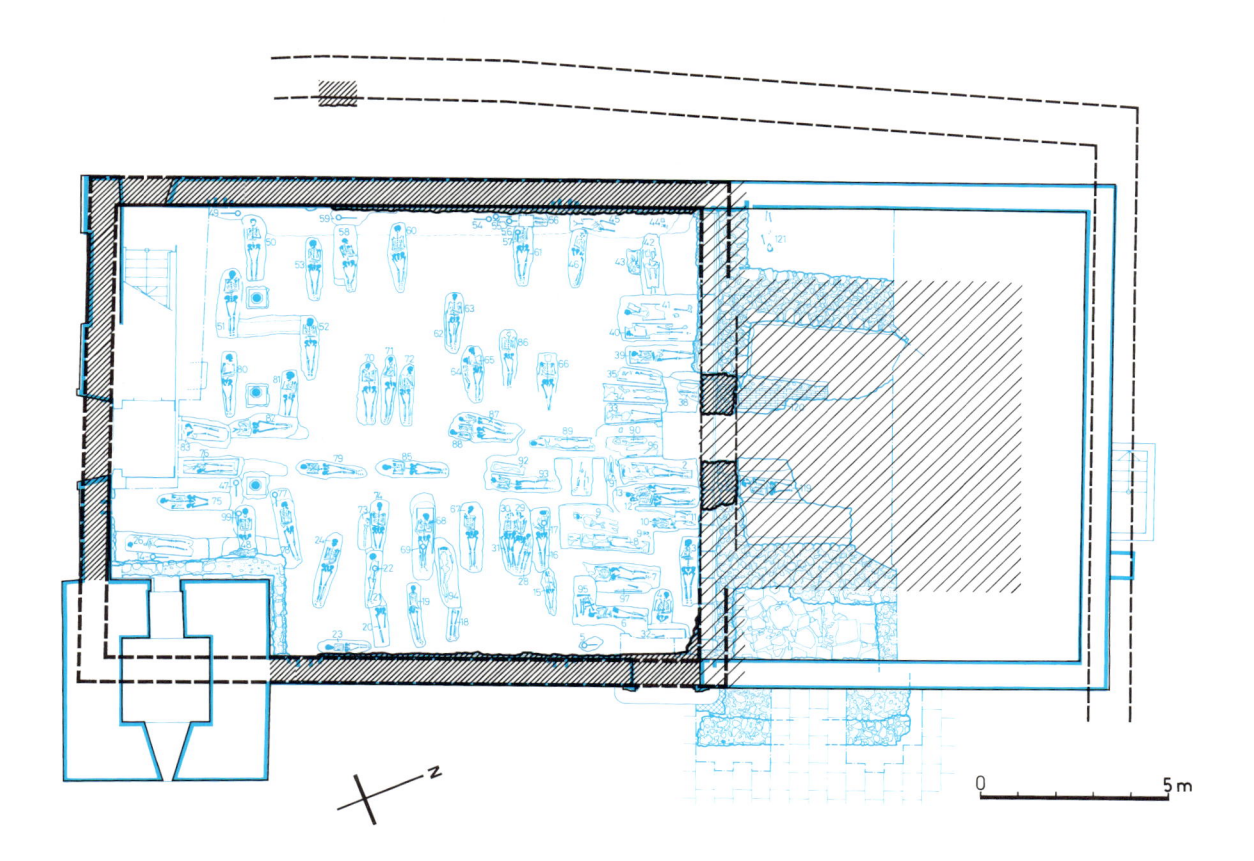

Abb. 284:
Unterseen bei Interlaken, Bestattungen im Schiff der Kirche, Massstab 1:200.

der zweiten Hälfte des 15. Jahrhunderts ein und erreichte ihren Höhepunkt zwischen dessen Ende und 1528.

Der Einfluss gesellschaftlicher Umwälzungen: Das Beispiel Worb

Dass sich mit der Sorge für das Seelenheil auch soziale Ansprüche verbanden, die zum «Bauboom» des ausgehenden Mittelalters beitrugen, soll das Beispiel der Kirche von Worb illustrieren.[10] Hier wurde 1520–1521 das kleine, querrechteckige Altarhaus durch den heute noch bestehenden, dreiseitig geschlossenen Chor ersetzt (siehe Kastentext, S. 396). Der langgestreckte Altarraum zeichnet sich durch eine gehobene Bauqualität aus. Nicht nur überragte der Chor ursprünglich das Schiff und wurde dadurch als Zentrum der liturgischen Handlung betont, sondern er ist auch gewölbt (Abb. 285, 286). Das qualitätvolle Niveau wird durch die sorgfältige Bearbeitung der Hausteine, den einst reichen Schmuck des Wandtabernakels, die feine malerische Verzierung der Wände und die wertvolle Glasmalerei unterstrichen. Die Steinmetzzeichen, die an den Hausteinen der Fenster und der Gewölberippen vorhanden sind, weisen auf eine enge Verbindung mit Bauequipen hin, die damals in der nahegelegenen Stadt Bern tätig waren. Gleiche und ähnliche Marken, die ebenfalls aus der Zeit um 1520 stammen, finden sich dort am Münster sowie an der Staatskanzlei.[11]

In Worb wurde auch das aus romanischer Zeit übernommene Schiff der spätgotischen Formenwelt angepasst, allerdings in deutlich einfacherer Ausstattung als das Altarhaus (Abb. 287). Dies lässt dessen reiche Baugestalt um so mehr hervortreten und unterstreicht, dass das Baugeschehen vorwiegend durch den Neubau des Chores geprägt war, das von der Familie von Diesbach, der damaligen, auf Schloss Worb residierenden Inhaberin der Patronatsrechte, verwaltet wurde (siehe Kastentext, S. 396).[12] Diese Familie repräsentierte sich im Neubau nicht nur durch ihr Wappen (Abb. 288), sondern auch in der Auswahl der auf den reich bemalten Bildscheiben dargestellten Personen. Die dem Berner Glasmaler Lukas Schwarz[13] zugeschriebenen Scheiben stellen den Lausanner Bischof Sebastian von Montfaucon, dessen Konstanzer Amtsbruder

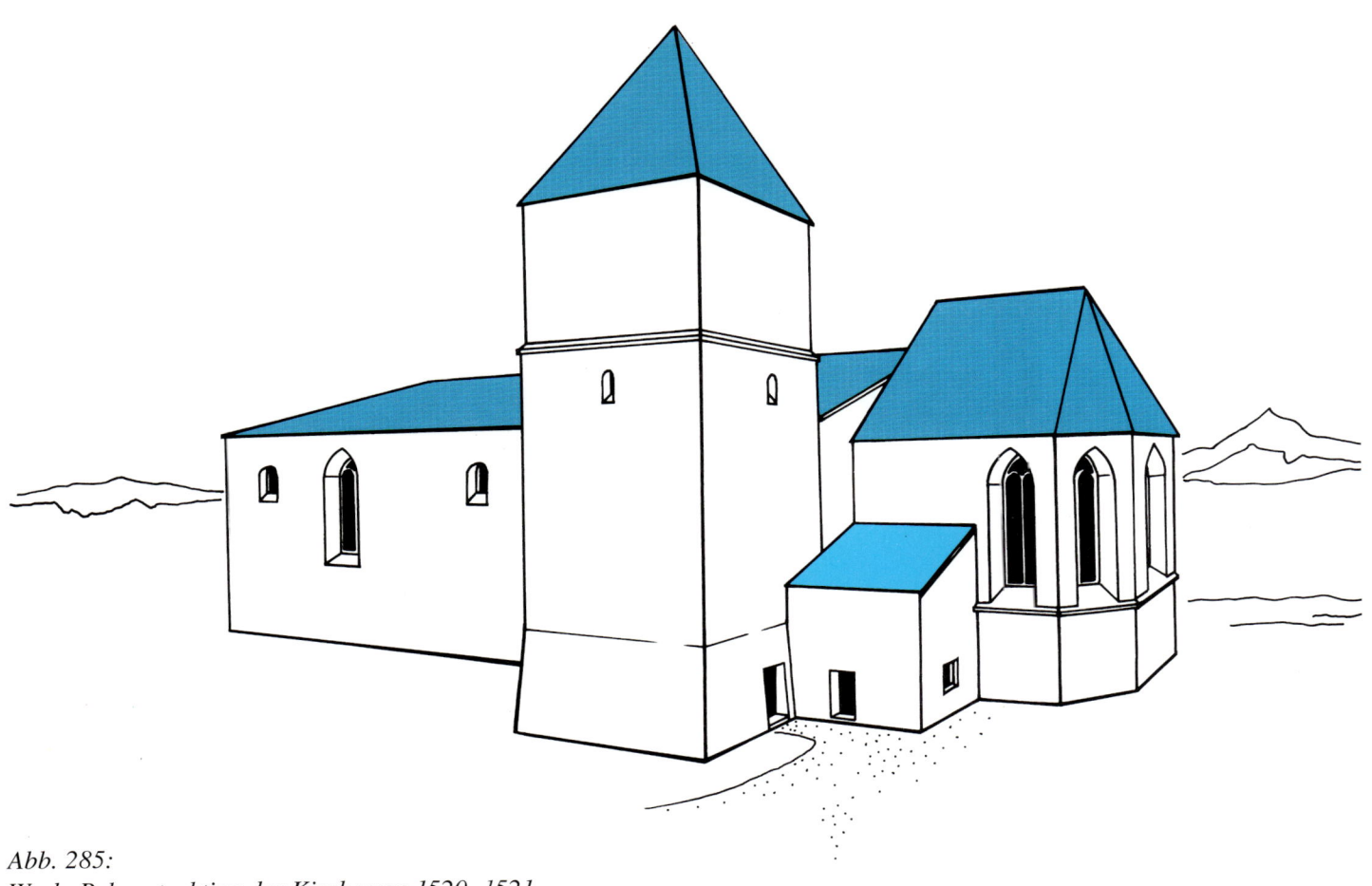

Abb. 285:
Worb, Rekonstruktion der Kirche von 1520–1521,
Massstab zirka 1:240.

Die Kirche Worb

Die Kirche umfasst ein längsrechteckiges Schiff und einen schmaleren, dreiseitig geschlossenen Chor. Heute kommt nicht mehr zum Ausdruck, dass das 1520–1521 errichtete Altarhaus ursprünglich das von der alten Kirche übernommene Schiff überragte (Abb. 285). Einen vertikalen Akzent setzt nur noch der damals ebenfalls einbezogene ältere Turm. Der tiefe Altarraum ist in zwei, mit Netzgewölben gedeckte Joche gegliedert (Abb. 286). In den Mauern öffnen sich Fenster mit gebrochenem Bogen und spätgotischem Masswerk. Sowohl das Äussere, wo die bei gewölbten Altarhäusern üblichen Strebepfeiler fehlen, als auch das schwer lastende Gewölbe im Innern, lassen die hochstrebende Eleganz der gotischen Bauweise weitgehend vermissen.

Direkt hinter dem Triumphbogen erlaubt eine Türe den Zugang zu der hinter dem Turm angebauten Sakristei. Eine weitere Türe öffnete sich einst auf der Gegenseite, durch die die Kleriker den Altarraum direkt betreten konnten. Der Chor beschränkte sich ursprünglich nicht nur auf den Altarraum, sondern reichte als Vorchor über den einspringenden Triumphbogen hinaus in das Schiff. Wie in vielen Kirchen üblich, stand hier vielleicht eine Schranke, welche Chor- und Laienzone trennte.

Die Ausstattung des Altarraums ist als Folge der Reformation weitgehend verschwunden. Vor allem der Hochaltar, dessen Aufbau, das Retabel, mit Bildern sicherlich reich geschmückt war, fehlt ebenso wie die Bank, auf welcher die Priester während gewissen Abschnitten der Messfeier Platz nahmen. Die noch vorhandenen, im Chorhaupt eingetieften Nischen dienten als Ablage für die Messgeräte. In der Mauer öffnete sich auch das verschliessbare Wandtabernakel, in dem die Sakramente aufbewahrt wurden. Das Kästchen wies einen reichen, in Stein gehauenen und in roten und schwarzen Farben bemalten Rahmen auf, der nach der Reformation jedoch weitgehend entfernt worden ist. Fenster, Türen und Nischen sowie auch das Gewölbe und der Triumphbogen sind hingegen noch mit Bollenfriesen und Pfauenaugen sowie gelben Rahmen verziert. Weitere Farbakzente setzen die reichen Glasfenster. In der dem Vorchor zugewandten Turmseite öffnete sich das sogenannte Läuterfenster, von dem aus während der Messe die Wandlung mit Glockenzeichen angezeigt werden konnte.

Das Schiff wurde 1520–1521 der neuen Gestalt des Chores insofern angepasst, als es vier Fenster mit Masswerken erhielt. Auch hier bewahrte man Teile der Fensterscheiben aus der Bauzeit. Die bis zur jüngsten Restaurierung bestehende Decke stammte nicht mehr aus der Bauzeit, vielleicht war die ursprüngliche wie in vielen der damaligen Kirchen mit Flachschnitzereien verziert. Neben dem Eingang in der Frontseite wurden zwei weitere Türen vom alten Schiff übernommen; sie öffnen sich in den seitlichen Mauern (Abb. 287). Da die Taufe in der katholischen Zeit im Schiff stattfand, befand sich der heute im Chor aufgestellte, mit spätgotischem Zierwerk üppig geschmückte Taufstein einstmals im Schiff. An der Frontmauer stand eine Empore, deren Treppe ausserhalb der Kirche, wahrscheinlich in einem Vorzeichen lag. Möglicherweise wurden der im späten 15. Jahrhundert an die Westwand gemalte Bildzyklus der Schöpfungsgeschichte, dessen Fragmente heute sichtbar sind, sowie weitere, im Schiff da und dort noch erkennbare Wandmalereien so weit als möglich bewahrt.

Abb. 286:
Worb, gewölbter Altarraum der Kirche von 1520–1521.

Ludwig von Freiberg sowie Niklaus von Diesbach, Weihbischof von Basel, dar. Für den letzteren sind die verwandtschaftlichen Beziehungen offensichtlich; Niklaus war ein Vetter des damaligen Worber Kollators Wilhelm (II.) von Diesbach. Aber auch der Bischof von Konstanz, dessen Schwester Helena von Freiberg die Mutter Wilhelms war, gehörte zur Familie. Zudem war Wilhelm (II.), dessen jüngerer Bruder Christoph 1519 Johanne de Montfaucon geheiratet hatte, mit dem Bischof von Lausanne verschwägert. In auffallender Art und Weise werden die familiären Beziehungen mit der Darstellung der Muttergottes verbunden. Wird diese üblicherweise von Aposteln und anderen hl. Fürbittern umgeben, nehmen hier einflussreiche, zur Familie gehörende Vertreter der Kirche deren Platz ein.

Im Chor von Worb sind keine Wandmalereien vorhanden, wie sie zum Beispiel in Kirchlindach im 14. Jahrhundert mit der Darstellung von Heiligenviten entstanden waren.[14] Einzig im Schiff pflegte man noch bis in die zweite Hälfte des 15. Jahrhunderts an den auf die Wand gemalten Bildreihen festzuhalten, wie dies in Worb die an der Westwand erhaltenen Fragmente der Schöpfungsgeschichte bezeugen.[15] In grösserem Ausmass sind derartige, in einzelne Register aufgeteilte Bildbände unter anderen noch in den Kirchen von Belp, Erlenbach, Kirchlindach, Steigwiler, Rüti bei Büren an der Aare und Zweisimmen vorhanden (Abb. 289).[16] Ab 1500 ist jedoch an den bernischen Kirchen des «Baubooms» ein Rückgang der Wandmalereien zu beobachten. Neben den reich bebilderten Altaraufbauten übernahmen nun die aufwendig herzustellenden und daher kostspieligen Glasscheiben deren schmückende und illustrierende Aufgabe. Im Chorfenster der Stadtkirche Biel, in dem sowohl die Passionsgeschichte als auch das Leben des hl. Benediktus, des Kirchenpatrons, dargestellt ist, finden wir dazu ein reiches Beispiel.[17] Wie in Worb ging jedoch der Erzählgehalt bisweilen verloren und machte der Demonstration individueller Heilfürsorge Platz. Es ist überhaupt auffällig, dass – im Gegensatz zu den Wandmalereien – derartige Scheibenzyklen trotz der katholischen Ikonographie den reformatorischen Bildersturm überstanden haben. Anscheinend überwog diesbezüglich das Bedürfnis, die – auch unbemalt teure – Verglasung als Schutz vor der Witterung zu bewahren.

Deutlich wird in Worb die Absicht der Stifterfamilie ersichtlich, durch den Chorbau nicht nur zur Fürsorge für das eigene Seelenheil beizutragen, sondern auch ihren sozialen Rang innerhalb des ständischen Gefüges der damaligen Zeit zur Schau zu stellen. Wir können nur noch vermuten, dass das Schiff, in dem 28 Gräber der vor- und nachreformatorischen Zeit gefunden worden sind, mindestens für einen Teil der Patronatsfamilie als Grablege diente. Unter den noch bestehenden Beispielen, an denen sich standespolitisches Bestreben gleichermassen deutlich aufzeigen lässt, sei auf die 1514–1518 errichtete Kirche von Hindelbank sowie auf die 1514–1515 erbaute Anlage von Jegenstorf verwiesen, wo die Familie von Erlach je eine ihrer zahlreichen Herrschaften mit Schloss und Kirchenrechten besass.[18]

Berns Burger standen mit derartigen herrschaftlichen Gesten nicht alleine. In der Eidgenossenschaft führte der soziale Wandel zu gleich-

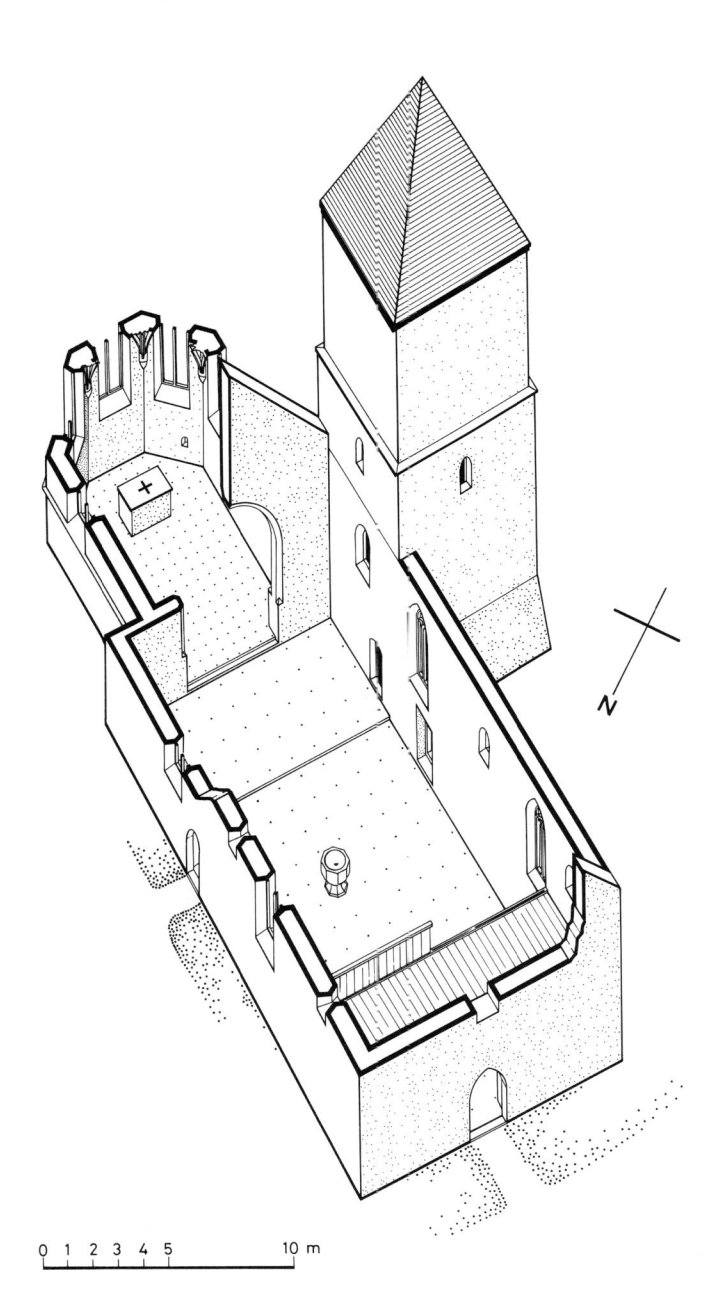

Abb. 287:
Worb, Rekonstruktion der Kirche von 1520–1521, Massstab 1:300.

artigen Vorgängen, wobei den Städteorten eine führende Rolle zukam: Durch Handel und Kriegsdienst zu Reichtum gekommen, gelang es bürgerlichen Familien, sich neben den bisher dominierenden regierungsfähigen Geschlechtern in der Führungsschicht zu etablieren. Viele der Emporkömmlinge suchten ihre noch junge, gesellschaftlich gehobene Situation zu legitimieren, indem sie – durch Erbe oder Kauf – die Privilegien verarmter oder ausgestorbener adliger Territorialherren, vor allem deren Herrschaften und Kirchensätze, erwarben. Diese neue bürgerliche Patrizierschicht, die sich oft von fremden Herrschern Adelstitel verleihen liess, stellte sich damit gewissermassen in die Erbfolge des alten Adels. Sie verfügte über genügend Geld, um die raffinierte Lebensweise, die sie aufgrund des kriegerischen Engagements der Eidgenossen an den fremden Höfen kennengelernt hatte, zu adoptieren und selbstbewusst nachzuleben. Sie liess nicht nur die zugehörigen Burgstellen und Schlösser, sondern auch die Kirchen als unübersehbares Denkmal ihrer herrschaftlichen Ansprüche umbauen.[19]

Die Bauwelle des ausgehenden Mittelalters war in unserem Gebiet entsprechenderweise eng mit der souveränen Stadt Bern und deren Burgern verbunden. Treibende Kräfte waren die bürgerlichen Inhaber der Patronatsrechte, die an Pfarrkirchen für den Unterhalt des Chores verantwortlich waren und die dadurch grossen Einfluss auf die Kirchen der Landschaft nahmen; der grossenteils verarmte alte Adel war dazu nicht mehr in der Lage. Ihnen schlossen sich reiche Bewohner der Landschaft vor allem durch Stiftungen von Kapellen und Vergabungen für die Neugestaltung des Kirchenschiffs an, das der Verwaltung des Gemeinwesens unterstand. Dem weniger begüterten Gläubigen, der sich für die individuelle Fürsorge üblicherweise mit Naturalgaben oder bescheidenen Geldspenden[20] begnügen musste, bot sich dadurch ebenfalls die Möglichkeit, mit kleineren Beiträgen an einem derart aufwendigen, frommen Werk teilzunehmen.

In diesem Zusammenhang ist auch der Neubau des Chores und die Umgestaltung des Schiffes der Kirche von Worb zu sehen. Der kurz zuvor geadelten Berner Burgerfamilie von Diesbach gelang es nach der Mitte des 15. Jahrhunderts, Inhaber von Herrschaft und Schloss Worb zu werden, die unter anderem einst im Besitz der Herren von Kien gewesen war. Abgerundet wurde der Besitz im frühen 16. Jahrhundert mit der Übernahme der Patronatsrechte an der Pfarrkirche Worb, die zu diesem

Abb. 288:
Worb, Wappenscheibe des Ritters Wilhelm (I.) von Diesbach, 1521.

Abb. 289:
Kirchlindach, Wandmalerei an der Nordwand des Schiffes mit dem Leidensweg Christi, 3. Viertel des 15. Jahrhunderts.

Patronatsrecht, Kirchensatz, Kollatur (ius patronatus)

Das Patronat an Kirchen regelte die Verwaltung des Kirchengutes. Es wurde im Prinzip vom Bischof als Lehen abgetreten. Diese Aufgabe oblag im heutigen deutschschweizerischen Raum in der Regel demjenigen Adligen, der im Frühmittelalter die Kirchen gründete, schliesslich dessen Nachfahren. Sie ging jedoch durch Vergabungen bald auch an Klöster und Stifte über. Die Inhaber des Kirchensatzes beanspruchten das verliehene Recht schliesslich als eigentlichen Besitz, über den sie weitgehend ohne die Zustimmung des Lehensherrn, des Bischofs, verfügten. Vor allem die Verwendung des Ertrages, den die Kirchengüter ergaben, war umstritten. Im Grunde war vorgesehen, dass der Lehensträger daraus den Priester entlöhnen, das Gebäude unterhalten, den Armen spenden und dem Bischof Abgaben entrichten musste. Im Spätmittelalter verblieben davon nur noch die Bezahlung des Priesters und die Verwaltung einzig des Chores, während diejenige des Laienschiffes nun in den Händen des Gemeinwesens lag. Da der Inhaber des Kirchensatzes einen allfälligen Ertragsüberschuss für sich zu verwenden pflegte, erhielt das Recht schliesslich einen eigentlichen Kapitalwert, der unabhängig vom Lehensherrn vererbt, verkauft und verpfändet werden konnte. Dadurch kamen reiche Bürger zu Kirchensätzen, wie es auch dem Stand Bern gelang, innerhalb seines landesherrlichen Gebietes eine grössere Anzahl von Patronatsrechten zu erwerben.

In derselben Hand wie das Patronat lag zumeist auch die Kollatur und damit die Mitsprache bei der Wahl des Pfarrers, die dem Bischof oblag. Der Inhaber des Kirchensatzes wurde daher auch Kollator, das Patronatsrecht Kollatur genannt.

Nach der Reformation fielen die religiösen Instituten gehörenden Kirchensätze samt dem Pfrundgut an den Stand Bern, der von nun an in seinem Herrschaftsgebiet nicht nur als Landesherr, sondern auch als Kollator vermehrt Einfluss auf die religiösen Belange der Gläubigen nahm. Die in privaten Händen liegenden Patronatsrechte blieben hingegen weitgehend unangetastet und gingen erst im Laufe des 19. Jahrhunderts an den nunmehrigen Kanton über, als die mittelalterlichen Feudalrechte allgemein aufgelöst wurden. Der Staat war nun Besitzer aller Kirchenchöre, die er jedoch schliesslich aufgrund des Kirchengesetzes von 1874, das auf dem Grundsatz der Trennung von Staat und Kirche beruhte, an die neu geschaffenen Kirchgemeinden abtreten musste. Die Liquidation der auf das Mittelalter zurückgehenden Organisation der Pfarrkirchen fand ihren Abschluss jedoch erst im 20. Jahrhundert.

Abb. 290:
Burgdorf, Stadtkirche, 2. Hälfte des 15. Jh.

Zeitpunkt der ritterlichen Familie von Bubenberg, einst Herren zu Spiez, gehörten. Der Heldenruhm, den sich Adrian von Bubenberg mit der Verteidigung von Murten anlässlich der Burgunderkriege erworben hatte, bildete im gesellschaftlichen Glücksspiel einen zusätzlichen Trumpf. Im Jahr 1512 nennt sich Wilhelm (I.) von Diesbach, der nach seinem Tod auf einer Wappenscheibe im Worber Chor dargestellt wurde, *«Collator der pfrund und pfarrkilchen zu Worb»*.[21] Der Neubau des Altarhauses schloss demzufolge recht bald an die Übernahme des Kirchensatzes an, ein Zeichen, wie sehr es dem neuen Patronatsherrn daran gelegen war, der Kirche den Stempel seines sozialen Ranges aufzudrücken. Das Familiendenkmal sollte den herrschaftlichen Anspruch unterstreichen. Das Gemeinwesen entschied sich hingegen dafür, das aus romanischer Zeit stammende Schiff zu bewahren und es einzig nach der neuesten Mode umbauen zu lassen.

Die Gestalt ländlicher Pfarrkirchen: Das Beispiel Wengi und Lauperswil

Unter den im 15. und 16. Jahrhundert errichteten bernischen Landkirchen bildet Worb durch die qualitätsvolle Ausführung, das gewölbte Altarhaus, welches das Schiff überragte, eine Ausnahme. Trotzdem war ihre Gestalt noch weit bescheidener als diejenige der Kirchen, die in den Landstädten Burgdorf und Biel entstanden. Diese noch erhaltenen Anlagen richten sich wie das Berner Münster nach dem Schema der Basilika, in der das Schiff durch Arkadenreihen in ein hohes Mittel- und je ein Seitenschiff geteilt wird (Abb. 290, 291).[22] Sie demonstrieren durch ihre Grösse und Qualität der mit Hausteinen gefügten Baukörper sowie durch ihre feingliedrige Bauskulptur (Abb. 299) den überwältigenden Unterschied, der zwischen den Kirchenbauten der Landstädte und denjenigen der Dörfer des bernischen Herrschaftsgebietes bestand.

Sehen wir uns mit den Anlagen von Wengi im Seeland und Lauperswil im Emmental zwei Beispiele an, die heute noch weitgehend die schlichtere spätgotische Bauweise[23] verkörpern, wie sie damals weit verbreitet war.[24] In diesen Orten errichtete man die Kirche vollständig neu, in Wengi 1522–1523, in Lauperswil zwischen 1512 und 1520. Beide Anla-

Abb. 291:
Burgdorf, Stadtkirche, 2. Hälfte des 15. Jh. Der heute offene Blick in den Chor war ursprünglich durch einen Lettner versperrt (siehe Abb. 299).

gen unterscheiden sich nicht grundlegend von dem bis dahin üblichen Schema einfacher ländlicher Kirchenbauten: An einen längsrechteckigen, schachtelförmigen Saal schliesst das Altarhaus in gleicher Breite oder leicht schmaler an (Abb. 292). Dieses war in der Regel dreiseitig geschlossen; nur selten griff man – wie beispielsweise in den heute nicht mehr erhaltenen Kirchen von Grafenried und Madiswil[25] – zu einer einfacheren Lösung und beendete den Chor mit einer geraden Mauer. Im Gegensatz zu älteren Bauten, wo das Altarhaus meist niedriger oder – im 14. Jahrhundert – oft auch höher war als das Schiff, waren beide gleich hoch. Im Gegensatz zu Worb war dieses Verschleifen der liturgischen Baukörper auch bei den grossen Kirchen von Bern, Biel und Burgdorf der Fall.

Glockentürme wurden entweder wie in Lauperswil übernommen oder wie in Wengi zusammen mit der ganzen Kirche neu erbaut. Aus der Zeit nach der Reformation wissen wir, dass Bern an den Turmbau Beiträge ausrichtete, da das Geläut für den Feueralarm und den Landsturm unentbehrlich war.[26] Vermutlich kam diese landesherrliche Subvention den bedürftigen Gemeinwesen auch schon früher zu. Sakristeien, die unter anderem zur Aufbewahrung der Messgeräte und -gewänder dienten, entstanden an unseren Kirchen vielfach ebenfalls erst im 15. und 16. Jahrhundert. Entweder wurden sie als eigenständiger Baukörper angebaut oder im Erdgeschoss des Turmes eingerichtet.

Die finanziellen Mittel des Kollators und des Gemeinwesens reichten zumeist nicht aus, um ihren Kirchen die gleiche Bauqualität wie diejenige des Altarhauses von Worb, geschweige denn der Stadtkirchen zukommen zu lassen. Noch mehr als diese blieben die Anlagen auf der Landschaft in der Bautechnik des «Massenmauerwerks» verhaftet, das den einfachen Kirchenbau seit jeher prägte.[27] Da die Mauern die statischen Lasten aufzunehmen hatten, mussten die Öffnungen relativ klein bleiben. Der ländliche Kirchenbau unterschied sich damit deutlich von der Leichtigkeit und Finesse grosser gotischer Bauten, bei denen die Technik des Strebewerks erlaubte, die Mauern skelettartig aufzulösen und damit weite und hohe Fenster zu öffnen. Die Kosten für hochqualifizierte Bauleute sowie für den in Brüchen gewonnenen Sandstein, der für die Skelettbauweise benötigt wurde, waren für die Bauherren auf der Landschaft zu hoch. Immerhin bediente man sich der Masswerke, welche die lichte Öffnung der Fenster gliederten. An vielen spätmittelalterlichen Kirchen ist dies das einzige Ausstattungselement, das trotz der sichtlich einfacheren Gestaltung an die grossen gotischen Vorbilder erinnert.

Die aufwendige Wölbung des Chores fehlt hingegen weitgehend. An ihrer Stelle wählte man die mehrheitlich mit bemalter Flachschnitzerei reich verzierte Holzdecke, wie sie im Schiff allgemein üblich war und in Burgdorf sogar an der grossen Stadtkirche vorhanden ist (Abb. 291).[28] Sie war dort und in Lauperswil zumeist flach (Abb. 293), konnte aber wie in Zweisimmen gewölbt sein. Die Bretter liegen dabei in der Längsrichtung des Raumes und enden mit den Stirnseiten an Stössen. Die mit profilierten Leisten abgedeckten Fugen gliedern die uniforme Fläche in schmale, längsrechteckige Felder, die an den Stirnen oft mit geschnitzten oder gemalten Masswerken geschlossen wurden.

Vielfach verfügte man auch nicht über die finanziellen Mittel, um wenigstens die Eingangs- und Fensteröffnungen in aufwendiger Steinmetzarbeit aus Sand- oder Kalkstein gestalten zu lassen. Man behalf sich mit Tuffstein oder gar nur mit Mauerwerk aus Kieseln und Bruchsteinen, über dem mit grauer oder gelber Farbe eine Quadrierung aufgemalt wurde, je nachdem, ob die Kirche im Gebiet stand, wo für qualitätsvolle Bauten üblicherweise der graue Sand- oder der gelbe Kalkstein Verwendung fand (Abb. 294). Da und dort griff man für Fassaden und Wände zu farblich auffälligen Lösungen. Die um 1522 umgestaltete Kirche von Utzenstorf erhielt beispielsweise in der jüngst beendeten Restaurierung wieder ihre gelbfarbene, mit roter Quadrierung überzogene Verputzhaut. In Lauenen im Saanenland formte man die Dienste des Chorgewölbes

Abb. 292:
Wengi. Die Kirche entspricht noch weitgehend derjenigen von 1522–1523.

Abb. 293:
Lauperswil, mit Flachschnitzerei verzierte Holzdecke im Schiff, 1512–1520 (Empore und Orgel stammen aus jüngerer Zeit).

mit Stuck, einem Verfahren, das vor allem im nahen Wallis gebräuchlich war und von dort importiert worden sein dürfte.[29] Anstelle gebrochener Bogen, die wir für die gotische Zeit als charakteristisch empfinden, bediente man sich teilweise des in der Zeit der Renaissance gebräuchlichen Rundbogens. Auch der Triumphbogen, der Durchgang zwischen Schiff und Altarraum, war oft derart ausgebildet.

Die «Pfarrkirchengotik» entspricht formal mehr den Anlagen der Bettelorden, wie denjenigen der Franziskaner, der Dominikaner und der Augustiner-Eremiten, deren früheste Beispiele im 13. und 14. Jahrhundert entstanden sind. Diese Kirchen besassen in unserer Gegend gewöhnlich ein dreiteiliges, holzgedecktes Schiff und ein langgestrecktes, polygonal geschlossenes Altarhaus, das gewölbt war und zuweilen über das Schiff hinausragte. Von einem eigentlichen Vorbild kann aber nicht die Rede sein, denn es führten unterschiedliche Gründe zu ähnlichem Ergebnis: Der schlichteren Gestalt der Bettelordenskirchen liegt eine Vereinfachung der gotischen Bauweise zugrunde, die zum üppigen gotischen Kathedralbau bewusst in Opposition stand, während auf der Landschaft eben schlicht das Geld nicht vorhanden war, um anders als mit der anspruchslosen Technik des «Massenmauerwerks» bauen zu können. Die zumeist in den Städten gelegenen Klöster der Mendikanten gehörten im ausgehenden Mittelalter zudem zu den bevorzugten Gabenempfängerinnen der Bürger. So erhielt der ursprünglich einfach gestaltete Innenraum der Dominikanerkirche in Bern, die heutige Französische Kirche, reichen malerischen Schmuck (vgl. Kap. V, S. 489). Auch die Klostergebäude wurden in dieser Zeit in aufwendiger Weise modernisiert.[30]

Neben den Neu- oder Umbauten von Pfarr- und Klosterkirchen entstand aufgrund von Stiftungen auch eine bedeutende Zahl von Kapellen, die als Filialen von Pfarrkirchen abhängig waren und verschiedene Funktionen erfüllten (siehe Kastentext S. 405). Sie besassen oftmals keine Vorgängerbauten, sondern wurden als Neugründungen auf bisher unbe-

Abb. 294:
Wengi, Schiff und Chor der Kirche von 1522–1523.

Abb. 295:
Schwarzenburg, Rekonstruktion der Frühmesskapelle von 1463, Massstab 1:250.

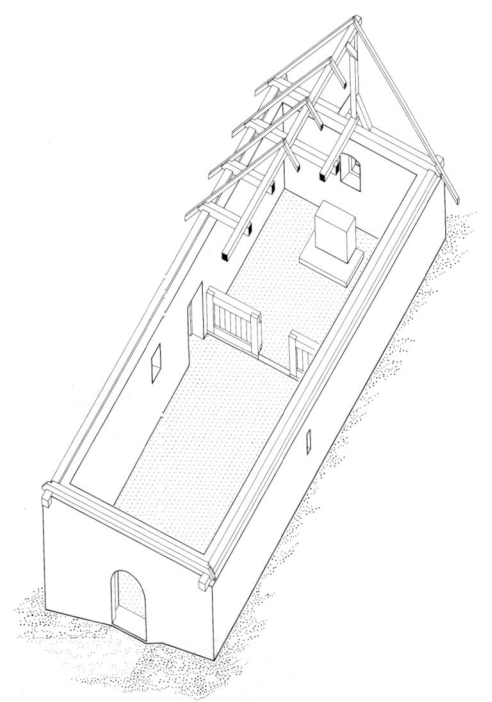

bautem Land errichtet. Meistens handelte es sich um kleinere Gebäude, deren Baukörper vielfach nicht deutlich erkennbar in Schiff und Altarhaus gegliedert waren (Abb. 295). Im 15. und 16. Jahrhundert erbaute, ehemalige Frühmesskapellen bestehen heute beispielsweise noch in Schwarzenburg, Leuzigen und Nidau; die letztere diente zusätzlich als Beinhaus.[31] Die Kapelle des ausserhalb der Stadt Burgdorf gelegenen Siechenhauses gehört unter diesen bescheidenen kirchlichen Bauten zu den besonders qualitätsvollen Beispielen.[32] Die hoch über dem Bielersee stehende Kirche von Ligerz war ursprünglich eine Wallfahrtskapelle, die erst im 15. Jahrhundert zur Pfarrkirche erhoben wurde.[33] Aus diesem Grund blieb sie im Gegensatz zur Kapelle Oberbüren erhalten, die im gleichen Jahrhundert nahe dem Städtchen Büren an der Aare als Zentrum eines bedeutenden Wallfahrtsortes errichtet, jedoch in der Folge der Reformation abgebrochen worden war (vgl. Kap. V, S. 380).

Eine schweizerische Eigenheit, die sich heute noch in vielen kirchlichen Neubauten des endenden Mittelalters erhalten hat, bildete die üppige Ausschmückung mit Wappenscheiben, die in die Verglasung der Fenster einbezogen wurden.[34] Durch das Wappen bezeugten die Spender ihre Freigebigkeit, allen voran die Stadt Bern, die entweder als Landesherrin in Form der freiwilligen Subvention oder als Patronatsherrin im Rahmen ihrer rechtlichen Verpflichtung an die Neubauten beitrug. Wie in Worb wurden auch in der Kirche von Wengi – deren Scheiben heute allerdings grösstenteils im Museum aufbewahrt werden – und derjenigen von Lauperswil die Fenster mit qualitätsvoll gemalten Glasscheiben geschmückt. In beiden brachte neben anderen Wohltätern der Kollator sein Wappen an, in Wengi Anton von Erlach, in Lauperswil Angehörige des Benediktinerklosters Trub.[35] Mit letzteren begegnen wir einer anderen Gruppe von Inhabern der Patronatsrechte als in Worb, nämlich derjenigen der religiösen Gemeinschaften wie Klöster und Stifte. In gewissen Bistümern – beispielsweise in der Westschweiz – kam auch dem Bischof als Kollator eine führende Rolle zu. In einer der Bildscheiben von Lauperswil wird Heinrich Ruoff, der Kirchherr und Leutpriester war, in der knienden Pose des Stifters wiedergegeben; offenbar hat er zum Kirchenbau persönlich grosszügig beigetragen (Abb. 296). Weiter ist neben der Muttergottes und Heiligen auch Thüring Rust, der damalige Abt von Trub, dargestellt. Augenscheinlich bot der Kirchenbau des endenden Mittelalters auch begüterten Religiösen Gelegenheit, mit persönlichen Stiftungen für ihr Seelenheil zu sorgen, ein Bestreben, das sie mit den weltlichen Kollatoren verband. Die Truber Mönche stammten denn auch weitgehend aus dem Bürgertum und den ländlichen Potentatenkreisen.

Zur Stellung und Funktion der Kapelle

Im Spätmittelalter häuften sich Kapellenstiftungen von Einzelpersonen und Familien sowie von Zünften und Bruderschaften religiöser Zielsetzung. Die Bezeichnung «Kapelle» definierte eine rechtliche Situation und hing nicht von der Grösse des Gebäudes ab. Eine Kapelle konnte als Anbau eines Kirchenraumes oder als einzelstehendes Gebäude gestaltet sein, das oft mehr oder weniger weit von der Pfarrkirche entfernt war. Im Prinzip blieb sie als Filiale an die Pfarrkirche gebunden, auf deren Gebiet sie stand. Sie war mit einem Altar ausgerüstet und diente sowohl der privaten Andacht als auch besonderen Messfeiern, wozu ein Kaplan angestellt werden konnte.

Oft gaben Kapellen den Gläubigen Gelegenheit zur Frühmesse, vor allem dort, wo sie in Siedlungen standen, die weit von der Pfarrkirche weg lagen. Viele wurden als Grabstätte eingerichtet, andere standen in Friedhöfen, teils in Verbindung mit Beinhäusern. Sie wurden für die Jahresgedächtnisse, der Messfeier zum Gedenken an Verstorbene, bevorzugt. Weg- und Flurkapellen dienten hauptsächlich der persönlichen Andacht. Kapellen in Burgen und Schlössern sowie in Klöstern waren dem privaten Gebrauch vorbehalten.

Auch Kirchenbauten von Gründungsstädten blieben oft lange als Filialen und damit als Kapellen an diejenigen Pfarrkirchen gebunden, auf deren Gebiet die Städte lagen. So war zum Beispiel die Kirche von Bern längere Zeit Köniz, von Burgdorf der Pfarrkirche Oberburg, von Unterseen bei Interlaken bis zur Reformation der Pfarrei Goldswil und diejenige von Nidau sogar bis ins 18. Jahrhundert dem Pfarrsprengel Aegerten/Bürglen unterstellt. In solchen Fällen erfüllten die Kapellen zumeist weitgehend die Funktion einer Pfarrkirche.

Der Einfluss der demographischen Entwicklung

Die Neubauten des ausgehenden Mittelalters waren nicht zuletzt auch durch demographische Veränderungen bedingt. In Wengi und Lauperswil weist die substantielle Vergrösserung des Schiffes – die erste seit der frühmittelalterlichen Gründungsanlage – darauf hin, dass man einer starken Zunahme der Bevölkerung Rechnung tragen musste. Dieser Grund wird wohl allgemein einer der wichtigsten gewesen sein, damit sich die Gemeinwesen überhaupt am «Bauboom» beteiligten und das von ihnen verwaltete Schiff vollständig neu errichten oder wenigstens das alte vergrössern liessen. Dies war nicht selbstverständlich und auch nicht überall der Fall, luden sie sich doch mit diesem Unternehmen eine grosse Last auf. In Wengi finanzierte man im 15. Jahrhundert den Unterhalt des Schiffes, indem pro Gebäude oder Hof eine Kirchensteuer erhoben wurde.[36] Diese Einnahmen genügten aber für den Kirchenbau des 16. Jahrhunderts nicht mehr, da die Bewohner dafür nicht wie der Patronatsherr auf den Ertrag aus dem Kirchengut zählen konnten. Wie vielerorts bedeutete der Neubau des Schiffes eine derart grosse finanzielle Verpflichtung, dass sie auf die Hilfe der Städte und anderweitiger Mäzene angewiesen waren. Wie allen Gemeinwesen stand ihnen zu diesem Zweck die Möglichkeit offen, beim Landesherrn und Bischof um Erlaubnis für sogenannte «Bettelbriefe» nachzusuchen, die für die Finanzierung der Kirchenbauten des «Baubooms» eine grundlegende Rolle spielten.[37] Zwischen 1464 und 1521 bewarb sich Wengi um nicht weniger als vier Geldsammlungen.[38] Zur Finanzierung konnte auch der Verkauf von Ablassbriefen beitragen, der jedoch ebenfalls nur mit Unterstützung des Bischofs möglich war. Die damit verbundene Inflation des Sündenerlasses sollte schliesslich zu einem der wichtigsten Gründe für die Opposition der Reformatoren werden.

Andererseits belegen die schriftlichen Quellen, dass auch Kollatoren oft Mühe hatten, die ihnen anvertrauten Chöre zu unterhalten oder bei Bedarf gar neu erbauen zu lassen. So mahnt beispielsweise Bern 1491 das Augustinerkloster Interlaken, die Patronatsherrin von Steffisburg, den Bewohnern beim Kirchenbau beizustehen.[39] 1505 klagen die Bewohner von Rohrbach in einer an Bern gerichteten Bittschrift, dass ihre Kollatorin, die Johanniterkomturei Thunstetten, die Unterhaltspflicht vernachlässige.[40] Daran musste nicht schlechter Wille, sondern konnte die finanziell missliche Lage Schuld sein. Entgegen der allgemeinen wirtschaftlichen Tendenz war dies sowohl für weltliche als auch kirchliche Patronatsinhaber da und dort der Fall, wie beispielsweise das Schicksal der drei grossen cluniazensischen Klöster Münchenwiler,

Abb. 296:
Lauperswil, Bildscheibe des Heinrich Ruoff, Leutpriester und Stifter, 1520.

St. Petersinsel und Rüeggisberg zeigt. Deren Situation war derart desolat, dass sie 1484 als klösterliche Gemeinschaft aufgelöst und in das St. Vinzenzstift am Berner Münster inkorporiert wurden.[41] Dass die Obrigkeit in Bern eine derartige Vernachlässigung nicht duldete, zeigt ein Vermerk von 1472: «*Bedenk ... anzebringen von der gotzhüsern wegen, wie man vorkomen welle, dz si nit so gantz undergand*».[42]

In Lauenen wird ein anders gelagerter demographischer Grund für den Bau einer Kirche deutlich, der für Pfarrsprengel ähnlicher geographischer Lage häufig war. Von dessen ursprünglicher Pfarrkirche in Saanen aus musste eine weitläufige, im alpinen Gebiet gelegene Gemeinde betreut werden. Wie der Pfarrer im beginnenden 16. Jahrhundert anführte, müsse man sich für die seelsorgerische Tätigkeit bis zu vier Stunden Weges von der Kirche entfernen.[43] Vor allem die Bevölkerungszunahme in den wie Lauenen peripheren Siedlungen, die früher oft sogar nur saisonal bewohnt waren, machte die Seelsorge immer aufwendiger: «*Wegen der Wilde des Ortes sei es in den langen Wintern bei grossen Schneefällen und Sturmwind sehr oft während mehrerer Tage unmöglich, Kranke, Kinder, Wöchnerinnen, Kommunikanden und Gestorbene nach kirchlichem Ritus christlich zu versorgen; sogar Gesunde, namentlich Greise, Jugendliche und Schwache könnten deswegen mitunter nicht rechtzeitig zum Gottesdienst erscheinen, wie es guten Christen gezieme*».[44] Wie um 1453 schon Gsteig, wurde Lauenen aus diesem Grund kurz nach 1520 als neue Pfarrei vom alten Sprengel Saanen abgetrennt und mit einer Kirche ausgestattet (Abb. 297).

Der Einfluss liturgischer Bedürfnisse

Ein zusätzliches Bedürfnis für die kirchliche Bauwelle des ausgehenden Mittelalters ergab sich aus der Liturgie, wobei man im bernischen Gebiet auch diesbezüglich einer Entwicklung nachhinkte, die schon im 13. Jahrhundert begonnen hatte. Die Zahl der Offizianten und Messdiener vergrösserte sich im Spätmittelalter nicht zuletzt durch die individuellen Altar- und Kapellenstiftungen. Für deren Betreuung stellte man vielfach Kapläne an, die aus dem daran gebundenen Pfrundgut entlöhnt wurden. Um 1522 klagt der Pfarrer der Kirche von Saanen, deren Umfeld wirtschaftlich eher bescheiden war, dass neben ihm und zwei weiteren Priestern noch drei Kapläne bezahlt werden müssten.[45] An dieser ländlichen Kirche waren damit sechs Priester tätig. Da die Kapläne an sonn- und feiertäglichen Gottesdiensten teilzunehmen hatten, nahm die Zahl der am liturgischen Zeremoniell assistierenden Kleriker stark zu, was zwangsläufig einen grossräumigeren Chor nötig machte. Obschon die wenig Platz bietenden Altarhäuser vieler romanischer Kirchen zumeist schon im 13. und 14. Jahrhundert durch grössere – mehrheitlich viereckiger Gestalt – abgelöst worden waren, reichte das Raumangebot für diese liturgischen Ansprüche vielerorts nicht mehr aus. Das Bedürfnis der Priesterschaft, diesen Mangel zu korrigieren, trug nicht unwesentlich zur Bauwelle des endenden Mittelalters bei: Die neuen Kirchen erhielten grosse, langgestreckte Altarräume, ja die Chorzone wurde oft mit einem Podium in das Schiff verlängert. Wie in Schwarzenburg konnte der den Priestern vorbehaltene Bereich sogar in kleineren Kapellen einen beträchtlichen Teil des Raumes belegen (Abb. 295).[46]

Die tiefen Altarräume, in denen der Hauptaltar weit von der Laienzone entfernt stand, kamen zudem einem weiteren liturgischen Anliegen der Priesterschaft entgegen: Die Messfeier hatte sich zu einer gemeinschaftlichen Handlung des Klerus entwickelt, von der die Laien weitgehend ausgeschlossen waren.[47] Für deren Gottesdienst richtete man zwischen Schiff und Chor sogar oft einen speziellen, zumeist dem hl. Kreuz geweihten Volksaltar ein. Die Organisation der 1514–1515 entstandenen Kirche von Walkringen zeigt die Tendenz deutlich, den Raum in eine Kirche der Kleriker und eine Kirche des Volkes zu teilen (Abb. 298).[48] Im Schiff boten sich dem Gläubigen zudem vermehrt Nebenaltäre für die individuelle Andacht und die private Messfeier an, für die vor allem an Stadtkirchen nicht selten Kapellen angebaut wurden.

Als Ausdruck der Absonderung des Klerus entstanden hohe Schranken, die den Laienbereich vom Chor trennten, auch dort, wo weder eine Kloster- noch eine Chorherren-Gemeinschaft bestand. In deren Kirchen bedurfte der Raum einer derartigen Trennung, um für den Gottesdienst der Mönche und Kanoniker die Intimität zu wahren. Dies war vor allem dort nötig, wo die Klosterkirchen auch für die Seelsorge an den Laien gebraucht wurden; diejenigen von Wangen an der Aare und Trub dienten sogar als Pfarrkirchen.[49] Vor allem an städtischen Pfarrkirchen waren oft auch Chorherrenkonvente eingerichtet, wofür auf dem heutigen Berner Gebiet allerdings das St. Vinzenzstift am Münster das einzige Beispiel bildet. In der Stadtkirche Burgdorf stand hingegen ein reich skulptierter, hallenartiger Lettner als imposante Barriere zwischen Laien- und Chorzone, obschon hier die Existenz eines Kollegiums nicht bekannt ist (Abb. 299). Während im mittleren Arkadenjoch der Volksaltar stand, erleichterten die offenen seitlichen Joche allerdings den Durchblick in den Altarraum.[50] Die Form des mächtigen Lettners dürfte in diesem Fall gewählt worden sein, um für die Predigt über eine imposante Tribüne zu verfügen. Auch in ländlichen Pfarrkirchen konnten die liturgischen Räume in ähnlich eindrucksvoller Art und Weise gesondert sein. So trennte in Kirchlindach eine übermannshohe Schrankenmauer die Laienzone vom Chor, der zusätzlich noch mit einem Vorchor ins Schiff hinein verlängert war (Abb. 300).[51]

Abb. 297:
Lauenen, Kirche von 1520.

Abb. 298:
Walkringen, Rekonstruktion der Kirche von 1514–1515, Massstab 1:250.

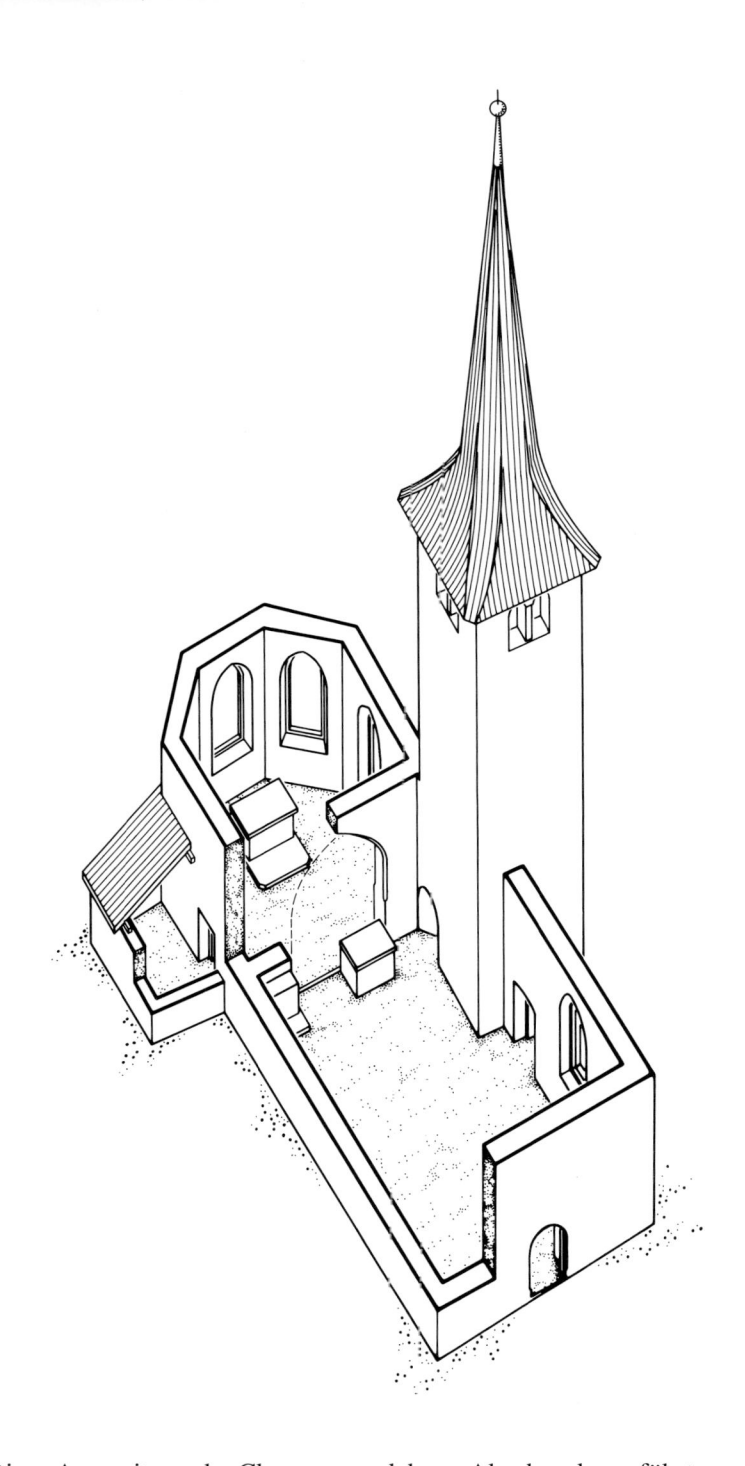

Diese Ausweitung der Chorzone und deren Abschrankung führte zusammen mit den langgestreckten Altarräumen dazu, dass sich die Gläubigen weit vom Hauptaltar entfernt befanden, an dem die Priesterschaft die Messe feierte. Eine Hilfe bot ihnen immerhin, dass die tiefe Chorzone als Bühne gestaltet war, indem das Bodenniveau vom Vorchor über den Altarraum zum Suppedaneum, dem Podium vor dem Altar, stufenweise anstieg (Abb. 287, 300). Dies erlaubte mindestens einem Teil von ihnen, den Altar, der von einem mächtigen, mit Bildern und Figuren geschmückten Aufbau gekrönt war, zu sehen und dem Gang der Messe zu folgen. Denjenigen, denen der Blick auf den Hochaltar verwehrt war, aber auch denjenigen, die zuhause bleiben mussten, wurde die Wandlung durch Glockenzeichen angezeigt. In vielen Kirchen, darunter in den genannten Beispielen von Worb und Lauperswil, öffneten sich daher im Turm Läuterfenster, von denen aus der Sigrist im gegebenen Augenblick die Glocke läuten konnte.

Das Bedürfnis der Priesterschaft nach vermehrtem Raumangebot führte sogar dort zu Neubauten, wo die Vorgängerkirche den räumlichen Anforderungen einigermassen Rechnung trug. In Lauperswil beispielsweise wurde die Kirche vollständig neu errichtet, obwohl die alte, im

14. und 15. Jahrhundert entstandene Anlage, schon ein gotisches, polygonal geschlossenes Altarhaus aufwies.⁵² Diese vergleichsweise frühe Anpassung dürfte auf den Einfluss des Benediktinerklosters Trub zurückgegangen sein, das in Lauperswil bekanntlich Patronatsherrin war. Es waren überhaupt die Klöster und Stifte, die mehr Gewicht auf die Änderungen der Liturgie legten und es sich zur Aufgabe machten, die neuen Formen des Gottesdienstes zu verbreiten.

Das Ende des «Baubooms»

Sicherlich trugen neben der Verbesserung der wirtschaftlichen Lage sowohl die demographischen Veränderungen als auch die liturgischen Gegebenheiten zum bernischen «Kirchenbauboom» des ausgehenden Mittelalters wesentlich bei. Die treibende Kraft bildete jedoch die Verbindung der sozialen Ansprüche der bürgerlichen Patronatsherren mit den Glaubensvorstellungen der damaligen Zeit. Die gesellschaftlichen Umwälzungen des 15. Jahrhunderts führten zu einer neuen Patrizierschicht, deren Legitimationsbemühungen sich mit der individuellen Sorge für das Seelenheil zu einem überwältigenden Aufwand für neue Kirchenbauten verknüpften. Angesichts dieser Verflechtung der regierenden Geschlechter mit dem kirchlichen «Bauboom» ist das abrupte Ende eindrücklich, welches dieser mit der 1528 eingeführten Reformation erfahren hat. Ein Beschluss des Rates von 1529 bringt die Forderungen der frühen reformatorischen Bewegung, welche die religiösen und gesellschaftlichen Vorstellungen der Zeitgenossen in geradezu revolutionärer Weise in Frage stellten, eindringlich zum Ausdruck. Darin wird das Begehren der Patronatsherren, ihnen den Gebrauch der Bestattungsplätze in den Kirchen zu belassen, mit der Begründung abgewiesen, niemand solle künftig bevorzugt im Kirchenraum begraben werden, da im Glück und Unglück, im Leben und Sterben alle Menschen gleich seien: «*Die Edlen begeret, in ir begrebnuss in der kilchen ze lassen, in iren Capellen. Ist daruff geraten, das sy das best thund, den hinfür niemands in der kilchen vergraben, lieb und leid mit einandern*».⁵³ Noch 1547 drohte der Rat den Zuwiderhandelnden an: «*Die ir todten in kilchen vergraben, in keffi, nit usshin, bis 10 fl. zbuss geben*».⁵⁴

Tatsächlich entzog diese demokratisierende Haltung dem kirchlichen «Bauboom» eine der wichtigsten Grundlagen derart nachdrücklich, dass im bernischen Herrschaftsgebiet in den folgenden Jahrzehnten des 16. Jahrhunderts nur wenige neue Kirchenbauten entstanden, darunter grössere einzig an sechs Orten, in Aarberg (1575), Aarwangen (1577), Affoltern (1567?), Beatenberg (um 1540) Frauenkappelen (1574) und Kallnach (nach 1530).⁵⁵ Schon gegen das Ende des Jahrhunderts kündigte sich jedoch ein grundlegender Gesinnungswechsel an: Dem Patriziat wurde die Bestattung im Kirchenraum wieder ermöglicht. Unter dem sich damit abzeichnenden «Ancien Régime» sollte schliesslich auch der Kirchenbau neuen Aufschwung erhalten. In der zweiten Hälfte des 17. Jahrhunderts und im 18. Jahrhundert mussten in einer neuen, sich weit verbreitenden Bauwelle viele der eineinhalb bis drei Jahrhunderte zuvor entstandenen Anlagen reformierten «Predigtsälen» Platz machen oder verloren durch Umbau mindestens die noch vorhandenen Attribute ihres katholischen Ursprungs. Nun waren es jedoch nicht mehr die wenigen noch verbliebenen privaten Kollatoren, die diesen neuen «Kirchenbauboom» trugen, sondern die Initiative ging vom Stand Bern aus. Dieser war seit der Reformation, als er die Kirchenrechte der kirchlichen Institute übernommen hatte, der einflussreichste Patronatsherr seines Territoriums. Dementsprechend waren es die Werkmeister der Bauhütte am Münster, darunter vor allem Abraham I Dünz, die den Typ der einfachen, noch auf der Disposition gotischer Architektur beruhenden Saalkirche entwickelten.⁵⁶ Er wurde als obrigkeitlich gesteuertes Modell für die überwiegende Zahl der auf der Landschaft errichteten Neubauten verbindlich.

Abb. 299:
Lettner, Stadtkirche Burgdorf, 2. Hälfte des 15. Jh. Der reich gestaltete Lettner stand ursprünglich vor dem Altarhaus.

Abb. 300:
Kirchlindach, Rekonstruktion der Kirche der 2. Hälfte des 15. Jh., Massstab 1:250.

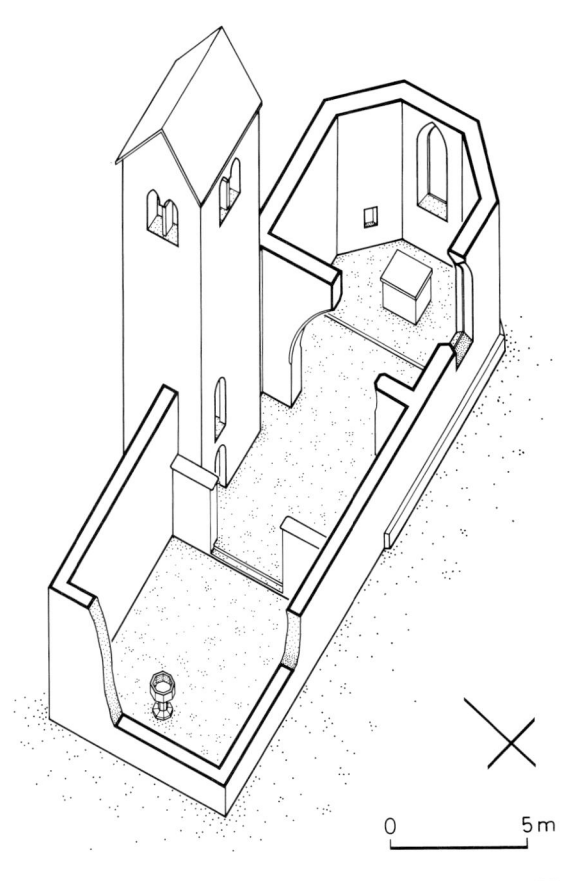

«bi unns und in unnser statt beliben.»[1]
Künstler in Bern – Berner Künstler? Zum künstlerischen Austausch im spätmittelalterlichen Bern

Charlotte Gutscher-Schmid, Franz-Josef Sladeczek

Bern, ein Ort für Künstler, eine Kunststadt! – Ein solcher Gedanke stimmt angesichts der gegenwärtigen Diskussion um das Kulturengagement dieser Stadt zumindest nachdenklich, wurde doch noch vor wenigen Monaten über die Bundesstadt in Sachen Kunst und Kultur das Todesurteil gesprochen: Mit wehleidigem Blick erinnerte der Leitartikel eines Schweizer Nachrichtenmagazins an das internationale Kunstgeschehen der 60er und 70er Jahre in Bern (u.a. Verhüllung der Kunsthalle durch Christo) und sprach angesichts dieser aufsehenerregenden Aktionen der jüngeren Vergangenheit vom «Niedergang Berns» als Kunst- und Kulturstadt. Bern sei heute, so resumierten die Verfasser des Artikels, «die nebensächlichste Hauptstadt der Welt».[2]

Es ist hier nicht der Ort, das Dafür und Dawider einer solchen Auffassung zu kommentieren. Vielmehr möchten wir versuchen, auf eine Phase der städtischen Entwicklung hinzuweisen, in der Bern *erstmals* unübersehbare Akzente als *Kunststadt* gesetzt hatte. Das 15. Jahrhundert war für Bern die Zeit des bis anhin weitläufigsten künstlerischen Austausches. Niemals zuvor hatte sich innerhalb der Stadtmauern eine derartige Vielfalt von Kunsthandwerkern eingefunden: Maler und Glasmaler, Architekten und Bildhauer, Gold- und Silberschmiede, waren hier sesshaft geworden, hatten Werkstätten gegründet, in denen eine Hochblüte der Kunstproduktion entstand.

Der Grossteil ihrer Werke ist dem Bildersturm der Reformation zum Opfer gefallen, jedoch kennen wir einige ihrer Namen, wissen, dass die Künstler z.T. aus entlegenen Orten des Römisch-deutschen Reiches stammten, und sind auch teilweise über den Umfang ihrer Kunstproduktionen unterrichtet. Viele dieser Künstler stellten ihre Dienste in die Errichtung des Münsters, des grössten, jemals in Bern errichteten Gotteshauses.

Abb. 301:
Meister Harimann und Werkstatt.
Skulpturenschmuck der Erdgeschosshalle,
1412/1413, Bern, Rathaus.

In der Mitte sitzt der Richter, zu beiden Seiten zwei Bettler. Arbeit eines nur vorübergehend in Bern weilenden Meisters, dessen Stil auf die Werkstatt der berühmten Steinhauerfamilie Parler in Prag zurückgeführt werden kann.

Die ersten zwei Jahrzehnte

Vor der Grundsteinlegung zum Münsterbau, 1421, sind in Bern in keiner künstlerischen Gattung grössere Werkstätten mit Meistern, Mitarbeitern, Gesellen und Lehrjungen fassbar. Mehrfach scheinen sich die Kunsthandwerker nur vorübergehend in Bern aufgehalten zu haben, denn ihre Namen tauchen in den Schriftquellen nur während wenigen Jahren auf.[3] Interessant ist in dieser Hinsicht der Skulpturenschmuck des zwischen 1406 und 1417 neu errichteten Rathauses. Laut dem älteren Rechnungsbuch der Stadt ist diese anspruchsvolle Arbeit mit einem Meister namens «*Hariman*» (Hermann) in Verbindung zu bringen (vgl. Kap. IV, S. 306). Qualitätsunterschiede zwischen den verschiedenen Werkstücken und formale Wiederholungen lassen jedoch vermuten, dass der leitende Bildhauer nur jeweils das erste Stück einer Serie gefertigt hat, das dann von den einheimischen Kräften als Vorlage verwendet wurde (Abb. 301).[4] Der Stil dieses Meisters lässt sich über weitere Zwischenglieder in Süd- und Südostdeutschland auf die Werkstatt der Parler in Prag zurückführen. Diese örtlich ferne Auswirkung der böhmischen Steinplastik aus der Zeit um 1380 bis 1410 lässt vermuten, dass dieser wandernde Meister nur kurze Zeit in Bern gearbeitet hat.

Auch die älteste *Skulptur* – ein Vesperbild – die aus dem Schutt der Münsterplattform geborgen wurde (Abb. 302), weist darauf hin, dass in jenen Jahren noch keine eigenständige, bernische Bildhauertradition existierte: Diese Pietà aus ortsfremdem Stein findet ihre nächsten Stilverwandten ebenfalls im böhmischen Raum in der Zeit um 1400 und wurde eindeutig nach Bern exportiert.[5]

Abb. 302:
Vesperbild (Pietà), um 1400, H 69 cm, B 50 cm, T 33 cm, Bern, Münsterplattform, Skulpturenfund, Kat. Nr. 1/ADB (künftiger Aufstellungsort: BHM).

Die ausserordentlich fein gearbeitete Skulptur muss aus dem böhmischen Raum nach Bern importiert worden sein.

Tafelmalereien aus dieser Zeit sind nicht überliefert, doch haben sich verschiedene Kirchenausmalungen im Berner Oberland erhalten.[6] Ihre künstlerische Einordnung ist in der Forschung ziemlich allgemein geblieben: die Wandmalereien scheinen im weiten Sinne von der oberrheinischen Kunstauffassung des weichen Stiles geprägt.[7] Für eine präzisere Zuweisung an ein künstlerisches Zentrum – etwa die schon geäusserte Beziehung zur Basler Buchmalerei[8] – fehlen bisher die Argumente. Stilistisch lässt sich dagegen die künstlerische Herkunft von drei *Glasscheiben* aus der Zeit um 1420 bestimmen. Seit einem unbekannten Zeitpunkt dienten sie in der Chorverglasung des Münsters als Lückenbüsser (Abb. 303).[9] Ob sie ursprünglich in einem Fenster des Vorgängerbaues des Münsters oder einer anderen Berner Kirche gesessen haben, lässt sich nicht mehr ermitteln. Vergleiche mit Elsässer Glasmalereien[10] belegen jedoch, dass ihr Schöpfer seine Ausbildung in dieser Gegend erhalten haben muss (Abb. 304). Zu dieser Region muss im Spätmittelalter auch die Stadt Basel gezählt werden, die im südlichen Teil des Elsass auf ökonomischem, politischem, kirchlichem und künstlerischem Gebiet eine ähnliche Rolle wie Strassburg im nördlichen Teil spielte. Leider kann man sich von der Glasmalerei Basels aufgrund der grossen Verluste, welche die Kunst während der Reformation erlitt, nur noch eine vage Vorstellung machen. Für die mögliche Herkunft der Berner Scheiben aus einem Basler Glasmaleratelier spricht jedoch auch ein Vergleich mit einem Webteppich, der sich einst in der Kirche Scherzlingen bei Thun befand und wohl in Basel geschaffen wurde (Abb. 305).[11] Beobachtungen in den verschiedenen Gattungen der Malerei weisen darauf hin, dass Basel im beginnenden 15. Jahrhundert das überragende künstlerische Zentrum unseres Raumes gewesen sein muss.

Abb. 303:
Kleine Passion (n VII, 3c), 1420/30, Berner Münster, Krauchtal-Erlach-Kapelle (→ Abb. 314: 9).

Die ursprünglich zu einem Passionszyklus gehörende Scheibe (sog. «Kleine Passion») zeigt das Martyrium des Apostels Matthias.

Abb. 304:
Fenster im Chor (n III), 1420/30, Thann, Sankt Theobald.

Die grosse Ähnlichkeit zum Berner Fenster (Abb. 303) lässt vermuten, dass beide Meister eine ähnliche Ausbildung – möglicherweise in Basel – erfuhren.

Der Münsterbau als Anziehungspunkt

Mit dem Beginn des Münsterbaues änderte sich die Situation schlagartig. Die Einrichtung der Bauhütte zu einer Zeit, da in vielen oberrheinischen Städten die grossen Kirchen (Kathedralen, Münster) bereits fertiggestellt waren, zog künstlerische Kräfte aus verschiedenen Teilen Europas nach Bern.[12]

In besonderem Masse gilt dies für die *Bildhauerei*. Die 1420 gegründete Münsterbauhütte gehörte seit 1459 neben Strassburg, Köln und Wien zu den vier führenden Bauhütten im deutschen Raum. Durch sie erlebte das mittelalterliche Steinmetzhandwerk eine letzte grosse Blüte. Vielerorts hatte im Verlauf des 15. Jahrhunderts eine Loslösung der Steinmetzen von der Bauhütte eingesetzt und es kam zur Gründung eigenständiger Bildhauerwerkstätten, in denen durch ein Team von Schreinern, Bildschnitzern, Malern und Fassmalern die prächtigen Holzaltäre gefertigt wurden. Nicht so in Bern: hier blieb das ganze Jahrhundert hindurch die Münsterbauhütte die dominierende Ressource des Bildhauerhandwerks. Wenngleich es auch selbständig geführte Werkstattbetriebe gab, so scheinen doch die meisten Bildhauer mit der Bauhütte verbunden gewesen zu sein.

Auch die Blüte der *Glasmalerei* in Bern steht im Zusammenhang mit dem Fortschreiten des Münsterbaues. Während das erste Chorfenster (Passionsfenster) im Jahr 1441 noch von Ulm importiert worden war, erhielt schon sechs Jahre später eine in Bern arbeitende Werkstatt den Auftrag zur Herstellung des zweiten Fensters, das die Legende der Zehntausend Ritter zum Thema hatte. Es ist nach Brigitte Kurmann Schwarz als Gemeinschaftswerk zwischen der Glasmalerwerkstatt und einem entwerfenden Maler anzusehen. Die Herkunft beider Künstler vermutet sie in Basel (vgl. Kap. V, S. 444; → Abb. 316, 338, 339, 343, 345).[13]

Wenig nach der Jahrhundertmitte entstand das erste signierte *Wandbild* im bernischen Raum: in der Kirche Scherzligen bei Thun fertigte «peter maler von bern» eine erstaunlich fortschrittliche Ausmalung (Abb. 306).[14] Es muss sich wohl um den Glasmaler dieses Namens handeln, den Vetter und mutmasslichen Werkstattnachfolger von Niklaus Glaser.[15] Das monumentale Wandgemälde in Scherzligen lässt sich auch stilistisch am ehesten mit der Glasmalerei vergleichen, welche noch in diesen Jahren wesentlich von der Basler Tradition geprägt blieb.[16]

Gab es bis 1460 in Bern überhaupt Werkstätten, die auf die Herstellung von *Tafelbildern* spezialisiert waren? Oder fehlte die Nachfrage, so dass die Blüte dieser Gattung im letzten Jahrhundertviertel ebenfalls im Zusammenhang mit dem Münsterbau stand? Der erste bedeutende Berner Maler, Heinrich Büchler (1469–1484)[17], wird jedenfalls gleichzeitig mit dem Auftrag für den nicht erhaltenen Münsterhochaltar, um 1466, in den Ratsmanualen fassbar.[18]

Abb. 305:
Mondsichelmadonna umgeben von Heiligen, linker Teil eines Wandteppichs, Basler Wirkerei, um 1440/50, Thun, Historisches Museum.

Die Stilelemente der Glasscheiben (Abb. 303, 304) – Falten, Gesichter, Hände und Füsse – finden sich auch bei den Heiligen des textilen Werkes wieder, das in Basel geschaffen worden ist.

Abb. 306:
Passionsgeschichte, Wandmalereien Südwand, inschriftlich als Werk des Malers Peter von Bern bezeichnet, vor 1469, Scherzligen (bei Thun).

Der szenische Aufbau des monumentalen Bildes erinnert an Gestaltungsprinzipien der gleichzeitigen Berner Glasmalerei.

Regionaler Künstleraustausch

Aus den in der ersten Hälfte des Jahrhunderts noch spärlich, im Laufe der Zeit etwas reichlicher fliessenden Urkunden geht hervor, dass das ganze 15. Jahrhundert hindurch Bern und die umliegenden Städte – insbesondere Freiburg und Solothurn – dieselben Maler und Bildhauer beschäftigten. Die Stadtrechnungen dieser Städte erwähnen mehrere Arbeiten, welche einem ortsfremden *Maler* übertragen wurden. Bis nach der Mitte des 15. Jahrhunderts befand sich die berühmteste Werkstatt der Region in Freiburg. Sie unterstand dem offenbar dort gebürtigen und bis ins hohe Alter tätigen Peter Maggenberg, der herausragendsten Malerpersönlichkeit der Westschweiz.[19] Nach dessen Tod zwischen 1462 und 1463 wurde Bern – wohl im Zusammenhang mit dem Grossauftrag am Münster – zum Sitz einer über die Stadtgrenzen hinaus wirksamen Malerwerkstatt. Sie unterstand Heinrich Büchler dem die ehrenvolle Aufgabe zukam, die Tafelbilder für den nicht erhaltenen Münsterhochaltar zu malen. Die Werkstatt übernahm nun ihrerseits öffentliche Arbeiten für die Stadt Freiburg. Die bedeutendste war die nur urkundlich überlieferte, 1480 fertiggestellte, monumentale Darstellung der Schlacht bei Murten für das Gerichtsgebäude in Freiburg. Büchler brachte das Gemälde mit acht Gesellen nach Freiburg – einer von ihnen war der dort geborene Hans Fries.[20] Büchlers Werkstatt empfing aber auch von anderen Städten Bestellungen; schriftlich belegt, aber nicht erhalten, sind solche aus Solothurn und Murten.[21] Wenig erstaunlich ist die Feststellung, dass sich die kleineren Städte des Territoriums – Burgdorf, Thun oder Murten – vielfach mit Aufträgen an Berner Meister wandten.

Auswärtige Arbeiten sind auch für die *Bildhauer* der Münsterbauhütte tradiert. So wurde Mitte der 1420er Jahre Matthäus Ensinger der Auftrag für ein Grabmal des Grafen Konrad von Freiburg in der Kollegiatskirche von Neuenburg zuteil (Abb. 307), deren Figuren nachweislich in der Berner Hütte gefertigt und anschliessend zu ihrem Bestimmungsort transportiert wurden.[22] 1450 wurde der Werkmeister Stefan Hurder von der Stadt Solothurn mit dem Auftrag betraut, ein Wappenrelief mit Adler für das Litzitor herzustellen. Auch Erhart Küng arbeitete auswärts, so 1459 und 1460 in Baden[23], 1470 in Zug und 1486 im Auftrag des Freiburger Rates in Murten.[24]

Obrigkeitliche Förderung städtischer Kräfte

Die *Maler* der Stadt Bern waren das ganze 15. Jahrhundert hindurch nicht zunftmässig zusammengeschlossen – dies im Unterschied zu den Steinhandwerkern, deren Verbindung in der Zunftgesellschaft zum Affen schon seit dem 14. Jahrhundert nachweisbar ist.[25] Es könnte symptomatisch sein, dass sich bis gegen Ende des Jahrhunderts nur wenige Angaben zur Zunftzugehörigkeit der Maler finden, diese dann jedoch auffallend häufig in der «Aufsteigerzunft» zum Mittellöwen nachzuweisen sind.[26] Der Rat, der sich den Abschliessungsbestrebungen der Zünfte widersetzte (vgl. Kap. II, S.107), scheint die Niederlassung von Künstlerwerkstätten in der Stadt gefördert zu haben. Dabei mag es sich um eine gewisse Prestige-Angelegenheit und eine Konkurrenz zwischen den grösseren Städten gehandelt haben. Eindeutig war jedenfalls der Rat der Stadt Solothurn die treibende Kraft für eine Neubesetzung des Stadtmaleramtes, nachdem der offenbar qualifizierte Meister Albrecht Nentz 1480 gestorben war.[27] Die Stadträte versuchten zudem, ihre Maler für auswärtige Aufträge zu empfehlen, um ihnen damit die Existenzgrundlage in ihren Mauern zu sichern. Der in Bern geborene Jörg Kattler beispielsweise erfuhr mehrfache Förderung durch den Rat: 1481 erbat dieser für Kattler eine Anstellung bei einem aus Memmingen stammenden Maler in Köln, 1482 eine Ausbildung bei dessen Sohn. 1485 schliesslich erhielt Kattler ein Empfehlungsschreiben, das ihn als Berner Maler auswies und er «allerorts» als Qualifikationsbeweis vorzeigen konnte.[28]

Über mehrere Jahre hinweg setzte sich der Rat für den *Münsterbildhauer* Albrecht von Nürnberg ein, den er in einem Bittschreiben an den Bischof von Sitten als «mit armut und kindern beladen» schildert.[29] Mahnungen für ausstehende Zahlungen verschickte der Rat auch zu Gunsten der *Glasmaler* Urs Werder und Hans Noll.[30]

Trotz dieser Förderung von einheimischen Kräften erkannte der Rat aber offenbar, dass für gewisse grössere Aufträge ein ortsansässiger Handwerker mit einer Aufgabe überfordert sein konnte. Dies war der Fall beim *Maler* Mattern Rastetter (1496–1501 nachgewiesen). Für dessen nicht erhaltene Arbeit im Berner Siechenhaus im Jahre 1501 musste der von Baden eingeladene Thüring Meyerhofer die Garantie übernehmen und die Tafelgemälde ausführen, da Mattern nicht «flachmalen» – also offenbar nur Figuren fassen – konnte. Thüring Meyerhofer war aufgrund eines konkreten, ebenfalls nur schriftlich überlieferten Auftrages nach Bern geholt worden: 1501 stiftete Jakob von Gurtifry, genannt Lombach, testamentarisch den grossen Betrag von 200 Gulden zur Ausstattung seiner Kapelle im Münster.[31] Der Rat übertrug Meyerhofer die Malarbeit, forderte ihn zur Wohnsitznahme in Bern auf und vergütete ihm 1503 auch die entstandenen Reisekosten.

Export von Kunstwerken ins Wallis

Im wesentlichen beschränkte sich die künstlerische Ausstrahlung Berns auf das Territorium. So konnten um 1500 die verschiedenen in Bern ansässigen *Glasmaler* von der gestiegenen Nachfrage profitieren und sie produzierten neben den für das Münster gestifteten Scheiben weitere für die Kirchen der umliegenden Orte.[32] Bern war in verschiedenen

Abb. 307:
Grabmal der Grafen von Neuenburg, 1372, Neuenburg, Stiftskirche.

Das im 14. Jahrhundert eingerichtete Kenotaph wurde mehrmals mit zusätzlichen Figuren erweitert. Die stilistisch fortschrittlichen seitlichen Baldachinfiguren stammen vom Berner Bildhauer Matthäus Ensinger und datieren um 1424/25.

Bernische Ofenkeramik als Spiegel künstlerischen Austausches

Eva Roth

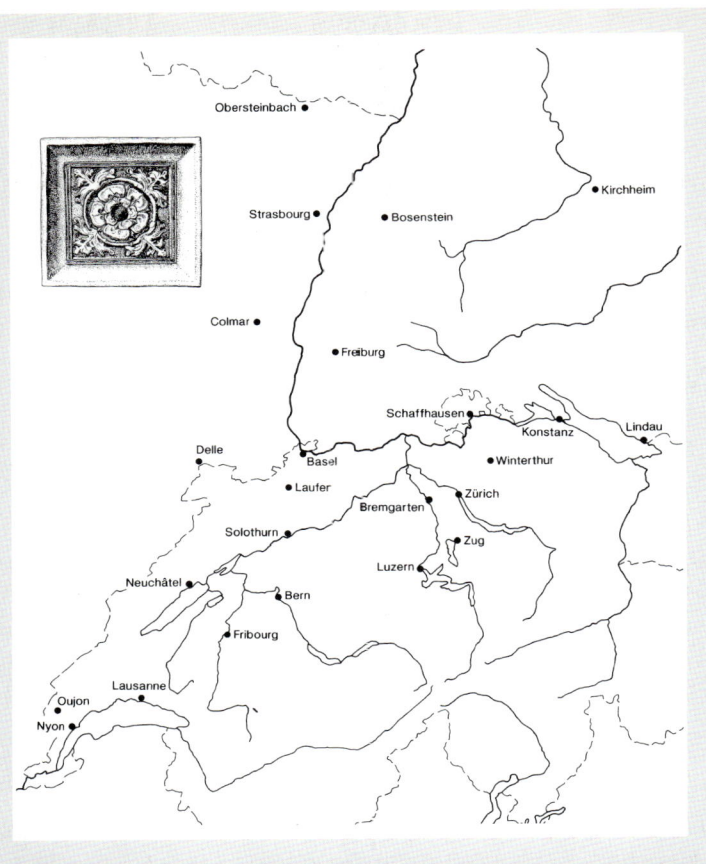

Aus Bern ist eine Vielzahl von reichverzierten reliefierten Ofenkacheln des 15. Jahrhunderts als archäologisches Fundgut überliefert. Da es zudem aus dem Stadtgebiet für einige dieser Kacheln Model (Negative) gibt, ist davon auszugehen, dass die Kacheln in Bern produziert wurden (vgl. Kap. II, S. 161). Aber wurden auch die Model in Bern hergestellt? Woher stammten die Ideen zu den Motiven? Von den Hafnern selbst, von bernischen Künstlern oder von den Auftraggebern?
Für die Herkunft einzelner Hafner gibt es in Bern keine schriftlichen Anhaltspunkte. Auch existieren zu allfälligen Anregungen von Künstlern keine direkten Belege. Man kann jedoch aus dem Studium der erhaltenen Stücke folgende Schlüsse ziehen:

Kontakte zwischen Künstlern und Handwerkern in Bern

Die in Berns Schriftquellen erwähnten Hafner gehörten, wie die Bildhauer, Steinmetzen und Ziegler, seit 1431 der Gesellschaft zum Affen an.[33] Es ist deshalb nicht nur von engem persönlichen Kontakt zwischen diesen Berufszweigen auszugehen, sondern auch von einer Aufgabenteilung. Das heisst, dass für die Produktion von Kachelmodeln und Kachelmodeln auch Bildhauer und Bildschnitzer in Frage kommen. Die Stilanalyse einzelner Kachelmotive aus Bern, z. B. der hier abgebildeten Maria im Medaillon, unterstreicht diese Vermutung.[34] Allerdings kann die These nicht am konkreten Beispiel bestätigt werden, indem etwa ein Kachelmotiv als direktes Abbild einer Bildschnitzerei, einer graphischen Vorlage oder einer Bauplastik erkannt werden könnte. Der Einfluss des zeitgenössischen Kunstschaffens ist aber stilistisch klar fassbar, indem die Formensprache der Motive der oberrheinischen Spätgotik verpflichtet ist.
Eine Aufgabenteilung zwischen Hafner und Bildhauer wäre insofern sinnvoll, als man für die Erstellung von Kacheln mit stark differenziertem Relief heute von der Existenz hölzerner oder steinerner Kachelmodelle, d. h. Positiven, ausgeht. Wenn also der Hafner ein künstlerisch anspruchsvolles Motiv benötigte – warum sollte er das Modell nicht vom Bildhauer fertigen lassen?
Es ist somit naheliegend, die künstlerischen Einflüsse auf die «Mittelsleute» aus der bildenden Kunst, d. h. konkret die in Bern anwesenden Künstler, zurückzuführen und in den Kachelmotiven ein Abbild ihres Kunstschaffens zu suchen.

Internationaler Austausch zwischen Handwerkern desselben Berufes

Hinweise für einen künstlerischen Austausch ergeben sich zudem aus dem überregionalen Vergleich: so kann man anhand der Motivverbreitung sehen, dass sich die engen Beziehungen über das Gebiet des ehemaligen Bistums Konstanz hinaus erstrecken.[35] Die grösste Verbreitung einzelner, identischer Motive reicht vom Elsass bis in die Innerschweiz und vom Genfersee bis an den Bodensee. Das abgebildete Rosettenmotiv beispielsweise ist nicht nur in ähnlicher Form überregional, sondern auch in identischer Ausprägung praktisch in jeder – hier nicht aufgeführten – Kleinstadt unserer Kunstlandschaft zu finden.
Bei diesen Kacheln handelt es sich nicht um Importware, wie früher angenommen wurde, sondern um einheimische Produkte der jeweiligen Stadt. Die frappierende Ähnlichkeit und Massgleichheit der Motive spricht für den Handel mit Modeln, obwohl dafür bisher die schriftlichen oder archäologischen Belege fehlen.

Ein weitgehend unerforschter Anhaltspunkt für den künstlerischen Austausch ergibt sich aus der Glasur einzelner Kacheln des 15. Jahrhunderts: es handelt sich um eine Frühform der Fayenceglasur, die auf Kacheln mit spätgotischen Reliefmotiven vorkommt (vgl. Kastentext S. 170). Als Beispiel sei nochmals die Darstellung der knienden Maria und des Lammes Christi im Medaillonrahmen erwähnt, die eine weisse Zinnglasur mit blauen und manganvioletten Verzierungen aufweist.[36] Die Stücke sind insofern besonders wichtig, als es sich dabei um die bisher ältesten bekannten Zeugnisse einer Fayenceproduktion nördlich der Alpen handelt. Die im 14. und 15. Jahrhundert in Oberitalien weitverbreitete Fayencetechnik scheint im Norden erst im Laufe des 16. Jahrhunderts aufgenommen worden zu sein – unter anderem in frühen Manufakturen italienischer Töpfer in Amsterdam (um 1512)[37] und mit dem Beginn der Winterthurer Fayenceproduktion (ab 1542).[38]
Die Berner Kacheln sind mit Sicherheit keine italienischen Importstücke, weil sie ja spätgotische Reliefmotive nordalpiner Herstellung aufweisen.
Für die Frage des künstlerischen Austausches in Bern bedeutet dies konkret, dass schon im 15. Jahrhundert die Beziehungen Richtung Süden sehr eng waren, obwohl sich dies anhand der Schriftquellen nicht erhärten lässt.

Verbreitungskarte des Rosettenmotivs auf grünglasierten Ofenkacheln, Bern, Münsterplattform, ADB, Kat. 248.

Blattkachel mit kniender Maria im Medaillon, Bern, Rathausgasse, ADB, Fnr. 42760/1–4.

künstlerischen Techniken zu einem Zentrum geworden, das in der Lage war, die weitere Region mit qualitätsvollen Werken zu versorgen.
In derselben Zeit lässt sich ein Export von Kunstwerken ins Wallis nachweisen. Verantwortlich für die Vermittlung von Aufträgen an Berner Künstler waren wohl persönliche Beziehungen einzelner wichtiger Persönlichkeiten – zu denken ist etwa an Johann Armbruster.[39] Als Pfarrherr von Naters und Glis, Probst zu Rüeggisberg, Amsoldingen und ab 1484 des Chorherrenstiftes in Bern, stiftete er im selben Jahr 1484 einen neuen Hochaltar in die Pfarrkirche von Glis (bei Brig), dessen Schnitzarbeiten durch Heinrich Isenhut in Basel ausgeführt wurden. Beauftragte er für die *Malerei* der Altarflügel einen Berner Maler? Handelte es sich dabei um den berühmten Stadtmaler Heinrich Büchler, der wenige Jahre zuvor den Hochaltar des Münsters gemalt hatte? Sollte sich diese Vermutung bestätigen, könnten weitere – stilistisch eng mit dem Gliser Altar verwandte – Werke aus den Achtzigerjahren ebenfalls als Berner Exportware angesprochen werden.
Aus dem Wallis ergingen auch Aufträge an die Berner *Münsterbildhauer*. Die Werkstatt Erhart Küngs führte die Schreinskulpturen für verschiedene in diesem Gebiet erhaltene Altäre aus.[40] Urkundlich belegt ist 1504 die Bestellung eines – leider nicht mehr erhaltenen – Altares für St. Theodul in Sitten beim Münsterbildhauer Albrecht von Nürnberg durch den Walliser Bischof.[41]
Einen Beleg für die Abwanderung eines Künstlers von Bern ins Wallis liefert die *Buchmalerei*: der Illuminist der für das Berner Chorherrenstift hergestellten Antiphonare muss vor Abschluss des Gesamtwerkes aus unbekannten Gründen aus dem Unternehmen ausgeschieden sein.[42] Seine Tätigkeit findet sich nach 1490 in einer Sittener Schreibstätte wieder (→Abb. 377, 378).[43]
Handelte es sich beim Export ins Wallis um einen personengeschichtlich zu erklärenden «Sonderfall»? Oder wurden von Bern auch Altäre in andere Gebiete, insbesondere der Eidgenossenschaft, geliefert? Unsicher ist bisher auch die Vermutung, dass die Entstehung des «schweizerischen» Phänomens Nelkenmeister (vgl. Kap. VI, S. 516) mit Bern und dem neugewonnenen Selbstverständnis der im Krieg erfolgreichen Eidgenossen zu tun haben könnte.[44] Festzuhalten ist jedenfalls, dass Bern auch zur Zeit der wirtschaftlichen Blüte und während dem Bau und der Ausstattung des Münsters nicht zu einem künstlerischen Zentrum mit mehr als regionaler Ausstrahlung geworden ist.

Abb. 308:
Kopf und Brustansatz der Christoffelfigur, 1497/98, ehemals Christoffelturm, Bern, Historisches Museum.

Von der 1860 zerstörten, monumentalen Holzfigur an der Stadtseite des Christoffelturmes werden vier Fragmente im Bernischen Historischen Museum aufbewahrt.

Abb. 309:
Berner Nelkenmeister, Teil eines Johannesaltares, um 1490, Bern, Kunstmuseum.

Die Infrarotreflektographie eines Ausschnittes aus der Tafel der Verkündigung der Geburt des Johannes an Zacharias (Abb. 310) macht die Unterzeichnung – die Vorzeichnung auf dem vorbereiteten Kreidegrund – sichtbar. Die mit sicherem Strich geführte Zeichnung zeigt, dass der entwerfende Maler mit der graphischen Technik des Holzschnittes vertraut war.

Abb. 310:
Berner Nelkenmeister, Teil eines Johannesaltares, um 1490, Infrarotreflektographie (Ausschnitt, aus Abb. 309).

Die Herkunft der urkundlich genannten Meister

Dass eine Grossbaustelle wie das Berner Münster künstlerische Kräfte aus einem weiten Einzugsgebiet anzog, ist leicht verständlich. Das Bauvolumen garantierte auf Jahre hinaus feste Einkünfte und sorgte so von vornherein für eine gewisse Internationalität der am Bauvorgang beteiligten Kräfte. Es verwundert daher auch nicht, dass kaum einer der namentlich erfassten Hauptvertreter der *Bildnerei* aus der Aarestadt selbst stammte. Die meisten unter ihnen waren zugewanderte Künstler (vgl. Kastentext S. 117).

Auch von den *Münsterachitekten* des 15. und 16. Jahrhunderts war keiner nachweislich aus Bern gebürtig: Der erste Werkmeister, Matthäus Ensinger (1420–1449), wurde 1420 von Strassburg nach Bern berufen, Stefan Hurder (1453–1469), dessen direkter Nachfolger, stammte aus Passau; die Herkunft Niklaus Birenvogts (1469–1481) ist unbekannt; Erhart Küng (1483–1507), der sich auch als Bildhauer hervorgetan hatte und sein Kollege, der Polier Hans von Münster (1500–1503), waren aus Westfalen zugewandert; Peter Pfister (1505–1520) und Daniel Heintz I. (1571–1596) waren in Basel beheimatet. Ausser den Werkmeistern verzeichnen die Quellen weitere fremdansässige Bildhauer vor Ort, wie z.B. Bernhard Burenfeind aus Solothurn (1498–1519), Stefan Strauss aus Nördlingen (1509–1535) und Meister Albrecht von Nürnberg (1494–1526), der 1496 die ursprünglich über 9 Meter hohe Statue am Berner Christoffelturm schuf (Abb. 308).

Die Herkunft der namentlich nachgewiesenen *Maler* ist kaum je durch Schriftquellen zu belegen: die wenigen Hinweise bestätigen jedoch die naheliegende Vermutung, die Maler seien mehrheitlich in den grossen Werkstätten Süddeutschlands ausgebildet worden. Einen entsprechenden künstlerischen Werdegang rekonstruiert Elisabeth Saurma-Jeltsch für den Illustrator der spätesten Chronik Diebold Schillings, der in Bern entstandenen Spiezer Bilderchronik von 1484/85.[45] Möglicherweise aus schweizerischen Gebiet stammend, «dürfte er seine endgültige Prägung im Bereich der Konstanzer Konzilchroniken und vor allem der schwäbischen Städtechroniken in Augsburg erhalten haben».[46]

Während der ganzen Zeitspanne dürfte Basel für verschiedene Maler Ausbildungsort oder zumindest eine Zwischenstation gebildet haben. Von hier aus nahmen sie später in einer der eidgenössischen Städte wie Bern, Solothurn oder Freiburg Wohnsitz. Bezeichnend ist etwa der – zwar nur hypothetische – Lebenslauf des Berner Malers Paul Löwensprung:[47] in Strassburg geboren und wohl auch ausgebildet, arbeitet er 1479/80 als Geselle in der Basler Werkstatt des Bartholomäus Ruthenzweig. Auf Empfehlung seines Meisters kann er 1480 die durch den Tod des Malers Albrecht Nentz vakant gewordene Stadtmalernachfolge in Solothurn antreten. Dieser Meister Paul von Solothurn übernimmt möglicherweise schon in den folgenden Jahren auch Aufträge der Stadt Bern, und scheint seinen Arbeitsort vor 1488 hierhin verlegt zu haben. In Bern gelangt er offenbar zu Ansehen, denn er ist in den Jahren 1497 bis 1499 im Grossen Rat vertreten. Unter den in der Schlacht von Dornach 1499 gefallenen Bernern wird «Meister Paul Löwensprung, ein kunstricher maler, nit ein krieger» aufgeführt.[48] Den Schriftquellen zufolge wanderten die in Bern tätigen Maler des ausgehenden 15. Jahrhunderts häufiger über Basel und Solothurn nach Bern und Freiburg. Nur selten ist urkundlich belegt, dass die hier tätigen Maler sich zuvor in Zürich, Schaffhausen oder Konstanz aufgehalten hätten.[49]

Auf eher unsicherem Boden bewegt sich die Beurteilung der künstlerischen Herkunft der in Bern tätigen *Maler* aufgrund ihrer Werke. Die Bern offensichtlich prägende, künstlerische Tradition Basels ist aufgrund des geringen Denkmälerbestandes nicht mehr in ihrer ganzen Vielfalt zu rekonstruieren. Wegen ihrer geographischen Lage vielen Einflüssen offen, zog die Rheinstadt seit der Konzilszeit ebenso Künstler aus dem oberrheinisch-elsässischen, wie dem schwäbischen Gebiet an.

Der durch eine Basler Werkstatt gefertigte Hochaltar der Freiburger Franziskanerkirche von 1480 bildet ein Beispiel dafür, wie eigenständig hier der ganze Facettenreichtum stilistischer Einflüsse verarbeitet worden ist.[50] So scheint es, dass in der zweiten Jahrhunderthälfte die Basler Maltradition vielgestaltig war[51] und sich nicht auf die künstlerische Nachfolge des grossen Konrad Witz beschränkte.[52]

Lokale Eigenheiten und charakteristische Stilelemente einer Stadt verlieren sich im ausgehenden 15. Jahrhundert mehr und mehr, da über weite Gebiete dieselben graphischen Vorlagen benützt wurden. Die Kupferstiche des Meisters ES und in noch grösserem Masse Martin Schongauers wurden in jenen Jahren zum künstlerischen Allgemeingut, über das die verschiedenen Werkstätten gleichermassen verfügten.

Auch die Unterzeichnungen, die mehr als die Malerei die «Handschrift» eines Malers verraten, lassen leichter die Vorbilder erkennen, als die lokale Prägung ihres Meisters. Deutlich wird zuweilen auch dessen handwerkliche Ausbildung als Glasmaler, Kupferstecher oder Flachmaler. Als Beispiel kann das Retabel des nach seinem Hauptwerk benannten Johannesmeisters[53], des einen Berner Nelkenmeisters, dienen (vgl. Kap. VI, S. 516). Sein Unterzeichnungsstil ist aussergewöhnlich graphisch (Abb. 310) und weist grosse Ähnlichkeiten zu gleichzeitigen Holzschnitten auf – insbesondere zu Frühdrucken aus Nürnberg (Abb. 311). Es ist denkbar, dass der Maler aus dieser Gegend stammte und auch in dieser Kunstgattung tätig oder zumindest ausgebildet war.[54]

Gegen Ende der zu betrachtenden Epoche scheint sich die *Bildhauerei* erneut aus baslerischen Kräften rekrutiert zu haben. So arbeitete 1505 der Basler Werkmeister Peter Pfister zusammen mit 40 Gesellen am Münsterturm, der 1507 nach einem längeren Unterbruch (seit 1492) wieder hochgeführt wurde. Ein weiteres Projekt dieser Zeit bildete das Münsterchorgewölbe mit seinen 87 figürlichen Schlusssteinen, die 1517

Abb. 311:
«Die neuntzehend figur», Holzschnitt-Illustration zum «Schatzbehalter», Nürnberg, Anton Koberger, 1491.

Der Faltenwurf der trommelschlagenden Frau aus dem «Schatzbehalter» zeigt eine der Unterzeichnung in Abb. 310 ähnliche zeichnerische Abstraktion: die Stoffe erscheinen steif, der Stau am Boden brüchig und hart.

Abb. 312:
Albrecht von Nürnberg, Bartholomäusschlussstein im Chorgewölbe, 1517, Berner Münster.

Der Bartholomäusschlussstein am Chorgewölbe ist höchstwahrscheinlich mit Albrecht von Nürnberg in Verbindung zu bringen, der ein Schüler Tilman Riemenschneiders war. Das auf der Messerklinge angebrachte Steinmetzzeichen findet sich auch an einigen Figurenfragmenten des Berner Skulpturenfundes (ADB/BHM).

Abb. 313:
Albrecht von Nürnberg, Kopf eines hl. Bischofs, 1. Viertel 16. Jh., H 46 cm, B 35 cm, T 26 cm, Bern, Münsterplattform, Skulpturenfund, Kat. Nr. 37/ADB (künftiger Aufstellungsort: BHM).

eingesetzt waren. Eine Inschrift auf der Ostseite der Triumphbogenwand verkündet noch heute das Datum der Fertigstellung. Innerhalb der in der Bauhütte Berns gefertigten Skulptur um 1500 findet sich neben oberrheinisch-baslerischen Einflüssen auch fränkisches Stilgut, das über den Bildhauer Albrecht von Nürnberg nach Bern gelangt sein muss (Abb. 312). Wie neuerliche Untersuchungen herausstellen,[55] war der ab 1494 in Bern nachgewiesene Nürnberger ein Schüler des Tilman Riemenschneider in Würzburg. Von ihm stammen auch einige Figuren des Berner Skulpturenfundes, so der prachvolle Bischofskopf (Abb. 313). Stärker als in der *Malerei* und *Glasmalerei* verzeichnet die Bildnerei im späten 15. und beginnenden 16. Jahrhundert eine ausgesprochene Heterogenität der Stile, die nicht allein oberrheinische, sondern auch niederländische, westfälische und fränkische Einflüsse aufweist.

War bezüglich der *Glasmalerei* die Jahrhundertmitte «Berns grosse Zeit», so wird sie dies in der *Tafel- und Wandmalerei* erst gegen 1500. Das Wirken der nelkenzeichnenden Meister strahlt über Bern hinaus; diese Maler scheinen nun auch die Vorlagen für die Berner Glasmalerei-Werkstätten geschaffen zu haben (vgl. Kap. V, S.444).

Das Münster

«Maria! Hilf dir selber zu dinem Buwe.»
Das Berner Münster, seine Baugeschichte und
seine Ausstattung, eine Darstellung mit zwei Rundgängen

Peter Kurmann

Mit dieser Exklamation endet der Bericht Konrad Justingers über die Grundsteinlegung des Münsters.[1] Nachdem der Chronist kurz den Vorgang der Zeremonie geschildert hat, spricht er von einer ersten Stiftung für den Neubau im Betrag von vierundvierzig Pfund, was er mit den Worten kommentiert: «*es war gar viel ze wenig.*»[2] Die diesem Satz folgende Anrufung Mariens ist in doppelter Hinsicht interessant. Erstens lässt sie die Hypothese, die Gottesmutter sei die Inhaberin des wichtigsten Patroziniums der ältesten Leutkirche gewesen, fast zur Gewissheit werden.[3] Bis zur Reformation war Maria die Schutzherrin der Stadt und Patronin des Pfarraltars,[4] und selbstverständlich nimmt sie im «Himmlischen Hof», den die Schlusssteine am Chorgewölbe des Münsters darstellen, den wichtigsten Platz nach der Dreifaltigkeit ein.[5] Dies gilt auch für die Glasmalereien des Chores: Das Passionsfenster zeigt sie als Schmerzensmutter (Abb. 314: I[6]), die Glasmalereien mit der Wurzel Jesse (Abb. 314: n II) stellen sie als Maria-Ecclesia und Immaculata dar, im grossen Schlussbild der Dreikönigslegende (Abb. 314: n III) nimmt sie mit dem Jesuskind die Huldigung der Heidenkirche entgegen, und im Mühlenfenster (Abb. 314: n IV) steht sie als Gottesgebärerin für den Beginn des Erlösungswerkes, d.h. der Inkarnation, das die Kirche auf Erden weiterführt.

Zweitens verweist Justingers Anrufung Mariens auf die generelle Finanzierungsproblematik mittelalterlicher Grossbauten. In den allermeisten Fällen lebten die Bauhütten gleichsam von der Hand in den Mund. Zwar fingen die Verantwortlichen ihre Bauunternehmen keineswegs leichtfertig an, und so suchten sie auch die nötigen Einkünfte längerfristig zu garantieren.[7] Von Anfang an war ihnen aber klar, dass sie nicht einmal die Fertigstellung wesentlicher Bauteile, geschweige denn die Vollendung des ganzen Werks erleben würden. So setzten sie zu Recht ihre Hoffnung auf zukünftige Generationen und überliessen es weitgehend ihnen, die für den Weiterbau nötigen Geldmittel zu beschaffen. Im Falle einer städtischen Pfarrkirche – das Berner Münster war ja nichts anderes, denn das dazugehörige Kollegiatsstift wurde erst 1484/85 installiert[8] – fühlte sich das Gemeinwesen ganz besonders gefordert. Nicht nur die Stadt und Rat als eigentlicher Bauherr finanzierten das Werk, sondern dank ihren Stiftungen auch einzelne reiche Bürger und Honoratioren sowie ganze Körperschaften.[9] Im Klartext meint Justingers Anrufung Mariens, dass die Hauptfürbitterin der Menschheit bei Christus durch ihre Intervention – indem sie fromme Stiftungen provozieren sollte – auch selber etwas zum Gelingen des Vorhabens beitragen möge. Die Rechnung, wenn man so sagen kann, ging letztlich auf, denn ein wesentlicher Teil der Bausubstanz des Berner Münsters verdankt seine Existenz den Stiftungen. Natürlich spielte die jeweilige politische und ökonomische Situation eine grosse Rolle, und das galt erst recht für die «offizielle» Finanzierung des Münsterbaus durch den Staat Bern.[10] So wickelte sich der Bauprozess keineswegs geradlinig und problemlos ab. Vielmehr wurde sein Fortgang einige Male durch Finanzierungskrisen gefährdet, und mehr als einmal verzögerten ihn auch Faktoren, die durch die Bautechnik bedingt waren.

Das Anspruchsniveau, das die Berner Regierung an ihren Münsterbau stellte, war von Anfang an sehr hoch, sonst hätte sie sich nicht an die damalige erste Adresse auf dem Gebiet der zeitgenössischen Architektur gewandt. In Justingers Chronik lautet der zum Spätsommer 1420 datierte einschlägige Eintrag folgendermassen: *«Darumb gen strassburg gesant wart nach meister matheo, des werkmeisters sun von strassburg, der kam gen berne und wart bestellet und verdinget zu einem werkmeister.»*[11] Der damals schätzungsweise etwa dreissig Jahre alte Matthäus war der Sohn des ein Jahr zuvor verstorbenen Ulrich von Ensingen, des Leiters der im Umkreis des gesamten damaligen deutschen Reiches erstrangigen Strassburger Münsterbauhütte.[12] Hätte Ulrich noch gelebt, so wären die Berner wahrscheinlich an ihn gelangt, um ihn als Münsterbaumeister zu gewinnen. Doch sein Sohn, der unter dem Vater in Strassburg gelernt und dort sicher bereits eine eigene Tätigkeit entfaltet hatte, wenn auch nicht als Werkmeister der Kathedrale, sondern wohl «nur» als Parlier,[13] gehörte unter den Architekten seiner Generation ohne jeden Zweifel zur Avantgarde. Mit dem Auftrag, ein neues Münster zu entwerfen und dessen Bau zu beginnen, gab ihm der Berner Rat die Gelegenheit, das zu werden, was man heute als «Stararchitekt» bezeichnet. Zweifellos hat Matthäus Ensinger seine Berner Auftraggeber und deren Nachfolger nicht enttäuscht. Wie zufrieden sie mit dem vom Werkmeister gelieferten Entwurf waren, zeigt sich daran, dass man sich *grosso modo* bis zur weitgehenden Vollendung des Werks im 16. Jahrhundert stets daran gehalten hat.[14]

Einerseits forderte der Berner Rat also höchste architektonische Qualität, andererseits war er klug genug, seinen Anspruch, was die Dimensionen des Neubaus betraf, nicht allzu hoch zu schrauben. Es lag ausserhalb der finanziellen Möglichkeiten Berns, nach dem Vorbild einiger flandrischer und brabantischer Städte eine riesige Pseudokathedrale mit Querhaus, Chorumgang und Kapellenkranz zu errichten.[15] Auch die kathedralenhafte Grösse des Ulmer Münsters[16], das trotz der Höhe und Weite seines Langhauses immer dem Typus der Pfarrkirche verpflichtet blieb, war nicht die Messlatte, die sich die Berner Regierung aneignete. Ihre Ambition bestand darin, eine im lokalen Umkreis überdurchschnittliche Pfarrkirche ohne Querhaus, aber mit einem hohen Turm – letzterer natürlich in ganz besonderem Masse als städtisches Identifikationssymbol gedacht – zu errichten und die Kirche mit einer stattlichen Reihe von sehr qualitätvollen, farbigen Glasfenstern zu schmücken. Das Bauwerk, das es in der Nachbarschaft zu überbieten galt, war das nur wenig kleinere Münster im üchtländischen Freiburg.[17] Nach der Fertigstellung der Gewölbe im Jahre 1573[18] erwies sich dieses weise Masshalten der bernischen Münsterbaupolitik als völlig richtig, denn immerhin hatte es etwas mehr als eineinhalb Jahrhunderte gedauert, bis die grosse Pfarrkirche Berns vollendet dastand, obwohl die Turmbekrönung immer noch fehlte.

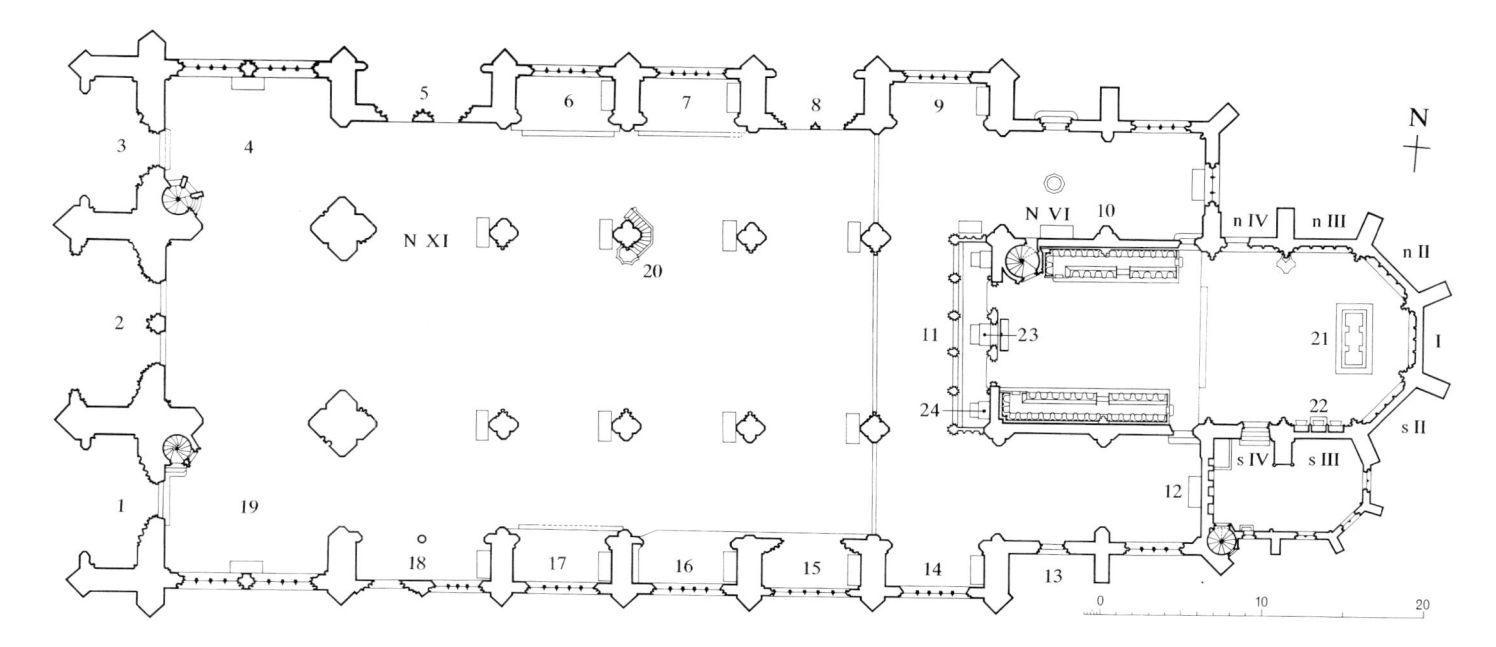

Im folgenden stellen wir einen kurzen Abriss der Baugeschichte vor. Er soll durch zwei Rundgänge ergänzt werden. Den ersten Rundgang werden wir im Gefolge hoher kirchlicher Würdenträger nachvollziehen, die am 14./15. August 1453 tatsächlich das Münster besichtigt haben, worüber Protokoll geführt wurde. Die zweite Besichtigung wird hingegen fiktiver Natur sein: Wir stellen uns vor, dass wir an einem unbestimmten Tag des Jahres 1510 einen namhaften Architekten dieser Zeit bei seinem Besuch im Berner Münster begleiten. Die Kommentare, die wir von ihm zu hören bekommen, sind natürlich ebenso virtuell, aber sie halten heutigen kunsthistorischen Fragen stand.

Die Baugeschichte 1421 bis zirka 1453[19]

Der erste Stein zum neuen Münster wurde am 11. März 1421 in Anwesenheit der weltlichen und kirchlichen Obrigkeit der Stadt an der Stelle gelegt, wo sich der Strebepfeiler zwischen der «Hebammentür» (Abb. 314: 8) und der westlich anschliessenden Bulzinger-Kapelle erhebt (Abb. 314: 7). Dieser Ort war nicht zufällig gewählt. Zum einen sollte die alte Vorgängerkirche so lange erhalten bleiben, bis zumindest der Altarraum des neuen Münsters funktionsfähig war. Es war völlig undenkbar, den Gottesdienst zeitweilig einzustellen, denn die Gnadenvermittlung, welche die Kirche anhand der Sakramente gewährleistete, war für das Seelenheil unabdingbar. Umgekehrt garantierte der kontinuierliche Gottesdienst auch wieder einen Teil der Einkünfte des Klerus. Wie in vielen anderen Fällen wurde deshalb der alte Bau durch die zuäusserst liegenden Teile des neuen gleichsam ummantelt (Abb. 315). Wie sehr das Baukonzept, die Finanzierungsstrategien und die Funktion der Kirche ineinandergriffen, zeigt sich in der Anlage der Seitenkapellen, welche die Seitenschiffe nach aussen hin begleiten (Abb. 314: 6–9, 14–18). Diese Anräume dienten privaten Stiftungen, mit denen das sogenannte Seelgerät reicher Bürger und ihrer Familienangehörigen eingerichtet wurde. Anders ausgedrückt wurden mit dem Geld dieser Stiftungen Pfründen für Priester installiert, die für das Seelenheil der Stifter regelmässig die Messe lesen mussten (vgl. Kap. V, S. 367; Kap. V, S. 457). Natürlich war auch vorgesehen, dass sich die Stifter in ihrer Kapelle begraben liessen (vgl. Kap V, S. 457).

Da diese Seitenkapellen zuerst in Angriff genommen wurden, konnten die frühesten Bauarbeiten wohl zu einem erheblichen Teil privat

Abb. 314:
Grundriss des vorreformatorischen Zustandes mit Einzeichnung der Glasmalereien, Berner Münster (nach Kdm BE, 4, 1960, Abb. 8), Massstab 1:500.

1: Südliches Westportal. 2: Hauptportal. 3: Nördliches Westportal. 4: Nördliche Turmhalle (Gerbern-Kapelle, heute Taufkapelle). 5: Westliches Nordportal. 6: Schopfer-Kapelle (auch Michel-Kapelle). 7: Bulzinger-Kapelle (später Metzger-Kapelle). 8: Hebammentür (östliches Nordportal). 9: Krauchtal-Kapelle (später von Erlach-Kapelle). 10: Chor-Nordwand. 11: Chorlettner (Rekonstruktion). 12: Matter-Kapelle (auch von Roll-Kapelle). 13: Östliche Südpforte. 14: Brüggler-Kapelle. 15: Südostportal (später Kapelle der Bruderschaft Unser Frauen Empfängnis, später Lombach-Kapelle). 16: Diesbach-Kapelle. 17: Ringoltingen-Kapelle (auch Bonstetten-Kapelle). 18: Schütz-Kapelle und Kindbetterinnentür (auch Obere Kirchthür-Kapelle). 19: Südliche Westhalle (Erlach-Ligerz-Kapelle). 20: Kanzel. 21: Hochaltar. 22: Priesterdreisitz. 23: Katharinenaltar. 24: Hl. Kreuzaltar. I(n IV / sIV: Numerierung der Glasfenster im Chor. N VI / N XI: Glasfenster an der Hochschiffwand Nord.

finanziert werden.[20] Die ersten Stiftungen betrafen die Kapellen zu beiden Seiten der Hebammentür, wobei die östliche Krauchtal-Kapelle (Abb. 314: 9) 1425 als erste an die Reihe kam, die westliche Bulzinger-Kapelle (Abb. 314: 7) kurz danach als zweite. Um 1430 folgte die weiter westlich anschliessende Schopfer-Kapelle (Abb. 314: 6) sowie das benachbarte westliche Nordportal (Abb. 314: 5). 1430 nahm Matthäus Ensinger am anderen Ende des Bauwerks mit der polygonalen Apsis des Altarhauses den Chor in Angriff. Dieser Chorschluss war 1441 bis zur Höhe der Gewölbeansätze fertig, denn in diesem Jahr wurden die aus Ulm gelieferten Glasmalereien im Achsfenster eingesetzt. Noch immer aber stand der Chor der Vorgängerkirche aufrecht. Gegenüber der Mittelachse des Neubaus nach Norden versetzt, war der Ansatz seiner Apsis dem Weiterbau der nördlichen Mauer des neuen Chors im Wege. Damit das neue Altarhaus mit einem Dach versehen und nach Westen provisorisch abgeschlossen werden konnte, musste die alte Apsis abgetragen werden. Diese Arbeit dürfte mit dem Einsetzen der ersten Gläser im neuen Chorhaupt zusammengegangen sein. Schon früher, nämlich in den 1430er Jahren, begann Ensinger auch mit dem Bau der südlichen Kapellen, nachdem 1429 Peter Matter eine bedeutende Summe an seine Kapelle gestiftet hatte,[21] die mit dem Ostende des südlichen Seitenschiffs identisch ist (Abb. 314: 12). 1436 wurde die Diesbach-Kapelle (Abb. 314: 16) reich dotiert. Die Brüggler-Kapelle (Abb. 314: 14) war 1451 fertig. Am entgegengesetzten Ende war das Südwestportal, die Kindbetterinnentür (Abb. 314: 18), bereits schon etwas früher vollendet worden, nämlich 1448. Noch etwas älter muss aus stilistischen Gründen das Südostportal sein, dessen Vorhalle 1473 zur Kapelle der Bruderschaft Unser Frauen Empfängnis umgebaut wurde (Abb. 314: 15).

Um 1442 dürften alle südlichen Seitenkapellen eingedeckt gewesen sein, aber erst zwischen 1448 und 1453 erhielten sie ihre Gewölbe, einschliesslich der bisher noch nicht erwähnten Ringoltigen-Kapelle (Abb. 314: 17). 1448 wurde die Einwölbung der Matter-Kapelle (Abb. 314: 12) gestiftet, wofür 1451 die Rechnung bezahlt wurde. Ein Jahr später erfolgte die Stiftung für das nach Westen anschliessende Gewölbe im Seitenschiff. Das heisst mit anderen Worten, dass die entsprechende Arkadenzone auf der Südseite des Langchors spätestens zu diesem Zeitpunkt aufgeführt gewesen sein muss. Es fehlten aber noch die darauf sitzenden Hochchorteile. Auf der Nordseite blieben jedoch die gegenüberliegenden Seitenschiffjoche und Chorarkaden weiterhin ausgespart, da die Nordwand des alten Chors stehen blieb (Abb. 314: 10). Das war nötig, weil sie den westlich daran anstossenden Glockenturm der Vorgängerkirche abstützte. Dieser wiederum musste so lange gehalten werden, bis man die Glocken im neuen Westturm aufhängen konnte. Dass das noch eine ganze Weile dauern sollte, war sicher allen Beteiligten klar.

Damit westlich des neuen Chors der Bau des dreischiffigen Langhauses angefangen werden konnte, musste zuerst das Schiff der Vorgängerkirche abgetragen werden, in welchem man bisher die Gottesdienste für die Pfarrei abgehalten hatte. Jetzt konnten die Geistlichen mit ihren Gläubigen in den neuen Chor umziehen. Der Abbruch des alten Langhauses geschah zwischen 1449 und 1451 (Abb. 315).

Anschliessend fing man sogleich an, die Arkaden auf der Südseite des neuen Langhauses aufzumauern. Da 1451 das – von Westen nach Osten gezählt – fünfte und 1452 das dritte südliche Seitenschiffgewölbe in Auftrag gegeben wurde, da ferner das vierte Gewölbe dieser Reihe 1454 fertiggestellt war, müssen die drei entsprechenden Mittelschiffsarkaden, ohne die man die Gewölbe in den Abseiten nicht einziehen konnte, spätestens 1453 fertiggestellt gewesen sein. Genau in diese Zeit fällt das Ereignis, das uns nun zu einem Rundgang in die Baustelle des Berner Münsters führt.

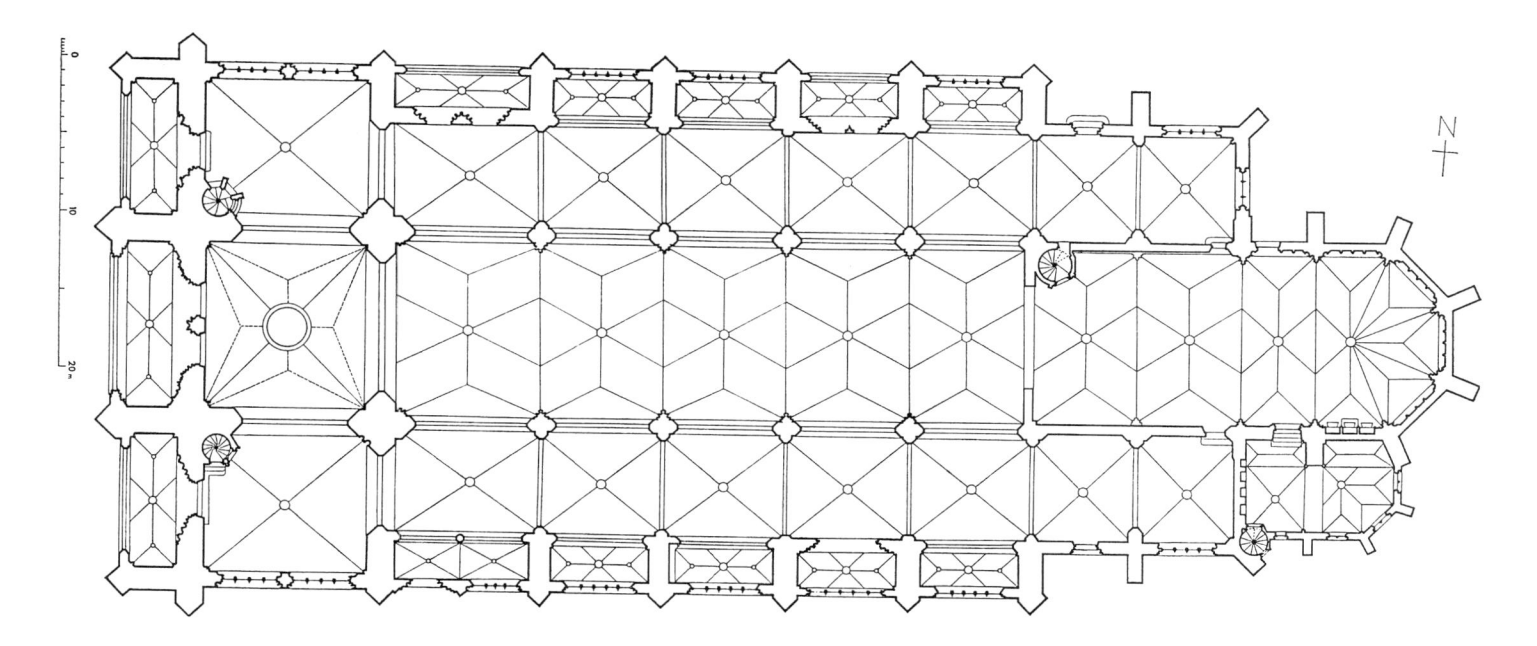

1. Rundgang: Die Visitation der Abgesandten des Bischofs von Lausanne am 14./15. August 1453[22]

Am Vorabend von Mariä Himmelfahrt kamen die Abgesandten des Bischofs von Lausanne, François de Fusce, Bischof von Granada und Peter, Abt von Squillace, in Bern an. Sie besuchten die Stadt im Rahmen einer Visitation, die alle Pfarreien der Lausanner Diözese auf Missstände überprüfte. Nachdem die hohen Kleriker und ihr Gefolge von Geistlichkeit und Volk am Stadttor empfangen worden waren, zog die Menge in feierlicher Prozession zum Münster. Hier spendete der visitierende Bischof den Segen und verlieh Ablässe, worauf die Delegation im Deutschordenshaus gastliche Aufnahme fand. Am Morgen des folgenden Festtags feierte der Bischof am Hochaltar des Münsters das Pontifikalamt, dem eine sehr grosse Zahl («*maxima multitudo*») von Geistlichen, Ratsherren und Gläubigen beiwohnte. Das Pontifikalamt fand also im neuen Chor statt, in dessen Apsis der Hochaltar stand (Abb. 314: 21). Sicher verfügte man damals schon über die ganze Fläche des Chors und nicht nur über das Altarhaus, sonst wäre es unmöglich gewesen, die grosse Menschenmenge unterzubringen. Die beiden Langchorjoche waren aber 1453 noch keineswegs fertig. Wir können uns die räumliche Situation, in der sich das Pontifikalamt abspielte, gut vorstellen (Abb. 315): Westlich von der zur vollen Höhe hochgeführten, aber noch ungewölbten Apsis, vor deren Altar der Bischof mit seiner zahlreichen Assistenz zelebrierte, standen oder knieten die Gläubigen im zukünftigen Kanonikerchor. Diesen umfasste auf der Südseite ein aus zwei Arkaden bestehendes und wenig darüber aufhörendes Mauerstück, während ihn auf der Nordseite noch die alte Chormauer der Vorgängerkirche abgrenzte (Abb. 314: 10). Zweifellos waren sowohl die Apsis als auch der Langchor eingedeckt; die Balken für das Notdach des letzteren lagen auf der Oberkante der neuen Südmauer, während sie auf der Nordseite in Löchern steckten, die man wohl eigens für sie in die alte Mauer eingebrochen hatte. Vom provisorisch eingedeckten, vermutlich nur durch die Kapellenfenster auf der Südseite spärlich beleuchteten Langchor aus betrachtet muss die etwa doppelt so hohe Apsis sehr eindrücklich gewesen sein: Hinter dem Zelebranten am Hochaltar stiegen die farbigen Fenster in den drei Fenstern des Chorpolygons und über dem Priesterdreisitz (Abb. 314: 22) wie eine leuchtende Folie in die Höhe. Nach Westen waren sowohl der Langchor als auch die Apsis – letztere über dem Notdach der geraden Chorteile – mit provisorischen Wänden abgeschlossen.

Nach dem Essen nahm der Bischof die Firmung vor und feierte anschliessend die Vesper. Dann erfolgte die Visitation aller bereits bestehen-

Abb. 315:
Grundriss mit Rekonstruktion der von Matthäus Ensinger geplanten Gewölbe, Berner Münster. (Rekonstruktion L. Mojon)

Abb. 316:
Mittelfenster (einst Passionsfenster), heutige Zusammensetzung der Scheiben verschiedener Entstehungszeit, Berner Münster (Abb. 314: I).

Abb. 317:
Wurzel Jesse-Fenster, untere und obere Zone, Berner Münster (Abb. 314: n II).

Abb. 318:
Dreikönigsfenster, untere und obere Zone, Berner Münster (Abb. 314: n III).

Abb. 319:
Mühlenfenster, untere und obere Zone, Berner Münster (Abb. 314: n IV).

Das einheitliche Konzept der Chorfenster im Berner Münster

Brigitte Kurmann-Schwarz

Die bisherige Forschung nahm an, dass man ursprünglich ein Verglasungsprogramm wie in der Apsis der Klosterkirche von Königsfelden geplant habe, wo in der Mitte die Passion Christi, auf der Nordseite seine Kindheit und auf der Südseite die Ereignisse von der Auferstehung bis Pfingsten dargestellt sind.[23] Von diesem ersten Programm sei jedoch nur das Passionsfenster in der Achse ausgeführt worden. Aufgrund der herrschenden Geldnot habe man sich danach für «populärere» Themen entschieden, für die sich leichter Stifter finden liessen. Da jedoch das Passionsfenster nachgewiesenermassen nicht wesentlich teurer war als das Zehntausend Ritter-Fenster[24] und diese Heiligen ausserdem um die Mitte des 15. Jahrhunderts noch keineswegs die allgemeine Popularität hatten,[25] die sie erst nach der Murtenschlacht errangen, bleibt die Hypothese von einem Programmwechsel eine reine Behauptung. Es ist daher ratsamer, davon auszugehen, dass das Programm zumindest in seinen Grundzügen von Anfang an so geplant wurde, wie es jetzt noch zu sehen ist.

Die *Zehntausend Ritter-Legende*, deren Inhalt ausschliesslich auf der Vorstellung der Imitatio Christi beruht und deren Protagonisten römische Legionäre im Kampf gegen die Völker des Ostens waren, diente ursprünglich als Ermutigung und Vorbild für die Kreuzfahrer. Tatsächlich entstand die Legende nach den Forschungen der Bollandisten in Süditalien, wo sie wahrscheinlich um 1200 in der Stadt Squillace auf griechisch abgefasst und später ins Lateinische übertragen wurde.[26] Ob sich der visitierende Abt Peter von Squillace dieses Ursprungs der Legende noch bewusst war? Der Deutsche Orden, der bekanntlich die Priesterschaft des Münsters stellte, dürfte diese Legende von Süditalien, wo er bis zum Fall von Akkon grossen Besitz hatte, über die Alpen und gegen Ende des 13. Jahrhunderts auch nach Bern gebracht haben. Die kriegerischen Anstrengungen, zu denen sich Bern im Laufe seiner Geschichte immer wieder gezwungen sah, um sich gegen den habsburgischen Adel durchzusetzen, dürften zunehmend das Interesse der Stadt an solchen exemplarischen christlichen Streitern geweckt haben. Seit der Schlacht bei Laupen 1339 wurde am Tag der Zehntausend Ritter eine Jahrzeit gefeiert, und angeregt von der Kirchenpflege und vom Schultheiss gewann man seit 1447 reiche Stifter, die sich an der Finanzierung der Glasmalereien mit der Zehntausend Ritter-Legende beteiligten.[27]

Versucht man, sich aufgrund der vorhandenen Reste das Passions- und das Zehntausend Ritter-Fenster vorzustellen, so wie die Visitatoren sie 1453 zu Gesicht bekamen, wird deutlich, dass beide Farbverglasungen aus einem gemeinsamen inhaltlichen Konzept heraus entwickelt wurden.[28] In der ersten Zeile des *Passionsfensters* sass ursprünglich der thronende Pilatus (heute in der Krauchtal-Erlach-Kapelle, Abb. 314:9), rechts von ihm wurde der gefangene Christus vorgeführt (Abb. 339). Diese Szene spielte sich in einem polygonalen Innenraum ab, der wie die Bilder des Miraflores-Altar von Rogier van der Weyden (Berlin, Gemäldegalerie, um 1435) durch eine figürlich besetzte Archivolte gerahmt wurde, von der noch Teile original erhalten sind.[29]

Durch die drei rundbogigen Öffnungen des Prätoriums fällt der Blick des Betrachters auf den betenden Christus am Ölberg, die schlafenden Jünger (→Abb. 340) und die herannahenden Häscher. Rundbögen rahmen auch die Szenen der beiden obersten Zeilen des Passionsfensters in der Zone unterhalb der steinernen Masswerkbrücke. Die drei einzigen Felder in der Zone oberhalb der Masswerkbrücke gehören zu einem vielfigurigen Kreuzigungsbild, das im vertikalen Sinne wahrscheinlich alle vier Fensterbahnen und in der Waagrechten zwei Zeilen einnahm. Durch einen malerisch wiedergegebenen einfachen steinernen Rahmen war es aus der architektonischen Komposition des Fensters herausgehoben. Eine Architekturscheibe, die heute in der fünften Zeile der unteren Fensterzone sitzt, deutet darauf hin, dass auch die verlorenen Felder aus den drei obersten Zeilen des Fensters architektonisch gegliedert waren.

Anders als etwa im später entstandenen *Dreikönigsfenster*, in dem jedes Stockwerk des Architekturrahmens aus dem vorangehenden herausentwickelt ist (Abb. 318; →Abb. 338), bildet dieser im *Passionsfenster* in sich abgeschlossene Einheiten, die den Blick des Betrachters nicht leiten, sondern hemmen. Sein Auge muss auf jeder Einheit der Komposition verweilen und diese wie ein Andachtsbild in sich aufnehmen. Auf die Nähe zu solchen Bildern deutet auch die Haltung Christi in der Geisselung, der Dornenkrönung (→Abb. 342), der Ecce-homo-Szene, und der Kreuztragung hin, welche den Typus der sogenannten Imago pietatis aufnimmt, deren sakramentale Bedeutung die Forschung darlegte. Damit steht das *Passionsfenster* nicht nur räumlich, sondern auch inhaltlich in einer engen Beziehung zum Hochaltar und zur Messfeier des Münsterklerus.[30]

Das ikonographische Programm des *Zehntausend Ritter-* und des *Wurzel Jesse-Fensters* wurde auf das früher entstandene *Passionsfenster* abgestimmt. Formal jedoch zeigen die beiden benachbarten Fensterspiegel eine völlig verschiedene Gliederung. Das *Zehntausend Ritter-Fenster* besass in seiner unteren Zone zehn Szenen, die jeweils zwei Felder umfassten. Im Gegensatz zum Passionsfenster wurde die Leidensgeschichte der Märtyrer vom Berg Ararath in einer fortlaufenden Bilderfolge erzählt, die über weite Strecken der Version im Normalcorpus der «Elsässischen Legenda aurea» folgt.[31] Um den freien Erzählfluss der Legende zu gewährleisten, verzichtete der Entwerfer der Glasmalereien darauf, den Fensterspiegel mit Architekturen zu unterteilen. Nur in den obersten Zeilen erscheinen die Figuren in Gehäusen, die sich dem architektonischen Rahmen der übrigen Fenster anpassten.

Der Passion Christi entsprechend umfasst auch die Zehntausend Ritter-Legende unterhalb der steinernen Querverstrebung inhaltlich alle Etappen der Erzählung, die zum Tod der Helden führte. Das mehrere Scheiben umfassende Bild sahen die Visitatoren von 1453 direkt über der steinernen Masswerkbrücke des südlichen Apsisfensters, und zwar genau auf derselben Höhe wie das grosse Kreuzigungsbild des Passionsfensters. Keinem Betrachter des 15. Jahrhunderts konnte entgehen, dass die Passio der Zehntausend eine vollkommene Imitatio Christi zeigte, die im Martyrium als Parallele zur Kreuzigung des Heilands ihren Höhepunkt erreichte.

Auch das *Wurzel Jesse-Fenster* mit seinem typologischen Bilderzyklus auf der Nordseite des Chores (Abb. 317) zeigt an derselben Stelle eine Szene, die inhaltlich eng mit dem Opfertod Christi verbunden ist. Diese Art der Gegenüberstellung von alt- und neutestamentlichen Bildern beruht auf der allegorischen Exegese der Heiligen Schrift, nach der ein Ereignis aus dem Alten Testament, der Typus, ein Geschehen des neuen Testamentes, den Antitypus, ankündigt.[32] Die Abendmahlszene über der steinernen Masswerkbrücke verweist auf die Eucharistie, das unblutige Opfer Christi – im Gegensatz zum blutigen Opfer im Passionsfenster –, das am Altar des Chores vom Priester täglich vollzogen wurde und die Menschen an Christus teilhaben lässt.[33] Die allegorische Exegese (= Auslegung) der Heiligen Schrift war im Mittelalter sehr weit verbreitet.[34] Seit dem 12. Jahrhundert findet man sie auch in der Glasmalerei, und im 13. Jahrhundert entstanden zwei beliebte und verbreitete Kompilationen, die auch illustriert wurden, die «*Biblia pauperum*» (= Armenbibel) und das «*Speculum humanae salvationis*» (= Heilsspiegel). Man nahm denn auch an, diese beiden illustrierten Schriften seien die direkten Quellen für den Entwerfer des Berner Fensters gewesen, doch leuchten so enge Beziehungen aufgrund der vielen Abweichungen von den angeblichen Vorlagen nicht ein. Das Berner Fenster zeigt ausserdem eine Besonderheit, die man weder mit der «*Biblia pauperum*» noch mit dem «*Speculum humanae salvationis*» erklären kann. Im Gegensatz nämlich zur Definition der allegorischen Exegese, wie sie seit den Kirchenvätern üblich war, wird im Berner Fenster der Patriarch Jesse mit dem Weinstock in das allegorische Bezugssystem einbezogen (Abb. 317). Der Entwerfer verstösst gegen die Regeln der allegorischen Schriftauslegung, indem er der alttestamentlichen Figur Jesse zwei ebenfalls alttestamentliche Typen zuordnet. Nur wenn man weiss, dass der Weinstock auch für Maria und Christus, für Maria als die Kirche und das Opfer Christi, stehen kann, wird verständlich, dass man Jesse als Antitypus zur Erschaffung Evas auf der einen Seite und der Schande Noahs auf der anderen Seite auffassen kann. Die Erschaffung Evas gilt als Präfiguration der Entstehung der Kirche aus der Seitenwunde Christi, Maria wird mit der Kirche gleich gesetzt, und der von Cham verspottete Noah erscheint als Vorläufer für den Christus der Passion.[35]

Nur das Annafenster im Chor der Klosterkirche von Königsfelden enthält eine ähnliche Zusammenstellung von Jesse, der Erschaffung Evas und der Schande Noahs.[36] Dort leiten die drei Szenen jedoch ein Annen-Marien-Leben ein. Ein ähnliches Programm findet man in einem Fenster der Kathedrale von Moulins, nämlich in der Immaculata-Kapelle, die 1474 vom Herzog und der Herzogin von Bourbon gestiftet wurde.[37] Das Beispiel aus Moulins belegt, dass sich das Bildprogramm ganz offenbar auf die Unbefleckte Empfängnis Marias bezieht. Letztere wurde 1439 ohne den päpstlichen Segen auf dem Basler Konzil als Dogma verkündigt[38] und durch die Korrespondenz der Konzilteilnehmer gezielt verbreitet. Weil sich die Unbefleckte Empfängnis Marias nicht direkt aus der Schrift ableiten liess, spielte die Typologie für ihre Begründung eine wichtige Rolle. So verwiesen die Theologen beispielsweise schon früh auf die Wurzel Jesse als Präfiguration der unbefleckten Empfängnis. Es erstaunt daher nicht, dass dieses um 1450 wenig aktuelle Bildthema gerade damals vor allem in den Gegenden rund um Basel wieder aufgegriffen wurde (vgl. Kap. V, S. 414).[39] Die marianische Bedeutung des Berner Jessebaums wird durch die leuchtend gelbe Sonne im Zentrum des Masswerks bestätigt und zusammengefasst (Abb. 317), nimmt doch die Sonne unter den Marienmsymbolen einen prominenten Platz ein. «*Electa ut sol*» verkündigt der Marienhymnus.

Drei Themen, die Typologie, das Heiligenleben und die Eucharistie werden von den beiden *grossen Fenstern auf der Nordseite* des Chores nochmals aufgenommen. Das *Dreikönigsfenster* vereinigt zwei sehr unterschiedliche Themen, die Legende der hl. drei Könige und einen umfangreichen Wappenzyklus. Das Bildprogramm mischt legendäre und biblische Geschehnisse und folgt wiederum der Erzählung eines Legendars. Diesmal handelt es sich um eine Version des vor allem in Kreisen der reformierten Dominikanerinnen verbreitete Legendars «Der Heiligen Leben».[40] Das Programm der Chorverglasung sollte mit einer monumentalen Darstellung der Mystischen Mühle abgeschlossen werden (Abb. 319). Das Mühlenbild ist eine allegorische Darstellung der Kirche als Verwalterin der Sakramente und Hüterin der Lehre. In Bern wird darüber hinaus ein allegorisches Bezugssystem zur Heilsgeschichte hergestellt, in dem die Mühle als Antitypus den Typen «Quellwunder Mosis» und «Mannalese» gegenübersteht (→Abb. 356).[41] Vielleicht ergriff man während der Visitation die Gelegenheit, den theologisch versierten Würdenträgern den Plan zu dem vielschichtigen und vieldeutigen Bild vorzulegen.

Dabei wird man ihnen erklärt haben, dass der Bach, den Moses im oberen Teil des Fensters aus dem Felsen schlägt, die geschichtlichen Epochen verbindet, die vom Aufenthalt des Volkes Israel in der Wüste über die Verkündigung an Maria bis zur Heilsvermittlung durch die gegenwärtige Berner Ortskirche führen. In den beiden untersten Zeilen teilen die Kirchenväter zusammen mit anderen Geistlichen die Kommunion aus, und ein Kanoniker hält einem Knaben den Ablutionskelch hin. Das Thema der Kirche als der Vermittlerin der Sakramente wird dadurch unterstrichen, dass Petrus im Ornat des Papstes sich an der Stauvorrichtung des Mühlenbachs zu schaffen macht (Abb. 319). Wenn nämlich der Papst die Schleusen öffnet, kann die Kirche die Eucharistie spenden; schliesst er sie, indem er das Interdikt verhängt, bringt er die Mühle zum Stehen. Da der Papst allein die Mühle manipuliert, nimmt das Bild Stellung zu einer Frage, die damals sicher auch die Berner bewegte. Hat Christus nur Petrus oder allen Aposteln die Schlüsselgewalt übertragen? Da ausser Paulus die anderen Apostel auf dem Bild fehlen, optierte man in Bern für den Papst als oberste Entscheidungsgewalt in kirchlichen Dingen. Die beiden untersten Zeilen zeigen die Gläubigen, die auf die Kommunion warten. Sie tragen das um 1450 übliche Kostüm und stellen damit die Ecclesia Bernensis dieser Zeit dar, die sich als Teil der Universalkirche in die Heilsgeschichte einordnet und sich damit in die Tradition des auserwählten Volkes begibt.

Wie wohl überlegt das Programm des *Mühlenfensters* war, lässt sich auch an seiner Komposition ablesen. In keinem anderen Fenster verbinden sich die gemalten Architekturrahmen der Hauptbilder so eng mit der wirklich gebauten Architektur (Abb. 319; →Abb. 338), und nur im Mühlenfenster verwendete man zur Gestaltung dieser Rahmen ausschliesslich Ensingersche Bauformen.[42] Die Kirche als Bau und die Kirche als Institution, wie das Mühlenbild sie darstellt, verbinden sich zu einer Einheit. Es fällt auf, dass je ein Kanoniker sowohl unter dem Volk, das auf die Kommunion wartet, als auch unter den Kirchenvätern auftritt, aber kein Deutschordensgeistlicher. Das Fenster nimmt damit einen Wandel in der Berner Kirche vorweg, der sich erst später vollzog.

Fasst man die Hauptthemen der erhaltenen spätmittelalterlichen Chorverglasung zusammen, bildet die Passion Christi, deren Imitatio durch die Heiligen und deren unblutige Wiederholung in der Eucharistie, den Schwerpunkt des Bildprogramms. Daran reihen sich zwei weitere Hauptgedanken an: Die Verehrung Christi durch die Gläubigen, die in der Anbetung der Könige dem menschgewordenen, im Mühlenfenster dem eucharistischen Christus gilt, und die Einheit der beiden Testamente als Teil einer fortlaufenden Heilsgeschichte bis zur Entstehungszeit der Glasmalereien. Nimmt man jedes dieser Themen für sich, lässt sich am Berner Programm nichts besonders Originelles feststellen. Das typologische Denken, welches ein Ereignis der Gegenwart als ein qualitativ gesteigertes Geschehen eines geschichtlich weiter zurückliegenden Vorfalles auffasst, war den Menschen des Mittelalters und selbst noch in späteren Epochen vertraut. Auch die Passion Christi als Zentrum des Programms und ihre Verbindung mit dem Martyrium der Heiligen und der Eucharistie ist in den Verglasungsprogrammen seit dem 12. und 13. Jahrhundert geläufig. Tatsächlich wurzeln die Themen der Berner Chorverglasung in einer Tradition der Bildausstattung grosser Pfarr- und Stiftskirchen, die im deutschsprachigen Raum auf das 12. Jahrhundert zurückgeht.[43]

Ist also die Auswahl der Themen, die dem Berner Programm zugrunde liegen, wenig originell, so gilt dies nicht für die Umsetzung ins Bild. Die Legenden der Zehntausend Ritter und der Heiligen Drei Könige lassen sich nicht auf eine bestimmte Bildtradition zurückführen. Genauer lässt sich hingegen ihre literarische Herkunft bestimmen. Sicher wurden die Bilder anhand von Texten für die Chorverglasung neu geschaffen. Es liess sich auch kein typologischer Zyklus finden, den man als Vorlage für das Wurzel Jesse-Fenster gebraucht hätte. Der Schluss liegt nahe, dass auch hier eine neue originelle Redaktion des alten Stoffes vorliegt. Dasselbe gilt auch für das aus Ulm importierte Passionsfenster. Es kopiert nicht einfach einen in der schwäbischen Metropole geläufigen Bildzyklus mit den Leiden Christi, sondern seine Ikonographie wurde völlig neu geschaffen. Das Mühlenbild schliesslich bedient sich zwar traditioneller Bausteine, aber seine typologische Auslegung, die Einbeziehung der Berner in das Bild, das Mahlen der Evangelistensymbole und die Stellungnahme für den Papst als alleinigem Träger der von Christus übertragenen Gewalt, machen es zu einer einmaligen und originellen Komposition.

Abb. 320:
Die drei Portalvorhallen, Berner Münster (Zustand vor dem Turmausbau, 1891/93).

den Kapellen und Altäre. Dabei ging es den Visitatoren offensichtlich weniger um den baulichen Zustand der betreffenden Teile der Kirche als um die Dotierungen der Kaplaneien und Altäre sowie um deren liturgische Einrichtung. Die Tatsache, dass sie sich im Langhaus in einer Baustelle unter offenem Himmel befanden – das alte Schiff der Vorgängerkirche war ja soeben abgerissen worden – ist im Visitationsbericht nicht der Rede wert; offenbar waren sich die kirchlichen Würdenträger solche Situationen gewöhnt. Diese störten sie kaum, weil das kirchliche Leben in gewohnter Weise weiterging und die neuen Kapellen bereits benutzt werden konnten. Mit Sicherheit waren deren Eingangsbögen, die sich zum zukünftigen Langhaus hin öffnen sollten, provisorisch mit Bretterverschalungen geschlossen worden, um die Anräume nicht nur vor Wind und Wetter, sondern auch vom Staub und Lärm der Baustelle im Langhaus zu schützen. Zuerst schritten die Visitatoren die südliche Kapellenreihe von Osten nach Westen ab und kehrten dann entlang der Nordseite von Westen nach Osten zum Chor zurück. Sie fingen beim Katharinenaltar an (Abb. 314: 23). Er war besonders wichtig, weil hier die tägliche Frühmesse für die Deutschordensherren gefeiert wurde. Im Bericht heisst es, er befinde sich mitten in der Kirche zwischen Chor und Langhaus («*in medio ecclesie inter navem et chorum eiusdem*»), was ungefähr die Situation wiedergibt, die er später unter dem Lettner einnahm (siehe Kastentext, Kap. V, S. 491). Wahrscheinlich stand dieser Altar aber zur Zeit der Visitation auf der Ostseite der provisorischen Wand, die den Chor gegen die Baustelle im Westen abschloss. Das galt sicher auch für den in der Nähe stehenden Kreuzaltar («*altare sancte*

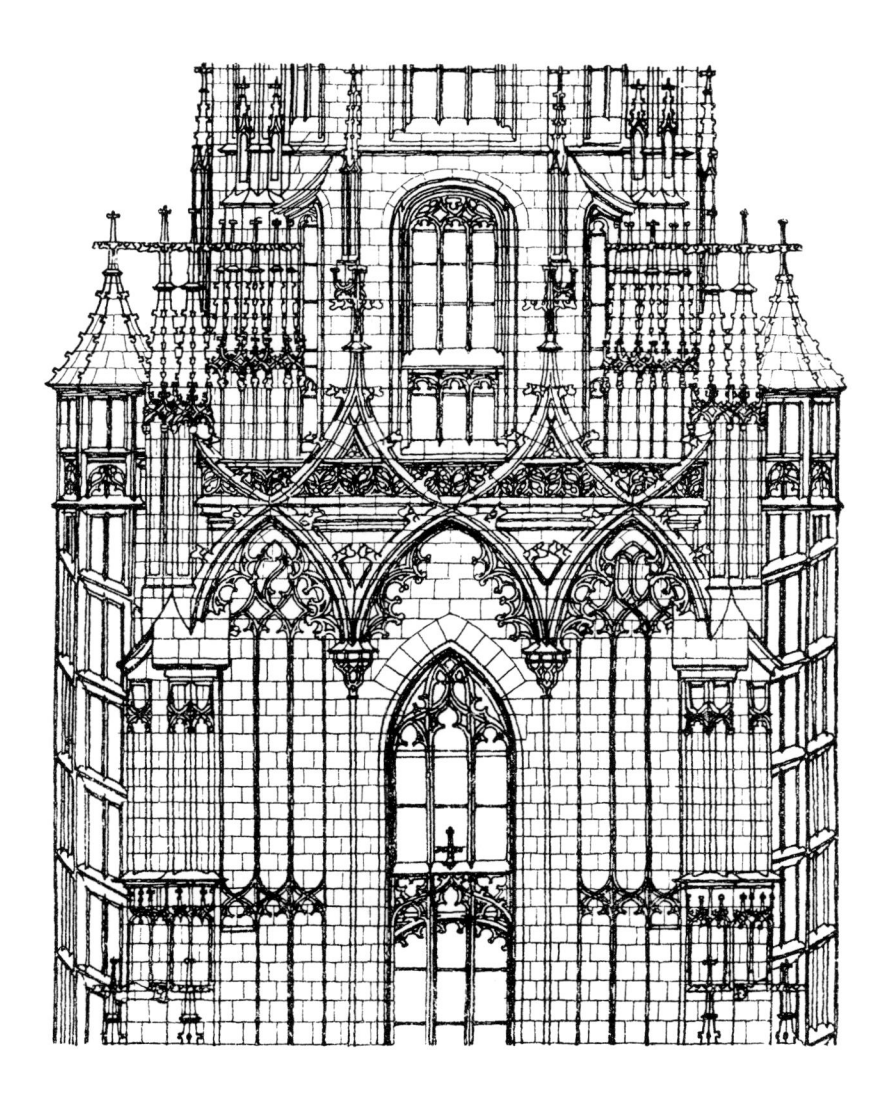

Abb. 321:
Oberer Teil des Turmvierecks, Bern, Münster (Rekonstruktion K. Indermühle).

Crucis prope dictum altare sancte Katherine»), der ebenfalls einer täglichen Messe für die Deutschordensherren diente (Abb. 314: 24). Wir wollen den Gang zu allen Altären der Seitenkapellen nicht im einzelnen aufzeichnen. Halten wir jedoch fest, dass von den sechs Altären der südlichen Reihe nur die Hälfte mit allem nötigen liturgischen Gerät ausgestattet war. Auf der Nordseite waren drei Altäre vorhanden, von denen zwei den liturgischen Anforderungen genügten. Interessant ist der Hinweis auf den Altar des hl. Nikolaus, von dem wir nicht wissen, wo er sich befand. Zwar war er schon vorhanden, und gelegentlich *(«aliquando»)* benutzten ihn die Deutschordenherren zur Feier der Messe und anderer liturgischer Handlungen, aber noch hatte sich kein Stifter für seine Ausstattung mit Vermögenswerten gefunden *(«nescitur per quem fondatum neque dotatum»).*[44] Man kann den Nikolausaltar als Stellvertreter für den Stand des Übergangs und des Provisoriums betrachten, in welchem sich das Münster zur Zeit der Visitation befand. Auch die Verglasung des Chores war zu diesem Zeitpunkt noch nicht vollendet (Abb. 316–319). Wie gesagt hatten erst die drei Fenster der Apsis und dasjenige über dem Priesterdreisitz ihren farbigen Glasschmuck erhalten. Als die Abgesandten des Bischofs von Lausanne das Münster visitierten, waren die Glasmaler gerade dabei, das Dreikönigsfenster (Abb. 314: n III, Abb. 318) zu schaffen. Das Mühlenfenster (Abb. 314: n IV, Abb. 319) war damals sicher schon geplant; vielleicht hatte sich sein Entwerfer schon in Bern eingefunden und war dabei, die Zeichnungen für die Glasmalereien auszuführen, die er dem Stifter zur Begutachtung vorlegen konnte. Man darf daher annehmen, dass die städtischen Vertreter der Münsterbauleitung den geistlichen Herren aus Lausanne 1453 auch die Verglasung des neuen Chores vorführten (siehe Kastentext S. 430, 431).

Abb. 322:
Aufriss des Nordturms ohne Helm, Strassburg, Münster.

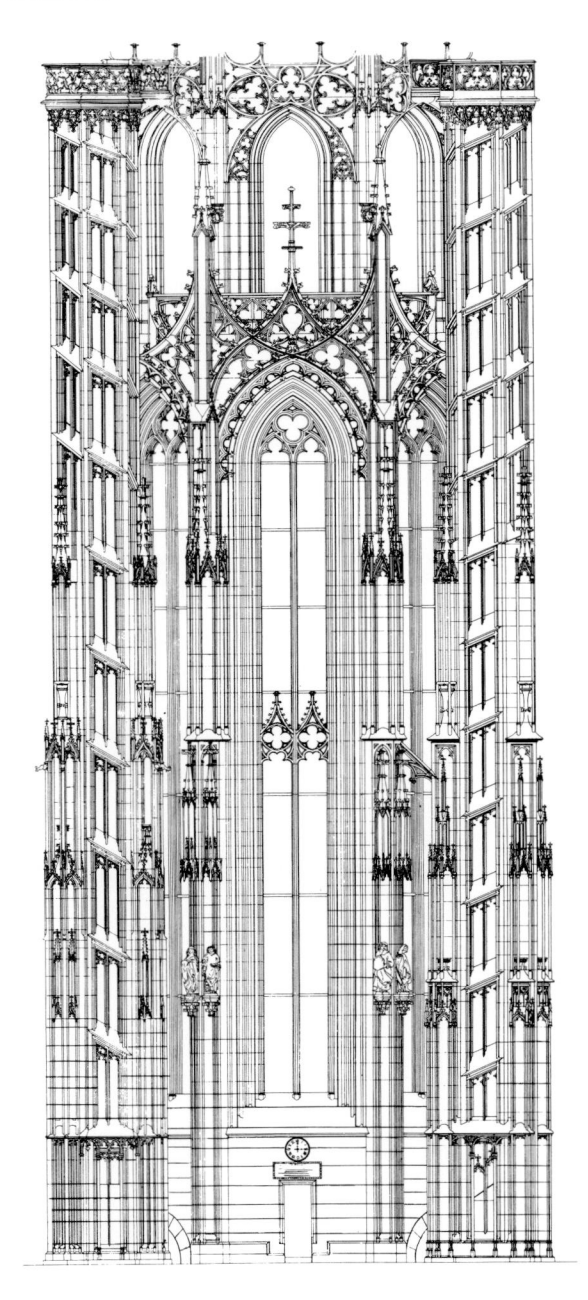

Glasmalereien dürften sie auch in den bereits dotierten und liturgisch ausgestatteten Kapellen des Petermann von Krauchtal, des Peter Matter, möglicherweise auch in derjenigen des Hans Bulzinger gesehen haben (Abb. 314: 9, 12, 7). Von den Verglasungen dieser Kapellen sprechen die Quellen, doch ist nicht bekannt, wer sie ausführte, was sie darstellten und wie sie aussahen. Der grösste Stolz der Vertreter der Stadt, welche die Visitatoren empfingen, war aber sicher die Verglasung des Chores, obwohl sie 1453 wahrscheinlich noch nicht vollendet war und auch nicht mehr alle Glasmalereien im Zustand ihrer Entstehungszeit erhalten sind.[45]

Die Baugeschichte von zirka 1453 bis zirka 1510 (Abb. 315)[46]

Wenige Monate vor der Visitation war Matthäus Ensinger im Werkmeisteramt offiziell von Stefan Hurder abgelöst worden. Dass ersterer seit 1436 von Bern nach Ulm berufen worden war und sich seither kaum mehr in der Aarestadt aufhielt, scheint den Fortgang des Baus nicht behindert zu haben. Zeitweise war Matthäus in Bern von seinem erstgeborenen Sohn Vinzenz vertreten. Dieser wurde in der Aarestadt geboren und hatte wohl aufgrund der leitenden Stellung seines Vaters am Bau des Vinzenzenmünsters seinen Taufnamen erhalten.

Die zur Zeit der Visitation bereits aufgeführten drei östlichen Mittelschiffsarkaden auf der Südseite setzte Stefan Hurder durch den Bau der beiden nach Westen folgenden fort. Die entsprechenden Seitenschiffgewölbe wurden aber wahrscheinlich erst von Niklaus Birenvogt, dem Nachfolger Hurders, in den 1470er Jahren eingezogen. Unterdessen stellte sich nämlich das Problem des Westbaus, d.h. des Turms und seiner Nebenräume. Wann mit diesen Teilen genau angefangen wurde, wissen wir nicht. Da aber 1471 eine Wappenscheibe in die nördliche Turmhalle (Abb. 314: 4) gestiftet und im selben Jahr der Altar der beiden Johannes in der symmetrisch entsprechenden südlichen Westhalle (Abb. 314: 19) erwähnt wird, so müssen diese beiden Anräume zusammen mit der mittleren Turmhalle in den späten 1450er Jahren begonnen worden sein. Für ihre Planung und Fundamentierung zeichnet also Stefan Hurder verantwortlich. Die beiden Seitenräume wurden vor 1472/73 (Südseite) beziehungsweise 1476 (Nordseite) eingewölbt. Bis zu seinem Tode im Jahre 1469 dürfte Stefan Hurder auch noch die drei Portalvorhallen begonnen haben. Sein Amtsnachfolger Niklaus Birenvogt (Werkmeister 1469–81) leitete die Herstellung des Skulpturenzyklus am Mittelportal, den der aus Westfalen eingewanderte Erhard Küng zusammen mit seinen Gehilfen schuf und spätestens 1481 vollendet hat.

In den 1470er Jahren wurden die vier westlichen Arkaden auf der Nordseite des Mittelschiffs sowie die entsprechenden Seitenschiffgewölbe errichtet. Auch die steinerne Kanzel stammt aus dieser Zeit (Abb. 314: 20). Nach Fertigstellung der Arkaden wurde das Langhaus ungefähr auf halber Höhe mit einem provisorischen Dach abgeschlossen, so dass es in seiner ganzen Länge benutzt werden konnte. Im östlichsten Joch wird man auf der Nordseite den Dachstuhl an der Südmauer des immer noch aufrecht stehenden Turms der Vorgängerkirche befestigt haben. Wäre jetzt eine Visitation erfolgt, so hätten die damit Beauftragten nicht mehr wie 1453 unter freiem Himmel von Seitenkapelle zu Seitenkapelle gehen müssen.

Jetzt war es an der Zeit, den grossen Turm im Westen hochzuführen. Nötig wurde dies nur schon deshalb, weil die noch zu bauenden Obergadenwände des Mittelschiffs am Turm verankert werden mussten. Zuerst unter Niklaus Birenvogt, ab 1481 unter dem neuen Werkmeister Mauritz Ensinger (dem bereits 1483 verstorbenen Enkel des Matthäus) entstand die mittlere Turmhalle und am Aussenbau das erste Viereckgeschoss bis zur Sohlbank der grossen Fenster. Darüber ist aber die ganze untere Hälfte des Turmvierecks das Werk des 1483 bestallten Werkmeisters Erhart Küng, der seine Karriere am Berner Münster als

Abb. 323:
Südliches Seitenschiff, Aussenansicht, Berner Münster.

Abb. 324:
Strebepfeiler auf der Nordseite des Chors, Orléans, Kathedrale.

Chefbildhauer begonnen hatte und diesem Bau bis zu seinem Tode 1506/07 treu blieb. 1493 war das Obergeschoss des Turmvierecks so weit gediehen, dass darin die aus dem alten Turm überführten Glocken aufgehängt werden konnten. Im gleichen Jahr zeigten sich Risse am neuen Turm, woraufhin man die Bauarbeiten unterbrach. Zu Unrecht hat man Küng die Bauschäden angelastet, die durch eine mangelhafte Fundamentierung der Turmpfeiler verursacht wurden.[47] Diese gingen aber auf Stefan Hurder zurück. Viermal hintereinander (1493, 1495, 1505, 1506) rief die bernische Regierung Gutachter herbei, welche unterschiedliche Lösungen für die statischen Probleme anboten. Als entscheidender Nothelfer stellte sich der Augsburger Stadtwerkmeister Burkhart Engelberg heraus, der 1507 nach Bern gebeten wurde. Er lieferte einen neuen Entwurf für die noch auszubauenden Turmteile, woraufhin man den Weiterbau des Westturms nach dreizehn Jahren Stillstand wieder in Gang setzte. Offenbar anhand der von Burkhard Engelberg gezeichneten Pläne entstand so bis zirka 1518 (seit 1505 unter dem neuen Werkmeister Peter Pfister aus Basel [† 1520]) der gesamte obere Teil des viereckigen Turmstumpfs einschliesslich der darüber angelegten Galerie mitsamt ihrer Brüstung. Schliesslich wurde darauf das untere Geschoss des Achtecks gesetzt, dessen korbbogenförmige Fenster auffallen. 1521 errichtete Peter Kleinmann, der Nachfolger Pfisters im Werkmeisteramt, das Dach auf dem niedrigen Oktogon. Seither ruhte der Turmbau bis zum Ende des 19. Jahrhunderts.

435

Hans Hammer, Baumeister des Bischofs von Strassburg

Hans Hammer ist keine virtuelle Person.[48] 1486–1490 war er ein erstes Mal Werkmeister am Strassburger Münster. 1490 bewarb er sich um den Bau des Vierungsturms am Mailänder Dom. In dieser Zeit wurde er Baumeister des Fürstbischofs von Strassburg. Vielleicht schon 1510, ganz sicher aber seit 1512, bekleidete Hans Hammer erneut das Amt des Strassburger Münsterbaumeisters, das er bis zu seinem Tode 1519 innehatte. Hammer gehörte zu den grossen Architekten seiner Zeit. Die von ihm 1484/1485 geschaffene Münsterkanzel und die um 1515 vollendete Laurentius-Kapelle im elsässischen Dom sind Meisterwerke. Als noch spektakulärer erweist sich sein Plan für den Südturm der Strassburger Kathedralfassade.[49] Dessen Oktogon kopiert den entsprechenden, von Ulrich Ensinger errichteten Teil des Nordturms, während der Helm einen Kompromiss anstrebt, indem in die Bekrönung, die Johannes Hültz auf den Nordturm gesetzt hat, Züge derjenigen eingebracht werden, die Ulrich von Ensingen geplant hatte[50]. Der erst im 18. Jahrhundert vollendete Vierungsturm des Mailänder Doms[51] weist Elemente auf, die Kenntnis des von Hammer gezeichneten Turmprojekts verraten.[52] Die Vermutung, dass Hans Hammer selber in Mailand war, hat einiges für sich.[53] Sie ist aber ebenso wenig beweisbar wie die Annahme, er habe auf dem Weg dorthin Bern besucht. In Anbetracht der schwäbischen Herkunft Hammers und seiner vielen Verbindungen zum Schaffen der Ensinger ist die Hypothese indessen nicht von der Hand zu weisen, dass er das Hauptwerk des Sohnes seines wichtigsten Vorgängers am Strassburger Münster besichtigt hat.

Abb. 325:
Strebewerk auf der Nordseite, Berner Münster.

Während der vorhin erwähnten, 1493 bis 1507 dauernden Bauunterbrechung war die Bauhütte aber keineswegs untätig. Seitdem der Turm weit über die Scheitelhöhe des zukünftigen Mittelschiffgewölbes hinausragte, konnte endlich das Langhaus vollendet werden. Schon früher, nämlich zirka 1485–1488, waren die beiden bis dahin noch fehlenden östlichsten Seitenschiffjoche auf der Nordseite errichtet worden, obwohl der alte Turm der Vorgängerkirche immer noch stehen blieb. Er war jetzt auf allen Seiten vom neuen Münster ummantelt. 1493 konnte er endlich abgerissen werden. Erst jetzt war man in der Lage, die beiden nördlichen Arkaden des Langchors aufzumauern. Anschliessend wurde ab 1495 auf beiden Seiten des Langchors die Obergadenwand hochgeführt. Dasselbe geschah im Langhaus. Um 1500 waren diese Arbeiten abgeschlossen, denn damals versah man das Mittelschiff zwischen Turm und Apsis mit einem einheitlichen neuen Dach. Bis auf die Mittelschiffsgewölbe sowohl im Chor als auch im Langhaus war nun das Innere des Münsters vollendet. Zur selben Zeit errichtete man auf der Westseite des Triumphbogens zwischen Chor und Langhaus den spätgotischen Lettner (Abb. 314: 11) aufgrund eines Entwurfs von Erhart Küng, der heute noch im Bernischen Historischen Museum zu sehen ist und in den Niklaus Manuel Deutsch um 1510 die offenbar an Ort und Stelle noch fehlenden Standbilder einzeichnete (siehe Kastentext, Kap. V, S. 491).[54] Ob diese jemals ausgeführt wurden, liegt im Dunkeln der Geschichte.

2. Rundgang: Eine fiktive Besichtigung des Berner Münsters mit Hans Hammer, Baumeister des Bischofs von Strassburg, im Jahre 1510

Das erste, dessen der von Westen kommende Hammer gewahr wird, ist der Westbau mit seinen drei Vorhallen (Abb. 320, siehe Kastentext oben). Wir versuchen, seine virtuellen Gedanken in die Sprache unserer Zeit zu übersetzen. «Eine einmalige, schöne Lösung», denkt er. «Dass vorher niemand darauf gekommen ist, den einen Turm mit seiner Portalvorhalle von zwei etwas niedrigeren Vorhallen begleiten zu lassen, ist erstaunlich. Die Lösung drängt sich von selber auf. Sicher stammt diese Idee noch von Matthäus, und seine Nachfolger haben sie Gott sei Dank in die Tat umgesetzt. Die vor dem Ulmer Turm herausspringende Vorhalle ist mit ihren drei hohen Eingangsbögen zwar grossartiger, aber sie nimmt auf die Seitenfronten überhaupt keine Rücksicht. Matthäus hat letztlich nichts anderes gemacht, als das, wie ich meine, für ihn entscheidende Vorbild, nämlich die Westfassade an der Marienkirche von Reutlingen[55], mit Vorhallen zu versehen. Dort steht die dreitorige Portalwand auf einer Ebene mit der Turmfront, und das Verhältnis der drei Portale zueinander ergibt eine schöne, geschlossene

Abb. 326:
Fenster der Gerbern-Kapelle, Berner Münster.

Komposition, so wie dies hier in Bern unter Zufügung der Vorhallen auch der Fall ist. Warum hat eigentlich ausser in Reutlingen und in Bern an allen Münstern, die drei Schiffe, aber nur einen Turm in der Mitte haben, niemand daran gedacht, eine dreiteilige Portalwand zu kreieren, an welcher die Seiteneingänge aufgewertet werden, sei es nun mit oder ohne Vorhalle? An den Münstern der beiden Freiburg, in Ulm, in Esslingen sowie an dem vor hundert Jahren konzipierten Einturmplan für den Regensburger Dom[56] konzentriert sich alles viel zu sehr auf die Mitte.»

Der Meister richtet den Blick auf die oberen Teile des Turms. «Die Blenden des obersten Turmgeschosses, das noch im Bau ist, erscheinen mir allzu dünnstäbig. Wie mir gesagt wurde, sollen sie aber in reich profilierten, viel Masswerk enthaltenden Bögen enden. Deren Scheitel werden dann das Galeriegesims überschneiden, weiter oben sollen die beiden Bogenhälften gegenläufig weitergeführt werden und sich kreuzweise zu Kielbögen vereinigen (Abb. 321).[57] Das ist eine grossartige Idee, denn damit wird der Ansatz des Achtecks verschleiert. Der Übergang zwischen Viereck und Achteck ist ja häufig ein Schwachpunkt unserer Entwürfe. Das gilt selbst vom Ulmer Münsterturm.[58] Letztlich ist nur am Wiener Stephansturm das Problem einwandfrei gelöst worden, indem es vom Boden aus vorbereitet wurde.[59] Übrigens stammt das Motiv der sich zu Kielbögen überkreuzenden Bögen natürlich von unserem Strassburger Münsterturm, wo es Ulrich von Ensingen am Oktogon als Bekrönung der grossen unteren Öffnungen verwendet hat (Abb. 322).[60] Es ist so schön, dass mir für meinen Entwurf des Südturms nichts anderes übrig blieb, als es zu kopieren. Ich glaube nicht, dass es Kollege Burkhart Engelberg für Bern noch einmal erfunden hat. Wahrscheinlich ist es schon auf dem Turmentwurf des Matthäus zu sehen. Leider fehlt mir die Zeit, das in der Bauhütte zu überprüfen.»

Dann schreitet Hans Hammer die Längsseiten des Münsters ab. «Diese einheitliche Kapellenfront ist doch eine gute Sache. Die Lösung gefällt immer wieder, sei es in Schwäbisch Gmünd[61], in Landshut[62] oder anderswo. Die Stifter können mit ihren grossen Kapellenräumen zufrieden sein. Schön, wie auf der Gassenseite die Kapellenwand symmetrisch von den Vorhallen aufgelockert wird. Aha, hier stehen überall im Grund-

Abb. 327:
Ursprüngliches Fenster im Erdgeschoss des Südturms (Rekonstruktion anhand eines originalen Risses), Prag, Veitsdom.

Abb. 328:
Äusseres des Chorhaupts, Berner Münster.

Abb. 329:
Linkes Westportal, Berner Münster.

riss dreieckige Strebepfeiler (Abb. 323). Diese sporenförmigen Stützen sind nicht nur eleganter als normale Streben, sondern auch statisch günstiger. Eigentlich wieder erstaunlich, dass diese Form nicht häufiger angewendet wird. Zwar gibt es solche Pfeiler auch an der Westfassade des Heiligkreuzmünsters in Schwäbisch Gmünd[63] und in einer etwas anderen Weise an den Längswänden des Prager Veitsdoms[64], aber niemals sind sie so systematisch aufgereiht worden wie hier in Bern. Halt! Oder doch? Ja natürlich, an der Kathedrale von Orléans stehen ebenfalls überall an den Jochgrenzen mächtige Sporenpfeiler (Abb. 324).[65] Leider habe ich dieses Bauwerk nie gesehen, aber ich kenne es durch den Grundriss, von dem wir in der Strassburger Münsterbauhütte eine Zeichnung aufbewahren.[66] Ob diese Matthäus zu seinen Berner Strebepfeilern angeregt hat? Ein Vorteil dieser Streben besteht auch darin, dass man sie sehr schön in die diagonal gestellten Fialen überleiten kann, welche die Stirnseiten der Widerlager verkleiden. Was für ein aufwendiges Strebewerk sich übrigens diese Berner leisten wollen! Das kann man bereits an den vorhandenen Pfeileraufsätzen und Strebebogen des Chors sehen.[67] Eigentlich ist der Aufwand mit diesen vielen Blendarkaden auf den Widerlagern und dem reichlich spriessenden Fialenwald im Verhältnis zum Bauwerk übertrieben (Abb. 325). Wollen die Berner damit ein «Klein-Prag» inszenieren? Einige der Formen, vor allem die hängende Bogenreihe an der unteren Laibung der Strebebögen, scheinen mir dem Veitsdom nachgebildet zu sein.[68] Eines ist ganz sicher: Mit die-

Abb. 330:
Inneres von Westen, Berner Münster.

Abb. 331:
Inneres von Westen, Niederhaslach, St. Florentius.

sem Strebewerk, das einer Kathedrale wohl anstünde, wollen die Berner den hohen Rang ihrer Kirche verkünden. Wenn das alles einmal vollendet sein wird, so wird dies den Betrachter gewiss überzeugen. – Noch etwas erinnert hier an Prag, nämlich die Gruppenfenster, welche die den Turm begleitenden Seitenräume erhellen (Abb. 326). Hier stehen zwei grosse, vierbahnige Masswerkfenster durch einen Mauerstreifen getrennt nebeneinander, und im Zwickel darüber erscheint ein Rundfenster, das die beiden Fensterbogen berührt. Man müsste um das Ganze nur noch den runden Rahmenbogen ziehen, und man hätte genau die Komposition vor sich, die Peter Parler für das grosse Fenster im Erdgeschoss des Südturms am Prager Dom entworfen hat.[69] Soviel ich weiss, bewahren die Kollegen in der Wiener Dombauhütte einen Riss davon auf (Abb. 327).»[70]

Auch beim Betrachten des Chorhaupts (Abb. 328) wird Hans Hammer an den Prager Dom erinnert. «Hier sind die Strebepfeiler alle rechtwinklig gebildet, aber nur bis zum dritten Wasserschlag. Darüber springt der Pfeiler stark zurück und macht einer diagonal gestellten Fiale Platz.[71] Genau dieselbe Disposition kann man in den Chorkapellen des Veitsdoms sehen.»[72]

Nachdem er den Bau gänzlich umschritten hat, tritt Hans Hammer durch das linke Seitenportal der Westseite (Abb. 329) ins Innere der Kirche ein (Abb. 330). Noch fehlt an den Seiteneingängen im Gegensatz zum Mittelportal[73] die figürliche Ausschmückung. Der Meister hält vor dem

Abb. 332:
Südwand des Mittelschiffs von Westen, Berner Münster.

Abb. 333:
Inneres von Westen, Augsburg, St. Ulrich und Afra.

Portal kurz inne: «Die Beschränkung auf zwei Figurennischen an jedem Gewände entspricht vollauf den Dimensionen des Portals. Erstaunlicher ist schon die Archivolte. Auch hier sind bloss zwei Figuren auf jeder Seite vorgesehen, und diese müssen fast so gross ausfallen wie die unteren. Es wird schwer fallen, Standbilder für die Bogenläufe zu schaffen, denn infolge ihrer Grösse müssen sie sich der Kurve anpassen. Solch stark geschwungene Figuren sind heute nicht mehr gefragt. Ob hier überhaupt Figuren vorgesehen sind? Dagegen sprechen eigentlich die Profile, die hinter den Bildwerken durchlaufen würden. Mit anderen Worten, hier sind keine richtigen Figurennischen vorbereitet. Hübsch sind die Fialen, welche am Scheitel der Archivolte die Bogenkrümmung nachvollziehen. Dahinter muss ein Entwurf von Matthäus Ensinger stecken, denn solche kurvige Baldachine hat man schon zu Ende des letzten Jahrhunderts in die Spitzen der Fenstergewände am Chor des Mailänder Doms eingebracht.[74] Dieses Motiv soll nun in Mailand an allen unteren Fenstern des Doms angebracht werden. Das ist logisch, denn mit den Statuen an ihren Gewänden sind diese Fenster wie Portale behandelt.»

Hans Hammer stellt sich im Inneren ans Westende des Mittelschiffs und lässt die Proportionen auf sich wirken (Abb. 330, 332). «Das Hauptschiff dürfte knapp doppelt so hoch wie breit sein. Damit nähert sich der Querschnitt – die Seitenschiffe natürlich miteingeschlossen – dem

Abb. 334:
Priesterdreisitz, Chor, Berner Münster.

Abb. 335:
Wappenscheibe des Johanniters Peter Stolz von Bickelheim, um 1503, Langhausfenster, Berner Münster (Abb. 1: N VII, 1a).

gleichschenkligen Dreieck. Wie genau diese Einschätzung ist, kann ich in Unkenntnis der geplanten Gewölbeführung nicht sagen, aber auf jeden Fall gleicht dieser Innenraum mit seiner harmonischen Weite demjenigen des Strassburger Münsters.[75] Dennoch hat Matthäus Ensinger nicht dessen dreiteiligen Aufriss mit dem auf der Rückseite durchfensterten Triforium übernommen. Ein kathedralenhaftes Glashaus wie das Schiff unseres Münsters wäre einer städtischen Pfarrkirche nicht angemessen gewesen. Matthäus hat gut daran getan, sich eine andere Kirche zum Vorbild zu nehmen, die immer in Verbindung zur elsässischen Kathedrale stand, nämlich St. Florentius in Niederhaslach (Abb. 331).[76] Der Sohn von Magister Erwin, des einstigen Vorstehers unserer Strassburger Münsterfabrik, war in Niederhaslach tätig und ist dort vor etwa 170 Jahren begraben worden.[77] Ulrich von Ensingen und seine Söhne kannten Niederhaslach sehr gut. Sie müssen gesehen haben, dass diese Stiftskirche die komplizierte Architektur des Strassburger Münsterlanghauses in idealer Weise vereinfacht, weil sie dessen Profilierung auf wesentliche Grundformen zurückführt. Das gilt vor allem für die Freipfeiler. Sie werden nicht wie in Strassburg von zahlreichen Säulen verschleiert, vielmehr sind sie völlig glatt. In beiden Fällen handelt es sich jedoch um über Eck gestellte, quadratische Pfeiler. So auch hier in Bern.[78] Aber wie ich sehe, hat hier Matthäus den Niederhaslacher Pfeiler auf der Mittelschiffseite mit einem dreiteiligen Dienstbündel versehen, das bis zum Gewölbeansatz emporsteigt. Damit hat er das Gewölbesystem der Kathedrale mit der reduzierten Pfeilerform wieder ausgesöhnt. Es war ihm halt doch ein Anliegen, der Berner Pfarrkirche ein paar kathedralenhafte Züge zu verleihen. Die Rolle, die am Äusseren das Strebewerk spielt, übernehmen im Inneren die Dienstbündel. Die Arkaden sind indessen wieder höchst modern (Abb. 332): Ihre Profile verschwinden unvermittelt in den Pfeilerflächen. Auch das hat Matthäus dem Niederhaslacher Entwurf abgeguckt. Aber er hat die Verschneidung der Profile noch verschärft, indem er die Arkadenbögen unvermittelt an die Stützen anstossen lässt. Mit diesen avantgardistischen, abgeknickten Bogenkämpfern, balancierte Matthäus die konventionelle Lösung der Gewölbedienste wieder aus. Die Obergadenfenster hat Ensinger in Form eines blinden Wandpanneaus bis kurz über die Scheitel der Arkaden verlängert. Dessen Stäbe setzen die Masswerkbahnen der Fenster fort. Auch dieses vertiefte Wandfeld hat der Werkmeister in Niederhaslach vorgefunden.[79] Es ist dies ein glücklicher Kompromiss zwischen einer nackten Mauer und dem Triforienlaufgang. Leider scheinen hier in Bern die Blenden ohne festen Halt in der Wand zu schwimmen, weil zwischen ihnen und den Arkaden ein Gesims fehlt. Ensinger muss ein solches geplant haben,[80] und offenbar haben seine Nachfolger darauf verzichtet. Sehr zu Unrecht, wie ich meine. Valentin Kindlin und Burkhart Engelberg haben im Langhaus von St. Ulrich und Afra in Augsburg[81] das Gesims an dieser Stelle ebenfalls gestrichen, auch sonst betrachteten sie in hohem Masse das Berner Langhaus als Vorbild für diese Klosterkirche (Abb. 333). Zwar haben die beiden Meister in Augsburg die Berner Viereckpfeiler durch oktogonale Stützen ersetzt und lassen statt dreier Dienste jeweils nur einen die Mittelschiffswand emporlaufen, aber das in die Mauer zurückversetzte Wandpanneau unter den Obergadenfenstern erinnert wieder sehr stark an die Berner Lösung.»

Hans Hammer richtet seinen Blick zum Chor (Abb. 330). «Über dem Lettner ist der Triumphbogen stark eingezogen. Damit wird verhindert, dass Chor und Langhaus räumlich ineinanderfliessen. Von der Mittelachse des Langhauses her gesehen, lässt der Triumphbogen eine kunstvoll eingefasste Choransicht entstehen. Über dem Spalier der hohen Fialen und Kreuzblumen am oberen Lettnerrand leuchten die drei riesigen Apsisfenster mit ihren kräftigen Farben wie ein gerahmtes Bild.»

Der Strassburger Baumeister schaut in die Höhe und wird beim Betrachten der offenen Dachstühle in Chor und Langhaus nachdenklich. «Was für ein Hochschiffgewölbe wird wohl Matthäus Ensinger geplant haben? Am ehesten könnte ich mir ein Netz ineinanderfliessender Rautensterne denken (Abb. 315). Das ergäbe eine Decke von spannungsreicher Leichtigkeit, die das Auge in einem Zuge, sogar über die Abschnürung des Triumphbogens hinweg, bis zum halben Sterngewölbe in der Apsis führen würde.[82] Hoffen wir, dass die Verantwortlichen das Hochschiffgewölbe in diesem Sinne einziehen werden, obwohl heutzutage engmaschigere Netzformen in Mode sind.[83] So haben wir zwar für das Gewölbe der Laurentius-Kapelle[84] am Strassburger Münster im Prinzip eine Zeichnung vorgesehen, wie ich sie für Ensingers Berner Hochschiffdecke voraussetze, aber sie ist dem Geschmack unserer Zeit entsprechend mit Zusatzrippen bereichert worden.»[85]

Bei diesen Überlegungen bleibt der Blick des Werkmeisters an den Fenstern des Obergadens hängen. Anders als das Strassburger Münster mit seiner vollfarbigen Verglasung bilden hier einzelne farbige Scheiben Akzente in einer leuchtend hellen, farblosen Butzenverglasung.[86] Die Wappenscheiben dürften ihm fremd gewesen sein, doch einer, der mit den örtlichen Verhältnissen vertraut war, konnte damals erkennen, dass die kirchlichen Institutionen im Machtbereich Berns die Verglasung des Obergadens schenkten. Davon sind heute noch die Schilde der Kartause Thorberg, des Zisterzienserklosters Frienisberg und der Komture der beiden Deutschordenskommenden Sumiswald und Köniz sowie des Johanniterhauses Biberstein (Abb. 335) erhalten. Ob der Staat sie wie im Falle der Steuer für die grosse Glocke des Münsters aufforderte,[87]

Abb. 336:
Apostel, Katharinen-Kapelle (F. s XI), Strassburg, Münster.

Abb. 337:
Östliche Südpforte, Berner Münster.

Scheiben und Wappen für den Obergaden zu stiften? Es ist durchaus denkbar. Neben den Klöstern und Kommenden waren es wieder Mitglieder führender Geschlechter, die finanziell für den Fensterschmuck der Kirche aufkamen. Davon ist heute noch das Wappenpaar der Familie von May (Abb. 314: N XI; →Abb. 362, 364) sowie des Ehepaars Rudolf von Erlach und Barbara von Scharnachtal (Abb. 314: N VI) erhalten. Nur zwanzig Jahre nach dem fiktiven Rundgang von Hans Hammer durch das Berner Münster wurde auch die Langhausverglasung von einem Hagelsturm stark beschädigt, so dass heute nur noch der nördliche Obergaden farbige Scheiben aus seiner Entstehungszeit bewahrt. Die Scheiben des südlichen Obergadens entstanden erst 1557/59. Die Butzenverglasung des 16. Jahrhunderts verschwand in den 1820er und 1830er Jahren, und eine Rautenverglasung trat an ihre Stelle, die seither schon mehrmals erneuert wurde.

Durch eine der beiden kleinen Pforten, die in den Chorschranken eingelassen sind, betritt Hans Hammer den Chor (→Abb. 338). Im Altarraum fällt ihm sofort das quer-ovale Profil der mittleren Gewölbedienste auf. «Diese merkwürdige Form hat bereits Ulrich von Ensingen am Strassburger Münster ausprobiert, und zwar im Inneren seines Turmoktogons.[88] Eigentlich passt die Form hier in Bern gut zur Chorlaterne, denn mit den flachgedrückten Diensten wollte Matthäus die Jochgrenzen verschleifen,[89] damit der Blick desto leichter trotz kräftiger Vorsprünge von Prachtfenster zu Prachtfenster schweifen kann.» Dann bewundert der Werkmeister den von Matthäus Ensinger geschaffenen Priesterdreisitz (Abb. 334).[90] «Die drei riesigen Baldachine mit ihren spitzen Helmen sind als Figurengehäuse in der Realität ebenso wirksam wie die entsprechenden Formationen in der Glasmalerei. Wie sehr die Ensinger in der Tradition des vorigen Jahrhunderts verankert waren, zeigt sich daran, dass man den Berner Priesterdreisitz von seiner Gesamtform her durchaus noch mit den um 1340 geschaffenen Baldachintürmen in den Glasmalereien der Katharinen-Kapelle am Strassburger Münster[91] vergleichen kann (Abb. 336). Nicht von ungefähr stellte Matthäus die überschlanken Tabernakeltürme der Priestersitze in die Achsen der blinden Masswerkbahnen, welche in diejenigen des wirklichen Fensters darüber fortlaufen. Ob nun gemalt wie in vielen Glasmalereien des vergangenen und auch noch unseres Jahrhunderts oder ob dreidimensional wie hier über den Priestersitzen, immer haftet dieser Zierarchitektur etwas Zeichnerisches an. Das rührt von den Planrissen her, mit denen sie aufs engste verwandt sind. Auch das am gegenüber stehenden Wandpfeiler angebrachte Sakramentshaus zeigt diese Art von «Rissarchitektur». Wieviel lebendiger wirkt doch die soeben errichtete Schnecke, die auf der Nordostseite des Triumphbogens zum Lettner und darüber zum Schwalbennest der Orgel führt.»[92]

Hans Hammer verlässt das Münster durch die Pforte im ersten Joch des südlichen Chorseitenschiffs, das noch von Matthäus Ensinger errichtet worden ist.[93] Er wendet sich um und erblickt mit grossem Erstaunen die äussere Rahmung dieser Türe (Abb. 337). «Das kann doch nicht wahr sein! Genau wie an den acht Fenstern des oberen Turmoktogons von Ulrich Ensinger am Strassburger Münster (Abb. 322) stossen an der Bogenspitze auch hier die Profile asymmetrisch aneinander, weil die linke Portalhälfte das Negativ der rechten Seite bildet und umgekehrt.[94] Mit dieser Spielerei hat der Sohn aus einem der Hauptwerke seines Vaters ein Element gleichsam vom Himmel auf die Erde zurückgebracht, werden doch die asymmetrischen Gewände des Vorbildes in der luftigen Höhe, in welche sie entrückt sind, allzu leicht übersehen.»

Der Baumeister denkt an seinen eigenen Entwurf für den Südturm der Strassburger Münsterfassade. Er weiss nicht, dass dieser nie gebaut werden wird. Die obere Hälfte des Turmprojekts, das Matthäus Ensinger für Bern ausgearbeitet hat, erlitt dasselbe Schicksal. Es ist schwer abzuschätzen, in welchem Masse es bereits seine Nachfolger des 15. und frühen 16. Jahrhunderts abgeändert haben. Vermutlich steckt aber bis zum Abschluss des Turmvierecks noch viel Ensingersches Gedankengut im ausgeführten Bau. Das gilt aber sicher nicht mehr vom unteren Achteck. Der Ulmer Münsterbaumeister August Beyer, nach dessen Plänen schliesslich 1891–1893 das obere Achteck und der Helm errichtet wurden, bemühte sich, etwas von der Gestaltungsweise Matthäus Ensingers einzufangen, indem er zu Formen des frühen 15. Jahrhunderts zurückkehrte.[95] So löste der Historismus «die Ehrenschuld Berns an seine alte, ruhmreiche Vergangenheit» ein, wie die Urkunde zur Turmvollendung feierlich verkündet.[96]

«...wilt vensster machen mit geferbten glas ... so mustu dir das laßen entwerffen auf papir einen maler...»[1]
Zur Entstehung der spätgotischen Glasmalereien des Berner Münsters und der Herkunft der Glasmaler und Entwerfer

Brigitte Kurmann-Schwarz*

Die Glasmalereien im Chor

Die Chorverglasung des Berner Münsters (Abb. 338; →Abb. 314: I–n IV, Abb. 316–319) steht im südwestdeutschen Raum beinahe isoliert da, weil in keinem anderen städtischen Zentrum dieser Gegend (weder in Basel, Zürich, Konstanz noch in Strassburg) so umfangreiche Scheibenzyklen aus dieser Zeit erhalten geblieben sind.

Abb. 338: ▶
Chor, Inneres, Berner Münster.

445

Dazu kommen Reste der ursprünglichen Obergaden-Verglasung, die um 1500 entstand und wahrscheinlich wie die Glasmalereien im Chor 1520 durch einen schweren Hagelsturm teilweise zerstört wurde. Erst nach der Mitte des 16. Jahrhunderts ging man daran, die Lücken zu schliessen, die der Sturm im farbigen Glasschmuck gerissen hatte.[2]

Laut den städtischen Rechnungen transportierte der Glasmaler Hans von Ulm[3], der vielleicht mit Hans Acker identisch war, 1441 Glasmalereien für das Berner Münster von Schwaben in die Aarestadt und setzte sie dort im mittleren Fenster (→Abb. 314: I, Abb. 316, 338) des neuen Chors ein (Abb. 339).[4] Ulm besass damals eine ununterbrochene Tradition der Glasmalerei, die bis in die 1390er Jahre zurückverfolgt werden kann, als man anfing, den neu gebauten Chor des Münsters zu verglasen.[5] Es waren jedoch nicht diese Scheiben, die seit den 1430er Jahren die Blicke auch von auswärtigen Auftraggebern auf sich zogen, sondern die Glasmalereien in der Familienkapelle der Besserer auf der Südseite des Münsterchors, die 1430/31 von Ulmer Werkstätten geschaffen wurden.[6] Damals weilte unter den Glasmalern eine jüngere Kraft, welche über die Kenntnis niederländischer Werke des ersten Jahrhundertviertels verfügte. Dieser junge Künstler – Hartmut Scholz vermutet, es könne sich um Jos Matthis handeln[7] – vermittelte der Werkstatt eine für die Glasmalerei neue, bildhafte Kompositionsweise und so hochmoderne Motive wie die Schattenmalerei. Sein Einfluss führte einen Wandel des künstlerischen Ausdrucks der Ulmer Glasmaler-Werkstätten herbei, die bisher noch ganz dem Internationalen Stil verhaftet waren, und machte sie in ganz Süddeutschland berühmt. Die Ulmer Glasmaler vermochten den Ansprüchen, die an die Stiftung eines Gemeinwesens von der Bedeutung Berns gestellt wurden, wahrscheinlich eher zu genügen als die einzige seit den 1430er Jahren fassbare Berner Werkstatt des Niklaus Glaser, obwohl diese möglicherweise bereits Aufträge für die Verglasung der Kapellen- und Seitenschiff-Fenster übernommen hatte. Man wollte das Achsfenster des neuen Chores ganz offensichtlich mit einem ganz besonderen Kunstwerk versehen, dessen fremdartige Formensprache die Aufmerksamkeit auf sich ziehen sollte. Wahrscheinlich vermittelte der Münsterbaumeister Matthäus Ensinger die Beziehung zu Ulm und seinen Glasmalern, als er sich 1436 dorthin begab.[8]

Die Verglasung der Ulmer Besserer Kapelle bildet die künstlerische Voraussetzung des Berner Passionsfensters, doch verlangte der Auftrag aus Bern von den Glasmalern, die miniaturhaften Formen des Vorbilds ins Monumentale zu steigern. Impulse aus der Werkstatt von Hans Multscher, wo 1437 der anonyme Maler des Wurzacher Altars arbeitete, veränderten gegenüber der Besserer Kapelle die Komposition der Szenen und die Gestaltung der Figuren. Ausserdem gingen die Ulmer Glasmaler zu einer Gliederung des Fensterspiegels durch Architekturen mit geschlossener Fassade über, für die es in der Ulmer Glasmalerei um 1425 bereits Vorstufen gab (Abb. 316, 338, 339).[9]

Im unteren Teil des Passionsfensters lässt sich diese Gestaltung der Architekturen noch ablesen (Abb. 339; →Abb. 316). Die Glasmaler verzichteten auf gemusterte Hintergründe, an deren Stelle die Landschaft beziehungsweise der Blick auf den leicht bewölkten blaugrauen Himmel tritt. Buntfarbigkeit hebt die Figuren als das wichtigste Element der Bilder aus der Gesamtkomposition heraus. Die Gesichter sind im Passionsfenster individualisiert und wirken belebter als die stark stilisierten Züge, die man etwa noch in der Kleinen Passion findet (→Abb. 303). Die Gewänder mancher Figuren bewahren noch die gängigen Faltenschemata des Internationalen Stils (z.B. Christus in der Dornenkrönung, Abb. 342). Diese traditionellen Motive erinnern an höfische Prachtentfaltung und betonen so die Bedeutung des Passionsfensters als Stiftung der Stadt.[10] Dazu trägt auch die kühne, moderne Raumgestaltung bei, die Szenen und Figurengruppen in unterschiedlichen räumlichen Schichten anordnet (Abb. 339). Durch grosse Rundbogenöffnungen sieht der Be-

Abb. 339:
Passion Christi und Szenen aus dem Zehntausend-Ritter-Fenster (ursprünglich in s II), mittleres Chorfenster, untere Zone, Berner Münster (→Abb. 314: I, Abb. 338).

trachter in die dahinterliegende Landschaft mit der Ölbergszene. Kein Meister, der später an der Chorverglasung arbeitete, ging ein solches Wagnis nochmals ein. Vielmehr gewann die Glasmaler-Tradition wieder die Oberhand, die den Figuren in erster Linie die vorderste Bildebene zuwies.

Das «Sankt-Vinzenzen-Schuldbuch»[11], das Thüring von Ringoltingen seit 1448 führte und zusammen mit den anderen Kirchenpflegern bis 1456 fortsetzte, berichtet, dass der Schultheiss und der Kirchenpfleger, Heinrich von Bubenberg und Rudolf von Ringoltingen, Niklaus Glaser im Sommer 1447 mit der Ausführung des Zehntausend-Ritter-Fensters beauftragten (Abb. 343, 345).[12] Da man diesem erst im Januar 1448 das Papier für den Entwurf der Glasmalereien übergab, wurde ein solches nicht vorher angefangen. Die Verglasung der riesigen Chorfenster des Berner Münsters verlangte dem Leiter der Werkstatt besonderes organisatorisches Geschick ab, denn er musste eine grosse Menge von farbigem Glas, Blei, Rohstoffen für die Herstellung von Schwarzlot und Silbergelb sowie Eisen beschaffen. Ausserdem verstärkte er in dieser Zeit auch das Personal seiner Werkstatt, denn nach dem «Sankt-Vinzenzen-Schuldbuch» befand sich dort seit spätestens 1448 ein Maler Meister Bernhart neben seinen drei festen Mitarbeitern. Thüring von Ringoltingen berichtet auch im «Sankt-Vinzenzen-Schuldbuch» von fremden Meistern, die zur Mitarbeit herangezogen wurden.[13]

Die Hauptaufgabe von Meister Bernhart dürfte die Herstellung des Entwurfes gewesen sein, von dem das «Sankt-Vinzenzen-Schuldbuch» berichtet. Es enthält jedoch keinen Hinweis auf den Karton, die 1:1-Vor-

Abb. 340:
Ölbergszene, Schlafende Jünger, vor 1441, mittleres Chorfenster, untere Zone (I, 2b), Berner Münster (→Abb. 314: I, Abb. 316).

lage für jede einzelne Scheibe, und auch nicht auf die Beteiligung des Malers an der Übertragung der Vorlagen auf das Glas. Da der Karton neben Angaben zur Binnenzeichnung vor allem den Verlauf des Bleinetzes und die Wahl der Farben vorgeben musste, welche die Glasmaler festsetzten, dürften diese hinsichtlich des formalen Gesamteindrucks ebenso sehr Gebende wie Nehmende gewesen sein. Das Zehntausend-Ritter-Fenster lässt sich daher nicht als ein Werk des Meisters Bernhart, sondern als ein Gemeinschaftswerk der Glasmalerwerkstatt und des Entwerfers betrachten.

Die schriftlichen Quellen berichten zwar über die Anwesenheit von Meister Bernhart in Bern, sie schweigen sich jedoch über seine Herkunft aus, so dass die erhaltenen Scheiben des Zehntausend-Ritter-Fensters danach befragt werden müssen. Vergleiche ergaben Beziehungen dieser Glasmalereien zu Basler Buchmalereien und zu den Figurenblättern des ältesten gestochenen Kartenspiels von der Hand des Meisters der Spielkarten (um 1430, Abb. 344, 353). Kupferstiche zirkulierten früh in den Künstler-Werkstätten, deren Angehörige sie in ihre persönlichen Vorlagen-Sammlungen einordneten und einzelne Motive nach Bedarf in die eigenen Kompositionen einfügten. Diese Beobachtungen hinsichtlich des Spielkarten-Meisters weisen darauf hin, dass Meister Bernhart vom Oberrhein, vielleicht aus Basel stammte.

Wenn Meister Bernhart in so enger Beziehung zu Basler Künstlerkreisen stand, könnte dies nicht auch für Niklaus Glaser und seine Mitarbeiter zutreffen? Hätten die Berner Glasmaler den Stil des Malers so perfekt auf das Glas übertragen, wenn dieser ihnen nicht schon vorher vertraut gewesen wäre? Tatsächlich ist in Basel eine ganze Dynastie von Malern und Glasmalern mit dem Namen Glaser bekannt, von denen der Maler Hans und der Glasmaler Michel im Dienste des Bischofs Arnold von Rotberg (1451–1458) standen.[14] Michel Glaser schuf ausserdem in den 1450er Jahren die Glasmalereien aus Bourguillon bei Fribourg, die sich heute im Historischen Museum von Basel befinden.[15] Darin verarbeitete er Motive aus dem Berner Wurzel-Jesse- und dem Mühlenfenster, was die engen künstlerischen Beziehungen zwischen der Werkstatt des Niklaus Glaser und derjenigen der Basler Familie Glaser offenlegt. Es besteht daher die grosse Wahrscheinlichkeit, dass nicht nur Meister Bernhart sondern auch Niklaus Glaser aus Basel stammte. Michel Glaser arbeitete ausserdem mit dem Maler Bernhard Kremer zusammen, von dem vielleicht schon zu Recht vermutet wurde, er könnte mit Meister Bernhart identisch sein.[16]

Die Passio der Zehntausend wurde in der unteren Zone des Fensters in einer regelmässigen Abfolge von jeweils zwei Szenen pro Zeile erzählt, wobei sich jedes Bild aus einem Scheibenpaar zusammensetzte (Abb. 345). Die Märtyrer und ihre Gegner bewegen sich stets auf einem bewachsenen Terrain, an dessen hinterem Rand ein blauer Ranken-Grund die Szene abschliesst. Nur noch die Schlacht am Euphrat und die Fussangelmarter (Abb. 339, 345) blieben vollständig erhalten. Es besteht ein deutlicher Unterschied zwischen den jugendlichen Heiligen, die wie die Engel weitgehend auf weisses Glas gemalt sind, und den bunten, hässlichen Folterknechten. Im Gegensatz zum vorwiegend weichen, malerischen Auftrag des Schwarzlots im Passionsfenster (Abb. 342) dominiert in den Glasmalereien mit der Zehntausend-Ritter-Legende die Konturlinie. Es gibt keine malerische Abstufung der Halbtonschattierungen wie im Passionsfenster. Dunklere Schattenpartien werden durch parallele Schraffuren in Konturfarbe wiedergegeben. Die Kleiderstoffe der Figuren im Ritterfenster bilden eckige, straffe Falten, die der schönlinigen Gewandkomposition des Internationalen Stils eine endgültige Absage erteilen (Abb. 343, 345). Zwar inspirierte sich Meister Bernhart zur Gestaltung seiner Figuren an den um 1430 entstandenen Blättern des Spielkarten-Meisters, doch zeigen gerade die Haltung der Heiligen und ihrer Peiniger sowie der Faltenwurf ihrer Gewänder, dass er sich nicht

Abb. 341:
Fragmente einer Ölbergszene, Christus und ein schlafender Jünger, um 1425, Ulm, Münster.

der Wirkung entziehen konnte, die vom Werk des Konrad Witz ausging (seit 1433 in Basel ansässig).

Aus seiner Werkstatt stammte der Künstler, der den Entwurf für das Wurzel-Jesse-Fenster (Abb. 346; →Abb. 317) lieferte.[17] Obwohl die Forschung diesen Zusammenhang immer hervorhob, wurde bisher nicht versucht, die Berner Glasmalereien konkret mit Werken aus dem Umkreis von Witz zu verbinden.[18] Die Illustrationen der «Vaticinia pontificum» in der Basler Universitätsbibliothek, die um 1450 ausgeführt wurden, stehen jedoch den Glasmalereien so nahe, dass der Entwurf der Scheiben von derselben Hand wie diese Zeichnungen stammen könnte (Abb. 348).[19]

Während die schriftlichen Quellen sicher belegen, dass das Zehntausend-Ritter-Fenster in der Werkstatt von Niklaus Glaser entstand, berichten sie zur Wurzel Jesse lediglich, dass Hans Fränkli im Januar 1451 Geld, das ihm Dritte schuldeten, der Münsterfabrik für die Hälfte des Fensters neben dem Sakramentshaus zuwies.[20] Es muss sich um das Jessefenster handeln, weil darin das Wappen des Stifters neben zwei anderen erscheint, die den Rest der Glasmalereien bezahlten (Abb. 350). «Nebend dem sacramenthus» muss daher «auf der Seite des Sakramentshaus» bedeuten. Obwohl das «Sankt-Vinzenzen-Schuldbuch», wie gesagt, nicht berichtet, wo diese Scheiben entstanden, ist es sehr

Abb. 342:
Dornenkrönung, vor 1441, mittleres Chorfenster, untere Zone (I, 4b), Berner Münster (→Abb. 314: I, Abb. 316).

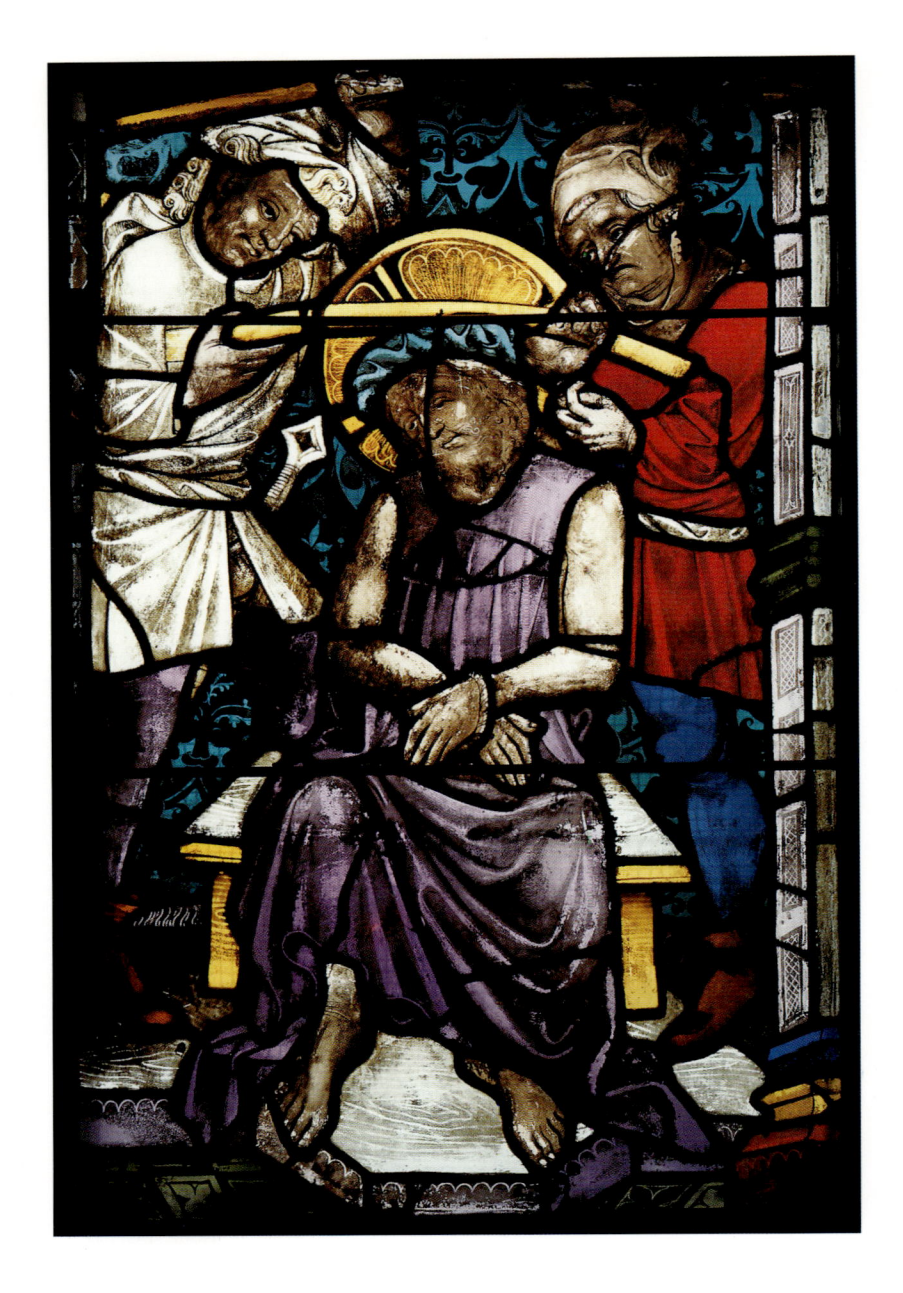

wahrscheinlich, dass auch sie in der Werkstatt von Niklaus Glaser geschaffen wurden. Der einfache räumliche Aufbau der Szenen, die Art wie das Terrain wiedergegeben wird und eine Reihe von Ornamenten und Motiven stimmen mit dem Zehntausend-Ritter-Fenster überein. Diese Elemente dürften daher aus dem Vorlagenfundus der Berner Werkstatt stammen, die das Jessefenster nach den Entwürfen des anonymen Malers und Zeichners aus der Werkstatt von Konrad Witz ausführte.

Ob neben diesem neuen Entwerfer auch Meister Bernhart weiter für die Berner Werkstatt arbeitete, lässt sich nicht sagen. Der nächste Scheibenzyklus, der nach dem Zehntausend-Ritter-Fenster in den Chor gestiftet wurde, bestellte Kaspar von Scharnachtal 1450/51 für das Fenster über dem Priesterdreisitz.[21] Davon jedoch blieb bis auf einige Scherben nichts erhalten. Da jedoch die Glasmalereien für das Scharnachtal-Fenster noch vor den Scheiben mit der Wurzel Jesse begonnen wurden, könnte sein Entwurf tatsächlich von der Hand Meister Bernharts gestammt haben. Sicher prägte dieser die etwas jüngeren Glasmalereien mit dem Leben Christi in der Kirche von Hilterfingen (Abb. 351), deren Entwerfer bereits Motive aus dem Jesse- und dem Dreikönigsfenster verarbeitete.[22]

Das Dreikönigsfenster (Abb. 355; →Abb. 318), über dessen ausführende Werkstatt und Entstehungszeit die schriftlichen Quellen ebenfalls

Abb. 343:
Zehntausend-Ritter-Legende, Misslungene Steinigung, 1448/50, mittleres Chorfenster, untere Zone (I, 1c), Berner Münster (→Abb. 314: I, Abb. 316).

Abb. 344:
Meister der Spielkarten, Vogel-Unter, um 1430, Kupferstich, Dresden, Staatliche Kunstsammlungen, Kupferstichkabinett.

schweigen, wurde stets als ein höfisches Werk bezeichnet, das direkt von der Malerei Burgunds beeinflusst sei. Es blieben jedoch weder im alten Herzogtum Burgund noch in den Niederlanden Glasmalereien oder Malereien erhalten, die den Berner Scheiben ähnlich wären.[23] Eher finden sich auch für das Dreikönigsfenster Voraussetzungen in der oberrheinischen Malerei und Glasmalerei. Sein malerischer Auftrag des Schwarzlots unterscheidet es jedoch von allen erhaltenen zeitgenössischen Glasmalereien. Der Entwerfer der Dreikönigslegende muss wie Meister Bernhart Figurenblätter des Spielkarten-Meisters gekannt haben (Abb. 353), dessen Werk die jüngere Forschung in den Umkreis des anonymen Malers des Frankfurter Paradiesgärtleins einordnete.[24] Wo der frühe Kupferstecher der Spielkarten seine Werkstatt betrieb, ist immer noch umstritten. Viele Argumente wurden zugunsten von Strassburg zusammengetragen,[25] aber es wurde auch die Nähe zum Maler des Staufener Altares in Freiburg hervorgehoben, der wahrscheinlich ausserhalb von Strassburg tätig war (Freiburg?).[26] Der immer wieder betonte höfische Charakter des Dreikönigsfensters wird daher durch die Reminiszenzen an Werke des Paradiesgärtlein-Malers hervorgerufen, verleugnet aber eine deutliche Kenntnis der Kunst des Konrad Witz nicht.

Ein weiteres stilistisches Argument weist nach Basel: der Entwerfer des Dreikönigsfensters liess sich für die Gestaltung der Reiter auch vom gemalten Stuttgarter Kartenspiel anregen (Abb. 354), das nach Heribert Meurer aufgrund der Spielkartentradition in Basel geschaffen wurde.[27]

Die charakteristische Formensprache des Dreikönigsfensters, in der sich der künstlerische Ausdruck der Werke aus dem Umkreis der Paradiesgärtlein-Werkstatt (Meister der Spielkarten, Maler des Staufener Altars) mit dem Stil des Werks von Konrad Witz verbindet, dürfte daher ebenfalls am ehesten in Basel entstanden sein.

Die Farbigkeit des Dreikönigsfensters hebt sich edelsteinhaft leuchtend von der eher zurückhaltenden Palette in den alt- und neutestamentlichen Szenen der Wurzel Jesse und in den Bildern der Zehntausend-Ritter-Legende ab. Die helle monochrom wirkende Architektur, die über der realen Masswerkbrücke auf halber Höhe des Fensters in jeder der vier Bahnen einen sich nach oben verjüngenden Turm bildet (Abb. 355; →Abb. 318), steht zu den Ornamenten der intensiv farbigen Hintergründe in lebhaftem Gegensatz, ihre vielgestaltigen Masswerkbalustraden, Fialen und Masswerkhelme aber wetteifern geradezu mit dem Detailreichtum der Teppichornamente.

Die Entstehung des Mühlenfensters hinterliess in den schriftlichen Quellen ebenso wenig Spuren wie die Glasmalereien mit der Dreikönigslegende.[28] Es dürfte jedoch mit grosser Wahrscheinlichkeit der jüngste der grossen Scheibenzyklen im Münsterchor sein (Abb. 356; Abb. 319). Schwere Formen und kräftige Plastizität sind die wichtigsten formalen Kennzeichen seiner Figuren, deren Gesichtszüge herb, manchmal fast hässlich gestaltet sind (Abb. 357). Diese Formensprache prägt den künstlerischen Ausdruck von Malerei, Glasmalerei und Graphik am Oberrhein von der Jahrhundertmitte an, bis sie sich unter dem Eindruck des Werks von Martin Schongauer erneut wandelte. Die bisherige For-

Abb. 345:
Zehntausend-Ritter-Legende, Fussangelmarter, 1448/50, mittleres Chorfenster, obere Zone (I, 6c/d), Berner Münster (→Abb. 314: I, Abb. 316).

schung hat die Kunst des Mühlenmeisters immer mit der Eremitentafel des Malers von 1445 verbunden,[29] dessen Werkstatt entweder in Basel oder in Konstanz stand. Sicher kannte der Entwerfer des Mühlenfensters Motive von diesem Maler, wie beispielsweise Gottvater, der, begleitet von Engeln, auf den Wolken erscheint. Stilistisch steht das Mühlenfenster jedoch der Strassburger Malerei und Graphik um 1450 näher (Meister der jüngeren Bergheimer Tafel, Baptista-Meister), so dass der entwerfende Künstler dieser Glasmalereien möglicherweise seine Lehre in einer Strassburger Werkstatt absolvierte und sich im Laufe der Zeit eine Sammlung von Kupferstichen anlegte, in der die Apostel und das namengebende Blatt des Baptista-Meisters (Johannes Baptist in der Einöde, Dresden, Kupferstichkabinett) einen wichtigen Platz einnahmen. Nach seiner hypothetischen Strassburger Lehre hielt er sich in Basel auf, denn dort findet man sowohl Glas- als auch Wandmalereien, die mit seinem künstlerischen Ausdruck übereinstimmen. Besonders nahe stehen ihm die Bieler Glasmalereien des Verkündigungsmeisters, dessen Hand Ellen J. Beer auch in der nördlichen Seitenschiff-Verglasung des Theobald-Münsters zu Thann erkannte.[30] Es ist nicht sicher, ob man denselben Künstler auch für den Entwerfer des Mühlenfensters halten muss, denn die sehr graphische Zeichnung in Biel und Thann unterscheidet sich von der tonigen Licht-Schatten-Malerei des Berner Fensters. Wo der Standort der Werkstatt zu suchen ist, in der die Bieler und Thanner Glasmalereien entstanden, liess die bisherige Forschung offen. Historische Gründe sprechen am ehesten für Basel als Standort des Ateliers. Die Tätigkeit des Mühlenmeisters in einer Basler Werkstatt bestätigt eine Kopie nach zerstörten Wandmalereien aus dem Basler Augustiner-

Abb. 346:
Anbetung der Könige, 1451, Wurzel-Jesse-Fenster, untere Zone (n II, 4b/c), Berner Münster (→Abb. 314: n II, Abb. 317).

Abb. 348:
Papst Eugen IV., «Vaticinia pontificum», um 1450, Basel, Universitätsbibliothek, E I 4a, fol. 560ʳ.

Abb. 349:
Esther vor Assuerus, Wurzel-Jesse-Fenster, untere Zone (n II, 5d), Berner Münster (→Abb. 314: n II, Abb. 317).

Abb. 347:
Maria der Verkündigung Christi, 1451, Wurzel-Jesse-Fenster, untere Zone (n II, 2c), Berner Münster (→Abb. 314: n II, Abb. 317).

kloster.³¹ Wir nehmen deshalb an, dass auch der Entwerfer des Mühlenfensters aus einer Basler Werkstatt nach Bern gekommen sein muss. Die sehr zurückhaltende räumliche Gestaltung dieser Glasmalereien orientiert sich an den Bildkompositionen des Zehntausend-Ritter- und des Wurzel-Jesse-Fensters, doch bedient sich der Mühlenmeister im Gegensatz zu den beiden älteren Werken konsequent der Architekturrahmen, die ausserdem Formen Ensingerscher Pläne aufgreifen (Abb. 356; →Abb. 319, 338). Nur in der Bauhütte des Berner Münsters selber konnte er sich an diesen Vorlagen inspirieren, so dass die Glasmalereien ebenfalls im Atelier des Niklaus Glaser entstanden sein müssen. Die Bekrönung der Architekturrahmen durch offene Tabernakel setzen ausserdem das Dreikönigsfenster voraus und passen sich formal diesem an. Auch die Farbigkeit, in der Violett-, Blau- und Pupurtöne dominieren, ist stärker der lebhaften Palette der benachbarten Dreikönigslegende als den farblich zurückhaltenderen Flankenfenstern der Apsis angeglichen (→Abb. 314: I, n II).

Wenn 1450/51 zwei Scheibenzyklen in Arbeit waren, die Wurzel Jesse und die verlorenen Glasmalereien des Kaspar von Scharnachtal, dürfte die Verglasung der Öffnungen zu beiden Seiten des Sakramentshauses nicht vor 1452/53 erfolgt sein, spätestens aber 1455 war die farbige Verglasung der grossen Chorfenster vollendet, da in diesem Jahr die inschriftlich datierten Glasmalereien im nördlichen Seitenschiff des Theobaldmünsters in Thann bereits figürliche Motive aus dem Berner Wurzel-Jesse- und dem Mühlenfenster aufgriffen.

Die Glasmalereien im Obergaden von Chor und Langhaus
Fünf Jahre nach Abschluss der Chorverglasung im Münster starb Niklaus Glaser. Sein Mitarbeiter und Vetter, Peter Glaser, führte wahrscheinlich seine Werkstatt weiter, bis er 1469 ebenfalls starb. Es gibt Hinweise darauf, dass der Stil der Chorfenster bis in diese Zeit verbindlich blieb. Die Ornamentik der Wappen im östlichen Fenster der Erlach-Ligerz-Kapelle jedenfalls (Abb. 358),[32] die als einzige Fragmente der Erstverglasung dieses Raumes aus der Zeit um 1465 erhalten blieben, steht den Glasmalereien im Chor noch sehr nahe. Nach dem Tod von Peter Glaser wandelte sich der Stil der Glasmalereien und ein neuer Verglasungstypus löste die vollfarbigen, figürlichen Scheibenzyklen ab. Der Glasmaler Hans Noll schuf vor 1491 die Scheibenstiftung der Grafen von Valangin (Abb. 359), von der noch heute im südlichen Obergaden des Chors drei Scheiben sitzen.[33] Wo diese Felder vor 1491 hätten eingesetzt werden sollen, ist unklar, denn damals war der Obergaden noch nicht errichtet. Stilistisch jedoch bezeugt der Engel mit dem unbekannten Wappen (Abb. 359), dass die Mustersammlung von Hans Noll Stiche oder Zeichnungen von Martin Schongauer enthielt,[34] die er als Vorlagen benutzte. Wenn sein Werk auch nicht die Qualität seines Vorbildes erreichte, ist es dennoch ein herausragender Beleg für den grundlegenden Wandel der Glasmalerei im Berner Münster, der sich seit zirka 1470 vollzogen haben muss. Die Figur nämlich präsentiert ihr Wappen vor einem weissen Grund, auf den Butzen aufgemalt sind, so dass man annehmen muss, der Engel und die farbigen Wappen seien immer Teil einer Blankverglasung gewesen.[35]

Abb. 350:
Wappen des Hans Fränkli, Wurzel-Jesse-Fenster, untere Zone (n II, 1a), Berner Münster (→Abb. 314: n II, Abb. 317).

Abb. 351:
Geisselung Christi, 1450/55, Hilterfingen, Kirche.

Abb. 352:
Mittlerer und jüngster König der Anbetung, Dreikönigsfenster, untere Zone (n III, 2b), Berner Münster (→Abb. 314: n III, Abb. 318).

Abb. 353:
Meisters der Spielkarten, Blumenkönig, um 1430, Kupferstich, Dresden, Staatliche Kunstsammlungen, Kupferstichkabinett.

Eine neue Entwicklung kündigt sich in den farbigen Scheiben der Bubenberg-Kapelle an. Diese Glasmalereien sind heute im Achsfenster des Chores eingesetzt und nehmen dort den Platz von zerstörten Scheiben der Passion ein (Abb. 360). Als ihr ursprünglicher Standort darf am ehesten die Bubenberg-Kapelle auf der Nordseite des Chores angenommen werden. Adrian II. von Bubenberg trug sich seit 1485 mit dem Plan, im Münster eine Familienkapelle zu errichten. Doch verzögerte sich deren Verwirklichung aus baugeschichtlichen und finanziellen Gründen. Bekanntlich konnte dieser Raum nicht vor 1493 gewölbt werden und vielleicht versetzte erst der Verkauf der Herrschaft Strättligen im Jahre 1499 Adrian II. in die Lage, seine Familienkapelle auszustatten und den Altar zu dotieren. Für eine Entstehungszeit der Bubenberg-Scheiben um 1500 sprechen auch ihre Beziehungen zu der gleichzeitig ausgeführten Obergadenverglasung in Chor und Langhaus. Die Glasmaler schufen die farbigen Scheiben für die Bubenberg-Kapelle mit grosser Wahrscheinlichkeit nach Vorlagen von der Hand eines der Berner Nelkenmeister.[36]

Zur gleichen Zeit wie die Bubenberg-Kapelle erhielt auch der Obergaden in Chor und Langhaus seine Butzenverglasung mit farbigen Stifterwappen. Die formale Analyse der erhaltenen Glasmalereien ergab, dass sich mehrere anonyme Werkstätten diese Aufträge teilten. Seit der Zeit, als die Glasmalereien des Chors ausgeführt wurden, hatte sich die Situation der Glasmalerei in Bern grundlegend verändert. Damals war dort nur eine einzige Werkstatt tätig; um 1500 jedoch gab es mehrere Ateliers, die farbige Einzelscheiben als Schmuck von Blankverglasungen herstellten.[37] Auch die Auftragslage hatte eine Veränderung erfahren. Während bis ins zweite Viertel des 15. Jahrhunderts die Glasmaler zur Hauptsache für die neue Berner Pfarrkirche gearbeitet hatten, war jetzt die Nachfrage nach Glasmalereien stark gestiegen. Farbige Verglasungen waren nicht mehr ausschliesslich den Kirchen vorbehalten, obwohl sie für deren Ausstattung immer noch eine wichtige Rolle spielten (die um 1500 für das Münster tätigen Werkstätten schufen auch Scheiben für die Kirchen in Jegenstorf, Lenk, Oberbalm, Büren und Worb, vgl. Kap. V, S. 410), sondern sie hielten jetzt auch Einzug in die Häuser der Reichen und Wohlhabenden. Bald jedoch wurde Glas auch für den Fensterverschluss bescheidener Behausungen verwendet. Schon am Ende des dritten Jahrhundertviertels hatte sich die Sitte der Scheiben- und Wappenschenkungen in der Eidgenossenschaft etabliert und führte zu einer beispiellosen Blüte der Glasmalerei,[38] aber auch schon bald zu einer Überproduktion, da viele Glasmaler nicht mehr von ihrem Handwerk leben konnten. Die Reformation hatte quantitativ keinen einschränkenden Einfluss auf diese Entwicklung, denn das partiell farbige Verglasungssystem mit nur wenigen figürlichen Elementen blieb selbst für die Ausstattung protestantischer Predigtsäle verbindlich.[39]

Künstlerisch trat am Ende des Jahrhunderts ebenfalls eine Wende ein. Während die Glasmalerei in Bern das ganze 15. Jahrhundert von oberrheinischen, meist Basler Künstlern geschaffen wurden, teilten sich die Schöpfer der Bubenberg-Stiftung um 1500 (Abb. 360) erstmals die Vorlagen mit der einheimischen Maler-Werkstatt der Nelkenmeister (vgl. Kap. VI, S. 516).[40] In bezug auf die Chorverglasung des Münsters (Abb. 338; →Abb. 314: I–n IV / s IV, Abb. 316–319), kann man daher nicht von einer Berner Glasmalerei sprechen, vielmehr sind die spätmittelalterlichen Scheiben im Chor der Pfarrkirche das Hauptwerk einer Gruppe von Basler Künstlern.
Erst als sich in Bern auch Malerwerkstätten niederliessen, die kontinuierlich dort tätig waren, entstand auch auf dem Gebiete der Glasmalerei eine einheimische Produktion.

Abb. 354:
Aufbruch des jüngsten Königs, Dreikönigsfenster, untere Zone (n III, 5b), Berner Münster (→Abb. 314: n III, Abb. 318).

«… die Fenster in der kilchen allhier, die meine Herren zu machen und in Ehr zu halten schuldig…»[1] Andenken – ewiges Seelenheil – irdische Ziele und Verpflichtungen gezeigt an Beispielen von Glasmalerei-Stiftungen für das Münster

Brigitte Kurmann-Schwarz

Nach den jüngeren Forschungen kann kein Zweifel mehr bestehen, dass es in erster Linie religiöse Beweggründe waren, die Stifter veranlassten, der Kirche kostbare Geschenke zukommen zu lassen, ja ihre Bauten und deren Ausstattung überhaupt mit grosszügigen Geldvermächtnissen zu finanzieren. Dies wurde in der Literatur zu den Glasmalereistiftungen für die Berner Hauptkirche weit weniger betont als die weltlichen Ziele, die einzelne, Gruppen von Gläubigen und das Gemeinwesen damit verfolgten. Im Mittelalter gab es jedoch keine so scharfe Trennung zwischen säkular und religiös motivierten Werken und Handlungsweisen. Die Aufklärung forderte viel später die Scheidung beider Bereiche und erst unser Jahrhundert setzte diese durch.
Stiftungen zugunsten der Kirche dienten im Mittelalter der Vorsorge für die Existenz nach dem Tode, hatten also ganz direkt mit dem irdischen Leben der Stifter zu tun. Da jeder Sterbliche mit der Erbsünde belastet war und nicht jeder wie ein Heiliger fehlerlos lebte, bedurfte er über sein irdisches Leben hinaus der spirituellen Hilfe, um nicht der ewigen Verdammnis anheimzufallen oder bis zum Jüngsten Tage im Fegefeuer aus-

Abb. 355:
Dreikönigsfenster, obere Zone (n III), Berner Münster (→Abb. 314: n III, Abb. 318).

harren zu müssen (vgl. Kap. V, S. 367).[2] Diese Hilfe für seine Existenz im Jenseits konnte den Gläubigen nur von der Kirche und ihren Dienern zuteil werden. Es war daher nötig, ein Kapital anzulegen, von dessen Zinsen ein Geistlicher oder noch besser eine geistliche Gemeinschaft, nach dem Tod des Stifters in seinem Namen die Fürbitte bis zum Jüngsten Tag verrichten konnte.[3] Für die Mitglieder des hohen Adels war es daher üblich, Klöster zu gründen, deren Insassen sie die Toten ihres Geschlechtes anvertrauten (als Beispiele seien die habsburgischen Gründungen Muri und Königsfelden erwähnt). In den Städten nahmen Kapellengründungen in den Pfarr- und Klosterkirchen diese Rolle ein (vgl. Kap. V, S. 367). Mit der materiellen Sicherung der Fürbitte ging die Bewahrung der Erinnerung an denjenigen einher, dem die Fürbitte galt und der sich als Wohltäter der Kirche auszeichnete. Zu diesem Zwecke trugen sich die Menschen in Toten-, Traditions- und Jahrzeitbücher ein, liessen Inschriften an Kirchen anbringen und stellten zur Absicherung ihrer Stiftungen unzählige Urkunden aus. Um diese schriftlichen Dokumente zu visualisieren und damit ihre Wirkung zu verstärken, versahen sie Altäre, Skulpturen, Textilien, liturgische Geräte und vor allem auch Glasmalereien mit ihrem Wappen oder ebenso häufig mit ihrem Bild als frommem Beter.[4] In den Glasmalereien des Münsters bediente man sich ausschliesslich der Wappen (Abb. 350, 361).

Geht man heute durch das Münster, werden diese Bemühungen um die Erinnerung und um die ewige Seligkeit fast nur noch in den Glasmalereien fassbar. Die übrige Ausstattung, vor allem die Altäre, deren Bilder und deren liturgische Geräte, fegten die Ikonoklasten hinweg (vgl. Kap. VI, S. 588). Nur wenige Objekte überlebten in Sammlungen und Museen (beispielsweise die Vinzenz-Teppiche oder der Jahrzeitbehang der Ringoltingen, vgl. Kap. V, S. 456). Nach der Einführung der Reformation schaffte man die Fürbitten, die Gedenkgottesdienste und die mit den Jahrzeiten verbundenen guten Werke ab. Dort wo eigentlich die Memoria für Familien und Individuen am deutlichsten gewesen war, nämlich in den Seitenkapellen, weist ausser einigen Wappenscheiben kaum noch etwas auf die frommen Werke der Berner im Spätmittelalter hin. Die Bilderfeinde der Reformationszeit haben die Glasmalereien vielleicht beschädigt – manche Lücken lassen sich nicht mit dem Hagelsturm von 1520 allein erklären[5] –, aber wohl aus praktischen Gründen beliess man den grössten Teil an Ort und Stelle und sorgte bis auf den heutigen Tag für ihre Erhaltung.

Aus dem 15. Jahrhundert blieben ausser wenigen Fragmenten keine Verglasungen der Seitenkapellen mehr erhalten.[6] Die Testamente der beiden frühesten Gründer, Petermann von Krauchtal und Peter Matter, sehen jedoch bestimmte Summen für Glasmalereien vor.[7] Diese müssen sich dem Zerstörungswerk der Ikonoklasten geradezu angeboten haben. Auch wenn Zwingli die farbigen Scheiben für unschädlich erklärte, gibt es doch genug Beispiele, die zeigen, dass sich die Hitzköpfe nicht daran hielten. Auf diese Weise ging die gesamte Stadtzürcher Glasmalerei des Mittelalters und der grösste Teil der Werke dieser Kunstgattung in Basel verloren. Im Berner Münster blieben nur die farbigen Scheiben der Bubenberg-Kapelle fast vollständig erhalten (Abb. 360), doch befinden sie sich bekanntlich nicht mehr an ihrem ursprünglichen Standort, so dass ihre einstige Funktion heute nicht mehr erkennbar ist.[8] Einzelne Wappenscheiben, die teilweise lange nach der Reformation gestiftet wurden, erinnern noch an die Gründerfamilien der Kapellen (z.B. ein Erlach-Wappen in der Krauchtal-Erlach-Kapelle, 1500/10, →Abb. 314: n VII; eine Lombach-Scheibe, um 1520/30, →Abb. 314: s VIII; ein Erlach- und ein Ligerz-Schild, um 1465, Abb. 358). Zwar schaffte die Reformation den Totendienst ab und ebenso alles, was damit verbunden war, doch hielt die Obrigkeit daran fest, dass die Stiftungen aus katholischer Zeit, von den Nachfahren derjenigen unterhalten werden mussten, die sie ausgerichtet hatten.[9] Die Stadt veranlasste

Abb. 356:
Mühlenfenster, obere Zone (n IV), Berner Münster (→Abb. 314: n IV, Abb. 319).

Abb. 357:
Warten auf die Kommunion, um 1455, Mühlenfenster, untere Zone (n IV, 1c), Berner Münster (→Abb. 314: n IV, Abb. 319).

1573 den Kirchmeier, die seit einem halben Jahrhundert nur notdürftig reparierten Glasmalereien im Chor, darunter auch das von ihr gestiftete Passionsfenster (Abb. 339, →Abb. 316) durch Thüring Walther reparieren zu lassen.[10] Schon kurz nach 1520 liess Claude de Challant, Graf von Valangin, die Stiftung seiner Grosseltern ergänzen (Abb. 359),[11] deren farbige Scheiben wahrscheinlich durch den Hagelsturm beschädigt worden waren. Ebenso gab ein Scharnachtal um 1567 den Auftrag, die Verglasung im Fenster über dem Priesterdreisitz zu erneuern. Auf diese Weise ersetzte eine Blankverglasung mit zwei Wappenscheiben die zerstörten Glasmalereien des Kaspar von Scharnachtal von 1450/51. Die zwei prachtvollen heraldischen Felder der zweiten Scharnachtal-Stiftung blieben erhalten und wurden zu einem unbekannten Zeitpunkt in das mittlere Chorfenster versetzt (→Abb. 314: I, 10a und 10d).[12] 1557, nur kurze Zeit vorher, liess Claudius May das Wappenpaar ergänzen, das Bartholomäus May ein halbes Jahrhundert früher in den nördlichen Obergaden des Münsters geschenkt hatte (Abb. 362, 363).[13] Schliess-

Abb. 358:
Erlach- und Ligerz-Schild, um 1465, Erlach-Ligerz-Kapelle (s XII, 5b/c), Berner Münster (→Abb. 314: s XII).

Abb. 359:
Stiftung der Grafen von Valangin, Engel mit Wappen eines unbekannten Mitglieds der Grafen-Familie, vor 1491, Chorfenster (S V, 2d), Berner Münster (→Abb. 314: S V).

lich wurde die Verglasung des Fensters in der Kapelle der Familie Brüggler in den 1620er Jahren erneuert (→Abb. 314: s VII)[14] und die Familie Tillier beauftragte 1693 den Glasmaler Samuel Fuedter ihre damals sehr stark beschädigten Wappenscheiben im südlichen Obergaden neu zu schaffen (→Abb. 314: S XI).[15] Aus den Stiftungen der Scharnachtal und der Brüggler, die der jeweils letzte des Geschlechtes vornahm, geht hervor, dass man auch jetzt noch darauf bedacht war, sein Andenken durch Glasmalereistiftungen zu erhalten.[16]

Die Finanzierung der Chorausstattung gehörte neben der Gründung einer eigenen Kapelle zu den herausragendsten Zuwendungen an die Pfarrkirche. Die bisherige Forschung interpretierte diese fast ausschliesslich unter dem Gesichtspunkt der Selbstdarstellung und der Repräsentation. Dabei hat man übersehen, dass diese Stiftungen neben den sozialen immer auch allgemein religiöse, liturgische und rechtliche Aspekte aufwiesen. Auch die Gründer einer Familienkapelle machten nach wie vor Jahrzeitstiftungen, welche die Berner Deutschherren zur Abhaltung von Vigilien, Messen und Begehung der Gräber verpflichtete. Davon legt in erster Linie das Jahrzeitbuch von Sankt Vinzenz Zeugnis ab,[17] aber dies lässt sich beispielsweise auch dem Testament des Rudolf von Ringoltingen entnehmen, der für sich und seine zweite Frau, Paula von Hunwil, Jahrzeiten im Münster und in den Kirchen der Bettelorden stiftete. Zwar traf Rudolf von Ringoltingen auch die nötigen Vorkehrungen, dass ein von ihm bestimmter Priester täglich eine Messe in seiner Kapelle las, doch ist in diesem Zusammenhang nicht von einer Jahrzeit die Rede.[18] Das bei den Deutschherren gestiftete Anniversar (= Jahrzeit) jedoch feierten diese an einem Altar des Münsters, den sie selbst bedienten. Da der Stifter verfügte, dass alle Priester, die im Münster eine Pfründe besassen, ein Geldgeschenk erhielten, wenn sie der Feier beiwohnten, darf man wohl mit einer regen Teilnahme der Geistlichen rechnen, so dass sich für die Feier am ehesten der Chor mit seinem Gestühl anbot. Offensichtlich wünschte sich Rudolf von Ringoltingen eine Jahrzeitfeier, wie sie normalerweise von klösterlichen Gemeinschaften abgehalten wurde.[19] Die Ringoltingen und andere, die es sich leisten konnten, schufen sich daher bei den Deutschherren, mit anderen Worten im Chor der Pfarrkirche, neben dem liturgischen Gedenken durch besonders aufwendige Kunststiftungen auch eine visuelle Memoria.[20]

Im Folgenden sollen am Beispiel des Passions- (Abb. 316) und des Dreikönigsfensters (Abb. 318) die Beweggründe für Stiftungen der Stadt als der Repräsentantin des Gemeinwesens und diejenigen einer einzelnen

Familie näher betrachtet werden. Auch in diesem Zusammenhang sind religiöse und säkulare Motive unentwirrbar vermischt.

Die farbigen Verglasungen galten im Mittelalter als besonders kostbare Kunstwerke mit intensiver kommunikativer Wirkung. Im 12. Jahrhundert spricht Abt Suger von «*mirificum opus*» und Theophilus, der Verfasser des ältesten erhaltenen Traktates über die Glasmalerei, preist das «*inestimabile vitri decus*» (Prolog zum 3. Buch) und die «*operis preciosissima varietas*» (Prolog zum 1. Buch),[21] was beides die Menschen faszinierte. Seine besonderen Eigenschaften, die Transluzidität und die leuchtende Farbigkeit, konnte das Glas jedoch nur durch das Sonnenlicht entfalten, das die Theologen des Mittelalters als die sichtbare Manifestation Gottes definierten.[22] Die Glasmalereien hatten daher zu keiner Zeit nur die praktische Funktion, Regen und Wind vom Innern der Kirche fernzuhalten, sondern waren durch ihre Abhängigkeit vom Licht engstens mit dem Göttlichen verbunden. Nur das Licht machte ihre Bilder sichtbar, so dass man deren Inhalt direkt mit dem Willen und Walten Gottes verband. Sie eigneten sich daher besonders zur Belehrung der Gläubigen und hielten sie zu frommer Betrachtung an. Nach Pierre de Roissy, einem französischen Theologen des 13. Jahrhunderts, hielten sie das Böse von den Gläubigen ab und erleuchteten sie.[23] Die Beziehung zum Überirdischen machte die Glasmalereien zu beliebten Objekten von Stiftungen, die jedoch so teuer waren, dass nur Gruppen von Gläubigen oder sehr reiche Leute sie sich leisten konnten. In Bern taten sich das Gemeinwesen und mehrere sehr Wohlhabende zusammen, um die materiellen Voraussetzungen für den wertvollen Glasschmuck des Münsterchors zu schaffen,[24] der auch damals noch die Gläubigen vor dem Bösen schützen und erleuchten sollte.

Die von der Stadt gestifteten Glasmalereien des Achsfensters dürften sich im ursprünglichen Zustand der Chorverglasung künstlerisch und kompositionell stark von den ihnen benachbarten Scheibenzyklen abgehoben haben (Abb. 339, 340, 342; Abb. →316). Nicht nur war es das einzige der Dreiergruppe im Chorhaupt, das konsequent architektonisch gestaltet wurde, sondern es unterschied sich von den direkt benachbarten Scheibenzyklen auch aufgrund seiner leuchtenderen Farbigkeit. Zwei grosse Wappenschilde, die so hoch angebracht wurden, dass sie in der Kirche von überall her sichtbar waren, gaben die Stadt als Stifterin zu erkennen. Sie setzte sich hier als Bauherrin der Kirche in Szene, eine Rolle, die eigentlich dem Patronatsherr, dem Deutschen Orden, zugekommen wäre.[25] Die Stadt Ulm etwa liess als Besitzerin des Patronatsrechts ihre Wappen im Mittelfenster einsetzen, das sie um 1480 in der Werkstatt des Strassburger Glasmalers Peter Hemmel erneuern liess.[26] Gerade weil die Stadt Bern nicht Inhaberin des Patronatsrechts war, sicherte sie 1418 ihre Baupläne durch ein päpstliches Dokument ab und stellte sicher, dass diejenigen, die im Neubau Kapellen gründeten, das Patronat über die von ihnen dotierten Altäre bekamen.[27] Der Rat versuchte auch immer wieder, das Patronat der Pfarrkirche an sich zu bringen. So wollte er 1420 die Ernennung des Johannes von Thun durch den Deutschen Orden verhindern und entsandte Vertreter nach Lausanne, um die Angelegenheit dem Bischof zu unterbreiten. Die Stadt war jedoch nicht in der Lage, überzeugende Dokumente vorzulegen, um das von ihr beanspruchte Recht auf das Patronat zu legitimieren.[28] Immerhin hatte sie ihren Bürgern durch das päpstliche Dokument die Bestimmung über das Niederkirchenwesen gesichert und wollte nun mit dem Neubau der Pfarrkirche die rechtlichen Voraussetzungen für den Besitz des Patronatsrechts schaffen. Damit nämlich konnte die Stadt Anspruch auf den Titel eines «novus fundator» erheben, der die Forderung nach dem Patronatsrecht einschloss. Mit der Stiftung des Passionsfensters (Abb. 339; →Abb. 316), das sie mit zwei grossen Staatswappen versehen liess, demonstrierte sie ihre Forderung vor aller Augen. Klaus Jan Philipp zeigte, dass viele andere süddeutsche Städte, die nicht im Besitz

Abb. 360:

Bubenberg-Stiftung, Mondsichel-Madonna, 1500/06, mittleres Chorfenster, obere Zone (I, 9c), Berner Münster (→Abb. 314: I, Abb. 316).

Abb. 361:
Masswerkverglasung mit Wappen der Familie von Ringoltingen, Dreikönigsfenster (n III), Berner Münster (→Abb. 314: n III, Abb. 318).

des Patronatsrechts waren, versuchten, dieses über den Neubau der Kirche zu erwerben.[29]

Der Inhalt des Passionsfensters jedoch weist daraufhin (Abb. 339, 340, 342), dass die Motivation zur Stiftung sich nicht allein auf diesen wichtigen rechtlichen Aspekt beschränkt haben konnte. Die Leidensgeschichte Christi und die Engel, die das Staatswappen tragen, machen deutliche Aussagen über die religiöse Haltung des Gemeinwesens. Dieses stellte sich als fromm, rechtgläubig sowie freigebig gegenüber der Kirche dar und sicherte sich damit ein ehrwürdiges Gedenken. Als Erbauerin der Ortskirche und Wahrerin der Rechtgläubigkeit wäre sie allein legitimiert gewesen, das Patronatsrecht auszuüben. War die Stadt tatsächlich Stifterin des Mühlenfensters, stellte sie in einem zweiten Bilderzyklus nicht nur ihre Rechtgläubigkeit und ihre Verdienste um die Kirche, sondern auch ihre Vorstellung von der Institution Kirche in einem christlichen Gemeinwesen dar (→Abb. 319).[30]

Das Dreikönigsfenster (Abb. 352, 354, 355; →Abb. 318) kann als einziges der grossen Scheibenzyklen im Chor mit Personen verbunden werden, von deren persönlichen Vorstellungen viele Einzelheiten überliefert sind. Rudolf und Thüring von Ringoltingen (1448–1458) waren nacheinander einer von jeweils drei Pflegern der Kirchenfabrik, der Bauverwaltung, von Sankt Vinzenz.[31] Neben Thüring von Ringoltingen amteten 1451/53 Hans Schütz und Hans Fränkli, 1452/54 Niklaus von Scharnachtal und Hans Kindemann. Die Chorverglasung entstand mit Ausnahme des Passionsfensters während der Amtszeit des Thüring von Ringoltingen. Seine Einträge im «Sankt-Vinzenzen-Schuldbuch» lassen vermuten, dass er sich intensiv mit der Planung und der Entstehung der Glasmalereien für den Chor beschäftigte. Er gilt allgemein als guter Kenner der Literatur seiner Zeit (vgl. Kap. VI, S. 534), unter der hagiographische Texte in Form von Legendaren eine wichtige Rolle spielten. Wahrscheinlich geht nicht nur der inhaltliche Entwurf des Dreikönigsfensters auf ihn zurück, sondern er könnte für das Gesamtprogramm der Chorverglasung federführend gewesen sein.[32]

Die Glasmalereien der Familie von Ringoltingen sind den lebenden und toten Mitgliedern des Geschlechtes und dessen heiligen Patronen, den Drei Königen aus dem Neuen Testament, geweiht. Die Wahl dieser Heiligen dürfte kein Zufall sein, denn sie galten im Mittelalter als besondere Beschützer des Adels, der Reisenden und der Kaufleute.[33] Die Ringoltingen stiegen aus dem Kaufmannsstand in den städtischen Adel auf und waren vielgereiste Fernhändler, später Diplomaten im Dienste der Stadt. Die Dreikönigslegende erzählt die Geschichte einer Reise und gibt die Gelegenheit, adeliges Leben und Sitten mit grosser Prachtentfaltung zu gestalten. An Orten, die fern von den Höfen lagen, erfüllten Literatur und bildende Kunst die Funktion, adeliges Bewusstsein zu formen und zu zeigen, was Adel war und wer darauf Anspruch erheben konnte (vgl. Kap. II, S. 119).

Das Berner Dreikönigsfenster gibt eine nahezu einmalige Bilderfolge dieser Heiligenlegende wieder, die man nirgends sonst so ausführlich dargestellt findet. Besonders die Wunder, die sich zur Stunde der Geburt Christi an den Höfen der Heiligen Drei Könige ereigneten, findet man nur im Tympanon des Marienportals in Ulm, das zwar etwas älter als das Berner Dreikönigsfenster ist, aber dieses weder künstlerisch noch ikonographisch beeinflusste.[34] In Bern beginnt die Geschichte mit dem Propheten Balaam, dem Urahn der Magier aus dem Orient, der den Himmel nach dem Stern aus dem Hause Jakobs absucht. Da dieser in der Folge als Wegweiser der Könige eine wichtige Rolle spielt, musste er zusammen mit den Wundern in die Geschichte eingeführt werden. Dafür liess der Entwerfer die Ara-Coeli-Vision, in welcher der Stern mit dem Bild der Jungfrau und ihrem Kind Kaiser Augustus erschien, am Hof eines der Könige spielen. Es kann kein literarisches Vorbild für diese Veränderung namhaft gemacht werden. Vielmehr schuf ein guter Kenner der unterschiedlichen Varianten der Dreikönigslegende, wahrscheinlich Thüring von Ringoltingen, aus verschiedenen Motiven ein neues Bild, das er in die Dreikönigsgeschichte nach dem Legendar «Der Heiligen Leben» einfügte.

Dieser freie Umgang mit literarischen Vorlagen, die breite Darlegung der Wunder und auch der ausführliche genealogische Zyklus, der die Dreikönigslegende rahmt, deuten auf Thüring von Ringoltingen als dem Entwerfer des Programms hin. Die Legende verarbeitet Motive, die auch in Thürings 1456 abgeschlossener Übersetzung des Melusinenromans als Leitgedanken vorkommen (vgl. Kap. VI, S. 541). Dieser erzählt die Geschichte einer Adelsfamilie, die sich einer besonders ehrenhaften Abstammung rühmen kann und deren Mitglieder immer wieder durch Wunder ausgezeichnet wurden. Die Heiligen Drei Könige konnten ihre Herkunft auf den heidnischen Propheten Balaam des Alten Testaments zurückführen (Abb. 355), und sie wurden damals unter allen Heiden als einzige durch Wunder ausgezeichnet. Ehre, Herkommen und Standesabzeichen hoben auch im Bern des 15. Jahrhunderts den Adel aus der Masse des gewöhnlichen Volkes heraus.

Sein eigenes Herkommen beschäftigte Thüring ebenfalls. In den Jahrzeitbüchern von Erlenbach forschte er nach seinen Ahnen, damit sein Vater Rudolf in Fribourg den adeligen Stammbaum seiner Familie aufzeichnen lassen konnte. Die Idee zu dem umfangreichen Wappenzyklus, der lebende und tote Mitglieder der Familie vereinigte, dürfte daher wie die phantastische Erzählung der Dreikönigsgeschichte auf Thüring zurückgehen. Der Wappenzyklus konnte bisher nicht vollständig aufgeschlüsselt werden (Abb. 361).[35] Zwei Wappenallianzen der ersten Zeile beziehen sich auf die beiden ersten Ehen des Rudolf von Ringoltingen mit Jonata von Mömpelgard und Paula von Hunwil. Das dritte Wappenpaar dürfte auf eine zumindest geplante Heirat des Sohnes Heinrich aus erster Ehe mit einer Frau aus dem Geschlecht der Truchsessen von Wolhusen hinweisen. Diese Familie sass im 15. Jahrhundert in mehreren Städten des Aargaus (Lenzburg, Aarau), doch liess sich in den bekann-

Abb. 362:
Stiftung der Familie May, Wappen des Bartholomäus May, 1500–1510, Langhaus (N XI, 2b), Berner Münster (→Abb. 314: N XI).

Abb. 363:
Wilhelm Stettler, Wappenbuch, um 1700, Bern, Burgerbibliothek, Ms. Hist. Helv. XVI 135, S. 36.

Abb. 364:
Stiftung der Familie May, Wappen Glados II. (Claudius) May, 1557, Langhaus (N XI, 1c), Berner Münster (→Abb. 314: N XI).

ten Stammtafeln keinen Hinweis auf eine Heirat mit einem Ringoltingen finden. Heinrich wird 1455 im Testament seines Vaters als verstorben bezeichnet,[36] und er lebte laut Tellbuch 1448 noch unverheiratet im Hause seines Vaters.[37] Es könnte daher durchaus sein, dass er selbst noch an der Stiftung beteiligt war. Das vierte Wappenpaar der ersten Zeile im Dreikönigsfenster ist ein Werk des Johann Heinrich Müller von 1887.[38] Wilhelm Stettler jedoch zeichnete in seinem Wappenbuch der Zeit um 1700 die Bruchstücke des vierten Frauenwappens aus der ersten Zeile des Fensters, dessen Reste mit dem Schild der Paula von Hunwil übereinstimmen (Abb. 363).[39] Es kann sich daher nur um die Gemahlin des Thüring von Ringoltingen, Verena von Hunwil, handeln. Im Masswerk schliesslich erscheint noch einmal die Allianz des Rudolf von Ringoltingen und der Jonata von Mömpelgart (Abb. 361). Dazwischen sind zwei Wappenpyramiden angebracht, von denen sich die rechte auf die Eltern des Rudolf von Ringoltingen, auf Heinrich von Ringoltingen und Klara Matter, bezieht. Darüber schwebt der Schild der Familie Strähler. Dieses Wappen schliesst eine Lücke in der Genealogie der Ringoltingen, in denen bisher der Name der Grossmutter von Rudolf fehlte. Die Basis der linken Wappenpyramide bilden die Schilde der Anna von Ringoltingen und ihres ersten Gemahls Bernhard von Büttikon (†1449). Das darüber angebrachte Wappen wurde schon als dasjenige des Hug Burkhart vom Mömpelgart, des Vaters der ersten Gemahlin von Rudolf gedeutet,[40] doch macht diese Interpretation keinen Sinn, da Anna von Ringoltingen eine Tochter der Paula von Hunwil und nicht der Jonata von Mömpelgart war.[41] Da im Wappenzyklus der Schild der dritten Frau Rudolfs fehlt, liegt es nahe, die Stiftung als ein Projekt seiner Kinder (Heinrich mit eingeschlossen) zu betrachten, von denen man weiss, dass sie eine Abneigung gegen die reiche Freiburger Erbin hatten.[42] Die Darstellung der Familienmemoria unter selektiven Gesichtspunkten sprechen wiederum am ehesten für Thüring, ursprünglich vielleicht zusammen mit Heinrich, als der treibenden Kraft hinter der Stiftung, da sie nach 1448 und vor 1455 die einzigen Kinder des Rudolf von Ringoltingen waren, die im Berner Sässhaus lebten. Hätte Rudolf die Schenkung eines Chorfensters angeregt, wie man bisher allgemein annahm,[43] hätte er sicher auch seine dritte Gemahlin in den genealogischen Zyklus einbezogen. Er dürfte sich daher auf die Gründung und Dotierung der Familienkapelle konzentrieren, worüber er in seinem Testament ausführliche Bestimmungen erliess,[44] die Stiftung der Glasmalereien in den Chor aber seinen Kindern aus erster und zweiter Ehe überlassen haben.

Das Dreikönigsfenster ist das Denkmal der Frömmigkeit und der sozialen Stellung einer Berner Patrizierfamilie, mit dem sie ihre Auszeichnung unter den Sterblichen, ihre ferne, vornehme Herkunft, ihre Vorstellungen von adeligem Leben und ihre Freigebigkeit gegenüber der Kirche herausstellte. Der Berner Pfarrkirche und ihren geistlichen Dienern kam der Nutzen der grosszügigen Ringoltingenschen Geschenke zu, doch erinnert nicht zuletzt das zentrale Anbetungsbild des Dreikönigsfensters daran, dass die Stiftung Christus selbst dargebracht wurde. Genauso wie die Jahrzeiten der einzelnen Familienmitglieder soll dieses Werk dem ganzen Geschlecht «... zů trost und zu fürdrung zů dem ewigen leben ...»[45] dienen. Darum ging es auch der Stadt, wenn sie die Passion Christi und die Eucharistie als Themen ihrer Stiftungen wählte, denn das Opfer Christi und sein Nachvollzug am Altar bilden die Voraussetzung zum ewigen Leben. Doch ist die Eucharistie nicht nur Corpus Christi verum, sondern auch Corpus Christi mysticum, die Kirche, und diese wollte die Stadt aktiv mitgestalten können, so dass ihre Diener in der Lage waren, die Berner zum ewigen Leben zu führen.

Paramente aus dem Berner Münsterschatz
«...als meister Heinrich Wolfli die legende sant Vincenczen an ein tuch hat lassen machen.»[1]

Anna Rapp Buri, Monica Stucky-Schürer

Im Spätmittelalter nannten Kirchen und Klöster eine erstaunliche Menge an Paramenten ihr eigen. Darunter sind nicht nur die Priestergewänder und Altartücher zu verstehen, die zur Feier der Gottesdienste notwendig waren, sondern auch grosse, auswechselbare Behänge, die das Gotteshaus im Verlauf des Kirchenjahres immer wieder in neuem Gewand erscheinen liessen.

Eine Vorstellung von den zum grössten Teil verlorenen textilen Kirchenschätzen geben die überlieferten Inventare und die wenigen noch erhaltenen Exemplare. Die Füraltartücher oder «Antependien» verhüllten die Vorderseite des Altares von der Tischplatte bis zum Boden mit ihren gestickten oder gewirkten Darstellungen und erinnerten an das Martyrium und Leben der dort verehrten Heiligen. Über den Altartisch wurden bis zu drei weisse Leinentücher ausgebreitet, von denen das oberste verziert war und auf beiden Seiten ebenfalls bis zum Boden reichte. Beim Verlesen der Messtexte und Gebete waren die Bücher auf Kissen oder auf mit Tüchern belegten Lesepulten aufgeschlagen. Ein viereckiges, kleines Leinen, die «Palla», bedeckte den Kelch. Dieser stand neben dem Hostienbehälter auf dem ebenfalls aus Leinen gefertigten «Corporale». Durch den Kontakt mit Hostie und Messkelch erhöht, schenkte man dem «Corporale» besondere Aufmerksamkeit und verwahrte es in einer meist aufwendig dekorierten Stofftasche, der «Bursa». Wenn an einem Altar kein Gottesdienst stattfand, wurde er mit dem Vespertuch zugedeckt. Oft rahmten Vorhänge aus Seidengewebe den heiligen Bezirk des Altares. Gestickte, gewirkte oder gewebte Decken lagen während der Wortauslegung über den schmalen Rednerpulten. An den Mauern des Kirchenschiffes und des Chores hingen Tapisserien oder Stickereien mit figürlichen Darstellungen, floralem oder geometrischem Dekor und an hohen Festtagen kleideten Tücher die Säulen ein. Gewirkte Behänge mit szenischen Darstellungen waren in der Regel an den Rückwänden der Priestersitze und des Chorgestühls befestigt. In der Fastenzeit, das heisst von Aschermittwoch bis Ostern, wurden alle Altarbilder mit Tüchern verhüllt und ein grosses, meist mit Szenen aus der Passion bemaltes Hungertuch trennte in diesen Wochen das Kirchenschiff vom Chor und verwehrte den Gläubigen den Blick auf den Hochaltar.

Aus flexiblem Material geschaffen, konnten diese Textilien leicht manipuliert, ausgewechselt und mühelos in der Sakristei aufbewahrt werden. Mit ihrer Farbe und ihrem figürlichen Schmuck nahmen sie direkten Bezug auf die Feste des Kirchenjahres und standen ausschliesslich für die Liturgie dieser Tage zur Verwendung. Andere zeigten die Patrone

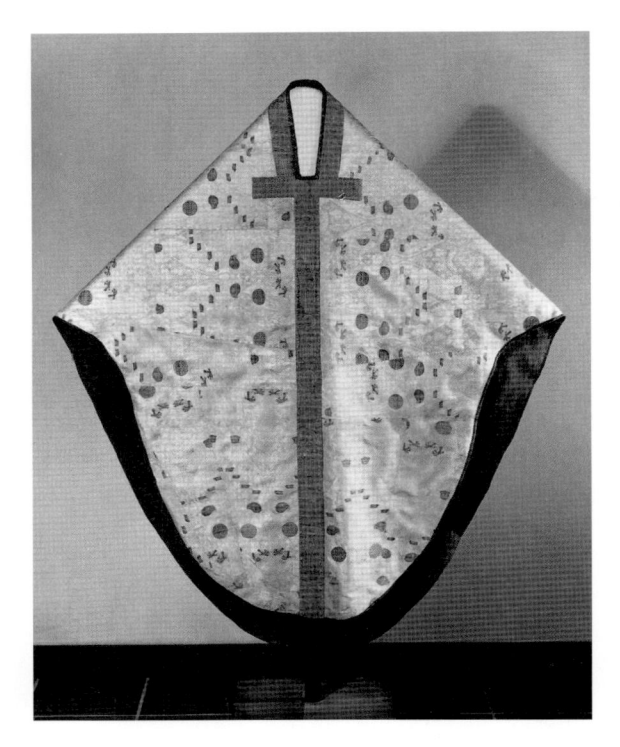

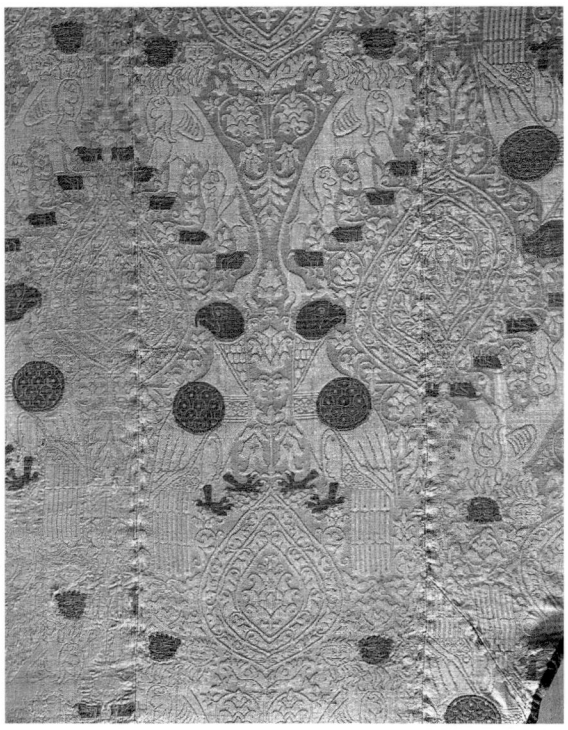

Abb. 365 a, b:
Glockenkasel, wohl Lucca, um 1300, Rückenlänge 149,5 cm, Bern, Historisches Museum.

Seit der zweiten Hälfte des 13. Jahrhunderts blühte in Italien, vornehmlich in Lucca und Venedig, eine hochstehende Seidenproduktion mit weiter Verbreitung über ganz Europa. Die damastartigen Gewebe sind in der Regel mit Gold broschiert und zeigen adossierte Tiere im Wechsel mit Palmetten. Das Priestergewand aus dem Berner Münsterschatz aus einer solchen Seide mit Löwen- und Papageienmuster ist nachweislich noch im 15. Jahrhundert verwendet worden.

bestimmter Altäre und konnten daher während des ganzen Jahres gebraucht werden. Besondere Bedeutung besassen Behänge, die den Kirchen von reichen Bürgern zur Abhaltung der Jahrzeitfeiern geschenkt wurden. Anlässlich dieser Gedenkmessen verrichteten der Klerus und die Angehörigen Gebete für das Seelenheil der Verstorbenen und verteilten Almosen unter die Armen. Die eigens für solche Feiern gestifteten Behänge zeigten mit Vorliebe die Namenspatrone der Verstorbenen oder Bilder des Todes und der Auferstehung.

Inventare des Münsterschatzes

Das älteste erhaltene Inventar des Berner Münsterschatzes von 1379 belegt, dass die Leutkirche einen dem Brauch des Spätmittelalters entsprechend grossen Bestand an Paramenten besass.[2] Unter den Ornaten aus Seide oder Leinen wurden für die Priester 34 Alben, 77 Kaseln und 19 Pluviale mit 19 Schultertüchern, 15 Stolen und 13 Manipeln, für die Leviten 30 Röcke und für die Sängerknaben sechs Mäntel verzeichnet.[3] Dazu kamen 14 «Bursen» und sechs «Corporale». Für den Hauptaltar standen sechs Antependien aus Goldstoff oder Seide und zwei Tapisserien aus Wolle zur Verfügung, für die vorderen Altäre sieben Antependien und zwei Tapisserien, für die übrigen Altäre sechs Zierborten sowie ein seidenes und 61 leinene Altartücher.[4] Ausserdem wurden zwei Hungertücher, sieben Chorbehänge und zwei Altarvorhänge notiert. Nachträge zum ersten Inventar machen deutlich, dass bedeutende Stiftungen und Vergabungen den Münsterschatz an Paramenten stetig vermehrten.

Aus dem am 24. Juni 1402 abgeschlossenen neuen Inventar des Berner Münsterschatzes geht hervor, dass zu dieser Zeit noch ein grosser Teil der Paramente aus dem vorangehenden Jahrhundert im Gebrauch stand.[5] Neu verzeichnet wurden damals lediglich ein Chorbehang, vier Pulttücher aus Leinen, sechs Seidenkissen für die Messbücher, sechs Stuhlkissen, drei Tücher für die Priestersitze («Stuhllachen») sowie ein blauer Baldachin aus Wolltuch («Himmeltuch»). Dieser wurde über den Priester gehalten, wenn er die Sakramente trug.

Von diesem reichhaltigen Bestand des 14. und frühen 15. Jahrhunderts haben sich nur eine Glockenkasel und eine der beiden ursprünglich zugehörigen Dalmatiken erhalten (Abb. 365).[6] Die weisse Seide der Kasel zeigt versetzte Reihen von Palmetten, auf denen Paare von Papageien und von doppelköpfigen Löwen stehen. Kopf, Flügelscheibe, Krallen und Pranken dieser grossen, heraldisch stilisierten Tiere sind mit Gold broschiert. Aufgrund dieser Stilmerkmale lässt sich das Gewebe als italienische Seide um 1300, wohl aus Lucca, einordnen. Bei der Dalmatik aus goldgelbem Samt ist diese Seide nur an den Manschetten und den Seitenschlitzen eingesetzt. Die sparsame Verwendung des kostbaren Gewebes genügte offensichtlich, um Kasel und Dalmatik als zusammengehöriges Ornat zu kennzeichnen. Diesen Umstand hielt bereits der Inventarisator von 1379 fest, als er die Kasel und die beiden damals noch vorhandenen Dalmatiken beschrieb: «Ein messachel mit guldin Löwen und 2 röck, sint im nüt gelich».[7] Als wertvolle Paramente früherer Generationen wurden sie noch im 15. Jahrhundert getragen und später sorgfältig aufbewahrt.

Jahrzeitstiftungen

Während des Münsterneubaus musste nach der Fertigstellung der einzelnen Kapellen und Altäre für deren Paramente und Kirchenzierden gesorgt werden (vgl. Kap. V, S. 367, Kap. V, S. 392, Kap. V, S. 457). Einzelne Stiftungsurkunden erwähnen solche Ausstattungsstücke ausdrücklich. Als beispielsweise 1430 Peter Matter 200 rheinische Gulden für den Bau einer Familienkapelle testamentarisch vermachte, bestimmte er, dass auf seine Kosten auch ein Glasfenster eingebaut und der Altar mit Kelch, Messbuch, Messgewändern und allem übrigen Schmuck ausgestattet würde.[8] So stellte denn Franciscus de Fuste anlässlich der Visitation, die er 1453 im Auftrag des Bischofs von Lausanne im Berner Münster durchführte, mit Genugtuung fest, dass der Altar in der besagten Matter-Kapelle mit allen nötigen liturgischen Geräten und Paramenten versehen sei.[9] Ebenso lobend protokollierte er die Ausstattung des Michael-Altares sowie des Vinzenz-Altares. Befriedigt zeigte sich de Fuste auch über die Ornamente des Antonius-Altares in der von Petermann von Krauchtal gestifteten Familienkapelle (→Abb. 314: 9) und erwähnte die dort viermal pro Woche abgehaltenen Messen.

Petermann von Krauchtal, der ehemalige Schultheiss von Thun und Bern, gehört zu den ersten verbrieften Spendern für den Münsterneubau, hat er doch bereits 1423 die ansehnliche Summe von 200 Pfund Pfennigen für die Errichtung einer Kapelle testiert. Ausdrücklich in diesem Betrag eingeschlossen waren die bei seinem Ableben noch nicht fertig gestellten Glasgemälde der Kapelle (vgl. Kap. V, S. 457).[10] Nach seinem Tod am 19. März 1425 wurde er dort beigesetzt. Seine Grabplatte aus Sandstein mit dem Wappen Krauchtal und einer Umschrift in eingelegter Bronze erinnert heute noch an den grosszügigen Berner Patrizier.[11]

Seine Witwe, Anna von Velschen, verheiratete sich nach seinem Tod nicht mehr und verwaltete ihre Finanzen und den ererbten Grundbesitz in Strättligen und Bächi bei Thun mit Umsicht, so dass sie 1458 mit ihrem auf 25 000 Gulden geschätzten Besitz nicht nur als reichste Bernerin galt, sondern in der ganzen damaligen Eidgenossenschaft als Privatperson wohl eines der grössten Vermögen versteuerte (vgl. Kap. II, S. 140).[12] In ihrem Testament vom 23. Januar 1459 erwies sie sich als wohltätige Spenderin und setzte die Karthäuser von Thorberg und das Seilerin-Spital in Bern als Haupterben ein. Die gottesfürchtige Christin bemühte sich besonders um ihr eigenes Seelenheil und dasjenige ihres verstorbenen Mannes. Daher beauftragte sie die Karthäuser, dreimal jährlich eine Jahrzeit in der Berner Leutkirche abzuhalten, dabei 34 arme Menschen und zwei Beginen zu verköstigen und zudem Brot im Wert von fünf Schillingen unter die Armen zu verteilen.[13] Ausserdem stiftete sie ein Anniversarium in die in ihrer Herrschaft Strättligen liegende Pfarrkirche Scherzligen. Im Jahrzeitbuch dieser Kirche wurde 1459 notiert, dass zur Totengedenkfeier für ihren Gatten ein Chortuch und zwei Kerzen den Ort des Grabes bezeichnen sollten.[14] Im Historischen Museum Thun hat sich ein 340 Zentimeter langer, gewirkter Behang

Abb. 366:
Antependium, Basel, um 1440/50, 88,5 × 201 cm, Glasgow, Burrell Collection.

Der Altarbehang war offensichtlich für den Antonius-Altar in der Krauchtalkapelle des Berner Münsters bestimmt und diente für die dort dreimal jährlich durchgeführten Jahrzeitfeiern, in denen für das Seelenheil des Petermann von Krauchtal und der Anna von Velschen gebetet wurde. In der Mitte des Behangs erscheint von Engeln umrahmt der auferstandene Christus der Maria Magdalena. Christus wendet sich mit Kreuzstab und -fahne an die Büsserin und hält ihr ein kurzes Spruchband entgegen mit den Worten: «nole me tangere» (berühre mich nicht). In der von himmlischen Boten begleiteten stillen Szene aus der Ostergeschichte wird dem Gläubigen die Verheissung auf die Auferstehung der Toten bestätigt.

Abb. 367:
Jahrzeitbehang der Schultheissenfamilie Ringoltingen, Basler Wirkerei, um 1460, Wolle, 101 × 243 cm, ehemals Dreikönigskapelle im Berner Münster, Zürich, Schweizerisches Landesmuseum (Depositum der Eidg. Gottfried Keller-Stiftung).

Der von Thüring von Ringoltingen gestiftete Behang war für die Südwand der Dreikönigskapelle im Berner Münster bestimmt. Er zeigt die Deutschordensherren, die sich mit dem Vortragekreuz zusammen mit den Angehörigen am Grab des Verstorbenen versammelt haben, um für die Seelen des Rudolf von Ringoltingen und dessen Gemahlin Paula von Hunwil Fürbitte zu leisten. Die Szene entspricht den Bestimmungen, die Rudolf von Ringoltingen 1456 testamentarisch für die eigene Jahrzeitfeier in der Dreikönigskapelle festgelegt hat (STAB: Testamentenbuch 1, S. 78):
«Item ordnen ich den tütschen herren zuo Bern nach minem tode zwen müt dingkelgeltz jerlicher und ewiger gült..., also daz si und ir nachkomen ouch jerlichen und eweclich, so man min und frouw Paulen von Hunwil, miner lieben gemachel seligen, [Jahrzeit] eins mit dem andern began sol alle jar, am abent vor der vesper ein gantze vigile singen und ouch an dem abent und an dem morgent mit dem crütz über unser beider greber gan söllent. Dieselben tütschen herren süllent ouch einem jeglichem priester, so in der lüttkilche gepfrendet sind und zuo der vigilen koument, zuo rechter presentz geben zwen schilling pfennigen in sind hand,...Es ist ouch mein meinung, daz man minen lichnam nach minem tod begrabe und der erd emphelhe in min nuwen cappellen in der lüttkilchen, da die heiligen dry künig genedig sind.»

erhalten; er zeigt die Mondsichelmadonna und sechs in Scherzligen verehrte Heilige und zeichnet sich mit den Wappen von Krauchtal und von Velschen eindeutig als Stiftung der Anna von Velschen aus (→Abb. 305).[15] Daher kann er mit dem im Jahrzeitbuch von Scherzligen erwähnten Chortuch identifiziert werden. Aufgrund von Stil und Technik lässt er sich als Basler Wirkerei aus der Zeit um 1450 bestimmen.

In der Burrell Collection in Glasgow befindet sich ein anderer, stilistisch eng verwandter Wirkteppich. Zwei Engel flankieren das «Noli me tangere», das heisst die Szene nach der Auferstehung, in der Christus Maria Magdalena als Gärtner erscheint (Abb. 366).[16] Nach den Massen ein Altartuch und mit den gleichen Stifterwappen von Krauchtal und von Velschen versehen, ist in ihm mit höchster Wahrscheinlichkeit der Behang für die urkundlich belegten Jahrzeitfeiern im Berner Münster zu erkennen. Mit dem Bild des auferstandenen Christus entspricht die Darstellung des Antependiums dem Sinngehalt der Jahrzeit, bei dem für das Seelenheil der Toten gebetet wird.

Die identisch gleichen Wappen des Thuner und des Glasgower Behanges und deren stilistische Einheit belegen, dass Anna von Velschen beide nicht nur gleichzeitig in Basel, sondern auch im gleichen Wirkatelier in Auftrag gegeben hat. In Basel blühte damals eine über die Grenzen hinaus bekannte Produktion von sogenanntem «Heidnischwerk». Da dieser Kunsthandwerkzweig erwiesenermassen in Bern nicht ausgeübt worden ist, liess die reiche Patrizierin ausser diesem Doppelauftrag, wohl auch das in ihrem Testament erwähnte Tischtuch aus Heidnischwerk in der Stadt am Rhein ausführen.[17]

Nicht jeder Altar des Berner Münsters war um die Mitte des 15. Jahrhunderts so reich dotiert wie jener der Krauchtalkapelle. Der Visitationsbericht von 1453 beanstandete nämlich, dass auf dem Dreikönigs-Altar in der durch Rudolf von Ringoltingen gestifteten Kapelle (→Abb. 314: 17) ausser dem figürlichen Schmuck auch Kerzenstöcke und Altartücher fehlten.[18] Der aus dem Simmentaler Käsehändlergeschlecht der Zigerli stammende, nobilitierte Rudolf von Ringoltingen, beauftragte in seinem Testament von 1456 die Berner Deutschordensherren mit der Abhaltung einer Jahrzeitfeier für ihn und seine Frau Paula von Hunwil.[19] Dabei verlangte er, dass bei der Jährung seines Sterbetages jeweils am Abend vor der Vesper eine ganze Vigil gesungen und danach sowie am darauffolgenden Tag mit dem Kreuz über beide Gräber gegangen und gebetet werde. Ausserdem sollten die Armen der Stadt Brot, Fleisch, Eier, Käse, Ziger und Wein erhalten. Nach Rudolf von Ringoltingens

Abb. 368:
Diebold Schilling, Amtliche Berner Chronik, 1474–1483, Bern, Burgerbibliothek, Mss. hist. helv. I, 3, S. 829.

Die bei Grandson und Murten erbeuteten Fahnen werden in Bern ins Münster gebracht. «Uff fritag vor sant michels tag in dem vorignanten Jare wurden etlich panern von Burgund und ander so man in beiden striten vor Granson und murten ouch in der wält anderen enden gewunnen hatt In dem münster zuo Bern uff gehenckt der wass gar vil.»

Tod erfüllte sein Sohn Thüring den letzten Willen seines Vaters mit Pietät. Auch er gab in Basel einen Jahrzeitbehang in Auftrag, der in der Familienkapelle mit einer Breite von über 240 Zentimetern für die Südwand unterhalb der Fenster vorgesehen war (Abb. 367).[20] Als Bildthema bestimmte Thüring das von seinem Vater testamentarisch verfügte Gebet der Deutschordensherren am Grab. Dargestellt ist ein grosser Steinsarkophag, dessen offene Seiten mit schweren Eisenstäben vergittert sind und den Blick auf einen von Würmern zerfressenen, verwesenden Leichnam freigeben. Das eindrückliche und nur für den Betrachter des Behanges erkennbare *«Memento mori»* wird durch die Mahnschrift verdeutlicht, die sich in grossen Lettern über den Deckel des Grabmals zieht: *«an diese figur sŏnd ir sechen üch wirt ŏch allĕ also beschechen.»* Hinter dem Sarkophag stehen, erkennbar am weissen Mantel mit schwarzem Kreuz, neun Deutschordensherren. Während der erste das goldene Vortragekreuz erhebt, hält ein anderer den Weihwasserkessel, ein dritter liest Gebete und versprengt gleichzeitig Weihwasser, und die übrigen Kleriker singen dazu im Chor. Links tritt eine Gruppe elegant gekleideter Berner Bürger mit Gebetsschnüren ans Grab und rechts sind Frauen, die zum Kirchgang weisse Hauben tragen, in die Andacht vertieft. In den oberen Ecken stehen zwei sich zuneigende Wappen mit den Emblemen der Familie Heggenzi von Wasserstelz und Breitenlandenberg. Diese Wappenzeichen sind in dichter Stickerei ausgeführt und überdecken die darunterliegenden, gewirkten Allianzwappen des Rudolf von Ringoltingen und der Paula von Hunwil. Die historische Veränderung verrät einen Eigentümerwechsel, der noch im späten 15. Jahrhundert stattgefunden haben muss. Ob sich Thüring von Ringoltingen in seinen bekannten finanziellen Schwierigkeiten noch zu Lebzeiten gezwungen sah, die Tapisserie zu veräussern, ist fraglich. Spätestens 1484 aber war ihr

Abb. 369:
Tapisserie mit dem Vollwappen Philipps des Guten von Burgund (Ausschnitt), Brüssel, um 1466, 306 × 687 cm, Bern, Historisches Museum.

Die Berner erbeuteten die Verdüre in der Schlacht bei Grandson 1476 und zerschnitten die grosse Tapisserie in drei Bahnen, um sie als Chorbehänge im Berner Münster zu verwenden.

Abb. 370:
Seidensamt, wohl Genua, 3. Viertel 15. Jahrhundert, 100 × 330 cm, Bern, Historisches Museum.

Ein noch ungebrauchter Ballen von rotem Goldsamt mit Granatapfelranken aus der Burgunderbeute ist zerschnitten und zu einem Kirchenbehang zusammengenäht worden.

Gebrauch im Berner Münster nicht mehr möglich; denn die Chorherren mochten kaum eine Jahrzeitfeier vor einem Wandschmuck abhalten, auf dem ihre verhassten Vorgänger, die Deutschordensritter, dargestellt waren. Konrad Heggenzi von Wasserstelz, Landvogt zu Kaiserstuhl und seine Gattin Anna von Breitenlandenberg haben wohl damals den Behang gekauft und auf ihrer Neuerwerbung die alten Wappen mit ihren eigenen Emblemen übersticken lassen.

Die Burgunderbeute

Nach der Schlacht bei Grandson am 2. März 1476 stand den siegreichen Bernern mit den Stücken aus der Burgunderbeute plötzlich ein unerwarteter Reichtum zur Verfügung, von dem ein Teil als Kirchenzier ins Münster gelangte. Fahnen als Symbole der Staatsmacht waren zu

Beginn einer Schlacht geweiht worden. Ihre Eroberung bezeugte gleichzeitig die Niederlage des Gegners und den Triumph des Siegers (vgl. Kap. IV, S. 285). Nach mittelalterlichem Brauch wurden daher die feindlichen Fahnen gleichsam als Weihegaben in den Kirchen dargebracht. In diesem Sinne handelten die Berner, als sie, wie Diebold Schilling berichtet, die erbeuteten burgundischen Fahnen und Standarten in ihrem Münster aufhängten (Abb. 368).[21] Damals gelangten nicht nur die gewirkten Wappenteppiche[22] ins Münster, sondern auch der Verdürenteppich Philipps des Guten mit dem Vollwappen der Burgunder[23] (Abb. 369). Hier wurde er später offensichtlich in drei etwa gleich hohe Streifen zerschnitten, die als Behänge im Chor Verwendung fanden.

Laut dem Bericht von Diebold Schilling sind die Stoffe einzelner Fahnen zu Kaseln und anderen Paramenten verarbeitet worden. Ausserdem haben die Berner die Goldstoffe und Seiden eigens aus der Kriegsbeute erworben, um daraus Kirchenzierden herzustellen.[24] Ein wahrscheinlich noch ungebrauchter Ballen norditalienischen roten Goldsamtes mit grossen Granatapfelranken ist in fünf Stücke zerschnitten und zu einem 330 Zentimeter langen Behang zusammengenäht worden (Abb. 370)[25]

Abb. 372:
Zwei Antependien mit heraldischer Stickerei, Burgund, 3. Viertel 15. Jahrhundert, 95 × 225 cm, Bern, Historisches Museum.

In der Burgunderbeute befanden sich auch grosse Pferdedecken mit den in Gold- und Silberstickerei ausgeführten burgundischen Wappen. In Bern sind aus einer dieser kostbaren Trophäen zwei Antependien hergestellt worden. Sie sind deutlich als Paar konzipiert, ist doch auf beiden das Wappen Limburg, ein roter Löwe mit goldener Krone auf weissem Grund, in die Mitte gesetzt und beidseits von den Emblemen von Burgund und Frankreich eingerahmt. Ausserdem sind sich die beiden Limburger Löwen in heraldischer Freundlichkeit zugewandt. Die zwei Stücke gelten als die bedeutendsten weltlichen Stickereien des späten Mittelalters. Ihre Erhaltung ist dem Umstand zu verdanken, dass sie zu Paramenten umgearbeitet und später als Kirchen- und Staatsschatz in Bern sorgfältig aufbewahrt worden sind.

Abb. 371:
Goldbrokat, wohl Florenz, 3. Viertel 15. Jahrhundert, 233 × 71,5 cm, Bern, Historisches Museum.

Zwei Bahnen von ungebrauchtem Goldstoff aus der Burgunderbeute sind als Vorhänge verwendet worden.

471

und zwei über zwei Meter lange Bahnen florentinischen Goldbrokates mit regelmässig versetzten Blumenbouquets dienten nach den heute noch sichtbaren Gebrauchsspuren mit Sicherheit als Vorhänge (Abb. 371).[26] Aus schwerem rotem Seidenatlas wurde in Bern nicht nur der heute noch im Historischen Museum erhaltene Männerrock gefertigt, sondern auch ein Antependium, auf dem einst gestickte Heiligenfiguren und Wappen appliziert waren.[27] Sogar aus einer fürstlichen Pferdeschabracke mit den Wappenemblemen von Frankreich, Burgund und Limburg in reicher Gold- und Silberstickerei wurden zwei gegenläufig komponierte Antependien hergestellt (Abb. 372).[28]

Abb. 373a, b:
Chorbehänge mit der Legende des heiligen Vinzenz, Brüssel, 1515, 145 × 410 cm, bzw. 500 cm, Bern, Historisches Museum.

Der Chorherr Heinrich Wölfli stiftete die vier Behänge zur Verehrung des Kirchenpatrones 1515 in den Chor des Münsters. Sie mussten schon nach zehn Jahren dem neu geschaffenen hohen Chorgestühl weichen.
Im letzten Bild der Teppichfolge richtet sich der Stifter auf einem zusätzlichen weissen Spruchband in direkter Rede an die Schar der Gläubigen und fordert diese auf, die blühende Rose unter allen Märtyrern, Vinzenz, gebührend zu verehren. Heinrich Wölfli zeichnet auf diesem Bild seine Tapisseriestiftung wie die eigenhändig geschriebenen Werke mit der Signatur «H.L.», die für seinen nach Humanistenbrauch latinisierten Namen «Henricus Lupulus» steht.

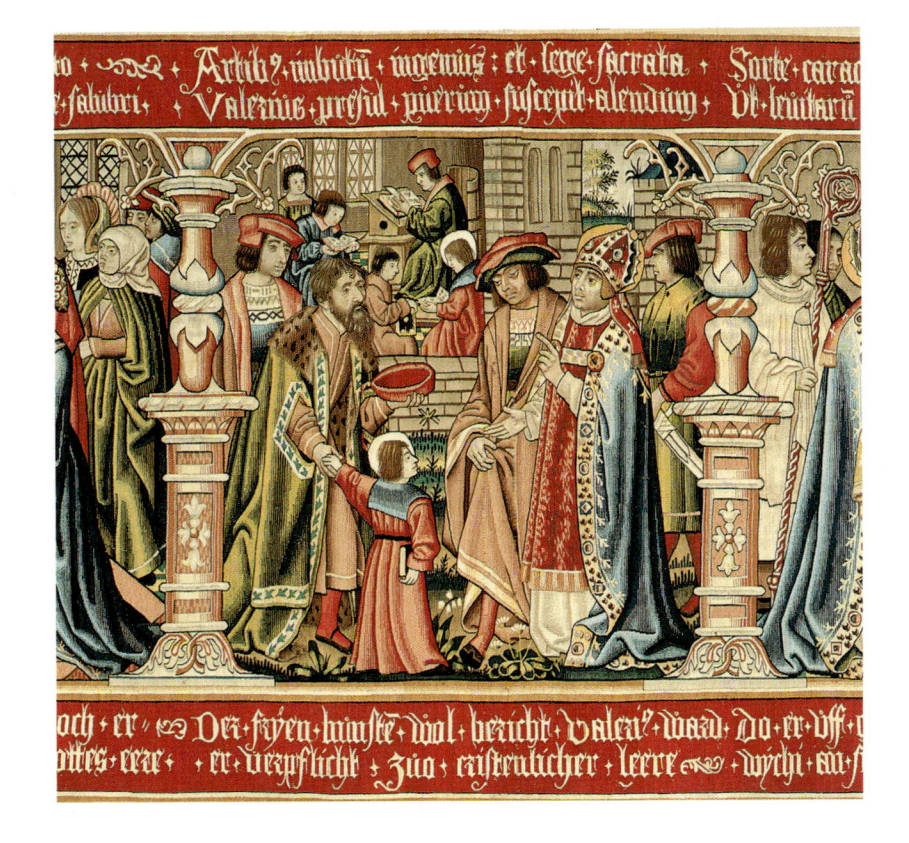

Zu den Paramenten aus Textilien der Burgunderbeute kamen später noch Stücke gleicher Provenienz als Vermächtnisse in den Münsterschatz. So bestimmte 1501 Jakob Lombach in seinem Testament: *«Ich ordnen Sant Vintzenzen die burgundschi techi in der Kilchen zu bruchen»* und 1505 schenkte die Witwe des Anthoni Archer der Leutkirche drei Behänge, die sie aus der Burgunderbeute von Grandson verwahrt hatte.[29] Die Tapisserien aus der Burgunderbeute standen bis zum Vorabend der Reformation in Gebrauch. Dies belegt der Chronist Valerius Anshelm, wenn er 1512 notiert, dass die Beutestücke aus den oberitalienischen Feldzügen damals zusammen mit den *«burgundischen, köstlich gewirkten Tapeten»* an der Ostermesse in den Chor der Vinzenzkirche gehängt wurden.[30]

Die Vinzenzteppiche

In mittelalterlicher Tradition steht die Stiftung der gewirkten Vinzenzserie, die der Berner Chorherr Heinrich Wölfli (1470–1532) zum Schmuck des Münsterchores 1515 herstellen liess und die sich heute im Besitz des Historischen Museums befindet (Abb. 373; →Abb. 259).[31] Die vier Tapisserien würdigen den spanischen Schutzpatron der Leutkirche und schildern dessen Leben von der Taufe in Saragossa, über die Christenverfolgungen in seiner Geburtsstadt und das Martyrium auf dem brennenden Rost in Valencia bis zur Wiederauffindung seines unversehrten Leichnams und die Überführung der Reliquien nach Castres. Getrennt durch immer gleiche, farbige Renaissancepilaster spielen sich die Szenen abwechselnd in Innenräumen oder unter freiem Himmel ab. Eine sattrote Scheinarchitektur bildet oben und unten einen monumentalen Rahmen, der gleichzeitig als Träger für die lateinischen und deutschen Bildlegenden dient.

Nachdem der heilige Vinzenz in Bern ursprünglich nur an seinem Festtag, dem 22. Januar, und der daran anschliessenden Oktav sowie am Tage der Übertragung seiner Reliquien mit speziellen Gedenkmessen gefeiert worden war, gab es zu Beginn des 16. Jahrhunderts Bestrebungen, seiner während des ganzen Kirchenjahres wöchentlich einmal zu gedenken. Diese Neuerung wurde am 5. September 1514 mit päpstlicher Erlaubnis eingeführt. Offensichtlich nahm Heinrich Wölfli dies zum Anlass, der Leutkirche neue Chorbehänge zu Ehren des Münsterpatrones zu stiften. Der Beschluss, Vinzenz öfters zu feiern, erforderte nicht nur eine Revision des Offiziums, sondern machte auch eine Vermehrung der Lesestücke notwendig. Mit dieser anspruchsvollen Aufgabe wurde Wölfli offiziell betraut.

Er veröffentlichte 1517 das revidierte Offizium bei Adam Petri in Basel und fügte dieser Publikation eine Lebensbeschreibung des Heiligen in 20 lateinischen Hexametern bei.[32] Da die lateinischen Legenden zu den Bildfeldern der 1515 datierten Chorbehänge mit diesen Versen identisch sind, steht fest, dass Wölfli sie eigens für seine Tapisserien gedichtet hat. Als er sich mit geistiger und materieller Unterstützung der Berner Regierung für die Bestellung der Tapisserien an ein Brüsseler Atelier wandte, muss er die fehlerfrei notierten Texte dem Auftrag beigefügt haben.

Von den 20 im Vinzenzoffizium gedruckten Hexametern wurden auf den Teppichen nur deren 18 mit Bildern illustriert. Wenn die beiden Szenen mit dem Tod des Heiligen im Kerker fehlen, zu denen Wölfli ursprünglich zwei Doppelverse verfasst hat, so ist diese Reduktion auf die architektonischen Gegebenheiten im Münster zurückzuführen: Die beiden ersten Teppiche mit je fünf Szenen waren für die 10,35 Meter lange Südwand bestimmt. Da die gegenüberliegende Nordwand mit der dort eingebauten Chortreppe nur 8,25 Meter misst, fanden in den beiden übrigen Behängen nur noch je vier Szenen Platz.[33]

Für die Tapisserien übersetzte Heinrich Wölfli die lateinischen Legenden in je drei deutsche Jamben, um dem humanistisch nicht gebildeten Gläubigen die Vinzenzvita in Wort und Bild verständlich zu machen.

Mit seinen Hexametern und Jamben wurde er als sensibler Linguist beiden Sprachstrukturen gerecht.

Obwohl die Chorbehänge ein Kunstwerk von hoher Qualität darstellen und in der damaligen Zeit dem internationalen Vergleich durchaus standhielten, scheinen sie bald den lokalen Geschmackstendenzen nicht mehr genügt zu haben.[34] Bereits 1517, zu einem Zeitpunkt als Heinrich Wölfli für seinen stolzen Auftrag noch immer regelmässige Kreditabzahlungen an die oberen Behörden leisten musste, wurde der Solothurner Bildhauer Meister Bernhard Burenfind vor den Rat befohlen, um Eichenholz für ein neues Chorgestühl im Berner Münster auszuwählen. Nachdem 1522 Niklaus Manuel nach Genf gesandt worden war, um das dortige Chorgestühl in Augenschein zu nehmen, erhielt der Tischmacher Jakob Ruess den definitiven Auftrag. Für das heute noch an gleicher Stelle vorhandene Chorgestühl (→Abb. 376) mit hohem Dorsal mussten 1525 nicht nur die niedrige spätgotische Bestuhlung, sondern auch die über dieser angebrachten Vinzenzteppiche weichen. Der ausserordentlich gute Erhaltungszustand der Behänge ist ihrem nur knapp zehnjährigen liturgischen Gebrauch sowie ihrer nachträglich sorgfältigen Verwahrung zu verdanken.

In Bern war man sich seit der Erbeutung der Wappen- und Verdürenteppiche aus dem Besitz Karls des Kühnen der Kostbarkeit burgundischer Tapisserien bewusst (vgl. Kastentext S. 292). Als Heinrich Wölflis Vinzenzteppiche nicht mehr Verwendung fanden, wurden sie wie diese sorgfältig behandelt. Im Jahre 1537 sollte mit der Eroberung des Kathedralschatzes von Lausanne dieses Gut durch die vier Cäsarteppiche, den Dreikönigsteppich und den Behang mit der Trajan- und Herkinbaldlegende zu einem einzigartigen Komplex ergänzt werden. Dieser wurde als Staatsschatz gehütet, zuerst jahrhundertelang im Rathaus verschlossen, ab 1795 dem Berner Münsterschatz einverleibt und seit 1851 als Eigentum der Einwohnergemeinde in der Stadtbibliothek, danach im Antiquarischen Museum und seit 1894 im neueröffneten Historischen Museum ausgestellt. Zusammen mit den für die Geschichte Berns und der Eidgenossenschaft so bedeutenden textilen Kriegstrophäen konnten auch die Chorbehänge mit Darstellungen der alten Glaubensrichtung, die andernorts in den Reformationswirren untergegangen sind, die Zeiten überdauern (vgl. Kap. VI, S. 588).[35]

«Das...houptstuk, zům Gots- und der kirchen dienst gehörend, namlich die Priesterschaft.»[1] Das Chorherrenstift St. Vinzenz (1484/1485–1528) als «Ausstattungsstück» des Münsters

Kathrin Utz Tremp

Um 1480 war der Bau des Münsters soweit fortgeschritten, dass nach den Kapellen der Nordseite, dem Chor und den Kapellen der Südseite am Mittelschiff und am Westteil gebaut wurde; am 17. Februar 1483 wurde der westfälische Meister Erhard Küng als Werkmeister der Bauhütte angestellt (vgl. Kap. V, S. 421).[2] Der Münsterbau war von allem Anfang an eine Sache der Stadt und des Rats. Er hatte ihn dem Deutschen Orden, welcher seit dem 13. Jahrhundert den Leutpriester stellte, nie überlassen. Im Gegenteil: je weiter der Neubau fortschritt, umso lästiger wurde dem Rat auch der Deutsche Orden. Die Situation, dass eine mächtige Stadt wie Bern, die selbst Karl den Kühnen geschlagen hatte, nicht im Besitz des Patronatsrechts der eigenen Pfarrkirche war, wurde immer unerträglicher, und der Rat sann seit Ende der Siebzigerjahre des 15. Jahrhunderts auf Abhilfe.

Im Herbst 1484 wurde Johannes Armbruster, ein Sohn der Stadt, der eine geistliche Karriere eingeschlagen und es bis zum Generalvikar der Diözese Lausanne gebracht hatte, in geheimer Mission nach Rom geschickt, um die Pfarrkirche St. Vinzenz aus der Abhängigkeit des Deutschen Ordens lösen und zu einem Chorherrenstift mit vierundzwanzig Chorherrenstellen und den Ämtern des Propsts, Dekans, Kantors und Kustos erheben zu lassen. Das Recht, die Chorherren und Amtsinhaber zu wählen, die Präsentationsrechte, standen alle dem Rat zu (päpstliches Breve vom 19. Oktober 1484). Der Propst wurde mit den Pontifikalinsignien wie der bischöflichen Mitra, dem Ring und dem Stab ausgestattet (päpstliche Bulle vom 16. November 1484). Und schliesslich wurden dem neu zu errichtenden Stift zu seinem Unterhalt das Chorherrenstift Amsoldingen, das Augustinerinnenkloster Interlaken sowie die Cluniazenserpriorate Münchenwiler, St. Petersinsel und Rüeggisberg inkorporiert (Breven vom 14. Dezember 1484).³

Im Februar 1485 war Johannes Armbruster mit dem ganzen päpstlichen Segen zurück in Bern, und der Rat konnte an die Vollstreckung der von ihm mitgebrachten Bullen und Breven gehen. Dazu brauchte er den Bischof von Lausanne, Benedikt von Montferrand, und die Chorherren von Amsoldingen, die indessen auf sich warten liessen. Inzwischen hatte auch der Landkommendur des Deutschen Ordens von dem Vorhaben erfahren und legte in der Ratssitzung vom 2. März 1485 Protest ein. Als die Deutschordensherren am Donnerstag, dem 3. März, zur Frühmesse läuten liessen und ihren Gesang anstimmten, wurden sie laut dem Bericht des Chronisten Valerius Anshelm von den neuen Chorherren, begleitet von bewaffneten Stadtweibeln, daran gehindert. Diese schlugen den Deutschordensherren die Gesangbücher zu, vertrieben sie aus dem Chor, stimmten ihre eigene Messe an und führten danach auch die übrigen kanonischen Stunden durch. Gleichentags wurde den Deutschordensherren auch ihr Haus abgenommen und dem neuen Stift übergeben, das sogenannte zweite Deutschordenshaus (Abb. 374), das in der Folge zwischen dem Propst, dem Kapitel und dem Leutpriester (Kustos) aufgeteilt wurde. Am nächsten Tag, am 4. März, wurde – vielleicht überstürzt – mit dem neuen Stift ein Vertrag abgeschlossen, der sogenannte «Stiftsvertrag» (vgl. S. 476).

Am 7. März 1485 scheint auch der Bischof von Lausanne eingetroffen zu sein, jedenfalls wurde er an diesem Tag abends um sechs Uhr zusammen mit seinen Domherren und den neuen Chorherren beim Obern Tor empfangen und in einer Prozession in das Münster geführt. Hier setzten

Abb. 374:
Das zweite Deutschordenshaus (1427/30–1745) von Nordwesten, Arnold Streit, Album historisch-heraldischer Altertümer und Baudenkmale der Stadt Bern und Umgebung, 2. Serie, Bern 1862, Taf. VII, nach Albrecht Kauw (um 1670).

Abb. 375:
Kantor Thoman vom Stein (1485–1519) als Chorherr im Totentanz des Niklaus Manuel Deutsch, 1516/17. Ausschnitt aus Albrecht Kauws Aquarellkopie von 1649, Bern, Historisches Museum (→Abb. 74).

der Bischof im Namen des Papsts, und der Schultheiss im Namen der Stadt den neuen Propst, Johannes Armbruster, auf den Hochaltar. Darauf hiess der Bischof die Deutschordensherren abtreten und installierte den Propst und die neuen Chorherren ins (alte) Chorgestühl. Zum Dekan wurde Burkhard Stör ernannt, der Propst des inkorporierten Stifts Amsoldingen, zum Kustos Peter Kistler, der Sohn des gleichnamigen Schultheissen aus dem Twingherrenstreit, und zum Kantor Thoman vom Stein (Abb. 375). Zu Chorherren wurden zunächst einmal vier Chorherren von Amsoldingen ernannt: Diebold von Erlach, Joss Weber, Bernhard Wolf und Konrad Schlegel, und dann drei neue Chorherren: Albrecht Löubli, Ulrich Stör und Vinzenz Kindimann. Und schliesslich wurden drei Domherren von Lausanne: Guido de Prez, Philipp de Compesio und Baptista de Aycardis, zu Ehrenchorherren ernannt. Dies hinderte sie nicht daran, am nächsten Tag, am 8. März 1485, als auch die Inkorporationen feierlich vollzogen wurden, gegen die Gründung des Stifts als zum Nachteil der Lausanner Kirche zu protestieren.

Der Stiftsvertrag, der am 4. März 1485 abgeschlossen worden war, verpflichtete die Chorherren an erster Stelle, die kanonischen Stunden sowie Messen und Jahrzeiten zu begehen und auf besondere Anforderung des Rats Prozessionen durchzuführen. Sie wurden weiter verpflichtet, die Leutkirche mit den notwendigen liturgischen Büchern, Kelchen, Leuchtern, Altartüchern und Messgewändern zu versorgen, doch gab der Rat den «buw unser lütkilchen», das Vermögen für Bau und Unterhalt der Kirche («fabrica»), nicht aus den Händen. Der

Abb. 376:
Das Chorgestühl von 1517/22, Evangelistenseite, Chorraum, Berner Münster.

primäre Zweck der Stiftsgründung war also die Gestaltung eines wohlgeordneten Gottesdienstes, wie der Deutsche Orden sie angeblich nicht zu leisten vermochte.

Der Chronist Valerius Anshelm führt aus, wie die Stadt Bern einen «*fürstlichen buw irer pfarkilchen*» unternommen habe und nun «*das höchst vermeint houptstuk, zům Gots- und der kilchen dienst gehörend, namlich die priesterschaft*», ganz und gar nicht mehr zu dem Neubau passen wollte. Die Priesterschaft wird also gewissermassen als Ausstattungsstück, Mobiliar der Kirche verstanden, und nicht umgekehrt die Kirche als Rahmen, Dekor für die Priesterschaft; das Vinzenzstift gehörte zur Innenausstattung des Münsterbaus, der um 1480 soweit gediehen war, dass man allmählich daran denken konnte.

Den Deutschordensbrüdern wurde in einem Wortspiel vorgeworfen, dass sie «*den kor so Tütsch regierten, dass selten keiner so vil Latin kond, dass die siben zit- und selgebet* [die kanonischen Stunden] *... on ärgernüss und on spot volbracht wurdid*» und dass sie sich mit den Kaplänen der seit dem Münsterbau gestifteten Kaplaneien «*in kilchenämptern so unglich hielten, das sibnerlei sibenzitbet in einer kilchen gfunden ward*». Dies erklärt sich letztlich daraus, dass im Münster, obwohl in der Diözese Lausanne gelegen, der Gottesdienst nach der Liturgie des Deutschen Ordens gefeiert wurde. Mit der Stiftsgründung beabsichtigte der Rat zugleich die – reichlich späte – Einführung der Lausanner Liturgie. Das grosse Vorbild für das Vinzenzstift war nicht irgend ein anderes Kollegiatstift, sondern die Kathedralkirche von Lausanne selbst («*ad instar ecclesie cathedralis*», wie es im Breve vom 19. Oktober 1484 heisst).

In anderer Hinsicht bedeutete die Stiftsgründung eindeutig eine Emanzipation vom Bischof von Lausanne, weshalb dieser denn auch zögerte, nach Bern zu kommen und die päpstlichen Bullen und Breven zu vollziehen, und weshalb die Lausanner Domherren am 8. März 1485 gegen die Stiftsgründung protestierten. In den nächsten Jahren sah der Bischof sich denn auch mehrfach genötigt, gegen die Art und Weise einzuschreiten, wie Propst Johannes Armbruster seine Pontifikalrechte ausübte und ausdehnte. Das bedeutet aber nicht, dass die Stadt Bern für ihr Münster den Rang einer Kathedrale (Bischofskirche) angestrebt hätte; der Vorteil eines Kollegiatstifts bestand vielmehr darin, dass es sich nicht zu einem autonomen geistlichen Zentrum auswachsen konnte, welches der Stadt hätte gefährlich werden können. Mit dem Chorherrenstift hatte der Rat im Gegenteil eine Form gewählt, welche sich dem Zugriff durch Laien sehr offen darbot, und dies umso mehr, als der Rat im Besitz sämtlicher Präsentationsrechte war. Dies erlaubte es ihm nicht nur, die Chorherrenstellen mit Bernern zu besetzen – was ebenfalls seine

Abb. 377:
Antiphonar der Berner Kantorei, um 1490, Pfarrkirche, Estavayer-le-Lac, 1, S. 48.

Von den durch das neugegründete Chorherrenstift in Auftrag gegebenen Messbüchern hat ein umfangreiches Werk die Reformation überdauert: das mehrbändige Antiphonar hält dem Kirchenjahr folgend die zur Liturgie notwendigen Texte und Gesänge fest. Die wertvollen, mit Miniaturen geschmückten Bücher gelangten auf Umwegen nach Estavayer-le-Lac und Vevey, wo sie noch heute aufbewahrt werden.

Absicht bei der Stiftsgründung gewesen war – sondern mittels eines Vogts jederzeit Einfluss auf das Kapitel der Chorherren zu nehmen. Das Vinzenzstift war der eindrücklichste Vertreter des spätmittelalterlichen Typs der Stadtstifte,[4] ein Typ, der ausschliesslich im Gebiet der Eidgenossenschaft ausgebildet war, und zwar in den Städten Bern, Freiburg (St. Niklaus), Luzern (St. Leodegar) und Solothurn (St. Ursus); hier, an der Peripherie der Diözesen Lausanne und Konstanz, wurden in Entsprechung zu neuen territorialen neue kirchliche Zentren aufgebaut.

Der Gründung des Vinzenzstifts stellten sich in der Folge noch manche Widerstände entgegen, die es nur mit Hilfe des Rates überwinden konnte. Der Deutsche Orden liess sich nicht so einfach «hinauswerfen», er wandte sich vielmehr an die eidgenössische Tagsatzung, an die päpstliche Kurie in Rom und an den Kaiser (Friedrich III.) und liess sich erst nach langem Hin und Her Anfang 1492 mit einer grossen Summe von 3400 Gulden abfinden. Die Amsoldinger Chorherren bemühten sich gar nie nach Bern, obwohl sie am 7. März 1485 feierlich in das Vinzenzstift aufgenommen worden waren und dieses als Translation des Mauritiusstifts von Amsoldingen dargestellt wurde, um ihm etwas von der Patina zu verleihen, die ihm gegenüber älteren Stiften abging. Die Augustinerchorherren von Interlaken wehrten sich für «ihre» Frauen, und diese lieferten ihr Archiv nicht aus. Die Zinsleute weigerten sich, die neuen Herren anzuerkennen und ihnen die Zinsen abzugeben.

Dem Stift – oder vielmehr dem Rat – gelang in der Folge zwar noch die Inkorporation der Pfarrkirche Ins, der Augustinerpropstei Därstetten und des Augustinerinnenklosters Frauenkappelen, die in bernischem Herrschaftsgebiet lagen. Die Übergriffe auf savoyische Stifte, Klöster

Abb. 378:
Antiphonar der Berner Kantorei, um 1490, Vevey, Musée historique du Vieux-Vevey, Inv. Nr. 1346, 1, S. 188.

Die Berner Antiphonare wurden in je zwei Exemplaren hergestellt: zwei weitere, denjenigen in Estavayer inhaltlich entsprechende Bände konnten kürzlich im Musée historique du Vieux-Vevey als Teile des ursprünglichen Besitzes des Stiftes St. Vinzenz identifiziert werden.

und Priorate (Grandson, Payerne, Filly, Bonmont, Lac-de-Joux und Romainmôtier) erwiesen sich aber als Fehlschläge. Allein schon die geglückten Inkorporationen (Amsoldingen, Interlaken, Münchenwiler, St. Petersinsel und Rüeggisberg) zwangen dem Stift zu ihrer Verwaltung ein so kompliziertes Netz von Schaffnereien auf, dass die Rendite manchmal eine zweifelhafte war.[5]

Trotz all dieser Widerstände scheint das Stift seit spätestens 1488 regelmässig protokollierte Sitzungen abgehalten zu haben. Die Protokolle wurden vom Stiftsschreiber in die Stiftsmanuale eingetragen, welche die wichtigste Quelle für die Geschichte von St. Vinzenz bilden. Sie gleichen in Form und Anlage den bernischen Ratsmanualen und sind die ersten Protokolle, die an einem Kollegiatstift zumindest des nachmaligen schweizerischen Raumes geführt worden sind. Dagegen sind die Statuten des Stifts wahrscheinlich in der Reformationszeit verlorengegangen.

Entsprechend der Absicht des Rats, die Landeskinder zu bevorzugen, waren 90 Prozent der Chorherren von St. Vinzenz Stadt- und Landberner. Das soziale Spektrum war sehr breit, es reichte von einem Niklaus von Wattenwyl (Chorherr 1508–1523, Propst 1523–1525) bis zu einem Otto Bor (Chorherr 1493–1507) und Johannes Friedli (Chorherr 1526–1527). Die alten Familien (von Bubenberg, von Diesbach, Matter, von Ringoltingen, Scharnachtal und Wabern) scheinen eher abseits gestanden zu haben, vielleicht weil ihnen der Nachwuchs oder das Interesse für eine geistliche Karriere fehlte (vgl. Kap. II, S. 119).

Zu den Pflichten der Chorherren gehörte es, das Stundengebet durchzuführen, Messen und Jahrzeiten abzuhalten und an Prozessionen teilzunehmen, und zwar im Chorherrenpelz (Almutium), der sie als solche kenntlich machte (Abb. 375). Voraussetzung für dies alles war, dass die Chorherren in Bern Residenz taten und nicht wie andere Dom- und Chorherren noch eine Menge anderer Pfründen innehielten. Ihre Entlöhnung bestand aus den Einnahmen aus ihrer Pfründe und den Geldern für die Präsenz im Gottesdienst, und das Verhältnis zwischen diesen beiden Einnahmequellen war so eingerichtet, dass es der Residenz in Bern durchaus förderlich war (50–100 Pfund aus der Pfründe, 125 Pfund aus den Präsenzgeldern). Die Chorherren versahen auch die Landkirchen des Stifts nicht selbst, dies hätte die Residenzpflicht nicht zugelassen. Dies alles entsprach genau den Absichten, welche der Rat mit der Stiftsgründung verbunden hatte, nämlich regelmässig einen wohlgestalteten Gottesdienst an seinem Münster zu haben.

Abstriche von seinen Forderungen machte der Rat einzig bei Chorherren wie Johannes Armbruster, Constans Keller und Niklaus von Wattenwyl, welche ihm – mehr als dem Stift – als geistliche Diplomaten dienten.[6] Als Ergänzung dazu hielt er sich seit der Stiftsgründung sogenannte Ehrenchorherren, Chorherren die nicht in Bern residierten und auch keine Pfründen beanspruchten, aber dem Stift und der Stadt doch auswärts, an den bischöflichen Kurien von Lausanne, Genf und Konstanz sowie an der päpstlichen Kurie in Rom als geistliche Diplomaten eine Menge guter Dienste leisten konnten. Bei den Ehrenchorherren von St. Vinzenz handelte es sich um die allerersten Ehrenchorherren in der Geschichte der Dom- und Kollegiatstifte überhaupt, und sie boten die notwendige Ergänzung zu einem Stift, dessen Chorherren nicht von weither kamen, gehorsam Residenz taten und nur über wenige auswärtige Beziehungen verfügten.

Theoretisch war das Stift mit vierundzwanzig Chorherrenstellen geschaffen worden, doch konnten davon nie mehr als die Hälfte besetzt werden. Während des Gottesdienstes sassen die Chorherren zunächst im alten Chorgestühl, demjenigen der Deutschordensherren; zu ihm stiftete der Chorherr Heinrich Wölfli (Lupulus) im Jahr 1515 die gewirkten Vinzenzteppiche, welche über den hinteren Sitzreihen aufgehängt wurden (vgl. Kap. V, S. 465; →Abb. 373a, b).

Diese Stiftung hinderte den Rat nicht daran, in den Jahren 1517–1522 ein neues Chorgestühl herstellen zu lassen, welches als bedeutendstes Renaissance-Chorgestühl in der Schweiz gilt und welches im ganzen 48 Sitze zählt, 21 auf der Nord- oder Evangelienseite und 27 auf der Süd- oder Epistelseite (Abb. 376). Um es zu füllen, trugen die Kapläne des Stifts ebenfalls den Chorherrenpelz und ersetzten so zumindest optisch die fehlenden Chorherren. Seit 1517 spielte sich das Ganze unter dem nunmehr eingewölbten Chor mit seinem «Himmlischen Hof» ab (→Abb. 338).

Zu den allwöchentlichen Kapitelssitzungen versammelten sich die Chorherren in ihrem Kapitelshaus, dem mittleren Teil des Stiftsgebäudes (oder ehemaligen Deutschordenshauses), in welchem auch der Schaffner der Schaffnerei Bern wohnte. Westlich davon war die Propstei untergebracht, und östlich davon die Kustorei. In der Propstei fand in den Jahren 1508–1509 der Jetzerprozess statt und dort wurden die vier Vorsteher des Dominikanerkonvents festgehalten; in der Küche wurden sie gefoltert (vgl. Kap. V, S. 489). Vorgängig hatte Propst Armbruster dieses sein Haus verlassen und sich am 29. Juli 1508 auf sein Gut Hohliebe vor den Toren der Stadt zurückgezogen, wo er in der nächsten Nacht unerwartet starb. Er wurde durch den Dekan Johannes Murer ersetzt, und dieser wiederum durch den Chorherrn Ludwig Löubli, der im Jetzerprozess als Glaubensprokurator fungierte.

Während die Stiftsämter des Propsts und des Dekans gewissermassen Einmannbetriebe bildeten, waren dem Kantor das Amt des Succentors und die Kantorei unterstellt, dem Kustos das Amt des Subkustos und die sechs Helfer. In der bedeutenden Berner Kantorei war wohl am besten verwirklicht, was der Rat bei der Gründung des Stifts 1484/85 angestrebt hatte, nämlich die Vermehrung und Vereinheitlichung des Gottesdienstes, die *«Umwandlung von Irdischem in Himmlisches und von Vergänglichem in Ewiges»*, wie es im päpstlichen Breve vom 19. Oktober 1484 heisst. Hier wirkten Bartholomäus Frank (1481–1502), Johannes Wannenmacher (1510–1513) und Cosmas Alder (1524), um nur die bekanntesten Leiter der Kantorei (nicht zu verwechseln mit den Stiftskantoren) zu nennen. Für die Kantorei wurden um 1490 auch die Antiphonare geschaffen, die sich heute in Estavayer-le-Lac und Vevey befinden (Abb. 377, 378).[7]

Während der Stiftszeit verlagerte sich das Gewicht in bezeichnender Weise vom Amt des Kantors auf dasjenige des Kustos, von der Liturgie auf das Wort, die Predigt. In das Amt des Kustos war seinerzeit dasjenige des Leutpriesters aufgegangen, doch scheinen die ersten Inhaber des Amtes, Peter Kistler (1485–1487), Johannes Murer (1487–1492), Johannes Bachmann (1492–1507) und Johannes Dübi (1507–1515), sich nicht durch besondere Wortgewaltigkeit ausgezeichnet zu haben, so dass der Rat seit 1509 zusätzlich einen Prädikanten anstellen musste: zunächst Franz Kolb aus Inzlingen bei Lörrach (1509–1512) und dann Konrad Grüter von Wil SG (1513–1515).

Im Jahr 1515 setzte der Rat den bisherigen Kustos, Johannes Dübi, ab und versuchte an seiner Stelle Thomas Wyttenbach zu gewinnen, den Stadtpfarrer und nachmaligen Reformator der Stadt Biel, der sowohl als Kustos als auch als Prädikant wirken sollte. Dieser scheint jedoch gegen seinen Willen nach Bern berufen und hier nie sesshaft geworden zu sein, so dass der Rat bereits 1515 wieder Prädikanten anstellen musste: zunächst den Chorherrn Heinrich Wölfli (1515–1519) und dann, seit 1519, Berchtold Haller aus Aldingen (bei Rottweil), der 1513 vom Schulmeister und Stiftsschreiber Michael Röttli als Provisor an die Kantorei geholt worden war und wahrscheinlich seit 1516 als Helfer diente. Haller wurde 1520 auch als Chorherr präsentiert und bezog 1521 mietweise das Haus des Kustos im Stiftsgebäude. In der Folge begann er im reformatorischen Sinn zu predigen und wurde dafür im August 1522 vor den Bischof von Lausanne zitiert. Im Jahr 1526 geriet er auch in Gegensatz zum Rat und wurde am 26. Juni als Chorherr abgesetzt, weil er sich weigerte die Messe zu lesen; dagegen konnte er bezeichnenderweise Prädikant und auch im Haus des Kustos wohnen bleiben. Ein Jahr später wurde ihm Franz Kolb, der nach Bern zurückgekehrt war, als zweiter Prädikant beigegeben. So drang die Reformation, über das Amt des Prädikanten, auch in das Stift hinein (vgl. Kap. VI, S. 589).

Die Reformation wirkte sich für das Stift insofern verhängnisvoll aus, als sie just in jene Zeit fiel, als sich im Kapitel der erste Generationenwechsel hätte vollziehen sollen. Im Jahr 1519 starben drei Chorherren an der Pest, darunter auch der Kantor Thoman vom Stein, der von allem Anfang an dabei gewesen war; er ist denn auch im Totentanz des Niklaus Manuel als Chorherr dargestellt (Abb. 375; vgl. Kap. II, S. 119). Die Situation wurde dramatisch, als 1524 drei Chorherren, Dietrich Hübschi, Meinrad Steinbach und Heinrich Wölfli, abgesetzt wurden, weil sie sich verheiratet hatten. Dabei handelte es sich insbesondere bei Wölfli und Hübschi um bewährte Leute, die den Generationenwechsel hätten überbrücken sollen. Im Jahr 1524 scheint das Kapitel denn auch vorübergehend zusammengebrochen zu sein, jedenfalls fehlen die Kapitelsprotokolle vom 18. Mai bis zum 12. Oktober. Ende 1525 fielen wiederum drei Chorherren aus: Melchior Finsternau und Pankraz Schwäbli wurden wegen Konkubinats abgesetzt und Propst Niklaus von Wattenwyl trat zurück. Im Sommer 1526 mussten dann auch noch Berchtold Haller und Dekan Ludwig Löubli abgesetzt werden, der erstere weil er für die Reformation, der zweite weil er dagegen eingetreten war.

Während so einzelne Chorherren durchaus für oder gegen die Reformation Position bezogen – Berchtold Haller mit seinen Predigten, Dietrich Hübschi, Meinrad Steinbach und Heinrich Wölfli mit ihrer Heirat und Niklaus von Wattenwyl mit seinem Rücktritt dafür, Ludwig Löubli, Ulrich Stör und Konrad Willimann dagegen – nahm das Stiftskapitel als Gesamtes keine Stellung. Der Rat aber schaffte, nachdem er sich (mit dem Reformationsmandat vom 7. Februar 1528) einmal für die Reformation entschieden hatte, seine Schöpfung ebenso rücksichtslos ab, wie er sie seinerzeit vor rund vierzig Jahren geschaffen hatte. Mit einer Radikalität, die an die Art erinnert, wie er auch das vormals so gehätschelte Marienheiligtum in Oberbüren abschaffte und schleifte (vgl. Kap. V, S. 380).

Das Stift ist denn nicht nur rasch vergessen, sondern regelrecht verdrängt worden, und seine Geschichte ist erst in den Achtzigerjahren unseres Jahrhunderts geschrieben worden. Immerhin wurden die Chorherren durchaus «standesgemäss» abgefunden: die Chorherren (auch die wegen Heirat abgesetzten) mit je 600 Pfund und der Propst, Sebastian Nägeli, mit 2000 Pfund. Die prächtigen Antiphonare wurden im November 1530 durch einen Mittelsmann, Johannes Du Cree aus Abondance in Savoyen, an den Klerus der Laurentiuskirche in Estavayer-le-Lac verkauft, wo sie weitere Verwendung fanden; zwei der sechs Bände gelangten auf noch unbekannten Wegen nach Vevey, wo sie erst kürzlich wieder entdeckt worden sind.

Die Stadtklöster – Tradition und Erneuerung

«Ein news puch.»[1] Die «Bibliothek» des Dominikanerinnenklosters St. Michael in der Insel

Claudia Engler

Nachdem sich im Jahre 1419 der Berner Dominikanerkonvent der Ordensreformbewegung der Observanz angeschlossen hatte, trat zwei Jahrzehnte später auch das Berner Dominikanerinnenkloster St. Michael in der Insel der Reform bei (Kastentext, S. 483).[2] Um der allgemeinen Lockerung der Klosterzucht Einhalt zu gebieten, wollten Reformkräfte am Ende des 14. Jahrhunderts die Regeln wieder in ihrer ursprünglichen Strenge beachtet wissen und zu den alten Leitbildern ihres Ordens – Gehorsam, Gemeinschaftsleben, Armut und Klausur – zurückkehren. Nach der Überwindung des grossen Kirchenschismas und der Abkehr der Reformer von radikalen Positionen gelang es einer gemässigteren Observanzbewegung, ab den späten Zwanzigerjahren des 15. Jahrhunderts die meisten dominikanischen Frauen- und Männerkonvente der deutschen Ordensprovinz («*Teutonia*») für sich zu gewinnen. 1475 hatten sich die Observanten endgültig durchgesetzt und bestimmten inskünftig die Provinzleitung.[3] Die Reform eines Konventes war aber nicht nur eine Angelegenheit der Ordensinstanzen, in vielen Fällen kamen die entscheidenden Anstösse von aussenstehenden, weltlichen Herrschaftsträgern wie Landesherren, Stadträten oder Bischöfen. Diese versprachen sich von der Unterstützung der Observanten eine allgemeine Förderung des religiösen Lebens und nicht zuletzt eine stärkere Verfügungsgewalt über die Konvente. Auch in Bern war der Rat entscheidend an der Durchsetzung der beiden Reformen beteiligt.[4] Nur dank seiner Unterstützung gelang es, das zerstörte und verarmte Inselkloster nach dem Stadtbrand 1405 ein weiteres Mal aufzubauen (vgl. Kap. I, S. 36) und 1439 erstmals ein reguläres, monastisches Leben einzuführen.[5]

Das Berner Dominikanerinnenkloster St. Michael in der Insel

Das Dominikanerinnenkloster St. Michael in der Insel, 1286 von Mechthild von Seedorf gestiftet, befand sich zunächst ausserhalb der Stadt in Brunnadern (St. Bernhardsbrunn). 1294 verlegte man das Kloster in die Nähe der Stadt auf eine Aareinsel unterhalb des Predigerklosters (St. Marienthal), wo es im selben Jahr die Inkorporation in den Dominikanerorden erreichte und der «Cura» der Berner Prediger unterstellt wurde.

Das noch im Aufbau begriffene Kloster fiel bereits 1295 einer Brandstiftung zum Opfer. Die meisten Frauen verliessen daraufhin die Gemeinschaft und wechselten in andere Orden und Klöster. Die verbleibenden Schwestern lebten innerhalb der Stadtmauern als beginenähnliche Gemeinschaft, zunächst in einem Haus in der Nähe des Predigerklosters (Neuenstadt), später auf dem Gebiet des ehemaligen Judenfriedhofs (heute Bundeshaus Ost, →Abb. 26), wo sie ab 1323 sukzessive Land und Gebäulichkeiten erworben hatten. Der Wiederaufbau des Klosters zog sich allerdings hin, erst 1401

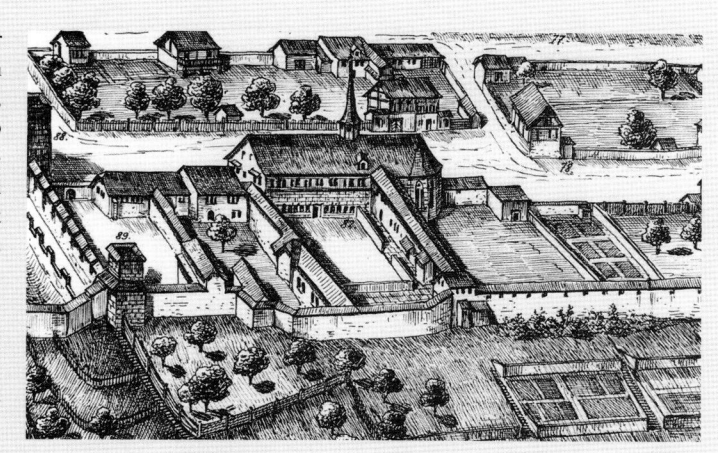

Gregorius Sickinger, Planvendute der Stadt Bern von Süden, 1603–1607 (Original verschollen), Kopie von Johann Ludwig Aberli, 1753, umgezeichnet von Eduard von Rodt (Ausschnitt), 1915, Bern, Historisches Museum. Das ehemalige Dominikanerinnenkloster St. Michael in der Insel (Inselkloster).

konnte die erste Klosterkirche geweiht werden. Alles fiel nur wenige Jahre später dem Stadtbrand von 1405 vollständig zum Opfer (vgl. Kap. I, S. 36). Damit stand das verarmte und mit nurmehr drei Schwestern besetzte Kloster vor der endgültigen Auflösung. Der Rat der Stadt drängte jedoch im Konsens mit der Ordensleitung auf die Weiterführung als observantes Reformkloster. 1439 war das Kloster soweit aufgebaut, dass erstmals in seiner Geschichte ein klausuriertes Leben möglich war. Zur Beförderung der observanten Lebensweise kamen 1439 und 1445 Schwestern, darunter die zukünftigen Priorinnen, aus dem Basler Dominikanerinnenkloster St. Maria Magdalena an den Steinen nach Bern. Nach 1450 bis zur Auflösung des Klosters nach dem Reformationsmandat von 1528 erlebte das Kloster eine bescheidene Blütezeit. Durch sein vorbildliches Ordensleben gewann das Kloster an Glaubwürdigkeit und Ansehen unter der Burgerschaft, was sich im Zuwachs von Novizinnen, darunter zunehmend Töchter aus den führenden Familien der Stadt, und Zuwendungen in Form von Jahrzeitstiftungen und Vergabungen niederschlug (vgl. Kap. V, S. 367; Kap. V, S. 392). Wirtschaftlich blieb das Kloster mit dringlichen Verbesserungen und dem Ausbau der Klostergebäude belastet. In den Jahren 1470 und 1507/08 konnte je eine erneuerte Klosterkirche geweiht werden. 1531 verlegte man das 1354 gestiftete Seilerinspital in die ehemaligen Klostergebäude (seither Inselspital) und übertrug diesem auch das Klostervermögen. Die Klosterkirche wurde fortan als Kornhaus genutzt. Im Jahre 1718 brach man Kirche und mittelalterliche Gebäude zugunsten eines Spitalneubaus nach Plänen des Architekten Franz Beer ab, der jedoch 1888 dem Bau des Bundeshauses Platz zu machen hatte.

Geistige Erneuerung und Bibliothek

Der Neuansatz der Reform bewirkte allgemein einen Aufschwung der betroffenen Konvente: Missstände wie Sonderrechte und Privatbesitz wurden beseitigt, die Klosterwirtschaft reorganisiert, die Klausur beachtet, Aufgaben wie die Seelsorge wieder wahrgenommen und das innerklösterliche Leben nach Vorschrift gestaltet. Mit der Wiederherstellung und Stabilisierung der Disziplin einer ging eine intellektuelle Erneuerung in dem Sinne, als dass das Ordensstudium nicht mehr Selbstzweck sein sollte, sondern gemäss dem Auftrag des Ordensgründers wieder eine dienende Funktion im Dienste von Seelsorge und Predigt einzunehmen hatte.[6] Augenscheinlich widerspiegelt sich die geistige Erneuerung in den Konventsbibliotheken. Zwar besass jeder Dominikanerkonvent eine Bibliothek, damit die Dominikanerbrüder, in welchen Konvent sie auch immer kamen, die notwendigen Bücher für Predigt und Studium vorfanden. Unter den observanten Prioren wurden die bestehenden Bibliotheken jedoch stark erweitert, hauptsächlich mit praktisch-theologischen Werken.[7] Obwohl sie nicht am Studienwesen des Ordens teilhatten, lässt sich eine Förderung des geistigen Lebens auch für die observanten Dominikanerinnenklöster belegen. Im Gegensatz zu ihren Ordensbrüdern besassen Dominikanerinnenklöster oft gar keine oder nur Bibliotheken von sehr bescheidenem Ausmass, die zudem meist geschenkte Bücher enthielten.[8] Im Zuge der Klosterreform wurden ihre Bibliotheken erstmals systematisch ausgebaut, wofür die Schwestern vermehrt Bücher im eigenen Skriptorium abschrieben, eintauschten oder einkauften. Gleichzeitig intensivierte man den Einsatz der Bücher im klösterlichen Alltag, etwa anlässlich der Tischlesung, wo der versammelten Schwesterngemeinschaft während der Mahlzeiten ausgesuchte Lektüre vorgelesen wurde, die in unterschiedlichster Weise die observante Konzeption des klösterlichen Lebens vermittelte.[9] Ziel der Bücheranschaffungen war nicht die intellektuelle Auseinandersetzung oder die Förderung individueller mystischer Erfahrung, im Vordergrund stand die konkrete und erbauliche Anweisung zum regelgemässen Leben. Entsprechend bildeten monastische Legendenliteratur, Predigtsammlungen und klösterliche Regularien den bedeutendsten Teil des Buchbestandes. Verbunden mit der Entwicklung der Bibliothek kam es allgemein zu einem intensiveren Gebrauch von Schriftlichkeit und sorgfältigerem Umgang mit dem Schriftgut. So wurden in der Regel das Archiv neu geordnet, Wirtschaftsbücher angelegt und Anweisungen schriftlich festgehalten.[10] Der Weg aus der Krise zur Erneuerung auf der Basis eines funktionalen Gebrauchs von Schrift, Buch und Bibliothek in den observanten Dominikanerinnenklöstern entwickelte sich jedoch keineswegs isoliert, er stand in einem engen Austauschverhältnis mit einem stark von volkssprachlicher Schriftlichkeit geprägten städtischen Umfeld. Neben weitgehenden Schreib- und Lesekenntnissen brachten die Dominikanerinnen, die nach der Reform mehrheitlich einer gebildeten und vermögenden städtischen Gesellschaftsschicht entstammten, beim Klostereintritt nicht selten zahlreiche Bücher als «Privatbibliothek» mit, die erst nach dem Tod der Besitzerin ans Kloster fielen. Überhaupt kam ein grosser Teil der verfügbaren Literatur, die den Schwestern als Vorlage für ihre Handschriftenkopien diente, als Schenkung oder als Leihgaben aus Laien- und Weltklerikerkreisen.[11]

Obwohl der Bibliothek eines observanten Dominikanerinnenklosters eine derart zentrale Rolle im Reformprozess zukam, lässt sich der mittelalterliche Buchbestand in den meisten Fällen nur schwer rekonstruieren. Auch der Buchbestand des Berner Inselklosters ist nurmehr bruchstückhaft vorhanden.[12] Über einen Buchbesitz vor 1439 ist nichts bekannt, es ist im Gegenteil zu vermuten, dass das Kloster aufgrund seiner wechselvollen Geschichte keine Bücher besessen hat. Selbst nach der Einführung der Observanz bis zur Auflösung anlässlich der Reformation 1528 verfügte das Inselkloster nur über einen derart beschränkten Buchbestand, dass kaum von einer «Bibliothek» gesprochen werden kann. Dennoch haben gerade diese wenigen Bücher aus dem Berner Inselkloster das Bibliothekswesen der observanten Dominikanerinnenklöster in der «Teutonia» massgeblich beeinflusst.

Der Ordens-Chronist Johannes Meyer im Inselkloster

Eine wichtige Funktion bei der inneren Durchsetzung und geistigen Erneuerung eines observanten Dominikanerinnenklosters kam dem Beichtvater zu, der neben Sakramentenspendung, Predigtverpflichtung, Überwachung der Klausur, Verhandlungspartner für die weltlichen Obrigkeiten – die observanten Klausurvorschriften liessen keinen Gesprächs- oder Briefkontakt mit den Nonnen mehr zu – auch die Aufgabe hatte, die Schwestern durch Belehrung und Unterweisung zu einem geordneten Gemeinschaftsleben hinzuführen. Im Gegensatz zu nicht reformierten Klöstern waren die Beichtvaterstellen in observanten Klöstern ständig besetzt oder wenigstens durch Kapellane vertreten, die aus dem eigenen Orden stammten.[13] Kurz nach der Jahrhundertmitte berief der Orden Johannes Meyer als Beichtvater an das Inselkloster.[14] Johannes Meyer war 1432 in Zürich als Novize in den Dominikanerorden eingetreten und zehn Jahre später aus dem nicht-reformierten Zürcher Konvent in den Basler Konvent übergewechselt, der wie die Konvente von Nürnberg und später Köln eines der Zentren der deutschen Observanzbewegung bildete. Am Inselkloster trat er sein erstes Amt nach der Priesterweihe an, bevor er um 1458 als Beichtvater ins elsässische

Abb. 379:
Titelblatt des «Liber vitae sororum insulae sancti Michaelis» oder «Lebendig buch der swestren in sant Michels insel» im «Regelbuch des Inselklosters», Bern, Burgerbibliothek, Codex A 53, fol. 72r.

Verzeichnis der verstorbenen Schwestern und Beichtväter des Inselklosters bis 1505 mit kurzen historischen Einschüben. Initiale: Der Erzengel Michael (Klosterpatron) am Tage des jüngsten Gerichts, in der linken Hand die Seelenwaage mit einer Seligen, in der rechten Hand das gegen ein teufelartiges Wesen erhobene Schwert.

Dominikanerinnenkloster Schönensteinbach abberufen wurde. In dieser Funktion wirkte er bis zu seinem Tode im Jahre 1485 in zahlreichen Frauenklöstern. Berühmt wurde Johannes Meyer als Chronist, Kompilator, Übersetzer und Vermittler von Literatur. In seinen Werken setzte er vor allem auf verpflichtende und zur Frömmigkeit motivierende Vorbilder, womit er das Wissen um die grosse Vergangenheit des Ordens im Sinne der Observanz aktivierte. Als sein bekanntestes Werk gilt die umfassende historische Darstellung der *«Reformacio des Predigerordens»* aus dem Jahre 1468.[15] Für den jungen, damals noch unbekannten Beichtvater bedeutete der Aufenthalt im Inselkloster nicht einfach eine Zeit des Abwartens auf ein weitaus renommierteres Amt, vielmehr waren diese Jahre eine erste, fruchtbare Schaffensperiode. Die Betreuung des kleinen Klosters verschaffte ihm offensichtlich genügend Freiraum zu erster literarischer Tätigkeit und konfrontierte ihn gleichzeitig mit den praktischen Ansprüchen und Bedürfnissen eines observanten Frauenklosters. Nicht zuletzt bot sich ihm die Möglichkeit, ein in seinem Sinne vorbildliches Observanzkloster aufzubauen.[16]

Bei seinem Amtsantritt befand sich das Inselkloster noch immer im Aufbau, die Klostergebäulichkeiten waren mangelhaft und die Kirche nur notdürftig ausgestattet. Darüber hinaus fand der neue Beichtvater, wie er beklagte, keine Bücher im Kloster vor, selbst die Bücher für den Gottesdienst fehlten.[17] Meyers vorrangige Bemühungen galten deshalb der Anschaffung einer «Büchergrundausstattung»: Unter seiner Aufsicht liess er die Schwestern zunächst die benötigten liturgischen Bücher schreiben, darunter ein Kalendar, das sich bis 1975 im Besitz der Cor-

Abb. 380:
Erhart Küng, Jüngstes Gericht (Ausschnitt), 1460–1481, Tympanon des Hauptportals, Berner Münster.

Unter den Seligen zur rechten Seite des Erzengels Michael eine Nonne mit zwei kleinen Kindern, vermutlich eine Dominikanerin des Inselklosters als «Jungenmeisterin». Ihre Aufgabe war die Erziehung und Elementarausbildung derjenigen Schwestern, die zwar die Profess abgelegt, aber das 24. Altersjahr noch nicht erreicht hatten. Im Inselkloster sind entgegen den Vorschriften der Konstitutionen auch Kinder vor dem 14. Lebensjahr aufgenommen worden: So trat unter anderem Margaretha Spilmann, Tochter des Venners und Säckelmeisters Gilian Spilmann, vor dem gesetzlich festgelegten Alter ins Kloster ein. Die Priorin verpflichtete sich, das Kind im Singen, Lesen und Schreiben zu unterrichten und es zu Arbeit, Frömmigkeit und Zucht anzuhalten (STAB: Fach Insel, Urkunde Nr. 285, 16. 1. 1446).

deliers in Freiburg i. Ue. befand.[18] Daneben ordnete und sichtete er das Archiv, das während der Brandkatastrophe von 1405 hatte gerettet werden können.[19] Als Ergebnis dieser Durchsicht entstand seine erste Klosterchronik, die kürzlich in Breslau wieder entdeckt worden ist.[20] Die Chronik war gleichzeitig Teil eines «Regelbuches», welches die Verfassungstexte für Dominikanerinnen und Abschriften und Übersetzungen der für das Inselkloster wichtigsten Rechtsdokumente, insbesondere der für ein observantes Kloster geltenden Reformordinationen enthielt. Meyer hat die Dokumente nicht nur als Redaktor zusammengestellt, sondern teilweise übersetzt und einführend kommentiert.[21] Damit verband er Vorschriften für ein institutionell korrektes Klosterleben mit dem Wissen um die eigene Vergangenheit sowohl als einzelnes Kloster wie als Mitglied eines ganzen Ordensverbandes, was die Argumentation, Legitimation und Solidarisierung mit den Reformzielen in einzigartiger Weise vertiefte (Abb. 379). In gleicher Absicht bearbeitete und ergänzte Johannes Meyer in Bern die Schwesternbücher des 14. Jahrhunderts von St. Katharinental Diessenhofen, Töss (Winterthur) und Oetenbach (Zürich) zu Exempla eines tugendsamen, gottgefälligen Lebens für die observanten Schwestern des 15. Jahrhunderts.[22]

Das «Ämterbuch»

Um den klösterlichen Alltag der Inselschwestern über die Vorgaben der Verfassung und exemplarischen Viten hinaus noch konkreter zu gestalten, schrieb ihnen Johannes Meyer ein «Ämterbuch».[23] Damit schuf er erstmals eine umfassende und systematische Beschreibung von 23 Klosterämtern für Dominikanerinnen und gab zukünftigen Amtsträgerinnen – von der Priorin über die Schaffnerin, Kellerin, Siechenmeisterin, Baumeisterin bis zur Gärtnerin – ein äusserst detailliertes Pflichtenheft in die Hand. Vorlage seines «Ämterbuches» war der *Liber de instructione officialium ordinis praedicatorum* des fünften dominikanischen Ordensmeisters Humbertus de Romanis aus der Mitte des 13. Jahrhunderts.[24] Meyer übersetzte und erweiterte den *Liber* jedoch *«nit gantz in söllicher mosz, als es derselb heilig vatter Humbertus geschriben hatt, von deswegen, wenn do stot von vil empteren die üweren freiwlichen [fraulichen] personen nit zügehörent [...], daz ich in ettlichen swesteren empter wandel oder dovon nemme und underziehe von dem latin von gelegenheit und umstend der sach und materye».*[25] Wie im Falle des Regelbuches vervollständigte Meyer das «Ämterbuch» durch eine historische Ergänzung, dem sogenannten *«Buch der Ersetzunge»* mit einer Geschichte des weiblichen Dominikanerzweiges und der dominikanischen Generalmeister. Zwar widmete Johannes Meyer sein «Ämterbuch» allen Schwestern des Ordens, unmittelbar richtete es sich aber an die Berner Schwestern, denn, wie Meyer betont, waren sie Anlass, Hilfe und Inspiration für dessen Abfassung.[26] Tatsächlich reflektieren die Beispiele, die er gelegentlich zu einzelnen Ämtern aufführt, teilweise Situationen aus dem Inselkloster. Allerdings liessen sich die Vorgaben des «Ämterbuches» gerade hier nur bedingt umsetzen, da das Inselkloster mit nie mehr als durchschnittlich zwanzig Schwestern besetzt war.[27] In diesem Falle musste eine Amtsträgerin mehrere Funktionen gleichzeitig ausüben. Im Inselkloster, unter Johannes Meyer, ist zunächst das Amt der Priorin belegt, welcher die disziplinarische und geistliche Leitung des Klosters oblag. Anna von Sissach, die wie ihre Vorgängerin aus dem 1423 observant gewordenen Basler Dominikanerinnenkloster St. Maria Magdalena an den Steinen nach Bern gekommen war, stand dem Kloster von 1445 bis 1461 vor.[28] Ihr zur Seite stand eine Subpriorin (1439–1450 Katharina von Eptingen, 1450–1452 Christina Velwald), welche die Priorin vor allem in Fragen der Korrektur und Ahndung von Verfehlungen zu unterstützen hatte und gleichzeitig Vermittlerin zwischen der Priorin und den übrigen Schwestern war.[29] Daneben amtete eine Schaffnerin, ihre Aufgabe war die wirtschaftliche Verwaltung (1439–1452 Christina

Velwald, 1458?–1475 Ursula von Büttikon).[30] Spätestens seit 1464 führte das Inselkloster ein Urbar und seit 1466 ein Dokumentenbuch.[31] Die Erziehung und Einführung ins Klosterleben der Novizinnen kam der Novizenmeisterin (1439–1447 Otilia Spicherlin) zu, welche im Inselkloster auch Lateinunterricht erteilte.[32] In der Regel stellte dieser Unterricht nur eine Ergänzung der Elementarbildung dar, welche die Frauen vor dem Eintritt ins Kloster im Rahmen einer städtischen Frauen- und Bildungskultur absolviert hatten (Abb. 380). Die Verantwortung für Chordienst und Gesang des Inselklosters trug die Sängerin (?–1491 Elisabeth Vögeli).[33]

Die Buchmeisterin und ihre «Liberey»

Die herausragendste Stellung im ganzen «Ämterbuch» nahm jedoch das Amt der Buchmeisterin ein.[34] Obwohl gerade für ihr Amt mehrere Beispiele aus dem Inselkloster im «Ämterbuch» angeführt werden, scheint es eine eigentliche Buchmeisterin in Bern nicht gegeben zu haben. Eine eigene Verwalterin der Bibliothek war ohnehin überflüssig. Solange das Kloster noch kaum über Bücher verfügte, war das Amt deshalb der Priorin zugeordnet. Anna von Sissach hat die Bibliothek aber nicht nur verwaltet, sie stand Johannes Meyer gewissermassen als Assistentin und Schreiberin zur Seite. Nachweisen lässt sich ihre Handschrift heute nurmehr im «Regelbuch».[35] Die Vermehrung des Buchbestandes, sei es durch die Anfertigung von Kopien, den Einkauf von Büchern oder vor allem durch die Annahme von weltlichen oder geistlichen Schenkungen, war eine der zentralen Aufgaben der Buchmeisterin, doch vorrangig hatte sie sich um die sachgerechte Einrichtung und Verwaltung des bestehenden Buchbestandes zu kümmern. Dieser sollte in einer gemauerten, weder mit Durchzug noch Nässe belasteten, verschliessbaren und im Hinblick auf Zuwachs grosszügig bemessenen Zelle untergebracht werden. Die Bücher hatten möglichst in hölzernen Schränken oder auf Pulten zu liegen und nur unter bestimmten Umständen in Kisten, da diese darin offensichtlich anfälliger für Mäusefrass und Ungezieferbefall waren. Das bei dieser Lagerung von Zeit zu Zeit nötige Abstauben bot der Buchmeisterin gleichzeitig Gelegenheit, die Bücher auf allfällige Schäden zu untersuchen, Reparaturen anzuordnen und eine Bestandeskontrolle nach Bibliothekskatalog und Ausleihregister vorzunehmen. Die Buchmeisterin hatte mehrere Register und Kataloge zu führen. Zunächst je einen separaten Katalog für die lateinischen und volkssprachigen Bücher, welche mit Signatur nach Sachgruppe und Eingang, Titel, notfalls kurzem Inhaltsverzeichnis, Besitzerin und Art des Erwerbs aufgeführt wurden. Ein Register verzeichnete die Ausleihen, sei es an Schwestern des eigenen Klosters, sei es an andere Klöster oder an Laien. Diese hatten im Falle einer Ausleihe ein Pfand, möglichst in Buchform, zu hinterlegen, was wiederum sorgfältig zu registrieren war. Doch wie das Inselkloster keine hauptamtliche Buchmeisterin benötigte, so ist entsprechend weder über einen separaten Bibliotheksraum noch einen Bibliothekskatalog etwas bekannt. Deren Einrichtung und Verwirklichung blieben, in gleicher Weise wie die Anschaffung der zahlreich für die Tischlesung oder Novizenausbildung im «Ämterbuch» verlangten Bücher, ein für das Berner Kloster zu ehrgeiziges Ziel.

Bücherausleihe nach Nürnberg

Die «neue» Literatur und der «neue» Autor aus Bern fanden eine rasche Verbreitung. Das «Ämterbuch» und *Buch der Ersetzunge* gehörten inskünftig zum festen Bibliotheksbestand der observanten Dominikanerinnenklöster der *Teutonia*.[36] Nachdem Johannes Meyer dem Provinzial während eines Berner Aufenthaltes seine Texte zur Prüfung vorgelegt hatte, stand einer Vermittlung an andere Klöster nichts mehr im

Wege. Der Provinzial scheint sie sogar persönlich angeregt und gefördert zu haben.[37] Gleichsam eine «Drehscheibenfunktion» im Literaturaustausch für die Dominikanerinnen der Provinz nahm das Nürnberger Kloster St. Katharina ein.[38] Dessen Bibliothek war hauptsächlich nach der Reform im Jahre 1428 entstanden und umfasste zu Ende des 15. Jahrhunderts die grösste Sammlung deutschsprachiger Handschriften (500–600 Bände), die aus dem Spätmittelalter bekannt ist. Zur Ergänzung ihrer Bestände liehen sich die Nürnberger Schwestern gezielt Werke aus anderen, auch ordensfremden Klöstern oder Laien- und Klerikerkreisen aus, und kopierten diese. Es entwickelte sich eine viele Personen umfassende Schreibschule. Nirgendwo sind so viele Schreiberinnen auch namentlich bekannt.[39] Was über den Eigenbedarf hinaus produziert wurde, ging als Doubletten an diejenigen Dominikanerinnenklöster, die zu wenig eigene Bücher besassen.[40] Auch die Verbreitung der Werke von Johannes Meyer fand hauptsächlich über St. Katharina Nürnberg statt. Der Autor hatte die Arbeit am «Ämterbuch» und *«Buch der Ersetzunge»* im März 1455 kaum abgeschlossen, worauf die beiden Bücher direkt nach Nürnberg kamen und von den dortigen Schwestern abgeschrieben wurden. Als *«ein news puch»* aus Bern über die *«amptswester, was yder zugehört»*, ist eine Kopie im alten Nürnberger Bibliothekskatalog aufgeführt und noch heute erhalten.[41] Es blieb aber nicht bei der blossen Abschrift, die Vorgaben des «Ämterbuches» wurden sogleich im Klosteralltag umgesetzt, was sich insbesondere in der Verwaltung des Buchbestandes verdeutlicht. Noch im Jahr 1455 begann die Nürnberger Buchmeisterin Kunigunde Niklasin mit der Anlage von zwei Bibliothekskatalogen nach dem neuen Ordnungsschema.[42] Während ein erstes Verzeichnis alle Bücher auflistete, die sich im Privatbesitz der Schwestern befanden,[43] katalogisierte ein zweites Verzeichnis die Klosterbibliothek.[44] Allerdings musste das von Meyer vorgegebene Signiersystem dem ausnehmend reichen Buchbestand von St. Katharina angepasst und erweitert werden.[45] In gleicher Weise auf das «Ämterbuch» zurück ging der neue Tischlesungskatalog der Katharinenschwestern. Der alte Lesekatalog war kurz nach der Reform entstanden, aber aufgrund fehlender Signaturen unbrauchbar geworden, da die Zuordnung der Bücher nach Aussehen der Bücher oder deren Besitzerinnen erfolgte. Der neue Tischlesungskatalog hingegen verzeichnete mit Beginn des Kirchenjahres für alle Sonntage, einzelne Wochentage und Festtage der Heiligen, die zu lesenden Themen und Bücher mit Signatur- und teilweise sogar Seitenangaben. Neben der Lektüre der Tischlesung regelte das «Ämterbuch» zusätzlich die genaue Handhabung und Durchführung des Anlasses durch die entsprechenden Amtsschwestern. Korrekturen und «Lesezeichen» in den heute noch erhaltenen Tischlesungshandschriften lassen darauf schliessen, dass die Amtsschwestern ihre Aufgaben tatsächlich nach Vorschrift erfüllt haben.[46] Dank der nach der Vorlage des «Ämterbuches» angelegten und überlieferten Bibliothekskataloge von St. Katharina Nürnberg lässt sich – als glücklicher Ausnahmefall – heute Versprengtes und Verlorenes identifizieren und der ehemalige Buchbesitz ausnehmend gut rekonstruieren.

Die Literaturvermittlung von Bern nach Nürnberg beschränkte sich aber nicht allein auf das «Ämterbuch» und *«Buch der Ersetzunge»*. Den gleichen und vermutlich gleichzeitigen Weg vom Inselkloster ins Katharinenkloster gingen die übrigen Schriften von Johannes Meyer.[47] Einzig das Regelbuch blieb im Heimatkloster.[48] Die Berner Leihgaben fanden den Weg nicht mehr ins Inselkloster zurück, obwohl das «Ämterbuch» gerade die Buchausleihe nach St. Katharina Nürnberg als Beispiel für eine korrekte Handhabung von Ausleihe und Rückgabe anführt. Wo die Berner Vorlagen geblieben sind, ist nicht bekannt. Ebenso gibt es keinerlei Hinweise über einen Ausleihverkehr in umgekehrter Richtung. Nicht als Ausleihe, ausdrücklich als selbstgeschriebenes Geschenk der Inselschwester Verena Kündigmann, kam hingegen die «Betrachtung des Leidens Christi» nach Nürnberg.[49] Ein wahrscheinlich weiteres Exemplar des Textes von der gleichen Schreiberin behielt man im Inselkloster.[50]

Entwicklung des Buchbestandes bis zur Klosterauflösung

So wie das Inselkloster nach dem Weggang von Johannes Meyer aus Bern nicht mehr als vorbildliches Reformkloster auftrat, so scheinen auch der Buchbesitz und die Schreibtätigkeit im Inselkloster wieder abgenommen zu haben. Zwar fanden neben Johannes Meyer noch weitere Beichtväter in der Insel genügend Musse zu schriftstellerischer und kompilatorischer Arbeit. Ihre Bücher waren aber nicht für die Schwestern bestimmt und blieben nach der Ablösung im Amt im Besitz ihrer Verfasser.[51] Ein Eintrag im Register des Ordensgenerals Casetta weist sogar darauf hin, dass das Inselkloster 1482 aus Armut erneut keine Liturgica mehr besass.[52] Dem scheidenden Beichtvater wurde deshalb erlaubt, seine Bücher, die er zur Amtsausübung mitgebracht hatte, wieder fortzunehmen. Vereinzelt wurden dem Kloster Bücher von Laien geschenkt oder vererbt: Anna Ziper vermachte der Insel 1471 testamentarisch eine illustrierte Bibel,[53] eine zweibändige deutsche Bibel schenkte der Chronist Diebold Schilling.[54] Erst zu Anfang des 16. Jahrhunderts, kaum ein Jahrzehnt vor der Auflösung des Klosters im Zuge der Reformation, ist eine neuerliche Buchproduktion im Kloster zu belegen. 1507 schrieben Schwester Lucia von Moos und eine weitere Hand ein Gebetbuch.[55] Als Besitzerin eines lateinischen Psalters mit deutscher Übersetzung und beigebundenem Kalendar ist eine der beiden Töchter Jakobs von Wattenwyl im Inselkloster bezeugt.[56] Solange der Codex als verschollen angesehen werden muss, kann vorläufig nicht geklärt werden, ob sie als Schreiberin des Psalters und weiterer Handschriften in Frage kommt.[57]

Obwohl im Berner Dominikanerinnenkloster für die Dominikanerinnenobservanz höchst bedeutende Bücher entstanden waren und die hier entworfene Bibliotheksordnung zum Massstab aller observanten Klöster der Provinz wurde, gelang es dem Inselkloster weder die Werke des Johannes Meyer im eigenen Hause zu behalten noch seine Vorgaben einer idealen Dominikanerinnenbibliothek auch nur annähernd zu erfüllen. Dennoch darf es für sich in Anspruch nehmen, die weibliche Reformbewegung des Ordens in der zweiten Hälfte des 15. Jahrhunderts entscheidend mitgestaltet zu haben.

«Die Predigerbrueder heilgeten iren drifarben rosenkranz.»[1] Rund um den Lettner der Dominikanerkirche (Französische Kirche)

Charlotte Gutscher-Schmid, Kathrin Utz Tremp

Als die Dominikaner im Jahr 1269 nach Bern gerufen wurden, machte die Stadt ihnen zur Auflage, dass der Hochaltar in der zu errichtenden Klosterkirche den hll. Peter und Paul und der Altar in der Mitte der Kirche der Jungfrau Maria geweiht werden sollte.[2] Die Kirche scheint zu Beginn des 14. Jahrhunderts fertiggestellt gewesen zu sein, und mit ihr auch der Lettner, der den Chorbereich vom Schiff trennt und den Predigerbrüdern wohl auch als Kanzel diente (Abb. 381–383). Der Lettner durchzieht einer Brücke gleich die ganze Breite der Kirche. Seine Form ist eine von deutschen Bettelordenskirchen ausgehende Weiterentwicklung des Hallenlettners (siehe Kastentext, S. 491).[3] Bei jenem hatten die der Trennwand zum Chor angebauten Arkaden eine wenig tiefe «Halle» zum Laienraum hin gebildet. In der späteren Form wurde diese durch das Einziehen von Zwischenwänden (Abb. 383) in verschiedene Einzelräume stets ungerader Zahl unterteilt. Im Berner Beispiel betraf diese Abtrennung die fünf breiteren Joche des Lettners, wodurch ebenso viele kapellenartige Räume entstanden (Abb. 382, 383: 1). Diese waren dafür bestimmt, einen Altar aufzunehmen, während die zwei schmalen seitlich des Mitteljoches (Abb. 383: 2) als Durchgänge zur Klausur, dem den Mönchen vorbehaltenen Raum, dienten. Über dem Lettner war durch den Triumphbogen die Sicht zum Chor offen, ein mit Masswerk vergittertes Fenster im zentralen Lettnerjoch erlaubte auch den eingeschränkten Blick auf den Hochaltar (Abb. 383: 3).[4] Der Lettner übernahm als Bühne für die Wortverkündigung und durch die Kapellenreihe die Funktion eines «Laienchores». Die Begrenzung dieses Bereiches gegen Westen erfolgte einst durch eine etwa 1,3 Meter vor den Lettnerarkaden verlaufende Stufe (Abb. 382).[5] Es ist anzunehmen, dass sich in allen fünf Hauptjochen Altäre befanden, an welchen täglich eine Messe gelesen werden musste. Wem sie geweiht waren, lässt sich teilweise ausmachen, wenn man die Informationen aus den schriftlichen Quellen mit den 1495 ausgeführten Wandmalereien vergleicht.

Die Schriftquellen

Drei Altarpatrozinien sind schon am Ende des 14. Jahrhunderts urkundlich belegt. In den Jahren 1379/80 stiftete der Jurist Werner Stettler, Pfarrer von Wynigen, eine tägliche Messe auf den Marien-Altar und ein ewiges Licht vor dem Bild (der Statue?) des hl. Yves beim Dominikus-Altar, und 1388 schenkte er in seinem Testament *Unser Frauen zu den Predigern* zwei silberne Gürtel. Dies lässt vermuten, dass es schon damals in der Dominikanerkirche eine Marienstatue gegeben hat, die mit Votivgaben behängt war, wie jene, welche im Jetzerhandel (1507–1509) traurige Berühmtheit erlangen sollte (vgl. S. 499). Im Jahr 1393 wurde auf einen Altar, der sich recht eindeutig in eine der Lettnernischen (aber welche?) situieren lässt, eine Kreuzmesse gestiftet, so dass man annehmen kann, dass ein hier befindlicher Altar dem hl. Kreuz geweiht war.

Im Mai 1418 besuchte Papst Martin V., der eben vom Konzil von Konstanz zum Papst gewählt worden war, auf der Durchreise nach Rom die Stadt Bern und stieg im Dominikanerkloster ab (vgl. Kap. IV, S. 314,

Abb. 381:
Lettner, Französische Kirche, ehemalige Dominikanerkirche, Bern.

Die erhaltene spätgotische Bemalung umfasst den mittleren Bereich des Lettners. Sie ist dreimal mit der Jahreszahl 1495 datiert und mit Nelken gezeichnet. Im linken Lettnerjoch war einst ein Dominikusaltar aufgestellt. Der Mittelteil bringt mariologische Themen zur Darstellung und ist – zumindest teilweise – von der Berner Familie Archer-Fränkli gestiftet worden, deren Wappen in den Bogenzwickeln angebracht sind.

Der Lettnerriss Niklaus Manuels

Im Laufe der Entwicklung des christlichen Kirchenbaues wurde der den Geistlichen vorbehaltene Raum immer deutlicher von demjenigen der Gläubigen geschieden. Die zunächst niedrigen Chorschranken wuchsen zu einer Trennwand, dem sogenannten «Lettner», heran. Dieser hatte aber nicht nur eine trennende Aufgabe, sondern konnte auch genutzt werden: als eine über Treppen zugängliche Bühne diente er der Verlesung des Evangeliums. Diese Funktion findet sich noch im deutschen Begriff, welcher sich aus dem lateinischen Wort für Lesepult, lectorium, herleitet. Da die meisten Lettner in der Barockzeit abgebrochen und durch Kanzeln oder Chorgitter ersetzt wurden, geriet dieses in den damaligen Kirchen so dominante Architekturelement ausserhalb von Fachkreisen beinahe in Vergessenheit.

Neben dem in der ehemaligen Dominikanerkirche erhaltenen, wissen wir von einem zweiten spätgotischen Lettner Berns. Wohl um 1500 und unter der Bauleitung Erhard Küngs entstand für das Berner Münster ein hölzerner Chorlettner, der schon 1574 durch einen neuen aus Stein ersetzt wurde. Das Aussehen des Holzlettners ist durch eine Zeichnung von Niklaus Manuel überliefert. Dieser sogenannte «Lettnerriss» zeigt eine Gliederung in fünf Joche, deren erstes, mittleres und fünftes einen Altar aufnahmen. Die beiden Arkaden zu Seiten des Mitteljoches konnten – wie im 200 Jahre älteren Beispiel in der Dominikanerkirche – als Durchgänge zum Chor geöffnet werden. Hier wie dort war der zentrale Pfarraltar Maria geweiht. Auf dem Riss ist zu erkennen, dass diesen eine plastische Madonnenfigur schmückte. Die Situierung des Heiligkreuzaltars im südlichen Bogen (rechts) könnte ebenfalls der älteren Disposition in der Dominikanerkirche entsprechen und damit helfen, diesen urkundlich belegten Altar zu lokalisieren.

Der wunderschöne Lettnerriss Manuels – möglicherweise ein Entwurf für einen Schmuck des bestehenden Lettners mit zahlreichen Heiligenstatuen – zeigt den Lettner im liturgischen Gebrauch und vermag dadurch unser Verständnis desselben als «Laienchor» zu veranschaulichen.

Niklaus Manuel Deutsch, Lettnerriss, um 1510, Bern, Historisches Museum.

Kastentext, S. 317). Im folgenden Jahr wurde im Dominikanerkloster die Observanz eingeführt, was unter anderem bedeutete, dass mehr und höhere Ansprüche an die Predigt der Dominikaner gestellt wurden, die in der Advents- und Fastenzeit nicht nur in der Stadt, sondern auch auf dem Land, insbesondere im Berner Oberland predigten.

Im Jahr 1470 ist zum ersten und einzigen Mal ein den Elftausend Jungfrauen geweihter Altar belegt,[6] und im Jahr 1485 zum ersten Mal eine Marienkapelle, in welcher wahrscheinlich die mit Votivgaben behängte Marienstatue stand, welche wir aus dem Testament Werner Stettlers von 1388 kennen. Es ist nicht auszuschliessen, dass der von Anfang an bezeugte Marien-Altar 1485 bereits von der Mitte der Kirche in den Raum südlich des Chores versetzt worden ist, wo er sich zur Zeit des Jetzerhandels befand (Abb. 393).

In den Zusammenhang der gesteigerten Marienverehrung gehört auch die Rosenkranzbruderschaft, welche 1484 von den Dominikanern von Colmar gegründet wurde und rasch ihren Weg nach Bern fand, wo sich ein zweites Zentrum bildete (Abb. 384). Die Bewegung beruhte auf der

Abb. 382:
Rekonstruierte Innenansicht der Dominikanerkirche nach Osten.

Der Lettner bildet einerseits den Riegel gegen den Klausurbereich, unter seinen Arkaden entsteht aber gleichzeitig der Eindruck eines eigenen Chores für die Laien. In den Kapellen sind fünf Altarplätze zu vermuten, von dreien ist das Patrozinium bekannt.

Abb. 383:
Schnitt und Ansicht des Lettners nach Osten. Massstab 1:100, baugeschichtlicher Befund.

Der Altar im Mitteljoch (4) war – entsprechend der Auflage der Stadtregierung bei der Gründung des Klosters – der Jungfrau Maria geweiht. Zusammen mit den beiden seitlichen schmalen Durchgangsjochen bildete dieser Mittelteil des Lettners gleichsam eine kleine Kapelle. 1: Hauptjoche; 2: Durchgangsjoche; 3: Fenster zum Chor; 4–6: Altarplätze; 7: Portal in Zweitverwendung 1604 hier eingesetzt.

Andachtsübung mit der Gebetszählschnur: seit dem 14. Jahrhundert beteten die Gläubigen eine feste Anzahl von «Ave Maria», dem Gruss des Verkündigungsengels an die Gottesmutter. Durch die Mitgliedschaft bei der Bruderschaft hatten die Einzelnen Anteil an der Summe aller Gebete. Die Dominikaner verbreiteten den vereinheitlichten Rosenkranz mit 50 (5×10) Perlen. Die Rosenkranzbruderschaft hat in den schriftlichen Berner Quellen zwar keinen Niederschlag gefunden, wohl aber in den beiden geflochtenen Rosenkränzen, welche 1495 auf dem Mittelstück der Lettnerstirn angebracht wurden (Abb. 384, 391).[7]

Die Ausmalung des Lettners hat sich in den mittleren Jochen (Abb. 383) erhalten und wurde von einer Berner Werkstatt ausgeführt, die ihre Werke mit einem überpersönlichen Signet, zwei Nelken, kennzeichnete (vgl. Kap. VI, S. 516).[8] Es wird angenommen, dass die Bemalung des Mittelstücks – eine von den Propheten Jesaias und Jeremias begleitete Verkündigung – eine Stiftung des Säckelmeisters Antoni Archer und seiner Frau, Margaretha Fränkli, gewesen ist, deren Wappen sich in den Zwickeln unter Maria und dem Engel finden. Margaretha Fränkli lässt sich denn auch tatsächlich als Mitglied der Rosenkranzbruderschaft nachweisen.[9]

Das Mitteljoch – eine «Marienkapelle»?

So weist viel darauf hin, dass sich im zentralen Lettnerjoch noch zur Zeit der Ausmalung ein Marien-Altar befand (Abb. 383: 4), an welchem die Rosenkranzbruderschaft ihre Messe feierte. Betrachtet man die zu weiten Teilen erhaltene Bemalung der drei mittleren Joche des Lettners genauer, möchte man diese beinahe als eine dreischiffige Kapelle ansprechen.[10] Die erwähnte Verkündigung an der Lettnerstirn (Abb. 381) – in der entsprechenden zweigeteilten Form wird sie in der Spätgotik häufig am Triumphbogen zum Chor dargestellt – führt ikonographisch in die Thematik dieser Mittelkapelle ein. Die wunderbare Menschwerdung des Gottessohnes wurde im alten Testament vorausgesagt. Dies belegen bildlich die beiden Propheten Jesaias und Jeremias, die in Brustbildern zu beiden Seiten der Verkündigung, über den Durchgangsjochen, erscheinen. Spruchbänder zitieren ihre Botschaft zur Jungfrauengeburt des Messias (Abb. 384, 391). Direkt unter ihren gemalten Nischenbrüstungen sind an illusionistischen Nägeln die erwähnten Rosenkränze aufgehängt. Die auf einem Reif befestigten, jeweils zehn weissen und fünf roten Rosen, symbolisieren – entsprechend den Perlen der Gebetsschnur – die Anzahl der gebeteten «Ave Maria». Beide Arten von Rosenkränzen – der natürliche Reif und die Gebetskette – scheinen im Spätmittelalter die gleiche Symbolik zu besitzen. Dies belegen die Bilder von Maria im Rosenkranz, welche im Zuge der Gebetsverbrüderung der Dominikaner ihre Verbreitung erfuhren (Abb. 385).[11] Ein dem Blumenreif des Lettners vergleichbarer Kranz umgibt hier die auf der Mondsichel stehende und von Strahlen umgebene Maria.

Auch die weiteren Teile der Ausmalung im Innern des Mitteljoches konzentrieren sich auf die Jungfrauengeburt Christi und deren typologische Vorwegnahme im Alten Testament. Das aus dem dominikanischen Rosenkranz bekannte Marienbild im Strahlenkranz (Abb. 385) tritt am

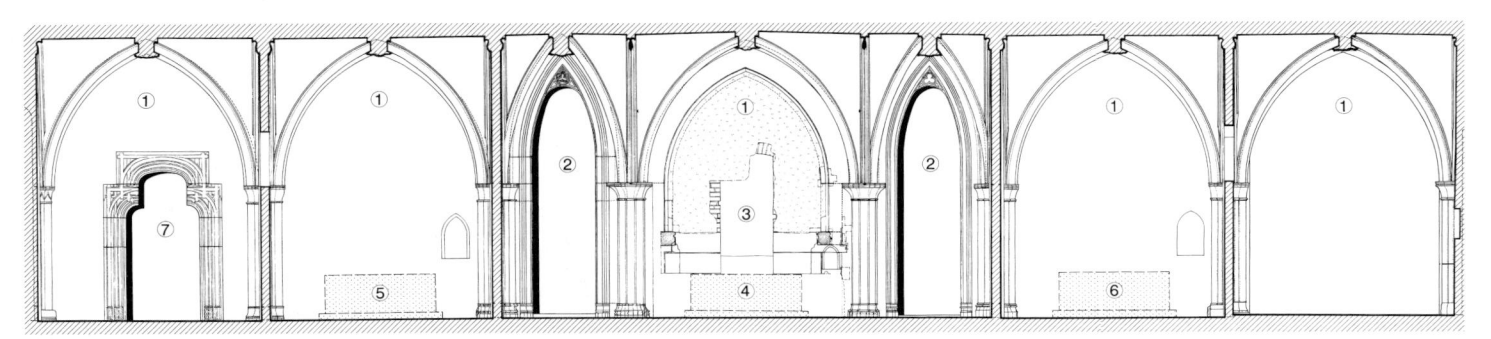

Abb. 384:
Ausschnitt der Lettnerstirn, Französische Kirche, ehemalige Dominikanerkirche, Bern.

Unter dem Brustbild des finster blickenden Jeremias mit dem Schriftband seiner Prophetie (Jeremias 31, 22) ist der plastisch wirkende Rosenkranz an einem Nagel aufgehängt. Er ist das Zeichen der gleichnamigen Bruderschaft, die am Ende des 15. Jahrhunderts in Bern ein Zentrum hatte und wohl am zentralen Lettneraltar ihre Messe feierte. Darunter die Jahreszahl 1495.

Abb. 385:
Madonna im Rosenkranz, um 1500, französischer Holzschnitt, Basel, Historisches Museum.

Einblattholzschnitte mit der Madonna im Rosenkranz verbreiteten sich mit der Ausdehnung der 1475 in Colmar gegründeten Rosenkranzbruderschaft. Die Gottesmutter steht auf der Mondsichel und ist von einem Strahlenkranz umgeben – beides Motive, die auf die wunderbare Geburt Marias durch ihre Mutter Anna hinweisen. In den vier Ecken des Blattes sind die Evangelistensymbole eingefügt.

Lettner in anderem Zusammenhang auf: in der Darstellung der sogenannten «Wurzel Jesse» auf der nördlichen Trennwand des Durchgangsjoches (Abb. 386). Bezeichnenderweise ist der Baum, der aus der Seite des Stammvaters Jesse ausgeht, als dornenloser Rosenstrauch gekennzeichnet. Die angesprochene Symbolik wird dadurch nochmals aufgenommen, und Strauch und Kranz bilden eine inhaltlich verwandte Rahmung für das zentrale Madonnenbild. Dargestellt wird hier die Abstammungslinie Christi, die von Jesse – dem Vater König Davids – ausging, und über die zwölf Könige Israels bis zur Geburt des Messias führte. Zusätzlich werden zwei weitere Voraussagen zur Gottesgeburt zitiert. Links nochmals ein Wort des Propheten Jesaias, welcher in der Nische – direkt unterhalb des Nelkenzeichens – auf sein Spruchband weist (Jesaias 11). In paralleler Funktion ist rechts der Seher Bileam mit seiner Weissagung dargestellt (4. Mose 24). Das Schriftband des Sockels zitiert ein Marienlob in vier doppelt gereimten Versen und trägt rechts die Datierung «completum 1495». Die mariologische Gewichtung der Wurzel Jesses Darstellungen im Spätmittelalter steht im Zusammenhang

Abb. 386:
Lettner, Mitteljoch, Trennwand zum nördlichen Durchgangsjoch, Französische Kirche, ehemalige Dominikanerkirche, Bern.

Die Abstammungslinie Christi vom Stammvater Jesse wird in der Form eines Rosenstrauches dargestellt. Die zwölf Könige Israels sind die Blüten des Baumes, der um die in der Mitte abgebildete und von Strahlen umgebene Madonna ebenfalls einen Kranz bildet. Oberhalb des Propheten Jesaias (links) mit Nelken gezeichnet und im Schriftband mit der Jahreszahl 1495 datiert.

mit den Auseinandersetzungen um die unbefleckte Empfängnis Mariä (vgl. S. 499)[12] – eine offenbar schon in diesen Jahren im Berner Kloster aktuelle Frage.

Auch das Pendant auf der Südseite, ein Dominikanerbaum, hat die Gottesmutter zum Zentrum (Abb. 387). Der Strahlenkranz des vorigen Bildes fehlt aber hier. Über dem liegenden Ordensgründer erscheinen – in gegenüber der Wurzel Jesses verdoppelter Zahl an Halbfiguren – die namhaftesten Vertreter der Dominikaner, welche wie die Könige mit Schriftbändern gekennzeichnet sind. Der unterhalb des Stammbaumes zitierte Text ist in der dominikanischen Überlieferung untrennbar mit diesem verbunden. Die der «Wurzel Jesse» angeglichene Form der Darstellung des Ordens verbreitete sich durch Einblattholzschnitte (Abb. 388). Die «Bäume» sind botanisch als Reben zu bestimmen, im Falle des Holzschnittes wachsen sogar Trauben. Das Thema scheint im Berner Dominikanerkloster ausserordentlich beliebt gewesen zu sein, denn ein zweiter, viel grösserer Ordensbaum wurde drei Jahre später bei der gleichen Malerwerkstatt in Auftrag gegeben. Er zierte einst die ganze, rund 18 Meter lange, Westwand des Versammlungsraumes des Dominikanerklosters, welcher zu Ehren des hier 1498 tagenden Provinzialkapitels vollständig ausgemalt worden ist.[13] Die stilistische Verwandtschaft beider Bemalungen belegt ein Ausschnitt der Ostwand, der ebenfalls Maria mit dem Christusknaben auf dem Arm zeigt (Abb. 389).

Abb. 387:
Lettner, Mitteljoch, Trennwand zum südlichen Durchgangsjoch, Französische Kirche, ehemalige Dominikanerkirche, Bern.

Dem Bildtyp der Wurzel Jesse entsprechend, verbildlicht der Dominikanerorden seine Geschichte ebenfalls mit einem Baum. Auch hier bildet die Gottesmutter mit dem Kind dessen schönste Blüte, im weiteren sind vierundzwanzig im Orden besonders verehrte Heilige und Selige mit Attributen und erläuternden Schriftbändern eingefügt.

Abb. 388:
Dominikanerstammbaum, 1473, oberrheinischer Holzschnitt, Wien, Albertina.

Mit der Erfindung der Vervielfältigung von Vorlagen durch graphische Techniken wurde eine neue Verbreitung von ordensspezifischen Themen über grosse Distanzen hinweg möglich.

Zentrales Thema im Mittelteil des Lettners ist somit die Geburt des Messias durch eine Jungfrau, wie dies die Propheten vorhergesagt hatten. Ohne die Wichtigkeit der Rolle Marias zu schmälern, betonen die Malereien die jungfräuliche Geburt Jesu – in diesem Sinne eine Vorwegnahme des in den Erscheinungen von 1507 propagierten Anliegens, dass dieses Privileg allein Christus zustehe. Wenn zur Zeit der Ausmalung, 1495, die berühmte Marienstatue schon in der Kapelle südlich des Chores stand (vgl. S. 491), dann verraten die Lettnermalereien doch, dass – entsprechend der gründungszeitlichen städtischen Auflage – der Marien-Altar «in der Mitte der Kirche» bestehen blieb.

Der Altar des Ordenspatrones Dominikus

Auch in einem zweiten Fall nimmt die Ikonographie der Lettnermalereien eindeutig auf einen Altar bezug und streicht mit aller Deutlichkeit die theologischen Anliegen des Ordens heraus. Im nördlichen Kapellenjoch befand sich nämlich der in der Quelle von 1379/80 erwähnte Dominikus-Altar (Abb. 383: 5). In den Zwickeln der Bogenöffnung sind an der Lettnerfront zwei Darstellungen aus dem Leben des Ordensstifters angebracht. Die Szene links zeigt den am Schreibpult sitzenden Heiligen als Gelehrten (Abb. 390): «*Ex cathedra*» dozierend, legt er der akademischen Zuhörerschaft das vor ihm liegende biblische Wort aus, wozu ihm die im Fenster erscheinende Gottesmutter Beistand leistet. Anwesend sind Vertreter der verschiedenen grossen Mönchsorden:

Abb. 389:
Ausschnitt der abgelösten Wandmalereien des Sommerrefektoriums, das einst zum ehemaligen Dominikanerkloster gehörte (vgl. Abb. 393), Bern, Historisches Museum.

Drei Jahre nach der Bemalung des Lettners erteilte das Kloster der selben Malerwerkstatt einen weiteren, um vieles grösseren Auftrag: Der Versammlungsraum für das hier 1498 stattfindende Provinzialkapitel des Ordens wurde vollständig ausgemalt. Bei dessen Abbruch (1899) wurden Teile abgelöst und ins Bernische Historische Museum überführt (heute Depot). Der Ausschnitt zeigt die stilistische Verwandtschaft dieser qualitativ hochstehenden Malerei mit derjenigen des Lettners.

vorne links ein Franziskaner im Gespräch mit einem Benediktiner, hinter ihnen sitzen ein Karmeliter, ein Dominikaner und ein Deutschordensherr, rechts der Kanzel ein Zisterzienser in weisser Tracht mit schwarzem Skapulier. In rotem Gewand hinter dem Dominikaner lauscht zudem ein Kardinal den Worten des Lehrmeisters. Die Szene ist bisher so interpretiert worden, dass die Gottesmutter Dominikus die richtige Deutung des Rosenkranzgebetes offenbare.[14] Zwar findet sich der Bezug zur erwähnten Rosenkranzbruderschaft unzweifelhaft im Mitteljoch, doch fehlt im vorliegenden Bild eine Anspielung auf das Gebet. Das von Maria ausgehende Schriftband ist leer und es findet nicht, wie in analogen Szenen, eine Übergabe der Gebetsschnur an Dominikus statt.[15]

Das rechte Zwickelfeld derselben Arkade zeigt Dominikus auf einer Kanzel predigend. Unter der Zeugenschaft Christi erweckt der Heilige einen am Boden liegenden, schon halb wieder geröteten, Säugling vom Tode (Abb. 391). Dies soll sich – der Überlieferung gemäss – in Venedig abgespielt haben.[16] Im Publikum sind verschiedene Gruppen vertreten: Frauen und Männer, Arme und Reiche, Alte und Kinder. Im Unterschied zur zuvor beschriebenen Szene handelt es sich um ein Laienpublikum. Im Vordergrund steht lesend eine durch Nimbus hervorgehobene Gestalt, möglicherweise der auch auf dem Dominikanerbaum des Klosters dargestellte Schüler des Dominikus, Reginald von Orléans.[17]

Abb. 390:
Lettnerfront, linkes Bogenfeld, Französische Kirche, ehemalige Dominikanerkirche, Bern.

Der gelehrte Dominikus doziert vom Lesepult aus zum Thema des Marienglaubens. Die geistliche Zuhörerschaft wird nicht gewahr, dass die Gottesmutter selbst im Fenster erscheint und dem Heiligen die Worte eingibt.

Die beiden Darstellungen schildern nicht einfach zwei beliebige Szenen aus dem Leben des Ordensgründers, sondern veranschaulichen gezielt verschiedene Aspekte der dominikanischen Theologie. Die formale Symmetrie unterstreicht diese programmatische Absicht: Die Erscheinungen von Maria und Christus symbolisieren die mariologische und christologische Ausrichtung des dominikanischen Glaubens. Die besondere Rolle des Ordensstifters bezüglich der Marienverehrung wird dadurch unterstrichen, dass dieser zu diesem Thema vor den versammelten Geistlichen spricht. Die parallele Szene steht für ein anderes zentrales Ordensanliegen: die Volkspredigt. So gleichen sich die Schilderungen des Heiligen zwar formal, betonen inhaltlich jedoch ganz unterschiedliche Aspekte und sollten damit die einfachen Gläubigen ebenso wie die gelehrten Geistlichen ansprechen. Dabei fällt auf, dass die Dominikaner schon rund zehn Jahre vor dem Jetzerhandel ihre Theologie mit einer gewissen Arroganz vertraten, indem sie die Vertreter der anderen Orden in der Frage des Marienglaubens als «Schüler» darstellten (vgl. S. 499).

Die restlichen Lettnermalereien lassen sich nicht mehr mit in Stiftungen genannten Altären verbinden. Das qualitätvolle Wandbild mit den hll. Martin, Christophorus und Rochus zeichnete wohl ebenfalls einst einen nach Norden hin gerichteten Altarplatz aus (Abb. 383: 6; Abb. 392). Da es erst 1912/13 bei der Entfernung eines Ofens, und nicht wie die übrigen Lettnermalereien schon 1903/04 entdeckt worden ist, erfuhr es kaum Übermalungen und erstaunt durch die Frische seiner Malerei. Auch dieses Gemälde trägt das Nelkenzeichen, scheint aber in verschiedener Hinsicht fortschrittlicher als die übrige Bemalung. Die Heiligen bewegen

Abb. 391:
Lettnerfront, rechtes Zwickelfeld, Französische Kirche, ehemalige Dominikanerkirche, Bern.

Das ikonographische Pendant zum vorigen Bild zeigt den Ordensgründer als Prediger für das Volk. Unter der Zeugenschaft Christi erweckt er ein am Boden liegendes totes Kind zum Leben. Rechts schliesst das Brustbild des Propheten Jesaias an. Symmetrisch zum entsprechenden Bild rechts des Bogens befindet sich ebenfalls der Rosenkranz und die Jahreszahl 1495.

sich nicht mehr auf einer Bühne, sondern in einem kontinuierlich in die Tiefe entwickelten Raum. Es sind kraftvolle Gestalten mit ausgewogenem Ponderativ und ausdrucksstarken Gesichtern. Die Nähe – auch bezüglich Farbigkeit – zu den Wandmalereien der Antoniterkirche (vgl. Kap. V, S. 501) und den Tafelbildern der «Nelkenmeister» ist evident (vgl. Kap. VI, S. 516).

Könnte das Wandbild zu einem Bruderschaftsaltar gehört haben? Neben der Rosenkranzbruderschaft sind noch mindestens zwei weitere Bruderschaften von den Dominikanern betreut worden: eine 1502 belegte Bruderschaft der Scherermeister, deren Patron wir nicht kennen, und eine 1504 belegte Bruderschaft der Maler-, Goldschmiede-, Münzer-, Bildhauer-, Glaser- und Seidenstickermeister, deren Patrone die hll. Anna, Lux (Lukas) und Loy (Eligius) waren (→Abb. 425, 428). Es ist nicht auszuschliessen, dass die Dominikaner in der letzteren eine Trägerschaft für einen bereits bestehenden und der hl. Anna geweihten Altar gefunden haben, jedenfalls war die Verehrung der hl. Anna – der Mutter der Jungfrau Maria – vor allem ihr Anliegen, und die Verehrung der hll. Lux und Loy vor allem das Anliegen der Bruderschaft selbst. Das gleiche zusammengewürfelte ikonographische Programm bestimmte auch die Tafeln, welche um 1515 von Niklaus Manuel Deutsch für diesen Altar gemalt wurden, doch wissen wir auch von ihm nicht, wo er gestanden hat. Seinen Massen nach könnte er gut in einem der seitlichen Lettnerjoche gestanden haben.[18] Man kann sogar vermuten, dass der Annenaltar an die Stelle des Marienaltares (im zentralen Lettnerjoch) trat, nachdem dieser (1489?) in den Raum südlich des Chores versetzt worden war.

Abb. 392:
Lettner, Kapelle südlich des Durchgangsjoches, Französische Kirche, ehemalige Dominikanerkirche, Bern.

Das Wandbild mit den drei Heiligen Martin, Christophorus und Rochus ist ebenfalls mit den Nelken bezeichnet, doch nicht datiert und dürfte einige Jahre nach der übrigen Lettnerbemalung entstanden sein.

Der Lettner im Jetzerhandel (1507–1509)

Beim Jetzerhandel, der in den Jahren 1507–1509 den bernischen Dominikanerkonvent und mit ihm die ganze Stadt Bern erschütterte, ging es letztlich um die Frage, ob die Jungfrau Maria befleckt oder unbefleckt empfangen worden sei.[19] Die Dominikaner traten für die befleckte Empfängnis ein, die Franziskaner für die unbefleckte, und lagen damit besser im Trend als die Dominikaner. Im Jahr 1507 erschien deshalb dem Konversenbruder Johannes Jetzer im Dominikanerkloster in Bern zu wiederholten Malen nachts in seiner Zelle im Dormitorium eine Maria, deren Botschaft seltsamerweise lautete, dass sie befleckt empfangen worden sei.

In der Nacht vom 24. zum 25. Juni 1507 ging Maria mit dieser Botschaft auch an die Öffentlichkeit: in dieser Nacht begann nämlich die Marienstatue in der Marienkapelle (südlich des Chores) blutige Tränen zu weinen und mit ihrem Sohn zu sprechen. Auf seine Frage, warum sie weine, antwortete sie, dass sie weine, weil man ihm die unbefleckte Empfängnis wegnehme und ihr zuschreibe. Morgens um fünf holte man vier Ratsherren, darunter den Schultheissen und den Altschultheissen, aus dem Bett, um ihnen die blutigen Tränen zu zeigen. Zu diesem Zweck wurden sie auf den Lettner geführt, von wo aus man damals gegen Osten sowohl in die Marienkapelle (südlich des Chores) als auch in die Johanneskapelle (nördlich des Chores) hinunterschauen konnte. Von der Johanneskapelle führte eine Treppe auf den Lettner, und von dort aus eine weitere ins Dormitorium im Obergeschoss des an die Kirche angrenzenden Klostergebäudes. Diese Stelle in den Akten des Jetzer-

Abb. 393:
Rekonstruktion der ältesten Bauphase der Kirche und des Klosters anhand derjenigen Partien, die in den Jahren 1988–1990 archäologisch untersucht worden sind.

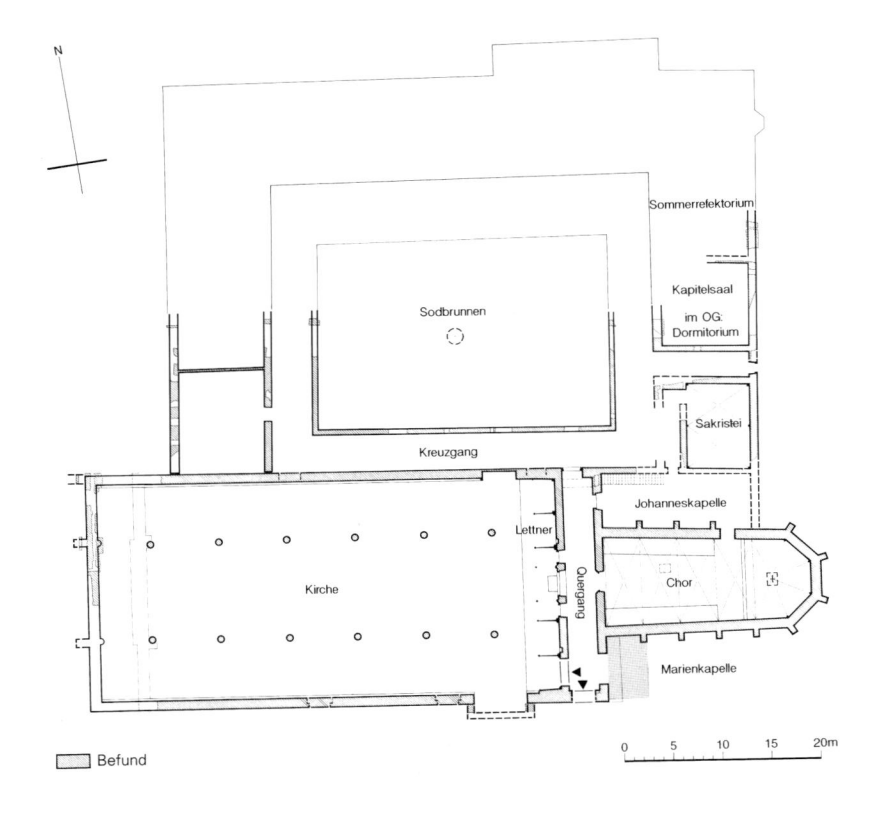

prozesses hat es erlaubt, die Marienkapelle östlich des Lettners zu situieren, und nicht wie es die bisherige Forschung getan hatte, westlich des Lettners in der Aussenwand des rechten Seitenschiffes (Abb. 393).

In der Marienkapelle war eine Marienstatue aufgestellt, eine Pietà, welche bei den Leuten in besonderer Verehrung stand. Wir wissen nicht, ob es dieselbe war, welche bereits 1388 im Testament des Juristen Werner Stettler erwähnt ist, aber sie war auch mit Votivgaben behängt, mit Rosenkränzen aus Korallen und Äpfeln aus Silber zur Aufbewahrung von Muskat, mit Agnus Dei und kleinen silbernen Kreuzen. Die Nachricht von den blutigen Tränen, die sie vergoss, verbreitete sich rasch. Am Morgen strömten die Leute in der Kirche zusammen, um das Wunder zu sehen. Die Dominikaner wiesen in der Messe darauf hin, und viele Frauen waren zu (echten!) Tränen gerührt.

Ein Kaplan vom Münster – also von der Konkurrenz – stieg auf den Altar, um das Gesicht der Marienstatue zu betasten. Er kam zum Schluss, es wäre nur Farbe, kein Blut, und wurde wegen dieses Frevels vom Lesemeister der Dominikaner in der Predigt schwer gerügt. Der Prior des Konvents liess den Maler Hans Fries von Freiburg herbeirufen, gewissermassen als Experten, der die blutigen Tränen für «echt», das heisst für übernatürlich erklärte.

Der Betrug kam ans Licht, weil das «Wunder» sich in der nächsten Nacht wiederholte und dabei eine Tafel mit einer Darstellung der hl. Dreifaltigkeit, die links von der Marienstatue aufgestellt war, gefährlich ins Wanken geriet. Als Johannes Jetzer, der wiederum vor der Marienstatue kniete, die Tafel entfernte, fand er dahinter den Lesemeister sitzen, welcher die Stimmen von Mutter und Sohn imitiert hatte.

In der Folge schoben die Dominikaner und Jetzer sich gegenseitig die Schuld zu. Zuerst glaubte man den Dominikanern und verhaftete Jetzer, dann verhaftete, verhörte und folterte man auch die vier Klostervorsteher, den Prior, den Lesemeister, den Subprior und den Schaffner und verurteilte sie schliesslich, nach einem Prozess und einem Revisionsprozess, zum Tod auf dem Scheiterhaufen (am 31. Mai 1509 auf der Schwellenmatte). Jetzer liess man aus dem Gefängnis entweichen.

Bei dieser Schuldzuweisung blieb es, bis 1897 der Dominikaner Nikolaus Paulus das an den vier Klostervorstehern vollzogene Urteil einen Justizmord nannte und den Konversenbruder Johannes Jetzer als Alleinschuldigen bezeichnete, allerdings ohne die Akten des Jetzerprozesses vollumfänglich zu kennen. Diese wurden erst 1904 vollständig publiziert, und ihr Herausgeber, der Theologieprofessor Rudolf Steck, machte sich die Meinung von Nikolaus Paulus weitgehend zu eigen. Erst in letzter Zeit sind wieder Zweifel an der Alleinschuld Jetzers geäussert worden, insbesondere mit dem Argument, dass das relativ hohe intellektuelle Niveau des Jetzerhandels nicht dasjenige des Konversenbruders gewesen sein könne.[20]

«...das Bein abgehowen zů sant Antoenien.»[1]
Die Spitalkirche der Antoniter

Charlotte Gutscher-Schmid, Kathrin Utz Tremp

Der Antoniterorden entstand Ende des 11. Jahrhunderts in der Dauphiné, genauer im Dörfchen La-Motte-aux-bois, das in der Folge den Namen Saint-Antoine annahm.[2] Hier lagen seit zirka 1070 die (angeblichen) Gebeine des Mönchsvaters Antonius, den man in einer zerstörerischen Krankheit anrief, welche damals weite Teile Westeuropas von Flandern bis zur Dauphiné heimsuchte. Sie wurde *«Ignis sacer»* (heiliges Feuer) und später *«Ignis sancti Antonii»* (Antoniusfeuer) genannt und war in Wirklichkeit – aber das erkannte man erst viel später – eine Mutterkornvergiftung. Sie führte nicht selten zum Tod, aber auch zur Verkrüppelung, der man, wenn die brandigen Glieder nicht von selbst abfielen, mit Amputationen begegnete, die unter den damaligen medizinischen Bedingungen äusserst schmerzhaft gewesen sein müssen (Abb. 394).

Der Antoniterorden bestand zunächst aus einer Laienbruderschaft und wurde dann, im 13. Jahrhundert, in einen Chorherrenorden mit Augustinerregel umgewandelt. Die Laienbruderschaft führte in Saint-Antoine ein Spital, in welchem Kranke und Pilger betreut wurden, und dann auch ein reines Spital, das sogenannte «Spital der Verstümmelten» *(Hôpital des Démembrés)*. Der Bruderschaft wurden rasch weitere Spitäler übertragen: in Chambéry (Anfang 11. Jahrhundert), Gap (1123) und Besançon (zwischen 1117 und 1134); Ende des 12. Jahrhunderts verfügte sie schon über 100 Aussenstellen in Italien, Deutschland und Spanien. Die Ausdehnung erfolgte entlang der Pilgerwege nach Santiago de Compostela, an welchen auch Saint-Antoine lag.

Die Bruderschaft – und später auch der Orden – beschaffte sich die nötigen Mittel zum Unterhalt der Spitäler durch den «Quest», die Sammlung von Almosen durch die Antoniusbrüder, die sich mit einer Schelle ankündigten, welche in der Folge zu einem Attribut des hl. Antonius selber wurde. Ein weiteres Markenzeichen des Ordens und des Ordenspatrons wurden bald auch die Antoniusschweine, welche den Antonitern geschenkt wurden und die, versehen mit Glöckchen und Ordenszeichen, auf Kosten der Allgemeinheit von Abfällen oder im Gemeindewald ernährt wurden.

Die Antoniusbrüder oder Antoniter – und später auch die Chorherren – trugen ihrerseits seit zirka 1170 ein gemeinsames Abzeichen: ein blaues «Tau», das einer stilisierten Krücke glich (Abb. 395). Im 14. Jahrhundert gelang es dem Orden ausserdem, die Verehrung des hl. Antonius zu monopolisieren, indem er erreichte, dass Papst Johannes XXII. (1316–1334) verbot, dass weiterhin Antoniuskapellen und -altäre errichtet würden, da dies den Almosensammlungen des Ordens abträglich sei. Der Antoniterorden gliederte sich in Generalpräzeptoreien, untergeordnete Präzeptoreien und einfache «Balleien» (Verwaltungsbezirke) oder

Abb. 394:
Hans von Gersdorff, Holzschnitt, in: Feldtbuch der Wundartzney, Strassburg 1517.

Die Amputation der brandigen Glieder war die einzige Möglichkeit, das Fortschreiten des «Antoniusfeuers» zu verhindern. Im Vordergrund wird einem Patienten ein Bein unterhalb des Knies abgenommen. Im Hintergrund steht ein weiterer Kranker, dessen linke Hand amputiert worden ist. Er trägt ein Antoniuskreuz um den Hals und stellt sich damit unter den Schutz dieses Heiligen.

Terminierhäuser. Im Gebiet der nachmaligen Schweiz besass der Orden seit dem 13. Jahrhundert eine Niederlassung in Grossbasel, die direkt der Generalpräzeptorei in Isenheim (heute Issenheim, Haut-Rhin F) unterstellt war, seit 1373 eine Niederlassung in Uznach SG (gegründet durch Graf Donat von Toggenburg), die direkt der Generalpräzeptorei in Freiburg i. Br. unterstellt war, und seit der ersten Hälfte des 15. Jahrhunderts eine «Ballei» in Burgdorf, die ebenfalls von der Generalpräzeptorei in Freiburg i. Br. abhing.

In den Vierzigerjahren des 15. Jahrhunderts wurde auch in Bern eine Niederlassung gegründet, die der Generalpräzeptorei in Chambéry (Savoyen F) unterstellt war, einer der bedeutendsten und reichsten Generalpräzeptoreien des Ordens. Die treibende Kraft bei der bernischen Gründung war die Stadtregierung selbst, der Kleine Rat, der wahrscheinlich zusätzlich zu einem bereits bestehenden breitgefächerten Angebot an Spitälern in Bern (vgl. Kastentext S. 504) auch noch dieses Spezialangebot – die Betreuung der an Mutterkornvergiftung erkrankten Patienten – haben wollte.

Das Antoniterhaus kam an die Hormannsgasse Sonnseite (heutige Postgasse Nordseite →Abb. 26) zu stehen, und zwar nicht an einen freien Platz, sondern in eine bereits bestehende Häuserzeile. Es ist auch nicht auszuschliessen, dass man zunächst in einem bereits bestehenden Haus eine Antoniuskapelle eingerichtet hat. Dass der Rat mehr – nämlich ein Spital – haben wollte, geht daraus hervor, dass er Ende der Sechzigerjahre des 15. Jahrhunderts auf die Inkorporation der «Ballei» Burgdorf und insbesondere deren Einkünfte an das Haus Bern hinarbeitete.

Es ist denn wahrscheinlich auch kein reiner Zufall, wenn der Schultheiss Petermann von Wabern und der Ratsherr Adrian I. von Bubenberg gerade in jener Zeit, im Herbst 1471, auf einer diplomatischen Mission in Savoyen Zeugen eines schrecklichen Strafwunders wurden, welches den hl. Antonius als äusserst unbarmherzigen, rachsüchtigen Heiligen zeigte. Laut dem Bericht der Ratsherren wollten unweit der Stadt Chambéry zwei reisige Knechte für ihre Pferde Heu von einer Matte der dortigen Generalpräzeptorei stehlen. Einem alten Mann, der sie warnte, gaben sie frech zur Antwort: *«Sanct Anthony isset doch dehein (kein) höw»*. Als der eine das gestohlene Heu auf sein Pferd laden wollte, *«so vacht in an die plag des helschen fürs zu begriffen und nam anvang an den füssen, mit urloub geredt bis an das houpt, und lüff sin antlitt angends uf vast hoch, glich einem kuchen in der pfannen»*. Sein Geselle holte Hilfe bei den Antonitern in der Stadt, die den Unglücklichen *«mit sanct Anthonien win und wasser bestrichen»*, was ihm momentane Erleichterung brachte. Nichtsdestoweniger starb er innerhalb der nächsten vier bis fünf Tagen, nicht ohne zu versichern, *«es were in sinem lib anders nit, dann als er in einem glügenden kollhufen sässe»*, und sein Leichnam verbrannte innerhalb von achtzehn Stunden nach seinem Tod zu Asche.[3]

Der bernische Rat nahm dieses Strafwunder zum Anlass, seine Untertanen zu ermahnen, das Antoniterhaus in Bern mit Almosen zu unterstützen, um selber *«sölicher harter, grosser und unussprechenlicher marter des helschen brands ietz und alweg entladen»* zu sein und zu bleiben. Dem Vorsteher des Hauses wurde gestattet, im ganzen bernischen Herrschaftsgebiet Antoniusschweine zu halten, und es wurde formell untersagt, Altäre und Kapellen mit Antoniuspatrozinium zu errichten. Die Einnahmen sollten an den grossen Bau gewendet werden, *«so ietz in unser statt an sinem* [Anthonius] *hus beschicht»*.

Zum Neubau scheint es indessen erst in den Neunzigerjahren des 15. Jahrhunderts gekommen zu sein. Schon vorher aber waren in das Antoniterhaus *«presthafte»* Leute aufgenommen worden, 1472 ein

Abb. 395:
Niklaus Manuel Deutsch, Der hl. Antonius heilt Kranke und Besessene, 1520, Bern, Kunstmuseum (Gottfried Keller-Stiftung).

Für den Hochaltar in der Antoniterkirche malte Niklaus Manuel Deutsch in den Jahren 1518–1520 ein Retabel, das auf einem Flügel die Heilung von Kranken und Besessenen durch den hl. Antonius zeigt. Der im Vordergrund kniende Kranke stützt sich auf eine «tau»-förmige Krücke, das Ordenszeichen der Antoniter.

Mann mit dem sprechenden Namen «Niklaus, der Krüppel», der zugleich ein Antoniterbruder war, und vor 1488 ein Pfründner namens Hans Oppliger. In den Rechnungen der Elendenherberge an der Brunngasse sind um 1500 eine Frau und ein Mann, ein Jakobsbruder, ausgewiesen, denen *«man das bein ab huw zů sant Anthǒnien»*.[4] Diese Operation wurde jedoch wahrscheinlich nicht durch die Antoniter selber, sondern – wie 1504 bei einer Frau namens Catherin von Pfäfers – durch die Meister des Schererhandwerks vorgenommen.

Im Jahr 1516 erhob der Rat energisch Anspruch auf die dem hl. Antonius innerhalb des bernischen Herrschaftsgebiets gespendeten Opfergaben und Almosen, so gegenüber der Kirche von St. Stephan im Obersimmental, die einen Antonius-Altar aufwies. Dieser Anspruch wurde mit der Verpflichtung des Antoniterhauses und -ordens begründet, Leute aufzunehmen und zu unterhalten, welche von der Antoniuskrankheit befallen waren und kein eigenes Auskommen hatten; als Beispiel wird ein Knabe mit amputierten Händen und Füssen genannt.

Im Jahr 1517 erliess der Rat ausserdem eine Spitalordnung, welche im wesentlichen die dem einzelnen Bedürftigen oder Pfründner zustehenden Rationen an Brot, Wein, Fleisch, Ziger, Käse, Mus, Fisch und Hering sowie Kleidung und Holzzuteilung in die Pfrundstube regelte. Für frisch Amputierte wurden die Rationen an Wein und frischem Fleisch erhöht.[5]

Der Spitalbau und seine Ausstattung

Der von den Antonitern geplante Neubau war eine Spitalkirche, bei welcher «die Pflegebedürftigen im offenen Schiff, dem Krankensaal, untergebracht waren, und zwar in gezimmerten, vielleicht mit Vorhängen versehenen Zellen oder Alkoven», so dass «sie, ohne ihr Lager verlassen zu müssen, mit freiem Blick auf den Hauptaltar an der Messe teilnehmen konnten» (Abb. 396).[6] Der in den Neunzigerjahren des 15. Jahrhunderts bis etwa 1505 errichtete Bau ist in seiner Substanz im wesentlichen erhalten.

Eine enge Beziehung zwischen Spital und Kapelle lässt sich vielerorts, so etwa auch im Antoniterhaus in Issenheim,[7] nachweisen. Der Tagesablauf im Spital war durch den religiösen Rhythmus bestimmt; strukturiert durch das Läuten der Glocken als Aufforderung zum Gebet. Wenn die Diagnose «Antoniusfeuer» gestellt war, konnte die damalige Medizin lediglich versuchen, die auftretenden Symptome zu verhindern –

Die Spitäler

Ingrid Müller-Landgraf

Tätige Barmherzigkeit war eine der Tugenden der Menschen des Mittelalters, sie war das Leitmotiv vieler Spitalgründungen. Wie der Name andeutet, der auf Hospitalitas, Gastfreundschaft zurückgeht, waren Spitäler zunächst Gasthäuser, in denen bedürftige Reisende verpflegt und beherbergt wurden. Sie lagen an Verkehrswegen, an einem Gewässer, oft in der Nähe einer Stadt. Getragen wurden sie zumeist von Spitalbruderschaften wie den Johannitern und dem Heiliggeistorden. Wirtschaftlich waren sie autonom, erhielten aber von der Bevölkerung Unterstützung, zum Teil recht grosszügige Schenkungen. Zur anfangs karitativen Motivation trat bei den Spendern zunehmend die Sorge um das eigene Seelenheil, das mit diesen Gaben für die Ewigkeit erworben werden konnte. Bis zum Spätmittelalter entwickelten sich aus den Herbergen städtische Fürsorgeanstalten, deren Führung die Obrigkeit übernommen hatte. Diese bestellte zur Verwaltung des Spitalvermögens einen Vogt, zur Leitung den Spitalmeister, die geistliche Obhut blieb bei der Kirche. Einer fatalistischen Einstellung entsprechend, Krankheit als gottgewollt anzunehmen, wurde ärztlicher Beistand in den Spitälern kaum benötigt. Kranke wurden in die Nähe von Altären gebettet, an denen täglich Messen gelesen wurden. Gegen Ende des Mittelalters erhielten die Spitäler Siechenstuben und Kindbetterinnenstuben für fremde Kranke und Wöchnerinnen. Um sich Hilfe bei Gebrechen und im Alter zu sichern, kauften Handwerksgesellschaften Anteile an Spitalleistungen, Pfründen. Die Inhaber einer Pfrund hatten verschiedene Ansprüche an das Spital, etwa auf ein Bett oder auf die Abgabe von Kost, Kleidung, Holz und Geld. Mittellosen wurde eine Gnadenpfrund gewährt, doch mussten sie beim Eintritt ins Spital ihre Habe abliefern und für das Spital arbeiten.

In Bern wurden Spitäler von geistlichen Orden oder von der Gemeinde gegründet und getragen; zum Teil wurden sie von Einzelpersonen gestiftet. Das älteste Spital, 1228 erstmals erwähnt, lag im Westen, weit vor den Stadttoren, und war eine Niederlassung des Heiliggeistordens. Es bestand wie damals üblich aus einem Haus für Konvent und Spital, einer Kirche samt Friedhof und einem Wirtschaftstrakt. 1340, die Stadt hatte sich inzwischen bis zum Heiliggeistspital ausgedehnt, wurden Konvent und Spital getrennt, die Stadt übernahm dessen Verwaltung. Um 1284 entstand östlich von Bern das Siechenhaus als Absonderungsspital für Aussätzige. Mit dieser Einrichtung sollten die Stadtbewohner von der Lepra, einer sich rasch ausbreitenden, entstellenden Infektionskrankheit, bewahrt werden. 1307 wurde am Nydeggstalden von der Stadt das Niedere Spital bereitgestellt, das etwa 30 Jahre später vor das Untertor verlegt wurde. Es wurde zum bevorzugten Pfrundspital Berns. Die geistliche Betreuung übernahm der Deutsche Orden, die Pflege besorgten Beginen, ein Schwesternkonvent, der sich der Armen- und Krankenfürsorge widmete. Zum Niederen Spital gehörten zwei Stiftungen: das Jordanhaus, ab 1331 Wohnheim der Beginen, und das Isenhuthaus von 1340, ein Altersheim für Frauen (vgl. Kap. II, S. 135; →Abb. 26). Das erste Krankenhaus in Bern war das Seilerinspital beim Predigerkloster. 1354 hatte Anna Seiler testamentarisch verfügt, dass das von ihr eingerichtete und wohldotierte Spital, dessen Verwaltung sie dem Rat übertrug, nur Kranke aufnehmen sollte, die nach ihrer Heilung wieder zu entlassen seien. Nicht weit von den Predigern bestand seit 1394 die Elendenherberge, ein Gasthaus für arme Fremde, Elende. Da es bevorzugt von Pilgern auf ihrem Weg nach Santjago de Compostela aufgesucht wurde, wurde es das St. Jakobsspital genannt. Der bereits längere Zeit in Bern wirkende Spitalorden der Antoniter ergänzte sein kleines Ordenshaus 1492 mit einer Spitalkirche. Die Bruderschaft nahm sich der vom Antoniusfeuer Befallenen an. Diese Krankheit, eine Mutterkornvergiftung, kann zum Absterben der Gliedmassen führen oder Krämpfe und Verwirrtheit auslösen. Ihre Behandlungserfolge verdankten die Antoniter weniger ihrem chirurgischen Können als der Abgabe von gutem Brot. Als sich die Syphilis, auch «Blattern» oder «Franzosen» genannt, in Bern ausbreitete, wurde 1496 ein «Blatternhaus» im Altenberg für die Erkrankten erstellt, in dem die auftretenden Hautschäden mit Salbenkuren behandelt wurden. Verwaltungsmässig gehörte es zum nahe gelegenen Niederen Spital. Mit dieser letzten Institution verfügte Bern am Ausgang des Mittelalters über ein reichhaltiges und rege genutztes Angebot von Wohlfahrtseinrichtungen zur Linderung von Krankheit, Elend und Not.[8]

eine Heilung war nur durch ein Wunder zu erhoffen. Bezeichnend ist deshalb, dass die Reformstatuten von Saint Antoine aus dem Jahr 1478 festlegten, dass jeder Patient zu den kanonischen Stunden zwölf «Vater Unser» und ebensoviele «Ave Maria» beten solle. Angefügt wird die Bestimmung, dies habe, wenn immer möglich, in der Kirche zu geschehen.[9] Dieser Forderung war in Bern leicht nachzukommen, lagen die Kranken doch in unmittelbarer Nähe zum Sakralraum. Dessen malerische Gestaltung hatte deshalb nicht nur der Belehrung der Gläubigen zu dienen, sondern forderte zur Meditation über Leben und Sterben auf. Als «Gottes Medizin», wie Andrée Hayum den Isenheimer Altar von Matthias Grünewald nennt,[10] bot die Schilderung des vorbildlichen Lebens des heiligen Antonius dem Todgeweihten Trost und Ermunterung zum rechten Glauben, beim Genesenden erweckte sie Dankbarkeit für seine Heilung.

Die Wände des Chores in Bern waren einst vollständig bemalt. Jahrhundertelang vergessen und deshalb nie übertüncht, 1883 zu Teilen kopiert, 1937 in den besser erhaltenen Partien abgelöst und teils an anderem Ort im Antoniterhaus, teils im Bernischen Historischen Museum

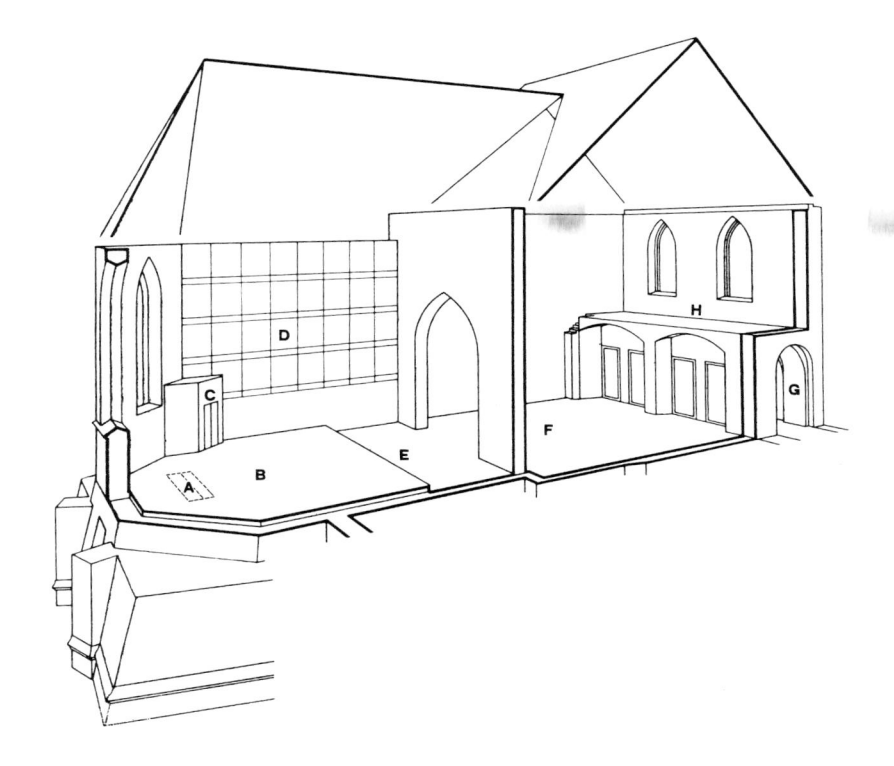

*Abb. 396:
Rekonstruktion des vorreformatorischen Zustandes der Antoniterkirche (Luc Mojon).*

A. Standort des Antoniusaltares von Niklaus Manuel. B. Altarraum. C. Gehäuse der Wendeltreppe zur kryptaähnlichen Sakristei. D. Wandmalereien einer Berner Nelkenmeisterwerkstatt. E. Chor. F. Schiff, in welchem die Kranken untergebracht waren. G. Postgasslaube. H. Empore für das Pflegepersonal.

deponiert, erkannte man den Wert und die malerische Qualität des Zyklus erst zu einem Zeitpunkt, da er schon weitgehend erloschen war.[11] Die beiden Brandmauern waren in vier horizontale Reihen zu jeweils acht Szenen gegliedert. Der ganze Zyklus umfasste also einst 64 Einzelbilder (Abb. 397, 398). Die verschiedenen Darstellungen wurden durch heute nur noch in Wortfetzen lesbare Inschriften erläutert.

Legenden ranken sich um die Gründung des ersten Antoniterspitals in der Dauphiné.[12] Die Berichte über Erscheinungen des Antonius und dessen wunderbare Hilfe im Kampf gegen das «*ignis sacer*» gaben diesem Ort der Reliquien eine ganz besondere Bedeutung. Für das 15. Jahrhundert lässt sich diese Vorbildrolle bezüglich der Antoniusikonographie nachweisen. Die für den Orden verbindliche Legendenfassung war anfangs des 15. Jahrhunderts festgelegt und – möglicherweise vom Avignoneser Maler Robin Fournier[13] – in über 200 Szenen auf ein grosses Tuch gemalt worden. Dieses wurde beim jährlich stattfindenden Generalkapitel der Antoniter am Christi Himmelfahrtstag in der Abteikirche in Saint Antoine aufgespannt.[14] Eine gezielte Verbreitung dieser Bildauswahl erfolgte dadurch, dass das Kloster Saint Antoine 1426 zwei Handschriften in Auftrag gab, welche die Antoniuslegende des Tuches kopierten. Das eine Manuskript befindet sich heute in der öffentlichen Bibliothek von Valetta auf Malta, das andere in der Biblioteca Laurentiana in Florenz.[15] Ihre Ikonographie galt noch am Ende des 16. Jahrhunderts als verbindlich. Als nämlich die Kirche S. Antonio Abbate auf dem Esquilin in Rom mit Fresken aus dem Leben des Heiligen ausgeschmückt werden sollte, liess man sich die Handschrift aus Valetta zum Studium kommen: «fece venire un antichissimo libro, in cui per quadri era con belle miniature dipinta la vita di S. Antonio, che fece copiare, e pingere nelle mura di quella chiesa».[16]

In der Zeitspanne, da in Bern die Wandmalereien des Chores in Auftrag gegeben wurden, stand ein Savoyer der Niederlassung vor. Dem von Chambéry eingesetzten Präzeptor Franciscus Mallet (1483–1502 [–1516?]) wird die Ordensikonographie geläufig gewesen sein, bestimmt hatte er auch bei einem Generalkapitel das bemalte Tuch gesehen. Unsicher bleibt, ob Mallet die Bildauswahl bestimmte, oder ob diese auf eine in Bern vorhandene schriftliche Legendenfassung zurückgehen könnte.

*Abb. 397:
Aquarellkopie der Wandmalereien an der Westwand der Kirche (Restaurator H. A. Fischer), Unterweisungssaal Antoniterhaus.*

Die 32 Szenen schilderten einst die Antoniuslegende von der Jugendzeit bis ins Greisenalter. Die kopierten Partien wurden 1938 abgelöst, neun besser erhaltene Felder befinden sich heute im Unterweisungssaal des Antoniterhauses. Drei weitere werden im Depot des Bernischen Historischen Museums aufbewahrt. Die weissen Partien waren schon damals unlesbar. Sie wurden glücklicherweise vor ihrer Zerstörung wenigstens fotografisch dokumentiert.

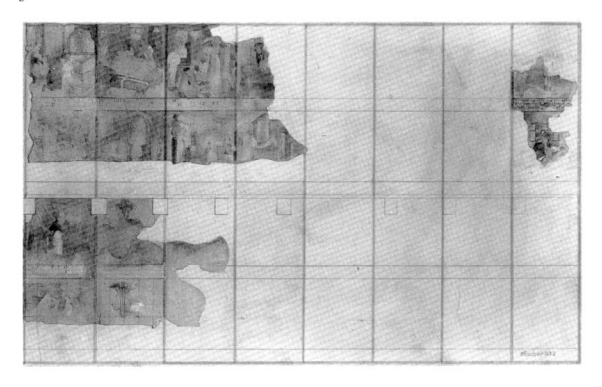

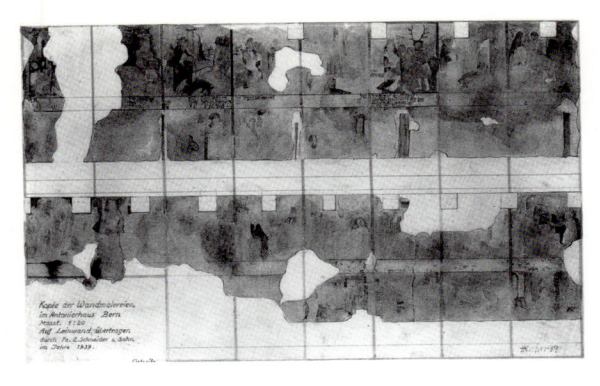

Abb. 398:
Aquarellkopie der Wandmalereien an der Ostwand der Kirche (Restaurator H. A. Fischer), 1939, Unterweisungssaal Antoniterhaus).

Der greise Antonius besucht den Einsiedler Paulus in der Wüste, Tod und Begräbnis des Heiligen an einem unbekannten Ort (obere Register). Die unteren zwei Reihen erzählen die Auffindung der Reliquien und Wunder der Antoniusreliquien. Heute befinden sich 13 Felder im Unterweisungssaal des Antoniterhauses, fünf weitere im Bernischen Historischen Museum.

Abb. 399:
Ausschnitt der abgelösten Wandmalereien der Antoniterkirche. Landschaftshintergrund und Randfigur aus einer Szene der legendären Reliquienauffindung unter Kaiser Konstantin, Fragment im Depot des Bernischen Historischen Museums.

Die hinter dem roten Rahmen weiterlaufende Landschaft steigt über grünen Hügeln zu schroffen Felsen an. Die fein differenzierten Farbtöne, wie die mit schnellem Strich leicht hingeworfenen Bäume, lassen die einstige malerische Qualität erahnen.

Der Zyklus in Bern begann an der Westwand, war also, anders als in der Forschung bisher vermutet,[17] von der linken zur rechten Chorseite zu lesen. Die einzelnen Szenen sind durch rote senkrechte Bänder geschieden: eine mittelalterliche Wandgliederung, deren Übernahme für das oben erwähnte Vorbild aus dem frühen 15. Jahrhundert spricht, die aber dem räumlich komponierenden Maler des ausgehenden Jahrhunderts widerstrebte. Wenn immer inhaltlich möglich, führte er deshalb die Landschaft hinter diesem vordergründigen «Rahmen» durch (Abb. 399) und näherte sich damit dem damals üblicheren szenischen Aufbau gleichzeitiger Darstellungen der Antoniusvita.[18]

Die Schilderung setzt mit dem Anfang des Lebensberichtes des Bischofes Athanasius ein, welcher auch in der «Vitaspatrum» – einer damals sehr verbreiteten Sammlung von Lebensbeschreibungen christlicher Einsiedler des Ostens[19] – zitiert wird. Das erste Bild zeigt den frommen Lebenswandel des Jünglings Antonius (Abb. 400, links): in weissem Kleid kniet er auf den Stufen des Altares, hinter ihm beten sein Vater und seine Schwester, am linken Rand wohnt die Mutter der Andacht bei. Die Szene stimmt weitgehend mit der Darstellung in Valetta überein (Abb. 401), ist jedoch aktualisiert und durch die Figur der Mutter und den Altaraufsatz mit der Kreuzigung Christi bereichert. Anderes, wie die Schrägstellung des Tisches und die zwei Kerzenständer, kehren wieder.

Auch die in Bern folgende Szene der Legende, die den jungen Antonius klagend am Sterbebett des Vaters zeigt (Abb. 400, rechts), scheint auf die Inkunabel zurückzugehen. Dort ist jedoch eine andere Episode, die Geburt des Antonius dargestellt (Abb. 402). Das Bild zeigt kompositionell grosse Parallelen zu demjenigen in Bern: verwandt ist etwa der Einblick in den Schlafraum, der Betthimmel, die dahinterstehenden Figuren – hier klagend, dort sich freuend. Das Motiv der Truhe vor der Bettstatt ist im Berner Beispiel zum Sarg der Mutter uminterpretiert.

Die 32 Darstellungen der Westwand, die trotz sorgfältiger Dokumentation vor ihrer Ablösung 1937 nur noch zum kleinsten Teil les- und interpretierbar waren, hatten die an teuflischen Versuchungen reiche Lebensgeschichte des Antonius bis zum Greisenalter erzählt. Das Schwergewicht der oberen Reihen der Ostwand (Abb. 398) bildete die Begegnung des Antonius mit dem Einsiedler Paulus – eine zentrale Geschichte im Leben des Heiligen, deren Kenntnis wir laut der «Vitaspatrum» der Erzählung des Hieronymus verdanken. Auch im Bilderbuch der Antoniuslegende hat diese Episode ausserordentlich grosses Gewicht und wird – fast einem Comic vergleichbar – in neunzehn Einzelszenen geschildert.

Abb. 400:
Zwei Bildfelder aus der obersten Reihe der Westwand (Abb. 397), Bern, Unterweisungssaal Antoniterhaus.

Die Antoniuslegende setzt im Berner Zyklus mit einer Schilderung der frommen Erziehung des jungen Antonius ein (links). Die Familie versammelt sich vor dem Altar, hinter dem vorne knienden Antonius beten dessen Vater und Schwester, ganz links im Bild steht andächtig die Mutter. Szene rechts: Tod der Eltern. Hinter dem Sterbebett des Vaters stehen ein Priester, der junge Antonius und eine Begleitfigur, davor liegt die Mutter aufgebahrt.

Wir greifen ein gut erhaltenes Bildfeld heraus (Abb. 403): Vom Engel im Traum aufgefordert, den ersten Einsiedler Paulus in der Wüste zu besuchen (links), macht sich Antonius auf den ihm unbekannten Weg (rechts). Er begegnet zwei Wölfen, die ihm die Füsse lecken und den Weg weisen. Teile des Textbandes sind lesbar: «...zwen wölff und lektend im .../...do er dz ersach do/ gieng er her..../../dz es gotes wil wass».[20] Welches Bild den in der Legende ausführlich geschilderten Tod des Antonius im hundertfünften Lebensjahr wiedergab, ist – der schlechten Erhaltung wegen – nicht mehr auszumachen. Doch wissen wir heute, dass die unteren beiden Bildreihen, die durch Kopien des 19. Jahrhunderts inhaltlich am besten dokumentiert sind, sich ebenfalls auf Antonius bezogen.

Dargestellt waren einst die Auffindung der Antoniusreliquien zur Zeit des Kaisers Konstantin und weitere Wunder. Anlass zu einer irrtümlichen Deutung auf Jakobus gab die dargestellte Rettung eines zu Unrecht Gehängten (Abb. 404). Die gleiche Episode findet sich jedoch auch in anderen Legenden, so bei Hieronymus, Martin und eben auch Antonius.[21] Der Kaiser Konstantin soll nämlich eine einzige Tochter gehabt haben, die von Dämonen gequält wurde. Des Kaisers Vertrauter, Bischof Theophilus, macht sich auf die Suche nach Ägypten und den Antoniusreliquien, die alleine die Prinzessin heilen können. Auf dem Rückweg der mit Gefahren und Wundererzählungen ausgeschmückten Reise, offenbart ein Mann mit Namen Effron dem Bischof, dass er unschuldig gehängt und von Antonius an den Haaren emporgehalten und damit gerettet worden sei (Abb. 404).[22] In Konstantinopel empfängt der Kaiser die Reliquien, die Dämonen fahren unter Schreien aus und die Tochter bezeugt ihre Heilung durch Antonius, dessen Reliquien feierlich in die Kirche Santa Sophia übertragen werden. In den letzten Bildern wurde wohl die Legende zu Ende erzählt: Die Reliquien werden in das Kloster Saint Antoine überführt, wo sie – gezeigt wird ein Kircheninneres und ein vor einem zentralen Heiligenbild Kniender – weiterhin Wunder wirken.

Da diese Auffindungslegenden nicht in die im Mittelalter gängigen Fassungen – die «Vitaspatrum» und «Legenda aurea» – Eingang fanden[23] und die Bilderbücher ebenfalls mit dem Tod des Antonius abbrechen, ging die Erinnerung an die Reliquienwunder weitgehend verloren. Doch lässt die Vorrede des Valetta Manuskriptes vermuten, dass diese Fortsetzung bis zur Übertragung der Reliquien nach Saint Antoine einst auch auf dem Tuch dargestellt war.[24] Für die Existenz einer ausführlichen Bildtradition der Antoniuswunder spricht auch ein Eintrag in das Inventar des Antoniterhospitals in London von 1499. Neben einem Tuch mit

Abb. 401:
Spätmittelalterliches Bilderbuch zur Antoniusvita, 1426, Valetta, Öffentliche Bibliothek, cod. 1., fol. iv v.

Nach der Legendenfassung des Jean Macellard illustrierte wahrscheinlich der aus Avignon stammende Maler Robert Fournier zwei Handschriften mit über 200 Bildern aus dem Heiligenleben. Die hier wiedergegebene Darstellung scheint als Vorbild für die linke Szene in Abb. 400 gedient zu haben.

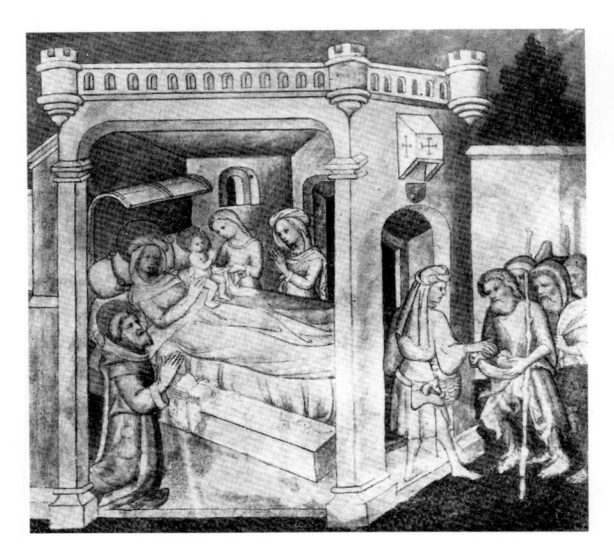

Abb. 402:
Spätmittelalterliches Bilderbuch zur Antoniusvita, 1426, Valetta, Öffentliche Bibliothek, cod. 1., fol. iii.

Die Geburt des Antonius in derselben Handschrift. Die Szene lässt sich bezüglich Bildkomposition und Verteilung der Figuren gut mit der Berner Darstellung des Todes der Eltern des Antonius (Abb. 400, rechts) vergleichen.

den Szenen aus dem Leben des Heiligen verzeichnet es: «*and a nother of the Invencion*», ein anderes mit der Auffindungslegende.[25] Die bemalten Tücher haben sich nicht erhalten, und so kommt dem monumentalen Zyklus in Bern, trotz des mangelhaften Erhaltungszustandes, eine einzigartige Bedeutung zu: Er zeugt von einem damals verbreiteten, aber heute kaum mehr nachvollziehbaren Strang der Tradition und gipfelte – ganz im Sinne der «Gottes Medizin» und des von der Berner Obrigkeit

Abb. 403:
Zwei Bildfelder aus der obersten Reihe der Ostwand (Abb. 398) Bern, Unterweisungssaal Antoniterhaus.

Im Traum erhält der am Boden schlafende Antonius die Aufforderung, den Einsiedler Paulus in der Wüste zu besuchen (links). Zwei Löwen weisen dem Greisen den Weg, die Stadt liegt hinter, die Wildnis der Natur vor ihm.

Abb. 404:
Bildfeld aus der untersten Reihe der Ostwand (Abb. 398), Bern, Unterweisungssaal Antoniterhaus.

Einem zu Unrecht Gehängten mit Namen Effron erscheint der heilige Antonius und rettet ihn, indem er ihn «an den Haaren» emporhält.

Abb. 405:
Ausschnitt mit dem Gesicht einer Nebenfigur aus der untersten Reihe der Ostwand (Abb. 398), Bern, Historisches Museum.

In der Kinnpartie ist der Farbauftrag intakt erhalten und die Malerei kommt technisch wie stilistisch derjenigen der ehemaligen Dominikanerkirche (Abb. 406) sehr nahe.

verbreiteten Wunders – in der Darstellung der Ereignisse nach dem Tod des Heiligen und damit in der Hoffnung auf direkte Intervention des Ordenspatrones zur Linderung der Leiden der Kranken.

Der Auftrag für die Ausführung der – wohl von den Antonitern ikonographisch genau festgelegten – Malereien wurde einheimischen Malern übertragen. Wie stilistische Vergleiche mit den Wandmalereien der ehemaligen Dominikanerkirche (vgl. Kap. V, S. 489) ergeben, handelte es sich um die eine Nelkenmeister-Werkstatt Berns (vgl. Kap. VI, S. 516).[26] Mit Sicherheit waren in diesem Atelier mehrere ausgebildete Maler und eine grössere Anzahl Gesellen tätig, damit solche Grossaufträge in nützlicher Zeit ausgeführt werden konnten. Die Arbeit von verschiedenen Händen lässt sich auch in stilistischen Unterschieden fassen. Die Verwendung derselben Vorlagen sowie beinahe identische Landschaftsmotive (vgl. Abb. 399, 403 und Kap. VI, S. 516) machen jedoch die Werkstattverwandtschaft unbestreitbar. Wie fortschrittlich deren bester Meister arbeitete, belegt eine Gegenüberstellung eines Gesichtes im untersten Register der Ostwand (Abb. 405) mit demjenigen des heiligen Martin am Lettner der ehemaligen Dominikanerkirche (Abb. 406). Sie vermag Luc Mojons Vermutung zu stützen, dieser Maler habe auf einer in den Neunzigerjahren unternommenen Reise die oberitalienische Kunst seiner Zeit kennengelernt.[27]

Abb. 406:
Berner Nelkenmeisterwerkstatt, Gesicht des heiligen Martin aus dem Wandbild mit drei Heiligen am Lettner der ehemaligen Dominikanerkirche (heute Französische Kirche) in Bern, um 1500.

Die mit 1495 datierten Lettnermalereien der Dominikanerkirche (Abb. 406) und die durch Schriftquellen für das Jahr 1498 nachzuweisende Ausgestaltung des Refektoriums desselben Klosters, geben Anhaltspunkte für die Datierung der hier besprochenen Wandgemälde. Einer Festlegung auf die Jahre kurz vor 1500 steht auch in baugeschichtlicher Hinsicht nichts entgegen.

Die Ausstattung der Kapelle war jedoch damit noch nicht abgeschlossen. 1518 leistete das Spital eine Anzahlung an Altartafeln, welche Niklaus Manuel Deutsch auszuführen hatte (Abb. 396).[28] Es handelt sich um die heute im Kunstmuseum Bern aufbewahrten und 1520 fertiggestellten Flügel eines Antonius-Altares, der als vom berühmten Werk des Matthias Grünewald in der Antoniterkirche in Issenheim beeinflusst gilt.[29] Die Berner Tafeln können damit die schon bezüglich der früheren Malerei vermuteten vielfältigen Beziehungen dokumentieren, die sich zwischen den Niederlassungen der Antoniter feststellen lassen. Interessant ist darüberhinaus die Tatsache, dass die mittelalterlichen Maler gerne bildliche Vorlagen gleichen religiösen Inhaltes wiederverwendeten – vielleicht in einem ikonenhaften Sinn solche für besonders «wahr» hielten.

510

Die Freisetzung der weltlichen Sicht

Maler- und Buchmalereiwerkstätten

**«Von einem Hanen und einem edelen Steine».
Ulrich Boners Edelstein – Eine Handschrift der
Burgerbibliothek Bern aus dem 15. Jahrhundert**[1]

Elisabeth Hostettler

«Edelstein» heisst die mittelalterliche Fabelsammlung, die dem Berner Dominikanermönch Ulrich Boner zugeschrieben wird. Der Titel wurde ihr von Boner selbst gegeben *«Diz büechlin mag der edelstein / wol heissen, ...»* und bezieht sich auf die erste Fabel *«von einem hanen und einem edelen stein. Von unerkanntnisse».*[2] Der «Edelstein» vereinigt 100 äsopische Fabeln, basierend auf den beiden lateinischen Fabelcorpora des Mittelalters, dem sogenannten *«Anonymus Neveleti»* und dem *«Avian»*. Es handelt sich um die «erste als geschlossene Sammlung angelegte und von einem Autor verantwortete ‹Gesamtausgabe› äsopischer Fabeln in hochdeutscher Sprache».[3] Der «Edelstein» entstand um die Mitte des 14. Jahrhunderts und ist uns zwar nicht im Original aber in zahlreichen Abschriften überliefert. Heute sind 38 Handschriften und zwei frühe Wiegendrucke des Edelsteins bekannt.[4] Die Berner Handschrift[5] (Abb. 408) datiert rund hundert Jahre später, um 1466–1473. Sie steht in gewisser Abhängigkeit zur Basler Boner-Abschrift[6] (Abb. 410), welche um 1420 auf Pergament angelegt und mit Deckfarben-Miniaturen illuminiert wurde.

Federstrichzeichnungen anstelle von Prunkminiaturen

Die Berner Handschrift ist auf Papier angelegt und umfasst 74 Fabeln, wovon 71 mit je einem Bild illustriert sind. Bei den Illustrationen handelt es sich um Federzeichnungen, die mit Wasserfarben (chamois, ocker, rotbraun, grau) koloriert wurden. Jeder Fabel wird jeweils ein, dem Text immer vorangestelltes Bild zugeordnet.
Oft werden in einem Bild zwei oder mehr Szenen simultan dargestellt (Abb. 409). Die Handlungsträger befinden sich alle in einer äusserst stilisierten, abstrakten Landschaftskulisse. Die Architektur ist reduziert auf die wichtigsten Formen, Tiere und Figuren sind nur umrisshaft behandelt. Der Einsatz weniger Farben dient zwar der Unterscheidung, nicht aber der Darstellung plastischer und farblicher Realität verschiedener

◄ *Abb. 407:
Niklaus Manuel Deutsch, Enthauptung Johannes des Täufers, Ausschnitt des Landschaftshintergrundes, 1513/14, Bern, Kunstmuseum (→Abb. 433).*

Abb. 408:
«Berner Boner», Die Königswahl der Frösche, um 1470, Bern, Burgerbibliothek, Mss. hist. helv. X. 49, S. 4.

Die Fabelsammlung umfasst 74 Fabeln in alemannischem Dialekt und ist mit kolorierten Federstrichzeichnungen illustriert. Jeder Fabel ist in der Regel ein Bild vorangestellt. Die Fabel von der Königswahl der Frösche handelt von einem Weiher voll Fröschen, denen es gut ging. «Si hatten wasser und ouch velt/ und des genuog an alles gelt/ Si warend unbetwungen gar/Si name keines herren war/In frygeheit stuond ir aller muot/Ihr Lib ir leben und als ir guot/die fryheit mochte sy nit vertragen.» So klagten sie bei Gott Jupiter, sie möchten nicht mehr ohne König leben. Nach langem Geschrei erfüllte dieser endlich ihre Bitten, und gab ihnen einen König: «Einne tremel gros/Jupiter in den wiger schoss/der solt ir aller kunge wesen.» Fürchteten sich anfangs die Frösche vor dem Stück Holz, merkten sie bald einmal, wie leblos dieses war. Sie setzten sich auf das Holz und schrien abermals zu Jupiter, sie möchten einen König, der über ihr Leben richten solle. «Do Jupiter das Geschrei vernahm/Einem storchen sant er hin dan/das der ir kung sollte wesen/der kung ir keinen lies genesen.» Die Klage der Frösche war sehr gross, als der Storch alle schluckte, die er erwischen konnte. Doch Jupiter liess sich nicht mehr umstimmen und seither leben die Frösche in ständiger Not. Die Darstellung zeigt links, wie die Frösche auf dem Holzstück sitzen, das ihr erster König war, rechts steht der Storch, ihr zweiter König im Weiher, den Kopf gesenkt, als ob er gerade einen der Frösche schnappen wollte, die davonzuspringen versuchen.

Flächen. Die Ausnahme bildet ein Grau, das bei Bäumen, Tieren und Figuren tatsächlich zur – wenn auch minimalen – Schattierung einer andersfarbigen Fläche aufgetragen wurde. Räumlichkeit entsteht durch die Gliederung der Bildebene in Vorder-, Mittel- und Hintergrund sowie durch Staffelung und Überschneidung der Bäume und der Handlungsträger, oder durch perspektivisch gezeichnete Architektur. Die Horizontlinie, die meist hoch, das heisst nahe am oberen Rand der Bildfläche angesetzt ist, trennt den ungefärbten Hintergrund, beziehungsweise den Himmel, vom ocker gefärbten Boden. Verschränkt werden Boden und Himmel durch Kulissenbäume. Die Federzeichnungen verzichten auf eine detailreiche Schilderung von Stoffmustern, Holzmaserung, Mauerwerk und meist auch Fell-, beziehungsweise Federstruktur (Abb. 412).

Der «Berner Boner» wird als Schwesterhandschrift des «Basler Boner» bezeichnet. Aufgrund identischer Überlieferungseigenarten, wie dem Fehlen der Fabeln 54 und 56[7] und der Umstellung der Fabeln 61 und 83 in beiden Handschriften sowie aufgrund grosser Übereinstimmungen in Bildkomposition und Ikonographie wird allgemein angenommen, dass der «Berner Boner» von der Basler Handschrift unmittelbar abhängig sei.[8] Im Vergleich zum «Basler Boner» ist die Bildgestaltung des «Berner Boner» eine reduktive (Abb. 409, 410). Dies mag seinen Grund teilweise darin haben, dass es sich bei den Illustrationen in Basel um Deckfarbenminiaturen, in Bern jedoch um kolorierte Federzeichnungen handelt, welche, ihrer Gattung gemäss an die Linie gebunden, einen formal vereinfachten Charakter besitzen. Dieser wird durch die karge Farbigkeit noch verstärkt: es fehlen kräftige Farben wie rot, blau und grün. Dazu kommt, dass die Bildbreite in der Berner Handschrift rund 5 Zentimeter kleiner ist als in der Basler Handschrift, was das Fehlen von Architekturteilen in ein paar Bildern erklärt (Abb. 411, 412). Die Reduk-

Abb. 409:
«Berner Boner», Der Fuchs und der Storch, um 1470, Bern, Burgerbibliothek, Mss. hist. helv. X. 49, S. 26.

Ein Fuchs lud einen Storch zum Essen ein. Der listige Fuchs tischte seinem Gast aber die Speisen in einem flachen Gefäss auf, so dass dieser mit dem Schnabel gar nichts davon fressen konnte. «Der storch hat mannig gedank/wie er dem fusche sin schalkeit/vergelten möchte wand im was leid/das er muost hungrig dannen gan.» So lud der Storch den Fuchs zum Essen ein, trug aber die Speise in einem hohen Gefäss auf, aus dem nur er mit seinem langen Schnabel fressen konnte. «Do wart betrüpt des fuschen muot/Er sach die spis und schmakt sy wol/des wart sin lib lustes vol.» Das Bild zeigt beide Situationen simultan: Links frisst der Fuchs aus der flachen Schale, während der Storch zuschaut, rechts streckt der Storch seinen Schnabel in das enge, hohe Gefäss, der Fuchs duckt sich davor in einer unterwürfigen, kriecherischen Stellung. Im Hintergrund steht ein stilisierter Baum, beidseitig von ihm steigen zwei Hügel an. Im Vergleich zum «Basler Boner» (Abb. 410) hat der Berner Illustrator zwar den Bildaufbau von jenem übernommen, aber den Hintergrund auf einen Baum reduziert und anstelle eines relativ unbeteiligt dasitzenden hungernden Fuchses einen bettelnden in kriecherischer Haltung dargestellt.

tion darf bei einigen Darstellungen ruhig auch als eine Beschränkung auf das Wesentliche gesehen werden, während sie bei anderen geradezu als Zeichen von Eile und Flüchtigkeit gedeutet werden können. Weitere Gründe für die reduktive Bildgestaltung stellen mögliche andere stilistische Vorbilder dar, welche die Berner Federzeichnungen in den Bereich der aufkommenden Druckgrafik ansiedeln lassen.

Blattverluste und unvollständige Fabelsammlung

Der Vergleich mit dem Bestand Pfeiffers, der 1884 eine Edition der Handschrift vorlegte, zeigt, dass einerseits Fabeln dort fehlen, wo alle Blätter einer Lage erhalten sind, also kein Verlust zu erwarten ist, wie in der ersten Lage (Fabel 28) und in der fünften Lage (die Fabeln 54 und 56). Anderseits fehlen im Text keine Fabeln, wo Lagen unvollständig, beziehungsweise Blätter verloren sind, wie in der zweiten bis vierten Lage. Dies lässt sich auch nicht mit der Hypothese erklären, dass in den unvollständigen Lagen die in der üblichen Reihenfolge fehlenden Fabeln zu suchen wären. Erstens würden die drei fehlenden Fabeln knapp 200 Zeilen Platz beanspruchen, die fehlenden Blätter ergeben aber etwa 600 Zeilen Platz. Zweitens gibt es nur eine Nahtstelle (zwischen Seite 46 und 47), wo vom Textlayout eine Fabel weggefallen sein könnte. Im weiteren spricht gegen diese Hypothese, dass dieselben Fabeln (28, 54, 56) auch in der verwandten Basler Handschrift fehlen. Die fehlenden Blätter müssen deshalb schon vor der Abfassung des Berner Manuskriptes verloren gegangen sein. Der sechsten Lage ist das erste Blatt entraten, nämlich Bild und Anfang von Fabel 63, und somit auch die ursprüngliche Lagenbezeichnung, wahrscheinlich «*der vii. sexter*». In der letzten Lage fehlen nebst dem ersten Blatt mit dem Schluss von Fabel 88 sowie Bild und Anfang von Fabel 89 oder 98 nach der

Abb. 410:
«Basler Boner», Der Fuchs und der Storch, um 1420, Basel, Öffentliche Bibliothek, Hs A N III 17, fol. 5r.

Im Vergleich zum «Berner Boner» (Abb. 409) fällt auf, dass die Tiere zwar realistisch gestaltet, aber bezüglich des Fabelinhalts relativ nichtssagend dargestellt sind. Typisch für die Basler Miniaturen ist auch das Schriftband, welches eine Art Fabeltitel enthält.

Abb. 411:
«Basler Boner», Geschundener Esel, um 1420, Basel, Öffentliche Bibliothek, Hs A N III 17, fol. 14v.

Das Bild zeigt in der rechten oberen Bildecke eine Burg, die auf einem Felsmassiv steht. Sie ist kleiner und soll wahrscheinlich weiter weg sein. Die böse Burgfrau schaut von den Zinnen herab. Sie wirkt überproportional gross im Vergleich zur Burg. In der linken Bildhälfte ist eine Stadt mit verschiedenen Gebäuden wie Wohnhäusern, Kirche, Taubenhaus, Brunnen, Stadtmauer mit Zinnen und Wachtürmen dargestellt. Auf dem Platz steht eine Gruppe von Leuten um den Esel herum, der von der bösen Burgfrau gehäutet wurde und mit seiner Haut auf dem Rücken zurück in die Stadt geschickt wurde.

Abb. 412:
«Berner Boner», Geschundener Esel, um 1470, Bern, Burgerbibliothek, Mss. hist. helv. X. 49, S. 77.

Die Darstellung im «Berner Boner» zeigt exakt dieselbe Bildkomposition wie der «Basler Boner», obwohl sie in der Breite arg zusammengedrückt wurde. Aus diesem Grund weichen die Details erheblich von der Basler Miniatur ab: Stadt und Burg sind fast unmittelbar zusammengerückt. Die Burg steht nur noch auf einer flachen Scholle, ihr Zufahrtsweg und das Burgtor am rechten Bildrand sind abgeschnitten, genauso wie das Dach des Taubenhauses der Stadt am oberen Bildrand. Die Darstellung weist aber auch Reduktionen auf, die nicht auf ein verändertes Bildformat zurückzuführen sind. Das Wohnhaus der Burg in der rechten oberen Bildecke wird durch den getreppten Giebel gekennzeichnet, das Dach fehlt, ebenso die beiden Fenster. Die böse Burgfrau (ohne üppigen Busen) schaut von den Zinnen des vorkragenden Wachturmes herab, die einzelnen Mauersteine sind nicht angedeutet. Die Stadt links besteht auch aus verschiedenen Gebäuden wie Wohnhäusern, Kirche, Taubenhaus, Brunnen, Stadtmauer mit Zinnen und Wachtürmen. Während auf den Wachtürmen im Vordergrund einige Dachziegel angedeutet sind, werden im weiteren die einzelnen Mauersteine nicht unterschieden. Anstelle von rundbogigen oder eckigen Fenstern stehen senkrechte Schlitze. Die Zuschauer, die auf dem Platz den Esel bemitleiden, sind gekonnt hintereinander gestaffelt, so dass trotz des zusammengedrückten Bildformates die Wirkung eines Stadtplatzes erzielt wird.

ursprünglichen Lagenbezeichnung noch drei weitere Blätter. Mit grosser Wahrscheinlichkeit ist zwischen den Fabeln 88 und 98 die Fabel 89 weggefallen, was sowohl vom Textumfang als auch vom Layout her vermutet werden darf. Somit ist das Fehlen der Bilder und Textanfänge der Fabeln 63 und 98 sowie der ganzen Fabel 89 auf Blattverluste zurückzuführen. Das Fehlen der Fabeln 28, 54 und 56 hingegen gehört zu den klassenspezifischen Auslassungen, die auch für die Basler Handschrift zutreffen.[9]

Die Reihenfolge der Fabeln in der Berner Handschrift stimmt nicht mit derjenigen der Edition Pfeiffer überein: Die Fabeln 83 und 61 erscheinen nach Fabel 71 beziehungsweise 73, eine Tatsache, die auch für die Basler Handschrift zutrifft. In der Berner Handschrift, nicht aber im Basler Manuskript, gibt es einen Bruch nach der Fabel 83, indem unmittelbar die Fabeln 90 bis 97 folgen. Ein zweiter Bruch ist nach der Fabel 97 festzustellen, wo die Fabeln 72 bis 88 eingefügt sind. Schliesslich existiert ein dritter Bruch nach Fabel 88. Es folgen hier die Fabeln 99 und 100 sowie der Epilog.

Schriftcharakter

Die Schrift (Bastard) wurde mit schwarzer Tinte geschrieben. Die ersten drei Seiten zeigen die Anfangsbuchstaben in roter Farbe, auf den folgenden Seiten jedoch bleiben sie schwarz. Ab Seite 44 sind die schwarzen Anfangsbuchstaben wiederum teilweise rot überschrieben oder erscheinen mit einem roten, senkrechten Strich versehen. Die Seiten 48–63 weisen keine roten Anfangsbuchstaben auf. Auf Seite 64 sind die Anfangsbuchstaben der ersten 10 und der letzten 14 Zeilen rot überschrieben, die sechs dazwischenliegenden Zeilen sind nur in Rot gehalten. Ab Seite 65 sind alle Buchstaben am Zeilenanfang rot geschrieben. Jeder Fabelbeginn wird durch eine Initiale ausgezeichnet. Wo die Initialkörper mit roter Tinte gemalt wurden, sind die Binnen- und Besatzmotive mit schwarzer Tinte ausgeführt (Abb. 413). Die Ausschmückung der Initialen nimmt gegen Ende hin zu. Die Handschrift wurde, abgesehen von nachträglichen Einträgen späterer Besitzer, von einem einzigen Schreiber angefertigt.

Abb. 413:
«Berner Boner», Drei römische Witwen, um 1470, Bern, Burgerbibliothek, Mss. hist. helv. X. 49, S. 88.

Die Initialen wurden vor Ausführung der Bilder geschrieben, was diese ins Bild hineinragenden Initialverzierungen veranschaulichen. Das Beispiel zeigt drei römische Witwen, die ihre Freier abwehren.
Die Kleider sind sehr unterschiedlich gestaltet und stellen nebst den Gesten das bevorzugte Mittel zur Unterscheidung der Figuren dar, sowohl in individueller als auch in sozialer Hinsicht. Die Frauengewänder sind bodenlang geschnitten und bestehen entweder aus einem ungefärbten (grau schattierten) Rock, einem ebenfalls ungefärbten, am Hals zusammengehefteten Umhang sowie einer weissen (grau schattierten) Rise, das heisst einem faltenreichen, über Stirne, Schläfen, Wangen, Kinn und Hals drapierten Kopftuch (Witwe links), oder einem gegürteten, rotbraunen Gewand mit weiten Ärmeln sowie einem modischen Kopfputz (einer breiten, wulstartigen Haube oder einer kunstvoll geflochtenen Frisur) mit darübergelegtem und um den Hals geschlungenen Schleier (mittlere Frau). Die Witwe rechts trägt ein einfaches, gegürtetes, ungefärbtes (grau schattiertes) Kleid ohne Umhang und Kopfbedeckung (vielleicht einen hinten herabfallenden Schleier?), die blonden Haare zopfartig zusammengebunden und um den Kopf gelegt. Die Garderobe der Männer reicht von einem rotbraunen Gewand mit chamoisfarbenem, gezaddeltem Schulterkragen sowie einem chamoisfarbenen Spitzhut mit gezaddelter Krempe (Freier links), über ein bodenlanges, ungegürtetes, chamoisfarbenes Gewand mit flachem, weissem Halskragen und einem grossen, runden, breitkrempigen Schlapphut (mittlerer Mann), bis hin zu einem gegürteten, ungefärbten (grau schattierten) Gewand mit wulstartigem Halskragen und viereckigem Hut mit vorne aufgeschlagener, breiter Krempe.

Der «Berner Boner»

Datierung anhand von Wasserzeichen

Die Handschrift ist auf Papier geschrieben: die Seiten 1–198 und 207–210 auf einem dickeren, festen Papier, die Seiten 199–206 auf einem dünneren, weichen Papier. Bei der Untersuchung der Wasserzeichen waren vier verschiedene kleine Ochsenköpfe auszumachen. Zwei davon lassen sich nachweisen;[10] die Vergleichsbeispiele stammen aus Basel, Bern, Hameln und Remagen und ergeben einen Datierungszeitraum von 1464–1475. Aufgrund grosser Ähnlichkeit mit einem Wasserzeichen aus dem um 1470 datierten Tschachtlan[11] lässt sich dieser Zeitraum weiter eingrenzen auf die Jahre um 1470. Die Wasserzeichen lassen aber keine eindeutigen Schlüsse über den Entstehungsort der Handschrift zu.

Die Anlage der Handschrift

Die Handschrift umfasst 210 Papierseiten, 28,5 × 20,5 Zentimeter und ist beschnitten. Der Schriftspiegel beträgt 12,7–13,5 Zentimeter × 17–17,5 Zentimeter.
Nebst einer alten Lagenzählung mit roter Tinte, jeweils auf dem ersten Blatt am oberen Blattrand in der Mitte vermerkt, befindet sich eine neuere Paginierung in schwarzer Tinte auf jeder oberen, äusseren Blattecke. Sie stammt wahrscheinlich von Vetter, der als erster über die aufgefundene Handschrift berichtete.[12]
Die noch erhaltenen 10 Lagen (=Sesternionen) setzen sich wie folgt zusammen: VI^{24} + (VI–2)^{44} + (VI–6)^{56} + (VI–2)^{76} + VI^{100} + (VI–1)^{122} + 3 VI^{194} + (VI–4)^{210}.
Die Handschrift wurde einspaltig angelegt. Der Schriftspiegel ist mit durchschnittlich 28–32 Zeilen liniert (am häufigsten 29 oder 30 Zeilen). Für die Illustrationen wurde unterschiedlich viel Platz ausgespart.

Herkunft und Besitzer

Aus verschiedenen Besitzeinträgen auf den Seiten 61 und 121 ergibt sich folgende Besitzergeschichte: Erstbesitzer war Heimon Egli, Vogt von Erlach (urkundlich bezeugt 1466–1473). Die Handschrift ging danach an seinen Enkel Jacob von Bollingen über († 1493). Zwischen 1493 bis 1875 sind nur gerade zwei Besitzschaften namentlich auszumachen: zum einen Kathrina Müller von Bern, zum anderen Bendicht Zuolauf. 1875 erwarb Fr. Bürki die Handschrift aus Erlachschem Besitz zu Spiez und übergab sie der Burgerbibliothek Bern.[13]

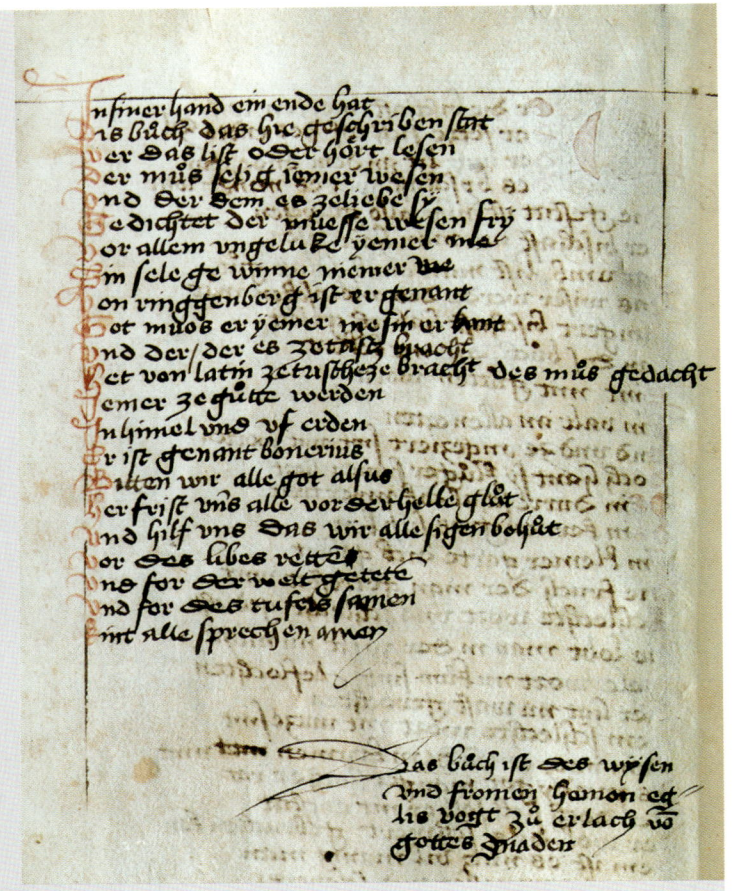

«Berner Boner», Epilog, um 1470, Bern, Burgerbibliothek, Mss. hist. helv. X. 49, S. 206.

Der Eintrag von Schreiberhand auf der letzten Seite «Das buoch ist des wysen und fromen hemen eglis vogt zuo erlach von gottes gnaden» lässt offen, ob es sich bei Heimon Egli um den Schreiber oder um den Erstbesitzer (oder um Schreiber und Erstbesitzer zugleich) handelt.

«Diss alles würd er herlich und erberlich, köstlich und guot machen».[1]
Kirchliche Auftragskunst im Zeichen der Nelke

Charlotte Gutscher-Schmid

Die bekanntesten Zeugen der malerischen Tradition Berns im 15. Jahrhundert haben sich in der Gattung der Glasmalerei erhalten (vgl. Kap. V, S. 444).[2] An Wand- und Tafelmalerei ist bis ans Ende dieser Zeitspanne kaum etwas überliefert. Es ist jedoch wahrscheinlich, dass auch das nach dem Stadtbrand wiederentstandene Bern (vgl. Kap. I, S. 33) einst reich an – möglicherweise auch profanen – Wandmalereien war (vgl. Kap. V, S. 410). Doch verunmöglichen die Zerstörungen der Reformation (vgl. Kap. VI, S. 588), die «Modernisierungswelle» im Barock und das mangelnde Verständnis für die Gotik noch in unserem Jahrhundert eine Beweisführung dieser These. Das einzige in der Stadt erhaltene Wandgemälde aus dem mittleren 15. Jahrhundert hat durch mehrfache Übertünchungen und Freilegungen gelitten: das nun wieder sichtbare Jüngste Gericht am Chorbogen der ehemaligen Dominikanerkirche und heutigen Französischen Kirche ist nur noch schlecht lesbar.[3]

Abb. 414:
Berner Nelkenmeister, Johannes der Täufer in der Wüste, vor 1500, Zürich, Kunsthaus.

Teil des Hauptwerkes des einen Berner Nelkenmeisters, dessen erhaltene Tafeln sich in Bern, Zürich und Budapest befinden. Der Berner Maler versucht, die symbolische Landschaft mit der Bedeutung «Wüste» durch naturalistische Details zu bereichern und einen einheitlichen Tiefenraum zu komponieren.

Nelken statt Namen

Erst am Ende des 15. Jahrhunderts erlaubt ein grösserer Denkmälerbestand eine breiter abgestützte Betrachtung. Aus dem letzten Jahrzehnt stammen bernische Wand- und Tafelgemälde mit einem gemeinsamen Merkmal: statt mit einem Namenszug sind sie mit je einer roten und einer weissen Nelke versehen, die meist im Bildvordergrund auf dem Boden liegen. Mehrere Werkstätten, auch in anderen eidgenössischen Städten, verwendeten zwischen 1480 und 1510 dieses Zeichen, dessen Bedeutung bis heute nicht entschlüsselt ist.[4] Aufschlussreich ist das Phänomen an sich: das Wirken dieser einen Malergeneration liegt zeitlich zwischen dem anonymen Schaffen der Spätgotik und dem selbstbewussten Signieren der Renaissance. In dieser Übergangsphase tritt das überpersönliche und gruppenspezifische Zeichen Nelke auf. Schon die nächstfolgende Malergeneration legt Wert auf eine individuelle Kennzeichnung ihrer Werke, welche – wie etwa bei Niklaus Manuel Deutsch – am persönlichen Monogramm erkennbar sind (→Abb. 425).

In Bern führten die in unserem Jahrhundert mit dem Notnamen «Nelkenmeister» bezeichneten Maler mindestens zwei Werkstätten. Es haben sich hier neben einer grösseren Anzahl von Tafelgemälden auch umfangreiche Wandmalereizyklen mit dem Nelkenzeichen erhalten. Die Lokalisierung der Werkstätten in Bern ist damit gesichert und wir können, erstmals in der lokalen Geschichte, von einer Berner Maltradition sprechen. Ihrem Charakter nach sind die Werke dieser Meister noch gänzlich mittelalterlich und beschäftigen sich ausschliesslich mit sakralen Themen. Auch in ihrem Vorgehen unterscheiden sich die spätgoti-

Abb. 415:
Geertgen tot sint Jans, Johannes der Täufer in der Wüste, um 1490, Berlin, Staatliche Museen Preussischer Kulturbesitz, Gemäldegalerie.

Die Naturschilderung des Niederländers ist wesentlich fortgeschrittener als beim Nelkenmeister. Durch den erhöhten Standpunkt des Betrachters kann dieser die Einsamkeit des Heiligen in der weiten Landschaft sehen – im Berner Bild war er durch die Enge des Blickfeldes selbst Teil davon.

schen Maler grundsätzlich von einem «freischaffenden Künstler» unserer Zeit. Ihre Darstellungsweise war einerseits durch die Tradition, andrerseits durch die Wünsche ihrer Auftraggeber gebunden. Das Gelingen hing nicht nur vom verantwortlichen Maler ab, sondern ebenso von der Ausführung durch die Werkstatt, einer fachlich qualifizierten Arbeitsgemeinschaft. Der Meister selbst war wohl für den Entwurf und die Vorzeichnung auf der Malfläche zuständig. Stilistische Unterschiede sowie die grosse Anzahl der in wenigen Jahren entstandenen Werke lassen vermuten, dass neben zwei führenden Werkstattleitern in den Berner Ateliers zusätzlich weitere ausgebildete Maler mitgearbeitet haben.

Soweit feststellbar, erhielten die Nelkenmeister ihre Aufträge vielfach von Klostergemeinschaften oder religiösen Laienverbindungen, wie Bruderschaften. Ihr traditionell ausgerichtetes, aber qualitativ hochstehendes Schaffen scheint dem Geschmack der Zeit entsprochen zu haben. Anzeichen einer neuen – von Italien ausgehenden – Kunstauffassung finden sich bei den Nelkenmeistern erst am Rande: bei inhaltlich Nebensächlichem und in den Randzonen der Komposition.

Hintergründiges…

Die erhaltenen Gemälde mit Nelkenzeichen waren ausschliesslich Teil von Kirchenausstattungen: sie gehörten zu Retabeln und zeichneten Altarplätze aus. Verbreitet war die Form des Flügelaltars, welcher aus einem festen Mittelteil und zwei darüber verschliessbaren seitlichen Flügeln bestand. An kirchlichen Festen wurde der Altar geöffnet, zu allen anderen Zeiten war nur die meist weniger aufwendig gestaltete Flügelrückseite zu sehen. Meist zeichnete sich die Festtagsseite durch einen goldenen Hintergrund aus: die biblischen Darstellungen erglänzten in göttlichem Licht. Seit dem 14. Jahrhundert waren die Goldgründe in der Art von kostbaren Seidenstoffen gemustert. Ihre Ornamente veränderten sich im 15. Jahrhundert analog zu der Entwicklung italienischer Seiden. Die Imitation sollte möglichst genau sein, weshalb die Muster mittels Schablonen auf die vorbereitete Grundierung übertragen wurden. Obwohl aus unserem Raum keine Schablonen erhalten sind, wissen wir doch, dass sie in den mittelalterlichen Werkstätten sorgsam gehütet und über mehrere Jahrzehnte benutzt wurden. Nur dem Mitarbeiter einer Werkstatt stand das Recht zu, diese bei einem Wegzug von einem Atelier zum anderen mitzunehmen. Im Falle der Nelkenmeister zeigt die Untersuchung der Goldmuster, dass zwischen ihnen ein Austausch an Schablonen stattgefunden hat. Sie müssen also einander nicht nur gekannt, sondern zu gewissen Zeiten auch zusammengearbeitet haben.[5]

Da die Goldgründe einer natürlichen Lichtführung zuwiderlaufen, treten realistische Landschaftsschilderungen zuerst auf den liturgisch weniger wichtigen Altaraussenseiten auf. Besonders fortschrittlich ist in diesem Sinne die Tafel mit der Darstellung von Johannes in der Wüste (Abb. 414). Sie bildete den unteren Teil der rechten Flügelaussenseite eines umfangreichen Altars. Dieser ist zu grossen Teilen erhalten und mehrfach mit Nelken gezeichnet.[6] Vergleicht man das heute im Kunsthaus Zürich aufbewahrte Bild mit demjenigen des Niederländers Geertgen tot sint Jans (Abb. 415), fällt ein Hauptunterschied in der Landschaftsdarstellung auf. Zwar komponieren beide Meister einen Tiefenraum, indem sie beidseitig flache Hügel hintereinander staffeln, anders ist jedoch der Standpunkt des Betrachters. Auf der Nelkenmeistertafel entspricht er demjenigen des Johannes: wie dieser fühlt er sich umgeben von einem einsamen Tal, dessen hoher Horizont die Undurchdringbarkeit der Wüste symbolisiert. Abgerückt ist der Standpunkt im Falle des Niederländers: man blickt auf den in wunderbarer Landschaft Sitzenden hinunter und der weite Horizont des Bildes entspricht nicht der Wahrnehmung des Heiligen. Beim Berner Beispiel stimmt die Sicht der

Abb. 416:
Martin Schongauer, Die Flucht der Heiligen Familie nach Ägypten, um 1470, Basel, Öffentliche Kunstsammlung, Kupferstichkabinett.

Auch die Landschaft des oberrheinischen Meisters, der durch die Verbreitung seiner Kupferstiche in seiner Zeit ausserordentliche Berühmtheit erlangte, ist noch inhaltlicher Bedeutungsträger: die wilden Tiere und die dem Menschen feindliche Natur verlieren ihren Schrecken nur dank göttlichem Eingreifen.

Abb. 417:
Meister ES, Johannes der Täufer umgeben von den Kirchenvätern und Evangelistensymbolen, 1466, Berlin, Staatliche Museen.

Die eigenartigen Felsgebilde symbolisieren die Berge als Teil der vom Menschen unbezwingbaren Natur.

Abb. 418:
Rechts unten mit den Nelken bezeichneter Altarflügel, den Lokalheiligen Beatus darstellend, der den Drachen aus seiner Höhle vertreibt. Um 1500, ursprünglich für die Wallfahrtskapelle bei der Beatushöhle über dem Thunersee bestimmt, heute im Heimatmuseum Sarnen.

Rechts hinter dem Einsiedler ist der bei seinen Reliquien entstandene Wallfahrtsort des 15. Jahrhunderts dargestellt.

Hauptfigur und diejenige des Betrachters überein: die Bildaussage wird durch die Wahl des tiefen Blickpunktes unterstrichen. Wissenschaftliche Regeln der Zentralperspektive kannte dieser Meister jedoch nicht und er scheint unberührt vom italienischen Suchen nach mathematisch richtiger Raumdarstellung. Diese bedingte einen abgerückten und erhöhten Standpunkt des Malers und einen bestimmbaren Fluchtpunkt – beides Forderungen, welchen Geertgen tot sint Jans wesentlich näher kommt, als die «Gefühlsperspektive» des Berner Malers.[7] Ähnliche Landschaften finden sich beim oberrheinischen Meister Martin Schongauer, dessen Stiche in den meisten Werkstätten unseres Raumes vorlagen (Abb. 416). Vergleichbar ist die Blickführung über im Vordergrund liegende Steine zum Bildthema im Mittelgrund hin. Dem Sinn der Landschaften entsprechend, ist auf beiden Beispielen der Blick nach hinten durch hohe Bäume verstellt.

Auf der Tafel des Nelkenmeisters wirken die Felsen – im Gegensatz etwa zur naturalistischen Wiedergabe der Sträucher, Steine und sogar der Quelle rechts – eigenartig abstrakt und unnatürlich. Sie sind Relikte einer älteren Landschaftsauffassung, welche die Natur nicht darstellte, sondern mittels Zeichen symbolisierte. Eigenartig lange hielten sich die steil aufragenden, künstlich geschichteten und merkwürdig geschliffen wirkenden Steinformationen als Symbole für die Berge. Sie sind Sinnbilder der Wüste – der ausserhalb des menschlichen Einflusses liegenden Natur.[8] Die Berge waren im 15. Jahrhundert noch unerforscht, galten als unbesteigbar und als Sitz böser Geister. Kaum ein Zeitgenosse wird ihn verstanden haben, als der italienische Dichter Francesco Petrarca im 14. Jahrhundert freiwillig den geschützten Raum der Stadt verliess und gefahrvoll einen Berg erklomm, nur um hinunterblicken zu können.[9] Die althergebrachten Vorstellungen hielten sich trotz solcher Pionierleistungen, zu welchen auch die Darstellung der Genferseelandschaft durch Konrad Witz im Jahr 1444 zu rechnen ist.[10] Dessen Naturbeobachtung scheint die Berge der Nelkenmeister weniger geprägt zu haben, als die verbreiteten graphischen Vorlagen, wie die Kupferstiche des Meisters ES und des schon genannten Martin Schongauer. Ähnlich abstrakte Felsformationen gibt etwa der Stich L.149 des Meisters ES wieder (Abb. 417).

Auch auf weiteren Werken der Nelkenmeister treten diese kahlen, schroffen Gesteinsschichtungen auf, in deren Ritzen dürres Geäst wurzelt: so etwa auf dem Wandbild mit den drei Heiligen in der ehemaligen Dominikanerkirche, der heutigen Französischen Kirche in Bern (1495 datiert, →Abb. 392), oder auf der Altartafel mit dem heiligen Beatus im Ortsmuseum Sarnen (Abb. 418). Dieses Gemälde zeigt jedoch einen Wandel der alten Formel für Berg. Nun reicht es dem Maler nicht mehr, das bekannte Zeichen zu zitieren, um die Bedeutung «Einsiedelei» zu evozieren. Die Höhle des heiligen Beatus wird durch Wirklichkeitsbezüge lokalisiert. Im Hintergrund rechts ist der hoch über dem Thunersee im Berner Oberland gelegene Wallfahrtsort des Beatus dargestellt, welchem sich zwei Pilger nähern. Der steile Weg zur Herberge[11] und der

Abb. 419:
Zwei dem Dominikanerorden zugehörigen Päpste halten das «vera icon», das wahre Abbild Christi, empor, 1498. Ehemals Supraporte des Versammlungsraumes im Dominikanerkloster Bern, heute im Bernischen Historischen Museum. Der Thron der Päpste ist mit Ranken, Blumen und Girlanden geschmückt.

Kapelle, die über dem Höhleneingang des Einsiedlers errichtet worden war, entspricht der topographischen Situation.[12] Korrekt ist ebenfalls die Wiedergabe des durch den rechten Bildrand beschnittenen Gewölbes, welches die Arme des aus dem Berg hervortretenden Baches überspannte und dessen Widerlager sich anfangs des Jahrhunderts noch feststellen liessen.[13] Mit der Angabe von zwei gestaffelt angeordneten Gebäuden wird der Wallfahrtsort auch auf der Karte des Konrad Türst im Jahre 1495 abgekürzt (vgl. Kap. IV, S. 327).[14] Diese nach Süden gerichtete Übersicht des Thunerseegebietes macht zudem wahrscheinlich, dass links auf dem Nelkenmeisterbild Stadt und Schloss Thun erscheinen, wodurch der Maler den Standort der Kapelle am Thunersee verdeutlichte.[15]

Die rückseitig mit einer Darstellung des Kirchenvaters Augustin bemalte Tafel gehörte zu einem Flügelaltar und war zweifellos für die Beatuskapelle bestimmt, über welche das Chorherrenstift Interlaken damals das Kollegiatsrecht besass. Wie der links im Vordergrund kniende Stifter im Habit der Augustiner belegt, wurde sie von einem Angehörigen dieses Stiftes in Auftrag gegeben. Möglicherweise geschah dies im Jahr 1494, als die Beatusreliquien ein neues silbernes Gehäuse erhielten.[16]

...und Nebensächliches

Da das Schaffen der Nelkenmeister durch ihre traditionelle Gesinnung geprägt ist, übersieht man gerne, dass sich auch bei ihnen die Stilwende zur Renaissance ankündigte. Die modernen Motive finden sich zunächst im dekorativen Bereich. Zu diesen sind etwa die beiden Engelsknaben zu zählen, die sich seitlich beim Thron der beiden dominikanischen Päpste befinden, zwischen ihnen das *«vera icon»*, das wahre Abbild Christi (Abb. 419). Das abgelöste Wandmalereifragment – heute im Depot des Bernischen Historischen Museums – bildete einst die Supraporte über dem Eingang des Sommerrefektoriums im Berner Dominikanerkloster. Die Gesamtausmalung des Saales entstand zu Ehren des hier stattfindenden Provinzialkapitels des Ordens im Jahre 1498 und war an dieser Stelle mit dem Nelkenzeichen versehen.[17] Die gut erhaltene Partie links bezeugt des Malers Können sowohl im ornamentalen, wie im figürlichen Bereich. Der Engel mit typisch kindlichem Gesichtsausdruck bewegt sich natürlich und grazil und lässt sich kaum mehr mit seinen steifen Vorbildern, etwa beim Meister ES (L. 51) vergleichen (Abb. 420). Auf diesem 1467 datierten Andachtsbildchen hatten die Engel als Träger der Passionssymbole Christi noch eine ikonographische Bedeutung. Nun sind sie reines Dekorationsmotiv geworden. In ähnlicher Weise setzte sich auch Hans Holbein d. Ä. mit der Renaissanceornamentik auseinander, wie etwa gleich zu datierende Studienblätter belegen.[18] Eine Weiterentwicklung derselben Ikonographie trifft man auf einem Basler Altarentwurf, der aus dem zweiten Jahrzehnt des 16. Jahrhunderts stammt (Abb. 421).[19] Es kehren die Motive – Schweisstuch mit dem Abbild Christi, Vase, Ranken und sich daran festhaltende Engel – wieder. Doch haben die Blattvoluten jeglichen Bezug zu einer architektonischen Form verloren, die Engel nochmals an Beweglichkeit gewonnen. Dieser entschlossene Schritt zur Renaissance blieb der Nachfolgegeneration der Nelkenmeister vorbehalten, in der Aufnahme von Ornamenten – neben den Putten das Motiv der Vase mit Blumenstrauss – haben sie ihn jedoch eindeutig vorbereitet.

Ein ähnlicher Vorgang lässt sich anhand der Architekturzitate aufzeigen. Schon in der eben gezeigten Supraporte von 1498 ist eine Veränderung festzustellen (Abb. 419): die Eckfiale setzt in Stein und mit gotischer Blattvolute an, biegt sich wie weichgeworden zu einer Rundung und nimmt schliesslich die Form einer Pflanze an, deren Endtrieb sich leicht um den rechten Arm des Kindes schlingt. Grosse Bedeutung hat die

Abb. 420:

Meister ES, Andachtsbild «Christkind im Herzen», 1467, Berlin, Staatliche Museen Preussischer Kulturbesitz, Kupferstichkabinett.

Dem in der Mitte vor offenem Herz-Kreuz stehenden Christkind sind seitlich vier in Blüten stehende Engelsknaben beigegeben, die die Passionssymbole tragen. Das Schriftband besagt: «wer ihs [Jesus] in sinem herzen tre[g]t, dem ist alle zit die ewig froed beraeit.»

Abb. 421:

Aufriss eines Altargehäuses, um 1510–1515, Basel, Öffentliche Kunstsammlung, Kupferstichkabinett.

Abb. 422:
Verkündigung an Maria, mit Nelken und dem Datum 1501 gezeichnet, Bern, Münstervorhalle.

Auf der Empore erscheint Gottvater, der von zahlreichen Engeln begleitet wird. Zu beiden Seiten weisen die Propheten Jesaias und Jeremias mit Schriftbändern auf die Messiasgeburt hin.

Abb. 423:
Hans Holbein der Ältere, Krönung Mariä durch die Trinität in drei Personen, 1499, Basel, Öffentliche Kunstsammlung, Kupferstichkabinett.

Kompositionsentwurf für das obere Feld der spitzbogigen Tafel der «Marienbasilika» von 1499 für den Kapitelsaal des Klosters von St. Katharina in Augsburg.

Architekturdarstellung in den Wandmalereien der Münstervorhalle (Abb. 422), denjenigen Gemälden, die – 1501 datiert und mit Nelke und Rispe signiert – das letzte erhaltene Zeugnis des Wirkens der Nelkenmeister in Bern bilden.[20] Sie ordnen sich zunächst dem vorgegebenen Konzept der sie umgebenden Bauplastik unter, übernehmen etwa die Höhe der Ädikulen des Portalgewändes, diejenige der Konsolen und die Figurenproportionen. Über dem Kapellengewölbe der im unteren Teil dargestellten Verkündigung wächst eine Masswerkgliederung vor einer illusionistischen Emporenbrüstung empor, die ihrerseits mit lanzettenförmigen Flachschnitzereien verziert ist. Dieser zweischichtige Aufbau zeigt grosse Ähnlichkeiten mit einem Altarriss des Meisters der Gewandstudien aus der Zeit um 1480/90.[21]

Auf der gemalten Empore ist in der Mitte Gottvater dargestellt, der von zahlreichen Engeln begleitet wird. Zu beiden Seiten erscheinen zudem die Propheten Jesaias und Jeremias. In dieser himmlischen Sphäre geht der Maler in der Architekturdarstellung eine Stufe weiter: das Masswerk entwickelt ein Eigenleben, setzt ohne Stütze an oder biegt sich wie schmelzendes Wachs. Ähnliches findet sich wiederum bei Hans Holbein d. Ä. Im Rahmen eines Zyklus von Gemälden über die Kirchen Roms, fertigte Holbein 1499 in Augsburg eine der Basilika S. Maria Maggiore gewidmete Tafel.[22] Der Entwurf der zentralen Szene (Abb. 423)[23] zeigt einen sehr verwandten Umgang mit dem Masswerk als beliebig verformbares Zierelement, das dem Dargestellten gleichsam vorgeblendet wird.

Der oberste Teil der Berner Bemalung entfernt sich noch weiter von gebauter Architektur – gleicht eher den kunstvollen Gussformen von Goldschmiedewerken. Grosse formale Verwandtschaft besteht zu einem Aufriss einer Turmmonstranz, der wohl nach älteren Vorlagen aus Augsburg um 1515 in Basel gezeichnet worden ist (Abb. 424).[24]
Gleicherweise löst sich der Körper der Bekrönung auf, biegen sich von der Mitte ausgehende Fialtürmchen herzförmig nach oben – im Berner Beispiel die Formen des dahinter im Dunkeln liegenden Wimperges verschleiernd.

Traditionelle Maler an der Schwelle zur Neuzeit

Die mehrfach zitierten Vergleiche mit dem Frühwerk Hans Holbeins d. Ä. scheinen weniger auf einen direkten künstlerischen Austausch, als vielmehr auf eine gewisse geistige Verwandschaft zwischen seiner und den etwa gleichzeitig tätigen Berner Nelkenmeistern hinzudeuten. Auch der ältere Holbein war in den Jahren 1490–1510 ein bewusster Traditionalist, der in seinen Werken an die Malerei der Niederländer anknüpfte. Im Wettbewerb mit Holbeins Hauptkonkurrenten, dem etwas jüngeren und moderner malenden Hans Burgkmair, versuchte er, durch ein Bekenntnis zur herkömmlichen Kunst vor allem die geistlichen Auftraggeber für sich zu gewinnen.[25]
Dieselbe konservative Grundhaltung kennzeichnet auch die Werke der Nelkenmeister. Der Malergemeinschaft muss die geistige Botschaft ihrer Werke wichtig gewesen sein. Ihre traditionellen Arbeiten nehmen bewusst religiöse Kunstwerke der Spätgotik zum Vorbild. In mittelalterlicher Tradition wahrten die Maler ihre Anonymität. Die Aufnahme von Renaissancemotiven blieb äusserlich und hat den spätgotischen Charakter ihrer Kunst nicht verändert. Der Schritt zu einer neuzeitlichen Kunstauffassung blieb Niklaus Manuel vorbehalten und in den wenigen Jahren bis zur Reformation konnte er die Malerei Berns zu einer kurzen Blüte führen.

Niklaus Manuel Deutsch – «Ut pictura poesis»

Norberto Gramaccini

Das Œuvre von Niklaus Manuel Deutsch, der herausragenden Künstlerpersönlichkeit in Bern zu Beginn des 16. Jahrhunderts, wurde entweder in zu grosser Abhängigkeit von den Werken seiner Vorgänger und Zeitgenossen wie Albrecht Dürer, Urs Graf, Matthias Grünewald, Hans Holbein und Hans Baldung gesehen, oder zu einseitig auf Natureindrücke und Landschaftserlebnisse zurückgeführt.[1] Dabei trifft kein Vorwurf diesen Künstler härter als der eines «Eklektikers» oder «Impressionisten»! Die Vorbilder forderten Manuels malerisches Können mehr heraus, als dass sie es in den Schatten stellten. Gerade er hat das Verhältnis von Vordergrund und Hintergrund und die Beziehung der Historie zur Landschaft neu durchdacht und ist dabei zu einzigartigen, ihm allein vorbehaltenen Erfindungen gelangt, die das Motto des horazischen *ut pictura poesis* als Richtlinie seines Schaffens durchaus rechtfertigen.[2] Dass ein Künstler so selbständig und eigenwillig aufzutreten vermochte, wird im damaligen Bern eine Sensation gewesen sein, wo die italienische Renaissance und der Geniekult des neuen Zeitalters noch fremd waren. Aus diesen Quellen indes hat Manuel am reichhaltigsten geschöpft. Sie wiesen ihm nicht nur den Weg zum künstlerischen Erfolg, sondern auch zu gesellschaftlicher Anerkennung. Die Berner erlaubten es immerhin, dass ihr Maler im «Totentanz» (→Abb. 69–93)

Abb. 424:
Aufriss einer Turmmonstranz, Ausschnitt um 1515, Basel, Öffentliche Kunstsammlung, Kupferstichkabinett.

des ehemaligen Predigerklosters (um 1517–1520) gerade so auftrat, als stünde der gesamte Zug unter dem Zepter von Malstock, Palette und Pinsel: *«Manuel, aller Wällt Figur / Hast gemalet an dise Mur.»*[3] Sein Ehrgeiz muss gross gewesen sein. Nach einer abenteuerlichen Jugend (1484–1514), über die wenig bekannt ist, hat er in gerade fünf Jahren (1515–1520) seine Hauptwerke geschaffen.[4] Das künstlerische Feuer war bald verschossen. Die letzten Lebensjahre (1520–1530) verbrachte Manuel als Feldschreiber, Landvogt, Ratsherr und Dichter im Dienst der Reformation.[5]

Das Tempo seines künstlerischen Fortschritts in den entscheidenden Jahren zwischen 1515 und 1517 ist atemberaubend. Hatte er bei Aufträgen von Altären mehrere Tafeln hintereinander zu malen, dann verstand er jedes unmittelbar nachfolgende Bild zugleich als eine Kritik und Überwindung des vorangegangenen. Der 1515 signierte Annen-Altar der Dominikanerkirche war wohl im Jahr zuvor von der Lukas- (*«Lux»*-) und Eligius- (*«Loyen»*-) Bruderschaft bei ihm bestellt worden.[6] Im ersten Bild («Der hl. Lukas die Madonna malend», Abb. 425), noch mit der Tradition des Goldgrundes ringend, kombinierte er zwei Räume: das historische Atelier des vor seiner Staffelei sitzenden Heiligen vorne und eine alltägliche Gebirgslandschaft unter goldenem Himmel als Ausblick. Die perspektivischen Mittel entstammten weiterhin einer auf Jan van Eycks «Rolin-Madonna» (Louvre) zurückgehenden Tradition. Raum ist die Summe von Objektprojektionen auf eine geometrisch definierte Fläche.[7] Ein steil ansteigender Fliesenboden schafft hier wie dort

Abb. 425:
Niklaus Manuel Deutsch, Der hl. Lukas malt die Madonna, Aussenseite des rechten Flügels eines Annen-Altars, 1514/15, Bern, Kunstmuseum.

ein Orientierungsraster und beweist dem Auge Millimeter um Millimeter, wo es gerade verweilt. Im Unterschied zu den Niederländern verzichtete Manuel indes auf überflüssiges Inventar wie Bänke, Tische, Stühle, Teppiche, Geschirr und Fensterflügel. Die schmucklose Schlichtheit seines Intérieurs mahnt eher an den Basler Maler Konrad Witz, dessen Erbe in der Berner Werkstatt des Nelkenmeisters weiterwirkte (vgl. Kap. V, S. 489, Kap. VI, S. 516). In der «Verkündigung an Maria» (Abb. 426), um 1500 datierbar, ist die Rückwand des Zimmers durch ähnliche Hell-Dunkel-Streifen strukturiert.[8] Derartige Raumlamellen sind indes noch ohne das Bewusstsein eines jenseitigen Raumes aneinandergefügt. Erst Niklaus Manuel konstruierte daraus einen perspektivischen Rahmen. Die übergrosse Öffnung, die entsteht, gewährt einen ebenso grosszügigen Ausblick auf die Landschaft wie sie sich über architektonische Konventionen hinwegsetzt. Für ein Fenster ist sie zu gross, für eine Tür zu breit. Der Raum bricht so unvermittelt auf, dass der Einsatz von Säulen und Girlanden nötig schien, um die Heftigkeit des Aufpralls abzuschwächen. Quasten schwingen im Zugwind hin und her. Als gleichsam steinerner Refrain der vegetabilen Arkaden des Innenraums spannt sich eine Gebirgskette über den Horizont. Wie das Fliesenmuster des Zimmers verleiht sie dem Aussenraum messbare Tiefe. Die Felsen sind kahl, kompakt und gleichartig. Ihr organischer Zusammenhang war dem Künstler wichtiger als die interessante Einzelform. In den Bergen des «Allerseelenaltars» um 1505 (Abb. 427, →Abb. 264, 265) dominierte hingegen noch die Formelhaftigkeit des «Weichen Stils».[9] So wie Manuel in diesem Fall die gezackte, vom gesuchten Kontur bestimmte Schablone durch ein raumumgreifendes Kettengebirge ersetzte, trachtete er auch im Bereich der menschlichen Figur danach, das spätgotische Flächenmuster durch die plastische Gestalt zu überwinden. Die Konventionen aber waren dort stärker, folglich konnte sich der Übergang erst allmählich vollziehen. Der Evangelist weist noch eine Mischung aus traditionellen und modernen Motiven

Abb. 426:
Berner Nelkenmeister, Die Verkündigung an Maria, Aussenseite eines Marien(?)-Altars, um 1495, Bern, Kunstmuseum.

Abb. 427a, b:
Berner Meister, Allerseelenaltar, Aussenseiten (Ausschnitte), linker Flügel: Der Küster findet nachts die Kirche hell erleuchtet; rechter Flügel: Der Küster wohnt der Messe der Toten bei, Bern, Kunstmuseum, Gottfried Keller-Stiftung (→Abb. 264, 265).

auf. Modern ist das monumentale Halbprofil des Heiligen, an italienische Vorbilder erinnernd, die in dieser Form in Bern noch unbekannt waren.[10] Die Zeichnung des Gewandes hingegen wirkt, zumal im unteren Teil, spätgotisch, von der Silhouette statt vom Körper bestimmt, wobei eine verselbständigte Kalligraphie von Falten die Innenstruktur ausfüllt. Als sei der Künstler sich des Verlustes an Wirklichkeit bewusst gewesen, betont er die aus dem Gewand herausragenden Extremitäten, die seine Figur mit dem Raum in Beziehung setzen und dessen Illusion dadurch verstärken sollen. Der Fuss verankert den Sitzenden auf der Grundfläche, die Hand stellt den Kontakt zur Malfläche des Madonnenbildes her, während Kopf und Heiligenschein die vertikale Raumfläche des Hintergrundes auffangen. Auch die unsicher positionierte Staffelei scheint die Aufgabe zu erfüllen, Figur und Raum miteinander zu verklammern. Von sich aus kann der Heilige die Verbindung nicht herstellen. Er wirkt fremd in seinem Ambiente; möglicherweise war der Künstler einem vertraglich festgelegten Typus verpflichtet. Es ist daher unwahrscheinlich, dass sich hinter dem Profil das Selbstbildnis des Malers verbirgt.[11] Im Lukas waren alle Maler angesprochen. Die in der «*Lux*»- und «*Loy*»-Bruderschaft versammelten an erster Stelle und Niklaus Manuel als einer der ihren. Es ist schon viel, wenn er den Fuss auf die eigene Signatur setzt. Die Auftraggeber dürften darauf geachtet haben, dass die Identifikationsfigur ihrer Zunft nicht von eigenwilligen Kunstgriffen verfremdet wurde. Beim Entwurf des farbenreibenden Gehilfen indes gab es keine Zensur. Manuel durfte sehr viel freier agie-

Abb. 428:
Niklaus Manuel Deutsch, Der hl. Eligius in seiner Werkstatt, Aussenseite des rechten Flügels eines Annen-Altars, 1514/15, Bern, Kunstmuseum.

ren. Er versetzt den Assistenten stark verkleinert in den Hintergrund auf eine eigene, ein wenig höher gelegene Raumschiene, die nicht das Fussbodenmuster aufnimmt, sondern ausschliesslich über atmosphärische Hell-Dunkel-Werte verfügt. Inhaltliche Gründe, das Bewusstsein einer sozialen Distanz zwischen Meister und Gesellen, mögen dafür den Ausschlag gegeben haben.[12] Es gab aber auch künstlerische Gründe. Manuel konnte seine Beherrschung der Proportionsgesetze als Mittel der Raumbewältigung vorführen – das sollte für komplexe Figurenbilder wie «Die Geburt der Maria» des gleichen Altars wichtig werden.[13] Zugleich demonstrierte er, dass eine Zunahme an figürlicher Selbständigkeit die Verminderung der räumlichen Perspektive zur Folge haben konnte. Der Gehilfe beherrscht das ihm zugewiesene Areal aus eigener Kraft und kann auf ein äusserliches Orientierungsraster verzichten. Im Unterschied zum passiven Evangelisten geschieht die Bewegung ganz aus seinem Körper heraus, der sich ungehindert durch die Kleidung zu entfalten vermag. Licht und Schatten sind konsequent an die Stelle graphischer Elemente getreten. Der Gegensatz beider Alternativen, war er auch bei Künstlern wie Michael Pacher vorgebildet[14], sollte bereits im folgenden Bild zu einer vollkommenen Revision der künstlerischen Mittel führen.

«Die Werkstatt des hl. Eligius» (Abb. 428) weist eine analoge Komposition auf.[15] Innenraum und Aussenraum stehen in ähnlichem Verhältnis. Das Zimmer indes ist weniger steil und tief als das Maleratelier des hl. Lukas. Auf das perspektivische Schema eines Fliesenbodens hat der Künstler verzichtet. Licht und Schatten übernehmen die Aufgabe, die Ausdehnung des Raumes zu veranschaulichen. Ein Korridor an der Fensterseite greift das Motiv der Tür des Nelkenmeisters auf (vgl. Abb. 426) und sorgt für zusätzliche Bildtiefe. Die steinerne Werkbank, um die der Meister und seine Gesellen sitzen, ist aus dem Arbeitsplatz des Farbenreibers hervorgegangen. Sie füllt den Raum, verklammert Vordergrund mit Hintergrund und setzt in der grossen renaissancistischen Inschrift zum Betrachter eine Schranke.[16] Eine stabilere Positionierung der Figuren, bei geringerer Sogwirkung des Raumes, war die Folge. Eligius, ganz vorn, ist durch den Heiligenschein, die Gänze seiner Gestalt und das aufwendigere Gewand von den Assistenten gesondert. Sogleich fällt die Zunahme der Farbe und der Einsatz des Lichts ins Auge. Der hl. Lukas folgte auch darin seinen niederländischen Vorbildern, dass er den Effekt aufgleissender Lichter zugunsten einer einheitlichen, allenfalls ins Schwarze abgedunkelten Tonalität vermied. Nun glänzt helles Tageslicht auf den hochliegenden Stellen. Es erreicht auf der gewölbten Brust, auf dem vorstossenden Knie und auf den Faltengraten seine höchste Intensität. Licht und Plastizität bedingen sich wechselseitig und überwinden die Schlacken des veralteten spätgotischen Stils. So haben die Gewandfalten ihre selbstbezogene Logik aufgegeben und sind in den Dienst der körperlichen Tektonik getreten. Wenige energische Bahnen erklären das Motiv des Sitzens. Von der Wirkung des Lichts haben auch die auf Hochglanz polierten Goldschmiedearbeiten der Werkbank profitiert. Sie bezeugen die Virtuosität des Malers – zumal in den Pokalen der Schauvitrine – und leisten das ihre zur Bestätigung des Raumes. In gewissem Sinne hat er das Fliesenmuster objekthaft auf eine höhere Ebene verlagert. Die höchste Wirkung entfaltet das «chiaroscuro» naturgemäss im Bereich des Fensters, der realen Schnittstelle zwischen Innen und Aussen. Licht kriecht über die Fensterbank, es streift Gewände und Kapitelle und versinkt in den Profilen. Der Aufwand, verglichen mit dem Vorgängerbild, ist ungleich höher. Selbst das «cartellino», hier wie dort von einem Putto gehalten, weist Relief auf (Abb. 429, 430). Nun müssen auch die Girlanden üppiger und tiefer ins Fensterfeld hängen und die Quasten heftiger baumeln (Abb. 431, 432). Zahlreiche Absplitterungen im Stein reichern die

Abb. 429:
Cartellino, von einem Putto gehalten (Ausschnitt aus Abb. 425).

Abb. 430:
Cartellino, von einem Putto gehalten (Ausschnitt aus Abb. 428).

Abb. 431:
Baumelnde Quasten (Ausschnitt aus Abb. 425).

Abb. 432:
Baumelnde Quasten (Ausschnitt aus Abb. 428).

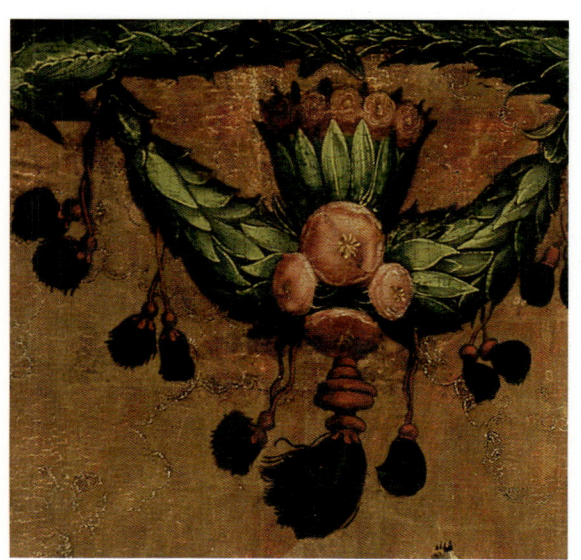

Schnittstelle zwischen Innen und Aussen zusätzlich an. Jenseits dieser Schwelle liegt eine dem Intérieur nahezu ebenbürtige Landschaft. Erschöpfte sich die Aufgabe der Bergkette beim Lukasbild in der Erzeugung von Tiefe, so geht es nun um mehr. Der See, das bewaldete Ufer und die Berge haben an Grösse, plastischem Volumen und Individualität merklich zugenommen. Der leere Luftraum ist enger geworden. Die Natur erscheint wie nähergerückt – sie drängt sich dem Inneren geradezu auf und geht eigenwillige Korrespondenzen mit seinen Bewohnern ein. Ein kahler Fichtenstamm wächst unmittelbar über dem Scheitel des Heiligenscheins in die Höhe – der hl. Eligius selbst und seine Assistenten finden in den gleichfalls hierarchisch gestaffelten Berggipfeln einen Wiederhall. Manuel taten sich hier neue Möglichkeiten der Dialektik von Landschaft und Historie auf. Die äussere Natur war nicht länger eine ferne Welt, sondern sie durfte mit der Handlung in Beziehung treten. Eine Veränderung der traditionellen Wertigkeit von Vordergrund und Hintergrund deutet sich an. Im nächsten Bild wird der Künstler diese Verbindung intensivieren und zeigen, dass neben inhaltlichen Aspekten auch psychische Affekte die Zeitenschranke des Handlungsraumes zu überspringen vermochten. Als würde er eine eigene Theorie der zeitlichen Kontinuität in seinen religiösen Bildern thematisieren.

Das Gemälde, in dem Niklaus Manuel die Erkenntnis der Verknüpfung von Historie und Landschaft entschieden vorangetrieben hat, ist «Die Enthauptung Johannes des Täufers» (Abb. 433).[17] Die Tafel muss unmittelbar nach Fertigstellung des Annen-Altars (1515/16) gemalt worden sein.[18] Das Raumschema ist noch das des «Eligius», mit dem Unterschied allerdings, dass der eigentliche Innenraum in einen erhöhten, emporenartigen Raum des Hintergrundes delegiert wurde, von dem aus Herodes und sein Gefolge das Geschehen verfolgen. Der übrige Raum wird als Aussenbezirk aufgefasst und nach dem geläufigen Prinzip hintereinandergestaffelter Raumeinheiten aufgebaut. Auf einen ersten, inneren Bezirk mit der biblischen Erzählung folgt, getrennt durch eine Gartenmauer, ein zweiter, äusserer Bezirk mit dem Ausblick auf eine Landschaft. Der enthauptete Heilige liegt ausgestreckt auf einer Wiese im Vordergrund. Hinter ihm steht die Figurengruppe der Salome und des Schächers. Die eigenartige Lage des Leichnams war kompositorisch und inhaltlich gerechtfertigt. Er arretiert – der Inschrifttafel des «Eligius» vergleichbar – die problematische Bildschwelle und definiert das vordere Raumvolumen durch die Parallelisierung mit der Gartenmauer des Hintergrundes. Zwei seitliche Pfosten, die kristallene Säule rechts, mit dem Monogramm des Künstlers, und der Baumstumpf links, verstärken diese Konstruktion. Mit den genannten Horizontalen bilden sie ein Rechteck. Sie tragen aber auch zum inhaltlichen Verständnis bei. Der Baumstumpf spielt auf die Enthauptung an. Der Wiedehopf, im Rücken des Schächers, weist Hoffart als Motiv seines Handelns aus.[19] Die kristallene Säule, die sich vom Blut des Heiligen zu speisen scheint, ist eine der eigenartigsten Erfindungen des Künstlers, angeregt allenfalls durch einen römischen Mirabilienbericht.[20] Sie verbindet zwischen dem Massaker unten und der Herodes-Gruppe oben. Baum und Säule gehören einer verkehrten Welt an, in der das Gute vergeht, während fragile und perverse Einrichtungen durch Zauber und Gewalt am Leben erhalten werden. Der mit dem Schwert ausholende Arm des Henkers und die ihm antwortende Salome verzeichnen den fatalen Pakt, den Brutalität und Hoffart geschlossen haben. Das abgeschlagene Haupt des Täufers ist ihr Ergebnis. Zwei Hoffräulein aber scheinen nichts bemerkt zu haben. Nur in den Zügen eines Jünglings, der zwischen den beiden Hauptakteuren steht, spiegelt sich Mitleid und Entsetzen. Sein Kopf sticht aus der Reihe der Täter und ihrer Komplizen hervor. Sie werden durch die Abgrenzungsmauern ihres Bezirkes hinterfangen – er aber überspringt die Brüstung und ragt frei in die Landschaft des Hinter-

Abb. 433:
Niklaus Manuel Deutsch, Enthauptung Johannes des Täufers, Innenseite des linken Flügels eines Johannes(?)-Altars, nach 1515/16, Bern, Kunstmuseum.

grundes hinein, als gehöre er einer anderen Zeit an und kenne andere Gesetze. Jenseits der Gartenmauer öffnet sich in der Tat eine andere Welt (Abb. 434). Man ersieht aus den Architekturen und der Art der Felderbewirtschaftung, dass es eine Landschaft des 16. Jahrhunderts ist. Motive des Eligius-Bildes werden konsequent vorangetrieben. So hat die Steilheit der Perspektive abermals abgenommen, und die Natur ist ein weiteres Stück nähergerückt. Wie ein Refrain des Bäumleins über dem Heiligenschein des Eligius wirkt jener kahle Stamme der an der gleichen Stelle senkrecht über der Gartenmauer steht. Man versteht jetzt, dass eine Orientierungslinie gemeint ist: mit ihr beginnt der Landschaftsraum und reicht bis zum fernen Abendrot, das über blauen Gipfeln verglimmt. Eine beliebige Vedute aber ist nicht gemeint – das geht eindeutig aus dem Brunnendenkmal mit der wunderbar erhaltenen Hand des Täufers hervor.[21] Der weisende Finger wiederholt eine Reihe ähnlicher Gesten bei Herodes und bei den Frauen im Gefolge der Salome. Nahmen diese auf die Unterdrückung des Christentums Bezug, so verheisst das Zeigefingerdenkmal dessen Verbreitung. Ein Hirsch, Sinnbild der menschlichen Seele, nähert sich, um aus dieser Quelle zu trinken.[22] Der See selbst und alles Übrige, so scheint es, beziehen aus diesem Brunnenmund ihren Ursprung und ihr Leben. Es werden in beiden Bildräumen mithin zwei Zeitalter verglichen: das der Heiden vorne, «ante legem», und das der Christen hinten, «sub gratia». Letzteres verstand Manuel als die eigene Zeit. Doch selbst wenn er zu diesem Zweck Bestandteile der heimatlichen Umgebung in sein Bild aufnahm, so heisst

Abb. 434:

Landschaftshintergrund mit Felsgesicht (Ausschnitt aus Abb. 433).

Die Landschaftsdarstellung in der Malerei Niklaus Manuels

Josef Huber

«Manuel [darf] als der grösste Landschaftsmaler neben Dürer in der ersten Hälfte des 16. Jahrhunderts genannt werden.»[23] Dieses knappe Urteil Berthold Haendckes verdeutlicht, dass mit der Landschaftsdarstellung bereits im letzten Jahrhundert ein aussergewöhnliches Element der Kunst Niklaus Manuels in den Blickwinkel der Forschung geraten war. Die «mannichfaltige Landschaft»[24] in Gemälden wie «Pyramus und Thisbe» (1513/14), in der «Enthauptung Johannes des Täufers» (1513/14, Abb. 433), im «Votivbild der hl. Anna Selbdritt» (1514/15) oder in der «Versuchung des hl. Antonius durch die Dämonen» (1518/20)[25] reizte zur Interpretation – damals wie heute. Die kunsthistorische Literatur des ausgehenden 19. und beginnenden 20. Jahrhunderts entdeckte in den Landschaftskompositionen Niklaus Manuels die schweizerische Heimat. Die «wohlhabende, glückliche Gegend»[26], wie sie sich dem Künstler in nächster Umgebung Berns, «seinem schönen Heimatlande», offenbart haben musste, schien ihm dafür eine Palette gefälliger Motive bereitzustellen. Erinnerte das Landschaftliche in den Werken Manuels bereits Carl Grüneisen an die «malerischen Schönheiten»[27] des Thuner-, Bieler- und Neuenburgersees,[28] so deutete Berthold Haendcke im «Votivbild der hl. Anna Selbdritt» die «schneeige Pracht der majestätischen...» Bergkette im Hintergrund des Bildes als die «immer höher und höher ansteigenden Spitzen des Berner Oberlandes.»[29] Noch Conrad von Mandach schien der landschaftliche Ausblick des rechten Bildhintergrundes in der «Versuchung des hl. Antonius durch die Dämonen» eine topographisch benennbare Fernsicht zu bieten, die «das von Tannenwäldern umgebene Stockhorn, vom Weg Merligen-Beatenberg aus gesehen», umfasste.[30]

Topographische Einzelheiten aber stellten sich in der Malerei Manuels scheinbar «nicht nur in ihren charakteristischen Formen...» dar.[31] Haendcke schon hatte aus der Beschreibung «Pyramus und Thisbes» geschlossen, es sei dem Berner Maler nicht nur um die deskriptive Erfassung von Wiesen, Seen, Bergen und Tälern gegangen, sondern auch um das «...geheimnisvolle Leben, das in derselben [Landschaft] lebt und webt.»[32] «Der volle Zauber, der über einer Landschaft im Morgengrauen liegt, ist in den fast träumerisch die Zweige und Blätter senkenden Bäumen, in dem stillen, vom ersten Strahle der aufgehenden Sonne getroffenen Gewässer» und «in den ... in sattes Blau getauchten Bergen zum feingestimmten Ausdrucke gekommen.»[33] Und Paul Ganz fügte 1924 angesichts desselben Gemäldes hinzu: «Der Künstler hat diese Stunde tief erlebt, sonst hätte er den eigenartigen Zauber des werdenden Tages nicht so naturgetreu und stimmungsvoll zu schildern vermocht...».[34] Träumerische Stimmung und topographische Treue – in dieser Charakterisierung bestimmte die schweizerische Kunstgeschichte dieser Jahrzehnte das Wesentliche der Manuelschen Landschaft.

Hinter dem Begriff der «Stimmungslandschaft», wie ihn Haendcke für die Malerei Manuels beanspruchte,[35] stand ein romantisches Konzept. Er berührte unter anderem Carl Gustav Carus (1774–1840) und Caspar David Friedrichs (1789–1869) Forderung nach einer Landschaftsmalerei, die ihre Hauptaufgabe in der subjektiven «Darstellung einer gewissen Stimmung des Gemütslebens ... durch die Nachbildung einer entsprechenden Stimmung des Naturlebens» finde.[36] In dieser romantischen Gleichung widerspiegelte die Landschaftsmalerei die Innerlichkeit des modernen Künstlers. Mit dem Begriff der «Heimat» wiederum operierte eine Kunstgeschichtsschreibung, die im Zuge des Versuchs, eine nationale schweizerische Kunst zu definieren, die Darstellung heimischer Landschaft zum bestimmenden Kriterium erhob. So rückte Paul Ganz, der sich 1924 mit der Publikation der «Malerei der Frührenaissance der Schweiz» die Aufgabe stellte, «ein bleibendes Denkmal für die Kunst unseres Landes» zu hinterlassen, für die Kunst des 15. und 16. Jahrhunderts ein spezifisch schweizerisches Merkmal in den Vordergrund: die Liebe zur heimatlichen Landschaft.[37] Nach seiner Auffassung speiste sich Niklaus Manuels Künstlerschaft durch «reiche Eindrücke der geliebten Heimat und ein offenes Auge für ihre besondere Schönheit».[38] Die Liebe zur Heimat aber war nichts anderes als ein Bestandteil dessen, was laut Johann Caspar Bluntschlis 1875 veröffentlichtem «Grundriss der schweizerischen Nationalität» das Nationalbewusstsein der Schweizer auszeichnete.[39]

Die Einführung des Heimatbegriffs zur Interpretation der Manuelschen Landschaftsdarstellung, beziehungsweise ihre Charakterisierung als romantische Stimmungslandschaft, stützten sich auf die moderne Vorstellung von der gestalterischen Autonomie des neuzeitlichen Künstlers. Mit Blick auf Niklaus Manuels Werk bleibt jedoch zu berücksichtigen, dass «der Maler der Dürer- und Reformationszeit ... im Auftrag» arbeitete.[40] Dem Kunstwerk des späten Mittelalters sind deshalb der vertraglich mehr oder weniger präzis formulierte Wunsch des Auftraggebers und die «Idee» des Künstlers gleichsam einbeschrieben. Einbezogen in dieses Spannungsverhältnis begann gerade das Landschaftliche um 1500 in der Malerei eine besondere Rolle zu spielen. Frei von ikonographischen Vorgaben und Beschränkungen lag in der bildlichen Verwirklichung der Landschaft die Möglichkeit künstlerischer Freiheit und Phantasie.[41]

Das phantastische Moment offenbart sich in der Malerei Niklaus Manuels mit besonderer Deutlichkeit in der Berner Fassung der «Enthauptung Johannes des Täufers». Aus den abfallenden Gesteinsschichten des Bildhintergrundes schält sich mit jäher Plötzlichkeit ein «verstecktes» Felsgesicht, das die Handlungsdramatik des Vordergrundes ins Landschaftliche überträgt (Abb. 434). Auch die Zeichnungen «Felseninsel»[42] und «Vorgebirge mit Bergwerk»[43] präsentieren in der Schroffheit aufgetürmter Felsmassen jene phantastische «lustvolle Freiheit des Erfin-

Niklaus Manuel Deutsch, Pyramus und Thisbe, 1513/14, Basel, Öffentliche Kunstsammlung.

dens»⁴⁴, die ikonographisch verbürgt beispielsweise die ins Groteske gesteigerte Darstellung der «Versuchung des hl. Antonius» erforderte.⁴⁵

Das Phantastische und Erfinderische in den Landschaftsdarstellungen Niklaus Manuels besteht jedoch gleichzeitig neben «Seriellem». Der von Gebirgszügen gesäumten Seenlandschaft beispielsweise begegnet man in Manuels Werk auf Schritt und Tritt. Eingebettet zwischen Hügeln, Tälern und steilen Felskämmen bestimmt sie zu grossen Teilen das Landschaftliche in seiner Malerei wie in seinem zeichnerischen Œuvre. Einzelne Motive wie das Wasserschloss mit Zugbrücke oder der in die Tiefe der Landschaft führende hölzerne Steg kehren mehrmals wieder. In der Stetigkeit ihres Erscheinens verweisen sie bei Manuel, aber auch bei anderen zeitgenössischen Künstlern hauptsächlich auf die graphischen Vorlagen Albrecht Dürers. Die «drei Bücher» Dürers, die «Apokalypse», die «Grosse Passion» und das «Marienleben», seit 1511 vielfach in einer einzigen Buchausgabe zusammengefasst, mochten Manuel verschiedentlich zu Gebot gestanden haben.⁴⁶ Weniger die topographische Genauigkeit, noch die stimmungsvolle Wiedergabe der lebensweltlichen Umgebung dürften dabei für den Künstler bindend gewesen sein. Vielmehr scheint die künstlerische Verwirklichung der Landschaft Manuel die Möglichkeit eröffnet zu haben, graphische Vorlagen, gesehene Umwelt und phantastische Erfindungen so zu verdichten, dass sie als Ausdruckswert dem Handlungsgeschehen im Bild Rechnung trägt.⁴⁷

Niklaus Manuel Deutsch, Votivbild der hl. Anna Selbdritt, 1514/15, Basel, Öffentliche Kunstsammlung.

das noch nicht, dass es ihm um deren Abbild gegangen sei. Vor diesem Missverständnis bewahrt die dominante Felsformation des Vordergrundes. Sie ist keinesfalls nach der Natur gezeichnet worden.⁴⁸ Nimmt man die Orientierungslinie des vertikalen Stammes als Ausgangspunkt, erkennt man unschwer ein Gebilde, das sich als Dreiviertelprofil zu erkennen gibt: die lange Nase, der halbgeöffnete Mund, das verhangene Auge und der Backen- sowie Kinnbart als Abschluss. Der Bezug zu Horaz wird an dieser Stelle greifbar. Seine den Dichtern angekreidete Lizenz, dass sie Unerhörtes und Niegesehenes phantasievoll miteinander verbanden, hatte bereits Cennino Cenninis Malerbuch (um 1400) der Kunsttheorie vermittelt.⁴⁹ Es geht aber nicht nur um die gelehrte Allusion als Metapher künstlerischer Autonomie.⁵⁰ Das Gemälde selbst liefert einen anderen Grund für die Entstehung des Vexierbildes.⁵¹ Das Felsenhaupt nämlich muss in seinem Bezug zum Johanneshaupt darunter verstanden werden, auf das es zu blicken und mit der Nase hinzuweisen scheint. Was man auf den ersten Blick für den Bielersee hätte halten können, von Erlach aus gesehen mit der Petersinsel in der Mitte, erweist sich nun als Falle. In Wahrheit geht es um etwas ganz anderes: das Fortwirken des Martyriums. Die Landschaft, und mit ihr die Gegenwart des Künstlers unterstehen diesem Diktat, das sich unausweichlich in der Gestalt der Natur selbst abgebildet hat. Der Brunnen mit der weisenden Hand schien dem Künstler nicht zu genügen. Er wollte dem sehenden Betrachter noch mehr vermitteln und ihn noch tiefer erschüttern. Denn was besagt die Botschaft anderes, als dass die Schuld auf immer und ewig menschliche Existenz überschattet! Die Sünde ist nicht gesühnt – eine Gnade der späten Geburt gibt es nicht. Man versteht nunmehr die modischen Attitüden der handelnden Personen. Der grausame Schächer, die perverse Salome und die eitlen Hoffräulein sind ebenfalls aktuell geblieben. Das Wissen um diese Unvergänglichkeit ist es, das den leidvollen Blick des Jünglings ausmacht. Er ist der Zeuge des Ganzen und verbindet als solcher nicht nur die beiden Bezirke des Damals und des

Abb. 435:
Niklaus Manuel Deutsch, Die Marter der Zehntausend auf dem Berge Ararat, Aussenseiten der Flügel eines Altars der heiligen Katharina, 1516/17, Bern, Kunstmuseum, Gottfried Keller-Stiftung.

Jetzt miteinander, sondern ist zusätzlich in die Achse zwischen Felsengesicht und Johanneshaupt eingepasst. Wer anderes sollte es sein, wenn nicht der Künstler selbst![52] Als Grenzgänger wusste er um die Zusammenhänge. Manuel erscheint als sensibler Mann, elegant gekleidet, mit starkem Sendungsbewusstsein. Mahnend richtet er sich an den Betrachter. Es ging ihm weniger um das Selbstbild, als um die Vermittlung seiner moralischen Position als Künstler. Das heftige Bewusstsein, in einer durch die Ursünde dauerhaft gebrandmarkten Gegenwart zu leben, hatte ihm die neuartige Dialektik von Vordergrund und Hintergrund erschlossen. Nach der «Enthauptung» würde es nur eines kleinen Schrittes bedürfen, um diese Dialektik weiter aufzulösen und die Natur selbst in das Zentrum des Bildes zu stellen.

Im unmittelbaren Anschluss an den Annen-Altar werden zwei zusammengehörige Flügel eines Altars datiert, die auf ihrer Vorderseite «Die Marter der Zehntausend auf dem Berg Ararat» zeigen (Abb. 435).[53] Manuels Grundüberlegung bestand darin, das in der Eidgenossenschaft und am Oberrhein hochbeliebte patriotische Motiv des bürgerlichen Widerstandes und Heldentodes gegen die durch Kaiser Hadrian verkörperte Obrigkeit über beide Aussenflügel zu spannen, um auf diese Weise die grösstmögliche Bildfläche zu erhalten.[54] Er positionierte daher den Berg in die Mitte der Komposition, so dass sein Kontur über die inneren Rahmenleisten hinweggriff, und liess die Handlung um diese mittlere Einheit kreisen: links steigen die zum Christentum bekehrten Soldaten den Berg hinauf, rechts stürzen sie in die Tiefe – im Vordergrund liegen Leichname und Sterbende, von den Dornen aufgespiesst. Dem Text der «*Legenda Aurea*» folgte er treu. Die von Achatius angeführten Soldaten demonstrieren die Leiden der Knechtschaft, den Mut zur Befreiung, das Grauen ihres Martyriums und die Freuden der sie erwartenden himmlischen Erlösung. In den Hauptfiguren links und rechts kontrastiert der selige Ausdruck ihrer krausgelockten Köpfe mit den zerschundenen Gliedmassen. Das alles war weder neu, noch hat Manuel sich in diesen Details besonders hervorgetan. Andere Künstler vor ihm haben überzeugendere Affekte und vollendetere Anatomien vorgeführt. Die Menschen aber sind zur Nebensache geworden – das Eigentliche ist sein Bild des Berges Ararat (Abb. 436). Er gleicht in nichts den vertrauten Schemen. Statt einer dreieckigen Grundform, die ein variantenreiches, allmählich spitzes Zulaufen von der breiten Bodenseite verlangte, sitzt ein ovales Gebilde auf schmäleren Sockeln. Wieder handelt es sich um einen Kopf: der massige Hals – links an den heraufführenden sehnenartigen Strängen und den wie Hautfalten parallel geführten Rillen gut erkennbar – geht in das ungeschlachte Haupt über. Erosionen im mittleren Bereich, wo Horizontallinien einen Mund anzudeuten scheinen, verleihen dem Steingesicht einen unheimlichen, geradezu hämischen Ausdruck. Nach aussen hin begrenzt eine zurückliegende Umfassungszone, dem Kinn- und Backenbereich vergleichbar, das Gebilde; darüber hängen oder stehen Auswüchse, Augen- und Nasenformationen assoziierend; zuletzt übernehmen steil nach oben zulaufende Felsschollen die waagerechten Lineamente des Mittelteils und führen in einem hügelig zerfurchten, oberen Abschluss zusammen. Die künstlerische Kontrolle über jedes Detail ist gut nachvollziehbar – zudem beweisen Zeichnungen Niklaus Manuels, wie sehr ihn gerade dieses Motiv beschäftigt hat.[55] Es handelte sich um seine ureigenste Erfindung. Kein Künstler, weder vor noch nach ihm, hat die Spannung zwischen anthropomorphen und biomorphen Formen so eindrucksvoll wie er in der Schwebe gehalten. Die Figur, die er entstehen lässt, ist weder ganz Kopf noch ganz Berg, und doch kopfartig und berggemäss. Arcimboldos sehr viel spätere Metamorphosen wirken vergleichsweise äusserlich.[56] Manuel ging es um ein sehr viel ernsteres Anliegen. Der beide Altarflügel verbindende Berg nämlich trägt die unheimliche, sogar grauenvolle Stimmung des Ganzen mehr als dessen Teile in sich. Die Soldaten sind letztlich nur die Opfer, der Berg aber ist ihr Schicksal. In ihm verkörpert sich alles Leiden. Er vertritt zugleich die Autorität des Kaisers und die Macht der Heiden, die das Massensterben ausgelöst haben. In den urzeitlichen Verwitterungen haben Schlachten und Morden ihre Spuren hinterlassen. Die Farbe steigert die Wirkung des Schrecklichen. Ein bläulicher Grund, wie blutunterlaufen oder wundgeschlagen, schimmert hinter der Lippenpartie hervor. Kalte, unnachgiebige Gewalt artikuliert sich in den weissgehöhten Zonen im Bereich des Auges links oben. Trostlos und abgenutzt erscheint die rechte, steilabfallende Berghälfte, von der sich die Märtyrer in die Tiefe stürzen. Vielleicht hat Niklaus Manuel an den tarpeischen Felsen auf dem römischen Kapitol gedacht, den heidnischen Gerichtsplatz «par excellence», von dessen Vorsprung die Feinde Roms in die Tiefe gestürzt wurden. Da in den antiken wie in mittelalterlichen Legenden das Kapitol als Inbegriff römischer Weltherrschaft stets mit einem Kopf («caput») verglichen wurde, könnte der Künstler seine bildliche Metaphorik dieser Quelle entliehen haben.[57] Die fernaufleuchtende Landschaft des Hintergrundes mag erneut in die Gegenwart verweisen. Sie ist weniger wichtig geworden. Was einzig zählt, ist die historische Perspektive, wie sie sich im Felsen abzeichnet. Historie ist gleichsam von Anbeginn der Welt an vorherbestimmt. Alles Spätere ist nur Entfaltung des im Urgestein Ausgebildeten. Diesem Schicksal kann die Menschheit nicht entkommen. Blickt man von hier auf das Selbstbildnis in der «Enthauptung» zurück (Abb. 433), wird deutlich, dass ein weltanschaulicher Pessimismus das Schaffen dieses intellektuellen Malers bestimmt. Manuel berührte sich darin mit dem Geist der Reformbewegung, wo die scholastische Sünden- und Gnadenlehre der katholischen Kirche und die daraus folgende «angebliche Freistellung des Menschen gegenüber dem

Abb. 436:
Der Berg Ararat (Ausschnitt aus Abb. 435).

rechtfertigenden Gott» mit analogen Argumenten theoretisch bestritten wurde.[58] Je deutlicher ihm selbst diese Übereinstimmung wurde, desto eher musste er sich fragen, ob die Malerei überhaupt das geeignete Medium sein konnte, um die Menschheit von ihrem bequemen Optimismus abzubringen. Mit einer gewissen Konsequenz hat er diese Frage verneint und fortan die Feder mit dem Pinsel vertauscht (vgl. Kap. VI, S. 542).

Literatur

Weltliteratur in Bern: die «Melusine» des Thüring von Ringoltingen

André Schnyder

Am 28. Jänner 1456 war es soweit: «*uff dornstag nechst nach sant Vincencien*[1], *des heilgen martelers tag, do man von Christi geburt zalte tusend vierhundert fünfzig und sechs jar*» (128, 15[2]) setzt Thüring, Herr zu Ringoltingen, den Schlussstrich unter seinen Roman. Vielleicht 100 Blätter liegen vor ihm,[3] auf denen er seinem Publikum die «*frömde und aventürliche*» Geschichte seiner Heldin Melusine berichtet. Sie führt tief in die Vergangenheit, und das Geschehen weitet sich von seinem Zentrum im französischen Südwesten, wo die von der Heldin erbauten Schlösser und Burgen – «*Lußinien, Vavent, Mervent, Maxent, Larotschelle*» (128, 29) – stehen (Abb. 437), nach Spanien, Italien, Böhmen, in den Norden Europas, ebenso wie nach Nordafrika, Kleinasien und Palästina. Fast die ganze damalige Welt bildet also den Schauplatz der dramatischen Ereignisse, und diese erinnern in manchen Zügen – auch wenn Thüring keine Chronik beabsichtigte – an reale Verhältnisse und Ereignisse des späten Mittelalters.[4] Zur räumlichen Weite und zeitlichen Tiefe der Handlung kommt zudem ihre Verwicklung; sie beruht auf einer Fülle von Personen aus vier Generationen, vollzieht rasche Peripetien zwischen Glück und Unglück; die Erzählweise mit ihren zeitlichen Rückblenden, markanten Rückungen im Tempo, ihrem Einschachteln von Episoden und dem Nebeneinander verschiedener Handlungsstränge trägt schliesslich das Ihre zum Eindruck eines vielfältigen, schwer durchschaubaren, ja verrätselten Ganzen bei.

Wir werden nach diesem ersten flüchtigen Blick auf Text und Verfasser uns jetzt ausgiebiger erst mit diesem, dann seinem Werk beschäftigen und stellen dabei dessen Gehalt ins Zentrum.[5]

Thüring von Ringoltingen dürfte etwa 1415 geboren sein;[6] die Familie, die ursprünglich den Namen Zigerli trug, stammt aus dem Niedersimmental, ist jedoch bereits etwa 1350 in der Stadt Bern ansässig (vgl. Kap. II, S. 119). Dort gelangt sie rasch zu Besitz und Macht, was unter anderem darin seinen Ausdruck findet, dass die Zigerlis am Anfang des 15. Jahrhunderts ihren wenig adlig anmutenden Namen ablegen und sich nach dem bereits ausgestorbenen Geschlecht der Ringoltingen nennen; sie erhalten so eine noble Vergangenheit (vgl. Anm. 20). Die Gegenwart ist nicht minder prestigereich; Thürings Vater Rudolf (um 1380–1456) ist einer der einflussreichsten Männer der Stadt, er amtet mehrfach als Schultheiss, übernimmt wichtige diplomatische Aufträge. Thüring selber, der einzige Sohn, kommt so auf eine glanzvolle Laufbahn: Mitglied des Grossen Rates, wie der Vater Pfleger des Münsterbaus,[7] auch er mehrfach (1458, 1461, 1464, 1467) Schultheiss, oft auf diplomatischen Missionen für die Stadt. Die vornehmen Heiraten seiner Töchter – Söhne hat er nicht gehabt – zeigen, dass der Rang der Familie weiterhin anerkannt war, obgleich nach etwa 1470 Thürings politischer Einfluss

Abb. 437:
Très Riches Heures, Stundenbuch des Herzogs Jean de Berry, um 1410, Monatsbild März: Das Schloss Lusignan, Chantilly, Musée Condé, Ms. 65, fol. 3v (Blattgrösse: 29 × 21).

Obwohl keine «Melusinen»-Darstellung, verbindet sich diese Miniatur in mehrfacher Hinsicht mit dem zwei Generationen jüngeren Roman Thürings. Ein mehr äusserlicher Bezug ergibt sich dadurch, dass der Auftraggeber des Stundenbuchs auch einen «Melusinen»-Roman in Prosa, den des Jean d'Arras, veranlasst hat.
Daneben lässt sich unser Bild von zentralen Sinngebungen des Thüringschen Romans her lesen. Da ist einmal das Neben- und Miteinander (im Sinne rechtlicher und ökonomischer Abhängigkeit) der einfachen, naturbezogenen, im jahreszeitlichen Ablauf kreisenden bäuerlichen Arbeitswelt und der raffinierten, machtbewussten, in der linearen Geschichte des Geschlechterablaufs bewegten Welt des Adels. Dazu tritt auf einer andern Ebene das Gegeneinander der konkreten, sinnlich fassbaren, alltäglichen Erfahrung – Felder, Burg, Tiere, Pflanzen, Menschen – und des Phantastisch-Fabulösen, verkörpert durch den goldenen Drachen im Himmelsblau. Er verweist auf Melusine, die Erbauerin des Schlosses und Stammmutter des Geschlechts (in dessen Folge sich auch der Herzog von Berry sah). In der Tradition ist Melusine, indem sie als Feudalherrin Wildnis roden, Land bebauen und mit Burgen, Kirchen, Klöstern bestücken lässt, eine Kulturträgerin. Damit ergibt sich in unserem Bild zwischen Vorder- und Hintergrund ein weiterer Bezug über das momentane Nebeneinander von Schloss und Bauernland hinaus: der Drachen, Zeichen Melusines, verdeutlicht den kausalen Bezug der Feudalherrin und «Landesmutter» zu ihrer Kulturlandschaft.

zurückzugehen scheint und obgleich es anscheinend auch finanziell mit der Familie bergab geht.[8] Er stirbt 1483 als letzter männlicher Vertreter seiner Familie, wird im Münster, wohl in der Ringoltingen-Kapelle des südlichen Seitenschiffs, beigesetzt (→Abb. 314: 17).[9]
Das Schlusskapitel und weitere Stellen im Werk verraten uns einiges über Thürings Bildung und seine literarischen Interessen.[10] Er versteht – wie für ein Mitglied der bernischen Führungsschicht erwartbar – gut Französisch, besitzt daneben auch Kenntnisse des Lateinischen und hat offenbar eine lange Reihe einschlägiger Ritterromane gelesen – was beides ihn unter seinen bernischen Standesgenossen wohl hervorhebt (vgl. Kap. VI, S. 541).
Einen unmittelbaren Anlass zur Beschäftigung Thürings mit dem zwei Generationen älteren französischen Versroman von Cou(l)drette kennen wir nicht. Seine Prosabearbeitung[11] ist nicht im Auftrag einer bestimmten Person verfasst, wohl aber wird sie einer solchen gewidmet: *«zů eren und zů dienst des edlen wolgeboren heren marggraff Rudolffs von Hochberg, hern zů Röttlen und zů Susenburg»* (36, 16). Rudolf, Markgraf von Hochberg, etwa 1425 auf Röttlen bei Lörrach geboren, wird in der Nachfolge seines Onkels Graf von Neuenburg. Als solcher steht er seit 1458 in bernischem Burgrecht; Thüring ehrt mit seiner Dedikation also einen künftigen[12] politischen Partner seiner Stadt.

535

Abb. 438:
Ammerich und Raymond im nächtlichen Wald die schicksalsverkündenden Sterne betrachtend.

Melusines Geschichte ist in der Überlieferung vielfach illustriert worden. Die meisten dieser Bildzyklen harren noch der Veröffentlichung und deutenden Erschliessung. Als Probe werden hier einige (Abb. 438–445) der 67 Holzschnitte aus dem wohl ältesten[16] (aber undatierten) Basler Druck Bernhard Richels (Hain 11063; Exemplar der Öffentlichen Bibliothek Basel; Bildmasse: 13 × 17) gezeigt.

Die unmittelbare und die weitere Vorgeschichte von Werk und Stoff sind verzweigt; hier ist nur weniges, was Thürings Roman in ein helleres Licht rücken kann, zu berichten. Am Ende des 14. Jahrhunderts entstehen in Frankreich kurz hintereinander zwei Werke, die den Melusinenstoff gestalten: einerseits die «Mélusine» des Jean d'Arras, anderseits der «Roman de Lusignan» des Coudrette.[13]

Jean d'Arras datiert die Widmung seines Werks auf den 7. August 1393; Empfänger ist ein nachgeborener Sohn des französischen Königs, der Herzog Jean de Berry, ein Mäzen grössten Stils. Bei seinem Auftrag an Jean d'Arras, eine «Mélusine» zu schreiben, hat er wohl neben anderem ein klares politisches Ziel im Auge, nämlich die Legitimität seiner Ansprüche auf die Grafschaft Poitou, welche im Hin und Her des Hundertjährigen Krieges wieder einmal in Frage gestellt sind, zu bekräftigen.[14] Wenige Jahre später, nach 1401, bekommt ein gewisser Coudrette von Guillaume Larchevêque den Auftrag, die Melusinen-Geschichte für ihn zu gestalten. Dieser Larchevêque, Herr von Parthenay, erscheint seit 1372 im Dienste des Duc de Berry, darüber hinaus stehen die Parthenays in verwandtschaftlicher Beziehung zu den Lusignan, zu jenem Geschlecht also, das sich direkt auf Melusine als Stammmutter zurückführt. Larchevêque, obwohl adlig, sozial unter dem Herzog von Berry stehend, dürfte so versucht haben, seinem Herrn nachzueifern.[15]

Coudrette – er verwendet anders als Jean d'Arras Verse – kennt mehrere schriftliche Quellen, lateinische und französische; wir wissen freilich nicht, um welche Werke es sich dabei handelt. Bei ihm steht im Zentrum der Geschichte die Genealogie des Mäzens; im Zusammenhang damit dominiert die Darstellung der realen Welt. Auch wenn das Geschehen, bedingt durch den Stoff, sich streckenweise auf ungewöhnlichen Bahnen bewegt, so bleiben doch die wunderbaren Elemente stark zurückgedrängt. Immer wieder betont Coudrette, dass sich der Aufstieg seines Helden Raymondin zum mächtigen Feudalherrn in anerkannten, rechtlichen Formen vollzieht. Erst recht gilt dies für die Generation der Söhne; deren Karrieren folgten dem typischen Muster des ritterlichen Erwerbs von Frau und Land. Wie in einem Stammbaum fasst Coudrette in den Söhnen und Enkeln Raymondins die vornehmen Verbindungen, derer sich die Parthenays rühmen können, zusammen.

Gehen wir von diesen zwei uns fassbaren literarischen Gestaltungen des Stoffs noch tiefer, etwa in die Zeit von 1150 bis ins 14. Jahrhundert zurück, so gelangen wir vorerst in eine Phase der Stoffüberlieferung, wo uns meist von gelehrten Klerikern in lateinischer Sprache und eher nebenbei, in andern Zusammenhängen, oft mündlich überlieferte Geschichten angedeutet oder knapp erzählt werden, die zwar Melusine nicht namhaft machen[17], aber sehr viel Ähnlichkeit mit der Romanfabel des Jean d'Arras und Coudrette haben.

Weiter zurück in der Stofftradierung kommt man nur dann, wenn man auf die Grundlage von überlieferten Texten verzichtet und die Geschichte auf Motive reduziert. Dann lässt sich etwa dies feststellen: Kern der Melusinenerzählung ist ein uraltes, in vielen Kulturen verbreitetes Motiv – die Verbindung eines sterblichen Menschen mit einem überirdischen Wesen, einer Göttin oder einem Gott. Erinnert sei etwa an die Liebesaffären des Göttervaters Zeus im griechischen Mythos. Diese Verbindung ist oft an ein Tabu geknüpft. Wird es gebrochen, ist die Trennung des Paares unvermeidlich. Die Gottheit, die sich zu den Menschen herablässt, darf und kann nicht in ihrem wahren Wesen geschaut oder erkannt werden. Dabei mag ihre eigentliche Gestalt besonders schön oder besonders furchterregend sein. Diese Ambivalenz, das schaurigschöne Aussehen und Wesen, ist noch bei Thüring ganz klar fassbar. Man kann somit hinter unserer Feudalherrin und Schlangenfrau Melusine den Mythos einer tiergestaltigen Göttin, wie wir sie etwa aus Vorderasien kennen, vermuten. Beweisen lassen sich derartige Ursprünge freilich nicht.

Was ist aus diesem Stoff in Thürings Bearbeitung geworden? Über seine ausdrücklich benannten Absichten geben uns Einleitung und Schluss des Buches Auskunft. So rühmt er einerseits, Melusines Geschichte sei *«noch frömder und aventürlicher»* als die ihm vertrauten Romane von Iwein, Gawan, Lanzelet, Tristan, Parzival, Wilhelm von Orlens (128, 33) – lauter Leib- und Magenstücke eines vorwiegend adligen spätmittelalterlichen Publikums. Dann fährt er fort:

«Besunder halt ich davon mer denn von den anderen [Romanen] *von sach wegen, das die vorgemelten grossen geschlechte alle da harkommen und erboren sint, darumb düß buch für ein warheit geschriben und erzalet werden mag»* (129, 1).

In ähnlichem Sinne hatte es bereits früher geheissen, Thüring kenne ein weitgereistes Mitglied der Familie von Erlach, das all die Schlösser, welche Melusine erbaut habe, bereist und gesehen habe (128, 26).
Hier tritt der Wirklichkeitsanspruch, den Thüring mit seinem Werk verbindet, hervor: nicht Fabulistik ist beabsichtigt, sondern die Darstellung von Wirklichkeit.[18] Allerdings schliesst Thürings Wirklichkeitsbegriff offenbar mehrere Schichten ein: die Existenz von Schlössern, steingewordene Tatsachen gleichsam einerseits, ebenso aber auch die – aus unserer Sicht – sagenhafte Herleitung existierender Adelsgeschlechter von einem Fabelwesen. Diese Beschäftigung mit dem Historischen, Tatsächlichen, rückt Thürings Schriftstellerei durchaus in die Nähe etwa der Chronistik eines Tschachtlan oder der familiengeschichtlichen Aufzeichnungen Ludwigs von Diesbach (vgl. Kap. II, S. 187).[19] Im Gegenzug sind aber die Differenzen zu beachten. Thüring schreibt nicht für die Belehrung und Besinnung der eigenen Nachkommen (wie Diesbach), und er formt (anders als die bernische Chronistik) in deutscher Prosa einen so faszinierenden weltliterarischen Stoff, dass seine «Melusine» bis tief ins 18. Jahrhundert im ganzen deutschen Sprachraum Leser findet – nicht zu reden von ihren näheren und weiteren literarischen Verwandten.

Im Vorwort des Werks zimmert Thüring einen Rahmen, in dem diese anscheinend widersprüchlichen Elemente der Wirklichkeit zu einem zwar spannungsvollen aber für ihn und seine Zeitgenossen doch plausiblen Ganzen zusammenrücken. Er zitiert – ungenau, aber sinngetreu – aus Psalm 67 und 138. Es heisse dort, schreibt er, Gott sei wunderbar in seinen Werken. Diese Wundertaten Gottes zeigten sich sehr eindrücklich in der Geschichte Melusines. Mit diesem Zitat ist ein anderes verbunden, diesmal aus dem Werk des Aristoteles, einer der grossen Autoritäten für die Philosophie und Theologie des Spätmittelalters: *«Ein yeglich mönsch begert von natur vil zu wissen»* (36, 12). Dies sei für ihn, Thüring, Ansporn gewesen, diese *«zů mol seltzen und gar wunderlich frömde hystorien»* (36, 14) aus dem Französischen ins Deutsche bearbeitend zu übersetzen.

Thüring verbindet also den Anspruch auf Forschen, Erfahren, Wissen – von *«curiositas»* sprechen die Theologen, und nicht ohne warnenden Unterton – mit der Kenntnisnahme der Melusinenerzählung, in ihr kommt die Wissbegierde auf ihre Rechnung, indem der Leser von fremdartiger Realität erfährt; dieses Fremdartige mag zwar erschreckende Züge tragen, doch es gilt letztlich auch als Werk Gottes und ist so in die Schöpfung eingeordnet.

In älteren literaturgeschichtlichen Darstellungen kann man lesen, die «Melusine» sei ein «bürgerlicher» Roman. Das ist aus heutiger Sicht zu bestreiten.[20] Thüring fühlt sich als Adliger; das zeigen sein Lebensstil, sein politisches Verhalten, das zeigt schliesslich die Ausgestaltung seines Romans. Der Erzähler räumt etwa der Darstellung von Etikettenfragen oder von Standesnormen wie Abstammung, Ehre, *«zuht»* viel Platz ein, mehr als die Vorlage von Coudrette. Die zwei französischen Werke

Abb. 439:
Raymonds erste Begegnung mit Melusine am Turstbrunnen.

Abb. 440:
Melusine und drei ihrer Söhne, die je eine andere Missbildung tragen, von links nach rechts: Mal in Form einer Löwentatze auf der Backe, Eberzahn, die Missbildung des dritten ist nicht ersichtlich.

Abb. 441:
Der erste Schritt bei der Verletzung des Tabus: Raymond beobachtet seine Frau im Bad und entdeckt ihren schlangenförmigen Unterleib.

sind in hohem Masse genealogisch bestimmt, indem sie die familiären Ursprünge des jeweiligen adligen Auftraggebers in glänzendes Licht gerückt erzählen. Dieser Aspekt fehlt bei Thüring; weder der Widmungsempfänger, Rudolf von Hochberg, noch der Autor selber sind mit den Lusignans irgendwie verwandt. Doch kann dieser Befund nur auf den ersten Blick irritieren. Tatsächlich schreibt Thüring ebenso wie die zwei Vorgänger ein genealogisches Werk; die Lusignans mit Melusine sind aber aus der Sicht des Berners nun nicht seine Ahnen in einem unmittelbaren, blutsmässigen, sondern in einem allgemeinen, standesbezogenen Sinn. Der Roman schildert nicht mehr die Geschichte des eigenen Geschlechts, sondern die wunderbaren Ursprünge der Adelswelt insgesamt; diese dauert bis in die eigene Gegenwart fort, und der Übersetzer, der Widmungsempfänger und die Adressaten fühlen sich ihr zugehörig.

Versuchen wir im Folgenden, vom Motiv der «gestörten Mahrtenehe» ausgehend, weitere Grundideen des Werks herauszuarbeiten. Dieses Erzählmuster, das die Begegnung, das Zusammenleben und – nach dem Bruch des Tabus – die Trennung ungleicher Liebespartner[21] gestaltet, wird bei Thüring umgeformt. Eine erste Veränderung liegt darin, dass es gleich mehrfach auftritt. Eine zentrale Rolle spielt es beim Protagonistenpaar, Melusine und Raymond, doch es kommt bereits in der Vorgeschichte, der Geschichte von Melusines Eltern, des Helmas und der Presine, vor und tritt dann in der Generation der Kindeskinder, beim Sperberabenteuer, das ein Enkel Melusines und Raymonds bestehen will, wieder auf. Durch diese Wiederholung verliert das Geschehen schon etwas von seiner Unerhörtheit, Einmaligkeit, somit Schicksalshaftigkeit, Zwanghaftigkeit, die es bei bloss einmaligem Vorkommen hätte. Beobachtet man sodann die Geschichte des Hauptpaares, sieht man, dass die Verletzung des Frageverbots für den Helden schmerzliche Konsequenzen, jedoch keinen Untergang zur Folge hat. Er, seine Kinder und Enkel, sein Geschlecht, existieren weiter. Die Katastrophe wird also relativiert, die Geschichte des Geschlechts mündet in die Bahnen feudaler Normalität mit Heiraten, Kinderzeugen, Erweitern des Besitzes.

Der Tabubruch durch Raymond ist weiter insofern relativiert, indem er sich in zwei Etappen vollzieht und erst in der zweiten die angedrohte Katastrophe eintritt.[22] Obwohl Melusine sofort weiss, dass Raymond sie im Bad beobachtet hat, geschieht vorderhand nichts – ganz entgegen den anfänglichen Befürchtungen des Helden. Erst als Raymond – dies der zweite Schritt – das Stigma seiner Frau in der Öffentlichkeit bekannt macht, ist die Trennung unausweichlich geworden. Nicht der Tabubruch an sich, sondern die Öffentlichmachung dessen, was Raymond über die Natur seiner Frau entdeckt hat, führt den Bruch herbei.

Gleichermassen wirken die Kommentare, die der Erzähler an entscheidenden Punkten der Handlung einflicht, als Relativierung der Fatalität. Als Raymond das Loch in die Tür bohrt, lesen wir etwa: *«Ach, wie werckete er im selbs do so übel! Den er verlor dadurch alle fröude und lust düser zit...»* (81, 5). Das zweite und endgültige Zerwürfnis wird ähnlich kommentiert:

«Raymond sach synen gemahel komen, und er was in grossem widermůt und ungewonlichem zorn, damit er erwarb sin groß hertzleit und einen langwerenden rüwen und ein jamerliches rüwiges scheiden...» (91, 12).

Beide Male wird also die persönliche Verantwortung des Helden für das, was ihm geschehen wird, vom Erzähler in den Vordergrund gerückt. Nur am Rande und gewissermassen als optische Täuschung, entsteht der Eindruck eines zwangsläufigen Geschehens, indem nämlich vielfach vorausdeutend gesagt wird: «dies oder jenes wird geschehen, wie ihr noch hören werdet.» Tatsächlich ist dies aber nicht ein echter Blick in eine noch verschlossene Zukunft, vielmehr gibt hier der Erzähler, der ja längst Geschehenes erzählt, etwas von dem preis, was er, der guten Ordnung halber, erst in der Folge mitzuteilen hat: Vorwegnahme von bereits Gewesenem, nicht eigentlich Vorausdeutung auf Verhängtes.

Was im Roman offenbar mit zur menschlichen Selbstverantwortung gehört, wird deutlich, wenn wir die Umstände betrachten, unter denen etwa Raymond das Geheimnis seiner Frau vor allen preisgibt:

«Raymond gesach sin frow, die frome schalcklich und zornlich und hochmütenklich an und sweig ein klein weil und hub da an und sprach da vor in allen: ‹Hey, du böse schlang, du schamlicher wurm…›» (92, 4).

Durch die Wut und Unbeherrschtheit Raymonds gerät hier also das Geschehen ausser Kontrolle. Genau das war schon früher in anderem Zusammenhang einer andern Person geschehen. Als Geffroy von seinem siegreichen Riesenkampf nach Hause zurückkehrt und erfährt, dass sein Bruder Freymund ins Kloster eingetreten ist, packt ihn rasende Wut auf die Mönche, die den Bruder zu einem solch verfehlten Schritt veranlasst hätten. Dies ist das Motiv für den Massenmord an den Mönchen und die Zerstörung des Klosters (86, 15).

Es gibt daneben durchaus Stellen, wo nicht die Selbstverantwortung des Menschen, sondern das Schicksal eine ausschlaggebende Rolle spielt – oder zu spielen scheint. Nehmen wir als Beispiel einen Vorgang ganz am Anfang des Romans: Raymond hat sich mit seinem Oheim Ammrich auf der Jagd verirrt, gemeinsam reiten sie durch den nächtlichen Wald. Der Onkel ist ein *«guter astronimus»* (40, 7), das heisst Astrolog. Er schaut in die Sterne und berichtet dem Jüngeren erregt, was er sieht: Wenn einer in dieser Stunde seinen Herrn töte, dann werde er mächtiger, reicher und einflussreicher als alle seine Freunde. Das Wirken Gottes, das sich hier zeige, sei unfassbar – «wunderbar» – weil eine verwerfliche Tat dem Täter Glück bringe. Hier scheint eine blinde, amoralische Macht am Werk.

Kurze Zeit später vollzieht sich genau das, was Ammrich in den Sternen gesehen hat – und zwar an ihm selber: sein Neffe Raymond bringt ihn um, erreicht dadurch Macht, Reichtum, Ehre. Dabei kommt es jedoch zu einer entscheidenden Verschiebung: Raymond begeht keinen Mord, sondern tötet den Onkel durch die Verkettung unglücklicher Umstände. Wir sehen hier also – dies eine weitere Antwort auf die Frage nach den Triebkräften des Geschehens – sehr zweideutige Verhältnisse; sie lassen sich nicht klar und zweifelsfrei auf Schuld und Unschuld, Schicksal und Willensfreiheit aufrechnen. Vielmehr wirken diese Grössen immer wieder durcheinander.

Anderswo geschieht, was geschieht, durch die Fügung Gottes. Bevor etwa berichtet wird, wie Raymond ein erstes Mal sein Versprechen an Melusine bricht, holt der Erzähler zu einem längeren Kommentar aus (79, 19). Er bereitet den Leser auf viel Leidvolles vor, bemerkt, *«gewonlich»* endeten irdisches Wohlergehen und irdische Freude mit Trauer und Leid. Sogleich fügt er einen Trost an, indem er fortfährt: *«… Den ob das nit geschicht so ist es* [das Glück in irdischen Dingen] *doch ein gewissenheit der ewigen verdampniss.»*

Eine negative Prädestination, Vorausbestimmung, also: weltlicher Erfolg ist nicht das Zeichen der göttlichen Auserwählung, sondern im Gegenteil der Verdammung. – Damit wird dem Leser eine Interpretation der Ereignisse angeboten, welche herkömmliche Werte auf den Kopf stellt. Das Unglück zwischen Melusine und Raymond ist nicht bloss relativ, da auf das Irdische beschränkt, sondern es ist geradezu Voraussetzung für das Gelingen im Ewigen und das Heil vor Gott.

Die Frage nach dem Zusammenhang zwischen göttlicher Fügung, bösem Zufall, autonomem, auf Planung (oder mindestens Einsicht in die absehbaren Folgen) beruhendem menschlichem Handeln, kompliziert sich aber noch weiter durch eine zusätzliche Beobachtung. Geffroy hat

Abb. 442:
Der zweite Schritt bei der Verletzung des Tabus: Raymond verrät vor dem Hof im Zorn Melusines Geheimnis.

Abb. 443:
Melusine und Raymond beklagen die bevorstehende Trennung (vgl. Müller, 1990, S. 1034).

Abb. 444:
Melusine fliegt als Drache durchs Fenster davon.

Abb. 445:
Raymond beichtet dem Papst und erhält Absolution.

das Kloster angezündet, ein Bote überbringt Raymond die Schreckensnachricht. Dieser fällt in tiefste Niedergeschlagenheit, sperrt sich ein, beklagt die Untat des Sohnes, zugleich aber auch seinen eigenen Totschlag am Oheim. Als ihn Melusine da trösten will, greift er sie wütend an; die Katastrophe nimmt ihren Lauf. Das Unglück steht so am Ende einer Handlungskette. Mehrere Personen sind darin verwickelt, das Handeln jeder von ihnen ist in gewissem Mass verständlich (wenn auch nicht unbedingt vernunftgerecht); aus dem einen ergibt sich das andere, das Geschehen scheint unaufhaltsam einem Ziel zuzulaufen, das keiner der Handelnden gesetzt hat. Blickt man rückwärts, ist das Ende der Kette nicht abzusehen, man gerät beim Nachdenken über die Gründe des Geschehens bald vom Hundertsten ins Tausendste – genau wie Raymond, der – für den nüchternen, aussenstehenden Betrachter – zunächst völlig befremdend von der Klage über die eben gehörte Untat des Sohnes zur Klage über seine eigene, Jahre zurückliegende schreckliche, aber nicht schuldhafte Mitwirkung am Tod des Onkels kommt: Wenn das nicht geschehen wäre, so wäre jenes nicht passiert und ohne jenes, hätte sich wiederum ein Drittes nicht ereignet und so weiter. Das Ende ist nicht absehbar.

Die bisherige Interpretation findet ein Schlüsselwort: Ambivalenz. Ambivalent ist das Handeln der Personen: Geffroy ist ein tüchtiger Ritter, zugleich aber auf entsetzliche Weise unbeherrscht, ebenso Raymond. Auch Melusine erscheint im Zwielicht: zwar ist sie eine vorbildliche christliche Fürstin, anderseits gibt sie Raymond Rückendeckung, um die Umstände, unter denen der Oheim zu Tode gekommen ist, zu vertuschen; sie ist eine treubesorgte Mutter, verhält sich daneben im Fall des einen Sohnes, des Horribel, den sie umbringen lässt, absolut hartherzig. Ambivalent ist die Welt, in der die Figuren leben und handeln, Glück und Erfolg stehen neben Unheil und Missgeschick, der Glanz höfischer Feste neben dem Tod und der Zerstörung des Kriegs. Ambivalent sind schliesslich die Interpretationen, die der Erzähler den Lesern vorschlägt, damit sie mit der ungeheuren Handlung zurecht kommen.[23] Diese Ambivalenz, gefasst als Mischung von Normalität und Abnormität, gewinnt auch Gestalt im Aussehen der zehn Söhne Melusines. Jeder trägt von Geburt auf ein Mal, einen Geburtsfehler. Von Uriens, dem Erstgeborenen, heisst es etwa: «... *und was im das ein ouge rot und das ander grün. Er hat ouch einen grossen witten mund und lange grosse oren...*» (54, 35).

Die Kinder, die da auf die Welt kommen, sind also dazu geeignet, den Eltern Schrecken und Widerwillen einzujagen. Dennoch wird der Erzähler nicht müde zu betonen, sie seien schön und gutgewachsen gewesen. Zur Ambivalenz dieser «Geburtsfehler» gehört es dann, dass manche dieser Attribute, etwa Geffroys Zahn, von den so Verunstalteten als Wappenbilder gewählt werden. Das Wappenbild indessen symbolisiert seinen Träger und darüber hinaus dessen ganzes Geschlecht, es trägt zum Glanz der höfischen Repräsentation bei. Einen erzählerischen Höhepunkt erreicht die Ambivalenz des Körperlichen dann, wenn Raymond durchs Loch in der Tür nach seiner Gattin späht:

«*Raymond gesach durch das loch hinin und sach das sin wip und gemachel in eynem bade nacket saß und sü was vom nabel uf ein uß der acht schöne wiplich bilde, von libe und angesicht unsaglich schön. Aber vom nabel hin der under teil was ein grosser langer fyentlicher wurms schwantz von blauer lasur mit wisser silbrin farbe und runden silberin tropfen gesprenget*» (81, 7).

Meisterhaft spielt hier der Erzähler durch seine Darstellung das Zweideutige der Erscheinung aus: die Zwittergestalt von Frau und Schlange,

Die «Melusine» Thürings von Ringoltingen

Raymond, der jüngste von drei Söhnen des wenig begüterten Grafen von Vorst, wird vom reichen und mächtigen Vetter Ammrich von Poitou aufgezogen. Auf einer Jagd im Wald verlieren die zwei ihre Gefährten (Abb. 438), und beim überraschenden Auftauchen eines Ebers trifft Raymond den Vetter versehentlich mit dem Speer und tötet ihn. Verzweifelt über seine Tat irrt er im Wald herum. Am nächsten Morgen gelangt er zu einer Quelle in schöner Waldlichtung, zum «turstbrunnen» (Abb. 439), und trifft da die Wasserjungfrau Melusine (noch weiss er nicht, dass sie eine Nymphe ist). Sie vermag ihn, dessen Namen und Verhältnisse sie zu seinem Erstaunen kennt, zu trösten, weist sich als Christin aus und verspricht ihm Ehre und Glück, wenn er sie zur Frau nehme. Raymond ist entzückt von ihrer Schönheit und Liebenswürdigkeit. Für die Ehe stellt sie allerdings eine Bedingung: Samstags müsse er sie immer ihre Wege gehen lassen; sollte er dieses Tabu brechen, wäre sein Glück dahin.

Melusine hat nicht zuviel versprochen. Zunächst zieht die Tötung des Vetters keine Verwicklungen nach sich, auf Raymond fällt keinerlei Verdacht. Der neue Herr, Graf Bertram, stattet ihn auf seinen von Melusine eingegebenen Wunsch hin mit dem Territorium des Turstbrunnens aus. Listig hat er dabei Land von anscheinend nur der Grösse einer Tierhaut verlangt; mit der in Streifen zerschnittenen Haut kann dann aber ein weites Gebiet abgesteckt werden. Am Brunnen findet in einer Zeltstadt die Hochzeit statt. Graf Bertram und die übrige Verwandtschaft sind zwar erstaunt, dass Raymond nicht sagen kann (oder will), aus welchem Geschlecht seine Braut stammt; aber die überwältigende Aufmachung der Hochzeitsfestlichkeiten und die Person Melusines zerstreuen alle Zweifel wegen einer nicht standesgemässen Verehelichung. Vor dem Beilager wiederholt Melusine ihre Bedingung, und Raymond sagt erneut Einhaltung zu.

Die ökonomischen Mittel Melusines sind unbeschränkt. Sie lässt an der Quelle ihren Stammsitz erbauen, nennt ihn nach ihrem Namen «Lussinien». Es folgen in kurzer Frist sechs weitere Burgen, dazu das Schloss Partenach und das Marienkloster Mallieres. In wenigen Jahren ist Raymond ein mächtiger Herr mit grossem Territorium. Auch sein familiäres Glück ist ungetrübt: zehn Söhne werden ihm von Melusine geboren. Sie weisen zwar alle eine Abnormität auf, etwa ein verschiedenfarbiges Augenpaar, ein Muttermal in Form einer Löwenpranke auf der Backe, einen Eberzahn und anderes mehr, doch all dies scheint nicht weiter schlimm (Abb. 440). So machen die Söhne wie Märchenhelden ihr Glück. Die beiden ältesten, Uryens und Gyot, werden durch Tapferkeit und günstige Umstände Könige von Cypern beziehungsweise Armenien. Reinhart wird Herr des Elsass, Anthoni König von Böhmen. Der fünfte Sohn, Freymond, tritt als Mönch ins Hauskloster des Geschlechts, in Mallieres, ein.

Dann setzt eine Wendung zum Schlimmen ein: Der Bruder Raymonds, der Graf von Vorst, kommt zu Besuch und erklärt sich befremdet, dass Melusine sich samstags nicht zeige. Raymond lässt sich von seiner Ohrenbläserei dazu hinreissen, Melusine durch ein Loch in der Tür zu beobachten; da sieht er, dass ihr Unterleib in einen blaufarbenen Schlangenkörper übergeht (Abb. 441). Doch gleich geht ihm auf, was er angerichtet hat, so schweigt er über das Gesehene und jagt den Bruder mit Verwünschungen aus dem Haus; dann zieht er sich zurück und klagt von Gewissensbissen geplagt heftig. Zwar ist Melusine von all dem nichts entgangen, doch sie gibt sich, wie wenn nichts geschehen wäre; alles scheint in Ordnung. Der sechste Sohn, Geffroy, will nicht akzeptieren, dass sein Bruder Freymond Mönch geworden ist. Aus Wut darüber verbrennt er das Hauskloster samt seinen Insassen. Raymond ist über diese Tat ausser sich und sieht in Melusine die Schuldige; das führt zur Katastrophe. In der erregten Auseinandersetzung verrät er vor dem ganzen Hof ihr Geheimnis und beschimpft sie (Abb. 442). Melusine fällt vor Leid zu Boden und klagt laut; dann beschuldigt sie ihn des Treuebruchs und kündigt die Konsequenzen an. Ohne sein Vergehen wäre sie wie eine «natürliche» Frau gestorben und hätte damit die Seligkeit erwerben können; jetzt aber sei ihr als unerlöstem Geistwesen Not bis zum Jüngsten Tag beschieden. Nach einem schmerzlichen Abschied (Abb. 443) entweicht sie durch ein Fenster (Abb. 444); alle sehen nun ihren Schlangenleib. Dreimal umfliegt sie die Burg Lussinien, verschwindet daraufhin mit gellendem Wehgeschrei. Melusine kehrt einzig noch regelmässig zurück, um ihre zwei jüngsten Kinder zu versorgen; dabei können sie aber nur die Ammen, nicht Raymond beobachten. Von diesem Tag an trifft bis zu seinem Tod niemand mehr Raymond je fröhlich an.

Ausführlich wird jetzt die weitere Geschichte Geffroys erzählt. Zur Sühnung seiner Untat vollbringt er grosse Heldentaten, erschlägt Riesen, befriedet das geplagte Land, befreit Gefangene. Dabei entdeckt er auch die Herkunft seiner Mutter Melusine: ihre Mutter, Königin Presine, hatte ihrem Mann, Helmas von Albanye, verboten, sie im Kindbett zu besuchen oder ihr nachzuforschen. Er brach den Eid, und sie musste ihn daraufhin mit ihren drei Töchtern verlassen. Als diese 15 Jahre alt waren, erzählte ihnen die Mutter vom Vergehen des Vaters. Zu dritt rächten sie sich an ihm, indem sie ihn in den Berg Awalon einschlossen. Dies wiederum zog die Sanktion der Mutter nach sich: Melusine erhält so ihre erlösungsbedürftige Feennatur. Wegen seiner edlen Befreiungstaten kann Raymond dem Sohn Geffroy verzeihen; er selber zieht nach Rom zur Beichte (Abb. 445), dann als Einsiedler nach Montserrat; dort stirbt er.

Auch Geffroy beichtet in Rom, leistet Kirchenbusse, indem er das von ihm zerstörte Kloster wieder aufbaut. Dort wird er auch begraben.[24]

die Faszination, die von der glänzenden blauen und silbernen Farbe ebenso wie von der Gestalt der Schlange, die an Sündenfall, Tod aber auch an Eros erinnert, ausgeht.[25]

In Melusines Zwitterwesen verdichten sich zudem Vorstellungen von der Ambivalenz der Frau. Vom Christentum her gesehen, war diese Zweideutigkeit im Paar Eva und Maria seit jeher gegeben: die Frau war Verführerin und war zugleich in herausragender Weise an der Erlösung beteiligt. Melusine erscheint aus dieser Optik als die Frau schlechthin.[26] In ihr zeigen sich alle Gefährdungen, Verlockungen und Tugenden, welche für die Zeit die Faszination des Weiblichen ausmachen; sie ist Urmutter, die Stammmutter eines über ganz Europa verbreiteten mächtigen Herrschergeschlechts, dazu eine Fürstin, die Wildnis urbar gemacht, sie durch Schlösser verschönert und durch Klostergründungen dem Gottesdienst geöffnet hat, trägt aber auch dämonische Züge.[27]

Ambivalenz – dieses Wort passt wohl auch auf Thüring. Da kommt ein Patrizier aus einer Stadt, die man in ihrer Gegenwart und Vergangenheit gerne als eher behäbig charakterisiert, da gerät also ein Berner Patrizier, anscheinend solide in seiner Welt der Politik verwurzelt, zugleich aber auch Letzter seines Stammes, zudem unter seinen Standesgenossen durch hierzulande etwas auffällige literarische Interessen und Ambitionen herausgehoben, dazu, einen Roman zu schreiben. Er dürfte ohne äusseren Auftrag, in der Musse, die ihm seine gesicherte soziale Stellung bot, bloss aus innerem Antrieb geschrieben haben (unter den Verhältnissen des damaligen Literaturbetriebs war das eine privilegierte Situation). Damit bestand für ihn keine Notwendigkeit, im Interesse eines zahlenden Mäzens dessen Familiengeschichte in günstiges Licht zu tauchen. Diese Freiheit hat unser Übersetzer-Autor fruchtbar zu machen gewusst. Er nutzte sie mit geistiger und gestalterischer Kraft, um das Selbstbewusstsein, die Stärke und den Glanz dieser Welt ebenso wie ihre Verunsicherung, ihre Brüchigkeit und ihre Düsternis in Handlungen darzustellen und in Worte zu fassen.[28]

Niklaus Manuel und die Anfänge des Theaterspiels in Bern

Hellmut Thomke

Geistliche Spiele in Bern?

Über das bernische Theaterspiel im ausgehenden Mittelalter wissen wir so gut wie nichts, da uns keine Spieltexte überliefert sind und sich nur ganz spärliche Bemerkungen in amtlichen Schriften erhalten haben. Wir dürfen aber vermuten, dass die in vielen Ländern Europas verbreiteten geistlichen Spiele – Mysterienspiele und Moralitäten an kirchlichen Festtagen – auch in bernischen Kirchen und Klöstern ihren Platz gehabt haben. Dass sie im Verlaufe des 15. Jahrhunderts von der Geistlichkeit in die Verantwortung der Bürgerschaft übergingen, wie es in einer Reihe von Städten geschah und sich in der Eidgenossenschaft besonders gut am Beispiel des Osterspiels in Luzern verfolgen lässt, ist für Bern nicht mit Sicherheit zu erweisen; die massgebliche Beteiligung von Stadtbürgern ist aber auch hier bezeugt. Bei der Aufführung von Mitgliedern der Zunft zu Webern von 1437 und bei der Schüleraufführung von 1448 – die Stadtrechnungen vermerken Belohnungen für die Spieler – muss es sich um religiöse Spiele gehandelt haben, denn es lässt sich 1437 weder ein Fastnachtspiel noch 1448 ein lateinisches Schuldrama voraussetzen, haben sich diese Dramentypen doch erst später entwickelt.[1]

Für die Vermutung, dass auch Bern eine Tradition geistlicher Spiele kannte, spricht, dass in der benachbarten und verbündeten Stadt Biel neben der Geistlichkeit schon früh, nämlich 1427, bürgerliche «Gesellen» ein Dreikönigsspiel aufführten und dass dort 1458 sogar mehrere dörfliche Spielgruppen aus Twann, Bözingen und Mett auftraten und belohnt wurden.[2]

Das sogenannte «Berner Weltgerichtsspiel» möchte man sich gerne als dramatisches Gegenstück zur Weltgerichtsdarstellung am Münsterportal vorstellen, die ihrerseits eine Beziehung zu geistlichen Spielen erkennen lässt. Doch trägt es seinen Namen nur nach dem Aufbewahrungsort in der Berner Burgerbibliothek, die Handschrift jedoch ist 1465 in Luzern entstanden.[3]

Abb. 446:
Israhel van Meckenem, Moriskentänzer, um 1480, Kupferstich, Wien, Albertina.

Das Fastnachtspiel

Auch über die Anfänge des weltlichen Schauspiels in der zweiten Hälfte des 15. Jahrhunderts gibt uns nur beiläufig eine Chronik oder ein amtliches Dokument dürftige Auskunft. Immerhin belegen derartige Zeugnisse, dass das ausgelassene und satirische Fastnachtspiel in Bern wie in einigen anderen Städten des Heiligen Römischen Reiches und im besonderen auch in der Eidgenossenschaft einen festen Platz gewann.[4] Der Übergang vom Festbrauch, von komischen Reden, Umzügen, Maskeraden und Tänzen zur theatralischen Aufführung war fliessend. Das Spiel zur Fastnachtzeit war nicht ursprünglich literarischer Natur, und die Texte der ersten bezeugten Aufführungen sind denn auch nicht überliefert. Der Chronist Bendicht Tschachtlan berichtet zum Beispiel, dass man 1465 zu Lichtmess – der Festzeit vierzig Tage nach Weihnachten, nach der für das Gesinde das neue Dienstjahr begann und man die Feldarbeit wieder aufnahm – in Bern eine grosse *«vorfasnachtt»* feierte und dazu nicht nur Ratsherren, sondern auch Landleute aus Luzern, Uri, Schwyz, Unterwalden, aus Freiburg, Solothurn, Saanen und den bernischen Landschaften einlud und in Freundschaft ein fröhliches, frisches und gutes Fest erlebte.[5] Von einem eigentlichen Fastnachtspiel erzählt Tschachtlan nichts, doch dürfen wir aus späteren Berichten schliessen, dass zum geselligen Treiben auch Aufzüge und Darbietungen gehörten, die zumindest als Vorformen des dramatischen Spiels zu betrachten sind. Ein eigentliches Spiel im Sinne einer Aufführung ist erst für das Jahr 1506 nachgewiesen. Aus der Seckelmeisterrechnung erfahren wir, dass es sich um ein *«spil der zwölff planeten»* gehandelt habe (zwölf Planeten kannte man nicht; waren es die zwölf Tierkreiszeichen oder zwölf aufgeblasene Menschen?). Wiederum empfing man Fastnachtgesandtschaften aus Zürich, Basel und Solothurn, und Berner «Knaben» begrüssten sie mit einem *«maristentantz»* (Abb. 446), dem um 1500 überaus beliebten burlesken, oft mit einem närrischen Fechten verbundenen Moriskentanz, der ursprünglich wohl an die Kämpfe der Spanier gegen die Mauren erinnerte und dann zum exotischen Mummenschanz wurde.[6] Weil die Staatsrechnungen Berns aus dieser Zeit nur unvollständig erhalten sind, sind weitere Festlichkeiten und Aufführungen durchaus denkbar.

Niklaus Manuel Deutsch (1484–1530): Lebensdaten

Die Familie «Alleman» beziehungsweise «de Alamanis» kam aus Chieri bei Turin nach Bern, war aber dem Namen nach offenbar deutschsprachiger Herkunft.

1484
Wahrscheinliches Geburtsjahr Niklaus Manuels. Sein Vater war vermutlich der Apotheker Emanuel Alleman, die Mutter Margaretha Fricker (eine uneheliche Tochter des Stadtschreibers Thüring Fricker, beziehungsweise Frickart).
Über die Ausbildung zum Maler gibt es keine eindeutigen Zeugnisse.

1509
Heirat mit Katharina Frisching. (Noch unter dem Namen Niclaus Alleman; später nannte sich Niklaus Manuel nur noch mit seinem Namen und dem Vornamen des Vaters. Das «D» in seinen Initialen «ND» und «NMD» ist sicherlich als Übersetzung von «Alleman» in Deutsch zu erklären.) Manuel wird in den Grossen Rat gewählt.

1512
Manuel wird Stubengenosse zu Obergerbern.

1514
Erwerb des Hauses Nr. 72 an der Gerechtigkeitsgasse. Manuels Wohnsitz bis zu seinem Tode.

1516
Manuel ist sehr wahrscheinlich am Feldzug in die Lombardei beteiligt.

1516–1519
Der monumentale Totentanz an der Umfassungsmauer des Predigerklosters entsteht (vgl. Kap. II, S. 119).

1522
Mit bernischen Söldnern im Dienste des französischen Königs zieht Manuel nach Oberitalien und nimmt an der Schlacht von Bicocca teil. Kurz danach verfasst er das «Bicocca-Lied».

1523
Aufführung der beiden reformatorischen Fastnachtspiele an der Kreuzgasse.

1523–1528
Landvogt in Erlach.

1525
Manuel schreibt sein Fastnachtspiel «Der Ablasskrämer».

1526
Manuel verfasst das Gespräch «Barbali» und das Spottlied «Ecks und Fabers Badenfahrt».

1528
An der Berner Disputation im Januar amtet Manuel als Rufer und Herold. Im Zusammenhang mit diesem Ereignis entstehen die satirischen Dialoge «Krankheit der Messe» und «Das Testament der Messe». Am 14. April wird er Mitglied des Kleinen Rates und ist in der Folge als Staatsmann, als militärischer Führer und als Vermittler in Bern und in der Eidgenossenschaft tätig. Im Oktober wird er Venner zu Obergerbern.

1529
Teilnahme an der Tagsatzung in Baden. Umgang mit dem St. Galler Humanisten und Reformator Joachim von Watt (Vadianus).

1530
Am 28. April stirbt Manuel in Bern im Alter von 46 Jahren. Die Todesursache ist unbekannt.

Niklaus Manuel Deutsch, Selbstbildnis, 1520, Bern, Kunstmuseum. Selbstbildnis Niklaus Manuels im Alter von 35 bis 36 Jahren, signiert «NMD» und mit dem «schwytzer degen» sowie mit der charakteristischen Schleife.

Zum Berner Fastnachtspiel gehörte wie anderswo und besonders in Nürnberg die Verspottung des Bauern, der als literarische Figur nicht so sehr als Vertreter seines Standes, sondern als Inbegriff des tolpatschigen und lasterhaften Menschen zu gelten hat. Dennoch fühlte sich das Berner Landvolk als Stand getroffen, und im Könizer Aufstand von 1513 hatten die Bauern auch darüber zu klagen, *«dass purengspŏt und ăschensăk an vergangner fasnacht ze vil verachtlich wider si gebrucht»* worden seien.[7] Durch diesen Bericht des Chronisten Valerius Anshelm erfahren wir indirekt, dass Fastnachtspiele in Bern zur festen Gewohnheit geworden waren. Für die Jahre 1514, 1515 und 1516 sind sie wiederum durch die Seckelmeisterrechnungen bezeugt, die als Aufführungszeit und -ort für die beiden ersten Jahre ausdrücklich den Aschermittwoch und die Kreuzgasse nennen.[8]

Doch war die Bauernverspottung nicht Hauptgegenstand der Berner Spiele. Wie die alemannischen Fastnachtspiele aus den Anfängen des 16. Jahrhunderts überhaupt, unterscheiden sie sich in der Zeit, als die

Texte fassbar werden, deutlich von denjenigen in Nürnberg und im Tirol. Die gesellschaftliche Trägerschaft – nicht nur Handwerker, sondern auch junge Burger aus vornehmen Familien, ja selbst Ratsherren spielten mit – war viel umfassender, und die Themen wurden daher auch vielfältiger. Der Umfang der Stücke wuchs an und erforderte einen anspruchsvolleren Aufbau. Das Reihenspiel, das Einzelvorträge oder einfache Dialoge aneinanderreihte, genügte nicht mehr; erst im Handlungsspiel wurde eine dramatische Auseinandersetzung möglich. Moralitäten und die lehrhafte Narrenliteratur des ausgehenden Mittelalters wirkten auf die Spiele ein, daneben auch das politische Drama, das seit dem Urner Tellenspiel von 1512 zu einem charakteristischen Dramentypus der Stadtrepubliken der Eidgenossenschaft wurde. Die Fastnacht war nicht einfach mehr Anlass närrischen Treibens und ausgelassener Spielfreude, sondern bot Gelegenheit zu religiöser und politischer Satire in der ernsthaften Auseinandersetzung mit den grossen Fragen der Zeit. Die Fastnachtspiele des Basler Buchdruckers Pamphilus Gengenbach, die im wesentlichen noch dem Reihenspiel zugehören, wuchsen über den gewohnten Umfang hinaus und enthielten patriotische Ermahnung ebenso wie die Erörterung religiöser und moralischer Themen und damit verbundene Satire. Zumindest eines von Gengenbachs Spielen (Abb. 447) wirkte unmittelbar nach Bern hinüber und beeinflusste Niklaus Manuel, nämlich sein 1522 gedruckter Dialog «Jammervolle Klage über die Totenfresser».[9] Doch schon bevor Manuels Auftreten als Verfasser von eigenen Stücken bezeugt ist, diente auch hier das Fastnachtspiel der Satire in den religiösen und politischen Auseinandersetzungen zu Beginn der Reformationszeit, in der die Eidgenossenschaft zugleich in den kriegerischen Machtkampf der europäischen Staaten verwickelt war. So berichtet der Chronist Anshelm, dass sich 1521 Kardinal Matthäus Schiner über ein «Eschenmitwochen-spotspil» beklagte, in dem der Kaiser und er selbst «offentlich durch alle stat verachtet und verspotet» worden seien. Wie ernst er die Sache nahm, geht aus seiner Drohung mit dem Beispiel des römischen Kaisers Caracalla hervor; dieser habe nach einem gegen ihn gerichteten Spottspiel in Alexandria «alles volk, das im engegen gieng, zerriten und zertreten, also dass plůtbäch in Nil flussend».[10] Leider kennen wir weiter nichts vom Inhalt und Text dieses Spiels, was umso bedauerlicher ist, als es den Stücken Manuels offenkundig den Boden bereitete – wenn der Berner Maler nicht allenfalls selbst schon daran beteiligt war!

Niklaus Manuel und das reformatorische Fastnachtspiel

Andere eidgenössische Orte wie Basel, Luzern oder Zürich kannten unmittelbar vor Beginn der Reformationszeit wohl ein reicheres Theaterleben als Bern. Zumindest fand es in Basel und Zürich bereits seinen literarischen Niederschlag durch den Buchdruck, während in Bern noch kein Drucker ansässig war. Doch nirgends trat ein Dichter vom Format eines Niklaus Manuel auf, der sich mit einem Spürsinn für dramatische Situationen wortgewaltig und leidenschaftlich gegen die Missstände in der Kirche wandte und für den neuen Glauben einsetzte. Er nutzte die Möglichkeiten, die sich im alemannischen Fastnachtspiel des beginnenden 16. Jahrhunderts eröffnet hatten, und führte dieses auf seinen Höhepunkt.

Niklaus Manuel Deutsch gehört zu den herausragenden Persönlichkeiten der Eidgenossenschaft im Übergang vom Mittelalter zur Neuzeit. Um 1484 geboren, war er ein unmittelbarer Zeitgenosse der Reformatoren Luther und Zwingli. Als Maler, Dichter und Vorkämpfer der Reformation, aber auch als besonnener Staatsmann, Mitglied des Grossen und später auch des Kleinen Rates, als Landvogt in Erlach und als erprobter Kriegsmann zeichnete er sich aus. Seine Dichtungen waren nicht autonome Kunst (die es in jener Zeit gar nicht gab), sondern sie wollten

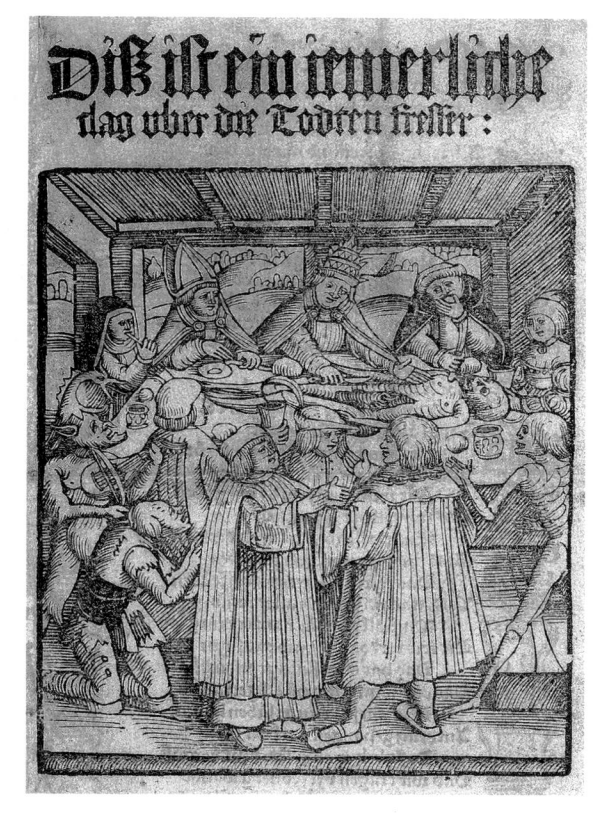

Abb. 447:
Pamphilus Gengenbach, «Die Totenfresser», 1522, Titelholzschnitt, Zürich, Zentralbibliothek, XXV 1396.

Der Papst mit der Tiara, der dreifachen Krone, tafelt und weidet einen Toten aus. Zu seiner Rechten sitzen ein Kardinal und eine Klosterfrau, zur Linken ein Weltgeistlicher und eine Pfaffendirne. Links im Bild spielt der Teufel auf der Fidel auf, neben ihm kniet ein Bettler; rechts erscheint der Tod. Vor dem Tisch stehen drei Männer, darunter ein an der Halskette erkennbarer Adliger.

Abb. 448, 449:
Lukas Cranach d. Ä., «Passional Christi und Antichristi», 1521, Holzschnittfolge, Bamberg, Staatsbibliothek, II D 40/9.

Links Christus auf einem Esel mit einer Schar ernsthafter und schlichter Menschen, rechts der Papst hoch zu Ross mit geistlichem und kriegerischem Gefolge. Neben dem Aufzug des Papstes tut sich die Hölle auf. Das Passional war die erste reformatorische Bilderflugschrift und entstand in Zusammenarbeit mit Martin Luther; die Texte stellte Philipp Melanchthon zusammen.

CHRISTVS.

Ecce rex tuus venit tibi mansuetus, sedens super pullum asinę. Matthei. xxi .& Iohann. xxi. Sic venit Christus vectus asino alieno,& mansuetus. Necʒ vectus est ad regendum & imperandum, sed ad beatā mortem nobis omnibus.

unmittelbar auf das Zeitgeschehen einwirken. Diese Wirkungsabsicht verbindet seine Spottlieder und Streitdialoge aufs engste mit den Fastnachtspielen. In ihnen vereint sich das religiöse Ringen mit dem Sinn des Politikers, mit den Erfahrungen des Kriegers und mit dem sozialen Verantwortungsbewusstseins eines Mannes aus der Oberschicht, und auch der Blick des Malers wird der Inszenierung seiner Fastnachtspiele zugute gekommen sein.

Es waren die politischen Spannungen in der Eidgenossenschaft und deren Verstrickung in die Kämpfe der europäischen Mächte, vor allem aber die religiöse Umwälzung, die den Maler Manuel zum Dichter werden liessen (vgl. Kap. VI, S. 588). Die Missstände der Kirche kannte er aus dem heimischen Bern, der Missbrauch kirchlicher Macht durch das Papsttum war ihm von seiner Teilnahme an den italienischen Feldzügen her vertraut (vgl. Kap. IV, S. 277). Trotz seinem klaren Bekenntnis zur Reformation bekämpfte er jedoch in den letzten Lebensjahren die Politik Zwinglis, die zum Bürgerkrieg gegen die katholischen Miteidgenossen trieb. In Bern war das Ansehen der Kirche schon durch den Jetzer-Handel und die anschliessenden Prozesse in den Jahren 1508 und 1509 schwer geschädigt worden (vgl. Kap. V, S. 489). Der skandalöse Ablassverkauf des Ablasskrämers Bernhardin Samson von 1518 im Berner Münster weckte erneut den Widerstand gegen die Missbräuche in der Kirche. Seit 1521 predigte Berchtold Haller als Leutpriester am Münster im Geiste Zwinglis, und gleichzeitig drangen die Schriften Luthers

ANTICHRISTVS.

Clerici omnes sunt Reges, & hoc designat corona in capite. c. duo.
xij. q. i.
Papa potest vehi instar Imperatoris, & Imperator debet stator eius esse
& frenum equi eius tenere, vt pontificalis apex non vilescat. 9 6. dist. c.
Constantinus.
Super gentes & regna Pontifex Romanus a domino constitutus. Extra‑
uagand. Super gentes Iohan. vicesimi secundi.   C ij

nach Bern. Die zwei reformatorischen Spiele Manuels – das ausführliche «Vom Papst und seiner Priesterschaft» und das wesentlich kürzere «Von Papsts und Christi Gegensatz»[11] – wurden an der Herrenfastnacht (auch «Pfaffenfastnacht» genannt) und an der Bauernfastnacht (der «Alten» Fastnacht) bei der Kreuzgasse aufgeführt. Das geschah nach dem mehr als ein Jahrzehnt später entstandenen Bericht des Chronisten Anshelm 1522; die gleiche Zeitangabe enthalten auch die gedruckten Texte. Doch gibt es ganz gewichtige Gründe, mit Sicherheit das grössere Spiel, aber vermutlich auch das kleinere, erst für die Fastnacht des Jahres 1523 anzusetzen.[12] Manuel war demnach zwar einer der entschiedensten, aber doch nicht der frühesten Vorkämpfer der Reformation in seiner Heimatstadt. Es sei denn, das kurze und nur unvollständig überlieferte Versepos «Ein seltsamer wunderschöner Traum», das zwischen Ende 1521 und Sommer 1522 entstanden sein muss, stamme tatsächlich von ihm. Die Dichtung ist in einer fehlerhaften Abschrift überliefert und mehrfach dem Berner Dichter zugeschrieben worden. Inhaltlich spricht vieles für seine Urheberschaft – die Anklage gegen den Papst, der zur Verkörperung des Antichrists geworden ist, die Anprangerung der verweltlichten Kirche und das Eintreten für das Evangelium – doch der resignative Ton, die Form und die Sprache wollen nicht zu den übrigen Dichtungen passen. Auch fehlt das Markenzeichen

Abb. 450:
Niklaus Manuel Deutsch, «Von Papsts und Christi Gegensatz», 1524, Titelholzschnitt mit den Bauern «Růde fogelnest» und «Cleywe pflůg», Bern, Stadt- und Universitätsbibliothek, Rar. 21.

Niklaus Manuel Deutsch, «Vom Papst und seiner Priesterschaft», 1524, Weimar, Landesbibliothek, O,9:117.

Papst. Entcristelo.
Der todt ist mir ein gůt wildtbråt
Dardurch myn diener vnd min råt
Mögend fůren hohen gebracht
Jn allem wollust tag vnd nacht
Diewil wirs habend gebracht dahin
Das man nit anderst ist imm sin
Dann das ich also gwaltig sy
Wiewol ich leb in bůbery
Noch mög ich die seel in hymel lupffen
Dardurch ich menchen fogel rupffen
Ouch wenend sie ich håb den gwalt
Jn die hell zů binden wer mir gefalt
Das sind alles gůt griff vff der gygen
Lůgend ir nůn das ir geschickt syen
Vnd predgend alweg das geistlich recht
So sind wir herren / vnd die leyen knecht
Vnd tragend herzů by der schwåre
Das sunst alles verderbt waere
Wo ir das Euangelium seiten
Vnd nach sim inhalt recht vßleiten
Dann das lert nienen opffern noch geben
Allein in armůt vnd einfalt leben
Solt es nach Euangelischer wyß zůgan
Wir möchtend vast kum ein eßli han
So wir sunst hoch gehalten werden
Jch ryt almal mitt thusend pferden
Ein kardinal mit zwey dry hundert
Wiewol es die leyen übel wundert
Jch zwing sie aber durch den ban
Vnd sprich der tüfel můst si han [...]

Manuels, der Schweizer Degen, mit dem er seine beglaubigten Werke unterschrieb oder unterzeichnete.[13]

«Von Papsts und Christi Gegensatz» stellt wie die Holzschnittfolge «Passional Christi und Antichristi» Lukas Cranachs d. Ä. (Abb. 448) die gegensätzlichen Aufzüge Christi und des Papstes dar. Christus erscheint mit der Dornenkrone, schlicht gekleidet mit einer Schar von Armen und Elenden, der Papst in allem Prunk mit zahllosen geistlichen Würdenträgern, einem Kriegstross mit Geschütz und Musik sowie Huren und Buben im Gefolge. Zwei einfache Bauern, «Růde fogelnest» und «Cleywe pflůg» (Abb. 449), die sich nach dem Evangelium richten, entsetzen sich im Dialog über den visuell zweifellos in packender Form dargestellten Aufzug des Papstes. Sie brauchen zwar die derbe Sprache, die wir von den Bauern des Fastnachtspiels kennen, doch sind sie nicht mehr die gewohnten Spottfiguren, sondern vertreten den rechtschaffenen gemeinen Mann, der sich über den kirchlichen Machtmissbrauch empört.

Das Spiel «Vom Papst und seiner Priesterschaft» (früher mit Valerius Anshelm «Die Totenfresser» genannt) bringt neben typischen Figuren der Zeit auch historische Persönlichkeiten wie den Kardinal Matthäus Schiner auf die Bühne. Es lässt in der Eingangsszene die Anregung durch Gengenbachs «Totenfresser» erkennen. Der Papst gestattet sich mit seinen Höflingen und Kurtisanen angesichts einer Totenbahre ein üppiges Bankett, prahlt mit seiner Macht und erfreut sich der Gelder, welche die Seelenmessen einbringen (siehe Textauszug). Dem Prunk der Kirche und der Prasserei der Prälaten stellt der Dichter die Not der armen Leute entgegen. Im folgenden Auftritt führt er die Schweizer Söldner im Dienste des Papstes und das liederliche Leben der Gardeknechte vor und prangert den Missbrauch des Pfründenwesens an. Dramatischer Höhepunkt ist der dritte Auftritt, in dem ein Ritter aus dem von den Türken belagerten Rhodos einhersprengt und leidenschaftlich um Unterstützung nachsucht, vom Papst aber gleichgültig abgefertigt und im Stich gelassen wird. Nun erkennt der Ritter, wie Martin Luther, im Papst den Antichrist und verflucht ihn mit samt seinen Kardinälen, den Bluthunden in roten Hüten. Der Türke «Schupimassga» kann triumphieren, die Christenheit verhöhnen und die bevorstehende Eroberung Roms verkünden. In dieser Szene zeigt sich einerseits der Sinn Manuels für die welthistorischen Entscheidungen der Zeit, und gleichzeitig erreicht seine Sprache eine Lebensnähe und Unmittelbarkeit, wie sie in der Dichtung jener Tage nur selten anzutreffen ist. Im vierten Auftritt verdammt auch der Predikant Dr. Lupold den Papst, und der Dichter stellt dar, wie die Bauern unter dem Ablasshandel leiden, wobei sich die Handlung unmittelbar auf das Jahr 1518 und die Ablasskrambude Samsons im Chor des Berner Münsters bezieht. Der fünfte Auftritt gehört den Aposteln Petrus und Paulus; sie verwundern sich über das heidnische Treiben und die Pracht, denen sich der Papst als angeblicher Nachfolger Christi ergibt. Der Kriegsrat des Papstes und der Aufmarsch der eidgenössischen Reisläufer zur Musterung in einer Massenszene, bilden den sechsten Auftritt. Im Kontrast dazu steht dann im letzten Teil «*Doktor Lupold schüch nit*» ganz allein auf der Bühne und beschliesst mit einem Gebet, aber auch mit einer Schimpfpredigt das Spiel und wünscht die altkirchlichen Theologen alle ins «*schißhus*».

Das Spiel «Vom Papst und seiner Priesterschaft» ist im Vergleich mit den stereotypen Formen des zeitgenössischen Dramas sehr eigenständig gebaut und handhabt den vierhebigen Knittelvers mit beliebiger Füllung der metrischen Senkungen sehr frei und lebendig. Leider kennen wir die Originalhandschrift Manuels nicht, sondern nur eine unvollständige frühe Abschrift und die erstmals 1524 in Zürich bei Froschauer

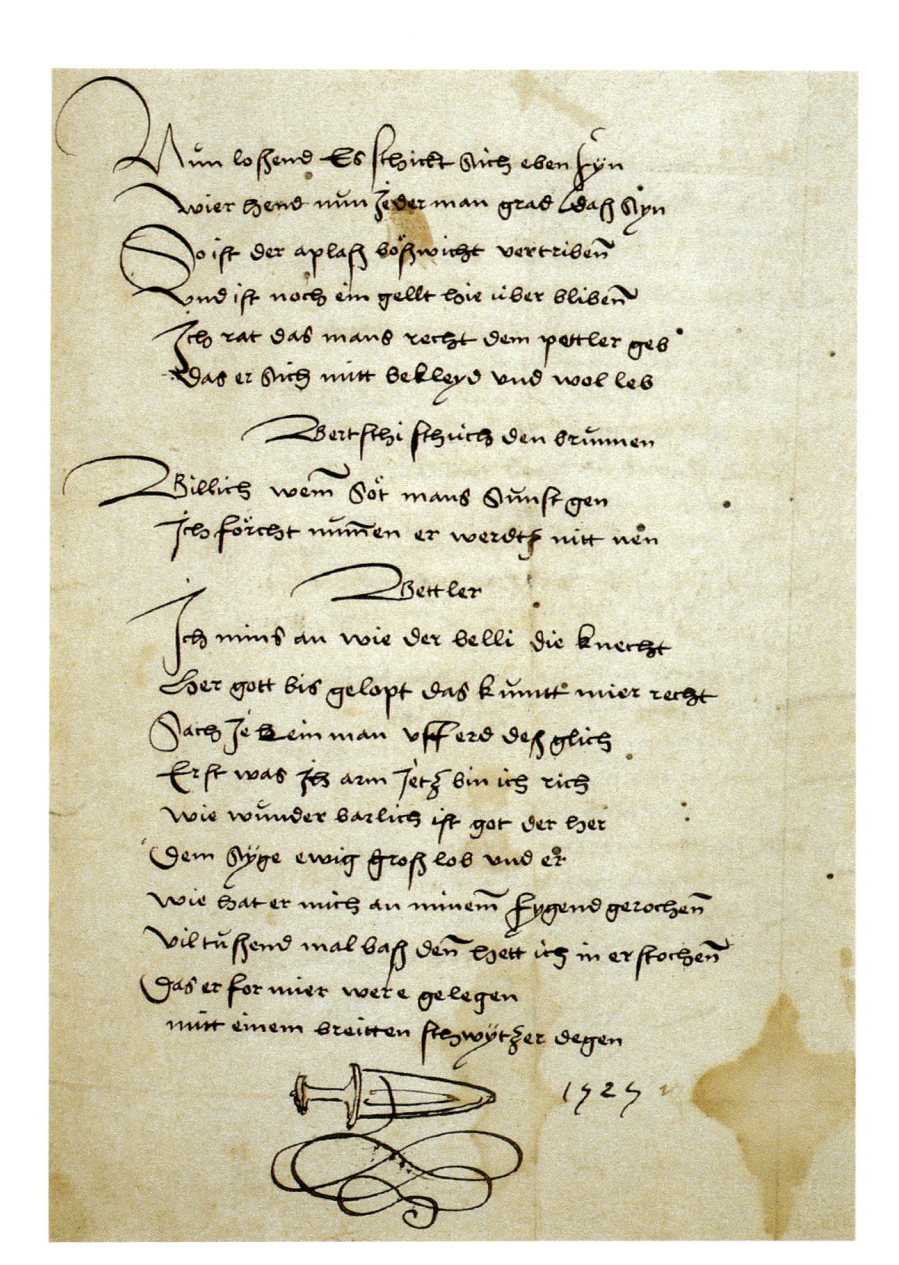

Abb. 451:
Niklaus Manuel Deutsch, «Der Ablasskrämer», 1525, Bern, Burgerbibliothek, Mss. hist. helv. XVI 159.

Schlussseite des Fastnachtspiels, mit dem Schweizer Degen und der Schleife unterzeichnet.

erschienenen Drucke. Diese haben offensichtlich einige Szenen durcheinandergebracht und Ergänzungen – vielleicht vom Dichter selbst, aber sicher auch von fremder Hand – hinzugefügt. Eine völlig sichere Rekonstruktion des Manuelschen Textes ist nicht an allen Stellen möglich.[14] Die eindrückliche Figur des Doktor Lupold ist unterschiedlich gedeutet worden. Man wollte in ihm den Berner Reformator und Leutpriester Berchtold Haller erkennen, auch den Barfüsser Dr. Sebastian Meyer, der sich entschieden für die Reformation einsetzte. Doch hat schon der Historiker Leopold von Ranke angedeutet, dass man bei der Figur des Doktors an den Reformator Dr. Martin Luther denken könnte. An dessen Namen klingt derjenige des Doktor Lupold ja an.[15] Das ist sicher schon deswegen nicht abwegig, weil Niklaus Manuel mit Sicherheit zumindest Luthers Schrift «An den christlichen Adel deutscher Nation» gekannt hat, spielt er doch an mehreren Stellen seines Stückes zum Teil wörtlich darauf an, während er sich nirgends unmittelbar auf Zwingli bezieht.[16]

Gegen Ende des Jahres 1523 kam Manuel als Landvogt nach Erlach im bernischen Seeland. Von seinem Wirken im Dienste des Staates Bern zeugen die amtlichen Schreiben aus der darauffolgenden Zeit. Doch entstand auch jetzt noch einmal ein zeitkritisches und zugleich ergötzliches Fastnachtspiel, «Der Ablasskrämer». Glücklicherweise ist uns dieses Stück in der eigenhändigen Reinschrift des Dichters erhalten (Abb. 451).

Abb. 452:
Niklaus Manuel Deutsch, «Der Ablasskrämer», 1525, Bern, Burgerbibliothek, Mss. hist. helv. XVI 159.

Der Ablasskrämer «Richardus Hinderlist» wird am Seil gestreckt, beschimpft und durch die Folter zum Geständnis seiner Betrügereien gezwungen. Links «Zilia Nassentutter» «mitt der rostigen hällen barten», die den Ablassbrief zurückgibt und ihr Geld wieder fordert. Rechts unten im Bild zieht «Agnes Rybdenpfeffer» den Stein, den man Rychardus an die Füsse gebunden hat, mit aller Kraft herunter. Sie hatte zuvor gerufen: «Ziend den wolff vf am seil / das ist nitt der halbteyl / der schellmery die er hett tan / vnd henckend jm groß stein ouch an.»

Da diese doch auch noch Korrekturen von seiner Hand aufweist, erhalten wir zugleich einen, wenn auch nur sehr beschränkten, Einblick in seine Arbeitsweise. Ausserdem enthält die Handschrift eine Zeichnung Manuels, die den Ablasshändler *«Rychardus Hinderlist»* darstellt (Abb. 452). Sie ist ein kostbares Zeugnis dafür, wie man sich die Inszenierung eines Manuelschen Spiels vorzustellen hat. Rychardus ist aufs Land gezogen, nachdem die reformatorische Bewegung seinem Wirken in der Stadt ein Ende bereitet hat. Doch dort setzen ihm die vermeintlich *«lieben puren»* und noch weit mehr die wütenden Bäuerinnen arg zu, so dass er verzweifelt ausruft: *«Der tüfel hätt mich vnder die wyber tragenn.»*[17] Nachdem sie ihn am Seil gestreckt und unflätig beschimpft haben, gesteht er seine Betrügereien ein: *«wier beschyßend leyder alle welt.»*[18] Er ist am Schluss froh, sich aus dem Staube machen zu können. Das Bild des Landvolkes in diesem Stück ist nicht gerade erhebend, die Bauern erscheinen unflätiger und derber als in den beiden früheren Spielen. Ob Manuel, der sich in Erlach doch auch um die Not des gemeinen Mannes kümmerte, hier einfach dem Grobianismus der zeitgenössischen Literatur huldigte oder ob sich sein Bild vom Bauern wegen der Bauernunruhen im Gefolge des Deutschen Bauernkrieges von 1524/25 verdüstert hatte, lässt sich kaum entscheiden.

Warum Niklaus Manuel in der Folge keine Spiele mehr verfasste, wissen wir nicht. Nahm ihn der Staatsdienst zu sehr gefangen, fehlte ihm die Spielerschaft und die Möglichkeit der Aufführung weiterer kämpferischer Stücke, oder erschien ihm die streitbare Parteinahme in anderen literarischen Formen angebrachter, wenn er über Bern hinaus wirken wollte? Jedenfalls entschied er sich jetzt für das Streitgespräch in Liedform wie schon im früheren «Bicoccalied», das er 1522 nach der Niederlage der Eidgenossen bei Bicocca als Antwort auf die Verspottung durch ein Lied deutscher Landsknechte verfasst hatte, und für die auch im zeitgenössischen Humanismus beliebte Gattung des Vers- und Prosadialogs. Durch den satirischen Inhalt und durch die Form des Gesprächs erinnern diese Werke in mannigfaltiger Weise an die Fastnachtspiele. Das spannungsvolle Zwiegespräch bestimmt schon das nach der Disputation in Baden von 1526 entstandene Spottlied «Ecks und Fabers Badenfahrt», in dem ähnlich wie im Spiel «Von Papsts und Christi Gegensatz» zwei Bauern die Widersacher der Reformation verhöhnen, nämlich Dr. Eck aus Ingolstadt, den Erzfeind Luthers, und Johannes Faber, den Vikar des Bistums Konstanz. Im gleichen Jahr schrieb Manuel das weitverbreitete und vielfach aufgelegte Versgespräch «Barbali»: Ein elfjähriges Mädchen wehrt sich dagegen, dass es die Mutter ins Kloster stecken will. Es setzt sich mit biblischen Argumenten gegen sechs Geistliche durch und lässt sich auch durch die Drohung mit dem Tod auf dem Scheiterhaufen nicht einschüchtern. Wie in den Spielen dienen die sprechenden Namen der Satire gegen den Klerus. So heisst der gelehrte Geistliche «*Doctor Uriel Trackenschmär*», der Ablasskrämer «*Caim Sibendieb von Roubfelden*», ein Klosterbruder «*Sebold Fläschensuger*».

Unmittelbar vor der Berner Disputation im Januar 1528, welche die endgültige Entscheidung für die Reformation brachte, entstand Manuels Prosadialog «Krankheit der Messe», in dem ein Kardinal dem Papst die klägliche Botschaft überbringt, die Messe sei tödlich erkrankt. Alle Kunst der römischen Ärzte vermag sie in der Folge nicht zu retten. «Das Testament der Messe», Manuels letzte Dichtung aus dem gleichen Jahr, stellt ebenfalls in der Form des satirischen Prosadialogs dar, wie die Messe ihren Nachlass den unterlegenen Verteidigern vermacht.

Abschied vom Fastnachtspiel in Bern

Die Reformation machte bald einmal dem Fastnachttreiben in den reformierten Orten der Eidgenossenschaft ein Ende, und daher waren auch die Tage des Fastnachtspiels gezählt. Im Jahr 1530, kurz bevor Niklaus Manuel starb, wurde in Bern zur Fastnachtzeit das Spiel «Elsli Tragdenknaben» aufgeführt. Ebenfalls in diesem Jahr erschien es anonym in Basel im Druck. Schon früh hat man es Manuel zugeschrieben, doch kann man an seiner Verfasserschaft kaum festhalten. Im besten Fall lässt sich an seine Mitarbeit denken. Die derbe Komik des packenden Anfangs und des Schlusses und die sprechenden komischen Namen erinnern zwar an seine Spiele; aber inhaltlich und stilistisch spricht sonst vieles gegen Manuel als Urheber. Das gilt vor allem für den moralisierenden und umständlichen Mittelteil. Auch fehlt die Kennmarke des Schweizerdegens. Dafür erscheinen in diesem Ehegerichtsspiel die zeittypischen Narrenfiguren, auf die Manuel sonst überall verzichtet hat. Die Polemik gegen die alte Kirche ist völlig ausgespart, und dies mitten in der Zeit der heftigsten Kämpfe zwischen Altgläubigen und Neugläubigen in der Eidgenossenschaft. Auch ist das Stück nur eine Bearbeitung der Rumpolt-Maret-Spiele des 15. Jahrhunderts, die uns aus Sterzing im Südtirol überliefert sind. Aus stilistischen Gründen möchte man es weit eher Hans von Rüte als Manuel zuschreiben. Doch ist dies bisher nie genauer untersucht worden.

Im März 1531 an Mitfasten erlebte Bern nochmals ein reformatorisches Fastnachtspiel der jungen Burgerschaft.[19] Hans von Rüte, ein Zugewanderter, der 1528 ins Burgerrecht aufgenommen worden war und dann das Amt des bernischen Gerichtsschreibers übernahm, trat mit seinem Spiel in freien Knittelversen «Vom Ursprung und Ende heidnischer und päpstlicher Abgötterei» die Nachfolge Manuels an, nur dass er in einem Masse Gelehrsamkeit entfaltete, wie es seinem Vorgänger und der ursprünglichen Gattung des Fastnachtspiels fremd war.[20] Der heidnische Polytheismus und der katholische Heiligen- und Bilderkult erscheinen gleichermassen als Gottlosigkeit, worüber sich der Bär als Verkörperung Berns entsetzt und dem ganzen Treiben grimmig ein Ende bereitet. Der Teufel holt am Schluss seinen Bundesgenossen, den Papst, und führt ihn der Hölle zu, wo schon die heidnischen Gottheiten schmoren. Hans von Rüte verfasste in der Folge vier grosse Bibeldramen, deren Aufführungen jeweils zwei Tage in Anspruch nahmen sowie ein konfessionspolitisches Osterspiel. Er vollzog damit in seinem eigenen Schaffen den Wechsel vom spätmittelalterlichen Fastnachtspiel zum Bibeldrama des 16. Jahrhunderts, das nach Inhalt, Form und Wirkungsabsicht etwas entschieden Neuartiges war. Hingegen nahm der zweitälteste Sohn Niklaus Manuels, Hans Rudolf Manuel, Maler und Dichter wie der Vater, mit seinem «Weinspiel» (Abb. 453) noch einmal die Tradition des Fastnachtspiels auf.[21] Das bedeutende und über weite Strecken köstliche Werklein erinnert in den Figuren und deren Namen stark an die Stücke seines Vaters, weitet aber die Handlung auf 4239 Verse aus und hält sich an den strengen, silbenzählenden Knittelvers. Zugleich übernimmt es, gleich in dreifacher Ausfertigung, die Narrenfigur aus den eidgenössischen Dramen um 1500, schliesst sich an die Narrenliteratur des ausgehenden Mittelalters von der Art des «Narrenschiffs» Sebastian Brants an und führt die ebenfalls mittelalterliche Überlieferung des Gerichtsspiels fort. Eine Aufführung in Bern ist jedoch höchst unwahrscheinlich, und selbst die Aufführung in Zürich, die im Titel des dort 1548 gedruckten Werkes erwähnt wird, lässt sich nicht nachweisen. Neue Formen des Dramas und des Theaterspiels hatten sich längst durchgesetzt, doch wie es in der Geschichte auch sonst zu geschehen pflegt: Althergebrachtes wirkt oft noch in einzelnen bedeutenden Werken fort – so auch in Gestalt des Fastnachtspiels, das sich in Berns grosser Zeit herausgebildet hatte.

Abb. 453:
Hans Rudolf Manuel, «Weinspiel», 1548, Titelholzschnitt mit den Rebleuten, dem Richter und der trunkenen Rotte, Berlin, Staatsbibliothek Preussischer Kulturbesitz.

Musikgeschichte

Musik in Bern im 15. Jahrhundert

Gabriella Hanke Knaus

Nicht das alltägliche Musikleben, sondern zwei singuläre Ereignisse prägen das Bild Berns in der Musikgeschichte des 15. Jahrhunderts: Am 3. Mai 1438 unterzeichneten die Städte Bern und Freiburg i. Ue. einen Beistandsvertrag; zu diesem Anlass komponierte der zu dieser Zeit berühmteste Musiker Europas, Guillaume Dufay (um 1400–1474), die dreistimmige Motette *«Magnam me gentes»*.

1491 vollendete der Kantor des Berner Münsters, Bartholomäus Frank, die erste umfassende, deutschsprachige Musiklehre *«Ein Tütsche Musica des figurirten gsangs»*. Sie erklärt die Notation der Vokalmusik jener Zeit; sie ist aber für die Instrumentalisten der Stadtpfeiferei bestimmt. Die herausragende Bedeutung dieser Ereignisse erschliesst sich durch den Blick auf das alltägliche Musikleben in der spätmittelalterlichen Stadt Bern.

Das Musikleben in Bern nach 1400

Wie in anderen freien Reichsstädten war das alltägliche Musikleben in Bern nach 1400 durch die Stadtpfeifer und die Spielleute (weltliche Musik) sowie durch die Kirche (geistliche Musik) bestimmt.

Die Stadtpfeifer

Die vom Rat der Stadt Bern eingesetzten Stadtpfeifer nahmen in der Hierarchie der Musiker die oberste Stelle ein. Als Bruderschaft organisiert, stand ihnen in der Spitalkirche ein eigener Altar zu. Aus ihren Mitgliedern erkoren sie den Pfeiferkönig, dessen Krone 1448 nachweisbar vom Rat der Stadt Bern gestiftet wurde.[1] Die Bruderschaft der Stadtpfeifer war in Gruppen aufgeteilt, die verschiedene repräsentative Aufgaben wahrzunehmen hatten.

Die vier Stadtpfeifer spielten vorab bei städtischen Festen sowie bei offiziellen Empfängen von Fürsten und Gesandten. Ihr Instrumentarium setzte sich aus der Pfeife, das heisst der Schalmei, und der Querpfeife, auch Schwegel oder Schweizerpfeife genannt, zusammen.

Dasselbe Instrumentarium stand den Feldpfeifern für ihr Spiel im militärischen Auszug zur Verfügung. Nach 1430 bestand das Ensemble der Pfeifer in der Regel aus drei Pfeifern und einem Trompeter; im militärischen Auszug nahmen neben den Feldpfeifern auch Trommler teil.

Der Anspruch der musikalischen Repräsentation der politischen Macht setzte aber eine dementsprechende musikalische Qualifikation der Stadtpfeifer voraus. Die Stadtpfeifer in Bern waren musikalisch gebildete Instrumentalisten, die zumindest am Ende des 15. Jahrhunderts nicht mehr nach dem Gehör, sondern nach Noten spielten.[2] Ihre privilegierte Stellung und ihre musikalische Qualifikation erlaubte dem Rat der Stadt Bern, die Stadtpfeifer zu Beginn des 16. Jahrhunderts als Aufsichtsbehörde über die Bruderschaft der Spielleute einzusetzen.

Die Spielleute

In den Kontext der weltlichen Musik gehören auch die fahrenden Musikerinnen und Musiker – die Spielleute. Ihr Ansehen war so gering, dass sie mit Gauklern und Bettlern gleichgesetzt wurden. Das Tätigkeitsfeld der fahrenden Musikanten war nicht der offizielle repräsentative Anlass, sondern das Aufspielen zum Tanz bei Festen in privatem Rahmen und auf den Gassen. Obwohl von der Obrigkeit geduldet und zuweilen auch materiell entschädigt[3], war ihr die Gruppe der fahrenden Musikanten letztlich suspekt. Beispielhaft ist diese skeptische Haltung im Erlass von 1425 dokumentiert, der den einheimischen Spielleuten den bezahlten Auftritt in anderen Orten untersagt und gleichzeitig die Bezahlung fremder Spielleute durch die Obrigkeit der Stadt Bern und durch ihre Bewohner unterbindet. Dieser Versuch, die Spielleute durch eine straffe Organisation einer Kontrolle durch die Obrigkeit zuzuführen, wurde unterwandert und blieb Absichtserklärung.[4]

Musik in der Kirche

In der alten Leutkirche – dem späteren Münster – war die Liturgie durch die Feier der Messe und durch das Stundengebet der Mönche (Offizium) bestimmt. Zu Beginn des 15. Jahrhunderts wurde in Bern vorab das verbindliche Repertoire des einstimmigen gregorianischen Chorals gepflegt. Darauf deutet ein Schatzverzeichnis von 1379 hin, das ein Missale, zwei Psalterien (Sammlung von Psalmvertonungen), zwei Antiphonale (zwei Sammlungen der Gesänge für das Stundengebet, aufgeteilt in Winter- und Sommerhalbjahr), ein Graduale (Sammlung der gemäss dem Kirchenjahr wechselnden Teile der Messe) und ein Hymnar (Sammlung liturgischer Hymnen für besondere kirchliche Festtage) erwähnt.[5]

Gesungen wurde dieses Repertoire vorab von den Geistlichen des Deutschen Ordens, der in Köniz ein Ordenshaus besass. Der Orden stand den liturgischen Feiern bis zur Gründung des Kollegiatsstifts zu St. Vinzenz 1485 vor (vgl. Kap. V, S. 474). Bis zu diesem Zeitpunkt kann von einer eigentlichen Pflege der Kirchenmusik nicht gesprochen werden, da die Schulen in Bern – im Gegensatz zu zahlreichen Bildungsinstitutionen anderer Städte – nicht der Kirche, sondern der weltlichen Obrigkeit unterstellt waren (vgl. Kap. II, S. 155). Die Mitwirkung beim Kirchengesang war zwar für die Schüler der Lateinschule Verpflichtung; die dazu notwendige musikalische Ausbildung wurde aber vernachlässigt.[6] Dieser Mangel fiel umso mehr ins Gewicht, als die Anforderungen an die musikalische Liturgiegestaltung stetig anstiegen. Ihnen waren die Geistlichen des Deutschen Ordens nicht mehr gewachsen. Die Kritik an den mangelnden Lateinkenntnissen und an der Qualität des Gesangs, wie sie der Chronist Valerius Anshelm später festhielt[7], lässt darauf schliessen, dass die weltliche Obrigkeit auf die Behebung dieses Missstandes hinarbeitete. Mit der Gründung des Kollegiatsstifts zu St. Vinzenz 1485 und der ihm angegliederten Sängerschule setzte der Rat dieses Vorhaben in die Tat um. Die Sängerschule wurde durch den Kantor geleitet. In der Person von Bartholomäus Frank übertrug das Stift 1488 einem musikalisch bestens geschulten Sänger und Geistlichen das Amt des Kantors, der sein Lehramt mit der Verfassung der Lehrschrift «*Ein Tütsche Musica des figurirten gsangs*» (1491) krönte.

«Magnam me gentes» – Guillaume Dufays Motette zum Bündnisvertrag zwischen Bern und Freiburg i. Ue. von 1438

Das historische Ereignis vom 3. Mai 1438
Schon vor dem historischen Ereignis des 3. Mai 1438 waren die freie Reichsstadt Bern und das unter habsburgischer Herrschaft stehende Freiburg i. Ue. durch Bündnisse und Verträge miteinander verbunden. 1403 beschlossen die beiden Städte erstmals gegenseitige Hilfe und Beistand; 1423 übertrug Herzog Amadeus VIII. von Savoyen (der spätere Papst Felix V.) den Städten Bern und Freiburg i. Ue. die Herrschaft Grasburg, die ungeteilt nun abwechselnd von Bern und Freiburg i. Ue. verwaltet wurde.[8] Mit dem Vertrag von 1438 wurde das 1403 beschlossene Schutzbündnis erneuert. Als Schutzmacht dieses Bündnisses trat

Abb. 454, 455:
Diebold Schilling, amtliche Berner Chronik, 1474–1483, Bern, Burgerbibliothek, Mss. hist. helv. I., 2, S. 5, S. 6.

Im zweiten Band der amtlichen Berner Chronik von Diebold Schilling – er umfasst die Zeit von 1422 bis 1465 – ist das historische Ereignis vom 3. Mai 1438 aus späterer Sicht dokumentiert. Auf Seite 5 findet sich die Abbildung der zwei jungen Herren von Savoyen, die mit ihrem Gefolge in die Stadt Bern einziehen (→Abb. 239). Über der Abbildung findet sich die Bildlegende: «Daß zwen herrn von Savoÿ miteinandern gen Bern kamen.» In der nachfolgenden Schilderung des Ereignisses hat sich Schilling im Jahr geirrt; er datiert es in das Jahr 1428: «Do man zalt [zählt] Tusent vierhundert zwentzig und acht jare, kamend zwen jung herren von Safvoÿ gen Bern und danckten Inen mit hochem ernste, daß man inen hilff hat zů geseit wider die Schinter oder Snacken [Armagnaken] die Inen ni vo land getzogen warent, daß man nempt Burg ni preß, daß costent die von Bernn ob acht hundert guldni, dann man schanckt Inen und allen iren dienern biß an den dritten tag und wurden gar wol empfangen und gelassen.»

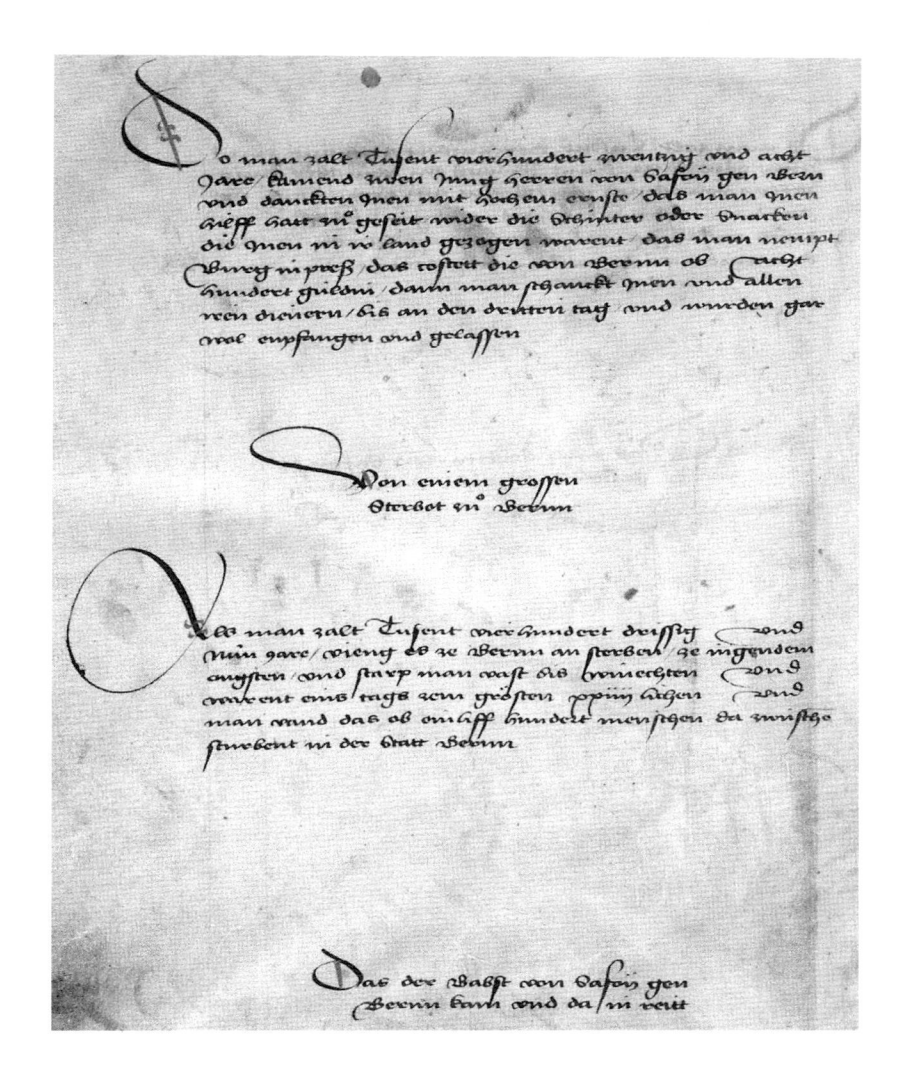

Savoyen auf, das durch die Söhne von Amadeus VIII., Ludwig von Savoyen, Prinz von Piemont und durch Philipp von Savoyen, Graf von Genf repräsentiert wurde. Die Unterzeichnung des Vertrags, zu deren Anlass Guillaume Dufay die Motette *«Magnam me gentes»* komponierte, fand am 3. Mai 1438 in Bern und am 8. Mai in Freiburg i. Ue. statt (Abb. 454, 455). Die Gegenwart der beiden Fürsten von Savoyen und die Mitwirkung der savoyischen Hofkapelle ist durch historische Quellen dokumentiert; der eigentliche Bündnisvertrag scheint aber verloren zu sein. Als Hauptquelle der Rekonstruktion dieses Ereignisses dient die Einladung des Rats der Stadt Bern an Thun mit der Aufforderung, der Feier mit einer Abordnung der Stadt beizuwohnen:

«Ir mogent wol haben vernommen, daß die durchluchtenden fürsten user gnädigen hern der Prinz von Bemunt [Ludwig von Savoyen, Prinz von Piemont] *ouch sin bruder der graff von Jenff* [Philipp von Savoyen, Graf von Genf] *uff samstag nechst nach mittentag in unser statt kommen werdint. Die wir ouch mit aller wird und eren meinen zu empfahen als billich ist. Da begeren wir üch, ir wellent üwer gutte bottschaft uff den selben vor berürten tag bi uns in unser stat haben, die obgemelten heren ze empfachen. Des glich wir andren unser stetten haben geschriben. Do wüssent üch nach zu richtend, uff den fritag zu nacht oder aber an dem samstag in unser statt zu sind.*
Datum penultima die mensis aprilis anno domini [...] XXXVIII.»[9]

Der auf das Datum des 29. April folgende Samstag war der 3. Mai. Dass die Vertragsunterzeichnung wirklich stattgefunden hat, geht aus dem Rechnungsbuch der Stadt Bern hervor: *«Deß Seckelmeisterß rechenbuch vo wienach biß zum yuli Anno XXXVIII»* weist folgenden Eintrag auf: *«Denne die Kost, als die jungen herren von Savoÿ hie waren und*

Guillaume Dufay (um 1400–1474)

Die Biographie von Guillaume Dufay ist geprägt durch ein stetes Wanderleben, das ihn zu den bedeutendsten Stätten der Musikpflege des 15. Jahrhunderts führt. Obwohl schon zu seinen Lebzeiten als berühmtester Musiker seiner Zeit gefeiert, ist sein Lebensweg lückenhaft dokumentiert. Guillaume Dufay stammte aus der Gegend von Cambrai. Von 1409 bis 1412 war er Chorknabe in der Kathedrale von Cambrai. Dort erhielt er seine musikalische Ausbildung. Die «magistri puerorum» Nicolas Mallin und Richard Loqueville schulten den jungen Dufay nicht anhand von Lehrschriften, sondern durch die musikalische Praxis. Vor 1420 muss Dufay in den Dienst der Malatesta-Familie in Pesaro eingetreten sein. Der Kontakt zur Malatesta-Familie kam vermutlich während des Konzils von Konstanz (1414–1418) zustande; mit grosser Wahrscheinlichkeit gehörte Dufay zum Gefolge des Kardinals Pierre d'Ailly, der in den Verhandlungen des Konzils eine herausragende Rolle spielte. Als Bischof von Brescia war auch Malatesta di Pandolfo da Pesaro in Konstanz anwesend. Dufay scheint bis um 1426 im Dienst der Malatesta gestanden zu sein: Die Motetten «*Vasilissa ergo gaude*» zur Hochzeit der Cleofe Malatesta und «*Apostolo glorioso*» zur Weihe der Kathedrale in Patras unter der Leitung des Erzbischofs Malatesta di Pandolfo da Pesaro dokumentieren Dufays Dienstverhältnis. Zwischen 1426 und 1428 scheint sich Dufay in seiner näheren Heimat (Laon) aufzuhalten, wo er zu Beginn des Jahres 1428 die Priesterweihe empfing. Im August desselben Jahres wird Dufay im Gefolge des Kardinals Louis Aleman aus Bologna verjagt; im Dezember ist Dufay Sänger der päpstlichen Kapelle in Rom und gehört damit zum besten Sängerensemble des damaligen Europas. Dufays «Blütezeit» am päpstlichen Hof begann mit der Wahl Gabriele Condulmers zum Papst Eugen IV. im März 1431. Zu seiner Krönung komponierte Dufay die Motette «*Ecclesie militantis*». Nur drei Wochen nach dem Beginn seines Pontifikats setzte Eugen IV. entscheidende Verbesserungen in der Anstellung der päpstlichen Sänger durch, in deren Genuss auch Dufay kam. In den Jahren zwischen 1430 und 1440 steht Dufay im Dienste mehrerer weltlicher und kirchlicher Herren. Als päpstlicher Sänger in Rom und Florenz unter Papst Eugen IV. von 1428 bis 1434 und 1435 bis 1437 war er mit seinen Werken zur Kaiserkrönung Sigismunds («*Supremum est mortalibus*») und zur Domweihe («*Nuper rosarum flores*») in Florenz an den grossen Ereignissen des Pontifikats von Eugen IV. beteiligt.

Mit seiner Ballade «*C'est bien raison*», komponiert 1433 für Niccolo d'Este, ist der erste Kontakt Dufays zur mächtigen und die Künste fördernden Este-Familie dokumentiert; für 1437 ist Dufays Aufenthalt in Ferrara nachgewiesen.

Der dritte Dienstherr Dufays in den Jahren zwischen 1430 und 1440 war das Haus Savoyen. Mit diesem Fürstenhaus verband Dufay eine Beziehung, die den erwähnten Zeitraum überdauerte: Noch nach 1450 stand Dufay während sieben Jahren im savoyardischen Dienst. Sein Beginn fällt in das Jahr 1434; damals überliess Amadeus VIII. die Regierungsgeschäfte seinem Sohn Ludwig, der am 8. Februar 1434 Anna von Zypern heiratete. Der «maître de chapelle» bei diesem prunkvollen Fest war Guillaume Dufay. Sein Name findet sich aber auch im Verzeichnis der Sänger und Spielleute, die zwischen 1437 und 1439 im Dienste Ludwigs von Savoyen standen. Vermutlich war Dufay als «maître de chapelle» am 3. Mai 1438 in Bern, als zur Unterzeichnung des Beistandsvertrags zwischen Bern und Freiburg unter dem Schutz Savoyens die Motette «*Magnam me gentes*» aufgeführt wurde.

Die Jahre zwischen 1440 und 1450 sind in Dufays Leben durch das Kanonikat in Cambrai, aber auch durch Reisen nach Mons (1449, zusammen mit Gilles Binchois), Bruxelles (1449, im Gefolge des Herzogs Philipp des Guten von Burgund) und Italien (1450, Turin) geprägt. Erst in den letzten Lebensjahren (1460–1474) blieb Dufay in Cambrai sesshaft, wo ihm im Kapitel der Kathedrale verschiedene Aufgaben übertragen wurden. Sein Ruhm zog die nachfolgende Generation der Komponisten und Gelehrte nach Cambrai; 1460 hält sich der Theoretiker Johannes Tinctoris während vier Monate dort auf; 1462 war der Komponist Johannes Ockeghem während zweier Wochen Gast im Hause Dufays.

min herren hiessen für Sie bezaln allen Kosten gebürt umb win brot fleisch huenr, visch eyer spetz. hertzen klaret hoew haber. smiden sattlern un al ander ding zu ein Summe 1421 lb. 13ß 11d.»[10]

Nicht nur in Bern, sondern auch in Freiburg i. Ue. ist der Empfang der beiden Vertreter des Herzogs von Savoyen und die Vertragsunterzeichnung mit grossem Aufwand zelebriert worden. Im Rechnungsbuch der Stadt Freiburg nimmt die Aufzählung der Kosten neun Seiten in Anspruch; in ihr findet sich auch der entscheidende Hinweis, dass sich im Gefolge des Prinzen von Piemont auch Sänger und Spielleute befanden: «*Pour les despens deis chantres* [Sänger] *dou seignour, encloz aultres despens et 8 lb. de chandeles, 36 s.*» – «*Eis menestre* [Spielleute] *de monseigneur le Prince, ordonne per Messeignours, 10 florins valent 14 lb. 5s.*»[11] Die savoyische Hofkapelle hat anlässlich der Vertragsunterzeichnung Guillaume Dufays Motette «*Magnam me gentes*» aufgeführt, wohl unter der Leitung des Komponisten selbst, der damals im Dienst des Prinzen von Piemont stand (siehe Kastentext).

«Subtilitas» – Text und musikalischer Bau der Motette
In Guillaume Dufays Motette «*Magnam me gentes*» wird das historische Ereignis auf höchst artifizielle Weise wiedergegeben und gleichzeitig kommentiert. Diese Charakterisierung beruht auf dem speziellen Typus der isorhythmischen Motette, dem die Motette «*Magnam me gentes*» angehört. Die isorhythmische Motette galt seit dem 14. Jahrhundert

als ein «*Cantus mensurabilis*» (mehrstimmige Musik mit einem durch Zahlenverhältnisse geregelten System der Tondauer), der nicht für die breite Masse, sondern für den Gelehrten und Gebildeten bestimmt war, der die «*subtilitas*» dieses Kunstwerks denn auch erkennen konnte.[12] Die isorhythmische Motette stand daher in der Hierarchie der Gattungen an höchster Stelle. Die «*subtilitas*» der isorhythmischen Motette zeigte sich vorab in der Kombination eines dem gregorianischen Choral entnommenen Ausschnitts (Text und Melodie) mit verschiedenen, aber zum Choralausschnitt passenden Texten und im Aufbau des Werkes aus rhythmisch identischen Abschnitten, die in einem proportionalen Verhältnis zueinander stehen.

In der dreistimmigen isorhythmischen Motette «*Magnam me gentes*» findet sich der Choralausschnitt in der instrumental ausgeführten Fundamentstimme Tenor: «*Hec est vera fraternitas*» («dies ist wahre Brüderschaft»). Dufay entnahm diesen Ausschnitt dem Responsorium, das als Versus dem Alleluja in der Matutin des Festes des Martyriums der sieben Brüder (10. Juli) nachfolgt. Dufays Wahl dieses Tenors für die Motette «*Magnam me gentes*» ist ein Symbol für den Gegenstand, zu dessen Feier er die Motette komponiert hat: Der Beistandsvertrag zwischen Bern und Freiburg «ist wahre Brüderschaft».

Die Texte der beiden Oberstimmen Triplum und Motetus deuten aber nicht nur dieses Symbol aus. Im gemeinsamen Erklingen mit dem Tenor wird die Aussage des einen Textes gleichzeitig zum Kommentar des anderen.

Der Text des Triplum und seine Übersetzung:

«Magnam me gentes laudes paciare minerua	«Erlaube mir die Völker zu loben, grossartige Minerva
augeat usque suum nuncia fama decus	der verkündete Ruhm vergrössere beständig ihre Ehre.
uox pegasea locum mundi percurrat ad omnem	Die pegasische Stimme soll zu allen Orten der Welt dringen
cognoscant dachijs teucria parthus arabes	die Dacer, Trojaner, Parther, Araber erfahren,
quam fortes animos quam ferrea pectora	was für tapfere Seelen, was für gestählte Geister,
quamque egregios sensus optima berna paris	welch rühmliche Gedanken du hervorbringst, edelstes Bern,
iuribus amorum cuius res publica florens	dessen Staat blüht durch die Liebe für Gerechtigkeit
consilio ueterum multiplicata manet	und vermehrt fortbesteht durch die Klugheit der Senatoren
cultrix iustitie communi pacis amatrix	du pflegst die Gerechtigkeit, du liebst den gemeinen Frieden
Que tua gloria sit maxima gesta docent	Wie unübertrefflich dein Ruhm ist, zeigen deine Taten.
Alleluya, alleluya.»	Alleluja, Alleluja.»

Der Text des Motetus und seine Übersetzung:

«Nexus amicicie musa medulante camenam	«Gepriesen seien die Bande der Freundschaft,
magnificetur enim Nil sine pace valet	indem die Muse das Lied intoniert; nichts gedeiht ohne Frieden.
o quando iungi potuisti berna friburgo	Oh, als du Bern mit Freiburg verbinden konntest,
quanta mali rabies Jmpetuosa ruit	welch eine gewaltige Raserei des Bösen wurde so niedergeworfen!
optima cum uabis communia vota fuere	Ihr hattet die besten gemeinsamen Wünsche.
O quibus o quantis utraque functa fuit	Oh wie sehr, oh wie vielen habt ihr beide gedient!
vuuite felices preclara saubaudia pacis	Möget ihr glücklich leben! Das ruhmreiche Savoyen,
autrix seruatrix federa uestra probat	Urheber, Bewahrer des Friedens, bestätige den Pakt;
pregenitum luduicum commitemque philipum	seht den Thronfolger Ludwig und den Grafen Philipp
Cernitis en magnum pondus amicicie	und das Gewicht der Freundschaft.
Alleluya alleluya.»	Alleluja, Alleluja.»[13]

Die Anrede an Minerva, das Dichterpferd Pegasus, das den Ruhm der Stadt allen antiken Völkern verkünden soll und die Muse Camena, die das Lied der Freundschaft anstimmt, stellen das historische Ereignis in einen von der antiken Mythologie geprägten universalen Kontext. Dennoch geht der Bezug zur aktuellen historischen Gegenwart nicht verloren: Die Verszeile des Motetus «*quanta mali rabies Jmpetuosa ruit*» deutet auf eine aktuelle Bedrohung hin, die mit dem Vertrag der beiden Städte unter der Schutzmacht Savoyen, das sich durch diese Rolle auch zum Beistand verpflichtete, aufgefangen werden soll. Urheber dieser Bedrohung waren die Armagnaken. Die Grafen von Armagnac, deren Heer wegen seiner Greueltaten berüchtigt war, verloren zu Beginn des

15. Jahrhunderts ihre Vormachtstellung in Frankreich. Johann IV., Graf von Armagnac (1418–1450) musste sich 1432 Karl VII. von Frankreich unterwerfen und in dessen Auftrag gegen Bern und die Eidgenossenschaft ziehen. Als Folge der Schlacht von St. Jakob am 26. August 1444 kam dieser Feldzug – trotz der Niederlage der Eidgenossen – zum Stehen. Das Schicksal der Armagnaken war damit besiegelt, denn mit der «Ordonnance» Karls VII. von 1445 wurde dem kriegerischen Treiben der Armagnaken ein Ende gesetzt.

Im gemeinsamen Erklingen inhaltlich wichtiger Aussagen wird die «*subtilitas*» der Komposition Dufays erfahrbar. Die drei folgenden Beispiele zeigen auf, wie stark die beiden Texte der Oberstimmen ineinander verwoben sind, sich gegenseitig erklären und kommentieren:

- Im Triplum «[percurrat] *ad omnem*»
  im Motetus «*Berna, Friburgo*»
  Der Motetus erklärt, wessen Ruhm Pegasus den Völkern der antiken Welt verkünden soll.

- Im Triplum «*res publica florens*»
  im Motetus «*praeclara Sabaudia*»
  Der Motetus kommentiert die Aussage des Triplum: Die Blüte des Staates Bern wird durch den Schutz des «ruhmreichen» Savoyen gewährleistet.

- Im Triplum «*communis pacis amatrix*»
  im Motetus «*Ludovicum commitemque Philipum*»
  Der gemeinsame Friede (Triplum) – bekräftigt durch den Beistandsvertrag – wird durch Ludwig und Philipp von Savoyen beschützt.

Dass die beiden Oberstimmen in diesen Textstellen zusammen erklingen, ist eine Folge der kompositorischen Struktur der Motette. Sie gliedert sich in ein einleitendes Duett der Oberstimmen, das nicht der isorhythmischen Struktur unterliegt, und in vier Abschnitte:

- Einleitendes Duett der Oberstimmen:

Triplum	Motetus
«*Magnam me gentes laudes paciare minerua*»	«*Nexus amicicie musa medulante camenam*»

- 1. Abschnitt:

Triplum	Motetus
«*augeat usque suum nuncia fama decus*»	«*magnificetur enim Nil sine pace valet*»
...	...
«*quam ferrea pectora, quamque*»	«*optima cum uabis communia vota fuere*»

- 2. Abschnitt:

Triplum	Motetus
«*egregios sensus optima berna paris*»	«*O quibus o quantis utraque functa fuit*»
...	...
«*consilio ueterum multiplicata manet*»	«*autrix seruatrix federa uestra probat pre*[genitum]»

- 3. Abschnitt:

Triplum	Motetus
«*cultrix iustitie ...*»	«[pre]*genitum luduicum...*»
...	...
«*pacis amatrix*»	«*commitemque philipum*»

- 4. Abschnitt:

Triplum	Motetus
«*Que tua gloria sit maxima gesta docent*»	«*Cernitis en magnum pondus amicicie*»
...	...
«*Alleluya*»	«*Alleluya*»

Die vier Abschnitte sind durch die identische Tonfolge (Color) und die gleichbleibende rhythmische (isorhythmische) Struktur des Tenors (Talea) bestimmt; Color und Talea sind deckungsgleich. Der Tenor «*Hec est vera fraternitas*» erklingt in der Motette viermal in unterschiedlicher zeitlicher Dauer, da ihm vier verschiedene Zählzeiten unterlegt sind; der Wechsel der Zählzeiten legt somit auch die zeitliche Dauer der vier Abschnitte (Colores) fest. Im ersten Color – bestimmt durch die Zählzeit des tempus perfectum (Einteilung der Tondauer in Dreiereinheiten gemäss dem Symbolgehalt der Dreieinigkeit als Perfekt) – werden die Notenwerte des Tenors gemäss der Niederschrift in Handschrift verdoppelt: «*Quater dicitur. Primo crescit in duplo*» («Wird viermal gesungen. Zuerst in doppelten Werten»).[14] In den drei folgenden Colores ist die Zählzeit des Tenors durch die Notenzeichen in der Handschrift festgelegt: «*Allijs Tribus vocibus ut signa notant*» («Die anderen drei Stimmen [Colores] wie die Zeichen angeben»).[15] Im zweiten Color ist es das tempus imperfectum (Zweiereinheiten); der dritte Color unterliegt dem tempus imperfectum diminutum (Verkürzung der Zählzeit des zweiten Colors im Verhältnis 2:1), der vierte Color schliesslich dem tempus perfectum diminutum (Verkürzung der Zählzeit des ersten Colors im Verhältnis 4:1). Die Verkürzung der Zählzeit im dritten und vierten Color (der Diminutionsteil) entsprach der Tradition der Gattung. Dufay benutzt aber in «*Magnam me gentes*» auch die Möglichkeit der Vergrösserung der Zählzeit (Augmentation), indem dem tempus imperfectum diminutum im dritten Color das tempus perfectum diminutum im vierten Color nachfolgt (Verhältnis 2:3). Diese Vergrösserung wird aber durch die beiden Oberstimmen, die nicht isorhythmisch strukturiert sind, kunstvoll überdeckt; ihre Zählzeiten im dritten und vierten Color stehen im Verhältnis 4:3 zueinander (Abb. 456, 457).

Abb. 456:
Beginn des 3. Colors.

Abb. 457:
Beginn des 4. Colors.

Die Überblendung der metrischen Struktur des Tenors durch die Oberstimmen und die Tatsache, dass sie durch vorzeitigen oder verspäteten Beginn[16] die Übergänge der vier Colores verhüllen, verweisen nicht nur auf die «subtilitas». Sie sind auch als Charakteristikum eines kompositorischen Verlaufs zu begreifen, der nicht mehr von einem Punkt zum nächsten fortschreitet, sondern eine Steigerung auf einen grossangelegten Höhepunkt am Schluss beabsichtigt. Im Notenbild wird diese Intention durch die Verwendung immer kleiner werdender Notenwerte erfahrbar, im Erklingen durch einen immer stärker werdenden Bewegungsimpuls. Die Klimax am Schluss der Komposition lässt nun auch Rückschlüsse auf die Aufführung am 3. Mai 1438 zu. Die Vermutung liegt nahe, dass die Motette nicht während, sondern unmittelbar nach

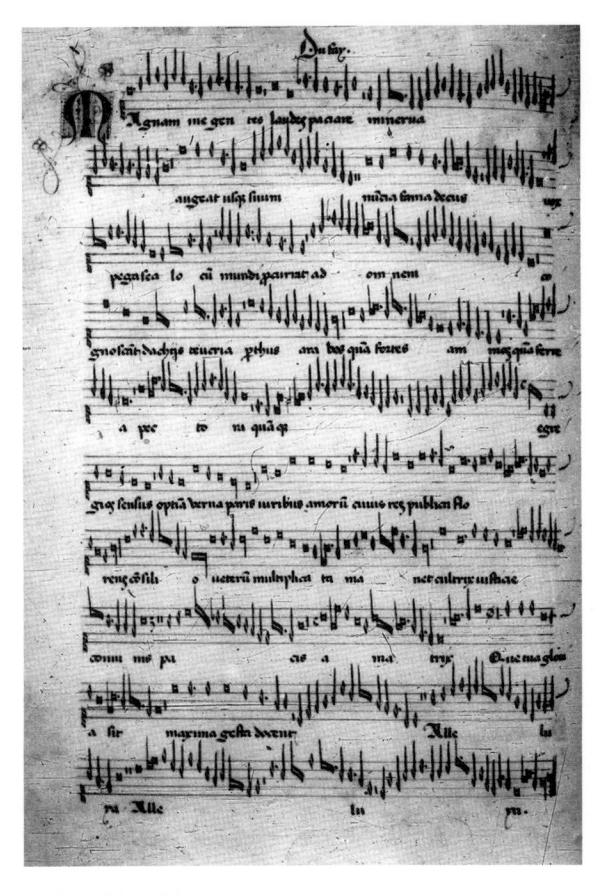

Abb. 458, 459:
Guillaume Dufay, Motette «Magnam me gentes», 1438, Modena, Biblioteca Estense, a.X.1.11, fol. 63v, fol. 64r.

Die Motette ist in weisser Mensuralnotation niedergeschrieben. Auf Folio 63 verso findet sich das Triplum (die höchste Stimme) mit dem Textbeginn «Magnam me gentes laudes paciare minerua». Über der ersten Notenzeile hat der Schreiber den Namen des Komponisten angebracht. Auf dem gegenüberliegenden Folio 64 recto sind der Motetus «Nexus amiciie musa medulante camenam» und der Tenor «Hec est vera fraternitas» niedergeschrieben.

Vertragsunterzeichnung erklungen ist und somit die Peripetie des zeremoniellen Ablaufs bildet. Nicht das noch zu vollziehende, sondern das vollzogene Ereignis wird mit dem Tenor *«Hec est vera fraternitas»* und mit der sinnstiftenden Doppeltextierung der Oberstimmen in Sprache und Musik gegenwärtig.

Die Überlieferung der Motette

Die Motette *«Magnam me gentes»* ist in einer einzigen Quelle überliefert – in der Handschrift ModB[17] der Biblioteca Estense in Modena (Abb. 458, 459): Folio 63 verso (neue Folierung: 67 verso) umfasst das Triplum, Folio 64 recto (68 recto) enthält den Motetus und den Tenor (Choralausschnitt). Der Niederschrift des Tenors folgen im selben System die Zeichen der vier Zählzeiten (Mensurzeichen). Unter dem Tenor findet sich die Anmerkung: *«Quater datur. Primo crescat in duplo. Alijs tribus vocibus ut signa notant. Primas pausas tum obtinen*[do]*»* («Wird viermal gesungen. Zuerst in doppelten Werten. Die anderen drei Stimmen wie die Zeichen angeben, die Pausen des Beginns weiter einhaltend»).[18]

Die Handschrift ModB ist eine der wichtigsten Quellen der mehrstimmigen Musik der ersten Hälfte des 15. Jahrhunderts, umfasst sie doch 131 Kompositionen der berühmtesten Komponisten dieser Zeit. Die Tatsache, dass neben *«Magnam me gentes»* weitere 53 Werke nur in dieser Handschrift überliefert sind (darunter 10 Kompositionen von Dufay) und sie zudem die grösste Sammlung von Motetten englischer Provenienz dieser Zeit umfasst, verdeutlicht ihren ganz besonderen Stellenwert. Die Handschrift ist systematisch nach musikalischen Gattungen aufgebaut: Ein erster Teil umfasst mit 29 Hymnen, 9 Magnificat-Vertonungen, 16 Antiphonen, 2 Offertorien und 4 weiteren liturgischen Kompositionen Werke, die als liturgische Gebrauchsmusik bezeichnet werden. In einem zweiten Teil sind 19 Motetten kontinentaler und 52 Motetten englischer Provenienz niedergeschrieben. Allein von Guillaume Dufay finden sich in diesem Teil sieben isorhythmische Motetten, die alle für einen bestimmten Auftraggeber und zum grössten Teil auch für einen bestimmten Anlass komponiert wurden. In der Handschrift ModB sind somit die Hälfte der anlassbezogenen Motetten Dufays überliefert. Diese Feststellung sowie die Tatsache, dass Dufay mit insgesamt 48 Kompositionen den ersten Platz unter den in der Handschrift vertretenen Komponisten einnimmt[19], ist primär ein Indiz für die Berühmtheit Dufays in jener Zeit. Die Vermutung, Dufay habe bei der Redaktion der Handschrift, die zwischen 1438 und 1440 vollendet wurde, mitgewirkt, ist angesichts der engen Verbindungen Dufays zur Familie der Este[20] nicht ganz auszuschliessen.

Die Stellung der Motette in Dufays Werk

«Magnam me gentes» gehört zur Gruppe der vierzehn isorhythmischen Motetten von Guillaume Dufay. Sie zeichnen sich dadurch aus, dass sie ihre Entstehung einem Auftraggeber und einem konkreten Anlass verdanken, der dem Anspruch der feierlichen Zeremonie zu genügen hat. Hinsichtlich ihrer Funktion lassen sie sich wie folgt gruppieren:[21]

Anlass/Zeremonie/Auftraggeber	Werk
1. Motetten für Heiligenfeste oder -verehrungen:	
• Pestepidemie 1429 in Rom: Anrufung des heiligen Sebastian um Schutz vor der Pest Auftraggeber: Papst Martin V. (1417–1431)	*O sancte Sebastiane/ O martir Sebastiane/ O quam mira/Gloria et honore*

- Nikolauswallfahrt des Malatesta-
  Hofes nach Bari 1425 oder 1426
  Auftraggeber: Malatesta di Pandolfo
  da Pesaro (1371–1429)

  O gemma lux et speculum/Sacer pastor Barensium/Beatus Nicolaus

- Namensfest des heiligen Theodor
  Tyro am 19.11.
  Auftraggeber: Malatesta di Pandolfo
  da Pesaro

  O gloriose tyro martir/Diuine pastus/Jste sanctus

2. Repräsentationspolitische Motetten:
   - Vertragsabschluss: Beistandsvertrag
     zwischen Bern und Freiburg am 3. Mai
     1438; Schutzmacht Savoyen
     Auftraggeber: Ludwig von Savoyen,
     Prinz von Piemont (1402–1465)

     Magnam me gentes/Nexus amicicie/Hec est vera fraternitas

   - Hochzeitsfest: Hochzeit der Cleofe
     Malatesta mit Theodoros Palaiologos,
     Sohn des byzantinischen Kaisers
     Emmanuel Palaiologos, vermutlich
     August 1420
     Auftraggeber: Malatesta di Pandolfo
     da Pesaro

     Vasilissa ergo gaude/Concupivit rex decorem tuum

   - Fest des heiligen Jakobus, 25. Juli:
     im Text: Lobrede auf den Auftraggeber, Robert Auclou (um 1400–1452),
     Kurator von St. Jacques de la Boucherie
     in Paris

     Rite majorem iacobus/Artibus summis/ora pro nobis

3. Motetten für Kathedralweihen:
   - Weihe des Doms S. Maria del Fiore in
     Florenz am 25. März 1436 (nach der Vollendung der Kuppel)
     Auftraggeber: Papst Eugen IV. (1431–1447)

     Nuper rosarum flores/Terribilis est locus iste

   - Weihe der Kathedrale St. Andreas in
     Patras, 1426
     Auftraggeber: Pandolfo Malatesta da
     Pesaro, Erzbischof von Patras (um
     1390–1441)

     Apostolo glorioso/Cum tua doctrina/Andreas Christi famulus

4. Motetten für Krönungen:
   - Krönung Gabriele Condulmers zum
     Papst Eugen IV.; Rom, 11. März 1431
     Auftraggeber: Papst Eugen IV.

     Ecclesie militantis/Sanctorum arbitrio/Bella canunt gentes/Ecce nomen Domini/Gabriel

   - Krönung Kaiser Sigmunds am
     Pfingstsonntag, 31. Mai 1433 in Rom
     Auftraggeber: Papst Eugen IV.

     Supremum est mortalibus/isti sunt due oliue

5. Motetten, vermutlich für die
   Konsekration von Bildwerken
   komponiert:
   - Sainte Chapelle, Dijon 1441/42
     Auftraggeber: Herzog Philipp der Gute
     von Burgund (1396–1467)

     Moribus et genere Christo/Virgo, vivans virens/Virgo est electus a domino

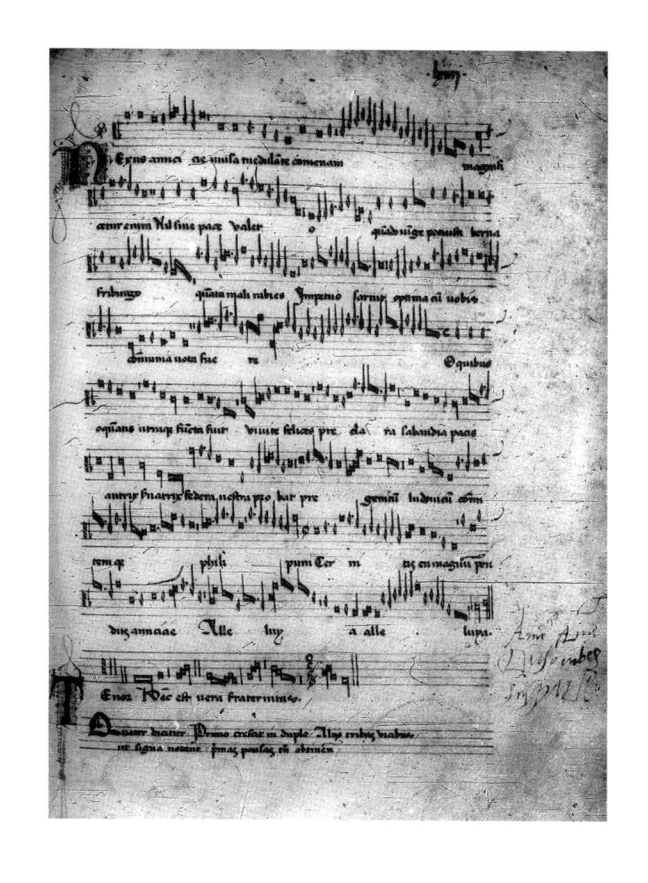

- Reliquiar in Cambrai, nach 1440
  Auftraggeber: möglicherweise
  Petrus du Castel, Magister puerorum
  in Cabrai 1442–1447

*Fulgens jubar/Puer-
pura pura parens/
Virgo post partum*

6. Motette mit Andachtscharakter:
- Zur Austeilung der «agni novelli»: Sie
  wurde alle sieben Jahre (beginnend mit
  der ersten Osterwoche nach der Papst-
  krönung) vom Papst zwischen Montag
  und Samstag der Osterwoche vorgenommen.
  Der Samstag der Osterwoche nach der
  Krönung Eugens IV. war der 7. April 1431
  Auftraggeber: Papst Eugen IV.

*Balsamus est munda/
isti sund agni nouelli*

7. Humanistischer Lobpreis auf Florenz:
- Motette zum Ruhm und zur Verteidigung
  von Florenz; genauer Anlass unbekannt,
  möglicherweise im Zusammenhang mit
  der Weihe des Doms S. Maria del Fiore
  komponiert
  Auftraggeber: Papst Eugen IV.

*Salve flos Tusce gentis/
Vos nunc Etrusce jubar/
Viri mandaces*

Der konkrete Anlass und die feierliche Zeremonie wird in den vierzehn isorhythmischen Motetten in mehreren Ebenen gegenwärtig; die erste und auch unmittelbarste Ebene bildet der Text und damit die Wahl des Choralausschnitts des Tenors. In der Motette *«Magnam me gentes»* ist die Aussage des Tenors *«Hec est vera fraternitas»* («dies ist wahre Brüderschaft») das Symbol der singulären feierlichen Zeremonie, auch wenn es in ihrem Ablauf nur an einer bestimmten Stelle artikuliert wird. Die Einzigartigkeit des mit feierlichem Zeremoniell begangenen Anlasses vom 3. Mai 1438 wird in der Motette *«Magnam me gentes»* durch den Text der beiden Oberstimmen Triplum und Motetus greifbar. Durch seinen spezifischen Eigenwert entzieht er der Komposition die Möglichkeit der beliebigen Aufführung. Dadurch unterscheidet er sich aber von den Motetten zu den Heiligenfesten, die – obwohl für einen konkreten Anlass komponiert – wiederholte Aufführungen zulassen.

Ein Tütsche Musica des figurirten gsangs – die Musiklehre des ersten Berner Kantors Bartholomäus Frank

Die Gründung des Kollegiatsstifts St. Vinzenz 1485

Die Aufführung von Dufays Motette *«Magnam me gentes»* am 3. Mai 1438 blieb für die Musikpflege in Bern ohne Bedeutung. Diese Feststellung beruht nicht nur auf der Tatsache, dass Dufays Motette durch ihre Ausrichtung auf einen bestimmten historischen Anlass sich der beliebigen Wiederholung entzieht. Bern verfügte bis in die letzte Dekade des 15. Jahrhunderts über keine Institution, die der Pflege der mehrstimmigen Vokalmusik auch nur annähernd gerecht wurde. In einem ersten Schritt begegnete der Rat der Stadt diesem Missstand, als er 1481 die Stellung des Kantors für den Gottesdienst im Münster durch eine Gehaltszulage und durch die Verleihung der Anwartschaft auf eine Pfründe verbesserte. Im Zusammenhang mit dieser Verordnung des Rates erscheint mit *«ersam Bartholomeus Frannk»* nun auch die erste namentliche Nennung eines Berner Kantors (siehe Kastentext, S.564).[22] Mit der Verbesserung der Stellung des Kantors und der zu vermutenden Anstellung von Bartholomäus Frank konnte aber weder die Qualität der musikalischen Gottesdienstgestaltung gehoben werden, noch war damit die Voraussetzung für eine kontinuierliche Musikpflege gegeben. Diese Voraussetzung schuf der Rat der Stadt mit der Gründung des Kollegiatsstifts (Chorherrenstift) zu St. Vinzenz, die am 4. März 1485 mit der Unterzeichnung des Stiftsvertrags zwischen der Stadt Bern und den Chorherren des neugegründeten Stifts besiegelt wurde (vgl. Kap. V, S. 474). Dem neugegründeten Stift wurde gleichzeitig eine Sängerschule angegliedert. Sie eröffnete begabten jungen Knaben aus Bern und aus befreundeten Orten[23] nicht nur die Möglichkeit einer vertieften musikalischen Ausbildung. Zum Unterricht gehörten auch Grammatik (Lesen und Schreiben) sowie das Erlernen der lateinischen Sprache (vgl. Kap. II, S. 155). Die Knaben der Sängerschule wurden vom Stift kostenlos ausgebildet; als Entgelt für die Ausbildung leisteten sie Dienst als Chorknaben in der Kirche. Die Sängerschule war dem Stiftskantor unterstellt, dem zusammen mit Propst, Dekan und Kustos die Leitung und Verwaltung des Stifts oblag. Zu seinem Amt gehörte daher auch die Oberaufsicht über den Gottesdienst und dessen musikalische Gestaltung. Dem Stiftskantor stand seit 1512 der Succentor zur Seite, der im Gottesdienst den Gesang zu intonieren und die Chorherren und Chorknaben zur Ruhe zu ermahnen hatte. Die eigentliche Leitung der Sängerschule wurde aber dem Kantor übertragen, der den Chorknaben nicht nur eine vertiefte musikalische Ausbildung anzubieten hatte, sondern sie auch in den übrigen Fächern unterrichtete und letztlich auch für ihre Erziehung verantwortlich war. Mit diesem Amt wurde 1488 Bartholomäus Frank betraut. Er kehrte nach einem längeren Aufenthalt im Bistum Würzburg, wo er die Geistliche Würde erhielt, in eine Stadt zurück, die durch die Institutionalisierung des Musikunterrichts in der Sängerschule zu St. Vinzenz die Grundlage für eine eigentliche Musikpflege gebildet hatte.

Abb. 460:
Bartholomäus Frank, «Sequitur musica pro cantu figurativo lingua volgari edita Disce puer cuncta hic formae elementa. Im MCCCC LXXXXI jare», Bern, Burgerbibliothek, Mss. hist. helv. LI. 76, Titelblatt.

Das Titelblatt der «Tütsche Musica» kündet den Inhalt der Lehrschrift an; auf ihm sind aber auch dekorative Elemente und Profilskizzen von Menschen vorhanden. Unten links findet sich der humoristische Eintrag: «Ach du min Karli, du klempst mich.»

Bartholomäus Götfried Frank († um 1522)

Bartholomäus Frank stammte aus dem Gebiet des Bistums Würzburg; dort hatte er nachweisbar Erbansprüche. Vor 1484 muss Frank einige Jahre als Sänger im Münster gewirkt haben; im selben Jahr erhielt er vom Rat der Stadt Bern eine Empfehlung an den Erzbischof zu Würzburg. Sie soll ihm die Priesterweihe ermöglichen und zur Klärung seiner Erbschaftsfragen beitragen. Mit diesem Schreiben ist Frank um 1484 in die Diözese Würzburg zurückgekehrt. Vermutlich hat er sich aber nicht nur dort aufgehalten, sondern auch den böhmischen und schlesischen Raum bereist. Darauf deuten die Huldigungsmotetten auf eine unbekannte Dame und auf eine unbekannte hohe Persönlichkeit hin, die in Handschriften böhmischer und schlesischer Provenienz überliefert sind.

Vor 1488 scheint Frank nach Bern zurückgekehrt zu sein, wo seit der Gründung des Kollegiatsstifts zu St. Vinzenz (1485) die Voraussetzungen für eine qualifizierte musikalische Ausbildung vorhanden waren. 1488 wurde Frank Kantor der Sängerschule. Er hatte die sechs Chorknaben in Musik und «Grammatik» (Schreiben, Lesen und Erlernen der lateinischen Sprache) zu unterrichten. Zu seinen weiteren Aufgaben gehörte aber auch die Leitung des Chorgesangs in der Kirche bei allen Messen und Stundengebeten. Seine Tätigkeit als Kantor dauerte bis 1502. Trotz der Verdienste, die sich Frank als Kantor um den Kirchengesang erwarb, blieb ihm die Anerkennung innerhalb des Stifts zunächst versagt. So wurde er mehrmals bei der Vergabe einer Chorherrenpfründe übergangen; seine Ernennung zum Chorherrn um das Jahr 1500 geschah angesichts seiner Leistungen reichlich spät. Mit der Ernennung zum Chorherrn gehörte Frank zur Stadtbernischen Oberschicht. Er besass ein eigenes Haus und war Mitglied der vornehmsten Gesellschaft zu Narren und Distelzwang (vgl. Kap. II, S. 119, siehe Kastentext S. 133).

Nach der Aufgabe des Kantorenamtes übernahm Frank verschiedene Aufgaben im Stift.
Von 1503 bis 1504 und wiederum von 1513 bis 1514 war Frank «Hüter der Büchse»: In diesem Amt hatte er das Grabgeld – ein Teil der Jahrzehntzinsen – zu bewahren, das denjenigen Chorherren und Kaplänen zustand, die bei den Jahrzeittagen am Gang über die Gräber teilnahmen (vgl. Kap. V, S. 474, →Abb. 269).
1508 war Frank Stubenmeister der Stiftsschaffnerei. 1512 wurde Frank in das Amt des Succentors eingesetzt und hatte fortan für Ruhe im Gottesdienst zu sorgen. Dieses Amt behielt Frank bis 1519. Um 1522 ist Frank in Bern verstorben.

Sequitur musica pro cantu figurativo lingua volgari edita Disce puer cuncta hic formae elementa. Im MCCCC LXXXXI jare – ein Tütsche Musica des figurirten gsangs

Als Bartholomäus Frank 1488 das Amt des Kantors an der Sängerschule zu St. Vinzenz antrat, konnte er auf kein bewährtes Lehrmittel für eine vertiefte musikalische Ausbildung zurückgreifen. Eine vertiefte musikalische Ausbildung umfasste weit mehr als das tägliche Üben der Gesänge für den Chordienst in der Kirche. Sie baute vielmehr auf der vertieften Kenntnis des Tonsystems, der Tonbuchstaben und -silben (Solmisation) sowie der *«musica mensurabilis»* – der mehrstimmigen Vokalmusik mit einem durch Zahlenverhältnisse geregelten System der Tondauer – auf. Dass für Frank die Pflege der kunstvoll gestalteten mehrstimmigen Vokalmusik im Vordergrund stand, geht nicht nur aus seiner musiktheoretischen Abhandlung *«Ein Tütsche Musica des figurirten gsangs»* hervor (Abb. 460), sondern ist auch durch drei isorhythmische Huldigungsmotetten aus seiner Hand belegt, die er vermutlich vor der Niederschrift der Lehrschrift für den Bischof von Sitten, Jost von Silenen, eine unbekannte Dame und eine unbekannte, hochgestellte Persönlichkeit komponierte.[24]

Die Lehrschrift *«Ein Tütsche Musica des figurirten gsangs»* setzt das «Programm» einer vertieften musikalischen Ausbildung um.
Der erste Teil umfasst eine Einführung in das Tonsystem des Hexachords, die Tonbuchstaben, die Solmisationssilben und die Bezeichnungen für die verschiedenen Stimmlagen.[25]
Der umfangreiche zweite Teil der Handschrift ist der Lehre der Mensuralnotation vorbehalten; er gliedert sich gemäss der zu Beginn der Handschrift niedergeschriebenen Inhaltsübersicht[26] in folgende Abschnitte:

- Die Notenwerte der Einzelnoten und der Ligaturen.
- Die mensuralen Zählzeiten und die Mensurzeichen.
- Die Repetitions-, Schluss- und Konkordanzzeichen.
- Die Proportionen: Das System der wechselnden Zählzeit innerhalb des kompositorischen Verlaufs.
- Die Pausenstriche.

Abb. 461:
Bartholomäus Frank, «Ein Tütsche Musica des figurirten gsangs», 1491, Bern, Burgerbibliothek, Mss. hist. helv. LI. 76, S. 1.

Der Beginn der Handschrift: «Hie vacht an ein Tütsche Musica des figurirten gsangs». In der Initiale «H» steht ein Dudelsack blasender Bär.

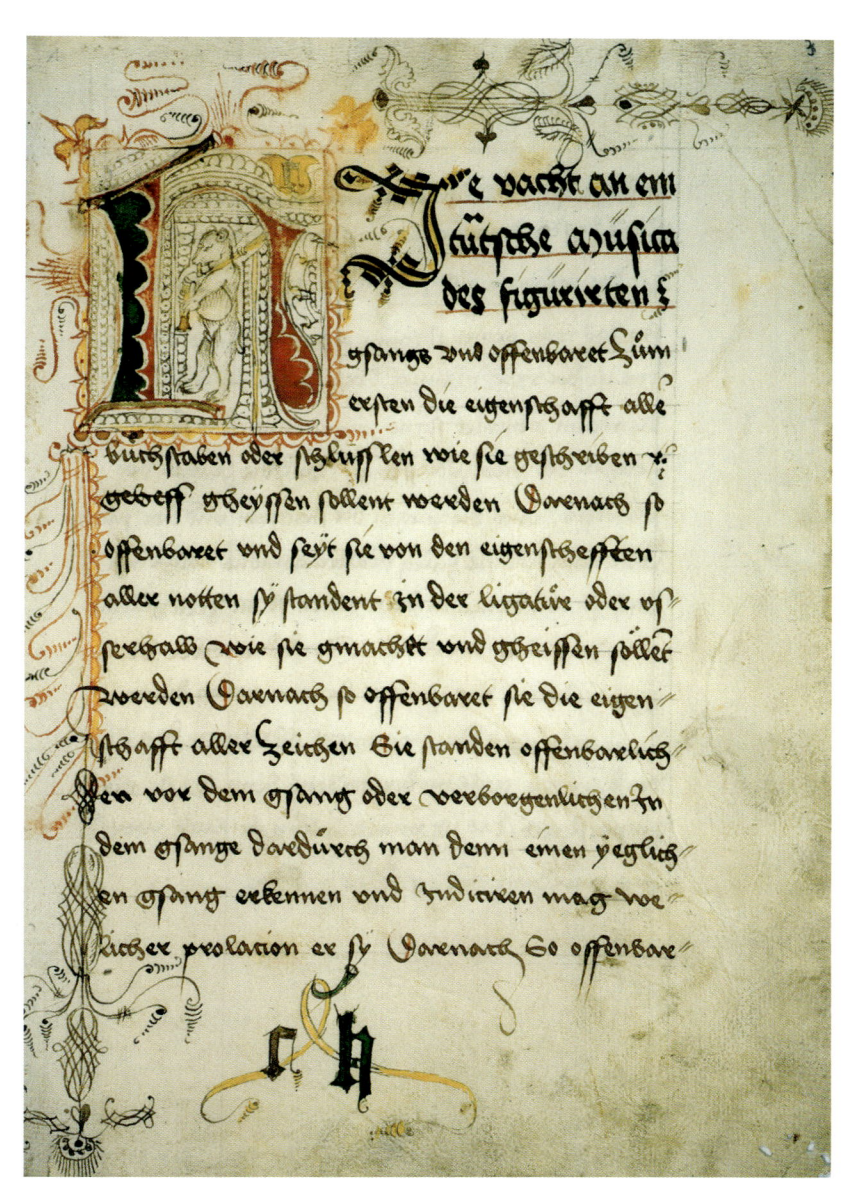

- Perfektion und Imperfektion: Die Ambivalenz von drei- und zweiteiligen Notenwerten innerhalb des kompositorischen Verlaufs. Dieser Abschnitt fehlt in der fragmentarischen Überlieferung des Textes.[27]

In seiner Abhandlung der Mensuralnotation stützt sich der Autor auf lateinische Musiktraktate, die er über weite Stellen in deutscher Sprache paraphrasiert. Diese Quellentexte stehen in der Handschrift neben dem deutschen Haupttext. Über die Identität der Quellentexte wie auch zum Namen des Autors gibt die Handschrift keine Auskunft; Bartholomäus Frank ist in der Handschrift nicht genannt. Für die Zuschreibung der Lehrschrift an Bartholomäus Frank spricht zunächst das Wasserzeichen des Papiers; dieses wurde zwischen 1480 und 1485 in der Papiermühle zu Tal bei Bern hergestellt. Ein Indiz für die Niederschrift der Handschrift in Bern ist die Darstellung des Dudelsack spielenden Bären in der Anfangsinitiale *«Hie vacht an ein Tütsche Musica des figurirten gsangs»*, (Abb. 461). Eine analoge Darstellung (Dudelsack spielender Bär und Stadtpfeifer mit Einhandflöte und Trommel) findet sich in einem Antiphonar[28], das in den Jahren zwischen 1485 und 1490 nachweisbar für den Offiziumsgesang im St. Vinzenz-Münster verwendet wurde und bei dessen Redaktion Bartholomäus Frank als Schreiber mitgewirkt hat.[29] Aufgrund dieser Indizien und angesichts der Tatsache, dass für das Jahr 1491 kein anderer Berner Musiker als Bartholomäus Frank Anlass zur Niederschrift eines solchen Traktates fand, kann die Lehrschrift wahrscheinlich dem ersten namentlich genannten Berner Kantor zugeschrieben werden.

Mit ihrer inhaltlichen Ausrichtung fügt sich die Lehrschrift «*Ein Tütsche Musica des figurirten Gsangs*» in den Kontext der Traktate zur Mensuralnotation ein. Ihre singuläre Bedeutung erhält sie aber durch die Wahl der Sprache und durch ihre funktionale Bestimmung.
Mit der «*Tütsche Musica*» ist nicht nur die älteste «Berner Musiklehre» überliefert, sondern auch die erste umfassende Lehrschrift in mittelhochdeutscher Sprache. Eine frühere Quelle in deutscher Sprache fand sich in der 1870 zerstörten Handschrift Strassburg, 222, C.22; sie wurde vermutlich im ersten Jahrzehnt des 15. Jahrhunderts von einem anonymen Autor niedergeschrieben und beschränkt sich auf die stichwortartige Umschreibung der wichtigsten Elemente der Mensuralnotation.[30]
Die Niederschrift der «*Tütsche Musica*» in mittelhochdeutscher Sprache weist darauf hin, dass sie nicht den Anspruch einer «universalen», in lateinischer Sprache abgefassten Musiklehre erhebt. Sie scheint vielmehr auf den lokalen, bernischen Kontext ausgerichtet zu sein. Damit rückt aber die funktionale Bestimmung der Lehrschrift und der Kreis ihrer Adressaten in den Blickpunkt.
Der Vermerk «*Disce puer cuncta hic formae elementae*» auf dem Titelblatt der Handschrift weist zunächst die Sängerschule zu St. Vinzenz als Adressat der Lehrschrift aus. Bartholomäus Frank hätte somit für seinen Wirkungsort eine Lehrschrift niedergeschrieben; im Gegensatz zu anderen Stiftschulen müsste die musikalische Ausbildung folgerichtig in deutscher Sprache erfolgt sein. Im Text der Lehrschrift wird aber ein zweiter Adressatenkreis angesprochen, der die lateinische Sprache nicht beherrschte. An sechs Stellen wendet sich Frank an die Stadtpfeifer[31], so beispielsweise bei der Erklärung der Notenschlüssel: «*Denn wo die schlüssel nit erkennt würdent, möchten ouch nit erkennet werdent die stymmen der schlüßlen und des gsangs, es were denn des Discants, Tenors oder Contratenors, wie fer* [fern] *deren yegliche von der andren anfienge und wie sie gsätzet sollten werden uf denen pfyffen.*»[32] Dass die «*Tütsche Musica*» wohl eher für die Stadtpfeifer als die Sängerschule geschrieben wurde, lässt sich anhand der marginalen Beschreibung der Tonarten («*von welichen aber yetz nitt notwendig ist viel ze schreiben*»)[33] und durch die fehlende Anleitung zum Mutieren (der Übergang von einem Hexachord in ein anderes und der damit verbundene Wechsel der Tonsilben) belegen. Das letztgenannte Kriterium gehört in den zeitgenössischen Musiklehren zur sängerischen Grundausbildung. Schliesslich verweisen auch die bildliche Darstellung der Instrumente Pfeife, Zink, und Blatterspiel, die als Randzeichnungen dem Text beigefügt sind, eher auf den Adressatenkreis der Stadtpfeiferei.
Mit der Zuwendung an die Stadtpfeifer steht die «*Tütsche Musica*» am Beginn der Lehrschriften, die für den Instrumentalunterricht konzipiert wurden. Dazu gehören folgende Werke:

- Arnolt Schlick (um 1460–1521), «*Spiegel der Orgelmacher und Organisten*», Speyer 1511: Das erste deutschsprachige Lehrbuch über Orgelbau und Orgelspiel,
- Sebastian Virdung (✱ um 1465), «*Musica getutscht*», Basel 1511: Das älteste Handbuch der Musikinstrumente, in deutscher Sprache verfasst,
- Hans Judenkünig (um 1450–1526), «*Ain schone kunstliche Underweisund [...] zu lernen auff der Lautten und Geygen*», Wien 1523: Eine Lautenschule mit Anweisung zur Fingerstellung und Einführung in die Intavolierung von Vokalwerken.

Diese späteren Lehrschriften sind auf das Beherrschen des Instruments ausgerichtet; im Zentrum ihrer Ausführungen steht daher die Erklärung der instrumentalen Tabulatur (Griffschrift für Tasten- und Zupfinstrumente). Dagegen steht in der «*Tütschen Musica*» die ausführliche Erläuterung der Mensuralnotation im Zentrum. Diese thematische Ausrichtung einer Lehrschrift für Instrumentalisten ist singulär. Sie lässt sich nur dadurch erklären, dass die Stadtpfeifer bei grossen Kirchenfesten die Chorherren und Chorknaben als Sänger und als Instrumentalisten unterstützten und dadurch den mehrstimmigen Gesängen ein feierliches Gepräge verliehen. In der «*Bestallung und Ordinanz der vier nüwen Stetpfyfern, Pousuner und Zinkenbleser*» von 1572 wurde diese Praxis von der Obrigkeit auch reglementarisch festgehalten.

Zwei Huldigungskompositionen an die Stadt Bern und ihr musikalisch-gesellschaftliches Umfeld in der ersten Hälfte des 16. Jahrhunderts

Christine Fischer

«*Gegrüsst seist du, grossartiges Volk und ehrwürdiger Spross des Schweizer Geschlechtes, berühmtes Denkmal Jupiters, mächtiges Bern*» sind die ersten Verse des im Original lateinischen Textes, der einer 1535 von Johannes Wannenmacher komponierten, zweiteiligen Motette zugrunde liegt (Abb. 462). Wahrscheinlich in zeitlicher Nähe zu dieser Komposition entstand ein ebenfalls dezidiert auf die Aarestadt bezogenes Werk mit dem Titel «*Katalog der Bernischen Musiker und deren Lob*»[1]. Der Text zu dieser Motette ist jedoch bis auf die Anfangsworte nicht überliefert. Auch fehlt ein gesicherter Beleg zur Autorschaft dieses Stückes, wobei aufgrund der Quellensituation davon ausgegangen werden kann, dass Cosmas Alder als Urheber der Komposition anzusehen ist.

Die Blüte des Berner Musiklebens

Nicht nur mit der engen Beziehung zu Bern und den daraus resultierenden Huldigungskompositionen an die Stadt lassen sich Parallelen im künstlerischen Werdegang der beiden Kantoren Wannenmacher und Alder aufzeigen, die aufgrund ihres kompositorischen Schaffens als Exponenten der Schweizerischen Kunstmusik der ersten Hälfte des 16. Jahrhunderts anzusehen sind. Ihre Biographien zeigen auch mit grosser Eindrücklichkeit, welchen Einschnitt die Einführung der Reformation und die damit verbundene Auflösung des St. Vinzenzstiftes[2] für das Berner Musikleben bedeutete, das fortan bis in die 1550er Jahre die

Abb. 462:
Johannes Wannenmacher, Motette «Salve magnificum genus», 1535, erste Seite der Discantstimme, Basel, Öffentliche Bibliothek, F. X. 5, fol. 21v.

Prima pars	**Secunda pars**
«Salve magnificum genus ac veneranda propago	*«Qua te mente feram calamo nec cingeris ore*
Helveticae gentis clarum Jovis monumentum	*Tu bonitate deos doctas praeteris Athenas*
Berna potens Deum atque hominum sata lumina solis	*Massiliense forum superas Lacedemona priscum*
Unde tibi vires animi virtutis et ardor	*Legibus et gravitate premis tibi Rhomula cedit*
Ingenitus tante quae sunt insignia caeli	*Inclyta gens stellas inter con luna minores*
Hinc patrius vigor hinc vetera monumenta	*Colluces forma et factis super aethera nota*
Virorum orta quibus stimulos dedit emula virtus»	*Tu vivas valeas multos rege Berna per annos»*

Abb. 463:
Der in Basel, Öffentliche Bibliothek, F.X. 5 und 7 überlieferte Text der Motette «Salve magnificum genus» von Johannes Wannenmacher. Die von Dübi, 1930, S. 52 abgedruckte Wiedergabe des Textes stimmt in einigen Punkten nicht mit dem Original überein. Für Hilfe bei der Transkription möchte ich mich bei Thomas Hidber, lic. phil., herzlichst bedanken.

Kirchenmusik vollkommen entbehren sollte (vgl. Kap. VI, S. 599). Der Abschnitt der Blüte des Bernischen Musiklebens macht damit also nicht an der Jahrhundertwende halt, sondern findet eine merkliche Umorientierung erst um 1530, ein Ende gar erst um die Jahrhundertmitte mit dem Tod dieser, noch vor der Reformation ausgebildeten Musikergeneration. Mit seiner Beschreibung muss demnach auch der zeitliche Rahmen der vorliegenden Publikation etwas ausgeweitet werden. Ausgehend von den beiden Huldigungsmotetten an Bern, ihren Autoren und ihrem Entstehungsumfeld soll darum in diesem Kapitel die Sprache auf die Situation des Berner Musiklebens der ersten Hälfte des 16. Jahrhunderts kommen. Aufgrund des exemplarischen Ansatzes wird dabei kein Anspruch auf Vollständigkeit erhoben.

«Salve magnificum genus»

Johannes Wannenmachers musikalische Huldigung der Stadt Bern und ihrer Bewohner beruht auf einem lateinischen Text, dessen Urheber uns nicht überliefert ist (Abb. 463). In den 14 Hexametern, die in zwei gleiche Teile zu sieben Versen untergliedert sind,[3] werden im ersten Teil die Macht der Stadt sowie Tapferkeit, Geisteskraft und Tugendhaftigkeit ihrer berühmten Söhne gepriesen, während im zweiten Teil der Ruhm Berns durch den Vergleich mit den in verschiedener Hinsicht unterlegenen Städten Athen, Marseille, Sparta und Rom besungen wird. Mit dieser inhaltlichen Anlage nimmt der Text nicht nur deutlich auf Topoi des humanistischen Städtelobs der Zeit im allgemeinen Bezug, wie zum Beispiel beim überhöhenden Vergleich Berns mit antiken Städten und Völkern.[4] Auch in den bereits 1514 entstandenen Gedichten des Schweizer Humanisten und Musiktheoretikers Heinrich Glarean, die zum Lob der 13 eidgenössischen Städte ebenfalls in Hexametern verfasst wurden, finden sich zum Teil wörtliche Entsprechungen.[5] Da die Entstehungszeit des Motettentextes im Dunkeln liegt, bleibt unklar, welcher der Texte als Vorlage für den anderen gedient haben könnte. Wie Adolf Thürlings bereits hervorgehoben hat, liegt mit dem Werk Wannenmachers aber sicherlich das «älteste chormässige Preislied Berns»[6] vor, denn Glareans Lobgedichte kamen erst 1558 durch Manfredo Barbarini zur Vertonung.[7]

Analog zur symmetrischen Unterteilung des Textes ist auch die Komposition Wannenmachers in zwei Teile mit annähernd gleicher Länge untergliedert (93 zu 84 Mensuren). Mit der harmonischen Anlage des 1535 komponierten Stückes hat es insofern eine besondere Bewandtnis, als ein auf F transponierter ionischer Modus vorliegt, den Glarean erst in seiner 1547 erschienenen Schrift *Dodecachordon* in der Musik theoriefähig machen sollte. Dabei ergänzte er als Antwort auf eine in der Musikausübung schon länger existierende Praxis die bisherigen acht Modi, die damaligen «Tonarten», um vier weitere. Zu diesen «neuen» Modi zählte auch der ionische, der grosse Ähnlichkeit mit der späteren Durskala aufweist. Durch die Veröffentlichung von Wannenmachers Motette *«Attendite popule»* in der Schrift Glareans wird zudem eine Bekanntschaft der beiden Männer nahegelegt.

Abb. 464:
Johannes Wannenmacher, «Salve magnificum genus», 1535, prima pars, Mensuren 30–34.

Bestimmendes Merkmal der Satzstruktur der Bernmotette ist ein strenger Quintkanon zwischen Tenor und Quintus im Abstand von zwei Mensuren, den die drei übrigen Stimmen frei umspielen.[8] Glarean verwandte zur Beschreibung einer Komposition von Josquin de Prez, die die gleiche Satzstruktur und ähnliche modale Disposition aufweist, ein Bild, das den feierlichen Charakter dieser kunstvollen Anlage umschreibt: er bezeichnete die beiden kanonischen Stimmen als den die Braut führenden Bräutigam und die freier gestalteten übrigen als Spielleute, die zur Hochzeit aufspielen.[9] Ob den beiden einfach aufgebauten kanonischen Stimmen ein präexistenter cantus-firmus, also eine Lied- oder Choralmelodie zugrunde liegt, konnte bisher nicht bestimmt werden. Aufgrund des sonstigen Gebrauchs solcher Satzstrukturen in dieser Zeit ist es jedoch durchaus möglich.[10]

In jedem Teil der bisher unveröffentlichten Komposition Wannenmachers fällt einmal der Name der Stadt Bern, der Widmungsträgerin des Stückes. Beide Namensnennungen sind musikalisch besonders hervorgehoben. So zeigen die in Abbildung 463 wiedergegebenen Mensuren 30–34 des ersten Teils[11], im Vergleich zur übrigen Textur des Stückes, gelängte Tondauern und eine besondere Durchsichtigkeit der Klanglichkeit: Über der in Altus und Tenor liegenden leeren Oktave ist auf den Text *«Berna potens»* (*«mächtiges Bern»*) ganz prominent im Discant ein absteigender F-Klang mit grosser Terz plaziert. Auch die Tatsache, dass Wannenmacher diesen beiden Worten einen eigenen musikalischen Abschnitt zugesteht und damit sein sonstiges Schema der Unterteilung in Halbverse durchbricht, hebt die Namensnennung besonders hervor.

Im Schlussvers des zweiten Teils auf den Text *«Du mögest leben und erstarken, Bern, herrsche für viele Jahre»*, tritt diese Verbreiterung der Notenwerte wieder auf. Durch eine ausgreifend angelegte Sequenz quintverwandter Klänge und eine musikalische Wiederholung des gesamten Schlussverses – wie auch schon am Ende des ersten Teils – wird hier erneut musikalisch auf die besondere Wichtigkeit der Textworte verwiesen (Abb. 465).

Abb. 465:
Johannes Wannenmacher, «Salve magnificum genus», 1535, secunda pars, Mensuren 59–72.

Biographisches zu Johannes Wannenmacher

Wenden wir uns nun der Frage zu, was den Komponisten Wannenmacher dazu veranlasst hat, diesen Huldigungstext an die Stadt Bern zu vertonen. Die biographischen Quellen sprechen hinsichtlich seiner Beziehung zur Aarestadt eine recht eindeutige Sprache. Denn von seinen drei durch Orts- und Stellenwechsel voneinander getrennten Lebensperioden sind die erste und letzte aufs engste mit Bern verknüpft.

Berner Kantor

Über die Jugendzeit des wahrscheinlich um 1485 geborenen Johannes Wannenmacher ist nichts bekannt. In der Quelle, die ihn ab dem Februar 1510 bereits mit Bern in Verbindung bringt, ist allerdings ein Hinweis auf seine Herkunft erhalten. Da er im Anstellungsvertrag zum Kantor am St. Vinzenzstift als «*senger von Nüwenburg*» bezeichnet ist, wird davon ausgegangen, er stamme aus Neuenburg am Rhein.[12] Weiterhin wird er in diesem Vertrag damit betraut «*den chor mit gmein gesang zu allen zyten durch sich selbs oder einen andrn*» zu versehen. Auch der Unterricht in Gesang und «*alijs scientijs*» von sechs Chorknaben, die in seinem Haus wohnten, sowie die Leitung des Kirchengesangs und das Abhalten von bestimmten Messen gehörten zu seinen Pflichten. Gab es schon zu Beginn seines Berner Aufenthaltes Anzeichen für Schwierigkeiten in finanzieller Hinsicht – Anfang 1510 verpfändete er seine gesamte Habe für einen Kredit von 20 Gulden bei den Stiftsherren – so verlief auch seine weitere Amtszeit als Kantor nicht ganz reibungslos. Man weiss, dass Wannenmacher wegen Vernachlässigung seiner Amtspflichten zweimal beinahe seine Stelle verlor. Andererseits scheint die Chorschule während Wannenmachers Kantorat einen merklichen Aufschwung erlebt zu haben. Auf seine Initiative hin wurden die Anzahl der Sängerknaben auf acht erhöht, neue Sängerstatuten erlassen und für eine sorgfältigere Behandlung der Chorbücher gesorgt.[13] So scheint es nur verständlich, wenn die Quellen aus dem Jahr 1513 einen anderen Ton anschlagen: Wegen «*besundern flyß, so er nun bißhar in dem chor bewysdt*»[14] wurde Wannenmacher ein Teil seiner Schulden erlassen und im Februar des Jahres das höherstehende Amt des Succentors übertragen. Sein Pflichtenheft reduzierte sich damit auf die Überwachung der Disziplin der Chorsänger und auf das Vortragen der Einstimmungsfloskeln der Gottesdienstgesänge.[15]

Bereits im Herbst 1513, also noch im Jahr seiner Ernennung zum Succentor, suchte das Stift jedoch einen Nachfolger für dieses Amt. Wo genau sich Wannenmacher zu dieser Zeit aufhielt, konnte bisher nicht geklärt werden. Sein Weg in der Folgezeit führte ihn aber in jedem Fall weg von Bern.

Kantor in Freiburg

Zwischen 1513 und 1515 trat Johannes Wannenmacher das Amt des Kantors an St. Niklaus in Freiburg an, wann genau ist jedoch ungewiss.[16] Als ehemaliger Berner Kantor war er prädestiniert für den Freiburger Posten, denn die Gründung des dortigen Kollegiatsstiftes 1515 ging mit der Übernahme der Berner Satzung von St. Vinzenz einher. Seine Beförderung zum Stiftskantor, wie in Bern eigentlich ein Amt auf Lebenszeit, erfolgte 1519.

Wannenmacher war in Freiburg Teil eines humanistischen Zirkels um den eidgenössischen Gesandten am Papsthof und späteren Freiburger Schultheiss Peter Falk.[17] Dieser prägte nicht zuletzt durch seine Berufungspolitik das kulturelle Leben der Stadt entscheidend mit. Neben Johannes Wannenmacher holte er den Organisten Hans Kotter, der in Diensten seines Basler Humanistenfreundes Bonifacius Amerbach stand, und den Chorherren Hans Kymo nach Freiburg. Erasmus von Rotterdam und Heinrich Glarean zählte er zu seinem Freundeskreis.

Mit Sicherheit lassen sich ausser der bereits erwähnten Motette «*Attendite popule*», die 1516 im Umfeld der Friedensverhandlungen mit Frankreich nach der Schlacht von Marignano entstand, keine Werke Wannenmachers in diese Freiburger Zeit datieren. Jedoch ist anzunehmen, dass das 1557 von Glarean veröffentlichte «*Agnus dei*» ebenfalls um das Jahr 1516 komponiert wurde.[18] Auch die beiden in Aegidius Tschudis Liederbuch[19] erhaltenen liturgischen Kompositionen «*Adoramus te*» und «*Salve regina*» mögen in dieser Zeit entstanden und demnach im Freiburger Gottesdienst zur Aufführung gekommen sein.[20]

Die prägendste, ebenfalls durch Peter Falk vermittelte Bekanntschaft, die Wannenmacher in seiner Freiburger Zeit machte, war jedoch diejenige mit Ulrich Zwingli. Aus einem vertraulichen Brief Wannenmachers an den Reformator von 1526 geht hervor, dass er bereits zu dieser Zeit auf Probleme wegen seiner offensichtlich reformatorischen Gesinnung gestossen war. In Freiburg unternahm man nach dem Tode Peter Falks 1519 alles, um reformatorisches Gedankengut aus der Stadt zu verbannen. Kaplan Johannes Kymo und der Kanzler Girod waren bereits im Jahre 1523 aufgrund ihrer religiösen Gesinnung ausgewiesen worden und fanden in Bern eine neue Heimat. Und 1530 brachte seine reformatorische Einstellung nun auch Johannes Wannenmacher – zusammen mit zwei Kollegen vom Kollegiatsstift – in Lebensgefahr. Der Chronist Valerius Anshelm schreibt:

«*Witers so haben die von Friburg diss jars etlich der iren umbs gloubens willen mit gfenknus und mit dem henker geschmaecht und verjagt, und mit namen irer nuewen stiftkilchen decan, her Hansen Holard von Orben, der stift singer, den kuenstlichen musicum und componisten, her Hansen Wannenmacher von Nuewenburg und iren artlichen organisten, mgr. Hansen Kottern von Strassburg, getuermt, ufs strekstuelle gesetzt…und getrungen, ire stat und land ehewig und one gnad ze verschweren.*»[21]

In dieser Situation existentieller Bedrohung trat nun die – inzwischen reformierte – Stadt Bern auf den Plan und setzt sich für das Leben der drei Gefangenen ein. Mehrmals entsandte die Aarestadt im Dezember 1530 Bürger nach Freiburg, um für die bedrohten Glaubensbrüder einzutreten. Am 15. Dezember hatten diese die Tortur überstanden und wurden, allerdings ohne die eingeforderte Entschädigung, nach Bern freigelassen.

Landschreiber in Interlaken
Die besondere Tragik der beiden reformatorisch gesinnten Musiker Wannenmacher und Kotter liegt nicht nur darin, dass ihr Leben durch ihre religiösen Ansichten in Gefahr geriet. Denn als Anhänger des neuen Glaubens trugen sie – bewusst oder unbewusst – dazu bei, ihre Existenzen als Musiker zu untergraben. Mit der durch die Reformation verursachten Auflösung des Chorherrenstiftes und der Verbannung von Musik aus dem Gottesdienst, war ja schliesslich die Abschaffung ihrer Arbeitsplätze verbunden. Für die beiden Freiburger Flüchtlinge Wannenmacher und Kotter, aber auch wie wir später sehen werden für den Berner Cosmas Alder, bedeutete die Reformation somit auch eine berufliche Umorientierung.

«*Herr Hans Wannenmacher sol zů Inderlappen schryber sin, als lang es minen Herren gfalt*»[22] lautet der Berner Ratsbeschluss vom 17. März 1531. Durch die umfangreichen Säkularisierungsprozesse war ein grosser Bedarf an Schreibkräften entstanden. So wurde Johannes Wannenmacher kurzerhand vom Musiker zum Schreiber umgeschult und verbrachte seinen Lebensabend gemeinsam mit seinen Frauen Barbara Friess († 1546) und Madlene Ybach in Interlaken, der grössten Landvogtei des Staates Bern. Er verstarb dort um die Mitte des Jahres 1551.[23]

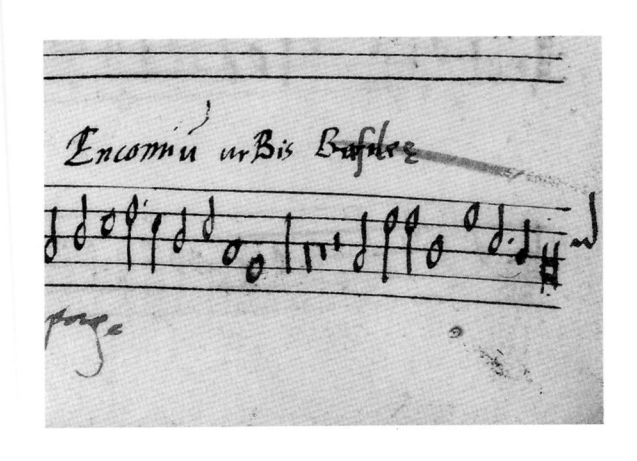

Abb. 466:
Abänderung von «Bernae» zu «Basileae» in der Überschrift zu Johannes Wannenmachers «Salve magnificum genus», 1535, Basel, Öffentliche Bibliothek, F.X. 9, fol. 5r.

Hans Kotter, der gemeinsam mit Wannenmacher aus Freiburg vertriebene Organist, sollte sich fortan als Berner Schulmeister seinen Lebensunterhalt verdienen.

Der musikalisch-kompositorischen Betätigung Wannenmachers scheint das Interlakener Exil und die berufliche Umorientierung keinen grossen Abbruch getan zu haben, geht doch die Entstehung eines Grossteils der von Wannenmacher datierbar überlieferten Kompositionen in diese dritte und letzte Lebensphase zurück: zwei lateinische Psalmmotetten (1535–1538)[24], eine später von Apiarius gedruckte Biciniensammlung[25], die Liedmotette *«An den Wasserflüssen Babylons»*[26], die Motette *«Invidiae telum»* (1544), die unter Umständen als Bestandteil eines Schauspiels zur Aufführung kam[27] – und natürlich auch die Huldigungsmotette an Bern. Der ziemlich allgemein gehaltene Text des Werkes rechtfertigt es nicht, eine ursächliche Beziehung zwischen der Dankbarkeit Wannenmachers gegenüber der Stadt seiner Lebensretter und der Komposition zu sehen. Auch eine grössere öffentliche Festlichkeit könnte den konkreten Anlass zur musikalischen Umsetzung des Stadtlobes dargestellt haben.

Eine Basler Musikhandschrift mit Berner Repertoire

Die einzige Quelle zu Wannenmachers Bernmotette befindet sich in der Universitätsbibliothek Basel.[28] Es lässt sich mit Sicherheit festhalten, dass auch die Entstehung dieses handschriftlichen Liederbuchs aus den späten 1540er Jahren mit der Rheinstadt verknüpft ist. Auch für Zeitgenossen hat sich offensichtlich die Frage gestellt, warum ein Lobgesang auf die Stadt Bern in einer Basler Handschrift anzutreffen sei, denn im Quintus-Stimmbuch wurde eine Abänderung in der Mottettenüberschrift vorgenommen: *«Bernae»* wurde durch *«Basileae»* ersetzt (Abb. 59), wobei im Text der Motette selbst, die Städtenamen nicht «verbessert» wurden.

Privater Musikunterricht

Neueren Forschungen von John Kmetz[29] verdanken wir das Wissen, dass diese Basler Quelle, die ausser Motetten auch deutsche und französische Liedsätze sowie eine Magnificat-Komposition enthält,[30] als eine von zwei Musiksammlungen die Grundlage für privaten Musikunterricht darstellte: Bonifacius Amerbach, der bekannte Basler Humanist und Musikliebhaber, hatte in den 1540er Jahren einen Musiklehrer für seinen Sohn Basilius angestellt. Wie Kmetz hervorhebt, ist die vorliegende Quelle damit eines der frühesten Zeugnisse für privaten Musikunterricht überhaupt, dessen zunehmende Verbreitung auch mit den durch die Reformation vor sich gehenden Veränderungen im städtischen Musikleben in Zusammenhang gebracht werden muss.[31] Amerbach griff bei seiner Lehrerwahl auf einen aus Bern stammenden Geistlichen namens Christopherus Piperinus zurück, der sich von 1543 bis 1547 zum Studium in Basel aufhielt.[32] Aufgrund einer bereits zuvor absolvierten Amtszeit als Pfarrhelfer in Interlaken, kann davon ausgegangen werden, dass er Johannes Wannenmacher, den dortigen Schreiber, kannte. Und tatsächlich konnte Kmetz eine Hand in der vorliegenden Quelle, die Korrekturen und Textincipits einfügte, als diejenige Wannenmachers identifizieren.[33] Der Komponist scheint somit seinem Berner Landsmann Piperinus bei der Zusammenstellung und Kopierarbeit des Materials für den Musikunterricht in Basel behilflich gewesen zu sein. Dass dabei «Berner Repertoire» und auch einige eigene Kompositionen in die Handschrift einflossen, liegt natürlich nahe.

Die Stadtpfeiferei

Arnold Geering vermutete in zwei, bis auf die Beischriften *«Chorea»* und *«Proportio»* textlos überlieferten Stücken der Basler Handschrift, Spielstücke der Berner Stadtpfeiferei[34], also Werke, die für in Diensten

Abb. 467:
Pfeiferbrunnen in der Berner Spitalgasse. Skulptur eines dudelsackblasenden, fahrenden Musikanten von Hans Gieng, um 1545.

Abb. 468:
Cosmas Alder (zugeschrieben), Motette «Floreat Ursine gentis», erste Seite der Discantstimme, Basel, Öffentliche Bibliothek, F. X. 5, fol. 31v.

der Stadt stehende Instrumentalisten komponiert wurden (vgl. Kap. VI, S. 552). Dass dies nicht mit Sicherheit nachgewiesen werden kann, hat nicht zuletzt seinen Grund darin, dass Quellen zur Berner Instrumental- und Spielmusik in der ersten Hälfte des 16. Jahrhunderts nur sehr spärlich bekannt sind. Eine Stadtrechnung von 1500 zeigt auf, dass in Berns Strassen wohl eine Vielzahl von Musikerinnen und Musikern unterwegs waren und zumindest zeitweise von der Stadt auch gern gesehen und entlöhnt wurden.[35] Auch der um 1545 entstandene Sackpfeifer-Brunnen in der Spitalgasse (Abb. 467) legt Zeugnis von der Gegenwart der Spielleute im Berner Strassenbild ab. Wohl um ein Aufsichtsorgan über die Strassenmusiker zu installieren, kam es wie eine Urkunde nachweist im Jahre 1507 zur offiziellen Anerkennung der Bruderschaft der Spielleute. Fortan sollte regelmässig ein König der Bruderschaft gewählt werden, der sich aus den bei der Stadt angestellten Pfeifern rekrutieren musste, und auch die Zuteilung der Auftritte bei Hochzeiten und sonstigen Feierlichkeiten sollte von der einheimischen Stadtpfeiferei verwaltet bleiben.[36]

Alders Kompositionen

Das Repertoire des Basler Liederbuches umfasst mit vier mit dem Namen Cosmas Alders versehenen Kompositionen[37] auch Werke des anderen Tonkünstlers, der gemeinsam mit Johannes Wannenmacher das Musikleben Berns im frühen 16. Jahrhundert entscheidend prägte. Bei zwei weiteren Sätzen kann aufgrund ihrer Situierung zwischen Werken mit Alders Namenszug ebenfalls von dessen Autorschaft ausgegangen werden.[38] Eine dieser Kompositionen stellt die zweite hier zu behandelnde Huldigungsmotette an die Stadt Bern mit dem Titel *«Musicorum Bernensium Catalogus Et Eorundem Encomion»* dar (Abb. 468).

«Floreat Ursine gentis»

Vom Text des vierstimmigen bisher unveröffentlichten Werkes sind nur die Incipits der beiden grossen Teilabschnitte erhalten: *«Du mögest blühen heiliger Sängerorden des Bärenvolkes»*[39] und *«Du mögest leuchten, o anmutige/r/s…»*.[40] Beide Teile umfassten wahrscheinlich dieselbe Anzahl von Versen,[41] die der Überschrift und den Incipits zufolge ein Lob auf die Sängerkultur im damaligen Bern und wohl auch die Namen der einzelnen Sänger enthielten. Vermutlich aufgrund der Gliederung des Titels, der zuerst den Katalog und dann den Lobgesang nennt, stellt Geering die These auf, die Namensnennung der Sänger sei im ersten Teil, deren Lob im zweiten Teil des Gedichts beinhaltet gewesen.[42] Der Text war somit höchstwahrscheinlich um einiges spezifischer auf die Stadt Bern und ihr kulturelles Leben ausgerichtet als dies bei den Worten zu Wannenmachers Lobesmotette der Fall war, die in recht allgemeiner Weise die Tugenden der Bärenstadt und ihrer Bewohner preisen. Dass dennoch für den Schreiber der Textincipits eine Beziehung zwi-

Abb. 469:
Verwechslung der Textincipits der zweiten Teile: «Qua te mente feram», der Beginn des zweiten Teils der Wannenmacher-Motette, wurde dem zweiten Teil der Alder zugeschriebenen Huldigungskomposition unterlegt und dann durch den korrekten Text «Splendeat o gracilis» ersetzt. Basel, Öffentliche Bibliothek, F. X. 7, fol. 31v.

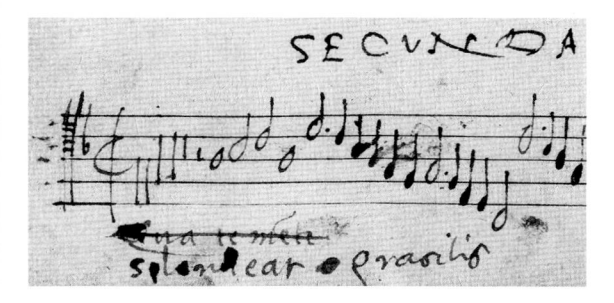

Abb. 470:
Cosmas Alder (zugeschrieben), «Floreat Ursine gentis», prima pars, Mensuren 20–29.

schen den beiden Huldigungskompositionen bestanden hat, zeigt ein Schreibfehler: Der Textanfang des zweiten Teils der Wannenmacherkomposition «*Qua te mente feram*» wurde fälschlicherweise im Tenorstimmbuch unter den zweiten Teil der räumlich innerhalb der Quelle recht weit entfernten Motette Alders eingetragen. Der Fehler, mit dem der Schreiber also gewissermassen eine textliche Verknüpfung zwischen den beiden Bernmotetten hergestellt hat, wurde erkannt und verbessert (Abb. 469). Auch wenn der Text der Motette Alders nicht erhalten ist, kann davon ausgegangen werden, dass ein Lobgesang auf die Sängerkultur einer Musikstadt hohe Ansprüche an die Kunstfertigkeit des Komponisten stellte. Ist Wannenmachers Komposition ein Beispiel für den streng durchkonstruierten Motettensatz in Cantus-firmus-Technik, wählte der Komponist des «*Encomiums*» eine freiere und abwechslungsreichere Satzart, die ebenfalls in der Kirchenmusik der Zeit anzutreffen ist. Ursprünglich wohl eng am Text orientiert wechseln dabei stark imitatorisch geprägte Abschnitte (wahrscheinlich Halbverse) mit Passagen simultaner Textdeklamation aller Stimmen und kanonischen Techniken ab. Unter Miteinbeziehung von Prinzipien der variierten Wiederholung und von blockweisem Wechsel hoher und tiefer Stimmgruppen lehnt sich Alder dabei an Satzweisen an, die vermehrt in seinen Psalmvertonungen anzutreffen sind und ihren Ursprung in den Rezitationsformen der zweigliedrig aufgebauten Psalmverse haben.[43] So wird zum Beispiel in den Mensuren 20–29 eine wörtliche Wiederholung der Oberstimme des jeweiligen Stimmpaares durch wechselnde Stimmblöcke und Abweichungen in der Unterstimme variierend gestaltet (Abb. 470).[44] Auch Metrumwechsel werden als Mittel der Variation in der Wiederholung genutzt. So zeigen die im Vierermetrum gestalteten Mensuren 1 und 2 des zweiten Motettenteils in den Oberstimmen die gleiche Notenfolge wie die späteren Mensuren 24/25 im Dreiermetrum (Abb. 471). Unter Umständen war ein inhaltlicher Bezug zwischen diesen beiden voneinander räumlich getrennten Textzeilen Anlass für die musikalische Verknüpfung der Abschnitte.

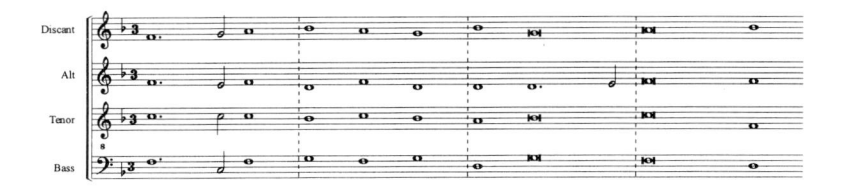

Abb. 471:
Cosmas Alder (zugeschrieben), «Floreat Ursine gentis», secunda pars, Mensuren 1–4 und 24–27

Neben häufiger Führung zweier Stimmen im strengen Kanon, die in wörtlicher Wiederholung im darauffolgenden Abschnitt dann als Unterstimmengerüst des vierstimmigen Satzes dienen,[45] sind auch Rezitationstechniken, bei denen alle Stimmen auf einer Tonhöhe verharren, für die vorliegende Lobesmotette wie für Alders Psalmvertonungen prägend.[46]

Für eine zuverlässige stilistische Zuordnung der Komposition an Alder sind die hier angeführten Kriterien sicherlich nicht ausreichend, da auch Psalmvertonungen aus dem näheren Umfeld ganz ähnliche Eigenheiten aufweisen. Kombiniert mit der oben beschriebenen Quellensituation bilden sie aber sicherlich ein weiteres Argument, das die Zuschreibung der Motette an Alder bestärken kann. Auch die biographischen Daten, die zu Cosmas Alder überliefert sind, sprechen für eine enge Beziehung zu Bern und machen ein Lob auf das städtische Sängerensemble aus seiner Feder wahrscheinlich.

Biographisches zu Cosmas Alder

Jugend- und Kantorenzeit

Die ersten Spuren des späteren Musikers Cosmas Alder finden sich in Baden im Aargau.[47] Der im Jahr 1500 Geborene wird wohl schon kürzere Zeit nach seiner Einschulung in die Badener Lateinschule als Chorknabe am Berner St. Vinzenzstift aufgenommen worden sein. Denn ein Eintrag im Berner Stiftsmanual vom 19. März 1511 belegt bereits seinen Abschied von der Sängerschule, an der er mit ziemlicher Sicherheit auch in den Genuss des Unterrichts von Johannes Wannenmacher gekommen ist: «*Cosmam ound Ruolffe den Choralibus jst jedem geordnet off jren abscheyd 1 lib. zu geben*».[48] Den Studien Georges Gloors und Wolfram Steudes[49] verdanken wir das Wissen über ein im Sommersemester 1514 aufgenommenes Theologiestudium Cosmas Alders in Leipzig. Dieser Aufenthalt in Mitteldeutschland, also in direkter zeitlicher und geographischer Nähe zu den Anfängen der Reformation, liefert nicht nur einen Hinweis auf Alders künftiges Verhalten in Glaubensfragen, sondern erklärt auch das Auftauchen seiner Werke in einigen Handschriften aus diesem Raum. Auch die Eingliederung einer seiner Kompositionen in Georg Rhaws Druck «*Neue deutsche Gesänge*» von 1544 gewinnt somit eine Erklärung, zumal der für die frühen reformatorischen Liederbücher führende Drucker ab 1518 an der Universität Leipzig unterrichtete.[50]

«*Cosmas den Sänger wöllen min herrn widerumb annämenn zu jrem Sänger*» heisst es im Berner Stiftsmanual unter dem Datum des 6. Aprils 1524[51]. Alder war also an die Stätte seiner musikalischen Grundausbildung zurückgekehrt und amtierte als Kantor. Er scheint sein Amt beim im Niedergang befindlichen Knabenstift[52] aber nur kurze Zeit inne gehabt zu haben, denn bereits im August 1525 ist das Stiftskapitel auf der Suche nach einem Nachfolger. Alders Namensvermerk in einem in der Berner Stadtbibliothek erhaltenen Exemplar der Zwingli-Schrift «*Von dem Nachtmahl Christi*»[53] belegt, dass er den Kontakt mit reformatorischem Gedankengut auch nach seinem Leipziger Studium nicht abreissen liess. Ob der Grund für sein frühes Ausscheiden aus dem Berner Kantorenamt allerdings mit seiner Sympathie für den neuen Glauben zusammenhängt, bleibt ungewiss.[54] Die kirchenmusikalischen Werke Alders, das heisst seine Hymnen und Psalmvertonungen, sind mit grosser Wahrscheinlichkeit in Bern entstanden und können deshalb einen Eindruck von der musikalischen Gestaltung des Gottesdienstes zur Zeit geben, als Alder das Kantorenamt inne hatte. Der posthumen Veröffentlichung der Alderschen vierstimmigen Hymnensätze durch den Berner Drucker Apiarius[55] verdanken wir den Beleg dafür, dass nicht nur an Feiertagen kunstvollere, das heisst mehrstimmige Musik im Münster zum Vortrag kam. Auch zu den Stundengebetszeiten der Werktage wurden zusätzlich zum einstimmigen Choralgesang[56] auch vierstimmig gesetzte Hymnen vorgetragen. Da Quellen für mehrstimmige Kirchenmusik aus der vorreformatorischen Zeit zum Grossteil dem späteren Glaubenskampf zum Opfer fielen (Kirchenwerke Wannenmachers aus seiner Berner Kantorenzeit sind zum Beispiel keine erhalten), handelt es sich bei den Hymnen um eine besonders seltene und wichtige Quelle zum vorreformatorischen Berner Musikleben. Die 1517 vorgenommene Restaurierung der Orgel,[57] sowie die zumindest unter dem Kantorat Wannenmachers blühende Sängerschule am St. Vinzenzstift sind Anzeichen einer hochstehenden Kirchenmusikkultur in Bern am Vorabend der Reformation, die auch Niklas Manuel in seinem Fastnachtspiel von 1523 beschreibt:

«*Gen Bern ich in die kilchen vast trang:
Da hort ich orgelen und wol singen*»[58]

Bauherrenschreiber
Mit der Auflösung des St. Vinzenzstiftes durch die Einführung der Reformation war auch für Cosmas Alder eine berufliche Umorientierung verknüpft: er wurde zum Berner Bauherrenschreiber ernannt und

*Abb. 472:
Titelblatt zum Druck eines politischen Strophenliedes, verfertigt in Bern bei Mathias Apiarius, wahrscheinlich 1542 (vgl. Türler, 1904, S. 15).*

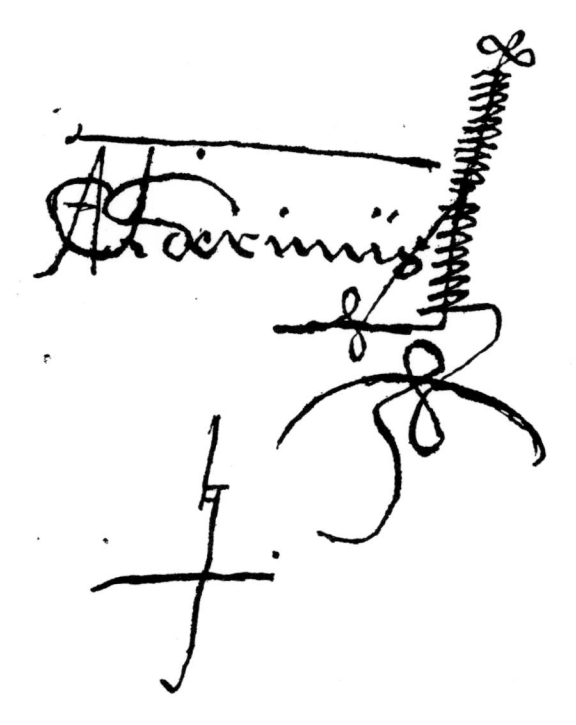

Abb. 473:
Das Schreiberzeichen Cosmas Alders in einem Urbar aus dem Staatsarchiv Bern.

erhielt 1530 sein Notarpatent. Verschiedene Schreiberaufträge ermöglichten ihm in der Folgezeit bis zu seinem Tode 1550 ein finanziell gesichertes Dasein, das ihm die Familiengründung ermöglichte. Mit Barbara von Hofen, die er vor 1531 heiratete, hatte er sechs Mädchen, während seine zweite, 1545 mit Barbara Schwägler[59] geschlossene Ehe kinderlos blieb. Obwohl er als Mitglied der Zunft zum Mittellöwen und ab 1538 auch des Grossen Rates offenbar zu Ansehen gelangt war, kam Alder des öfteren mit dem Gesetz in Konflikt. 1539 zum Beispiel wurde ein Verfahren gegen ihn angestrengt, weil er bei der Strassburger Drucklegung und Verbreitung des «Interlakener Liedes», eines politischen Spottgedichts über den Aufruhr der dortigen Landsleute, offensichtlich tatkräftig Hilfestellung geleistet hatte. Da der öffentliche Verkauf des Lieddruckes 1538 in Bern innerhalb der Eidgenossenschaft zum Politikum geworden war, wurde Alder am 20. Februar 1539 «gestrafft um X guldin und in der gfenknus ingelegt uff bürgschafft».[60] Auch zog diese Affäre eine Zensurordnung für Bern nach sich, nachdem die Stadt bereits im Vorfeld der Reformation wegen der Zunahme politischer Brisanz von Liedern mit Verboten eingeschritten war.[61] Durch weitere erhaltene Berner Liederdrucke aus den Folgejahren[62] weiss man, dass sich das politische Lied mit lokalpatriotischem Bezug grosser Beliebtheit erfreute. Das in Abbildung 472 wiedergegebene Titelblatt eines wohl 1542 entstandenen Liedes über Streitigkeiten zwischen Bern und Savoyen[63] gibt auch Aufschluss über die musikalische Vortragsweise dieser Gedichte: man zog bereits vorhandene weltliche Liedweisen heran, denen man die neuen Strophentexte unterlegte.

Das nachreformatorische Musikleben
Seinen musikalischen Interessen konnte Cosmas Alder, ähnlich wie Johannes Wannenmacher, auch in seinem neuen Lebensabschnitt nachgehen. Davon zeugen nicht nur sein Schreiberzeichen, in das er Notenschrift integrierte (Abb. 473), sondern auch zahlreiche Kompositionen. Da der kirchliche Aufführungskontext für Musik nicht mehr bestand, konzentrierte man sich nun darauf, neue weltliche Wirkungsbereiche für die Musik zu erschliessen.[64] Einen solch neuen Aufführungsrahmen für Kunstmusik stellten Einlagestücke zu Theateraufführungen dar.[65] Hatten anfangs des Jahrhunderts bei Schauspielaufführungen noch die Stadtpfeifer aufgespielt, verbreitete sich in den 30er Jahren die Integration von Chorsätzen in meist geistliche Dramen. In Bern dominierten dabei die Werke Hans von Rütis.[66] Auch der in der Bernmotette besungene Sängerkreis führt einen an Bedeutung gewinnenden weltlichen Kontext der Musikausübung vor Augen: die private Musikpflege in humanistischen Kreisen. Aus anderen schweizerischen Städten sind solche Privatmusikensembles belegt, wie zum Beispiel im Haus des Baslers Bonifacius Amerbach.[67] Über die Mitglieder einer unter Umständen ähnlich organisierten Berner Humanistenvereinigung kann nur spekuliert werden. An kulturell interessierten und musikalisch aktiven Persönlichkeiten fehlte es in Bern – gerade nach der Reformation – jedoch nicht.[68] Die sowohl von Alder als auch von Wannenmacher überlieferten mehrstimmigen Liedkompositionen[69] könnten ihren Entstehungskontext also durchaus in einem solchen Berner Humanistenkreis gehabt haben.
Wie stark Cosmas Alder das Berner Musikleben der ersten Hälfte des 16. Jahrhunderts prägte, lässt sich auch daran ablesen, dass er nicht nur Huldigungsgedichte (an Bern und Zwingli) vertonte, sondern nach seinem Tode selbst Gegenstand der Panegyrik seiner Landsleute wurde: Das Widmungsgedicht im posthum erschienenen Druck seiner Hymnen endet mit den Zeilen:

«*Dicite: Vive diu, vivat tua gloria Cosma,*
Helvetii, Cosma, gloria magna soli.»[70]

Technik

Der Zytgloggenturm – öffentliche Räderuhren in Bern im 15. Jahrhundert

Jakob Messerli

Der Zytgloggenturm gehört in seinem Kern zu den ältesten erhaltenen öffentlichen Bauwerken der Stadt Bern (Abb. 474; vgl. Kap. I, S. 48). Im Zuge der städtischen Entwicklung im frühen 13. Jahrhundert als Wehr- und Torturm erbaut, rückte er mit der Westerweiterung nach 1256 ins Innere und allmählich auch ins Zentrum der Stadt. Das ehemalige Haupttor wurde damals als hinter dem neuen Käfigturm zweite, zurückversetzte Befestigung aufgestockt und diente fortan wohl als Hoch- und Feuerwacht. Mit dem Bau des Christoffelturms

*Abb. 474:
Bern, Zytgloggenturm.*

Der Übergang von den mittelalterlichen «Horen» zu den modernen Stunden

Grundlage der mittelalterlichen Zeitangaben waren die römischen Temporalstunden, das heisst je zwölf Tages- und Nachtstunden, deren Länge im Laufe des Jahres variierte. Die Kirche übernahm davon sieben an die Passion erinnernde Gebetszeiten oder «Horen»: «Matutin», «Prim», «Terz», «Sext», «Non», «Vesper» und «Komplet». Für Zeitangaben im Alltag waren lediglich jene Zeiten von Bedeutung, die den Lichttag in vier Teile unterteilten: «Prim», «Terz», «Sext», «Non» und «Vesper». Im Laufe der Jahrhunderte haben sich die «Horen» verschoben, die «Non» rückte auf den wahren Mittag vor (englisch «noon») und «Vesper» verschob sich in den Nachmittag.[1] Ungleich lange Temporalstunden («horae inaequales») können von einer mechanischen Uhr nicht angezeigt werden, technisch realisierbar sind nur die sogenannten «Äquinoktialstunden», die gleich langen Stunden der modernen Stundenrechnung («horae aequinoctiales»). Daher kann das Auftauchen von modernen Stundenangaben in Schriftquellen als Indiz für das Vorhandensein einer mechanischen Uhr gewertet werden. Wenn beispielsweise in einer Stadtsatzung aus dem Jahre 1403 in Bern festgelegt wurde, «*das nieman von dishin in den selben vnsern stettbach, eb die glogg nach mittem tag drü slacht, kein vnsuuer ding dar in schütten noch nützit dar in wüschen sol*»,[2] muss davon ausgegangen werden, dass zu diesem Zeitpunkt in Bern eine mechanische Uhr mit Stundenschlag vorhanden war. Diesen Befund bestätigt der Chronist Justinger, der als Zeitpunkt für den Ausbruch des verheerenden Stadtbrandes im Jahre 1405 «*nach vesper zit alz die glogge bald fünfe slachen sollte*» angibt.[3]

(1344–1346) verlor der Zytgloggenturm seine Bedeutung als Wehrbau endgültig. Der nach Osten offene Turmschaft wurde durch eine Rieg- oder Holzkonstruktion geschlossen und zum Gefängnis ausgebaut.[4] Der Stadtbrand von 1405 brachte einen neuerlichen Funktionswandel (vgl. Kap. I, S. 36): Rund zweihundert Jahre nach seiner Entstehung wurde der ehemalige Wehrturm zum Zytgloggenturm. Zu diesem Zeitpunkt schlug in der Stadt Bern allerdings bereits seit rund einem Vierteljahrhundert eine öffentliche Räderuhr die Stunden.

Die Uhr auf dem Wendelstein

Kirchliches und weltliches Läuten gingen im 14. Jahrhundert in Bern vom sogenannten «Wendelstein» aus, dem Glockenturm der 1277/80 erbauten zweiten Leutkirche. Dieser stand im nordöstlichen Bereich des heutigen Münsters, dem er im späten 15. Jahrhundert weichen musste.[5] Auf dem Wendelstein, der durch seine exponierte Lage als Signalgeber sowohl für die Stadt als auch für die Matte prädestiniert war, versahen im späten 14. Jahrhundert ausserdem die städtischen Tag- und Nachtwächter ihren Dienst.[6] Hier fand auch die erste öffentliche Räderuhr der Stadt Bern ihren Platz.

Ein erster Hinweis auf diese Uhr findet sich in der Stadtrechnung für die zweite Hälfte des Jahres 1380: «*Denne dem meister, so die zitgloggen machen sol, das gestelle und Niclin Slosser sinen gesellen uff rechnung X lb.*»[7] Die erste Halbjahresrechnung des folgenden Jahres ist nicht erhalten, in der zweiten geben aber zahlreiche Einträge Auskunft über den Bau «*der zitgloggen uf dem wendelstein*». Dass es sich dabei nicht nur um eine Glocke für die akustische Zeitangabe handelte, der Ausdruck «*Zeitglocke*» vielmehr eine Räderuhr bezeichnete, belegen zweifelsfrei die Ausgaben für «*isnin reder*» und «*wellen zu dem orley uff dem wendelstein*».[8] Im Spätmittelalter war «*Zeitglocke*» ein gängiger und oft verwendeter Begriff für eine stundenschlagende Turmuhr.[9] Die erste öffentliche Räderuhr in der Stadt Bern wurde also im Jahre 1381 gebaut. Ob es sich bei diesem «*orley*» auf dem Turm der Leutkirche um eine selbstschlagende Turmuhr oder lediglich um eine kleinere Türmeruhr handelte, nach deren Zeitangabe ein Turmwächter von Hand eine Glocke schlug, kann aufgrund der Angaben in den Stadtrechnungen nicht abschliessend entschieden werden.[10] Der oben zitierte Rechnungseintrag bezog sich auf ein Gestell, und in der zweiten Jahreshälfte 1381 ging nochmals eine Zahlung an Niclin Slosser «*umb das geruste se machenne zů der zitgloggen uf dem wendelstein, von isenwerch*». Die

Begriffe «Gerüst» und «Gestell» scheinen auf eine grössere und damit direkt auf die Zeitglocke schlagende Uhr hinzuweisen.[11]
Niclin Slosser dürfte der Erbauer dieser ersten öffentlichen Räderuhr in Bern gewesen sein. An ihn wurden im Zusammenhang mit dem Bau der *«zitglogge»* mehrmals Zahlungen aus der Stadtkasse geleistet und 1381 und 1382 wurde er auch dafür entlöhnt, dass er die Uhr richtete und wartete. Im Jahre 1383 muss er gestorben sein, die Stadtrechnung erwähnt eine Zahlung an *«Niclis Schlosser seligen wip»* und gleichzeitig eine an *«Abrecht dem schlosser von der zitgloggen ze reisen und ze warten»*. Allerdings scheint dieser den Schlagmechanismus des anfälligen Gerätes nicht in den Griff bekommen zu haben, erstmals tauchen jetzt nämlich in der Stadtrechnung für die zweite Hälfte des Jahres 1384 Ausgaben für die Tag- und Nachtwächter auf und zwar ausdrücklich als Lohn für das manuelle Schlagen der Zeitglocke.[12] Über das weitere Schicksal der ersten öffentlichen Räderuhr der Stadt Bern ist aufgrund der disparaten Quellenlage nichts bekannt.[13]

Die mechanische Uhr hat ihren Ursprung am Übergang vom 13. zum 14. Jahrhundert in den norditalienischen Städten. Die «technische Sensation» des 14. Jahrhunderts verbreitete sich dort in der ersten Jahrhunderthälfte und nach 1350 rasch auch in Mitteleuropa.[14] Im schweizerischen Gebiet verfügte Zürich seit 1368 über eine öffentliche Uhr, es folgten Basel (um 1370), Bern (1381), Luzern (1385), Yverdon (1399), Genf und Lausanne (1405) sowie Freiburg (vor 1416).[15] Gerhard Dohrn-van Rossum hat die Diffusion der öffentlichen Uhren in Europa, die er als «Teilprozess urbaner Modernisierung» begreift, im 14. und frühen 15. Jahrhundert quantitativ ausgewertet und für das Jahrzehnt von 1371–1380 einen bemerkenswerten Boom festgestellt.[16] Die Entstehung der Uhr auf dem Wendelstein in Bern fällt in die Schlussphase dieser Beschaffungswelle. Nach dem Kriterium des Besitzes einer öffentlichen Räderuhr gehörte die Stadt Bern im schweizerischen Raum am Ende des 14. Jahrhunderts zu den modernen Städten.

Die erste Uhr am Zytgloggenturm

«Also verbran die alt kebie, do die zitglogge inne hanget, darinne verbrunnen siben pfaffendirnen», beschrieb der Zeitzeuge Justinger das Schicksal des Zytgloggenturms im Stadtbrand von 1405.[17] Nach der Katastrophe wurde der vollständig ausgebrannte und schwer beschädigte Turm umfassend erneuert und seine Ostseite durch eine massive, 60 Zentimeter dicke Mauer geschlossen.[18] Das Gefängnis wurde in den Käfigturm verlegt und der renovierte Turm vorderhand als *«nüwer turn»* bezeichnet. Der Begriff *«zitglogge»* im Zusammenhang mit dem ehemaligen Wehrturm taucht erstmals in einem um 1413 datierbaren Eintrag im Älteren Udelbuch auf, um 1420 scheint sich dann die Bezeichnung Zytgloggenturm durchgesetzt zu haben.[19]
Zwei Hinweise sprechen allerdings dafür, dass der Turm schon früher, unmittelbar nach dem Stadtbrand, seine bis heute namengebende Funktion als Ort der städtischen Zeitbestimmung erhalten hat. Einerseits datiert die Stundenglocke am Zytgloggenturm unmittelbar aus der Zeit nach dem Brand, sie wurde im Oktober 1405 von Johann Reber in Aarau gegossen (vgl. Legende zu Abb. 475). Dass die Glocke ursprünglich für den Zytgloggenturm bestimmt war, ist nicht gesichert, das zeitliche Zusammentreffen von Turmerneuerung und Glockenguss lässt diese Vermutung aber plausibel erscheinen.[20] Andererseits haben die baugeschichtlichen Untersuchungen anlässlich der Restaurierung des Zytgloggenturms in den Jahren 1981–1983 ergeben, dass die Mauernische hinter dem heutigen Spielerker gleichzeitig mit der Ostwand im Jahre 1405 entstanden war. Dieser Befund spricht dafür, dass bereits damals am Zytgloggenturm ein wie auch immer gearteter Figurenautomat und damit auch ein Uhrwerk vorhanden war.[21]

Abb. 475:
Die Figur des Stundenschlägers in der Laterne des Dachstuhls des Zytgloggenturms (Hans von Thann) datiert mit grosser Wahrscheinlichkeit aus dem späten 15. Jahrhundert. Sie wurde mehrfach erneuert und ersetzt, vergoldet ist sie seit 1770/71. Beim Stundenschlag dreht der Stundenschläger seinen Oberkörper und schlägt mit dem Holzhammer scheinbar auf die Glocke. Der Ton wird gleichzeitig durch einen Eisenhammer erzeugt. Die Stundenglocke wurde im Oktober 1405 von Johann Reber in Aarau gegossen. Die Inschrift lautet: «Gero diei horas et noctis pacifer moras. A° Di 1405 mense octobris fusa sum a magro [magistro] iohe [iohanne] do. [dicto] reber de arow. Sum vas et cer?» (Nüscheler-Usteri, 1882, S. 269).

Ob es sich dabei um die Uhr des Wendelsteins handelte, die in den Zytgloggenturm versetzt wurde, oder ob eine neue gebaut wurde, wissen wir nicht. Spätestens seit dem Jahre 1418 dürfte aber auf dem Wendelstein keine Uhr mehr geschlagen haben. Justinger berichtet: *«Do man zalt von gotts geburt MCCCCXVIII jar, in dem mertzen, wart die zitglog ufgehenket ze nidegg, den am stalden und an der matten ze lieb.»*[22] War in diesen beiden Stadtteilen der Stundenschlag vom Turm der Leutkirche noch gut hörbar gewesen, befand sich der Zytgloggenturm in kritischer Distanz. Nicht entschieden werden kann, ob die Glocke in der Nydeggkapelle nach der akustischen Vorgabe des Zytgloggenturms von Hand geschlagen wurde, oder ob der Ausdruck *«zitglog»* möglicherweise auch hier eine selbstschlagende Uhr bezeichnete. Für die erste Hypothese sprechen der bescheidene Dachreiter der Nydeggkapelle als Standort der Glocke und Justingers Formulierung, dass die Zeitglocke aufgehängt worden sei.[23] Die Verlagerung der öffentlichen Uhr Berns von der Leutkirche zum Zytgloggenturm weist auch auf eine Verschiebung des städtischen Zentrums westwärts hin. Der Zytgloggenturm markierte nach dem Stadtbrand und dem Wiederaufbau im frühen 15. Jahrhundert die neue Stadtmitte, folgerichtig wurde die öffentliche Uhr an diesen Ort verlegt.

Die erste aus dem 15. Jahrhundert erhaltene Stadtrechnung verzeichnet im Jahre 1430 erstmals die Ausgabe für den *«zitgloggner»*, ein städtisches Amt, das fortan regelmässig als Ausgabenposten erscheint und für das spätestens seit 1481 die Bezeichnung *«zitgloggenrichter»* gebräuchlich wurde.[24] Der erste namentlich bekannte Amtsinhaber *«herr Hansen»* wurde 1438 für seine Arbeit *«das orley ze bletzen uff der zitgloggen turn»* bezahlt.[25]

Die Zeitglockenuhr aus dem frühen 15. Jahrhundert ist nicht erhalten, so dass wir über ihr Aussehen und ihre Konstruktion nichts wissen. Über die Art der Indikationen – zusätzlich zur akustischen Zeitangabe durch die Glocke – finden sich indessen in den Stadtrechnungen zwei aufschlussreiche Hinweise. Im Jahre 1443 wurde ein *«Húnenberg umb die sunnen zů dem orley zu vergúlden»* und im darauffolgenden Jahr ein *«meister Steffan»* für die Arbeit *«uff die sper und das orley ze malen»* entlohnt.[26] Im 14. und 15. Jahrhundert war «sper» ein geläufiger Begriff für eine astronomische Uhr, er bezeichnet eigentlich das Planisphärium, die stereographische Projektion des Himmelsgewölbes auf die Ebene.[27] Das Vergolden der Sonne kann zudem als Hinweis auf einen dazugehörigen Sonnenzeiger interpretiert werden. Mit Sicherheit war also bereits im Jahre 1444 am Zytgloggenturm ein astronomisches Zifferblatt vorhanden.[28] Die Unterscheidung zwischen «sper» und «orley» im zitierten Rechnungseintrag kann sich einerseits auf das aufgemalte Planisphärium und den beweglichen Astrolabmechanismus beziehen. Möglich ist aber andererseits auch, dass bereits damals neben der astronomischen Uhr ein weiteres Zifferblatt für die Stundenangabe vorhanden war. Im Zuge der Restaurierungsarbeiten der frühen 1980er Jahre wurde das übermalte Planisphärium freigelegt. Die ältesten gefundenen Linienfragmente gehören zweifelsfrei zu einem Planisphärium mit südlicher Projektion.[29] Die Tatsache, dass diese Projektionsart ausschliesslich bei astronomischen Uhren verwendet wurde, die in der relativ kurzen Zeit zwischen 1352 und 1410 gebaut wurden, macht es wahrscheinlich, dass die Uhr am Zytgloggenturm seit ihrer Entstehung zu Beginn des 15. Jahrhunderts nicht nur über einen Figurenautomaten, sondern auch über ein astronomisches Zifferblatt verfügte.[30] Bern würde sich damit in die Liste jener Städte einreihen, die im ausgehenden 14. und beginnenden 15. Jahrhundert eine astronomische Uhr mit Figurenautomaten besassen.[31]

In Bern kennen wir weder die Motive für den Bau der astronomischen Uhr am Zytgloggenturm noch ihren Erbauer. War der Bau einer öffentlichen Räderuhr im frühen 15. Jahrhundert immer noch ein prestigeför-

Abb. 476:
Bendicht Tschachtlan, Bilderchronik, nach 1470, Zürich, Zentralbibliothek, Ms. A 120, S. 205.

Nach einem Raubzug verfolgen die Thuner 40 Berner und stellen sie bei Allmendingen. Im Hintergrund ist bereits die Stadt Bern mit dem Zytgloggenturm zu sehen (vgl. Bartlome 1988b, S. 106).

derndes Unternehmen für eine Stadt, dürfte dies bei einer Uhr mit astronomischem Zifferblatt und Figurenautomat in besonderem Masse der Fall gewesen sein.[32] Die Konstrukteure und Erbauer astronomischer Uhren mussten über aussergewöhnliche astronomische und mathematische Kenntnisse sowie hervorragende handwerkliche Fähigkeiten verfügen. Sie waren gefragte Spezialisten, die oft von weit her geholt wurden.[33] Welche Bevölkerungskreise ihre Werke wozu nutzten, können wir ebenfalls nur vermuten. In Bern dürfte dies kaum anders gewesen sein als in Parma, wo ein Chronist im Jahre 1431 festhielt, dass das neue Instrument die Stunden «fürs Volk» und die Mondposition für «die Gebildeten» anzeigen würde.[34]

Der Umbau der Jahre 1467–1483

In den Jahren 1467–1483 wurde der Zytgloggenturm ausgebaut und mit einem neuen, der Burgenarchitektur entliehenen Turmabschluss versehen. Bereits zu Beginn dieser Bauphase wurde offenbar das Uhrwerk ersetzt; Einzelheiten dazu sind keine bekannt. Auch die äussere Erscheinung der Uhr erfuhr Veränderungen. Aufgrund der baugeschichtlichen Untersuchungen der Jahre 1981–1983, kann der heute noch vorhandene rippenverzierte Fuss des Spielerkers sicher und eine erste Fassung der gemalten Götter als Verkörperung der Planeten über dem astronomischen Zifferblatt sowie der Stundenschläger in der Laterne des Dachstuhls wahrscheinlich in die Umbauphase des späten 15. Jahrhunderts datiert werden.[35]

Die erste bildliche Darstellung des Zytgloggenturms stammt aus der Tschachtlan-Chronik von 1470, wo der Turm auf drei Abbildungen als deutliches Wahrzeichen der Stadt Bern hervortritt (Abb. 476).[36] Der Zytgloggenturm ist jeweils mit einem grossen, turmbreiten Zifferblatt gezeichnet. Dies ist ein weiterer Hinweis darauf, dass bereits im 15. Jahrhundert neben dem astronomischen Zifferblatt ein zweites, grösseres Zifferblatt weiter oben am Turmschaft vorhanden war (vgl. auch Abb. 477).[37]

Im Jahre 1486 wurde die 1405 gegossene Stundenglocke im Zytgloggenturm durch eine Viertelstundenglocke ergänzt.[38]

Während des ganzen 15. Jahrhunderts ging die öffentliche Zeitangabe in der Stadt Bern vom zentral gelegenen Zytgloggenturm aus. Am Anfang des Jahrhunderts und dann wiederum im Jahre 1509 ist eine zusätzliche Zeitangabe im Osten der Stadt, an der Nydegg, bezeugt. Der Neubau der Nydeggkirche im späten 15. Jahrhundert brachte dieser einen gemauerten Turm, für den 1483 eine grosse Glocke und 1509 eine

Abb. 477:
Diebold Schilling, Luzerner Chronik, 1513, Luzern, Korporationsgemeinde, fol. 92r.

Die Berner Stadtjugend empfängt die von Grandson und Orbe heimkehrenden Luzerner, im Hintergrund die Stadt Bern mit dem Zytgloggenturm.

Kaspar Brunner

Erstmals erwähnt wird der Schlosser Kaspar Brunner anlässlich seiner Wahl zum «*zitgloggenrichter*» im Jahre 1526. Über seine Herkunft ist nichts bekannt. Im Jahre 1530 wird Brunner in die Gesellschaft zu Schmieden aufgenommen, 1537 zum Büchsenmeister der Stadt Bern gewählt. Vier Jahre später erfolgt die Heirat mit Anna von Graffenried, der jüngsten Tochter des Venners Niklaus von Graffenried. Im gleichen Jahr wird Brunner als «Zeugwarter» nach Nürnberg berufen, wo er bis zu seinem Tode im Jahre 1561 das Zeughaus verwaltet. Der Ruf nach Nürnberg kommt einem sozialen Aufstieg gleich, ist die süddeutsche Stadt doch in der Mitte des 16. Jahrhunderts zusammen mit Augsburg die bevölkerungsreichste Stadt im Reich. Der Kontakt Brunners zu Bern bleibt bestehen, in den 1550er Jahren beispielsweise bezieht Bern durch seine Vermittlung in Nürnberg vier grosse Geschütze und anlässlich eines Besuches in Bern im Jahre 1554 veranstaltete der Artillerist und Feuerwerker Brunner auf dem Breitfeld ein imposantes Feuerwerk.[39] Die Uhr des Zytgloggenturms scheint die einzige zu sein, die Kaspar Brunner gebaut hat. Brunner kann am Übergang vom Mittelalter zur Neuzeit als Schlosser, Ingenieur und Kanonenbauer geradezu als Prototyp des Turmuhrmachers gelten. Er stammte aus Berufsfeldern und verfügte über Qualifikationen, wie sie für die Erbauer von Turmuhren damals üblich und verbreitet waren. Eine Professionalisierung in der Uhrmacherei setzte erst in der zweiten Hälfte des 16. Jahrhunderts ein.[40]

Signatur Kaspar Brunners an der Ostseite seines Uhrwerks, 1530.

neue Zeitglocke gegossen wurden. Ob bei dieser Gelegenheit eine Räderuhr angeschafft wurde, ist nicht bekannt. Überhaupt wissen wir nicht, wann zwischen 1418 und der ersten Bilddarstellung des Turms mit einem Zifferblatt (1603/1607) eine Schlaguhr für die Nydeggkirche

Abb. 478:
Kaspar Brunner, Uhrwerk des Berner Zytgloggenturms, erbaut in den Jahren 1527–1530. Im Vordergrund links das Gehwerk, dahinter das Viertelstundenschlagwerk, hinten rechts das Stundenschlagwerk und davor im kleinen Rahmen die beiden Figurenspielwerke.

gebaut wurde.⁴¹ Am Ende des 15. Jahrhunderts erhält die Stadt Bern zusätzlich einen dritten Ort der öffentlichen Zeitangabe: Die Säckelmeister-Rechnung für das erste Halbjahr 1500 verzeichnet einen Ausgabenposten «*Von der Zitgloggen zum oberen Spital ze richten*».⁴² Der Neubau der Kirche des Heiliggeist- oder Oberen Spitals in den Jahren 1482–1496 hatte dem westlichen Teil der Stadt vermutlich eine eigene Turmuhr gebracht.⁴³ Damit verfügte die Stadt Bern am Übergang vom 15. zum 16. Jahrhundert entlang ihrer Längsachse über drei Orte öffentlicher Zeitindikation. Wir können davon ausgehen, dass dadurch überall in der Stadt der Stundenschlag zu hören war. Dieses System der öffentlichen Zeitangabe hatte unverändert bis in die Mitte des 17. Jahrhunderts Bestand, als man anfing, zusätzlich – zuerst manuell und ab 1691 durch eine Schlaguhr – auch am Käfigturm die Stunden zu schlagen.⁴⁴ Im 15. Jahrhundert hatte sich der Zytgloggenturm zum Zentrum der Zeitbestimmung in der Stadt Bern entwickelt. Bis ans Ende des 19. Jahrhunderts behielt er diese Funktion als städtischer Ort der Norm, nach seiner Vorgabe wurden alle anderen städtischen Uhren gerichtet.⁴⁵

Zum Netz öffentlicher Zeitangaben im 15. Jahrhundert in der Stadt Bern gehörten neben den Räderuhren sicherlich auch Sonnenuhren. Über ihre Anzahl und ihre Standorte ist indessen nichts bekannt. Als weiteres Forschungsdesiderat erweist sich die «Konsumption» der Zeitindikationen: Während nämlich die Art und Weise ihrer Erzeugung wenigstens in groben Zügen bekannt ist, wissen wir über die zeitliche Strukturierung des städtischen Alltags in Bern im Spätmittelalter bisher wenig.⁴⁶

Die Uhr Kaspar Brunners (1527–1530)

Nach einem halben Jahrhundert war das um 1467 am Zytgloggenturm eingebaute Uhrwerk störungsanfällig geworden. Verschiedene Ausgabenposten in den Jahren 1519–1524 belegen Reparaturversuche, und mehrere auswärtige «*zitgloggenmeister*» waren um Hilfe nach Bern gebeten worden. Alle Bemühungen blieben erfolglos.⁴⁷ Im Jahre 1526 war der Schlosser Kaspar Brunner zum neuen Zeitglockenrichter gewählt worden (siehe Kastentext, S. 584). Ein Jahr später legte er dem Rat sein Projekt für den Bau eines neuen Uhrwerks vor. Das Ratsmanual hält unter dem 31. Oktober 1527 fest: «*Ist mit Brunner, dem slosser, überkommen, dass er die reder zu der zitgloggen machen söll, wie die musterung anzeigt umb 1000 gulden.*»⁴⁸ In den folgenden drei Jahren baute Kaspar Brunner sein monumentales Uhrwerk, welches ohne wesentliche Veränderungen heute noch funktioniert (Abb. 478).

Das Uhrwerk besteht aus fünf einzelnen Werken, die in einem gemeinsamen grossen Werkgestell untergebracht sind: Gehwerk, Stundenschlagwerk, Viertelstundenschlagwerk und zwei Figurenspielwerke. Das geschmiedete und mit gotischen Elementen verzierte Werkgestell steht auf sechs Sandsteinfüssen, ist 2,5 Meter lang, 1,7 Meter breit und 2,2 Meter hoch. Die ebenfalls geschmiedeten Räder haben einzeln eingesetzte und je mit einer Schraube befestigte Zähne. Jedes der fünf Werke wird von einem eigenen Gewichtsstein angetrieben, die auf eine Höhe von 19 Metern über die Uhrkammer aufgezogen werden können und so eine Gangdauer von rund 27 Stunden erlauben. Vom Uhrwerk Kaspar Brunners aus werden die Zeiger für die beiden grossen Zifferblätter an der Ost- und Westseite des Turms, der Stunden- und Viertelstundenschlag samt dem Stundenschläger in der Laterne des Dachstuhls, das Figurenspiel und die astronomische Uhr angetrieben.

Kaspar Brunner hatte sein Uhrwerk – wie seit den ersten Räderuhren und bis in die Mitte des 17. Jahrhunderts üblich – mit einem Waagbalken als Reguliermechanismus gebaut. 1657 war mit dem Pendel ein Regulierorgan erfunden worden, das eine wesentlich grössere Ganggenauigkeit bei Uhren ermöglichte. Darauf wurde im späten 17. oder frühen 18. Jahrhundert der einzige bedeutende Umbau an Brunners Uhr

Abb. 479:
Das Figurenspiel des Berner Zytgloggenturms heute. Der Ablauf: «Jede Stunde, Tag und Nacht, etwa 3½ Minuten vor dem Stundenschlag, eröffnet der Hahn mit seinem Kikeriki und einem Flügelschlag das Schauspiel. Bald darauf setzt sich der Bärenumzug in Bewegung. Während die Bärenschar im Kreis herumzieht, schlägt oben in der Nische der Narr, den Kopf drehend und mit dem linken Bein zappelnd, die Stunde an zwei Glöcklein. Nun kräht der Hahn zum zweiten Mal. Langsam ertönen die vier Viertelstundenschläge von der Turmspitze herab. Chronos dreht die Sanduhr um und gibt mit seinem Zepter dem Stundenschläger den Takt zum Stundenschlag. Dieser schlägt mit dem goldenen Holzhammer an die Stundenglocke. Mit jedem Schlag hebt Chronos das Zepter und zählt, indem er den Mund öffnet und schliesst, die einzelnen Schläge. Gleichzeitig dreht der Löwe den Kopf. Zuletzt schlägt der Hahn nochmals mit den Flügeln und kräht zum dritten Mal: eine neue Stunde beginnt.» (Marti, 1983, S. 61).

Der Zytgloggenturm in der Chronik Sebastian Fischers, 1534

«Zu bern jm schweytzerland, da ist ain wunderbarlicher zeytglogken thurn, der stat an mits jn der stat bern, da bin ich selb darfir gestanden, vnd alle ding am thurn abkunterfet, vnd darnach jn ain buch gemalet, das haun ich mit mir herum getragen so weyt ich gwandert bin, ist also jm bintel verkryplet worden, da hat mich fir gut angesehen, dieweyl ich alle ding jn disz buch schreyb, so haun ich gleych den thurn auch hieher gemalet, aber nur das firnempst, als die stund, wie seltzam es vff ainander gadt wen es schlecht, vnd auch den dachstul, samt dem geharnasten man der dan die stund schlecht, aber die mitte des thurns haun ich nit kinden hieher malen, dan ich nitt weytte darzu haun gehebt, es ligt auch nichts daran, dan es ist nur ain wenig alt gmel daran gmalet, als zwen geharnast man, vnd drey schilt, vnd etlich beren.

Netz will ich schreyben wie fisierlich es vff ainander gadt vnd folgt also, wan es will anfahen schlahen, so sytzt ain guldiner han enbor vff dem dechle, der thutt die fligel auff, vnd zu, sam er flieg, vnd hangen an den fliglen fil schella, wan nun der han hat auffheren schella, so stand darneben zwen thurnblaser, die fahen an zu blausen, so artlich zusamen, als ob sy leben, wan sy nun ain weyl geblasen haund, so heren sy auff blasen, vnd halten ain weyle still vnd sehen sich vm, darnach so thond sy die kepf wider zun busaunen, vnd blosen die backen auff, vnd thrumeten zusamen wie forhin, wan sy nun haben auszgeblasen, so sytz ain narr oben vff dem dechle, der schlecht all fiertel stund, das erst fiertayl ain straych, das ander fiertayl zwen straych, das dryt fiertayl drey straych, vnd wan die drumeter auszgeblosen haund fier straych, wan nun der narr die fier straych hat auszgschlagen, so ist ain grosser geharnaster man zu aller oberst jm thurn bey der stund, der hat ain grossen eysin hamer jn bayda henda vnd schlecht vff die stund, vnd so oft er ain straych thut so sytzt ain alts mendle daniden under dem hamer vnd thurnblaser, das thut den mund auff vnd zu vnd zelt alle straych die er thut, vnd wan der gharnest man hat auszgeschlagen, so hat das alt mendle ain stund jn der hand, die kert es vm, vnd gadt also wesenlich vff ainander als ob es als lebendig sey, vnd ist das, da dan der han, vnd die thrumeter, der narr, vnd das alt mendle ist, das ist ain ercker, der fein firn thurn herauszgadt wie ain ercker an aim hausz, vnd sein jnainander ferfast wie ich dan alle ding fleysig vnd ordenlich fir augen gemalet vnd gstelt hab, Sampt der stund, vnd reder darin auch die zwelff zaychen, die bloneten die ob der stund staund, als Jupiter, Mars, vnd fenus ist nun sunst darzu gmalet, vnd auch die beeren vnd die zwen geyger ist als nun am thurn gmalet, aber die reder vnd die zwelff zaychen, vnd Sun, vnd Mon, das selbig gadt vm, nach yrem lauf.

Im 1534 jar haun ich zu bern ain gantz jar gearbayt, da haun ich disen thurn abgemalet.»[49]

Sebastian Fischer, Chronik, 1534, Turmhelm, Laterne mit Stundenschläger und Glocke, astronomische Uhr und Spielerker nach dem Bau des Uhrwerks durch Kaspar Brunner, München, Bayrische Staatsbibliothek, Cod. germ. 3091.

vorgenommen und der Waagbalken durch eine zum Pendel umfunktionierte alte Mörserkugel ersetzt. Der zweite grössere Umbau betraf die Figurenspielwerke. Diese waren bereits am Ende des 16. Jahrhunderts aus dem grossen Werkgestell entfernt und näher beim Figurenspiel aufgestellt worden. Diese zweite Änderung wurde aber bei der Restaurierung des Zytgloggenturms in den frühen 1980er Jahren wieder rückgängig gemacht.[50]

Wie Figurenspiel und astronomische Uhr unmittelbar nach dem Bau des Uhrwerks durch Kaspar Brunner ausgesehen haben, wissen wir dank der Darstellung des Ulmer Schustergesellen Sebastian Fischer aus dem Jahre 1534 recht genau (siehe Kastentext). Inwieweit diese in den Jahren 1527–1530 ergänzt und verändert wurden oder in dieser Gestalt bereits aus der Umbauphase 1467–1483 stammen, ist heute nicht mehr feststellbar.

Zum ursprünglichen Bestand des Figurenspiels gehören der Narr, Chronos mit Zepter und Sanduhr sowie der Hahn. Vor 1647 kam der Bärenreigen und 1687 der Löwe dazu, und spätestens zu diesem Zeitpunkt wechselte auch der Hahn seinen Platz (Abb. 479).[51] Die von Fischer gezeichneten und beschriebenen Turmbläser sind heute nicht mehr vorhanden. Die spätbarocke Gestaltung des Spielerkers datiert – mit Ausnahme des Fusses – aus der Umgestaltung des Zytgloggenturms in den Jahren 1770/71.[52]

Über dem astronomischen Zifferblatt zeichnete Fischer die Planeten Venus, Mars und Jupiter als allegorische Figuren, sie symbolisieren die

Die astronomische Uhr

Die Indikationen der astronomischen Uhr:

«Moderne Stunden:
Auf dem äusseren Ziffernkranz (Durchmesser 3,60 m) zeigt der Stundenzeiger – eine goldene Hand – die mittlere Ortszeit an.

Temporale Stunden:
Im Tagesbereich des Planisphäriums sind die Linien der unegalen oder temporalen Stunden eingezeichnet. Sie sind numeriert von 1 (eine Stunde nach Sonnenaufgang) bis 12 (Sonnenuntergang). Diese Stunden werden mit der Sonne abgelesen.

Sonnenaufgang und -untergang:
Der Zeitpunkt, an dem die Sonne die Horizontlinie überschreitet, stellt am Morgen den Sonnenaufgang und am Abend den -untergang dar.

Astronomische Dämmerung:
Vor dem Aufgang und nach dem Untergang durchquert die Sonne den halbdunklen Dämmerungsbereich. Die Grenze zwischen astronomischer Dämmerung und Nacht (schwarzer Bereich) erreicht die Sonne, wenn sie 18° unter dem Horizont steht. Dieser Zeitpunkt kann mit dem Stundenzeiger abgelesen werden.

Sonne im Tierkreis:
Die Sonne zeigt während ihrer scheinbaren Jahresbahn auf der exzentrischen Tierkreisscheibe ihren jeweiligen Stand im Tierkreis an.

Datum:
Auf dem Stundenzeiger, der goldenen Hand gegenüber, ist eine weitere Sonne angebracht. Mit einem verlängerten Sonnenstrahl zeigt sie von aussen auf dem Datumsring den Tag und den Monat an.

Höhe der Sonnenbahn:
Im Verlaufe des Jahres bewegt sich die Sonne zwischen dem Wendekreis des Steinbock und dem Wendekreis des Krebs. Sie verändert somit die Höhe ihrer Bahn (bei Tagundnachtgleiche verläuft die Sonnenbahn auf dem Tropicus Aequinoctialis).

Mond im Tierkreis:
Auf ihrer Monatsbahn um den Tierkreis verweilt die Mondkugel ca. 2–3 Tage in jedem Zeichen.

Mondphase:
Der sichtbare Teil der Mondkugel stellt die Mondphase dar.

Wochentag:
Eine kreisförmige Wechseltafel in einer kleinen Maueröffnung zeigt den Wochentag an.»[53]

Das Zifferblatt der astronomischen Uhr (heutiger Zustand).

Wochentage Freitag, Dienstag und Donnerstag. Sonne (Sonntag) und Mond (Montag) sind Bestandteile des astronomischen Zifferblattes. Merkur (Mittwoch) und Saturn (Samstag) fehlen in Fischers Darstellung. Bei der Bemalung des Zytgloggenturms in den Jahren 1607–1610 wurden Venus, Mars und Jupiter in Anlehnung an Vorbilder der italienischen Renaissance neu gemalt und um Merkur und Saturn ergänzt.[54] Die von Fischer in den Zwickeln der astronomischen Uhr gezeichneten vier Winde als Symbole für die vier Himmelsrichtungen sind heute nur noch in Fragmentspuren vorhanden.

Die astronomische Uhr stellt die Bewegungen der Himmelskörper auf einem Astrolabzifferblatt dar. Als unbewegliche Grundplatte des Astrolabs dient das Planisphärium. Diese stereographische Projektion des Himmelsgewölbes auf die Äquatorebene zeigt die Wendekreise von Krebs und Steinbock, die Horizont- und Dämmerungslinie sowie die Temporalstunden. Das Planisphärium am Zytgloggenturm entspricht der südlichen Projektion, d.h. einer Sicht vom Nordpol her auf die Äquatorebene. Die südliche Projektion ermöglicht eine realistische Darstellung der scheinbaren Sonnenbahn mit hohem Stand im Sommer und tiefem Stand im Winter. Am Planisphärium des Zytgloggenturms sind der Tagbereich (blau), der Dämmerungsbereich (grau) und der Nachtbereich (schwarz) farblich unterschieden. Über dem Planisphärium kreisen die beweglichen Teile des Astrolabzifferblatts: Sonne und Mond je auf einem Zeiger sowie die Sterne, welche durch die Tierkreise (Ekliptik) symbolisiert werden. In der stereographischen Projektion erscheint die Ekliptik, weil sie in bezug auf den Äquator um 23½ Grad geneigt ist, als exzentrischer Kreis, welcher an seinem innersten und äussersten Punkt die Wendekreise berührt.[55] An der astronomischen Uhr am Zytgloggenturm können eine Vielzahl von astronomischen Daten abgelesen werden (siehe Kastentext, S. 587).

Das Uhrwerk Kaspar Brunners bildet den Abschluss eines Prozesses, in dem während des ganzen 15. Jahrhunderts die Zeitindikation am Zytgloggenturm ausgebaut wurde. Bis heute – fast fünf Jahrhunderte lang – hat seine Uhr am Zytgloggenturm keine wesentliche Änderung mehr erfahren.

Bildersturm

«Da ligend die altär und götzen im tempel».
Zwingli und der Bildersturm in Bern

Franz-Josef Sladeczek

Am 30. Januar 1528 hielt Huldrych Zwingli seine Schlusspredigt in Bern[1] (siehe Kastentext, S. 599), in der er die Berner zur «*constantia*», zur Standhaftigkeit im Glauben aufrief. Es war eine kurze Predigt, im Grunde genommen «nur» eine Ansprache, aber in einem Ambiente, das für die Zuhörer mitreissender nicht sein konnte. Es war das Berner Münster, in dem Zwingli seine Worte an die Gläubigen richtete, inmitten der von ihren Sockeln, Altären und Konsolen bereits heruntergerissenen Heiligenbilder und -statuen. Die zuvor mit grossem Kostenaufwand gestifteten «Helgen» – da lagen sie jetzt herum, völlig nutzlos, zu «Götzen» diffamiert und mit Füssen getreten. Triumphaler hätte Zwingli den Sieg der Berner über die alte Lehre eigentlich nicht verkünden können. Was war geschehen? Wer hatte dies alles angerichtet? Wer hatte es nicht verhindert? Vor allem aber, was spielte Zwingli hierbei für eine Rolle?

Diesen Fragen nachzugehen, stellt sich der nachstehende Beitrag zur Aufgabe. Dabei wird auch zu klären sein, ob es in Bern zu einer amtlich verordneten und auch kontrollierten Bilderentfernung gekommen ist oder ob sich die Zerstörung der «Götzen» in Form eines Bildersturms (siehe Kastentext, S. 589) ereignet hatte. Es gilt demzufolge danach zu fragen: War der Berner Magistrat Herr der Situation und hatte er die Entfernung und Entsorgung der Heiligenbilder, die emotional immer sehr stark beladen war, im Griff? Oder war ihm die Kontrolle über die amtlich verordnete Bilderentfernung entglitten, weil es nämlich zu bildersturmartigen Ausschreitungen in der Stadt gekommen war? In letzterem Fall musste der Rat bestrebt sein, die öffentliche Ordnung so schnell wie möglich wieder herzustellen.

Auf dem Weg zur Reformation in Bern: die Disputation vom Januar 1528

Vom 6. bis 26. Januar 1528 fand in der Barfüsserkirche, der Kirche des ehemaligen Franziskanerklosters in Bern, ein öffentliches Glaubensgespräch statt (Abb. 480), das eine Klärung in der Frage herbeiführen sollte, ob nach Zürich nun auch in Bern die Reformation eingeführt werden sollte. Die «Disputation»[2], wie man das für drei Wochen anberaumte Glaubensgespräch auch nannte, rückte Bern mit einem Mal in den Mittelpunkt der Glaubensfrage. Die Berner Disputation wurde zur «mächtigsten Demonstration des Protestantismus vor dem Reichstag zu Augsburg 1530 und ein Höhepunkt des Frühzwinglianismus»[3].

Karl Girardet (1813–1871), Der Bildersturm in Bern

Die historisierende Darstellung spielt vor einem als gotisch ausgewiesenen Stufenportal, dessen offener Eingang den Blick in das Innere einer Kirche freigibt. Links vorne sind Männer in historischen Kostümen zu erkennen, die einige Skulpturen vor dem Treppenabsatz deponieren, um sie dort verbrennen zu lassen. Die kniende Rückenfigur rechts im Vordergrund hat bereits einige Reisige für die «Götzenbilder» gebündelt. Noch sind aber nicht alle Plätze geleert: Am linken Gewände ist ein junger Mann zu sehen, der den Statuen in den Nischen mit einer Spitzhacke zu Leibe rückt.

Weiter hinten auf dem Treppenabsatz, im Schlagschatten des einfallenden Sonnenlichts, steht ein Reformator (Zwingli?), der zu der umstehenden Menschenmenge predigt: Er hat die Linke auf das Buch (Bibel) gelegt, seine Rechte weist demonstrativ in das Kircheninnere (Chorinnere?).

Girardets Darstellung erhebt nicht den Anspruch auf Authentität: Der Bildersturm der Berner Reformation von 1528 entstand nicht – wie sonst vielerorts üblich – aus einer Predigt heraus. Gleichwohl macht die Darstellung sehr gut deutlich, wie gross die Wirkung der Predigt war: Durch sie liess sich das Volk sehr leicht zu Tätlichkeiten gegen die Bilder aufwiegeln, in ihr fanden aber auch die Ausschreitungen ihre offizielle Toleranz und Legitimation. Der Bildersturm wurde erst durch die Predigt legitimiert.

In dieser Hinsicht möchte sich auch die Darstellung Girardets verstanden wissen: als eine posthume Legitimation des Bildersturms, die in der exponierten Stellung des reformierten Predigers kulminiert. Dieser lässt keinen Zweifel daran, dass die sich hier abspielende Aktion gottgewollt ist, denn sie steht in Übereinstimmung mit dem in der Heiligen Schrift verankerten Bilderverbot: *«Du sollst keine anderen Götter haben neben mir. Du sollst dir kein Bildnis noch irgend ein Gleichnis machen, weder von dem, was oben im Himmel, noch von dem, was unten auf Erden, noch von dem, was im Wasser unter der Erde ist. Bete sie nicht an und diene ihnen nicht!» (2 Mose 20, 3–5).*

Karl Girardet, Der Bildersturm in Bern, undatiert, Bern, Kunstmuseum.

Die Zeichen für einen Glaubenswechsel in Bern standen günstig. Seit 1518 hatte sich lutherisches Gedankengut[4] in der Stadt und bald darauf auch auf dem Land breit gemacht, und Anfang der 1520er Jahre waren erste Stimmen gegen das Messopfer und die Heiligenverehrung laut geworden. Die Wahlen von 1527 hatten sodann erstmals eine evangelische Mehrheit in den Grossen Rat gebracht und im Kleinen Rat einige Sitzgewinne herbeigeführt, was nun auch von seiten der politischen Repräsentanten zu einer entsprechenden Hoffnung berechtigte.[5]

Zu der Disputation waren von Berchtold Haller und Franz Kolb insgesamt zehn Schlussreden ausgearbeitet worden (Abb. 481), die man in einem «Thesenpapier», «Ausschreiben» genannt, vorgestellt und verschickt hatte.[6] Die zehn Thesen bildeten einen Forderungskatalog, in dem das Anforderungsprofil der neuen Lehre festgehalten und unter jeweiligem Bezug auf die heilige Schrift begründet worden war. Die erste These betraf das Wort, das inskünftig als alleinige Vermittlereinheit der christlichen Lehre zu gelten hatte, die zweite richtete sich gegen die menschliche Autorität und die Kirchengebote, die dritte verwarf die Verdienstlehre, die vierte und fünfte die Messe, und die sechste bis achte wandte sich gegen die Heiligenverehrung, Fegefeuer und die Bilder. Die neunte und zehnte These schliesslich forderte die unwiderbringliche Einführung der Priesterehe.[7]

Das Ausschreiben wurde im November 1527 verschickt. Gleichzeitig damit ergingen mehrere Einladungen zu dem Glaubensgespräch: an alle Geistlichen in Stadt und Land, an die Bischöfe von Basel, Konstanz,

Abb. 480:
Heinrich Bullinger, Reformationsgeschichte, «Wo vnnd wie die Disputation zů Bern anngefangen und gehalten worden», Disputation in der Barfüsserkirche zu Bern (1.–26. Januar 1528), Abschrift von 1605/06, Zürich, Zentralbibliothek, B 316, fol. 316.

Aus der Schilderung Bullingers ist zu erfahren, wie dazumal in der Kirche des Barfüsserklosters getagt wurde: In der Breite der Vierung («in der vierung wyt») hatte man ein Podest («ein zimlich hoche brüggen») errichtet, das über zwei Leitern («stafflen») zu erreichen war. Darauf befanden sich zwei Tische, an denen die Vertreter der beiden Parteien (Altgläubige und Reformgesinnte) sassen und disputierten. Die Mitte blieb reserviert für die vier Präsidenten. Am 26. Januar, dem Schlusstag des dreiwöchigen Glaubensgespräches, wurde die Reformation mit überwältigender Mehrheit angenommen: 235 der Tagungsanwesenden stimmten für die Annahme, 46 dagegen. Sogleich im Anschluss an die Abstimmung kam es in der Franziskanerkirche und im Münster, von dessen Kanzel herab Zwingli der Berner Bevölkerung das Abstimmungsresultat mitteilte, zu den ersten Übergriffen auf die Bilder.

Sitten und Lausanne (zu deren Diözese Bern gehörte) sowie an die eidgenössischen Stände. Eine Reihe süddeutscher Städte hatte man ebenfalls kontaktiert, darunter Augsburg, Nürnberg, Memmingen und Ulm. Aus diesen Städten wurden offizielle Vertreter entsandt, die über den Verlauf des Berner Glaubensgesprächs berichten sollten. Ferner zugegen waren Theologen aus Strassburg (Bucer und Capito), Basel (Oekolampad) und St. Gallen (Vadian), die sich in ihren Städten bereits öffentlich für die neue Lehre engagiert hatten und von denen man sich hier in Bern auch eine entsprechende Unterstützung erwartete.[8]

Die wichtigste Delegation aber kam aus Zürich, aus der Stadt, in der 1524 – als erste unter den Städten der Eidgenossenschaft – die Reformation eingeführt worden war. Am 4. Januar 1528 traf Huldrych Zwingli (Abb. 482) zusammen mit einer Delegation aus 69 Zürcher Ratsherren und Pfarrern in Bern ein. Zwingli, der in den 1490er Jahren die Stadtschule in Bern besucht hatte, weilte damit erstmals seit 30 Jahren wieder in den Mauern der Aarestadt.[9] Er sollte hier fast einen Monat bleiben und durch seine Präsenz den Verlauf des Glaubensgesprächs massgeblich beeinflussen. Am 30. Januar 1528 hielt er seine Schlusspredigt im Münster (auf die wir noch zu sprechen kommen werden), und am nächsten Tag (31. Januar) begab er sich in Begleitung des Berner Schultheissen, Hans Rudolf von Erlach, und des Vogtes von Lenzburg, der das Geleit ab der Berner Grenze zugesichert hatte, nach Zürich, wo er am Abend des 1. Februar eintraf.[10]

Abb. 481:

Die zehn Schlussreden von Franz Kolb und Berchtold Haller für die vom 1. bis 26. Januar 1528 in der Barfüsserkirche zu Bern abgehaltene Disputation.

Insbesondere die achte Schlussrede behandelte die Bilderfrage: «VIII. Bilder machen zur vereerung ist wider Gottes Wort, Nüws und Alts Testaments. Deshalb, wo sy in gefar der vererung fürgestellt, abzethund syend.»

Zwingli – Reformator Berns?

Dass man die Persönlichkeit, die das neue Glaubensbekenntnis innerhalb der Eidgenossenschaft erstmals durchgesetzt hatte, unbedingt auf der Disputation in Bern zugegen wissen wollte, ist nur allzu verständlich. Andererseits hatte aber auch Zwingli selbst grosses Interesse daran, nach Bern zu kommen. Denn all seine Versuche, der Reformation nach Zürich auch in weiteren Städten der Eidgenossenschaft zum Sieg zu verhelfen, waren bis anhin erfolglos verlaufen. Durch sein persönliches Erscheinen auf der Disputation in Bern erhoffte sich der Zürcher Reformator, die starke Zurückhaltung, ja Feindschaft[11], die ihn dort von seiten der Bevölkerung entgegengebracht wurde, aufbrechen zu können.[12] Zwingli verfolgte, wie dies Lavater vortrefflich analysiert hat, eine klare «Reformationsstrategie», die darauf abzielte, zunächst den «Bären», den grössten Stadtstaat nördlich der Alpen und zugleich mächtigsten Ort der Eidgenossenschaft für die Sache der Reformation zu gewinnen, um sodann in einem zweiten Schritt dem Evangelium in der gesamten Eidgenossenschaft zum Sieg zu verhelfen. «Die Vision einer reformierten Schweiz unter zürcherisch-bernischer Schirmherrschaft ... bildet Zwinglis Schwanengesang, ist aber bereits am Anfang seines reformatorischen Wirkens gegenwärtig.»[13]

Dass dieses Vorhaben einer gesamtschweizerischen Reformation unter zürcherisch-bernischer Führung nur teilweise gelang, ist für die Bedeutung und die Reputation des Reformators nicht von Relevanz. Zwingli ist und bleibt die zentrale Figur in bezug auf die Durchsetzung der Reformation in der Eidgenossenschaft.[14] Und er bleibt dies auch in bezug auf die Durchführung der neuen Lehre in Bern[15], selbst wenn die «Berner Reformation nicht in Zwingli aufgeht»[16], sondern hierfür ein Kollektiv, bestehend aus Berchtold Haller, Niklaus Manuel und Peter Cyro, verantwortlich zu machen ist: ein gemeinsamer «Bärentanz» also, der von einem Zürcher angeführt wurde.[17]

Als man am 26. Januar 1528, dem letzten Tag der Disputation, zur Abstimmung schritt, stimmten 235 Berner Priester für die Thesen, 46 dagegen. Das Resultat ist auch – oder gerade – als Ausdruck einer, in der Sache voll überzeugten Glaubensgemeinschaft zu werten, für die der Ausgang der Disputation von vornherein feststand.[18] Luther, überglücklich über die aktuellen Entwicklungen in Bern, kommentierte im März 1528 nicht ohne einen Hauch von Ironie, im Anschluss an die Disputation wären die Knaben durch die Strassen von Bern gezogen und hätten gesungen, endlich seien sie von dem «gebackenen Gott» (der Hostie) befreit worden.[19]

Nur wenige Tage nach dem Ende des Glaubensgesprächs, genauer am 2. Februar 1528, war die Bürgerschaft im Münster zusammengekommen, um den Eid auf die von der Obrigkeit verkündete neue Glaubens-

Abb. 482:

Hans Asper, Huldrych Zwingli, gemalt im Todesjahr 1531, Winterthur, Kunstmuseum.

Das Gemälde Hans Aspers gilt als zuverlässige Wiedergabe des Reformators. Alle übrigen auf uns gekommenen Bildnisse Zwinglis sind erst nach seinem Tod entstanden.

ordnung zu leisten. 5 Tage später, am 7. Februar, gaben sich die Berner ein Reformationsmandat. Damit war die Reformation offiziell eingeführt und Bern zum neuen Glauben übergetreten.
Die Berner Reformation brachte nicht nur das Ende der Isolierung Zürichs (und damit Zwinglis), sondern sie wurde, wie es Richard Feller pointiert auf den Nenner brachte, «das Schicksal der Schweiz».[20]

Der Ikonoklasmus im Lichte der Forschung
Über die Berner Disputation – ihren Verlauf und ihre Folgen für die Reformation in der Eidgenossenschaft – ist von seiten der Forschung des öfteren verhandelt worden.[21] Weniger Aufmerksamkeit hingegen fand bis heute der Bildersturm als «Aspekt» der Berner Reformation, nimmt man zum Massstab, was diesbezüglich bereits die Reformationsforschung in Zürich für Ergebnisse vorweisen kann.[22] Auf die Gründe für das offensichtliche Desinteresse am Bildersturm als Forschungsgegenstand[23] kann hier nicht näher eingetreten werden. Möglicherweise ist eine Ursache darin zu suchen, dass die Beschäftigung mit dem Ikonoklasmus (Bildersturm) ein unbequemes Kapitel der Vergangenheitsbewältigung darstellt, zwingt es uns doch dazu, sein Zerstörungspotential mit aller Deutlichkeit zu benennen. Stets bewusst sein sollte man sich jedoch, dass es bei dem protestantischen Ikonoklasmus nicht um die Zerstörung von «Kunst» ging. Der Ikonoklasmus der Reformationszeit war keine kulturelle, sondern eine religiöse Angelegenheit. Die Bilderfrage war kein immanentes Problem, sondern stets Teil einer ganzheitlichen, theologisch-komplexen Fragestellung. Im Zentrum dieser Fragestellung stand die Diskussion um den Stellenwert der Messe, ihr galt das Hauptaugenmerk des theologischen Disputes. Würde man die Messe abschaffen, so war klar, dass auch die Bilder, die integraler Bestandteil der Liturgie waren, automatisch ihre Daseinsberechtigung verlieren würden. Darin lag die eigentliche Legitimation für die Zerstörung der Bilder. Die Abschaffung der Messe, die, was noch zu zeigen sein wird, auch ein grosses Anliegen für Zwingli war, machte mit einem Male auch den Bilderkult überflüssig.

Ein Überblick über die Forschungssituation zum «Bildersturm in Bern» zeigt: Entweder wurde das Thema «Bildersturm» wie in der 1980/81 erschienenen Abhandlung zu «450 Jahre Berner Reformation»[24] grosszügig übergangen oder es wurden – wie in Wilhelm Hadorns «Reformation in der deutschen Schweiz»[25], Kurt Guggisbergs «Bernische Kirchengeschichte»[26] oder in Richard Fellers[27] zweitem Band der «Geschichte Berns» – jeweils nur globale Zusammenhänge aufgezeigt, die jedoch weder zum Verlauf noch zu den Widerständen, die es offensichtlich gegeben hat, eingehender referieren. Einzig Theodor de Quervain hatte sich in seiner 1906 abgeschlossenen Dissertation[28] über «Die kirchlichen und sozialen Zustände in Bern unmittelbar nach der Einführung der Reformation», ein wenig eingehender mit dem Bildersturm beschäftigt.
1988 erschien seitens des Verfassers ein längerer Artikel zur Bilderfrage der Berner Reformation[29], in dem das Quellenmaterial bis 1528 erstmals systematisch zusammengestellt wurde. Es konnte gezeigt werden, dass der Berner Rat schon recht früh bestrebt war, in der Angelegenheit der Bilderentfernung klug und besonnen vorzugehen, um Tumulte bei der Entfernung der Heiligenbilder zu vermeiden.[30]
Gleichzeitig suchte der Beitrag aber auch darzulegen, dass die Entfernung der «Götzen» innerhalb der Stadt nicht durchwegs in geordneten Bahnen verlief. Zumindest in bezug auf die Räumung des Berner Münsters schien die Bilderentfernung doch von einigen heftigen Tumulten begleitet gewesen zu sein. Vieles deutet darauf hin, dass es in der Stiftskirche zu einem «Sturmlauf auf die Götzen» gekommen war.
Die Auffassung, dass die öffentliche Ordnung innerhalb der Stadt nicht mehr gewährleistet war, dass also die Berner Obrigkeit die Angelegen-

Abb. 483:
Niklaus Manuel Deutsch, König Josia lässt die Götzenbilder zerstören (Scheibenriss), 1527, Basel, Öffentliche Kunstsammlung, Kupferstichkabinett.

heit zumindest eine Zeitlang nicht unter Kontrolle hatte, fand in der Forschung nicht überall ungeteilte Zustimmung.[31] Allgemein scheint bis heute die Ansicht verbreitet, es habe – wenn überhaupt – einen «bernisch massvollen Bildersturm»[32] gegeben und «die ordnende Hand des Rates» sei allzeit «präsent»[33] gewesen.

In der Tat stellte die Bilderfrage ein grosses Risiko für die öffentliche Ordnung dar, auf deren Einhaltung, das zeigen zahlreiche Beispiele, von seiten der Obrigkeit stets sehr genau geschaut wurde.[34] Bereits Ulrich Im Hof verwies im Zusammenhang mit dem Manuelschen Scheibenriss «König Josia lässt die Götzenbilder zerstören» (Abb. 483) auf die darin verbildlichte Darstellung des «in geordneten Republiken üblichen Vorgang der amtlich verordneten Entfernung der Heiligenbilder»[35] hin, die Im Hof vor allem auf die bernischen Verhältnisse verstanden wissen wollte. Auf Geheiss des Königs – er lässt sich sehr gut als Schultheiss deuten – werden von einem Exekutor mittels eines Beils nach festgelegtem Plan die «Götzen» zerschlagen.

Erfolgte die Bilderentfernung in Bern in ähnlich geordneten Bahnen, wie sie uns der 1527 entstandene Scheibenriss Niklaus Manuels vor Augen führt? Entspricht dieses «Bild» einer amtlich verordneten und durchgeführten Bilderentfernung, mit dem Manuel – wie paradox – auf die notwendige Zerstörung der Bilder hinzuweisen sucht[36], tatsächlich dem Verlauf des Ikonoklasmus in Bern?

Die nachfolgenden Ausführungen[37] versuchen hierauf eine Antwort zu geben und die Ereignisse, soweit es anhand der Quellen möglich ist, jeweils unterschiedlich zu gewichten. Dabei gilt – gleich anderen refor-

Abb. 484:
Nürnberg, St. Lorenz, Blick in das südliche Seitenschiff.

Abb. 485:
Berner Münster, Blick in das südliche Seitenschiff.

mierten Städten und Gemeinden – so auch für Bern der Grundsatz, dass «erst mit dem Bildersturm die Reformation vollzogen war»[38].

Die Vorgänge im Anschluss an die Disputation: der Bildersturm innerhalb der Stadt

Ähnlich wie in anderen Städten und Gemeinden war auch die Bilderfrage in Bern an eine Reform der Liturgie gekoppelt, die seit Luthers Angriff von 1521 im Zentrum des Glaubensstreits gestanden hatte. Die Bilderfrage war Teil dieser Forderung nach Abschaffung der Messfeiern, denn mit der Aufhebung der Messe waren auch die Bilder als integraler Bestandteil der liturgischen Ordnung obsolet geworden.

Der Bildersturm, der im Ansatz durchaus revolutionäre Züge erkennen lässt, hatte so gesehen ausgesprochene Signalwirkung: An ihm manifestierte sich *unübersehbar* der Wechsel vom alten zum neuen Glauben. Er markierte den «point of no return»[39], denn durch die Ausräumung der Kirchen war jeder Schritt für ein «Zurück» unmöglich.[40]

In diesem Sinne verband sich mit dem Bildersturm der Grundgedanke einer Totalsanierung, einer Tempelreinigung (Abb. 484, 485), die erst die Voraussetzung für die reine Heilsvermittlung über das Wort schuf, das fortan im Zentrum der neuen Glaubenslehre stehen sollte.

Bekanntlich brachte der 27. Januar 1528 die endgültige Entscheidung der Berner Obrigkeit bezüglich der Bilderfrage und beendete damit ein jahrelanges Tauziehen, das bereits fünf Jahre zuvor begonnen hatte.[41] Durch eine Reihe von Glaubensmandaten[42], die namentlich auch in der Bilderfrage zu Besonnenheit und Zurückhaltung aufriefen, hatte der Berner Magistrat ab 1523 versucht, der Gefahr von unkontrollierten spontanen Bilderschändungen entgegenzuwirken, was ihm anfänglich auch durchaus gelang.[43] So erging beispielsweise im 2. Glaubensmandat vom November 1524 an Stadt und Land die Weisung, dass *«niemand die bilder gottes, siner würdigen mutter und der lieben heiligen, ouch die kilchen und gottshüser und dero geziert schmächen, enteeren, zerbrächen, verbrönnen oder in ander wäg verachten»* solle.[44] Weitere Appelle dieser Art folgten[45], so dass es in der Stadt, aber auch im Berngebiet, vorerst zu keinen grösseren, übergreifenden Bilderzerstörungen kam.

Zu einer Änderung in der offiziellen Haltung der Bilderfrage kam es erst im Mai 1527 mit dem 5. Glaubensmandat und mit dem im November desselben Jahres für die Disputation verfassten Ausschreiben, in dem unter anderem festgehalten worden war: *«Bilder machen ze vererung, ist wider gotts wort, nüws und als testaments; deshalb wo si in gefar der vererung fürgestellt, abzethůn sind.»*[46]

Dies war jetzt ein deutlicher Schritt zur Reformation hin, die am 27. Januar 1528, direkt im Anschluss an die Disputation, mit dem Aufruf zur Abstellung der Messen und der Zerstörung der «Götzen» in den Kirchen der Stadt begann.

Über die am Ende der Disputation gefasste Entscheidung zur Abschaffung der Messe und der Beseitigung der Bilder berichtet Valerius Anshelm:
«Uf disen Mentag, was der 27. tag Jenners, nach erwägter und verabscheideter disputaz, mit rat und anwisung viler gschriftgelêrten, ist von raten und burgeren abgemêret und entlich beschlossen, dass in irer stat fürbashin kein mes nimmerme, sunder des wort Gots tågliche predî, der touf und des hern nachtmal gehalten, dass ouch indert acht tagen alle bilder, taflen und altar uss allen kilchen und kapellen hin und abgetan sôltid werden … . Und also wurden in disem grůlichen sturm in der luetkilchen [dem Münster] 25 altar und das sacramenthus geschlissen, die gôtzen zerschlagen und in's kilchofs schůte vergraben.»[47]

Insgesamt acht Tage Zeit gab demnach der Berner Rat für die Beseitigung der Altäre aus den Kirchen und ordnete an, dass man dies auch *«uff* *den geselschaften kundtthun und pot halten»*⁴⁸ solle. Der Rat strebte damit wohl eine ähnliche Lösung an wie in Zürich, wo die Bilderentfernung zwischen dem 20. Juni und dem 2. Juli 1524, also in gut 14 Tagen, unter obrigkeitlicher Kontrolle stattgefunden hatte – und zwar hinter geschlossenen Kirchentüren.⁴⁹ Hierfür waren extra Vertreter des Rates und der Zünfte abgestellt worden, die zusammen mit den Leutpriestern die Räumung der Kirchen besorgten.

Das kalkulierte, rationale Vorgehen des Zürcher Rates in der Bilderfrage scheint jedoch zunächst in Bern keine Nachahmung gefunden zu haben. Zumindest in bezug auf die Barfüsserkirche und das Münster, der immerhin grössten Kirche vor Ort, liegen Protokolle vor, die eine geordnete Bilderentfernung nicht bestätigen können.

Betrachten wir zunächst die Entwicklungen im Münster selber, die wie gehört, Valerius Anshelm, obschon selbst entschiedener Verfechter der Reformation, dazu veranlasst hatten, von einem *«grůlichen sturm»*⁵⁰ zu reden. Was führte ihn zu dieser Aussage?

In der Tat liegen uns Ratsaufzeichnungen vor, denen zufolge es im Münster unmittelbar nach Abschluss der Disputation doch zu lautstarken Tumulten und massiven Übergriffen auf die Bilder und Altäre gekommen sein musste.⁵¹ Diesen Aufzeichnungen zufolge seien am 28. Januar einige Berner ins Münster gekommen und hätten sich dort lauthals über das (bereits erkennbare) Ausmass der Zerstörung beklagt. Allerdings kann bis zu diesem Zeitpunkt noch nicht alles zerstört gewesen sein. Einige Altäre müssen noch gestanden sein, darunter auch der Apothekeraltar, der vor dem nordöstlichen Pfeiler des Mittelschiffs stand.⁵² Wie zu erfahren, hatte sich Hans Schnyder, der das Münster zuvor durch die *«rhegal-pforten»*⁵³, also durch das Hauptportal betreten hatte (→Abb. 258), davor postiert und zu fluchen begonnen: *«Botz wunden, liden und derglichen. Das alle die fulen, schandlichen pfaffen schende* [treffe] *und alle die, so darzů geholfen und verschaft* [haben], *das man die bilder hinweg soll thůn.»* Demjenigen, der den Altar seiner Gesellschaft, den Metzgern-Altar, fortschaffen oder zerschlagen würde, drohte Schnyder sogar mit dem Äussersten: Er müsse *«sin leben dorumb lassen»* und allen anderen würde es ebenso ergehen: *«dieselben* [würden] *uff der erden dantzen»*.

Ein weiterer Altgläubiger namens Peter Thormann verglich die für ihn bereits entsakralisierte Kirche mit einem Pferdestall und meinte, dort könnten die Oberländer beim nächsten Markttage sehr gut ihre Pferde unterstellen. Es käme jetzt auch nicht mehr darauf an.

Von Hans Zehnder⁵⁴ wird berichtet, dieser sei auf einem Esel⁵⁵ ins Münster geritten und habe beim Anblick der Bilderentfernung und -zerstörung ausgerufen: *«Ist es nit ein gots erbermd, das man also husshalt und die bilder zerbricht ? ... Ich wellt, das allen denen die hend abfielen, so darmit umbgangen und darzu rhat und that gethan.»*

Ein weiterer Berner schliesslich, sein Name ist mit Beat Wisshan überliefert, äusserte sich kopfschüttelnd über die Rasanz, mit der sich die Bilderentfernung zugetragen hatte: *«Es ist* [doch] *geraten, man söll das acht tag lang anstan; es muss noch ein anders werden.»*

Diese protokollierten Vorfälle legen dar, dass die Bilderentfernung aus dem Münster in jenen Tagen, gemeint ist am 27. und 28. Januar, offensichtlich nicht so ordnungsgemäss vonstatten gegangen war wie vier Jahre zuvor in der Limmatstadt, wo die Bilderentfernung hinter geschlossenen Türen stattfand. Zwingli selbst hatte in diesem Zusammenhang davon gesprochen, dass er den Wunsch hege, dass die Form der behördlich verordneten und kontrollierten Bilderentfernung, wie sie in Zürich vorpraktiziert worden sei, auch anderen Orten als Beispiel dienen möge.⁵⁶ In bezug auf Bern liess sich diese Vorstellung jedoch nur teilweise realisieren.

Die Schliessung der Kirchen entsprach in der Tat dem allgemeinen Prozedere der Bilderentfernung. In Ulm beispielsweise hatte der Rat einzelne Abgeordnete abgestellt, denen die Stifter anzeigen sollten, welche der Bildwerke im Münster von ihnen in Auftrag gegeben worden waren, und welche sie aus dem Münster mitzunehmen gedachten. Hierüber wurde gesondert Buch geführt und erst nach Abschluss dieser «Aktionstage» (19.–21. Juni 1531) wurde das Münster geschlossen und die Zerschlagung der bis dahin nicht heimgeführten «Götzen» begann. Um die reibungslose Durchführung dieser Aktion zu gewährleisten, wurde der «Büttel» (Gerichtsdiener) vor die Eingänge zum Münster postiert, das zu betreten verboten und unter schwere Strafe gestellt wurde.[57]

Von derartigen Massnahmen erfahren wir im Hinblick auf die Berner Bilderentfernung wenig. Erst am 29. Januar – ein, beziehungsweise zwei Tage nach den Tumulten im Münster – findet sich in bezug auf die Antonierkirche ausdrücklich das Recht formuliert, dass die Stiftungen wieder in den Kreis ihrer Besitzer zurückzuführen seien.[58] Das Recht der Stifter auf Zurücknahme ihrer Altäre und Pretiosen fand anschliessend auch seinen Niederschlag im Reformationsmandat vom 7. Februar.

Die Vorkommnisse des 27. und 28. Januar deuten verstärkt darauf hin, dass das Münster für eine gewisse Zeit Umschlagplatz heftigster Glaubenskontroversen geworden war, die auch zu unkontrollierten Übergriffen auf die Bilder geführt hatten.

Die Ereignisse können die nicht anders interpretiert werden, als dass das Münster nach Ende der Disputation offen zugänglich gewesen war. Nur so lässt sich erklären, weshalb der altgläubige Hans Schnyder die Leutkirche durch das Hauptportal betreten konnte, und vermutlich ritt auch Hans Zehnder durch eben dieses Portal auf seinem Esel ins Münster ein – Vorfälle, die einen offenen, das heisst letzten Endes unkontrollierten Zugang ins Münster voraussetzen und die erwähnten Eskalationen erst ermöglichten. Im Brief des Hans Schnyder vom 1. Februar 1528 an den Berner Rat heisst es ja auch ausdrücklich, dass *«uwer ordnung nit nachgelept»* worden sei.[59]

Ebenso wie Wisshan beklagt auch Schnyder darin die Geschwindigkeit, mit der die Bilderentfernung vonstatten gegangen sei: *«Ich vermeint, Ir min gnedigen herren hettenn einen tag bestimbt, dieselben bilder dazwüschen dannen zů thůnd.»*[60]

Es dürfte somit in diesen Januartagen wohl kaum zu einer geordneten Bilderentfernung unter obrigkeitlicher Aufsicht gekommen sein, die es auch den Besitzern ermöglicht hätte, ihre *«helgen»* aus dem Münster zu entfernen.[61] Die Klage Hans Schnyders, *«wollten ouch nit, das unns nymands die bilder ab unsm althar naeme oder taette dan wir…»*[62], illustriert dies wohl hinlänglich. Gleichzeitig verdeutlicht sie aber ebenso, dass es im Grunde genommen die Altgesinnten waren, die hier versucht hatten, der vom Rat der Stadt erlassenen Ordnung Folge zu leisten, die hieran jedoch von Glaubenseiferern der neuen Lehre gehindert wurden.[63]

Das ungehinderte Vorgehen der Ikonoklasten (Bilderstürmer) zeugt davon, dass hier im Münster offenbar ein spontaner Bildersturm Einzug gehalten hat, der unmittelbar nach dem Ende der Disputation und mit dem Beschluss zur Abstellung der Messen und der Aufforderung zur Räumung der Kirchen ausbrach. Den genauen Auslöser für diese Entladung kennen wir zwar nicht.[64] Auszuschliessen ist hier vermutlich die Predigt als eine der häufigsten Ursachen für den Ausbruch spontaner Bilderstürme[65] (vgl. Kastenbild S. 589), denn ein solches «Auslösemoment» lässt sich für Bern nicht nachweisen.

Denkbar wäre indes, dass der unmittelbar nach Beendigung der Disputation verkündete Entscheid, die Reformation in Bern einzuführen, den Bildersturm auslöste. War doch der Beschluss zur Einführung der Reformation der im Münster versammelten Menge durch Zwingli, Bucer und anderen Teilnehmern der Disputation von der Münsterkanzel herab verkündet worden.⁶⁶ Nach Tagen geistiger Auseinandersetzung auf höchster Ebene war man nun zu einem Ergebnis gelangt, dessen Verkündigung aus «psychologischer» Sicht auf jeden Fall genügend «Energiepotential» freigesetzt haben dürfte. Vermutlich war es daher «einfach» diese Mitteilung, die aus einer gewissen Stimmungseuphorie heraus spontan den Bildersturm im Münster auslöste.⁶⁷

Dass die ikonoklastischen Aktionen nicht allein auf das Münster beschränkt blieben, sondern zumindest auch noch auf die Barfüsserkirche übergegriffen hatten, bezeugt ein damals in Druck verbreitetes dialogisches Gedicht eines anonymen Verfassers⁶⁸, in dem auch auf die aktuellen Ereignisse der Bilderzerstörung vom Januar 1528 Bezug genommen wurde.

Das wohl durch Niklaus Manuel angeregte Gedicht in 338 Reimzeilen behandelt die zentrale Frage nach dem Stellenwert der Messe. Geschildert wird, wie zwei Pfaffen, die das Glaubensgespräch in der Barfüsserkirche verlassen hatten, in ein Gasthaus einkehren und dort zu Verlauf und Stand der Disputation referieren. Sie weisen darauf hin, dass die Messe zu Tode erkrankt und es unsicher sei, ob sie die Nacht noch überstehen werde. Sie klagen über die Disputiererei und den drohenden Untergang der Orden und Klöster und wollen sich gerade verabschieden, als ein Bauer das Gasthaus betritt und die Anwesenden über die neuesten Entwicklungen informiert: Er selbst habe gesehen, so führt der Bauer aus, dass man die Messe in Bern bereits begraben und die Kirchen geleert habe. Die «Götzen» habe man in das grosse Loch beim Münster hingeleitet. Dort würden sie bis zum Jüngsten Tage ruhen.

Der anonyme Augenzeuge in der Person des Bauern weiss über die Abräumung der «Götzen» aus den Kirchen der Stadt und ihre Entsorgung zu berichten:

«*Die mess ist schon zů Bernn vergraben,*
so hat man die gŏtzen gen kirchen tragen
Vor dem minster in das loch
das man zů Bernn ausß fült noch
Hat man ir gar vil hin gleyt.
so han ichs gschen auff mein eyd,
Da die schůchmacher ire verbranten,
die weil ander zů dem loch ranten.»

Anscheinend herrschte doch ein reges Treiben in der Stadt bezüglich der Entfernung der «Götzen», die entweder verbrannt wurden (Abb. 486) oder als Füllschutt im *«Loch»* auf der Münsterplattform landeten. Dass

Abb. 486:
Heinrich Bullinger, Reformationsgeschichte, Der Bildersturm in Bern, Abschrift von 1605/06, Zürich, Zentralbibliothek, B 316, fol. 321v.

Abb. 487:
Erhart Küng, Kruzifixus Heinrichs IV. von Bubenberg, um 1460, H 245 cm, B 125 cm, T 36 cm; geschätzte ursprüngliche Gesamthöhe des Kruzifixus zirka 400–500 cm, Bern, Münsterplattform, Skulpturenfund, ADB (künftiger Aufstellungsort: BHM).

Der einst rundum gefasste, somit allansichtige Kruzifixus ist als Einzelfragment anzusprechen. Er stand zusammen mit vier weiteren mannshohen Kruzifixi vermutlich auf dem Münsterfriedhof (Münsterplattform) und wurde 1528 bei der Reformation zerstört (→Abb. 260, 263, 267, 271, 302, 313).

die Schuhmacher nicht gerade behutsam mit ihrem Zunftaltar umgingen, der in der Franziskanerkirche stand, bestätigt auch die Chronik Heinrich Bullingers[69], in der geschildert wird, wie die Schumacher die *«tafelenn und götzen»* herabrissen und sie *«offentlich bij und vor der kilchen»* verbrannten.

Auch Bullinger berichtet über den Bildersturm im Berner Münster, den man *«mit grosßem ijfer»*, jedoch *«one schlachten, uffrůr und blůt»* beging.[70]

Die ganze Aktion der Bilderentfernung wird sich innerhalb weniger Tage abgespielt haben. Der anonyme Augenzeuge berichtet weiter hierzu (Abb. 485):

«Also ist die kirch geraumbt.
die götzen hond sich nit gsaumt;
Wie wol sy machend nit vil geschwatz,
hand sy das end der dispentatz,
Auch wellen zů Bern erwarten,
Dem nach gfaren in Abrahams garten.
Da ligends bisß ann letsten tag.»

Es hat wirklich den Anschein, dass der Berner Rat von den Ereignissen überrascht, beziehungsweise überrollt worden war und sie zumindest eine Zeitlang nicht unter Kontrolle hatte. Ausserdem musste er erkennen, dass er sich bei der Entfernung der «Götzen» aus dem Münster zum Teil nicht einmal der Loyalität aller Gesellschaften versichert sehen konnte.[71] Denn wie Anshelm berichtet, war der Tumult im Münster von Mitgliedern der Metzgern- (Beat Wishan) wie auch der Schmiedenzunft (Hans Zehnder) angezettelt worden, die *«etliche ungeschickte wort, fluch und trowen wider die rat und täter in der kilchen bruchten»*[72] und die dafür auch mit der nicht geringen Summe von 20 Gulden bestraft wurden. Ausgerechnet Mitglieder der Zünfte, also jener Gesellschaften, die zusammen mit Vertretern des Kirchmeieramts, Herrn Anton Noll und Niklaus von Selzach, die Räumung der Kirchen eigentlich besorgen sollten, hatten sich der Räumungsaktion entgegengestellt und ihr Ungehaltensein über das bereits erkennbare Ausmass der Zerstörungen lauthals kundgetan.[73]

Die genannten Vorfälle sind sicherlich nicht zu verharmlosen und als Einzelaktionen einiger Abtrünniger abzutun.[74] Weder rechtfertigen sie die Auffassung, in Bern habe sich die Entfernung der «Götzen» generell in einem fanatischen Sturm vollzogen, noch die immer wieder vertretene Ansicht, ein wilder Bildersturm habe dank der ordnenden Hand des Rates wohl kaum stattgefunden. Beide Standpunkte sind in dieser Pauschalisierung nicht haltbar. Wenngleich wir auch über die soziale Zusammensetzung der Bilderstürmer wenig wissen[75], so gilt es doch zu differenzieren und die Ereignisse jener Tage, soweit sie anhand der Quellen noch nachvollziehbar erscheinen, jeweils unterschiedlich zu gewichten.

Dabei ist zunächst festzuhalten, dass sich die Aktionen bezeichnenderweise zuerst an dem Ort entluden, an dem man über 20 Tage lang debattiert hatte: in der Barfüsserkirche, wie auch anschliessend dort, wo sich der weitaus umfangreichste und repräsentativste Bilderschmuck der städtischen Kirchen befand: im Münster selbst.

Nicht nur die Ausstattung im Münster, sondern, wie Anshelm berichtet[76], auch sakrale Einrichtungen im unmittelbar angrenzenden Bereich, so auf dem Friedhof (Beinhauskapelle, Kruzifixe) und dem Münsterplatz (Armbrusterkapelle, →Abb. 39), fielen dem Bildersturm zum

Der Zürcher Reformator hält am 30. Januar 1528 seine Schlusspredigt vor den bereits zerstörten «Götzen» im Berner Münster

«Da ligend die altär und götzen im tempel. Welchem nun darab schlücht, doch nit uss consciencz, der sicht yetz, ob wir die götzen neißwar für habind gehebt oder nit. Es můß aber der kaat und wůst hinuß, damit der unsaglich kost, den ir für andre menschen habend an das götzennarrenwerck gehenckt, fürhin an die läbendigen bildtnuß gottes gehenckt werd. Es sind gar schwache oder zenggische gemůt, die sich von abthůn der götzen klagend, so sy yetz offentlich sehend, das sy nützid heyligs habend, sonder tetschend und bochsßlend wie ein ander holtz und steyn. Hie lyt einer, dem ist's houpt ab, dem andren ein arm, etc. Wenn nun die säligen, die by gott sind, damit verletzt wurdind unnd den gewalt hettind, als wir inen, nit sy selb zůgelegt habend, so hette sy nyeman mögen entwegen, ich gschwyg enthoupten oder lemmen.»

«Da liegen nun die Altäre und Heiligenbilder in eurer Kirche! Wem nun davor graut – allerdings nicht in seinem evangelischen Gewissen! – der kann jetzt sehen, ob uns diese Götzen etwas bedeutet haben oder nicht. Dieser Dreck und Unrat soll aber hinausgefegt sein, damit die riesigen Summen, die ihr mehr als andere Leute für die unsägliche Dummheit des Heiligenkults ausgegeben habt, künftig den lebendigen Ebenbildern Gottes zugute kommen. Es müssen überaus verunsicherte oder streitsüchtige Gemüter sein, die den Bildersturm beklagen, wenn sie jetzt vor Augen haben, wie wenig Heiliges doch an diesen Heiligen ist: sie krachen und poltern genauso herunter wie gewöhnliches Holz oder Stein. Da liegt einer ohne Kopf, ein anderer ohne Arme! Wenn nun «die Seligen, die bei Gott sind» dadurch entweiht worden wären, und hätten sie tatsächlich die Machtmittel besessen, die wir ihnen – nicht sie sich selber – zuerkannt haben, so wäre keiner imstand gewesen, sie von der Stelle zu rücken, geschweige denn, sie zu enthaupten oder zu verstümmeln.»

Auszug aus der Schlusspredigt Huldrych Zwinglis vom 30. Januar 1528 im Berner Münster im originalen Wortlaut und in einer modernen Übersetzung.

Opfer (Abb. 487). Nur wenige Werke, wie zum Beispiel der Allerseelenaltar des Juristen Thüring Fricker (Abb. 488, →Abb. 264, 265) konnten hierbei gerettet werden – dies jedoch ebenfalls nicht ohne erhebliche Blessuren.[77]

Der grösste Teil der Ausstattung wurde verbrannt (Abb. 486), oder wie durch Anshelm und den anonymen Augenzeugenberichten zu erfahren, «in das grosse Loch» bei dem Münster, also auf die Münsterplattform, geworfen, die damals einer riesigen Baustelle glich (siehe Kastentext).[78]

Die 1986 auf der Plattform entdeckten respektive aus ihr geborgenen Funde[79] (Abb. 487, →Abb. 260, 263, 267, 271, 302, 313) haben insofern ein Kapitel bernischer Vergangenheit neu aufgeschlagen: Mit diesen Fragmenten wurde der Bildersturm der Berner Reformation (Abb. 486) erstmals konkret fassbar und sein Zerstörungspotential eindrücklich vor Augen gestellt. Gleichzeitig bestätigen sie die diversen Zeugenaussagen über den Verlauf der Bilderentfernung, die sich, zumindest was das Münster und die angrenzende Region (Plattform, Barfüsserkloster) anbelangt, recht zügig – und wir wagen es hier im Anshelmschen Sinne zu sagen – in einem «wilden Sturm» ereignet hatte.

Hiervon legen letztlich auch die Skulpturenfunde selbst Zeugnis ab. Hackspuren, wie sie sich als «Form intensiver Sonderbehandlung» bei dem Allerseelenaltar des Thüring Fricker feststellen lassen (Abb. 488), sind unter den Funden kaum auszumachen. Auch diese Beobachtung kann als Indiz dafür gewertet werden, dass die Zerstörung der Bilder relativ rasch vor sich gegangen sein muss.

Hinsichtlich des unmittelbar nach dem Ende der Disputation einsetzenden Bildersturms lässt sich letztlich auch Huldrych Zwingli als Gewährsmann benennen, der in seiner Predigt vom 30. Januar sehr dezidiert zu den Vorfällen der Bilderzerstörung Stellung nahm.

Zwingli und der Bildersturm in Bern

In seiner Predigt, die *«bschach, do die götzen am abennd darvor geschwentet* [vernichtet] *und die älter zerůrt* [zerschlagen] *warent»*[80], gibt Zwingli an einer Stelle eine drastische Anschauung von den Vorgängen der Bilderzerstörung im Münster wieder. Dies wohl auch, um deutlich zu machen, dass es nun kein Zurück mehr gebe und die Neugläubigen darin zu bestärken, dass sie im Sinne des Evangeliums

Abb. 488:
Detail aus dem rechten Flügel des Allerseelenaltars von Doktor Thüring Fricker (→Abb. 264, 265), um 1505 (ehedem Berner Münster), Bern Kunstmuseum (Depositum der Gottfried Keller-Stiftung).

Im Reformationsjahr 1528 wurde der Altar schwer zerstört. Der Schrein mit den geschnitzten Figuren fiel vermutlich den Flammen zum Opfer, den Figuren auf den Flügeln wurden die Augen ausgestochen.

richtig gehandelt hätten. Dieser bislang kaum zur Kenntnis genommene Abschnitt der Rede[81], in der der Bilderschmuck unter anderem als *«Götzennarrenwerck»*, *«Dreck»* und *«Unrat»* bezeichnet wird, ist – auch für die Bildtheorie des Zürcher Reformators – so interessant, dass wir ihn hier in vollem Umfang wiedergeben wollen – und zwar in originalem Wortlaut und einer modernen Übersetzung (vgl. Kastentext S. 599).[82]

Die Passage der Zwinglischen Predigt ist in bezug auf die Rekonstruktion der Bilderzerstörung im Berner Münster auf mancherlei Weise aufschlussreich:

1. In seiner Predigt gibt Zwingli einen authentischen Bericht über den Hergang der Götzenzerstörung wieder. Die Predigt, die im Rang eines Augenzeugenberichts steht, vermag das, was uns seitens der Ratsprotokolle über die Zerstörung der Bilder innerhalb der Stadt übermittelt wird, vollauf zu bestätigen: dass nämlich die ersten ikonoklastischen Übergriffe in der Leutkirche selbst stattgefunden hatten. Diese ereigneten sich nicht nur am 27. und 28., sondern wohl auch noch am 29. Januar. Denn Zwingli spricht ja davon, dass noch am Vorabend die «Götzen» und Altäre zerstört worden seien.

2. Zwinglis Predigt vor den zerstörten, auf dem Boden des Gotteshauses herumliegenden «Götzen» bezeugt, dass die Bildwerke keineswegs ordnungsgemäss entfernt und in den Kreis der Besitzer zurücküberstellt worden waren. Von ihren Sockeln heruntergerissen, lagen sie achtlos im Münster herum. Die Situationsschilderung Zwinglis von der Bilderzerstörung in der Leutkirche steht von daher in völliger Übereinstimmung mit den Ratsmanualaufzeichnungen vom 28. Januar und dem Schreiben Hans Schnyders vom 1. Februar, aus dem hervorgeht, dass hier der «Ordnung nicht nachgelebt» worden war.

3. Zwingli hält in seiner Ansprache fest, dass die Bilder regelrecht exekutiert worden seien. Man habe ihnen nicht nur die Glieder, das heisst die Extremitäten abgeschlagen, sondern sie sogar enthauptet.[83] Derartige Attacken gegen die «Götzen» sind schwerlich mit einer Bilderentfernung in geordneter Form, das heisst unter obrigkeitlicher Aufsicht und hinter verschlossenen Türen, in Übereinstimmung zu bringen.

4. Zwingli beginnt seine Schlusspredigt mit dem Satz, dass *«üwer lieb* [die Berner Obrigkeit] *in mitz aller abthůyung der bilden, altären und anderer dingen»* sei.[84] Wir erfahren also, dass die Berner Obrigkeit zu dem Zeitpunkt, als Zwingli im Münster predigte, mit der Entfernung der übrigen Heiligenbilder innerhalb der Stadt beschäftigt war. Mit anderen Worten: die Angelegenheit der Bilderentfernung innerhalb der Stadt war nun – am 30. Januar 1528 – also unter Kontrolle.[85] Der Rat hatte Verantwortliche abgestellt, die die Ausräumung der übrigen Gotteshäuser ordnungsgemäss besorgten.
Auch diese Aussage Zwinglis spiegelt das Bild wieder, dass wir von seiten der Quellen erhalten: Im Anschluss an den Bildersturm im Münster vollzog sich die weitere Bilderentfernung innerhalb der Stadt in geordneten Bahnen, das heisst unter obrigkeitlicher Kontrolle.[86]

Diese Entwicklung ist ein häufig zu beobachtendes Phänomen in neureformierten Orten, respektive Gebieten: dass nämlich erst nach anfänglichen Entgleisungen von der Obrigkeit mit entsprechender Konsequenz vorgegangen wurde. Nicht anders verliefen zum Beispiel die Bilderentfernungen in Augsburg[87], Basel[88], Ulm[89] oder Zürich[90]. Auch dort hatte sich die Bilderentfernung zunächst tumultartig entladen, bevor sie anschliessend in geordneten Bahnen unter obrigkeitlicher Kontrolle zu Ende gebracht wurde.

Zwingli gibt sich also als Augenzeuge des Berner Bildersturms zu erkennen. Vor den darniederliegenden «Götzen» rechtfertigt er das, was sich hier im Berner Münster zugetragen hatte und ruft gleichzeitig dazu auf, unerschüttert dieser Vorfälle im Glauben zu verharren, standhaft zu bleiben.

Zwinglis starke Ablehnung den Bildern gegenüber lässt fragen, worin diese Einstellung des Reformators in der Bilderfrage gründete? Welche Argumente waren für ihn entscheidend, um den Bilderkult zu verwerfen?

Zwinglis Kritik an den Bildern

Obschon Zwingli die Bilderfrage in nur wenigen Fällen als eigenständiges Thema traktandiert hatte, bildet sie dennoch einen festen Bestandteil seiner Lehre, da er sie oftmals im Zusammenhang mit anderen Themen behandelte.[91] In bezug auf den Bildergebrauch vertrat er einen klaren Standpunkt, er kannte in der Bilderfrage, wie es Lavater zu recht formulierte, absolut «keine Lässigkeit»[92].

Im Gegensatz zu Luther[93] war er nicht davon überzeugt, bei den Bildern handle es sich einzig und allein um «Mitteldinge» («*mesa*», «*adiaphora*»), die man haben könne oder nicht. Grundlage der Verwerfung des Bilderkultes war für Zwingli jener Satz, der in den Zehn Geboten festgeschrieben ist: «*Du sollst dir kein geschnitztes Bild machen, kein Abbild von dem, was im Himmel droben oder unten auf der Erde oder im Wasser unter der Erde ist. Bete sie nicht an und diene ihnen nicht!*» (2 Mose 20, 3–5).

Für Zwingli war insbesondere ausschlaggebend, in welcher Beziehung der Mensch den Bildern gegenübertrat – ob er die Bilder «nur» betrachtete oder ob er sie auch anbetete. Hierbei traf Zwingli, was noch zu zeigen sein wird, die klare Unterscheidung zwischen «Götze» und «Bild». Anfänglich bildete die Bilderfrage für ihn jedoch noch kein eigenständiges Thema, sondern die Beschäftigung mit ihr erfolgte innerhalb anderer Themenschwerpunkte. Zu einer Klärung in der Bildfrage gelangte er – sicherlich nicht unbeeinflusst durch die Zürcher Ereignisse – erst in den 1520er Jahren.

Zum ersten Mal äusserte sich Zwingli im September 1522 zu den Bildern, im selben Jahr also, in dem auch aus dem fernen Wittenberg erste Unruhen um die Bilder vermeldet werden.[94] In seiner Schrift «*Von der Klarheit und Gewissheit des Wortes Gottes*», die die Abfassung einer Predigt aus dem Sommer desselben Jahres darstellt, setzte sich Zwingli sehr konkret mit der Frage des Gottesbildes auseinander.[95] Er sprach davon, dass noch niemand Gott selbst gesehen habe und dass es deshalb auch «*irrsächlich*» sei, «*Got*[t] *... nach menschlicher Gestalt*» zu bilden. Gott habe nach Moses (Deut. 4, 15ff.) den Menschen deshalb nicht sein Bild («*sin Gestalt*») gezeigt, damit sie ihn nicht mit einem «*Bildnis usstrucktind oder verbildetind, nit mit der Bildnus eines Mans, noch eines Wybs noch anderer Thieren*», denn das wäre «*Abgötery*». Damit hatte Zwingli dem Bilderkult bereits die Legitimation entzogen.

Gut ein Jahr später finden sich erneut Äusserungen Zwinglis zur Bilderfrage: In der zum 14. Juli 1523 vorgelegten Auslegung der 67 «Schlussreden» zur ersten Zürcher Disputation (29. Januar 1523) äusserte sich Zwingli gleich in zwei Artikeln ablehnend zur Bilderfrage. Im 20. Artikel[96] lehnte Zwingli den Heiligenkult vor allem mit der Begründung ab, der Glaube brauche keine Heiligen als Glaubensvermittler, da Christus der einzige Mittler zwischen Gott und dem Menschen sei: «*Ach herr! Verlych* [schicke] *uns einen unerschrockenen man, wie Elias was, der die götzen vor den ougen der gleubigen dennen thůye; denn du bist das einig gůt, das unser zůflucht und trost ist.*»[97]

Im 25. Artikel seiner «Auslegung», dem Artikel, «Vom Feiertag und Wallfahrt»[98], kommt Zwingli sodann zum Schluss, dass Wallfahrten im höchsten Grade unchristlich seien, da sie einen bestimmten Ort zu Unrecht gegenüber einem anderen Ort herausheben würden. Hieran seien vor allem die Bilder schuld, denn Wallfahrten würden ohnehin nur zu solchen Orten erfolgen, an denen sich auch Bilder befänden. Die Konsequenz für Zwingli: würde man die Bilder abschaffen, die ohnehin von Gott verboten sind, so hätte man auch dem Wallfahrtskult mit einem Schlag den Garaus gemacht. Denn Wallfahrtsorte ohne Bilder hätten für Wallfahrer keine Attraktivität mehr.

In seinem Brief an den Strassburger Reformator Bucer vom 3. Juni 1524 äusserte sich Zwingli sodann dahingehend, warum Bilder überhaupt verführen würden.[99] Er meinte, die Bilder lenkten vom wahren Glauben ab, durch sie würden wir vom «Inneren» fort und ins «Äussere» hinaus verführt. Zwingli widersprach hiermit der, seit Gregor dem Grossen und das gesamte Mittelalter über immer wieder vertretenen Auffassung, Bilder seien die «Bibel der Unwissenden», dass also die Bilder vornehmlich die Funktion hätten, den Ungelehrten, den des Lesens und Schreibens Unkundigen, den christlichen Glauben nahe zu bringen. Er war vollkommen überzeugt davon, dass die Bilder nie in dieser Funktion gestanden seien, sondern dass sie immer *«vom Schöpfer fort, zur Vergötzung der Kreatur»*[100] geführt hätten.

Erstmals systematisch mit der Bilderfrage befasste sich Zwingli im März 1525.[101] Damals gelangte er zu der Überzeugung, Statuen und Bilder seien nur dann gefährlich, wenn sie angebetet würden. Mit anderen Worten: Würde ein Bild zu kultischen Handlungen verführen, so sei es ein «Götze» und demzufolge zu zerstören, im anderen Falle, wenn es nur als Bild betrachtet würde, sei es zu belassen. Als Bilder bezeichnete Zwingli vor allem die Glasmalereien sowie dekorative Ornamente, die zu keiner Verehrung verführen würden, daher könne man sie auch getrost belassen. Hingegen gefährlich für den Glauben seien insbesondere die «stehenden Bilder», die Statuen, denn sie würden vor allem wegen ihrer menschenähnlichen Erscheinung zum «Götzendienst» verführen und sehr leicht vergessen lassen, dass es sich hierbei eigentlich nur um in Stein und Holz gefertigte Figuren handle.[102]

Diese Unterscheidung traf Zwingli auch am 27. April 1525 in seiner berühmten Korrespondenz mit Valentin Compar[103], Alt-Landschreiber von Uri. Dieser hatte den Reformator zu vieren seiner Schlussreden zur ersten Zürcher Disputation befragt, so unter anderem auch zu dessen Auffassung in der Bilderfrage. In dem Artikel *«Von den Bildnissen»*[104] – er bildet den umfangreichsten seiner Entgegnung an Compar – distanziert sich Zwingli sowohl von den Stürmern als auch den Schirmern und führt aus, dass er weder für die eine noch die andere Gruppe Partei ergreifen werde. Er selbst habe den Bildersturm in Zürich nicht angezettelt, da es ihm und den anderen Predigern in erster Linie um die Abschaffung der Messe gegangen sei.
Gleichzeitig traf Zwingli hier erstmals die klare Unterscheidung zwischen «Götze» und «Bild»: *«Verstand aber eigentlich, lieber Valentin, das wir einen götzen heissen: ein bildnus eines helfers oder trusthuffens, oder dero eer wirt angeton; bilder nennend wir aber glychnussen eines yeden dings, das da sichtbar ist, aber zů gheiner* [keiner] *abfürigen hoffnung nit gemacht, ouch nit vereeret wird.»*[105]
Dieser Satz macht deutlich, dass die Bilder für Zwingli grundsätzlich nichts Verwerfliches hatten. An einer anderen Stelle der Korrespondenz mit Compar betont er ausdrücklich, er würde sich an Bildern und Statuen sogar mehr erfreuen als andere Menschen, selbst wenn er, wie er zugeben müsse, sie leider kaum deutlich erkennen könne, da er extrem kurz-

sichtig sei.¹⁰⁶ Zwinglis Stellung zu den Bildern war also grundsätzlich eine neutrale.¹⁰⁷

Was Zwingli kritisierte und verwerflich fand, war der falsche Bildgebrauch. Dadurch, dass das Bild zum integralen Bestandteil kultischer Handlungen geworden sei, habe es seine neutrale Ebene verlassen und sei zum Kultbild mutiert. Die Grenze zwischen (Ur)Bild und (Ab)Bild sei verwischt, die Heiligenbilder würden nicht mehr (Ab)Bilder eines Urbildes abgeben, sondern man träte ihnen so gegenüber, als seien sie selbst Heilige. Dieser *Realpräsenz* der Heiligen trüge man dadurch Rechnung, dass man die Heiligenbilder kostbarst ausstattete, sie mit Gold, Silber und Edelsteinen behängen würde. In dieser luxuriösen Aufmachung könne er – Zwingli – ihnen aber nichts mehr «Heiliges» abgewinnen, im Gegenteil: die kostbar ausgestatteten Bilder würden die Grenzen der Sittlichkeit derart grob verletzten, dass man vor ihnen gar nicht mehr andächtig sein könne. Die weiblichen Heiligen seien geradezu «*huerisch gemalt*» und die männlichen «*so jünkerisch, kriegerisch und kuplig*» gestaltet, dass «*die wyber davon hebend zu bychten ghebt*»¹⁰⁸.

Zwingli kam daher zu dem Schluss, dass die Bilder völlig nutzlos für den Glauben sind. Deshalb müssen sie weg. Zuversicht könne man nur bei Gott selbst erfahren und der Zugang zu ihm sei einzig und allein über Christus möglich.¹⁰⁹ Zwinglis Überzeugung von der Abschaffung der Bilder ging gleichzeitig einher mit einer sozialethischen Forderung: man täte besser daran, das für die Kunststiftungen aufgewendete Geld den Armen zu geben.¹¹⁰

Obschon Zwingli nicht der erste war, der sich mit den Bildern und ihrem «Nutzen» für den Glauben auseinandergesetzt hatte – Diskussionen um den Stellenwert der Bilder gab es seit ihrem ersten «Einsatz» in den Kirchen im Frühmittelalter und sie hielten das gesamte Mittelalter hindurch an¹¹¹ – hatte Zwingli mit seiner klaren Position und Argumentation in der Bilderfrage «das entscheidende theologische Fundament für die Ablehnung und Bekämpfung des Bilderkults im Bereich der oberdeutsch-schweizerischen Reformation gelegt. Wir werden seinen Gedanken an allen Orten begegnen, wo die von ihm geprägte Kirchen- und Gesellschaftsreform sich durchsetzt. Kein anderes Theologumenon innerhalb der Reformation hatte wahrscheinlich so weitreichende kulturgeschichtliche Folgen wie die Gedanken Zwinglis zum ‹Götzendienst›».¹¹²

Zwingli, ein Ikonoklast?

Zweifelsohne war Zwingli ein Bildgegner, ein scharfer Kritiker des Bilderkultes. Aber, so gilt es zu fragen: War er deshalb auch ein Ikonoklast, so wie man es erst kürzlich in bezug auf Niklaus Manuel¹¹³ auszuweisen versuchte?

Bezogen auf die Berner Vorfälle – und nur diese stehen für uns hier zur Beurteilung an – ist eine solche Auffassung sicherlich dahingehend zu verneinen, als Zwingli nicht selbst Hand an die Bilder im Berner Münster gelegt hatte. Auch hatte er wohl nicht direkt zu Tätlichkeiten gegen die Bilder ermuntert. Denn wie gehört, entwickelten sich hier in Bern die ersten ikonoklastischen Übegriffe nicht aus einer Predigtsituation heraus, wie zum Beispiel in Neuenburg, wo Farel während seiner Predigt zu spontanen Handlungen gegen die Bilder aufgerufen und so den Bildersturm in der Kollegiatskirche ausgelöst hatte.¹¹⁴

Auch zeigen Zwinglis eigene Äusserungen zu den Vorfällen zur Zeit der zweiten Zürcher Disputation¹¹⁵ an, dass der Reformator zwar zu den Bildergegnern gehörte, dass er aber in der Frage der Bilderentfernung grundsätzlich ebenso weitsichtig und besonnen zu Werke ging wie der Zürcher Rat, der – aus der Furcht vor Entgleisungen – spontane Übergriffe auf die Bilder klar und deutlich untersagt hatte. Zwingli hatte sich hier ausdrücklich hinter die Weisungen des Rates gestellt.[116]

All diese Hinweise lassen auch Zwinglis Rolle in bezug auf den Berner Bildersturm entsprechend gewichten, auf den er ja in seiner Predigt vom 30. Januar 1528 ausdrücklich zu sprechen kam. Er befand sich diesmal in einer Situation, in der von ihm öffentlich ein klares Statement zu den Vorfällen im Berner Münster erwartet wurde. Und er tat dies in einer Deutlichkeit, ja Direktheit, die den im Münster anwesenden Gläubigen unmissverständlich klar machte, was von den Bildern zu halten sei: nichts anderes nämlich als artifizielle Produkte, aus verschiedenen Materialien gefertigt und womöglich noch hübsch anzusehen – aber: absolut wert- und nutzlos für den Glauben.

Wohl niemals zuvor hatte sich Zwingli derart despektierlich und drastisch über den Stellenwert und Nutzen der Bilder geäussert wie hier in Bern am 30. Januar 1528.
Die Auffassung, die darniederliegenden Bilder seien nichts anders als «Kot» und «Unkraut», markiert den bislang *radikalsten* Standpunkt des Reformators in der Bilderfrage.[117] Insofern ist die Schlusspredigt Zwinglis im Berner Münster nicht allein eine Aufforderung zur Beharrlichkeit, zur *«constantia»* – sie bildet ebenso den *Kulminationspunkt* der Reflexion Zwinglis zur Bilderfrage, die bereits sechs Jahre zuvor bei ihm begonnen hatte. Im Berner Münster, wo es zu einem Sturm auf die Bilder gekommen war, hatte der Reformator wohl erstmals in aller Öffentlichkeit demonstriert, wie nutzlos diese aus Stein und Holz gefertigten Figuren im Grunde genommen für den wahren christlichen Glauben sind, der ausschliesslich über das Wort vermittelt werden kann.
Indem Zwingli die Zerstörung in dieser Form nicht nur billigte, sondern sie geradezu rechtfertigte, signalisierte der Zürcher Reformator gleichzeitig aber auch den Berner Ikonoklasten seine volle Unterstützung zu. Mit der Gleichung «Bild = Fäkalie»[118] gab er ihnen unmissverständlich zu verstehen, dass die Zerstörung, die sie hier im Münster angerichtet hatten, im Sinne des Glaubensverständnisses nicht nur unbedingt notwendig, sondern geradezu *fromm* gewesen sei. In den Augen Zwinglis waren nämlich weniger die Bilderstürmer, als vielmehr die Bilderschirmer schädlich für den neuen Glauben.[119] Denn sie handelten eindeutig dem im Dekalog verankerten Bilderverbot zuwider.
Bereits im September 1523, gut 5 Jahre vor den Unruhen in Bern, findet sich dieser Gedanke des Zürcher Reformators erstmals schriftlich ausformuliert. In der auf Zwinglis Anregung hin verfassten Schrift Ludwig Hätzers mit dem Titel, *«Ein Urteil Gottes unseres Ehegemahls, wie man sich mit allen Götzen und Bildnissen halten soll, aus der Heiligen Schrift gezogen durch Ludwig Hätzer»*, ist nachzulesen: *«Gott unser Vater ... verbüt uns die Bilder ze machen»* und befehle deshalb, *«die Bilder [zu] zerbrechen»*. Gott, so führt Zwingli weiter aus, strafe diejenigen, *«die sy haben und ee[h]rend»*, rühme und preise aber diejenigen, die sie zerstören: *«die That der[j]en[igen], die Bild und Götzen abgethon hand, wirt gerümpt und [ge]pri[e]sen.»*[120]

Anhang

Abkürzungsverzeichnis

Abt.	Abteilung
ADB	Archäologischer Dienst des Kantons Bern
AHI	Archäologisches Hinweisinventar des Kantons Bern, Archiv des ADB
AHVB	Archiv des Historischen Vereins des Kantons Bern
AKBE	Archäologie im Kanton Bern. Fundberichte und Aufsätze (SADB)
ASA	Anzeiger für Schweizerische Altertumskunde
Aufl.	Auflage
BBB	Burgerbibliothek Bern
Bd./Bde.	Band/Bände
BHM	Bernisches Historisches Museum
BRJM	Bulletin du Centre national de recherche sur les jetons et les méreaux du Moyen-Âge
Bro.	Broschüre
BTb	Berner Taschenbuch
BZGH	Berner Zeitschrift für Geschichte und Heimatkunde
Ders./Dies.	Derselbe/Dieselbe
Diss.	Dissertation
f./ff.	folgende
GSK	Gesellschaft für Schweizerische Kunstgeschichte
HBLS	Historisch-Biographisches Lexikon der Schweiz
(Hg.)/(Hgg.)	Herausgeber
hg.	herausgegeben
Jb.	Jahrbuch
Jb BHM	Jahrbuch des Bernischen Historischen Museums (in Bern)
Kat.	Katalog
KdM	Die Kunstdenkmäler der Schweiz, hg. von der GSK
KFS	Kunstführer durch die Schweiz
KMB	Kunstmuseum Bern
LCI	Lexikon der christlichen Ikonographie
Lex MA	Lexikon des Mittelalters
LThK	Lexikon für Theologie und Kirche
NBTb	Neues Berner Taschenbuch
NF	Neue Folge
Nr.	Nummer(n)
o. J.	ohne Jahr
o. O.	ohne Ort
o. O. u. J.	ohne Ort und Jahr
RM	Ratsmanual der Stadt Bern (STAB)
S.	Seite(n)
SAB	Stadtarchiv Bern
SADB	Schriftenreihe der Erziehungsdirektion des Kantons Bern, hg. vom ADB
SKF	Schweizerischer Kunstführer, hg. von der GSK
SLM	Schweizerisches Landesmuseum Zürich
Sp.	Spalte(n)
SSRQ	Sammlung Schweizerischer Rechtsquellen
STAB	Staatsarchiv Bern
STUB	Stadt- und Universitätsbibliothek Bern
SZG	Schweizerische Zeitschrift für Geschichte
T.	Tome
u.a.	und andere
vgl.	vergleiche
VSWG	Vierteljahrschrift für Sozial- und Wirtschaftsgeschichte
ZAK	Zeitschrift für Schweizerische Archäologie und Kunstgeschichte
ZBZ	Zentralbibliothek Zürich
ZGO	Zeitschrift für die Geschichte des Oberrheins
ZHF	Zeitschrift für Historische Forschung
ZSKG	Zeitschrift für Schweizerische Kirchengeschichte

Anmerkungen

Grusswort   Arnold Esch

Bern in seiner grossen Zeit – von Italien gesehen

1   Statt einzelner Belege verweise ich auf meine Aufsätze zur Berner Geschichte, insbesondere: Alltag der Entscheidung. Berns Weg in den Burgunderkrieg; in: Esch, 1998, S. 9–86; Wahrnehmung sozialen und politischen Wandels in Bern an der Wende vom Mittelalter zur Neuzeit. Thüring Fricker und Valerius Anshelm, in: Esch, 1998, S. 87–136; Mit Schweizer Söldnern auf dem Marsch nach Italien. Das Erlebnis der Mailänderkriege 1510–1515 nach bernischen Akten, in: Esch, 1998, S. 249–328; Bern und Italien, in: Esch, 1998, S. 329–354.

Einleitung   Rainer C. Schwinges

Mittelalter in Bern

1   Bonstetten, 1893, S. 234f. Zum Autor: Verfasserlexikon 1, 1978, Sp. 176–179.
2   Gundelfingen, 1880. Hier paraphrasierend nach Feller I, S. 423–426. Zum Autor: Verfasserlexikon 3, 1981, Sp. 306–310.
3   Jacob Burckhardt: Weltgeschichtliche Betrachtungen, zitiert nach der Ullstein-Ausgabe, Buch Nr. 79, Frankfurt/Berlin 1963, S. 159, 174.
4   Borst, 1990.
5   Vgl. Schwinges, 1991 und meinen Beitrag in diesem Band.
6   Feller I, S. 154.
7   Zahnd, 1991b, S. 49.
8   Feller I, S. 257ff.
9   Meuthen, 1996.
10 Feller I, S. 262f.

Einleitung   Ellen J. Beer

Kirchliche und profane Kunst in Bern im 15. Jahrhundert

1   Schilling, 1991, S. 572ff. (540, p. 754–756).
2   Gutscher/Zumbrunn, 1989; Zumbrunn/Gutscher, 1994.
3   CVMA Schweiz 4, 1998.
4   Folgende Ausstellungen seien als Beispiele genannt: Mittelalterliche Kunst in Baden, Karlsruhe 1949 (Kat. Mittelalterliche Kunst in Baden, 1949); Spätgotik am Oberrhein. Meisterwerke der Plastik und des Kunsthandwerks, 1450–1530, Karlsruhe 1970 (Kat. Spätgotik am Oberrhein, 1970); Meister ES. Ein oberrheinischer Kupferstecher der Spätgotik, München/Berlin 1986/87 (Kat. Meister ES, 1986); Schongauer. Le beau Martin, Gravures et Dessins de Martin Schongauer (vers. 1450–1491), Colmar 1991 (Kat. Beau Martin, 1991); Vier gotische Tafeln aus dem Leben Johannes' des Täufers, Ausstellung Karlsruhe 1994 (Hartwieg/Lüdke, 1994); Vom Leben im späten Mittelalter. Der Hausbuchmeister oder der Meister des Amsterdamer Kabinetts, Amsterdam/Frankfurt 1985 (Kat. Hausbuchmeister, 1985).
5   Stamm, 1984, S. 85–91.
6   Schock-Werner, 1983, S. 144ff.; Mojon, 1967.
7   Beer, 1989, S. 57–66.
8   Beer, 1989, Fundkatalog, Teil D, S. 64.
9   Mojon, 1967, S. 51, S. 83ff; Sladeczek, 1989a, S. 46; Sladeczek, 1999, S. 292f.
10 Sladeczek, 1990b, S. 4ff.
11 Mojon, 1967, S. 6f.
12 Mojon, 1967, S. 14, S. 22. Mojon nimmt mit Wilhelm Vöge an, dass Hans Multscher das Wanddenkmal des Matthäus Ensinger an der östlichen Stirnwand des nördlichen Seitenschiffs im Ulmer Münster als Spätwerk geschaffen habe. Vöge, 1950, S. 70–73.
13 Koreny, 1974; Meurer, 1991, S. 14–23, S. 35–39; Hoffmann/Dietrich, 1985; Wolff, 1979.
14 Vetter, 1965, S. 102ff.
15 Pfandl, 1930, S. 40ff.
16 Ohnmacht, 1973, S. 40ff.; Recht, 1987, S. 342, Kat. I 05, Abb. 13, 15.
17 Zumbrunn/Gutscher, 1994, S. 88.
18 Basel, Historisches Museum, Inv. Nr. 1827.13. Ohnmacht, 1973, Abb. 119, S. 109f.
19 Sladeczek, 1990b, S. 4ff.
20 Bern, Historisches Museum, Inv. Nr. 39422, Sladeczek, 1987, S. 89.
21 Zumbrunn/Gutscher, 1994, S. 88f.
22 Kdm BE, 4, 1960, S. 172f.
23 Kdm BE, 4, 1960. S. 172f.
24 Kdm BE, 4, 1960, S. 193; Sladeczek, 1990b, S. 44ff., S. 47, S. 82f., S. 83–85.
25 Die Untersuchungen von Paul Zinsli wurden veröffentlicht in Sladeczek, 1990b, S. 53ff. Zu den Jungfrauenspielen siehe u.a. Nicolas, 1921; Kettler, 1996, S. 111–124, Pl. 19–22.
26 Sladeczek, 1990b, S. 44, Abb. 64. Aquarell, Kopie (?) nach Jan van Eyck, Paris, Louvre, Cabinet des Dessins, Inv. Nr. 20674.
27 Utz Tremp, 1991b, S. 135f.
28 Kaiser, 1991, S. 78f.; Hesse, 1988, S. 274–286, besonders S. 280.
29 Saurma-Jeltsch, 1991, S. 31–71; zum arbeitsteiligen Vorgehen: S. 34–36, Anm. 30–31. Dazu auch Stamm, 1983, S. 128–135.
30 Zu Hans Schilling und der Beziehung zu Diebold Lauber und seiner Werkstatt in Hagenau Saurma-Jeltsch, 1991, S. 46ff.
31 Ott, 1988, S. 77–106.
32 Saurma-Jeltsch, 1991, S. 70f.
33 So etwa bei Jan van Eyck, Turiner Stundenbuch.

Kapitel I Seite 33–35

[34] Einen verwandten Zeichenduktus zeigen etwa die Werke von Lukas Zeiner in Zürich und Peter Noll in Bern oder von Nikolaus Glaser in Basel und Peter Glaser in Bern. Im gesamten süddeutschen Raum finden sich ähnliche stilistische Motive im Einflussbereich des Grossbetriebes des Glasmalers Peter Hemmel von Andlau.

[35] Diejenige des sogenannten Johannesmeisters, Wagner, 1977, S. 25–49.

[36] Bern, Kunstmuseum, Inv. Nr. 334–337, Wagner, 1977, S. 50–58.

Die Topographie der spätmittelalterlichen Stadt

[1] Eine allgemeine Einführung in das Erscheinungsbild spätmittelalterlicher Städte und deren besondere Rechtsstellung gegenüber dem Land gibt Isenmann, 1988, S. 17–25 und S. 74–89.

[2] Die wichtigsten spätmittelalterlichen Stadtrechtssammlungen Berns wurden in der ersten Hälfte dieses Jahrhunderts von Friedrich Emil Welti vollständig publiziert; RQ Bern I/1, 1 und RQ Bern I/1, 2.

[3] Zur architektonischen Entwicklung Berns vgl. Kdm BE, 1, 1952; Kdm BE, 2, 1959.

[4] Vgl. dazu Zahnd, 1993, S. 207f. sowie Ammann, 1928.

[5] Gerber, 1994, S. 44–50.

[6] Gerber, 1994, S. 59–62.

[7] Vgl. dazu Kdm BE, 1, 1952, S. 237.

[8] Vgl. dazu Zahnd, 1993, S. 204ff.

Kapitel I Seite 36–40

Der Stadtbrand von 1405

[1] Quellen zum Stadtbrand: Justinger, 1871, S. 195f. Darstellungen: Gerber, 1994, S. 37f.; Morgenthaler, 1935, S. 152–155.

[2] Justinger, 1871, S. 194. Vgl. von Rodt, 1905, S. 11.

[3] Beginen und Begarden waren in jeder spätmittelalterlichen Stadt anzutreffende Gemeinschaften von Frauen und Männern, die ein Leben zwischen dem Laien- und dem Ordensstand führten. Sie pflegten und betreuten Arme und Kranke und verrichteten Totendienste. Vgl. Illi, 1992, S. 68f. In dieser Eigenschaft waren sie in Städten teilweise sehr geschätzt; ihre Unabhängigkeit von regulären Orden machten sie aber in den Augen der städtischen Behörden suspekt. Die 1404 aus Basel vertriebenen Beginen und Begarden waren nach Bern geflüchtet, wo sie aber unter Ketzereiverdacht standen und scharf kontrolliert wurden. Justinger, 1871, S. 193f.; von Rodt, 1905, S. 18.

[4] Justinger, 1871, S. 196.

[5] Aufräumarbeiten und Neubauten nach einem Schadensfeuer können allerdings oft auch alle Spuren tilgen.

[6] Als Beispiel etwa ein Kachelofen auf der Gestelnburg im Wallis: Keck, 1993, speziell S. 322.

[7] Baeriswyl/Gutscher, 1995, S. 73f.

[8] Justinger, 1871, S. 195.

[9] Morgenthaler, 1935, S. 152f.

[10] Morgenthaler, 1935, S. 155–160; Gerber, 1994, S. 39–42. Allerdings war es schwierig, die Vorschriften durchzusetzen. Nachlässigkeit und mangelnde finanzielle Mittel führten immer wieder zur Umgehung von Bauvorschriften.

[11] Langfristig sollten sich die Massnahmen zur Förderung von Steinbau, die es auch in vielen anderen Städten gab, am wirkungsvollsten erweisen. Vgl. etwa für Zürich: Guex, 1986.

Der Stadtgrundriss

1. Die sozialen Strukturen spätmittelalterlicher Stadtgesellschaften wurden schon des öfteren ausführlich diskutiert. Grundlegende Arbeiten zu diesem Thema sind Maschke, 1980a; Maschke, 1980b; Ellermeyer, 1977; Mitterauer, 1977 sowie Wunder, 1978. Gesamtdarstellungen einzelner Städte bieten Rüthing, 1986, für Höxter sowie Schoch, 1997, für St. Gallen.
2. Vgl. dazu Riehl, 1859; sowie Piper, 1982. Eine Zusammenfassung des Forschungsstandes bringt Denecke, 1980.
3. Denecke, 1980, S. 166ff.
4. Zu diesem Kapitel vgl. die grundlegende Arbeit von Jütte, 1991 sowie Maschke/Sydow, 1969.
5. Zur Vierteleinteilung der Stadt Bern vgl. Kdm BE, 1, 1952, S. 4–7; Türler, 1896a, S. 14f.; Morgenthaler, 1935, S. 30; Studer, 1899, S. 203f.; sowie Zesiger, 1911, S. 41.
6. Im Udelbuch von 1389 werden die östliche Hangmauer der zerstörten zähringischen Stadtburg sowie der Torbogen in der Mattenenge noch ausdrücklich als Grenze der beiden östlichen Stadtviertel angegeben: *«Johans Genhart von Urtinon ist burger an einem IIII teil sines huses zwischent der mure da der burger zeichen stat und Johans Schaller»*; Udelbuch 1389, STAB, B XIII 28, S. 177.
7. Zur Topographie der zähringischen Stadtburg bei Nydegg vgl. Kdm BE, 1, 1952, S. 62–68; Hofer/Meyer 1991 sowie Morgenthaler, 1935, S. 23–26.
8. Erstmals dokumentiert wird diese neue Viertelsgrenze im Tellbuch von 1494; Meyer, 1930, S. 147–207.
9. Die wachsende ökonomische Bedeutung der Inneren Neustadt zeigt sich im Bau verschiedener Gesellschaftshäuser, die im Verlauf des 15. und 16. Jahrhunderts entlang der Marktgasse errichtet worden sind (Obere Gerber 1423, Obere Schuhmacher um 1424, Hufschmiede 1448, Schützen 1458, Weber 1465, Obere Zimmerleute 1515 sowie als Nachzügler die Gesellschaft zum Mittellöwen 1722); vgl. dazu Kdm BE, 1, 1952, S. 383ff. sowie Gruner, 1732, S. 457f.
10. Vgl. dazu Kdm BE, 1, 1952, S. 7 sowie Gruner, 1732, S. 450.
11. Vgl. dazu Kdm BE, 1, 1952, S. 22–62 sowie Morgenthaler, 1935, S. 26–36 und S. 47–50.
12. Die heutigen Laubengänge gehörten ursprünglich zu den Gassen. Sie wurden seit dem 13. Jahrhundert zuerst aus Holz, seit dem 15. Jahrhundert dann zunehmend aus Stein auf den freien Flächen der Gassen errichtet; Kdm BE, 1, 1952, S. 66.
13. Noch Johann Rudolf Gruner bezeichnete das Mattequartier in seiner Beschreibung der Stadt Bern von 1732 als Vorstadt; Gruner, 1732, S. 474.
14. RQ Bern I/1, 1, Nr. 300, S. 184. Die Satzung wurde im 16. Jahrhundert erneuert; RQ Bern I/1, 1, Nr. 250, S. 353.
15. FRB VIII, Nr. 993, S. 373f. (28. November 1360) sowie Justinger, 1871, Nr. 190, S. 122f.
16. Howald, 1874, S. 274–283.
17. Justinger, 1871, Nr. 329, S. 201f.
18. Vgl. dazu Feller I, S. 43–56.
19. Ob der sogenannte Holländerturm am heutigen Kornhausplatz ebenfalls zu den Wehranlagen des 13. Jahrhunderts zu zählen ist, kann nicht mit Sicherheit gesagt werden.
20. Kdm BE, 1, 1952, S. 77–82.
21. Vgl. dazu Kdm BE, 1, 1951, S. 28, Anm. 5.
22. Vgl. dazu Gerber, 1994, S. 26f.
23. Vgl. dazu Justinger, 1871, Nr. 163, S. 110 sowie Kdm BE, 1, 1952, S. 152–157.
24. Zum dritten Westabschluss vgl. Hofer, 1953, S. 38–54 sowie Kdm BE, 1, 1952, S. 142–161. Zu den politischen und gesellschaftlichen Ursachen, die 1865 zum Abbruch des Christoffelturms geführt haben, vgl. Bächtiger, 1980.

Die kommunalen Gebäude

1. Vgl. dazu Isenmann, 1988, S. 41–55.
2. Die *«crützgasse»* oder *«vicus crucis»* wird um die Mitte des 14. Jahrhunderts erstmals in den Schriftquellen genannt; FRB VII, Nr. 44, S. 741 f. (12. November 1348) und Nr. 434, S. 419 (31. März 1349). Zur Topographie der Kreuzgasse vgl. Kdm BE, 2, 1959, S. 235ff. sowie Türler, 1899, S. 121–138.
3. Justinger, 1871, Nr. 52, S. 31, und Nr. 133, S. 71f.; sowie Türler, 1899, S. 122f.
4. Vgl. dazu Morgenthaler, 1935, S. 160–173.
5. Morgenthaler, 1935, S. 169.
6. Justinger, 1871, Nr. 103, S. 57f. «[...] *Des wart ein venre von bern gevangen, der hies Regenhut, und wart darnach in der gevengnisse ertödet* [...]».
7. Justinger, 1871, Nr. 228, S. 147f; Türler, 1899, S. 123f. sowie Utz Tremp, 1993a, S. 136f. und S. 143–160.
8. Vgl. dazu Welti, 1896a; zum Beispiel 1375/II, S. 15 sowie 1384/I, S. 327.
9. Vgl. dazu Zahnd, 1979, S. 26–31; Morgenthaler, 1935, S. 241–248; Fluri, 1893/94.
10. Vgl. dazu Artikel 7 der Goldenen Handfeste; RQ Bern I/1, 1, S. 6. Der erste namentlich bekannte Berner Schulmeister wird bereits 1240 genannt und hiess «Heinricus scolasticus Bernensis»; FRB II, Nr. 191, S. 200 (10. Februar 1240).
11. Türler, 1892a, S. 182.
12. Anshelm I, S. 190.
13. Gruner, 1732, S. 284 sowie Fluri, 1893/94, S. 83ff.
14. Justinger, 1871, Nr. 102, S. 57 sowie Welti, 1896a, S. 87 (1377/II).
15. Vgl. dazu Gerber, 1994, S. 35ff.
16. Kdm BE, 3, 1947, S. 201–206 und S. 449–452 sowie Morgenthaler, 1935, S. 142.
17. Zum Frauenhaus vgl. Kdm BE, 3, 1947, S. 457f.
18. Zur Funktion und Bedeutung mittelalterlicher Frauenhäuser vgl. Schuster, 1995.
19. Justinger, 1871, Nr. 366, S. 220.
20. Udelbuch von 1389; STAB: XIII 28, S. 404f.

Kapitel I Seite 50–54

Die Zunft- und Gewerbebauten

1. Vgl. dazu Isenmann, 1988, S. 55–63.
2. Die heutige Kram- und Gerechtigkeitsgasse hiess bis zum 18. Jahrhundert *«vicus fori»* oder *«obere und untere meritgasse»;* FRB V, Nr. 487, S. 525 f. (13. November 1326). Zur baulichen Entwicklung dieser beiden Gassen vgl. Kdm BE, 2, 1959, S. 66–115 und S. 242–280.
3. RQ Bern I/1, 2, Nr. 267, S. 123f.
4. Vgl. dazu auch Morgenthaler, 1935, S. 138f.
5. In einer Urkunde vom 23. April 1366 verpflichtete sich Rudolf Nifer, wohnhaft zu Bern, mit seinem Besitz, so er hat *«uf Johans Boners hus, so gelegen ist an der hormannsgassen zwuschent der burger salzhus einent und dera von Bürron anderent»*, für eine gemachte Schuld zu bürgen; FRB VIII, Nr. 1678, S. 665. Im Jahre 1389 wird das gleiche Haus des Johannes Boner als *«zwischent Johans von Bürron und dem kofhus»* bezeichnet; Udelbuch I, STAB: B XIII 28, S. 336.
6. Vgl. dazu Welti, 1896a, S. 11 (1375/I): *«Denn von dien hüslin in dem koufhus von dem tach ze bessronne und umb dz brugli under der lindon 13 lb 5 s.»*
7. Welti, 1896a, S. 66 (1377/I): *«Denne Hans Slosser von der wag in dem koufhus 12 s.»*
8. Justinger, 1871, Nr. 280, S. 175.
9. Vgl. dazu Türler, 1896a, S. 50–53.
10. Zum Beispiel Distelzwang 1469–1478; Obermetzgern 1552–1554, Obergerbern 1565–1567, Niederpfistern 1568–1574, Oberpfistern 1595–1598.
11. Bei der zu Beginn des 15. Jahrhunderts als zweigeteilt erwähnten Rebleutegesellschaft ist nicht sicher, ob diese jemals über zwei Zunfthäuser verfügt hat. Diese wirtschaftlich relativ unbedeutende Gesellschaft könnte ihr erstes Zunfthaus auch erst nach ihrer Wiedervereinigung in der zweiten Hälfte des 15. Jahrhunderts erworben haben.
12. Vgl. dazu Anliker, 1945, S. 19–25; Morgenthaler, 1935, S. 193–196 sowie Türler, 1896a, S. 22f.
13. Vgl. dazu die Marktordnung von 1481; RQ Bern I/8, 1, Nr. 8, S. 9–11 (29. Januar 1481).
14. Vgl. dazu Morgenthaler, 1935, S. 187ff.
15. Türler, 1896a, S. 22.
16. *«[...] von den Obern Gerwern und Heinrich Dittlingers seligen hus harin bis an die örter* [Ecken] *der hüser enent der zittgloggen und die plätz daselbs, und gegen die Barfussen oben in unser statt, [...]»*; RQ Bern I/8, 1, Nr. 8, S. 10.
17. RQ Bern I/1, 2, Nr. 183, S. 77f.

Kapitel I Seite 54–62

Wasser als städtisches Lebenselement

1. Justinger, 1871, S. 178.
2. Der Brunnen befand sich auf der Sohle des Stadtgrabens der zweiten Stadterweiterung. Heute liegt an dieser Stelle der Waisenhausplatz; Kdm BE, 1, 1952, S. 227f.
3. Damit ist der Stadtgraben der Gründungsstadt gemeint, der unter dem heutigen Casino-/Theater-/Kornhausplatz liegt. Die steinerne Brücke überspannte den Graben im Norden und verband die Rathaus- und die Zeughausgasse; Kdm BE, 1, 1952, S. 228.
4. Kdm BE, 1, 1952, S. 227; zu den archäologischen Untersuchungen siehe unten.
5. Dokumentation und Grabungsbericht im Archiv ADB. Publikation in Vorbereitung, siehe vorläufig die Ausstellung vor Ort (Postgasse 68, Kellergeschoss, geöffnet während der Bürozeiten) und das zugehörige Faltblatt: Der Lenbrunnen. Berns ältestes datiertes Bauwerk, hg. vom Archäologischen Dienst des Kantons Bern (Daniel Gutscher), Bern 1995.
6. Morgenthaler, 1951, S. 14.
7. Hofer/Meyer, 1991, S. 97f.
8. Justinger, 1871, S. 178.
9. Kdm BE, 1, 1952, S. 228.
10. Hofer, 1961.
11. AKBE 1, S. 63f.
12. Justinger, 1871, S. 178.
13. Bezeichnenderweise wurde denn auch 1406 erstmals neben dem seit dem 13. Jahrhundert fassbaren städtischen Bachmeister, der für den Stadtbach und die Ehgräben zuständig war, ein Brunnmeister genannt, der sich um die Teuchelleitungen und die Brunnen zu kümmern hatte. Dass es sich dabei um einen Handwerker handelte, welcher vor allem mit Holz zu tun hatte, zeigen seine sonstigen Pflichten, welche vor allem den Unterhalt aller hölzerner Brücken über den Stadtbach umfassten, Gerber, 1994, S. 34.
14. Hofer, 1953, S. 55–60.
15. Morgenthaler, 1951, S. 46.
16. Morgenthaler, 1951, S. 14.
17. Morgenthaler, 1951, S. 15.
18. Justinger, 1871, S. 288.
19. Golattenmattgasse: heute Aarbergergasse, Kdm BE, 2, 1959, S. 453.
20. Brunnenordnung von 1508: Morgenthaler, 1951, S. 18.
21. Ursprünglich Oberspital- oder Christoffelbrunnen, seit 1711 Davidbrunnen genannt; Kdm BE, 1, 1952, S. 245 f.
22. Ursprünglich Kefibrunnen, seit 1860 Anna Seiler-Brunnen, Kdm BE, 1, 1952, S. 263.
23. Schützenbrunnen, Kdm BE, 1, 1952, S. 270.
24. Kindlifresserbrunnen auf dem Kornhausplatz, Kdm BE, 1, 1952, S. 276.
25. Ursprünglich Metzgerbrunnen, heute Simsonbrunnen, Kdm BE, 1, 1952, S. 289.
26. Kreuzgassbrunnen, ursprünglich weiter im Osten, seit 1778 am heutigen Standort westlich der Kreuzgasse; Kdm BE, 1, 1952, S. 302.
27. Stalden- oder Vierröhrenbrunnen, 1844 beim Bau der Nydeggbrücke abgebrochen; Kdm BE, 1, 1952, S. 306.
28. Ursprünglich Golattenmattgassbrunnen, seit 1860 Ryfflibrunnen genannt; Kdm BE, 1, 1952, S. 259f.
29. Morgenthaler, 1951, S. 18.
30. Kdm BE, 1, 1952, S. 236. Nicht mehr erhalten.
31. Kdm BE, 1, 1952, S. 242.
32. Im Jahr 1527 wurden weitere Quellen am Gurten in die Gurtenleitung eingespeist, und 1531 vermehrte eine neue Quelle die Kapazität der Altenbergleitung; Morgenthaler, 1951, S. 19. Ferner wurde im Jahr 1535 die Quelle für den Fischteich der Deutschordenskommende Köniz, welche im Zuge der Reformation aufgehoben worden war, gefasst und in die Stadt geführt; Kdm BE, 1, 1952, S. 314.
33. Diese wurden ausserdem meist erst im 17. Jahrhundert fassbar: Morgenthaler, 1951, S. 45.
34. Wasserhebewerke sind anderswo seit dem späten 13. Jahrhundert belegt, etwa in Lübeck 1291: Grabowski/Mührenberg, 1994, S. 27f.
35. Im Jahr 1609 gab es 19 öffentliche Stockbrunnen; seit 1510 waren also 10 Brunnen dazugekommen: Morgenthaler, 1951, S. 29.
36. Die folgenden Ausführungen stammen, wo nicht anders vermerkt, aus: Morgenthaler, 1935, S. 78–82 und Gerber, 1994, S. 31–33.
37. Grewe, 1991, S. 37. Zu Druckwasserleitungen aus Blei: Grewe, 1991, S. 32f.; ein Beispiel für den Kanton Bern ist das Cluniazenspriorat auf der St. Petersinsel: Gutscher/Ueltschi/Ulrich-Bochsler, 1997b, S. 159–162. Zu Tonröhrenleitungen ein Beispiel aus dem Dominikanerkloster in Zürich: Wild, 1992. Im Spätmittelalter wurden in verschiedenen Städten Versuche mit Tonröhrenleitungen unternommen. Da aber die Rohrlängen zu kurz und die Dichtungsprobleme nicht zu lösen waren, blieb man beinahe überall bei den Teucheln. Grewe, 1991, S. 57; Melzer, 1995, S. 100. Erst die industrielle Massenfertigung von Eisengussröhren bedeuteten das Ende dieser Technologie in den Städten; auf dem Land blieben Teuchelleitungen bis ins 20. Jahrhundert hinein verbreitet.
38. Morgenthaler, 1951, S. 17.
39. Nach einer Aufstellung von 1795 bestanden die drei im Jahr 1500 existierenden Leitungen, die vom Gurten, die von der Engehalden und die vom Altenberg, aus 1481 Teucheln für die Strecken jeweils bis zu den Toren; innerhalb der Stadt kamen noch rund 500 Teuchel dazu. Diese Zahlen müssen aber mindestens verdoppelt werden: viele Leitungen waren doppelt oder dreifach geführt, da der Bohrungsdurchschnitt mit maximal 10 cm die Leistung begrenzte; wollte man zusätzliche Brunnen anschliessen, brauchte es irgendwann parallel geführte Leitungen: Morgenthaler, 1951, S. 81f.
40. Morgenthaler, 1951, S. 101.
41. Grewe, 1991, S. 55–69. Am 31.10./1.11.1997 fand in Paderborn ein archäologisches Arbeitstreffen zum Thema «Städtische Wasserleitungssysteme» statt; die folgenden Ausführungen stammen von Referaten der Teilnehmenden.
42. Schneider/Gutscher/Etter/Hanser, 1982, S. 136–138.
43. Melzer, 1995, S. 98f.
44. In Bern wurde nur der Stadtbach über ein separates Aquädukt geführt; die Teuchelleitungen sowohl oberhalb als auch unterhalb der Stadt verliefen seitlich auf der Christoffel- bzw. Untertorbrücke. Morgenthaler, 1935, S. 85.
45. Morgenthaler, 1935, S. 78.
46. Hofer/Bellwald, 1972, S. 124.
47. AKBE 1, S. 65f.
48. Kdm BE, 2, 1959, S. 372. Heute Bellevue-Garage.
49. Descœudres/Utz Tremp, 1993, S. 20f.
50. Im allgemeinen kann für mittelalterliche Städte gelten, dass die Ausstattung von Infrastruktureinrichtungen vom Sozialprestige des entsprechenden Quartiers abhing; es stellt sich deshalb an dieser Stelle die Frage nach der Bedeutung dieses – sozialtopographisch eindeutig von der Unterschicht bewohnten – Golattenmatt-Quartiers, vor allem, wenn man bedenkt, dass der

Kapitel I Seite 62–74

Die geistlichen Niederlassungen

⁵¹ Dokumentation Archiv ADB, 038.130.1995.01, Regula Glatz, Daniel Gutscher.

⁵² Dokumentation Archiv ADB 038.110.1998.01, Armand Baeriswyl, Daniel Kissling.

⁵³ Erst im späten 19. Jahrhundert wurde der Bach mit Granitplatten abgedeckt, im Jahr 1938 dann begradigt und in Zementröhren gefasst.

⁵⁴ Beispiele: Basel; Kat. Fundgruben, 1996, passim, und Freiburg/Br.: Untermann, 1995, passim.

⁵⁵ Gerber, 1994, S. 31, 101.

⁵⁶ Kdm BE, 2, 1959, S. 460.

⁵⁷ Gerber, 1994, S. 103.

⁵⁸ Zinsurbar Bern; SAB: A 003, S. 850f. Vgl. dazu auch Gerber, 1994, S. 100–105.

⁵⁹ Martin-Kilcher, 1995, S. 28, S. 33.

⁶⁰ Martin-Kilcher, 1995, S. 34.

⁶¹ Howald, 1874, S. 13.

⁶² Howald, 1874.

⁶³ Übersetzung durch den Verfasser.

⁶⁴ Morgenthaler, 1935, S. 84f.

⁶⁵ Gerber, 1994, S. 35.

⁶⁶ Zit. nach: Morgenthaler, 1951, S. 20.

(erwähnte Golattenmattbrunnen zu den frühen Stockbrunnen Berns gehört.)

[1] Vgl. dazu Isenmann, 1988, S. 210–230.

[2] Vgl. dazu auch Sydow, 1969, S. 111ff.

[3] Zahnd, 1993, S. 214.

[4] Welti, 1896b, S. 353–441.

[5] Udelbuch von 1389, STAB: B XIII 28, S. 200, 215 und 42.

[6] Welti, 1896b, S. 366.

[7] Morgenthaler, 1935, S. 89.

[8] Gerber, 1994, S. 49f.

[9] Vgl. dazu Morgenthaler, 1935, S. 106–109.

[10] Welti, 1896b, S. 368.

[11] FRB III, Nr. 611, S. 602f. (18. Februar 1294).

[12] Zu Architektur und Bauetappen des Dominikanerklosters vgl. Descœudres/Utz Tremp, 1993, S. 23–78.

[13] Welti, 1896b, S. 381 und 410.

[14] Kdm BE, 5, 1969, S. 233–240 sowie Morgenthaler, 1935, S. 103f.

[15] Justinger, 1871, Nr. 460, S. 285.

[16] FRB VIII, Nr. 188 und 189, S. 78–82 (29. November 1354).

[17] Morgenthaler, 1935, S. 149ff.

[18] RQ Bern I/1, 1, Nr. 218, S. 137f.

[19] Vgl. dazu Morgenthaler, 1935, S. 151.

[20] Vgl. dazu Utz Tremp, 1996 sowie Morgenthaler, 1935, S. 125ff.

[21] Das Antoniusfeuer, auch Mutterkornkrankheit genannt, geht auf einen Pilzbefall der Roggenähren zurück, der beim Menschen zu Vergiftungserscheinungen und zum Absterben einzelner Glieder wie Finger und Zehen führen kann (Durchblutungsstörungen).

[22] Rennefahrt, 1954, S. 22.

[23] Welti, 1896b, S. 561.

[24] Udelbuch von 1389, STAB: B XIII 28, S. 147.

[25] Vgl. dazu Morgenthaler, 1935, S. 104ff.

[26] Vgl. dazu Feller I, S. 151.

[27] Welti, 1896b, S. 403.

[28] RQ Bern I/1, 1, Nr. 218, S. 137f.

[29] Justinger, 1871, Nr. 71, S. 41 sowie Morgenthaler, 1935, S. 147f.

[30] FRB VI, Nr. 219, S. 209f. (14. August 1335).

[31] Justinger, 1871, Nr. 145, S. 101.

[32] RQ Bern I/1, 1, Nr. 218, S. 137f.

[33] Die Leprosen bei der Unteren Brücke werden im Jahre 1284 zum erstenmal erwähnt. Zum städtischen Siechenhaus vgl. Morgenthaler, 1935, S. 146f.

[34] FRB IX, Nr. 274, S. 162f. (1. Februar 1369).

[35] Zur Topographie der Beginenhäuser vgl. Türler, 1896a, S. 38ff.

[36] Zum bernischen Beginenwesen während des Spätmittelalters vgl. Utz Tremp, 1991, S. 27–52 sowie Morgenthaler, 1935, S. 122–125.

[37] Begarden sind die männliche Form der Beginen.

[38] Vgl. dazu Utz Tremp, 1991, S. 42–46.

[39] STAB: Urkunde vom 11. Januar 1409; Fach Stift.

[40] Utz Tremp, 1995, S. 111 und 298f.

[41] Utz Tremp, 1995, S. 258–262.

[42] Utz Tremp, 1991, S. 43ff.

[43] Zu Funktion und Bedeutung mittelalterlicher Klosterhöfe vgl. Schneider, 1979.

[44] Noch im 15. Jahrhundert wurde den städtischen Klosterhöfen vom Rat das Recht eingeräumt, «*ir korn in irn hüsern*» zu verkaufen, ohne dass diese jedoch mit den von ihnen gelagerten Getreidevorräten spekulieren durften; RQ Bern I/8, 1, Nr. 8, S. 10f.

[45] Zahnd, 1993, S. 214f.

[46] Vgl. dazu Türler, 1896a, S. 43.

[47] Der Abt von Frienisberg gehörte beispielsweise zu jener Gesandtschaft, die nach der Eroberung der Stadt Bern 1289 die schwierigen Friedensverhandlungen mit König Rudolf I. von Habsburg in Baden führte; Feller I, S. 61f. Vgl. dazu auch die Gründungsurkunde des Bröwenhauses an der Junkerngasse, in der neben dem Schultheissen Johannes von Bubenberg Junior auch der «*apt dez gotzhuses von Frienisberg*» und der «*probst dez gotzhuses von Inderlappen*» als Zeugen aufgeführt sind; FRB V, Nr. 760, S. 811–871 (9. August 1331).

[48] Türler, 1896a, S. 42.

Die Friedhöfe

1. Zum vorreformatorischen Bestattungswesen, siehe allgemein: Illi, 1992.
2. Siehe zu diesem Thema: Kat. Himmel, Hölle, Fegefeuer, 1994; Illi, 1992.
3. Illi, 1992, S. 40f.
4. Ulrich-Bochsler, 1997b, S. 36–39. In der spätmittelalterlichen Gesellschaft war der Glaube in die Kraft der Fürbitte der Heiligen am Jüngsten Tag weit verbreitet. Aus diesem Grund wollte man möglichst nahe bei den Heiligen, welche in Form von Reliquien im Altar in jeder Kirche präsent waren, «ad sanctos», bestattet werden; Illi, 1994, S. 61.
5. Illi, 1992, S. 55f.
6. Manser, 1992, S. 153–156.
7. Vergleiche die archäologisch untersuchten Grabungsplätze in Matten bei Interlaken: Ulrich-Bochsler/Gutscher, 1993 sowie in Emmenbrücke LU: Manser, 1992.
8. Illi, 1994, S. 59.
9. Die folgenden Ausführungen beruhen auf Ulrich-Bochsler, 1997b mit ausführlicher Bibliographie.
10. Illi, 1992, S. 18.
11. Zumbrunn/Gutscher, 1994.
12. Zur Baugeschichte des Münsterkirchhofs, vor allem der Münsterplattform: Gutscher/Zumbrunn, 1989, speziell Sladeczek, 1989b, und Gutscher, 1994d, S. 11–16.
13. Zum Deutschen Orden im Kanton Bern allgemein und zur Niederlassung in Köniz: Stettler, 1842, Kasser, 1891, Baeriswyl, 1997.
14. Kdm BE, 4, 1960, S. 428.
15. 1276 wurde die Stadt Bern kirchenrechtlich vom Pfarrsprengel Köniz abgetrennt und zu einer eigenen Pfarrei erhoben. Die Brüder des Deutschen Ordens blieben aber Kirchherren dieser neuen Pfarrei: Kdm BE, 4, 1960, S. 4f.
16. Kdm BE, 4, 1960, S. 11, Germann, 1985.
17. Rund 1200 m².
18. Sladeczek, 1989b, S. 71f.
19. Sladeczek, 1989b, S. 72f.
20. AKBE 1, S. 68.
21. Siehe unten, S. 81.
22. Sladeczek, 1989b, S. 73–77.
23. Morgenthaler, 1935, S. 106f.
24. Illi, 1992, S. 49f.
25. Zur Topographie und Geschichte des Predigerklosters, siehe Descœudres/Utz Tremp, 1993, mit weiterer Literatur.
26. Unpublizierter Grabungsbericht im Archiv ADB, AHI 038.130.1997.01.
27. Descœudres/Utz Tremp, 1993, S. 187–202 (Susi Ulrich-Bochsler).
28. Descœudres/Utz Tremp, 1993, S. 127.
29. Die archäologischen Untersuchungen von 1997 zeigten, dass der Friedhofsteil östlich des Kirchenchors bis zum Bau des Kornhauses im Jahr 1711 in Betrieb war. Die über hundert freigelegten Bestattungen sind denn auch grösstenteils in nachreformatorische Zeit zu datieren.
30. Dieser erste moderne Friedhof Berns war zwischen 1815 und 1865 in Betrieb. Er lag südöstlich der heutigen Dreifaltigkeitskirche, im Gebiet, welches heute von der Schwarztor-, der Sulgeneck- und der Monbijoustrasse begrenzt wird: Türler, 1895, Teil 6.
31. Morgenthaler, 1935, S. 107.
32. Türler, 1895.
33. Morgenthaler, 1935, S. 109.
34. Türler, 1895.
35. Kdm BE, 5, 1969, S. 256, S. 275. Dabei wurden auch die Alte Hochschule, ein Bau des 17. Jahrhunderts mit Resten der vorreformatorischen Konventsbauten und der Münsterwerkhof von 1577 zerstört: Kdm BE, 5, 1969, S. 276 und S. 449f.
36. AKBE 1, S. 84, Morgenthaler, 1935, S. 108.
37. Hofer/Meyer, 1991, S. 24.
38. Morgenthaler, 1935, S. 106.
39. Kdm BE, 5, 1969, S. 38.
40. Kdm BE, 5, 1969, S. 160f.
41. Türler, 1895, Teil 3.
42. Morgenthaler, 1935, S. 147.
43. Kdm BE, 1, 1952, S. 349.
44. Türler, 1895, Teil 10.
45. Gutscher, 1994b.
46. Kochergasse 9.
47. Messinger, 1941.
48. Morgenthaler, 1935, S. 117f.
49. von Rodt, 1905, S. 128.
50. Der Begriff «Siechenhaus» konnte im Mittelalter ganz allgemein Hospital meinen, aber auch speziell Leprosenhaus, so wie auch der Begriff «Sieche» in den Schriftquellen sowohl für kranke Menschen allgemein wie auch für Leprakranke benutzt wurde. Nur die Bezeichnungen «Sondersiechenhaus» oder «Gutleuthaus» bezeichneten unmissverständlich Leprosorien: Illi, 1992, S. 60. Vgl. auch Glatz/Gutscher, 1995.
51. Zu den zwei städtischen Richtplätzen, siehe unten, S. 82.
52. Kdm BE, 1, 1952, S. 419–421. 1491 wurde das Sondersiechenhaus auf das Breitfeld verlegt. Heute liegt auf diesem Gelände die Waldau-Klinik.
53. Weber, 1976, S. 110.
54. Der Hügel wurde 1971 für einen Neubau ohne Untersuchungen im Inselareal abgetragen. Weber, 1976, S. 110.
55. Türler, 1895.
56. Zur Abdeckerei generell, siehe: Manser, 1992, speziell Stampfli, 1992.

Bern entdeckt seine Freiräume

1. Die heutigen Bezeichnungen Gerechtigkeits- und Kramgasse kommen erst 1798 in Gebrauch. Kdm BE, 1, 1952, S. 30.
2. Dazu: Reinle, 1976, S. 19; Meckseper, 1982, S. 50–54.
3. Schneider/Gutscher/Etter/Hanser, 1982, S. 11–19.
4. Kdm BE, 1, 1952, S. 267; Kdm BE, 3, 1947, S. 354ff.
5. Schilling II, S. 195f.
6. Die Quellen und die ältere Literatur zusammengestellt von Sladeczek, 1989b, S. 67–78.
7. Reinle, 1976, S.19.
8. Anshelm IV, S. 36.
9. Anshelm V, S. 425.
10. Anshelm V, S. 245.
11. Gutscher, 1994b, S. 489–494.
12. AKBE 1, S. 67.
13. Dazu Tremp-Utz, 1985.
14. Der Abbruch stand wohl in direktem Zusammenhang mit dem Bau der Kapelle. Schilling musste dem ehrgeizigen Vorhaben nur das Vorderhaus opfern; das Hinterhaus wurde erst 1733–35 mit den beiden westlich anstossenden Hinterhäusern zusammen zur heutigen Liegenschaft Münsterplatz 12 vereinigt. AKBE 1, S. 68.
15. AKBE 1, S. 66–76.
16. Die typologische Einordnung hat demnach im Bereich der Erker zu erfolgen; würde man den Grundriss isoliert betrachtet, würde man leicht fehlgeleitet und sähe Analogien zu frühchristlichen und frühmittelalterlichen Bauten v.a. aus dem Bereich der Taufarchitektur. Vgl. Khatchatrian, Armen: Origine et typologie des baptistères paléochrétiens, Mulhouse 1982.
17. AKBE 1, S. 71 ; AKBE 2A, S. 95.
18. Gutscher/Zumbrunn, 1989, S.16, S. 75.
19. Kramgasse Nr. 45. Vgl. Kdm BE, 1, 1952, S. 289.

Kapitel I   Seite 88–95

Berns Stadtbefestigung

1. Hofer/Meyer, 1991.
2. So, ausgehend von einer These von Hans Strahm, namentlich Paul Hofer (Kdm BE, 1, 1952, S. 72ff).
3. Glatz/Gutscher 1996, S. 64ff.
4. Paul Hofer in Kdm BE, 1, 1952, S. 82ff.
5. Die ungemein kurze Bauzeit belegen neben archivarischen Nachrichten in erster Linie Justinger, 1871, Nr. 163, S. 110; vgl. Kdm BE, 1, 1952, S. 82f. Baubefunde scheinen diesen hastigen Bauablauf zu bestätigen, Hofer/Bellwald, 1972, S. 101ff.
6. Westfront 14 m breit, ursprüngliche Schafthöhe rund 15 m, darüber noch die Brustwehr von 2 m. Mit Recht weist Hofer auf Diebold Schillings Torbau-Darstellung in der amtlichen Stadtchronik hin (Kdm BE, 1, 1952, Abb. 100), welche das Verhältnis Mauer-Tor-Mauertürme zeigt. Befunde 1970–72, Hofer/Bellwald, 1972, passim.
7. Rekonstruktionsskizze von U. Bellwald in Hofer/Bellwald, 1972, S. 115. Das Breiten-Höhenverhältnis beim Golatenmattor anders, bei wohl fast gleicher Höhe, 1:1,6. Grundfläche 1989 erfasst, vgl. AKBE 3, 1994, S. 165ff.
8. Kdm BE, 1, 1952, S. 96, S. 210; ältere Baugeschichte weitgehend unerforscht, zweifellos ein Desiderat der kommenden Gesamtrestaurierung der Felsenburg. AKBE 2A, 1992, S. 89f.
9. Die Unterhaltsanfälligkeit dachloser Türme erhellt aus den Klagen Burgdorfs über die Last des Wehrbau-Unterhalts 1431, vgl. Kdm BE, Land 1, 1985, S. 37f.
10. Kdm BE, 1, 1952, S. 197ff.; Hofer, 1953, S. 33ff.; Biber/Hofer, 1954, S. 55ff.; Furrer/Bay/Nizon/Lukacs, 1984, S. 7ff.
11. Hofer irrt, wenn er die klare Aussage Anshelms auf die Brückentore beziehen will: 1487: *«Item die nidren bruk hat der werkmeister Ludwig Hüpsche gewölbt und bed lantvestnen geschlagen»* (Anshelm I, S. 323); vgl. die Illustration im Zürcher Schilling (Grosse Burgunderchronik), Zürich, Zentralbibliothek, Ms. A 5, S. 804, abgebildet bei Ernst Walder, Das torechte Leben von 1477 in der bernischen Politik 1477 bis 1481, in: BZGH 45, 1983, Bild 7.
12. In der Substanz des heute sichtbaren Mauerwerks nur Teile der Bogen ins 15. Jh. zurückreichend. Pfeilerverkleidung mehrfach ersetzt, letzte Gesamterneuerung 1979–1981, vgl. Furrer, 1985, S. 46f.
13. Auf dem Zürcher Schilling erscheint ein hoher, helmbekrönter Schalenturm, während der Spiezer Schilling bloss einen niedrigen Turm darstellt.
14. Kdm BE, 1, 1952, S. 83, Anm. 7. Hofer/Bellwald 1972, S. 113.
15. Altes Zinsbuch, AHVB IX, 2, 1877, S. 203, S. 206 mit Gesamtkosten von rund 6000 Pfund.
16. Zum Gesamtunternehmen vgl. Kdm BE, 1, 1952, S. 83f., S. 170ff.; Hofer, 1953, S. 50ff. Auch hier erfolgte die Vollendung erst nach dem Bauunterbruch um 1487–1489. Dieser Teil des Westgürtels am weitaus besten erhalten, vgl. zum Bestand Kdm BE, 1, 1952, S. 170ff.; AKBE 3, S. 182f.
17. Es stellt sich die Frage, ob der Predigerturm nicht doch zur savoyischen Befestigung zu rechnen ist und Ende des 15. Jh. bloss erneuert wurde.
18. Vgl. unten, S. 93ff.
19. In Freiburg wurde der *«Curtils novels»* genannte viergeschossige Turm der Zeit um 1400 im Jahre 1537 nach dem Bau des angrenzenden Bollwerkes (*«grand Boulevard»*) aus wehrtechnischen Gründen gar um zwei Stockwerke abgetragen. Vgl. Kdm FR, 1, 1964, S. 177ff.
20. Kdm BE, 1, 1952, S. 142ff; Hofer, 1953, S. 40ff; Biber/Hofer S. 34ff.
21. Vgl. Tschachtlans Darstellung von 1470 (Kdm BE, 1, 1952, Abb. 109). Zur Problematik der dort bereits dargestellten Kolossalfigur in der Nische vgl. Kdm BE, 1, 1952, S. 152.
22. Wie Anm. 21.
23. Die reiche Literatur zum Christoffel in Kdm BE, 1, S. 152ff; ferner Bächtiger, 1980.
24. Vgl. Abb. 50.
25. Kdm BE, 1, 1952, S. 159f.; Hofer, 1953, S. 46; Biber/Hofer, S. 41ff.; AKBE 3, 1994, S. 165ff.
26. Am detailreichsten jene von Johann Jakob Biedermann, 1796, hier Abb. 50.
27. Es ist nicht klar, ob es sich um Maschikulis oder Blenden handelt. Naheliegend scheint, dass westseits echte Maschikulis und schmalseits nur Blendbogen ausgebildet wurden. Das Motiv der Blendbogen im 15. Jh. geläufig, vgl. die erhaltenen Stadttürme in Thun.
28. Kdm BE, 1, 1952, S. 107f.; Hofer, 1953, S. 21; Biber/Hofer, S. 1ff.; Bellwald, 1983b; Bellwald 1983a.
29. So in der Stadtansicht Hans Rudolf Manuels von 1549.
30. Biber/Hofer, 1954, S. 2, Nr. 6.
31. Diese Feststellung steht im Widerspruch zur Baugeschichte, wie sie in Kdm BE, 1, 1952, S. 107ff. und in den Schriften 1983 (Bellwald, 1983a+b) festgehalten ist. Die dort postulierte Ersetzung des Dachstuhls um 1467, bloss 60 Jahre nach dem Wiederaufbau des Turms, wäre an sich verwunderlich. Die Dendrountersuchung des Dachstuhls ergab Fällungsdaten um 1405/07. Im übrigen ist die Baugeschichte des Turms im 15. Jh. trotz der 1980/83 durchgeführten, aber nicht auswerteten und nicht abgelieferten Bauuntersuchung noch immer mit erheblichen Unklarheiten belastet.
32. Die Schriftquellen belegen, dass 1467–1482 die Dachspitze verfertigt wurde (Biber/Hofer, 1954, S. 3, Nr. 9/10).
33. So dargestellt auf der Planvedute Sickinger.
34. Bemerkenswert, dass selbst 1467 bis 1530 Stadtseite und Feldseite unterschiedlich behandelt wurden, dies in eigentümlicher Analogie zur dort funktionsbedingten Lösung am Christoffeltor.
35. Die monographische Behandlung spätmittelalterlicher Befestigungsanlagen im süddeutschschweizerischen Raum steht aus.
36. Kdm FR, 1, 1964, S. 147 ff; Bourgarel, 1996, S. 117ff.
37. Musterbeispiel für diesen Typus des Vorwerks ist das Spalentorvorwerk in Basel, erbaut 1473/74.

Kapitel II   Seite 97–102

Rückgang und Stagnation – zwischen Funktion und Repräsentation

1. Ammann, 1956; Mols 1954 sowie Isenmann, 1988, S. 26–41.
2. Die wichtigste Quelle über die Bevölkerungsgrösse der bernischen Landstädte im 16. Jahrhundert bildet die vom Berner Rat im Jahre 1558 durchgeführte Feuerstättenzählung, die von Emanuel von Rodt in der Geschichte des bernischen Kriegswesens im Jahre 1831 ediert worden ist; von Rodt, 1831, S. 296–301.
3. Mattmüller, 1987, S. 22ff.
4. Vgl. dazu Bulst, 1944 sowie Sprandel, 1987.
5. Für die Stadt Bern ist man für die Bestimmung der Bevölkerungszahlen im späten Mittelalter auf die Untersuchung sekundärstatistischer Quellen angewiesen. Die Grundlage dieser Auswertungen bilden die von Friedrich Emil Welti und Emil Meyer vollständig edierten Tellbücher aus den Jahren 1389, 1448, 1458 und 1494; Welti 1896b; Welti, 1936a sowie Meyer, 1930.
6. Sprandel, 1987, S. 30–35.
7. Einen Überblick über die Pestforschung in Deutschland geben Kelter, 1953; Keyser, 1965; Bulst, 1979 sowie als neuere Gesamtdarstellung Isenmann, 1988, S. 38–41. Zu der Verbreitung der Pest in Europa vgl. Biraben, 1975, S. 119–125.
8. Die Auswirkungen der Pest auf die Demographie der Stadt Bern sind bisher noch nicht systematisch erforscht worden. Eine Zusammenstellung der chronikalischen Aufzeichnungen über die Folgen einzelner Pestzüge gibt Zesiger, 1918 sowie fürs Emmental Schwab, 1905. Für den schweizerischen Raum vgl. auch Bucher, 1979.
9. Vgl. dazu Anshelm I, S. 115–118, 149f. und S. 222–226.
10. Zu den Lebensmittelteuerungen in der Stadt Bern im 15. Jahrhundert vgl. Morgenthaler, 1921/22 sowie Wermelinger, 1971.
11. Zu den Massnahmen, die von den Stadträten zur Bekämpfung der Pest angewandt wurden vgl. auch Bühl, 1990, S. 133–158.
12. Justinger, 1871, Nr. 165, S. 111.
13. RQ Bern I/1, 2, Nr. 80, S. 39.
14. Von Liebenau/von Mülinen, 1893, Nr. 4, S. 466.
15. Von Liebenau/von Mülinen, 1893, Nr. 5, S. 467.
16. RQ Bern I/1, 1, Nr. 234, S. 145.
17. Von Rodt, 1817, S. 393f.
18. Schilling II, Nr. 399 und 400, S. 248ff.
19. Schilling II, Nr. 388, S. 234–240.
20. Schilling II, Nr. 391, S. 243.
21. Schilling II, Nr. 392, S. 243 und Nr. 394, S. 245.
22. Schilling II, Nr. 364, S. 193ff.
23. Schilling II, Nr. 365, S. 195.
24. Deutsch. Miss. E, Nr. 235; STAB: A III 7.
25. Anshelm I, S. 228. Zur Teuerung von 1481/82 vgl. Morgenthaler, 1921/22, S. 22–40.
26. Anshelm I, S. 225f.
27. Vgl. dazu Morgenthaler, 1935, S. 183.
28. Die vom Rat beschuldigten Metzgermeister waren bei den Oberen Metzgern: Anton Brosemli, Bartholomäus Bütschelbach, Rudolf Sigrist und Henmann Edel sowie bei den Niederen Metzgern: Rudolf Hagelstein, Peter Wishan, Ulrich Hechler und Ludolf Schalk; Anshelm I, S. 226ff.
29. Anshelm I, S. 425.
30. Anshelm I, S. 392.
31. Gerber, 1994, S. 39–42.
32. Zahnd, 1986, S. 185.
33. Zahnd, 1993, S. 205f.

Kapitel II Seite 102–107

Krankheit und Tod im Spiegel des Siechenfriedhofs am Klösterlistutz

1. Ausgrabung durch den Archäologischen Dienst des Kantons Bern, vgl. Gutscher, 1994a, S. 489–494.
2. Wegen der zahlreichen Mehrfachbelegungen ist die Gräberzahl von 84 weit kleiner als die Zahl der Bestattungen. In der Individuenzahl nicht berücksichtigt ist eine Deponie mit umbestatteten Gebeinen (Ossuar 22).
3. Erste Erwähnung 1283: FRB III, S. 356.
4. Bern 1409. Zitiert nach Müller-Landgraf/Ledermann, 1997, S. 30.
5. In der Neuzeit wurden Beisetzungen in Gemeinschaftsgräbern vor allem wegen der Platznot auf den Friedhöfen, z.T. wohl auch aus finanziellen Überlegungen, vorgenommen.
6. Kircheninnengräber wurden häufig aus hygienischen Gründen (Geruchsvermeidung) gekalkt.
7. Wahl, 1992, S. 479–485.
8. Nidau, St. Nikolauskapelle mit Gräbern aus der Zeit der 2. Hälfte des 15. Jh. bis 1528. Eggenberger/Ulrich–Bochsler/Keck, 1996.

Kapitel II Seite 107–119

Migration

1. Allein im Gebiet des Römisch-deutschen Reiches nördlich der Alpen wurden im 14. und 15. Jahrhundert jedes Jahr schätzungsweise zwischen 30 000 und 40 000 Personen neu ins städtische Bürgerrecht aufgenommen; vgl. dazu Koch, 1997 sowie Gerber, 1997.
2. Vgl. dazu Reincke, 1951; Penners, 1965 sowie für Süddeutschland Ammann, 1963; und Vasarhelyi, 1974.
3. Zum bernischen Zunftwesen vgl. Zesiger, 1911; de Capitani, 1982 sowie Zahnd, 1984. Für Hinweise und Korrekturen danke ich Prof. Urs Martin Zahnd.
4. Zur Heirat von Meisterstöchtern und Meisterswitwen vgl. Maschke, 1967, S. 41f.
5. RQ Bern I/1, 2, Nr. 230, S. 102ff.
6. Gerber, 1994, S. 33.
7. Vgl. dazu die Handwerksordnungen von 1358, 1373 und 1392; RQ Bern I/1, 2, Nr. 196, S. 82; Nr. 228 und 229, S. 98–102 sowie Nr. 222, S. 94ff.
8. Vgl. de Capitani, 1982, S. 81–84.
9. RQ Bern I/1, 2, Nr. 62, S. 31.
10. RQ Bern I/1, 2, Nr. 230, S. 102 ff.
11. RQ Bern I/1, 2, Nr. 228, S. 98–101. Ein weiteres Zunftverbot ist aus dem Jahre 1392 überliefert; RQ Bern I/1, 2, Nr. 222, S. 94ff. Aus dem Urkundentext von 1373 geht hervor, dass der Rat bereits während der Verfassungsreform von 1294 ein erstes Zunftverbot erlassen hat: «[...] *alz es och unser vordern da har bi achtzig jaren hant eigentlich verhuetet und versehen,* [...]».
12. RQ Bern I/1, 2, Nr. 230, S. 102ff.
13. RQ Bern I/1, 2, Nr. 222, S. 94ff.
14. RQ Bern I/5, Nr. 1, S. 75–78. Eine systematische Auswertung der aus dem 15. Jahrhundert überlieferten Osterwahlrödel gibt Schmid, 1996, S. 233–270.
15. Vgl. dazu auch de Capitani, 1982, S. 66f.
16. Anshelm I, S. 374.
17. RQ Bern I/8, 1, Nr. 141, S. 285f.
18. RQ Bern I/1, 1, Nr. 393, S. 248f.
19. RQ Bern I/5, S. 138f.
20. RQ Bern I/5, S. 131f.
21. RQ Bern I/5, S. 141ff.
22. RQ Bern I/5, Nr. 20i, S. 57–60. Einen Vergleich unterschiedlicher Neubürgergebühren spätmittelalterlicher Städte gibt Ellermeyer, 1977, S. 224–227. Für Basel vgl. ausserdem Portmann, 1979, S. 54ff.
23. Deutlich zeigt sich diese Einbürgerungspolitik im ersten Artikel einer im Jahre 1643 von Schultheiss und Rat erneuerten Bürgeraufnahmeordnung: «*Erstlich söllend nit alsbald alle und jede daharkommende, sonders sölliche personen angenommen werden, die da ehrliche, redliche leüt, guten herkommens, thuns und lassens, deren man (sonderlich in handtwercken) von nöthen habe, zugleich auch die mit nothwendigen eignen mitteln zuo irem und der ihrigen underhalt versehen syend, gestalten unser statt irer geehret, unsere burgerschafft mit ihnen bedienet, und unsere spittäl mit ihnen, noch ihren wyb und kinden nit, wie etwan hievor vilfaltig beschechen, beschwärt werdint,* [...]»; RQ Bern I/5, S. 203.
24. Schilling II, Nr. 400, S. 249ff. sowie Anshelm I, S. 188ff.
25. Vgl. dazu Morgenthaler, 1921/22, S. 46.
26. Vgl. dazu RQ Bern I/5, Nr. 20k, S. 63–73. Die ersten Hinweise auf eine geographische Gliederung der Aufnahmegebühren finden sich am 12. April 1501 und 4. Juni 1526 in den Ratsmanualen; Haller II, S. 157 f.
27. Haller II, S. 158. Bereits im Oktober des Jahres 1520 war im Rat darüber verhandelt worden, wie man mit den «*frömbden burgern*» verfahren wollte, «*damit die abgestelt werden*»; Haller II, S. 158.
28. RQ Bern I/5, Nr. 20e, S. 54 (13. April 1528).
29. Haller II, S. 158.
30. Burgerannahmerodel (27. Juli 1584 bis 11. April 1794); STAB: B XIII 2, S. 1. Vgl. dazu auch die beiden Eintragungen in die Ratsmanualen vom 24. April 1550 und 3. Februar 1553; Haller II, S. 160f.
31. Zur Abschliessung des Bürgerrechts im 17. Jahrhundert vgl. von Rodt, 1891, S. 67–73.
32. Vgl. dazu Spiess, 1983.
33. Vgl. dazu Abel, 1976, S. 45f.
34. Deutlich zeigt sich diese Entwicklung in kirchlichen Grund- und Lehenszinsregistern, die von Otto Sigg für die Landgebiete rund um die Stadt Zürich für die Zeit zwischen 1389 und 1444 systematisch untersucht worden sind; Sigg, 1981, S. 121–143. Zur Landflucht der Bauern in spätmittelalterlichen Klosterherrschaften vgl. auch Kirchner, 1956, S. 2–94.
35. Vgl. dazu Blickle, 1975, S. 39–54.
36. Die Feuerstättenzählungen von 1416 und 1453 wurden durch die Bischöfe von Lausanne für das Gebiet ihrer Diözese durchgeführt. Erst die beiden folgenden Zählungen von 1499 und 1558 entstanden im Auftrag des Berner Rates, der sich einen Überblick über die Wehrkraft der Bevölkerung im städtischen Territorium verschaffen wollte. Zu den Problemen eines direkten Vergleichs der Feuerstättenzählungen von 1416, 1453, 1499 und 1558 vgl. Ammann, 1937, S. 390–418.
37. Zu den rechtlichen Bestimmungen des Twingherrenvertrags vgl. Liver, 1967, S. 235-256.
38. Welti, 1936a.
39. Vgl. dazu Debus, 1973.
40. Vgl. dazu insbesondere RQ Bern I/1, 1 und I/1, 2.
41. Vgl. dazu von Stromer, 1970 sowie Ammann, 1927.
42. Zur Hierarchisierung der Stadt-Land-Beziehungen vgl. Kiessling, 1989.
43. Zu den vielfältigen sozialen Beziehungen zwischen Stadt- und Landbevölkerung Berns vgl. Teuscher, 1998, S. 115–179.
44. Dieser Anteil bildet einen Minimalwert, da die von weither migrierenden Personen weitaus häufiger einem Herkunftsort zugeordnet werden können, als die Zuwanderer aus der Nachbarschaft der Stadt, deren Herkunft in den Steuerbüchern nur selten angegeben wird.
45. Zu den personellen Verknüpfungen der Berner und Thuner Stadtschule vgl. Zahnd, 1979, S. 63f.
46. Vgl. dazu Schwinges, 1999.
47. Zu den Schulmeistern an der bernischen Stadtschule vgl. Fluri, 1893/94 sowie Zahnd 1979.
48. Zu den bernischen Stadtärzten vgl. Thurnheer, 1944.
49. Im Tellbuch von 1494 versteuerte Bartholomäus May für seinen Haushalt an der Münstergasse ein Vermögen von rund 13 300 Gulden; Meyer, 1930, S. 161.
50. Vgl. dazu Fluri, 1896.
51. Zu den bernischen Münsterbaumeistern vgl. Hofer, 1970.
52. Im Stadtbuch von 1436 sind verschiedene Bestallungsbriefe für spezialisierte Handwerker sowie für einzelne Akademiker wie Schulmeister und Stadtärzte überliefert, die vom Berner Rat zu besonders günstigen Bedingungen wie Steuerfreiheit und kostenloser Unterkunft sowie gegen die Bezahlung eines vertraglich vereinbarten Jahreslohnes für eine bestimmte Zeit in der Stadt angesiedelt worden sind; vgl. dazu RQ Bern I/1, 2.

Kapitel II Seite 119–139

Die bernische Gesellschaft im Spiegel von Niklaus Manuels Totentanz

1. Zinsli, 1979, Taf. XXIII.
2. Grimm III, Sp. 1629f.
3. Zinsli, 1979, S. 8ff.; Kat. Niklaus Manuel Deutsch, S. 252; Fluri, 1900, S. 119ff.; Matile, 1975, S. 271ff.; Kdm BE, 5, 1969, S. 70ff.
4. Zinsli, 1979, S. 12ff.; Fluri, 1900, S. 141ff.
5. Zinsli, 1979, S. 53, Anm. 2; S. 54, Anm. 8; S. 56, Anm. 10; Fig.1–4; Kdm BE, 5, 1969, S. 74f.
6. Rosenfeld, 1954, S. 263ff.; Zinsli, 1979, S. 19ff.; Kaiser, 1983, S. 330f.
7. Vgl. Joachim von Sandrart, Teutsche Academie der Edlen Bau-, Bild- und Mahlerey-Künste, Nürnberg 1675, S. 104.
8. Als erster benutzte Wilhelm Stettler Kauws Kopie als Grundlage für seine ebenfalls auf 24 Blätter angelegte, aber in der Grösse um rund einen Drittel reduzierte Nachschöpfung (Bern, Kunstmuseum, Inv.-Nrn. A 3388–3411). Danach entstand im 19. Jahrhundert eine lithographierte Serie von Sigismund Wagner, die auch Adolf Fluri für seine Publikation von 1900 im Neuen Berner Taschenbuch verwendete.
9. Eine Würdigung der Leistung des Kopisten Albrecht Kauw versucht in jüngerer Zeit die Monographie: Georges Herzog, Albrecht Kauw (1616–1681), ein Berner Maler aus Strassburg, Diss. phil. I Freiburg i.Ü. 1992, Publikation in Vorbereitung.
10. Zinsli, 1979, S. 8–12; Kdm BE, 5, 1969, S. 82; Kat. Niklaus Manuel Deutsch, 1979, S. 254.
11. Zinsli, 1979, S. 10; Kat. Niklaus Manuel Deutsch, 1979, S. 254.
12. Vgl. Zinsli, 1979, S. 10.
13. Man dürfte der Wahrheit nur bedingt nahe kommen, wenn man von dem expressiven, nervösen Strich der Manuelschen Landschaftshintergründe seiner Zeichnungen auf die Art der Hintergründe auf den ausgeführten Wandbildern des Totentanzes schliesst, denn die Wandmalerei hat grundsätzlich einen anderen Charakter als die Federzeichnung.
14. Über den verfallenen Zustand des Totentanzes berichtet aus erster Hand Joachim Sandrart in seiner «Teutschen Academie» von 1675: «…ist nur Schade, dass man dieses grosse Werk… also unachtsam zu Grund gehen lassen…» und «welches aber aus Unachtsamkeit und wenig Liebe zu der Kunst damals zu Grund verfallen.» (Zit. nach Kat. Niklaus Manuel Deutsch, 1979, S. 290f.)
15. Bern, Kunstmuseum, Inv.–Nr. 325.
16. Bern, Historisches Museum, Inv.-Nr. 26090.
17. Zinsli, 1979, Taf. XXIII.
18. Fluri, 1900, S. 134; Isenmann, 1988, S. 245ff.
19. Zinsli, 1979, Taf. XV.
20. Gundelfingen, 1880, S. 186.
21. Bonstetten, 1941, S. 189.
22. Fricker, 1877, S. 137.
23. Isenmann, 1988, S. 246, S. 250, S. 253.
24. Zahnd, 1986, S. 112, S. 208ff.
25. Moser, 1930, S. 205ff.; von Erlach, 1989, S. 98ff.; von Wattenwyl, 1902, S. 207ff.
26. Von Mülinen, 1915; HBLS II, S. 712; HBLS VI, S. 529; Fluri, 1900, S. 177, S. 179, S. 187, S. 193.
27. Von Mülinen, 1894; Kat. Niklaus Manuel Deutsch, 1979, S. 257, S. 274.
28. Isenmann, 1988, S. 246ff.; Zahnd, 1984, S. 15ff.
29. Fluri, 1900, S. 170; Kat. Niklaus Manuel Deutsch, 1979, S. 266.
30. Wäber, 1928; Fluri, 1900, S. 172, S. 178, S. 180; Kat. Niklaus Manuel Deutsch, 1979, S. 270, S. 271.
31. Von May, 1874; Fluri, 1930; HBLS II, S. 53; HBLS IV; S. 306; HBLS V, S. 57; HBLS VI, S. 587; Zahnd, 1986, S. 420.
32. HBLS III, S. 627; HBLS V, S. 230.
33. HBLS I, S. 435; Marchal, 1977, S. 157f.
34. Liver, 1967, S. 235f.; de Capitani, 1982, S. 33f.; Zahnd, 1986, S. 383ff.; Schmid, 1995.
35. Kat. Niklaus Manuel Deutsch, 1979, S. 256.
36. Müller, 1977, S. 41ff.; Zahnd, 1988a, S. 22ff.
37. Von der Gruben, 1896; von Mülinen, 1888; Zahnd, 1986, S. 150ff., S. 468; Zahnd, 1990, S. 155.
38. Zahnd, 1986, S. 215ff., S. 259ff.; Zahnd, 1988b, S. 69, S. 72f.
39. Zinsli, 1979, Taf. VI.
40. Zahnd, 1979, S. 40, S. 58, S. 93, S. 106, S. 142, S. 166; Zahnd, 1990, S. 151ff.; Fluri, 1893/94; Fluri, 1902.
41. Zahnd, 1979, S. 72ff.
42. Zahnd, 1979, S. 207ff.
43. Von Greyerz, 1940, S. 235ff.; Fluri, 1893/94, S. 105ff.
44. Thurnheer, 1944; Feller/Bonjour, 1979, S. 165ff.
45. STAB: Dt. Miss.buch E, S. 30; ebenso S. 31, S. 239 usw.; Wriedt, 1983, S. 152ff.; Zahnd, 1979, S. 197ff.; Zahnd, 1996, S. 453ff.
46. Sulser, 1922, S. XII; Wölfli, 1929; Zahnd, 1979, S. 201ff.; Kat. Niklaus Manuel Deutsch, 1979, S. 268f.
47. Türler, 1893.
48. Zinsli, 1979, S. 12ff.
49. Fluri, 1900, S. 177; Kat. Niklaus Manuel Deutsch, 1979, S. 269f.
50. Von Greyerz, 1940, S. 346ff.; Häusler, 1981, S. 96ff.; Marchal, 1977, S. 151ff.; Tremp-Utz, 1985, S. 210ff.; Descœudres/Utz Tremp, 1993.
51. Zinsli, 1979, Taf. XVII.
52. Endres, 1990, S. 49ff.
53. Zesiger, 1911; de Capitani, 1982, S. 64ff.
54. Vetter, 1898, S. 557ff.; Fluri, 1900, S. 197, S. 201, S. 203, S. 206, S. 207, S. 210; Kat. Niklaus Manuel Deutsch, 1979, S. 278, S. 280, S. 282, S. 283; RQ Bern I/2, S. 133, S. 203; Zahnd, 1979, S. 58.
55. De Capitani, 1982, S. 66ff.; Zahnd, 1984, S. 21ff.
56. Zahnd, 1988a, S. 15ff.
57. Zinsli, 1979, Taf. XIX.
58. STAB: Testamentenbuch 1, S. 77ff., S. 108ff.; Testamentenbuch 3, S. 138; Zahnd, 1986, S. 298ff.; Isenmann, 1988, S. 260ff.
59. Fluri, 1900, S. 208f.; Kat. Niklaus Manuel Deutsch, 1979, S. 283.
60. Zahnd, 1979, S. 44ff.; STAB: Testamentenbuch 1, S. 127, S. 128, S. 149; Testamentenbuch 2, S. 9 usw.
61. 2. Mos. 22, 21; 5. Mos. 10, 18; Ps. 68, 6; Ps. 146, 9; Jes. 1, 17; 22, 3 usw.
62. Utz Tremp, 1995, S. 243ff.; Zinsli, 1979, Taf. IX.
63. Isenmann, 1988, S. 100f., S. 264f.
64. Schilling, 1991, S. 573, Kap. 544; Kdm BE, 3, 1947, S. 457f.
65. Kat. Niklaus Manuel Deutsch, 1979, S. 284, S. 523.
66. RQ Bern I/2, S. 101; Tobler, 1889; Messinger, 1941; Thurnheer, 1944, S. 14.
67. Isenmann, 1988, S. 262.
68. Mollat, 1984, S. 190ff.; Zahnd, 1988a, S. 20.
69. STAB: Testamentenbuch 1, S. 80; 3, S. 125.
70. Zinsli, 1979, Taf. I.
71. Isenmann, 1988, S. 246ff.; Zahnd, 1986, S. 146f.
72. Von Mülinen, 1896; Ammann, 1928a; de Capitani, 1982, S. 32ff.; Zahnd, 1986, S. 383ff.
73. Von Erlach, 1989, Taf. CV; Meyer, 1930, S. 159, S. 165, S. 175, S. 176, S. 177.
74. Meyer, 1930, S. 168, S. 182, S. 199.
75. Moser, 1930, S. 205ff.; Meyer, 1930, S. 177.
76. Anshelm IV, S. 241.
77. Zinsli, 1979, Taf. I.

Kapitel II Seite 140–155

Reichtum und politische Macht

1. Vgl. dazu Isenmann, 1988, S. 254–267; Maschke, 1972, S. 8–11 sowie kritisch Ellermeyer, 1977.
2. Vgl. dazu auch Wunder, 1974, S. 51f.
3. Vgl. Welti, 1896a.
4. Aus dem Jahre 1438 hat sich eine «*...Ordnung umb die voegt*» erhalten, in der die Geld- und Naturaleinkünfte der Landvögte aufgelistet werden. Während die Herrschaft Oltigen knapp 15 Pfund jährliche Einkünfte einbrachte, erhielt der Landvogt von Nidau jedes Jahr immerhin rund 120 Pfund für die Verwaltung seiner Vogtei ausgerichtet; RQ Bern I/1, 2, Nr. 213, S. 148ff.
5. Studer, 1877, S. 69.
6. Teuscher, 1998, S. 135–179.
7. Ein typisches Beispiel für die ökonomische Aufwertung einer städtischen Verwaltungstätigkeit bietet das im Jahre 1310 gegründete Bauherrenamt; vgl. dazu Gerber, 1994.
8. De Capitani, 1982, S. 18.
9. Zur Finanzpolitik der Stadt Bern im Spätmittelalter vgl. Gilomen, 1982; Gerber, 1994, S. 53–62; Welti, 1896a, S. 650–704 sowie de Capitani, 1977, S. 75ff.
10. Zur Steuerpflicht in mittelalterlichen Städten vgl. Erler, 1963.
11. Gilomen, 1982, S. 26f. sowie Gerber, 1994, S. 57.
12. Der «Wochenangster» war eine wöchentliche Kopfsteuer von zwei Pfennigen, die sämtliche erwachsene Einwohner des bernischen Herrschaftsgebietes während eines Jahres zu entrichten hatten.
13. Vgl. dazu Gerber, 1994, S. 57f.
14. Für rund die Hälfte dieses Betrages stand der Berner Rat zwar den Gläubigern gegenüber als Hauptschuldner gerade, das Kapital war jedoch für Drittpersonen aufgenommen worden, so dass der Schulddienst durch diese zu leisten war; Gilomen, 1982, S. 23.
15. Solche Steuerumgänge können für die Jahre 1402, 1403, 1405, 1406, 1410, 1420, 1428, 1429, 1437, 1442, 1445 und 1448 nachgewiesen werden; Meyer, 1930, S. 148, Anm. 1.
16. Welti, 1896b, S. 505–704; Welti, 1936a, S. 353–486; Welti, 1936b, S. 487–575 sowie Meyer, 1930, S. 147–224.
17. Welti, 1936a, S. 441–456.
18. Im Tellbuch von 1448 werden neben Meister Johannes dem Nachrichter und dem städtischen Schulmeister Wölfli auch der Stadtarzt Peter von Ulm namentlich aufgeführt; Welti, 1936a, S. 404, S. 427 und S. 430. Peter von Ulm wurde am 13. Dezember 1447 für die Dauer von vier Jahren gegen die Bezahlung eines Jahresgehaltes von 40 Gulden zum neuen Stadtarzt ernannt. Laut seines überlieferten Bestallungsbriefes sollte ihm die Stadtgemeinde während seines Aufenthaltes in Bern ein eigenes Wohnhaus zur Verfügung stellen. Gleichzeitig versprach ihm der Rat, dass er für die vier Jahre «*uss aller dingen fry und ledig sitzen*» sollte; RQ Bern I/1, 2, Nr. 63, S. 45f.
19. Welti, 1936b, S. 487f.
20. Ein «Mütt» wurde in Bern auf 12 «Mäss» und 48 «Immi» gerechnet, wobei ein «Mütt» ungefähr 14 Litern entsprach. Vgl. dazu Tuor, 1977, S. 63–75.
21. In Bern galt ein «Saum» vier «Brenten» oder 100 «Mass», wobei ein «Mass» ungefähr 1,6 Liter fasste. Vgl. dazu Tuor, 1977, S. 76–81.
22. Vgl. dazu Erler, 1963, S. 46–50.
23. Zum Beispiel: «*Niclaus von Wattenwil*», 7000 Gulden «*tut*» 70 Gulden, «*hat bezalt von rittgelt und alter schuld von sinem amt, als das der statt buch und sin rechnung innhaltet*» 62 Pfund

615

23 6,5 Schillinge; *«das übrig, nemlich»* 60 Pfund und 3,5 Schillinge, *«hat er bar bezalt»*; Welti, 1936a, S. 362. Niklaus von Wattenwil war von 1446 bis 1449 Schultheiss von Thun.

24 Zur Steuer des Loy von Diesbach heisst es im Tellbuch: «[...] *und sollen im hinuss geben»* ein Pfund, *«daz sin summ me trift denn die unser»*; Welti, 1936a, S. 427f.

25 Z.B.: *«Bernhart Wentschatz, [...] stat uff sin rechnung des soldes von Swartzenburg, item umb sinen sold, hant im und sinem knecht heissen geben»* 32 Gulden, [...]; Welti, 1936a, S. 356.

26 *«Her Heinrich von Bubenberg, [...] hat bezalt für sich und sin hussgesind an einem brieff, wiset»* 220 Gulden, *«[...] und sol von des hin den zinss tragen und die statt umb hoptgut und kosten vertretten»*; Welti, 1936a, S. 429.

27 Welti, 1936a, S. 455.

28 Zu den statistischen Problemen einer Auswertung mittelalterlicher Steuerbücher vgl. de Capitani, 1977, S. 84–87.

29 Vgl. dazu Nabholz, 1922, S. 106–119. Loy von Diesbach versteuerte ein Vermögen von 21 400 Gulden und sein Bruder Johannes von 15 170 Gulden.

30 Anton von Erlach (18 000 Gulden), Ulrich von Erlach senior (17 000 Gulden) und sein Bruder Rudolf (8000 Gulden) sowie Ulrich von Erlach junior (5000 Gulden) und sein Bruder Peter (5000 Gulden).

31 Zur Entstehung und Entwicklung des Bürgerrechts während des Mittelalters vgl. Isenmann, 1988, S. 93–99; Dilcher, 1996, S. 67–115 sowie Ebel, 1958.

32 Johannes vom Stein (17 000 Gulden) und sein Bruder Heinrich (8000 Gulden), die Brüder Hartmann, Jakob und Kaspar (je 1134 Gulden) sowie Mechthild, die Ehefrau Kaspar vom Steins (3300 Gulden).

33 Der 1465 erstmals zum Schultheissen gewählte Niklaus von Diesbach war der Sohn des Loy von Diesbach. Bereits 1463 hatte Niklaus von Scharnachtal, der Bruder von Kaspar, das Amt eines Berner Schultheissen ausgeübt.

34 Vgl. dazu de Capitani, 1982, S. 34–46.

35 Vgl. dazu Isenmann, 1988, S. 269–274.

36 Vgl. dazu Gerber, 1994, S. 106–109.

37 Etymologisch ist der Begriff *«uedel»* oder *«uodel»* aus dem althochdeutschen *«adal»* oder *«adel»* abzuleiten. *«Adel»* heisst soviel wie Geschlecht und *«uodel»* das im Geschlecht weitervererbte Stammgut oder Allod. In der mittelalterlichen Stadt bedeutete Udel somit einfach das Sässhaus des in der Stadt wohnenden Bürgers; vgl. dazu Frey, 1950, S. 54f.

38 Vgl. dazu Frey, 1950, S. 88.

39 So begründet Konrad Justinger einen bernischen Beutezug ins neuenburgische Val-de-Ruz mit der Nichterfüllung des Burgrechtsvertrages der Gräfin von Valangin: *«die* [Gräfin] *was burgerin gewesen und hat sich von Bern ir burgrecht ufgeben, si hat aber die tusendzweihundert guldin nit geben, darumb ir burgrecht haft was»*; Justinger, 1871, Nr. 261, S. 164f sowie Studer, 1872, S. 193 ff.

40 RQ Bern I/1, 2, Nr. 195, S. 129f. (9. Mai 1473).

41 Vgl. dazu Ebel, 1958, S. 25.

42 Vgl. dazu den auf 20 Jahre abgeschlossenen Burgrechtsvertrag zwischen Graf Albrecht von Werdenberg, Herr zu Oltigen, und der Stadt Bern vom 5. September 1331 in FRB V, Nr. 767.

43 Vgl. dazu Udelbuch I, STAB: B XIII 28, S. 225: «und söllent [die Ausbürger] *recht thun ze den 4 fronfasten, als man im rat richt, doch sol der kleger inen das ze ires wirtes huse verkünden vorhin 14 tagen»*.

44 Der einzige Beleg, dass die Udelzinse auch von einzelnen Bürgern eingezogen wurden, ist eine Gerichtsurkunde vom 13. März 1411, in der sich ein stadtsässiger Hausbesitzer beim Rat über das Ausbleiben des jährlichen Udelzinses eines Ausbürgers beklagte. Vgl. dazu Frey, 1950, Anhang Nr. 21, S. 157.

45 Vgl. dazu Udelbuch I, STAB: B XIII 28, S. 205: Der Neubürger Johannes Hübschi von Schöftland versprach, *«Kernen und sein Haus vor allen Schäden ze hüten, des er des Udels halb empfinge, durch Fürbot* [gerichtliche Vorladung]*, Recht und Gericht, sein Haus und samt seinem Zugehörd soll er der Stadt von Bern offen Haus sein und bleiben, es stand in seinem oder anderen Leuten handen, so er von Wilhelm von Scharnachtal gekauft hat»*.

46 Z.B.: *«Peter von Wabren, [...] hat bezalt an verluchnem gelt, das er zu sinem innemen in der statt buch geschriben hat»*; Welti, 1936a, S. 396.

47 RQ Bern I/1, 2, Nr. 272, S. 128f.

48 In einer spätmittelalterlichen Stadtgesellschaft kann mit einem Witwenanteil zwischen 8 und 13 Prozent der steuerpflichtigen Haushalte gerechnet werden; Rüthing, 1986, S. 360–366.

49 Lucia Balmer war die Gattin des wahrscheinlich kurz vor 1448 verstorbenen Lienhard Balmer. Lienhard Balmer war der Sohn oder Bruder des vermögenden Metzgermeisters Bernhard Balmer, der es in der ersten Hälfte des 15. Jahrhunderts im Viehhandel zu Reichtum sowie als Tellherr (1404–1408), Ungeldner (1409–1410) und Säckelmeister (1415–1418, 1430) zu politischem Einfluss gebracht hatte; von Mülinen II, S. 236.

50 Welti, 1936b, S. 491. Zum Rückgang der Vermögen von Witwen vgl. Rüthing, 1986, S. 361–365.

51 Klara von Buch war die Gattin des um 1440 verstorbenen Anton von Buch, des Twingherren von Riedburg; Mülinen, 1881, S. 64f.

52 Johannes von Buch versteuerte im Jahre 1389 ein Vermögen von 6150 Gulden; Welti, 1896b, S. 528.

53 Welti, 1936a, S. 412.

54 Vgl. dazu Hofer, 1965.

55 Zur Bedeutung der bernischen Wirtshäuser als Versammlungslokale von Bürgerschaft und Rat vgl. Teuscher, 1998, S. 193–201.

56 Welti, 1904, S. 233. Ein weiterer Beleg findet sich auch 1446: *«Denne Gret Loewen umb vil zerungen, so die herren und ouch botten etc. an ir verzert hant, dz min herren geheissen hant bezalen, [...]»*, 176 Pfund 17 Schillinge; Welti, 1904, S. 215.

57 Welti, 1904, S. 284.

58 Welti, 1904, S. 418.

59 In Freiburg im Breisgau betrug der Anteil weiblicher Haushaltsvorstände im Jahre 1497 zirka 15 Prozent, während dieser in Schwäbisch Hall 1460 bei 22 Prozent lag; Schuler, 1979, S. 151 sowie Wunder, 1967, S. 128.

60 Vgl. dazu Maschke, 1967, S. 30f. sowie Dirlmeier, 1978, S. 91–95.

61 Zum Heiratsverhalten sozial benachteiligter Bevölkerungsgruppen in der spätmittelalterlichen Stadt vgl. Schubert, 1988.

62 Johann Rudolf Gruner schreibt in seiner Beschreibung der Stadt Bern von 1732 über die Herrengasse: «[...] *Die Zimmer gegen Mittag, einer Seits dieser Gasse haben sehr schöne Aussicht über die Aar auf das Kirchenfeld»*; Gruner, 1732, S. 469.

Schulen und Studium in Bern

1 Anshelm I, S. 190.
2 Fluri, 1893/94, S. 83ff.
3 Zahnd, 1996b, S. 269ff.
4 Zahnd, 1991a, S. 152.
5 Zahnd, 1994, S. 96.
6 Bonjour, 1960, S. 70.
7 Fluri, 1893/94, S. 57.
8 Zahnd, 1996b, S. 269.
9 Bauer, 1978, S. 16.
10 Zahnd, 1996b, S. 273.
11 Scholz, 1981, S. 61.
12 Endres, 1983, S. 176. Vgl. auch Kintzinger, 1996, S. 363, Anm. 56.
13 Von Greyerz, 1940, S. 275f., S. 356–364.
14 Zu Hans Bäli vgl. Türler, 1892b; Zahnd, 1979, passim; Teuscher 1998, S. 54–57, S. 95–105 und S. 210–214.
15 Türler, 1892b, S. 6f.
16 Zitiert nach von Rodt, 1886, S. 156.
17 Zahnd, 1994, S. 101–114.
18 Haag, 1903, S. 18–26.
19 Tremp-Utz, 1986, S. 33–39.
20 Zahnd, 1996b, S. 271–273.
21 Zahnd, 1991a, S. 153f.
22 Zahnd, 1996a, S. 464ff.
23 Gundelfingen, 1880, S. 187.
24 Zahnd, 1994, S. 98.
25 Zum Universitätsstudium von Personen aus St. Gallen Zahnd, 1996a, S. 472ff.
26 Zahnd, 1979, S. 65.
27 Zahnd, 1979, S. 72–76.
28 Zahnd, 1979, S. 32–40.
29 Zitiert nach Thurnheer, 1944, S. 20.
30 Zahnd, 1979, S. 29f.
31 Zahnd, 1996a, S. 453.
32 Zahnd, 1979, S. 166–170, S. 205.
33 Zahnd, 1996a, S. 460ff.

Städtische Wohnbauten im spätmittelalterlichen Bern

1 RQ Bern I/1, Nr. 78, S. 68. Gerber, 1994, 39ff. Für wertvolle Hinweise und die kritische Durchsicht dieses Beitrages bin ich folgenden Kollegen sehr dankbar: Armand Baeriswyl, Bernhard Furrer, Roland Gerber, Daniel Gutscher, Andreas Heege, Christian Hesse, Jürg Keller und Jürg Schweizer.
2 Vgl. dazu Cramer, 1983.
3 Unerwähnt bleiben hier die an bestimmte Funktionen gebundenen Profanbauten wie das Rathaus oder etwa Ofenhäuser (Backhäuser). Seltenes Beispiel für das Haus eines wohlhabenden Gerbers ist das Velschenhaus, Gerberngasse 1 in Thun (freundl. Hinweis J. Schweizer), vgl. Schweizer, 1987b, S. 39.
4 Vgl. Gerber, 1994, S. 39ff.
5 Als Beispiel sei hier das May-Haus von 1515 an der Münstergasse 62 erwähnt.
6 Furrer, 1990. Jürg Schweizer, Thun, Freienhofgasse 20, Haus zum Rosengarten, Presserohstoff für die Pressekonferenzen vom 4. Dezember 1990 bzw. 13. Dezember 1991.
7 Vgl. Kat. Stadtluft, Hirsebrei und Bettelmönch, 1992. Berner Beispiele: Herrengasse 24/26; Gerechtigkeitsgasse auf Ansicht Brenner von 1730–1760.
8 Z.B. die jüngeren Häuser ähnlicher Art an der Postgasse sowie auf alten Fotos aus dem Mattequartier, der Neuengasse, der Aarbergergasse und der Speichergasse. Archäologisch besonders deutlich nachgewiesen sind derartige Holzbauten in der Burgdorfer Unterstadt (Kornhaus, Phase 4): Baeriswyl/Gutscher, 1995, S. 51–56.
9 Konsultiert wurden die Inventarbücher des BHM, das Archiv der Denkmalpflege des Kantons Bern, das Archiv der Denkmalpflege der Stadt Bern sowie das Archiv des Archäologischen Dienstes des Kantons Bern.
10 RQ Bern I/1, 2, Nr. 76, S. 53f.
11 Welti, 1936a, S. 360.
12 Welti, 1936b, S. 494.
13 Hans Rudolf Manuel, Planvedute der Stadt Bern von Norden, in: Seb. Münster, Cosmographey, Basel 1550 (vgl. Kdm BE, 1, 1952, S. 51). Gregorius Sickinger, Planvedute der Stadt Bern von Süden, 1603-07 (Original verschollen), Kopie von Johann Ludwig Aberli, 1753, Umzeichnung von Eduard von Rodt, 1915, beide heute im BHM.
14 Typisches Beispiel ist die Herrengasse 26 mit einer ehemaligen Grundrissgrösse von $3,5 \times 13$ m.
15 Denkbar sind auch schon im Spätmittelalter die heute vielerorts vorhandenen Vorkeller (sog. Laubenkeller) an Ort des Zwischenpodests (freundl. Hinweis B. Furrer).
16 Z.B. Junkerngasse 48 (Kdm BE, 2, 1959, S. 144), Marktgasse 36/38 (Kdm BE, 2, 1959, S. 386f.), Münstergasse 60 (Kdm BE, 2, 1959, S. 313), Bim Zytglogge 1/5 (Kdm BE, 2, 1959, S. 358).
17 Für das 14. Jahrhundert mehrfach belegt in den Stadtrechnungen von 1375–1389. Vgl. Welti, 1896.
18 Für einen Mörtelgussboden wird auf den normalen Balken/Bretterboden eine Schicht von Kieselsteinen und Mörtel aufgetragen (Guss). Erhaltene Beispiele des 15. Jahrhunderts: Thun, Freienhofgasse 20, 1. OG (Dokumentation Kant. Denkmalpflege).
19 Vgl. einen Befund im 1. Obergeschoss der Marktgasse 16 in Bern (Dokumentation Städtische Denkmalpflege).
20 Vgl. Hähnel, 1975 sowie mit weiterführender Literatur: Roth Kaufmann, 1997.
21 So beispielsweise an der Münstergasse 62 (freundl. Mitteilung B. Furrer).
22 Z.B. Herrengasse 16, abgebrochen 1954 (Kdm BE, 2, 1959, S. 330f.).
23 Zur Vielfalt der Ofenkachelmotive der Berner Öfen vgl. Roth Kaufmann/Buschor/Gutscher, 1994.
24 Schmitz, 1951; Feulner, 1980.
25 Franz, 1981, S. 14ff.
26 Roth Kaufmann/Buschor/Gutscher, 1994, S. 89ff.
27 Vgl. Zahnd, 1988b sowie Streun, 1993.
28 Schreiber, 1927, Nr. 1991.
29 Zitiert nach Schreiber, 1927, Nr. 1991.
30 Auf dem Sammelfoto sind frühneuzeitliche Funde aus Biel, Burggasse 17 (Keramik, ADB Fnr. 7353–7357), Wangen a.d.A., Städtli 30 (Keramik, ADB Fnr. 46676), Biel, Untergasse 19 (Hohlglas, ADB Fnr. 5884, 5885), Bern, Burg Nydegg (Löffel, Messergriffe, ADB Ny 16, Ny 1000, Ny 1010) und aus Altbeständen des BHM (Inv. Nrn 4176c und 4379f) abgebildet.
31 Auf dem Sammelfoto sind Funde aus Biel, Burggasse 17 (Keramik, ADB Fnr. 7353–7357) und Melchnau, Burgruine Grünenberg (Kupferpfanne, ADB Fnr. 45278) dargestellt.
32 Zu frühen Importstücken in der Schweiz: Kamber/Keller, 1996, Abb. 13 (Steinzeug). Matter, 1996, S. 252ff., Abb. 14 (Import–Fayence). Bemerkenswert sind zudem zwei unpublizierte, wohl aus Spanien importierte Schalenfragmente aus Rüegsau, freundl. Hinweis Gabriele Keck (Schweizerisches Landesmuseum Inv. Nr. LM 30371 sowie ADB Fnr. 37513/17. Georges Decœudres/Gabriele Keck/Elsbeth Wullschleger: Rüegsau, reformierte Kirche und Pfarrhaus, das ehemalige Benediktinerinnenkloster Heilig Kreuz und die abgegangene Kirche St. Johann, Archäologische Untersuchungen 1964–1992, Schriftenreihe des Archäologischen Dienstes, Kanton Bern, Publikation in Vorbereitung).
33 Vgl. dazu die Auswertung der Hohlglasfunde in der Region Biel: Glatz, 1991.
34 Heute noch erhalten an der Münstergasse 62 (freundl. Mitteilung B. Furrer).
35 Vgl. Gerber, 1994, S. 39ff.

Der bernische Schlossbau im 15. Jahrhundert

1 Das Phänomen anschaulich beschrieben von de Capitani, 1982 passim. Generell: von Rodt, 1896. Der hier vorgelegte Aufsatz geht aus vom Beitrag des Verfassers (Schweizer, 1987a, S. 80ff.).
2 Stammbuch von Diesbach, hier zitiert nach Zahnd, 1986, S. 139.
3 De Capitani 1982, S. 44f. und Abb. 3.
4 De Capitani, 1982, S. 44f.
5 Türler, 1902, S. 263ff.
6 Siehe z. B. die Darstellung der Gerichtsszene im Twingherrenstreit in der Berner Chronik des Diebold Schilling, abgebildet bei de Capitani 1982, Frontispiz.
7 Kdm FR, 3, 1959, S. 321ff.
8 1997 durch Abgüsse ersetzt, Originale im Schloss Landshut.
9 Literatur zur Familie von Diesbach: Stettler, 1924; Moser, 1930; Zahnd, 1986.
10 Maync, 1979, S. 50.
11 Anshelm IV, S. 241.
12 Beobachtungen und baugeschichtliche Analysen anlässlich der Partialerneuerungen der letzten 40 Jahre sind nicht gemacht worden. Erste baugeschichtliche Schlüsse suchte der Verfasser im Rahmen des Kunstführers durch die Schweiz (KFS III) und im Kunstführer Emmental (Schweizer, 1982).
13 Verformungsgerechte Gesamtaufnahmen für die Kant. Denkmalpflege im Rahmen eines Beschäftigungsprogrammes unter der Leitung von A. Spieler und H. Schuler durch Manfred Dähler, Heinz Niklaus und Stefan Oesch.
14 Sofern man das Eingangsgeschoss, das immerhin knapp 4 Meter über dem Schlosshofniveau liegt, als Erdgeschoss bezeichnet. Darunter befindet sich im Palas ein im 17. Jh. eingetiefter Keller, unter dem Bergfried ist kein Hohlraum zugänglich.
15 Selbstredend ist davon auszugehen, dass der Bergfried schon vorher höher aufgeführt war.
16 Stammbuch, nach Stettler, 1924, Anm. 56. Ferner Maync, 1979, S. 50.
17 Vgl. dazu Stettler, 1924, S. 13f. Den bezeichnenden Vorgang, die (abwesenden) Miteigentümer durch grosse Investitionen in Bedrängnis zu bringen und ihnen ihren Anteil danach abzunehmen, wiederholten die von Diesbach in Signau.
18 A. Baeriswyl weist auf die Kartause auf Thorberg hin (nach 1400). Zur Siechenkapelle vgl. Kdm BE, Land 1, 1985, S.448f. Zu vergleichen ferner die Haldensperrmauer zum Blutturm des spätmittelalterlichen Westgürtels in Bern, um 1468/70.
19 *«Post nubila Phoebus»*
20 Ob die Bodenniveaus in den beiden Türmen beim Wiederaufbau nach dem Brand 1535 verändert worden sind, ist nicht klar.
21 Die kunstgeschichtliche Einordnung der Figuren steht aus; offensichtlich gehören sie nicht in den Umkreis von Erhard Küng. Der obere Abschluss der Treppe im 2. Stock dürfte beim Brand 1535 beschädigt worden sein und ist heute Fragment. Anderswo zeigen sich Brandspuren.
22 Vgl. dazu Mesqui, 1993, S. 162ff. Im bernischen Raum gibt es in der Mauer ausgesparte oder wenig vortretende Wendeltreppen im Burgenbau seit dem 13. Jh. (Burgdorf, Aarwangen). Die Autonomie der Treppen in Bern wird im Sakralbau vorbereitet – Südwesttreppe des Westbaus des Münsters in der Erlach-Ligerz-Kapelle um 1455, in der Gerbernkapelle um 1470. Konservativer die Treppenanlagen spätmittelalterlicher Schlösser der Westschweiz: Vufflens, St-Maire in Lausanne, Illens.

617

23 Die Fenstergewände sind z.T. mit Jahrzahlen 1535ff. datiert; die nichtdatierten können aber nicht ohne weiteres der älteren Phase zugeschrieben werden. Offensichtlich sind die Fenster nach 1535 vermehrt worden.

24 Es überliefert damit die Grundform der 1535 abgebrannten Dächer der zwei Türme.

25 Die stabwerküberflochtenen Konsolen stehen jenen am Christoffelvorwerk und am Golatenmatttor des Berner Westgürtels sehr nahe, während der Erkerfuss am Palas einen älteren Typus verkörpert.

26 Zahnd, 1986, S. 70.

27 Das rundum laufende Klebdach unterhalb des Kranzgesimses ist eine die Fassade zwar wirkungsvoll schützende, jedoch verunklärende Zutat wohl des 18. Jh.

28 Zu erwähnen die Schlösser St-Maire in Lausanne, Châtelard bei Montreux, die Maison du Prieur in Romainmôtier und der Wohntrakt von Vufflens. Zu diesen und der Filiation vgl. Grandjean, 1996, S. 268ff.

29 Die Entwicklung im gesamtschweizerischen Raum unter besonderer Berücksichtigung der Ostschweiz schildert Renfer, 1985, S. 14.f.; Ders., 1993, S. 13ff.

30 Zusammenfassung erster Ergebnisse der in Gang gekommenen Bauforschung des Thuner Donjons in den Presseunterlagen des Verfassers vom April 1997.

31 Vgl. einstweilen Beitrag des Verfassers in der Publikation des Kant. Hochbauamtes «Schloss Laupen», Tanner/Schweizer, 1989.

32 Kdm BE, Land 1, 1985, S. 86. Die Form des Kranzgesimses des Palas spricht für eine spätgotische Erneuerung des Dachfusses. Die bernischen Arbeiten des 15. Jh. können dereinst bei einer Putzerneuerung des Palas besser erfasst werden.

33 Zu Erlach jetzt Kdm BE, Land 2, 1998, S. 68f. und S. 71f.

Kapitel II   Seite 187–195

Einige Bemerkungen zu den bernischen Stadtchroniken aus dem 15. Jahrhundert

1 Tschachtlan, 1988, S. 147, Vorrede.
2 Schilling, 1991, S. 41.
3 Schilling 3, S. 7.
4 Weber, 1984, Abb. 73, Abb. 127; LexMA III, Sp. 628f.
5 Schilling, 1991, S. 461, Kap. 5, 6.
6 Tschachtlan, 1988, S. 148, Kap. 4; Schilling 1, S. 7.
7 Strahm, 1978, S. 14ff., S. 19ff.
8 Strahm, 1978, S. 26ff.; Zahnd, 1996, S. 467.
9 Strahm, 1978, S. 42, S. 47, S. 50, S. 57, S. 74ff.
10 Tobler, 1891, S. 18.
11 Michel, 1988, S. 27ff., S. 77ff.
12 Feller/Bonjour I, S. 26f.; Ladner, 1985, S. 1ff.; Strahm, 1978, S. 90ff., S. 109ff.
13 Fricker, 1877; Stretlinger Chronik, 1877; von der Gruben, 1896.
14 Perrin, 1950, S. 204ff.; Schmidt, 1958, S. 26, Anm. 99.
15 Schmidt, 1958, S. 16ff.; Feller/Bonjour I, 1979, S. 27ff., S. 296ff.
16 Justinger, 1871, S. 1f., S. 295ff.; Strahm, 1978, S. 75ff.
17 Schilling, 1991, S. 460, Kap. 2.
18 Schilling II, S. 361.
19 von Freising, 1974, S. 11.
20 Tersch, 1996, S. 63ff., S. 303ff.
21 Twinger von Königshofen, 1870, S. 230.
22 Schilling, 1991, S. 461, Prolog (Justinger, 1871, Kap. 1; Tschachtlan, 1988, Kap. 1).
23 Schmidt, 1958, S. 101ff.
24 Schilling, 1991, S. 488, Kap. 143 (Justinger, 1871, Kap. 134; Tschachtlan, 1988, Kap. 139).
25 Schilling, 1991, S. 490, Kap. 153 (Justinger, 1871, Kap. 134; Tschachtlan, 1988, Kap. 141).
26 Schilling, 1991, S. 495, Kap. 171 (Justinger, 1871, Kap. 134; Tschachtlan, 1988, Kap. 141).
27 Schilling, 1991, S. 499, Kap. 184 (Justinger, 1871, Kap. 142; Tschachtlan, 1988, Kap. 150).
28 Schilling, 1991, S. 500, Kap. 188 (Justinger, 1871, Kap. 146; Tschachtlan, 1988, Kap. 154).
29 Grundmann, 1965, S. 418.

Kapitel III   Seite 197–198

Die städtische Wirtschaft

1 Vgl. dazu Isenmann, 1988, S. 341–402 sowie Kellenbenz, 1977. Ich danke Prof. Urs Martin Zahnd und Dr. Christian Hesse für die zahlreichen Hinweise und die kritische Durchsicht des Manuskripts.
2 RQ Bern I/1, 1, Art. 1–6, Art. 40, S. 3ff., S. 17f.
3 Audétat, 1921, S. 60f., S. 98–102.
4 Zahnd, 1993, S. 206–209.
5 Zum Handel zwischen Oberdeutschland und Italien während des Spätmittelalters vgl. Schulte, 1900 sowie Ammann, 1923, S. 16–57.
6 Einen Überblick über die sozialen Verhältnisse oberdeutscher Städte während des 14. und 15. Jahrhunderts gibt Maschke, 1959.
7 Die Gesellschaft zum Mittel oder Roten Löwen war eine Gerberzunft. Sie wurde wegen der Lage ihres Gesellschaftshauses zwischen den bereits bestehenden Gerberstuben am Gerberngraben (Obere Gerbern) und an der Gerechtigkeitsgasse (Niedere Gerbern) die mittlere Gerberstube oder Mittellöwen genannt. Vgl. dazu Zahnd, 1984, S. 43–50.

Kapitel III   Seite 199–202

Markt und Münze

1. Vgl. dazu Isenmann, 1988, S. 61f. sowie Peyer, 1979/1982.
2. Zur wirtschaftlichen Bedeutung von Wochen- und Jahrmärkten vgl. auch von Lehe, 1966.
3. Erstmals urkundlich erwähnt wird der bernische Wochenmarkt im Jahre 1292; FRB III, Nr. 12, S. 777. Zum städtischen Markt vgl. ausserdem Morgenthaler, 1935, S. 193–196.
4. Vgl. dazu auch Zahnd, 1988a, S. 18f.
5. Zur Entstehungszeit der Goldenen Handfeste vgl. als jüngste Arbeit Schwinges, 1991.
6. Das Geleit war wie der Zoll ursprünglich ein Regal, das vom König an seine Lehens- und Dienstleute verliehen wurde. Es bedeutete eine bewaffnete Eskorte, die vom Landesherrn zum Schutz von Kaufmannskarawanen aufgestellt wurde und für die die Kaufleute eine Entschädigung, die sogenannte Geleitgebühr, zu entrichten hatten. Seit dem Hochmittelalter wurden die Geleitmannschaften zunehmend durch sogenannte Geleitbriefe ersetzt, in denen die Geleitsherren schriftlich für die Sicherheit der Reisenden und ihrer Waren garantierten. Mit der Ausbildung der Territorialherrschaften verloren die Geleitgebühren schliesslich ihre Bedeutung als Schutzgeld und entwickelten sich allmählich zu allgemeinen Verkehrssteuern, die von den Landesherren für die Benutzung ihrer Verkehrswege erhoben wurden. Vgl. dazu Morgenthaler, 1935, S. 138f. sowie Welti, 1896b, 668–673.
7. Art. 4 und 5 der Goldenen Handfeste; RQ Bern I/1, 1, S. 5. Die genaue Entstehungszeit der Handfeste ist bis heute eine strittige Frage in der Forschung; vgl. dazu Blattmann, 1991 sowie Schwinges, 1991.
8. Wie alle Marktzölle war auch der Pfundzoll ursprünglich ein Regal, das 1315 pfandweise und 1331 endgültig an den Rat überging; FRB IV, Nr. 491, Nr. 621, Nr. 622 und 626, S. 514f., S. 639ff. und S. 644 sowie FRB V, Nr. 747, S. 794f.
9. Artikel 16 der Goldenen Handfeste, RQ Bern I/1, 1, S. 8f. Zum städtischen Zollwesen vgl. auch Welti, 1896b, S. 661–668 sowie Meyer, 1948.
10. FRB IX, Nr. 72, S. 72.
11. Zahnd, 1988a, S. 18.
12. Justinger, 1871, Nr. 80, S. 44 sowie Morgenthaler, 1935, S. 193–196.
13. Vgl. dazu Artikel 3; RQ Bern I/1, 1, S. 4. Friedrich Emil Welti glaubt sogar, dass in Bern vor dem 15. Jahrhundert überhaupt keine Jahrmärkte stattgefunden hätten; RQ Bern I/1, 1, Einleitung S. XXVIII–XXXII.
14. RQ Bern I/1, 2 Nr. 214, S. 150f.
15. Ammann, 1921.
16. RQ Bern I/1, 2, Nr. 214, S. 150f.
17. Zur bernischen Münzgeschichte vgl. Morgenthaler, 1935, S. 59–64; Geiger, 1968 sowie Geiger, 1997.
18. Vgl. dazu die Münzordnungen von 1421 in RQ Bern I/9, Nr. 112, S. 230, und von 1436, 1453, und 1466 in RQ Bern I/1, 2, Nr. 4–7, S. 1–4.
19. Vgl. dazu den Bestallungsvertrag von Peter Lüllevogel in FRB IX, Nr. 867, S. 404ff. (9. August 1377).
20. Geiger, 1997, S. 312–320.
21. Im Jahre 1227 wird mit *berctoldus piscator causidicus in Berno* der wahrscheinlich erste nichtadlige Schultheiss Berns in einer Urkunde genannt; FRB II, Nr. 71, S. 82f. Zur Amtszeit der Schultheisse während des Mittelalters vgl. Zesiger, 1909, S. 4ff.
22. Welti, 1936b, S. 492.

Kapitel III   Seite 202–204

Zölle und Verkehr

1. Zum Zoll vgl. Welti, 1896b, S. 661–668 sowie Meyer, 1948.
2. Vgl. dazu Welti, 1904, zum Beispiel 1441/I, S. 122 und 1448/I, S. 246.
3. Vgl. dazu Morgenthaler, 1929.
4. Grosse Kosten verursachte beispielsweise der Neubau der Saanebrücke in Gümmenen, die 1463 ein erstes Mal und 1468 nach einem Brand ein zweites Mal für insgesamt 1660 Gulden errichtet wurde: «*Item zu Gümminen die Brugg zwuren* [zweimal] *gemacht, dann si einest verbrunnen gewesen und mit grossen Kosten uffgericht ist, und di gedeckt, kost ungevärlich bi*» 3000 Pfund «*und mer*»; Howald, 1877, S. 203 sowie Gerber, 1994, S. 94ff.
5. Morgenthaler, 1929, S. 88.
6. Morgenthaler, 1929, S. 115–119.

Kapitel III   Seite 204–205

Das Handwerk

1. Vgl. dazu Isenmann, 1988, S. 248f.
2. Maschke, 1972, S. 4–8. Zur Berufsausübung des Handwerkers während des Mittelalters vgl. Vock, 1959 sowie Lambrechts/Sosson, 1994.
3. Isenmann, 1988, S. 311–314.
4. Maschke, 1959, S. 436–476.
5. Vgl. dazu Bolte, 1959.
6. Vgl. dazu Zahnd, 1984, S. 15ff.

Kapitel III Seite 205–209

Die Berufsstruktur

1. Vgl. dazu Rennefahrt, 1967.
2. Vgl. dazu Ammann, 1955.
3. RQ Bern I/1, 2, Nr. 228, S. 100.
4. Welti, 1896b, S. 516.
5. Stadtrechnungen 1384/I; Welti, 1896a, S. 323.
6. Welti, 1936a, S. 390.
7. «*Bleichera*»; Welti, 1936b, S. 496; sowie «*Anna Gebhard*»; Welti, 1936a, S. 387. Zur Berufstätigkeit von Frauen in spätmittelalterlichen Städten vgl. Händler-Lachmann, 1980 sowie Maschke, 1972, S. 5f.
8. Welti, 1896b, S. 620.
9. Welti, 1936a, S. 411.
10. Maschke, 1959, S. 299f.
11. Das bekannteste Beispiel eines im Viehhandel reich gewordenen Bürgers ist der Venner von Metzgern Peter Kistler, der 1470 zum bernischen Schultheiss gewählt wurde.

Kapitel III Seite 210–214

Die Gewerbeaufsicht des Rates

1. Vgl. dazu RQ Bern I/8, 1, und RQ Bern I/8, 2.
2. Vgl. dazu Zahnd, 1984, S. 11–21.
3. Bereits verfasst waren die Handwerksordnungen für die Karrer, Küffer, Kannengiesser, Rebleute, Dachnagler, Müller, Fischer, Goldschmiede, Apotheker, Gerber, Schmiede, Pfister, Metzger, Schneider, Zimmerleute, Maurer, Schuhmacher, Woll- und Leinweber; STAB: AV 1374, Nr. 165 (U.P. 19 b).
4. STAB: AV 1374, Nr. 147 (U.P. 19 b) sowie RQ Bern I/1, 2, Nr. 76, S. 53f. und RQ Bern I/8, 2, Nr. 211, S. 554–558.
5. STAB: AV 1374, Nr. 147 (U.P. 19 b).
6. RQ Bern I/1, 2, Nr. 129, S. 102f. (10. April 1466).
7. Welti, 1936b, S. 508.
8. RQ Bern I/1, 2, Nr. 131, S. 103f.
9. RQ Bern I/1, 2, Nr. 198, S. 82f.
10. FRB V, Nr. 492, S. 529f. (10. Dezember 1326). Zur Topographie des Gerberhandwerks in der Stadt Bern vgl. auch Cramer, 1981, S. 122–129.
11. Türler, 1896a, S. 22.
12. Türler, 1899, S. 130.
13. Haller II, S. 389f.
14. RQ Bern I/8, 1, Nr. 196a, S. 502 (5. November 1486).
15. Haller II, S. 390f. sowie Zahnd, 1984, S. 34f.
16. RQ Bern I/1, 1, Nr. 371, S. 234.

Kapitel III Seite 214–218

Die Berufstopographie

1. Für Zürich vgl. Gisler, 1994.
2. Zur topographischen Verteilung der Handwerke in der spätmittelalterlichen Stadt vgl. Cramer, 1984.
3. Solche Gerberquartiere können beispielsweise in den Städten Colmar, Strassburg und Nördlingen nachgewiesen werden; Cramer, 1984, S. 102f.
4. FRB VI, Nr. 10, S. 8f. (März 1332).
5. FRB VI, Nr. 588, S. 578f. (März 1341).
6. Vgl. dazu Gerber, 1994, S. 28f.
7. FRB X, Nr. 63, S. 24 (24. Juli 1379).
8. FRB X, Nr. 163, S. 75f. (27. Mai 1380).
9. Vgl. dazu die beiden Metzgerordnungen vom 13. August 1408; RQ Bern I/1, 2, Nr. 211, S. 142ff. sowie vom 29. Juni 1482; RQ Bern I/8, 1, Nr. 173 b, S. 376–379.
10. Die Fleischschau wurde im 15. Jahrhundert jeweils von zwei Metzgermeistern und je einem Mitglied des Kleinen und Grossen Rates ausgeübt.
11. Vgl. dazu Kdm BE, 3, 1947, S. 455f.
12. Udelbuch 1389; STAB: B XIII 28, S. 28.

Kapitel III Seite 219–220

Bader und Badestuben im spätmittelalterlichen Bern

1. Rageth-Fritz, 1969, 1970, S. 32.
2. Grabowski/Mührenberg, 1994, S. 62–64.
3. Rageth-Fritz, 1969, 1970, S. 35.
4. Baum/Keil, 1980.
5. Boockmann, 1986.
6. So etwa die Badestube des Niederen Spitals, die im Tellbuch von 1448–1458 genannt ist. Freundlicher Hinweis von Roland Gerber.
7. Rageth-Fritz, 1969, 1970, S. 38. In Bern gab es jedenfalls 1542 nur zwei Badestuben; in diesem Jahr genehmigte der städtische Rat nämlich deswegen die Errichtung zweier neuer Badestuben mit Wirtschaft im Marzili. Das Inner- oder «Küpfersbad», lag an der Strasse, die von der Stadt aus ins Marzli hinunter führt. (Marzilistrasse 6–8), während sich das Ausser- oder Laufersbad nahe der Aare im Gebiet des heutigen Gaswerks befand. Weber, 1976.
8. Glatz/Gutscher, 1995, S. 35f.

Kapitel III Seite 220–227

Archäologische Hinweise auf städtische Gewerbe

1. Vgl. dazu Glatz, 1991.
2. Es handelt sich um das Fundgut, das während Jahrzehnten bei Baugrubenbeobachtungen von Paul Hofer geborgen wurde. Darunter befinden sich die Funde aus Grossbaustellen wie Bahnhofbau, Waisenhausplatz/Metrogaragenbau, Rathausgaragenbau und Sanierung des Münsterplatzes. Vgl. Dokumentation Paul Hofer im Archiv ADB.
3. Vgl. die entsprechenden Fundkomplexe im Bernischen Historischen Museum und im Archäologischen Dienst des Kantons Bern.
4. Die Funde sind publiziert in: Gutscher/Zumbrunn, 1989; Zumbrunn/Gutscher, 1994 sowie Roth Kaufmann/Buschor/Gutscher, 1994.
5. Kat. Stadtluft, Hirsebrei und Bettelmönch, 1992, S. 416.
6. AKBE 2A, S. 85.
7. Vgl. Dokumentation Paul Hofer im Archiv ADB. Zusammenfassend vgl. Roth Kaufmann/Buschor/Gutscher, 1994, S. 18.
8. Vgl. Tellbuch von 1448 (Welti, 1936a, S. 382). Die Nennung eines Johannes Paternosterers im Steuerbuch 1448 in unmittelbarer Nähe des Fundortes erweist sich für unsere Fragestellung als nicht aussagekräftig, weil dieselbe Person offenbar klar zum Haushalt eines Apothekers gehört und sein Name daher nicht als Berufsbezeichnung interpretiert werden kann (diese und die folgenden freundlichen Hinweise betreffend der Berufstopographie verdanke ich Roland Gerber).
9. Vgl. Udelbuch von 1389–1448, STAB: B XIII 28, p. 217 und Tellbuch von 1389, (Welti, 1896b, S. 521).
10. Zwei der Model sind publiziert in Hofer/Meyer, 1994, S. 102. Sie wurden dort als Kachelmodelfragmente interpretiert, was aber aufgrund der Masse, des Materials und der Ausgusskanäle nicht wahrscheinlich ist.
11. Justinger, 1871, S. 195.
12. Jb BHM 5, 1925 (1926), S. 99, 106f. Kdm BE, 2, 1959, S. 450. Roth Kaufmann/Buschor/Gutscher, 1994, S. 20f., 55ff.
13. Roth Kaufmann/Buschor/Gutscher, 1994, Abb. 6 und Kat. 335.
14. Roth Kaufmann/Buschor/Gutscher, 1994, Abb. 16 und Abb. 17. Kdm BE, 2, 1959, S. 437.
15. Folgende Ausführungen basieren auf den Untersuchungen zum Bauherrenamt der Stadt Bern (Gerber, 1994) und zum Udelbuch der Stadt Bern (Gerber, in Vorbereitung).
16. Roth Kaufmann/Buschor/Gutscher, 1994, S. 56ff.
17. Stadtrechnungen 1430–1452 (vgl. Welti, 1904), Tellbuch 1448 (vgl. Welti, 1936a) sowie Udelbuch 1389–1448, STAB: B XIII 28 (freundliche Mitteilung Roland Gerber).

Kapitel III Seite 227–228

Zünfte und Gesellschaften

1. Vgl. dazu Isenmann, 1988, S. 304–321 sowie Maschke, 1972.
2. Schulz, 1994 sowie Zahnd, 1984, S. 11–21.
3. Zum bernischen Zunftwesen vgl. Zesiger, 1940; de Capitani, 1982 sowie Zahnd, 1984.
4. Vgl. dazu die Einleitung des Zunftbriefes von 1373, in dem der Rat kritisierte, «*daz da von uneinhellige und zünfte in stetten entsprungen, hie von aber guten stetten berlich und dike misselinget und grossen schaden emphahent, [...]*»; RQ Bern I/1, 2, Nr. 228, S. 98–101.
5. Vgl. dazu Zahnd, 1984, S. 50–54.
6. RQ Bern I/1, 1, Nr. 379, S. 239f.
7. Vgl. dazu Zahnd, 1984, S. 14f.

Kapitel III   Seite 229–233

Die politische Bedeutung der Zünfte

1. Zur Beteiligung von Handwerkern am Handelsgeschäft vgl. Maschke, 1959, S. 440–452.
2. Vgl. dazu de Capitani, 1982, S. 53–88 sowie Zahnd, 1984, S. 11–31.
3. RQ Bern I/1, 2, Nr. 228, S. 98–101.
4. RQ Bern I/1, 2, Nr. 118, S. 54.
5. Utz Tremp, 1991b, S. 142ff.
6. Vgl. dazu Zahnd, 1984, S. 27f.
7. RQ Bern I/1, 2, Nr. 222, S. 94ff.
8. Das Sässhaus des Schmieden Venners Gilian Spilmann (1446–1450) lag im Pfisternviertel. Auch die beiden Gerber Venner Peter und Ludwig Brüggler (1448–1472) wohnten ausserhalb des von ihnen verwalteten Gerbernviertels im Schmiedenviertel.
9. Zur Abkömmlichkeit von Handwerksmeistern und Kaufleuten vgl. Maschke, 1959, S. 329–335.
10. Vgl. dazu Isenmann, 1988, S. 316.
11. Zur Entstehung des Venneramts im Spätmittelalter vgl. Geiser, 1891, S. 115ff. sowie de Capitani, 1982, S. 72f.
12. Zu den Ratswahlen des 15. Jahrhunderts vgl. Schmid, 1996, S. 248–259.
13. Vgl. Gerber, 1994, S. 42ff.
14. Udelbücher von 1389 und 1466; STAB: B XIII 28 und 29.
15. Vgl. dazu Geiser, 1891, S. 34–40.
16. Vgl. dazu RQ Bern I/1, 2, Nr. 188, S. 127 (12. Dezember 1469).
17. Vgl. dazu Liver, 1967.
18. RQ Bern I/1, 2, Nr. 212, S. 144–147 (14. April 1438).
19. Vgl. dazu de Capitani, 1982, S. 72.
20. RQ Bern I/1, 2, Nr. 54, S. 28.
21. RQ Bern I/1, 2, Nr. 53, S. 39f. sowie Morgenthaler, 1937, S. 58ff.
22. Im Jahre 1479 wurde die Errichtung der Münsterplattform unter Mithilfe der städtischen Handwerksgesellschaften durchgeführt, die sich in Fronarbeit an der Aufschüttung der Plattform beteiligten; Gerber, 1994, S. 50f.
23. Vgl. dazu de Capitani, 1982, S. 78.

Kapitel III   Seite 233–243

Die Vermögensstruktur von Handwerkerschaft und Zünften

1. Vgl. dazu die grundlegende Arbeit von Maschke, 1959, S. 294–299.
2. Vgl. dazu auch Zesiger, 1910, S. 80f.
3. Zur Wahl Peter Kistlers vgl. Schmid, 1995, S. 75–117.
4. Von Wattenwyl, 1865 sowie Genner, 1978, S. 9–12.
5. Vgl. dazu auch de Capitani, 1982, S. 84–87.
6. Wattenwyl, 1865, S. 175.
7. Wattenwyl, 1865, S. 177.
8. Teilung des Burgergelds anno 1518; STAB: AV 1365, Nr. 14 (U.P. 14a).
9. Aufgrund der aus dem 15. und beginnenden 16. Jahrhundert überlieferten Stubenrödel konnte François de Capitani nachweisen, dass die Mitgliederzahlen der Gesellschaft zum Distelzwang nach den Burgunderkriegen 1474/75 noch einmal zugenommen hat. Im 16. Jahrhundert verlor die Adelsgesellschaft dann zunehmend an Einfluss, was sich an der sinkenden Zahl der Stubengesellen ausdrückte; de Capitani, 1982, S. 85f.
10. Von Rodt, 1891, S. 47.
11. Von den 19 genannten Ausbürgern hatten jedoch erst vier den in diesem Jahr fälligen Stubenzins bezahlt; BBB: Zunftarchiv Distelzwang, Stubenrödel 1454–1473.
12. Genner, 1978, S. 10f.
13. Welti, 1936b, S. 492.
14. Wattenwyl, 1865, S. 194f.
15. Wattenwyl, 1865, S. 178.
16. De Capitani, 1982, S. 46.
17. Welti, 1936a, S. 428 sowie Welti, 1936b, S. 492, S. 535.
18. Zur Gesellschaft zum Mittellöwen vgl. Zahnd, 1984 sowie Zesiger, 1908a.
19. Fricker, 1877, S. 106.
20. Die Abschriften dieser Rödel sind überliefert in *«Theatri Reipublice Bernensis oder das Regimentsbuch der Stadt Bern von Jakob Bucher»*, Teil 1, entstanden um das Jahr 1610; BBB: Mss.hist.helv.XII.10, S. 604–609 und S. 630–663.
21. Welti, 1936a, S. 383.
22. Welti, 1936b, S. 509
23. Meyer, 1930, S. 182.
24. Bartholomäus May versteuerte 1494 ein Vermögen von rund 13 333 Gulden; Meyer, 1930, S. 161.
25. Anshelm I, S. 119.
26. Jakob Lombach besass zwar keine eigenen Gerichtsherrschaften, mit seinen Stadthäusern in Bern, Freiburg und Murten *«mit dem turm am see»* sowie mit dem Gut Sandegg mit dem sogenannten Lombachturm ausserhalb der Stadt Bern verfügte er jedoch über ausgedehnten Grundbesitz, der ihm einen ähnlichen sozialen Status verschaffte wie einem Twingherren. Vgl. dazu Welti, 1919/20, S. 93f. und S. 135 (Anm. 8, 9) sowie Zahnd, 1984, S. 76.
27. Zahnd, 1984, S. 108–112.
28. Auch im Jahre 1494 versteuerten die Stubengesellen von Mittellöwen ein Durchschnittsvermögen von rund 2800 Gulden; Zahnd, 1984, S. 84.
29. Vgl. dazu Zahnd, 1984, S. 94–105.
30. Welti, 1936a, S. 386.
31. De Capitani, 1982, S. 48f.
32. Von Rodt, 1862.
33. 1430 beriefen sich die Luzerner Krämer, die mit den bernischen Krämern in einer interurbanen Vereinigung zusammengeschlossen waren, darauf, dass ihre alte, von den römischen Königen bestätigte Gewerbeordnung während des Stadtbrandes von Bern 1405 vernichtet worden sei; Dubler, 1982, S. 105ff.
34. Ammann, 1928a, S. 19. Zur Person von Niklaus von Diesbach vgl. auch Sammlung Bernischer Biographien III, S. 182–192.
35. Vgl. dazu Ammann, 1928a.
36. Ammann, 1928a, S. 17–31.
37. Vgl. dazu von Rodt, 1905, S. 127.
38. Sammlung Bernischer Biographien III, S. 191.
39. Zum Gesellschaftshaus zu Kaufleuten vgl. von Rodt, 1862, S. 130f.
40. Teuscher, 1998, S. 104–109.
41. Welti, 1936a, S. 355; sowie Welti, 1936b, S. 490.
42. Welti, 1936a, S. 369.
43. Welti, 1936b, S. 499.
44. Vgl. dazu de Capitani, 1982, S. 81–88.
45. Johannes von Gasel senior amtierte zwischen 1448 und 1450 als städtischer Salzherr.
46. Das Vermögen Johannes von Gasels senior verkleinerte sich von 4571 Gulden 1448 auf 2400 Gulden 1458; Welti, 1936a, S. 354 sowie Welti, 1936b, S. 490.
47. Welti, 1936a, S. 356 sowie Welti, 1936b, S. 491.

Kapitel III   Seite 243–244

Währungs- und Preisverhältnisse

1. Vgl. dazu Gerber, 1994, S. 21f. Ich danke Daniel Schmutz für die kritische Durchsicht des Manuskripts.
2. Zu den Währungs- und Münzverhältnissen in Bern während des Spätmittelalters vgl. Fluri, 1923; Morgenthaler, 1935, S. 59–64 sowie Geiger, 1968.
3. Vgl. dazu Geiger, 1997, S. 309–323.
4. Zur Problematik der «monetären Inflation» und deren Berechnung aus städtischen Rechnungsserien vgl. Körner, 1981, S. 59–79 und Exkurs 3, S. 398–406.

Kapitel III   Seite 244–247

Der Kampf gegen Inflation und Teuerung

1. Zur langfristigen Wertverminderung des Rheinischen Goldguldens im Spätmittelalter vgl. Körner, 1981, Grafik 8, S. 60.
2. Geiger, 1968, S. 30f.
3. Vgl. dazu Gerber, 1994, S. 57f.
4. Zur Schuldenpolitik der Stadt Bern im Spätmittelalter vgl. Gilomen, 1982.
5. Die einzelnen Teuerungsperioden im spätmittelalterlichen Bern sind ausführlich erläutert bei Morgenthaler, 1921/22 sowie Wermelinger, 1971.
6. Gerber, 1994, S. 57f.
7. Feller I, S. 304–308.
8. Solche Teuerungsphasen lassen sich für die Jahre 1477/78, 1481/82, 1486/87, 1489 bis 1491, 1500 bis 1505, 1511 bis 1513, 1515 bis 1521 sowie besonders gravierend von 1527 bis 1534 und 1543 bis 1545 nachweisen.
9. Vgl. dazu die Schlussfolgerungen von Wermelinger, 1971, S. 203–209.
10. Gerber, 1994, S. 119f.
11. Geiger, 1968, S. 36f. und 72–82.
12. Geiger, 1968, S. 93–101.

Kapitel III   Seite 247–250

Die Kaufkraft des Geldes

1. Zu den Lohn- und Preisverhältnissen in spätmittelalterlichen Städten vgl. auch Dirlmeier, 1978 sowie Ders., 1983.
2. Vgl. dazu auch Fischer, 1979.
3. Von Rodt, 1905, S. 111f.
4. Morgenthaler, 1935, S. 64.
5. RQ Bern I/8, 2, S. 667f.
6. Genner, 1978, S. 44.
7. RQ Bern I/8, 2, S. 701 sowie Graf-Fuchs, 1940, S. 32.
8. RQ Bern I/8, 2, S. 552 sowie Graf-Fuchs, 1940, S. 33.
9. Vgl. dazu auch Graf–Fuchs, 1940, S. 33.
10. RQ Bern I/8, 2, Nr. 215, S. 564–568 (30. November 1486).
11. RQ Bern I/8, 1, Nr. 174, S. 431ff. (12. April 1470).
12. RQ Bern I/8, 2, Nr. 202, S. 532ff. (18. März 1479) sowie Graf-Fuchs, 1940, S. 34.
13. Von Rodt, 1905, S. 111f.
14. Von Rodt, 1905, S. 111.
15. In den Jahren 1423, 1426 und 1427 konnte Heinrich von Scharnachtal keinen Gewinn aus seinen Handelsgeschäften mit Simon Ebinger erzielen; von Rodt, 1905, S. 110f.
16. Von Rodt, 1905, S. 127.

Die Herstellung von Blei-Zinn-Marken und Pilgerzeichen im mittelalterlichen Bern

1 Für einen Abriss der Forschungsgeschichte und eine Zusammenstellung der wichtigsten bibliographischen Angaben, vgl. Labrot, 1989a, S. 11–14 und S. 233–235, der feststellt: «Il n'existe pratiquement pas d'ouvrage consacré exclusivement aux jetons et aux méreaux. Presque tous traitent dans un contexte numismatique général.»

2 Erwähnt seien hier in erster Linie die Bestrebungen des seit 1986 existierenden Centre national de recherche sur les jetons et les méreaux du Moyen Age (C.N.R.J.M.M.A.) in Versailles unter der Leitung von Jacques Labrot. An dieser Forschungsstelle wird Dokumentation zu Jetons und Bleimarken aller Zeiten und Länder gesammelt. Nach systematischen Kriterien zusammengestellte Materialvorlagen erscheinen seit 1987 regelmässig im «Inventaire», das von dieser Institution nach und nach aufgebaut und herausgegeben wird.

3 Anders als für die Weihepfennige kann für die Pilgerzeichen in jüngster Zeit allerdings rege Katalogisierungs- und Forschungsarbeit festgestellt werden, vgl. z. B. die unten Anm. 29–30 angegebene Literatur. Dennoch sind viele Bestände, so auch das Material aus Schweizer Sammlungen und Ausgrabungen noch schlecht erschlossen.

4 Hofer, 1959/60, S. 131–135; Hofer/Meyer, 1991, S. 97–102. Vgl. auch die Dokumentation Paul Hofer im ADB.

5 ADB, Fnr. Ny 425, 455 und 574. Erwähnt bei Hofer, 1959/60, S. 134 («Sandstein-Gussformen»). Zwei Formen sind publiziert bei Hofer/Meyer, 1991, S. 102 Abb. 58; diese – zweifellos seltenen – Gegenstände wurden dort zwar als Matrizen erkannt, doch wurden sie als Model zur Herstellung von Ofenkacheln interpretiert (ADB, Fnr. Ny 425 als «Frieskachelmatrize» und ADB, Fnr. Ny 444 als «Plattenkachelmatrize»).

6 Damit wurde der Brunnen erst einige Zeit nach der Zerstörung der Burg um 1270 aufgefüllt. Nach Hofer, 1959/60, S. 133 erwies sich diese Auffüllung als «von oben bis unten einheitlich».

7 Zahlreiche Hinweise zu den Gussformen und Blei-Zinn-Marken verdanke ich Jacques Labrot, C.N.R.J.M.M.A., Versailles, der die Dokumentation seiner Forschungsstelle in grosszügiger Weise zur Verfügung stellte. Dank für die gute Zusammenarbeit geht auch an Romano Agola, Ramsei, der die Marken aus Burgdorf entdeckt hat.

8 Vgl. Labrot, 1996, S. 9–11, Nr. 3, 6, 21, 23 (Ardèche); Labrot, 1991a, S. 9–10, Nr. 1 (Gard); Labrot, 1990a, S. 9–10, Nr. 3, 6 (Dauphiné); Labrot, 1989c, S. 9–10, Nr. 10–11 (Dauphiné); Labrot, 1988a, S. 10, 12, Nr. 7–8, Taf. I (Bouches-du-Rhône). Die Angaben in Klammer bezeichnen die Fundgebiete, aus denen die betreffenden Stücke stammen.

9 Vgl. z. B. den von Ferdinand II. von Kastilien als König von Navarra geprägten Denar von 1512–1515; Poey d'Avant, 1860, S. 186, Nr. 3402, 3404, Taf. LXXIII.

10 Für Beispiele vgl. Vanni, 1995, S. 171 (unbestimmter Fundort/I); Labrot, 1994, S. 8, 13 (Rousson/F); van Beuningen/Koldeweij, 1993, S. 314, Nr. 983 (unsere Abb. 4, aus Westbroek, Provinz Utrecht/NL); Labrot, 1991b, S. 14 (Nevers/F); Labrot, 1990b, S. 18 (Rodez/F); Dausse, 1989, S. 5–8 (Pierrefiche-d'Olt/F). Für eine Gussform aus dem Gebiet der Kreuzfahrerstaaten, vgl. Labrot, 1991c, S. 12 (Akko/IL).

11 Die Qualität der verwendeten Steine ist durchaus mit jener gewisser Figuren der Münster-Skulpturen vergleichbar, deren präzise Ausarbeitung den Betrachter immer wieder verblüfft; der Stein passt zu jenem der bei Zumbrunn/Gutscher, 1994, S. 38–39, und S. 69–109 behandelten Gruppe der noch in der ersten Hälfte des 15. Jahrhunderts entstandenen Skulpturen Nr. 3–30. Wenn auch der Sandstein unserer Formen jenem der Münsterfiguren sehr ähnlich ist, lässt sich ohne eingehendere Materialanalysen nicht nachweisen, ob es sich tatsächlich um denselben Stein handelt. Urs Zumbrunn, Rüdtligen, danke ich für zahlreiche Hinweise.
Die Gussform Abb. 173 ist im Vergleich zu den Gussformen Abb. 171–172 nur scheinbar grobkörniger. Die (hier nicht abgebildete) Rückseite lässt ebenfalls eine feinkörnige Struktur des Steines erkennen. Die vergleichsweise rauhere Oberfläche der Vorderseite entstand in den 60er-Jahren vermutlich durch starkes Bürsten zur Reinigung der vielleicht versinterten Form.

12 Zur Herstellungstechnik von Blei-Zinn-Marken, Labrot, 1989a, S. 153–154 und S. 158 (Abb. einer Gussform).

13 Faccani/Frey-Kupper, 1998.

14 In der Literatur ist oft von Bleimarken (frz.: «méreaux de plomb») die Rede. Man wird aber annehmen, dass wie bei den Pilgerzeichen oft auch Blei-Zinn-Legierungen üblich waren. Für Metalluntersuchungen an Pilgerzeichen, vgl. van Beuningen/Koldeweij, 1993, S. 21–25 und Mitchiner, 1986, S. 12. Erst Metallanalysen können Aufschluss über die Zusammensetzung einer einzelnen Marke geben. Allerdings müssten die Bestimmungen von Fall zu Fall vorgenommen werden; da die Bleimarken oft aus kleinen Produktionseinheiten stammen, muss man von Guss zu Guss (auch aus derselben Form) mit grösseren Schwankungen der Metallanteile rechnen. Für die Burgdorfer Beispiele sind Metalluntersuchungen geplant.

15 Für Funde zweier «Gussbäume», vgl. Labrot, 1995, S. 4–5 (Amiens/F). Für die in der Art eines Dreiecks durch Kanäle verbundene Marken, vgl. Labrot 1988b, S. 9, 11, Nr. 18 (Ain/F; die ebd. irrtümliche Angabe des Fundgebietes Savoyen wird bei Labrot 1989b, S. 9 berichtigt).

16 Für eine vollständigere Zusammenstellung vgl. Labrot, 1986, S. 2; ausführlichere Kommentare zu den einzelnen Kategorien bei Labrot, 1989a, S. 39–99.

17 Für eine gute Übersicht vgl. Hess, 1996, S. 11–20 und Labrot, 1989a, S. 111–124; ausführlich bearbeitete das Thema bereits Barnard, 1916.

18 Im Laufe der Zeit erreichte die Nürnberger-Produktion eine Vormachtstellung in ganz Europa. Zusammenfassend dazu Labrot 1989a, S. 207–211 (S. 212–216 zur Herstellung von Rechenpfennigen in den übrigen Gebieten Europas).

19 Vgl. dazu Koenig, 1995 und Labrot, 1995, S. 3–5; AKBE 2, 1992, S. 176, Anm. 3.

20 Ein vergleichbarer Fall apotropäischer Verwendung eines münzähnlichen Objektes in einem Wohnhaus (Zapfloch einer Fensterbank) ist aus Solothurn, St. Urbangasse 67, bekannt; vgl. Frey-Kupper, 1993, S. 53 und S. 59, Taf. 7. Auch hier handelt es sich um einen absichtlich ins Holz gesteckten Gegenstand im Sinne eines unheilabwehrenden Amulettes. Nicht zufällig bei diesem Beispiel für die Wahl des Weihepfennigs, auf dessen Vorderseite der Erzengel Michael dargestellt ist; Michael wurde als Schutzengel des Hauses betrachtet. Die Rückseite des um 1700 entstandenen Weihepfennigs zeigt Mariä Verkündigung. Die Fensterbank ist dendrochronologisch ins Jahr 1763 datiert. Koenig, 1995 und Labrot, 1995, S. 4 erwähnen den Brauch, einzelne oder mehrere Münzen in den Holzteilen neu errichteter Gebäude zu deponieren.

21 Fundmeldungen und -vorlagen nach Ländern und Fundgebieten erscheinen regelmässig im Bulletin (Le livre des méreils) und im Inventaire des C.N.R.J.M.M.A. Zu den Marken als Materialgruppe, vgl. Labrot, 1989a, S. 27–99.

22 Eine Arbeitsgruppe der Schweizerischen Arbeitsgemeinschaft für Fundmünzen (SAF) hat sich zur Aufgabe gemacht, bis 1999 möglich viele Funde von Rechenpfennigen und Blei-Zinn-Marken zu erfassen.

23 Faccani/Frey-Kupper, 1998.

24 Doswald, 1988, S. 203, Nr. 209–210, Taf. 24 (Kirche St. Martin).

25 AKBE 2, 1992, S. 176; Koenig, 1995 und Labrot, 1995, S. 3–5 (Oberdorf, Längenlooweg 30/32); vgl. auch Helvetische Münzenzeitung 24, 1989, S. 404, Nr. 23.

26 Doswald/Della Casa, 1994, 121, SFI–Code 1711–10.2: 15–16, Taf. 13 (Unter Altstadt 3, Haus Ulmi).

27 Winterthur, Altstadt, Metzggasse Südost 1995–1996; Hinweis B. Zäch, Winterthur.

28 Ein Teil der erwähnten publizierten und unpublizierten Marken ist allerdings jünger als die hier vorgestellten Gussformen, so z. B. das bei Doswald, 1988, S. 203, Nr. 209–210, Taf. 24 abgebildete Exemplar, das einen Aargauer Konkordatsbatzen von 1826 nachahmt. Auch die Burgdorfer Marken sind wohl jünger; dies gilt zumindest für die beiden Marken mit Monogrammen. Aufgrund der Buchstabenform und der Art der Monogramme reichen sie frühestens in die zweite Hälfte des 16. Jahrhunderts zurück; wahrscheinlicher ist wohl eine Datierung in das 17. Jahrhundert (oder sogar etwas später?). Verschiedene Hinweise verdanke ich Vinzenz Bartlome, Staatsarchiv Bern.

29 Ausführlich zur Herstellung von Pilgerzeichen van Beuningen/Koldeweij, 1993, S. 11–25 (S. 17 und 25 zu den verschiedenen Techniken, die die Befestigung des Pilgerzeichens an Kleidern ermöglichen). Gussformen von Pilgerzeichen sind vorgelegt bei Bruna, 1996, S. 352–357, Nr. 686–694; van Beuningen/Koldeweij, 1993, S. 301, Nr. 908; Mitchiner, 1986, S. 283. Zu den Metallanalysen, vgl. oben, Anm. 14.

30 Dazu Bruna, 1996, S. 13–20 (mit weiterführender Literatur) und van Beuningen/Koldeweij, 1993, S. 26–98 (mit weiterführender Literatur).

31 Für eine Zusammenstellung schriftlicher Quellen zu Pilgerzeichen, vgl. Mitchiner, 1986, S. 9–10.

32 Erasmus, 1972, S. 470, Zeilen 10–13.

33 Eine interdisziplinäre Bearbeitung des Themas (Geologie, Geschichte, Archäologie) wie sie für den Jura und den Jura bernois (Ludwig Eschenlohr) betrieben wird, fehlt für das bernische Territorium. Weiterführende Literatur: Blaschke/Heilfurth, 1980, Sp. 1946–1951; Haller I–III; Michel, 1979, S. 240–253; Quiquerez, 1855.

34 Fritschi, 1990; Gutscher, 1990.

Kapitel IV Seite 261–269

Bern und das Heilige Römische Reich

1. Anshelm I, S. 14.
2. Heinemeyer, 1970, S. 214 ff.
3. Die ältere, noch immer verbreitete Ansicht z. B. bei Bernhard Schmid, 1940, S. 161–194; Feller I, 1946, S. 26ff.; Mommsen, 1958, S. 218f. Strahm, 1971. Jetzt Schwinges, 1991, S. 5–19; Schwinges, 1996, S. 451–473.
4. Allgemein zu Reichsstädten: Landwehr, 1967; Moraw, 1979, S. 385–424; Heinig, 1983; Isenmann, 1988, S. 107–130.
5. Zum Hintergrund Feller I, S. 233ff.; Zahnd, 1991b, S. 21–59.
6. Rennefahrt I, S. 31f.; Mommsen, 1958, S. 221f.; Anshelm I, S. 91.
7. Feller I, S. 243; Mommsen, 1958, S. 220. Jetzt auch Christ, 1999.
8. Feller I, S. 310–323.
9. Rennefahrt I, S. 19–36; Feller I, S. 75ff.; Häusler, 1981, S. 51–106.
10. Alle in RQ Bern I/3. Vgl. auch Battenberg I–II; Schwinges, 1991, S. 12ff.
11. RQ Bern I/3, Nr. 110d, S. 324ff.; Battenberg II. Zu den Hofgerichten Moraw, 1983, S. 46–49; Wernli, 1991.
12. Schwinges, 1996, S. 471.
13. Schuler-Alder, 1985.
14. Zitat nach Rennefahrt I, S. 36 für 1477. Frühere Belege bei Sieber-Lehmann, 1995, S. 247f.
15. So treffend Mommsen, 1958, S. 57, mit Bezug auf Feller, 1928, S. 5.
16. Stettler, 1979, S. 563 ff., S. 568 ff.; Marchal, 1990 und Marchal, 1991; Carl, 1991, S. 215ff.
17. Das ganze Manifest bei Anshelm II, S. 175–182, Zitat S. 182. Dazu Stettler, 1979, S. 572f.
18. Heinig, 1991, S. 267.
19. Sieber-Lehmann, 1991, S. 561ff.
20. Zitate nach Sieber-Lehmann, 1995, S. 235f., Anmerkungen 410 und 415.
21. Belege bei Nabholz und Kläui, 1940. Schwinges, 1996, S. 465; Schwinges, 1999b.
22. Chmel, 1962, Anhang 111; Chmel/Rübsamen/Heinig, 1992. Mommsen, 1958, S. 267ff.; Heinig II, S. 818–844; Schilling II, S. 463 (Register).
23. Moraw, 1984, S. 423–456. Hier auch Sieber-Lehmann, 1995, S. 234–250.
24. Oechsli, 1890, S. 302ff., überholt, aber sehr materialreich. Sigrist, 1947, S. 114ff.; Mommsen, 1958, S. 281ff., passim. Moraw, 1986b, S. 15ff. Vgl. auch Rück, 1991, und Schwinges, 1999b.
25. Als Beispiel RQ Bern I/5, Nr. 20a, S. 51. Schwinges, 1996 und Schwinges, 1999b.
26. Zahnd, 1986, S. 104ff., S. 179ff.
27. Im Hof, 1987, S. 49ff. Peyer, 1978, S. 9–21.
28. Stettler, 1994, S. 203–229.
29. Welti, 1904; Welti, 1912, S. 1–44.
30. Hierzu und zum folgenden: Kaemmerer, 1963, S. 322–325, Nr. 161, S. 514–516, insbes. Nr. 240.
31. Moraw, 1985, S. 221f.; Moraw, 1986b, S. 15–33; Schwinges, 1999b.
32. Fricker, 1877, S. 124f., dazu Sieber-Lehmann, 1995, S. 238. Schmid, 1995a.
33. So nach Durchsicht der Reichstagsakten.
34. Heinig II, S. 1136ff.
35. Peyer, 1978, S. 21. Dazu auch Braun, 1997.

Kapitel IV Seite 269–277

Militärhoheit und Kriegsorganisation

1. Zur wirtschaftlichen Entwicklung der Schweiz im 15. Jahrhundert vgl. die Skizze von Peyer, 1981.
2. Esch, 1994, S. 184–193.
3. Zum Krieg als Lebenselement einer Gesellschaft, in der die Fehde als Mittel für die Wiederherstellung verletzter Ehre von fundamentaler Bedeutung war, vgl. Rumpel, 1983.
4. Kaiser Karl verbriefte der Stadt Bern das Recht, im Umkreis von drei Meilen (zirka 20 Kilometer) das Geleit zu sichern und gegen Angreifer und Friedensstörer mit Gewalt vorzugehen und sie nach dem städtischen Recht abzuurteilen; zudem befreite er Bern von allen fremden Gerichten ausser vom kaiserlichen Hofgericht. König Wenzel erweiterte diese Befreiung auf das königliche Hofgericht und verlieh der Stadt den Blutbann, den sie bis dahin nur für die Zeiten der Thronvakanzen besessen hatte, endgültig. Die Privilegien König Sigmunds sicherten die Landeshoheit Berns. Sie gestatteten der Stadt, in ihren Hoheitsgebieten von allen Bewohnern Steuern zu erheben, sie zu Kriegsdiensten aufzubieten und über sie die Hohe Gerichtsbarkeit auszuüben (RQ Bern I/3, Nr. 80d–f, S. 194–196; 110d, S. 324–326; Nr. 133e, S. 486f.). Durch den Ausgleich mit den Twingherren sicherte sich die Stadt Bern die fünf landesherrlichen Gebote, darunter das Recht der Harnischschau und des Aufgebots zu Kriegsdienst, auch in den Twingherrschaften (RQ Bern I/4, 1, Nr. 172d, S. 490–494).
5. Schorer, 1989.
6. Von Rodt, 1831, S. 24–35, S. 54–59, S. 128–133. Dafür, dass die Dienstpflicht primär auf den Haushaltsvorständen lastete, spricht insbesondere der Umstand, dass auf den Aufgebotslisten manchmal auch Witwen aufgeführt waren; so 1475 bei der Gesellschaft zum Distelzwang die Witwe des Niklaus von Diesbach und 1476, vor der Schlacht bei Murten, bei den Oberpfistern jene des Niklaus von Wattenwyl (von Rodt, 1831, S. 26, Anm. 43).
7. Von Rodt, 1831, S. 20f.
8. Von Rodt, 1844, S. 59, 267; von Rodt, 1831, S. 239–245.
9. Esch, 1990, S. 360; Feller I, S. 546f.
10. Esch, 1990, S. 361, 383f. Die Berner hatten gemäss den Veranschlagungen durch die Tagsatzung mit Abweichungen gewöhnlich einen Sechstel der eidgenössischen Kontingente zu stellen (Koch, 1996, S. 155, Anm. 13).
11. Auf die Kunde vom Anmarsch der Armagnaken machten sich in der Nacht zum 26. August von den 3500 Eidgenossen, welche die Farnsburg belagerten, etwa 1300 Berner und Solothurner zu einem Streifzug auf. Nach ersten Erfolgen bei Pratteln und Muttenz liessen sie sich durch den Rückzug des Feindes in die Ebene jenseits der Birs hinüberziehen, worauf ein mehrstündiges Ringen stattfand, in welchem fast alle den Tod fanden (Feller I, S. 288f.; Schaufelberger, 1972b, S. 300).
12. Die in Mailand befindlichen eidgenössischen Kriegergemeinden neigten der Einhaltung des Friedens von Gallarate zu und wollten den Heimmarsch antreten, als am 13. September aus einem Geplänkel vor den Toren der Stadt die offene Feldschlacht entstand (Schaufelberger, 1993, S. 48–56).
13. Schaufelberger, 1952, S. 150.
14. Zu den Begriffen «Feldflucht» und «Feldsucht» vgl. Schaufelberger, 1952, S. 134f., 144.
15. Schaufelberger, 1952, S. 135–137.
16. STAB: U. P., Bd. 61, Nr. 70. Dass die Knechte schliesslich doch bei der Fahne blieben, war der Hilfe des Junkers Albrecht vom Stein zu verdanken; denn ihm, dessen Mutter aus dem einflussreichen Zürcher Geschlecht der Schwend stammte, gelang es, bei einem Zürcher Wirt ein Darlehen von 1000 Gulden zu beschaffen, um damit die Frist bis zum Eintreffen der päpstlichen Soldzahlungen in Italien zu überbrücken (von Rodt, 1812, S. 211f.).
17. Eidgenössische Abschiede I, S. 327–329.
18. RQ Bern I/1, S. 214–220; RQ Bern I/11, S. 33–35; von Rodt, 1831, S. 146–164.
19. Zit. aus der Kriegsordnung von 1443 (RQ Bern I/1, S. 214); weitere ähnlich lautende Belege befinden sich in den Ordnungen von 1468 und 1490 (von Rodt, 1831, S. 165f.).
20. Feller I, S. 399, 402, 476, 478, 487, 539, 553.
21. Von Rodt, 1831, S. 118–128f.
22. Esch, 1990, S. 361.
23. Von Rodt, 1831, S. 47; von Rodt, 1812, S. 208.
24. Von Rodt, 1831, S. 36–40.
25. Walser, 1985, S. 252.
26. Schaufelberger 1972b, S. 362–364; Schneider, 1985.
27. Schaufelberger, 1972a, S. 37–45, 119–140; Schaufelberger, 1952, S. 42–53; von Rodt, 1831, S. 223–234.
28. Schaufelberger, 1993, S. 80–83.
29. Von Rodt, 1831, S. 58f.
30. Dies war etwa im Alten Zürichkrieg der Fall, als der Berner Hauptmann in Bremgarten von Bern Harnische anforderte (Schaufelberger, 1952, S. 18). Vor der Schlacht bei Novara 1513 verlangten die Eidgenossen vom mailändischen Herzog Harnische und Spiesse, weil sie mit Halbarten überflüssig beladen seien (von Rodt, 1812, S. 209).
31. So etwa im Schwabenkrieg und im Pavierzug von 1512 (von Rodt, 1831, S. 46f.).
32. Justinger, 1871, S. 170.
33. Anonyme Stadtchronik, 1871, S. 458; Justinger, 1871, S. 208, 229.
34. Tschachtlan, 1988, S. 427.
35. Walser, 1985, S. 252. Zum bernischen und schweizerischen Geschützwesen im späten Mittelalter Tobler, 1891b; von Rodt, 1831, S. 72–108; Gessler, 1918–1920; Gessler, 1927–1929.
36. Zwar hatten Uneinigkeit und der unvorbereitete plötzliche Beginn der Schlacht massgeblich zur Niederlage beigetragen. Aber die hohen Verluste und der nur knapp errungene Sieg bei Novara zwei Jahre zuvor hatten schon gezeigt, dass immer mehr Menschenmassen nötig waren, um gegen die Artillerie zu bestehen (Schaufelberger, 1993, S. 75–80).
37. Schaufelberger, 1972a, S. 127–136.

Reislauf und Pensionen

1 Peyer, 1978/1982, S. 226ff.
2 Siehe dazu Schaufelberger, 1974, S. 14.
3 Frauenholz, 1936, S. 34.
4 Tschudi, S. 24. Breve abgedruckt in Quellen zur Zürcher Wirtschaftsgeschichte I, Nr. 296, S. 152f.
5 Fassbind I, S. 387 erwähnt Schwyzer in päpstlichen Diensten, die 1373 Ambrogio Visconti, der auch von Eidgenossen unterstützt wurde, umgebracht hätten.
6 Es ist verboten, ohne Urlaub des Rates in fremde Kriegsdienste zu ziehen. RQ Bern I/2, Nr. 357, S. 226. Ob die Bestimmungen des Pfaffen- und Sempacherbriefes, die die persönliche Fehde verboten, auch den unerlaubten Reislauf betrafen, ist unklar. Frauenholz, 1936, S. 23f.
7 Frauenholz, 1936, S. 24f. Bereits die Zeitgenossen sahen neben moralischer Verwerflichkeit in den Eigeninteressen der einzelnen Orte den Grund für die Nutzlosigkeit der Verbote des unerlaubten Reislaufens. Eidgenössische Abschiede III/2, S. 713 und S. 718; auch Anshelm empört sich, dass die Söldner trotz Reislaufverbot in Bern, Solothurn und Luzern nicht verfolgt werden. Anshelm III, S. 440: «zu Solothurn gebe man [den verbotenen Reisläufern] gelt in Lucern- und Bernpiet wärids sicher.»
8 Frauenholz, 1936, S. 27f.
9 Ausgenommen waren hier Aufgebote zur Heeresfolge im Rahmen der Reichsdienstpflichten etwa anlässlich des Romzuges oder im Türkenkrieg. Diese Aufgebote wurden aber mehrmals nicht befolgt. Frauenholz, 1936, S. 26.
10 STAB: U. P. 61, Nr. 79: Der Freiburger Hauptmann Peter Falk 1512 aus Pavia an Bern und Freiburg.
11 Esch, 1994, S. 186 aus I Diarii di Marin Sanuto, XXI, Venezia 1887, S. 126.
12 Esch, 1990, S. 417.
13 STAB: U. P. 66, Nr. 19, vom 24. 11. 1512: Niklaus Hübschi an Bern, aus: Esch, 1990, S. 349.
14 Widmer, 1968, S. 356 und 363. Verhörprotokolle über Musterungsbetrügereien in Gagliardi, 1919, S. 852–858.
15 Anshelm IV, S. 451 (Erschreiben = Sold für Knechte beziehen, die nicht existieren). Viele Beispiele über Musterungsbetrügereien liefert Gagliardi, 1919, S. 852–858.
16 Siehe die Beispiele in den Verhören über die Werbungen des Bailli von Dijon, Gagliardi, 1919, S. 845–852.
17 Koch, 1996, S. 170f. und 177f.
18 Peyer, 1978/1982, S. 223.
19 Koch 1996, S. 161f.
20 Umrechnung Berner Pfund (lib.) in rheinische Gulden (fl) gemäss Stadtrechnungen in Gerber, 1994, S. 22.
21 Stettler, 1924, S. 132.
22 Diese beliefen sich auf durchschnittlich jährlich 7300 fl. im 15 Jh., Gerber, 1994, S. 58.
23 Esch, 1994, S. 185ff.
24 Koch, 1992, S. 11–21 und S. 113f.
25 Anshelm IV, S. 442 und S. 523.
26 Anshelm, bei Esch, 1994, S. 191.
27 Esch, 1986, S. 156.
28 Esch, 1987, S. 755.
29 Schorer, 1989, S. 232ff.
30 Auch der Böse Bund der Oberländer von 1445 entzündete sich an den hohen Kosten und Verlusten der Kriegszüge anlässlich des Alten Zürichkrieges von 1444/45; Feller I, 1946, S. 293.
31 Feller I, 1946, S. 536.
32 Siehe dazu Braun, 1989 und Esch, 1990.
33 Anshelm III, S. 455f.
34 Diese Forderung wurde während der Mailänderkriege in verschiedenen Volksanfragen erhoben. Schorer, 1989, S. 236.
35 Zur Skizze des idealtypischen Berner Söldnerführers siehe Koch, 1996, S. 158. Die einzelnen Biographien können in der Lizentiatsarbeit Koch, 1992, nachgelesen werden.
36 Zur Biographie von Ludwig von Erlach siehe von Erlach, 1989, S. 91ff.; zur Biographie von Albrecht vom Stein siehe von Rodt, 1825, S. 321–451 und von Rodt, 1826, S. 1–67.
37 Zahnd, 1979, S. 93–105.
38 Die Familie vom Stein besass schon im 13. Jahrhundert ansehnliche Güter in der Gegend von Seeberg und Herzogenbuchsee. Von Rodt, 1825, S. 322. Zur Bildung siehe Zahnd, 1979, S. 138 und S. 255.
39 Anshelm IV, S. 178.
40 «Uff fritag, waß deß heiligen Crütz tag im herbsch [14.Sept. 1515], ist ummkomen unn erschossen durch beid schenckell unnser obgenanter sun Ludwig an der schantlich schlacht in Meyland, durch Stiftung deß mörderschen und vererterschen, schantlichen böswichts, des bischoff von Wallisz [des Kardinals Matthäus Schiner] und siner anhengern. Dz inen solichß gott niemer mer welle vergeben. Und ist uff die stund leider sineß ellenden todß allt gsin XIIII jär, XV wochen unn I Tag.» Familienbuch der Frisching in der Burgerbibliothek Bern, transkribiert bei Zahnd, 1986, S. 426.
41 Zur Biographie siehe Fluri, 1930, S. 1–61.
42 Fluri, S. 31f.
43 Aus dem Verhör von Michel Glaser, STAB: U. P. 21, 1 Nr. 83. 1519 bewirbt er sich um eine Hauptmannschaft bei Albrecht vom Stein, da ihm ein Unfall widerfahren sei, STAB: U. P. 65, Nr. 32.
44 Zur Biographie siehe von Mülinen, 1915, S. 1–25.
45 Feller I, S. 535ff.
46 Von May, 1874, S. 176.

Die Burgunderkriege und ihre Auswirkungen auf Bern

1 Autor war Albrecht von Bonstetten, Dekan des Klosters Einsiedeln. Die lateinische Fassung widmete er im März Herzog Sigmund von Tirol und der siegreichen Koalition, ebenso einen Monat später die inhaltsgleiche deutschsprachige Übersetzung; von Bonstetten, 1862, S. 283–316.
2 Die Bezeichnung «burgunsche kriege» wird erstmals chronikalisch in der Anfang 1481 von dem Berner Stadtschreiber Diebold Schilling dem Rat der Stadt übergebenen dreibändigen Stadtchronik erwähnt; Schilling, 1943–1945, S. 366.
3 Die dargelegten Ergebnisse sind meiner Dissertation (Himmelsbach, 1999) entnommen. Sie wurde 1996 unter meinem Doktorvater Prof. Dr. Rolf Sprandel innerhalb eines Forschungsprojektes der Deutschen-Forschungsgemeinschaft an der Universität Würzburg abgeschlossen. Es fehlt bislang eine Monographie über die Burgunderkriege. Folgende Literaturübersicht möge der weiteren Orientierung dienen: Eine Übersicht der Ereignisse aus eidgenössischer Sicht bei Schaufelberger, 1972c, S. 312–335. Weiter: Morard, 1982, S. 211–352. Der europäische Blickwinkel wird betont von Sablonier, 1985, S. 39–49. Die neueste Zusammenfassung der Ereignisse ist zu finden bei Sieber-Lehmann, 1995, S. 18–25. Tabellarische Daten finden sich in: Kat. Burgunderbeute, 1969, Zeittafel, S. 37–40 und Kurz, 1969, S. 23–30. Detaillierter ist die «Synchronistische Tabelle» bei von Molsheim, 1914, S. 344–364. Teilaspekte der Burgunderkriege werden behandelt bei Witte, 1891. Mit hervorragenden Erkenntnissen der Rolle Berns bis zum Sommer 1475: Bittmann, 1970, S. 273–891. Zur Schlacht von Grandson: Reichel, 1976. Zur Schlacht von Murten: Schlacht bei Murten, 1976, S. 35–90. Zum Friedenskongress von Freiburg: Büchi, 1917, S. 24–74. Zur Schlacht von Nancy: Bataille de Nancy, 1979. Umfassend aus Basler Sicht schreibt Bernoulli, 1897–1899. Ausführlich über die Berner Administration referiert Esch, 1988. Zu Karl dem Kühnen: Paravicini, 1976; Vaughan, 1973.
4 Vgl. Brusten, 1959, S. 452–466.

Das Rathaus als Ort politischen Handelns

1 Justinger, 1871, S. 201.
2 Zu Ladislaus Sunthaym (zirka 1440–1513): Verfasserlexikon IX, Sp. 537–542. Er war zunächst Kaplan bei Herzog Sigmund in Tirol, ab 1498 Hofkaplan, dann Hofhistoriograph Kaiser Maximilians.
3 «*Scriptores rerum Austriacarum veteres ac genuini* [...]», hg. von Hieronymus Pez, Bd. 1, Leipzig 1721, S. 1004, zit. nach: Stretlinger Chronik, 1877, S. XXVII–XXX, hier: S. XXVIII. Ein Silbergulden von 1494 mit dem von 27 Vogtei- und Landschaftswappen umgebenen Bären mit dem übergesetzten Reichsadler abgebildet in: Kdm BE, 1, 1952, S. 15, Abb. 19.
4 Geiser, 1891.
5 Wie dies Hofer tut: Kdm BE, 3, 1947, S. 2.
6 Fricker, 1877, S. 1–187; hier S. 41.
7 Zur Berner Führungsgruppe: de Capitani, 1982; Zahnd, 1979. Allg.: Braun, 1996, S. 235–259. Vergleichend zu Führungsgruppen in Stadtrepubliken mit Hinweisen zu Bern: Isaacs, 1996, S. 207–234.
8 Schmid, 1995a, S. 259–270.
9 Roth Kaufmann/Buschor/Gutscher, 1994, S. 51 und S. 57.
10 Die Belege zu den Aufgaben des Hauswirts und den Gastmählern: Kdm BE, 3, 1947, S. 25.
11 Teuscher, 1998, S. 218–226.
12 Schmid, 1995a, S. 206–224; Teuscher, 1998, S. 128–134, S. 138–144.
13 Justinger, 1871, Nr. 360–367, S. 217–220.
14 Justinger, 1871, Nr. 421–423, S. 241–243.
15 Descœudres/Utz Tremp, 1993, S. 132–133.
16 Dies gegen Hofer in: Kdm BE, 3, 1947, S. 21.
17 Justinger, 1871, S. 213 zur Botschaft der Berner zum neugewählten König 1413: «…*do taten si als die, die zu dem römischen rich gehörent und dez richs gnaden allezit begerent ze bruchen und ze niessen…*».
18 Kdm BE, 3, 1947, S. 176–177, Abb. 138; Baum, 1941, S. 16–27. Im Bernischen Historischen Museum befindet sich eine Kopie dieses Bildes, wohl aus dem 17. Jahrhundert. Baum zeigt, dass sich Tschachtlan-Dittlinger und Schilling in der Amtlichen Berner Chronik für die Bilder Sigmunds wohl auf das Bild im Ratsaal stützten.
19 Schmid, 1996, S. 233–270.
20 Belege in: Kdm BE, 3, 1947, S. 25.
21 Zum demonstrativen Charakter der Amtsrechnungslegung Schmid, 1995a, S. 190–191.
22 Belege in Kdm BE, 3, 1947, S. 25–26, S. 30–31.
23 Esch, 1988, S. 3–64; hier: S. 11–20.
24 Kdm BE, 3, 1947, S. 34–35.
25 Largiadèr, 1949, S. 23–53; hier S. 33.
26 1533 erhielt der Stadtschreiber zusammen mit dem Säckelmeister den Auftrag, «*die brieff im grossen gwelb zu erläsen, sundern und ordentlich zusammen ze legen*», erst 1571–1573 wurden die Urkunden der säkularisierten Klöster geordnet und registriert. In den 1540er-Jahren musste Niklaus Zurkinden «*all trucken durchsuchen*», um Schriftstücke zu finden. 1554, 1558 und 1559 erging erneut der Auftrag an den Stadtschreiber, aufzuräumen, wobei der Stadtschreiber nicht wusste, «*wie vil und mengerley unnützer verlegener brieff und missiven im gwelb danyden liggend*» und «*bscheid begärt, ob er die all zusamen uff ein huffen leggen oder als unnütz ding zerryssen sölle, ist ime gwalt geben, was ime beduncke unnütz sin, das ers zerryssen und alweg thun solle und wöge*». Von Fischer, 1958, S. 21–32; hier: S. 24; Haller I, S. 483–485.
27 Von Fischer, 1958, S. 24.

Das Rathaus: der Bau von 1406–1417

1 Stettler, 1942. Die Kunsthistoriker haben übrigens die Augen vor den Eingriffen nicht verschlossen; am 15. Oktober 1941 besuchten die Professoren Josef Zemp und Hans Robert Hahnloser den Bauplatz.
2 Dazu Paul, 1987, und Fröschl, 1991.
3 Kdm BE, 3, 1947, S. 1–200. Die Nachträge von 1983, S. 469–495, bringen nichts zu unserem Thema.
4 Grimoldi, 1983.
5 Imhof, 1994, S. 13. Kdm SH, 1, 1951, S. 214–227.
6 Kdm BE, 3, 1947, S. 12–14.
7 Kdm BE, 3, 1947, S. 20–21. Die Errichtung des Rathauses von Basel dauerte vom Baubeschluss Ende 1503 bis zur Aufrichtung des Dachstuhls im Sommer 1509: Barth, 1983, S. 7–23.
8 Kdm BE, 3, 1947, S. 20–21, Anm. 6 (mit Wortlaut), und S. 84, Anm. 3 (hier ungenau «*Meister Hariman*»). Hofer, 1943, mit 21 Abb. nach Aufnahmen vor der Überarbeitung der Skulpturen; Hofer, 1978; Gerber, 1994, S. 44–45 und S. 159, Anm. 209 (hier ungenau «*die Haussteine, Werkstücke und Säulen fürs Rathaus anfertigten und versetzten*»). Auf Anfrage räumte Gerber (Brief vom 23. Dezember 1997) ein, dass «*Hariman*» ein Steinbrecher gewesen sein kann; die Stadtrechnung sagt nämlich (nach Hofers Transkription): «(1412)…*ouch so hant si* [die Bauherren] *hariman und sinen gesellen uff die sül im rathus geben und bezalt XL lb*…(1413)…*ouch hant si hariman bezalt uff die sül und ouch etzwi vil gsteines gekouft, es sin gwaderbenk oder santbenk, dasselb gestein alles der statt zu gehöret.*»
9 Dendrochronologische Untersuchung des Dendrolabors Heinz und Kristina Egger, Boll; Bericht vom 8. Juli 1998, Probe von sechs Bohrkernen an den «Firstsäulen».
10 Vorsichtig Kdm BE, 3, 1947, S. 2–3, Anm. 3, und S. 23, Anm. 1, zur Deutung der Rechtsquellen, und S. 128–130 zur traditionellen Deutung der Skulpturen.
11 Kdm BE, 3, 1947, S. 128, bes. Anm. 2; Abb. in Stettler, 1942, Taf. 21 und Taf. 23.
12 Welti, 1904, S. 26b, S. 27b, S. 46a, S. 83a, S. 86b, S. 181b, S. 199b, S. 214a.
13 Dazu Kdm BE, 3, 1947, S. 174.
14 Roth Kaufmann/Buschor/Gutscher, 1994, S. 51 und S. 57.
15 Diese Schlussfolgerung verdankt sich einem Gespräch mit Dr. Daniel Gutscher.
16 Kdm BE, 3, 1947, S. 25. Zur vielfältigen Nutzung des Rathauses und dieser Pflicht des Rathauswirts siehe Kopp, 1969, bes. S. 17; im Teildruck 1972, S. 13.
17 Kdm BE, 3, 1947, S. 176–177, bringt die Zahlung an Steffan in Zusammenhang mit der 1897 an drei Wänden des Regierungsratssaals, der ehemaligen kleinen Ratsstube, aufgedeckten Wandmalerei, darstellend den Stadtpatron St. Vinzenz, eine Wappenpyramide, ein leeres Hochrechteck mit dem Namen des Königs Sigmund und den Erzengel Michael mit der Waage. Der Umriss der Malerei folgte dem Bogen der Holztonne.
18 Kdm BE, 3, 1947, S. 24, S. 26–29 und S. 77, mit jüngeren Parallelen. Nicht klar zu deuten ist die älteste Bildquelle zum Äusseren des Rathauses; über diese siehe Kaiser, 1991.
19 Ein ursprünglich vorgesehener zentraler Treppenaufgang im Inneren bis ins Dachgeschoss würde die bestehende originale Umlenkung der mittleren Sparrenauflagerkräfte in die Hauptbinder und das originale Fehlen eines mittleren Binders erklären.
20 Karl Keller vermutete am 22. Januar 1941 eine ursprüngliche Aufteilung der Obergeschosse in eine Nordhälfte und eine Südhälfte: «*Der inzwischen über der Vorhalle des bisherigen Regierungsratssaales freigelegte Unterzug* (über den abgebrochenen Telefonkabinen) *bildet die Fortsetzung des Unterzuges über der mittleren Säulenreihe, so dass daraus geschlossen werden kann, dass ursprünglich eine Wand in der Längsrichtung über der mittleren Säulenreihe zwei Säle trennte, nördlich der aus den Chroniken bekannte Saal der 200 und südlich der kleinere Saal.*» Denkmalpflege des Kantons Bern, Berner Rathaus. Wochenrapporte 1940–1942, verfasst von Karl Keller, Architekt SIA, örtlicher Bauleiter (nachmals Stadtbaumeister von Thun, später von Winterthur). Jede erneute Beschäftigung mit dem Zustand bei Abbruch der Wände und Decken wird von der sorgfältigen Dokumentation Kellers ausgehen (Wochenrapporte und kotierte Bauaufnahmen der Fachwerkwände sowie durch Martin Hesse angefertigte, von Keller mit Datum verzeichnete Photographien).
21 Kdm BE, 3, 1947, S. 48–49 und Abb. 18–19.
22 Rathaus, 1994, S. 167–171, Kat. Nr. 78–80.
23 Stettler, 1942, S. 19; Kdm BE, 3, 1947, S. 102–104.
24 Von Rodt, 1922, S. 181.
25 Die im Januar 1998 vorgenommene Untersuchung zahlreicher Dokumente und des Dachstuhls selbst ergab folgendes: Die von Hofer als «Hängesäulen» bezeichneten Elemente sind nach Abschluss der Aufrichte, frühestens als deren letztes Glied eingebaut worden, zu einem Zeitpunkt, als die Kehlgebälke horizontal bereits beträchtlich gegeneinander verschoben waren. Ihre primäre Funktion ist nach heutiger Kenntnis weder die einer die Dachhaut tragenden Firstsäule noch die einer Hängesäule eines frei gespannten Dachwerks. Mit ihren je vier mächtigen Querschnitten sind sie als allseitig biegesteife, stabilisierende Spangen konzipiert, die die horizontale Verschiebung der Kehlgebälke stoppen und damit eine weitere Durchbiegung der grossen Dachfläche verhindern sollen. Zudem bilden sie zusammen mit den durchgehenden Binderbalken und den unteren, möglicherweise ebenfalls nachträglichen Bundstreben stabile Dreiecke. Gleichzeitig tragen sie das Gewicht der Kehlgebälke in den Dachboden ab. Beim Umbau von 1830 wurden die Fachwerkwände im 2. Obergeschoss zum Teil ausgebaut, die westliche Spange zu einer Hängesäule umfunktioniert und die Decke des grossen, nun anderthalbgeschossigen Ratssaals daran aufgehängt.
26 Meister der Münchener Marientafeln, Verkündigung an Maria, um 1435/40, Zürich, Kunsthaus: Brinkmann, 1995/96, Abb. 11. Eine dendrochronologisch auf 1438 datierte Balken-Bohlen-Decke besitzt das Gebäude des Liechtensteinischen Landesmuseums in Vaduz (freundliche Mitteilung von Peter Albertin, Winterthur).

Kapitel IV   Seite 306–313

Die Berner und ihre Wappen

1 Aus dem kurz nach 1375 entstandenen Guglerlied, zitiert nach WB BE, 1981, S. 24.
2 WB BE, 1981, S. 72 und S. 152.
3 WB BE, 1981, S. 70.
4 WB BE, 1981, S. 80.
5 WB BE, 1981, S. 106 und S. 164.
6 Vgl. CVMA Schweiz 4, 1998.
7 Schilling 3, S. 644 und S. 648.
8 WB BE, 1981, S. 76 und 114.
9 Kdm BE, 3, 1947, S. 128.
10 Zitiert nach Justinger, 1871, S. 102.
11 Schilling 3, S. 829.
12 Schilling, 1991, S. 133.
13 Schilling, 1991, S. 152.
14 Tschachtlan, 1988, S. 74.
15 Schilling, 1991, S. 270.
16 Ausführlich dargestellt bei Marchal, 1989.
17 Marchal, 1989, S. 112.
18 Marchal, 1989, S. 120f.
19 Z.B. Schilling, 1991, S. 209,
20 Schilling 2, S. 259 und S. 304.
21 Z. B. Schilling 2, S. 284 (Gefecht bei Wigoltingen) und S. 306 (Gefecht bei Ragaz).
22 Z. B. Schilling, 1991, S. 137 und S. 176.
23 Schilling, 1991, S. 299: Sowohl der Freiharst wie die Reitertruppe führen ein Kreuzfähnlein mit sich.
24 Schilling, 1985, S. 392,
25 Schilling 3, S. 87.
26 Kdm BE, 4, 1960, S. 149.
27 In doppelter Ausführung im westlichsten Obergadenfenster der Nordseite.
28 Erstmals Schilling 3, S. 148.
29 Als Beispiel von mehreren: Schilling 3, S. 533: leeres Schild über dem Tor von Morges.
30 Schilling 3, S.921.
31 Tschachtlan, 1988, S. 227.
32 Schilling 1, S.161.
33 Z. B. Murten: Schilling 3, S. 744.
34 Schilling 1, S. 341 und S. 344.
35 Schilling 1, S.124f.
36 Schilling, 1991, S. 272 – 278.
37 Vgl. auch Abb. 222.
38 Zur Bedeutung des Schwenkels vgl. Mühlemann, 1991, S. 29.
39 Schilling 3, S. 351.
40 Schilling 3, S. 490.
41 Schilling 3, S. 778 und andernorts.
42 Marchal, 1989, S. 118.
43 Kdm BE, 4, 1960, S. 270.
44 Kdm BE, 2, 1959, S. 124ff., S. 282, S. 359.
45 Kdm BE, 2, 1959, S. 126.
46 Schilling 3, S. 7.
47 Christoph von Tavel in: Kat. Niklaus Manuel Deutsch, 1979, S. 252ff.

Kapitel IV   Seite 314–323

Könige, Päpste und Fürsten in Bern

1 Zur Entwicklung Berns von einer königlichen Stadt zu einer Reichsstadt Schwinges, 1991, S. 12–17.
2 RQ Bern I/1, S. 6 (Art. 9).
3 Moraw, 1983, S. 33–35; Peyer, 1964/1982; Peyer, 1958/1982a.
4 Chronica de Berno, 1871, S. 298; Anonyme Stadtchronik, 1871, S. 337f.; Justinger, 1871, S. 43, 125.
5 Justinger, 1871, S. 217–219; Keller, 1937, S. 15–19; Feller I, S. 243f.
6 Zur sakralen Qualität des römischen König- und Kaisertums Schubert, 1979, S. 35–42.
7 Zum antiken Ursprung und zur Ausgestaltung des königlichen Empfangszeremoniells im Mittelalter Dotzauer, 1973; Peyer, 1958/1982b, S. 56–68. Drabek, 1964, und zusammenfassend Niederstätter, 1991, beschäftigen sich mit dem königlichen Empfangszeremoniell im Spätmittelalter, und Schmugge, 1987, S. 71–76, hebt den Aspekt des Königsbesuches als festliches Ereignis hervor.
8 Schweizerisches Idiotikon XIII, Sp. 1613f.
9 Puza, 1991, Sp. 1254.
10 Justinger, 1871, S. 241f.; Feller I, S. 249; Utz Tremp, 1993a, S. 132.
11 Schilling, 1893, S. 467. Nur knapp erwähnt ist der Besuch bei Tschachtlan, S. 290; Stutz, 1930, S. 10; Feller, 1946, S. 280. Einen ausführlichen Bericht über den Empfang von Papst Felix V. in Solothurn gibt Felix Hemmerlin, der damals Propst des St. Ursenstifts und in dieser Funktion am Empfang führend beteiligt war (Stutz, 1930, S. 11f.).
12 Traeger, 1970, S. 71f., S. 105–107.
13 Descœudres/Utz Tremp, 1993, S. 61f., 132.
14 Justinger, 1871, S. 241f., Kap. 421–423. Descœudres/Utz Tremp, 1993, S. 132, wo Utz vermutet, der Papst hätte vom Lettner aus gesungen. Wir sind indessen der Auffassung, dass «tormenter» als eindeutige Lokalisierung ernst zu nehmen sei. Der im Osten der Klausur gelegene Friedhof (Predigerfriedof) bot dazu einen idealen Raum; der Winkel zwischen Chor und Ostfassade des Klosters bot die entsprechende akustische Voraussetzung für diesen Auftritt.
15 Zur Ikonographie des reitenden Papstes Traeger, 1970, v.a. S. 5–19, 67–70, 107–109.
16 Bei seiner Abreise gab Papst Martin «usser dem tütschen huse dem volk sinen heiligen segen und sass da uf ein wisses rosse mit einem van, und fürt man im daz heilig sacrament vor mit grosser gezierde uf einem wissen rosse mit einem van» (Justinger, 1871, S. 242).
17 Traeger, 1970, S. 109–112.
18 Vgl. Kap. II, S. 97ff.
19 Chronica de Berno, 1871, S. 298.
20 Justinger, 1871, S. 217.
21 Justinger, 1871, S. 217.
22 Justinger, 1871, S. 219. Die diesbezüglichen Begehren der Stadt an den König: Tobler, 1886, S. 364–366. Zum königlichen Recht der Einführung Verbannter in die Stadt Drabek, 1964, S. 35–37; Peyer, 1958/1982b, S. 61f.
23 Tobler, 1886, S. 363.
24 Tremp, 1991b, S. 24.
25 Tobler, 1886, S. 363f.; Keller, 1937, S. 15.
26 Stutz, 1930, S. 7f.
27 Stutz, 1930, S. 10; Bestellung, 1817, S. 395–397.
28 Anshelm IV, S. 233, 238; Feller, 1953, S. 70. Die Ochsen kosteten inklusive Transport von Zofingen laut der Berner Stadtrechnung des zweiten Halbjahres von 1517 allein fast 280 Pfund (STAB: B VII, Nr. 185q).
29 Justinger, 1871, S. 218, S. 241.

30 Gemäss der Stadtrechnung des ersten Halbjahres von 1382 schenkte man «dem jungen grafen von Safoy und sinem gesinde [...] zuo dien Predigern» für Kost und Logis 65 Pfund und 11 Schilling (Welti, 1896a, S. 212). Obschon König Heinrich VII. 1309 und 1310 im Dominikanerkloster untergebracht war, wie es in der Anonymen Stadtchronik, 1871, S. 337f., heisst, muss offen bleiben, denn sowohl die Chronica de Berno, 1871, S. 298f., wie auch Justinger, 1871, S. 43, erwähnen nichts dergleichen (Utz Tremp, 1993a, S. 132).
31 Für Freiburg Tremp, 1991b, S. 31f.; für Solothurn Stutz, 1930, S. 12 (nach dem Bericht Hemmerlins).
32 Justinger, 1871, S. 241, und Amiet, 1952, S. 317.
33 Peyer, 1987, S. 205–219.
34 RQ Bern I/1, S. 6 (Art. 9): «Si autem dominus vester in urbem venerit, milites et hospites locentur in domibus illorum, qui hospites recipere consueverunt. Si vero domus illorum non suffecerint, etiam alias locari debent sine civium detrimento.» Oder nach der ältesten deutschen Übersetzung: «Were aber das uwer herre, in uwer stat kemi ze üch, so mugent die ritter und die geste varn und herbergen in der wirten hüser, die geste alewegent enphahent. Ist aber das si in disen hüsern nüt mügent beliben noch gemach han, so sol man si och anderswa enphahen, doch ane der burger schaden.»
35 Anshelm IV, S. 233. Zur Gastung der römisch-deutschen Könige Drabek, 1964, S. 57–59.
36 Gedruckte Beispiele finden sich bei Tremp, 1991b, S. 49–54, und Rüegg, 1908, S. 46–68.
37 Einzig zu den Besuchen des Grafen Amadeus V. von Savoyen 1382 (vgl. Anm. 30) und des Herzogs Philipp von Burgund 1454 finden sich in den Stadtrechnungen fragmentarische Hinweise. Anlässlich des letzteren wandte Bern unter anderem für 4½ Saum burgundischen und Ryfwein sowie für 24 Saum Landwein insgesamt 160 Pfund auf (Welti, 1912, S. 7–9; Beiheft zur Rechnung I/1454, STAB: B VII 450f.).
38 Justinger, 1871, S. 126, S. 220, 236.
39 Welti, 1904, S. 109; Schilling, 1893, S. 466; Tschachtlan, 1988, S. 290.
40 Justinger, 1871, S. 128, 220.
41 Darüber, wie eine Fürstenreise auf dieser Achse aus der Sicht des Reisenden und seines Gefolges ablief, vermitteln die von Badel, 1991, ausgewerteten Rechnungen betreffend die Reise Wilhelms von Challants, des Bischofs von Lausanne, zum königlichen Hoftag nach Nürnberg im Mai und Juni 1422 einen ungefähren Eindruck.
42 Redlich, 1903, S. 192–194; Feller I, S. 56.
43 Regesten VI/2, Nr. 543.
44 Feller I, S. 71; Amiet, 1952, S. 232–235.
45 Feller I, S. 106f.; Gross, 1989, S. 6–8. Zum Romzug König Heinrichs VII. Heyen, 1965.
46 RQ Bern I/3, Nr. 80, S. 190–196; Justinger, 1871, S. 126; Feller I, S. 170f.
47 Krieger, 1994, S. 132; Schwinges, 1991, S. 15.
48 Über die Vorgänge in Mailand 1413/14 Hoensch, 1996, S. 170–183.
49 Feller I, S. 244; Keller, 1937, S. 20f. Schon im Sommer 1413 hatten die Eidgenossen – darunter auch die Berner – dem König ein Kontingent von rund 600 Knechten zugeschickt. Weil die Soldzahlungen ausgeblieben waren und Sigmund mit Filippo Maria einen Waffenstillstand geschlossen hatte, waren die Knechte unverrichteter Dinge wieder heimgekehrt (Mommsen, 1958, S. 176–178). – Ob eine bernische oder eidgenössische Unterstützung in einem allfälligen Krieg Sigmunds mit Herzog Friedrich IV.

Konrad Türst in Bern und seine Beziehungen zu Rudolf von Erlach

50 RQ Bern I/3, Nr. 133b, c, S. 480–485; Keller, 1937, S. 19f. Zum Besuch König Sigmunds in Freiburg Rüegg, 1908, S. 2–4.

51 Justinger, 1871, S. 235f.

52 Fründ, 1875, S. 109.

53 RQ Bern I/4, 1, Nr. 152d, 199f.; Feller I, S. 278 f; Schilling, 1893, S. 465; Tschachtlan, 1988, S. 290. Der anonyme Reisebericht findet sich bei Seemüller, 1896, S. 648–651. Zum Krönungsumritt König Friedrichs III. im Zusammenhang mit dem Alten Zürichkrieg Niederstätter, 1995, S. 145–179. Zum Besuch König Friedrichs III. in Freiburg Rüegg, 1908, S. 18–25.

54 Ausführlich zum Besuch der Päpste Martin V. und Felix V. in Freiburg Rüegg, 1908, S. 4–13, 17f.

55 RQ Bern I/6, 1, Nr. 7, S. 53–57.

56 Freddi, 1995, S. 141f., 173.

57 Hesse, 1992, S. 331f., S. 381–383.

58 Bubenberg konnte sich jedoch bis 1421, seinem Todesjahr, auf beiden Pfründen behaupten (Freddi, 1995, S. 141; Hesse, 1992, S. 331).

59 Tschachtlan, 1988, S. 290; Schilling, 1893, S. 466; Feller I, S. 280.

60 Zahnd, 1995, S. 30. Der Besuch war auch musikhistorisch von Bedeutung, denn im Gefolge der beiden savoyischen Herren befand sich Guillaume Dufay, der zur Feier des Vertragsabschlusses die dreistimmige Tenormotette «Magnanimae gentis laudes patiare, mi Berna» komponiert hatte und in Bern mit seinen Musikern aufführte.

61 Tremp, 1991b, S. 18; Rüegg, 1908, S. 37–45.

62 RQ Bern I/4, 1, Nr. 164m, Bem. 3, S. 370.

63 Anshelm IV, S. 233–238; Feller II, 1953, S. 70; Feller I, S. 524.

64 Feller I, S. 355; Schilling, 1991, S. 577; Schilling, 1893, S. 485; Tschachtlan, 1988, S. 413. Zum Itinerar Herzog Philipps Vander Linden, 1940, S. 325–331.

65 RQ Bern I/3, Nr. 133d, e, S. 485–487.

66 Justinger, 1871, S. 220.

---

von Österreich tatsächlich schon in Bern Thema von Verhandlungen war, wie Feller I, S. 244, vermutet, muss offen bleiben. Justinger, 1871, S. 222f., berichtet bloss, dass Sigmund im Januar 1415 ein entsprechendes Begehren, das dann zur Eroberung des Aargaus führte, an Bern und die Eidgenossen gestellt habe. Vgl. hierzu Schuler-Alder, 1985, S. 16, 26–28.

---

1 ZBZ, Ms. Z VII 287 Edition: Schmid, 1947. Kat. Handschriften III/1, S. 236; III/2, S. 175, Abb. 432.

2 ZBZ, Ms. Z XI 307. Edition: Türst, 1884, S. 22–43. Kat. Handschriften III/1, S. 236; III/2, S. 197, Abb. 479.

3 Bisher bestes Faksimile: Türst, 1942.

4 Usteri, 1847, S. 261: «Doctor cunrat turst arctt zürich». Türst ist wohl vor 1454 geboren, da er sich schon 1470 an der Universität Basel immatrikuliert hat.

5 Meyer, 1986, S. 191.

6 Hegi 1912, S. 289.

7 Hegi 1912, S. 297.

8 Nachgewiesen in den Zürcher Steuerbüchern 1417 und zwischen 1461 und 1470 (Steuerbücher Zürich II, S. 411, III, S. 248, S. 346, IV, S. 34, V, S. 91, V, S. 31, VI, S. 30, VII, S. 28).

9 Hegi 1912, S. 282.

10 Hegi 1912, S. 298.

11 Matrikel Basel I, S. 81: «Conradus Türst Const. dyoc.»

12 Ischer, 1945, S. 34.

13 Matrikel Ingolstadt I, Sp. 126: «Dominus Conradus Durst ex Durego medicine doctor.»

14 Kretschmer, 1986, S. 765–766.

15 Quellen zur Zürcher Wirtschaftsgeschichte II, 1937, S. 841.

16 Ischer, 1945, S. 46, 51.

17 Ischer, 1945, S. 45–46. Zum Abt: Helvetia Sacra III/1, S. 569–571.

18 Hegi, 1912, S. 296. Bei Herzog Stephan handelte es sich wohl um den moldauischen Fürsten Stefan III. den Grossen, der 1475–1504 regierte (Biographisches Lexikon zur Geschichte Südosteuropas, Bd. 4, München 1981, S. 178–180).

19 Kostenzer, 1970, S. 105.

20 Hegi 1912, S. 286, 296.

21 Suter, 1908/09, S. 59.

22 Regula starb am 30. September 1519 (Suter, 1908/09, S. 59).

23 Wehrli, 1924, S. 3, 39, 41–42, 82. In der Zentralbibliothek Zürich befinden sich einige Bücher, die einen Vorbesitzvermerk Clausers tragen, doch muss noch abgeklärt werden, ob sich Bücher Türsts darunter befinden.

24 Meyer-Salzmann, 1989, S. 173.

25 Schmid, 1947, S. 21.

26 Über Heingarter: Milt, 1940, S. 298; Haberling, 1931 III, S. 137.

27 Thurnheer, 1944, S. 17.

28 Milt, 1940, S. 305.

29 Matrikel Basel I, S. 82: «Eberhardus Sleúsinger de Gassmannsdorff arcium et medicine doctor, dyoc. Herbipolens.» Über Schleusinger: Brévart, 1992, Sp. 716–718; Germann 1993.

30 Milt, 1940, S. 305.

31 «Catalogus codicum latinorum Bibliothecae Regiae Monacensis», tom. 2, pars 2, München, 1876, S. 246–247, Cod. 14884: «Conradi Türst medici prognostica in a. 1487 ad Joannem Tegernpeck abbatem S. Emmerami». Bei Keil/Johanek, 1995, Sp. 1171, fehlen Standort und Signatur dieser Handschrift. Über Abt Johannes II. Tegernpeck siehe: «Ratisbona Monastica», 1. Teil, 4. Aufl., Regensburg 1752, S. 365–376.

32 «Con. Turstii prophetia de anno 1490» (BBB, Cod. 295, fol. 84a–fol. 88b). Vgl. Hagen, 1875, S. 315. Keil/Johanek, 1995, Sp. 1171, gibt fälschlicherweise 1481 an. Über Jakob von Cham: Helvetia Sacra II/2, S. 591–593.

33 Ischer, 1945, S. 44. Keil/Johanek, 1995, Sp. 1171, nennt Franciscus Maria Sforza als Adressat.

34 Ischer, 1945, S. 46. Von Keil/Johanek, 1995, nicht erwähnt.

35 ZBZ: 2.104 (Stöffler, Johannes: Elucidatio fabricae ususque astrolabii, Oppenheim 1513) beigebundenes Ms-Fol. 1r–6v. Keil/Johanek, 1995 kennt dieses Werk nicht. Freundlicher Hinweis von Rudolf Gamper. Über den Abt siehe: Helvetia Sacra III/1, S. 1147–1148.

36 Jahrbuch der Kunsthistorischen Sammlungen des allerhöchsten Kaiserhauses 3, Teil II, 1885, Reg. 2253, S. IV.

37 Keil/Johanek, 1995, Sp. 1172.

38 Wyss, 1884, S. 62–63.

39 Es sind keine grossen Verschiedenheiten zwischen der deutschen (Zürcher Exemplar) und lateinischen Fassung (Wiener Exemplar) der Karte festzustellen. Der Hauptunterschied besteht darin, dass im Wiener Exemplar Hallwiler- und Baldeggersee fehlen und die Karte flüchtiger gezeichnet ist. Faksimile des Wiener Exemplars bei Dürst, 1975, 2. Teil, Katalog Nr. 10.

40 Ohne Grafschaft Neuenburg.

41 In der deutschen Beschreibung.

42 In 1000 Schritten (grob geschätzt etwa 2 km).

43 Wohl verschrieben für Anseltingen.

44 Wurde 1485 aufgehoben (Helvetia Sacra II/2, S. 109).

45 Wird in der Beschreibung mit Aarburg verwechselt.

46 Wird in der Beschreibung mit Aarberg verwechselt.

47 26 (Wiener Beschreibung).

48 Zwei Spitäler, eines des Heiliggeistordens, das andere mit sechs verpfründeten Priestern, Kloster der Brüder und Jungfrauen des Predigerordens, Gotteshaus der Brüder des St. Franziskus.

49 16 (Wiener Beschreibung).

50 In Türst, 1884, S. 29 fälschlich mit V statt F geschrieben. Dieses Kloster wurde 1486 in das Chorherrenstift St. Vinzenz in Bern inkorporiert (Helvetia Sacra II/2, S. 152).

51 14 (Wiener Beschreibung).

52 11 (Wiener Beschreibung).

53 In der Beschreibung «Zwüschet den Sewen».

54 Fischenz.

55 Fehlt auf dem Wiener Exemplar der Karte.

56 Meyer von Knonau (Türst, 1884, S. 45), liest «Kürnietz».

57 Fehlt auf dem Wiener Exemplar der Karte.

58 Meyer von Knonau (Türst, 1884, S. 45) liest «Nidaw».

59 In Wirklichkeit war es ein Benediktinerinnenkloster.

60 23 von Bern bis ins Simmental und dann 20 bis Saanen.

61 «Junger sant Peters da selbs Gott gedienot, vil wunderzeichen».

62 Mit 18 Priestern, früher Hauptfeste der Freiherren von Thorberg.

63 Auf der Karte fälschlicherweise südwestlich von Grindelwald eingezeichnet.

64 «Am Wallisgebirg».

65 Bei Türst verschrieben als «Bunstetten».

66 Meyer von Knonau (Türst, 1884, S. 45) liest «Undersewen».

67 Bei Türst kommt man mit diesen Annahmen aber nicht weiter. Ein «Rosslauf» kann bei ihm bis zu 1500 m betragen (z.B. Strecke Oberhofen-Thun).

68 HBLS IV, S. 383: Jagdmatt (richtiger «Jagmatt») mit Kapelle von sagenhaftem Alter und Ursprung. Auf den 25. April (St. Markustag) wallfahrteten früher jährlich sämtliche Pfarreien des alten Kantonsteils dorthin. Auf dem Zürcher Exemplar kann der Name auch Fagmatt gelesen werden, auf dem Wiener Exemplar heisst er aber eindeutig Jagmatt.

Kapitel IV   Seite 330–348

Expansion und Ausbau

69 Gesellschaftsarchiv zum Distelzwang: Stubenrodel 1454–1485: fol. 95r (1482), fol. 97r (1483), fol. 98v (1484), fol. 101v (1485); Stubenrodel 1486–1544: fol. 6r (1486). Der Eintrag für 1486 ist bisher übersehen worden.
70 De Capitani, 1982, S. 65, 84–85.
71 HBLS IV, S. 252.
72 Türler, 1898b, S. 65; Thurnheer, 1944, S. 22.
73 Von Erlach, 1989, S. 76–89; Schilling, 1991, S. 15–16.
74 Schmid, 1947, S. 29–30.
75 Milt, 1940, S. 305–306; Schmid, 1947, S. 10–19.

1 Zur Entstehung städtischer Territorien im spätmittelalterlichen Reich u.a. Isenmann, 1988, S. 237–244; für die Eidgenossenschaft vgl. Peyer, 1978, S. 59–61. Speziell zu Bern, u.a. Häusler, 1981, Rennefahrt I, S. 21ff.; Feller I, und vor allem für das 14. Jahrhundert Zahnd, 1991b, mit weiterführender Literatur. Für zahlreiche Hinweise bin ich V. Bartlome, A. Dubler, R. Gerber und U. M. Zahnd zu grossem Dank verpflichtet.
2 Grundlegend Zahnd, 1991b.
3 RQ Bern II/2, S. 30.
4 Zahnd, 1991b, S. 30f.; vgl. Übersichtskarten in Häusler, 1981, S. 65 und 71.
5 Zahnd, 1991b, S. 34ff.
6 Schmid, 1995a, S. 90–100; Bierbrauer, 1991, S. 94. Bierbrauer bezeichnet diese Beteiligung des Landadels am Stadtregiment als charakteristisch für Bern, als eine Mischung von korporativ-gemeindlichen und feudalen Elementen in der Verwaltung. Eine Übersicht über die Twingherrschaften gibt Walder, 1980/81, S. 571–583.
7 U.a. Feller I, S. 197ff.; Geiser, 1891, S. 27ff.
8 Das Ausgreifen Berns in die Waadt nach 1450 kann mit Blick auf die Westschweiz als Beginn einer neuen Phase bernischer Territorialpolitik betrachtet werden, die erst 1617 mit dem endgültigen Verzicht der Savoyer auf die Waadt zum Abschluss kommt.
9 Geiser, 1888, S. 44–63; Stähli, 1974, S. 108.
10 Bierbrauer, 1982, S. 155f.; Feller I, S. 292ff.; Schmid, 1995a.
11 Bucher, 1944, S. 49, mit Blick auf den Aargau.
12 Dubler, 1992, S. 19; Rennefahrt I, S. 22f., 110f. (speziell auch zur Hochgerichtsbarkeit).
13 Geiser, 1891, S. 14; Rennefahrt I, S. 32; RQ Bern I/3, S. 487.
14 Vgl. u.a. Flatt, 1969, S. 79.
15 Rennefahrt I, S. 32–36; Feller I, S. 266f.; er bezieht sich auf eine Aussage des Chronisten Hans Fränkli, die dieser 1470 gemacht hat.
16 Feller I, S. 267.
17 De Capitani, 1982, S. 92; Rennefahrt I, S. 112f.
18 Grundlegend Schmid, 1995a; Rennefahrt I, S. 90. Ausserdem verloren die meisten Twingherren einzelne Regalrechte an Bern, u.a. das Fischerei- und Jagdregal (Rennefahrt I, S. 147).
19 Rennefahrt I, S. 111f.
20 Vgl. ausführlich dazu die Edition der Verträge in den Bänden der editierten Rechtsquellen des Kantons Bern.
21 Vgl. Artikel von U. M. Zahnd über Bern im Historischen Lexikon der Schweiz (im Druck); Bierbrauer, 1982, S. 148; Feller I, S. 268. Zur Rechtsstellung der Untertanen in städtischen Territorien im Vergleich zu jenen fürstlicher Territorien vgl. u.a. Leiser, 1975, S. 974. Er betont, dass aufgrund der bestehenden rechtlichen Unterschiede nicht von «Stadtstaaten» gesprochen werden kann, da es kein «gemeinsames Staatsangehörigkeitsrecht» gebe.
22 Holenstein, 1990a, S. 265, 270ff.; Rennefahrt I, S. 35f. (mit weiteren Beispielen); Geiser, 1891, S. 44.
23 U.a. Dubler, 1992, S. 38–55; Michel, 1966, u.a. S. 141; RQ Bern I/4, Nr. 148d, S. 119–125 (von 1451) mit Solothurn.
24 Freundliche Mitteilung von A. Baeriswyl, Archäologischer Dienst des Kantons Bern.
25 Vgl. Karten und Listen bei Walder, 1980/81, S. 571–583. Rennefahrt I, S. 35.
26 Strahm, 1971, S. 156f.
27 Geiser, 1891, S. 34.
28 Vgl. Liste bei Walder, 1980/81, S. 576–577b.
29 Werder, 1950, S. 9.

30 Arn, 1962, S. 82ff. (mit Liste der Landvögte); Michel, 1966, S. 146f.
31 Grundlegend RQ Bern II/8, 1, u.a. S. XLI–XLVI, dort auch Karte, die den Umfang des Landgerichtes Ranflüh aufzeigt, das sich im wesentlichen mit dem Emmental deckt.
32 RQ Bern II/8, 1, S. XXXIVff.; Dubler, 1992, S. 61; Das Gericht Röthenbach wurde von Thun aus verwaltet.
33 Detailliert Flatt, 1969, u.a. S. 71 sowie S. 156–170; RQ Bern I/3, Nr. 127.
34 Flatt, 1969, S. 271ff.
35 RQ Bern II/9, 1, S. XXXII bzw. S. XXXIX.
36 RQ Bern II/9, 1, S. LXVff.
37 Flatt, 1969, S. 269.
38 Detailliert Flatt, 1969.
39 Zu den Sonderrechten vgl. Karte bei Walder, 1980/81, S. 580f.
40 Generell zum Aargau, Bucher, 1944, S. 19–26; RQ Aargau II/1, S. 200–204. Bereits 1477 waren die Rechte Berns in der Grafschaft Lenzburg schriftlich niedergelegt worden (RQ Aargau II/1, S. 198ff.).
41 Besonders Bierbrauer, 1991 und Bierbrauer, 1982, u.a. S. 146ff. sowie die Einleitungen zu den jeweiligen Bänden der Rechtsquellen.
42 Dazu RQ Bern II/2, S. 9–38.
43 Vgl. Einleitungen in RQ Bern II/1, 1 sowie RQ Bern II/1, 2.
44 Strahm, 1971, S. 237; zu Krattigen vgl. RQ Bern II/2, 22–31.
45 Bierbrauer, 1991, u.a. S. 281–285.
46 Rennefahrt I, S. 34.
47 Haller II, S. 193f.; Briefe des Rates an die Ammänner von Vechigen und Stettlen.
48 Geiser, 1888, S. 55f.; Werder, 1950, S. 11.
49 Schmid, 1995a, S. 220f.
50 Geiser, 1891, S. 34.
51 Kurz/Lerch, 1970, S. 300 bzw. S. 332; RQ Bern II/7, S. XXIXf.
52 Zur Rechnungslegung Schmid, 1995a, S. 191–194.
53 Michel, 1961, S. 53.
54 RQ Bern I/1–2, Nr. 26, Ordnung ohne Datum.
55 Geiser, 1891, S. 120f.
56 Michel, 1961, S. 53f.
57 RQ Bern I/1–2, Nr. 213 – 1438.
58 Michel, 1961, S. 55f.
59 Michel, 1961, S. 62; RQ Bern I/1–2, Nr. 212 (undatiert auch Nr. 122).
60 Michel, 1961, S. 71ff.
61 Geiser, 1891, S. 120; Flatt, 1969, S. 271ff.; vgl. u.a. die Eide der Vögte von Grasburg und Murten, STAB: AI 453a, 119v bzw. 120v.
62 De Capitani, 1982, S. 89f.
63 Kurz/Lerch, 1970, S. 300–308; vgl. u.a. RQ Bern II/1, 1, S. XXVIff.
64 Zu Zürich vgl. Dütsch, 1994; Eugster, 1995, S. 316f.; für andere Reichsstädte (besonders Nürnberg) u.a. Leiser, 1990, S. 238f. sowie S. 975f.
65 Für Württemberg u.a. Rösener, 1987.
66 Vgl. Michel, 1961.
67 Z.B. für die Twingherrschaften im Landgericht Konolfingen Schmid, 1995a, S. 218f.; für die Herrschaft Krattigen im Oberland: RQ Bern II/2, S. 23.
68 RQ Bern II/9, 1, S. LVff.; zu den Eiden der städtischen Amtsträger vgl. RQ Bern II/9, 1, Nrn. 46a, b.
69 Zu seiner Person u.a. Zahnd, 1979, S. 197–201. Fricker bekleidete bereits seit 1467 zusammen mit seinem Vater das Stadtschreiberamt. Zur Bedeutung der juristischen Ausbildung u.a. Moraw, 1986.

Kapitel IV Seite 348–356

Die Stadt und ihre Landschaft

70 Z.B. Offnung des Hofgerichts Herzogenbuchsee 1407, die verschiedenen Offnungen über die Gerichte in der Landgrafschaft Burgund von 1409 mit Ergänzungen von 1456, 1488 (RQ Bern I/3, Nr. 127f, 127k); Urbar von Erlach 1485 (RQ Bern I/4, 1, Nr. 177q).

71 Zu den Stadtschreibern Zahnd, 1979, u.a. S. 194–201; Schmid, 1995a, S. 260. Dieser Prozess lässt sich bei der Funktion des Kanzlers in fürstlichen Territorien ebenfalls beobachten. In der Landgrafschaft Hessen beispielsweise findet sich Ende des 15. Jahrhunderts das Amt des (Kanzlei-) Sekretärs (Gundlach, 1931, S. 107f.).

72 STAB: AII, Nr. 1ff.; Esch, 1988.

73 STAB: AIII.

74 STAB: B XIII 29.

75 Zum Oster- und Eidbuch vgl. Schmid, 1995a, S. 150 bzw. S. 165f.; Geiser, 1891, S. 86–95.

76 U.a. zu Aigle Morgenthaler, 1919. Die savoyische Verwaltung hat sich durch eine hochstehende Schriftkultur ausgezeichnet. Die Restanzenbücher, die ausweisen, wieviel der abrechnende Amtsträger der Stadt noch schuldig geblieben ist, befinden sich heute im Staats- und Stadtarchiv sowie in der Burgerbibliothek Bern.

77 Vgl. allgemein Willoweit, 1983; Schubert, 1996; zur Eidgenossenschaft Peyer, 1978, S. 60f; zu Reichsstädten neben Isenmann, 1988, u.a. Wunder, 1979 sowie Leiser, 1975.

78 Zu Zürich Eugster, 1995, Dütsch, 1994; für Nürnberg u.a. Leiser, 1990, S. 238f., wo sich Beispiele anderer Reichsstädte finden, denen es nicht dauerhaft gelungen war, eine derartige Landeshoheit auszubilden. Bei Nürnbergs Territorium muss zwischen der Alten und der Neuen Landschaft unterschieden werden. In der Alten Landschaft besass die Stadt im Unterschied zur Neuen Herrschaft nur ein Bündel verschiedener, teilweise umstrittener Rechte.

1 Walder, 1980/81, S. 441–583; de Capitani, 1982, S. 50f.; Tremp-Utz, 1985.

2 Flatt, 1969, S. 309–315; de Capitani, 1982, S. 91ff.; Holenstein, 1998.

3 Flatt, 1969, passim; Ennen, 1979, S. 198f., S. 207–224; de Capitani, 1982, S. 29, S. 89ff.; Isenmann, 1988, S. 236–242.

4 Schulze, 1986, S. 203ff.

5 Kiessling, 1977, S. 855; Kiessling, 1986, S. 36ff.

6 Kiessling, 1986, S. 34, S. 52–60.

7 Leiser, 1975, S. 967–981, hier S. 970.

8 Kiessling, 1977, S. 840–844; Leiser, 1975, passim; Wunder, 1979, S. 79–91; Gmür, 1986, S. 177–197; Isenmann, 1988, S. 236–242.

9 Für die Schwarzwälder Reichsstadt Zell am Harmersbach und die Reichsstadt Eger in Böhmen s. Leiser, 1975, S. 973, S. 976; für die Landschaft der Reichsstadt Rottweil s. Weber, 1992.

10 Gasser, 1937, S. 96–108.

11 Walder, 1962/63.

12 Peyer, 1980, S. 166f.

13 Für die Schweizer Städte allgemein: Peyer, 1978, S. 59ff.; Schaufelberger, 1980, S. 328–335.

14 Peyer, 1978, S. 59ff.

15 Erni, 1947, S. 1–124; Schorer, 1989, S. 217–253; Holenstein, 1990b, S. 8–14.

16 Erni, 1947, S. 9ff.; Holenstein, 1990b, S. 10f.

17 Der Chronist Anshelm vermerkt zum Jahr 1509, die Stadt habe es vorgezogen, Ratsboten auf die Landschaft zu schicken, «wol bedacht weger ze sin, ire rät hinuszesenden, dan ire undertanen harin zue räten zemachen, so dann selten on nachteil einer oberkeit zue samen kommen, gwonlich alwegen ira etwas abziehen, parti und irrung anrichten oder stärken» (Anshelm III, S. 193; zitiert nach Erni, 1947, S. 9f.).

18 Druck der Urkunde in: RQ Bern II/2, S. 62–65, Nr. 27. Die neueste Interpretation bei: Bierbrauer, 1991, S. 170–177; Holenstein, 1991, S. 242f.

19 Dem Bund blieben drei bedeutende Verbände des Oberlandes fern: die Stadt Thun sowie die beiden Talgemeinden Hasli und Frutigen.

20 Die Stadt Bern willigte noch 1445 in die Ablösung der Grundlasten im Niedersimmental ein (Bierbrauer, 1991, S. 133, S. 176).

21 Bierbrauer, 1982, S. 145–157, hier S. 155f.

22 Anshelm III, S. 442–464; Amiet, 1941, S. 653–728; Schaufelberger, 1980, S. 333ff.; Bierbrauer, 1991, S. 238–244.

23 Schaufelberger, 1980, S. 348–358; Esch, 1990, S. 348–440.

24 De Capitani, 1982, S. 17f., S. 78f.

25 Erni, 1947, S. 70.

26 Schmid, 1996, S. 233–270.

27 Der Abschied bei Anshelm III, S. 456–462. Neu in: RQ Bern I/4,1, S. 711f., Nr. 188f.

28 RQ Bern I/4,1, S. 711f.

29 RQ Bern I/4,1, S. 711f., Pkt. 2.

30 RQ Bern I/4,1, S. 711f., Pkt. 13.

31 Bierbrauer, 1991, S. 242f.

32 RQ Bern I/4,1, S. 711 und 713f. Anshelm notierte die Begehren nach Erneuerung der Freiheitsrechte durch die Kommunen mit deutlicher Missbilligung: «Da wurden friheiten geheischen und geben, die guotem gmeinem regiment unlidlich und verderblich» (Anshelm III, S. 463).

33 Specker, 1951; Walder, 1980/81, passim; Bierbrauer, 1991, S. 244–288.

34 Walder, 1980/81, S. 499–526.

35 Walder, 1980/81, S. 511f., S. 515–521.

36 Specker, 1951, passim; Walder, 1980/81, S. 526–530; Bierbrauer, 1991, S. 262–279.

37 Specker, 1951, S. 20–36; Bierbrauer, 1991, S. 269–279.

38 Walder, 1980/81, S. 528; Specker, 1951, S. 32–36; Bierbrauer, 1991, S. 271–275.

39 Druck des Verkommnisses in: RQ Bern I/4,1, S. 348f., Nr. 19b.

40 Von Muralt, 1980, S. 519–526; Maeder, 1974/75, S. 109–144.

41 Maeder, 1979, S. 91–98, hier S. 97.

42 Walder, 1983, S. 74–134; Peyer, 1978, S. 64–68.

43 Steck/Tobler, S. 1477, Nr. 3239.

44 Anshelm III, S. 133.

45 RQ Bern I/4,2, S. 731–735, Nr. 190 m.

46 RQ Bern I/4,2, S. 731–735, Nr.190 m, der ganze Passus: «*Das aber wir* [Schultheiss, Klein- und Grossrat] *fuerhin gestatten sölltend, das die unsern von statt und land allso einandern sölltend beruffen und beschriben, wurde soemlichs uns in die har gantz beschwerlich sin, hierumb wir das fürhin nit me gestatten, sonder jeder unser herschaft frylich zugelassen haben wellend, ob jemant ettwas angelägen, dasselbig für uns zebringen, des ouch jede landschaft und herschaft zuo uns fryen zugang haben soll.*»

47 Maeder, 1983, S. 76–88; Suter, 1995, S. 161–194.

48 Holenstein, 1991, S. 337–342.

49 Walder, 1980/81, S. 456, S. 473ff.

50 Flatt, 1969, S. 37–59; Meyer-Hofmann, 1969; Walder, 1980/81, S. 574–580; de Capitani, 1982, S. 32, S. 34–46, S. 81–87; Schmid, 1995a, passim.

51 Zit. nach de Capitani, 1982, S. 32.

52 De Capitani, 1982, S. 34–44, S. 91ff.; Schmid, 1995a, passim; Holenstein, 1998.

Kapitel IV Seite 356–360

Die Ämterbefragungen

1 STAB: U. P. 4, Nr. 152.
2 STAB: U. P. 1, Nr. 85.
3 Dazu Schorer, 1989, S. 224.
4 Vgl. dazu die Karte «Die Glieder des bernischen Territorialstaates in den Befragungen von Stadt und Land 1524–1528»: Walder, 1980/81, S. 580.
5 Stürler, 1868–1871, S. 226f.
6 Dändliker, 1896, S. 62.
7 Erni, 1947, S. 6ff.
8 Dasselbe gilt auch für das restliche Reich und Oberitalien: Walder, 1980/81, S. 473f.; Isenmann, 1988, S. 237ff.
9 Lohner, 1827, S. 330f.
10 Schorer, 1989, S. 220.
11 Lohner, 1827, S. 333.
12 Schorer, 1989, S. 221 (mit Anm. 24).
13 Anshelm III, 1888, S. 193.
14 Von Stürler, 1868–1871, S. 239.
15 Vgl. Schmid, 1995a, S. 216.
16 STAB: T Miss D, fol. 232v. Vgl. auch Walder, 1980/81, S. 519.
17 STAB: U. P. 4, Nr. 154.
18 Schorer, 1989, S. 225.
19 STAB: U. P. 6, Nr. 272.
20 Schorer, 1989, S. 228.
21 Erni, 1947, S. 6.
22 STAB: T Miss H, fol. 123v.
23 STAB: T Miss O, fol. 123r.
24 Schorer, 1989, S. 229.
25 Sog. «Kappelerbrief»: vgl. Walder, 1980/81, S. 534f.

Kapitel IV Seite 360–365

Berns Griff nach den Klöstern

1 Zur Kirchengeschichte des Kantons Bern vgl. Guggisberg, 1958 sowie Feller I. Eine Gesamtbetrachtung über das Verhältnis der Stadt Bern zu den einzelnen geistlichen Niederlassungen im 15. Jahrhundert ist noch ausstehend.
2 Zu den einzelnen Klöstern oder Stiften vgl. die entsprechenden Ausführungen der Helvetia Sacra.
3 RQ Bern I/3, Nr. 2, S. 24.
4 RQ Bern I/3, Nr. 6, S. 28.
5 Zahnd, 1991b, S. 21–59.
6 Zum Burgrecht vgl. auch Christ, 1999.
7 Zum Begriff Udelzins vgl. Gerber, 1994, S. 106.
8 Vgl. dazu den Inhalt der Urkunde von 1386 zwischen Bern und dem Kloster Frienisberg: RQ Bern I/3, Nr. 98d, S. 244ff.
9 RQ Bern I/3, Nr. 44, S. 80.
10 RQ Bern I/3, Nr. 85, S. 203.
11 Häusler, 1981, S. 65.
12 RQ Bern I/3, Nr. 112b, S. 332.
13 RQ Bern I/3, Nr. 135l, S. 503.
14 Zur allgemeinen Bernergeschichte vgl. Feller I, sowie Häusler, 1981, S. 51–106.
15 RQ Bern I/3, Nr. 98d, S. 244ff.
16 RQ Bern I/3, Nr. 112, S. 331.
17 Helvetia Sacra III/2, S. 707–729.
18 Leuzinger, 1998.
19 Vgl. Feller I, S. 441f. sowie Rennefahrt, 1958, S. 151ff.
20 RQ Bern I/3, S. 331, Nr. 112.
21 Vgl. Tremp-Utz, 1985.
22 Diese starke rechtliche Stellung des Berner Rates gegenüber dem Stiftskapitel stellt im Vergleich mit andern Städten des Reiches eine Ausnahme dar. Einzig Freiburg i. Ü. besass gegenüber dem Stift St. Niklaus einen ähnlichen starken Einfluss. Vgl. dazu Marchal, 1982, S. 463ff.
23 RQ Bern I/6, 1, S. 168–188, Nr. 14d und 14e.
24 Vgl. dazu: Feller I, S. 443: Feller erwähnt, dass Bern wirtschaftlich und geistlich geschwächte Klöster zur Inkorporation ins St. Vinzenzstift ausgewählt habe.
25 Amiet, 1851, Nr. 520, S. 125ff.
26 Zu Fraubrunnen vgl. Leuzinger, 1998.
27 Das Kloster Lützel (gegr. 1123), auf der heutigen Grenze zwischen der Schweiz und dem französischen Oberelsass gelegen, war das Mutterkloster der Abtei Frienisberg, dessen Abt normalerweise für die Visitationen in Fraubrunnen zuständig war.
28 Amiet, 1851, Nr. 520, S. 125ff.

Kapitel V Seite 367–380

Zwischen Heilserwartung und Selbstinszenierung: Religiöse Stiftungen und ihre Motivationen

1 Burkhard Zink, Stadtchronik Augsburg, zitiert nach Andreas, 1959, S. 142. Zu Burkhard Zink vgl. u. a. Schnith, 1958. Für die bibliographischen Auskünfte in bezug auf den Augsburger Chronisten sei hier Herrn Christoph Engelhard, Stadtarchiv Memmingen, herzlich gedankt. Danken möchte ich an dieser Stelle auch Brigitte Kurmann-Schwarz für die aufmerksame Lektüre dieses Beitrags und ihre kritischen Einwände an den Stellen, an denen es unvermeidbar war.
2 Tobler, 1896, S. 293–314.
3 Zu der Berner Reformation und den Folgen für die Durchsetzung der neuen Lehre in der Eidgenossenschaft vgl. hier Kap. VI, S. 590.
4 Vgl. Furrer, 1993a, insbes. S. 11–14; Furrer, 1993b, S. 323–332. Nicht unerwähnt bleiben soll in diesem Zusammenhang, dass die jüngste Portalrestaurierung in toto auf der letzten Restaurierung von 1913/14 beruht, insofern ein «Remake» derselben darstellt. Vgl. hierzu Sladeczek, 1999a.
5 Die konfessionell geprägte, um nicht zu sagen verbrämte Diskussion endete schliesslich in dem Kompromiss, dass man die Gewände- und Archivoltenfiguren eher schlicht fasste, d. h. in Sandsteinfarben mit partiellen Goldauflagen, die Tympanonfiguren hingegen mit einem buntem Farbanstrich versah. Vgl. hierzu Bächtiger, 1985.
6 Vgl. v. a. Andreas, 1959; Boockmann, 1988; Moeller, 1991; Schreiner, 1992; Decker, 1994 und Himmel, Hölle, Fegefeuer, 1994.
7 In bezug auf das Stiftungswesen zur Zeit des Spätmittelalters in Bern gibt es noch sehr viel aufzuarbeiten. Ein erster Schritt in die richtige Richtung wäre es schon, wenn man sich im Rahmen einer interdisziplinären Zusammenarbeit an die Erforschung des St. Vinzenzen-Schuldbuchs (Stadtarchiv Bern [zu einer Kurzcharakteristik vgl. Kurmann-Schwarz, 1992, S. 49, Anm. 12]) wagen würde, der wichtigsten Quelle, die den Bau des Berner Münsters betrifft. Des weiteren wären auch die Testamentenbücher, die von Kathrin Tremp-Utz im Rahmen ihrer vortrefflichen Abhandlung über das Vinzenzstift bereits ausgewertet wurden (vgl. Tremp-Utz, 1988), zu konsultieren, und zwar dezidiert unter dem Aspekt des Stiftungswesens innerhalb der Stadt.
8 Moeller, 1991, S. 81.
9 Boockmann, 1993, S. 57.
10 Die «Devotio moderna» stellt eine Reformbewegung zwischen 1375 und 1550 dar. Initiiert durch Geert Groote in Deventer, vereinigte sie verschiedene religiösen Bewegungen in sich, so u. a. die brabantische und rheinische Mystik. Die inhaltliche Ausrichtung der «Devotio moderna» galt v. a. dem Ideal der vita communis der Urkirche (d. h. persönliches Eigentum wurde zugunsten der Gemeinschaft abgetreten), der konkreten Frömmigkeit sowie dem Leben in Armut und Demut. Die Reformbewegung trug u. a. zu einer Förderung der Buchkultur und der volkssprachlichen Literatur bei. Vgl. LThK III, Sp. 173–174.
11 Moeller, 1991, S. 78.
12 Moeller, 1991, S. 76.
13 Vgl. Moeller, 1991, S. 80.
14 Die bedeutendsten Kirchenkritiker des 15. Jahrhunderts im Gebiet des Deutschen Reiches waren: die beiden holländischen, der Bewegung der «Devotio moderna» nahestehenden Theologen, Johann Pupper von Goch († 1475) und Wessel Gansfort († 1489) sowie der Rheinländer Johann Ruchrath von Oberwesel († nach 1479). Vgl. Moeller, 1991, S. 82.

15 Vgl. Moeller, 1991, S. 74 und S. 308f., Anm. 12.
16 Baxandall spricht diesbezüglich zu recht von einer «ungesunden» Entwicklung und betont, dass «eine schlecht ausgebildete und jammervoll unterbezahlte Klasse von ‹Altaristen›, ein unrühmliches Proletariat von Kaplänen, die Messen vor diesen Altären zelebrierte». (Baxandall, 1985, S. 73). Für die Kleinstadt Biberach z. B. weisen die Aufzeichnungen des Priesters Heinrich von Pflummern (1475–1561) insgesamt 36 Priester aus; diese lasen je vier Messen die Woche – ein Soll, das wöchentlich 144 und jährlich 7488 Messen ergab (vgl. hierzu Schilling, 1875, S. 18). Die Anzahl von vier Messen pro Woche ist auch von anderen Pfarrkirchen wie z. B. vom Ulmer Münster her überliefert (vgl. Boockmann, 1993, S. 58).
17 Die Forderung nach einer fundierten theologischen Ausbildung für den geistlichen Beruf war eine der grundsätzlichen Neuerungen, die durch die Reformation realisiert worden war. Vgl. Moeller, 1991, S. 83f.
18 Vgl. zu diesen Zusammenhängen u. a. North, 1992, insbes. S. 101–127.
19 In bezug auf die noch erhaltenen Altarstiftungen in Nürnberg liess sich ermitteln, dass drei Viertel von den Bürger in Auftrag gegeben wurden. Vgl. Vavra, 1987, S. 266, Anm. 32.
20 Desgleichen auch für Zürich. So wiesen die Untersuchungen Peter Jezlers nur ein einziges Retabel aus, das vor den Bilderstürmen in der Zürcher Landschaft gerettet werden konnte: den 1503 datierten Flügelaltar aus dem Kloster Rüti (heute St. Gallen, Bischöfliches Ordinariat). Vgl. Jezler, 1988, S. 86.
21 Vgl. von der Osten, 1974, S. 26.
22 Ablass im generellen Sinn bedeutet Nachlass, Verzeihung; im engeren Sinne bezeichnete man damit das Erlassen der zeitlichen Strafe für bereits vergebene Sünden. Der Nachlass wurde von kirchlicher Autorität aus dem Kirchenschatz unter der Bedingung gewährt, dass der Gläubige bestimmte Gebete, Wallfahrten, Beiträge an einen Kirchenbau oder andere fromme Leistungen/Einrichtungen erbrachte. Vgl. Rova, 1994, S. 234.
23 Als «Zehnt» bezeichnete man den zehnten Teil vom Ertrag der Ernte, den der Bauer an die Kirche abgeben musste; die «vier Opfer» war eine Gebühr in Höhe eines Pfennigs, den die Erwachsenen viermal pro Jahr – jeweils zu Weihnachten, Ostern, Pfingsten und Maria Himmelfahrt [15. August] – zu entrichten hatten; die Stollgebühren fielen bei besonderen kirchlichen Amtshandlungen an wie z. B. zur Taufe, bei der Eheschliessung oder der Verleihung der Sterbesakramente. Vgl. Jezler, 1988, S. 42.
24 Justinger, 1871, Kap. 146.
25 Von den älteren Publikationen beachtenswert: Türler, 1896; Türler, 1921; Von Greyerz, 1940; Guggisberg, 1958. Unter den jüngsten Publikationen zu nennen sind hier v.a. Tremp-Utz, 1982; Tremp-Utz, 1986; Göttler / Jezler, 1990; Kurmann-Schwarz, 1992; Kurmann-Schwarz, 1998 sowie Sladeczek, 1999b.
26 Vgl. hierzu Gutscher/Zumbrunn, 1989; Sladeczek, 1990a; Sladeczek, 1992; Zumbrunn/Gutscher, 1994; Sladeczek, 1999b.
27 Zitiert nach Moeller, 1991, S. 75.
28 Vgl. die Angaben in Anm. 1.
29 Vgl. hierzu Jezler, 1994, S. 22.
30 Vgl. Mt. 6, 19; 19, 21; 25, 14.
31 Unter dem Begriff «Seelgerät» fasste man die kirchlichen Totendienste und frommen Vergabungen zusammen. Vgl. Jezler, 1988, S. 42.
32 Vgl. Jezler, 1994, S. 22.
33 Der Altar des Thüring Fricker stand an der Stelle des ehemaligen Nikolausaltars, welcher ursprünglich die Patrozinien der hll. Katharina und Barbara verzeichnete. Vgl. Göttler/Jezler, 1990, S. 195f.
34 Erhalten geblieben sind einzig die Flügel, der Schrein mit der plastischen Darstellung von Toten ist verlorengegangen.
35 «Thüring Frickers Allerseelenkaplanei erweist sich als ausserordentlich geistreiche Komposition, die gemeinnützige und private Interessen der Jenseitsvorsorge in Einklang zu bringen versucht und ein Altarbild aufweist, welches das Stiftungswesen als solches reflektiert.» (Göttler/Jezler, 1990, S. 189).
36 Jezler, 1994, S. 26. Auf weitere Interpretationsmomente den Allerseelenaltar betreffend, kann im Rahmen dieses Aufsatzes nicht eingegangen werden. Vgl. hierzu die Ausführungen von Göttler/Jezler, 1990, die sich ebenso «geistreich» ausnehmen wie die Allerseelenkaplanei des Stifters selbst.
37 Jezler, 1994, S. 22.
38 Eine solche Auffassung auch bei Bernward von Hildesheim († 1022), der testamentarisch verfügt hatte, dass Christus sein Erbe sein solle (vgl. Jezler, 1994, S. 22).
39 Untersuchungen Wolfgang Schmids über das spätmittelalterliche Stiftungswesen in Köln haben die mit den Stiftungen verbundenen Kostenexplosionen eindrücklich vor Augen geführt. Der Kaufmann Johann Rinck z. B. hatte für sein Seelenheil mehr als 20 000 Gulden ausgegeben – genau so viel, wie auch die Augsburger Fuggerei gekostet hatte. Vgl. Schmid, 1990a, S. 9.
40 Mit der stark aufkommenden Heiligenverehrung zur Zeit des Spätmittelalters nahm auch der Reliquienkult in einem bis dahin nie ausgewiesenen Masse zu. Beflügelt wurde diese Entwicklung vor allem durch den Glauben, «dass der Besitz des Leichnams eines Heiligen, einzelner Knochen oder Körperteile oder Partikel von ihnen, der Marterwerkzeuge oder der Kleider, die Gegenwart des Heiligen ersetzen könne». (Flügel, 1983, S. 76) – Ein Blick auf das «Heiltum», wie man die Reliquie im Mittelalter nannte, konnte bereits Ablass der zeitlichen Sündenstrafen erwirken. Von daher wird verständlich, dass der Reliquienkult auch zu einer sprunghaften Zunahme der Wallfahrten geführt hatte. Eine der begehrtesten «Heiltumsfahrten» war die zur Pfalzkapelle Karls des Grossen in Aachen. Vgl. hierzu Wallfahrt, 1984 und Legner, 1995, passim.
Bern hatte seinen Heiltums-Skandal 1463, als der in Diensten des Niklaus von Diesbach gestandene Magister Johannes Bäli in Köln weilte und dort kurzerhand das Haupt des hl. Vinzenz nach Bern entführte, das bereits kurz darauf unter dem Hauptaltar als kostbarste Reliquie des Münsters ruhte. Bäli, der anschliessend persönlich nach Rom reiste, um Absolution für seine Freveltat zu erbitten (die ihm auch gewährt wurde), erhielt vom Rat der Stadt Bern in Anerkennung für seine Verdienste ein Amt und eine Altersversorgung bewilligt. Köln forderte jahrelang die Zurückerstattung der entwendeten Reliquie – vergeblich. Zu diesen Zusammenhängen, auf die hier nicht weiter eingegangen werden kann, vgl. Türler, 1892b.
41 Vgl. Moeller, 1991, S. 77. – Zu der Reliquiensammlung Kardinal Albrechts von Brandenburg, auch unter der Bezeichnung, Hallisches Heiligtum bekannt, vgl. zuletzt Legner, 1995, S. 107–114.
42 Vgl. Schmid, 1990a, S. 10 und Jezler, 1994.
43 So z. B. in Ulm (vgl. Boockmann, 1993, S. 58).
44 Vgl. Sladeczek, 1990b, Abb. 33.
45 Die Figur muss frei aufgestellt, d. h. von allen Seiten sichtbar gewesen sein. Vgl. auch Zumbrunn/Gutscher, 1994, S. 103 und Sladeczek, 1998, Kat. Nr. 23.
46 Zitiert nach der deutschen Übersetzung bei von Greyerz, 1934, S. 149f.
47 Beer, 1991, S. 102. Die Identifikation des Stifters mit seinem Schutzheiligen war Ausdruck eines allgemeinen Heilverlangens. Vgl. hierzu v.a. Andreas 1959, S. 142ff. und Konrad, 1993, S. 46f., Nr. 1.08 und Farbtafel 2.
48 Mit dieser Auffassung, in der zugleich auch der Gedanke an den ‹miles Christi› anklingt (vgl. LCI III, Sp. 267f.), stand Niklaus von Scharnachthal sicherlich nicht allein: Sie entwuchs letztlich der Tradition der Pilger- und Abenteuerfahrten, die bei den Bernern im 15. Jahrhundert längst schon zum Bestandteil ritterlich-höfischer Bildung geworden waren. Vgl. Zahnd, 1979, S. 108ff.
49 Vgl. hierzu die Ausführungen in Anm. 33–36.
50 Vgl. Tremp-Utz, 1986, S. 83.
51 Ein weiteres Beispiel bietet die zusätzliche Stiftung des Chorherrn Vinzenz Kindimann auf den Altar des hl. Jost. Vgl. Tremp-Utz, 1982, S. 17; Tremp-Utz, 1986, S. 83.
52 Durch den räumlichen ‹Engpass› im Münster sah sich vermutlich auch der Stiftspropst Johannes Armbruster dazu veranlasst, die Stiftung seiner Kapelle ausserhalb der Stiftskirche vorzunehmen (vgl. Tremp-Utz, 1986, S. 78). Sie entstand 1503 auf dem südöstlichsten Pfeiler der Plattformmauer (Armbrusterkapelle I), musste dort 3 Jahre später aus statischen Gründen abgetragen werden und wurde noch im selben Jahr auf dem Münsterplatz wieder aufgebaut (Armbrusterkapelle II). Vgl. Sladeczek, 1989, insbes. S. 74–76 und Gutscher, 1994, S. 13–15.
53 Tremp-Utz, 1982, S. 17.
54 Zu den Jahreszeiten am Berner Münster vgl. Gatschet/Studer, 1867. Einen interessanten Einblick in die Jahrzeit gibt auch das auf den 19. Februar 1486 abgefasste Testament der Elsbeth Selsach. Darin heisst es u.a. dass man «*miner eelichen mannen, und aller unser vordern jarzit ewenklich began söllent, am abend mit einer gesungenen vigilie und morndes mit selmessen und mit den crütz über das grab gan*» (zitiert nach Tremp-Utz, 1986, S. 60). Anders verfuhr man bei den «Gemeinen Jahrzeiten», an denen insbesondere diejenigen teilnehmen konnten, die sich Seelenmessen nicht leisten konnten: Bei den Gemeinen Jahrzeiten, die unter der Bezeichnung «gross gemein Almosen» nach der Reformation weitergeführt wurden, ging man «am Vorabend in einer Prozession mit dem Kreuz über die Gräber und am Jahrzeittag selbst in einer Prozession um die Stiftskirche sowie über die Gräber …». (Tremp-Utz, 1986, S.66).
55 Vgl. Tremp-Utz, 1986, S. 64.
56 Vgl. Tremp-Utz, 1986, S. 64.
57 Vgl. Tremp-Utz, 1986, S. 90.
58 «Während die Zahl der Kaplaneien noch überblickbar ist, scheitert jeder Versuch, die Zahl der Messen, die täglich in der Stiftskirche gehalten wurden, zu ermitteln.» (Tremp-Utz, 1986, S. 90).
59 Schleif, 1990, S. 233.
60 Vgl. Tremp-Utz, 1986, S. 61.
61 Vgl. Moeller, 1991, S. 77.
62 Jezler, 1994, S. 23.
63 Vgl. Schleif, 1990, S. 235 und Jezler, 1994, S. 23.
64 Elisabeth Vavra hat in ihren Untersuchungen drei Gruppen religiöser Stiftungen von Tafelbildern herausgestellt: Tafel- oder Leinwandbilder,

Epitaphien (Totengedächtnismäler) und Votivbilder. Vgl. Vavra, 1987, S. 265.

65 Neben den Tafelbildern zählten zweifellos die Glasfenster zu den beliebtesten Stiftungen. Vgl. Vavra, 1987, S. 262.

66 Das gleiche galt übrigens auch für den Bau einer Kapelle, die nicht nur zu Lebzeiten des Stifters, sondern auch im Besitz von dessen Nachkommen blieb. In der Regel war es deshalb den Stiftern, respektive deren Nachkommen, zur Zeit der Reformation auch erlaubt worden, ihre Stiftungen eigenhändig aus den Kirchen zu entfernen, bevor die Bilderzerstörung vonstatten ging. In Bern hatte diese Regelung in bezug auf das Münster nicht gegriffen, da dort direkt im Anschluss an den Schluss der Disputation ein spontaner Bildersturm Einzug gehalten hatte, wohl aber in bezug auf die anderen Kirchen der Stadt. Die durch die Stifter, respektive deren Nachkommen in ihre Privathaushalte zurückgeführten Bilder wurden aber schliesslich auch dort zerstört, da die Venner 1532 vom Berner Rat dazu aufgefordert wurden, in die Privathäuser zu gehen und dort mit dem noch vorhandenen (und auch nach wie vor verehrten) Götzenwerk aufzuräumen. Diese Säuberungsaktion läutete eine zweite Phase des Berner Bildersturms ein. Vgl. hier Kap. VI, S. 590 sowie Sladeczek, 1999b.

67 Stifterdarstellungen sind daran zu erkennen, dass die Donatoren zumeist kniend und in Betstellung dargestellt wurden. Diese Adorantenhaltung blieb allgemein verbindlich. In bezug auf die ‹Darstellungsorte› wurde in der Regel jedoch zwischen weltlichen und geistlichen Stiftern unterschieden: Darstellungen von geistlichen Stiftern fanden zumeist auf den Flügelinnenseiten oder auf der Mitteltafel Eingang, solche weltlicher, also bürgerlicher Stifter mehrheitlich auf den Predellen und Flügelaussenseiten. Vgl. Vavra, 1987, S. 266f.

68 Die Untersuchungen von Elisabeth Vavra wiesen das Verhältnis von Stifterdarstellungen zu Wappen auf ca. 5:2 (bei adeligen Stiftungen) resp. 1:1 (bei bürgerlichen Stiftungen) aus. Vgl. Vavra, 1987, S. 267.

69 Das Programm der Altäre war in den Werkverträgen zumeist festgeschrieben. Vgl. Huth, 1967, und Kat. Meisterwerke massenhaft, 1993, passim.

70 Vgl. Kdm BE, 4, 1960, Abb. 139–168, 344–356; zu den Glasmalereien vgl. Kurmann-Schwarz, 1998, passim.

71 Vgl. Kdm BE, 4, 1960, Abb. 238.

72 Brigitte Kurmann-Schwarz, Schweizerisches Zentrum für Glasmalereiforschung, Romont.

Kapitel V Seite 380–391

Die Wallfahrt im 15. Jahrhundert am Beispiel der wundertätigen Maria von Oberbüren

1 Zitat aus der sogenannten Strättliger Chronik, die Elogius Kiburger, Priester in Einigen, Chorherr zu St. Vinzenz am Berner Münster (1488)–1506, um 1460 verfasste. Keller, 1946, S. 68–76.

2 Vischer/Schenker/Dellsperger, 1994, S. 97f. Der bernische Rat stattete einzelne Pilger mit Schutzbriefen aus, z. B. am 10.3.1487 *«Melchior Russ, der zu dem heiligen Grab (Jerusalem) ziechen wil, in bevolchen zu haben, damit er sin gut fürsatz mag erstatten».* Haller I, S. 92.

3 Schaetzle, 1967.

4 Wie Anm. 1.

5 AKBE 2A, S. 136 f.

6 Wegbauten 1413, 1444 und auf Verlangen des Berner Rates durch die Propstei Interlaken in den Jahren 1486, 1495 und 1498. Vgl. Stammler, 1904.

7 Haller I, S. 89–91. 1975 archäologische Untersuchung des profanierten Baus an der Stampachgasse 59: nördlicher Chorschulterbereich einer Saalkirche mit Apsis. AHI 039.106.

8 Haller I, S. 89–91. Die über den Fundamenten des sogenannten Tempels I im Engemeistergut errichtete Kapelle des hl. Ägidius (geweiht 1344, zerstört 1532) war eine Saalkirche mit polygonalem Ostabschluss, Vorhalle, sowie einem gepflästerten Weg; teilweise ergraben 1919–1921 und 1968 (Grabungsleitung Hans Grütter). Zum 1968 teilweise erfassten Umgelände gehörten ein Sodbrunnen, ein Siechenhaus und der sogenannte *«Pestilenzacher»*, ein Pestfriedhof. AHI 038.220.1.

9 Vorberichte: Ulrich-Bochsler/Gutscher, 1994, S. 192–194. Gutscher, 1994a, S. 230–231. Ulrich-Bochsler, 1997, S. 17–24.

10 Siehe unten im Abschnitt zur schriftlichen Überlieferung.

11 Haller I, S. 13: «*…das die cappel unser lieben frowen, auch die altar mit sampt dem kilchhof gewicht werd und der begrebdniss halb solle demnach jedem sin recht dardurch unverletzt sin.*»

12 Haller I, S. 13.

13 Conrad Dürst, de situ confoederatorum Descriptio und Beschreibung gemeiner Eydgnossschaft: «*dem nach die statt Bürren, gelegen an dem selbigen wasser* [Aare], *von üwer statt Bern xiiii m schritt. Da selbs von wunderzeichen wegen, so teglich geschechent, ein capell unser lieben Frouwen ist nüwlich gebuwen*» [fol. 10 b], oder in der lateinischen Ausgabe «*Burren…citra quod capella virginis Mariae noviter constructa ob miranda, quae dietim ibidem contingunt prodigia*» [fol. 8 b]. Hofbibliothek Wien, cod. pal. vind. 567.

14 Altar von 2 m Breite und zirka 80 cm Tiefe in Gebäudenische. In der Form am ehesten mit einem Altar eines Stationenwegs, einem Bildstock, wie ihn die Bilderchroniken abbilden, vergleichbar.

15 Grundmasse Kaplanenhaus: 11 m × 20,5 m. Rathaus Bern: 25 m × 27 m.

16 Gefunden wurden massenweise Knochen in einer gemauerten Grube. Als Deutung in Betracht zu ziehen ist auch eine Toranlage – ähnlich derjenigen, die bis ins späte 15. Jahrhundert auf dem Berner Münsterplatz den Eingang zum Friedhof markierte und wohl einen Gitterrost über einem Schacht aufwies (sogenannte Beinbrecher zur Fernhaltung des herumstreunenden Viehs). Dann wären die Knochen erst nach der Reformation in dieser Grube «entsorgt» worden. Die Treppenanlage – in unserem Plan Abb. 276 frei erfunden – würde dann durch den Bauteil (12) führen.

17 Proportionale Vergleiche mit bernischen Kirchtürmen lassen diese Vermutung zu.

18 Grundmasse im Lichtmass: 16,5 m × 9 m.

19 Das Oberbürener Chor dürfte nach jenem des Berner Münsters das grösste im 15. Jahrhundert in bernischem Gebiet errichtete gewesen sein. Breitenmasse einiger gotischer Polygonalchöre: Landpfarrkirchen: Ursenbach 5 m, Leuzigen 6,3 m, Oberwil b.Büren 6,5 m; Wallfahrts-, Ordens- und Stadtkirchen: Scherzligen 7 m, Köniz 7,7 m, Utzenstorf 7,5 m, Biel 7,5 m, Burgdorf 7,5 m, Berner Münster 11 m.

20 Hier und im folgenden nach Vasella, 1966, S. 1–75 und Santschi, 1985, S. 119–143. Siehe auch Hofer, 1904, S. 102–122. Ferner Vuarnoz, 1946, S. 202–223.

21 Besonders aufschlussreich ein Bruderschaftsrodel. Hofer, 1908.

22 Siehe den Beitrag von Charlotte Gutscher-Schmid/Kathrin Utz Tremp: «Die Predigerbrueder heilgeten iren drifarben rosenkranz». Rund um den Lettner der Dominikanerkirche (Französische Kirche), Kap. V, S. 489.

23 Bittschrift des Konstanzer Bischofs Otto (von Waldburg [sic]) an den Papst um Abstellung eines von der weltlichen Gewalt unterstützten ungeheuerlichen Aberglaubens, übersetzt von Türler, 1909, S. 91f.

24 Stand der anthropologischen in-situ-Auswertung.

25 Gélis, 1998, S. 270f.

26 Eine Zusammenstellung der verwendeten Bestimmungsmethoden findet sich bei Ulrich-Bochsler, 1997, S. 16–20.

27 Zum Beispiel bei Kammeier-Nebel, 1986, S. 65–73.

28 Gélis, 1993, S. 183–222 und Anm. 45.

29 Vasella, 1966, S. 1–75.

Der «Kirchenbauboom» auf der Landschaft

1 Binggeli, 1978, S. 17. Der Text wurde von Binggeli der heutigen Schriftsprache angepasst.
2 Eggenberger/Gerber, 1988.
3 Siehe dazu auch: Moser, 1987.
4 Haller I, S. 5.
5 Beispielsweise Zürich: Jezler, 1988; Basel-Land: Ewald, 1991; Süddeutschland: Philipp, 1987; Westschweiz u.a.: Eggenberger/Jaton/Grandjean, 1996.
6 Wir stützen uns einerseits auf die Angaben im KFS III sowie die von Haller (I) publizierten Ratsmanuale, anderseits auf die Ergebnisse jüngster Bauuntersuchungen. Bezüglich der Polygonalchöre und Türme besteht oft die Tendenz einer zu frühen Datierung. Es muss daher für die Zeit des «Baubooms» mit einer noch grösseren Zahl von Neubauten gerechnet werden.
7 Siehe dazu: Eggenberger/Descoeudres, 1992 (mit weiteren Literaturangaben); Kat. Himmel, Hölle und Fegefeuer, 1994.
8 Siehe dazu: Eggenberger/Ulrich-Bochsler/Schäublin, 1983; Hofmeister, 1931; Kötting, 1965; Illi, 1992.
9 Publikation der Bauforschung in Vorbereitung, bis dahin: Eggenberger, 1990a.
10 Publikation der Bauforschung in Vorbereitung, bis dahin: Rutishauser, 1985.
11 Kdm BE, 4, 1960, S. 437ff; Kdm BE, 3, 1947, S. 459.
12 Zum Patronatsrecht: Gmür, 1954; Jezler, 1988; Lindner, 1950; Morgenthaler, 1927/28; Schöller, 1989.
13 Zu den Berner Glasmalern: Lehmann, 1912 bis 1916; Thormann/von Mülinen, o.J.; Matile, 1979.
14 Eggenberger/Stöckli, 1983, S. 38–40; Stähli-Lüthi, 1985.
15 Rutishauser, 1985, S. 18f.
16 Belp: Moser, 1964; Erlenbach: Stähli-Lüthi, 1979; Kirchlindach: Eggenberger/Stöckli, 1983, S. 44–48; Stähli-Lüthi, 1985; Rüti: KFS III, S. 598; Zweisimmen: Moser/Rothen/Bieri, 1987.
17 Lanz/Berchtold, 1963; Ehrensperger-Katz, 1981; Kat. Chorfenster, 1971.
18 Hindelbank: KFS III, S. 476f.; Jegenstorf: Lehmann, 1915.
19 Siehe zu den Schlossbauten: Schweizer, 1987a; Renfer/Widmer, 1985; La Maison de campagne patricienne, 1992.
20 Siehe dazu: Fundmünzen aus Kirchengrabungen, 1995.
21 STAB: Herrschaftsarchiv Worb (Urkunde vom 21. Oktober 1512).
22 Burgdorf: Kdm BE, Land 1, 1985, S. 186–234; Biel: Lanz/Berchtold, 1963; Ehrensperger-Katz, 1981.
23 Die Frühgotik ist im Kanton Bern an Kirchenbauten nicht vertreten.
24 Lauperswil: Publikation der Bauforschung in Vorbereitung, bis dahin: Descoeudres, 1994; Wengi: Publikation der Bauforschung in Vorbereitung, bis dahin: Eggenberger, 1990b. Eine wertvolle Quelle zur Ausstattung der Kirchen bilden die Visitationsberichte der Bistümer Konstanz (Tüscher, 1902) und Lausanne (Fetscherin, 1848). Zur Ausstattung von Kirchen: Reinle, 1988.
25 Grafenried: Publikation der Bauforschung in Vorbereitung, bis dahin: Eggenberger, 1992; Madiswil: Eggenberger/Gerber, 1992.
26 Eggenberger/Rast Cotting/Ulrich-Bochsler, 1989, S. 17.
27 Dazu: Jezler, 1988; Philipp, 1987.
28 Gugger, 1975; Eggenberger/Koenig/Ulrich-Bochsler, 1990, S. 41–45, S. 49–54.
29 Eggenberger/Koenig/Ulrich-Bochsler, 1990, S. 46. Zur Verwendung von «Stuck»: Elsig, 1997.
30 Descœudres/Utz Tremp, 1993.
31 Schwarzenburg: Eggenberger/Gerber, 1988; Leuzigen: Eggenberger/Ulrich-Bochsler, 1989; Nidau: Eggenberger/Ulrich-Bochsler/Keck, 1996.
32 Kdm BE, Land 1, 1985, S. 447–450.
33 KFS III, S. 605-608.
34 Zu den Berner Glasmalern: Lehmann, 1912–1916; Thormann/von Mülinen, o.J.; Kat. Niklaus Manuel Deutsch, 1979.
35 Zum Kloster Trub: Tremp, 1986; Tremp, 1991a.
36 STAB: Ob. Spruchbuch D, S. l25f (A I, 308); Publikation der Bauforschung in Vorbereitung.
37 Dazu: Morgenthaler, 1918 (1919); Haller I, S. 1–3.
38 ASA 15, 1882, S. 251; Tobler, 1892–1895, S. 401; Morgenthaler, 1918 (1919), S. 183; STAB: Ob. Spruchbuch F, S. 6 (A I, 310) und Z, S. 589f. (A I, 329); Publikation der Bauforschung in Vorbereitung.
39 Haller I, S. 4; Eggenberger/Ulrich-Bochsler, 1994, S. 16.
40 Haller I, S. 119; Eggenberger/Rast Cotting/Ulrich-Bochsler, 1989, S. 16.
41 Helvetia Sacra III/2.
42 Haller I, S. 2.
43 Eggenberger/Koenig/Ulrich-Bochsler, 1990, S. 14, S. 16.
44 Eggenberger/Koenig/Ulrich-Bochsler, 1990, S. 14 (Der Text wurde von Robert Marti-Wehren, 1974 (1975) der heutigen Schriftsprache angepasst).
45 Eggenberger/Koenig/Ulrich-Bochsler, 1990, S. 14.
46 Eggenberger/Gerber, 1988, S. 21-23.
47 Dazu: Klauser, 1965, Jungmann, 1952.
48 Eggenberger/Bossert/Ulrich-Bochsler, 1992, S. 52–59.
49 Wangen: Eggenberger/Rast Cotting/Ulrich-Bochsler, 1991; Trub: Tremp, 1986; Tremp, 1991.
50 Kdm BE, Land 1, 1985, S. 186–234.
51 Eggenberger/Stöckli, 1983, S. 44–48.
52 Publikation der Bauforschung in Vorbereitung, bis dahin: Descoeudres, 1994. Weitere Beispiele gleichartiger früher Altarhäuser sind Köniz (Eggenberger/Rast Cotting, 1994; Möri, 1976) und Scherzligen (Gutscher, 1994c).
53 Haller I, S. 58.
54 Haller I, S. 58.
55 Siehe zum reformierten Kirchenbau: Germann, 1963; Beatenberg: Buchmüller, 1914; Frauenkappelen: Publikation der Bauforschung in Vorbereitung, bis dahin: Descoeudres, 1992. Weitere bekannte Baugeschehen an Kirchen im 16. Jahrhundert: Amsoldingen (1576 nach Brand), Arch (um 1530?), Gerzensee (1542 und 1583–1585), Ins (nach der Reformation?), Koppigen (Turm 1529–1530 nach Brand und 1573–1574), Meikirch (2. H. 16. Jh.), Oberdiessbach (1560 nach Brand), Radelfingen (1594), Rüeggisberg (1532 nach Brand), Seedorf (1568/1582–1584), Vinelz (Turm 1542).
56 Speich, 1984. Zesiger, 1921, S. 22–35.

Künstler in Bern – Berner Künstler?

1 Erhart Küng wird 1469 vom Berner Rat aufgefordert, in der Stadt zu bleiben. Zitiert nach Sladeczek, 1990b, S. 8.
2 Vgl. Bänz Friedli, Ralph Pöhner und Thomas Widmer, «Berns Niedergang», in: «Facts», Nr. 36, 1997, vom 28. August 1997, S. 112ff.
3 Vgl. die Quellenedition bei Rott, 1936, S. 231–265 (Maler); vor der Jahrhundertmitte ist nur ein Bildhauer Caspar, nämlich zum Jahr 1448.
4 Vgl. Kdm BE, 3, 1947, S. 126–133. Diaspora der letzten Prager Parlerwerkstatt: Hofer, 1978, S. 308–311; Sladeczek, 1989a, S. 45.
5 Vgl. Beer, 1989, S. 57f.; Zumbrunn/Gutscher, 1994, S. 64–68 und Sladeczek, 1999b.
6 Umfassend erhalten ist ein Zyklus in der Kirche Erlenbach i.S, um 1420 (Stähli-Lüthi, 1979). Aus dem frühen 15. Jahrhundert stammen weitere Wandgemälde in Reutigen (Stähli-Lüthi, 1979) und Oberwil (Blatti, 1985). Zyklen aus dem ausgehenden Jahrhundert haben sich in Saanen (Würsten, 1990) und Zweisimmen (Moser, 1987) erhalten.
7 Eggenberger, 1989, S. 263–264.
8 Stange VII, S. 71.
9 Zum Standort des Fensters im Chor: Stantz, 1865, S. 102, S. 118–119, S. 125. Der hier folgende Abschnitt zur Glasmalerei stammt von Brigitte Kurmann-Schwarz. Vgl. auch CVMA Schweiz 4, 1998, S. 110–111.
10 So etwa in den Chorfenstern von Sankt Theobald zu Thann, 1423–30. Vgl. Gatouillat, in: CV France, Recensement 5, 1994, S. 300–305.
11 Heute im Historischen Museum Thun. Rapp/Stucky, 1990, S. 134–136 (Nr. 8).
12 Nachfolgendes aus: Sladeczek, 1999b.
13 Vgl. CVMA Schweiz 4, 1998, S. 170–197.
14 Kirche von Scherzlingen, vor 1469. Vgl. Grütter, 1974, S. 6f.
15 Vgl. Grütter, 1965/66, S. 232–233. Dagegen CVMA Schweiz 4, 1998, S. 23, 34.
16 CVMA Schweiz 4, 1998, S. 28–31.
17 Vgl. Gutscher, 1998, S. 170–171.
18 Nachdem sich die Glasfenster durch Stiftungen haben finanzieren lassen, die beim Basler Goldschmied Hans Rutenzweig in Auftrag gegebene Monstranz 1466 fertiggestellt und ebenfalls von einzelnen Gönnern bezahlt worden ist, scheint der Rat nach ähnlichem Muster die einzelnen Tafeln des Hochaltares durch – mehr oder weniger – freiwillige Stiftungen Bernischer Amtsträger, gleichsam «zusammengebettelt» zu haben. Den Auftrag zur Ausführung erhielt um 1466 der Maler Heinrich Büchler (nach Fischer, 1939, S. 103–104).
19 Vgl. Eggenberger, 1989, S. 249–254 und Rott, 1936, S. 269–273. Golay, 1998, S. 668–669.
20 Vgl. Rott, 1936, S. 277.
21 Rott, 1936, S. 234 (Bern), S. 158–159 (Solothurn), S. 276–277 (Freiburg).
22 Die Skulpturen wurden zu einem späteren Zeitpunkt aus ihrem ursprünglichen Standort gelöst und dem Grabmal der Kollegiatskirche subordiniert. Vgl. Schaller-Aeschlimann, 1974, S. 88–91 sowie jüngst Coquillat/Amsler, 1997 zur gegenwärtigen Restaurierung des Grabmals. Sladeczek, 1999b.
23 Vgl. Sladeczek, 1990b, S. 9.
24 Vgl. Sladeczek, 1990b, S. 10.
25 Vgl. Jordan/von Steiger, 1986, S. 144.
26 Vgl. Zahnd, 1984, S. 82–87.
27 Vgl. Gutscher/Villiger, 1999; Rott, 1936, S. 160–161 (zu Paul Löwensprung).
28 Vgl. Rott, 1936, S. 237.
29 Vgl. Rott, 1936, S. 252–253.

Die Architektur des Münsters

30 Vgl. Rott, 1936, S. 246–247.
31 Vgl. Rott, 1938, S. 225.
32 So in Jegenstorf, Lenk, Oberbalm, Büren und Worb (vgl. Kap. V, S. 456).
33 Morgenthaler, 1937, S. 102.
34 Roth Kaufmann/Buschor/Gutscher, 1994, S. 79f.
35 Roth Kaufmann/Buschor/Gutscher, 1994, S. 78ff., S. 82ff.
36 Roth Kaufmann/Buschor/Gutscher, 1994, Kat. 74.
37 Mämpel, 1985, S. 106f.
38 Bellwald, 1980, S. 17f.
39 Fischer, 1939, S. 105.
40 Erhalten haben sich diejenigen in der Kathedrale von Sitten (Altar des Bischofs Walther Supersaxo, 1471; Sladeczek, 1990b, S. 91) und der kleine Nothelferaltar in Ernen (Slaceczek, 1990b, S. 91, S. 94).
41 Rott, 1936, S. 252. Erwähnt bei Sladeczek, 1990b, S. 91.
42 Leisibach, 1989b, S. 192. Zum Weg dieses Illuministen: Jörger, 1975.
43 Leisibach, 1989a, S. 211–219.
44 Gutscher/Villiger, 1999, Bedeutung der Nelke.
45 Saurma-Jeltsch, 1991, S. 60–71.
46 Zitat Saurma-Jeltsch, 1991, S. 70.
47 Die Gleichsetzung der Maler mit Namen Paul (ohne Zunamen in den zeitgenössischen Schriftquellen) in Solothurn und Bern ist nur zu vermuten. Siehe dazu Gutscher/Villiger, 1999, Quellen.
48 Zitat nach der Chronik des Valerius Anshelm: Anshelm II, S.232.
49 Eine Ausnahme bildet Friedrich Walther: In Dinkelsbühl geboren, 1460 ins Nördlinger Bürgerrecht aufgenommen, führt er 1464 eine Arbeit in Nürnberg aus. Als er 1472 Nördlingen verlässt, um in die Dienste des Grafen Ulrich von Württemberg zu treten, bittet er die Stadt um ein Arbeitszeugnis. 1482 siedelt der Maler nach Konstanz über, wo er ins Bürgerrecht aufgenommen wird und bis 1494 arbeitet. Unsicherheit besteht über die nächsten Stationen seiner Künstlerlaufbahn: Freiburg i. Br., Basel oder Bern? Vieles weist darauf hin, dass er seine letzten Lebensjahre in der Aarestadt verbracht hat und dass der hier nachzuweisende Maler Elisäus Walther sein Sohn war. Nach: Baum, 1943, S. 110–115.
50 Gutscher/Villiger, 1999.
51 Cohn, 1937/38, S. 124.
52 Ganz, 1950, S. 116; Schmidt/Cetto, 1940, S. 18f.; Eggenberger, 1989, S. 240–245.
53 Zu dieser Werkstatt: Wagner, 1977, S. 25–49.
54 Ein weiteres Argument zur Bestimmung der Herkunft des Johannesmeisters aus dem schwäbischen Raum liefert die Untersuchung der von ihm verwendeten Hintergrundschablonen: Gutscher/Villiger, 1999. Zur stilistischen Einordnung: Wagner, 1977, S. 46f. Die Dissertation zu dieser Werkgruppe von Charlotte Gutscher-Schmid ist noch in Arbeit.
55 Vgl. Sladeczek, 1999b.

1 Stantz, 1865, S. 65.
2 Stantz, 1865, S. 65.
3 Kdm BE, 4, 1960, S. 3.
4 Kdm BE, 4, 1960, S. 139.
5 Kdm BE, 4, 1960, S. 136–139.
6 In den Beiträgen zur Glasmalerei wird die Bezeichnung der Fenster aus den Richtlinien des Corpus Vitrearum übernommen, die auch schon Kdm BE, 4, 1960, benutzt hat. Das Achsfenster des Chores bildet den Ausgangspunkt der Zählung auf der Nord- und auf der Südseite, deren Fenster von diesem zentralen Punkt aus fortlaufend mit römischen Zahlen von Osten nach Westen numeriert sind. N bezeichnet den Standort auf der Nordseite der Kirche, S denjenigen auf der Südseite. Das kleingeschriebene S, beziehungsweise n zeigt einen Standort im Erdgeschoss eines Baues an, die grossgeschriebenen Buchstaben weisen auf Fenster in der Obergadenzone hin. Die grossen Chorfenster reichen bis in die Erdgeschosszone herab, so dass sie jeweils mit Kleinbuchstaben bezeichnet werden. Innerhalb des Fensters geben Kleinbuchstaben a–d den vertikalen, die arabischen Ziffern 1–10 den horizontalen Standort an. 5a beispielsweise ist die 5. Scheibe von unten in der linken Fensterbahn.
7 Booz, 1956; du Colombier, 1973; Esser, 1974; Binding/Nussbaum, 1978; Vroom, 1981; Vroom, 1983; Philipp, 1989.
8 Tremp-Utz, 1985.
9 Tremp-Utz, 1982.
10 Tremp-Utz, 1982.
11 Justinger, 1871, S. 290, Nr. 469.
12 Mojon, 1967, S. 1–2, S. 25–28, S. 90–94.
13 Mojon, 1967, S. 1–2, S. 25–26.
14 Kdm BE, 4, 1960, S. 103, S. 216–224; Mojon, 1982, S. 29–30.
15 Kurmann, 1978; Philipp, 1988; Buyle/Coomans/Esther/Genicot, 1997, S. 33–117; Kurmann, 1998.
16 Immer noch grundlegend für den gesamten Bau: Pfleiderer, 1905.
17 Kdm FR, 2, 1956, S. 25–157.
18 Kdm BE, 4, 1960, S. S. 46–48.
19 Im folgenden, da alles nach Kdm BE, 4, 1960, S. 16–30, keine Einzelnachweise. Vgl. Germann, 1985 (die dort veröffentlichten Zeichnungen verschiedener Bauetappen sind im Detail allzu ungenau und teilweise sogar irreführend).
20 Tremp-Utz, 1982, S. 13.
21 Vgl. dazu den Beitrag von Kurmann-Schwarz, Kap. V, S. 460, Anm. 47.
22 Wildermann, 1993, Bd. 2, S. 191–193.
23 Kdm BE 4, 1960, S. 235–236.
24 Das Passionsfenster kostete mit dem Transport und dem Essen von Meister Hans 157 Gulden, während für das Zehntausend Ritter-Fenster 118 Gulden veranschlagt wurden, die Thüring von Ringoltingen jedoch um 10 Gulden auf die Gesamtsumme von 128 Gulden erhöhen musste. Obwohl man nicht sagen kann, wie viel der Transport des Passionsfenster und das Essen des Werkstattleiters kosteten, meint Hartmut Scholz, die Herstellung der Glasmalereien sei auf zirka 140 Gulden gekommen: Scholz, 1992, S. 144–145. Nach dieser Rechnung war die Arbeit von Niklaus Glaser nicht wesentlich billiger als diejenige des Hans von Ulm.
25 Kurmann-Schwarz, 1992, S. S. 39–54.
26 CVMA Schweiz 4, 1998, S. 175–182.
27 Kurmann-Schwarz, 1992, S. 39–54. CVMA Schweiz 4, 1998, S. 179.

28 Rekonstruktion der beiden Glasmalereizyklen: CVMA Schweiz 4, 1998, S. 134–136, S. 172–175.
29 CVMA Schweiz 4, 1998, S. 138–142, Abb. 351.
30 CVMA Schweiz 4, 1998, S. 136–138.
31 Zu den literarischen Quellen: CVMA Schweiz 4, 1998, S. 176–178.
32 CVMA Schweiz 4, 1998, S. 200–211.
33 Christus sagt zu Petrus, er müsse ihm die Füsse waschen, damit Petrus an ihm teilhaben kann: Jo 13, 1–11. Von den mittelalterlichen Theologen wird diese Stelle allgemein auf die Sündenvergebung bezogen.
34 Lubac I–IV.
35 CVMA Schweiz 4, 1998, S. 200–211.
36 Kdm AG, 3, 1954, S. 202–219.
37 Kurmann-Schwarz, 1988 (1991), S. 37–39.
38 CVMA Schweiz 4, 1998, S. 200–211.
39 Vor allem in der Strassburger Glasmalerei; vgl. auch das Kramerfenster des Ulmer Münsters aus der Werkstatt des Peter Hemmel: CVMA Deutschland I, 3, 1994, S. 110–125.
40 Abgedruckt bei Kehrer 1, 1908, S. 82–87.
41 CVMA Schweiz 4, 1998, S. 314–331.
42 CVMA Schweiz 4, 1998, S. 331–332.
43 Ulf-Dietrich Korn und Rüdiger Becksmann zeigten, dass die Wurzel Jesse in diesen Verglasungen meist in der Mittelachse erscheint und von alttestamentlichen Bilderfolgen und Heiligenlegenden flankiert wird. Becksmann, 1995, S. 44–45.
44 Laut Türler, 1896, S. 92, haben die Verantwortlichen nicht gewusst, wer der Stifter des Altars war. Das ist undenkbar; man suchte offensichtlich nach einem Stifter.
45 CVMA Schweiz 4, 1998, S. 130.
46 Im folgenden, da alles nach Kdm BE, 4, 1960, S. 28–44, keine Einzelnachweise. Vgl. oben Anm 19.
47 Sladeczek, 1982, S. 60–64; Sladeczek, 1990b, S. 20–26.
48 Die folgenden Angaben nach Schock-Werner, 1983, S. 175–182.
49 Schock-Werner, 1983, S. 182–198.
50 Diese Interpretation weicht von derjenigen Schock-Werners, 1983, etwas ab, vgl. dort S. 314–342.
51 Carboneri, 1983, S. 226.
52 Reinhardt, 1972, S. 87.
53 Reinhardt, 1972, S. 87.
54 von Tavel, 1979; Sladeczek, 1990b, S. 31–32.
55 Kadauke, 1987.
56 Fuchs, 1989.
57 Kdm BE, 4, 1960, S. 76.
58 Vgl. Anm. 16.
59 Zykan, 1970.
60 Reinhardt, 1939.
61 Kissling, 1975.
62 Kurmann/Kurmann-Schwarz, 1985.
63 Mojon, 1967, S. 92.
64 Kdm BE, 4, 1960, S. 66, 219.
65 Kurmann, 1979/80.
66 Kletzl, 1938/39.
67 Kdm BE, 4, 1960, S. 43–44.
68 Ob diese Form original ist, bleibt allerdings fraglich. Zu den verschiedenen Erneuerungen des Strebewerks siehe Kdm BE, 4, 1960, S. 68–71.
69 Kdm BE, 4, 1960, S. 72, Anm. 2.
70 Koepf, 1969, S. 14, Abb. 68. Heute ist dieses Masswerk durch ein viel kleineres, neugotisches Fenster ersetzt. Dass das auf dem Wiener Riss erscheinende Masswerk tatsächlich ausgeführt worden war, belegen verschiedene, alte

Zur spätgotischen Glasmalerei des Berner Münsters

71 Zwar ist das Äussere des Chorhaupts um 1777 völlig erneuert worden (Kdm BE, 4, 1960, S. 66), aber die architektonischen Dispositionen dürften der Anlage nach original sein.
72 Nussbaum, 1985, S. 173–179, Abb. 135.
73 Sladeczek, 1990b.
74 Dazu zuletzt: Sanvito, 1996, gute Abb. auf Taf. 8.
75 Reinhardt, 1972, S. 67
76 Kurmann/Kurmann-Schwarz, 1989, S. 196–199.
77 Recht, 1974, S. 234–235; Mojon, 1986, S. 59–60;
78 Biedermann, 1964, S. 139, S. 181, Anm. 55; Mojon, 1982, S. 30; Kurmann/Kurmann-Schwarz, 1989, S. 196.
79 Biedermann, 1964, S. 139, S. 181, Anm. 55; Kurmann/Kurmann-Schwarz, 1989, S. 196–197.
80 Kdm BE, 4, 1960, S. 220.
81 Der Neubau von St. Afra und Ulrich entstand ab 1474; Nussbaum, 1985, S. 258.
82 Mojon, 1967, S. 48–57.
83 Das Chorgewölbe schuf Münsterbaumeister Peter Pfister um 1515; das Gewölbe über dem Mittelschiff zog 1573 Daniel Heintz (I) ein. Beide weichen stark vom Entwurf ab, den Matthäus Ensinger vorgesehen haben muss (Kdm BE, 4, 1960, S. 44–45, S. 47–48, S. 126–127).
84 Auch Martinskapelle genannt: Reinhardt, 1972, S. 92–93.
85 Schock-Werner, 1983, S. 192–194, S. 352–354.
86 Zur Langhausverglasung: CVMA Schweiz 4, 1998, S. 362–498.
87 Stantz, 1865, S. 268.
88 Kdm BE, 4, 1960, S. 103; Mojon, 1967, S. 90–91.
89 Mojon, 1967, S. 91.
90 Kdm BE, 4, 1960, S. 348–349.
91 Becksmann, 1967, S. 38–39, S. 120–126; CV France IX, 1, 1986, S. 505–543.
92 Kdm BE, 4, 1960, S. 42, S. 107–108.
93 Kdm BE, 4, 1960, S. 24–25.
94 Kdm BE, 4, 1960, S. 84, S. 216–217; Mojon, 1967, S. 90–92.
95 Von Knorre, 1974, S. 188–197; Ribbert, 1990.
96 Haendcke/Müller, 1894, S. 171.

Bilddokumente, am besten wohl der Stich nach der Bauaufnahme von Emanuel Prokoph (1853), publiziert in: Glückselig, 1855, Taf. 13.

* Schweizerisches Zentrum für Forschung und Information zur Glasmalerei, Romont.
1 «Nürnberger Kunstbuch», zitiert nach Strobl, 1990, S. 219.
2 Zu den Glasmalereien des Obergadens, die nach 1528 entstanden: CVMA Schweiz 4, 1998, S. 420–428, S. 434–437, S. 441–444, S. 449–451, S. 456–463.
3 Bern, STAB, Deutschseckelmeisterrechnungen, 2. Halbjahr 1441: «Denne meister Hansen von Ulm umb das glaßphenster in den nůwen kor, als ime das verdinget was. gebúrt das glas, fůrlon, zerung etc. in ein summe clvij guldin vij ß, tůt ze phenningen gerechnet CC lib. lxxv lb. iiijß.»
4 CVMA Schweiz 4, 1998, S. 131–170.
5 CVMA Deutschland I,3, 1994, S. 16–83. CVMA Schweiz 4, 1998, S. 36–40.
6 CVMA Deutschland I,3, 1994, S. 126–165.
7 Scholz, 1997, S. 238
8 Mojon, 1967, S. 10.
9 CVMA Deutschland I,3, 1994, S. 246–248.
10 Stamm, (1983) 1985, S. 52, hat gezeigt, dass durch städtische Auftraggeber häufig dann Elemente aus einem höfischen Stil übernommen wurden, wenn etwas hervorgehoben oder wenn besondere Anliegen zum Ausdruck gebracht werden sollten. Zur kleinen Passion: CVMA Schweiz 4, 1998, S. 110–119.
11 Bern, StAB (ohne Signatur).
12 Zum Zehntausend-Ritter-Fenster: CVMA Schweiz 4, 1998, S. 170–197.
13 Der Hinweis auf Meister Bernhart und die fremden Meister, die beim Einsetzen des Fensters halfen, steht ohne Datum auf der Rückseite von fol. 51 mit der Übereinkunft, die mit Niklaus Glaser 1447 geschlossen wurde. Vgl. CVMA Schweiz 4, 1998, «Gedruckte und ungedruckte Quellen in Auszügen und Regesten», S. 506, Nr. 5. Zu den festen Mitarbeitern von Niklaus Glaser: Welti, 1936, S. 396 (264/265).
14 Rott, 1936, S. 124 (1454/55).
15 CVMA Schweiz 3, 1965, S. 188–195, T. 172–174.
16 Rott, 1938, S. 137.
17 CVMA Schweiz 4, 1998, S. 197–259.
18 Hahnloser, 1950, S. 22–25; Kdm BE, 4, 1960, S. 270–285.
19 Wahrscheinlich derselbe Künstler schuf noch zu Lebzeiten des Konrad Witz das Tafelfragment mit der sogenannten Olsberger Madonna. Ihre auffallenden Gesichtszüge, die schmalen Augenschlitze zwischen den gequollenen Lidern und der geschürzte Mund, kennzeichnen eine Reihe von Figuren des Berner Jessefensters (u.a. Esther vor Assuerus, Abb. 12). Escher, 1917, S. 165–167. CVMA Schweiz 4, 1998, S. 224–225, Abb. 371–372, Abb. 375–376.
20 Hans Fränkli war damals neben Thüring von Ringoltingen einer der Kirchenpfleger. Bern, StAB, Sankt-Vinzenzen-Schuldbuch, fol. 39r: *«Item ufen zistag for sant Vinzenendag im dem lj iar (1451, 19. Januar) in gegenwirtigkeit der fromen, fürsichtigen manen Hans Rosen, Hans fon Kilchen grichtschriber, Uli von Lopen, Hans Schuitz, Dilman, gab Hans Frenki an den bu sant Vinzenen ein sin geltschuld, die im schuldig sind, nemlich Ulrich und Pheter von Erlach gebruder, hundert phund pheningen; und gat disi gab, die Frenkli an bu hat gen, die hiegegenüber stat am blat, nuit an. Doch sol man Frenklin fragen, ob er das veli lasen also bestan oder er das veli endren. Diss ist an dz glasfenster komen nebend dem sacramenthus, hat Frengkli halb bezalt, fur daz (unleserliches Wort) zucht er selb die schuld in.»* CVMA Schweiz 4, 1998, S. 507 (38).
21 Bern, StaB, Sankt-Vinzenzen-Schuldbuch, fol. 30v, 31r (1450, 6. Januar): *«Item Caspar von Scharnachtal sol an die kilchen, ich weiß aber nitt, ob es an die geziert odern ann buw hort, seit er mir selb, tůt lx guldin. Aber sol iunker Kaspar xx guldin, het er ferheissen darumb, das der Helg im das glasfenster sol machen usser dissen lxxx guldin, das ob den drin stallen ist, da die phriester uff ruwen, wen si ab alttar gand. Des sol gen der grichtschriber von des von Scharnachdal wegen l guldin, also belibt Caspar von Scharnachdal schuldig xxx guldin im l iar uffen dem Zwelfften dag.»* CVMA Schweiz 4, 1998, S. 507 (33/37).
22 Da die Scheiben keine Beziehungen zum Mühlenfenster aufweisen, müssen sie wenig früher entstanden sein (vor 1455 und nach 1451). Sie belegen, dass der Auftrag, den Münsterchor zu verglasen, der Werkstatt von Niklaus Glaser auch auswärtige Bestellungen einbrachte. Zu Hilterfingen vgl. Lehmann, 1907, S. 259–260, Abb. T. 14.
23 CVMA Schweiz 4, 1998, S. 259–311.
24 Zum Meister des Frankfurter Paradiesgärtlein zuletzt: Hartwieg/Lüdke, 1994.
25 Wolff, 1979, S. 54–77.
26 Wolff, 1983, S. 295–302.
27 Meurer, 1991, S. 14–23, S. 35–39.
28 CVMA Schweiz 4, 1998, S. 312–361.
29 Basel, Öffentliche Kunstsammlung. Hahnloser, 1950, S. 30–34.
30 CVMA Schweiz 3, 1965, S. 157–174.
31 Riggenbach, 1941, S. 192–195.
32 CVMA Schweiz 4, 1998, S. 493–494.
33 CVMA Schweiz 4, 1998, S. 407–416.
34 Darunter muss sich eine Figur befunden haben, die dem Verkündigungsengel im Berliner Kupferstichkabinett ähnlich sieht: Kat. Schongauer, 1991, S. 148.
35 Die Gerbern-Kapelle dürfte als erste nur noch partiell farbig verglast worden sein, denn die abgeschlossene Komposition der 1471 datierten Niedergerberscheibe kann kaum zu einer vollfarbigen Verglasung gehört haben. Die Blankverglasung des Münsters bestand bis in die 1820/30er Jahre aus Butzenscheiben. Da man damals offensichtlich das Material zur Herstellung dieses Verglasungstypus nicht auftreiben und auch keine Glaser finden konnte, die Butzenscheiben herstellten, entschied man, diese durch eine Rautenverglasung zu ersetzen. Vgl. dazu CVMA Schweiz 4, 1998, S. 107–108, dort auch die Hinweise zu den Quellen.
36 CVMA Schweiz 4, 1998, S. 389–402.
37 CVMA Schweiz 4, 1998, S. 362–388.
38 CVMA Schweiz 4, 1998, S. 368–374.
39 In Bern trat eher eine Verzögerung der künstlerischen Entwicklung ein, denn die Glasmaler hielten bis nach der Mitte des Jahrhunderts fast ängstlich am Formengut des Niklaus Manuel fest, das die Werkstatt von Hans Funk geradezu ideal auf das Glas übertrug. Vgl. CVMA Schweiz 4, 1998, S. 53–54, 385.
40 CVMA Schweiz 4, 1998, S. 370–374, S. 389–402.

Kapitel V   Seite 457–465

Andenken – ewiges Seelenheil – irdische Ziele und Verpflichtungen

1. Bern, STAB, Ratsmanual von 1567, 29. September.
2. Vgl. dazu die Abhandlungen im Kat. Himmel, Hölle, Fegefeuer, 1994.
3. Jezler, 1994, S. 13–26.
4. Oexle, 1984, S. 384–440.
5. CVMA Schweiz 4, 1998, S. 50–54.
6. Das Wappen Gisenstein der Zeit um 1440 in Fenster s VI, der Ligerz- und der Erlachschild in Fenster s XII, um 1465 und die Niedergerbernscheibe von 1471 in Fenster n XIII der Gerberkapelle.
7. Bern, STAB, Fach Burgdorf, 1423 IX 13.: Testament des Petermann von Krauchtal: «...doch sol min erfrouw vorgenannt, das glaswerch dar zů volbringen ...». Bern, STAB, Testamentenbuch 1, fol. 22v, Testament des Peter Matter von 1430: «... so wil ich, das das glasphenster in derselben cappellen in minen kosten gemacht werde ...». CVMA Schweiz 4, 1998, S. 505, Nr. 2.
8. CVMA Schweiz 4, 1998, S. 389–402.
9. Siehe oben Anm. 41.
10. Bern, BB, R. Steck, Topographie, Ms. Hist. Helv. XI, 48 (5), Kirchmeierrechnungen.
11. CVMA Schweiz 4, 1998, S. 407–416.
12. CVMA Schweiz 4, 1998, S. 402–405.
13. CVMA Schweiz 4, 1998, S. 459–463.
14. CVMA Schweiz 4, 1998, S. 472–475.
15. CVMA Schweiz 4, 1998, S. 463–466.
16. CVMA Schweiz 4, 1998, S. 75.
17. Gatschet/Studer, 1867, S. 309–519. Zu den Jahrzeiten vor allem Tremp-Utz, 1986, S. 63–68, die jedoch ausschliesslich die Zeit seit der Stiftsgründung durch die Stadt behandelt.
18. Bern, STAB, A I 835, Testamentenbuch I, fol. 81v–fol. 82v.
19. Bern, STAB, A I 835, Testamentenbuch I, fol. 78v.
20. Dazu gehört auch die Stiftung des Sakramentshauses durch die Familie von Diesbach, oder diejenige der Orgel durch die Familie von Erlach und vieles anderes mehr.
21. Grodecki, 1977, S. 14–18.
22. Grodecki, 1977, S. 12–17.
23. Pierre de Roissy, «Manuale de mysteriis ecclesiae»: «Fenestrae vitrae quae sunt in ecclesia per quas ventus et pluvia arcentur et claritas solis transmittitur significant sacram scripturam quae a nobis nociva repellit et nos illuminat». Zitiert nach Manhes-Deremble, 1993, S. 24.
24. Ein einziges Fenster des Chores kostete so viel, wie man um die Mitte des 15. Jahrhunderts für ein Steinhaus aufwenden musste: Zahnd, 1993, S. 206.
25. Zu Patronat und Baulast: Philipp, 1987, S. 21–22.
26. CVMA Deutschland I,3, 1994, S. 84–110.
27. Rennefahrt, 1960, S. 51–54, S. 55–58.
28. Rennefahrt, 1960, S. 63–68.
29. Philipp, 1987, S. 9–74.
30. Zur Ikonographie und zur ekklesiologischen Interpretation des Mühlenbildes: CVMA Schweiz 4, 1998, S. 314–331.
31. Mojon, 1967, S. 33.
32. Zum Gesamtprogramm der Chorverglasung: CVMA Schweiz 4, 1998, S. 122–125.
33. Kurmann-Schwarz, 1995, S. 9–16. CVMA Schweiz 4, 1998, S. 261–274.
34. CVMA Schweiz 4, 1998, S. 269–274.
35. CVMA Schweiz 4, 1998, S. 287–289.
36. Bern, STAB, A I 835, Testamentenbuch I, fol. 78r.
37. Welti, 1936, S. 353.
38. Bern, Archiv des Kirchmeieramtes, Protokolle der Kirchenverwaltungskommission, Sitzung vom 5. März 1887, S. 449.
39. Bern, BB, Ms. Hist. Helv. XVI 135, S. 36, 17–19.
40. Kurmann–Schwarz, 1995, S. 9–16.
41. In seinem Testament sagt Rudolf von Ringoltingen, dass er alle Kinder überlebte, die ihm Jonata von Mömpelgart geboren hatte, zuletzt auch Heinrich: Bern, STAB, A I 835, Testamentenbuch I, fol. 78r.
42. Bern, STAB, A I 835, Testamentenbuch I, fol. 81 r: «Item und als ich danne lang daher betrachtet hab daz ich zwischen der benampten miner erfrowen und minen kinden gern vil feintschaft sehe, ...».
43. Hahnloser, 1950, S. 27–29.
44. Bern, STAB, A I 835, Testamentenbuch I, fol. 81v–82v.
45. Bern, STAB, A I 835, Testamentenbuch I, fol. 77v.

Kapitel V   Seite 465–474

Paramente aus dem Berner Münsterschatz

1. Sä. Rechn. z. 1515, zitiert nach Rott, 1936, S. 262.
2. STAB: Pergamentrodel, Fach Stift; Stammler, 1902/03, S. 217–218.
3. Verwendet werden die mittelhochdeutschen Ausdrücke «Messachel» für Messgewand, d. h. Kasel; «Korkappe» oder nur «Kappa» für Chormäntel, d. h. Pluviale; «Umbler» für Schultertücher, d. h. Humeralien; «Handvan» für Handfahne, d. h. Manipel.
4. Die aus weissem Leinen gefertigten Altartücher werden im Inventar durchwegs mit «Twehelen» bezeichnet. Zur Deutung des Wortes «Zwehlen», «Twehle» = Altartuch vgl. Grimm, 1914, Sp. 971d.
5. STAB: Papierrodel, Fach Stift; Stammler, 1902/03, S. 219–220.
6. BHM, Inv. Nr. 36 (Kasel) und Inv. Nr. 35 (Dalmatik).
7. STAB: Pergamentrodel, Fach Stift; Stammler, 1902/03, S. 217.
8. STAB: Testamentenbuch 1, S. 22b; Kdm BE, 4, 1960, S. 24, Anm. 3.
9. Die Protokolle der Visitation wurden 1537 nach der Eroberung der Waadt durch die Berner mit dem Lausanner Domschatz nach Bern verschleppt; sie befinden sich in der BBB: Mss. hist. helv. III 115; Edition der Handschrift: Wildermann I–II.
10. STAB: Fach Burgdorf, Testament vom 13. September 1423; Kdm BE, 4, 1960, S. 20, Anm. 1.
11. Kdm BE, 4, 1960, S. 17, S. 20, S. 350, Abb. 345.
12. Zahnd, 1988b, S. 72.
13. STAB: Testamentenbuch 1, S. 113.
14. Thun, Burgerarchiv, BAT 506, fol. 5/9.
15. Thun, Historisches Museum, Inv. Nr. 5755. T 307; Rapp/Stucky, 1990, S. 92 und Kat. Nr. 8, S. 134–136.
16. Glasgow, Burrell Collection, Reg. 46/34; Rapp/Stucky, 1990, Kat. Nr. 9, S. 137–139.
17. Zahnd, 1988b, S. 71, Anm. 79.
18. Wildermann II, S. 192.
19. STAB: Testamentenbuch 1, S. 79–80; Kat. Himmel, Hölle, Fegefeuer, 1994, S. 276–277.
20. SLM, Inv. Nr. LM 19688; Rapp/Stucky, 1990, S. 92–93 und Kat. Nr. 17, S. 153–156; Rapp/Stucky, 1994, S. 390–393.
21. Schilling 4, S. 829.
22. BHM, Inv. Nr. 15a und b; Deuchler, 1963, Nr. 79–80, S. 179–181, Abb. 92–95; Kat. Burgunderbeute, 1969, Nr. 117 und Nr. 119, S. 197–198, S. 202, Abb. 193–194 und Abb. 197.
23. BHM, Inv. Nr. 14; Deuchler, 1963, Nr. 77, S. 172–179, Abb. 87–91; Kat. Burgunderbeute, 1969, Nr. 125, S. 205–210, Abb. 204–206.
24. Schilling II, S. 104; STAB: Ratsmanual Nr. 20, 140.
25. BHM, Inv. Nr. 21; Deuchler, 1963, S. 205–206, Abb. 124–125; Kat. Burgunderbeute, 1969, Nr. 129, S. 213, Abb. 209–210.
26. BHM, Inv. Nr. 24; Deuchler, 1963, Nr. 94a und b, S. 206–208, Abb. 126–127; Kat. Burgunderbeute, 1969, Nr. 127–128, S. 211–212, Abb. 207–208.
27. BHM, Inv. Nr. 20c; Deuchler, 1963, Nr. 95, S. 209, Abb. 128–129; Kat. Burgunderbeute, 1969, Nr. 131, S. 216.
28. BHM, Inv. Nr. 311a und b; Deuchler, 1963, Nr. 83–84, S. 184–186, Abb. 100–101; Kat. Burgunderbeute, 1969, Nr. 123–124, S. 204–205, Abb. 202–203.
29. STAB: Testamentenbuch 2, S. 102; Unnütze Papiere, 13. Bd.; ASA 21, 1888, S. 25.
30. Anshelm III, S. 332.

Kapitel V   Seite 474–482

31 BHM, Inv. Nr. 56–59; Stettler, 1950, S. 5–17; Rapp/Stucky, 1998.
32 Von dieser Publikation sind zwei Exemplare erhalten: BBB: Inc. V. 161 und Fribourg, Bibliothèque cantonale et universitaire, Gh. 120.
33 Kdm BE, 4, 1960, S. 412, Anm. 2.
34 Kdm BE, 4, 1960, S. 373ff., Abb. 374ff.
35 Als Forschungsprojekt des Schweizerischen Nationalfonds bereiten die Autorinnen z. Zt. eine Gesamtpublikation des Tapisseriebestandes des Bernischen Historischen Museums vor.

Das Chorherrenstift St. Vinzenz

1 Anshelm I, S. 269.
2 Tremp-Utz, 1982. Siehe auch Mojon, 1982.
3 Hier und im folgenden nach Tremp-Utz, 1984; Tremp-Utz, 1985; Tremp-Utz, 1986.
4 Marchal, 1982.
5 Marchal, 1992.
6 Siehe auch Millet, 1992.
7 Leisibach, 1989b. Siehe auch Zahnd, 1995.

Kapitel V   Seite 482–489

Die «Bibliothek» des Dominkanerinnenklosters St. Michael in der Insel

1 Ruf, 1939, S. 614.
2 Engler, 1998a, S. 1–34; Studer, 1858–1860, S. 1–48, S. 1–56, S. 101–104.
3 Hillenbrand, 1989, S. 219–271.
4 Descœudres/Utz Tremp, 1993, S. 133–134.
5 Engler, 1998a, S. 7–9.
6 Frank, 1968, S. 1–332.
7 Schmidt, 1919, S. 160–254.
8 Schneider, 1983, S. 70–82; Schneider, 1965, S. XI–XXXIV.
9 Hasebrink, 1996, S. 187–216.
10 Engler, 1998b, S. 157–208.
11 Hasebrink, 1996, S. 191–196; Schneider, 1983, S. 70–82.
12 Bruckner, 1967, S. 59–60.
13 Engler, 1998b, S. 284–286.
14 Fechter, 1986, Sp. 474–489.
15 Reichert, 1908/09.
16 Ausführlich zu Johannes Meyer, insbesondere seinem Aufenthalt in Bern: Engler, 1998b, S. 25–41.
17 Breslau, Universitätsbibliothek, Codex IV F 194a, fol. 122r.
18 Meersseman, 1975, S. 205–209 (heute verschollen).
19 Heute STAB: Fach Insel und Fach Mushafen. Urkunden bis 1390 teilweise gedruckt in FRB.
20 Schneider-Lastin, 1995, S. 207f. und Anm. 16 oben. Edition und Kommentar der Chronik durch W. Schneider-Lastin und C. Engler sind geplant. Ich danke Herrn W. Schneider-Lastin nochmals für die rasche Vermittlung des Textes.
21 BBB, Codex A 53. Dazu Engler, 1998b, mit Teiledition und ausführlichem Kommentar.
22 Meyer, 1995, S. 66–72.
23 Mit Überblick über Überlieferung und Teilausgaben: Fechter, 1986, Sp. 477–479.
24 Kaeppeli, 1975, S. 290–291.
25 Zitat: Scheeben, 1937, S. 192–193 (Teilausgabe).
26 Scheeben, 1937, S. 190–191 und S. 193.
27 Studer, 1858–1860, S. 54.
28 Zu den Priorinnen des Inselklosters: Engler, 1998a, S. 23–29.
29 BBB, Codex A 53, fol. 73v.
30 BBB, Codex A 53, fol. 73v und 74r.
31 STAB: Urbar Insel Nr. 1 und Dokumentenbuch Insel Nr. 1.
32 BBB, Codex A 53, fol. 73v.
33 BBB, Codex A 53, fol. 74v.
34 Christ, 1942, S. 1–29.
35 Engler, 1998b, S. 20.
36 Zur Überlieferung: Fechter, 1986, Sp. 477f.
37 Scheeben, 1937, S. 195f.
38 Schneider, 1983, S. 70–82.
39 Schneider, 1965, S. XI–XXXIV.
40 Schneider, 1983, S. 81.
41 Bloomington, Indiana University, Lilly Library, Ricketts mss. 198; Engler, 1998b, S. 39; Ruf, 1939, S. 599 und S. 614.
42 Zu Kunigunde Niklasin: Schneider, 1965, S. XVI–XVII.
43 Ruf, 1939, S. 578–596.
44 Ruf, 1939, S. 596–638.
45 Ruf, 1939, S. 596–599.
46 Hasebrink, 1996, S. 203–204; Ruf, 1939, S. 660–670.
47 Schneider-Lastin, 1995, S. 204–206.
48 BBB, Codex A 53.
49 Ruf, 1939, S. 573.
50 Bruckner, 1967, S. 60; Schönherr, 1964, S. 7–9.

51 Steinmann, 1982, S. 517; Bruckner, 1967, S. 53–54.
52 Reichert, 1912, S. 33.
53 STAB: Testamentenbuch I, fol. 162r.
54 Schilling II, S. 324.
55 Bruckner, 1967, S. 60 (Solothurn, Zentralbibliothek, Codex S 458).
56 Studer, 1858–60, S. 101–104 (Anna oder Verena von Wattenwyl).
57 BBB, Codex FA Wattenwyl 163.

Rund um den Lettner der Dominikanerkirche (Französische Kirche)

1 Anshelm II, S. 392.
2 Hier und im folgenden nach Descœudres/Utz Tremp, 1993.
3 Interessant ist die Beobachtung, dass schon gleichzeitig mit der Erbauung des Chores die massive Rückwand des Lettners errichtet wurde. Das dem Grundriss nach östlichste Joch des zu diesem Zeitpunkt noch nicht realisierten Langhauses war – als der Klausur zugehöriger Quergang – für die Predigerbrüder wichtiges Verbindungsglied vom Kloster zum Chor. Im Zuge der Erstellung des Kirchenschiffes wurde die auf einer Arkadenreihe abgestützte Lettnerbühne an diese Quergangwand angebaut. Descœudres/Utz Tremp, 1993, S. 56–59 und S. 111.
4 Descœudres/Utz Tremp, 1993, S. 66.
5 Descœudres/Utz Tremp, 1993, S. 66.
6 Dieser könnte sich in der Wandnische im nördlichen Seitenschiff befunden haben. Die Wandmalereien (um 1450?) sind den als Jungfrauen verehrten hll. Katharina und Barbara gewidmet. Kdm BE, 5, 1969, S.143–144.
7 Eine ältere Blendmasswerkdekoration der Lettnerstirn wurde zugemauert. Kdm BE, 5, 1969, S. 116f. und Abb. 126.
8 Gutscher, 1988, S. 22–27.
9 In diesem Sinn ist Descœudres/Utz Tremp, 1993, S. 139, zu korrigieren bzw. zu ergänzen.
10 Neben den erwähnten Teilen im Gewölbe des Mitteljoches die vier Evangelistensymbole zusammen mit den vier Kirchenvätern, Kdm BE, 5, 1969, S. 132f.
11 Zum Rosenkranzbild von Roda, 1986, S. 43–46. Die Strahlenkranzmadonna steht häufig als Bild der unbefleckten Empfängnis Mariä: Schramm, 1940, Abb. 312.
12 Mâle, 1922, S. 216f., Levi d'Ancona, 1957, Abb. 35–38.
13 Kdm BE, 5, 1969, S. 64–66. Abgelöste Reste befinden sich seit 1896 im Bernischen Historischen Museum. Gutscher, 1988, S. 23.
14 Hofer, in: Kdm BE, 5, 1969, S. 12.
15 LCI VI, Sp. 77.
16 LCI VI, Sp. 78.
17 Stammler, 1906, S. 17; LCI VIII, Sp. 257.
18 Wagner, 1977, S. 90–111, Zur ursprünglichen Aufstellung S. 105.
19 Hier und im folgenden nach Descœudres/Utz Tremp, 1993, S. 143–160: Topographische Verhältnisse in Kloster und Kirche zur Zeit des Jetzerhandels (1507–1509). Siehe auch Tremp-Utz, 1988, S. 221–249.
20 Utz Tremp, 1993b, S. 323–337. Eine ausführlichere Bewertung des Jetzerhandels in Helvetia Sacra IV/5 (im Druck).

Die Spitalkirche der Antoniter

1 Nach den Rechnungen der Elendenherberge zum Jahr 1502/03: «It. aber ein krancken brůder, kam von sant Jacob, hat 5 dag, důt 10 plaph., wart das bein abgehowen zů sant Antōnien.» Morgenthaler, 1945, S. 44.
2 Hier und im folgenden nach Helvetia Sacra IV/1, insbes. nach der Einleitung von Adalbert Mischlewski (S. 35–75) und dem Artikel ‹Bern› von Kathrin Utz Tremp (S. 91–110). Siehe auch Mischlewski, 1976.
3 Tobler, 1897, S. 293–299.
4 Morgenthaler, 1945, S. 44
5 Von Sinner, 1875/76, S. 300–302.
6 Kdm BE, 5, 1969, S. 11f.
7 Eine umfassende Studie zur Bedeutung der Kunst im Spitalkontext: Hayum, 1989, S. 13–52.
8 Siehe dazu Morgenthaler, 1945; Rennefahrt/Hintzsche, 1954; Windemuth, 1995, Müller-Landgraf/Ledermann, 1997.
9 Zu diesen Statuten: Chaumartin, 1946, S. 98–102.
10 Hayum, 1989.
11 Kdm BE, 5, 1969, S. 29–30.
12 Mischlewski, 1976, S. 18–29.
13 Graham, 1933, S. 10f. und Anm. 2.
14 Aurenhammer, 1959, S. 163.
15 Öffentliche Bibliothek La Valetta, Malta, Cod. 1. Bibliotheca Laureziano, Florenz, Med. Pal. 143. Graham, 1933, S. 1–26.
16 Buchowiecki, 1967, S. 406f.
17 Kdm BE, 5, 1969, S. 29–45.
18 LCI V, Sp. 211–214.
19 Ulla Williams: Die «Alemannischen Vitaspatrum», Untersuchungen und Edition, 1996.
20 Für die Überprüfung der schon von Hofer in Kdm BE, 5, 1969, S. 33 entzifferten Legende danke ich Herrn Martin Germann, Burgerbibliothek Bern, sehr herzlich.
21 LCI VII, Sp. 24.
22 Nach Graham, 1937, S. 33.
23 Dazu: Williams, 1996, S. 104–110.
24 Graham, 1937, S. 31.
25 Graham, 1933, S. 4.
26 Seit der grundlegenden Arbeit zu diesem Thema von Maurice Moullet wird diese Werkgruppe einem «Meister des Berner Oberlandes» zugeschrieben, doch befand sich seine Werkstatt sicher in der Stadt Bern. Moullet, 1943, S. 57–63.
27 Kdm BE, 5, 1969, S. 142.
28 Kat. Niklaus Manuel Deutsch, 1979, S. 248.
29 Kat. Niklaus Manuel Deutsch, 1979, S. 247.

Kapitel VI   Seite 511–516

Ulrich Boner's Edelstein

1. Unter diesem Titel von der Verfasserin als Lizentiatsarbeit abgegeben, bei Prof. Dr. Gramaccini, Institut für Kunstgeschichte Uni Bern, 1994.
2. Pfeiffer, 1884, Prolog, v. 64f.
3. Grubmüller, 1978.
4. Vgl. die synoptische Übersicht bei Bodemann/Dicke, 1988, S. 429–435 sowie Nachtrag S. 467.
5. Bern, Burgerbibliothek, Mss. hist. helv. X. 49.
6. Basel, Öffentliche Bibliothek, Hs AN III 17.
7. Die im Text erwähnten Fabeln sind nach der Edition von Pfeiffer numeriert. Pfeiffer, 1884.
8. Bodemann, 1987.
9. Bodemann/Dicke, 1988.
10. Piccard, 1966; Lindt, 1964.
11. Tschachtlan, 1988; Zürich, Zentralbibliothek, Ms. A 120.
12. Vetter, 1882.
13. Vgl. Notizen von Otto Homburger, Burgerbibl. Bern, S. 1.

Kapitel VI   Seite 516–523

Kirchliche Auftragskunst im Zeichen der Nelke

1. Zitat aus dem Auftrag für einen Bruderschaftsaltar in Landeron, 1494 durch einen Berner Maler namens Matthäus Mösch ausgeführt. Archives de l'Etat de Neuchâtel, François Gruere, notaire, 1494, fol. 83.
2. Eggenberger, 1989, S. 266.
3. Die Frühdatierung geht auf die Entdeckung einer zwar schlecht lesbaren Jahreszahl 1450 zurück: Aeby, 1996, S. 69–90. Claudia Bertling vertritt weiterhin die Zuschreibung an Hans Fries: Bertling, 1996, S. 165–173.
4. Gutscher/Villiger, 1999, S. 153–161.
5. Gutscher/Villiger, 1999, S. 125–131.
6. Wagner, 1977, S. 26–39.
7. Zebhauser, 1986, S. 90.
8. Clark, 1949, S. 17.
9. Vicente, 1992, S. 24–33.
10. Eggenberger, 1989, S. 237f.
11. Der Nachweis dieser Herberge findet sich anlässlich der Schleifung des Wallfahrtsortes 1534: *«und das vil rych Wirtzhus abgethan»*. Nach Stammler, 1904, S. 29.
12. Seitenverkehrt gibt auch der Holzschnitt von Urs Graf, 1511, die entsprechende Situation wieder (→Abb. 272).
13. Stammler, 1904, S. 25 und S. 27.
14. Konrad Türsts Karte der Eidgenossenschaft 1495/97: Türst, 1884.
15. Topographisch richtige Bezüge lassen sich auch auf dem Hauptwerk der Nelkenmeistergruppe, dem Hochaltar der Franziskanerkirche in Freiburg i.Ue., feststellen. Vgl. dazu: Schubiger, 1998, S. 45.
16. Die Beatuswallfahrt wurde von der Berner Obrigkeit nach der Reformation verboten, was sich wegen derer ausserordentlichen Beliebtheit nur schwer durchsetzen liess. Vgl. Kap. VI, S. 588 und Stammler, 1904, S. 27–30; Zum Schicksal der Reliquien Stammler, 1904, S. 30–33. Nach der Reformation wurde die Tafel in eine Beatuskapelle bei Lungern im katholisch gebliebenen Kanton Unterwalden gerettet und kam von dort später ins Heimatmuseum Sarnen. Moullet, 1943, S. 121.
17. Gutscher, 1988, S. 23; Descœudres/Tremp-Utz, 1993, S.132, S. 137f. Die Nelken sollen zur Zeit der Ablösung noch sichtbar gewesen sein: Stammler, 1904, S. 160 und S. 162 .
18. Lieb, 1969, Kat. 125–132, wohl mehrheitlich Studien für Wandmalerei.
19. Basler Goldschmiederisse: Falk, 1979, Tafel 144, Nr. 682 und S. 160. Datierung der Gruppe: Falk, 1979, S. 159, wohl in Basel 1515–1517 nach Augsburger Vorlagen entstanden.
20. Kdm BE, 4, 1960, S. 225–230.
21. Roth/Reinhard, o.J., Kat. 63, S. 198. Der Einfluss des Risses auf die Ulmer Glasmalerei lässt sich nachweisen.
22. Der Zyklus entstand im Auftrag des Augsburger Dominikanerinnenklosters, Lieb, 1960, Abb. 38, Text S. 14. Krause, 1998, S. 111–122.
23. Falk, 1979, Kat. 150, S. 75.
24. Basel, Öffentliche Kunstsammlung, Kupferstichkabinett , Goldschmiederisse, Inv. U.XIII. 78. Falk, 1979, Tafel 115, Kat. 532, S. 136f.
25. Krause, 1998, S. 111–122.

Kapitel VI   Seite 523–534

Niklaus Manuel Deutsch

1. Vögelin, 1878, S. LXIII–LXVII; Haendcke, 1889, S. 1–108; Haendcke, 1893, S. 64–101, insbes. S. 99; Escher, 1908, S. 317–319; Ganz, 1924, S. 146–161; Stumm, 1925, S. 14–25; Koegler, 1930, S. 3–10; von Mandach, 1935, S. 23–28; Reinle, 1956, S. 79–87.
2. Lee, 1940, S. 197–263; Hugelshofer, 1979, S. 56.
3. Kat. Niklaus Manuel Deutsch, 1979, Abb. 71, Nr. 116, S. 183.
4. Wagner, 1979, S. 17–41.
5. Im Hof, 1979, S. 92–99; Zinsli, 1979b, S. 75–91.
6. Kat. Niklaus Manuel Deutsch, 1979, Nr. 71, S. 224.
7. Pächt, 1977, S. 17–59.
8. Kat. Niklaus Manuel Deutsch, 1979, Nr. 42, S. 203.
9. Gramaccini, 1997, S. 67–76.
10. Boehm, 1985.
11. Wagner, 1977, S. 102.
12. Gramaccini, 1995, S. 44–55.
13. Kat. Niklaus Manuel Deutsch, 1979, Abb. 33, Nr. 72, S. 225.
14. Michael Pacher, Steinigung Christi, 1494, Hochaltar der Pfarrkirche St. Wolfgang. Vgl. Rasmo, 1979, Tf. XVII.
15. Kat. Niklaus Manuel Deutsch, 1979, Nr. 69, S. 223.
16. Von der vierzeiligen Inschrift der Brüstung ist nur die letzte Zeile verständlich: NICLAVS MANUEL. V.B.1515. Vgl. Kat. Niklaus Manuel Deutsch, 1979, S. 223.
17. Kat. Niklaus Manuel Deutsch, 1979, Nr. 66, S. 218–220.
18. Datierungsproblematik vgl. Kat. Niklaus Manuel Deutsch, 1979, Nr. 66, S. 219–220.
19. Grimm XXIX, Sp. 1506–1510.
20. Vgl. Martinet, 1918, S. 7.
21. Legenda Aurea, 1980, S. 560.
22. Psalm 41, 2.
23. Haendcke, 1889, S. 36, vgl. auch S. 108.
24. Grüneisen, 1837, S. 174.
25. Niklaus Manuel Deutsch, Die Versuchung des hl. Antonius durch die Dämonen, 1518/20, Bern, Kunstmuseum, Inv. Nr. 1173b; Kat. Niklaus Manuel Deutsch, 1979, Nr. 90, S. 247.
26. Haendcke, 1889, S. 8.
27. Stumm, 1925, S. 59.
28. Grüneisen, 1837, S. 163.
29. Haendcke, 1893, S. 93f.
30. Von Mandach, 1934, S. 296.
31. Ganz, 1924, S. 157.
32. Haendcke, 1893, S. 75.
33. Haendcke, 1893, S. 75.
34. Ganz, 1924, S. 158.
35. Haendcke, 1893, S. 75.
36. Carus, 1972, S. 41. Friedrich, 1974, S. 101.
37. Ganz, 1924, S. 47.
38. Ganz, 1924, S. 160.
39. Nach Weishaupt, 1992, S. 114.
40. Hugelshofer, 1979, S. 51.
41. Wüthrich, 1978, S. 114, S. 117. Vgl. Warnke, 1982, S. 54–72; Baxandall, 1985, S. 132–136; Warnke, 1993, S. 61–69; Zalewska, 1996, S. 829–843.
42. Niklaus Manuel Deutsch, Felseninsel, vor 1515, Berlin, Staatliche Museen Preussischer Kulturbesitz, Kupferstichkabinett, Inv. Nr. 14698; Kat. Niklaus Manuel Deutsch, 1979, Nr. 177, S. 342f.
43. Niklaus Manuel Deutsch, Vorgebirge mit Bergwerk, vor 1515, Basel, Öffentliche Kunstsammlung, Kupferstichkabinett, Inv. Nr. U X 19; Kat. Niklaus Manuel Deutsch, 1979, Nr. 176, S. 340–342.
44. Bätschmann, 1989, S. 23.
45. Vgl. Huber, 1997, S. 60–68.
46. Kat. Niklaus Manuel Deutsch, 1979, S. 493.

Kapitel VI   Seite 534–542

Weltliteratur in Bern: Die «Melusine» des Thüring von Ringoltingen

47 Die Ausführungen beziehen sich auf meine 1997 am Institut für Kunstgeschichte der Universität Bern abgeschlossene Lizentiatsarbeit (Prof. Dr. N. Gramaccini) zur Landschaftsdarstellung im Werk von Niklaus Manuel Deutsch. Vgl. Huber, 1997.

48 Huber, 1997, S. 61–80.

49 Gramaccini, 1987, S. 143–151; Horaz, 1990, S. 291.

50 Summers, 1981, S. 41–55.

51 Gombrich, 1960.

52 Stumm, 1925, S. 36; Mandach/Koegler, o.J., S. XXI; Kat. Niklaus Manuel Deutsch, 1979, Nr. 66, S. 218.

53 Kat. Niklaus Manuel Deutsch, 1979, Nr. 73, S. 226–227.

54 Kat. Niklaus Manuel Deutsch, 1979, S. 228.

55 Kat. Niklaus Manuel Deutsch, 1979, Nr. 176–177, S. 340–343.

56 Vgl. Giuseppe Arcimboldo (zugeschrieben), Homo omnis creatura, Ende 16. Jh., Privatsammlung, Turin.

57 Gramaccini, 1996, S. 159–165.

58 Pesch, 1967, S. 714; vgl. Schwarz, 1986, S. 134–135.

1 Zu dieser Datumsangabe vgl. unten, Anm. 7.

2 Zitiert wird nach der Ausgabe von Karin Schneider (angegeben jeweils die Seite und die erste Zeile des Zitats), auch die stark variierenden Namensformen folgen Schneiders Edition; ihr Text erhält hier den Vorzug, weil er in seiner sprachlichen Erscheinungsform der südalemannischen Schreibsprache Thürings näher als der Wortlaut der neuen, schön ausgestatteten, mit nützlichen Beigaben (Worterklärungen, Stellenkommentar, Werkeinführung) versehenen Edition Jan-Dirk Müllers steht (Müller, 1990); eine Darstellung der neuesten Forschung mit Bibliographie bietet Müller, 1995.

3 Dies der Umfang im wohl ältesten Druck, jenem von Bernhard Richel. Das Autograph ist heute verloren; erhalten sind 15 Handschriften, dazu können 10 Drucke aus dem 15. und 20 aus dem 16. Jh. nachgewiesen werden. Keiner dieser Überlieferungsträger lässt sich mit Bern als Entstehungsort verbinden; auch besitzt die Stadt- und Universitätsbibliothek Bern bloss einen Strassburger Druck von 1516: Galt der Prophet im eigenen Vaterlande nichts?

4 Vgl. Müller, 1990, S. 1059, 1063; Mühlherr, 1993, S. 15, S. 22–25.

5 Ausgespart ist damit die an der Zahl der Handschriften und Drucke aus 4 Jahrhunderten ablesbare breite und vielfältige Wirkung. Zur Stoff- und Wirkungsgeschichte vgl. Mertens, 1992. Bis heute kaum zureichend analysiert und gedeutet ist die Form des Romans.

6 Die Biographie Thürings und seines Vaters Rudolf bei Tobler, 1896b, S. 172–185, S. 186–192.

7 Er organisiert die ins Stocken geratene Finanzierung der Fenster im Altarraum, stiftet selber auch Teile davon (Kdm BE, 4, 1960, S. 233, S. 236, S. 259–261). Das Dreikönigsfenster dürfte – auf Grund der Wappen zu schliessen – als Ganzes von der Familie Ringoltingen gestiftet sein (Kdm BE, 4, 1960, S. 286–288); mögliche inhaltliche Berührungen zwischen Fenster und Melusinenroman sieht Kurmann-Schwarz, 1995, S. 15. Der deutlichste Bezug zwischen Fenster und Buch dürfte allerdings schon in der Analogie der Sozialgeste gegeben sein: Förderung geistlicher und weltlicher Kunst als Form adliger Repräsentation; so ist es kaum zufällig, dass Thüring den Roman über das Abschlussdatum (das Vinzenz-Fest als Bezugspunkt) mit dem Münster in Verbindung bringt.

8 Tobler, 1896b, S. 190f.

9 Vgl. Kdm BE, 4, 1960, S. 19; sein Grabstein heute noch erhalten: Kdm BE, 4, 1960, S. 355.

10 Zahnd, 1979, S. 149–153.

11 Thüring übersetzt also nicht nur, sondern drückt dem Werk den Stempel seiner Absichten auf: *«Und ob ich den synn der materyen nit gantz nach dem welschen buch gesetzet hab, so hab ich doch die substantz der materyen, so best ich kond, begriffen»* (36,19), dazu Mühlherr, 1993, S. 34; vgl. die umfassende Stilstudie von Roloff, 1970 (zur notwendigen Kritik an seiner These eines «bürgerlichen» Textes vgl. Anm. 20).

12 Zu den chronologischen Einzelheiten vgl. Müller, 1990, S. 1021f.

13 Eine neufrz. Übersetzung bei Harf-Lancner, 1993 bzw. für den Prosaroman von Jean d'Arras bei Perret, 1979.

14 Harf-Lancner, 1993, S. 28–30.

15 Harf-Lancner, 1993, S. 30f.

16 Dies gegen Müller (1990, S. 1013, S. 1015), der in Unkenntnis der kunsthistorischen Argumente von Butz, 1987, kurzerhand Bämlers datierten Augsburger Druck von 1474 zum Erstdruck erklärt.

17 Erstmals fällt der Name Lusignan in der Version, die der frz. Mönch Petrus Berchorius in seinem *«Reductorium morale»* (um 1350) gibt; zur Vorgeschichte des Stoffes und zum Zusammenhang zwischen den Namen Lusignan und Melusine vgl. Lecouteux, 1979, einige einschlägige Texte in frz. Übersetzung bietet Harf-Lancner, 1993, S. 159–177.

18 Ein nachdrücklicher Wahrheitsanspruch liegt auch in der Wahl der Prosa anstelle des Verses (vgl. dazu Besch, 1972, S. 753–760); zum möglicherweise prokativen Charakter dieser «Montage von *factum* und *fictum*» vgl. Mühlherr, 1993, S. 12f., 57.

19 Vgl. Zahnd, 1979, S. 151f.

20 Vgl. zum Problem soziologischer Begriffe wie «Bürgertum» und «Adel» aus historischer Sicht de Capitani, 1982, S. 29–31, S. 34f., S. 43f.; eine breit fundierte Widerlegung der Verbürgerlichungsthese der älteren Literaturwissenschaft bringt Müller, 1977, S. 29–47.

21 Zur Darstellung der Ehe als einer innigen Liebesgemeinschaft vgl. von Ertzdorff, 1989, S. 68 und Müller, 1990, S. 1033; man denkt hier an ähnliche Affektlagen in Thürings Zeitgenossenschaft, wie sie etwa die Aufzeichnungen Ludwigs von Diesbach belegen (Zahnd, 1986, S. 259–262, S. 395f.).

22 Vgl. Müller, 1990, S. 1033–1035, abweichend davon sieht Mühlherr (1993, S. 38) den Grund der Katastrophe darin, dass Melusines «Partner sie entmenschlicht hat».

23 Vgl. Mühlherr, 1993, S. 33 Anm. 61: Die Ambivalenz des Moralischen ist im Roman an den Rändern der Welt (und der Handlung) minder stark, denn dort stehen «Bösewichte», Heiden, Riesen und gute Ritter einander gegenüber, im Zentrum aber lassen sich Gut und Bös oft nicht auseinanderhalten.

24 Veränderte Wiedergabe nach: Ruh, 1985, S. 6–9.

25 Wenn die Augsburger Druckfassung von 1474 der Beschreibung Melusines noch beifügt *«als dann ein schlang gemeingklich gestalt ist»* (Müller, 1993, S. 97, 21f.), wird die Faszination des Schrecklichen wieder zurück in die Banalität des Alltäglich-Bekannten, des «déjà-vu», zurückgenommen: So sieht eben eine Schlange aus.

26 Es öffnet sich da eine interpretatorische Perspektive, die in den letzten Jahren auf erhebliches Interesse gestossen ist, hier aber nur angedeutet werden kann; stellvertretend für die Fülle einschlägiger Arbeiten möge der Verweis auf den Aufsatz von Ingrid Bennewitz stehen (Bennewitz, 1994).

27 Vgl. Mühlherr, 1993, S. 23 A. 44; zu Melusines Rolle als Kulturbringerin: Lecouteux, 1982, S. 45–49.

28 Einzigartigkeit in der Romankunst des 15./16. Jahrhunderts bei der Gestaltung dieser Thematik attestiert etwa Xenja von Ertzdorff Thüring (1989, S. 66), ähnlich Mühlherr, 1993, S. 57.

Niklaus Manuel und die Anfänge des Theaterspiels in Bern

1. Welti, 1904, S. 65: «Den webern, als die ein spil gemacht hattend, hiessen min herren ze stúr gen I lb [Pfund]»; Welti, 1904, S. 248: «Denne den schůlern hiessen min herren schencken ze stúr an ir spil II lb.»
2. Neumann I, S. 129f.
3. Berner Weltgerichtsspiel, 1962.
4. Es ist hier nicht der Ort, das volkskundlich und sprachwissenschaftlich noch immer nicht endgültig gelöste Problem zu erörtern, wieweit in der Fastnachtzeit altes heidnisches oder kirchlich gelenktes Brauchtum vorherrschte. Ebensowenig sind die offenen Fragen zu verfolgen, ob das Wort «Fasnacht» bzw. «Fastnacht» ursprünglich nur die Nacht vor Beginn der Fastenzeit bezeichnete, ob es von «fasen», «faseln», «vasen» mit den Bedeutungen wie «fruchtbar sein» und «sich ausgelassen oder närrisch benehmen» herzuleiten sei oder ob es etymologisch auf alte Reinigungsbräuche zurückweise. Auch in Bern sind ganz verschiedene Schreibvarianten wie «Fasnacht-», «Vassnacht-», «Fastnachtspiel» nachgewiesen; ausserdem ist auch vom «Aschermittwochspiel» die Rede.
5. Tschachtlan, 1988, S. 416. Die Angaben bei Streit, 1873, auf die sich spätere Autoren immer wieder gestützt haben, sind ungenau.
6. Fluri, 1908a, S. 134. Fluris Angaben ergänzen die noch immer ausführlichste und gründlichste Darstellung der Frühgeschichte des Dramas in der Eidgenossenschaft von Baechtold, 1892.
7. Anshelm III, S. 446.
8. Fluri, 1908a, S. 135.
9. «Diß ist ein iemerliche clag vber die Todten fresser», Augsburg 1522, in: Gengenbach, 1856.
10. Anshelm IV, S. 450.
11. Die genauen Titel lauten: «Ein faßnacht spyl / so zů Bern vff der hern faßnacht / inn dem M. D. XXII. iare / von burgerßsŏnen offentlich gemacht ist / Darinn die warheit in schimpffs wyß vom pabst / vnd siner priesterschafft gemeldet wůrt. Item ein ander spyl / daselbs vff der alten faßnacht darnach gemacht / anzeigend grossen vnderscheid zwischen dem Papst / vnd Christum Jesum vnserm seligmacher», Zürich 1524. Die massgeblichen Editionen sind: Die historisch-kritische Ausgabe der Werke Manuels von Jakob Baechtold (Manuel, 1878); für das Spiel «Vom Papst und seiner Priesterschaft» die ausführlich kommentierte Edition von Hellmut Thomke (Thomke, 1996). Jüngst erschien die neue historisch-kritische Ausgabe von Paul Zinsli und Thomas Hengartner (Manuel, 1999).
12. In der Fastenzeit 1522 nahm Manuel an einem Söldnerzug in Italien teil, hätte also an der Inszenierung seiner Spiele gar nicht mitwirken können. Eine ganze Reihe historischer Ereignisse, auf die der Dichter im ersten Stück anspielt, fallen erst in den weiteren Verlauf des Jahres 1522. Ausserdem verzeichnet die Berner Staatsrechnung ausdrücklich einen Beitrag an ein Spiel an der Kreuzgasse im Jahr 1523. Näheres bei Vetter, 1904, S. 80–117 und Thomke, 1996, S. 1005–1008.
13. Die Handschrift auf Berner Papier hat Fritz Burg zusammen mit der Abschrift der beiden Fastnachtspiele in Hamburg entdeckt und veröffentlicht: Manuel, 1896, S. 61–97.
14. Ferdinand Vetter versuchte eine Urfassung herzustellen: Manuel, 1923.
15. Im 1840 erschienenen 2. Bd., Buch 3, Kap. 3 seiner «Deutschen Geschichte im Zeitalter der Reformation». Ranke, 1867, S. 58.
16. Allgemein zum Einfluss Luthers auf Manuel: Huggler, 1979, S. 101–106. Genaue Nachweise bei Thomke, 1996, S. 1009f., S. 1019, S. 1030, S. 1033f., S. 1036f. und S. 1038f.
17. Manuel, 1960, S. 49.
18. Manuel, 1960, S. 47.
19. Fluri, 1908a, S. 136.
20. Hans von Rüte: «Ein Fasznachtspil den ursprung / haltung / vnd das End beyder / Heydnischer / vnd Bápstlicher Abgŏtteryen allenklich verglychende / zů Bern inn oechtland durch die jungen Burger gehallten», Basel 1532.
21. Der vollständige Titel lautet: «Ein holdsaeligs Faßnachtspil / darinn der edel wyn von der Trunckknen rott beklagt / vonn Råblüten gschirmbt / vnd vonn Richtern ledig gesprochen wirt / gantz lieplich zelåsen. Gespilt vonn jungen Burgern Zürich», Zürich 1548. Jetzt am leichtesten zugänglich in: Haas/Stern, 1989.

Musik in Bern im 15. Jahrhundert

1. Geering, 1972, S. 106.
2. Geering, 1972, S. 107.
3. De Capitani, 1993, S. 20.
4. De Capitani, 1993, S. 22.
5. Stenzl, 1972, S. 89–109.
6. Geering, 1933, S. 8.
7. Anshelm I, S. 269: «...daß schon keiner so vil Latein kond, daß die siben zit und selgebet, gsang und ampt, item zu not der sacramenten handlungen on ärgernuß und on spot vollbracht wurdid.»
8. STAB: AV 268, Verträge zwischen Bern und Freiburg, S. 1–7.
9. Besseler, 1952, S. 169.
10. STAB: BVII 448f, fol. 13.
11. Besseler, 1952, S. 170.
12. Johannes de Grocheio in seiner Lehrschrift «Ars musice» um 1300 in Paris.
13. Transkription und Übersetzung bei Lütteken, 1993, S. 452–453.
14. Handschrift Modena, Biblioteca Estense, aX.1.11., fol. 64r (neue Foliierung: 68r).
15. Siehe Anm. 14.
16. Als Beispiel eines vorzeitigen Beginns ist der Übergang vom ersten zum zweiten Color im Triplum zu erwähnen: Der Beginn der im Text dem zweiten Color zugehörigen Verszeile «quamque egregios sensus optima berna paris» erklingt in der Vertonung gleichzeitig mit den vier letzten Tönen des Tenors im ersten Color. Die Gliederung der Verszeilen im Text wird in der Komposition nicht nachvollzogen.
17. Handschrift Modena, Biblioteca Estense, aX.1.11., fol. 63v (67v)–64r (68r).
18. Die letzte Angabe des Vermerks ist irreführend, da sich die Pausen zu Beginn der Niederschrift des Tenors auf das einleitende Oberstimmenduett beziehen, das in den nachfolgenden vier Colores nicht mehr erklingt.
19. Mit 31 Werken findet sich der englische Komponist John Dunstable (zirka 1390–1453) an zweiter Stelle.
20. Für Niccolo d'Este komponierte Dufay 1433 die ballade «C'est bien raison». Damit begann sein enger Kontakt zur Este-Familie, der u.a. auch durch einen Aufenthalt in Ferrara im Mai 1437 dokumentiert ist.
21. Nach Lütteken, 1993, S. 339 und S. 496–497.
22. STAB: Berner Ratsmanual 32, S. 85.
23. Zu den äuswärtigen Knaben, die an der Berner Sängerschule eine umfassende humanistische Ausbildung erhielten, gehörte mit grosser Wahrscheinlichkeit auch der nachmalige Humanist und Musiktheoretiker Heinrich Glarean (1488–1562), der in seiner umfassenden Lehrschrift «Dodekachordon» (1547) die Motette «Attendite Popule» des Berner Kantors Johannes Wannenmacher (Kantor von 1510 bis 1513) als exemplarisches Werk aufnam.
24. Der Nachweis der drei Motetten von Frank findet sich bei Staehelin, 1972, S. 119–128. Die drei Motetten sind in folgenden Quellen überliefert: Sion, Kapitelarchiv, Lade 87, Nr.1 (Huldigungsmotette auf Jost von Silenen): Auf der Rückseite der Komposition findet sich in der deutschen Übersetzung des lateinischen Motettentextes der Hinweis auf die Autorschaft Franks: «...Ich gtiechtet hab zu dieser fart/Ein Muteten und melody/Uß musica der kunst gar fry/Das ich, Bartholme, Cantor zu Bern...» (Geering, 1933, S. 123); Warschau, Biblioteka Uniwersyteka, Rps. Mus. 58, fol. 58v–59r, (Huldigungsmotette auf eine unbekannte Dame); Hradec Králové (Königgraetz), Museum, II A 7, «Codex Speciálnik», S. 74–77, (Huldigungsmotette auf eine hohe Persönlichkeit).

Kapitel VI Seite 567–578

Huldigungskompositionen an die Stadt Bern und ihr musikalisch-gesellschaftliches Umfeld

[25] Geering, 1964, S. 1–15.
[26] Geering, 1964, S. 1–2.
[27] Die Handschrift im Format 28,5 × 19,6 cm ist als Fragment von 34 Blättern in drei Lagen überliefert.
[28] Estavayer-le-Lac, Collègiale de Saint-Laurent, Antiphonar [II], S. 387.
[29] Stenzl, 1972, S. 89–90.
[30] Die Handschrift Strassburg, Bibliothèque municipale, 222, C 22 wurde 1870 durch einen Brand zerstört. Der französische Musikwissenschafter Charles-Edmond-Henri de Coussemaker (1805–1876) hat vor der Zerstörung Teile der Handschrift transkribiert und sie in seinem Hauptwerk «*Scriptorum de Musica medii aevi novam seriem a Gerbertina altera*» (Paris 1864–1876) veröffentlicht. Der mittelhochdeutsche Traktat zur Mensuralnotation findet sich in Band III, S. 411–413.
[31] Geering, 1964, S. 6, S. 7, S. 11, S. 13, S. 16 und S. 22.
[32] Geering, 1964, S. 11.
[33] Geering, 1964, S. 9.

[1] «*Musicorum Bernensium Catalogus et Eorundem Encomion*», zitiert nach Basel, Öffentliche Bibliothek, F.X. 6, fol. 31v.
[2] Wegen des Reformationsmandats vom 7. Februar 1528, in dem von einer Abfindung der Chorherren und Kapläne die Rede ist, wird eine Auflösung des St. Vinzenzstiftes zu diesem Zeitpunkt angenommen (vgl. Tremp-Utz, 1985, S. 210).
[3] Das Versmass ist in den beiden letzten Versen des ersten Teil nicht durchgängig nach klassischen Regeln eingehalten. Sicherlich war aber eine Hexameterbildung beabsichtigt.
[4] Vgl. Schmidt, 1981, S. 120.
[5] Vgl. Glarean, 1948, z. B. im Lob auf Basel die Grussfloskel, Vers 295f.: «*Salve optima mater/Indigenis Basilea tuis, urbs inclyta fama*» und den Vergleich mit Marseille und Athen, Vers 302: «*Massiliam referens doctasque Academia Athenas*»; im Gedicht auf Bern den Wunsch nach langer Herrschaft, Vers 209: «*urbs tot regnata per annos*».
[6] Thürlings, 1903, S. 16.
[7] Barbarini, 1558.
[8] Die Einsatzfolge der Kanonstimmen (im ersten Teil zuerst Tenor und zwei Mensuren darauf Quintus in der Oberquint) verkehrt sich im zweiten Teil (zuerst Quintus, dann Tenor in der Unterquint). Aufgrund dieses Wechsels ist wohl auch die Quintusstimme des zweiten Teils im Tenorstimmbuch notiert und umgekehrt der Tenor im Quintusstimmbuch. Dieser Tausch hatte wahrscheinlich auch den Fehler in der Schlüsselung auf fol. 21r des Tenorstimmbuches zur Folge (c3 statt c2).
[9] Glarean, 1965, I, S. 263.
[10] Arnold Geering, 1933, S. 146 zufolge ist dieser Aufbau auch in einem anderen Werk Wannenmachers, nämlich dem als Fragment überlieferten sechsstimmigen Tractus «*Adoramus te dominus*» anzutreffen.
[11] Das Stück steht im Original in hoher Schlüsselung f3, c4, c3, c2(Quintus), g2.
[12] Geering, 1933, S. 127; Anstellungsvertrag: STAB: Stiftsmanuale der Chorherren zu St. Vinzenz IV, S. 17, zitiert nach Geering, 1933, Beilage IV, S. 207.
[13] Vgl. Geering, 1933, S. 130.
[14] STAB: Stiftsmanuale der Chorherrn zu St. Vinzenz IV, S. 108, zitiert nach Geering, 1933, S. 129.
[15] Ein solcher Aufstieg in der Hierarchie vom Kantor über den Succentor bis hin zum Stiftskantor, der als Oberaufseher über die Kantorei jedoch weniger musikalische als viel mehr geistliche Verpflichtungen hatte, war keine Seltenheit. Derselbe Werdegang lässt sich auch bei Wannenmachers Vorgängern im Kantorenamt, wie z. B. Heinrich Wölfflin, Herr Wernher und Bartholomäus Frank beobachten (vgl. Tremp-Utz, 1985, S. 148).
[16] Geering, 1933, S. 122: 1513; Fluri, 1898, S. 542: 1514; Stenzl, 1981, S. 291: 1515.
[17] Vgl. Stenzl, 1981.
[18] Geering, 1933, S. 144; Quelle: Heinrich Glarean, «*Musice Epitome*», Basel 1557.
[19] St. Gallen, Stiftsbibliothek, MS 463, Nr. 11, Nr. 206. Die Stücke gelangten vermutlich durch die Vermittlung Glareans in die Sammlung.
[20] Geering, 1933, S. 144.
[21] Anshelm Valerius, Berner Chronik, zitiert nach Merian, 1917, S. 199.
[22] STAB: Ratsmanuale 229, S. 31, zitiert nach Geering, 1933, S. 141.
[23] Die vom Anfang der Interlakener Zeit erhaltenen Bittbriefe um eine Entschädigung an den Freiburger Schultheiss Peter von Praroman (Geering, 1933, Beilage V, S. 211–215) zeichnen ein recht düsteres Bild von Wannenmachers Lebensverhältnissen. Er spricht von finanzieller Not, angeschlagener Gesundheit und der Last des Alters – in einem Bittbrief, der an die Nächstenliebe des Adressaten appelliert, ist dies sicherlich auch taktisch motiviert, so dass von diesen Quellen kaum auf die wirklichen Lebensumstände des Schreibers Wannenmacher geschlossen werden kann.
[24] «*Laetatus sum*» und «*Domine quid multiplicati sunt*», Kassel, Ständ. Landesbibliothek, Mss. 4, 24, 49, 71.
[25] Johannes Wannenmacher, «*Bicinia sive duo, germanica ad aequales*», Bern 1553.
[26] Gedruckt in Hans Otts Sammlung «*115 guter newer Liedlein*», Nürnberg 1544.
[27] Basel, Öffentliche Bibliothek, F.X. 5–9, Nr. 30; vgl. Geering, 1933, S. 150.
[28] Basel, Öffentliche Bibliothek, F.X. 5–9, Nr. 26.
[29] Kmetz, 1994; Kmetz, 1995.
[30] Katalog Basel, 1988, S. 253–267.
[31] Kmetz, 1994, S. 215f.
[32] Amerbach, 1967, S. 348f.
[33] Kmetz, 1984, S. 73f.
[34] Geering, 1972, S. 108; es handelt sich um die Stücke Nr. 20 «*Chorea*» und Nr. 23 «*Proportio*» aus F. X. 5–9.
[35] De Capitani, 1993, S. 20.
[36] Türler, 1898a.
[37] Nr. 24: «*Veni electa mea*», Nr. 28: «*Innsbruck ich muss dich lossen*», Nr. 32: «*Da Jacob nun das Kleid ansah*», Nr. 35: «*Ich weiss ein stoltze Müllerin*».
[38] Nr. 33: «*Wie Joseph in Egipten landt*», Nr. 34: «*Floreat Ursine gentis*»; erste Zuschreibung der Bernmotette durch Thürlings, 1903, S. 16.
[39] «*Floreat Ursine gentis canentum sacer ordo*».
[40] «*Splendeat o gracilis*»; Geering vermutet den Verfasser des Textes im lateinischen Schulmeister Johann Entzisperger, genannt «*Telorus*» (Geering, 1933, S. 173).
[41] Geering, 1933, S. 172f. vermutet 12 Hexameter pro Teil; zudem haben die Kompositionsteile eine annähernd gleiche Länge (119 zu 114 Mensuren).
[42] Geering, 1933, S. 172.
[43] Vgl. Geering, 1933, S. 145.
[44] Vgl. Alder/Wannenmacher, 1934, «*De Profundis*», prima pars, Mensuren 39ff., S. 38f.; Alders Motette steht im Original in tiefer Schlüsselung (c1, c3, c4, f4).
[45] Vgl. «*Floreat Ursine gentis*», prima pars, Mensuren 86ff. mit Alder/Wannenmacher, 1934, «*De profundis*», prima pars, Mensuren 45ff., S. 38f.
[46] Vgl. «*Floreat Ursine gentis*», prima pars, Mensuren 99ff. mit Alder/Wannenmacher, 1934, «*De profundis*», prima pars, Mensuren 95ff., S.41.
[47] Vgl. Gloor, 1986, S. 74ff.
[48] STAB: Stiftsmanuale der Chorherren zu St. Vinzenz IV, S. 42, zitiert nach Dübi, 1930, S. 20.
[49] Gloor, 1986, S. 76; Steude, 1978, Kapitel 2.1.2: «Cosmas Alder», S. 42f.
[50] Die Motette «*Da Jacob nun das Kleid ansah*». Zur Zuschreibungsfrage siehe Kmetz, 1984. Die Verbindung zwischen Alder und Rhaw war wahrscheinlich keine direkte, sondern kam mittelbar über Rhaws engen künstlerischen Berater und Alders Kommilitonen Schalreuther zustande (Steude, 1978, S. 93–100).
[51] Zitiert nach Geering, 1933, S. 158.
[52] Vgl. Geering, 1933, S. 18.
[53] Bern, Stadt- und Universitätsbibliothek, Sammelband A. D. 39, Nr. 8.

Der Zytgloggeturm – Öffentliche Räderuhren in Bern im 15. Jahrhundert

54 Wölfflin war 1524 wegen Heirat und damit öffentlichem Bekenntnis zu reformatorischem Gedankengut aus seinem Amt als Stiftskantor entlassen worden (Geering, 1933, S. 18).

55 Alder, 1553.

56 Zum Choralrepertoire im Berner Münster siehe Stenzl, 1972.

57 De Capitani, 1993, S. 29.

58 Manuel, 1917, S. 52.

59 Nach Fluri, 1908b, S. 218, lautete ihr Nachname «Schwäbler».

60 STAB: Ratsmanuale 229, zitiert nach Geering, 1933, S. 163.

61 Vgl. de Capitani, 1993, S. 60.

62 Vgl. Bloesch, 1937 und Türler, 1904.

63 Türler, 1904, S. 240.

64 Vgl. Aeschbacher, 1980/81.

65 «*Da Jacob nun das Kleid ansah*», Basel, Öffentliche Bibliothek, F. X. 5–9, Nr. 32; «*Wie Joseph in Egipten landt*», Basel, Öffentliche Bibliothek, F. X. 5–9, Nr. 33; «*Ach Herr vernimm mein kläglich Stim*», Basel, Öffentliche Bibliothek, F. IX. 32–35, Nr. 13 (Zuschreibung nicht gesichert); «*Veni electa mea*», Basel, Öffentliche Bibliothek, F. X. 5–9, Nr. 24.

66 Geering, 1933, S. 71.

67 Geering, 1933, S. 93ff.

68 Neben Cosmas Alder kämen sicherlich noch Hans Kotter, Heinrich Wölfflin, Johannes Wannenmacher, der Drucker Matthias Biener, genannt Apiarius, der Schulmeister Johann Entzisperger und in späteren Jahren auch Wolfgang Musculus in Frage. Aeschbacher, 1980/81, S. 233 nennt zusätzlich den Buchhändler Hans Glaner als mögliches Mitglied eines solchen Kreises, Renggli, 1994, verweist in diesem Zusammenhang auf Urban Myss, Benedict Marti und Johannes Haller.

69 Vgl. Deutsche Lieder, 1967.

70 «*Stimmt ein: Lebe lange, Cosmas, es lebe dein Ruhm, Cosmas, der grosse Ruhm des einzigartigen Schweizers*» (Alder, 1553, zitiert nach Geering, 1933, Beilage VII, S. 216).

1 Dohrn-van Rossum, 1992, S. 35–39; Bilfinger, 1892, S. 141–170; Häussling, 1997, Sp. 261.

2 RQ Bern I/1–2, S. 184.

3 Justinger, 1871, S. 195.

4 Vgl. zu Baugeschichte und Funktion des Zytgloggeturms in den ersten zwei Jahrhunderten seines Bestehens Hofer, 1953, S. 20–24; Hofer, 1983, S. 15–18; Bellwald, 1983, S. 28–33; Glatz/Gutscher, 1996, S. 64–66.

5 Kdm BE, 4, 1960, S. 11–12.

6 Welti, 1896a, S. 9–10.

7 Welti, 1896a, S. 163.

8 Welti, 1896a, S. 182–189.

9 Dohrn-van Rossum, 1992, S. 56–57.

10 Zwei Beispiele von Türmeruhren bei Maurice, 1976, II, Nr. 34–35.

11 Welti, 1896a, S. 183.

12 Welti, 1896a, S. 184–185, 209, 212, 232, 234, 237, 258, 291 («*Niclis Schlosser seligen wip*»), 296 («*Albrecht dem Schlosser*»), 323–324.

13 Die Stadtrechnungen der Jahre 1375–1384 sind nur zu zwei Dritteln erhalten und fehlen anschliessend bis 1429 vollständig. Im Zeitraum 1430–1452 ist rund ein Drittel überliefert, während in der zweiten Hälfte des 15. Jahrhunderts nur noch die Rechnungen einzelner weniger Jahre vorhanden sind.

14 Dohrn-van Rossum, 1992, S. 106 (Zitat), 125–129.

15 Bilfinger, 1892, S. 204 (Zürich); Ackermann, 1986, S. 10 (Basel); Spöring, 1975, S. 15 (Luzern); Dubuis, 1992, S. 109 (Yverdon, Genf, Lausanne); Fallet/Trisconi, 1991, S. 117 (Freiburg).

16 Dohrn-van Rossum, 1992, S. 163.

17 Justinger, 1871, S. 195.

18 Bellwald, 1983, S. 33–34.

19 Kdm BE, 1, 1952, S. 107; Biber/Hofer, 1954, S. 3.

20 Nüscheler-Usteri, 1882, S. 269.

21 Bellwald, 1983, S. 34.

22 Justinger, 1871, S. 285.

23 Vgl. zur Zeitglocke der Nydeggkapelle Kdm BE, 5, 1969, S. 236–237, 265–266.

24 Welti, 1904, S. 7; Welti, 1912, S. 37; Morgenthaler, 1935, S. 131.

25 Welti, 1904, S. 103, 126.

26 Welti, 1904, S. 161, 180.

27 Pfeifer, 1993, II, S. 1323; Bilfinger, 1892, S. 212; Zinner, 1939, S. 42, 50, 52, 60. Vgl. zum Planisphärium weiter unten.

28 Damit muss auch die Datierung des astronomischen Zifferblattes zeitgleich mit dem Bau des Uhrwerks durch Kaspar Brunner 1527–1530 unter Hinweis auf eine Abbildung in der Luzerner Chronik des Diebold Schilling (Kdm BE, 1, 1952, S. 124) aufgegeben werden.

29 Marti, 1983, S. 62.

30 Planisphärium mit südlicher Projektion in Strassburg (1352, wahrscheinlich), Lund (1380), Stralsund (1394), Doberan (1394), Frankfurt am Main (1394, wahrscheinlich), Wismar (Ende 14. Jh.), Villingen (1401, wahrscheinlich), Lübeck (1405) und Prag (1410). Vgl. Ungerer, 1931, S. 213–214, 219–220, 238–243, 285–287, 295–297; Horský, 1967, S. 29–31; King/Millburn, 1978, S. 53 (mit weiterführenden Literaturangaben).

31 Dohrn-van Rossum, 1992, S. 105–106; Maurice, 1976, I, S. 35–40.

32 Dohrn-van Rossum, 1992, S. 133–144; Cipolla, 1997, S. 41.

33 Dohrn-van Rossum, 1988.

34 Cipolla, 1997, S. 45.

35 Bellwald, 1983, S. 35–37; Biber/Hofer, 1954, S. 11; Kdm BE, 1, 1952, S. 120–122 (andere Datierung).

36 Tschachtlan, 1988, S. 56, 132, 205.

37 Vgl. zur Problematik der realitätsgerechten Bilddarstellung in der Tschachtlan-Chronik Bartlome 1988a, v. a. S. 93–96.

38 Nüscheler-Usteri, 1882, S. 269; Kdm BE, 1, 1952, S. 120.

39 Fluri 1902b; Schilling, 1993, S. 11–13.

40 Dohrn-van Rossum, 1992, S. 175–184; Cipolla, 1997, S. 54–55; Wäber, 1938, S. 67–69.

41 Kdm BE, 5, 1969, S. 236–237, 239, 265–266.

42 Seckelmeister-Rechnung 1500/I, S. 280.

43 Morgenthaler, 1945, S. 9; Kdm BE, 1, 1952, S. 247–248.

44 Kdm BE, 1, 1952, S. 138.

45 Messerli, 1995, S. 124.

46 Vgl. allgemein zu dieser Frage Dohrn-van Rossum, 1992, S. 185–289; Le Goff, 1977, v. a. S. 400–404.

47 Biber/Hofer, 1954, S. 11; Fluri, 1902b, S. 438.

48 Biber/Hofer, 1954, S. 11.

49 Fischer, 1896, S. 68–69.

50 Marti, 1983, S. 56–61; Marti, 1984, S. 35; Biber/Hofer, 1954, S. 14.

51 Biber/Hofer, 1954, S. 15, 17.

52 Kdm BE, 1, 1952, S. 109.

53 Marti, 1984, S. 34–35.

54 Bellwald, 1983, S. 37; Biber/Hofer, 1954, S. 8–10; Schuler, 1997, Sp. 422–423 (zu den Planeten).

55 Marti, 1984, S. 31–32; Michel, 1947, S. 15–18, 27–29.

Kapitel VI   Seite 588–604

Zwingli und der Bildersturm in Bern

1 Zu der letzten Predigt Zwinglis in Bern vgl. Zwingli VI/1, S. 493–498; Guggisberg, 1958, S. 112; Locher, 1973, S. 38, Anm. 15 und S. 39, Anm. 26, Lavater, 1980/81, S. 69 und S. 98, Anm. 12 und Sladeczek, 1988, S. 302, Anm. 59 und Lavater, 1995.

2 Die Disputation als öffentliches Glaubensgespräch war eine Erfindung Zwinglis und ging aus den auf den mittelalterlichen Universitäten in lateinisch geführten wissenschaftlichen Disputationen hervor (vgl. Locher, 1980/81a, S. 140). Die Disputation wurde auch im Vorfeld der Zürcher Reformation einberufen – und zwar gleich mehrmals. Die erste Disputation fand am 29. Januar 1523 statt, die zweite – sie galt ausschliesslich der Frage der Bilder und der Messe – vom 26.–28. Oktober desselben Jahres, und die dritte vom 13. auf den 14. Januar 1524. Vgl. Altendorf/Jezler, 1984, S. 152, S. 154.

3 Locher, 1980/81a, S. 140. Zu der Berner Disputation vgl. ferner Lind, 1928; Moeller, 1974; Locher, 1978; Feld, 1990, S. 148–155; Backus, 1993, S. 79ff.

4 Verstärkt taucht zwischen 1518 und 1522 in Bern das Adjektiv «lutherisch» auf. Luthers Einfluss in der Stadt war nicht zu übersehen. Zu recht weist Lavater darauf hin, dass nicht Zwingli, sondern Luther der erste war, durch den in Bern evangelisches Gedankengut verbreitet wurde – dies nicht etwa durch seine Präsenz innerhalb der Stadt, sondern durch seine Schriften. Vgl. Lavater, 1980/81, S. 64f.

5 Vgl. Lavater, 1980/81, S. 83 und Locher, 1982, J 48.

6 Vgl. Locher, 1982, J 48.

7 Vgl. Locher, 1982, J 49.

8 Hinsichtlich des Glaubensgesprächs schienen die Karten doch ungleich verteilt gewesen zu sein, denn von katholischer Seite hatten sich kaum genügend Vertreter in Bern eingefunden. Sämtliche Bischöfe hatten abgesagt oder waren einfach nicht erschienen. Leichtes Spiel für die Reformgesinnten? Vielleicht. Dennoch «wurde die Disputation im Barfüsserkloster kein Scheingefecht» (Locher, 1982, J 49).

9 Wie Zwinglis erster Biograph Oswald Myconius zu berichten weiss, hatte Zwingli während gut 2 Jahren die Berner Stadtschule, wo er u. a. von Heinrich Wölfflin gen. Lupulus unterrichtet wurde, besucht, bevor er im Wintersemester 1498 an die Universität Wien wechselte. Vgl. Lavater, 1980/81, S. 61. Auf die Frage, ob Zwingli sein Noviziat bei den Dominikanern abgeleistet und so den Jetzerhandel noch erlebt haben könnte, werden wir hier nicht erneut eintreten. Vgl. hierzu Lavater, 1980/81, S. 62f.

10 Vgl. Zwingli VI/1, S. 444.

11 So richtet Zwingli am 29. 12. 1521 einen Brief an Berchtold Haller: «*Wenn man bei Euch über mich schlecht redet, so lass es ruhig geschehen, damit Du nicht mit mir in schlechten Ruf kommst.*» Und anderthalb Jahre später, am 2. August 1523 bekennt er gegenüber dem Berner Propst Niklaus von Wattenwyl: «*Um keine Gemeinde sorge ich mich so sehr wie um Eure.*» Zitate nach Lavater, 1980/81, S. 60 und S. 67.

12 Niemand hat dies wohl besser erkannt als Haller selbst, der Zwingli in bezug auf die bevorstehende Disputation nach Zürich schrieb, er wisse genau, dass er (Zwingli) – «*den gottsfynden zu einem scandalon*» – persönlich in Bern erscheinen würde, um «*gottes eer zu fürdern und gemeinen christlichen stand*». Vgl. Lavater, 1980/81, S. 68.

13 Lavater, 1980/81, S. 68.

14 Vgl. hierzu Locher, 1982.

15 Zu recht weist Lavater darauf hin, dass nicht die Ereignisse der Disputation in die Waagschale gelegt werden dürfen, in bezug auf die Beurteilung Zwinglis als «Reformator Berns», sondern dass die Berner Reformation letztlich «Resultat von mehr als sechsjährigem reformatorischen Bemühen des Zürchers war» (Lavater, 1980/81, S. 91). Niemand anders als Zwingli hat dieses Bemühen als Kampf empfunden. Rückblickend auf die Widerstände, denen er sich in Bern bis weit ins Jahr 1527 massiv ausgesetzt sah, formulierte er: «Dieser Kampf hat mich mehr Mühe gekostet als kein anderer.»

16 Lavater, 1980/81, S. 92.

17 Zu diesen Zusammenhängen vgl. Lavater, 1980/81, S. 91–94; Locher, 1980/81a, S. 139 und Locher, 1980/81b, insbes. S. 394/95. Erst kürzlich hat Moeller (1996) die herausragende Stellung Niklaus Manuels, der 1522 den Malerpinsel zur Seite legte, um sich fortan nur noch staatspolitischen Aufgaben zuzuwenden, in bezug auf die Durchsetzung der neuen Lehre in Bern deutlich bekräftigt.

18 Vgl. Feller II, S. 155 und Feld, 1990, S. 149. Wie wenig Überzeugung man dem alten Glauben zur Zeit der Disputation noch entgegenbrachte, zeigt sich u. a. daran, dass am 22. Januar, also am Fest des Stadt- und Münsterheiligen St. Vinzenz, weder Volk noch Priester im Münster zur Messfeier erschienen waren. Vgl. Eire, 1986, S. 110 und Feld, 1990, S. 154.

19 «*Bernae in Helvetiis finata disputatio est; nihil factum, nisi quod Missa abrogata, et pueri in plateis cantant, se esse a Deo pisto liberatos*». (Luthers Werke, Briefwechsel 4.404, no. 1236 [Brief Luthers an Gabriel Zwilling, datiert 7. März 1528]).

20 Feller II, S. 185.

21 Vgl. hierzu die Angaben in Anm. 3; zu den Folgen der Disputation für die Reformation in Bern und der Eidgenossenschaft vgl. ferner die Übersicht bei Locher, 1980/81a, S. 149.

22 Zum Bildersturm in Zürich vgl. Altendorf/Jezler, 1984 (dort v. a. die Beiträge von Hans-Dietrich Altendorf, Elke und Peter Jezler sowie Christine Göttler), Jezler 1990 und Jezler 1991 sowie Kamber, 1998. Ich möchte es an dieser Stelle nicht unterlassen, Herrn Peter Kamber für die Möglichkeit der uneingeschränkten Einsichtnahme in seine Dissertation zu danken, die zum Zeitpunkt der Abfassung dieses Artikels noch nicht publiziert war.

23 Als Beispiel für das bisherige Desinteresse der Forschung am Ikonoklasmus der Berner Reformation sei hier Lindt (1928) genannt, der in seiner Abhandlung über die Disputation die Bilderfrage völlig ausklammerte. Vgl. auch Feld, 1990, S. 151, Anm. 150.

24 Vgl. Berner Reformation, 1980/81. In dem jüngsten «Handbuch» zur Berner Reformation sucht man vergeblich nach einer Abhandlung über den Bildersturm. Einzig Locher (1980/81, S. 148) spricht davon, dass sich die Bilderentfernung im Münster in Form eines «massvollen Bildersturms» ereignet hatte, ohne indes näher zu begründen weshalb.

25 Hadorn, 1928, S. 132f.

26 Guggisberg, 1958, S. 123.

27 Feller II, S. 162f.

28 De Quervain, 1906, passim.

29 Vgl. Sladeczek, 1988 (mit umfassender Literatur). Die Untersuchung berücksichtigt ausschliesslich die Ereignisse innerhalb der Stadt und klammert die langwierigen und mühsamen Glaubenskämpfe in den übrigen Bernischen Gebieten, insbes. im Oberland aus. Vgl. hierzu v. a. Specker, 1951, und Bierbrauer, 1991, S. 244–285 (Kap. 6.2 [Religion als Mittel staatlicher Intensivierung. Der Kampf um die Reformation im Berner Oberland]).

30 Erste konkrete Anzeichen hierfür finden sich im 2. Glaubensmandat vom November 1524, im selben Jahr, in dem in Zürich die Reformation eingeführt worden war. Vgl. Sladeczek, 1988, S. 298f.

31 Vgl. hierzu v. a. Körner, 1992, S. 243 und Zahnd, 1993, S. 129.

32 Locher, 1979, S. 280.

33 Zahnd, 1993, S. 219. Demgegenüber attestierte Oskar Bätschmann (1989, S. 31 und 271, Anm. 25), dass die Bilderentfernung in Bern ausser «Kontrolle» geraten sei, ohne indes hierauf näher einzugehen.

34 Vgl. hierzu Körner, 1992 und demgegenüber mit einiger Zurückhaltung Moeller, 1996, S. 90, Anm. 45.

35 Im Hof, 1980, S. 297–300; zu dem Riss vgl. jüngst Moeller, 1996, S. 89f.

36 Gleicher Gedanke bei Moeller, 1996, S. 90: «Der Maler propagiert mit einem Bild die Zerstörung der Bilder …».

37 Nachstehende Ausführungen bildeten auch das Thema eines Vortrags, den ich am 23. Februar 1996 unter dem Titel, ‹Der «*gäch ifer*» der Reformatoren. Die Bilderfrage der Berner Reformation neu aufgerollt›, vor den Mitgliedern des Historischen Vereins des Kantons Bern gehalten habe. Die Ergebnisse meiner Untersuchungen über den Bildersturm der Berner Reformation sind hier verkürzt wiedergegeben und werden in der Publikation über den Berner Skulpturenfund (vgl. Sladeczek, 1999b) eine ausführlichere Plattform erhalten. Darüberhinaus wird der Bildersturm der Berner Reformation auch Gegenstand einer Ausstellung im Historischen Museum Bern zum Thema «Bildersturm» sein, die gegenwärtig in Vorbereitung ist. Darin wird auch die Frage zu klären versucht, weshalb das Münsterhauptportal von den Ikonoklasten geschont wurde.

38 Jezler, 1991, S. 98.

39 Michalski, 1990, S. 76. Dies zeigen auch sehr deutlich die Vorfälle in Chur, wo sich die Abschaffung der Messe endgültig erst mit der Zerstörung der Altäre durchsetzen liess. Vgl. hierzu Bundi/Jecklin/Jäger, 1986, S. 316–318.

40 In der Tat gibt es nur ganz wenige Gemeinden, in denen die Wiederannahme des katholischen Glaubens realisiert werden konnte. Ausnahmen in dieser Hinsicht stellen die Orte Münster in Westfalen (vgl. Warnke, 1988; Michalski, 1990, S. 84), Rapperswil und Solothurn (vgl. Angst, 1983) dar, wo unter politischem Druck der katholische Glaube wieder eingeführt wurde. Die zwischen 1529 und 1533 reformierte Stadt Solothurn konvertierte 1579 wieder zum katholischen Glauben, die Stadt Rapperswil 1531, nachdem dort 1529 unter Einfluss Zürichs die Reformation eingeführt worden war. Der Rekatholisierung vorausgegangen war der Sieg der katholischen Orte in der Schlacht bei Kappel, wodurch Rapperswil wieder zum alten Glauben zurückfand (vgl. Oberholzer, 1979, S. 94f.). Ein Kuriosum in dieser Hinsicht stellt die St. Gallische Gemeinde Thal dar, wo 1529 beschlossen wurde, den Bildersturm nicht durchzuführen, da man befürchtete, dass im Falle eines abermaligen katholischen Sieges die Neuerrichtung von Bildern zu kostspielig sein würde. Vgl. Kägi, 1972, S. 125 und Michalski, 1990, S. 77.

41 Vgl. hierzu Sladeczek, 1988, passim.

42 In der Zeit zwischen 1523 und 1527 erliess der Berner Rat nicht weniger als sechs Glaubensmandate. Ebenso hoch war auch die Anzahl der zwischen 1524 und 1527 durchgeführten

Ämterbefragungen. Vgl. Sladeczek, 1988, S. 298, Anm. 41.

43 Zwar kam es zu vereinzelten Bilderzerstörungen – beispielsweise wurde ein Bauer, der in der Nähe von Aarburg einige Heiligenbilder verbrannt hatte, dazu verurteilt, eine steinerne Kapelle zu bauen –, doch blieben dies alles Einzelfälle. Vgl. Sladeczek, 1988, S. 298, Anm. 43.

44 Vgl. Sladeczek, 1988, S. 299. Diejenigen, die diesem Mandat zuwiderhandelten, wurden u. a. dazu angehalten, *«sich mit dem angesicht uf das ertrich zu neigen und mit der hand ein krütz in das ertrich zu machen und sölichs zu küssen, zu einer anzeig des missfals und ruwens, und dass si gott umb verzichung bitten.»* (Schreiben Berns an das Oberland vom 16. Dezember 1524, zitiert nach Steck/Tobler I, Nr. 520, S. 163; auch bei Sladeczek, 1988, S. 299, Anm. 45).

45 Vgl. Sladeczek, 1988, S. 299.

46 Wortlaut der 8. Schlussrede, zitiert nach Steck/Tobler I, Nr. 1371, S. 521 (zum 17. November 1527); vgl. dazu auch Guggisberg, 1958, S. 99 und Sladeczek, 1988, S. 300.

47 Anshelm V, S. 244f. Anshelm spricht hier von 25 Altären, die der Vernichtung anheim fielen, doch waren es insgesamt wohl deren 26 (vgl. Kdm BE, 4, 1960, S. 362).

48 Zitiert nach Steck/Tobler I, Nr. 1487, S. 611. Seit 1373 waren Zünfte in der Aarestadt verboten und nur Gesellschaften erlaubt, doch hatten diese im Laufe des 15. Jahrhunderts durchwegs «Aufgaben übernommen, die in anderen Städten von Zünften wahrgenommen wurden» (de Capitani, 1982, S. 54).

49 Zum Bildersturm in Zürich vgl. die in Anm. 22 genannten Beiträge.

50 Körner (1992, S. 243) versuchte mit der Feststellung, dass Anshelm zur Zeit der Disputation überhaupt nicht in Bern weilte, auf die mangelnde Authentizität (und damit Glaubwürdigkeit) der chronikalischen Aussage hinzuweisen. Dass Anshelm aber ebensogut auch über Gewährsleute, Informanten, verfügt haben könnte, die ihm die Vorfälle übermittelt haben dürften, wird hierbei von vornherein ausser Acht gelassen. Die nachfolgenden Ausführungen werden erweisen, dass Anshelms Schilderung zur Bilderentfernung im und am Berner Münster durchaus den Charakter eines Augenzeugenberichts besitzt.

51 Folgende Schilderungen nach Steck/Tobler I, S. 612–613. Vgl. auch Sladeczek, 1988, S. 301–302.

52 Vgl. Kdm BE, 4, 1960, Abb. 8, O.

53 Zur Bezeichnung «Regalpforte» (königliche Pforte) vgl. Sladeczek, 1990b, S. 46.

54 Ein Hans Zehnder taucht im Stubengesellenrödel von 1496/97 unter den Stubengesellen der Schützengesellschaft auf (vgl. de Capitani, 1982, S. 125), jedoch ist dieser kaum mit jenem Hans Zehnder von 1528 identisch, der den Aussagen Anshelms (V, S. 245) zufolge Mitglied der Gesellschaft zu Schmieden war. Tatsächlich finden sich im Stubengesellenrödel unter den Schmieden zwei Vertreter des Familiennamens Zehnder (vgl. de Capitani, 1982, S. 119f.). Die ursprünglich aus dem Aargau stammende Familie Zehnder (Zehender) erhielt nach der Eroberung desselben das Berner Burgerrecht. Vgl. de Capitani, 1982, S. 45. Vermutlich von Hans Zehnder dem Älteren war die 1516 bereits zerschlagene grosse Münsterglocke gegossen worden, für die Albrecht von Nürnberg *«bild und buchstaben [zu] formen»* hatte (vgl. Baum, 1957, S. 75).

55 Dabei soll er die Worte ausgesprochen haben: *«So man hie ein rossstal machet, so muss min esel ouch drin»* (Anshelm V, S. 245). Der Eselsritt hat vor dem Hintergrund dieses Zitats wohl kaum etwas mit dem Einzug Christi in Jerusalem zu tun (vgl. LCI I, S. 594), ebensowenig ist der Ritt als eine direkte Anspielung auf die Synagoge zu verstehen (vgl. Heinz-Mohr, 1983, S. 95). Er ist vielmehr als ein Ausdruck der Empörung über die Art der Entfernung der Götzen aus dem Münster zu werten, das sich Zehnder nun als entweihter, profanierter Ort darbot.

56 So in seinem Antwortschreiben an Valentin Compar vom 27. April 1525 (vgl. Anm. 103).

57 Vgl. zuletzt Feld, 1990, S. 173–177, Weilandt 1993, S. 424.

58 Vgl. STAB: Ratsmanual 216, S. 103 und S. 105 sowie Steck/Tobler I, S. 613. Die restlichen Bilder wurden am 8. April 1528 verbrannt (vgl. STAB: Ratsmanual 217, S. 177).

59 STAB: AV 1448, No 77/1, Dok. Nr.70; vgl. auch Steck/Tobler I, S. 623f.

60 Steck/Tobler I, S. 623f.

61 Es ist nicht klar zu entscheiden, ob sich Zehnder diesbezüglich auf eine schriftliche Weisung des Berner Rates berief, die privaten Stiftungen dem Kreis der Stifter wieder zuzuführen. Verbürgt ist dieses Recht, wie erwähnt, erst zum 29. Januar, also zwei Tage nach den Vorfällen im Münster, sowie im Reformationsmandat vom 7. Februar (unter Punkt 9).

62 Vgl. die Angaben in Anm. 56.

63 Für diesen gedanklichen Hinweis danke ich hier Brigitte Kurmann-Schwarz recht herzlich.

64 Der von Kurt Guiggisberg (1958, S. 123) hergestellte Bezug zur 8. Schlussrede und das darin von Kolb vorgebrachte Votum zur Entfernung der Götzen war hierfür wohl kaum ausschlaggebend.

65 So z. B. auch in Neuenburg, als am 23. Oktober 1530 nach einer aufwiegelnden Predigt von Farel in der Kollegiatskirche der Sturmlauf auf die Götzen begann. Vgl. Berthoud, 1984 und Michalski, 1990, S. 82.

66 Dies wohl noch am 26., spätestens jedoch am 27. Januar. Vgl. Feller II, S. 161.

67 Laut Michalski ist «die Spontaneität ... ein ganz wesentliches Moment» des Bildersturms (Michalski, 1990, S. 69).

68 Das Gedicht trägt den Titel: *«Die meß sälig vnnd/wie sy in ettlichen Stätten gestor=/ben ist, sampt iren nach=/pauren den Götzen»* (1528, Zürich, Zentralbibliothek, Sig. 18.1980, 4 [Sammelband]). Vgl. auch Zinsli, 1992, S. 34f. und S. 37.

69 Bullinger I, S. 438.

70 Bullinger I, S. 438. Eine militante Angelegenheit wie in Basel (vgl. Feld, 1990, S. 160) scheint die Bilderentfernung in Bern demnach nicht gewesen zu sein.

71 Dies obschon auch der Rat dahin tendiert hatte, die Entfernung der Bilder aus den Kirchen der Stadt mit Hilfe der Gesellschaften (Zünfte) vorzunehmen. Vgl. Sladeczek, 1988, S. 302.

72 Anshelm V, S. 244f.

73 Die Metzgernzunft war ebenfalls anfänglich nicht bereit, die Messe im Münster einzustellen. Sie verhielt sich darin ähnlich der Familie der Diesbach, die noch am Montag, den 27. Januar, eine Messe im Münster lesen liess. Vgl. Anshelm V, S. 244, und Feller II, S. 161; ähnliches berichtet in seiner Reformationsgeschichte Heinrich Bullingers (Bullinger I, S. 437).

74 Vgl. hierzu jüngst v. a. Körner, 1992, S. 243. In Körners Bildersturm-Beitrag für das Historische Lexikon der Schweiz («Bildersturm», abrufbar in der Schweizerischen Landesbibliothek über Internet unter http://www.snl.ch) findet Bern in bezug auf den protestantischen Ikonoklasmus demzufolge auch keinerlei Erwähnung.

75 Die in dem Ratsprotokoll geschilderten Vorfälle im Münster vermerken die Namen der Ikonoklasten nicht. Allgemein darf vermutet werden, dass sie sich aus den ärmeren und mittleren Schichten (Handwerker, Kaufleute, kleine Geschäftsinhaber) sowie vereinzelt auch aus der Oberschicht rekrutierten. Vgl. hierzu v. a. Michalski, 1990, S. 79.

76 Anshelm V, S. 244f.

77 Kunstmuseum Bern (Inv.Nr. 1425 [ehem. Berner Münster]; vgl. Kat. Niklaus Manuel Deutsch, 1979, S. 206f., Nr. 48). Erhalten sind aber auch hier nur die Innen- und Aussentafeln der beiden Flügel – mit merklichen Verletzungen in Form von Augenauskratzungen, die zu den häufigsten ikonoklastischen Beschädigungen zu zählen sind (vgl. Michalski, 1984, S. 71). Zum Programm und zur inhaltlichen Deutung des Allerseelenaltars vgl. Göttler/Jezler, 1990.

78 Zur Baugeschichte der Münsterplattform vgl. Sladeczek, 1988.

79 Zum Berner Skulpturenfund vgl. Gutscher/Zumbrunn, 1989; Zumbrunn/Gutscher, 1994; Sladeczek, 1991; Sladeczek, 1992; Sladeczek, 1999b.

80 So das Marginal von Zwinglis Schlusspredigt. Vgl. Zwingli VI/1, S. 497.

81 Zwar war die Schlusspredigt Zwinglis im Münster bereits verschiedentlich Gegenstand theologischer Erörterungen (vgl. hierzu v. a. Locher, 1973; Locher, 1979, S. 279; Dellsperger, 1973, S. 29–41; Dellsperger, 1980/81, S. 37), jedoch fand in diesem Zusammenhang Zwinglis zentrale Aussage über den 'Stellenwert' der Bilder kaum Beachtung. Soweit uns bekannt, ist die Predigt unter diesem Aspekt bislang einzig von Eire (1986, S. 111f. [Predigttext in englischer Übersetzung]) und Feld (1990, S. 154) gesehen worden.

82 Wir folgen hier der Transskription von Egli (Zwingli VI/1, S. 497) und Lavater, 1995, S. 89.

83 Schon seit einiger Zeit hat die Forschung Parallelen zwischen den ikonoklastischen Zerstörungspraktiken und den Bestrafungsriten der mittelalterlichen Rechtssprechung gezogen. Hierauf kann hier aber nicht näher eingegangen werden. Vgl. hierzu Warnke, 1988, S. 94.

84 Vgl. Zwingli VI/1, S. 493.

85 So die Räumung der Antonier- und der Nydeggkirche (vgl. Anm. 58). Durch diese nun geordneten Aktionen wurde es möglich, dass einzelne Bildwerke wieder in den Kreis der Stifter zurückgeführt werden konnten, so z. B. auch Niklaus Manuels Altartafel mit der Darstellung der hl. Anna Selbdritt aus der Dominikanerkirche (heute Kunstmuseum Basel, Inv.Nr. 423), die der Künstler selbst gestiftet und gemalt hatte und nun heimführen konnte. Es fand Erwähnung in dessem Nachlassinventar (vgl. Kat. Niklaus Manuel Deutsch, 1979, Nr. 68, S. 221–223 und Moeller, 1996, S. 92).

86 Auf eine detaillierte Schilderung der ordnungsgemässen Entsorgung der Bilder innerhalb der Stadt muss hier verzichtet werden. Vgl. diesbezüglich Sladeczek, 1999b.

87 Vgl. Hahn, 1997, S. 155.

88 Vgl. Staehelin, 1929, S. 165.

89 Vgl. Weilandt, 1993, S. 423.

90 Vgl. Senn, 1981, S. 34 und Kamber, 1997, S. 17.

91 Nachstehende Ausführungen stützen sich hauptsächlich auf die Artikel von Rüegg, 1957; Senn, 1981; Gräbler, 1983, S. 63–68; Altendorf, 1984; Feld, 1990, S. 123–128 und Kamber, 1997, S. 16f.

92 Lavater, 1981, S. 366, Anm. 155.

93 Zur Haltung Luthers in der Bilderfrage vgl. Feld, 1990, S. 122f. und Fritz, 1997, passim. Eine Besprechung der Auffassungen Calvins, von Karlstadts und weiterer Refolrmatoren in der Bilderfrage ist hier nicht angezeigt. In bezug hierauf vgl. Feld, 1990, S. 118–137.

94 Der erste protestantische Bildersturm ereignete sich vermutlich im Frühjahr 1521 in der Heilig-Geist-Kapelle in Treptow a.R. (Pommern). Vgl. Michalski 1990, S. 83. Nur ein Jahr später folgte Wittenberg: In der 1522 veröffentlichten Kampfschrift «*Von Abtuhung der Bilder*» (hg. von Hans Lietzmann, Bonn 1911; vgl. Feld, 1990, S. 118-120) hatte Karlstadt öffentlich gegen Luther polemisiert und damit den Wittenberger Bildersturm ausgelöst. Zu Karlstadt und Luther vgl. Michalski 1984, S. 66f. und S. 79f., Anm. 8 (mit weiterer umfassender Literatur).

95 Vgl. Kamber, 1997, S. 16 und Kamber, 1998 (Kapitel 4: Zwingli, der Heiligenkult und die Bilderfrage). In der Tat gründete Zwinglis ablehnende Haltung den Bildern gegenüber nicht nur im Bilderverbot allein, entscheidend hierfür war für ihn ebenso das 1. Gebot, das den Menschen nicht gestattete neben Gott andere Götter zu haben. Vgl. hierzu v. a. Rüegg, 1957, S. 275.

96 «*Das uns Gott alle Ding wil in sinem Namen geben; darus entspringt, das wir userthalb dieser Zyt dheins mitlers bedörffend weder sin*» (Zwingli II, S. 166-222).

97 Zwingli II, S. 218.

98 «*Das Zyt unnd statt dem Christenmenschen underworffen sind uns der mensch nitt inen; daruß gelernet, da die, so zyt und statt anbindend, die Christen irer fryheit beroubend*» (Zwingli I, S. 461, und Zwingli II, S. 246–248). Vgl. auch Feld, 1990, S. 124.

99 Vgl. Zwingli VIII, S. 191–202, insbes. S. 195.

100 Altendorf, 1984, S. 14.

101 «*De vera et falsa religione commentarius*», dort insbesondere die Abhandlung über: «*De statuis et imaginibus*» (Zwingli III, S. 900ff.). Vgl. Feld, 1990, S. 125.

102 Vgl. Senn, 1981, S. 35–37.

103 «*Eine Antwort, Valentin Compar gegeben*» (Zwingli IV, S. 35–159). Vgl. hierzu Senn, 1981, S. 36, Feld, 1990, S. 126 (mit weiterer Literatur) und zuletzt Kamber, 1998 (Kapitel 4: Zwingli, der Heiligenkult und die Bilderfrage).

104 Zwingli IV, S. 84–152: vgl. auch Feld, 1990, S. 126f.

105 Zwingli IV, S. 96.

106 Vgl. Zwingli IV, S. 84f. (zitiert bei Feld, 1990, S. 126, Anm. 38).

107 Vgl. auch Rüegg, 1957, S. 279–282.

108 Zwingli IV, 146. Vgl. auch Jezler/Göttler, 1984, S. 88.

109 «*… das[s] unser einiger* [einziger] *Zuogang zu Gott Christus ist*» (Zwingli II, S. 169). Vgl. auch Kamber, 1998 (Kapitel 4: Zwingli, der Heiligenkult und die Bilderfrage).

110 Zweifellos ist in der immensen Bildproduktion am Vorabend der Reformation ein wesentlicher Faktor für die Ablehnung der Bilder und ihre Zerstörung zu suchen. Zwingli erkannte deutlich diese Diskrepanz zwischen Bilderluxus und sozialer Armut, die er als unerträglich empfand. Vgl. Jezler/Göttler, 1984.

111 Vgl. hierzu Bredekamp, 1975; Feld, 1990, passim; Beer, 1991, S. 115f. und zuletzt Schnitzler, 1996, passim.

112 Feld, 1990, S. 128.

113 Vgl. Moeller, 1996.

114 Vgl. die Angaben in Anm. (65).

115 Siehe das o.g. Antwortschreiben an Valentin Compar (Anm. 103). Darin betont Zwingli ausdrücklich, dass er «*die bilder nit hab[e] angehebt zu stürmen noch darzuo gereizt …*». (Zitat nach Rüegg, 1957, S. 274).

116 Die zweite Disputation hatte die reformatorische Partei innerhalb Stadt in zwei Lager gespalten: in das der radikalen Bildergegner, die ein sofortiges Vorgehen verlangte und in das der Gemässigten, die sich hinter die Weisungen von Bürgermeister und Rat stellten, in der Frage der Bilderentfernung vorerst abzuwarten. Vgl. hierzu Kamber, 1998 (Kapitel 4: Zwingli, der Heiligenkult und die Bilderfrage).

117 Nirgends sonst in seinen Schriften stossen wir auf eine ähnlich drastische Disqualifizierung der Bilder. Vgl. die Angaben in: Zwingli Schriften IV, S. 451 (unter «Bilder»).

118 Die Gleichung «Bild = Fäkalie» war keineswegs ungewöhnlich, ist doch erwiesen, dass ikonoklastische Vorgänge durchaus auch eine «exkrementelle Seite» kannten. Bekanntlich hatte man im westfälischen Münster zur Zeit der Wiedertäufer aus einzelnen demontierten und zersägten Heiligenfiguren «ein heimlich», also ein Klosett, gefertigt (vgl. Münster 1982, S. 142, Kat. Nr. 78). Auch von Genf und Orléans sind ähnliche Wiederverwendungspraktiken bekannt (vgl. Feld, 1990, S. 167 und 168). Erinnern möchten wir schliesslich auch daran, dass die zur Zeit der französischen Revolution zerstörten Königsstatuen von Notre Dame in Paris als öffentliche Latrinen benutzt wurden, nachdem man sie achtlos auf dem Vorplatz an der nördlichen Seite der Kathedrale deponiert hatte. Zeitgenössischen Berichten zufolge müssen die dort aufgeschichteten und zur «öffentlichen Bedürfnisanstalt» umfunktionierten Fragmente derart bestialisch gestunken haben, dass man befürchtete, diese «schlimmer als Kadaver stinkenden Bildnisse könnten womöglich die Pest erzeugen». (Zitiert nach Giscard d'Estaing, o.J., S. 8; vgl. hierzu auch Feld, 1990, S. 272f.).

119 In der Bilderfrage, so Zwingli, werde «*seer geirret von den stürmeren, noch viel schädlicher von den schirmeren*». (Zitat nach Rüegg, 1957, S. 274).

120 Goeters, 1955, S. 19; hier zitiert nach Kamber, 1998 (Kapitel 4: Zwingli, der Heiligenkult und die Bilderfrage). Die Schrift Ludwig Hätzers erschien am 24. September 1523.

Literatur- und Quellenverzeichnis

Innerhalb des Verzeichnisses kann mittels der Abkürzungen auf weitere Einträge verwiesen werden, z.B.:

Aeschbacher, 1980/81
Aeschbacher, Gerhard: Die Reformation und das kirchenmusikalische Leben im alten Bern, in: *Berner Reformation, 1980/81*, S. 225–247.

Berner Reformation, 1980/81
450 Jahre Berner Reformation. Beiträge zur Geschichte der Berner Reformation und zu Niklaus Manuel (AHVB 64/65), Bern 1980/81.

Namen mit *de, du, van, von, von der* erscheinen unter *de, du, van, von, von der*, welche wie eigenständige Namensbestandteile behandelt werden. Dementsprechend kommt z.B. *de Quervain, 1906* vor *Debus, 1973* zu stehen.

Abel, 1976
Abel, Wilhelm: Die Wüstungen des ausgehenden Mittelalters (Quellen und Forschungen zur Agrargeschichte 1), 3. Aufl., Stuttgart 1976.

Ackermann, 1986
Ackermann, Hans Christoph: Uhrmacher im alten Basel, Basel 1986.

Aeby, 1997
Aeby, Nicole: Eine Seccomalerei aus den fünfziger Jahren des 15. Jahrhunderts. Das Jüngste Gericht in der ehemaligen Berner Dominikanerkirche, in: ZAK 54, 1997, S. 69–90.

Aeschbacher, 1929
Aeschbacher, Paul: Stadt und Landvogtei Nidau von den Anfängen bis ins 16. Jahrhundert (Heimatkunde des Seelandes, Monographie V), Biel 1929.

Aeschbacher, 1980/81
Aeschbacher, Gerhard: Die Reformation und das kirchenmusikalische Leben im alten Bern, in: Berner Reformation, 1980/81, S. 225–247.

AKBE 1
Archäologie im Kanton Bern 1, Fundberichte und Aufsätze, hg. von Daniel Gutscher und Peter J. Suter (SADB), Bern 1990.

AKBE 2A
Archäologie im Kanton Bern 2A. Fundberichte und Aufsätze, hg. von Daniel Gutscher und Peter J. Suter (SADB), Bern 1992.

AKBE 3B
Archäologie im Kanton Bern 3B. Fundberichte und Aufsätze, hg. von Daniel Gutscher und Peter J. Suter (SADB), Bern 1994.

Alder, 1553
Alder, Cosmas: Hymni sacri, numero LVII, quorum usus in ecclesia esse consuevit, Bern 1553.

Alder/Wannenmacher, 1934
Alder, Cosmas/Wannenmacher, Johannes: Psalmen und geistliche Gesänge von Johannes Wannenmacher (Vannius) und Cosmas Alder (Alderinus), hg. von Arnold Geering, Genf 1934.

Altendorf, 1984
Altendorf, Hans-Dietrich: Zwinglis Stellung zum Bild und die Tradition christlicher Bildfeindschaft, in: Altendorf/Jezler, 1984, S. 11–18.

Altendorf/Jezler, 1984
Altendorf, Hans-Dietrich/Jezler, Peter (Hgg.): Bilderstreit. Kulturwandel in Zwinglis Reformation, Zürich 1984.

Amerbach, 1967
Die Amerbachkorrespondenz, hg. von Alfred Hartmann, Bd. 6: Die Briefe aus den Jahren 1544–1547, hg. von Beat Rudolf Jenny, Basel 1967.

Amiet, 1851
Amiet, Joseph Ignaz: Die Regesten des Frauenklosters Fraubrunnen im Kanton Bern, in: Die Regesten der Archive in der schweizerischen Eidgenossenschaft, hg. von Theodor Mohr, Bd. 2, Heft 1, Chur 1851.

Amiet, 1941
Amiet, Bruno: Die solothurnischen Bauernunruhen in den Jahren 1513/14 und die Mailänderfeldzüge, in: Zeitschrift für Schweizerische Geschichte 21, 1941, S. 653–728.

Amiet, 1952
Amiet, Bruno: Solothurnische Geschichte, Bd. 1, Solothurn 1952.

Ammann, 1921
Ammann, Hektor: Freiburg und Bern und die Genfer Messen, Zürich 1921.

Ammann, 1923
Ammann, Hektor: Die Zurzacher Messen im Mittelalter, in: Taschenbuch der historischen Gesellschaft des Kantons Aargau 1923, S. 1–155.

Ammann, 1927
Ammann, Hektor: Die wirtschaftliche Bedeutung der Schweiz im Mittelalter, in: Festschrift für Aloys Schulte, Düsseldorf 1927, S. 112–132.

Ammann, 1928a
Ammann, Hektor: Die Diesbach-Watt-Gesellschaft. Ein Beitrag zur Handelsgeschichte des 15. Jahrhunderts (Mitteilungen zur Vaterländischen Geschichte 37, Heft 1), St. Gallen 1928.

Ammann, 1928b
Ammann, Hektor: Die schweizerische Kleinstadt in der mittelalterlichen Wirtschaft, in: Festschrift Walther Merz, Aarau 1928, S. 158–215.

Ammann, 1930
Ammann, Hektor: Neue Beiträge zur Geschichte der Zurzacher Messen, in: Taschenbuch der historischen Gesellschaft des Kantons Aargau 1930, S. 1–207.

Ammann, 1937
Ammann, Hektor: Die Bevölkerung der Westschweiz im ausgehenden Mittelalter, in: Festschrift für Friedrich Emil Welti, hg. von Hektor Ammann, Aarau 1937, S. 390–418.

Ammann, 1955
Ammann, Hektor: Das schweizerische Städtewesen des Mittelalters in seiner wirtschaftlichen und sozialen Ausprägung, in: La ville, Teil 2: Institutions économiques et sociales (Recueils de la Société Jean Bodin 7), Brüssel 1955, S. 483–529.

Ammann, 1956
Ammann, Hektor: Wie gross war die mittelalterliche Stadt?, in: Die Stadt des Mittelalters, Bd. 1, hg. von Carl Haase, Darmstadt 1956, S. 415–422.

Ammann, 1963
Ammann, Hektor: Vom Lebensraum der mittelalterlichen Stadt, in: Berichte zur deutschen Landeskunde 31, 1963, S. 284–316.

Andreas, 1959
Andreas, Willy: Deutschland vor der Reformation. Eine Zeitenwende, Berlin 1959.

Angst, 1983
Angst, Markus: Warum Solothurn nicht reformiert wurde, in: Jb. für Solothurnische Geschichte 56, 1983, S. 5–29.

Anliker, 1945
Anliker, Fritz: Die Marktverhältnisse der Stadt Bern mit spezieller Berücksichtigung der Entwicklung und des Einzugsgebietes ihres Gemüsemarktes, Bern 1945.

Anonyme Chronik der Burgunderkriege, 1895
Die Anonyme Chronik der Burgunderkriege 1473–1479, in: Basler Chroniken, Bd. 5, bearbeitet von August Bernoulli, Leipzig 1895, S. 499–535.

Anonyme Stadtchronik, 1871
Die Anonyme Stadtchronik, in: Justinger, 1871, S. 314–466.

Anshelm I–VI
Die Berner Chronik des Valerius Anshelm, hg. vom Historischen Verein des Kantons Bern, 6 Bde., Bern 1884–1901.

Appuhn, 1989
Appuhn, Horst (Hg.): Meister ES [E.S.]. Alle 320 Kupferstiche, Dortmund 1989.

Arn, 1962
Arn, Otto: Oltigen. Ein Stück Seeländer Geschichte, Biel 1962.

Audétat, 1921
Audétat, Emil: Verkehrsstrassen und Handelsbeziehungen Berns im Mittelalter, Bern 1921.

Aurenhammer, 1959
Aurenhammer, Hans: Lexikon der christlichen Ikonographie 1, Wien 1959.

Bächtiger, 1980
Bächtiger, Franz: Zur Revision des Berner Christoffel, Bern 1980 (Sonderdruck aus: Jb. des Bernischen Historischen Museums 59/60, 1979/80, S. 115–278).

Bächtiger, 1985
Bächtiger, Franz: Restaurierungsprobleme um die Portalfiguren des Berner Münsters, in: ZAK 42, 1985, S. 29–34.

Backus, 1993
Backus, Irena D.: The Disputations of Baden, 1526 and Bern, 1528, Princeton 1993.

Badel, 1991
Badel, Françoise: Un évêque à la Diète. Le voyage de Guillaume de Challant auprès de l'empereur Sigismond (1422) (Cahiers Lausannois d'histoire médiévale 3), Lausanne 1991.

Baechtold, 1892
Baechtold, Jakob: Geschichte der Deutschen Literatur in der Schweiz, Frauenfeld 1892.

Baeriswyl, 1997
Baeriswyl, Armand: Schloss Köniz. Bericht über die Sondagen und Archivstudien 1996, Manuskript im Archiv des Archäologischen Dienstes des Kantons Bern 1997.

Baeriswyl/Bucher/Furer u. a., 1998
Baeriswyl, Armand/Bucher, Rudolf/Furer, Martin u. a.: Vom Lenbrunnen und andern «nützlichen Wassern in Bern» (Schulpraxis – Zeitschrift des Bernischen Lehrerinnen- und Lehrervereins 1998, 4), Bern 1998.

Baeriswyl/Gutscher, 1995
Baeriswyl, Armand/Gutscher, Daniel: Burgdorf Kornhaus. Eine mittelalterliche Häuserzeile in der Burgdorfer Unterstadt (SADB), Bern 1995.

Baeriswyl/Junkes, 1995
Baeriswyl, Armand/Junkes, Marina: Der Unterhof in Diessenhofen. Von der Adelsburg zum Ausbildungszentrum (Archäologie im Thurgau 3), Frauenfeld 1995.

Barbarini, 1558
Barbarini, Manfredo: Symphoniae, seu insigniores aliquot ac dulcisonae quinque vocum melodiae super D. Henrici Glareani panegyrico de Helvetiarum tredecim urbium Laudibus, Basel 1558.

Barnard, 1916
Barnard, Francis P.: The Casting-Counter and the Counting-Board, Oxford 1916.

Barth, 1983
Barth, Ulrich: Baugeschichte, in: Das Basler Rathaus, Basel 1983, S. 7–23.

Bartlome, 1988a
Bartlome, Vinzenz: Die Bilder der Tschachtlan/Dittlinger-Chronik, in: Tschachtlan, 1988, S. 85–98.

Bartlome, 1988b
Bartlome, Vinzenz: Verzeichnis und Beschreibung der Abbildungen, in: Tschachtlan, 1988, S. 99–138.

Bärtschi, 1954
Bärtschi, Ernst: Die Stadt Bern im Jahre 1353. Studie zu einem Zeitbild, in: AHVB 42, 1954, S. 29–128.

Bataille de Nancy, 1979
Cinq-centième anniversaire de la bataille de Nancy (1477). Actes du colloque organisé par l'Institut de recherche régionale en sciences sociales, humaines et économiques de l'Université de Nancy II, hg. von René Taveneaux, Nancy 1979.

Bätschmann, 1989
Bätschmann, Oskar: Malerei der Neuzeit (Ars Helvetica. Die visuelle Kultur der Schweiz VI), Disentis 1989.

Battenberg I-II
Battenberg, Friedrich: Die Gerichtsstandsprivilegien der deutschen Kaiser und Könige bis zum Jahre 1451, 2 Teilbde., Köln/Wien 1983.

Bauer, 1978
Bauer, Walter: Die Reichsstadt Rothenburg und ihre Lateinschule, Rothenburg 1978.

Baum, 1941
Baum, Julius: Das Bildnis des Königs Sigmund aus dem Berner Rathaus, in: Jb BHM 20, 1941, S. 16–27.

Baum, 1943
Baum, Julius: Friedrich Walther, in: BZGH 1943, S. 110–115.

Baum, 1957
Baum, Julius: Meister und Werke spätmittelalterlicher Kunst in Oberdeutschland und der Schweiz, Weiler 1957.

Baum/Keil, 1980
Baum, Hans-Peter/Keil, Gundolf: Bader, in: Lex MA I, Zürich/München 1980, Sp. 1339f.

Baxandall, 1985
Baxandall, Michael: Die Kunst der Bildschnitzer. Tilman Riemenschneider, Veit Stoss und ihre Zeitgenossen, München 1985.

Becksmann, 1967
Becksmann, Rüdiger: Die architektonische Rahmung des hochgotischen Bildfensters (Forschungen zur Geschichte der Kunst am Oberrhein 9/10), Berlin 1967.

Becksmann, 1995
Becksmann, Rüdiger: Deutsche Glasmalerei des Mittelalters, Bd. I: Voraussetzungen, Entwicklungen, Zusammenhänge, Berlin 1995.

Beer, 1989
Beer, Ellen J.: Die Skulpturenfunde der Berner Münsterplattform – eine erste kunsthistorische Stellungnahme, in: Gutscher/Zumbrunn, 1989, S. 57–66.

Beer, 1991
Beer, Ellen J.: Kunstwerk und Umwelt als Konfrontation. Über die Verletzlichkeit des mittelalterlichen Kultbildes, in: Kunst in der Exklusivität oder «Jeder ein Künstler»? Kulturhistorische Vorlesungen an der Universität Bern, hg. von Maja Svilar, Bern/Frankfurt/New York u. a. 1991, S. 89–121.

Bellwald, 1980
Bellwald, Ueli: Winterthurer Kachelöfen. Von den Anfängen des Handwerks bis zum Niedergang im 18. Jahrhundert, Bern 1980.

Bellwald, 1983a
Bellwald, Ueli: Der Zytglogge in Bern (SKF 341/342), Bern 1983.

Bellwald, 1983b
Bellwald, Ueli: Ergebnisse der baugeschichtlichen Untersuchungen, in: Zytglogge, 1983, S. 28–44.

Bennewitz, 1994
Bennewitz, Ingrid: Komplizinnen und Opfer der Macht. Die Rollen der Töchter im Roman der frühen Neuzeit (mit besonderer Berücksichtigung der «Melusine» des Thüring von Ringoltingen), in: The graph of sex and the German text. Gendered culture in early modern Germany 1500–1700, hg. von Lynne Tatlock (Chloe 19), Amsterdam 1994, S. 225–245.

Berner Reformation, 1980/81
450 Jahre Berner Reformation. Beiträge zur Geschichte der Berner Reformation und zu Niklaus Manuel (AHVB 64/65), Bern 1980/81.

Berner Weltgerichtsspiel, 1962
Berner Weltgerichtsspiel. Aus der Handschrift des 15. Jahrhunderts, hg. von Wolfgang Stammler (Texte des späten Mittelalters 15), Berlin 1962.

Bernoulli, 1897–1899
Bernoulli, August: Basels Antheil am Burgunderkriege 1–3 (Neujahrsblatt der Gesellschaft zur Beförderung des Guten und Gemeinnützigen 76–78), Basel 1897–1899.

Bernoulli, 1907
Bernoulli, Eduard: Cosmas Alders Komposition auf Zwinglis Tod, in: Zwingliana 2, Nr. 5, 1907, S. 136–144.

Bernoulli, 1910
Bernoulli, Eduard: Aus Liederbüchern der Humanistenzeit. Eine bibliographische und notentypographische Studie, Leipzig 1910.

Berthoud, 1984
Berthoud, Gabrielle: Iconoclasme à Neuchâtel, in: Unsere Kunstdenkmäler 35, 1984, S. 331–338.

Bertling, 1996
Bertling Biaggini, Claudia: Das Jüngste Gericht am Triumphbogen der ehemaligen Dominikanerkirche zu Bern – ein Werk von Hans Fries?, in: ZAK 53, 1996, S. 165–173.

Besch, 1972
Besch, Werner: Vers oder Prosa? Zur Kritik am Reimvers im Spätmittelalter, in: Festschrift für Hans Eggers, hg. von Herbert Backes (Beiträge zur Geschichte der deutschen Sprache und Literatur, Sonderheft zu Bd. 94), Tübingen 1972, S. 745–766.

Besseler, 1952
Besseler, Heinrich: Neue Dokumente zum Leben und Schaffen Dufays, in: Archiv für Musikwissenschaft 9, 1952, S. 159–176.

Bestellung, 1817
Bestellung von Fischen auf die Ankunft des Papstes, in: Der Schweizerische Geschichtsforscher 2, 1817, S. 395–397.

Biber/Hofer, 1954
Biber, Walter/Hofer, Paul: Regesten zur Baugeschichte der Stadt Bern, Bd. 2: Die vier Haupttore, Schanzen, Brücke, Stadtbrunnen, Bern 1954.

Biedermann, 1964
Biedermann, Rolf: Die ehemalige Abteikirche St. Peter und Paul zu Weissenburg, Diss. Freiburg i. Br. 1964, Bamberg o. J.

Bierbrauer, 1982
Bierbrauer, Peter: Die Oberländer Landschaften im Staate Bern, in: BZGH 44, 1982, S. 145–157.

Bierbrauer, 1991
Bierbrauer, Peter: Freiheit und Gemeinde im Berner Oberland 1300–1700 (AHVB 74), Bern 1991.

Bilfinger, 1892
Bilfinger, Gustav: Die mittelalterlichen Horen und die modernen Stunden. Ein Beitrag zur Kulturgeschichte, Stuttgart 1892.

Binding/Nussbaum, 1978
Binding, Günter/Nussbaum, Norbert: Der mittelalterliche Baubetrieb nördlich der Alpen in zeitgenössischen Darstellungen, Darmstadt 1978.

Binggeli, 1978
Binggeli, Hermann: Schwarzenburger Altjahr-Blätter 1952–1974, Schwarzenburg 1978.

Biraben, 1975
Biraben, Jean-Noël: Les hommes et la peste en France et dans les pays européens et méditerranéens, Bd. 1: La peste dans l'histoire (Civilisations et Sociétés 35), Paris 1975.

Bittmann, 1970
Bittmann, Karl: Ludwig XI. und Karl der Kühne (Veröffentlichungen des Max-Planck-Instituts für Geschichte 9), Bd. 2, Teil 1, Göttingen 1970.

Blaschke/Heilfurth, 1980
Blaschke, Karl/Heilfurth, Gerhard: Bergbau, in: Lex MA I, München/Zürich 1980, Sp. 1946–1951.

Blatti, 1985
Blatti, Arnold: Kirche Oberwil im Simmental, Bern 1985.

Blattmann, 1991
Blattmann, Marita: Die Freiburger Stadtrechte zur Zeit der Zähringer. Rekonstruktion der verlorenen Urkunden und Aufzeichnungen des 12. und 13. Jahrhunderts (Veröffentlichungen aus dem Archiv der Stadt Freiburg im Breisgau 27/1 und 27/2), Freiburg/Würzburg 1991.

Blickle, 1975
Blickle, Peter: Agrarkrise und Leibeigenschaft im spätmittelalterlichen deutschen Südwesten, in: Agrarisches Nebengewerbe und Formen der Reagrarisierung im Spätmittelalter und 19./20. Jahrhundert, hg. von Hermann Kellenbenz (Forschungen zur Sozial- und Wirtschaftsgeschichte 21), Stuttgart 1975, S. 39–54.

Bloesch, 1937
Dreissig Volkslieder aus den ersten Pressen der Apiarius. In Faksimiledruck hg. (...) von Hans Bloesch, Bern 1937.

Bodemann, 1987
Bodemann, Ulrike: Kodikologische und kunsthistorische Beschreibung, in: Ulrich Boner: Der Edelstein (Öffentliche Bibliothek der Universität Basel, Handschrift A N III 17). Farbmikrofiche-Edition, München 1987, S. 17–27.

Bodemann/Dicke, 1988
Bodemann, Ulrike/Dicke, Gerd: Grundzüge einer Überlieferungs- und Textgeschichte von Boners «Edelstein», in: Deutsche Handschriften 1100–1400. Oxforder Kolloquium 1985, hg. von Volker Honemann und Nigel F. Palmer, Tübingen 1988, S. 429–435 sowie Nachtrag S. 467.

Boehm, 1985
Boehm, Gottfried: Bildnis und Individuum. Über den Ursprung der Porträtmalerei in der italienischen Renaissance, München 1985.

Bolte, 1959
Bolte, Karl Martin: Sozialer Aufstieg und Abstieg. Eine Untersuchung über Berufsprestige und Berufsmobilität, Stuttgart 1959.

Bonjour, 1960
Bonjour, Edgar: Die Universität Basel, Basel 1960.

Bonstetten, 1893
Albrecht von Bonstetten: Briefe und ausgewählte Schriften, hg. von Albert Büchi, Basel 1893.

Bonstetten, 1941
Albrecht von Bonstetten: Lob der Stadt Bern, in: BZGH 1941, S. 188f.

Boockmann, 1986
Boockmann, Hartmut: Die Stadt im späten Mittelalter, München 1986.

Boockmann, 1988
Boockmann, Hartmut: Kirche und Frömmigkeit vor der Reformation, in: Löcher, Kurt (Hg.): Martin Luther und die Reformation in Deutschland. Vorträge zur Ausstellung im Germanischen Nationalmuseum Nürnberg 1983 (Schriften des Vereins für Reformationsgeschichte 194), Frankfurt a. M. 1988, S. 9–35.

Boockmann, 1993
Boockmann, Hartmut: Kirchlichkeit und Frömmigkeit im spätmittelalterlichen Ulm, in: Kat. Meisterwerke massenhaft, 1993, S. 55–61.

Booz, 1956
Booz, Paul: Der Baumeister der Gotik, München/Berlin 1956.

Borst, 1990
Die karolingische Begründung der historischen Grösse, in Merkur 493, Jg. 44, 1990.

Bourgarel, 1996
Bourgarel, Gilles: Fribourg, in: Stadt- und Landmauern, Bd. 2: Stadtmauern in der Schweiz (Veröffentlichungen des Instituts für Denkmalpflege an der ETH Zürich 15,2), Zürich 1996, S. 101ff.

Braun, 1989
Braun, Hans: Die Prozesse gegen Reisläuferei und Pensionenwesen in Bern nach dem Könizaufstand vom Jahre 1513, dargestellt anhand von Verhörprotokollen und privaten Briefen aus dem Berner Staatsarchiv, unveröffentlichte Seminararbeit, Historisches Institut der Universität Bern, 1989.

Braun, 1996
Braun, Rudolf: Staying on Top: Socio-Cultural Reproduction of European Power Elites, in: Power Elites and State Building, hg. von Wolfgang Reinhard, Oxford 1996, S. 235–259.

Braun, 1997
Braun, Bettina: Die Eidgenossen, das Reich und das politische System Karls V., Berlin 1997.

Bredekamp, 1975
Bredekamp, Horst: Kunst als Medium sozialer Konflikte. Bilderkämpfe von der Spätantike bis zur Hussitenrevolution, Frankfurt a. M. 1975.

Brévart, 1992
Brévart, Francis B.: Schleusinger, Eberhard, in: Verfasserlexikon 8, 1992, Sp. 716–718.

Brinkmann, 1995/96
Brinkmann, Benno: Membra disjecta eines verlorenen Marienaltars vom Meister der Pullinger Tafeln, in: Zeitschrift des Deutschen Vereins für Kunstwissenschaft 49/50, 1995/96, S. 103–122.

Bro. Im Zeichen der Nelke, 1996
Im Zeichen der Nelke. Maler und ihre Bilder um 1500, Broschüre zur Ausstellung, von Urs Graf u. a., Basel 1996.

Bruckner, 1967
Bruckner, Albert: St. Michaels- oder Inselkloster zu Bern, in: Schreibschulen der Diözese Lausanne (Scriptoria Medii Aevi Helvetica. Denkmäler schweizerischer Schreibkunst des Mittelalters XI), Genf 1967, S. 57–60.

Bruna, 1996
Bruna, Denis: Enseignes de pèlerinage et enseignes profanes. Musée national du Moyen Age Thermes de Cluny, Paris 1996.

Brunner, 1973
Brunner, Otto: Land und Herrschaft, unveränderter Nachdruck der 5. neubearbeiteten Aufl., Wien 1965, Darmstadt 1973.

Brusten, 1959
Brusten, Charles: L'Armée bourguignonne de 1465 à 1477, in: Revue Internationale d'Histoire Militaire 20, 1959, S. 452–466.

Bucher, 1944
Bucher, Ernst: Die bernischen Landvogteien im Aargau, Aarau 1944.

Bucher, 1979
Bucher, Silvio: Die Pest in der Ostschweiz, in: Neujahrsblatt des Historischen Vereins des Kantons St. Gallen 119, 1979, S. 11–58.

Büchi, 1910
Büchi, Albert: Ein mailändischer Pensionenrodel von 1498, in: Anzeiger für Schweizer Geschichte 11, 1910, S. 249–259.

Büchi, 1917
Büchi, Albert: Der Friedenskongress von Freiburg, 25. Juli–12. August 1476, in: Freiburger Geschichtsblätter 24, 1917, S. 24–74.

Buchowiecki, 1967
Buchowiecki, Walther: Handbuch der Kirchen Roms 1, Wien 1967.

Bühl, 1990
Bühl, Charlotte: Die Pestepidemien des ausgehenden Mittelalters und der Frühen Neuzeit in Nürnberg (1483/84 bis 1533/34), in: Endres, Rudolf (Hg.): Nürnberg und Bern. Zwei Reichsstädte und ihre Landgebiete (Erlanger Forschungen A 46), Erlangen 1990, S. 121–168.

Bullinger I–III, Registerbd.
Heinrich Bullingers Reformationsgeschichte, hg. von J. J. Hottinger und H. H. Vögeli, 3 Bde. und Registerbd., unveränderter Nachdruck der Ausgabe Frauenfeld 1838–1840, (Die Reformationsgeschichte Heinrich Bullingers, Abschrift von 1605/06, ZBZ Ms B 316), Zürich 1984.

Bulst, 1979
Bulst, Neithard: Der Schwarze Tod. Demographische, wirtschafts- und kulturgeschichtliche Aspekte der Pestkatastrophe von 1347–1352. Bilanz der neueren Forschung, in: Saeculum 30, 1979, S. 45–67.

Bulst, 1994
Bulst, Neithard: Bevölkerung – Entvölkerung. Demographische Gegebenheiten, ihre Wahrnehmung, ihre Bewertung und ihre Steuerung im Mittelalter, in: Sozialer Wandel im Mittelalter. Wahrnehmungsformen, Erklärungsmuster, Regelungsmechanismen, hg. von Jürgen Miethke und Klaus Schreiner, Sigmaringen 1994, S. 427–455.

Bundi/Jecklin/Jäger, 1986
Bundi, Martina/Jecklin, Ursula/Jäger, Georg: Geschichte der Stadt Chur, Bd. II: Vom 14. bis zum 17. Jahrhundert, Chur 1986.

Butz, 1987
Butz, Monika: Studien zur Melusine-Illustration in Basel im 15. Jahrhundert. Basler Miniaturenzyklus, Basler Holzschnittzyklus und ihre Vorgänger im Vergleich, unveröffentlichte Lizentiatsarbeit, Kunsthistorisches Seminar Basel 1987.

Buyle/Coomans/Esther/Genicot, 1997
Buyle, Marjan/Coomans, Thomas/Esther, Jan/Genicot, Luc F.: Architecture gothique en Belgique, Bruxelles 1997.

Carboneri, 1972
Carboneri, Nino: Il dibattito sul Gotico, in: Riflessioni sul Barocco. Atti del Convegno internazionale Bernardo Antonio Vittone e la disputa tra Classicismo e Barocco nel Settecento, Torino 1970, Torino 1972, S. 209–230.

Carl, 1991
Carl, Horst: Eidgenossen und Schwäbischer Bund – feindliche Nachbarn?, in: Rück, 1991, S. 215–265.

Carus, 1972
Carus, Carl Gustav: Neun Briefe über Landschaftsmalerei, geschrieben in den Jahren 1815 bis 1824. Zuvor ein Brief von Goethe als Einleitung, Faksimiledruck nach der 2. Ausgabe von 1885, mit einem Nachwort hg. von Dorothea Kuhn (Deutsche Neudrucke, Reihe Goethezeit), Heidelberg 1972.

Castelfranchi Vegas, 1996
Castelfranchi Vegas, Liana: Die Kunst der Renaissance im 15. Jahrhundert (Geschichte der europäischen Kunst 3), Zürich 1996.

Chaumartin, 1946
Chaumartin, Henry: Le mal des ardents et le feu Saint-Antoine, Vienne-la-Romaine 1946.

Chmel, 1962
Regesta chronologico-diplomatica Friderici III. Romanorum Imperatoris (Regis IV.), bearbeitet von Joseph Chmel, Wien 1838–1840, Nachdruck Hildesheim 1962.

Chmel/Rübsamen/Heinig, 1992
Regesten Kaiser Friedrichs III. (1440–1493), hg. von Heinrich Koller, Sonderbd. 1: Regesta chronologico-diplomatica Friderici III. Romanorum Imperatoris (Regis IV.) von Joseph Chmel. Register erarbeitet von Dieter Rübsamen und Paul-Joachim Heinig, Wien/Weimar/Köln 1992.

Christ, 1942
Christ, Karl: Mittelalterliche Bibliotheksordnungen für Frauenklöster, in: Zentralblatt für Bibliothekswesen 59, 1942, S. 1–29.

Christ, 1999
Christ, Dorothea: Hochadelige Eidgenossen. Grafen und Herren im Burgrecht eidgenössischer Orte, in: Neubürger im späten Mittelalter, hg. von Rainer C. Schwinges (ZHF Beihefte), Berlin 1999 (im Druck).

Chronica de Berno, 1871
Chronica de Berno, in: Justinger, 1871, S. 295–301.

Cipolla, 1997
Cipolla, Carlo: Die gezählte Zeit. Wie die mechanische Uhr das Leben veränderte, Berlin 1997.

Clark, 1949
Clark, Kenneth: Landscape into nature, London 1949.

Cohn, 1937
Cohn, W.: Zur Basler Malerei des 15. Jahrhunderts, in: ASA, NF 39, 1937, S. 124–130.

Coquillat/Amsler, 1997
Coquillat, Fabien/Amsler, Christoph: Totamque Machinam ob Memoriam Fabrefecit. Une étude pluridisciplinaire du tombeau des comtes de Neuchâtel, in: Revue Historique Neuchâteloise 3/4, 1997, S. 155–194.

Cramer, 1981
Cramer, Johannes: Gerberhaus und Gerberviertel in der mittelalterlichen Stadt (Studien zur Bauforschung 12), Bonn 1981.

Cramer, 1983
Cramer, Johannes: Handwerkerhäuser im Mittelalter – Zur Abhängigkeit von Hausform und Beruf, in: Jb. für Hausforschung 33, 1983, S. 183–212.

Cramer, 1984
Cramer, Johannes: Zur Frage der Gewerbegassen in der Stadt am Ausgang des Mittelalters, in: Die alte Stadt 11, 1984, S. 81–111.

CV France IX, 1, 1986
Corpus Vitrearum, France, T. IX, 1: Les vitraux de la cathédrale Notre-Dame de Strasbourg, par Victor Beyer, Christiane Wild-Block et Fridtjof Zschokke, Paris 1986.

CV France, Recensement 5, 1994
Corpus Vitrearum, France, Recensement des vitraux anciens de la France, T. 5: Les vitraux de Lorraine et d'Alsace, par Françoise Gatouillat et Michel Hérold, Paris 1994.

CVMA Deutschland I, 3, 1994
Corpus Vitrearum Medii Aevi, Deutschland I, Schwaben, Teil 3: Die mittelalterlichen Glasmalereien in Ulm, von Hartmut Scholz, Berlin 1994.

CVMA Schweiz 3, 1965
Corpus Vitrearum Medii Aevi, Schweiz, Bd. 3: Die Glasmalereien der Schweiz aus dem 14. und 15. Jahrhundert (ohne Königsfelden und Berner Münsterchor), von Ellen Judith Beer, Basel 1965.

CVMA Schweiz 4, 1998
Corpus Vitrearum Medii Aevi, Schweiz, Bd. 4: Die Glasmalereien des 15. bis 18. Jahrhunderts im Berner Münster, von Brigitte Kurmann-Schwarz, Bern 1998.

Dändliker, 1896
Dändliker, Karl: Die Berichterstattungen und Anfragen der Zürcher Regierung an die Landschaft in der Zeit vor der Reformation, in: Jb. für schweizerische Geschichte 21, 1896, S. 62ff.

Dausse, 1989
Dausse, Lucien: Le moule à méreaux de Galinières, in: BRJM 7, 1989, S. 5–8.

de Capitani, 1977
de Capitani, François: Untersuchungen zum Tellbuch der Stadt Bern 1389, in: BZGH 39, 1977, S. 73–100.

de Capitani, 1980
de Capitani, François: Bern, in: Lex MA I, München/Zürich 1980, Sp. 1968f.

de Capitani, 1982
de Capitani, François: Adel, Bürger und Zünfte im Bern des 15. Jahrhunderts (Schriften der Berner Burgerbibliothek 16), Bern 1982.

de Capitani, 1993
de Capitani, François: Musik in Bern. Musik, Musiker, Musikerinnen und Publikum in der Stadt Bern vom Mittelalter bis heute (AHVB 76), Bern 1993.

de Quervain, 1906
de Quervain, Theodor: Kirchliche und soziale Zustände in Bern unmittelbar nach der Einführung der Reformation (1528–1536), Bern 1906.

Debus, 1973
Debus, Friedhelm: Namengebung und soziale Schichtung, in: Naamkunde 5, 1973, S. 368–400.

Decker, 1994
Decker, Bernhard: Kultbild und Altarbild im Spätmittelalter, in: Harald Siebenmorgen (Hg.): Ora pro nobis. Bildzeugnisse spätmittelalterlicher Heiligenverehrung. Vortragsreihe Badisches Landesmuseum Karlsruhe anlässlich der gleichnamigen Ausstellung im Badischen Landesmuseum Karlsruhe, Juni 1992, Karlsruhe 1994, S. 55–87.

Dellsperger, 1973
Dellsperger, Rudolf (Hg.): Humanität und Glaube. Gedenkschrift Kurt Guggisberg, Bern 1973.

Dellsperger, 1980/81
Dellsperger, Rudolf: Zehn Jahre bernischer Reformationsgeschichte (1522–1532). Eine Einführung, in: Berner Reformation, 1980/81, S. 25–59.

Denecke, 1980
Denecke, Dietrich: Sozialtopographie und sozialräumliche Gliederung der spätmittelalterlichen Stadt. Problemstellungen, Methoden und Betrachtungsweisen der historischen Wirtschafts- und Sozialgeschichte, in: Über Bürger, Stadt und städtische Literatur im Spätmittelalter, hg. von Josef Fleckenstein und Karl Stackmann (Abhandlungen der Akademie der Wissenschaften in Göttingen 121), Göttingen 1980, S. 161–202.

Descœudres, 1992
Descœudres Georges: Frauenkappelen, Kirche. Flächengrabung anlässlich der Innenrestaurierung 1987, in: AKBE 2A, S. 123f.

Descœudres, 1994
Descœudres, Georges: Lauperswil, Pfarrkirche. Flächengrabung im Innern 1989, in: Archäologie im Kanton Bern 3A. Fundberichte und Aufsätze, hg. von Daniel Gutscher und Peter J. Suter (SADB), Bern 1994, S. 229–231.

Descœudres/Utz Tremp, 1993
Descœudres, Georges/Utz Tremp, Kathrin: Bern. Französische Kirche – Ehemaliges Predigerkloster. Archäologische und historische Untersuchungen 1988–1990 zu Kirche und ehemaligen Konventgebäuden (SADB), Bern 1993.

Deuchler, 1963
Deuchler, Florens: Die Burgunderbeute, Bern 1963.

Deutsche Lieder, 1967
65 Deutsche Lieder für vier- bis fünfstimmigen gemischten Chor a cappella nach dem Liederbuch von Peter Schöffer und Mathias Apiarius (Biener), hg. von Hans Joachim Moser, Wiesbaden 1967.

Dilcher, 1996
Dilcher, Gerhard: Bürgerrecht und Stadtverfassung im europäischen Mittelalter, Köln/Weimar/Wien 1996.

Dirlmeier, 1978
Dirlmeier, Ulf: Untersuchungen zu Einkommensverhältnissen und Lebenshaltungskosten in oberdeutschen Städten des Spätmittelalters, Mitte 14. bis anfangs 16. Jahrhundert (Abhandlungen der Heidelberger Akademie der Wissenschaften, philosophisch-historische Klasse 1978/1), Heidelberg 1978.

Dirlmeier, 1983
Dirlmeier, Ulf: Zu Arbeitsbedingungen und Löhnen von Bauhandwerkern im Spätmittelalter, in: Elkar, Rainer S. (Hg.): Deutsches Handwerk in Spätmittelalter und Früher Neuzeit (Göttinger Beiträge zur Wirtschafts- und Sozialgeschichte 9), Göttingen 1983, S. 35–54.

Dohrn-van Rossum, 1988
Dohrn-van Rossum, Gerhard: Migration technischer Experten im Spätmittelalter. Das Beispiel der Uhrmacher, in: Jaritz, Gerhard/Müller, Albert (Hgg.): Migration in der Feudalgesellschaft (Studien zur Historischen Sozialwissenschaft 8), Frankfurt a.M./New York 1988, S. 291–314.

Dohrn-van Rossum, 1992
Dohrn-van Rossum, Gerhard: Die Geschichte der Stunde. Uhren und moderne Zeitordnungen, München/Wien 1992.

Doswald, 1988
Doswald, Stephen: Mittelalterliche und neuzeitliche Münzen aus der Pfarrkirche St. Martin in Schwyz, in: Schweizerische Numismatische Rundschau 67, 1988, S. 163–221, Tafeln 16–24.

Doswald/Della Casa, 1994
Doswald, Stephen/Della Casa, Philippe: Inventar der Fundmünzen der Schweiz, Bd. 2: Kanton Zug, Lausanne 1994.

Dotzauer, 1973
Dotzauer, Winfried: Die Ankunft des Herrschers. Der fürstliche «Einzug» in die Stadt (bis zum Ende des Alten Reichs), in: Archiv für Kulturgeschichte 55, 1973, S. 245–288.

Drabek, 1964
Drabek, Anna Maria: Reisen und Reisezeremoniell der römisch–deutschen Herrscher im Spätmittelalter, Wien 1964.

du Colombier, 1973
du Colombier, Pierre: Les chantiers des cathédrales, 2. Aufl., Paris 1973.

Dübi, 1930
Dübi, Heinrich: Cosmas Alder und die bernische Reformation (Neujahrsblätter der Literarischen Gesellschaft Bern, NF 8), Bern 1930.

Dubler, 1978
Dubler, Anne-Marie: Müller und Mühlen im alten Staat Luzern. Rechts-, Wirtschafts- und Sozialgeschichte des luzernischen Landmüllergewerbes vom 14. bis 18. Jahrhundert (Luzerner Historische Veröffentlichungen 8), Luzern/München 1978.

Dubler, 1982
Dubler, Anne-Marie: Handwerk, Gewerbe und Zunft in Stadt und Landschaft Luzern (Luzerner Historische Veröffentlichungen 14), Luzern/Stuttgart 1982.

Dubler, 1992
Dubler, Anne-Marie: Adels- und Stadtherrschaft im Emmental des Spätmittelalters. Berns Weg zur Landesherrschaft zwischen Hohgant und Burgdorf, in: Dubler, Anne-Marie/Häusler, Fritz: Aus der Geschichte des Grenzraumes Emmental-Entlebuch (AHVB 75), Bern 1992, S. 9–100.

Dubuis, 1992
Dubuis, Pierre: Horloges et Horlogers dans le Valais du XVe siècle, in: Etudes Savoisiennes 1, 1992, S. 109–122.

Dubuis/Frey-Kupper, 1995
Fundmünzen aus Kirchengrabungen. Sitzungsbericht des ersten internationalen Kolloquiums der Schweizerischen Arbeitsgemeinschaft für Fundmünzen (Luzern, 19. November 1993), hg. von Olivier F. Dubuis und Suzanne Frey-Kupper (Etude de numismatique et d'histoire monétaire 1), Lausanne 1995.

Dürst, 1975
Dürst, Arthur/Bonaconsa, Ugo: Der Bodensee mit den angrenzenden Gebieten Deutschlands, Oesterreichs und der Schweiz in alten Kartendarstellungen, 2 Teile, Konstanz 1975.

Dütsch, 1994
Dütsch, Hans–Rudolf: Die Zürcher Landvögte von 1402–1798. Ein Versuch zur Bestimmung ihrer sozialen Herkunft und zur Würdigung ihres Amtes im Rahmen des zürcherischen Stadtstaates, Zürich 1994.

Ebel, 1958
Ebel, Wilhelm: Der Bürgereid als Geltungsgrund und Gestaltungsprinzip des deutschen mittelalterlichen Stadtrechts, Weimar 1958.

Eggenberger, 1989
Eggenberger, Christoph/Eggenberger, Dorothee: Malerei des Mittelalters (Ars Helvetica. Die visuelle Kultur der Schweiz V), Disentis 1989.

Eggenberger, 1990a
Eggenberger, Peter: Unterseen, Kirche. Flächengrabung im Innern 1985, in: AKBE 1, S. 109.

Eggenberger, 1990b
Eggenberger, Peter: Wengi bei Büren, Pfarrkirche. Rettungsgrabung in der Pfarrkirche (ehem. St. Mauritius) 1984, in: AKBE 1, S. 113f.

Eggenberger, 1992
Eggenberger, Peter: Grafenried, Kirche. Flächengrabung anlässlich der Gesamtrestaurierung 1987, in: AKBE 2A, S. 124–126.

Eggenberger/Bossert/Ulrich-Bochsler, 1992
Eggenberger, Peter/Bossert, Martin/Ulrich-Bochsler, Susi: Walkringen, Reformierte Pfarrkirche. Die Ergebnisse der Bauforschungen von 1986/87 (SADB), Bern 1992.

Eggenberger/Descœudres, 1992
Eggenberger, Peter/Descœudres, Georges: Klöster, Stifte, Bettelordenshäuser, Beginen und Begarden, in: Kat. Stadtluft, Hirsebrei und Bettelmönch, 1992, S. 437–451.

Eggenberger/Gerber, 1988
Eggenberger, Peter/Gerber, Markus: Schwarzenburg, «Käppeli», Dorfkapelle. Die Ergebnisse der Bauforschung von 1987 (SADB), Bern 1988.

Eggenberger/Gerber, 1992
Eggenberger, Peter/Gerber, Markus: Madiswil, Kirche, Flächengrabung anlässlich der Innenrestaurierung 1987, in: AKBE 2A, S. 146–148.

Eggenberger/Jaton/Grandjean, 1996
Eggenberger, Peter/Jaton, Philippe/Grandjean, Marcel: L'église et l'ancien couvent dominicain de Coppet. Histoire et Archéologie (Cahiers d'archéologie romande 68), Lausanne 1996.

Eggenberger/Koenig/Ulrich-Bochsler, 1990
Eggenberger, Peter/Koenig, Franz E./Ulrich-Bochsler, Susi: Lauenen, Reformierte Pfarrkirche. Ergebnisse der Bauforschungen 1983/84 (SADB), Bern 1990.

Eggenberger/Rast Cotting, 1994
Eggenberger, Peter/Rast Cotting, Monique: Die Bauforschungen im Kirchenchor von 1981, Teil des Beitrags in: Die früh- bis spätmittelalterlichen Gräber im Chor der Kirche Köniz, in: Ulrich-Bochsler, Susi: Büetigen–Köniz–Unterseen. Anthropologische Untersuchungen an früh- und hochmittelalterlichen Skeletten (SADB), Bern 1994, S. 29–54.

Eggenberger/Rast Cotting/Ulrich-Bochsler, 1989
Eggenberger, Peter/Rast Cotting, Monique/Ulrich-Bochsler, Susi: Rohrbach, Refomierte Pfarrkirche. Ergebnisse der archäologischen Grabungen von 1982 (SADB), Bern 1989.

Eggenberger/Rast Cotting/Ulrich-Bochsler, 1991
Eggenberger, Peter/Rast Cotting, Monique/Ulrich-Bochsler, Susi: Wangen an der Aare, Reformierte Pfarrkirche, Ehemaliges Benediktinerpriorat, Ergebnisse der Bauforschungen 1980/81 (SADB), Bern 1991.

Eggenberger/Stöckli, 1983
Eggenberger, Peter/Stöckli, Werner: Kirchlindach, Reformierte Pfarrkirche. Archäologische Grabung und bauanalytische Untersuchung 1978 (SADB), Bern 1983.

Eggenberger/Ulrich-Bochsler, 1989
Eggenberger, Peter/Ulrich-Bochsler, Susi: Leuzigen, Reformierte Pfarrkirche, Ehemaliges Cluniazenserpriorat. Ergebnisse der Bauforschung von 1986 (SADB), Bern 1989.

Eggenberger/Ulrich-Bochsler, 1994
Eggenberger, Peter/Ulrich-Bochsler, Susi: Steffisburg, Reformierte Pfarrkirche, Bd. 1: Die Ergebnisse der archäologischen Forschungen von 1980 und 1982 (SADB), Bern 1994.

Eggenberger/Ulrich-Bochsler/Keck, 1996
Eggenberger, Peter/Ulrich-Bochsler, Susi/Keck, Gabriele: Nidau, Ehemalige Frühmesskapelle St. Nikolaus. Archäologische Untersuchungen von 1992 bis 1995, Nidau 1996 (Separatdruck aus Chlouserbletter 1996).

Eggenberger/Ulrich-Bochsler/Schäublin, 1983
Eggenberger, Peter/Ulrich-Bochsler, Susi/Schäublin, Elisabeth: Beobachtungen an Bestattungen in und um Kirchen im Kanton Bern aus archäologischer und anthropologischer Sicht, in: ZAK 40, 1983, S. 221–240.

Ehrensperger-Katz, 1981
Ehrensperger-Katz, Ingrid: Reformierte Stadtkirche Biel (SKF 291), Bern 1981.

Eidgenössische Abschiede I–VIII
Amtliche Sammlung der ältern Eidgenössischen Abschiede, 8 Bde., hg. von Joseph K. Krütli u. a., verschiedene Verlagsorte 1839–1882.

Eire, 1986
Eire, Carlos M. N.: War against the Idols. The Reformation of worship from Erasmus to Calvin, Cambridge/London/New York u. a. 1986.

Ellermeyer, 1977
Ellermeyer, Jürgen: Sozialgruppen, Selbstverständnis, Vermögen und städtische Verordnungen. Ein Diskussionsbeitrag zur Erforschung spätmittelalterlicher Stadtgesellschaft, in: Blätter für deutsche Landesgeschichte 113, 1977, S. 203–275.

Elsig, 1997
Elsig, Patrick: L'utilisation de «stuc» dans l'habitat civil du Valais médiéval, in: Kunst + Architektur in der Schweiz 48, 1997, Heft 4, S. 33–38.

Endres, 1983
Endres, Rudolf: Das Schulwesen in Franken im ausgehenden Mittelalter, in: Studien zum städtischen Bildungswesen des späten Mittelalters und der frühen Neuzeit, hg. von Bernd Moeller, Hans Patze und Karl Stackmann (Abhandlungen der Akademie der Wissenschaften in Göttingen, phil.-hist. Klasse, dritte Folge 137), Göttingen 1983, S. 173–214.

Endres, 1990
Endres, Rudolf: Das Handwerk in Nürnberg im ausgehenden Mittelalter, in: Endres, Rudolf (Hg.): Nürnberg und Bern. Zwei Reichsstädte und ihre Landgebiete (Erlanger Forschungen A 46), Erlangen 1990, S. 49–79.

Engler, 1998a
Engler, Claudia: Bern, St. Michael in der Insel, in: Helvetia Sacra IV/5.

Engler, 1998b
Engler, Claudia: Dominikanerinnenreform im 15. Jahrhundert. Der Codex A 53 der Burgerbibliothek Bern, Diss. Bern 1998 (Druck in Vorbereitung).

Ennen, 1979
Ennen, Edith: Die europäische Stadt des Mittelalters, 3. Aufl., Göttingen 1979.

Erasmus, 1972
Erasmus von Rotterdam, Desiderius: Peregrinatio religionis ergo (1526), in: Halkin, L.-E./Bierlaire, F./Hoven, R. (Hgg.): Colloquia (Opera omnia Desiderii Erasmi Roterodami. Recognita et adnotatione critica instructa notisque illustrata I, 3) Amsterdam 1972, S. 470–494.

Erler, 1963
Erler, Adalbert: Bürgerrecht und Steuerpflicht im mittelalterlichen Städtewesen mit besonderer Untersuchung des Steuereides, 2. Aufl., Frankfurt a. M. 1963.

Erni, 1947
Erni, Christian: Bernische Ämterbefragungen 1495–1522, in: AHVB 39, 1947, S. 1–124.

Ernst, 1963
Ernst, Konrad: Die Wiegendrucke des Kestner-Museums, neu bearbeitet und ergänzt von Christian von Heusinger, Hannover 1963.

Esch, 1986
Esch, Arnold: Lebensverhältnisse von Reisläufern im spätmittelalterlichen Thun. Ein Beschlagnahme-Inventar von 1495, in: BZGH 48, 1986, S. 154–161 (Esch, 1998, S. 161–172).

Esch, 1987
Esch, Arnold: Räuber, Diebe, Wegelagerer. Reviere, Beute, Schicksale in Berner Verhörprotokollen des frühen 16. Jahrhunderts, in: Hochfinanz, Wirtschaftsräume, Innovationen. Festschrift für W. von Stromer, hg. von Uwe Bestmann, Franz Irsigler und Jürgen Schneider, 2. Bd., Trier 1987, S. 741–763 (Esch, 1998, S. 137–160).

Esch, 1988
Esch, Arnold: Alltag der Entscheidung. Berns Weg in den Burgunderkrieg, in: BZGH 50, 1988, S. 3–64 (Esch, 1998, S. 9–86).

Esch, 1990
Esch, Arnold: Mit Schweizer Söldnern auf dem Marsch nach Italien. Das Erlebnis der Mailänderkriege 1510–1515 nach bernischen Akten, in: Quellen und Forschungen aus italienischen Archiven und Bibliotheken 70, 1990, S. 348–440 (Esch, 1998, S. 249–328).

Esch, 1993
Esch, Arnold: Bern und Italien (Vorträge der Aeneas-Silvius-Stiftung an der Universität Basel 29), Basel/Frankfurt a.M. 1993 (Esch, 1998, S. 329–354).

Esch, 1994
Esch, Arnold: Wahrnehmung sozialen und politischen Wandels in Bern an der Wende vom Mittelalter zur Neuzeit, in: Miethke, J./Schreiner, K. (Hgg.): Sozialer Wandel im Mittelalter: Wahrnehmungsformen, Erklärungsmuster, Regelmechanismen, Sigmaringen 1994, S. 177–193 (Esch, 1998, S. 87–136).

Esch, 1998
Esch, Arnold: Alltag der Entscheidung. Beiträge zur Geschichte der Schweiz an der Wende vom Mittelalter zur Neuzeit. Festgabe zum 60. Geburtstag von Arnold Esch, Bern/Stuttgart/Wien 1998.

Escher, 1908
Escher, K[onrad]: Manuel (Deutsch), Niklaus I., in: Schweizerisches Künstler-Lexikon 2, Frauenfeld 1908, S. 309–319.

Escher, 1917
Escher, Konrad: Die Miniaturen in den Basler Bibliotheken, Museen und Archiven, Basel 1917.

Esser, 1974
Esser, Ingrid: Die gotische Bauhütte, in: Binding, Günther (Hg.): Beiträge über Bauführung und Baufinanzierung im Mittelalter, Köln 1974, S. 104–115.

Eugster, 1995
Eugster, Erwin: Die Entwicklung zum kommunalen Territorialstaat, in: Geschichte des Kantons Zürich, hg. von Niklaus Flüeler und Marianne Flüeler-Grauwiler, Bd. 1, Zürich 1995, S. 299–335.

Ewald, 1991
Ewald, Jürg: Kirchen und Kirchengrabungen im Baselbiet. Ein Beitrag zur Geschichte der Kirchen-Landschaft der Nordwestschweiz im Mittelalter, in: Archäologie und Museum 20, 1991, S. 57–84.

Faccani/Frey-Kupper, 1998
Faccani, Guido/Frey-Kupper, Susanne: Dornach/Dorneck, in: Archäologie und Denkmalpflege im Kanton Solothurn 3, 1998, S. 52f.

Falk, 1979
Falk, Tielman: Katalog der Zeichnungen des 15. und 16. Jahrhunderts im Kupferstichkabinett Basel, Teil 1: Das 15. Jahrhundert, Hans Holbein der Ältere und Jörg Schweiger, die Basler Goldschmiederisse, Basel/Stuttgart 1979.

Fallet/Trisconi, 1991
Fallet, Estelle/Trisconi, Michela: Die Uhrmacherei im Kanton Freiburg, in: Cardinal, Catherine u. a. (Leitung): Der Mensch und die Zeit in der Schweiz 1291–1991, La Chaux-de-Fonds 1991, S. 117–122.

Fassbind I
Fassbind, Thomas: Geschichte des Kantons Schwyz, Bd. I, Schwyz 1832.

Fechter, 1986
Fechter, Werner: Meyer, Johannes OP, in: Verfasserlexikon 6, 1987, Sp. 474–489.

Feld, 1990
Feld, Helmut: Der Ikonoklasmus des Westens, Leiden/New York/Kopenhagen/Köln 1990.

Feller I
Feller, Richard: Geschichte Berns, Bd. 1: Von den Anfängen bis 1516, 1. Aufl., Bern 1946, 4. korrigierte Aufl., Bern/Frankfurt a.M. 1974.

Feller II
Feller, Richard: Geschichte Berns, Bd. 2: Von der Reformation bis zum Bauernkrieg. 1516 bis 1653, 2. korrigierte Aufl., Bern/Frankfurt a.M. 1974.

Feller, 1916
Feller, Richard: Bündnisse und Söldnerdienst 1515–1798, in: Feldmann, M./Wirz, H. G. (Leitung): Schweizer Kriegsgeschichte, Bd. 3, Heft 6: Zweiter Teil. Vom Ewigen Frieden mit Frankreich bis zum Sturze Napoleons. 1515–1815, Bern 1916, S. 5–60.

Feller, 1928
Feller, Richard: Der Staat Bern in der Reformation. Gedenkschrift zur Vierhundertjahrfeier der bernischen Kirchenreformation, Bern 1928.

Feller/Bonjour, 1979
Feller, Richard/Bonjour, Edgar: Geschichtsschreibung der Schweiz. Vom Spätmittelalter zur Neuzeit, 2 Bde., 2. Aufl., Basel/Stuttgart 1979.

Festschrift Berner Münster, 1921
Festschrift zur 500jährigen Feier der Grundsteinlegung des Berner Münsters 1421/1921, hg. von Gustav Grunau, Bern 1921.

Fetscherin, 1848
Fetscherin, Bernhard: Visitationsbericht des Bisthums Lausanne, Bernischen Antheils, vom Jahre 1453, in: Abhandlungen des historischen Vereins des Kantons Bern I, 1848, S. 251–394.

Feulner, 1980
Feulner, Adolf: Kunstgeschichte des Möbels (Propyläen Kunstgeschichte, Sonderband II), Frankfurt a. M. 1980.

Fischer, 1896
Fischer, Sebastian: Sebastian Fischers Chronik besonders von Ulmischen Sachen, hg. von Karl Gustav Veesenmeyer (Mitteilungen des Vereins für Kunst und Alterthum in Ulm und Oberschwaben, Heft 5–8), Ulm 1896.

Fischer, 1939
Fischer, Otto: Heinrich Büchler und der Hochaltar des Berner Münsters, in: ZAK 1, 1939, S. 102–105.

Fischer, 1979
Fischer, Thomas: Städtische Armut und Armenfürsorge im 15. und 16. Jahrhundert. Sozialgeschichtliche Untersuchungen am Beispiel der Städte Basel, Freiburg im Br. und Strassburg (Göttinger Beiträge zur Wirtschafts- und Sozialgeschichte 4), Göttingen 1979.

Flatt, 1969
Flatt, Karl H.: Die Errichtung der bernischen Landeshoheit über den Oberaargau (AHVB 53), Bern 1969.

Flüeler/Flüeler-Grauwiler, 1995
Flüeler, Niklaus/Flüeler-Grauwiler, Marianne (Hgg.): Geschichte des Kantons Zürich, Bd. 1: Frühzeit bis Spätmittelalter, Zürich 1995.

Flügel, 1983
Flügel, Katharina: Heiligenkult und Bilderglaube, in: Kat. Kunst der Reformationszeit, 1983, S. 75–154.

Fluri, 1893/94
Fluri, Adolf: Die bernische Stadtschule und ihre Vorsteher bis zur Reformation. Ein Beitrag zur bernischen Schulgeschichte, in: BTb 42, 1893/94, S. 51–112.

Fluri, 1896
Fluri, Adolf: Die Papiermühle «zu Thal» bei Bern und ihre Wasserzeichen. 1466–1621, in: NBTb 1896, S. 192–236.

Fluri, 1898
Fluri, Adolf: Johannes Wannenmacher (Vannius), in: Sammlung Bernischer Biographien III, S. 541–548.

Fluri, 1900
Fluri, Adolf: Niklaus Manuels Totentanz in Bild und Wort, in: BTb 1901, S. 119–266.

Fluri, 1902a
Fluri, Adolf: Beschreibung der deutschen Schule zu Bern, in: AHVB 16, 1902, S. 492–651.

Fluri, 1902b
Fluri, Adolf: Kaspar Brunner, in: Sammlung Bernischer Biographien IV, S. 437–448.

Fluri, 1908a
Fluri, Adolf: Dramatische Aufführungen in Bern im XVI. Jahrhundert, in: NBTb 1909, S. 133–159.

Fluri, 1908b
Fluri, Adolf: Cosmas Alder, der Komponist des Gedächtnisliedes auf Zwingli (mit einer Liste der erhaltenen Kompositionen Cosmas Alders von A. Thürlings), in: Zwingliana 2, Nr. 7, 1908, S. 214–220.

Fluri, 1913a
Fluri, Adolf: Die Beziehungen Berns zu den Buchdruckern in Basel, Zürich und Genf 1476–1536, Bern 1913.

Fluri, 1913b
Fluri, Adolf: Ablass-Bulle Sixtus IIII zugunsten des St. Vincenzen-Münsters 1473. Erster im Auftrage Berns ausgeführter Druck durch Martin Flach in Basel 1476, Faksimile-Reproduktion nach dem einzig bekannten Exemplar des Kestner-Museums in Hannover, Bern 1913.

Fluri, 1915
Fluri, Adolf: Ablassbriefe zugunsten des St. Vincenzen-Münsters zu Bern, Bern 1915.

Fluri, 1923
Fluri, Adolf: Wie unsere Väter Buch und Rechnung führten. Ein Beitrag zur bernischen Münz- und Geldgeschichte, in: Blätter für bernische Geschichte, Kunst und Altertumskunde 19, 1923, S. 1–51.

Fluri, 1930
Fluri, Adolf: Hans Frisching. 1486–1559, in: NBTb 35, 1930, S. 1–61.

Frank, 1968
Frank, Isnard Wilhelm OP: Hausstudium und Universitätsstudium der Wiener Dominikaner bis 1500 (Archiv für österreichische Geschichte 127), Wien 1968.

Franz, 1981
Franz, Rosmarie: Der Kachelofen. Entstehung und kunstgeschichtliche Entwicklung vom Mittelalter bis zum Ausgang des Klassizismus, Graz 1981.

Frauenholz, 1936
von Frauenholz, Eugen: Entwicklungsgeschichte des deutschen Heerwesens, Bd. 2, Teil 1: Das Heerwesen der Schweizer Eidgenossenschaft in der Zeit des freien Söldnertums, München 1936.

FRB I–X, Registerbd.
Fontes Rerum Bernensium. Berns Geschichtsquellen bis 1390, 10 Bde. mit Registerband, Bern 1883ff.

Freddi, 1995
Freddi, Silvan: Das Kollegiatstift St. Ursus in Solothurn. Von den Anfängen bis 1520. Ursprung – Innere Organisation – Verhältnis zur Stadt, unveröffentlichte Lizentiatsarbeit, Zürich 1995.

Freising, 1974
Otto von Freising: Chronica sive historia de duabus civitatibus, hg. von Walther Lammers (Ausgewählte Quellen zur deutschen Geschichte des Mittelalters 16), Darmstadt 1974.

Frey, 1950
Frey, Beat: Ausbürger und Udel namentlich im Gebiete des alten Bern, Bern 1950.

Frey-Kupper, 1993
Frey-Kupper, Susanne: Solothurn, in: Inventar der Fundmünzen der Schweiz, Bd. 1: Ausgewählte Münzfunde. Kirchenfunde. Eine Übersicht, Lausanne 1993, S. 53–60.

Fricker, 1877
Thüring Frickarts Twingherrenstreit. Bendicht Tschachtlans Berner Chronik nebst den Zusätzen des Diebold Schilling, hg. von Gottlieb Studer (Quellen zur Schweizer Geschichte 1), Basel 1877.

Friedrich, 1974
Caspar David Friedrich in Briefen und Bekenntnissen, hg. von Sigrid Hinz, München 1974.

Fritschi, 1990
Fritschi, Hans: Die Blei-, Silber- und Barytbergwerke im hinteren Lauterbrunnental, Manuskript, Unterseen 1990.

Fritz, 1997
Fritz, Johann Michael (Hg.): Die bewahrende Kraft des Luthertums. Mittelalterliche Kunstwerke in evangelischen Kirchen, Regensburg 1997.

Fröschl, 1991
Fröschl, Thomas: Rathäuser und Regierungspaläste, in: Zeichen der Freiheit. Das Bild der Republik in der Kunst des 16. bis 20. Jahrhunderts, Ausstellungskatalog, 21. Europäische Kunstausstellung unter dem Patronat des Europarates, Bern, Historisches Museum und Kunstmuseum, hg. von Dario Gamboni u. a., Bern 1991, S. 11–28.

Fründ, 1875
Die Chronik des Hans Fründ, Landschreiber zu Schwytz, hg. von Christian Immanuel Kind, Chur 1875.

Fuchs, 1989
Fuchs, Friedrich: Zwei mittelalterliche Aufrisszeichnungen. Zur Westfassade des Regensburger Domes, in: Der Dom zu Regensburg. Ausgrabung, Restaurierung, Forschung, Ausstellungskatalog, Regensburg, Domkreuzgang und Domkapitelhaus, München/Zürich 1989, S. 224–230.

Furrer, 1985
Furrer, Bernhard: Denkmalpflege in der Stadt Bern 1978–1984, Bern 1985.

Furrer, 1990
Furrer, Bernhard (Hg.): Das Obere May-Haus in Bern, Münstergasse 62. Ein Beitrag der Burgergemeinde Bern zur Restaurierung der Altstadt, Bern 1990.

Furrer, 1993a
Furrer, Bernhard (Hg.): Denkmalpflege in der Stadt Bern 1989–1992, in: BZGH 55, 1993, S. 1–155.

Furrer, 1993b
Furrer, Bernhard: Das Weltgericht am Berner Münster und seine Restaurierung, in: Unsere Kunstdenkmäler 44, 1993, S. 323–332.

Furrer/Bay/Lukács/Nizon, 1984
Furrer, Bernhard/Bay, Jürg/Lukács, Georg/Nizon, Paul: Übergänge. Berner Aarebrücken, Geschichte und Gegenwart, Bern 1984.

Gäbler, 1983
Gäbler, Ulrich: Huldrych Zwingli. Eine Einführung in sein Leben und sein Werk, München 1983.

Gagliardi, 1907
Gagliardi, Ernst: Novara und Dijon, Höhepunkt und Verfall der schweizerischen Grossmacht im 16. Jahrhundert, Zürich 1907.

Gagliardi, 1919
Gagliardi, Ernst: Der Anteil der Schweizer an den italienischen Kriegen, Bd. 1, Zürich 1919.

Ganz, 1924
Ganz, Paul (Hg.): Malerei der Frührenaissance in der Schweiz, Zürich 1924.

Ganz, 1950
Ganz, Paul Leonhard: Die Malerei des Mittelalters und des 16. Jahrhunderts in der Schweiz, Basel 1950.

Gasser, 1937
Gasser, Adolf: Landständische Verfassungen in der Schweiz, in: Zeitschrift für Schweizerische Geschichte 17, 1937, S. 96–108.

Gatschet/Studer, 1867
Gatschet, Albert/Studer, Gottlieb: Das Jahrzeitbuch des St. Vincentiusmünsters in Bern, in: AHVB 6, 1867, S. 309–519.

Geering, 1933
Geering, Arnold: Die Vokalmusik in der Schweiz zur Zeit der Reformation. Leben und Werke von Bartholomäus Frank, Johannes Wannenmacher, Cosmas Alder, Aarau 1933.

Geering, 1962
Geering, Arnold: Ein tütsche Musica des figurirten Gsangs 1491, in: Festschrift Karl Gustav Fellerer zum 60. Geburtstag, hg. von Heinrich Hüschen, Regensburg 1962, S. 178–181.

Geering, 1964
Geering Arnold (Hg.): Ein tütsche Musica 1491. Faksimile-Ausgabe nach der Handschrift der Burgerbibliothek Bern Mss. Hist. Helv. LI. 76, 2 Teile (Schriften der Literarischen Gesellschaft Bern 9,1/2), Bern 1964.

Geering, 1972
Geering, Arnold: Von den Berner Stadtpfeifern, in: Schweizer Beiträge zur Musikwissenschaft 1, 1972, S. 105–113.

Geiger, 1968
Geiger, Hans-Ulrich: Der Beginn der Gold- und Dickmünzenprägung in Bern. Ein Beitrag zur bernischen Münz- und Geldgeschichte des 15. Jahrhunderts, in: AHVB 52, 1968, S. 1–246.

Geiger, 1997
Geiger, Hans-Ulrich: Berns Münzprägung im Mittelalter. Ein Forschungsbericht, in: BZGH 59, 1997, S. 309–323.

Geiser, 1888
Geiser, Karl: Geschichte der bernischen Verfassung von 1191–1471, Bern 1888.

Geiser, 1891
Geiser, Karl: Die Verfassung des alten Bern, in: Festschrift zur VII. Säkularfeier der Gründung Berns 1191–1891, Teil IV, Bern 1891, S. 1–143.

Gélis, 1993
Gélis, Jacques: Les sanctuaires «à répit» des Alpes françaises et du Val d'Aoste: espace, chronologie, comportements pélerins, in: Archivio Storico Ticinese 30, 1993, numero 114, S. 183–222.

Gélis, 1998
Gélis, Jacques: Lebenszeichen – Todeszeichen: Die Wundertaufe totgeborener Kinder in Deutschland der Aufklärung, in: Schlumbohm, Jürgen u. a. (Hgg.): Rituale der Geburt, München 1998, S. 269–288.

Gengenbach, 1856
Gengenbach, Pamphilus: Diß ist ein iemerliche clag vber die Todten fresser, in: Pamphilus Gengenbach, hg. von Karl Goedeke, Hannover 1856, Nachdruck Amsterdam 1966, S. 153–159.

Genner, 1978
Genner, Peter: Die burgerlichen Gesellschaften der Stadt Bern, Bern 1978 (Separatdruck aus «Der Bund»).

Gerber, 1994
Gerber, Roland: Öffentliches Bauen im mittelalterlichen Bern. Verwaltungs- und finanzgeschichtliche Untersuchung über das Bauherrenamt der Stadt Bern 1300 bis 1550 (AHVB 77), Bern 1994.

Gerber, 1997
Gerber, Roland: Die Einbürgerungsfrequenzen der Städte Freiburg im Uechtland, Konstanz und Luzern im späten Mittelalter, in: Reisen im Leben der Gesellschaft, hg. von Lenka Bobkova und Michaela Neudertova (Acta Universitatis Purkynianae, Studia Historica 2, 1995), Ustí nad Labem 1997, S. 95–104.

Gerber, Stadtgesellschaft
Gerber, Roland: Gott ist Burger zu Bern. Eine spätmittelalterliche Stadtgesellschaft zwischen Herrschaftsbildung und sozialem Ausgleich, Diss. in Vorbereitung.

Germann, 1963
Germann, Georg: Der protestantische Kirchenbau in der Schweiz, Zürich 1963.

Germann, 1985
Germann, Georg: Bauetappen des Berner Münsters, in: Unsere Kunstdenkmäler 36, 1985, S. 263–269.

Germann, 1993
Germann, Martin: Fundort Bucheinband. Ein Zürcher Kalender auf das Jahr 1482, in: Gutenberg-Jb. 1993, S. 66–87.

Gessler, 1918–1920
Gessler, E[duard] A[chilles]: Die Entwicklung des Geschützwesens in der Schweiz von seinen Anfängen bis zum Ende der Burgunderkriege (Mitteilungen der Antiquarischen Gesellschaft in Zürich 28, Hefte 3–5), Zürich 1918–1920, S. 181–460.

Gessler, 1927–1929
Gessler, E[duard] A[chilles]: Das schweizerische Geschützwesen zur Zeit des Schwabenkriegs, 1499 (Neujahrsblatt der Feuerwerker-Gesellschaft Artillerie-Kollegium in Zürich 119–121), Zürich 1927–1929.

Gilomen, 1982
Gilomen, Hans-Jörg: Die städtische Schuld Berns und der Basler Rentenmarkt im 15. Jahrhundert, in: Basler Zeitschrift für Geschichte und Altertumskunde 82, 1982, S. 5–64.

Giscard d'Estaing, o.J.
Giscard d'Estaing, François: Gute und böse Zeiten für die Könige von Notre-Dame, in: Die Könige von Notre-Dame, Biel o.J., S. 6–13.

Gisler, 1994
Gisler, Josef: Vermögensverteilung, Gewerbetopographie und städtische Binnenwanderung im spätmittelalterlichen Zürich 1401–1425, in: Zürcher Taschenbuch, NF 114, 1994, S. 29–59.

Glarean I–II
Glarean, Heinrich: Dodecachordon, hg., übersetzt und kommentiert von Clement A. Miller, 2 Bde. (Musicological Studies and Documents 6), Rom 1965.

Glarean, 1948
Glarean, Heinrich/Glareanus, Henricus: Beschreibung der Schweiz. Lob der Dreizehn Orte/Helvetiae descriptio. Panegyricum, hg. und übersetzt von Werner Näf, St. Gallen 1948.

Glatz, 1991
Glatz, Regula: Hohlglasfunde der Region Biel. Zur Glasproduktion im Jura. Mit einem Beitrag von Wilhelm B. Stern (SADB), Bern 1991.

Glatz/Gutscher, 1995
Glatz, Regula/Gutscher, Daniel: Burgdorf – Ehemaliges Siechenhaus (SADB), Bern 1995.

Glatz/Gutscher, 1996
Glatz, Regula/Gutscher, Daniel: Kanton Bern, in: Stadt- und Landmauern, Bd. 2: Stadtmauern in der Schweiz, Zürich 1996, S. 61ff.

Gloor, 1986
Gloor, Georges: Ein Badener Musiker der Spätrenaissance: Kosmas Alder (1500–1550), in: Badener Neujahrsblätter 61, 1986, S. 74–83.

Glückselig, 1855
Glückselig, Legis: Der Prager Dom zu St. Veit, Prag/Leitmeritz 1855.

Gmür, 1954
Gmür, Rudolf: Der Zehnt im alten Bern, Bern 1954.

Gmür, 1986
Gmür, Rudolf: Städte als Landesherren vom 16. bis zum 18. Jahrhundert, in: Festschrift für Hans Thieme, hg. von Karl Kroeschell, Sigmaringen 1986, S. 177–197.

Goeters, 1955
Goeters, J. F. Gerhard: Ludwig Hätzer. Spiritualist und Antitrinitarier. Eine Randfigur der frühen Täuferbewegung, Bonn 1955.

Golay, 1998
Golay, Laurent: Maggenberg, Peter, in: Biographisches Lexikon der Schweizer Kunst, Zürich 1998, S. 668–669.

Göttler/Jezler, 1990
Göttler, Christine/Jezler, Peter: Doktor Thüring Frickers «Geistermesse». Die Seelgerätskomposition eines spätmittelalterlichen Juristen, in: Materielle Kultur, 1990, S. 187–231.

Grabowski/Mührenberg, 1994
Grabowski, Mieczyslaw/Mührenberg, Doris: In Lübeck fliesst Wasser in Röhren... seit 700 Jahren!, Lübeck 1994.

Graf-Fuchs, 1940
Graf-Fuchs, Margret: Das Gewerbe und sein Recht in der Landschaft Bern bis 1798 (BZGH Beihefte 2), Bern 1940.

Gräfin v. Pfeil/Weilandt, 1993
Gräfin v. Pfeil, Daniela/Weilandt, Gerhard: Auftraggeber und Stifter in der Ulmer Kunst, in: Kat. Meisterwerke massenhaft, 1993, S. 399–405.

Graham, 1933
Graham, Rose: A Picture book of the life of St-Anthony the Abbot, executed for the monastery of Saint-Antoine en Viennois in 1426, in: Archaeologia 83, 1933, S. 1–26.

655

Graham, 1937
Graham, Rose: A Picture Book of the Life of St. Anthony the Abbot, executed for the monastery of St. Antoine en Viennois in 1426, Faksimileausgabe, Oxford 1937.

Gramaccini, 1987
Gramaccini, Norberto: Cennino Cennini eil suo «Trattato della Pittura», in: Res Publica Litterarum. Studies in the Classical Tradition 10, 1987, S. 143–151.

Gramaccini, 1995
Gramaccini, Norberto: Raphael und seine Schüler – eine gemalte Kunsttheorie, in: Georges-Bloch-Jb. 2, 1995, S. 44–55.

Gramaccini, 1996
Gramaccini, Norberto: Mirabilia. Das Nachleben antiker Statuen vor der Renaissance, Mainz 1996.

Gramaccini, 1997
Gramaccini, Norberto: Berge in der Kunst des Mittelalters, in: Lenk. Zehn Jahre Sommer-Universität Lenk, redigiert von Ellen J. Beer u. a., Lenk 1997, S. 67–76.

Grandjean, 1996
Grandjean, Marcel: Le château de Vufflens. Grand monument d'art, in: Forel-Baenziger, François/Grandjean, Marcel: Le château de Vufflens (Bibliothèque Historique Vaudoise 110), Lausanne 1996, S. 191–293.

Grewe, 1991
Grewe, Klaus: Wasserversorgung und -entsorgung im Mittelalter, in: Die Wasserversorgung im Mittelalter, hg. von der Frontinus-Gesellschaft (Geschichte der Wasserversorgung 4), Mainz 1991, S. 11–88.

Grimm, I–XVI
Grimm Jacob und Wilhelm: Deutsches Wörterbuch 16 Bde., Leipzig 1854–1954.

Grimoldi, 1983
Grimoldi, Alberto: Il Palazzo della Ragione. I luoghi dell'autorità cittadina nel centro di Milano, o.O. [Mailand] 1983.

Grodecki, 1977
Grodecki, Louis: Romanische Glasmalerei, Stuttgart/Berlin/Köln u. a. 1977.

Gross, 1989
Gross, Thomas: Heinrich VII. und der Schweizer Raum, in: Studia Luxemburgensia. Festschrift Heinz Stoob, hg. von Friedrich Bernward Fahlbusch und Peter Johanek, Warendorf 1989, S. 1–18.

Grubmüller, 1978
Grubmüller, Klaus: Boner, in: Verfasserlexikon 1, 1978, Sp. 947–952.

Grundmann, 1961
Grundmann, Herbert: Die Grundzüge der mittelalterlichen Geschichtsanschauungen, in: Geschichtsdenken und Geschichtsbild im Mittelalter, hg. von Walther Lammers (Wege der Forschung 21), Darmstadt 1961, S. 418–429.

Grüneisen, 1837
Grüneisen, C[arl]: Niclaus Manuel. Leben und Werke eines Malers und Dichters, Kriegers, Staatsmannes und Reformators im sechszehnten Jahrhundert, Stuttgart/Tübingen 1837.

Gruner, 1732
Gruner, Johann Rudolf: Deliciae urbis Bernae. Merckwuerdigkeiten der hochlöbl. Stadt Bern aus mehrenteils ungedruckten authentischen Schrifften zusammen getragen, Zürich 1732.

Grütter, 1965/66
Grütter, Max: Maler und Glasmaler Berns im 14. und 15. Jahrhundert, in: ZAK 24, 1965/66, S. 211–238.

Grütter, 1974
Grütter, Max: Scherzligen und Schadau bei Thun (SKF 146), Bern 1974.

Guex, 1986
Guex, François: Bruchstein, Kalk und Subventionen. Das Zürcher Baumeisterhandbuch als Quelle zum Bauwesen des 16. Jahrhunderts, Zürich 1986.

Gugger, 1975
Gugger, Hans: Die Flachschnitzerei, in: Die Marginalie 12, Dezember 1975, Nr. 4, S. 85–94.

Guggisberg, 1958
Guggisberg, Kurt: Bernische Kirchengeschichte, Bern 1958.

Gundelfingen, 1880
Topographia urbis Bernensis auctore Henrico Gundelfinger, hg. von Emil Blösch, in: AHVB 9, 1880, S. 177–199.

Gundlach, 1931
Gundlach, Franz: Die hessischen Zentralbehörden von 1247–1604, Bd. 1 (Veröffentlichungen der historischen Kommission für Hessen und Waldeck 16), Marburg 1931.

Gutscher, 1988
Gutscher, Charlotte: Die Wandmalereien der Berner Nelkenmeister, in: Unsere Kunstdenkmäler 39, 1988, S. 22–27.

Gutscher, 1990
Gutscher, Daniel: Lauterbrunnen, Erzverhüttungsanlagen Trachsellauenen (Archäologisches Hinweisinventar 206.002) Dokumentation, Manuskript, Bern 1990.

Gutscher, 1994a
Gutscher, Daniel: Bern, Klösterlistutz. Die archäologischen Untersuchungen im mittelalterlichen Siechenfriedhof 1988, in: AKBE 3B, S. 489–494.

Gutscher, 1994b
Gutscher, Daniel: Büren a.A. BE, Oberbüren, in: Jb. der Schweizerischen Gesellschaft für Ur- und Frühgeschichte 78, 1995, S. 230–231.

Gutscher, 1994c
Gutscher, Daniel: Thun, Kirche Scherzligen. Die archäologischen Forschungen im Bereich der ehemaligen Sakristeien und an der Westfassade 1989, in: AKBE 3B, S. 521–550.

Gutscher, 1994d
Gutscher, Daniel: Historische Notizen zur Plattform, zu den Armbrusterkapellen und zum Berner Bildersturm, in: Zumbrunn/Gutscher, 1994, S. 11–16.

Gutscher, 1998
Gutscher, Charlotte: Büchler, Heinrich, in: Biographisches Lexikon der Schweizer Kunst, Zürich 1998.

Gutscher/Leibundgut, 1994
Gutscher, Daniel/Leibundgut, Markus: Geschichte und Bestand des Rathauses. Vorbericht über die archäologischen Untersuchungen 1993, in: Rathaus Nidau, Umbau und Restaurierung 1992–1994. Geschichte und Bestand, mit Beiträgen von Jürg Schweizer u. a., Nidau 1994, S. 37–45.

Gutscher/Roulet, 1997
Gutscher, Charlotte/Roulet, Odette u.a: Die Französische Kirche in Bern/Eglise française réformée de Berne (SKF 608/609), Bern 1997.

Gutscher/Ueltschi/Ulrich-Bochsler, 1997
Gutscher, Daniel/Ueltschi, Alexander/Ulrich-Bochsler, Susi: Die St. Petersinsel im Bielersee – ehemaliges Cluniazenser-Priorat (SADB), Bern 1997.

Gutscher/Villiger, 1999
Gutscher, Charlotte/Villiger, Verena: Die Schweizerischen Nelkenmeister. Der Hochaltar der Franziskanerkirche in Freiburg i. Ü., mit Beiträgen von Alfred A. Schmid, Ernst Tremp und Kathrin Utz Tremp (im Druck).

Gutscher/Zumbrunn, 1989
Gutscher, Daniel/Zumbrunn, Urs (Hgg.): Bern. Die Skulpturenfunde der Münsterplattform. Bericht über das Interims-Kolloquium vom 26.–27. August 1988 in Bern, mit Beiträgen von Andreas Arnold, Christine Bläuer, Ellen J. Beer, Daniel Gutscher, Bruno Mühlethaler, Ulrich Schiessl, Franz-Josef Sladeczek und Urs Zumbrunn, Bern 1989.

Haag, 1903
Haag, Friedrich: Die Hohen Schulen zu Bern in ihrer geschichtlichen Entwicklung von 1528 bis 1834. Mit besonderer Berücksichtigung der kulturhistorischen Verhältnisse. Mit einer Einleitung über das Franziskanerkloster von Staatsarchivar Heinrich Türler, Bern 1903.

Haas/Stern, 1989
Fünf Komödien des 16. Jahrhunderts, hg. von Walter Haas und Martin Stern (Schweizer Texte 10), Bern/Stuttgart 1989.

Haberling, 1931
Haberling, Wilhelm: Heingarter, Conrad, in: Biographisches Lexikon der hervorragenden Ärzte aller Zeiten und Völker 3, 2. Aufl., Berlin 1931, S. 137.

Hadorn, 1928
Hadorn, Wilhelm: Die Reformation in der deutschen Schweiz, Frauenfeld/Leipzig 1928.

Haendcke, 1889
Haendcke, Berthold: Nikolaus Manuel Deutsch als Künstler, Frauenfeld 1889.

Haendcke, 1893
Haendcke, Berthold: Schweizerische Malerei im XVI. Jahrhundert diesseits der Alpen und unter Berücksichtigung der Glasmalerei, des Formschnittes und des Kupferstiches, Aarau 1893.

Haendcke/Müller, 1894
Haendcke, Berthold/Müller, August: Das Münster in Bern, Bern 1894.

Hagen, 1875
Hagen, Hermann (Hg.): Catalogus Codicum Bernensium (Bibliotheca Bongarsiana), Bern 1875.

Hahn, 1997
Hahn, Andreas: Der calvinistische Bildersturm vom 20. August 1566 (Kat.-Nr. 76b), in: «… wider Laster und Sünde». Augsburgs Weg in die Reformation, Ausstellungskatalog, Augsburg, St. Anna, hg. von Josef Kirmeier, Wolfgang Jahn und Evamaria Brockhoff, Köln 1997, S. 154–156.

Hähnel, 1975
Hähnel, Joachim: Stube. Wort- und sachgeschichtliche Beiträge zur historischen Hausforschung (Schriften der Volkskundlichen Kommission des Landschaftsverbandes Westfalen-Lippe 21), Münster 1975.

Hahnloser, 1950
Hahnloser, Hans R.: Chorfenster und Altäre des Berner Münsters, Bern 1950.

Haller I–III
Haller, Berchtold: Bern in seinen Rathsmanualen 1465–1565, 3 Bde., Bern 1900–1902.

Händler, 1980
Händler-Lachmann, Barbara: Die Berufstätigkeit der Frau in den deutschen Städten des Spätmittelalters und der beginnenden Neuzeit, in: Jb. für hessische Landesgeschichte 30, 1980, S. 131–175.

Harf-Lancner, 1993
Coudrette: Le roman de Mélusine. Texte présenté, traduit et commenté par Laurence Harf-Lancner (GF Texte intégral 671), Paris 1993.

Hartwieg/Lüdke, 1994
Hartwieg, Babette/Lüdke, Dietmar: Vier gotische Tafeln aus dem Leben Johannes' des Täufers, Ausstellungskatalog, Karlsruhe, Staatliche Kunsthalle, Karlsruhe 1994.

Hasebrink, 1996
Hasebrink, Burkhard: Tischlesung und Bildungskultur im Nürnberger Katharinenkloster. Ein Beitrag zu ihrer Rekonstruktion, in: Schule und Schüler im Mittelalter. Beiträge zur europäischen Bildungsgeschichte des 8. bis 15. Jahrhunderts, hg. von Martin Kintzinger, Sönke Lorenz und Michael Walter, Köln/Weimar/Wien 1996, S. 187–216.

Häusler, 1981
Häusler, Fritz: Von der Stadtgründung bis zur Reformation, in: Illustrierte Berner Enzyklopädie, Bd. 2: Berner, deine Geschichte, Wabern–Bern 1981, S. 51–106.

Häussling, 1997
Häussling, Angelus: Stundengebet, in: Lex MA VIII, München/Zürich 1997, Sp. 260–265.

Hayum, 1989
Hayum, Andrée: The Isenheim Altarpiece. God's Medicine and the Painter's Vision, Princeton (New Jersey) 1989.

HBLS I–VII, Supplement
Historisch-Biographisches Lexikon der Schweiz, 7 Bde. und Supplement, Neuenburg 1921–1934.

Hegi, 1912
Hegi, Friedrich: Neues zur Lebensgeschichte Dr. Konrad Türsts, in: Anzeiger für schweizerische Geschichte, NF 11, 1912, S. 280–298.

Heinemeyer, 1970
Heinemeyer, Walter: Die Berner Handfeste, in: Archiv für Diplomatik 16, 1970, S. 214–324.

Heinig I–III
Heinig, Paul-Joachim: Kaiser Friedrich III. (1440–1493). Hof, Regierung und Politik, 3 Bde. (Forschungen zur Kaiser- und Papstgeschichte des Mittelalters 17/1–3), Köln/Weimar/Wien 1997.

Heinig, 1983
Heinig, Paul-Joachim: Reichsstädte, Freie Städte und Königtum 1389–1450. Ein Beitrag zur deutschen Verfassungsgeschichte, Wiesbaden 1983.

Heinig, 1991
Heinig, Paul-Joachim: Friedrich III., Maximilian I. und die Eidgenossen, in: Rück, 1991, S. 267–293.

Heinz-Mohr, 1983
Heinz-Mohr, Gerd: Lexikon der Symbole, Köln 1983.

Helvetia Sacra II/2
Helvetia Sacra II/2: Die weltlichen Kollegiatsstifte der deutsch- und französischsprachigen Schweiz, redigiert von Guy P. Marchal, Bern 1977.

Helvetia Sacra III/1
Helvetia Sacra III/1: Frühe Klöster, die Benediktiner und Benediktinerinnen in der Schweiz, 3 Teile, redigiert von Elsanne Gilomen-Schenkel, Bern 1986.

Helvetia Sacra III/2
Helvetia Sacra III/2: Die Cluniazenser in der Schweiz, redigiert von Hans-Jörg Gilomen, Basel/Frankfurt a.M. 1991.

Helvetia Sacra III/3
Helvetia Sacra III/3: Die Zisterzienser und Zisterzienserinnen, die reformierten Bernhardinerinnen, die Trappisten und Trappistinnen und die Wilhelmiten in der Schweiz, 2 Teile, redigiert von Cécile Sommer-Ramer und Patrick Braun, Bern 1982.

Helvetia Sacra IV/4
Helvetia Sacra IV/4: Die Antoniter, die Chorherren vom Heiligen Grab in Jerusalem und die Hospitaliter vom Heiligen Geist in der Schweiz, redigiert von Elsanne Gilomen-Schenkel, Basel/Frankfurt a. M. 1996.

Helvetia Sacra IV/5
Helvetia Sacra IV/5: Die Dominikaner und Dominikanerinnen in der Schweiz, redigiert von Petra Zimmer (im Druck).

Helvetia Sacra IX/2
Helvetia Sacra IX/2: Die Beginen und Begarden in der Schweiz, redigiert von Cécile Sommer–Ramer, Basel/Frankfurt a.M. 1995

Hess, 1996
Hess, Wolfgang: Rechnung legen mit Rechenpfennigen, in: Numismatisches Nachrichtenblatt 45, 1996, S. 11–20.

Hesse, 1988
Hesse, Jochen: Auftrag und Wirkung der Schweizer Bilderchroniken – Ihre Entstehung im Zeitbewusstsein, in: Unsere Kunstdenkmäler 39, 1988, S. 274–286.

Hesse, 1992
Hesse, Christian: St. Mauritius in Zofingen. Verfassungs- und sozialgeschichtliche Aspekte eines mittelalterlichen Chorherrenstiftes (Veröffentlichungen zur Zofinger Geschichte 2), Aarau 1992.

Heyen, 1965
Heyen, Franz-Josef: Kaiser Heinrichs Romfahrt. Die Bilderchronik von Kaiser Heinrich VII. und Kurfürst Balduin von Luxemburg (1308–1313), Boppard 1965.

Hillenbrand, 1989
Hillenbrand, Eugen: Die Observantenbewegung in der deutschen Ordensprovinz der Dominikaner, in: Reformbemühungen und Observanzbestrebungen im spätmittelalterlichen Ordenswesen, hg. von Kaspar Elm (Berliner Historische Studien 14, Ordensstudien VI), Berlin 1989, S. 219–271.

Himmelsbach, 1999
Himmelsbach, Gerrit: Die Renaissance des Krieges. Kriegsmonographien und das Bild des Krieges in der spätmittelalterlichen Chronistik am Beispiel der Burgunderkriege, Zürich 1999.

Hoensch, 1996
Hoensch, Jörg K.: Kaiser Sigismund. Herrscher an der Schwelle zur Neuzeit 1368–1437, München 1996.

Hofer, 1904
Hofer, Paul: Die Wallfahrtskapelle zu Oberbüren, in: NBTb 1904, S. 102–122.

Hofer, 1908
Hofer, Paul: Der Bruderschaftsrodel der Kapelle von Oberbüren, in: AHVB 18, 1908, S. 362–453.

Hofer, 1943
Hofer, Paul: Die Hermannwerkstatt im Berner Rathaus, Beilage zu: Gesellschaft für Schweizerische Kunstgeschichte. Jahresbericht über das Jahr 1942, Bern 1943.

Hofer, 1953
Hofer, Paul: Die Wehrbauten Berns. Burg Nydegg und Stadtbefestigungen vom 12. bis zum 13. Jahrhundert, Bern 1953.

Hofer, 1959/60
Hofer, Paul: Über drei neuentdeckte Sodbrunnen in der Berner Altstadt, in: Jb BHM 39/40, 1959/60, S. 125–135.

Hofer, 1965
Hofer, Paul: Die Gasthöfe in der Stadt Bern, unveröffentlichtes Manuskript im Amt für Denkmalpflege des Kantons Bern, Bern 1965.

Hofer, 1970
Hofer, Paul: Baumeister im alten Bern (Berner Jb. 1970), Bern 1970.

Hofer, 1978
Hofer, Paul: Bern, Rathaus, Skulpturenschmuck. Diaspora der letzten Prager Parlerwerkstatt 1410–1414, in: Parler I, S. 308–311.

Hofer, 1983
Hofer, Paul: Der Zeitglockenturm in Stadtbild und Stadtgeschichte, in: Zytglogge, 1983, S. 15–25.

Hofer/Bellwald, 1972
Hofer, Paul/Bellwald, Ueli: Die Grabungen auf dem Bubenbergplatz 1970 bis 1972, in: BZGH 1972, S. 101–132.

Hofer/Meyer, 1991
Hofer, Paul/Meyer, Hans Jakob: Die Burg Nydegg. Forschungen zur frühen Geschichte von Bern (Schriften der Historisch-Antiquarischen Kommission der Stadt Bern 5), Bern 1991.

Hoffmann/Dietrich, 1985
Hoffmann, Detlef/Dietrich, M.: Gemalte Spielkarten, 1985.

Hofmeister, 1931
Hofmeister, Philipp: Das Gotteshaus als Begräbnisstätte, in: Archiv für katholisches Kirchenrecht, mit besonderer Rücksicht auf die Länder deutscher Zunge, 111. Bd., 4. Folge, 19. Bd., 1931, S. 450–487.

Holenstein, 1990a
Holenstein, André: Obrigkeit und Untertanen. Zur Geschichte der Untertanenhuldigung im bernischen Territorium (15.–18. Jahrhundert), in: Endres, Rudolf (Hg.): Nürnberg und Bern, Zwei Reichsstädte und ihre Landgebiete (Erlanger Forschungen A 46), Erlangen 1990, S. 261–282.

Holenstein, 1990b
Holenstein, André: Konsens und Widerstand. Städtische Obrigkeit und landschaftliche Partizipation im städtischen Territorium Bern (15.–16. Jahrhundert), in: Parliaments, Estates & Representation 10, 1990, S. 3–27.

Holenstein, 1991
Holenstein, André: Die Huldigung der Untertanen. Rechtskultur und Herrschaftsordnung (800–1800) (Quellen und Forschungen zur Agrargeschichte 36), Stuttgart/New York 1991.

Holenstein, 1998
Holenstein, André: «Vermeintliche Freiheiten und Gerechtigkeiten». Struktur- und Kompetenzkonflikte zwischen lokalem Recht und obrigkeitlicher «Policey» im bernischen Territorium des 16./17. Jahrhunderts, in: Gemeinde, Reformation, Widerstand. Festschrift für Peter Blickle, hg. von Heinrich R. Schmidt, André Holenstein und Andreas Würgler, Tübingen 1998, S. 69–84.

Homburger
Homburger, Otto: maschinenschriftliche Notizen, Burgerbibliothek Bern.

Horaz, 1990
Horaz [Quintus Horatius Flaccus]: Werke in einem Band, übersetzt von Manfred Simon, «Das Buch der Dichtkunst» übersetzt von Wolfgang Ritschel (Bibliothek der Antike, Römische Reihe), 3. Aufl., Berlin (Ost)/Weimar 1990.

Horský, 1967
Horský, Zdenek: Astronomy and the Art of Clockmaking in the Fourteenth, Fifteenth and Sixteenth Centuries, in: Vistas in Astronomy 9, 1967, S. 25–34.

Howald, 1874
Howald, Karl: Die Gesellschaft zu Schiffleuten, in: BTb 23, 1874, S. 265–328.

Howald, 1877
Howald, Karl (Hg.): Dr. Thüring Fricker's Aufzeichnungen über bernische Finanzen und Bauten, in: AHVB 9, 1877, S. 200–208.

Huber, 1997
Huber, Josef: «Enthöptung Joannis mit blitz und tonder». Aspekte der Landschaftsdarstellung in der Malerei Niklaus Manuel Deutschs (1484–1530), unveröffentlichte Lizentiatsarbeit, Bern, 1997.

Hugelshofer, 1979
Hugelshofer, Walter: Überlegungen zu Niklaus Manuel, in: Kat. Niklaus Manuel Deutsch, 1979, S. 51–66.

Huggler, 1979
Huggler, Max: Niklaus Manuel und die Reformatoren, in: Kat. Niklaus Manuel Deutsch, 1979, S. 100–113.

Huth, 1967
Huth, Hans: Künstler und Werkstatt der Spätgotik, 2. Aufl., Darmstadt 1967.

Illi, 1992
Illi, Martin: Wohin die Toten gingen. Begräbnis und Kirchhof in der vorindustriellen Stadt, Zürich 1992.

Illi, 1994
Illi, Martin: Begräbnis, Verdammung und Erlösung. Das Fegefeuer im Spiegel der Bestattungsriten, in: Kat. Himmel, Hölle, Fegefeuer, 1994, S. 59–68.

Im Hof, 1979
Im Hof, Ulrich: Niklaus Manuel als Politiker und Förderer der Reformation, in: Kat. Niklaus Manuel Deutsch, 1979, S. 92–99.

Im Hof, 1980
Im Hof, Ulrich: Niklaus Manuel und die reformatorische Götzenzerstörung, in: ZAK 37, 1980, S. 297–300.

Im Hof, 1987
Im Hof, Ulrich: Geschichte der Schweiz, 4. Aufl., Stuttgart 1987.

Im Hof, 1994
Im Hof, Ulrich: Die bernische Gesellschaft des 18. Jahrhunderts und ihre Bauten, in: «währschafft, nuzlich und schön». Bernische Architekturzeichnungen des 18. Jahrhunderts, Ausstellungskatalog, Bern, Historisches Museum, hg. von Thomas Lörtscher, Bern 1994, S. 11–15.

Im Zeichen der Nelke, 1996
Im Zeichen der Nelke. Maler und ihre Bilder um 1500, Broschüre zur Ausstellung, von Urs Graf u. a., Basel 1996.

Internationale Gotik, 1990
Internationale Gotik in Mitteleuropa, hg. von Götz Pochat und Brigitte Wagner (Kunsthistorisches Jb. Graz 24), Graz 1990.

Isaacs, 1996
Isaacs, Ann Katherine/Prak, Maarten: Cities, Bourgeoises, and States, in: Power Elites and State Building, hg. von Wolfgang Reinhard, Oxford 1996, S. 207–234.

Ischer, 1945
Ischer, Theophil: Die ältesten Karten der Schweiz, Bern 1945.

Isenmann, 1988
Isenmann, Eberhard: Die deutsche Stadt im Spätmittelalter 1250–1500. Stadtgestalt, Recht, Stadtregiment, Kirche, Gesellschaft, Wirtschaft, Stuttgart 1988.

Jenny, 1982
Jenny, Hans (Begründer): Kunstführer durch die Schweiz, Bd. 3: Basel-Landschaft, Basel-Stadt, Bern, Freiburg, Jura, Solothurn, hg. von Alfred A. Schmidt, Wabern 1982.

Jezler, 1988
Jezler, Peter: Der spätgotische Kirchenbau in der Zürcher Landschaft. Die Geschichte eines «Baubooms» am Ende des Mittelalters. Festschrift zum Jubiläum «500 Jahre Kirche Pfäffikon», Wetzikon 1988.

Jezler, 1990
Jezler, Peter: Etappen des Zürcher Bildersturms. Ein Beitrag zur soziologischen Differenzierung ikonoklastischer Vorgänge in der Reformation, in: Scribner, 1990, S. 143–174.

Jezler, 1991
Jezler, Peter: Spätmittelalterliche Frömmigkeit und reformatorischer Bildersturm. «Und zuletzt hand sie nach vil und langem Muetwillen alle Bilder verbrennt», in: Bernhard Schreiber (Hg.): Alltag in der Schweiz seit 1300, Zürich 1991, S. 86–99.

Jezler, 1994
Jezler, Peter: Jenseitsmodelle und Jenseitsvorsorge – Eine Einführung, in: Kat. Himmel, Hölle, Fegefeuer, 1994, S. 13–26.

Jezler/Göttler, 1984
Jezler, Peter/Jezler, Elke/Göttler, Christine: Warum ein Bilderstreit? Der Kampf gegen die «Götzen» in Zürich als Beispiel, in: Altendorf/Jezler, 1984, S. 83–102.

Jordan/von Steiger, 1986
Jordan, Peter/von Steiger, Christoph: Die Gesellschaften und Zünfte, in: Die Burgergemeinde Bern. Gegenwart und Geschichte, Bern 1986, S. 119–154.

Jörger, 1975
Jörger, Albert: Der Miniaturist des Breviers des Jost von Silenen, Diss. Freiburg i.Ü. 1975.

Jungmann, 1952
Jungmann, Josef: Missarum Sollemnia. Eine genetische Erklärung der römischen Messe, Bd. I, Wien 1952.

Justinger, 1871
Die Berner Chronik des Conrad Justinger, hg. von Gottlieb Studer, Bern 1871.

Jütte, 1991
Jütte, Robert: Das Stadtviertel als Problem und Gegenstand der frühneuzeitlichen Stadtgeschichtsforschung, in: Blätter für deutsche Landesgeschichte 127, 1991, S. 235–269.

Kadauke, 1987
Kadauke, Bruno: Die Marienkirche in Reutlingen aus kunsthistorischer Sicht, Reutlingen 1987.

Kaemmerer, 1963
Deutsche Reichstagsakten unter Kaiser Friedrich III. Dritte Abt., hg. von W. Kaemmerer, Göttingen 1963.

Kaeppeli, 1975
Kaeppeli, Thomas OP: Scriptores Ordinis Praedicatorum Medii Aevi II, Rom 1975.

Kägi, 1972
Kägi, Ursula: Die Aufnahme der Reformation in den ostschweizerischen Untertanengebieten. Der Weg Zürichs zu einem obrigkeitlichen Kirchenregiment bis zum Frühjahr 1529, Diss. Zürich 1972.

Kaiser, 1983
Kaiser, Gert: Der tanzende Tod, Frankfurt 1983.

Kaiser, 1991
Kaiser, Peter: Die «Spiezer» Chronik des Diebold Schilling als Quelle für die historische Realienkunde, in: Schilling, 1991, S. 73–134.

Kamber, 1997
Kamber, Peter: Der Ittinger Sturm. Eine historische Reportage. Wie und warum die aufständischen Bauern im Sommer 1524 die Kartause Ittingen besetzten und in Brand steckten (Ittinger Schriftenreihe 6), Romanshorn 1997.

Kamber, 1998
Kamber, Peter: Reformation als bäuerliche Revolution. Bildersturm, Klosterbesetzungen und Kampf gegen die Leibeigenschaft in Zürich zur Zeit der Reformation (1522–1525), Zürich 1998.

Kamber/Keller, 1996
Kamber, Pia/Keller, Christine: Das Fundmaterial im Spiegel der häuslichen Sachkultur, in: Kat. Fundgruben, 1996, S. 49–68.

Kammeier-Nebel, 1986
Kammeier-Nebel, Andrea: Wenn eine Frau Kräutertränke zu sich genommen hat, um nicht zu empfangen... Geburtenbeschränkung im frühen Mittelalter, in: Mensch und Umwelt im Mittelalter, hg. von Bernd Hermann, Stuttgart 1986, S. 65–73.

Kasser, 1891
Kasser, Herrmann: Die Kirche und ehemalige Deutschordenskommende Köniz, in: Bernerheim. Beilage zum Berner Tagblatt 1891, Nr. 16–20.

Kat. Beau Martin, 1991
Le Beau Martin. Gravures et dessins de Martin Schongauer (vers 1450–1491), Ausstellungskatalog, Colmar, Musée d'Unterlinden, Colmar 1991.

Kat. Burgunderbeute, 1969
Die Burgunderbeute und Werke burgundischer Hofkunst, Ausstellungskatalog, Bern, Historisches Museum, Bern 1969.

Kat. Chorfenster, 1971
Chorfenster der Stadtkirche Biel, Ausstellungskatalog, Biel 1971.

Kat. Fundgruben, 1996
Fundgruben, Ausstellungskatalog (Untertitel der Ausstellung: Stille Örtchen ausgeschöpft), Basel, Historisches Museum, Barfüsserkirche, Buch- und Ausstellungskonzeption: Pia Kamber und Christine Keller, Basel 1996.

Kat. Handschriften I–III
Katalog der datierten Handschriften in der Schweiz in lateinischer Schrift vom Anfang des Mittelalters bis 1550, 3 Bde., hg. von Max Burckhardt u. a., Dietikon-Zürich 1977–1991.

Kat. Hausbuchmeister, 1985
Vom Leben im späten Mittelalter. Der Hausbuchmeister oder Meister des Amsterdamer Kabinetts, Ausstellungskatalog, Amsterdam, Rijksmuseum/Frankfurt a. M., Städtische Galerie im Städelschen Kunstinstitut, Amsterdam/Frankfurt a. M. 1985.

Kat. Himmel, Hölle, Fegefeuer, 1994
Himmel, Hölle, Fegefeuer. Das Jenseits im Mittelalter, Ausstellungskatalog, Zürich, Schweizerisches Landesmuseum, Katalog von Peter Jezler, Zürich 1994.

Kat. Kunst der Reformationszeit, 1983
Kunst der Reformationszeit, Ausstellungskatalog, Berlin (Ost), Staatliche Museen, Altes Museum, Berlin (West) 1983.

Kat. Meister ES, 1986
Meister ES [E.S.]. Ein oberrheinischer Kupferstecher der Spätgotik, Ausstellungskatalog, München, Staatliche Graphische Sammlung/Berlin, Staatliche Museen, Preussischer Kulturbesitz, Kupferstichkabinett, bearbeitet von Holm Bevers, München 1986.

Kat. Meisterwerke massenhaft, 1993
Meisterwerke massenhaft. Die Bildhauerwerkstatt des Niklaus Weckmann und die Malerei in Ulm um 1500, Ausstellungskatalog, Stuttgart, Baden-Württembergisches Landesmuseum, Katalogkonzeption: Heribert Meurer, Stuttgart 1993.

Kat. Mittelalterliche Kunst in Baden, 1949
Mittelalterliche Kunst in Baden, veranstaltet für den Wiederaufbau der Evangelischen Stadtkirche in Karlsruhe, Ausstellungskatalog, Karlsruhe 1949.

Kat. Niklaus Manuel Deutsch, 1979
Niklaus Manuel Deutsch. Maler, Dichter, Staatsmann, Ausstellungskatalog, Bern, Kunstmuseum, redigiert von Cäsar Menz und Hugo Wagner, Bern 1979.

Kat. Schongauer, 1991
Le Beau Martin. Gravures et dessins de Martin Schongauer (vers 1450–1491), Ausstellungskatalog, Colmar, Musée d'Unterlinden, Colmar 1991.

Kat. Sevilla, 1992
Weltausstellung Sevilla 1992, Thematischer Pavillon, 15. Jahrhundert, hg. von Paúl Rispa, Sevilla 1992.

Kat. Spätgotik am Oberrhein, 1970
Spätgotik am Oberrhein. Meisterwerke der Plastik und des Kunsthandwerks 1450–1530, Ausstellungskatalog, Schloss Karlsruhe, Gesamtgestaltung und Vorwort von Ernst Petrasch, 2. durchgesehene Aufl., Karlsruhe 1970.

Kat. Stadtluft, Hirsebrei und Bettelmönch, 1992
Stadtluft, Hirsebrei und Bettelmönch. Die Stadt um 1300, Ausstellungskatalog, Zürich, Hof des Schweizerischen Landesmuseums/Stuttgart, Haus der Wirtschaft, hg. von Marianne und Niklaus Flüeler, Stuttgart 1992.

Kat. Wallfahrt, 1984
Wallfahrt kennt keine Grenzen. Themen zu einer Ausstellung des Bayerischen Nationalmuseums und des Adalbert Stifter Vereins, Ausstellungskatalog, München, Bayerisches Nationalmuseum, hg. von Lenz Kriss-Rettenbeck und Gerda Möhler, München/Zürich 1984.

Kat. Wiedertäufer, 1982
Die Wiedertäufer in Münster, Ausstellungskatalog, Münster, Stadtmuseum, hg. von Hans Galen, Münster 1982.

Kdm AG, 3, 1954
Die Kunstdenkmäler des Kantons Aargau, Bd. 3: Das Kloster Königsfelden, von Emil Maurer, Basel 1954.

Kdm BE, 1, 1952
Die Kunstdenkmäler des Kantons Bern, Bd. 1: Die Stadt Bern, von Paul Hofer, Basel 1952.

Kdm BE, 2, 1959
Die Kunstdenkmäler des Kantons Bern, Bd. 2: Gesellschaftshäuser und Wohnbauten, von Paul Hofer, Basel 1959.

Kdm BE, 3, 1947/(Kdm BE, 3, 1947/1982)
Die Kunstdenkmäler des Kantons Bern, Bd. 3: Die Staatsbauten der Stadt Bern, von Paul Hofer, Basel 1947 (Nachdruck mit Nachträgen von Georges Herzog [S. 469–495], Basel 1982).

Kdm BE, 4, 1960
Die Kunstdenkmäler des Kantons Bern, Bd. 4: Das Berner Münster, von Luc Mojon, Basel 1960.

Kdm BE, 5, 1969
Die Kunstdenkmäler des Kantons Bern, Bd. 5: Die Kirchen der Stadt Bern, von Paul Hofer und Luc Mojon, Basel 1969.

Kdm BE, Land 1, 1985
Die Kunstdenkmäler des Kantons Bern. Land, Bd. 1: Die Stadt Burgdorf, von Jürg Schweizer, Basel 1985.

Kdm BE, Land 2, 1998
Die Kunstdenkmäler des Kantons Bern, Land, Bd. 2: Der Amtsbezirk Erlach, der Amtsbezirk Nidau, 1. Teil, von Andreas Moser, Basel 1998.

Kdm FR, 1, 1964
Les monuments d'art et d'histoire du canton de Fribourg, T. 1: La ville de Fribourg. Introduction, plan de la ville, fortifications (...), par Marcel Strub, Bâle 1964.

Kdm FR, 2, 1956
Les monuments d'art et d'histoire du canton de Fribourg, T. 2: La ville de Fribourg. Les monuments religieux (Partie 1), par Marcel Strub, Bâle 1956.

Kdm FR, 3, 1959
Les monuments d'art et d'histoire du canton de Fribourg, T. 3: La ville de Fribourg. Les monuments religieux (Partie 2), par Marcel Strub, Bâle 1959.

Kdm SH, 1, 1951
Die Kunstdenkmäler des Kantons Schaffhausen, Bd. 1: Die Stadt Schaffhausen, von Reinhard Frauenfelder, Basel 1951.

Keck, 1993
Keck, Gabriele: Ein Kachelofen der Manesse-Zeit. Ofenkeramik aus der Gestelnburg/Wallis, in: ZAK 50, 1993, S. 321–356.

Kehrer, 1908
Kehrer, H.: Die Heiligen Drei Könige in Literatur und Kunst, Bd. 1, Leipzig 1908.

Keil/Johanek, 1995
Keil, Gundolf/Johanek, Peter: Türst, Konrad, in: Verfasserlexikon 9, 1995, Sp. 1170–1174.

Kellenbenz, 1977
Kellenbenz, Hermann: Deutsche Wirtschaftsgeschichte, Bd. 1, München 1977.

Keller, 1937
Keller, Hans Gustav: König Sigmunds Besuch in Bern 1414, Thun 1937.

Keller, 1946
Keller, Hans Gustav: Einigen. Die Geschichte einer bernischen Dorfkirche im Rahmen der allgemeinen geschichtlichen Entwicklung, Thun 1946.

Kelter, 1953
Kelter, Ernst: Das deutsche Wirtschaftsleben des 14. und 15. Jahrhunderts im Schatten der Pestepidemien, in: Jahrbücher für Nationalökonomie und Statistik 165, 1953, S. 183–195.

Kettler, 1996
Kettler, Wilfried: Die Inschriften am Hauptportal des Berner Münsters, in: Epigraphie et Iconographie. Actes du colloque tenu à Poitiers, 5–8 octobre 1995, sous la direction de Robert Favreau (Civilisation médiévale 2), Poitiers 1996, S. 111–124.

Keyser. 1965
Keyser, Erich: Die Pest in Deutschland und ihre Erforschung, in: Actes du Colloque International de Démographie Historique, hg. von Paul Harsin und Etienne Hélin, Liège 1965, S. 369–377.

KFS III
Kunstführer durch die Schweiz, Bd. 3: Basel-Landschaft, Basel-Stadt, Bern, Freiburg, Jura, Solothurn, hg. von Alfred A. Schmidt, Wabern 1982.

Kiessling, 1977
Kiessling, Rolf: Stadt-Land-Beziehungen im Spätmittelalter. Überlegungen zur Problemstellung und Methode anhand neuerer Arbeiten vorwiegend zu süddeutschen Beispielen, in: Zeitschrift für bayerische Landesgeschichte 40, 1977, S. 829–867.

Kiessling, 1986
Kiessling, Rolf: Das Umlandgefüge ostschwäbischer Städte vom 14. bis zur Mitte des 16. Jahrhunderts, in: Städtisches Um- und Hinterland in vorindustrieller Zeit, hg. von Hans K. Schulze Köln/Wien 1986, S. 33–60.

Kiessling, 1989
Kiessling, Rolf: Die Stadt und ihr Land. Umlandpolitik, Bürgerbesitz und Wirtschaftsgefüge in Ostschwaben vom 14. bis ins 16. Jahrhundert (Städteforschung, Reihe A: Darstellungen 29), Köln/Wien 1989.

King/Milburn, 1978
King, Henry C., in collaboration with John R. Milburn: Geared to the Stars. The Evolution of Planetariums, Orreries and Astronomical Clocks, Bristol/Toronto 1978.

Kintzinger, 1996
Kintzinger, Martin: Scholaster und Schulmeister. Funktionsfelder der Wissensvermittlung im späten Mittelalter, in: Gelehrte im Reich. Zur Sozial- und Wirkungsgeschichte akademischer Eliten des 14. bis 16. Jahrhunderts, hg. von Rainer C. Schwinges (ZHF Beihefte 18), Berlin 1996, S. 349–374.

Kirchner, 1956
Kirchner, Gero: Probleme der spätmittelalterlichen Klostergrundherrschaft in Bayern. Landflucht und bäuerliches Erbrecht, in: Zeitschrift für Bayerische Landesgeschichte 19, 1956, S. 2–94.

Kissling, 1975
Kissling, Hermann: Das Münster in Schwäbisch Gmünd, Schwäbisch Gmünd 1975.

Klauser, 1965
Klauser, Theodor: Kleine abendländische Liturgiegeschichte, Bonn 1965.

Kletzl, 1938/39
Kletzl, Otto: Ein Werkriss des Frauenhauses von Strassburg, in: Marburger Jb. für Kunstwissenschaft 11/12, 1938/39, S. 103–158.

Kmetz, 1984
Kmetz, John: Da Jacob nun das Kleid ansah and Zurich Zentralbibliothek T 410–413. A Well-known Motet in a Little.known 16th.century Manuscript, in: Schweizer Jb. für Musikwissenschaft 4, 1984, S. 63–79.

Kmetz, 1988
Die Handschriften der Universitätsbibliothek Basel. Katalog der Musikhandschriften des 16. Jahrhunderts, hg. von John Kmetz, Basel 1988.

Kmetz, 1994
Kmetz, John: The Piperinus-Amerbach partbooks: Six Months of Music Lessons in Renaissance Basle, in: Music in the German Renaissance, Sources, Styles and Contexts, hg. von John Kmetz, Cambridge 1994, S. 215–234.

Kmetz, 1995
Kmetz, John: The Sixteenth-Century Basel Songbooks. Origins, Contents, Contexts (Publikationen der Schweizerischen Musikforschenden Gesellschaft, Serie II, Bd. 35), Bern/Stuttgart/Wien 1995.

Koch, 1991
Koch, Bruno: Aufstieg durch Solddienst. Die Auszugsrödel aus den Archiven Bern, Biel und Solothurn als prosopographische Quelle zu den Mailänderkriegen, unveröffentlichte Lizentiatsarbeit, Historisches Institut der Universität Bern 1991.

Koch, 1996
Koch, Bruno: Kronenfresser und deutsche Franzosen. Zur Sozialgeschichte der Reisläuferei aus Bern, Solothurn und Biel zur Zeit der Mailänderkriege, in: SZG 46, 1996, S. 151–184.

Koch, 1997
Koch, Bruno: Integration von Neubürgern in die Städte des späten Mittelalters, in: Migration und Integration. Aufnahme und Eingliederung im historischen Wandel, hg. von Mathias Beer, Martin Kintzinger u. a. (Stuttgarter Beiträge zur historischen Migrationsforschung 3), Stuttgart 1997, S. 75–87.

Koegler, 1930
Koegler, Hans: Beschreibendes Verzeichnis der Basler Handzeichnungen des Niklaus Manuel Deutsch, nebst einem Katalog der Basler Niklaus Manuel-Ausstellung im Kupferstichkabinett Basel, Basel 1930.

Koenig, 1995
Koenig, Franz Eugen/Labrot, Jacques: Découverte d'un méreau «talisman» de protection près de Berne, in: BRJM 27, 1995, S. 3–5.

Koepf, 1969
Koepf, Hans: Die gotischen Planrisse der Wiener Sammlungen, Wien/Köln/Graz 1969.

Konrad, 1993
Konrad, Bernd: Rosgartenmuseum Konstanz. Die Kunstwerke des Mittelalters, Bestandskatalog, Konstanz 1993.

Kopp, 1969/1972
Kopp, Peter F[erdinand]: Schweizerische Ratsaltertümer. Bewegliche Rathaus-Ausstattung von den Anfängen bis zum Untergang der alten Eidgenossenschaft, Diss. Zürich 1969, Teildruck Zürich 1972.

Koreny, 1974
Koreny, Fritz: Spielkarten – ihre Kunst und Geschichte in Mitteleuropa, Führer durch die Graphische Sammlung Albertina, Wien, Wien 1974.

Körner, 1980
Körner, Martin: Der Einfluss der europäischen Kriege auf die Struktur der schweizerischen Finanzen im 16. Jahrhundert, in: Krieg, Militärausgaben und wirtschaftlicher Wandel. Akten des 7th International Economic History Congress Edinburgh 1978, hg. von Othmar Pickl, Graz 1980, S. 37–45.

Körner, 1981
Körner, Martin: Luzerner Staatsfinanzen 1415–1798. Struktur, Wachstum, Konjunkturen (Luzerner Historische Veröffentlichungen 13), Luzern/Stuttgart 1981.

Körner, 1992
Körner, Martin: Bilder als «Zeichen Gottes». Bilderverehrung und Bildersturm in der Reformation, in: Reformiertes Erbe. Festschrift für Gottfried W. Locher zu seinem 80. Geburtstag, Bd. 1, hg. von Heiko A. Oberman, Ernst Saxer, Alfred Schindler u. a. (Zwingliana 19, Teil 1), Zürich 1992, S. 233–244.

Kostenzer, 1970
Kostenzer, Otto. Die Leibärzte Kaiser Maximilians I. in Innsbruck, in: Veröffentlichungen des Tiroler Landesmuseums Ferdinandeum 50, 1970, S. 73–111.

Kötting, 1965
Kötting, Bernhard: Der frühchristliche Reliquienkult und die Bestattung im Kirchengebäude, Köln/Opladen 1965.

Krause, 1998
Krause, Katharina: Hans Holbein d.Ä. und Hans Burgkmair – Alternativen in der Augsburger Malerei um 1500, in: ZAK 55, 1998, S. 111–122.

Kretschmer, 1986
Kretschmer, Ingrid: Johannes Stabius, in: Lexikon zur Geschichte der Kartographie von den Anfängen bis zum ersten Weltkrieg, bearbeitet von Ingrid Kretschmer, Johannes Dörflinger und Franz Wawrik, Bd. 2, Wien 1986, S. 765–766.

Krieger, 1994
Krieger, Karl-Friedrich: Die Habsburger im Mittelalter. Von Rudolf I. bis Friedrich III., Stuttgart 1994.

Kühnel, 1992
Kühnel, Harry: Bildwörterbuch der Kleidung und Rüstung, Stuttgart 1992.

Kurmann, 1978
Kurmann, Peter: Flandern und Brabant, in: Die Parler und der Schöne Stil 1350–1400, Bd. 1, Ausstellungskatalog, Köln, Kunsthalle, hg. von Anton Legner, Köln 1978, S. 73–78.

Kurmann, 1979/80
Kurmann, Peter: Köln und Orléans, in: Kölner Domblatt 44/45, 1979/80, S. 255–278.

Kurmann, 1998
Kurmann, Peter: Die kirchliche Baukunst der Spätgotik in Frankreich und den Niederlanden, in: Die Kunst der Gotik, hg. von Rolf Toman, Köln 1998, S. 156–187.

Kurmann/Kurmann-Schwarz, 1985
Kurmann, Peter/Kurmann-Schwarz, Brigitte: St. Martin zu Landshut, Landshut 1985.

Kurmann/Kurmann-Schwarz, 1989
Kurmann, Peter/Kurmann-Schwarz, Brigitte: Die Architektur und die frühe Glasmalerei des Berner Münsters in ihrem Verhältnis zu elsässischen Vorbildern, in: Bau und Bildkunst im Spiegel internationaler Forschung. Festschrift Edgar Lehmann, Berlin (Ost) 1989, S. 194–209.

Kurmann-Schwarz, 1988 (1991)
Kurmann-Schwarz, Brigitte, Les vitraux de la cathédrale de Moulins, in: Congrès archéologique de France 146, 1988: Bourbonnais (erschienen Paris, 1991), S. 21–49.

Kurmann-Schwarz, 1992
Kurmann-Schwarz, Brigitte: Das 10 000-Ritter-Fenster im Berner Münster und seine Auftraggeber. Überlegungen zu den Schrift- und Bildquellen sowie zum Kult der Heiligen in Bern, in: ZAK 49, 1992, S. 39–54.

Kurmann-Schwarz, 1995
Kurmann-Schwarz, Brigitte: Le vitrail des Rois Mages dans l'ancienne collégiale de Berne et ses commanditaires, in: Revue de l'Art 107, 1995, S. 9–16.

Kurmann-Schwarz, 1998
Kurmann-Schwarz, Brigitte: Die Glasmalereien des 15. bis 18. Jahrhunderts im Berner Münster (Corpus Vitrearum Medii Aevi, Schweiz, Bd. 4), Bern 1998.

Kurz, 1969
Kurz, Hans Rudolf: Die Schlachten der Burgunderkriege, in: Kat. Burgunderbeute, 1969, S. 23–30.

Kurz/Lerch, 1970
Kurz, Gottlieb/Lerch, Christian: Geschichte der Landschaft Hasli, bearbeitet von Andreas Würgler, Meiringen 1970.

Labrot, 1986
Labrot, Jacques: Jetons et méreaux du Moyen Age, in: Archeologia. Fouilles et découvertes 212, 1986, S. 48–56.

Labrot, 1988a
Labrot, Jacques: Découvertes, in: BRJM 5, 1988, S. 9–15.

Labrot, 1988b
Labrot, Jacques: Découvertes, in: BRJM 6, 1988, S. 9–11.

Labrot, 1989a
Labrot, Jacques: Une histoire économique et populaire du Moyen Age. Les jetons et les méreaux, Paris 1989.

Labrot, 1989b
Labrot, Jacques: Découvertes, in: BRJM 7, 1989, S. 9–12.

Labrot, 1989c
Labrot, Jacques: Découvertes, in: BRJM 9, 1989, S. 9–13.

Labrot, 1990a
Labrot, Jacques: Découvertes, in: BRJM 10, 1990, S. 9–14.

Labrot, 1990b
Labrot, Jacques: Découverte de deux valves de moules à méreaux, in: BRJM 12, 1990, S. 18.

Labrot, 1991a
Labrot, Jacques: Découvertes, in: BRJM 13, 1991, S. 9–12.

Labrot, 1991b
Labrot, Jacques: Découverte d'un nouveau moule à méreaux, in: BRJM 13, 1991, S. 14.

Labrot, 1991c
Labrot, Jacques: Découvertes, in: BRJM 14, 1991, S. 9–13.

Labrot, 1994
Labrot, Jacques: Quelques méreaux relatifs à des églises de la région de Sens, in: BRJM 22, 1994, S. 7–8 und 13–14.

Labrot, 1995
Labrot, Jacques: Découvertes, in: BRJM 25, 1995, S. 4–5.

Labrot, 1996
Labrot, Jacques: Découvertes, in: BRJM 28, 1996, S. 9–11.

Ladner, 1985
Ladner, Pascal: Diebold Schilling. Leben und Werk, in: Schilling, 1985, S. 1–8.

La Maison de campagne patricienne, 1992
La Maison de campagne patricienne. Communications faites au 17e colloque de l'Association Suisse des Historiens d'Art. Fribourg, 23–24 octobre 1992, in: ZAK 50, 1993, S. 1–116.

Lambrechts/Sosson, 1994
Lambrechts, Pascale/Sosson, Jean-Pierre (Hgg.): Les métiers au Moyen Age. Aspects économiques et sociaux, Louvain 1994.

Landwehr, 1967
Landwehr, Götz, Die Verpfändung der deutschen Reichsstädte im Mittelalter, Köln/Graz 1967.

Lanz/Berchtold, 1963
Lanz, Eduard/Berchtold, Hans: 500 Jahre Bieler Stadtkirche, Biel 1963.

Largiadèr, 1945
Largiadèr, Anton: Geschichte von Stadt und Landschaft Zürich, Bd. 1, Zürich 1945.

Largiadèr, 1949
Largiadèr, Anton. Schweizerisches Archivwesen. Ein Überblick, in: Festschrift zur Feier des 200-jährigen Bestandes des Haus-, Hof- und Staatsarchivs, hg. von Leo Santifaller, Bd. 1 (Mitteilungen des österreichischen Staatsarchivs, Ergänzungsbd. 2), Wien 1949, S. 23–53.

Lavater, 1980/81
Lavater, Hans Rudolf: Zwingli und Bern, in: Berner Reformation, 1980/81, S. 60–103.

Lavater, 1981
Lavater, Hans Rudolf: Regnum Christi etiam externum – Huldrych Zwinglis Brief vom 4. Mai 1528 an Ambrosius Blarer in Konstanz, in: Zwingliana 15, Heft 5, 1981, S. 338–381.

Lavater, 1995
Zwingli, Huldrych: Die beiden Berner Predigten. 1528, übersetzt von Hans Rudolf Lavater, in: Zwingli, Huldrych: Schriften, hg. von Thomas Brunnschweiler u. a., Bd. 4, Zürich 1995, S. 33–91.

LCI I–VIII
Lexikon der christlichen Ikonographie, 8 Bde., Rom/Freiburg/Basel/Wien 1968–1976.

Lecouteux, 1979
Lecouteux, Claude: Zur Entstehung der Melusinensage, in: Zeitschrift für deutsche Philologie 98, 1979, S. 73–84.

Lecouteux, 1982
Lecouteux, Claude: Mélusine et le chevalier au cygne. Préface de Jacques Le Goff, Paris 1982.

Lee, 1940
Lee, Rensselaer W.: The Humanistic Theory of Painting, in: Art Bulletin 22, 1940, S. 197–263.

Legenda Aurea, 1980
Die «Elsässische Legenda Aurea», Bd. 1: Das Normalcorpus, hg. von Ulla Williams und Werner Williams-Krapp, Tübingen 1980

Legner, 1995
Legner, Anton: Reliquien in Kunst und Kult zwischen Antike und Aufklärung, Darmstadt 1995.

Le Goff, 1977
Le Goff, Jacques: Zeit der Kirche und Zeit des Händlers im Mittelalter, in: Honegger, Claudia (Hg.): Schrift und Materie der Geschichte. Vorschläge zur systematischen Aneignung historischer Prozesse, Frankfurt a.M. 1977, S. 393–414.

Lehmann, 1906–1912
Lehmann, Hans: Zur Geschichte der Glasmalerei in der Schweiz (Mitteilungen der antiquarischen Gesellschaft in Zürich 26, Hefte 4–8), Zürich 1906–1912.

Lehmann, 1912–1916
Lehmann, Hans: Die Glasmalerei in Bern am Ende des 15. und Anfang des 16. Jahrhunderts, in: ASA, NF 14, 1912, S. 287–309; 15, 1913, S. 45–52, 100–117, 205–226, 321–346; 16, 1914, S. 41–57, 124–150, 207–233, 304–325; 17, 1915, S. 45–65, 136–159, 217–240, 305–329; 18, 1916, S. 54–74, 135–153, 225–243.

Lehmann, 1915
Lehmann, Hans: Die Kirche zu Jegensdorf und ihre Glasgemälde, Bern 1915.

Leiser, 1975
Leiser, Wolfgang: Territorien süddeutscher Reichsstädte. Ein Strukturvergleich, in: Zeitschrift für bayerische Landesgeschichte 38. 1975, S. 967–981.

Leiser, 1990
Leiser, Wolfgang: Das Landgebiet der Reichsstadt Nürnberg, in: Endres, Rudolf (Hg.): Nürnberg und Bern. Zwei Reichsstädte und ihre Landgebiete (Erlanger Forschungen A 46), Erlangen 1990, S. 227–260.

Leisibach, 1989a
Leisibach, Joseph: Konrad Blochinger, ein Walliser Kalligraph und Illuminist an der Wende des Mittelalters, in: Vallesia 44, 1989, S. 211–219.

Leisibach, 1989b
Leisibach, Joseph: Die Antiphonare des Berner Münsters St. Vinzenz. Eine nicht erhoffte Neuentdeckung, in: ZSKG 83, 1989, S. 177–200.

Leuzinger, 1998
Leuzinger, Jürg: Das Jahrzeitbuch des Zisterzienserinnenklosters Fraubrunnen. Eine sozialgeschichtliche Untersuchung, unveröffentlichte Lizentiatsarbeit, Bern 1998.

Levi d'Ancona, 1957
Levi d'Ancona, Mirella: The iconography of the immaculate conception in the middle ages and early renaissance (Monographs published by the College Art Association of America 7), 1957.

Lieb/Stange, 1960
Lieb, Norbert/Stange, Alfred: Hans Holbein der Ältere, München 1960.

Lindner, 1950
Lindner, Dominikus: Die Inkorporation im Bistum Regensburg während des Mittelalters, in: Zeitschrift der Savigny-Stiftung für Rechtsgeschichte, Kanonistische Abt. 36, 1950, S. 205–327.

Lindt, 1928
Lindt, K.: Der theologische Gehalt der Berner Disputation, in: Gedenkschrift zur Vierhundertjahrfeier der Bernischen Kirchenreformation, bearbeitet von Eduard Bähler u.a., Bd. 1, Bern 1928, S. 301–344.

Lindt, 1964
Lindt, Johann: The Paper Mills of Berne and their Watermarks 1465–1859 (with the German Original), at the Request of the Stadt- und Universitätsbibliothek at Berne (Monumenta chartae papyraceae historiam illustrantia 10), Hilversum 1964.

Liver, 1967
Liver, Peter: Rechtsgeschichtliche Betrachtungen zum Berner Twingherrenstreit 1469/70/71, in: Festgabe Hans von Greyerz zum sechzigsten Geburtstag, hg. von Ernst Walder u.a., Bern 1967, S. 235–256.

Loach, 1987
Loach, Donald Glenn: Aegidius Tschudi's Songbook (St. Gall MS 463): A Humanistic Document from the Circle of Heinrich Glarean, 2 Bde., Diss. Ann Arbor (Michigan), 1987.

Locher, 1973
Locher, Gottfried W.: Von der Standhaftigkeit. Zwinglis Schlusspredigt an der Berner Disputation als Beitrag zu seiner Ethik, in: Humanität und Glaube. Gedenkschrift für Kurt Guggisberg, hg. von Ulrich Neuenschwander und Rudolf Dellsperger, Bern/Stuttgart 1973, S. 29–41.

Locher, 1978
Locher, Gottfried W.: Die Berner Disputation 1528. Charakter, Verlauf, Bedeutung und theologischer Gehalt, in: Zwingliana 14, Heft 10, 1978, S. 542–564.

Locher, 1979
Locher, Gottfried W.: Die Zwinglische Reformation im Rahmen der europäischen Geistesgeschichte, Göttingen/Zürich 1979.

Locher, 1980/81a
Locher, Gottfried W.: Die Berner Disputation 1528, in: Berner Reformation, 1980/81, S. 138–155.

Locher, 1980/81b
Locher, Gottfried W.: Niklaus Manuel als Reformator, in: Berner Reformation, 1980/81, S. 383–404.

Locher, 1982
Locher, Gottfried W.: Zwingli und die schweizerische Reformation, Göttingen 1982.

Lohner, 1827
Lohner, C.: Missive aus der Zeit des alten Zürichkrieges, vom 13. Feb. 1437 bis 24. Dez. 1450, in: Der Schweizerische Geschichtsforscher 6, 1827, S. 330f.

LThK I ff.
Lexikon für Theologie und Kirche, 3. völlig neubearbeitete Aufl., Freiburg i.Br./Basel/Rom u.a. 1993ff.

Lubac I–IV
de Lubac, Henri: Exégèse médiévale. Les quatre sens de l'écriture, 4 Bde., Paris 1959–1964.

Luthers Werke
D. Martin Luthers Werke: Kritische Gesamtausgabe, Weimar 1933ff., fotomechanischer Nachdruck 1964ff.

Lütteken, 1993
Lütteken, Laurenz: Guillaume Dufay und die isorhythmische Motette. Gattungstradition und Werkcharakter an der Schwelle zur Neuzeit (Schriften zur Musikwissenschaft aus Münster 4), Hamburg/Eisenach 1993.

Maeder, 1974/75
Maeder, Kurt: Die Unruhe der Zürcher Landschaft nach Kappel (1531/32) oder Aspekte einer Herrschaftskrise, in: Zwingliana 14, Heft 2/3, 1974/75, S. 109–144.

Maeder, 1979
Maeder, Kurt: Die Bedeutung der Landschaft für den Verlauf des reformatorischen Prozesses in Zürich (1522–1532), in: Stadt und Kirche im 16. Jahrhundert, hg. von Bernd Moeller, Gütersloh 1979, S. 91–98.

Maeder, 1983
Maeder, Kurt: Bauernunruhen in der Eidgenossenschaft vom 15.–17. Jahrhundert, in: Aufstände, Revolten, Prozesse. Beiträge zu bäuerlichen Widerstandsbewegungen im frühneuzeitlichen Europa, hg. von Winfried Schulze, Stuttgart 1983, S. 76–88.

Mâle, 1922
Mâle, Emile: L'art religieux de la fin du moyen-âge en France, Paris 1922.

Mämpel, 1985
Mämpel, Uwe: Keramik. Von der Handform zum Industrieguss, Hamburg 1985.

Manhes-Deremble, 1993
Manhes-Deremble, Colette: Les vitraux narratifs de la cathédrale de Chartres. Étude iconographique (Corpus Vitrearum, France. Études 2) Paris 1993.

Manser, 1992
Manser, Jürg u.a.: Richtstätte und Wasenplatz in Emmenbrücke, Archäologische und historische Untersuchungen zur Geschichte von Strafrechtspflege und Tierhaltung in Luzern, 2 Bde. (Schweizer Beiträge zur Kulturgeschichte und Archäologie des Mittelalters 18 und 19), Basel 1992.

Manuel, 1878
Manuel, Niklaus: [Sämtliche Dichtungen], hg. von Jakob Baechtold (Bibliothek älterer Schriftwerke der deutschen Schweiz und ihres Grenzgebietes 2), Frauenfeld 1878.

Manuel, 1896
Dichtungen des Niclaus Manuel. Aus einer Handschrift der Hamburger Stadtbibliothek mitgeteilt durch Fritz Burg, in: NBTb 1897, S. 1–136.

Manuel, 1917
Manuel, Niklaus: Ein Rufer im Streit. Niklaus Manuels erste reformatorische Dichtungen, hg. von Ferdinand Vetter, Bern 1917.

Manuel, 1923
Manuel, Niklaus: Spiel evangelischer Freiheit. Die Totenfresser, «Vom Papst und seiner Priesterschaft». 1523, hg. und eingeleitet von Ferdinand Vetter (Die Schweiz im deutschen Geistesleben 16), Leipzig 1923.

Manuel, 1960
Manuel, Niklaus: «Der Ablaßkrämer». Genaue Textwiedergabe nach der Originalhandschrift des Dichters, hg. von Paul Zinsli (Altdeutsche Übungstexte 17), Bern 1960.

Manuel, 1999
Manuel, Niklaus: Werke und Briefe, vollständige Neuedition, hg. von Paul Zinsli und Thomas Hengartner, Bern 1999.

Marchal, 1977
Marchal, Guy P.: St. Vinzenz in Bern, in: Helvetia Sacra II/2, S. 151–161.

Marchal, 1982
Marchal, Guy P.: Das Stadtstift. Einige Überlegungen zu einem kirchengeschichtlichen Aspekt der vergleichenden Städtegeschichte, in: ZHF 9, 1982, S. 461–473.

Marchal, 1989
Marchal, Guy P.: De la «Passion du Christ» à la «Croix suisse», in: Itinera 9, 1989, S. 107–131.

Marchal, 1990
Marchal, Guy P.: Die «Alten Eidgenossen» im Wandel der Zeiten. Das Bild der frühen Eidgenossenschaft im Traditionsbewusstsein und in der Identitätsvorstellung der Schweizer vom 15. bis ins 20. Jahrhundert, in: Innerschweiz und frühe Eidgenossenschaft. Jubiläumsschrift 700 Jahre Eidgenossenschaft, redigiert von Hansjakob Achermann u. a., Bd. 2, Olten 1990, S. 309–406.

Marchal, 1991
Marchal, Guy P.: Die schweizerische Geschichtsforschung und die österreichische Herrschaft. Ergebnisse und Fragen, in: Rück, 1991, S. 15–36.

Marchal, 1992
Marchal, Guy P.: Gibt es eine kollegiatstiftische Wirtschaftsform? St. Peter in Basel, St. Vinzenz in Bern und St. Leodegar in Luzern im Vergleich, in: Elm, Kaspar (Hg.): Erwerbspolitik und Wirtschaftsweise mittelalterlicher Orden und Klöster (Berliner historische Studien 17, Ordensstudien VII), Berlin 1992, S. 9–29.

Marti, 1983
Marti, Markus: Das Uhrenwerk, in: Zytglogge, 1983, S. 56–67.

Marti, 1984
Marti, Markus: Wie funktioniert die astronomische Uhr am Zytglogge in Bern?, in: Orion. Zeitschrift der Schweizerischen Astronomischen Gesellschaft 42, 1984, S. 30–35.

Marti-Wehren, 1974 (1975)
Marti-Wehren, Robert: Aus der Geschichte der Kirche und des kirchlichen Lebens der Gemeinde Lauenen, in: Saaner Jb. 1974 (1975), S. 77–107.

Martin-Kilcher, 1995
Martin-Kilcher, Stefanie: Das römische Heiligtum von Thun-Allmendingen (Archäologische Führer der Schweiz 28), Bern 1995.

Martinet, 1918
Martinet, A.: Reisetagebuch des Rabbi Benjamin von Tudela, Berlin 1918.

Maschke, 1959
Maschke, Erich: Verfassung und soziale Kräfte in der deutschen Stadt des späten Mittelalters, vornehmlich in Oberdeutschland, in: VSWG 46, 1959, S. 289–349 und 433–476.

Maschke, 1967
Maschke, Erich: Die Unterschichten der mittelalterlichen Städte Deutschlands, in: Gesellschaftliche Unterschichten in den südwestdeutschen Städten, hg. von Erich Maschke und Jürgen Sydow (Veröffentlichungen der Kommission für geschichtliche Landeskunde in Baden-Württemberg, Reihe B: Darstellungen 41), Stuttgart 1967, S. 1–74.

Maschke, 1972
Maschke, Erich: Mittelschichten in deutschen Städten des Mittelalters, in: Städtische Mittelschichten, hg. von Erich Maschke und Jürgen Sydow (Veröffentlichungen der Kommission für geschichtliche Landeskunde in Baden-Württemberg, Reihe B: Forschungen 69), Stuttgart 1972, S. 1–31.

Maschke, 1980a
Maschke, Erich: Die Schichtung der mittelalterlichen Stadtbevölkerung Deutschlands als Problem der Forschung, in: Städte und Menschen, hg. von Erich Maschke, Wiesbaden 1980, S. 157–169.

Maschke, 1980b
Maschke, Erich: Soziale Gruppen in der deutschen Stadt des späten Mittelalters, in: Über Bürger, Stadt und städtische Literatur im Spätmittelalter, hg. von Josef Fleckenstein und Karl Stackmann (Abhandlungen der Akademie der Wissenschaften in Göttingen 121), Göttingen 1980, S. 127–145.

Maschke/Sydow, 1969
Maschke, Erich/Sydow, Jürgen (Hgg.): Stadterweiterung und Vorstadt (Veröffentlichungen der Kommission für geschichtliche Landeskunde in Baden-Württemberg, Reihe B: Forschungen 51), Stuttgart 1969.

Materielle Kultur, 1990
Materielle Kultur und religiöse Stiftung im Spätmittelalter. Internationales Round-Table-Gespräch Krems an der Donau, 26. September 1988, redigiert von Gerhard Jaritz (Veröffentlichungen des Instituts für mittelalterliche Realienkunde Österreichs 12, zugleich: Österreichische Akademie der Wissenschaften. Philosophisch-historische Klasse. Sitzungsberichte 554), Wien 1990.

Matile, 1975
Matile, Heinz: Zur Überlieferung des Berner Totentanzes von Niklaus Manuel, in: Jb BHM 51/52, Bern 1975, S. 271–284.

Matrikel Basel I–V
Die Matrikel der Universität Basel, hg. von Hans Georg Wackernagel, 5 Bde., Basel 1951–1980.

Matrikel Ingolstadt I–IX
Die Matrikel der Ludwig-Maximilians-Universität Ingolstadt–Landshut–München, hg. von Götz Freiherrn von Pölnitz, 9 Bde., München 1937–1986.

Matter, 1996
Matter, Annamaria: Keramik um 1300 aus der Brandschuttverfüllung eines Steinkellers in Winterthur – Marktgasse 54, in: Archäologie im Kanton Zürich 1993–1994 (Berichte der Kantonsarchäologie Zürich 13), Zürich/Egg 1996, S. 243–278.

Mattmüller, 1987
Mattmüller, Markus: Bevölkerungsgeschichte der Schweiz, Teil 1: Die Frühe Neuzeit 1500–1700, Bd. 1: Darstellung (Basler Beiträge zur Geschichtswissenschaft 154), Basel 1987.

Maurice I–II
Maurice, Klaus: Die deutsche Räderuhr. Zur Kunst und Technik des mechanischen Zeitmessers im deutschen Sprachraum, 2 Bde., München 1976.

Maync, 1979
Maync, Wolf: Bernische Wohnschlösser. Besitzesgeschichte, Bern 1979.

Meckseper, 1982
Meckseper, Cord: Kleine Kunstgeschichte der deutschen Stadt im Mittelalter, Darmstadt 1982.

Meersseman, 1975
Meersseman, Gilles Gérard: Zur Geschichte des Berner Dominikanerinnenklosters im 15. Jahrhundert, in: Archivum Fratrum Praedicatorum 45, 1975, S. 201–211.

Melzer, 1995
Melzer, Ulrike: Historische Formen der Wasserversorgung (Denkmalpflege und Forschung in Westfalen 28), Bonn 1995.

Menz/Wagner, 1979
Menz, Cäsar/Wagner, Hugo (Redaktion): Niklaus Manuel Deutsch. Maler, Dichter, Staatsmann. Ausstellungskatalog, Bern, Kunstmuseum, Bern 1979.

Merian, 1917
Merian, Wilhelm: Bonifacius Amerbach und Hans Kotter, in: Basler Zeitschrift für Geschichte und Altertumskunde 16, Heft 1, 1917, S. 140–206.

Merian, 1960
Merian, Matthaeus: Topographia Helvetiae. Faksimile der Ausgabe Frankfurt a.M. 1654, hg. von Lucas Heinrich Wüthrich, Kassel/Basel 1960.

Mertens, 1992
Mertens, Volker: Melusinen. Undinen. Variationen des Mythos vom 12. bis zum 20. Jahrhundert, in: Festschrift Walter Haug und Burghart Wachinger, hg. von Johannes Janota u. a., 2 Bde., Tübingen 1992, S. 201–231.

Mesqui, 1993
Mesqui, Jean: Châteaux et enceintes de la France médiévale. De la défense à la résidence, Bd. 2: La résidence et les éléments d'architecture, Paris 1993.

Messerli, 1995
Messerli, Jakob: Gleichmässig, pünktlich, schnell. Zeiteinteilung und Zeitgebrauch in der Schweiz im 19. Jahrhundert, Zürich 1995.

Messinger, 1941
Messinger, Eugen: Aus der Geschichte der Juden in der Stadt Bern. Faltblatt zum Jubiläum 1191–1941. 750 Jahre Bern, Bern 1941.

Meurer, 1991
Meurer, Heribert: Das Stuttgarter Kartenspiel. Württembergisches Landesmuseum Stuttgart, Stuttgart 1991.

Meuthen, 1996
Meuthen, Erich: Das 15. Jahrhundert, 3. Aufl., München 1996.

Meyer, 1930
Meyer, Emil (Hg.): Das Tellbuch der Stadt Bern aus dem Jahre 1494, in: AHVB 30, 1930, S. 147–224.

Meyer, 1948
Meyer, Emil: Vom Zollwesen im alten Bern, in: 100 Jahre Staat Bern im schweizerischen Bundesstaat 1848–1948, redigiert von Otto Jäggi, Worb 1948, S. 108–128.

Meyer, 1986
Meyer, Andreas: Zürich und Rom. Ordentliche Kollatur und päpstliche Provisionen am Frau- und Grossmünster 1316–1523 (Bibliothek des Deutschen Historischen Instituts in Rom 54), Tübingen 1986.

Meyer, 1995
Meyer, Ruth: Das «St. Katharinentaler Schwesternbuch». Untersuchung, Edition, Kommentar (Münchener Texte und Untersuchungen zur deutschen Literatur des Mittelalters 104), Tübingen 1995.

Meyer-Hofmann, 1968
Meyer-Hofmann, Werner: Burgenbruch und Adelspolitik im alten Bern, in: Discordia concors. Festgabe für Edgar Bonjour, hg. von Marc Sieber, Bd. 2, Basel/Stuttgart 1968, S. 317–337.

Meyer-Salzmann, 1989
Meyer-Salzmann, Marta: Frühe Medizin in der Schweiz von der Urzeit bis 1500, Aarau 1989.

Michalski, 1984
Michalski, Sergiusz: Aspekte der protestantischen Bilderfrage, in: Idea. Jb. der Hamburger Kunsthalle 2, 1984, S. 65–85.

Michalski, 1990
Michalski, Sergiusz: Die protestantischen Bilderstürme. Versuch einer Übersicht, in: Scribner, 1990, S. 69–124.

Michel, 1947
Michel, Henri: Traité de l'Astrolabe, Paris 1947.

Michel, 1961
Michel, Hans: Die Schultheissen von Burgdorf von 1384 bis 1798, in: Burgdorfer Jb. 28, 1961, S. 52–110.

Michel, 1966
Michel, Hans: Die Grenzziehung zwischen Bern und dem Fürstbistum Basel, in: AHVB 50, 1966, S. 57–402.

Michel, 1979
Michel, Hans: Buch der Talschaft Lauterbrunnen. 1240–1949, Kapitel XIV: Der Bergbau auf silberhaltigen Bleiglanz und Zinkerz im Talhintergrund, 4. Aufl., Interlaken 1979, S. 240–253.

Michel, 1988
Michel, Hans A.: Die Chronisten Bendicht Tschachtlan und Heinrich Dittlinger im bernischen Staatsdienst. Das politische und verfassungsrechtliche Umfeld Bendicht Tschachtlans und Heinrich Dittlingers, in: Tschachtlans Bilderchronik. Kommentar zur Faksimile-Ausgabe, hg. von Alfred A. Schmid, Luzern 1988, S. 27–67.

Millet, 1992
Millet, Hélène (Hg.): I canonici al servizio dello Stato in Europa. Secoli XII–XVI. Les chanoines au service de l'Etat en Europe du XIIe au XVI siècle. Recueil d'études, Ferrara 1992.

Milt, 1940
Milt, B[ernhard]: Beitrag zur Kenntnis der mittelalterlichen Heilkunde am Bodensee und Oberrhein, in: Vierteljahresschrift der Naturforschenden Gesellschaft in Zürich 85, 1940, S. 263–321.

Mischlewski, 1976
Mischlewski, Adalbert: Grundzüge der Geschichte des Antoniterordens bis zum Ausgang des 15. Jahrhunderts (Bonner Beiträge zur Kirchengeschichte 8), Köln/Wien 1976.

Mitchiner, 1986
Mitchiner, Michael: Medieval Pilgrim & Secular Badges, London 1986.

Mitterauer, 1977
Mitterauer, Michael: Probleme der Stratifikation in mittelalterlichen Gesellschaftssystemen, in: Theorien in der Praxis des Historikers, hg. von Jürgen Kocka (Geschichte und Gesellschaft, Sonderheft 3), Göttingen 1977, S. 13–43.

Moeller, 1974
Moeller, Bernd: Zwinglis Disputationen 2, in: Zeitschrift der Savigny-Stiftung für Rechtsgeschichte, Kanonistische Abt. 60, 1974, S. 212–364.

Moeller, 1991
Moeller, Bernd: Frömmigkeit in Deutschland um 1500, in: Ders.:, Die Reformation und das Mittelalter. Kirchenhistorische Aufsätze, hg. von Johannes Schilling, Göttingen 1991, S. 73–85.

Moeller, 1996
Moeller, Bernd: Niklaus Manuel Deutsch – ein Maler als Bilderstürmer, in: Zwingliana 23, 1996, S. 83–104.

Mojon, 1967
Mojon, Luc: Der Münsterbaumeister Matthäus Ensinger, Bern 1967.

Mojon, 1982
Mojon, Luc: Zu Baugeschichte und Rang des Berner Münsters, in: Kathrin Tremp-Utz u.a.: Das Jüngste Gericht. Das Berner Münster und sein Hauptportal, Bern 1982, S. 26–30.

Mojon, 1986
Mojon, Luc: St. Johannsen. Saint-Jean de Cerlier. Beiträge zum Bauwesen des Mittelalters, Bern 1986.

Mollat, 1984
Mollat, Michel: Die Armen im Mittelalter, München 1984.

Mols, 1954
Mols, Roger: Introduction à la démographie historique des villes d'Europe du XIVe au XVIIIe siècle, 3 Bde., Leuven 1954–1956.

Mommsen, 1958
Mommsen, Karl: Eidgenossen, Kaiser und Reich. Studien zur Stellung der Eidgenossenschaft innerhalb des heiligen römischen Reiches (Basler Beiträge zur Geschichtswissenschaft 72), Basel/Stuttgart 1958.

Morand/Hermanès, 1983
Morand, Marie-Claude/Hermanès, Théo-Antoine: Le triptyque de Lötschen (Sion, Musées cantonaux). Contribution à l'histoire de la culture artistique en Valais à la fin du moyen âge, in: Vallesia 38, 1983, S. 141–171.

Morard, 1982
Morard, Nicolas: Auf der Höhe der Macht (1394–1536), in: Geschichte der Schweiz und der Schweizer, redigiert von Beatrix Mesmer, Bd. 1, Basel/Frankfurt a.M. 1982, S. 211–352.

Moraw, 1979
Moraw, Peter: Reichsstadt, Reich und Königtum im späten Mittelalter, in: ZHF 6, 1979, S. 385–424.

Moraw, 1983
Moraw, Peter: Die Verwaltung des Königtums und des Reiches und ihre Rahmenbedingungen/Die königliche Verwaltung im einzelnen/Die Kurfürsten, der Hoftag, der Reichstag und die Anfänge der Reichsverwaltung, in: Deutsche Verwaltungsgeschichte, hg. von Kurt G. A. Jeserich u. a., Bd. 1: Vom Spätmittelalter bis zum Ende des Reiches, Stuttgart 1983, S. 21–65.

Moraw, 1984
Moraw, Peter: Reich I–III, in: Geschichtliche Grundbegriffe. Historisches Lexikon zur politisch-sozialen Sprache in Deutschland 5, Stuttgart 1984, S. 423–456.

Moraw, 1985
Moraw, Peter: Von offener Verfassung zu gestalteter Verdichtung. Das Reich im späten Mittelalter 1250 bis 1490 (Propyläen Geschichte Deutschlands 3), Berlin 1985.

Moraw, 1986a
Moraw, Peter: Gelehrte Juristen im Dienst der deutschen Könige des späten Mittelalters (1273–1493), in: Roman Schnur (Hg.): Die Rolle der Juristen bei der Entstehung des modernen Staates, Berlin 1986, S. 77–147.

Moraw, 1986b
Moraw, Peter: Reich, König und Eidgenossen im späten Mittelalter, in: Jb. der Historischen Gesellschaft Luzern 4, 1986, S. 15–33.

Morgenthaler, 1918 (1919)
Morgenthaler, Hans: Solothurnische Steuern (Gaben) an Gotteshäuser des XV. Jahrhunderts, in: ASA, NF 20, 1918 (1919), S. 176–186.

Morgenthaler, 1919
Morgenthaler, Hans: Werner Löublis Amtsrechnung von Aelen 1489/90, in: Blätter für bernische Geschichte, Kunst und Altertumskunde 15, 1919, S. 37–44.

Morgenthaler, 1921/22
Morgenthaler, Hans: Teuerungen und Massnahmen zur Linderung ihrer Not im 15. Jahrhundert, in: AHVB 26, 1921/22, S. 1–61.

Morgenthaler, 1927/28
Morgenthaler, Hans: Die kirchlichen Verhältnisse der Herrschaft Bipp bis zur Reformation, in: NBTb 32, 1927, S. 71–107 und 33, 1928, S. 56–80.

Morgenthaler, 1929
Morgenthaler, Hans: Bern und Solothurn im Streit um die Handelsstrassen, in: AHVB 30, 1929, S. 83–145.

Morgenthaler, 1935
Morgenthaler, Hans: Bilder aus der älteren Geschichte der Stadt Bern, 2. Aufl., Bern 1935.

Morgenthaler, 1937
Morgenthaler, Hans: Die Gesellschaft zum Affen in Bern, Bern 1937.

Morgenthaler, 1945
Morgenthaler, Hans: Geschichte des Burgerspitals der Stadt Bern, Bern 1945.

Morgenthaler, 1951
Morgenthaler, Hans: Die ältere Trinkwasserversorgung der Stadt Bern, Bern 1951.

Möri, 1976
Möri, René: Köniz Kirche/Schloss (SKF 214), Basel 1976.

Moser, 1930
Moser, Franz Adolf: Ritter Wilhelm von Diesbach, Schultheiss von Bern, 1442–1517, Muri/Bern 1930.

Moser, 1964
Moser, Andres: Kirche Belp (SKF 63), Bern 1964.

Moser, 1987
Moser, Andres: Die Landkirchen und ihre Ausstattung, in: Illustrierte Berner Enzyklopädie, Bd. 3: Siedlung und Architektur im Kanton Bern, Wabern-Bern 1987, S. 56–79.

Moser/Rothen/Bieri, 1987
Moser, Andres/Rothen, Bernhard/Bieri, Werner: Kirche Zweisimmen BE (SKF 408), Bern 1987.

Moullet, 1943
Moullet, Maurice: Les maitres à l'œillet, Basel 1943.

Mühlemann, 1991
Mühlemann, Louis: Wappen und Fahnen der Schweiz, 3. Aufl., Lengnau 1991.

Mühlherr, 1993
Mühlherr, Anna: «Melusine» und «Fortunatus». Verrätselter und verweigerter Sinn (Fortuna vitrea 10), Tübingen 1993.

Mülinen, 1888
Die Jerusalemfahrt des Caspar von Mülinen (1506), hg. von Reinhold Röhricht, in: Zeitschrift des deutschen Palästinavereins 11, 1888, S. 185–197.

Müller, 1977
Müller, Jan–Dirk: Melusine in Bern. Zum Problem der «Verbürgerlichung» höfischer Epik im 15. Jahrhundert, in: Literatur – Publikum – historischer Kontext, hg. von Thomas Cramer u. a. (Beiträge zur älteren deutschen Literaturgeschichte 1), Bern/Frankfurt a.M./Las Vegas 1977, S. 29–77.

Müller, 1990
Romane des 15. und 16. Jahrhunderts. Nach den Erstdrucken mit sämtlichen Holzschnitten, hg. von Jan-Dirk Müller (Bibliothek der frühen Neuzeit 1,1), Frankfurt 1990.

Müller, 1995
Müller, Jan-Dirk: Thüring von Ringoltingen, in: Verfasserlexikon 9, 1995, Sp. 908–914.

Müller-Landgraf/Ledermann, 1997
Müller-Landgraf, Ingrid/Ledermann, François: Medizin und Pharmazie in Bern. Eine Zeitreise, Bern 1997.

Nabholz, 1922
Nabholz, Hans: Zur Geschichte der Vermögensverhältnisse in einigen Schweizer Städten in der ersten Hälfte des 15. Jahrhunderts, in: Festschrift Paul Schweizer, Zürich 1922, S. 93–119.

Nabholz, 1940
Nabholz, Hans/Kläui, Paul (Bearbeitung): Quellenbuch zur Verfassungsgeschichte der Schweizerischen Eidgenossenschaft und der Kantone von den Anfängen bis zur Gegenwart, Aarau 1940.

Neumann I–II
Neumann, Bernd: Geistliches Schauspiel im Zeugnis der Zeit. Zur Aufführung mittelalterlicher religiöser Dramen im deutschen Sprachgebiet, 2 Bde., München 1987.

Nicolas, 1921
Nicolas, Raoul: Die Hauptvorhalle des Berner Münsters und ihr bildnerischer Schmuck. Eine kunsthistorische Studie (Neujahrs-Blatt der Literarischen Gesellschaft Bern 1921), Bern 1921.

Nicolaus, 1911
Nicolai de preliis et occasu ducis Burgundie historia [1477/78], hg. von Rudolphus Luginbuehl (Rudolf Luginbühl), Basel 1911.

Niederstätter, 1991
Niederstätter, Alois: Königseinritt und -gastung in der spätmittelalterlichen Reichsstadt, in: Feste und Feiern im Mittelalter, hg. von Detlef Altenburg u. a., Sigmaringen 1991, S. 491–500.

Niederstätter, 1995
Niederstätter, Alois: Der Alte Zürichkrieg. Studien zum österreichisch-eidgenössischen Konflikt sowie zur Politik König Friedrichs III. in den Jahren 1440 bis 1446 (Forschungen zur Kaiser- und Papstgeschichte des Mittelalters 14), Wien/Köln/Weimar 1995.

North, 1992
North, Michael: Kunst und Kommerz im Goldenen Zeitalter. Zur Sozialgeschichte der niederländischen Malerei des 17. Jahrhunderts, Köln/Weimar 1992.

Notizen/Homburger
Homburger, Otto: maschinenschriftliche Notizen, Burgerbibliothek Bern.

Nüscheler-Usteri, 1882
Nüscheler-Usteri, Arnold: Die Glockeninschriften im reformirten Theile des Kantons Bern, in: AHVB 10, Heft 3, 1882, S. 255–415.

Nussbaum, 1985
Nussbaum, Norbert: Deutsche Kirchenbaukunst der Gotik. Entwicklung und Bauformen, Köln 1985.

Oberholzer, 1979
Oberholzer, Paul: Der Bildersturm und seine Folgen, in: Gotik in Rapperswil. Geschichte und Kunst am oberen Zürichsee. Jubiläumsschrift und Ausstellung 750 Jahre Stadt Rapperswil 1229–1979, redigiert von Bernhard Anderes (Schriften des Heimatmuseums 5), Rapperswil 1979, S. 90–98.

Oechsli, 1890
Oechsli, Wilhelm: Die Beziehungen der schweizerischen Eidgenossenschaft zum Reich bis zum Schwabenkrieg, in: Politisches Jb. der Schweizerischen Eidgenossenschaft 5, 1890, S. 302–616.

Oexle, 1984
Oexle, Otto Gerhard: Memoria und Memorialbild, in: Schmid, Karl/Wollasch, Joachim (Hgg.): Memoria. Der geschichtliche Zeugniswert des liturgischen Gedenkens im Mittelalter (Münstersche Mittelalterschriften 48), München 1984, S. 384–440.

Ohly, 1958
Ohly, Kurt: Nicolai de preliis et occasu ducis Burgundie historia und drei andere Straßburger Flugschriften gegen Karl von Burgund aus den Jahren 1477/78, in: ZGO, NF 67, 1958, S. 53–93, 277–363.

Ohnmacht, 1973
Ohnmacht, Mechthild: Das Kruzifix des Niclaus Gerhaert von Leyden in Baden-Baden 1467 (Europäische Hochschulschriften, Reihe 28: Kunstgeschichte 2), Bern 1973.

Ostendorf, 1982
Ostendorf, Friedrich: Die Geschichte des Dachwerks, erläutert an einer grossen Anzahl mustergültiger alter Konstruktionen, Leipzig 1908, Nachdruck Hannover 1982.

Ott, 1988
Ott, Norbert: Zum Ausstattungsanspruch illustrierter Städtechroniken als Beispiele, in: Poesis et Pictura. Studien zum Verhältnis von Bild und Text in Handschriften und frühen Drucken, hg. von Stephan Füssel und Joachim Knape, Baden-Baden 1988, S. 77–106.

Pächt, 1977
Pächt, Otto: Gestaltungsprinzipien der westlichen Malerei des 15. Jahrhunderts (1933), in: Otto Pächt, Methodisches zur kunsthistorischen Praxis. Ausgewählte Schriften, hg. von Jörg Oberhaidacher u. a., München 1977, S. 17–59.

Paravicini, 1976
Paravicini, Werner: Karl der Kühne. Das Ende des Hauses Burgund (Persönlichkeit und Geschichte 94/95), Zürich/Frankfurt a.M. 1976.

Parler I–III
Die Parler und der Schöne Stil 1350–1400. Europäische Kunst unter den Luxemburgern. Handbuch zur Ausstellung des Schnütgen-Museums in der Kunsthalle Köln, 3 Bde., hg. von Anton Legner, Köln 1978.

Paul, 1987
Paul, Jürgen: Das Rathaus, in: Kunst. Die Geschichte ihrer Funktionen, hg. von Werner Busch und Peter Schmoock, Berlin 1987, S. 334–365.

Penners, 1965
Penners, Theodor: Fragen der Zuwanderung in den Hansestädten des späten Mittelalters, in: Hansische Geschichtsblätter 83, 1965, S. 12–45.

Perret, 1979
Jean d'Arras: Mélusine. Traduction par M. Perret, Paris 1979.

Perrin, 1950
Perrin, Aimée: Verzeichnis der handschriftlichen Kopien von Konrad Justingers Berner Chronik, in: BZGH 1950, S. 204–229.

Pesch, 1967
Pesch, Otto Hermann: Theologie der Rechtfertigung bei Martin Luther und Thomas von Aquin. Versuch eines systematisch-theologischen Dialogs, Mainz 1967.

Peyer, 1958/1982a
Peyer, Hans Conrad: Das Aufkommen von festen Residenzen und Hauptstädten im mittelalterlichen Europa, in: Neue Zürcher Zeitung, 30. März 1958, unveränderter Nachdruck in: Peyer, 1982, S. 69–80.

Peyer, 1958/1982b
Peyer, Hans Conrad: Der Empfang des Königs im mittelalterlichen Zürich, in: Archivalia et Historica. Arbeiten aus dem Gebiet der Geschichte und des Archivwesens. Festschrift für Anton Largiadèr, hg. von Dietrich Schwarz u. a., Zürich 1958, S. 219–233, unveränderter Nachdruck in: Peyer, 1982, S. 53–68, 279–284.

Peyer, 1964/1982
Peyer, Hans Conrad: Das Reisekönigtum des Mittelalters, in: VSWG 51, 1964, S. 1–21; unveränderter Nachdruck in: Peyer, 1982, S. 98–115, 286–290.

Peyer, 1978
Peyer, Hans Conrad: Verfassungsgeschichte der alten Schweiz, Zürich 1978.

Peyer, 1978/1982
Peyer, Hans Conrad: Die wirtschaftliche Bedeutung der fremden Dienste für die Schweiz vom 15. bis zum 18. Jahrhundert (1978), in: Peyer, 1982, S. 219–232.

Peyer, 1979/1982
Peyer, Hans Conrad: Die Märkte der Schweiz in Mittelalter und Neuzeit (1979), in: Peyer, 1982, S. 243–261.

Peyer, 1980
Peyer, Hans Conrad: Die Entstehung der Eidgenossenschaft, in: Handbuch der Schweizer Geschichte, Bd. 1, 2. Aufl., Zürich 1980, S. 161–238.

Peyer, 1981
Peyer, Hans Conrad: Die Schweizer Wirtschaft im Umbruch in der zweiten Hälfte des 15. Jahrhunderts, in: 500 Jahre Stanser Verkommnis. Beiträge zu einem Zeitbild, von Ferdinand Elsener u. a., Stans 1981, S. 59–70.

Peyer, 1982
Peyer, Hans Conrad: Könige, Stadt und Kapital. Aufsätze zur Wirtschafts- und Sozialgeschichte des Mittelalters, hg. von Ludwig Schmugge, Roger Sablonier und Konrad Wanner, Zürich 1982.

Peyer, 1987
Peyer, Hans Conrad: Von der Gastfreundschaft zum Gasthaus. Studien zur Gastlichkeit im Mittelalter (Monumenta Germaniae Historica. Schriften 31), Hannover 1987.

Pfaff, 1991
Pfaff, Carl: Die Welt der Schweizer Bilderchroniken, Schwyz 1991.

Pfandl, 1930
Pfandl, Ludwig: Johanna die Wahnsinnige, Freiburg 1930.

Pfeifer I–II
Pfeifer, Wolfgang: Etymologisches Wörterbuch des Deutschen, 2 Bde., 2. Aufl., Berlin 1993.

Pfeiffer, 1844
Pfeiffer, Franz (Hg.): Der Edelstein von Ulrich Boner, Leipzig 1844.

Pfleiderer, 1905
Pfleiderer, Rudolf: Das Münster zu Ulm und seine Kunstdenkmäler, Stuttgart 1905.

Philipp, 1987
Philipp, Klaus Jan: Pfarrkirchen. Funktion, Motivation, Architektur. Eine Studie am Beispiel der Pfarrkirchen der schwäbischen Reichsstädte im Spätmittelalter (Studien zur Kunst- und Kulturgeschichte 4), Marburg 1987.

Philipp, 1988
Philipp, Klaus Jan: Sainte-Waudru in Mons (Bergen, Hennegau). Die Planungsgeschichte einer Stiftskirche 1449–1450, in: Zeitschrift für Kunstgeschichte 51, 1988, S. 372–413.

Philipp, 1989
Philipp, Klaus Jan: «Eyn huys in manieren von eyne Kirchen». Werkmeister, Parliere, Steinlieferanten, Zimmermeister und die Bauorganisation in den Niederlanden vom 14. bis zum 16. Jahrhundert, in: Wallraf–Richartz–Jb. 50, 1989, S. 69–113.

Piccard, 1966
Piccard, Gerhard: Die Ochsenkopfwasserzeichen, Bd. 2 (Veröffentlichungen der Staatlichen Archivverwaltung Baden–Württemberg. Sonderreihe: Die Wasserzeichenkartei Piccard im Hauptstaatsarchiv Stuttgart, Findbuch 2, Teil 2), Stuttgart 1966.

Piper, 1982
Piper, Ernst: Der Stadtplan als Grundriss der Gesellschaft. Topographie und Sozialstruktur in Augsburg und Florenz um 1500 (Campus Forschung 305), Frankfurt/New York 1982.

Poey d'Avant, 1860
Poey d'Avant, Faustin: Monnaies féodales de France, Bd. 2, Paris 1860.

Portmann, 1979
Portmann, Rolf E.: Basler Einbürgerungspolitik 1358–1798 mit einer Berufs- und Herkunftsstatistik des Mittelalters (Basler Statistik 3), Basel 1979.

Puza, 1991
Puza, R.: Kollekte, Kollektor, in: Lex MA V, München/Zürich 1991, Sp. 1254.

Quellen zur Zürcher Wirtschaftsgeschichte I–II
Quellen zur Zürcher Wirtschaftsgeschichte, von den Anfängen bis 1500, 2 Bde., bearbeitet von Werner Schnyder, Zürich/Leipzig 1937.

Quiquerez, 1855
Quiquerez, Auguste: Notices historiques et statistiques sur les mines, les fôrets et les forges de l'ancien évêché de Bâle, Bern/Paris/Leipzig 1855.

Rageth-Fritz, 1969, 1970
Rageth-Fritz, Margrit: Die Niedere Badstube zu Burgdorf, in: Burgdorfer Jb. 36, 1969, S. 29–72; 37, 1970, S. 17–89.

Ranke, 1867
von Ranke, Leopold: Sämtliche Werke, Bd. 2: Deutsche Geschichte im Zeitalter der Reformation, Bd. 2, Leipzig 1867.

Rapp/Stucky, 1990
Rapp Buri, Anna/Stucky-Schürer, Monica: Zahm und wild. Basler und Strassburger Bildteppiche des 15. Jahrhunderts, Mainz 1990.

Rapp/Stucky, 1994
Rapp Buri, Anna/Stucky-Schürer, Monica: Der Jahrzeitbehang des Thüring von Ringoltingen, in: Kunst und Architektur in der Schweiz 45, 1994, S. 390–393.

Rapp/Stucky, 1998
Rapp Buri, Anna/Stucky-Schürer, Monica: Der Berner Chorherr Heinrich Wölfli (1470–1532), in: Zwingliana 25, 1998, S. 65–105.

Rasmo, 1979
Rasmo, Niccolo: Michael Pacher, München 1979.

Rathaus, 1994
Rathaus, in: «währschafft, nuzlich und schön». Bernische Architekturzeichnungen des 18. Jahrhunderts, Ausstellungskatalog, Bern, Historisches Museum, hg. von Thomas Lörtscher, Bern 1994, S. 164–201.

Recht, 1974
Recht, Roland: L'Alsace gothique de 1300 à 1365, Colmar 1974.

Recht, 1987
Recht, Roland: Nicolas de Leyde et la sculpture à Strasbourg (1460–1525), Strasbourg 1987.

Redlich, 1903
Redlich, Oswald: Rudolf von Habsburg. Das deutsche Reich nach dem Untergange des alten Kaisertums, Innsbruck 1903.

Regesten VI/2
Die Regesten des Kaiserreiches unter Rudolf, Adolf, Albrecht, Heinrich VII. 1273–1313, neu bearbeitet von Vincenz Samanek (J. F. Böhmer, Regesta Imperii VI/2), Innsbruck 1948.

Reichel, 1898
Reichel, Alexander. Die Gründung der Stadt Bern. Der bernische Twingherrenstreit. Zwei Vorträge, Bern 1898.

Reichel, 1976
Grandson 1476. Essai d'approche pluridisciplinaire d'une action militaire du XVe siècle, hg. von Daniel Reichel (Série recherches de sciences comparées 2), Lausanne 1976.

Reichert, 1908/09
Reichert, Benedictus Maria (Hg.): Johannes Meyer OP, Buch der Reformacio Predigerordens I–V (Quellen und Forschungen zur Geschichte des Dominikanerordens in Deutschland 2 und 3), Leipzig 1908/09.

Reichert, 1912
Reichert, Benedictus Maria (Hg.): Registrum litterarum Salvi Casettae 1481–1483 et Barnabae Saxoni 1486 (Quellen und Forschungen zur Geschichte des Dominikanerordens in Deutschland 7), Leipzig 1912.

Reincke, 1951
Reincke, Heinrich: Bevölkerungsprobleme der Hansestädte, in: Hansische Geschichtsblätter 70, 1951, S. 1–33.

Reinhardt, 1939
Reinhardt, Hans: La haute tour de la cathédrale de Strasbourg, in: Bulletin de la Société des Amis de la cathédrale de Strasbourg 5, 1939, S. 15–40.

Reinhardt, 1972
Reinhardt, Hans: La cathédrale de Strasbourg, Paris 1972.

Reinle, 1956
Reinle, Adolf: Kunstgeschichte der Schweiz, Bd. 3: Die Kunst der Renaissance, des Barock und des Klassizismus, Frauenfeld 1956.

Reinle, 1976
Reinle, Adolf: Zeichensprache der Architektur, Zürich 1976.

Reinle, 1988
Reinle, Adolf: Die Ausstattung deutscher Kirchen im Mittelalter. Eine Einführung, Darmstadt 1988.

Renfer, 1985
Renfer, Christian/Widmer, Eduard: Schlösser und Landsitze der Schweiz, Zürich 1985.

Renfer, 1993
Renfer, Christian: Zur Typologie des privaten Herrschaftsbaus in der Eidgenossenschaft seit der frühen Neuzeit (1450–1700), in: ZAK 50, 1993, S. 13–24.

Renfer/Widmer, 1985
Renfer, Christian/Widmer, Eduard: Schlösser und Landsitze der Schweiz, Zürich 1985.

Renggli, 1994
Renggli, Hans-Peter: Bern, in: Die Musik in Geschichte und Gegenwart. Sachteil 1, 2. neubearbeitete Ausgabe, Kassel u. a. 1994, Sp. 1490–1498.

Rennefahrt I–IV
Rennefahrt, Hermann: Grundzüge der bernischen Rechtsgeschichte, 4 Bde., Bern 1928–1936.

Rennefahrt, 1954
Rennefahrt, Hermann: Geschichte der Rechtsverhältnisse des «Inselspitals» der Frau Anna Seiler, in: Rennefahrt/Hintzsche, 1954, S. 11–178.

Rennefahrt, 1958
Rennefahrt Hermann: Bern und das Kloster Interlaken. Eine Auseinandersetzung zwischen Staat und Kirche in den Jahren 1473–1475, in: BZGH, 1958, S. 151–185.

Rennefahrt, 1960
SSRQ, II. Abt.: Die Rechtsquellen des Kantons Bern, Erster Teil: Stadtrechte, Bd. 6,1: Das Stadtrecht von Bern VI. Staat und Kirche, hg. von Hermann Rennefahrt, Aarau 1960.

Rennefahrt, 1964
Rennefahrt, Hermann: Aus dem alten Bauamts-Urbar der Stadt Bern, in: BZGH 26, 1964, S. 93–106.

Rennefahrt, 1967
Rennefahrt, Hermann: Versuch eines obrigkeitlichen Tuchhandels in Bern, in: Festgabe für Hans von Greyerz, hg. von Ernst Walder u. a., Bern 1967, S. 269–277.

Rennefahrt/Hintzsche, 1954
Rennefahrt, Hermann/Hintzsche, Erich: Sechshundert Jahre Inselspital 1354–1954, Bern 1954.

Ribbert, 1990
Ribbert, Margret: Das Berner Münster, in: Ulmer Münster 100 Jahre vollendet, Katalog der Ausstellung in Ulm, Ulm 1990, S. 96–111.

Riehl, 1859
Riehl, Wilhelm H.: Der Stadtplan als Grundriss der Gesellschaft, in: Culturstudien aus drei Jahrhunderten, hg. von Wilhelm H. Riehl, Augsburg 1859, S. 270–284.

Riggenbach, 1941
Riggenbach, Rudolf: Die Wandbilder des Augustinerklosters, in: Die Kunstdenkmäler des Kantons Basel-Stadt, Bd. 3: Die Kirchen, Klöster und Kapellen, Teil 1: St. Alban bis Kartause, von Casimir H. Baer, Basel 1941, S. 192–195.

Roloff, 1970
Roloff, Hans-Gert: Stilstudien zur Prosa des 15. Jahrhunderts. Die Melusine des Thüring von Ringoltingen (Literatur und Leben, NF 12), Köln 1970.

Rosenfeld, 1954
Rosenfeld, Hellmut: Der mittelalterliche Totentanz. Entstehung, Entwicklung, Bedeutung, Münster/Köln 1954.

Roth Kaufmann, 1997
Roth Kaufmann, Eva: Ofen und Wohnkultur, in: Material Culture in Medieval Europe (Papers of the «Medieval Europe Brugge 1997» Conference, Volume 7), Zellik 1997, S. 471–483.

Roth Kaufmann/Buschor/Gutscher, 1994
Roth Kaufmann, Eva/Buschor, René/Gutscher, Daniel: Spätmittelalterliche reliefierte Ofenkeramik in Bern. Herstellung und Motive (SADB), Bern 1994.

Roth/Reinhardt, o.J.
Roth, Michael/Reinhardt, Brigitte: Bilder aus Licht und Farbe. Meisterwerke spätgotischer Glasmalerei. «Strassburger Fenster» in Ulm und ihr künstlerisches Umfeld, Ausstellungskatalog, Ulmer Museum, Ulm, o. J.

Rott, 1936
Rott, Hans: Quellen und Forschungen zur südwestdeutschen und schweizerischen Kunstgeschichte im XV. und XVI. Jahrhundert, Bd. III: Der Oberrhein, Quellen II (Schweiz), Stuttgart 1936.

Rott, 1938
Rott, Hans: Quellen und Forschungen zur südwestdeutschen und schweizerischen Kunstgeschichte im XV. und XVI. Jahrhundert, Bd. III: Der Oberrhein, Text, Stuttgart 1938.

Röttgen, 1960
Röttgen, Herwarth: Zur Stellung der Bergheimer Predella in der Kunst des Oberrheins, in: Zeitschrift für Kunstwissenschaft 14, 1960, S. 99–110.

Rova, 1994
Rova, Simone: Ablass, in: Kat. Himmel, Hölle, Fegefeuer, 1994, S. 234f.

RQ Aargau II/1
SSRQ, XVI. Abt.: Die Rechtsquellen des Kantons Aargau, Zweiter Teil: Rechte der Landschaft, Bd. 1: Amt Aarburg und Grafschaft Lenzburg, hg. von Walther Merz, Aarau 1923.

RQ Bern I–II/1ff.
SSRQ, II. Abt.: Die Rechtsquellen des Kantons Bern, Erster und Zweiter Teil: Stadtrechte und Rechte der Landschaft, hg. von Friedrich Emil Welti u. a., Aarau 1902ff.

RQ Bern I/1
SSRQ, II. Abt.: Die Rechtsquellen des Kantons Bern, Erster Teil: Stadtrechte, Bd. 1: Das Stadtrecht von Bern I (1218–1539), hg. von Friedrich Emil Welti, Aarau 1902.

RQ Bern I/1–2
SSRQ, II. Abt.: Die Rechtsquellen des Kantons Bern. Das Stadtrecht von Bern I und II. Handfeste, Satzungenbücher, Stadtbuch, Stadtsatzung 1539, hg. von Friedrich Emil Welti, in zweiter Auflage bearbeitet von Hermann Rennefahrt unter Mitarbeit von Hermann Specker, Aarau 1971.

RQ Bern I/3
SSRQ, II. Abt.: Die Rechtsquellen des Kantons Bern, Erster Teil: Stadtrechte, Bd. 3: Das Stadtrecht von Bern III, hg. von Hermann Rennefahrt, Aarau 1945.

RQ Bern I/4,1–2
SSRQ, II. Abt.: Die Rechtsquellen des Kantons Bern, Erster Teil: Stadtrechte, Bde. 4,1 und 4,2: Das Stadtrecht von Bern IV, hg. von Hermann Rennefahrt, Aarau 1955/56.

RQ Bern I/5
SSRQ, II. Abt.: Rechtsquellen des Kantons Bern, Erster Teil: Stadtrechte, Bd. 5: Das Stadtrecht von Bern V, hg. von Hermann Rennefahrt, Aarau 1959.

RQ Bern I/6,1
SSRQ, II. Abt.: Die Rechtsquellen des Kantons Bern, Erster Teil: Stadtrechte, Bd. 6,1: Das Stadtrecht von Bern VI. Staat und Kirche, hg. von Hermann Rennefahrt, Aarau 1960.

RQ Bern I/11
SSRQ, II. Abt.: Die Rechtsquellen des Kantons Bern, Erster Teil: Stadtrechte, Bd. 11: Das Stadtrecht von Bern XI. Wehrwesen, hg. von Hermann Rennefahrt, Aarau 1975.

RQ Bern II/1,1
SSRQ, II. Abt.: Die Rechtsquellen des Kantons Bern, Zweiter Teil: Die Rechte der Landschaft, Bd. 1,1: Das Obersimmental, hg. von Ludwig Samuel von Tscharner, Aarau 1912.

RQ Bern II/1,2
SSRQ, II. Abt.: Die Rechtsquellen des Kantons Bern, Zweiter Teil: Die Rechte der Landschaft, Bd. 1,2: Das Niedersimmental, hg. von Ludwig Samuel von Tscharner, Aarau 1914.

RQ Bern II/2
SSRQ, II. Abt.: Die Rechtsquellen des Kantons Bern, Zweiter Teil: Die Rechte der Landschaft, Bd. 2: Das Statutarrecht der Landschaft Frutigen (bis 1798), hg. von Hermann Rennefahrt, Aarau 1937.

RQ Bern II/4
SSRQ, II. Abt.: Die Rechtsquellen des Kantons Bern, Zweiter Teil: Die Rechte der Landschaft, Bd. 4: Das Recht des Landgerichts Konolfingen, hg. von Ernst Werder, Aarau 1950.

RQ Bern II/7
SSRQ, II. Abt.: Die Rechtsquellen des Kantons Bern, Zweiter Teil: Die Rechte der Landschaft, Bd. 7: Das Recht des Amtes Oberhasli, hg. von Josef Brülisauer, Aarau 1984.

RQ Bern II/8,1–2
SSRQ, II. Abt.: Die Rechtsquellen des Kantons Bern, Zweiter Teil: Die Rechte der Landschaft, Bde. 8,1 und 8,2: Das Recht der Landschaft Emmental (Seit 1803 Amtsbezirke Signau und Trachselwald), bearbeitet von Anne-Marie Dubler, Aarau 1991.

RQ Bern II/9,1
SSRQ, II. Abt.: Die Rechtsquellen des Kantons Bern, Zweiter Teil: Die Rechte der Landschaft, Bd. 9,1: Die Rechtsquellen der Stadt Burgdorf und ihrer Herrschaften und des Schultheißenamts Burgdorf, hg. von Anne-Marie Dubler, Aarau 1995.

Rück, 1991
Rück, Peter (Hg.): Die Eidgenossen und ihre Nachbarn im Deutschen Reich des Mittelalters, Marburg 1991.

Rüegg, 1908
Rüegg, Ferd[inand]: Hohe Gäste in Freiburg vor dessen Beitritt zur Eidgenossenschaft, in: Freiburger Geschichtsblätter 15, 1908, S. 1–69.

Rüegg, 1957
Rüegg, Walter: Zwinglis Stellung zur Kunst, in: Reformatio 6, 1957, S. 271–282.

Ruf, 1939
Ruf, Paul: Nürnberg, Dominikanerinnenkloster St. Katharina. Katalog der Klosterbibliothek, in: Mittelalterliche Bibliothekskataloge Deutschlands und der Schweiz, Bd. III/3, München 1939, S. 570–670.

Ruh, 1985
Ruh, Kurt: Die «Melusine» des Thüring von Ringoltingen. Vorgetragen am 14. Dezember 1984 (Bayerische Akademie der Wissenschaften. Philosophisch–historische Klasse, Sitzungsberichte 1985/5), München 1985.

Rumpel, 1983
Rumpel, Roland: Der Krieg als Lebenselement der alten und spätmittelalterlichen Eidgenossenschaft, in: SZG 33, 1983, S. 192–206.

Ruppen, 1979a
Ruppen, Walter: Der spätgotische Nothelferaltar in Ernen, Visp 1979.

Ruppen, 1979b
Ruppen, Walter: Das Untergoms. Die ehemalige Grosspfarrei Ernen (Die Kunstdenkmäler des Kantons Wallis 2), Basel 1979, S. 31f.

Rüthing, 1986
Rüthing, Heinrich: Höxter um 1500. Analyse einer Stadtgesellschaft (Studien und Quellen zur westfälischen Geschichte 22), Paderborn 1986.

Rutishauser, 1985
Rutishauser, Samuel: Kirche Worb BE (SKF 377), Bern 1985.

Sablonier, 1985
Sablonier, Roger: Die Burgunderkriege und die europäische Politik, in: Schilling, 1985, S. 39–49.

Sammlung Bernischer Biographien I–V
Sammlung Bernischer Biographien, 5 Bde., Bern 1884–1906.

Santschi, 1985
Santschi, Catherine: Les sanctuaires à répit dans les alpes occidentales, in: ZSKG 79, 1985, S. 119–143.

Sanvito, 1996
Sanvito, Paolo: Le chantier de la cathédrale de Milan. Le problème des origines, in: Aceto, Francesco u. a.: Chantiers médiévaux (Présence de l'art 2), Paris/La Pierre-qui-Vire 1996, S. 291–325.

Saurma-Jeltsch, 1991
Saurma-Jeltsch, Liselotte E.: Die Illustrationen und ihr stilistisches Umfeld, in: Schilling, 1991, S. 31–71.

Schaetzle, 1967
Schaetzle, Alfred: Kirche Würzbrunnen (SKF 80), Bern 1967.

Schaller-Aeschlimann, 1974
Schaller-Aeschlimann, Alice: Das Kenotaph der Grafen von Neuenburg, Basel 1974.

Schaufelberger, 1952
Schaufelberger, Walter: Der Alte Schweizer und sein Krieg. Studien zur Kriegführung vornehmlich im 15. Jahrhundert (Wirtschaft – Gesellschaft – Staat. Zürcher Studien zur Allgemeinen Geschichte 7), Zürich 1952.

Schaufelberger, 1962
Schaufelberger, Walter: Altschweizerisches und altbernisches Kriegsvolk, wie es nicht im Geschichtsbuche steht, in: AHVB 46, 1962, S. 323–348.

Schaufelberger, 1972a
Schaufelberger, Walter: Der Wettkampf in der Alten Eidgenossenschaft. Zur Kulturgeschichte des Sports vom 13. bis ins 18. Jahrhundert (Schweizer Heimatbücher 156–158), Bern 1972.

Schaufelberger, 1972b
Schaufelberger, Walter: Spätmittelalter, in: Handbuch der Schweizer Geschichte, Bd. 1, Zürich 1972, S. 239–388.

Schaufelberger, 1972c
Schaufelberger, Walter: Zeitalter des Burgunderkrieges, in: Handbuch der Schweizer Geschichte, Bd. 1, Zürich 1972, S. 312–335.

Schaufelberger, 1974
Schaufelberger, Walter: Das eidgenössische Wehrwesen im Spätmittelalter im Lichte moderner Militärgeschichtswissenschaft (Neujahrsblatt der Feuerwerker Gesellschaft (Artillerie–Kollegium) in Zürich 166), Zürich 1974.

Schaufelberger, 1980
Schaufelberger, Walter: Spätmittelalter, in: Handbuch der Schweizer Geschichte, Bd. 1, 2. Aufl., Zürich 1980, S. 239–388.

Schaufelberger, 1993
Schaufelberger, Walter: Marignano. Strukturelle Grenzen eidgenössischer Militärmacht zwischen Mittelalter und Neuzeit, Frauenfeld 1993.

Scheeben, 1937
Scheeben, Heribert Christian (Hg.): Handschriften I, in: Archiv der deutschen Dominikaner 1, 1937, S. 149–202.

Schilling I–II
Die Berner Chronik des Diebold Schilling 1468–1484, 2 Bde., hg. von Gustav Tobler, Bern 1897–1901.

Schilling 1–4
Diebold Schilling: Berner Chronik (1483), Faksimileausgabe, 4 Bde., hg. von Hans Bloesch und Paul Hilber, Bern 1943–1945.

Schilling, 1875
Schilling, A. (Hg.): Beiträge zur Geschichte der Einführung der Reformation in Biberach. 1) Zeitgenössische Aufzeichnungen des Weltpriesters Heinrich von Pflummern, in: Freiburger Diöcesan-Archiv 9, 1875, S. 141–238.

Schilling, 1893
Diebold Schilling's Berner Chronik von 1424–1468, hg. von Th[eodor] von Liebenau und W[olfgang] F. von Mülinen, in: AHVB 13, 1893, S. 431–600.

Schilling, 1897–1907
Die Berner Chronik des Diebold Schilling 1468–1484, 2 Bde., hg. von Gustav Tobler, Bern 1897–1901.

Schilling, 1943–1945
Diebold Schilling: Berner Chronik (1483), Faksimileausgabe, 4 Bde., hg. von Hans Bloesch und Paul Hilber, Bern 1943–1945.

Schilling, 1985
Die grosse Burgunder Chronik des Diebold Schilling von Bern. «Zürcher Schilling». Kommentar zur Faksimile-Ausgabe der Handschrift Ms. A5 der ZBZ, hg. von Alfred A. Schmid, Luzern 1985.

Schilling, 1991
Die Schweiz im Mittelalter in Diebold Schillings Spiezer Bilderchronik. Studienausgabe zur Faksimile-Edition der Handschrift Mss. hist. helv. I. 16 der BBB, hg. von Hans Haeberli und Christoph von Steiger, Luzern 1991.

Schilling, 1993
Schilling, Heinz: Die Stadt in der frühen Neuzeit, München 1993.

Schlacht bei Murten, 1976
Die Murtenschlacht. Ein Schweizer Ereignis in Europas Geschichte zwischen Mittelalter und Neuzeit 1476–1976. Internationales Kolloquium zur 500-Jahr-Feier der Schlacht bei Murten (Freiburger Geschichtsblätter 60), Freiburg 1976.

Schläppi/Schlup u. a., 1993
Schläppi, Christoph/Schlup, Bernhard u. a.: Machs na, 2 Bde., Bern 1993.

Schleif, 1990
Schleif, Corine: Donatio et Memoria. Stifter, Stiftungen und Motivationen an Beispielen aus der Lorenzkirche in Nürnberg (Kunstwissenschaftliche Studien 58), München 1990.

Schmid, 1940
Schmid, Bernhard, War Bern in staufischer Zeit Reichsstadt?, in: Zeitschrift für Schweizerische Geschichte 20, 1940, S. 161–194.

Schmid, 1947
Schmid, Alfred: Conrad Türsts Iatro-mathematisches Gesundheitsbüchlein für den Berner Schultheissen Rudolf von Erlach, mit Erläuterungen, hg. von Alfred Schmid (Berner Beiträge zur Geschichte der Medizin und der Naturwissenschaften 7), Bern 1947.

Schmid, 1990a
Schmid, Wolfgang: Auf dem Weg ins Paradies. Zum Bild des Stifters in der Kunst der Spätgotik. Eine interdisziplinäre Untersuchung, in: Unijournal. Zeitschrift der Universität Trier 16, Nr. 5, 1990, S. 8–13.

Schmid, 1990b
Schmid, Wolfgang: Kunststiftungen im spätmittelalterlichen Köln, in: Materielle Kultur, 1990, S. 157–185.

Schmid, 1994a
Schmid, Wolfgang: Stifter und Auftraggeber im spätmittelalterlichen Köln (Veröffentlichungen des Kölnischen Stadtmuseums 11), Köln 1994.

Schmid, 1994b
Schmid, Wolfgang: Zwischen Tod und Auferstehung – Zur Selbstdarstellung städtischer Eliten des ausgehenden Mittelalters im Spiegel von Stifterbildern, in: Kat. Himmel, Hölle, Fegefeuer, 1994, S. 101–116.

Schmid, 1995a
Schmid, Regula: Reden, rufen, Zeichen setzen. Politisches Handeln während des Berner Twingherrenstreites 1469–1471, Zürich 1995.

Schmid, 1995b
Schmid, Regula: «Comportarsi da buon borghese». Le pratiche del diritto di borghesia a Zurigo e a Berna (1450–1550), in: Quaderni Storici 89, 1995, S. 309–330.

Schmid, 1996
Schmid, Regula: Wahlen in Bern. Das Regiment und seine Erneuerung im 15. Jahrhundert, in: BZGH 58, 1996, S. 233–270.

Schmidt, 1919
Schmidt, Philipp: Die Bibliothek des ehemaligen Dominikanerklosters in Basel, in: Basler Zeitschrift für Geschichte und Altertumskunde 18, 1919, S. 160–254.

Schmidt, 1958
Schmidt, Heinrich: Die deutschen Städtechroniken als Spiegel des bürgerlichen Selbstverständnisses im Spätmittelalter, Göttingen 1958.

Schmidt, 1981
Schmidt, Paul Gerhard: Mittelalterliches und humanistisches Städtelob, in: Die Rezeption der Antike. Zum Problem der Kontinuität zwischen Mittelalter und Renaissance, hg. von August Buck (Wolfenbütteler Abhandlungen zur Renaissanceforschung 1), Hamburg 1981, S. 119–128.

Schmidt/Cetto, 1940
Schmidt, Georg/Cetto, Annamaria: Schweizer Malerei und Zeichnung im 15. und 16. Jahrhundert, Basel 1940.

Schmidtchen, 1990
Schmidtchen, Volker: Kriegswesen im späten Mittelalter, Weinheim 1990.

Schmitz, 1951
Schmitz, Hermann: Das Möbelwerk. Die Möbelformen vom Altertum bis zur Mitte des neunzehnten Jahrhunderts, 5. inhaltlich unveränderte Aufl., Tübingen 1951.

Schmugge, 1987
Schmugge, Ludwig: Feste feiern wie sie fallen – Das Fest als Lebensrhythmus im Mittelalter, in: Stadt und Fest. Zu Geschichte und Gegenwart europäischer Festkultur, hg. von Paul Hugger u. a., Unterägeri 1987, S. 61–87.

Schnebli/Hofer, 1974/75
Schnebli, D./Hofer, Paul (Hgg.): Materialien zur Studie Bern. 4. Jahreskurs 1974/75, Typoskript ETH Zürich, Zürich 1974/75.

Schneider, 1958
Thüring von Ringoltingen: Melusine, nach den Handschriften kritisch hg. von Karin Schneider (Texte des späten Mittelalters 9), Berlin 1958.

Schneider, 1965
Die Handschriften der Stadtbibliothek Nürnberg, Bd. 1: Die deutschen mittelalterlichen Handschriften, bearbeitet von Karin Schneider, Beschreibung des Buchschmucks von Heinz Zirnbauer, Wiesbaden 1965.

Schneider, 1979
Schneider, Reinhard: Stadthöfe der Zisterzienser. Zu ihrer Funktion und Bedeutung, in: Zisterzienser-Studien 4 (Studien zur europäischen Geschichte 14), Berlin 1979, S. 11–28.

Schneider, 1983
Schneider, Karin: Die Bibliothek des Katharinenklosters in Nürnberg und die städtische Gesellschaft, in: Studien zum städtischen Bildungswesen des späten Mittelalters und der frühen Neuzeit, hg. von Bernd Moeller, Hans Patze und Karl Stackmann (Abhandlungen der Akademie der Wissenschaften in Göttingen 137), Göttingen 1983, S. 70–82.

Schneider, 1985
Schneider, Hugo: Der kriegerische Aspekt, in: Schilling, 1985, S. 33–37.

Schneider/Gutscher/Etter/Hanser, 1982
Schneider, Jürg/Gutscher, Daniel/Etter, Hansueli/Hanser, Jürg: Der Münsterhof in Zürich. Bericht über die Stadtkernforschungen 1977/78, 2 Bde. (Schweizer Beiträge zur Kulturgeschichte und Archäologie des Mittelalters 9 und 10), Zürich 1982.

Schneider-Lastin, 1995
Schneider-Lastin, Wolfram: Die Fortsetzung des Oetenbacher Schwesternbuchs und andere vermisste Texte in Breslau, in: Zeitschrift für deutsches Altertum und deutsche Literatur 124, 1995, S. 201–210.

Schnith, 1958
Schnith, K.: Die Augsburger Chronik des Burkard Zink. Eine Untersuchung zur reichsstädtischen Geschichtsschreibung des 15. Jahrhunderts, Diss. München 1958.

Schnitzler, 1996
Schnitzler, Norbert: Ikonoklasmus – Bildersturm. Theologischer Bilderstreit und ikonoklastisches Handeln während des 15. und 16. Jahrhunderts, München 1996.

Schoch, 1997
Schoch, Willi: Die Bevölkerung der Stadt St. Gallen im Jahre 1411. Eine sozialgeschichtliche und sozialtopographische Untersuchung (St. Galler Kultur und Geschichte 28), St. Gallen 1997.

Schock-Werner, 1983
Schock-Werner, Barbara: Das Strassburger Münster im 15. Jahrhundert, Köln 1983.

Schöller, 1989
Schöller, Wolfgang: Die rechtliche Organisation des Kirchenbaues im Mittelalter, vornehmlich des Kathedralbaues. Baulast – Bauherrenschaft – Baufinanzierung, Köln/Wien 1989.

Scholz, 1981
Scholz, Günther: Das Schulwesen, in: Acht Jahrhundert Stadtgeschichte. Vergangenheit und Gegenwart im Spiegel der Kommunalarchive in Baden-Württemberg, hg. von Walter Bernhardt, Sigmaringen 1981.

Scholz, 1992
Scholz, Hartmut: Tradition und Avantgarde. Die Farbverglasung der Besserer Kapelle als Arbeit einer Ulmer «Werkstatt-Kooperative», in: Deutsche Glasmalerei des Mittelalters, Bd. 2: Bildprogramme – Auftraggeber – Werkstätten, hg. von Rüdiger Becksmann, Berlin 1992, S. 93–152.

Scholz, 1997
Scholz, Hartmut: Ulmer Glasmalerei zur Zeit Multschers. Die Bildfenster in der Besserer Kapelle und ihre Meister, in: Hans Multscher. Bildhauer der Spätgotik in Ulm, Ausstellungskatalog, Ulm 1997, S. 235–245.

Schönherr, 1964
Die mittelalterlichen Handschriften der Zentralbibliothek Solothurn, beschrieben von Alfons Schönherr, Solothurn 1964.

Schorer, 1989
Schorer, Catherine: Berner Ämterbefragungen. Untertanenrepräsentation und -mentalität im ausgehenden Mittelalter, in: BZGH 51, 1989, S. 217–252.

Schramm, 1934
Schramm, Albert: Der Bilderschmuck der Frühdrucke, Bd. 17: Die Drucker in Nürnberg. Anton Koberger, Leipzig 1934.

Schramm, 1940
Schramm, Albert: Der Bilderschmuck der Frühdrucke, Bd. 22: Die Drucker in Basel, 2. Teil, Leipzig 1940.

Schreiber, 1927
Schreiber, W. L.: Handbuch der Holz- und Metallschnitte des 15. Jahrhunderts, Bd. 4, Leipzig 1927.

Schreiner, 1992
Schreiner, Klaus (Hg.): Laienfrömmigkeit im späten Mittelalter. Formen, Funktionen, Politischsoziale Zusammenhänge (Schriften des Historischen Kollegs 20), München 1992.

Schubert, 1979
Schubert, Ernst: König und Reich. Studien zur spätmittelalterlichen deutschen Verfassungsgeschichte (Veröffentlichungen des Max-Planck-Instituts für Geschichte 63), Göttingen 1979.

Schubert, 1988
Schubert, Ernst: Soziale Randgruppen und Bevölkerungsentwicklung im Mittelalter, in: Saeculum 39, 1988, S. 311–328.

Schubert, 1996
Schubert, Ernst: Fürstliche Herrschaft und Territorium im späten Mittelalter (Enzyklopädie Deutscher Geschichte 35), München 1996.

Schubiger, 1998
Schubiger, Benno: Blick in die Schweiz. Der Jurasüdfuss als Schauplatz und Auslöser von Kunst und Architektur – Eine Collage, in: Solothurner Jb. 1998, S. 38–47.

Schuh, 1930
Schuh, Willi: Johann Wannenmacher. Musiker und Landschreiber, † 1551 in Interlaken, in: Schweizerische Musikzeitung und Sängerblatt 70, 1930, S. 439–443.

Schuler, 1979
Schuler, Peter-Johannes: Die Bevölkerungsstruktur der Stadt Freiburg im Breisgau im Spätmittelalter. Möglichkeiten und Grenzen einer quantitativen Quellenanalyse, in: Voraussetzungen und Methoden geschichtlicher Städteforschung, hg. von Wilfried Ehbrecht (Städteforschung, Reihe A: Darstellungen 7), Köln/Wien 1979, S. 139–176.

Schuler, 1997
Schuler, Peter-Johannes: Tag und Stunde, in: Lex MA VIII, München/Zürich 1997, Sp. 422–423.

Schuler-Alder, 1985
Schuler-Alder, Heidi: Reichsprivilegien und Reichsdienste der eidgenössischen Orte unter König Sigmund 1410–1437 (Geist und Werk der Zeiten 69), Bern 1985.

Schulte, 1900
Schulte, Aloys: Geschichte des mittelalterlichen Handels und Verkehrs zwischen Westdeutschland und Italien mit Ausschluss von Venedig, 2 Bde., Leipzig 1900.

Schulz, 1994
Schulz, Knut: Die politische Zunft eine die spätmittelalterliche Stadt prägende Institution?, in: Verwaltung und Politik in Städten Mitteleuropas. Beiträge zu Verfassungsnorm und Verfassungswirklichkeit in altständischer Zeit (Städteforschung, Reihe A: Darstellungen 34), Köln/Weimar/Wien 1994, S. 1–20.

Schulze, 1986
Schulze, Hans K.: Grundstrukturen der Verfassung im Mittelalter, Bd. 2, Stuttgart 1986.

Schwab, 1905
Schwab, Rudolf: Die Pest im Emmental, in: Blätter für bernische Geschichte, Kunst und Altertumskunde 1, 1905, S. 186–190.

Schwarz, 1986
Schwarz, Reinhard: Luther (Die Kirche in ihrer Geschichte, Bd. 3, Lieferung 1), Göttingen 1986.

Schweizer, 1982
Schweizer, Jürg: Kunstführer Emmental, mit einer geschichtlichen Einleitung von Fritz Häusler, Bern 1982.

Schweizer, 1987a
Schweizer, Jürg: Burgen, Schlösser und Landsitze, in: Illustrierte Berner Enzyklopädie, Bd. 3: Siedlung und Architektur im Kanton Bern, Wabern-Bern 1987, S. 80–109.

Schweizer, 1987b
Schweizer, Jürg: Kunstführer Berner Oberland, Bern 1987.

Schweizerisches Idiotikon I ff.
Schweizerisches Idiotikon. Wörterbuch der schweizerdeutschen Sprache, bisher 14 Bde. erschienen (15. Bd. teilweise), Frauenfeld 1881ff.

Schwinges, 1991
Schwinges, Rainer Christoph: Bern – eine mittelalterliche Reichsstadt?, in: BZGH 53, 1991, S. 12–17.

Schwinges, 1996
Schwinges, Rainer Christoph: Solothurn und das Reich im späten Mittelalter, in: SZG 46, 1996, S. 451–473.

Schwinges, 1999a
Schwinges, Rainer Christoph (Hg.): Neubürger im späten Mittelalter (ZHF Beihefte), Berlin 1999 (im Druck).

Schwinges, 1999b
Schwinges, Rainer Christoph: «Verfassung finden» durch Geschichte. Die Eidgenossenschaft und das Reich um 1500, in: Verfassungserfindungen in Mittelalter und früher Neuzeit, hg. von Günther Lottes, Giessen 1999 (im Druck).

Scribner, 1990
Scribner, Bob (Hg.): Bilder und Bildersturm im Spätmittelalter und in der frühen Neuzeit (Wolfenbütteler Forschungen 46), Wiesbaden 1990.

Seckelmeister-Rechnung 1500/I
Seckelmeister-Rechnung 1500/I, in: Abhandlungen des Historischen Vereins des Kantons Bern, II. Jahrgang, II. Heft, 1854.

Seemüller, 1896
Seemüller, Joseph: Friedrichs III. Aachener Krönungsreise, in: Mitteilungen des Instituts für österreichische Geschichtsforschung 17, 1896, S. 584–665.

Senn, 1981
Senn, Matthias: Bilder und Götzen: Die Zürcher Reformatoren zur Bilderfrage, in: Naegeli, Marianne u. a.: Zürcher Kunst nach der Reformation. Hans Asper und seine Zeit, Ausstellungskatalog, Zürich, Helmhaus, Zürich 1981, S. 33–38.

Sevilla, 1992
Weltausstellung Sevilla 1992, Thematischer Pavillon, 15. Jahrhundert, hg. von Paúl Rispa, Sevilla 1992.

Sieber-Lehmann, 1991
Sieber-Lehmann, Claudius: «Teutsche Nation» und Eidgenossenschaft. Der Zusammenhang zwischen Türken- und Burgunderkriegen, in: Historische Zeitschrift 253, 1991, S. 561–602.

Sieber-Lehmann, 1995
Sieber-Lehmann, Claudius: Spätmittelalterlicher Nationalismus. Die Burgunderkriege am Oberrhein und in der Eidgenossenschaft (Veröffentlichungen des Max-Planck-Instituts für Geschichte 116), Göttingen 1995.

Sigg, 1981
Sigg, Otto: Spätmittelalterliche «Agrarkrise». Aspekte der Zürcher Geschichte im Spannungsfeld von Sempacher Krieg und Altem Zürichkrieg, in: SZG 31, 1981, S. 121–143.

Sigrist, 1947
Sigrist, Hans: Reichsreform und Schwabenkrieg. Ein Beitrag zur Geschichte der Entwicklung des Gegensatzes zwischen der Eidgenossenschaft und dem Reich, in: Schweizer Beiträge zur Allgemeinen Geschichte 5, 1947, S. 114–141.

Sladeczek, 1982
Sladeczek, Franz-Josef: Erhart Küng und das Berner Münster, in: Tremp-Utz, Kathrin u. a.: Das Jüngste Gericht. Das Berner Münster und sein Hauptportal, Bern 1982, S. 52–86.

Sladeczek, 1988
Sladeczek, Franz-Josef: «Die goetze in miner herren kilchen sind gerumpt»! – Von der Bilderfrage der Berner Reformation und ihren Folgen für das Münster und sein Hauptportal. Ein Beitrag zur Berner Reformationsgeschichte, in: Theologische Zeitschrift 44, 1988, S. 289–311.

Sladeczek, 1989a
Sladeczek, Franz-Josef: Die Skulpturen Berns im 15. Jahrhundert. Gedanken zur Entstehung und Entwicklung des spätgotischen Bildhauerwerks in der Aarestadt, in: Gutscher/Zumbrunn, 1989, S. 45–56.

Sladeczek, 1989b
Sladeczek, Franz-Josef: Die Münsterplattform in Bern. Neue Aspekte der Baugeschichte, in: Gutscher/Zumbrunn, 1989, S. 67–78.

Sladeczek, 1990a
Sladeczek, Franz-Josef: Der Berner Skulpturenfund (1986) und die Bildwerke des Schönen Stils. Versuch einer vorläufigen Standortbestimmung, in: Internationale Gotik, 1990, S. 281–299.

Sladeczek, 1990b
Sladeczek, Franz-Josef: Erhart Küng, Bildhauer und Baumeister des Münsters zu Bern (um 1420–1507). Untersuchungen zur Person, zum Werk und Wirkungskreis eines westfälischen Künstlers der Spätgotik, Bern/Stuttgart 1990.

Sladeczek, 1992
Sladeczek, Franz-Josef: Der Skulpturenfund der Münsterplattform in Bern (1986). Werkstattfrische Zeugen des Berner Bildersturms (1528), in: L'art et les révolutions. Actes du XXVIIe Congrès International d'Histoire de l'Art, Strasbourg 1989, Section 4: Les iconoclasmes, Strasbourg 1992, S. 71–92.

Sladeczek, 1999a
Sladeczek, Franz-Josef: «We dem, der da tribit hoffart»! Das Jüngste Gericht am Westportal des Berner Münsters im Wechselverhältnis zwischen Drama und Bildkunst (im Druck, erscheint 1999 in der Reihe der Arbeitshefte des Bayerischen Landesamtes für Denkmalpflege).

Sladeczek, 1999b
Sladeczek, Franz-Josef: Der Berner Skulpturenfund. Die Ergebnisse der kunsthistorischen Auswertung, hg. vom BHM und von der GSK, Bern 1999.

Specker, 1951
Specker, Hermann: Die Reformationswirren im Berner Oberland im Jahre 1528. Ihre Geschichte und ihre Folgen (ZSKG Beihefte 9), Fribourg 1951.

Specker, 1956
Specker, Hermannn: Brief des Bernischen Hauptmannns Balthasar Finsternau zu Mailand an die Obrigkeit zu Bern, (...) 1515, in: BZGH 1956, S. 129f.

Speich, 1984
Speich, Klaus: Die Künstlerfamilie Dünz aus Brugg. Ein Beitrag zur Kulturgeschichte der Barockzeit im reformierten Stand Bern, Brugg 1984.

Spiess, 1983
Spiess, Karl-Heinz: Zur Landflucht im Mittelalter, in: Die Grundherrschaft im späten Mittelalter, hg. von Hans Patze (Vorträge und Forschungen 27), Sigmaringen 1983, S. 157–204.

Spöring, 1975
Spöring, Jörg: Die Uhr im Zytturn uff Musegk zuo Lucern 1385–1535, Luzern 1975.

Sprandel, 1987
Sprandel, Rolf: Grundlinien einer mittelalterlichen Bevölkerungsentwicklung. Anmerkungen zu den «Outlines of Population Developments in the Middle Ages» von David Herlihy aus mitteleuropäischer Sicht, in: Determinanten der Bevölkerungsentwicklung im Mittelalter, hg. von Bernd Herrmann und Rolf Sprandel, Weinheim 1987, S. 25–35.

Staehelin, 1929
Staehelin, Ernst: Das Buch der Basler Reformation, Basel 1929.

Staehelin, 1972
Staehelin, Martin: Neues zu Bartholomäus Frank, in: Festschrift Arnold Geering, hg. von Victor Ravizza, Bern 1972, S. 119–128.

Stähli, 1974
Stähli, Robert: Die Eroberung Erlachs 1474 als Teil der bernischen Territorialpolitik, in: Aus der Geschichte des Amtes Erlach, mit Beiträgen von Hans Rudolf Hubler u. a., Biel 1974, S. 105–124.

Stähli, 1976
Stähli, Verena: Die Kirche von Oberbalm, Oberbalm 1976.

Stähli-Lüthi, 1979
Stähli-Lüthi, Verena: Die Kirche von Erlenbach i. S. Ihre Geschichte und ihre Wandmalereien, Bern 1979.

Stähli-Lüthi, 1985
Stähli-Lüthi, Verena: Die Kirche von Kirchlindach mit ihren Wandmalereien, Kirchlindach 1985.

Stalzer, 1989
Stalzer, Franz: Rechenpfennige, Bd. 1: Nürnberg. Signierte und zuweisbare Gepräge, 1. Lieferung: Die Familien Schultes, Koch und Krauwinckel (Kataloge der Staatlichen Münzsammlung München), München 1989.

Stamm, (1983) 1985
Stamm, Lieselotte E.: Stilpluralismus einer Region. Schichtmodell am Beispiel des Oberrheins im 14. und 15. Jahrhundert, in: Probleme und Methoden der Klassifizierung. 25. Internationaler Kongress für Kunstgeschichte, Wien 1983, Wien 1985, S. 51–58.

Stamm, 1983
Stamm, Lieselotte E.: Buchmalerei in Serie. Zur Frühgeschichte der Vervielfältigungskunst, in: ZAK 40, 1983, S. 128–135.

Stamm, 1984
Stamm, Lieselotte E.: Zur Verwendung des Begriffs Kunstlandschaft am Beispiel des Oberrheins im 14. und frühen 15. Jahrhundert, in: ZAK 41, 1984, S. 85–91.

Stammler, 1902/03
Stammler, Jakob: Inventar des Münsters in Bern, in: ASA, NF 4, 1902/03, S. 217–221.

Stammler, 1904
Stammler, Jakob: Der hl. Beatus, seine Höhle und sein Grab, Bern 1904.

Stammler, 1906
Stammler, Jakob: Die ehemalige Predigerkirche in Bern und ihre Wandmalereien (Berner Kunstdenkmäler 3), Bern 1906.

Stampfli, 1992
Stampfli, Hans R.: Die Tierreste von Wasenplatz und Richtstätte, in: Manser, 1992, S. 157–178.

Stange 1–3
Stange, Alfred: Kritisches Verzeichnis der deutschen Tafelbilder vor Dürer, 3 Bde., München 1967–1978.

Stange I–XI
Stange, Alfred: Deutsche Malerei der Gotik, 11 Bde., München/Berlin, 1938–1961.

Stantz, 1865
Stantz, Ludwig: Münsterbuch. Eine artistisch-historische Beschreibung des St. Vinzenzen Münsters in Bern, Bern 1865.

Steck/Tobler I–II
Steck, Rudolf/Tobler, Gustav: Aktensammlung zur Geschichte der Berner-Reformation 1521–1532, 2 Bde., Bern 1923.

Steinmann, 1982
Die Handschriften der Universitätsbibliothek Basel. Register zu den Abteilungen AI–AXI und O, bearbeitet von Martin Steinmann (Publikationen der Universitätsbibliothek Basel 4), Basel 1982.

Stenzl, 1972
Stenzl, Jürg: Zur Kirchmusik im Berner Münster vor der Reformation, in: Festschrift Arnold Geering, hg. von Victor Ravizza, Bern 1972, S. 89–110.

Stenzl, 1981
Stenzl, Jürg: Peter Falk und die Musik in Freiburg, in: Revue Musicale Suisse 121, Nr. 5, 1981, S. 89–95.

Sterling, 1980
Sterling, Charles: Jost Haller, Maler zu Strassburg und Saarbrücken in der Mitte des 15. Jahrhunderts, in: Wiener Jb. für Kunstgeschichte 33, 1980, S. 99–126.

Stettler, 1842
Stettler, Friedrich: Versuch einer Geschichte des Teutschen Ritterordens im Kanton Bern, Bern 1842.

Stettler, 1924
Stettler, Karl: Ritter Niklaus von Diesbach, Schultheiss von Bern, 1430–1475, Bern 1924.

Stettler, 1942
Stettler, Michael: Das Rathaus zu Bern, 1406–1942. Zur Einweihung am 31. Oktober 1942, hg. von der Baudirektion des Kantons Bern, Vorwort von [Regierungsrat] Robert Grimm, 2. erweiterte Aufl., o.O.u.J. [Bern 1942].

Stettler, 1950
Stettler, Michael: Niklaus Manuel und die Vinzenzenteppiche im Bernischen Historischen Museum, in: Jb BHM 29, 1949 (erschienen 1950), S. 5–17.

Stettler, 1979
Stettler, Bernhard: Geschichtschreibung im Dialog. Bemerkungen zur Ausbildung der eidgenössischen Befreiungstradition, in: SZG 29, 1979, S. 556–574.

Stettler, 1994
Stettler, Bernhard: Reichsreform und werdende Eidgenossenschaft, in: SZG 44, 1994, S. 203–229.

Steude, 1978
Steude, Wolfram: Untersuchungen zur mitteldeutschen Musiküberlieferung und Musikpflege im 16. Jahrhundert, Leipzig 1978.

Steuerbücher Zürich I–VIII
Die Steuerbücher von Stadt und Landschaft Zürich des 14. und 15. Jahrhunderts, hg. vom Staatsarchiv des Kantons Zürich, 8 Bde., Zürich 1918–1958.

Strahm, 1971
Strahm, Hans: Geschichte der Stadt und Landschaft Bern, Bern 1971.

Strahm, 1978
Strahm, Hans: Der Chronist Conrad Justinger und seine Berner Chronik von 1420 (Schriften der Berner Burgerbibliothek 13), Bern 1978.

Stratford, 1993
Stratford, Jenny: The Bedford Inventories. The Worldly Goods of John, Duke of Bedford, Regent of France (1389–1435), London 1993.

Streit, 1873
Streit, Armand: Geschichte des bernischen Bühnenwesens vom 15. Jahrhundert bis auf unsere Zeit. Ein Beitrag zur schweizerischen Kultur- und allgemeinen Bühnengeschichte, Bern 1873.

Stretlinger Chronik, 1877
Die Stretlinger Chronik. Ein Beitrag zur Sagen- und Legendengeschichte der Schweiz aus dem XV. Jahrhundert, mit einem Anhang: Vom Herkommen der Schwyzer und Oberhasler, hg. von Jakob Bächtold (Bibliothek älterer Schriftwerke der deutschen Schweiz 1), Frauenfeld 1877.

Streun, 1993
Streun, Kristina: Das Testament des Hans Rudolf von Scharnachthal 1506, in: BZGH 55, 1993, S. 157–201.

Strobl, 1990
Strobl, Sebastian: Glastechnik des Mittelalters, Stuttgart 1990.

Studer, 1858/60
Studer, Gottlieb: Zur Geschichte des Insel-Klosters, in: AHVB, 1858, S. 1–48, 1859, S. 1–56, 1860, S. 101–104.

Studer, 1872
Studer Gottlieb: Zur Topographie des alten Berns, in: AHVB 8, 1872, S. 37–64, S. 186–235, S. 454–472.

Stumm, 1925
Stumm, Lucie: Niklaus Manuel Deutsch von Bern als bildender Künstler, Bern 1925.

Stutz, 1930
Stutz, Josef: Felix V. und die Schweiz (1439–1449), Freiburg i.Ü. 1930.

Sulser, 1922
Sulser, Mathias: Der Stadtschreiber Peter Cyro und die bernische Kanzlei zur Zeit der Reformation, Bern 1922.

Summers, 1981
Summers, David: Michelangelo and the Language of Art, Princeton (New Jersey) 1981.

Suter, 1995
Suter, Andreas: Regionale politische Kulturen von Protest und Widerstand im Spätmittelalter und in der Frühen Neuzeit. Die schweizerische Eidgenossenschaft als Beispiel, in: Geschichte und Gesellschaft. Zeitschrift für historische Sozialwissenschaft 21, 1995, S. 161–194.

Sydow, 1969
Sydow, Jürgen: Kirchen- und spitalgeschichtliche Bemerkungen zum Problem der Stadterweiterung und Vorstadt, in: Stadterweiterung und Vorstadt, hg. von Erich Maschke und Jürgen Sydow (Veröffentlichungen der Kommission für geschichtliche Landeskunde in Baden-Württemberg, Reihe B: Forschungen 51), Stuttgart 1969, S. 107–113.

Tanner/Schweizer, 1989
Tanner, Fritz/Schweizer, Jürg (Hgg.): Schloss Laupen, Schlossfels Laupen. Bericht über die Sanierungsarbeiten 1983–1989 (Baudirektion des Kantons Bern, Kantonales Hochbauamt, 1989, 4), Bern 1989.

Tellbuch, 1494
Das Tellbuch der Stadt Bern vom Jahre 1494, hg. von Emil Meyer, in: AHVB 30, Bern 1930, S. 147–224.

Tersch, 1996
Tersch, Harald: Unruhe im Weltbild. Darstellung und Deutung des zeitgenössischen Lebens in deutschsprachigen Weltchroniken des Mittelalters, Wien/Köln/Weimar 1996.

Teuscher, 1998
Teuscher, Simon: Bekannte – Klienten – Verwandte. Sozialität und Politik in der Stadt Bern um 1500 (Norm und Struktur 9), Köln/ Weimar/ Wien 1998.

Thomke, 1996
Deutsche Spiele und Dramen des 15. und 16. Jahrhunderts, hg. von Hellmut Thomke, Frankfurt a. M. 1996.

Thormann/von Mülinen, o. J.
Thormann, Franz/von Mülinen, Wolfgang Friedrich: Die Glasgemälde der bernischen Kirchen, Bern, o. J.

Thürlings, 1892
Thürlings, Adolf: Der Musikdruck mit beweglichen Metalltypen im 16. Jahrhundert und die Musikdrucke des Mathias Apiarius in Straßburg und Bern, in: Vierteljahresschrift für Musikwissenschaft 8, 1892, S. 389–418.

Thürlings, 1903
Thürlings, Adolf: Die schweizerischen Tonmeister im Zeitalter der Reformation, Bern 1903.

Thürlings, 1906
Thürlings, Adolf: Innsbruck, ich muss dich lassen. Heinrich Isaac und Cosmas Alder, in: Festschrift zum Zweiten Kongreß der Internationalen Musikgesellschaft, Basel 1906.

Thurnheer, 1944
Thurnheer, Yvonne: Die Stadtärzte und ihr Amt im alten Bern (Berner Beiträge zur Geschichte der Medizin und der Naturwissenschaften 4), Bern 1944.

Tobler, 1886
Tobler, G[ustav]: Beiträge zur bernischen Geschichte des fünfzehnten Jahrhunderts, in: AHVB 11, 1886, S. 275–409.

Tobler, 1889
Tobler, Gustav: Zur Geschichte der Juden im alten Bern bis 1427, in: AHVB 12, Bern 1889, S. 336–367.

Tobler, 1891a
Tobler, Gustav: Die Chronisten und Geschichtsschreiber des alten Bern, in: Festschrift zur VII. Säkularfeier der Gründung Berns. 1191–1891, Teil III, Bern 1891, S. 1–92.

Tobler, 1891b
Tobler, G[ustav]: Aus den Anfängen des bernischen Geschützwesens, in: BTb 40, 1891, S. 94–100.

Tobler, 1892–1895
Tobler, G.: Notizen zur Kunst– und Baugeschichte aus dem bernischen Staatsarchiv, in: ASA, Bd. 7, 25.–28. Jg., 1892–1895, S. 400–403, 426–428, 447f.

Tobler, 1896a
Tobler, Gustav: Aus dem katholischen Bern, in: NBTb 1897 (erschienen 1896), S. 293–314.

Tobler, 1896b
Tobler, Gustav: Thüring von Ringoltingen 1410–1483, in: Sammlung Bernischer Biographien II, S. 186–192.

Tobler, 1897
Tobler, Gustav: Aus dem katholischen Bern I: Ein Wunder des hl. Antonius 1471, in: NBTb 1897, S. 293–299.

Traeger, 1970
Traeger, Jörg: Der reitende Papst. Ein Beitrag zur Ikonographie des Papsttums (Münchner kunsthistorische Abhandlungen), München/Zürich 1970.

Tremp, 1986
Tremp, Ernst: Trub, in: Helvetia Sacra III/1: Frühe Klöster, die Benediktiner und Benediktinerinnen in der Schweiz, redigiert von Elsanne Gilomen-Schenkel, 3. Teil, Bern 1986, S. 1564–1601.

Tremp, 1991a
Tremp, Ernst: «Unter dem Krummstab im Emmental». Die emmentalische Klosterlandschaft im Mittelalter, in: BZGH 53, 1991, S. 109–137.

Tremp, 1991b
Tremp, Ernst: Könige, Fürsten und Päpste in Freiburg. Zur Festkultur in der spätmittelalterlichen Stadt, in: Freiburger Geschichtsblätter 68, 1991, S. 6–56.

Tremp-Utz, 1982
Tremp-Utz, Kathrin: Die mittelalterliche Kirche und der Münsterbau, in: Das Jüngste Gericht. Das Berner Münster und sein Hauptportal, hg. vom Verein zur Förderung des Bernischen Historischen Museums, Bern 1982, S. 10–25.

Tremp-Utz, 1984
Tremp-Utz, Kathrin: Die Chorherren des Kollegiatstifts St. Vinzenz in Bern. Von der Gründung bis zur Aufhebung, 1484/85–1528, in: BZGH 46, 1984, S. 55–110.

Tremp-Utz, 1985
Tremp-Utz, Kathrin: Das Kollegiatstift St. Vinzenz in Bern, von der Gründung 1484/85 bis zur Aufhebung 1528 (AHVB 69), Bern 1985.

Tremp-Utz, 1986
Tremp-Utz, Kathrin: Gottesdienst, Ablasswesen und Predigt am Vinzenzstift in Bern (1484/85–1528), in: ZSKG 80, 1986, S. 31–98.

Tremp-Utz, 1988
Tremp-Utz, Kathrin: Welche Sprache spricht die Jungfrau Maria? Sprachgrenzen und Sprachkenntnisse im bernischen Jetzerhandel (1507–1509), in: SZG 38, 1988, S. 221–249.

Tschachtlan, 1988
Tschachtlans Bilderchronik. Kommentar zur Faksimile-Ausgabe, hg. von Alfred A. Schmid, Luzern 1988.

Tschudi 1968ff.
Tschudi, Aegidius: Chronicon Helveticum; bearbeitet von Peter Stadler und Bernhard Stettler (Quellen zur Schweizer Geschichte, NF, Abt. 1: Chroniken 7), Basel 1968ff.

Tüchle, 1984
Tüchle, Hermann: Die Münsteraltäre des Spätmittelalters. Stifter, Heilige, Patrone und Kapläne, in: Specker, Hans Eugen/Wortmann, Reinhard (Hgg.): 600 Jahre Ulmer Münster. Festschrift, 2. Aufl., Ulm 1984, S. 126–182.

Tuor, 1977
Tuor, Robert: Mass und Gewicht im Alten Bern, in der Waadt, im Aargau und im Jura, Bern/Stuttgart 1977.

Türler, 1892a
Türler, Heinrich: Geschichte von 20 Häusern an der Junkerngasse in Bern, in: BTb 41, 1892, S. 173–284.

Türler, 1892b/Türler, 1893
Türler, Heinrich: Meister Johannes Bäli und die Reliquienerwerbung der Stadt Bern in den Jahren 1463 und 1464, in: Neujahrs-Blatt der Litterarischen Gesellschaft Bern 1893 (erschienen Bern 1892), S. 3–28.

Türler, 1895
Türler, Heinrich: Das Beerdigungswesen der Stadt Bern bis zur Schliessung des Monbijou-Friedhofs, in: Intelligenzblatt und Berner Stadtblatt 1895, Nr. 74–78 (28. März–2. April), Nr. 80–84 (4.–9. April).

Türler, 1896a
Türler, Heinrich: Bern. Bilder aus Vergangenheit und Gegenwart, Bern 1896.

Türler, 1896b
Türler, Heinrich: Die Altäre und Kaplaneien des Münsters in Bern vor der Reformation, NBTb 1896, S. 72–118.

Türler, 1898a
Türler, Heinrich: Zwei Urkunden über das Pfeiferkönigthum in Bern, in: Anzeiger für Schweizerische Geschichte, NF 8, Nr. 1, 1898, S. 17f.

Türler, 1898b
Türler, H[einrich]: Conrad Türst, in: Anzeiger für Schweizerische Geschichte, NF 8, Nr. 3, 1898, S. 65.

Türler, 1899
Türler, Heinrich: Zur Topographie der Kreuzgasse und der Gerechtigkeitsgasse in Bern, in: NBTb 1899, S. 121–138.

Türler, 1902a
Türler, Heinrich: Über den Ursprung der Zigerli von Ringoltingen und über Thüring von Ringoltingen, in: NBTb 1902, S. 263–276 (Stammtafel nach S. 276).

Türler, 1902b
Türler, Heinrich: Die Lausanner Kirchenvisitationen von 1416/17, in: AHVB 16, 1902, S. 1–41.

Türler, 1904
Türler, Heinrich: Drei Lieder aus dem 16. Jahrhundert, in: NBTb 9, 1904, S. 240–258.

Türler, 1909
Türler, Heinrich: Das Ende der Grafen von Kiburg, in: Blätter für bernische Geschichte, Kunst und Altertumskunde 5, 1909, S. 272–287.

Türler, 1921
Türler, Heinrich: Die Kapellen und die Altäre des Münsters vor der Reformation, in: Festschrift Berner Münster, 1921, S. 54–79.

Türst, 1884
Conradi Türst De Situ Confœderatorum Descriptio, hg. von Georg von Wyss und Hermann Wartmann, in: Quellen zur Schweizer Geschichte 6, 1884, S. 1–72, Nachtrag. Eine Mailänder Handschrift von C. Türst's «Descriptio», mitgetheilt von Emilio Motta, S. 311–333.

Türst, 1942
Die älteste Schweizerkarte des Konrad Türst aus dem Jahre 1496/98, nach dem Original der Zentralbibliothek Zürich, Faksimiledruck, hg. von der Schweizer Bibliophilen Gesellschaft, Zürich 1942.

Twinger von Königshofen, 1870
Chronik des Jacob Twinger von Königshofen, hg. von Carl Hegel, in: Die Chroniken der deutschen Städte 8, Leipzig 1870, S. 153–498.

Ulrich-Bochsler, 1997a
Ulrich-Bochsler, Susi: Vom «enfant sans âme» zum «enfant du ciel», in: Unipress 92, 1997, S. 17–24.

Ulrich-Bochsler, 1997b
Ulrich-Bochsler, Susi: Anthropologische Befunde zur Stellung von Frau und Kind in Mittelalter und Neuzeit. Soziobiologische und soziokulturelle Aspekte im Lichte von Archäologie, Geschichte, Volkskunde und Medizingeschichte (SADB), Bern 1997.

Ulrich-Bochsler/Gutscher, 1993
Ulrich-Bochsler, Susi/Gutscher, Daniel: Der Galgen von Matten bei Interlaken, in: Archäologie der Schweiz 3, 1993, S. 103f.

Ulrich-Bochsler/Gutscher, 1994
Ulrich-Bochsler, Susi/Gutscher, Daniel: Die Wallfahrt mit totgeborenen Kindern zur Marienkapelle in Oberbüren (Kanton Bern), in: Kat. Himmel, Hölle, Fegefeuer, 1994, S. 192–194.

Ulrich-Bochsler/Gutscher, 1998
Ulrich-Bochsler, Susi/Gutscher, Daniel: Wiedererweckung von Totgeborenen. Ein Schweizer Wallfahrtszentrum im Blick von Archäologie und Anthropologie, in: Schlumbohm, Jürgen u. a. (Hgg.): Rituale der Geburt, München 1998, S. 244–268.

Ungerer, 1931
Ungerer, Alfred: Les horloges astronomiques et monumentales les plus remarquables de l'Antiquité jusqu'à nos jours, Strasbourg 1931.

Untermann, 1995
Die Latrine des Augustinereremiten-Klosters in Freiburg/Br., hg. von Matthias Untermann (Materialhefte zur Archäologie in Baden-Württemberg 31), Stuttgart 1995.

Usteri, 1847
Usteri, Johann Martin: Gerold Edlibach's Chronik (Mitteilungen der Antiquarischen Gesellschaft Zürich 4), Zürich 1847.

Utz Tremp, 1991a
Utz Tremp, Kathrin: Zwischen Ketzerei und Krankenpflege. Die Beginen in der spätmittelalterlichen Stadt Bern, in: Zwischen Macht und Dienst. Beiträge zur Geschichte und Gegenwart von Frauen im kirchlichen Leben der Schweiz, hg. von Sophia Bietenhard u. a., Bern 1991, S. 27–52.

Utz Tremp, 1991b
Utz Tremp, Kathrin: Die befleckte Handfeste. Die innerstädtischen Unruhen im Spiegel der spätmittelalterlichen bernischen Chronistik, in: Schilling, 1991, S. 135–150.

Utz Tremp, 1993a
Utz Tremp, Kathrin: Geschichte des Berner Dominikanerkonvents von 1269–1528. Mit einer Darstellung der topographischen Verhältnisse in Kloster und Kirche zur Zeit des Jetzerhandels (1507–1509), in: Descœudres/Utz Tremp, 1993, S. 119–160.

Utz Tremp, 1993b
Utz Tremp, Kathrin: Eine Werbekampagne für die befleckte Empfängnis: der Jetzerhandel in Bern (1507–1509), in: Maria in der Welt. Marienverehrung im Kontext der Sozialgeschichte 10.–18. Jahrhundert, hg. von Claudia Opitz u. a. (Clio Lucernensis 2), Zürich 1993, S. 323–337.

Utz Tremp, 1995
Utz Tremp, Kathrin: Die Beginen in der Stadt Bern, in: Helvetia Sacra IX/2, S. 248–311.

Utz Tremp, 1996
Utz Tremp, Kathrin: Bern, in: Helvetia Sacra IV/4, S. 91–110.

Vadon, 1992
Vadon, Annick: Amédée VIII dans l'iconographie, in: Amédée VIII – Félix V. Premier duc de Savoie et pape (1383–1451) (Bibliothèque historique vaudoise 103), Lausanne 1992, S. 105–119.

van Beuningen/Koldeweij, 1993
van Beuningen, H. J. E./Koldeweij, A. M.: Heilig en profaan. 1000 laat–middeleewse insignes uit de colletie H. J. E. von Beuningen (Rotterdam Papers 8), Rotterdam 1993.

van Buren/Edmunds, 1974
van Buren, Anne H./Edmunds, Sheila: Playing Cards and Manuscripts: Some Widely Disseminated Fifteenth Century Model Sheets, in: Art Bulletin 56, 1974, S. 12–30.

Vander Linden, 1940
Vander Linden, Herman: Itinéraires de Philippe le Bon, duc de Bourgogne (1419–1467) et de Charles, comte de Charolais (1433–1467), Brüssel 1940.

Vanni, 1995
Vanni, Franca Maria: Il segno dei mercanti. Tessere mercantili medievali del Museo statale d'arte medievale e moderna di Arezzo, Florenz 1995.

Vasarhelyi, 1974
Vasarhelyi, Hanno: Einwanderung nach Nördlingen, Esslingen und Schwäbisch Hall zwischen 1450 und 1550. Einige Aspekte und Ergebnisse einer statistischen Untersuchung, in: Stadt und Umland, hg. von Erich Maschke und Jürgen Sydow (Veröffentlichungen der Kommission für geschichtliche Landeskunde in Baden-Württemberg, Reihe B: Darstellungen 82), Stuttgart 1974, S. 129–166.

Vasella, 1966
Vasella, Oskar: Über die Taufe totgeborener Kinder in der Schweiz, in: ZSKG 60, 1966, S. 1–75.

Vaughan, 1973
Vaughan, Richard: Charles the Bold, London 1973.

Vavra, 1987
Vavra, Elisabeth: Kunstwerke als religiöse Stiftung. Überlegungen zum Stifterbild in der deutschen Tafelmalerei des Spätmittelalters, in: Artistes, Artisans et production artistique au Moyen Age, Bd. 2: Commande et travail, hg. von Xavier Barral i Altet, Paris 1987, S. 257–272.

Verfasserlexikon 1ff., 1978ff.
Die deutsche Literatur des Mittelalters. Verfasserlexikon, bisher 9 Bde. erschienen, Berlin/New York 1978ff.

Vetter, 1882
Vetter, Ferdinand: Eine neue Handschrift von Boner's Edelstein, in: Germania. Vierteljahrsschrift für Deutsche Alterthumskunde 27, 1882, S. 219.

Vetter, 1898
Vetter, Ferdinand: Wilhelm Zieli. 14.–1541 (1542?), in: Sammlung Bernischer Biographien III, S. 557–560.

Vetter, 1904
Vetter, Ferdinand: Über die zwei angeblich 1522 aufgeführten Fastnachtspiele Niklaus Manuels, in: Beiträge zur Geschichte der deutschen Sprache und Literatur 29, 1904, S. 80–117.

Vetter, 1916/17
Vetter, Ferdinand: Der Mailänderkrieg von 1516 und Niklaus Manuel, in: AHVB 23, 1916/17, S. 141–237.

Vetter, 1965
Vetter, Ewald M.: Das Frankfurter Paradiesgärtlein, in: Heidelberger Jahrbücher 9, 1965, S. 102–146.

Vicente, 1992
Vicente, Lleo: Vom «Hortus conclusus» zum «locus amoenus». Der Gartenbegriff in der Renaissance, in: Sevilla, 1992, S. 24–33.

Vischer/Schenker/Dellsperger, 1994
Ökumenische Kirchengeschichte der Schweiz, hg. von Lukas Vischer, Lukas Schenker und Rudolf Dellsperger, Freiburg (Schweiz)/Basel 1994.

Vocke, 1959
Vocke, Harald (Hg.): Geschichte der Handwerksberufe, 2. Bde., Waldshut 1959.

Vöge, 1950
Vöge, Wilhelm: Jörg Syrlin d.Ä. und seine Bildwerke, Bd. 2, Berlin 1950.

Vögelin, 1878
Vögelin, Friedrich S.: Kunst, in: Manuel, 1878, S. LIX–CXII.

von Bonstetten, 1862
von Bonstetten, Albrecht: Beschreibung der Burgunderkriege – (...) Germanica in prelia Karoli quondam Burgundie ducis et in finem ejus/(...) [D]ie tütschen stritt Karoli, Ettwann Hertzogen zu Burgund und (...) sin ende, in: Archiv für Schweizerische Geschichte 13, 1862, S. 283–316, Nachtrag, S. 317–324.

von der Gruben, 1896
Hans von der Grubens Reise- und Pilgerbuch. 1435–1467, hg. von Max von Diesbach, in: AHVB 14, 1896, S. 97–151.

von der Osten, 1974
von der Osten, Gert: Vermutungen über die Anzahl Altkölner Tafel- und Leinwandbilder, in: Vor Stefan Lochner. Die Kölner Maler von 1300 bis 1430, Köln 1974, S. 26–29.

von Erlach, 1989
von Erlach, Hans Ulrich: 800 Jahre Berner von Erlach. Die Geschichte einer Familie, Bern 1989.

von Ertzdorff, 1989
von Ertzdorff, Xenja: Romane und Novellen des 15. und 16. Jahrhunderts in Deutschland, Darmstadt 1989.

von Fischer, 1958
von Fischer, Rudolf: Das altbernische Kanzleiarchiv und seine Zürichbücher, in: Archivalia et Historica. Arbeiten aus dem Gebiet der Geschichte und des Archivwesens. Festschrift für Anton Largiadèr, hg. von Dietrich Schwarz u. a., Zürich 1958, S. 21–32.

von Greyerz, 1934
von Greyerz, Hans (Hg.): Ablasspredigten des Johannes Heynlin von Stein (de Lapide) 28. September bis 8. Oktober 1476 in Bern, in: AHVB 32, 1934, S. 113–171.

von Greyerz, 1940
von Greyerz, Hans: Studien zur Kulturgeschichte der Stadt Bern am Ende des Mittelalters, in: AHVB 35, 1940, S. 173–491.

von Greyerz, 1953
von Greyerz, Hans: Nation und Geschichte im Bernischen Denken. Vom Beitrage Berns zum Schweizerischen Nationalbewusstsein, Bern 1953.

von Knorre, 1974
von Knorre, Alexander: Turmvollendungen deutscher gotischer Kirchen, Köln 1974.

von Lehe, 1966
von Lehe, Erich: Die Märkte Hamburgs von den Anfängen bis in die Neuzeit (VSWG Beihefte 50), Wiesbaden 1966.

von Liebenau/von Mülinen, 1893
von Liebenau, Theodor/von Mülinen, Wolfgang Friedrich (Hgg.): Diebold Schillings Berner Chronik von 1424–1468, in: AHVB 13, 1893, S. 431–600.

von Mandach, 1934
von Mandach, Conrad: Ein neu entdeckter Altarflügel Niklaus Manuels, in: Pantheon 14, 1934, S. 293–298.

von Mandach/Koegler, o.J.
von Mandach, Conrad/Koegler, Hans: Niklaus Manuel Deutsch, Basel o.J.

von May, 1874
von May, Alfred: Bartholomeus May und seine Familie. Ein Lebensbild aus der Reformationszeit, in: BTb 23, 1874, S. 1–178.

von Molsheim, 1914
Peter von Molsheims Freiburger Chronik der Burgunderkriege, hg. von Albert Büchi, Bern 1914.

von Mülinen I–VI
von Mülinen, Egbert Friedrich: Beiträge zur Heimatkunde des Kantons Bern deutschen Teils, Hefte 1–6, ab Heft 5 fortgesetzt von Wolfgang Friedrich von Mülinen, Bern 1879–1893.

von Mülinen, 1887
von Mülinen, Wolfgang–Friedrich: Geschichte der Schweizer Söldner bis 1497, Diss Bern 1887.

von Mülinen, 1888
Die Jerusalemfahrt des Caspar von Mülinen (1506), hg. von Reinhold Röhricht, in: Zeitschrift des deutschen Palästinavereins 11, 1888, S. 185–197.

von Mülinen, 1894
von Mülinen, Wolfgang F.: Ritter Caspar von Mülinen (Neujahrsblatt des Historischen Vereins von Bern 1894), Bern 1893.

von Mülinen, 1896
von Mülinen, Wolfgang F.: Standeserhöhungen und Wappenveränderungen bernischer Geschlechter, in: Schweizer Archiv für Heraldik 10, 1896, S. 46–48, 53–60, 64–72, 78–84.

von Mülinen, 1915
von Mülinen, Wolfgang Friedrich: Ritter Jakob von Roverea, Herr von Crest, in: NBTb 20, 1915, S. 1–23.

von Muralt, 1980
von Muralt, Leonhard: Renaissance und Reformation, in: Handbuch der Schweizer Geschichte, Bd. 1, 2. Aufl., Zürich 1980, S. 389–570.

von Roda, 1986
von Roda, Burkard: Der Peter Rot-Altar (Basler Kostbarkeiten 7), Basel 1986.

von Rodt, 1812
von Rodt, Emanuel: Auszug aus Burkhards von Erlach, des Berner Hauptmanns, Berichten, und Rechnungen, den Pavierzug von 1512 betreffend. Ein Beytrag zur Geschichte der Meyländischen Feldzüge der Schweizer, in: Der Schweizerische Geschichtsforscher 1, 1812, S. 193–249.

von Rodt, 1817
von Rodt, Emanuel (Hg.): Reyss wegen der Pest nach St. Beat, in: Der Schweizerische Geschichtsforscher 2, 1817, S. 393f.

von Rodt, 1825
von Rodt, Emanuel: Biographische Notizen über Albrecht vom Stein, in: Der Schweizerische Geschichtsforscher 5, 1825, S. 321–451.

von Rodt, 1826
von Rodt, Emanuel: Biographische Notizen über Albrecht vom Stein, in: Der Schweizerische Geschichtsforscher 6, 1826, S. 1–67.

von Rodt, 1831
von Rodt, Emanuel: Geschichte des bernischen Kriegswesens. Von der Gründung der Stadt Bern bis zur Staatsumwälzung von 1798, Bd. 1, Bern 1831.

von Rodt, 1844
von Rodt, Emanuel: Die Feldzüge Karls des Kühnen, Herzog von Burgund und seiner Erben. Mit besonderem Bezug auf die Teilnahme der Schweizer an denselben, Bd. 2, Schaffhausen 1844.

von Rodt, 1862
von Rodt, Emanuel: Die Gesellschaft von Kaufleuten in Bern. Ein Beitrag zur Geschichte des stadtbernischen Gesellschafts– und Zunftwesens, in: BTb 11, 1862, S. 1–171.

von Rodt, 1886
von Rodt, Eduard: Bernische Stadtgeschichte, Bern 1886.

von Rodt, 1891
von Rodt, Eduard: Berns Burgerschaft und Gesellschaften, in: Festschrift zur VII. Säkularfeier der Gründung Berns 1191–1891, Teil II, Bern 1891, S. 1–114.

von Rodt, 1896
von Rodt, Eduard: Standes– und Wappenwesen der bernischen Familien, in: NBTb 1896, S. 1–71.

von Rodt, 1905
von Rodt, Eduard: Bern im fünfzehnten Jahrhundert, Bern 1905.

von Rodt, 1907
von Rodt, Eduard: Bern im 13. und 14. Jahrhundert, Bern 1907.

von Rodt, 1922
von Rodt, Ed[uard]: Das Rathaus in Bern, in: Blätter für bernische Geschichte, Kunst und Altertumskunde 18, 1922, S. 161–189.

von Sinner, 1875/76
von Sinner, Rudolf: Das Antonierhaus in Bern, in: BTb 24/25, 1875/76, S. 261–322.

von Stromer, 1970
von Stromer, Wolfgang: Oberdeutsche Hochfinanz 1350–1450 (VSWG Beihefte 55–57), Wiesbaden 1970.

von Stürler, 1868–1871
von Stürler, Moritz: Die Volksanfragen im alten Bern, in: AHVB 7, 1868–1871, S. 225–257.

von Tavel, 1979a
von Tavel, Hans Christoph: Der Totentanz, in: Kat. Niklaus Manuel Deutsch, 1979, S. 252–285.

von Tavel, 1979b
von Tavel, Hans Christoph: Zeichnungen zu den Figuren des Chorlettners im Berner Münster, in: Kat. Niklaus Manuel Deutsch, 1979, S. 307–309.

von Tavel, 1987
von Tavel, Christoph: Bern und die bildende Kunst, in: Illustrierte Berner Enzyklopädie, Bd. 4: Kunst und Kultur im Kanton Bern, Wabern–Bern 1987, S. 8–81.

von Wattenwyl, 1865
von Wattenwyl, Eduard: Die Gesellschaft zum Distelzwang, in: BTb 14, 1865, S. 174–200.

von Wattenwyl, 1902
von Wattenwyl, Albert: Jakob von Wattenwyl. 1466–1525, in: Sammlung Bernischer Biographien IV, S. 207–214.

von der Gruben, 1896
Hans von der Grubens Reise- und Pilgerbuch. 1435–1467, hg. von Max von Diesbach, in: AHVB 14, 1896, S. 97–151.

von der Osten, 1974
von der Osten, Gert: Vermutungen über die Anzahl Altkölner Tafel- und Leinwandbilder, in: Vor Stefan Lochner. Die Kölner Maler von 1300 bis 1430, Köln 1974, S. 26–29.

Vroom, 1981
Vroom, Wilhelmus Hermanus: De financiering van de kathedraalbouw in de middeleeuwen in het bijzonder van de dom van Utrecht, Maarssen 1981.

Vroom, 1983
Vroom, Wilhelmus Hermanus: De Onze-Lieve-Vrouwe-kerk te Antwerpen. De financiering van de bouw tot de beeldenstorm, Antwerpen/Amsterdam 1983.

Vuarnoz, 1946
Vuarnoz, Jean-Pierre: Les résurrections d'enfants morts-nés et les sanctuaires à répit, in: Mélanges offerts au professeur Paul Cantonneau, Tournai 1946, S. 202–223.

Wäber, 1928
Wäber, Paul: Die Familie Spilmann in Bern und ihre Schicksale, in: BTb 33, 1928, Bern 1928, S. 81–126.

Wäber, 1938
Wäber, Paul: Die Gesellschaft zu Schmieden in Bern. Ihr Leben und ihre Entwicklung in sechs Jahrhunderten, Bern 1938.

Wagner, 1977
Wagner, Hugo: Kunstmuseum Bern. Gemälde des 15. und 16. Jahrhunderts, ohne Italien, Bern 1977.

Wahl, 1992
Wahl, Joachim: Der anthropologische Befund. Der Heidelberger Spitalfriedhof, in: Kat. Stadtluft, Hirsebrei und Bettelmönch, 1992, S. 479–485.

Walder, 1962/63
Walder, Ernst: Vorrede zu: Schweizer Beiträge zur Allgemeinen Geschichte 20, 1962/63, S. 1–3.

Walder, 1980/81
Walder, Ernst: Reformation und moderner Staat, in: Berner Reformation, 1980/81, S. 445–583.

Walder, 1983
Walder, Ernst: Das torechte Leben von 1477 in der bernischen Politik von 1477 bis 1481, in: BZGH 45, 1983, S. 73–134.

Walder, 1986
Walder, Ernst: «Von räten und burgern verhört und corrigiert». Diebold Schillings drei Redaktionen der Berner Chronik der Burgunderkriege, in: BZGH 48, 1986, S. 87–117.

Walser, 1985
Walser, Gerold: Das Itinerar der Berner im Pavier Feldzug von 1512, in: BZGH 47, 1985, S. 251–271.

Walz, 1946
Walz, Angelus: Von Dominikanerstammbäumen, in: Archivum fratrum praedicatorum 34, 1946, S. 231–274.

Warnke, 1982
Warnke, Martin: Praxisfelder der Kunsttheorie. Über die Geburtswehen des Individualstils, in: Idea. Jb. der Hamburger Kunsthalle 1, 1982, S. 54–72.

Warnke, 1988
Warnke, Martin: Durchbrochene Geschichte? Die Bilderstürme der Wiedertäufer in Münster 1534/35, in: Warnke, Martin (Hg.): Bildersturm. Die Zerstörung des Kunstwerks, 2. Aufl., Frankfurt 1988, S. 65–98.

Warnke, 1993
Warnke, Martin: Chimären der Phantasie, in: Pegasus und die Künste, Ausstellungskatalog, Hamburg, Museum für Kunst und Gewerbe, hg. von Claudia Brink und Wilhelm Hornbostel, München 1993, S. 61–69.

WB BE, 1981
Wappenbuch des Kantons Bern, Bern 1981.

Weber, 1976
Weber, Berchtold: Historisch-topographisches Lexikon der Stadt Bern in ihren Grenzen vor der Eingemeindung von Bümpliz am 1. Januar 1919 (Schriften der Berner Burgerbibliothek), Bern 1976.

Weber, 1984
Weber, Dieter: Geschichtsschreibung in Augsburg. Hektor Mülich und die reichsstädtische Chronistik des Spätmittelalters, Augsburg 1984.

Weber, 1992
Weber, Edwin Ernst: Städtische Herrschaft und bäuerliche Untertanen in Alltag und Konflikt. Die Reichsstadt Rottweil und ihre Landschaft vom 30jährigen Krieg bis zur Mediatisierung, Rottweil 1992.

Wehrli, 1924
Wehrli, G[ustav] A[dolf]: Der Zürcher Stadtarzt Christoph Clauser und seine Stellung zur Reformation der Heilkunde im 16. Jahrhundert (Veröffentlichungen der Schweizerischen Gesellschaft für Geschichte der Medizin und der Naturwissenschaften 2), Zürich 1924.

Wehrli-Johns, 1994
Wehrli-Johns, Martina: tuo daz guote und lâ daz übele. Das Fegefeuer als Sozialidee, in: Kat. Himmel, Hölle, Fegefeuer, 1994, S. 47–58.

Weilandt, 1993
Weilandt, Gerhard: Wider die Gotteslästerung und Götzerei. Der «Bildersturm» des Jahres 1531, in: Kat. Meisterwerke massenhaft, 1993, S. 421–427.

Weishaupt, 1992
Weishaupt, Matthias: Bauern, Hirten und «frume edle puren». Bauern- und Bauernstaatsideologie in der spätmittelalterlichen Eidgenossenschaft und der nationalen Geschichtsschreibung der Schweiz (Nationales Forschungsprogramm 21: Kulturelle Vielfalt und nationale Identität), Basel/Frankfurt a. M. 1992.

Welti, 1896a
Welti, Friedrich Emil (Hg.): Die Stadtrechnungen von Bern aus den Jahren 1375–1384, Bern 1896.

Welti, 1896b
Welti, Friedrich Emil (Hg.): Die Tellbücher der Stadt Bern aus dem Jahre 1389, in: AHVB 14, 1896, S. 505–704.

Welti, 1904
Welti, Friedrich Emil (Hg.): Die Stadtrechnungen von Bern aus den Jahren 1430–1452, Bern 1904.

Welti, 1912
Stadtrechnungen [von Bern von 1454 und 1492], hg. von Fr[iedrich] E[mil] Welti, in: AHVB 20, Heft 1, 1910 (Gesamtbd. 20 erschienen 1912), S. 1–44.

Welti, 1919/20
Welti, Friedrich Emil (Hg.): Hans von Waldheims Reisen durch die Schweiz im Jahre 1474, in: AHVB 25, 1919/20, S. 89–154.

Welti, 1936a
Welti, Friedrich Emil (Hg.): Das Tellbuch der Stadt Bern aus dem Jahre 1448, in: AHVB 33, 1936, S. 353–486.

Welti, 1936b
Welti, Friedrich Emil (Hg.): Das Tellbuch der Stadt Bern aus dem Jahre 1458, in: AHVB 33, 1936, S. 487–575.

Werder, 1950
Werder, Ernst: Herrschaftsbeamtungen auf dem Land (besonders im Landgericht Konolfingen), in: BZGH 1950, S. 9–23.

Wermelinger, 1971
Wermelinger, Hugo: Lebensmittelteuerungen, ihre Bekämpfung und ihre politischen Rückwirkungen in Bern. Vom ausgehenden 15. Jahrhundert bis in die Zeit der Kappelerkriege (AHVB 55), Bern 1971.

Wernli, 1991
Wernli, Martin: Das kaiserliche Hofgericht in Zürich. Ein Beitrag zur spätmittelalterlichen Gerichtsbarkeit, Zürich 1991.

Westhoff, 1996
Westhoff, Hans u.a.: Graviert, gemalt, gepresst. Spätgotische Retabelverzierungen in Schwaben, Stuttgart 1996.

Widmer, 1968
Widmer, Berthe: Erfahrungen eines päpstlichen Statthalters mit Schweizersöldnern, in: Discordia Concors. Festgabe für Edgar Bonjour, hg. von Marc Sieber, Bd. 2, Basel/Stuttgart 1968, S. 339–366.

Wild, 1992
Wild, Dölf: Die mittelalterliche Tonrohr-Wasserleitung in das Areal der Dominikaner von Zürich, in: Ziegelei-Museum 9, 1992, S. 5–25.

Wildermann I–II
Wildermann, Ansgar (Hg.): La visite des églises du diocèse de Lausanne en 1453, 2 Bde. (Mémoires et documents publiés par la Société d'Histoire de la Suisse romande, 3e série 19–20), Lausanne 1993.

Willoweit, 1983
Willoweit, Dietmar: Die Entwicklung und Verwaltung der spätmittelalterlichen Landesherrschaft, in: Deutsche Verwaltungsgeschichte, hg. von Kurt G. A. Jeserich u.a., Bd. 1: Vom Spätmittelalter bis zum Ende des Reiches, Stuttgart 1983, S. 66–143.

Windemuth, 1995
Windemuth, Marie-Luise: Das Hospital als Träger der Armenfürsorge im Mittelalter (Sudhoffs Archiv. Vierteljahresschrift für Geschichte der Medizin und der Naturwissenschaften [...], Beiheft 36), Stuttgart 1995.

Witte, 1891
Witte, Heinrich: Zur Geschichte der Burgunderkriege. Die Konstanzer Richtung und das Kriegsjahr 1474, in: ZGO, NF 6, 1891, S. 1–81, 361–414.

Wolff, 1979
Wolff, Martha A. W.: The Master of the Playing Cards: An Early Engraver and His Relationship to Traditional Media, Ph. D. Yale University 1979.

Wolff, 1983
Wolff, Martha A. W.: Observations on the Master of the Playing Cards and Upper Rhenish Painting, in: Essays in Northern European Art Presented to E. Haverkamp-Begeman, Doornspijk 1983, S. 295–302.

Wölfli, 1929
Heinrich Wölflis Reise nach Jerusalem 1520/21, hg. von Hans Bloesch (Veröffentlichung der Schweizer Bibliophilen Gesellschaft), Bern 1929.

Wriedt, 1983
Wriedt, Klaus: Stadtrat-Bürgertum-Universität am Beispiel norddeutscher Hansestädte, in: Studien zum städtischen Bildungswesen des späten Mittelalters und der frühen Neuzeit, hg. von Bernd Moeller u.a., Göttingen 1983, S. 152–172.

Wunder, 1967
Wunder, Gerd: Die Unterschichten der Reichsstadt Hall, in: Gesellschaftliche Unterschichten in südwestdeutschen Städten, hg. von Erich Maschke und Jürgen Sydow (Veröffentlichungen der Kommission für geschichtliche Landeskunde in Baden-Württemberg, Reihe B: Forschungen 41), Stuttgart 1967, 101–118.

Wunder, 1974
Wunder, Gerd: Die Sozialstruktur der Reichsstadt Schwäbisch Hall im späten Mittelalter, in: Untersuchungen zur gesellschaftlichen Struktur der mittelalterlichen Städte in Europa (Vorträge und Forschungen 11), 2. Aufl., Sigmaringen 1974, S. 25–52.

Wunder, 1978
Wunder, Heide: Probleme der Stratifikation in mittelalterlichen Gesellschaftssystemen, in: Geschichte und Gesellschaft 4, 1978, S. 542–550.

Wunder, 1979
Wunder, Gerd: Reichsstädte als Landesherren, in: Zentralität als Problem der mittelalterlichen Stadtgeschichtsforschung, hg. von E. Meynen, Köln/Wien 1979, S. 79–91.

Würsten, 1990
Würsten, Franz: Führer durch die Mauritiuskirche in Saanen, Saanen 1990.

Wüthrich, 1978
Wüthrich, Lucas: Ein Altar des ehemaligen Klosters Sankt Maria Magdalena in Basel. Interpretation des Arbeitsvertrags von 1518 und Rekonstruktionsversuch, in: ZAK 35, 1978, S. 108–119.

Zahnd, 1979
Zahnd, Urs Martin: Die Bildungsverhältnisse in den bernischen Ratsgeschlechtern im ausgehenden Mittelalter. Verbreitung, Charakter und Funktion der Bildung in der politischen Führungsschicht einer spätmittelalterlichen Stadt (Schriften der Berner Burgerbibliothek 14), Bern 1979.

Zahnd, 1984
Zahnd, Urs Martin: Geschichte der Berner Zunft zu Mittellöwen, Bd. 1: Die Berner Zunft zum Mittellöwen im Spätmittelalter, Bern 1984.

Zahnd, 1986
Zahnd, Urs Martin: Die autobiographischen Aufzeichnungen Ludwig von Diesbachs. Studien zur spätmittelalterlichen Selbstdarstellung im oberdeutschen und schweizerischen Raume (Schriften der Berner Burgerbibliothek 17), Bern 1986.

Zahnd, 1988a
Zahnd, Urs Martin: Das wirtschaftliche und soziale Umfeld Bendicht Tschachtlans, in: Tschachtlans Bilderchronik. Kommentar zur Faksimile-Ausgabe der Handschrift ZBZ Ms. A 120, Luzern 1988, S. 13–25.

Zahnd, 1988b
Zahnd, Urs Martin: Spätmittelalterliche Bürgertestamente als Quellen zu Realienkunde und Sozialgeschichte, in: Mitteilungen des Instituts für österreichische Geschichtsforschung 96, 1988, S. 55–78.

Zahnd, 1991a
Zahnd, Urs Martin: Laienbildung und Literatur im spätmittelalterlichen Bern, in: Schilling, 1991, S. 151–160.

Zahnd, 1991b
Zahnd, Urs Martin: Berns Bündnis- und Territorialpolitik in der Mitte des 14. Jahrhunderts, in: BZGH 53, 1991, S. 21–59.

Zahnd, 1993
Zahnd, Urs Martin: Bern im Spätmittelalter. Das städtische Umfeld des Münsterbaus, in: Schläppi, Christoph/Schlup, Bernard/Zahnd, Urs Martin u.a.: Machs na, Bd. 2: Materialien zum Berner Münster, Bern 1993, S. 203–220.

Zahnd, 1994
Zahnd, Urs Martin: Lateinschule – Universität – Prophezey. Zu den Wandlungen im Schulwesen eidgenössischer Städte in der ersten Hälfte des 16. Jahrhunderts, in: Bildungs- und schulgeschichtliche Studien zu Spätmittelalter, Reformation und konfessionellem Zeitalter, hg. von Harald Dickerhof (Wissensliteratur im Mittelalter 19), Wiesbaden 1994, S. 91–115.

Zahnd, 1995
Zahnd, Urs Martin: Chordienst und Schule in eidgenössischen Städten des Spätmittelalters. Eine Untersuchung auf Grund der Verhältnisse in Bern, Freiburg, Luzern und Solothurn, in: Zwingliana 22, 1995, S. 5–35.

Zahnd, 1996a
Zahnd, Urs Martin: Studium und Kanzlei. Der Bildungsweg von Stadt- und Ratsschreiber in eidgenössischen Städten des ausgehenden Mittelalters, in: Gelehrte im Reich. Zur Sozial- und Wirkungsgeschichte akademischer Eliten des 14. bis 16. Jahrhunderts, hg. von Rainer C. Schwinges (ZHF Beihefte 18), Berlin 1996, S. 453–476.

Zahnd, 1996b
Zahnd, Urs Martin:, Chordienst und Schule in eidgenössischen Städten des Spätmittelalters. Eine Untersuchung auf Grund der Verhältnisse in Bern, Freiburg, Luzern und Solothurn, in: Schule und Schüler im Mittelalter. Beiträge zur europäischen Bildungsgeschichte des 9. bis 15. Jahrhunderts, hg. von Martin Kintzinger, Sönke Lorenz und Michael Walter, Köln/Weimar/Wien 1996, S. 259–297.

Zalewska, 1996
Zalewska, Katarzyna: «Selon l'aviz dudit maitre». Über die Grenzen der Freiheit des Künstlers im Spätmittelalter, in: Individuum und Individualität im Mittelalter, hg. von Jan A. Aertsen und Andreas Speer (Miscellanea Mediaevalia 24), Berlin/New York 1996, S. 829–843.

Zebhauser, 1986
Zebhauser, Helmuth: Frühe Zeugnisse. Die Alpenbegeisterung, München 1986.

Zender, 1973
Zender, Matthias: Räume und Schichten mittelalterlicher Heiligenverehrung in ihrer Bedeutung für die Volkskunde. Die Heiligen des mittleren Maaslandes und der Rheinlande in Kultgeschichte und Kultverbreitung, Köln 1973.

Zesiger, 1908a
Zesiger, Alfred: Die Stube zum roten/guldinen Mittlen-Löuwen. Ein Rückblick auf die Geschichte der ersten fünf Jahrhunderte, Bern 1908.

Zesiger, 1908b
Zesiger, Alfred: Die bernischen Schultheissen, in: Blätter für bernische Geschichte, Kunst und Altertumskunde 4, 1908, S. 235–258.

Zesiger, 1911
Zesiger, Alfred: Das bernische Zunftwesen, Bern 1911.

Zesiger, 1918
Zesiger, Alfred: Die Pest in Bern, Bern 1918.

Zesiger, 1921
Zesiger, Alfred: Die Münsterbaumeister, in: Blätter für bernische Geschichte, Kunst und Altertumskunde 17, 1921, S. 22–35.

Zingel, 1995
Zingel, Michael: Frankreich, das Reich und Burgund im Urteil der burgundischen Historiographie des 15. Jahrhunderts (Vorträge und Forschungen, Sonderbd. 40), Sigmaringen 1995.

Zinner, 1939
Zinner, Ernst: Die ältesten Räderuhren und modernen Sonnenuhren (28. Bericht der Naturforschenden Gesellschaft zu Bamberg), Bamberg 1939.

Zinsli, 1979a
Zinsli, Paul: Der Berner Totentanz des Niklaus Manuel, 2. Aufl., Bern 1979.

Zinsli, 1979b
Zinsli, Paul: Niklaus Manuel, der Schriftsteller, in: Kat. Niklaus Manuel Deutsch, 1979, S. 75–91.

Zinsli, 1992
Zinsli, Paul: Niklaus Manuels Satire von der «Krankheit der Messe». Verwandlungen eines frühneuhochdeutschen Textes, in: BZGH 54, 1992, S. 3–58.

Zumbrunn/Gutscher, 1994
Zumbrunn, Urs/Gutscher, Daniel: Bern – Die Skulpturenfunde der Münsterplattform. Katalog der figürlichen und architektonischen Plastik (SADB), Bern 1994.

Zwingli I–XIV
Huldreich Zwinglis sämtliche Werke, hg. von Emil Egli und Georg Finsler u.a. (Corpus Reformatorum 88–101), Berlin, später Leipzig, später Zürich 1905–1963.

Zykan, 1970
Zykan, Marlene: Zur Baugeschichte des Hochturmes von St. Stephan, in: Wiener Jb. für Kunstgeschichte 23, 1970, S. 28–65.

Zytglogge, 1983
Zytglogge. Der Wehrturm, der zum Denkmal wurde. Ein Bericht zum Abschluss der Restaurierung 1981–83, hg. von der Baudirektion der Stadt Bern, Bern 1983.

Personen- und Ortsregister

Das Register erschliesst Personen und Orte der Kapitel I bis VI. Das Schlagwort «Bern» wird nur im Zusammenhang mit Gassen-, Gebäude-, Platz- und Strassennamen in der Stadt ausgewiesen.

A

Aachen (D) 269; 320f.
Aarau (AG) 327; 340; 463; 581
Aarberg (BE) 38; 202ff.; 319; 321; 327; 331; 338; 393; 409
Aarburg (AG) 204; 327; 331; 340; 343
Aarburgund (s. a. Burgund) 89; 334; 338
Aare 33f.; 36; 42; 45ff.; 53; 56f.; 59; 61; 63; 69; 113; 116; 172; 197ff.; 201f.; 209; 212; 219; 320; 327; 334; 338; 363; 386
Aargau 34; 89; 141; 158; 186; 189; 192; 197; 233; 262; 265f.; 270; 286; 321; 323; 328; 331; 337; 340; 362; 393; 463
Aarwangen (BE) 327; 334; 336; 339; 409
Aberli, Johann Ludwig 33; 52; 68; 101; 156; 158; 213; 483
Abondance (F) 482
Achshalm, Gilian 101
Achshalm, Hans 132; 138
Achshalm, Peter 132
Acker, Hans 446
Adelboden (BE) 393
Adolf von Nassau, Deutscher König 263f.; 320
Aegerten (BE) 405
von Aegerten (Familie) 42
Aeschi (BE) 341; 351; 359; 393
Affoltern (BE) 339; 409
Afrika 279; 534
Agricola, Daniel 380
Agricola, Georg 57
Aigle (VD) 186; 284; 327f.; 332; 337; 347
d'Ailly, Pierre 556
Akkon (Israel) 430
Albligen (BE) 393
Albrecht I. von Habsburg, Deutscher König 320
Alchenflüh (BE) 340
Alder, Cosmas 481; 567; 571; 574–578
Aldingen bei Rottweil (D) 481
Alexander der Grosse 194
Alexandria (Ägypten) 545
Alleman (de Alamanis, Familie) 544
Alleman, Emanuel 544
Alleman, Johannes 238
Alleman, Louis 318; 556
Alleman, Niklaus 544
Allmendingen (s. Thun-Allmendingen)
Alpen 34; 133; 170; 184; 209; 262; 270; 279; 296; 348; 416; 430; 591
Amadeus V., Graf von Savoyen 319; 322
Amadeus VIII., Graf/Herzog von Savoyen (s. a. Felix V.) 314–319; 321f.; 554; 556
Amadeus IX., Herzog von Savoyen 322
Amerbach, Basilius 572
Amerbach, Bonifacius 570; 572; 578
Ammerten (BE) 259
Amsoldingen (BE) 327; 362; 364; 393; 417; 475f.; 478f.
Amsterdam (NL) 416
Andres, Anna 149
Anshelm, Valerius 61; 84ff.; 98; 101; 117; 119; 122; 125; 129; 139; 155; 178; 193; 240; 261f.; 266; 270; 280; 282; 284; 358; 473; 475; 477; 544f.; 547f.; 554; 571; 594f.; 598f.
Apiarius (s. Biener, Matthias)
Archer (Familie) 490
Archer, Anton 473; 492

von Armagnac, Grafen 557
Armbruster (Familie) 125f.; 139
Armbruster, Bernhard 123; 126; 131; 237
Armbruster, Franz 123; 126; 130
Armbruster, Johannes 83ff.; 126; 173; 417; 475ff.; 480
d'Arras, Jean 535f.
Arsent (Familie) 136f.
Asper, Hans 591
Asperlin von Raron, Johanna 124; 127
Athanasius, Bischof 506
Athen (GR) 568
Aubonne (VD) 200
Auclou, Robert 561
Augsburg (D) 118; 137; 188; 370; 418; 440; 442; 522f.; 584; 588; 590; 600
Augustin (Kirchenvater) 194; 521
Avenches (Aventicum, VD) 61
Avignon (F) 320; 507
de Aycardis, Baptista 476

B

Bächi bei Thun (BE) 467
Bachmann, Johannes 481
Baden (AG) 276; 320; 386; 415; 544; 576
de Baissey, Anthoine 279
Baldung, Hans 523
Baldung, Hieronymus 117
Bäli, Ägidius 157
Bäli, Hans 130; 157
von Ballmoos, Johannes Heinrich 146; 237f.
von Balm (Familie) 123
Balmer (Familie) 147; 318
Balmer, Lucia 146; 149f.
Bamberg (D) 325
Bannwil (BE) 393
Barbarini, Manfredo 568
Barcelona (E) 199; 241; 248
Bargen (BE) 393
von Bargen, Johannes 242
Bargenbrück (BE) 362
Bari (I) 561
Bartlome, Anna 208
Basel (BS) 71; 84; 97; 111; 117f.; 121; 129ff.; 156–162; 189f.; 210; 219f.; 227; 241; 249; 268f.; 284; 288; 292; 294; 312; 316; 318; 320–325; 336; 349; 368; 397; 412f.; 417f.; 431; 435; 444; 448f.; 451ff.; 458; 467ff.; 473; 483; 486; 502; 516; 521; 523; 543; 545; 551; 566; 572; 581; 589f.; 600
Baselwind, Diebold 71
Baumgartner, Rudolf 125; 127; 139; 283
Bayern 326
Bayern-Landshut, Herzogtum 324
Beatenberg (BE) 409; 530
Beatushöhlen (BE) 100; 328; 381
Bechburg (SO) 337; 339
Beda Venerabilis 194
Beer, Franz 483
Beheim, gen. Fränkli, Johannes (s. Fränkli, Johannes)
Beheim, gen. Fränkli, Franz (s. Fränkli, Franz)
Belgien 385
Bellelay (BE) 172
Belp (BE) 184; 338; 393; 397
Belpberg (BE) 36
Benedikt XIII., Papst 321
Bern
 Aarbergergasse 39; 47; 50; 56; 59; 92; 169
 Aarbergertor 34; 47; 59f.; 90ff.; 94; 203; 218
 Aarehalbinsel 54f.; 88

Abdeckplatz 82
Allmend 34; 198; 203; 217f.
Altenberg 49; 56; 504
Amthausgasse 39; 47; 102
Ankenmarkt 53
Antonierkirche 34f.; 62; 498; 596
Antonierspital 44; 68; 135; 371; 502–509
Äussere Neustadt 47; 50; 59; 65; 68; 81; 153ff.; 213; 218
Bächtelengut 55
Badgasse 45f.; 66; 77; 219
Badstube 219f.
Badstubengraben (s. Kornhausplatz)
Bärengraben 60; 85
Bärenplatz 222
Barfüsserkloster (s. Franziskanerkloster)
Bauwerkhof (Trämmelhaus) 48ff.
Beginenhäuser 69–72
Blatternhaus 135; 504
Blutturm 90f.
Breitfeld 584
Bremgartenwald 197
Brotlaube 87
Brotschal 50; 52; 54; 87; 145; 214
Bröwenhaus 71; 135
Brunnadern (St. Bernhardsbrunn) 483
Brunngasse 36; 38f.; 42; 44; 54; 68; 80; 101; 153f.; 166; 213; 223f.; 503
Brunnmatt 61
Bubenberghäuser 218; 284
Bubenbergtürli 42; 44
Bundesgasse 81
Burg (s. Nydeggburg)
Burggraben (s. Stadtgraben)
Casinoplatz 39; 52; 59; 76; 81; 102; 154; 213ff.; 222f.
Christoffelturm 34f.; 39; 47; 58ff.; 63; 88f.; 91ff.; 95; 115; 153; 155; 203; 216; 275; 417f.; 475; 579
Deutschordenshaus 44; 65f.; 77; 425; 475; 480
Diesbachhaus 48; 147
Dietrichhaus 71f.; 135
Dominikanerinnenkloster (s. Inselkloster)
Dominikanerkirche 34f.; 65f.; 71; 73; 79f.; 307; 317; 403; 490–500; 509f.; 516; 520; 524
Dominikanerkloster 47; 49; 55; 59; 62; 66; 72; 79; 81; 106; 120; 131; 298; 315–319; 371; 386; 483; 490f.; 494; 499f.; 504; 520f.; 524; 544
Ebnibrunnen 56
Eggturm 90f.
Elenden Herberge 44; 63; 68; 125; 504
Enge 58
Engehalde 56; 82
Engemeistergut 104
Engländerhubel 58
Felsenburg (s. Untertor)
Fischlaube 53f.; 87; 212
Fleischschal 42; 50; 52f.; 58; 87; 145; 212f.; 217
Franziskanerkirche 34f.; 66; 71; 73; 284; 588; 590f.; 595; 597f.
Franziskanerkloster 44; 50; 54f.; 62; 65f.; 71; 80; 95; 156; 158; 371; 588; 599
Französische Kirche (s. Dominikanerkirche)
Frauen- und Nachrichterhaus 48ff.; 136
Frauentor 47
Freiburgstrasse 58; 61
Frienisberghaus 72
Gasthaus zum Roten Löwen 150
Gasthaus zur Krone 87
Gasthaus zur Roten Glocke 240

675

Gerberngasse 46; 60
Gerberngraben (s. Casinoplatz)
Gerbernviertel 143
Gerbhaus 50; 52; 58; 87; 213
Gerechtigkeitsgasse 39; 42; 44; 47f.; 50; 52f.; 55f.; 58f.; 69; 83; 86f.; 102; 150; 153ff.; 166f.; 169; 171; 213ff.; 217f.; 224; 236f.; 299; 544
Gesellschaftshaus (Zunfthaus) zum Affen 207
Gesellschaftshaus (Zunfthaus) zu Metzgern 87
Gesellschaftshaus (Zunfthaus) zum Mittellöwen 54
Gesellschaftshaus (Zunfthaus) zum Mohren 207
Gesellschaftshaus (Zunfthaus) zum Narren und Distelzwang 38; 40; 167; 236f.
Gesellschaftshaus (Zunfthaus) zu Obergerbern 54; 213
Gesellschaftshaus (Zunfthaus) zu Pfistern 40; 87; 214
Gesellschaftshaus (Zunfthaus) zu Schiffleuten 48
Gesellschaftshaus (Zunfthaus) zu Schmieden 55; 218
Gesellschaftshaus (Zunfthaus) zu Schuhmachern 216
Golatenmattgassbrunnen 56
Golatenmattgasse (s. Aarbergergasse)
Golatenmattgasstor (s. Aarbergertor)
Grabenbrücke 58; 213; 215
Grosse Schanze 104
Haldensperrmauer 90
Haspelgasse 82
Heiliggeistkirche (-kapelle) 34f.; 47; 65; 68; 81; 585
Heiliggeistspital 56; 68f.; 81; 504; 585
Herrengasse 44; 65f.; 69; 71f.; 80f.; 83; 153–156; 223
Holligen (Schloss) 127; 170; 176; 183; 185f.
Hormannsgasse (s. Rathaus- und Postgasse)
Hotelgasse 54; 154; 218
Innere Neustadt 36; 38f.; 42; 46f.; 49; 59; 65f.; 72; 79; 153; 155; 218
Inselkloster 35f.; 47; 62; 66; 72; 81; 124; 371; 482–489
Inselspital 56; 61; 135; 483
Isenhuthaus 71f.; 135; 504
Judenfriedhof 81; 483
Judengasse (s. Kochergasse)
Judentor 47
Junkerngasse 36; 44; 46; 49; 55f.; 59; 69; 71f.; 74; 102; 127; 153ff.; 169; 214f.; 218
Käfigturm 35f.; 46; 56; 88f.; 92; 153; 155; 218; 261; 579; 581; 585
Kanzlei (s. Staatskanzlei)
Kauf- und Zollhaus 36; 50; 52; 198
Kesslergasse (s. Münstergasse)
Kirchgasse (s. Münster- und Junkerngasse)
Klösterlistutz 79; 81; 85; 102–107
Kochergasse 39; 47; 66; 102
Kornhaus 48; 79f.; 84; 302; 483
Kornhausplatz 38f.; 56; 82f.; 102; 154; 219; 222
Kornmarkt 53f.
Kramgasse 38f.; 42; 44; 47f.; 50; 52ff.; 56; 83; 86f.; 102; 150; 153ff.; 207; 212; 214; 217; 223; 240; 242f.; 299; 312
Krattingerhaus 71f.; 135
Kreuzgassbrunnen 48; 56; 63; 87
Kreuzgasse 39; 42; 44; 46; 48f.; 53f.; 56; 59; 62; 87f.; 101; 143; 150; 198; 218; 299; 302; 544; 547
Küngsbrunnen 56; 61; 63
Ländtetor 44; 46
Lateinschule 44; 48f.; 81; 118; 128f.; 155f.; 158ff.; 590
Laubeggstrasse 82
Läuferplatz 154; 218
Lenbrunnen 54

Leutkirche (s. a. Münster und St. Vinzenzstift) 44; 66; 69; 154; 156ff.; 191; 193; 301; 316; 363; 421; 466f.; 473; 476; 553; 580; 582; 596; 600
Loryplatz 58; 60
Märitgasse (s. Kram- und Gerechtigkeitsgasse)
Marktgasse 39; 46f.; 50; 53f.; 56; 59; 72; 86; 102; 153ff.; 216; 218; 228
Marzili 36; 56; 60
Marzilitor 47; 50; 95; 213
Matte 39; 42; 45f.; 52; 56; 61; 65ff.; 77; 81; 87; 154f.; 197; 208; 213f.; 218f.; 226; 580
Mattenenge 39; 42; 46; 218
von May Haus 86
Meister Jordan Haus 71f.; 135; 504
Metzgerbrunnen 63
Metzgernviertel 143
Michaelstürli 42; 49; 72; 156
Mühlekanäle 46; 52; 60f.
Mühleplatz 46; 214
Münster (s. a. Leutkirche und St. Vinzenzstift) 34f.; 42; 44; 48f.; 62; 65ff.; 71–74; 77f.; 81; 85f.; 95; 102; 115; 119; 125; 135; 140; 157; 195; 218; 281; 302; 306–309; 313; 317; 322; 363f.; 367f.; 370ff.; 374; 376–379; 392; 394f.; 400; 406f.; 410; 412–415; 417ff.; 421–447; 450–464; 467–475; 477; 480; 486; 491; 500; 522; 535; 546; 548; 552f.; 564; 576; 580; 588; 590ff.; 594–601; 603f.
Münstergasse 44; 48; 52; 65; 85f.; 101f.; 127; 162f.; 169; 173; 207
Münstergässlein 42; 85
Münsterplattform 44f.; 66; 77; 79; 83ff.; 89; 106; 222; 224ff.; 369; 371; 374; 379; 411; 416; 420; 597ff.
Münsterplatz 42; 66; 83–86; 382; 384; 598
Münzgraben 213
Münzwerkstatt 302; 304f.
Neubrücke 261
Neubrückstrasse 198; 203
Neuengasse 47; 68; 218; 224ff.
Niedere Spitalkirche 69; 104
Niederes Spital 44; 69; 71; 81; 103f.; 106; 125; 135; 504
Nydegg 42; 45; 89; 583
Nydeggbrücke 45; 55f.; 72
Nydeggbrunnen 56
Nydeggburg 42; 44f.; 48; 55; 67; 81; 88; 223; 250f.; 253; 255; 257
Nydeggkirche (-kapelle) 34f.; 44; 62; 65–68; 72; 81; 250; 582ff.
Nydeggstalden 42; 45f.; 56; 65; 67; 69; 81; 103; 151; 153ff.; 168; 218; 251; 257; 259; 504
Oberes Spital (s. Heiliggeistspital)
Oberes Spitaltor (s. Christoffelturm)
Oberstadt 46; 69
Obertor (s. Christoffelturm)
Pferdemarkt 54
Postgasse 39; 42; 44; 54; 59; 68f.; 379; 502; 505
Predigerkloster (s. Dominikanerkloster)
Predigerturm 90
Rathaus 34f.; 42; 44; 46; 48f.; 102; 145; 261f.; 296–305; 307f.; 319; 384; 410f.; 474
Rathausgasse 39; 44; 52; 74; 211; 416; 502
Rathausplatz 56
Rüttehaus 166
Ryffligässlein 50; 59; 136
Sackpfeifer-Brunnen 574
Salzhaus 52
Schaalgässlein 42; 52; 87; 213
Schauplatzgasse 47
Schenkenbrunnen 54
Schiffländte 46; 61; 154
Schifflaube 46; 60f.
Schinkengasse (s. Amthausgasse)
Schönberg 82
Schosshalde 107

Schultheissensitz 44; 48f.; 87
Schwellenmätteli 48; 500
Seilerinspital 67f.; 467; 483; 504
Siechenhaus 44; 63; 69f.; 82; 103f.; 106; 135; 415; 504
Spitalgasse 47; 50; 56; 60; 68; 154f.; 158; 218; 225f.; 573f.
St. Jakobsspital (s. Elenden Herberge)
St. Vinzenzstift (s. a. Münster und Leutkirche) 128; 131; 156; 158; 322; 329; 364f.; 371; 377; 386; 406f.; 417; 422; 477–480; 554; 562–567; 570; 576f.
Staatskanzlei 35; 48; 55; 395
Stadtbach 34f.; 42; 50; 52; 54; 56–59; 63; 69; 86f.; 145; 197; 212f.; 215f.
Stadtbachstrasse 58
Stadtbefestigungen 34f.; 38f.; 47; 56; 88f.
Stadtgraben 36; 38f.; 58f.; 63; 69; 90f.; 213; 215; 219; 226
Stadtschule (s. Lateinschule)
Stettbrunnen 54
Sulgenbach 57f.; 60; 63
Theaterplatz 102
Trenkentürli 45
Tuchlaube 50; 162
«Tych» (s. Mühlekanäle)
Universität 158f.
Untertor 35; 53; 63; 69; 82; 89f.; 99; 218; 504
Untertorbrücke 35; 44f.; 56; 69ff.; 89; 103; 135; 209
Vennerbrunnen 56
Viehmarkt 53f.
Waaghausgasse 168; 226
Waisenhausplatz 222; 225f.
Wasserwerkgasse 46
Wendschatzgasse 223
Wurstembergerturm 90
Zähringerbrunnen 312
Zähringerstadt 153ff.; 214; 218
Zeughausgasse 47; 59; 66f.; 72; 208
Zibelegasse 68; 154; 214
Ziegel- oder Holzrütiturm 47
Zunfthaus (s. Gesellschaftshaus)
Zytgloggeturm 35f.; 38ff.; 42; 44; 46; 50; 52; 54; 59; 83; 86; 88f.; 92f.; 95; 102; 115; 153f.; 213ff.; 218; 315; 579–588

von Bern, Peter 414
Berner Oberland 330f.; 337; 340; 351; 357; 412; 491; 520; 530
Beromünster (LU) 123; 340
de Berry, Jean 535f.
Bertold V., Herzog von Zähringen 44f.; 145; 197
Besançon (F) 200; 501
Besserer (Familie) 446
Bex (VD) 327f.; 337
Beyer, August 444
Biberach (D) 156
Biberstein (AG) 327; 340; 442
Bicocca (I) 270; 284; 544; 551
Biedermann, Johann Jakob 60; 94
Biel (BE) 172; 219ff.; 306f.; 327; 331; 384; 392f.; 397; 400f.; 453; 481; 542
Bielersee 331; 404; 530f.
Biener, gen. Apiarius, Matthias 572; 576f.
Biglen (BE) 393
Binchois, Gilles 556
Bipp (BE) 331f.; 337; 339; 344
Birenvogt, Niklaus 418; 434
Bleienbach (BE) 202
Blindmann (Familie) 318
Blumenbach zu Schmitten, Hans 259
Blumenstein (BE) 393
Bluntschli, Johann Caspar 530
Bodensee 416
Böhmen 227; 249; 316; 534; 564
Bolligen (BE) 331; 338; 381; 393

von Bolligen, Jakob 318; 516
Bolliger (Familie) 318
Bologna (I) 129f.; 160; 556
Boner, Ulrich 511
Bonmont (VS) 479
von Bonstetten, Agatha 122; 124; 127
von Bonstetten, Albrecht 123; 272
Bor, Otto 479
von Bourbon, Herzöge 431
Bourg-en-Bresse (F) 322
Bourges (F) 129
Bourguillon (FR) 448
Bözingen (BE) 542
Brabant 288
von Brandenburg, Albrecht 373
Brandis (BE) 183f.; 327; 336
von Brandis, Freiherren 331; 339
Brant, Sebastian 552
Braunschweig (D) 117; 301
Bregenz (A) 259
Breisach (D) 288; 320
von Breitenlandenberg (Familie) 469
von Breitenlandenberg, Anna 470
Bremen (D) 301
Bremgarten (AG) 157
Bremgarten (BE) 261; 328; 338; 393
Brescia (I) 556
Breslau (PL) 486
Brienz (BE) 327; 393
Brienzersee 330
Brig (VS) 417
Brissinger, Johann Michael 63
Brugg (AG) 117f.; 129; 202; 327f.; 340
Brüggler (Familie) 125; 147; 240f.; 460
Brüggler, Ludwig 240
Brüggler, Peter 146; 148f.; 239f.
Brüggler, Sulpitius 101; 236; 240
Brunegg (AG) 327
Brunner, Hans 123; 131f.
Brunner, Kaspar 94; 584ff.; 588
Brüssel (B) 261; 301; 470; 472; 556
Bub, Johannes 117
Bubenberg (BE) 327
von Bubenberg (Familie) 42; 102; 116; 123f.; 127; 138; 146f.; 173; 238; 240; 263; 312f.; 332; 400; 461; 479
von Bubenberg, Adrian 100; 140; 192; 267; 273; 281; 291; 312; 328; 335; 400; 456; 502
von Bubenberg, Hartmann 322
von Bubenberg, Heinrich 134; 143; 146; 206; 238; 447; 598
von Bubenberg, Johannes 46; 71; 322
Bucer, Martin 590; 596; 602
von Buch (Familie) 150
von Buch, Klara 149f.
Bucheegg, Grafen 334
Bucheggberg 393
Büchler, Heinrich 294; 413f.; 417
Buchsgau 331; 334
Bullinger, Heinrich 590; 597f.
Bulzinger, Hans 434
Bümpliz (BE) 176; 184; 314; 318; 327; 338
Büren a. A. (BE) 157; 306; 327; 331; 338; 341; 343; 381f.; 385ff.; 393; 404; 456
von Büren (Familie) 318
Burenfeind, Bernhard 418; 474
Burgdorf (BE) 37f.; 70; 89; 97; 146; 159; 180; 184; 186; 190; 200; 202; 219f.; 226; 252ff.; 256; 304; 306; 327f.; 331f.; 337; 339ff.; 343; 345; 356; 384; 392f.; 400ff.; 404f.; 407; 409; 414; 502
Burgistein (BE) 184
von Burgistein (Familie) 318
von Burgistein, Konrad 302
Burgkmair, Hans 523

Bürglen (BE) 405
Burgund 94; 127; 160; 199; 232; 262; 268; 273; 277; 285; 288–291; 294ff.; 321; 334; 338; 347; 451; 471f.; 556
von Burgund, Herzöge 374; 471
Burgundische Pforte 268
Büttenberg/Safnern (BE) 393
von Büttikon (Familie) 123
von Büttikon, Bernhard 464
von Büttikon, Jakob 124; 127
von Büttikon, Ursula 487
Butzbach, Johannes 134

C
Caesar, Römischer Kaiser 194
Cambio (I) 117
Cambrai (F) 556
von Camin, Anton 117
Canterbury (GB) 256
Capito, Wolfgang 590
Caracalla, Römischer Kaiser 545
Carus, Carl Gustav 530
Casetta, Salvus 489
du Castel, Petrus 562
Castres (F) 473
Cennini, Cennino 531
Chablais (F) 284
de Challant, Claude, Graf von Neuenburg-Valangin 459
von Cham, Jakob 326
Chambéry (F) 501f.; 505
Champagne 34
Chemnitz (D) 57
Chieri (I) 544
Christiani, Johannes 322
Clauser, Anton 324
Clauser, Christoph 324
Colmar (F) 117; 491; 493
von Colmar, Tilia 117
Colonna, Otto (s. Martin V.)
Compar, Valentin 602
de Compesio, Philipp 476
Condulmer, Gabriele (s. Eugen IV.)
Cranach, Lukas d. Ä. 546; 548
du Cree, Johannes 482
Cyro, Peter 571; 591

D
Damp, Jakob 156
Danzig (PL) 117
Därstetten (BE) 74; 362; 364; 393; 478
Dauphiné 501; 505
Detligen (BE) 200f.; 362
Deutsch, Hans Rudolf 552
Deutsch, Niklaus Manuel (s. Manuel, Niklaus)
Deutschland 34; 116; 118f.; 197f.; 201; 241; 249; 322; 368; 411; 418; 446; 501
Diemtigen (BE) 259; 393
von Diesbach (Familie) 102; 123f.; 127; 138; 147; 163; 170; 173–176; 180–183; 192; 238; 263; 328; 395; 399; 479
von Diesbach, Christoph 124; 128; 175; 376; 397
von Diesbach, Gabriel 284
von Diesbach, Johannes 124; 128; 134; 144; 146; 238
von Diesbach, Johannes Ludwig 101
von Diesbach, Jost 176
von Diesbach, Loy 143f.; 146; 173; 176; 180
von Diesbach, Ludwig 101f.; 122; 124; 127; 144; 146; 175f.; 183; 259; 267; 537
von Diesbach, Niklaus 144; 147; 157; 173; 175f.; 180; 182; 238; 241f.; 267; 281; 288; 290f.; 313; 397

von Diesbach, Rochus 284
von Diesbach, Wilhelm 120; 124; 134; 139; 170; 175f.; 178; 238f.; 267; 274; 283; 397; 399f.
Diessbach (BE) 259; 393
Diessenhofen (TG) 486
Dijon (F) 274; 279; 323; 561
Dittlinger, Heinrich 190f.; 193; 335
Dittlinger, Peter 283
Donat, Graf von Toggenburg 502
Dornach (SO) 67; 253; 255f.; 269; 274; 418
Dresden (D) 117; 453
Druktenrein, Henmann 239
Dübi, Johannes 481
Dufay, Guillaume 552; 554–560; 562
Dünz, Hans Jakob 237
Dürer, Albrecht 84; 523; 530f.
Dürer, Johann 298
Dürrenroth (BE) 339; 393

E
Eberhard V. (im Bart), Graf von Württemberg 100
Eberstein, Ambrosius 117
Ebinger, Simon 248
Echallens (VD) 126; 337
Eck, Johannes 551
Edlibach, Gerold 324
Effingen (AG) 327
Egli, Heimon 516
Eidgenossenschaft 97; 112; 116; 118; 123; 127; 139; 144; 203; 209; 247; 249; 266–269; 277; 279; 282; 285–290; 292–296; 307; 310; 321; 324; 326; 329f.; 333; 349ff.; 353; 355; 374; 382; 392; 398; 417; 456; 467; 474; 478; 517; 532; 542–546; 551; 558; 578; 590ff.
Einigen (BE) 147; 284; 380
Einsiedeln (SZ) 123; 272; 324; 338
Elsass 113; 116; 162; 199; 268f.; 286; 412; 416
Emme 116
Emmental 327; 331; 337ff.; 346
Engehalbinsel 381
Engelberg, Burkhart 435; 437; 442
von Ensingen, Ulrich 422; 436f.; 441; 443f.
Ensinger (Familie) 436
Ensinger, Matthäus 117; 415; 418; 422; 424f.; 431; 434; 436ff.; 440–444; 446
Ensinger, Mauritz 434
Ensinger, Vinzenz 434
Ensisheim (F) 141
von Enswil, Hans 392
von Enswil, Margarethe 392
von Eptingen, Katharina 486
Erasmus von Rotterdam (s. von Rotterdam, Erasmus)
Erfurt (D) 159
Eriswil (BE) 393
Erlach (BE) 74; 186; 307; 327; 332; 336; 338; 343; 393; 516; 531; 544f.; 549f.
von Erlach (Familie) 102; 116; 123f.; 139; 144; 146f.; 163; 173; 176; 193; 238; 240; 263; 325; 327f.; 378ff.; 398; 460; 537
von Erlach, Anton 144; 146; 238; 284; 404
von Erlach, Barbara 240; 379
von Erlach, Burkhard 123f.; 139; 273
von Erlach, Diebold 476
von Erlach, Dorothea 123f.; 126f.; 134; 136
von Erlach, Hans 122; 124; 139
von Erlach, Hans Rudolf 590
von Erlach, Ludwig 123f.; 280; 284
von Erlach, Peter 144; 238
von Erlach, Rudolf 99; 139; 144; 146; 188f.; 191ff.; 238; 274; 308; 313; 323; 325f.; 329f.; 443
von Erlach, Theobald 124; 139; 192
von Erlach, Ulrich 144; 146; 238
Erlenbach (BE) 327; 397; 463

677

Erstfeld (UR) 328
Eschental 321
Esslingen (D) 63; 156; 437
Estavayer-le-Lac (FR) 478f.; 481f.
d'Este (Familie) 560
d'Este, Niccolo 556
Eugen IV., Papst 454; 556; 561f.
Europa 113; 219; 241; 252; 255f.; 289; 295; 298; 307; 350; 385; 413; 534; 541f.; 552; 556; 581
van Eyck, Jan 524

F

Faber, Johannes 551
Fabri, Dietrich 117
Falk, Peter 122; 124; 127; 130; 279; 570f.
von Falkenstein, Hans 334
Farel (Familie) 603
Felix V., Papst (s. a. Amadeus VIII.) 316–319; 322; 554
Ferrara (I) 160; 556
Ferwer, Dietrich 242f.
Ferwer, Johannes 211
Fest, Johannes 117
Finsternau, Melchior 481
Fischer, Sebastian 48; 95; 586f.
Flandern 288; 501
Florenz (I) 277; 471; 505; 556; 561f.
Fournier, Robin 505; 507
Frank, Bartholomäus 481; 552; 554; 562–566
Franken 116; 138; 156
Frankfurt a. M. (D) 117f.; 162; 198; 206; 209f.; 241; 258; 301; 321
Fränkli (Familie) 125; 307
Fränkli, Franz 68
Fränkli, Johannes 68; 116f.; 239; 269; 313; 343; 449; 462
Fränkli, Margaretha 492
Frankreich 34; 119; 127; 132; 160; 201; 204; 241; 253; 255; 266; 278f.; 281; 284; 288; 294ff.; 311; 325; 455; 471f.; 536; 558; 571
Franz (Familie) 147
Franz, Johannes 146; 238
Franz I., König von Frankreich 322
Fraubrunnen (BE) 74; 107; 170; 327; 338; 362f.; 365; 371
Frauenkappelen (BE) 74; 327; 361f.; 364; 409; 478
Frauenthal (ZG) 324
von Freiberg, Helena 397
von Freiberg, Ludwig 175; 397
Freiburg i. Br. (D) 57; 129; 259; 437; 451; 502
Freiburg i. Ü. (FR) 53; 88; 95; 97; 136; 141; 143; 156; 159ff.; 167; 175; 190; 192; 200; 202ff.; 207; 212; 246; 249; 279; 284ff.; 289; 291; 294; 296; 317–322; 330; 332; 336ff.; 344; 362; 414; 418f.; 422; 437; 463; 478; 500; 543; 552; 554–557; 561; 570ff.; 581
von Freiburg, Konrad 415
Friburger, Georg 141
Fricker, Margaretha 544
Fricker, Niklaus 117f.
Fricker, Thüring 90; 95; 100; 117f.; 129f.; 158f.; 191ff.; 211; 238; 240; 287; 297f.; 329; 335; 342; 345f.; 355; 371–374; 376; 544; 599
von Fridingen, Rudolf 122; 124; 126; 131
Friedli, Johannes 479
Friedrich I. (der Siegreiche), Kurfürst von der Pfalz 286
Friedrich I. (Barbarossa), Römisch-deutscher Kaiser 195
Friedrich II., Römisch-deutscher Kaiser 201
Friedrich III., Römisch-deutscher Kaiser 265f.; 269; 285; 288f.; 321ff.; 478
Friedrich IV., Herzog von Österreich 323
Friedrich, Caspar David 530

Frienisberg (BE) 72; 74; 159; 200; 327; 336; 338; 362f.; 365; 371; 442
Fries, Barbara 571
Fries, Hans 414; 500
Frisching (Familie) 125
Frisching, Hans 125; 128; 284
Frisching, Katharina 544
Frisching, Ludwig 284
Froment, Antoine 385
Froschauer, Christoph 548
Fründ, Hans 190f.
Frutigen (BE) 259; 306; 309; 327; 331; 340f.; 393
Fuedter, Samuel 460
Funk, Hans 284
de Fuste, Franciscus 425; 467

G

Gabus, Louis William 176
Gadmen (BE) 328
da Gama, Vasco 279
Gampelen (BE) 393
Gantner, Boley 128
Ganz, Paul 530
Gap (F) 501
Garonne 256
von Gasel (Familie) 243
von Gasel, Johannes 242f.
Gasser, Johannes 242
Gebhard, Anna 242
Geering, Arnold 572; 574
Gemmi 197; 327; 330
Genf (GE) 34; 97; 198; 200–203; 209; 241; 250; 291; 320ff.; 385; 387; 390; 474; 480; 555; 581
Genfersee 118; 322; 416
Gengenbach, Pamphilus 545
von Gengenbach, Heinrich 302f.
Genua (I) 117; 199; 278; 470
von Gersdorf, Hans 502
Gerzensee (BE) 338; 393
Gfell, Ludwig 117
Gieng, Hans 56; 573
von Giessen, Peter 242
Giesser, Peter 238
Girardet, Karl 589
Girod, Peter (s. Cyro, Peter)
Gisenstein (Familie) 318
von Gisenstein, Anton 146
Glareanus, Heinrich (s. Loritis, gen. Glareanus, Heinrich)
Glarus (GL) 155
Glaser (Familie) 448
Glaser, Hans 448
Glaser, Michael 136; 283f.; 448
Glaser, Niklaus 413; 446–450; 454f.
Glaser, Peter 455
Glasgow (GB) 468
Glis (VS) 417
Goldschmied, Clewi (s. a. von Diesbach, Niklaus) 147; 173f.; 176
Goldswil (BE) 405
Goslar (D) 57
Gotthardpass 197; 202
Gottstatt (BE) 327; 338; 362ff.
Goumëns-von Sinner, Karl Friedrich 176
Graf, Heinrich 66
Graf, Margareta 149
Graf, Urs 76; 219; 278; 380; 523
Grafenried (BE) 393; 401
von Graffenried (Familie) 125f.
von Graffenried, Anna 584
von Graffenried, Christoph 176
von Graffenried, Johannes 239

von Graffenried, Niklaus 125; 283; 584
Gräfli, gen. Hofmeister, Rudolf (s. Hofmeister, Rudolf)
Grammont (B) 257; 259
Granada (E) 425
Grandson (VD) 107; 126; 163; 174; 271ff.; 275; 285; 289; 292f.; 296; 337; 374; 469f.; 473; 479; 583
Grasburg (s. Schwarzenburg)
Grasswil (BE) 345
Gregor der Grosse, Papst 602
Gregor X., Papst 320
Gregor XI., Papst 278
von Greyerz, Grafen 232; 331; 393
von Greyerz (Familie) 150
von Greyerz, Johannes Wala 69
von Greyerz, Margareta 149f.
von Griessen, Johann Konrad 326
Grimsel 197; 199; 327; 330
Grindelwald (BE) 259; 327; 393
Grossaffoltern (BE) 393
Grosser St. Bernhard 199; 291; 320f.
Grosshöchstetten (BE) 393
Grossmann, gen. Megander, Kaspar 158
von der Grub, Johannes 238
Gruber (Familie) 147
Gruber, Margareta 146; 149f.
Gruber, Otilia 149
Grundmann, Herbert 195
Grüneisen, Carl 530
von Grünenberg, Herren 339f.
Grünewald, Matthias 504; 509; 523
Grüter, Konrad 481
Gstaad (BE) 393
Gsteig (BE) 393; 406
Guggisberg (BE) 392f.
Gugla (Familie) 125
Gugla, Anton 318
de Guillaume, Coudrette 536
Gümmenen (BE) 202; 293; 332
von Gundelfingen, Heinrich 123; 159
Gurten 55
von Gurtifry, gen. Lombach, Jakob (s. Lombach, Jakob)
Gutenbrünnen bei Kaufdorf (BE) 380
Gutschenkel, Peter (s. Steinhofer, gen. Gutschenkel, Peter)
Guttannen (BE) 327

H

Habsburg (AG) 327
von Habsburg, Grafen 185; 262; 266; 268; 288f.; 295f.; 311; 321; 330f.; 337
Habstetten (BE) 381
Hadorn, Wilhelm 592
Hadrian, Römischer Kaiser 532
Hafner, Andreas 226
Hafner, Heinrich 226
Hafner, Niklaus 226
Hafner, Peter 226
Hagenau (F) 117; 190; 200
von Hagenbach, Peter 141; 287f.
von Hagenbach, Stefan 289
Hall im Tirol (A) 249
Haller, Berchtold 156; 481; 546; 549; 589; 591
Haller, Johann 381
Hallwil (AG) 327
von Hallwyl, Herren 123; 263; 313; 340
Hameln (D) 516
Hammer, Hans 436f.; 439f.; 442ff.
Hasle (BE) 340; 355
Hätzer, Ludwig 604
Hauenstein 320

Hauker, Ulrich 117
Hauterive (FR) 330
Hayum, Andrée 504
Hebler, Niklaus 302
Hechler, Peter 146; 148
Heggenzi von Wasserstelz (Familie) 469
Heggenzi von Wasserstelz, Konrad 470
Heidelberg (D) 105; 117; 121; 129f.; 157; 159
von Heidelberg, Johannes 117
Heiliges Römisches Reich 118; 261f.; 266f.; 269; 289; 314; 316; 348; 543
Heimberg, Margareta 149
Heimiswil (BE) 340
Heingarter (Familie) 325
Heinrich VII., Römisch-deutscher Kaiser 317; 320
Heintz, Daniel 367; 418
Hemmann, Johann Gabriel 305
Hemmel, Peter 461
Hennegau 288
Héricourt (F) 163; 285; 290f.; 374
von Herten, Kuno 318
Herzogenbuchsee (BE) 202; 340; 362; 393
Hettiswil (BE) 338; 362
Hetzel von Lindach (Familie) 125
Hetzel von Lindach, Hans Rudolf 134; 283
Hetzel von Lindach, Ital 146
Hetzel von Lindach, Kaspar 126; 136; 236; 283
Hetzel von Lindach, Kuno 318
Hetzel von Lindach, Ludwig 267
Hetzel von Rottweil, Hans 117; 302
Heynlin, Niklaus 374
Heynlin vom Stein, Johannes 49; 155; 195
von Hillesheim, Jakob 117; 157
Hilterfingen (BE) 393; 450; 455
Hindelbank (BE) 338; 393; 398
von Hochberg, Rudolf (s. Rudolf, Markgraf von Hochberg und Graf von Neuenburg)
von Hofen, Barbara 578
Hofmeister, Rudolf 146; 188f.
von Hohenrechberg, Konrad III. 324
Holbein, Hans d. Ä. 521ff.
Holbein, Hans d. J. 523
Holl, Johannes 242
Holzmüller, Heinrich 35
Honorius Augustodunensis 194
Honrein, Johannes 242f.
Höstnagel (Familie) 318
Huber, Bartholomäus 192
Hübschi (Familie) 125
Hübschi, Anna 127; 139
Hübschi, Dietrich 125; 130f.; 481f.
Hübschi, Lienhard 125; 129; 131
Hübschi, Ludwig 89
Huff, Konrad 117
Hültz, Johannes 436
von Hunwil, Paula 460; 463f.; 468f.
von Hunwil, Verena 147; 175; 464
Hurder, Stefan 117; 119; 415; 418; 434f.
von Hürenberg (Familie) 318
von Hürenberg, Benedikta 149f.
Huttwil (BE) 327; 331; 339

I

Im Wil (Familie) 318
Indien 279f.
Ingolstadt (D) 324; 551
Inn 118
Innerschweiz (s. Waldstätte)
Innozenz VIII., Papst 364
Innsbruck (A) 324
Ins (BE) 478
de Insula, Crestentius 117

Interlaken (BE) 69; 72; 74; 157; 327; 331; 340f.; 351; 353; 361–365; 371; 405; 475; 478f.; 521; 571f.
Inzlingen bei Lörrach (D) 481
Irreney (Familie) 318
Isenhut, Heinrich 417
Issenheim (F) 502f.; 509
Italien 119; 127; 241; 249; 253; 262; 266; 272; 276f.; 279f.; 282; 287; 316; 321f.; 349ff.; 416; 430; 466; 501; 518; 523; 534; 544; 556

J

Jacki, Tschan 117
Jans, Geertgen tot sint 518; 520
Jegenstorf (BE) 176; 184; 338; 393; 398; 456
Jerusalem (Israel) 127; 131; 136; 380
Jetzer, Johannes 499ff.
Johann II., Herzog von Bourbon 325
Johann IV., Graf von Armagnac 558
Johannes XXII., Papst 501
Johannes XXIII., Papst 321
Jost (Familie) 318
Jost, Hans 259
Judenkünig, Hans 566
Jura 34; 197; 220; 362; 384
Justinger, Konrad 36; 38; 46; 48ff.; 54f.; 67; 99; 109; 117; 119; 154; 189–195; 200; 224; 276; 296; 298; 300ff.; 308; 314–320; 323; 371; 421f.; 580ff.

K

Kaiserstuhl (AG) 470
Kallnach (BE) 409
Kandersteg (BE) 327; 393
Karl der Kühne, Herzog von Burgund 107; 141; 162; 245; 267; 269; 277f.; 285–295; 474
Karl III., Herzog von Savoyen 319; 322
Karl IV., Römisch-deutscher Kaiser 52; 198; 263; 270; 319ff.; 323
Karl VII., König von Frankreich 323; 558
Karl VIII., König von Frankreich 287; 325
Käsli, Jost 146
Kattler, Jörg 415
Kauw, Albrecht 99; 120f.; 200; 284; 313; 475f.
Kehrsatz (BE) 338
Keiser, Hans 122; 125; 131; 134
Keller, Constans 386; 480
Kembly, Gallus 191
Kenzingen (D) 117
von Kiburg, Grafen (s. von Neu-Kyburg, Grafen)
Kiburger, Elogius 192
von Kien, Freiherren 176; 399
Kiesen (BE) 176; 338
von Kilchen, Johannes 240
von Kilchen, Konrad 250
Kindimann, Hans 462
Kindimann, Vinzenz 476
Kindlin, Valentin 442
Kirchberg (BE) 327; 340; 393
Kirchdorf (BE) 392f.
Kirchheim unter Teck (D) 156
Kirchlindach (BE) 393; 397; 399; 407; 409
Kistler, Peter 123; 151; 234f.; 335; 355; 476; 481
Kleinasien 534
Kleinburgund (s. Burgund)
Kleinhöchstetten 380
Kleinmann, Peter 435
Kloss, Heinrich 212
Kloss, Jakob 242f.
Knoblochtzer, Heinrich 75
Koberger, Anton 419
Kolb, Franz 481; 589; 591

Kölliken (AG) 327
Köln (D) 97; 111; 117; 130; 132; 137; 157; 159; 289; 413; 415; 484
von Köln, Johannes 117
Königsfelden (AG) 327; 340; 430f.; 458
Köniz (BE) 63; 77; 131; 237; 327; 352; 362; 384; 393; 405; 442; 553
von Köniz, Johannes 242
Konolfingen (BE) 334; 338; 341; 347
Konrad, Herzog von Zähringen 176
Konstanz (D) 97; 117; 131; 159f.; 175; 190; 249; 266; 269; 320–323; 363; 368; 381; 386ff.; 397; 416; 418; 444; 453; 478; 480; 490; 551; 556; 589
Kortrijk (B) 287
Kotter, Hans 570ff.
Krakau (PL) 129; 241
Kramer, Johannes 242
Krämer, Jost 259
Krattigen (BE) 340f.
Krauch, Adam 117; 329
von Krauchthal (Familie) 467f.
von Krauchthal, Anna 143; 146; 149f.; 379; 467f.
von Krauchthal, Petermann 146; 176; 314; 380; 434; 458; 467
Krauwinckel, Hans 255
Kremer, Bernhard 448
Küffer, Johannes 117
Kündigmann, Verena 488
Küng, Erhard 117; 119; 367; 369; 374; 379; 415; 417f.; 434ff.; 474; 486; 491; 598
von Kyburg, Grafen (s. von Neu-Kyburg, Grafen)
Kymo, Johannes 570f.

L

Labhard, Johannes 322
Lac-de-Joux 479
Lädrach, Martin 376
Le Landeron (NE) 48
Landshut (D) 176; 183; 327; 339; 437
Langenthal (BE) 202; 327; 393
Langnau (BE) 259
Laon (F) 556
de La Sarraz, Jeanne 335
Lauber, Diebold 190
Lauenen (BE) 393; 402; 406f.
Laupen (BE) 69; 107; 186; 200; 203; 262; 293; 308; 311; 328; 331; 338; 430
von Laupen, Ulrich 151
Lauperswil (BE) 393; 400–405; 408f.
Lausanne (VD) 84; 131; 160; 202; 212; 291; 293f.; 320; 363f.; 385ff.; 397; 425; 433; 461; 467; 474–478; 480f.; 581; 590
Lauterbrunnen (BE) 259; 393
Lavater, Johann Kaspar 591; 601
Leipzig (D) 576
Leissigen (BE) 307; 393
Lenk (BE) 456
Lenzburg (AG) 311; 328; 340; 343; 463; 590
Leu, Margareta 149f.
von Leutkirch, Johannes 117
Leuzigen (BE) 362; 393; 404
Ligerz (BE) 331; 380; 393; 404
Lille (F) 323
Limburg (B) 471f.
Limmat 34
Lissabon (P) 280
Lisser, Johannes 242
Lombach, Heinrich 239
Lombach, Jakob 134; 139; 239f.; 415; 473
Lombardei 116; 118; 163; 239; 274; 279; 544
London (GB) 507

Loqueville, Richard 556
Lorentz, Brida (Brigitta) 324
Loritis, gen. Glareanus, Heinrich 155; 568–571
Lothringen 285; 288; 291; 294
Lötschberg 197
Lotzwil (BE) 345
Louber, Jakob 174
Löubli, Albrecht 476
Löubli, Ludwig 480ff.
Lourdes (F) 256f.
Löwensprung, Paul 418
Lübeck (D) 57; 133
Lucca (I) 466
Ludwig I., Herzog von Savoyen 322; 555f.; 561
Ludwig IV. (der Bayer), Römisch-deutscher Kaiser 262
Ludwig XI., König von Frankreich 203; 278; 288ff.; 295; 322
Lusignan (Familie) 535f.; 538
von Luternau (Familie) 123
Luther, Martin 156; 545f.; 548f.; 551; 591; 594; 601
Lüttich (B) 288
Lützel (F) 365
Lützelflüh (BE) 393
Luzern (LU) 117; 131; 159; 161; 191; 249; 278; 284f.; 291; 336; 351; 478; 542f.; 545; 581
Lyon (F) 34; 129; 163; 203; 240

M

Macellard, Jean 507
Mackenberg, Peter 414
Madiswil (BE) 393; 401
Mailand (I) 163; 170; 269; 273; 277ff.; 289; 291; 301; 324; 326; 436; 440
Main 118f.
von Mainz, Hermann 117
Malatesta (Familie) 556
Malatesta, Cleofe 556; 561
Mallet, Franciscus 505
Mallin, Nicolas 556
Malta 505
von Mandach, Conrad 530
Manuel, Hans Rudolf 35; 59; 89; 92; 552
Manuel, Hieronymus 176
Manuel, Niklaus 97; 119–122; 124f.; 127–139; 164; 169; 278; 281; 283f.; 313; 387; 436; 474; 476; 481; 491; 498; 503; 505; 509; 511; 517; 523–533; 542; 544–552; 577; 591; 593; 597; 603
Marbach (D) 117
Marchant, Guy 121
Maria von Burgund 289; 295
Mariazell (A) 385
Marignano (I) 163; 270; 272; 277; 280; 284; 295; 571
Marseille (F) 568
Martin V., Papst 83; 298; 316–319; 322; 490; 560
Martini, Martin 294
Matter (Familie) 123; 174; 479
Matter, Heinrich 126; 141; 174; 267
Matter, Klara 464
Matter, Peter 313; 424; 434; 458; 466
Matthis, Andres 84
Matthis, Jos 446
Mattstetten (BE) 338
Maximilian I., Römisch-deutscher Kaiser 174; 234ff.; 258; 264f.; 293; 295; 298; 463f.
May, Bartholomäus 119; 125f.; 163; 240; 459; 463
May, Claudius 459; 464
May, Jakob 119; 239f.; 285
van Meckenem, Israhel 543
Megander, Kaspar (s. Grossmann, gen. Megander, Kaspar)
Meier, gen. Windenmacher, Georg 117

Meikirch (BE) 393
Meiringen (BE) 393
Meisterlin, Sigmund 188
Melanchthon, Philipp 546
Melchnau (BE) 393
Memmingen (D) 415; 590
Menneli, Simon 68
Meran (I) 264f.
Merian, Matthäus d. Ä. 37; 121
von Meringen, Jakob 117
Merligen (BE) 530
Mett (BE) 542
Meurer, Heribert 451
von Meyenberg, Johannes 117; 218
Meyer, Conrad 120
Meyer, Johannes 484–489
Meyer, Sebastian 156
Meyerhofer, Thüring 415
von Miltenberg, Johannes 117
von Miltenberg, Niklaus 117
Mittelmeer 197f.
Modena (I) 560
von Molsheim, Johannes 117
Mömpelgart, Grafschaft 268
von Mömpelgart, Hug Burkhart 464
von Mömpelgart, Jonata 463f.
Monreale, Herrschaft 284
Mont Cenis 322
Montafon 324
Montbéliard (s. Mömpelgart)
Montcalieri (I) 289; 291
de Montfaucon, Jeanne 175; 397
de Montfaucon, Sébastien 175; 387; 395
von Montferrand, Benedikt 475
Moor, Ruprecht 242
von Moos, Lucia 489
Moosseedorf (BE) 338; 393
Motz (Familie) 202
Motz, Bernhard 202
Motz, Konrad 202; 245
Motz, Thomas 202; 238
Moulins (F) 431
Moutier-Grandval (BE) 362
Mühleberg (BE) 393
von Muleren (Familie) 123; 147; 238; 263
von Muleren, Johannes 146; 238
von Muleren, Magdalena 120; 124; 126f.
von Muleren, Urban 101; 126
Mülhausen (F) 117; 141; 286
von Mülhausen, Johannes 117
von Mülinen (Familie) 123; 263
von Mülinen, Kaspar 124; 127; 129; 136
von Mülinen, Magdalena 122; 124; 127
Müller, Johann Heinrich 464
Müller, Katharina 516
Müller, gen. Rhellikan, Johann 158
Multscher, Hans 446
München (D) 137
Münchenbuchsee (BE) 74; 327; 338; 362; 393
Münchenwiler (BE) 362; 364; 393; 405; 475; 479
Münsingen (BE) 117; 184; 328; 338; 393
Münster, Sebastian 35; 89
von Münster, Hans 418
von Muntzingen, Johannes 117
Münzer (Familie) 202
Münzer, Konrad 202
Münzer, Lorenz 202
Murer, Johannes 131; 191; 480f.
Murgenthal (AG) 339
Murgeten 334; 339
Muri (AG) 458
Muri (BE) 69; 331; 338; 393

Murten (FR) 107; 163; 193; 195; 272f.; 285; 293f.; 296; 308; 312; 320; 337; 374; 400; 414f.; 469
Murtensee 293
Mutzler, Johannes 117

N

Näfels (GL) 266
Nägeli (Familie) 125; 313
Nägeli, Burkhart 238
Nägeli, Hans Franz 125
Nägeli, Rudolf 125
Nägeli, Sebastian 125; 482
Nancy (F) 285; 291; 294
Narbonne (F) 321
Naters (VS) 417
Neapel (I) 284
Nentz, Albrecht 415; 418
von Neu-Kyburg, Grafen 145; 147; 185; 262; 306; 320; 327; 330; 334; 363
Neuenburg (NE) 273; 323; 362; 415; 603
Neuenburg a. Rhein (D) 570
von Neuenburg, Grafen 48; 329; 349; 415; 535
von Neuenburg-Nidau, Grafen 185; 331; 334
von Neuenburg-Valangin, Grafen 102; 455; 460
Neuenburgersee 530
Neuenegg (BE) 338; 341; 393
Neuss (D) 285; 289; 291
Nidau (BE) 105; 186; 227; 276; 306; 327f.; 331; 338; 356; 363; 393; 404f.
von Nidau, Grafen (s. von Neuenburg-Nidau, Grafen)
Niederhaslach (F) 439; 441f.
Niederlande 253; 368; 451; 518; 525; 527
Niedersimmental 309; 328; 332; 340f.; 351; 534
Nieuwlande (NL) 256f.
Niklasin, Kunigunde 488
Ninove (B) 256
Noll, Anton 86; 387; 598
Noll, Hans 415; 455
Nördlingen (D) 418
Novara (I) 117; 163; 282
de Novara, Anton 117
Nürnberg (D) 94; 97; 111; 117f.; 131; 133; 156; 172; 199f.; 222; 240f.; 248; 255; 262f.; 268f.; 276; 286; 348; 419; 484; 487ff.; 544f.; 584; 590; 594
von Nürnberg, Albrecht 117; 415; 417–421
von Nürnberg, Johannes 117; 241

O

Oberaargau 203; 337; 339f.; 346
Oberbalm (BE) 393; 456
Oberbipp (BE) 328; 393
Oberbüren (BE) 76; 257; 259; 380–391; 393; 404; 482
Oberburg (BE) 340; 393; 405
Oberdiessbach (BE) 147; 174; 176; 240; 327
Oberhasli (BE) 259; 306; 309; 327; 330f.; 340f.; 344; 353; 356
Oberhofen (BE) 176; 182; 248; 328; 331; 340
Oberrhein (s. a. Rhein) 189; 220; 227; 266; 287; 289; 292; 320; 448; 452; 532
Obersimmental 146; 259; 309; 328; 331; 340f.; 351; 503
Oberwangen (BE) 331
Oberwichtrach (BE) 338
Oberwil b. Büren (BE) 307; 382; 393
Oberwil im Simmental (BE) 393
Ockeghem, Johannes 556
Oekolampad, Johannes 590
Oetenbach (ZH) 486
Ollon (VS) 328
Olten (SO) 202; 204; 283

Oltigen (BE) 151; 338; 344
Oppliger, Hans 503
Orbe (VD) 337; 583
Ordericus Vitalis 194
Orléans (F) 129; 435; 438
Osmanisches Reich 136
Österreich 89; 227; 286; 296; 300; 311
von Österreich, Herzöge (s. von Habsburg, Grafen)
Otto von Freising 194
Ougsburger, Hans 84; 276
Ougsburger, Peter 241

P
Pacher, Michael 527
Padua (I) 160
Paie, Pierro 61
Palaiologos, Emmanuel 561
Palaiologos, Theodoros 561
Palästina 534
de Pandiano, Jakob 117
Paris (F) 121; 129; 159; 561
Parler (Familie) 410f.
Parler, Peter 439
Parma (I) 583
Passau (D) 117; 119; 418
Pastor, Johannes 117
Paternosterer, Ulrich d. Ä. 223
Patras (GR) 556; 561
Paulus, Nikolaus 500
Paur, Hans 172
Pavia (I) 129; 159f.; 270; 272; 279; 284; 324; 346
Payerne (VD) 479
Pesaro (I) 556
Peter, Abt von Squillace 425; 430
Peter II., Graf von Savoyen 46
Petrarca, Francesco 520
Petri, Adam 473
von Pfäfers, Katherin 503
Pfeiffer, Franz 513; 515
Pfister (Familie) 318
Pfister, Peter 418f.; 435
Philipp, Klaus Jan 461
Philipp III. (der Gute), Herzog von Burgund 323; 470f.; 556; 561
Philipp von Savoyen, Graf von Genf 322; 555
Phunt, Ulrich 193
Piemont 116; 118; 555; 561
Pieterlen (BE) 393
Piperinus, Christopherus 572
Platter, Thomas 134
Plepp, Joseph 37; 203
Po 118
Poitiers (F) 305
Poitou 536
Polen 241
Pontarlier (F) 273; 291
Prag (CZ) 117; 410f.; 437ff.
von Praroman (Familie) 325
von Praroman, Barbara 330
von Preussen, Stefan 117
de Prez, Guido 476
de Prez, Josquin 569
Probst, Hans 259

R
Radelfingen (BE) 393
Ranflüh (BE) 331; 334; 338f.
Rastetter, Matter 415
Reber, Johann 581
Recher, Johannes 117
Regensburg (D) 301; 323; 326; 437
Reichenbach (BE) 184; 327f.; 393

Reininger, Hans 376
Reitnau (AG) 328
Reklau, Otto 242
Remagen (D) 516
René II., Herzog von Lothringen 249; 285; 288; 291; 293f.
Reuss 328
Reutlingen (D) 436f.
Rhaw, Georg 576
Rhein (s. a. Oberrhein) 118; 121; 209f.
Rheinau (ZH) 326
Rheinfelden (AG) 320
Rhellikan, Johann (s. Müller, gen. Rhellikan, Johann)
Rhodos 548
Rhone 118; 199
Richel, Bernhard 536
Riedburg (BE) 338
Rieder, Johannes 107
Rieder, Ulrich 176
Riemenschneider, Tilman 419; 421
Riggisberg (BE) 338
von Ringgenberg (Familie) 307
von Ringgenberg, Kuno 320
von Ringoltingen (s. a. Zigerli, Familie) 123f.; 127; 138; 147; 163; 174; 176; 183; 238; 263; 377; 379; 458; 460; 462f.; 468; 479; 534
von Ringoltingen, Anna 464
von Ringoltingen, Heinrich 463f.
von Ringoltingen, Rudolf 134; 137; 146ff.; 238; 318; 447; 460; 462ff.; 468f.; 534
von Ringoltingen, Thüring 147; 174f.; 238; 447; 462ff.; 468f.; 534–538; 541f.
Risch, Martin 301
Rohrbach (BE) 405
de Roissy, Pierre 461
Rom (I) 157; 281; 320f.; 380; 386; 475; 478; 480; 490; 505; 522; 548; 556; 560f.; 568
Romainmôtier (VD) 479
de Romanis, Humbertus 486
Römisch-deutsches Reich (s. Heiliges Römisches Reich)
Romont (FR) 317; 320
von Romont, Jakob 291f.; 294
von Roseneck, Anna 335
Rosenzwei, Johannes 117
Ross, Johannes 146
von Rotberg, Arnold 448
Röthenbach (BE) 338f.; 362; 364; 393
Rothenburg ob der Tauber (D) 156
Rötteln (D) 117; 535
von Rotterdam, Erasmus 257; 570
Röttli, Michael 129; 155; 481
Rottweil (D) 117; 119; 129; 189; 264
von Rottweil, Eberhard 117
von Rottweil, Konrad 117
von Roverea, Jakob 124; 126f.; 129; 136; 284
Rüderswil (BE) 393
Rudolf, Markgraf von Hochberg und Graf von Neuenburg 291; 329; 535; 538
Rudolf IV., Herzog von Österreich 320
Rudolf von Habsburg, Deutscher König 264; 320
Rued (BE) 176
Rüeggisberg (BE) 74; 338; 361–364; 406; 417; 475; 479
Rüegsau (BE) 328; 339; 362; 393
Rüegsbach (BE) 393
Ruess, Jakob 474
Rumanyer, Mathis 259
Rümlingen (Familie) 102
Ruoff, Heinrich 404f.
Ruprecht von der Pfalz, Deutscher König 194; 265
Russ, Thomas 100
Rust, Thüring 404

von Rüte, Hans 551f.; 578
Ruthenzweig, Bartholomäus 418
Rüti bei Büren (BE) 397

S
Saane 328; 330
Saanen (BE) 330ff.; 349; 351; 393; 406; 543
Saanenland 393
Sachsen 249
von Sachsen, Johannes 116f.
Safnern (BE) (s. Büttenberg/Safnern)
Saint-Antoine (F) 501; 505; 507
Saint-Imier (BE) 362
Saint-Omer (F) 287
Sallust 192
Salvisberg, Friedrich 305
Salzburg (A) 249; 301
Samson, Bernhardin 546; 548
Sankt Gallen (SG) 159ff.; 243; 249; 590
Sankt Jakob an der Birs (BS) 270; 272; 278; 282; 558
Sankt Johannsen bei Erlach (BE) 72; 74; 121; 327; 338; 362ff.; 386
Sankt Petersinsel (BE) 121; 362ff.; 406; 475; 479; 531
Sankt Stephan (BE) 380; 393
Sankt Urban (LU) 340; 362
Santiago de Compostela (E) 257; 380; 501; 504
Saragossa (E) 473
Sarnen (OW) 520
Sarrebourg (F) 117; 119
Savoyen 127; 160; 185; 262; 268; 277; 285; 289; 291f.; 294; 320–323; 330f.; 337; 357; 482; 502; 554–558; 561; 578
Schaffhausen (SH) 84; 161; 286; 301; 321; 418
Schaller, Anna 162
Schaller, Lienhard 117; 162; 164
Schaller, Niklaus 122; 126; 129f.; 137
von Scharnachthal (Familie) 80; 123f.; 127; 138; 146f.; 173; 176; 238f.; 263; 328; 374; 459f.; 479
von Scharnachthal, Barbara 330; 443
von Scharnachthal, Heinrich 238; 248
von Scharnachthal, Kaspar 146; 238; 450; 454; 459
von Scharnachthal, Konrad 374
von Scharnachthal, Küngold 149f.
von Scharnachthal, Niklaus 141; 157; 238; 267; 273; 313; 374; 462
von Scharnachthal, Rudolf 267
von Scharnachthal, Wilhelm 238
Schenkenberg (AG) 328; 340
Scherzligen (BE) 393; 412ff.; 467f.
Schnewli, Johannes 239
Schifferli, Lienhard 284
Schilling, Diebold 36; 47; 49; 58; 61; 83f.; 86; 94; 98ff.; 104; 107; 111; 113f.; 117; 141; 145; 187–191; 193ff.; 201; 209; 211; 232; 236; 262–265; 267; 271; 273; 275f.; 279; 286f.; 292; 300; 308f.; 311ff.; 315f.; 318–323; 330; 335; 346; 355; 381; 418; 469; 471; 489; 554; 583
Schiner, Matthäus 545; 548
Schlechter, gen. Hug, Bertold 242
Schlegel, Konrad 476
Schlesien 564
Schleusinger, Eduard 325
Schlick, Arnolt 566
Schlosser, Niklaus 580f.
Schmalz, Anton 48; 302
Schmid, Barbara 123
Schmid, Franz 45
Schmid, Lienhard 392
Schnottwil (SO) 393
Schnyder, Hans 595f.; 600
Schodoler, Werner 193
Schönensteinbach (F) 485
Schongauer, Martin 419; 452; 455; 519f.

681

Schöni, Gilian 283
Schöni, Thomas 192
Schopfer (Familie) 125; 241; 243
Schopfer, Peter 68; 146; 157; 242; 248; 250; 319
Schütz, Johannes 242; 462
Schwab (Familie) 318
Schwaben 116; 138; 320; 446
Schwäbisch Gmünd (D) 117; 156; 437f.
Schwäbli, Pankraz 481
Schwägler, Barbara 578
Schwander, Johannes 242
Schwarz, Lukas 395
Schwarzenburg (BE) 327; 332; 337; 344; 347; 362; 392f.; 404; 406; 554
Schwarzenmatt (BE) 259
Schweiz 249; 256; 324; 349
Schwend, Anastasia 120; 124; 127; 139
Schwertfeger, Mathissle 280
Schwinkhart, Ludwig 191; 193
Schwyz (SZ) 256; 321; 543
Seeberg (BE) 393
Seedorf (BE) 393
von Seedorf (Familie) 80; 202
von Seedorf, Adelheid 69
von Seedorf, Kuno 176
von Seedorf, Mechthild 483
von Seedorf, Peter 176; 202
Seeland 331; 337f.; 400; 549
von Seengen, Ursula 123; 127
Sefrid (Familie) 318
Seftigen (BE) 338; 341
Seiler, Anna 67; 504
Seiler, Heinrich 68
Seiler, Rudolf 68
Seine 256
von Selzach, Niklaus 598
Sempach (LU) 262; 266; 287
Senlis (F) 296
Senn von Münsingen (Familie) 80
Senn, Walter 48
Sense 34; 113; 116
Sforza, Bianca Maria 324
Sforza, Cesare Maria 326
Sforza, Franciscus Maria 326
Sforza, Galeazzo Maria, Herzog von Mailand 249; 324
Sforza, Gian Galeazzo, Herzog von Mailand 326
Sforza, Ludovico Maria, gen. il Moro, Herzog von Mailand 324; 326
von Sibental, Ruf 318
Sichellauenen (BE) 259
Sickinger, Gregorius 33; 52; 68; 101; 156; 158; 164; 213; 483
Sigismund, Erzherzog von Österreich, Graf von Tirol 249; 285–289; 291ff.
Sigismund, Römisch-deutscher Kaiser 50; 174; 263ff.; 270; 298; 307; 314–317; 319; 321ff.; 334; 340; 556; 561
Signau (BE) 127; 176; 183f.; 328; 339
Sigriswil (BE) 393
von Silenen, Jost 564
Simmental 232; 259; 330
Simon, Peter 101; 377
Sinai 127; 136; 174
von Sinner, Johann Rudolf 176
Siselen (BE) 393
von Sissach, Anna 486f.
Sitten (VS) 415; 417; 564; 590
Sixtus IV., Papst 246; 249
Solothurn (SO) 131; 161; 190; 202ff.; 249; 264f.; 279; 284ff.; 289; 291; 319–323; 328; 331; 334; 336f.; 339; 344; 351; 384; 393; 414f.; 418; 478; 486; 543
von Sonnenberg, Otto 386–389
Spanien 34; 201; 204; 241; 501; 534

Sparta (GR) 568
Speich, Matter 242
von Speichingen, Heinrich 117
von Speichingen, Peter 238
von Speichingen, Rudolf 267
von Speichingen, Thomas 129; 146; 193; 238; 346
Speyer (D) 117; 566
von Speyer, Jost 117
Spicherlin, Otilia 487
Spiez (BE) 176; 184; 188; 284; 328; 332; 336; 340; 345; 356; 393; 400; 516
Spilmann (Familie) 125
Spilmann, Anton 125; 139
Spilmann, Gilian 146; 148
Spilmann, Margaretha 486
Sprüngli, Niklaus 86
Stadtlohn (D) 117; 119
Stäfa (ZH) 324
Stark (Familie) 125
Stark, Peter 239; 313
Staub von Rheinfelden, Conrad 259
Stefan, Hans 386
Steffisburg (BE) 328; 393; 405
von Steffisburg, Adelheid 69
Steiger (Familie) 125
Steiger, Peter 259
Steigwiler (BE) 397
vom Stein (Familie) 102; 123f.; 138; 144; 146f.; 173; 238; 263
vom Stein, Albrecht 284
vom Stein, Georg 101
vom Stein, Hartmann 146; 238
vom Stein, Heinrich 146; 238
vom Stein, Jakob 123f.; 137; 144; 192; 237; 239
vom Stein, Johannes 144; 146; 238
vom Stein, Kaspar 144; 238; 267
vom Stein, Mechthild 146; 149f.
vom Stein, Sebastian 123f.; 127
vom Stein, Thoman 124f.; 129; 131; 476; 481
Steinbach, Meinrad 481f.
Steinhofer, gen. Gutschenkel, Peter 123; 134; 138
Sternenberg (BE) 338
Sterr, Niklaus 242
Sterzing (I) 551
Stettlen (BE) 331; 338
Stettler, Werner 490f.; 500
Stettler, Wilhelm 60; 120; 464
Stockhorn 530
Stör, Burkhard 476
Stör, Ulrich 476; 482
Stolz, Peter 441
Strähler (Familie) 464
Stralsund (D) 57
Strassburg (F) 71; 97; 111; 117f.; 121; 131; 189f.; 194; 199; 209; 241; 268f.; 286; 288; 310; 312; 412f.; 418; 422; 434; 436f.; 441–444; 451; 566; 571; 578; 590; 602
von Strassburg, Katharina 117
von Strassburg, Niklaus 117
Strättligen (BE) 176; 456; 467
Strauss, Stefan 418
Streit, Arnold 167; 169; 475
Strün, Niklaus 117
Stumpf, Johannes 92; 293
Stürler (Familie) 139
Stürler, Hans 125; 127
Stürler, Peter 125; 127
Suger, Abt von St. Denis 461
Suhr (AG) 328
Sumer (Familie) 313
Sumiswald (BE) 328; 339; 362; 393; 442
Sundgau 285–289; 291
Sunthaym, Ladislaus 296f.

Supersaxo (Familie) 310
Supersaxo, Walther 310
Suriand, Anna 149
Suriand, Margareta 149
Sutz-Lattrigen (BE) 393

T
Täfre zu Schmitten, Ulrich 259
Tanner, Niklaus 151
Täuffelen (BE) 393
von Tavel, Christoph 410
Tedlinger (Familie) 318
Tegernpeck, Johannes II., Abt von St. Emmeram in Regensburg 326
Teodoro II., Markgraf von Montferrat 314
Tessin 289; 295
Thann (F) 117; 119; 162; 412; 453; 455
von Thann, Hans 94; 581
Themse 256
Theophilus 461
von Thierstein, Grafen 313
Thorberg (BE) 74; 170; 309; 328; 338; 340; 362f.; 371; 442; 467
von Thorberg, Peter 363f.
Thormann (Familie) 318
Thormann, Burkhard 148
Thormann, Peter 595
Thun (BE) 61f.; 97; 100; 117f.; 130; 146; 157; 159; 163; 184; 186; 250; 307; 319; 328; 331f.; 337; 340f.; 357; 413f.; 467; 555
von Thun, Johannes 461
Thun-Allmendingen (BE) 61; 583
Thunersee 100; 210; 380; 520f.; 530
Thunstetten (BE) 328; 340; 362; 405
Thurgau 266; 286
Thurn, Anton vom 320
Tillier (Familie) 460
Tillier, Hans 276
Tillmann (Familie) 125
Tillmann, Bernhard 125; 132; 136; 139
Tinctoris, Johannes 556
Tirol 249; 288; 545
Toffen (BE) 184; 338
Toggenburg 155
von Toggenburg, Grafen 321
Tönier, Johannes 68
Töss (ZH) 486
Tours (F) 387
Trachsellauenen (BE) 259
Trachselwald (BE) 151; 259; 328; 331f.; 338ff.; 344; 393
Tremp, Lienhard 123; 132; 137
Trier (D) 289
de Tromenogo, Bartholomäus 117
Tron, Nicolo, Doge von Venedig 249
Trostburg (BE) 328
Trub (BE) 170; 259; 327; 339; 362; 393; 404; 407; 409
Tschachtlan, Benedicht 100f.; 189ff.; 193ff.; 308; 310f.; 322; 335; 537; 543; 583
Tschudi, Aegidius 278; 571
Tübingen (D) 129
Tüdinger, Vinzenz (Entz) 226f.; 303
Turin (I) 321; 556
Türkei (s. Osmanisches Reich)
Türst (Familie) 324
Türst, Bernhard 324
Türst, Heinrich 324
Türst, Konrad 323–327; 329f.; 382; 521
Türst, Mechtild 324
Türst, Regula 324
Türst, Verena 324
Twann (BE) 176; 331; 393; 542
Twinger von Königshofen, Jakob 189f.; 192; 194

U

Überlinger, Jakob 238
Ulm (D) 48; 117f.; 156; 199; 262; 413; 422; 424; 431; 434; 437; 446; 449; 461; 463; 590; 596; 600
von Ulm, Hans 446
von Ulm, Heinrich 117
von Ulm, Katharina 117
von Ulm, Lienhard 117
von Ulm, Peter 117
von Ulm, Rudolf 117
Ulrich I., Herzog von Württemberg 124
Ungarn 227
Unspunnen (BE) 248; 331; 340
Unterseen (BE) 151; 259; 328; 331; 340f.; 351; 393ff.; 405
Unterwalden 543
Uri 310; 328; 543; 545; 602
Ursberg (D) 388
Ursenbach (BE) 393
Urtenen (BE) 255f.; 338
Utzenstorf (BE) 175; 393; 402
Utzigen (BE) 338
Uznach (SG) 502

V

Vadianus 544; 590
von Valangin, Grafen (s. von Neuenburg-Valangin, Grafen)
Valencia (E) 473
Valetta (Malta) 505ff.
Vechigen (BE) 331; 338; 393
von Velschen (Familie) 468
von Velschen, Anna (s. von Krauchthal, Anna)
Velwald, Christina 486f.
Venedig (I) 136; 199; 249; 277; 305; 466; 496
Vercel (F) 268
Vevey (VD) 478; 481f.
Vienne (F) 71
von Villarsel (Familie) 146
von Villarsel, Wilhelm 146
Villeneuve (VD) 328
Vinelz (BE) 393
Virdung, Sebastian 566
Viret, Pierre 385
Visconti, Herzöge von Mailand 311f.
Visconti, Ambrogio, Herzog von Mailand 278
Visconti, Filippo Maria, Herzog von Mailand 321
Visconti, Gian Galeazzo, Herzog von Mailand 39
Vögeli, Elisabeth 487
Vogt, Konrad 123; 125; 131f.
Volmar, Melchior 129; 155
Vorarlberg 324
von Vuillier, Gauthier 211

W

Waadt 162; 245; 270; 273; 284ff.; 289; 291f.; 294; 328; 332; 337; 349
von Wabern (Familie) 80; 116; 123; 127; 138; 147; 174; 263; 479
von Wabern, Margret 377
von Wabern, Petermann 141; 146; 148f.; 174; 268; 312f.; 502
Wagner, Henz 318
Wagner, Sigmund 210
Wahlern (BE) 393
von Waldheim, Johannes 240
Waldmann, Hans 324
Waldshut (D) 309
Waldstätte 288; 362; 416
Walkringen (BE) 393; 407f.

Wallis 192; 268; 286; 289; 291; 294; 310; 362; 403; 415; 417
Walperswil (BE) 393
Walther, Thüring 459
zu Wandfluh, Antoni 259
Wangen a. A. (BE) 146; 151; 321; 331; 334; 339f.; 362; 407
Wangental 57
Wannenmacher, Johannes 481; 567–572; 574–578
Wanner, Johannes 238
Wanner, Niklaus 226
Watt, Hugo 241
Watt, Peter 241
von Watt, Joachim (s. Vadianus)
Wattenwil (BE) 174; 338
von Wattenwyl (Familie) 126; 138f.; 263
von Wattenwyl, Jakob 120; 124; 126; 139; 274; 319; 489
von Wattenwyl, Niklaus 146; 479–482
Weber, Joss 476
Weibel, Jakob Samuel 115
Weissenau (BE) 328
Weissenburg (BE) 355; 393
Wengi (BE) 393; 400ff.; 404f.
Wentschatz, Peter 232
Wenzel, Deutscher König 263f.; 270
Werder, Urs 415
von Wesel, Dietrich 117
Westbroek (NL) 252
Westfalen 418; 434
Westschweiz 61; 158; 385; 404; 414
van der Weyden, Rogier 430
Widempösch, Nikolaus 159
Wiedlisbach (BE) 202; 328; 331; 393
Wien (A) 413; 437
Wilhelm I., Bischof von Lausanne 175
Willading (Familie) 125
Willading, Konrad 125
Willimann, Konrad 482
Windenmacher, Georg (s. Meier, gen. Windenmacher, Georg)
Wimmis (BE) 186; 393
von Wingarten, Hans 280
Winterthur (ZH) 256; 416
Wirtschaft, Peter 238
Wishan, Beat 595f.; 598
Wittenberg (D) 601
Witz, Konrad 419; 449–452; 520; 525
Wolf, Bernhard 476
Wölfli, Heinrich 130; 136; 155; 368; 472ff.; 480ff.
von Wolhusen, Truchsessen (Familie) 463
Worb (BE) 127; 175–184; 328; 336; 338; 345; 393; 395–401; 404; 408; 456
Worblaufen (BE) 119; 284
Worms (D) 267
de Worvo, Anshelmus 176
Würzbrunnen (BE) 380
Würzburg (D) 117; 421; 563f.
Wyder, Antoni 283
Wyler, Kaspar 124f.; 139
Wynigen (BE) 328; 340; 393; 490
Wyttenbach, Thomas 481

Y

Ybach, Madlene 571
Yolanda, Herzogin von Savoyen 289; 322
Yonne 256
Yverdon (VD) 62; 581

Z

von Zähringen, Herzöge 57; 185; 259; 262; 312
Zängerlin, Bernhard 156

Zamorensis, Rodericus 370
Zehnder, Hans 132; 138; 595f.; 598
Ziely, Wilhelm 132; 137
Zigerli (s. a. von Ringoltingen, Familie) 174; 468; 534
Zigerli, Heinrich 174
Zigerli, Rudolf (s. von Ringoltingen, Rudolf)
Zimmer, Friedrich 56
Zink, Burkard 134
Zinsli, Paul 121
Ziper, Anna 489
Zofingen (AG) 53; 202; 264f.; 322; 327f.; 340
Zollikofen (BE) 185; 334; 338; 341; 356
Zug (ZG) 256; 415
Zuolauf, Benedicht 516
Zürich (ZH) 57; 82ff.; 97; 139; 141; 143; 159–162; 189f.; 192; 210; 219; 227; 249; 262; 264f.; 273; 276; 278; 285; 295; 300; 309; 311f.; 320f.; 323–328; 330; 344; 348; 353; 386; 418; 444; 484; 543; 545; 548; 552; 581; 590; 592; 595; 600; 602
Zurkinden, Niklaus 48; 236; 239
Zurzach (AG) 62; 198; 209f.
Zweisimmen (BE) 393; 397; 402
Zwingli, Ulrich 132; 155; 285; 458; 545f.; 549; 571; 578; 588–592; 595f.; 599–604
von Zypern, Anna 556

Abbildungsnachweis

Aeby, Nicole: 389, 399, 405.
Archäologischer Dienst des Kantons Bern: 21, 33, 260, 263, 267, 271, 313, 314, 487; Atélier d'archéologie médiévale, Moudon: 276 (H.Kellenberger, W.Stöckli), 284, 285, 287, 295, 298, 300, 382 (G. Descœudres), 383, 393 (G. Descœudres); R. Buschor: 28; R. Gerber: 8 (und M. Stöckli), 9, 14, 26, 31, 65, 68, 96, 97, 100–103, 142, 143, 162, 163, 165–167, 261; R. Glatz: 34, 35, 38; F. E. König: 181 (Inv. Nr. ADB 179.0001); S. Mesariç: 274; A. Nydegger: 22; M. Portmann: 7; B. Rheda: 5a–c, 6, 17, 41, 42, 55, 153, 154, 156, 158, 161, 171 (Fnr.Ny 425), 172 (Fnr.Ny 574), 173 (Fnr.Ny 444), 175 (Inv. Nr. ADB 068.0341), 176 (Inv. Nr. ADB 068.0277 (oben), 068.0278 (Mitte), 068.0352 (unten), 177 (Inv. Nr. ADB 068.0100–0105, 068.0267–0268, 068.0270–0273, 068.0275, 068.0277–0279, 068.0341–0454), 179, 180, 277; E. Roth: 56–58, 106 (und E.Schranz, M. Stöckli), 160 (und E.Schranz, M. Stöckli); K. Ruckstuhl/ D. Gutscher: 39, 43; E. Schranz: 16; M. Stöckli: 3 (Ergänzungen); A. Ueltschi: 4, 19, 40, 157, 279, 280, 283; Kasten: S. 57, Abb. 2 (A.Ueltschi); S. 78, Abb. 1a–f (E.Schranz); S. 170, Abb. 1–4 (B. Rheda); S. 172, Abb. 2, 3 (Rheda); S. 259 (A. Ueltschi), S. 317 (K. Ruckstuhl/ D. Gutscher); S. 393, S. 416, Abb. 1, 2.
Berlin, Staatliche Museen Preussischer Kulturbesitz, Gemäldegalerie (J. Anders): 415, 453.
Bernisches Historisches Museum: S. Rebsamen: 1, 12, 15, 27, 29, 36, 37, 52, 54, 67, 69–93, 99, 104/105, 116, 135, 136, 138, 141, 148, 189, 209, 211, 214, 229, 259, 302, 308, 365, 367, 369– 373, 375; Kasten: S. 249, 1–3 (K. Buri), S. 284, S. 483, S.491 (S. Rebsamen).
Biblioteca Estense, Modena: 458, 459 (Abb. ab Microfiche, Musikhistorisches Institut der Universität Bern).
Brügge, Bildstelle: 208.
Burgerbibliothek Bern: 0, 2, 13, 18, 53, 63, 109 (Streit-Album, 1868, Taf. XLIX), 110, 111 (Streit-Album, 1858, Taf. XXIX), 133, 134, 139, 140, 145–147, 191–193, 196, 199, 212, 221, 222, 224, 226–228, 230–240, 251, 320, 363, 368, 379, 451, 452, 454, 455, 460, 461; M. Hesse: 213; Kasten: S. 145, S. 231, S. 287, S. 342.
Burrel Collection Glasgow: 366.
CVMA Deutschland, Freiburg i. Br.: 304, 336, 341, 342 (R. Toussaint).
Denkmalpflege der Stadt Bern: 117, 258 (D. Uldry), 381, 384, 386, 387, 390–392, 406, 422, 474 (G. Howald).
Denkmalpflege des Kantons Bern / Kunstdenkmälerinventar: 44, 45, 49, 50 (G. Howald /M. Hesse, Privatbesitz), 51, 118a,b, 120, 122, 123, 124ab–127b, 128, 129, 215, 312, 317– 319, 351; M. Hesse: 24, 47, 108, 114, 132a,b, 216–219, 320, 328, 329, 334, 355, 356, 360–362, 364, 374, 376, 380; G. Howald: 94, 107, 113, 115, 119a,b, 245, 270, 288–294, 296, 297, 299, 301, 303, 316, 318, 335, 352, 358, 359, 397, 398, 467, 479, 485; Kasten: G. Howald: S. 163, Abb.1, 3, S. 284, S. 584.
Eigenmann,Yves: 338.
ETH Zürich, Graphische Sammlung: 10.
Fibbi-Aeppli, Daniel und Suzanne, Grandson: 286.
Fischer, Christine: 464, 465, 470, 471.
Germanisches Nationalmuseum Nürnberg: 266.
Graphische Sammlung Albertina Wien: 388.
Hanke Knaus, Gabriele: 456, 457.
Historisches Museum Basel: 305 (M. Babey), 385.
Historisches Museum Frankfurt: 187, 188 (H. Ziegenfusz, Inv. Nr. B 323).
Hostettler, Elisabeth: 408, 409, 412, 413; Kasten: S. 516.
Hübner, Klara: Kasten: S. 268.
Kantonals Vermessungsamt Bern: 159 (Einträge M. Stöckli, ADB).
Kunsthaus Zürich: 414.

Kunstmuseum Bern: P. Lauri: 23, 164, 264, 265, 309, 395, 407, 425, 426, 427a,b, 428, 429–432, 433–435, 436, 488; Kasten: S. 544.
  Graphische Sammlung: Kasten: S. 589.
Kurmann, Peter: 323, 324, 326, 330–332, 337.
Kurmann-Schwarz, Brigitte: 339, 340, 343, 345–347, 349, 350.
Leuzinger, Jürg: 254–257.
Marti, Markus: 475.
Öffentliche Kunstsammlung Basel: 272; Kasten: S.530, Abb. 1, 2 (M. Bühler).
  Kupferstichkabinett: 202, 416, 421, 423, 424, 483; Kasten: S. 278.
Ortsmuseum Sarnen: 418.
Schweizerisches Landesmuseum Zürich: 269, 400, 403, 404.
Schule für Gestaltung Bern: 310 (U. Friedli).
Service de la protection des monuments et des sites Neuchâtel: 307.
Staatliche Kunstsammlungen Dresden, Kupferstichkabinett: 344, 353 (Pfauder).
Staatsarchiv Bern: H. Hostettler: 194 (F. Freiheiten 1413, Druck RQ Bern 1/3, Nr. 135a), 195 (F. Bern Oberamt 1470, Feb.16), 201, 246–250, 252.
Stadt- und Universitätsbibliothek Bern: 206 (G. Howald); 450; Kasten: S. 35 (G. Howald).
Stadtarchiv Köln: Kasten: S. 157.
Stadtbibliothek Nürnberg: 155.
Studer, Walter: 131.
Ulrich-Bochsler, Susi: 59–62, 281, 282.
Universität Bern, Historische Anthropologie: 281, 282 (S. Ulrich).
Universität Bern, Historisches Institut: 190 (Ch. Hesse).
Universitätsbibliothek Basel: 348, 410, 411, 462, 466, 468, 469.
Zentralbibliothek Luzern (Eigentum Korporation Luzern): 200, 204, 273, 477; Kasten: S. 292.
Zentralbibliothek Zürich: 241– 243, 419, 447, 476, 480, 486.
  Handschriftenabteilung: 11, 20, 64, 66, 95, 197, 198 (Ms.A 5); 223, 225 (Ms. A 120); 275.

Reproduktionen aus:
Andersson, Christiane: Dirnen – Krieger – Narren. Ausgewählte Zeichnungen von Urs Graf, Basel 1978, Abb. 32 (Wien, Albertina): 32.
The illustrated Bartsch, Bd. 9 (formerly 6): Early German Artists, Israhel van Meckenem, New York 1981, Nr. 186. (L. 512): 446.
Barnard, 1916, Taf. 47b: 179.
Berner Reformation, 1980/81, S. 152–53: 481.
van Beuningen/Koldeweij, 1993, S. 314, Nr. 983, S. 150, Abb.149 und S. 121, Abb. 13: 174, 182, 185.
Bloesch, 1937, Kap. VIII. 118 (Bern, Stadt- und Universitätsbibliothek): 472.
Buch der Reformation. Eine Auswahl zeitgenössischer Zeugnisse (1476–1555), Berlin (Ost) 1989, S. 59: 262.
La cathédrale de Strasbourg, raconté en images, in Bildern erzählt, told in pictures, Strasbourg 1973, S. 86: 322.
Dürrenmatt, Peter: Schweizer Geschichte, Bern 1957, S. 191: 205.
Furrer, 1990, S. 14: Kasten: S. 163.
Graham, 1933,Taf. I: 401/402.
Grewe, 1991, S. 38: Kasten: S. 57.
Groll, Karin: Das «Passional Christi und Antichristi» von Lucas Cranach d. Ä., Frankfurt a. M./ Bern/ New York/ Paris 1990, Abb. 20/21: 448/449.
Grosjean, Georges: Der Kupferstich Martinis über die Schlacht bei Murten im Jahre 1476, Dietikon/ Zürich 1974 (Faksimile): 207.

Gruss aus Bern, Eine Sammlung von Photographien um die Jahrhundertwende, Bern 1981, S. 41: 149.
Grütter, 1974, S. 8: 306.
Hayum, 1989, Fig. 18: 394.
Illi, 1992, S. 45: 30.
Illustrierte Berner Enzyklopädie, Bd. 3: Siedlung und Architektur im Kanton Bern, Wabern–Bern 1987, S. 190: 137.
Kalender des Doctor Kung (Kungsberger), Zürich 1508: 152.
Kat. Himmel, Hölle, Fegefeuer, 1994, S. 24/25: 268.
Kat. Meister ES, 1986, S. 158 (Berlin, Staatliche Museen Preussischer Kulturbesitz, Kupferstichkabinett): 417.
Kat. Niklaus Manuel Deutsch, 1979, Abb. 114 (Berlin, Staatliche Museen Preussischer Kulturbesitz, Kupferstichkabinett) und S. 249: 203, 396.
Kdm BE, 3, 1947, S. 177: 210.
Kühnel, Harry (Hg): Alltag im Spätmittelalter, Graz/Wien/Köln 1984, Abb. 201: 278.
Leisibach, 1989b, Abb. 3, 4: 377, 378.
Menz, Cäsar / Weber, Berchtold: Bern im Bild, 1680–1880, Bern 1981, S. 25 (BHM): 67.
Mitchiner, 1986, S. 22, Nr. 10, S. 193, Nr. 665 und S. 7: 183, 184, 186.
Mojon, 1967, Fig. 19: 315.
Morgenthaler, 1951, Beilage 1. Geometrischer Plan der Oberkirchlichen Acten und Wasserleitungen in dem Altenberg, A. Riedinger, 1723: 25.
Morgenthaler, 1951, Beilage 3: Kasten: S. 63.
Müller, 1990, Farbtafel, Abb. 3 (Chantilly, Musée Condé, Ms. 65, fol. 3v.): 437.
Der Münsterausbau in Bern, 32. Jahresbericht der Hauptversammlung des Münsterbauvereins, erstattet 1924, Abb. 7 und Einband: 321, 325.
Nussbaum, 1985, Abb. 205: 333.
Schleif, 1990, S. 13: 484.
Schramm, Bd. 17, 335: 311; Bd. 21, 334, 336, 347, 368, 373, 375, 376, 384, 388 (UB Basel): 438–445.
Stalzer, 1989, Taf. 29, Nr. 223: 178.
Stettler, 1942, Taf. 23: 220.
Swoboda, Karl M.: Peter Parler. Der Baukünstler und Bildhauer, 3. Aufl., Wien 1942, Abb. VII: 327.
Thürlings, 1892, S. 32: 473.
Zürcher Kunst nach der Reformation. Hans Asper und seine Zeit, Ausstellungskatalog Helmhaus, Zürich 1981, Taf. 1, S. 229 (Kunstmuseum Winterthur): 482.
Zytglogge, 1983, Abb. S. 35 (München, Bayrische Staatsbibliothek): Kasten: S. 586; Abb. S. 66 (Michael Frey): Kasten: S. 587.